中華大藏經編輯局編

中華大藏經

漢文部分

二七

中華書局

圖書在版編目(CIP)數據

中華大藏經:漢文部分.第27册/《中華大藏經》編輯局編.
—北京:中華書局,1987.5(2023.6重印)
ISBN 978-7-101-00117-4

Ⅰ.中… Ⅱ.中… Ⅲ.大藏經 Ⅳ.B941

中國國家版本館CIP數據核字(2023)第046629號

內封題簽:李一氓
裝幀設計:伍端端

中華大藏經(漢文部分)
第二七册
《中華大藏經》編輯局 編
*
中華書局出版發行
(北京市豐臺區太平橋西里38號 100073)
http://www.zhbc.com.cn
E-mail:zhbc@zhbc.com.cn
北京虎彩文化傳播有限公司印刷
*
787×1092毫米 1/16 · 61印張 · 2插頁
1987年5月第1版 2023年6月第4次印刷
定價:600.00元

ISBN 978-7-101-00117-4

中華大藏經（漢文部分）

第二十七册目録

千字文編次　傳——惡

目録

佛地經論卷第一

親光菩薩等造

大唐三藏法師玄奘奉　詔譯

稽首無上良福田　三身二諦一乘衆
我今隨力造此論　為法久住濟群生
覽諸師意我已淨　恐餘劣智未能通
為令彼淨生勝德　故我略釋牟尼地

論曰佛地經者具一切智一切種智離煩惱障及所知障於一切法一切種相能自開覺亦能開覺一切有情如睡夢覺如蓮花開故名為佛地謂所依所行所攝即當所說清淨法界大圓鏡智平等性智妙觀察智成所作智受用和合一味事等是佛所依所行所攝故名佛地能貫能攝故名為經以佛聖教貫穿攝持所應說義所化生故應知此中宣說佛地能益有情依所詮義名佛地經如緣起經如集寶論

略說此經所攝義者謂顯世尊佛土圓滿功德圓滿眷屬圓滿安立佛地五法揔別受用和合一味事智依淨法界具諸功德三身差別此則次第示現如來居如是處具如是德如是衆俱安立如是地義差別如是處者謂佛淨土即十八種圓滿莊嚴廣大宮殿如是德者謂佛世尊二十一種殊勝功德如是衆者謂無數量諸大聲聞摩訶薩衆成就種種微妙功德地義別者謂大覺地五法揔別受用和合一味事等後當廣說

於此經中揔有三分一教起因緣分二聖教所說分三依教奉行分揔顯已聞及教起時別顯教主及教起處教所被機即是教起所因所緣故名教起因緣分正顯聖教所說法門品類差別故名聖教所說分顯被時衆聞佛聖教歡喜奉行故名依教奉行分

經曰如是我聞一時薄伽梵

論曰如是我聞者謂揔顯已聞傳佛教者言如是事我昔曾聞如是揔言依四義轉一依譬喻二依教誨三依問答四依許可依譬喻者如有說言如是富貴如毗沙門依教誨者如有說言汝當如是讀誦經論依問答者

如有說言如是我聞如是宣說依許可者如有說言我當為汝如是而思如是而作如是而說或信可言是事如是有義此中准依許可謂結集時諸菩薩衆咸共請言如汝所聞當如是說傳法菩薩便許彼言如是當說如我所聞又如是言信可審定謂如是法我昔曾聞此事如是齊此當說定無有異有義此中亦依問荅謂有問言汝當所說昔定聞耶故此荅言如是我聞有義此中通依四種依譬喻者謂當所說如是文句如我昔聞依教誨者謂告時衆如是當聽我昔所聞餘如前說我謂諸蘊世俗假者聞謂耳根發識聽受廢別就揔故說我聞有義如来慈悲本願增上緣力聞者識上文義相生此文義相雖親依自善根力起而就強緣名為佛說由耳根力自心變現故名我聞有義聞者善根本願增上緣力如来識上文義相生此文義相是佛利他善根所起名為佛說聞者識心雖不取得然似彼相分明顯現故名我聞應知

說此如是我聞意避增減異分過失謂如是法我從佛聞非他展轉顯示聞者有所堪能諸有所聞皆離增減異分過失非如愚夫無所堪能諸有所聞或不能離增減異分結集法時傳佛教者依如来教初說此言為令衆生恭敬信受言如是法我從佛聞文義決定無所增減是故聞者應正聞已如理思惟當勤修學言一時者謂說聽時此就剎那相續无斷說聽究竟揔名一時若不尒者字名句等說聽時異云何言一時能說者得陁羅尼於一字中一剎那頃能持能說一切法門或能聽者得淨耳根一剎那頃聞一字時於餘一切皆无障㝵悉能領受故名一時或相會遇時分無別故名一時即是說聽共相會遇同一時義時者即是有為法上假立分位或是心上分位影像依色心等揔假立故是不相應行蘊所攝何不別顯如下處等但說一時晝夜時分諸方不定不可別說又義不定或一剎那或復相續不可定說是故揔相但說一時

薄伽梵者謂薄伽聲依六義轉一自在義二熾盛義三端嚴義四名稱義五吉祥義六尊貴義如有頌言

自在熾盛與端嚴　名稱吉祥及尊貴
如是六種義差別　應知揔名為薄伽

如是一切如来具有於一切種皆不相離是故如来名薄伽梵其義云何謂諸如来永不繫屬諸煩惱故具自在義焰猛智火所燒練故具熾盛義妙三十二大士相等所莊飾故具端嚴義一切殊勝功德圓滿无不知故具名稱義一切世間親近供養咸稱讚故具吉祥義具一切德常起方便利益安樂一切有情無懈廢故具尊貴義或能破壞四魔怨故名薄伽梵四魔怨者謂煩惱魔蘊魔死魔自在天魔佛具十種功德名号何故如来教傳法者一切經首但置如是薄伽梵名謂此一名世咸尊重故諸外道皆稱本師名薄伽梵又此一名揔攝衆德餘名不尒是故經首皆置此名薄伽梵德後當廣說

經曰住最勝光曜七寶莊嚴放大光明普照一切無邊世界无量方所妙飾間列周圓無際其量難測超過三界所行之處勝出世間善根所起最極自在淨識為相如來所都諸大菩薩衆所雲集無量天龍人非人等常所翼從廣大法味喜樂所持作諸衆生一切義利滅諸煩惱災横纏垢遠離衆魔過諸莊嚴如來莊嚴之所依處大念慧行以為遊路大止妙觀以為所乘大空無相无願解脫為所入門無量功德衆所莊嚴大寶花王衆所建立大宮殿中

論曰此顯如來住處圓滿謂佛淨土如是淨土復由十八圓滿事故說名圓滿謂顯色圓滿形色圓滿分量圓滿方所圓滿因圓滿果圓滿主圓滿輔翼圓滿眷屬圓滿住持圓滿事業圓滿攝益圓滿無畏圓滿住處圓滿路圓滿乘圓滿門圓滿依持圓滿由十九句如其次第顯示如是十八圓滿即此圓滿所嚴宮殿名佛淨土佛住如是大宮殿中說此契經

受用變化二佛土中今此淨土何土所攝說此經佛為是何身有義此土變化土攝說此經佛是變化身聲聞等衆住此土中現對如來聞說是經歡喜信受而奉行故佛心所現故出三界淨識為相為說勝法化此地前諸有情類令其欣樂修行彼因故暫化作清淨佛土殊妙化身神力加衆令暫得見若不尒者聲聞等衆應俱不見有義此土受用土攝說此經佛是受用身此淨土量无邊際故路乘門等是實德故受用如是清淨佛土一向淨妙一向安樂一向無罪一向自在餘處說故解深密說三地已上乃得生故說此經佛具後所說二十一種實功德故說餘經時不列如是佛功德故若暫化作如是淨土如是妙身加衆令見應如餘經分明顯說然不說故是受用土及受用身聲聞等衆是佛化作或諸菩薩現作此身莊嚴佛土說法會故若尒此是地上菩薩所應見聞何故於此化佛土中結集流布傳法菩薩為欲示現一切

智者及所居處超過一切世間法故如是示現欲令所化生欣樂故為令發願當生如是清淨佛土見如是佛聞如是法修彼因故為生廣大勝解有情及諸菩薩勝歡喜故欲令增上意樂勝解界堅牢故結集流布又是法勝於此宜聞然處非勝化身相麁不可宣說故受用身居受用土為初地上諸菩薩說令傳法者結集流通若尒何故不但說彼所說法耶若不說處及能說者不知此法何處誰說一切生疑故須具說如實義者釋迦牟尼說此經時地前大衆見變化身居此穢土為其說法地上大衆見受用身居佛淨土為其說法所聞雖同所見各別雖俱歡喜信受奉行解有淺深所行各異而傳法者為令衆生聞勝饰願勤修彼因當生淨土證佛功德故就勝者所見結集言薄伽梵住最勝等乃至廣說如來功德

最勝光曜七寶莊嚴者謂大宮殿用最勝光曜七寶莊嚴或大宮殿七寶莊嚴故最勝光曜言七寶者一金二

銀三吠琉璃四牟娑洛揭　婆五遏
濕摩揭婆六赤真珠謂赤虫所出名
赤真珠或珠體赤名赤真珠七羯雞
怛諾迦毗此所重且說七寶其實淨
土無量妙寶綺飾莊嚴非世所識放
大光明普照一切無邊世界者謂大
宮殿放大光明普照一切无邊世界
或大宮殿其體周遍無邊界故放大
光明普照一切由此二句顯佛淨土
顯色圓滿如是淨土顯色圓滿形量
云何无量方所妙飾間列謂大宮殿
妙飾間列無量方所或大宮殿无量
妙飾方所間列言無量者或數无量
或處無量如慧為先安布間飾是故
說名妙飾間列云何佛土淨心為相
非外工具世匠所成而有如是如慧
為先安布間飾謂佛世尊昔菩薩時
發巧便慧如是如是加行揩頓莊嚴
佛土由先加行揩頓勢力於果位中
雖无如昔藏論覺慧而佛淨識如是
變現亦令菩薩識如是變故不相違
餘處亦應依此理說
如是淨土形色圓滿分量云何周圓

无際其量難測謂大宮殿其量周圓
无際難測或大宮殿其量無際周圓
難測又東方等分齊無故長短等相
難可測量有義如來受用身土隨所
化生所宜而現或大或小其量无定
雖現廣大亦有邊際然就地前菩薩
智等說言无際其量難測有義如來
受用身土三無數劫所脩无邊善根
所感周遍法界地上菩薩及諸如來
亦不能測其量邊際以無邊故如無
始時如實義者受用身土略有二種
一自受用謂諸如來三无數劫所脩
無邊善根所感周遍法界為自受用
大法樂故從初得佛盡未來際相續
無變如諸功德諸大菩薩亦不能見
但可得聞如是淨土以无量故諸佛
雖見亦不能測其量邊際二他受用
謂諸如來為令地上諸菩薩眾受大
法樂進脩勝行隨宜而現或勝或劣
或大或小改轉不定如變化土如是
淨土以有邊故地上菩薩及諸如來
皆測其量但就地前言不能測由是
二種差別故言周圓无際其量難測

如是淨土分量圓滿為三界處為不
尒耶超過三界所行之處謂大宮殿
處所方域超過三界所行之處非如
三界自地諸愛執為已有所緣相應
二縛隨增是彼異熟及增上果如是
淨土非三界愛所執受故離二縛故
非彼異熟增上果故如涅槃等超過
三界異熟果地若尒淨土非三界攝
便是無漏若是无漏有為所攝即是
道諦便是善性云何得用色聲香等
為其體性以十八界十五有漏八無
記等餘處說故有義十八界通有漏
无漏皆有善性然據二乘境界麁相
相似說言十八界中十五有漏八無
記等有義淨土定心所變雖有色等
所得如遍處等所緣青等皆是自在
似十界相非十界攝非諸世間五識
所生色故法界所攝是故淨土雖用
色等為其體性是无漏善亦不相違
若尒菩薩五識不緣受用土耶雖依
彼力自識變異然相麁妙不相似故
非五境攝如來五識可不緣耶佛緣
事心作用相似假名五識實非五識

恒在定故餘處宣說五識體是自性散乱无有定故若尒不從五根生耶如来五根及色聲等相同根境假名五根及色等境定心變故實是法界自在生色若尒四智應不同時無有一時一類多識一身起故許亦何失如實義者如来身土甚深微妙非有非無非是有漏亦非无漏非善非悪亦非無記非蘊界等法門所攝但隨所宜種種異說餘處說言十八界中十五有漏八無記等但就二乘異生等境麁相分別不就諸佛諸大菩薩甚深境界故餘處說如来非實蘊界處攝所有善等皆是示現乃至廣說如是淨土為與三界同一處所為各别耶有義各别有處說在淨居天上有處說在西方等故有義同處淨土周圓无有邊際遍法界故如實義者實受用土周遍法界無處无有不可說言離三界處亦不可說即三界處若隨菩薩所宜現者或在色界淨居天上或西方等處所不定

如是淨土方所圓滿既超三界異熟

果地如涅槃等應无有因若有因者應三界攝若言淨土超過三界還有起過三界法因此應當說其相云何勝出世間善根所起謂大宫殿用出世間無分別智後所得智善根為因而得生起非是无因非大自在天等為因云何淨土超過三界而用出世無分別智後所得智世間淨法為異熟因不說與彼為異熟因然為餘因彼得生起如苦法智忍品世第一法為因此用本来无分别智後得無漏善法種子三无數劫修令增廣為此淨土變現生因無分別智名出世間後得過前說名為勝用勝出世无漏善根為此生因或諸聲聞獨覺聖道名出世間如来善根過彼名勝此佛淨土如来識中无漏善根為因而生有義但是增上緣生以外法故有義亦是因緣而生親能生故若不尒者應無因緣外法相望非因緣故一切外法皆用內法熏習為因若尒外法既是共有云何有情各别種子共為因緣合生一果勿以小心測量大法

外物豈是極微合成實有體性多因共感但是有情異識各變同處相似不相障㝵如衆燈明如多所夢因類是因果相似處所無别假名為共實各有異諸佛淨土亦復如是各別識變皆遍法界同處相似說名為共

如是淨土因相圓滿果相云何最極自在淨識為相謂大宫殿最極自在佛無漏心以為體相唯有識故非離識外別有實等即佛淨心如是變現似衆寶等如前已說境界相故如入青等遍處定者識所現相此即如来大圓鏡智相應淨識由昔所修自利无漏淨土種子因緣力故於一切時遍一切處不待作意任運變現衆寶莊嚴受用佛土與自受用身作所依止處利他无漏淨土種子因緣力故隨他地上菩薩所宜變現淨土或小或大或劣或勝與他受用身作所依止處謂隨初地菩薩所宜現小現劣如是展轉乃至十地最大最勝於地地中初中後等亦復如是

如是淨土果相圓滿其主云何宫殿

定有主依持故如來所都謂大宮殿諸佛世尊為主非餘以殊勝故惟屬世尊或惟世尊住持攝受非餘所能自受用土雖遍法界一一自變各自為主不相障㝵他受用土雖諸佛變然一合相亦一相身攝受為主不相障㝵

如是淨土主既圓滿應有輔翼主必攝受輔翼者故諸大菩薩眾所雲集謂大宮殿常有无量大菩薩僧共所雲集諸來朝者必為輔翼既有無數大菩薩僧常來輔翼故无怨敵能為違害諸聲聞等無如是事謂初地上諸菩薩眾雖不能集諸佛自利受用淨土而能集會諸佛利他受用淨土諸佛慈悲於自識上隨菩薩宜現嚴妙土菩薩隨自善根願力於自識上似佛所生淨土相現雖是自心各別變現而同一處形相相似謂為一土共集其中如是地上菩薩淨土為是有漏為是无漏有義無漏謂自心中後得无漏淨土種子願力資故變生淨土於中受用大乘法樂以初地上

諸菩薩眾證真如理得真无漏處真法流住真淨土常見諸佛故所變土是真無漏道諦所攝有義有漏謂自心中加行有漏淨土種子願力資故變生淨土於中受用大乘法樂以彼菩薩雖證真如得真无漏而七地來煩惱現起乃至十地猶有修斷煩惱種子及所知障第八識體能持彼故現受熏故猶是有漏無記性攝有為无漏道諦所攝決定是善若十地中第八識體是無漏善應如佛地不能執持有漏種子不應受熏第八識體既是有漏無記性攝所變淨土云何无漏善性所攝又一有情無二實身其身介時既是有漏所依淨土云何無漏是故十地菩薩淨土是妙有漏苦諦所攝如實義者十地菩薩自心所變淨土有二若第八識所變淨土是有漏識相分攝故是有漏身所依處故雖无漏善力所資熏其相淨妙而是有漏苦諦所攝隨加行等所現亦尒若隨後得无漏心變淨土影像是無漏識相分攝故從无漏善種子

生故體是無漏道諦所攝

如是淨土輔翼圓滿應有眷屬故次說言無量天龍人非人等常所翼從謂大宮殿唯有天等眷屬圍繞无有餘類等者等取藥叉揵達縛阿素洛揭路荼緊捺洛莫呼洛伽等莫呼洛伽即攝大蟒云何淨土超過三界所行之處而有天等以為眷屬天等皆是三界攝故淨識如是攝受變現為嚴淨土故不相違或為成熟所化有情示現如是變化種類如為調伏劫比拏王現化无量轉輪王眾眷屬圍繞或諸菩薩化作無量天龍等身住淨土中以供養佛或自化身為天龍等翼從如來故无有過

如是淨土眷屬圓滿於中止住以何住持廣大法味喜樂所持謂於此中大乘法味喜樂所持食能令住是住持義已說淨土超過三界所行之處云何有食又無漏法不應名食食能長養三有眾生此斷有故應不名食是住持因故亦名食如汝宗中生色界等入无漏定亦應名食非過去食

應名為食過去無故此亦應尒是任持因故說為食如有漏法雖障无漏然持有漏得名為食無漏亦尒雖斷有漏然持无漏云何非食此淨土中諸佛菩薩後得無漏能說能受大乘法味生大喜樂又正體智受真如味生大喜樂能任持身令不斷壞長養善法故名為食

如是淨土任持圓滿作何事業作諸衆生一切義利謂於此中自能現作一切有情一切義利或令一切有情自作一切義利現益名義當益名利世間名義出世名利離惡名義攝善名利福德名義智慧名利如是等別雖在寂定由先所脩加行願力任運能作一切有情一切義利

如是淨土事業圓滿有何攝益滅諸煩惱灾橫纏垢謂於此中遠離一切煩惱纏垢及諸灾攢即諸煩惱名為纏垢如是即名諸灾攢因煩惱纏垢此中无故所作灾攢此中亦無又煩惱者謂一百二十八根本煩惱纏者即是無慚愧等垢者即是諂誑憍等

灾攢即是彼所發業及所得果若所知障或諸隨眠名為煩惱即彼現起說名纏垢本或名纏隨或名垢所知障等名為灾攢此中何法名為攝益即離煩惱灾攢纏垢名為攝益如世封主雖不攝受但不為灾封户亦言主攝益我此亦如是又現證得解脫煩惱灾攢纏垢殊勝福智故名攝益

如是淨土離內灾攢攝益圓滿亦應無有外怖畏因故次示現无畏圓滿遠離衆魔謂於此中遠離一切煩惱蘊死及以天魔或能令他遠離四魔如是四種是怖畏因由是能生諸怖畏故此中無彼故无怖畏煩惱魔者謂一百二十八煩惱并隨煩惱蘊魔者謂五取蘊死魔者謂有漏內法諸無常相天魔者謂欲界第六自在天子如是四種皆能損害諸善法故說名為魔由是四魔生諸怖畏如來永離四種魔故无諸怖畏初地已上諸大菩薩在淨土中離麁四魔无五怖畏

如是淨土無畏圓滿其所住處亦應殊勝故次復說住處圓滿過諸莊嚴

如来莊嚴之所依處謂於此中佛所住處勝過一切菩薩及餘莊嚴住處惟是如来妙飾莊嚴為所住處由勝一切莊嚴住處是故說名住處圓滿

如是淨土住處圓滿有何道路於中往来大念慧行以為遊路謂於此中大念大慧及以大行為所行路所遊履故名為遊路是道異名聞所成慧名為大念聞已記持无倒義故思所成慧名為大慧依理審思得決定故脩所成慧名為大行由脩習力趣真理故大者念等緣大乘法而生起故是彼果故彼所攝故履三妙慧淨土往還故名遊路此說菩薩因三妙慧得入淨土故名遊路若諸如来大念即是無分別智由念安住真如理故大慧即是後所得智分別諸法真俗相故此二皆有造作淨土增上業用故俱名行由此二智通生淨土故名遊路或大念行是自利行內攝記故大慧行者是利他行外分別故如其次第通生如来二種淨土故名遊路

如是淨土路既圓滿應有所乘御彼

所乘行此道路故次說言大止妙觀以為所乘止謂三摩地觀謂般羅若大義如前此二等運故名所乘乘此止觀隨其所應行前道路是捴位位中止觀別名所乘

如是淨土乘既圓滿應有入門從彼入門御此乘入故次說言大空无相無願解脫為所入門謂大宮殿三解脫門為所入處解脫即是出離涅槃即大空等名解脫門依從此門而入淨土遍計所執生法無我說名為空緣此三摩地名空解脫門相謂十相一色二聲三香四味五觸六男七女八生九老十死即是涅槃無此等相故名无相緣此三摩地名無相解脫門願謂求願觀三界苦無所求願故名无願緣此三摩地名無願解脫門由此空等三解脫門得入淨土故名為門大如前說此淨土中亦應有事路乘門等為令有情欣樂實德故就行說

如是淨土門既圓滿如餘宮殿應有所依故次復說依持圓滿无量功德衆所莊嚴大寶花王衆所建立謂如地等依風輪等或如世間宮殿依地如是淨土无量德衆所嚴大寶紅蓮花王衆所建立謂紅蓮花大寶所成如是大寶無量功德衆善所起於衆寶中勝故名大此實紅蓮於諸花中最為殊勝故名花王或此寶花望諸菩薩善根所起紅蓮花衆勝故名大佛是法王是佛最勝善根所起故名花王又此寶花極難得故名為大寶花中最勝故名花王此花非一或花葉多故名為衆世尊住此花衆建立大宮殿中說是契經是故說言大宮殿中若就如来實受用身所依淨土名大宮殿量同法界於中一一佛受用身是能說本名說此經若就如來隨菩薩宜現受用身所依淨土名大宮殿其量不定於中諸佛同現一身正說此經故此宮殿分量方所不可定說

佛地經論卷第一

佛地經論卷第一

校勘記

一　底本，金藏廣勝寺本。

一　一頁中二行「菩薩等」，石、資、磧、普、南、徑、清作「等菩薩」，以下各卷同。

一　一頁中三行譯者，石、南、徑、清作「唐三藏法師玄奘奉詔譯」；資作「唐三藏法師玄奘譯」；普作「大唐三藏法師玄奘譯」，以下各卷同。

一　二頁上三行第一〇字「信」，資、磧、普、南、徑、清、麗作「許」。

一　二頁上二二行首字「所」，資、磧、普、南、徑、清作「而」。

一　二頁中一一行第七字「若」，磧、普、南、徑、清作「者」。

一　二頁中一二行第九字「時」，石、麗作「或」。

一　二頁下一四行第四字「告」，諸本作「吉」。

一　三頁上一行第四字「最」，磧、普、

南、徑、清作「是」。

一　三頁上三行「其量難測」，石作「眇然難測」，下同。

一　三頁上一八行第九字「任」，資、磧、普、南、徑、清、麗作「住」。

一　四頁上一行「娑洛揭」，資、磧、普、南、徑、清作「婆洛揭騰」；麗作「婆洛揭」。

一　五頁上一九行第一一字「无」，諸本作「不」。

一　五頁下四行第二字「因」，資、磧、普、南、徑、清、麗作「同」。

一　五頁下一四行第一一字「於」，資、磧、普、南、徑、清作「於此」。

一　六頁上一一行「諸来朝者必」，石、資、磧、普、南、徑、清作「諸来朝者名」；麗作「謂来朝者必」。

一　六頁上一五行第一〇字「他」，磧、普、南作「也」。

一　六頁中一一行第一〇字「如」，資、磧、普、南、徑、清作「知」。

一　六頁中一二行第一〇字「熏」，磧、普、南、徑、清作「重」。

一　六頁中一四行第一〇字「情」，資、磧、普、南、徑、清作「性」。

一　六頁中一六行第四字「故」，資、磧、普、南、徑、清無。

一　六頁下一〇行第九字「爲」，資、磧、普、南、徑、清作「有」。

一　六頁下一二行首字「比」，磧、普、南、徑、清作「此」。

一　六頁下一七行首字及一八行末字「住」，石、麗作「任」。

一　六頁下二二行第二字「住」，資、麗作「任」。

一　七頁上一行末字「任」，徑、清作「住」。

一　七頁上九行第五字「任」，南、徑、清作「住」。

一　七頁中一二行第一三字「四」，徑作「此」。

一　八頁上末行第五字「復」，資、磧、普、南、徑、清作「須」。

佛地經論卷第二　傳

親光菩薩等造

大唐三藏法師玄奘奉　詔譯

經曰是薄伽梵寂清淨覺不二現行趣無相法住於佛住逮得一切佛平等性到无障處不可轉法所行無㝵其所成立不可思議遊於三世平等法性其身流布一切世界於一切法智无疑滯於一切行成就大覺於諸法智無有疑惑凡所現身不可分別一切菩薩正所求智得佛無二住勝彼岸不相間雜如來解脫妙智究竟證無中邊佛地平等極於法界盡虛空性窮未來際

論曰次顯諸佛異餘大師故說世尊功德殊勝又為其餘生淨信故顯示世尊功德圓滿應知此中二十一種殊勝功德顯薄伽梵寂清淨覺謂佛世尊普於一切有為無為所應覺境正開覺故又於一切所應覺境淨妙圓滿正開覺故又於一切如所有性盡所有性正開覺故名薄伽梵寂清淨覺不二現行者顯示世尊一向無障殊勝功德謂凡夫二乘現行二障世尊无故以諸凡夫現行生死起諸雜染住著生死聲聞獨覺現行涅槃一向棄背利樂他事住著涅槃世尊無彼現行二障是故說名不二現行趣无相法者顯示世尊調化方便殊勝功德謂無相法即是涅槃佛善了知三乘有情隨彼堪能調化方便如實為說令彼趣證无相法故住於佛住者顯示世尊觀所調化殊勝功德謂住大悲晝夜六時觀世間故逮得一切佛平等性者顯示世尊得一切佛相似事業殊勝功德謂證諸佛相似事業平等性故到無障處者顯示世尊永斷所治殊勝功德謂已證得解脫一切煩惱所知二障智故及已永斷一切障故不可轉法者顯示世尊降伏外道殊勝功德謂佛正法一切外道不能退轉降伏彼已顯正道故所行无㝵者顯示世尊降伏魔怨殊勝功德謂所行者即色等境此所行境擾乱心故障㝵善故說名魔怨

佛地經論第二卷　第三張

諸佛世尊心善安定極悅意境亦不能亂所有功德極善成滿一切惡境不能為㝵以能摧伏一切境界一切所行不能拘㝵是故說名所行无㝵其所成立不可思議者顯示世尊安立法教殊勝功德謂佛安立一切法教超過一切尋思境故遊於三世平等法性者顯示世尊記別三世殊勝功德謂如現在記別過去未來世事皆无㝵故其身流布一切世界者顯示世尊現從覩史天宮來下殊勝功德謂現化身普於一切世界洲渚同時流下入母胎故於一切法智無疑滯者顯示世尊斷一切疑殊勝功德謂於諸法已得能除一切疑惑決定智故於一切行成就大覺者顯示世尊於一切乘所化有情能隨所應示現自身殊勝功德謂遍了知一切有情性行差別如其所應現自身故於諸法智無有疑惑者顯示世尊妙善了達一切法智能隨所應恒正教誨殊勝功德謂於諸法懷疑惑者無有堪能隨應教誨惟佛世尊證見者去

佛地經論第二卷　第四張

智善決定能隨所應无倒教誨無休廢故凡所現身不可分別者顯示世尊能正攝受无染自身殊勝功德謂諸佛身非是虛妄分別所起無煩惱業生雜染故以如來身非是雜染分別起故不可分別一切菩薩正所求智者顯示世尊成就佛種不斷方便殊勝功德謂諸菩薩為令佛種无斷絕故勤修加行非聲聞等是故佛智惟諸菩薩正所應求得佛無二住勝彼岸者顯示世尊自性身分殊勝功德謂佛法身無差別相故名无二佛無二住即是法身真如為體无差別相於中一切二相分別皆不現行緣住名勝定常住其中故名為住即无二彼勝彼岸佛已窮到故名為得不相間雜如來解脫妙智究竟者顯示世尊受用身分殊勝功德謂受用身不相間雜一切如來受用身體各各別故如來妙智能令一切衆生解脫故名如來解脫妙智佛於此智已得究竟如是即說如來妙智不相間雜於淨佛土現受用身亦不相雜大集

佛地經論第二卷　第五張

會中現種種身與諸菩薩受用法樂亦不相雜如來於此智所現身亦到究竟證無中邊佛地平等者顯示世尊證真如相殊勝功德謂真如相无有中邊遠離一切有為無為中邊相故遠離方處中邊相故如是真如即是佛地平等法性證此佛地平等性故遍知一切為無為等於中不染極於法界者顯示世尊證得果相殊勝功德謂得窮極清淨法界如是法界是修道果次後二種殊勝功德顯示世尊功德无盡盡虛空性窮未來際者顯示世尊自利利他二德無盡殊勝功德謂如虛空經成壞劫性常无盡如來一切真實功德亦復如是常無斷盡如未來際无有盡期利他功德亦復如是窮未來際常作一切有情利益安樂事故

復次此中摠別顯示世尊殊勝功德初句是摠由所餘句開顯其義如是乃名善說法要由二十一殊勝功德是故說名最清淨覺不二現行者顯示世尊於所知境一向無障智轉功

德謂聲聞等於諸境界智有障导極遠時方無邊差別諸佛法中无智轉故如來不尒一切時方無邊差別諸佛法中一切種智無障导轉於諸法相无知不知二種現行是故說名不二現行由此故名寂清淨覺餘句皆應如是配屬趣无相法者顯示世尊能入無二殊勝功德謂自能入永離一切分別自相解脫一切煩惱纏垢離有無相清淨真如亦令他入住於佛住者顯示世尊任運佛事不休息住殊勝功德謂无功用利有情事無有間斷安住聖天及梵住故逮得一切佛平等性者顯示世尊於法身中所依意樂作業无別殊勝功德謂一切佛真如淨智一切利益安樂意樂受用變化二利他事無差別故到无障處者顯示世尊已修一切障法對治殊勝功德謂已修習一切煩惱及所知障對治聖道已到解脫一切障處所依所趣故名為處不可轉法者顯示世尊不為一切外道所伏殊勝功德謂教證法皆不為他所退轉故

所行无导者顯示世尊雖生世間世法不导殊勝功德謂生世間利等八法不能导故其所成立不可思議者顯示世尊安立正法殊勝功德謂十二分殊勝教法出過一切尋思所行非諸愚夫所能測度宣說一切自相共相故名安立遊於三世平等法性者顯示世尊能正記別殊勝功德謂於三世流轉句義曾現當生展轉記別無顛倒故記別去來皆如現在分明无倒故名平等其身流布一切世界者顯示世尊同時普於一切世界示現受用及變化身殊勝功德謂於一切無邊世界隨所化宜現琉璃等妙色身故於一切法智无疑滯者顯示世尊斷一切疑殊勝功德謂自决定乃能令他生决定故於一切行成就大覺者顯示世尊入種種行殊勝功德謂隨所化有情所宜現同類身令彼入故於諸法智无有疑惑者顯示世尊了達當來法生妙智殊勝功德謂於出過聲聞等境微細善種如瓦石中細金種子如是等境无顛倒

相皆遍知故凡所現身不可分別者顯示世尊隨其勝解如應示現殊勝功德謂佛世尊雖無分別如末尼珠由諸如來增上力故亦由自身勝解力故見如來身如金色等然諸如來无有分別無異分別廣說如經或同彼類不可分別一切菩薩正所求智者顯示世尊无量所依調伏有情調伏方便殊勝功德謂由無量菩薩所依一切有情調伏方便此由如來增上力故得聞正法思修次第獲得妙智異類菩薩攝受付囑展轉相續无間而轉得佛無二住勝彼岸者顯示世尊平等法身波羅蜜多究極成滿殊勝功德謂於佛地無二法身一切施等波羅蜜多平等圓滿不相間雜如來解脫妙智究竟者顯示世尊隨其勝解示現无雜清淨佛土殊勝功德謂觀有情勝解差別示現種種不相間雜金等佛土證無中邊佛地平等者顯示世尊三身方處无有分限殊勝功德謂證平等無初中後諸佛三身於其佛地佛淨土中无有一切

佛地經論第二卷 第九張 傅字号

方處分限極於法界者顯示世尊窮生死際常現起作一切有情利益安樂殊勝功德謂此法界善清淨故窮生死際常起等流契經等法為當来世所化有情如應如時恒現起作利益安樂盡虛空性窮未来際者顯示世尊无盡究竟殊勝功德謂如虛空常無窮盡諸佛法界所起功德亦復如是无窮盡故如未来際無有盡期利樂一切有情加行无休息故諸佛功德為性是常无盡究竟為性無常相續不斷无盡究竟不可定說以佛法身清淨法界理性功德性是常故受用變化二身功德雖性無常无斷盡故無盡究竟一切如来本發弘願為有情故求大菩提若諸有情盡得滅度尒時諸佛有為功德何不斷滅諸有情界無有一切盡滅度時故佛功德无有斷滅所以者何由法尒故無始時来一切有情有五種性一聲聞種性二獨覺種性三如来種性四不定種性五無有出世功德種性如餘經論廣說其相分別建立前四種

佛地經論第二卷 第十張 傅字号

性雖无時限然有畢竟得滅度期諸佛慈悲巧方便故第五種性無有出世功德因故畢竟无有得滅度期諸佛但可為彼方便示現神通說離惡趣生善趣法彼雖依教勤修善因得生人趣乃至非想非非想處必還退下墮諸惡趣諸佛方便復為現通說法教化彼復修善得生善趣後還退墮受諸苦惱諸佛方便復更拔濟如是展轉窮未来際不能令其畢竟滅度雖餘經中宣說一切有情之類皆有佛性皆當作佛然就真如法身佛性或少分一切有情方便而說為令不定種性有情決定速趣无上正等菩提果故由此道理諸佛利樂有情功德无有斷盡此利他德依自利德乃得無斷是故如来有為功德從因生故雖念念滅而无斷盡由佛功德無盡究竟是故成就寂清淨覺其餘諸句皆應如是一一配屬何故先說諸佛淨土後說世尊如是功德為顯如是諸佛功德依淨土故為顯世尊依淨佛土具如是德說此經故

佛地經論第二卷 第十一張 傅字号

次顯世尊眷屬圓滿謂大聲聞及大菩薩餘經中說調順調順而為眷屬解脫解脫而為眷屬是名如来眷屬圓滿此說無量大聲聞衆无量菩薩摩訶薩俱一切調順皆佛子等皆住大乘遊大乘等如其次第聲聞菩薩眷屬圓滿何故此中先說聲聞後說菩薩為於大乘生疑惑者除彼疑故為引不定種性菩薩生定信故為已清淨諸大聲聞捨於自身尊貴慢故謂於衆前大聲聞衆近對世尊親受化故又諸聲聞常隨佛故形同佛故內眷屬故又令菩薩於聲聞衆生恭敬故如契經言菩薩不應於聲聞衆不生恭敬由是讃歎聲聞功德亦令其餘於聲聞衆生淨信故於此會中亦有餘衆結集法者略說二衆以其勝故如經後言世間天人阿素洛等一切大衆聞佛所說皆大歡喜信受奉行前說淨土寂極自在淨識為相去何會中有聲聞等而不相違有何相違諸聲聞等同菩薩見故成相違若聲聞等亦如是見可作是說諸聲

聞等雖預此會障見淨妙業所导故猶如生盲不見如是淨妙境界不可難言既不能見不應在衆以雖不見如是淨妙而見穢土化身說故雖同一會自業力故所見各異如見真金謂為火等如於一處四種衆生各別見等或復如來神力加被令彼得見聞說妙法此是如來不思議力不可難以根地度等化亦無過為欲莊嚴說法會故或佛化作或諸菩薩之所化作

經曰與无量大聲聞衆俱一切調順皆是佛子心善解脫慧善解脫戒善清淨趣求法樂多聞聞持其聞積集善思所思善說所說善作所作捷慧速慧利慧出慧勝決擇慧大慧廣慧及無等慧慧寶成就具足三明逮得第一現法樂住大淨福田威儀寂靜大忍柔和成就无減已善奉行如來聖教

論曰無量大聲聞衆者其數甚多難可筭計故名无量聞佛言音而入聖道故名聲聞並出家僧故名為衆一

切皆是寂極利根波羅蜜多種性聲聞故名為大有義皆住无學果位故名為大如實義者皆是不定種性聲聞得小果已趣大菩提故名為大或衆數多故名為大如今大衆一切調順者有義有學離見所斷一百一十二種分別麁重煩惱不儱悷故猶如良馬名為調順有義無學離見修斷一百二十八種煩惱不對強故猶如真金名為調順如實義者皆是迴向菩提種性一切堪能發趣大果隨佛意轉如聰慧為故名調順由佛教力彼聖道生故名佛子如說皆從世尊口生正法生故有義皆是趣大聲聞能紹佛種令不斷絕故名佛子心善解脫者離三界貪故如說離貪心得解脫慧善解脫者已離一切染汙无明故如說離於無明慧得解脫戒善清淨者如契經說具足六支名戒善淨謂住淨尸羅善自防守別解律儀軌則所行皆悉具足於微細罪見大怖畏受學學處或復皆得无漏戒故名善清淨如實義者住無學位迴向

大乘自分戒淨修菩薩戒故名善淨趣求法樂者求正法時欲趣大樂謂佛菩提不求餘事或求法時為令他樂無求過意離惡威儀如實義者此大聲聞專求法樂不求名聞利養恭敬无量經典初中後分皆能聽受故名多聞隨所聞義皆能憶持令不忘失故名聞持數習文義令其堅住是故說名其聞積集世間愚夫惡思所思惡說所說惡作所作出世聖者翻過彼法與彼相違是故說名善思所思善說所說善作所作三業清淨隨智慧行於佛所說法毗奈耶速入其義故名捷慧即於此中多入其義故名速慧　能多行者說名速故入微細義故名利慧得能出離生死妙慧故名出慧此慧能為涅槃了因是故說名勝決擇慧勝決擇故名勝決擇即是涅槃此慧能為彼了因故依彼立名問答決擇無窮盡故名為大慧深廣圓滿善通達故名為廣慧有本復說甚深妙慧謂他不能窮其底故於軟根等諸聲聞衆此慧勝故名无等

慧此慧能招寂上義故名為慧寶是
諸聲聞具此慧寶是故說名慧寶成
就具足三明者謂得無學三種明故
云何名為无學三明一宿住隨念智
證通明二死生智證通明三漏盡智
證通明無學利根所得三通除涤不
涤三際愚故說有三明有義明者以
慧為性慧能除闇故說為明有義无
癡善根為性飜無明故速得第一現
法樂住者證得不退勝靜慮故大淨
福田者永離煩惱如世良田速能生
長廣大果故威儀寂靜者一切威儀
正知住故大忍柔和成就无威者於
苦堪耐易共住故已善奉行如来聖
教者諸有所作已圓滿故如来聖教
本為有情出生死苦是諸聲聞位登
無學皆出生死故善奉行如来聖教
若介何故復為說法為令迴向大菩
提故是諸聲聞皆住无學盡此一報
必入永滅無餘涅槃寂靜安樂與佛
无異如餘論說何故引彼趣大菩提
長時受苦變易位中無諸苦受斯有
何過行苦有故是為大過雖經此苦

令得如来三身功德大喜大樂故無
有過一切大樂不過涅槃彼已證得
復何所少更求菩提涅槃雖有寂滅
安樂而无受樂三菩提樂斷受樂等
無量功德何用行苦有為樂耶有為
无漏猶如涅槃是無漏故非行苦攝
又若成佛能化无量所化有情出生
死故已成佛者無此能耶无始時来
衆生法介能化所化種性相屬不相
屬者即無化能是故如来種種方便
化諸有情令得佛果化彼所化若介
聲聞或除七生或除一生或除上界
處處一生餘一切生得非擇滅或一
切生皆非擇滅云何更經三无數劫
修菩提因而得佛耶雖諸煩惱所潤
分段得非擇滅而由願力受變易生
三無數劫修菩提因无有過失非擇
滅者衆縁不具於此時中畢竟不生
非永不生彼雖長時住在生死由定
願力資感生因令其功能多時生果
即此一身展轉增勝乃至成佛如延
壽法更不受生故論說言悶迴向菩
提聲聞為住无餘依涅槃界發趣無

上正等菩提為住有餘依涅槃界耶
荅惟住有餘依涅槃界中可有此事
所以者何以无餘依涅槃界中遠離
一切發起事業一切功用皆悉止息
問若惟住有餘依涅槃界中發趣无
上正等菩提者云何但由一生便能
證得無上正等菩提所以者何阿羅
漢等尚當无有所餘一生何況當有
多生相續荅由彼要當增諸壽行方
能成辦世尊多分依此迴向菩提聲
聞密意說言若有善修四神足已能
住一劫或餘一劫餘一劫者此中意
說過於一劫彼雖如是增益壽行發
趣無上正等菩提而所修行極成遲
鈍樂涅槃故不如初心始業菩薩彼
既如是增壽行已留有根身別作化
身同法者前方便示現於无餘依涅
槃界中而般涅槃由此因縁皆作是
念某名尊者於無餘依涅槃界中已
般涅槃彼以所留有根實身即於此
界贍部洲中隨其所樂遠離而住一
切諸天尚不能覩何況其餘衆生能
見彼於涅槃多樂住故於遍遊行彼

彼世界親近供養佛菩薩中及於修習菩提資糧諸聖道中若放逸時諸佛菩薩數數覺悟彼覺悟已於所修行能不放逸復次迴向菩提聲聞或於學位即能棄捨求聲聞願或无學位方能棄捨由彼根性有差別故所待衆緣有差別故如是若在无學位中迴向菩提由定願力數數資昔感現身因令於長時生果相續漸漸增勝乃至成佛功德方盡此報雖觀有漏因感然由無漏定願資助名不思議變易生死无漏定願不思議故若有學位迴向菩提或隨煩惱感生勢力感彼生已於冣後生伏諸煩惱起佛或迴心已即伏煩惱起定願力資定願力資後身因如前道理乃至成現身因如前道理乃至成佛諸用无漏定願資助非煩惱者皆不思議變易身攝若煩惱力所感異熟分段身攝若說聲聞是化所作不須如是問荅分別

經曰復有无量菩薩摩訶薩從諸佛土俱来集會皆住大乘遊大乘法於

諸衆生其心平等離諸分別及不分別種種分別摧諸魔怨遠離一切聲聞獨覺繫念分別廣大法味喜樂所持超五怖畏一向趣入不退轉位息諸衆生一切苦惱所逼迫地而現在前妙生菩薩而為上首

論曰所言菩薩摩訶薩者謂諸薩埵求菩提故此通三乘為簡取大故須復說摩訶薩言又緣菩提薩埵為境故名菩薩具足自利利他大願求大菩提利有情故又薩埵者是勇猛義精進勇猛求大菩提故名菩薩此通諸位令取地上諸大菩薩是故復說摩訶薩言何故讚說菩薩功德為捨衆生輕慢心故有作是言諸聲聞衆久修梵行諸菩薩衆應當敬礼又令衆生起淨信故菩薩尚有如是功德何況如来於此讚說菩薩德中顯諸菩薩有三大事名摩訶薩一者數大以無量故二者德大謂住大乘遊大乘等三者業大謂息衆生諸苦惱故利樂有情是菩薩業從諸佛土俱来集會者謂從十方種種佛土為聽法

故俱来集會亦應有此索訶世界菩薩来集而結集者但說他方菩薩来集為欲對治懈怠憍慢不来集會求聞法故如是菩薩從彼方来自求聞法非他所引一切皆具大威神力尚從他界極遠方来何況其餘而不来集前聲聞衆不說来集在此方故令說他方俱来集會故知亦有此方菩薩但略不說就德大中應知略說九種德大一精進大謂皆住大乘由精進力安住大乘拔濟有情令離生死及自發趣無上菩提二因大謂遊大乘法即十地等以聞思修等漸次而遊三所緣大謂於諸衆生其心平等即於一切有情得自他平等以大慈等平等方便故四時大謂離諸分別及不分別種種分別即於一切時猶如一念平等而轉劫名分別以於一切劫與非劫分別斷故以不分別劫與非劫故能長時修行无猒五無染大謂摧諸魔怨以捨一切所攝受故能伏魔怨如說菩薩若於一切所攝受事知不堅實心不貪求即能摧伏

一切魔怨六作意大謂遠離一切聲聞獨覺繫念分別即是遠分斷除一切二乘作意七任持大謂廣大法味喜樂所持即用大乘法味喜樂為食八清淨大謂超五怖畏即三業清淨出諸怖畏无犯戒等諸惡趣等怖畏因故五怖畏者一不活畏二惡名畏三死畏四惡趣畏五怯衆畏如是五畏證得清淨意樂地時皆已遠離九證得大謂一向趣入不退轉位即得一切智記別地時一向不退前七地中猶有加行功用運轉未得不退无功用道其餘諸地得無加行功用運轉一向趣入不退轉地以不退地无功用道一向趣入是故說名一向趣入不退轉地就業大中息諸衆生一切苦惱所逼迫地而現在前者謂諸菩薩能息一切有情內外苦惱逼迫地位現前此地中有大悲大慈由此二種能息一切內病等苦外貧等惱之所逼迫此二多作有情利樂故得此者名為業大復次皆住大乘者謂住初地證得遍滿真法界時初得真

實大乘法故名住大乘遊大乘法者謂第二地修行菩薩三聚戒故大乘行法即三聚戒於諸衆生其心平等者謂第三地得諸勝定發四無量平等利樂諸有情故離諸分別等者謂第四地得三十七菩提分法離諸分別及不分別種種分別諸分別者即見所斷分別我見初地已離不分別者即修所斷俱生我見此地中離即此二種相應諸法名種種分別行解異故雖前後離盡處總說如第四定說離苦樂如第三果離五下分有義此地第七識中俱生煩惱一切遠離有義此地第六識中俱生我見一切遠離非第七識以七地來猶有微細煩惱現行若無第七應无染依應不似五第七細惑若已遠離五六七地六識麤惑應不現行即違瑜伽解深密說又如二乘金剛喻定第七識惑與六識中最細煩惱一時俱斷云何此中先離第七微細煩惱後離六識麤煩惱耶是故四地得无我智滅意識中俱生我見未離第七微細煩惱

及六識中餘修斷惑此說伏離非是永滅至第十地金剛心時方頓斷滅修斷種故摧諸魔怨者謂第五地觀四聖諦皆平等性摧伏執取生死涅槃差別魔怨遠離一切聲聞獨覺繫念分別者謂第六地觀十二支染淨緣起皆平等性遠離二乘厭患雜染欣樂清淨繫念分別廣大法味喜樂所持者謂第七地證无相理於空智中起有勝行受大法樂超五怖畏者謂第八地一切煩惱不復現行離五怖因名超五怖五怖畏果初地已離一向趣入不退轉位者謂第九地決定趣入第十菩薩衆行圓滿不退轉位息諸衆生等者謂第十地得大法身起大悲雲雨大法雨息除一切衆生苦惱所逼迫事復次如是十句經文十到彼岸十大願等亦應配釋以初地上一一地中普攝一切諸地行故妙生菩薩而為上首者謂能發起圓滿功德諸三摩地名為妙生菩薩得此三摩地故立妙生号以菩薩名多依法故如慈氏等於此衆中妙生

佛地經論第二卷　第二十四張　俰字号

菩薩最第一故名為上首是故次下惟告妙生發起所說此經略故唯列一名所餘衆會但舉其數結集法者意在略故

佛地經論卷第二

佛地經論卷第二

校勘記

一　底本，金藏廣勝寺本。

一　一〇頁中五行第九字「逮」，徑作「建」。

一　一一頁上末行「者去」，諸本作「諸法」。

一　一一頁中五行第三字「離」，麗作「雜」。

一　一一頁中一七行第八字「妙」，資、磧、普、南、徑、清作「如」。

一　一一頁下一六行第四字「如」，資、磧、普、南、徑、清作「知」。

一　一二頁上七行「相法」，資、磧、普、南、徑、清作「法相」。

一　一二頁上一三行第一二字「逮」，徑、清作「建」。

一　一三頁中一三行第二字「或」，諸本作「或就」。

一　一五頁下四行第四字「起」，資、磧、普、南、徑、清作「趣」。

一　一六頁上一〇行第七字「德」，資、磧、普、南、徑、清、麗作「能」。

一　一六頁中一五行第一一字「諸」，麗作「讃」。

一　一七頁上三行第七字「任」，石作「住」。

一　一七頁中九行「離即」，徑作「即離」。

一　一八頁上四行末字「故」，徑無。

佛地經論卷第三 傳

親光菩薩等造

大唐三藏法師玄奘奉 詔譯

經曰尒時世尊告妙生菩薩妙生當知有五種法攝大覺地何等為五所謂清淨法界大圓鏡智平等性智妙觀察智成所作智

論曰如是已說教起因緣分次當顯示聖教所說分唯告妙生一菩薩者由是最勝教所被故何故不告聲聞衆耶以諸菩薩專意悕求一切智故聞如是法生勝解故生勝解已能趣入故既趣入已能正行故正修行已速成辦故聲聞不能求一切智雖有能求聞如是法不生勝解雖生勝解不能正行雖能正行不速成辦故不告彼若尒何故說此經時預在衆會為顯時衆最高大故化作此類為令迴向菩提聲聞發起大故引令入衆或諸菩薩現作此名故不相違略由四相安立佛地一由數故二由攝故三由名故四由決擇差別義故今於此中且說數攝及名差別

一由數者謂有五種法後說自相其數自顯何故說數為決定故惟有五法不增不減法者即是持自相義非與可愛果異熟義二由攝者謂攝大覺地大覺是佛具三種身一者自性二者受用三者變化後當廣說地謂大覺所依所攝所行境界安立自相所緣差別以一切法為境界故安立所緣言攝一切安立自相唯攝自體合為一故大覺地中無邊功德略有二種一者有為二者无為無為功德淨法界攝淨法界者即是真如无為功德皆是真如體相差別有為功德四智所攝無漏位中智用强故以智名顯一切種心心所有法及彼品類若就實義一一智品具攝一切功德法門若就麁相妙觀察智攝四念住觀察一切身等法故平等性智攝四正断及四無量以四正断雖用精進為其自性而由如来平等性智所攝受故无高下相四無量者平等行故此智所攝四如意足以三摩地為自

性故觀察智攝住持一切陁羅尼門三摩地門下經說故如是其餘靜慮解脫等持等至陁羅尼門三摩地門无諍願智通無㝵解如来十八不共佛法力无畏等多分攝在妙觀察智神境智通多分攝在成所作智漏盡智通漏盡智力若說漏盡相續中有四智所攝若說彼緣漏盡湼槃多分攝在大圓鏡智平等性智第七遍行行智力者四智所攝慧等諸根慧等諸力多分攝在大圓鏡智平等性智覺支道支多分攝在平等性智若等十智真无漏者多分攝在大圓鏡智平等性智無忘失法多分攝在大圓鏡智永斷一切習氣相續多分攝在清淨法界大圓鏡智波羅蜜多若是无漏若似有漏多分攝在後二智中諸相隨好多分攝在成所作智其餘佛法如其所應隨相應攝如是四智具攝一切佛地无漏心及心法若俱有法若所變現品類差別清淨法界攝真如上諸相功德是故五法具攝一切佛地功德

三由名者謂清淨法界廣說乃至成所作智清淨法界者謂離一切煩惱所知客塵障垢一切有為无為等法無倒實性一切聖法生長依因一切如来真實自體无始時来自性清淨具足種種過十方界極微塵數性相功德无生無滅猶如虛空遍一切法一切有情平等共有與一切法不一不異非有非无離一切相一切分別一切名言皆不能得唯是清淨聖智所證二空无我所顯真如為其自性諸聖分證諸佛圓證如是名為清淨法界大圓鏡智者謂離一切我我所執一切所取能取分別所緣行相不可了知不愚不忘一切境界不分別知境相差別一切時方無間无斷永離一切煩惱障垢有漏種子一切清淨無漏功德種子圓滿能現能生一切境界諸智影像一切身土影像所依住持一切佛地功德窮未來際无有斷盡如是名為大圓鏡智平等性智者謂觀自他一切平等大慈大悲恒共相應常无間斷建立佛地無住

涅槃隨諸有情所樂示現受用身土種種影像妙觀察智不共所依如是名為平等性智妙觀察智者謂於一切境界差別常觀無㝵攝藏一切陁羅尼門三摩地門諸妙定等於大衆會能現一切自在作用斷一切疑雨大法雨如是名為妙觀察智成所作智者謂能遍於一切世界隨所應化應熟有情示現種種无量無數不可思議佛變化事方便利樂一切有情常無間斷如是名為成所作智

復次建立如是五法因故果故果差別故因者即是清淨法界是能生長聖法因故果謂聖智為彼生故依止彼故此聖智果差別有四隨起建立謂緣法界任持一切隨聞法故於諸有情證得自他平等性故開示正法勝方便故利他因故

復次建立如是五法佛自體故因故果故佛自體者清淨真如為體相故及緣此境无分別智為體相故因謂無量常无間斷於諸有情平等性智果謂饒益一切有情二殊勝智觀察

可化不可化故隨其所冝成所作故
復次建立如是五法謂於佛地果位差別即智斷果為佛地體斷果即是清淨法界於中一切障永斷故智有四種大圓鏡等於佛果地諸心心法分位所現諸功德中智𡨋殊勝以智為名揔攝一切有為德故
復次如是所說法門建立五法揔攝佛地一切佛法揔攝無為諸功德故聞熏成熟任持一切佛地所攝諸功德故於諸有情常現起作利益安樂平等事故陁羅尼門三摩地門无邊無量福智莊嚴所隨逐故能成一切利樂有情變化事故
復次如是所說四智轉何法得攝大乘說轉識藴得何故轉心而得心法非得心法四無漏心智相應故假說名智故論說言闕正智當言實有當言假有答當言俱有此中智是實有若智眷屬諸心心法亦名為智說之為假故有二種此中無漏心心法等智為主故皆說名智轉識藴依得四無漏智相應心謂大圓鏡心廣說乃

至成所作心轉第八識得大圓鏡智相應心能持一切功德種子能現能生一切身土智影像故轉第七識得平等性智相應心遠離二執自他差別證得一切平等性故轉第六識得妙觀察智相應心能觀一切皆无导故轉五現識得成所作智相應心能現成辦外所作故復有義者轉第六識得成所作轉五現識得妙觀察此不應尒非次第故說法除疑周遍觀察非五用故如是轉去生死位中四相應品心及心法轉得佛果四相應品心及心法皆說名智
復次如是所說四智相應心品為何所緣大圓鏡智相應心品若一相說惟緣真如無分別智非後得智所緣行相不可知故若具相說緣一切法莊嚴論說大圓鏡智普於一切所知境界不愚迷故此經中說如依圓鏡衆像影現如是依止如來智鏡諸處境識衆像影現言諸處者謂內六處言諸境者謂外六境言諸識者謂六種識如是智上有十八界衆像影現

故知此智緣一切法由此鏡智於一切時緣一切法故說如來真一切智若不尒者餘智不定知一切法如來不應名一切智如是鏡智內緣自體功德種子外緣一切若真若俗所知境界現身土等一切影像緣真義邊名无分別智緣俗義邊名後得智雖緣一切行相微細不可了知如阿賴耶雖緣三境以微細故亦言緣境不可了知故不應以下可了知證此鏡智唯緣真如无分別智非後得智諸心心法體雖是一義用有多隨用差別分為二智亦无有過要達真理方了事俗故雖一心義說先後或似後得名後得智餘亦如是平等性智相應心品有義唯緣大圓鏡智如染汙意緣阿賴耶為境界故有義唯緣真如實際緣平等性為境界故如實義者此智亦緣一切為境普緣一切平等性故莊嚴論說平等性智緣一切有情自他平等故隨諸有情勝解示現佛影像故此經中說證得十相平等性故此平等性通真及俗故緣一

切亦無過失若不緣俗即不能隨一
切有情勝解示現諸佛影像亦不應
以染汙未那類平等智惟緣鏡智凡
聖異故違聖教故餘不類故妙觀察
智相應心品普觀一切自相共相皆
無障㝵故緣一切所知境界成所作
智相應心品有義唯緣五種現境莊
嚴論說如來五根一一皆於五境轉
故如實義者成所作智亦緣一切於
一切境皆无障故莊嚴論說成所作
智於一切界起種種化無有數量不
可思議作諸有情一切義利此經中
說成所作智起作三業諸變化事決
擇衆生八万四千心行差別宣說對
治作四記論受領去來現在等義若
不普緣一切境界无此功能又諸佛
心無障自在一一皆能照一切境但
作意力或緣一法或緣一切且說五
根於五境轉不言唯尒故不成證集
量論說諸心心法皆證自體名為現
量若不尒者如不曾見不應憶念是
故四智相應心品一一亦能照知自
體云何不與世法相違刀不自割指

端不能觸指端故不見燈等能自照
耶云何得知燈等自照現見无闇分
明顯現若不自照應有闇障應不現
見由此故知燈等自照燈等非闇何
須照耶如瓶衣等體雖非闇無燈等
照邊有闇障不得現見燈等照時除
彼邊闇令得現見說名為照燈等亦
尒自體生時邊闇障除令現得見故
名自照諸心心法雖有勝劣皆能外
緣內證自體猶如光明既能照他亦
能自照非如刀等諸法法尒不可一
類此就麤相諸心心法各有相見二
分而說集量論中辯心心法皆有三
分一所取分二能取分三自證分如
是三分不一不異第一所量第二能
量第三量果若細分別要有四分其
義方成三分如前更有第四證自證
分初二是外後二是內初唯所知餘
通二種謂第二分唯知第一或量非
量或現或比第三自證能證第二及
證第四第四證自證能證第三第三第
四皆現量攝由此道理雖是一體多
分合成不即不離內外並知無无窮

過是故經言
衆生心二性　內外一切分　所取能取纏
見種種差別
此須意言衆生心性二分合成若內
若外皆有所取能取纏繞見有種種
或量非量或現或比多分差別四智
心品雖有多分然皆無漏現量所攝
此義廣如餘處分別義用分多非體
有異如一法上苦无常等種種義別
而體是一
復次如是所說四智相應心品為有
相分見分等耶定有見分照照境有
自證分通照見分證自證分證自證
分照自證分故亦定有若無如是三
分差別應无所緣應不名智相分不
定有義真實無漏心品无障㝵故親
照前境無逐心變似前境相以无漏
心說名無相无分別故又說緣境不
思議故有義真實無漏心品亦有相
分諸心心法法尒似境顯現名緣非
如鉗等動作取物非如燈等舒光照
物如明鏡等現影照物由似境現分
明照了名无障㝵不執不計說名無

相亦無分别妙用難測名不思議非不現影若言无相則無相分言无分别應無見分都无相見應如虛空或兎角等應不名智無執計故言无能取所取等相非無似境緣照義用若无漏心全無相分諸佛不應現身土等種種影像如是則違處處經論轉色藴依不得色者轉四藴依應无識等則成大過有義無漏无分别智相應心品無分别故所緣真如不離體故如照自體无别相分若後得智相應心品有分别故所緣境界或離體故如有漏心似境相現分明緣照若无漏心緣離體境無似彼相而得緣者觀所緣論不應說言五識上无似極微相故非所緣如是境相同無漏心无漏種起雖有相似有漏法者然非有漏如有漏心似无漏相非無漏故且止廣論如是分别但就世俗言說道理非就勝義若就勝義離言絶處既无相見不可言心及心法等離諸戲論不可思議

復次如是所說四智相應心品有幾心法共相應耶有二十一謂五遍行五各别境十一惟善於一切處常遍行故如來恒樂了所知境欲无減故印境勝解常無減故了曾受境念无減故如來無有不定心故恒決擇故極淨信等常相應故无染汙故無瞋眠故无惡作故現證一切无尋伺故有漏心品勝劣不定所緣拘㝵心法相應或多或少無漏心品自在无㝵心法平等互不相障

復次如是所說四智相應心品何位初得何位現行無漏種性无始夲有依異熟識生滅相續發心已去由外熏習漸漸增長大圓鏡智相應心品金剛喻定現在前時轉滅一切有漏種子異熟識等尒時方得㝡初現行一切佛果無漏種子圓滿依附盡未来際常无間斷平等性智相應心品菩薩初地初現觀時㝡初現行從此已去後後地中修令增長清淨圓滿無漏觀等現在前時恒常現行若有漏心現在前時則便間斷如是展轉乃至十地㝡後心時自此已後盡未来際常無間斷如有漏位阿賴耶識恒與末那一識俱起无漏位中大圓鏡智亦應常與平等性智一時而起故平等智亦無間斷妙觀察智相應心品亦在初地初現觀時㝡初現行從此已後漸修增長若有漏心正現前時或無心時則便間斷如是展轉乃至佛果若入滅定亦不現行成所作智相應心品有義初地已上諸位皆得現行隨法流故如實義者佛果方起以十地中有異熟識所變五根非无漏故能依五識亦非無漏有漏五根發无漏識曾未見故於佛果上此智亦不恒現在前作意起故數數間斷

如是四智相應心品種子夲有无始法尒不從熏生名夲性住種性發心已後外緣熏發漸漸增長名習所成種性初地已上隨其所應乃得現起數復熏習轉增轉勝乃至證得金剛喻定從此已後雖數現行不復熏習更令增長功德圓滿不可增故持種淨識既非无記不可熏故前佛後佛

切德多少成過失故如是四智相應心品一向是善一向無漏道諦所攝諸佛無有一切有漏種子法故雖復現化作生死身業煩惱等似苦集諦實是无漏道諦所攝隨世俗相名五十二十八蘊等而實非是蘊處界攝離戲論故離諸相故如是五法皆通假實不待名言此餘根境皆實有故若待名言此餘根境皆假有故又淨法界真如為體是實有故依真建立擇滅等相是假有故諸心智等青黃色等是實有故不放逸等長短色等是假有故且止廣論應釋本文

四由決擇差別義中略有三分一者決擇五法差別二者決擇受用和合一味事智三者摠頌淨法界相具諸功德三身差別五法別中如其次第一一決擇

經曰妙生當知清淨法界者譬如虛空雖遍諸色種種相中而不可說有種種相體唯一味如是如來清淨法界雖復遍至種種相類所知境界而不可說有種種相體唯一味

論曰次當顯示淨法界相釋難決擇法界差別謂有難言若諸如來法界為性法界則用真如為體真如即是諸法共相諸法既有種種差別法界隨彼云何无有種種差別法界若有種種差別云何清淨非頗胝迦種種依止共相應故无種種相為釋此難故說冣初太虛空喻譬如虛空雖遍諸色種種相中者如世虛空雖遍一切有形身色等不等類差別相中品類差別故名種種自體集在覺慧等上分明顯現故名為相即是行相而不可說有種種相者而此虛空不可宜說有諸形身種種色相由此虛空其性自尒不應說故名不可說或不能說名不可說謂此虛空其性如是不可宜說有其種種能表色相亦不可說有其種種所表色相而見虛空有種種相及可說有種種相者此見空中種種色相非見虛空及假說有種種色相如青黃等或長短等非實是有非假說有則有實事云何遍在一切色中无種種相體唯一味者非此虛空由與種種色相應故成種種相不捨自性體唯有一无障身味無異相故如是如來清淨法界等者如世虛空有體無體雖遍一切形身色中而不隨成形身差別亦不可說有諸色相雖亦說有唯假非實由此虛空不捨自相取他相故如雖假說虛空虛空而虛空性實不可說清淨法界亦復如是雖假說言真空真空而真空性實不可說由此虛空先所說因種種依止共相應故如頗胝迦法界應有種種別者有不定過現見虛空雖與種種色相相應而无諸色種種相故如烟霧等共相應故有時見空有種種相由自虛妄分別力故但見烟等有種種相非見虛空以虛空性不可見故如是由自虛妄分別增益力故但見色等有種種相非淨法界淨法界中雖無真實種種境界言說法教而有種種境界法教差別相轉非由彼有種種相故亦令法界有種種相以淨法界離名言故一切名言皆用分別所起為境然諸法教亦

不唐捐是諸法界展轉因故如見字
書解所說義由此法教是諸如来大
悲所流能展轉說離言說義如以衆
彩彩畫虛空甚為希有若以言說說
離言義復過於彼如說海慧辟如有
人以種種色彩畫无色無見无對無
表虛空如墻壁等甚為希有諸佛世
尊證得甚深離言說法能以言說為
諸有情補特伽羅宣說開示復難於
彼如是廣說又頻胝迦法界為性亦
清淨故非同法喻所立因義隨一不
成或俱不成

經曰又如虛空雖遍諸色不相捨離
而不為色過所染汙如是如来清淨
法界雖遍一切衆生心性由真實故
不相捨離而不為彼過所染汙

論曰復有難言若淨法界遍在一切
所知境界亦與貪等諸煩惱垢共相
應故云何不如所餘有漏心心法品
成不清淨為釋此難故說第二太虛
空喻又如虛空雖遍諸色不相捨離
者無有別處故名不相捨離遍在内
行不見出外故既在内行不見出外

不可定言是一是異若有別處是則
虛空應有形㝵應是无常而不為色
過所染汙若如太虛空雖遍一切形
㝵色内而不為色過失所染色過失
者謂是生長貪瞋等因非青黃等種
種異相又於空中所有雲霧黑影色
等能令太虛捨淨相故及能障㝵淨
見生故名色過失又於心上所增境
相名色過失為順他意故作前說非
太虛空為彼諸色過失所染自性淨
故如是如来清淨法界雖遍一切衆
生心性由真實故不相捨離者如佛
自心真實清淨本性光潔本性淨故
一切衆生心性亦尒本性真實本性
清淨心本性者即是真如一切衆生
心平等性如說由何說心平等由空
性故說心平等如是廣說心本性者
即心法性遍在一切衆生心性是故
說名心平等性為辯如是心法性故
說由真實不相捨離由是有情本淨
心性雖本性淨復由今時客塵障垢
新遠離故安立如来其心清淨又諸
有情心平等性即是真實是圓成實

自性攝故由諸有情心平等性真實
相故表不捨離諸衆生心又是心性
真實相故表不捨離一切有情心性
而轉此意說言由遍轉故不相捨離
而不為彼過所染汙者本性清淨故
過謂貪等能令心相成過失故成垢
染故雖為客塵分別所轉非彼體故
不可全捨可令清淨依此密意說如
是言此心本性清淨光潔心之法性
說名為心非離心法性有異性淨心
云何有情心有貪等自分別力所任
持故心之顛倒未永斷故此由无明
力所起故此義意言辟如虛空本性
雖淨而為眩瞖損肉眼故顛倒相現
似不清淨如是法界本性雖淨由自
分別所起貪等衆因緣力无明眩瞖
損慧眼故顛倒相現似不清淨若一
切種清淨慧眼恒不見穢又淨法界
若無差別一切種淨則名一切如来
法身亦名如来真實體性於一切時
常无變故由此法界一切有情心相
續中平等有故說如是言一切有情
是如来藏一切有情皆有佛性為引

不定種性有情令心決定趣大乘故說有如來種性有情說如是言一切有情皆當作佛如有說言一切無常一切皆苦如是皆說少分一切非全一切若不尒者便違所說五種種性諸佛功德應當有盡无所度故則違所說如來功德常無斷盡不應无益常住世間本期度生未佛果故此淨法界雖遍一切平等皆有而由自障力所持故如世生盲不見日月如有頌言

衆生罪不現　如月於破器　遍滿諸世間
由法光如日

由此道理如先所說亦與貪等諸煩惱垢共相應故如餘有漏心心法品清淨法界成不淨者有不定過虛空雖與色垢相應非不淨故心心法品雖與貪等煩惱相應而用清淨法界為性非不淨故非同法喻如說意樂不清淨者見心不淨隨彼亦說法界不淨由清淨相不顯現故意樂淨者見與貪等垢相應心本性清淨无垢識故法界常淨彼所立因如前不成

由是法界遍一切故譬如虛空非諸有情過所染汙此說法界遍一切者所執法空普皆有故不待成立

經曰又如虛空含容一切身語意業而此虛空无有起作如是如來清淨法界含容一切智所變化利衆生事清淨法界无有起作

論曰復有難言若諸如來清淨法界真實為體則無戲論亦无起作云何得容利有情事因緣智生若容智生則有起作云何如來真如為相為釋此難故說第三太虛空喻又如虛空含容一切身語意業者如太虛空雖无作意而能容受有情三業身語二業有形导故可須容受意業云何非無形質有對导故須他容受即以此事名為容受謂彼生時不為障导有對导物亦以生時無障导故說言虛空之所容受此法亦尒生時无障而得生故亦得說言虛空容受又有對物無對导時容受餘物得往來故依此法上假立虛空意業亦尒將欲滅時容受餘物令得生起何為不得依此法上假立虛空若異此者實有虛空遍一切處云何容受若體實有不障导故餘法得生名容受者一切無色實有體法皆无障导並能容受應名虛空餘處說言唯色無故名虛空者就世共知麁相而說是故虛空容受三業亦无過失而此虛空無有起作者非此虛空如是分別我容受此不容受彼雖無作意而能容受日月燈等所有光明亦復如是雖无作意此彼分別法尒生時能照諸色如意寶珠亦復如是雖無作意而能滿足衆生意願所餘亦尒且舉虛空類顯一切如是如來清淨法界含容一切智所變化利衆生事者謂諸如來清淨法界任性而住無有作意安立一切利衆生事一切智者圓鏡智等一切所變化者身語意化一切利衆生事者謂能成辦一切有情勝利樂事清淨法界皆能含容彼法生時為助因故清淨法界无有起作者作意名起能令其心捨餘境界趣餘緣故心動名作心慮動搖有所作故謂淨法界

雖无作意心處動揺而能容受諸智變化利有情事復次含容一切智所變化利衆生事者謂淨法界含容一切受用變化二身所作利有情因无窮盡故極廣大故無對导故雖无分別而增上力能生彼故此㧾義言如虛空等容色生等作用轉時雖無有我我所作意戲論分別而法尒力廣作一切差別作用如是如来住无漏界雖無一切我我所等作意戲論種種分別而先所修大願力故能起一種分別而先所修大願力故能起一切智所變化利衆生事如是如来第一難思安住法身由先願力所任持故一切相好功德莊嚴窮生死際刧量相續雖無分別而作一切智所變化利衆生事如来雖无如是分別我於如是如是事業當作不作而本願力一切能作如先發願或入睡眠或入滅定雖無作意隨所要期覺悟出定如海慧經作如是說如諸苾蒭要期鍾聲而入滅定不聞鍾聲亦无分別由要期力應時出定如是廣說

佛地經論卷第三

佛地經論卷第三

校勘記

一　底本，金藏廣勝寺本。

一　一九頁中一九行第八字「起」，資、磧、普、南、徑、清、麗作「趣」。

一　一九頁下末行第一二字「也」，諸本作「地」。

一　二〇頁上一一行「住持」，諸本作「任持」。

一　二〇頁中二〇行「住持」，石、麗作「任持」。

一　二〇頁下一六行及次頁上一〇行「任持」，資、磧、普、南、徑、清作「住持」。

一　二〇頁下一七行「正法」，清作「三法」。

一　二一頁上一行第一〇字「冥」，資、磧、普、南、徑、清、麗作「宜」。

一　二一頁上一一行第一〇字「作」，麗作「佛」。

一　二一頁下二行第一一字「真」，諸

本作「具」。

一 二二頁上三行第四字「耒」，諸本作「末」，下同。

一 二二頁上一六行第一三字「諸」，資、磧、普、南、徑、清、麗作「說」。

一 二二頁中二一行第六字「證」，資、磧、普、南、徑、清、麗無。

一 二三頁上五行第八字「似」，資、磧、普、南、徑、清作「以」。

一 二三頁上一二行末字「體」，石作「性」。

一 二三頁中一四行首字「熏」，資、磧、普、南、徑、清作「重」。

一 二三頁下九行第八字「義」，資、磧、普、南、徑、清作「說」。

一 二五頁上一四行第四字「色」，麗作「彼」。

一 二五頁上一九行第六字「如」，資、磧、普、南、徑、清作「知」。

一 二五頁中二一行末字至二二行首字「垢新」，資、磧、普、南、徑、清作「凝垢雜」。

一 二五頁中二二行第九字「其」，資、磧、普、南、徑、清作「真」。

一 二五頁下一四行第八字「肉」，資、磧、普、南、徑、清作「内」。

一 二六頁中一〇行第八字「智」，磧、普、南作「皆」。

一 二七頁上六行第五字「力」，石無。

一 二七頁上八行第一〇字「而」，資、磧、普、南、徑、清作「而生」。

一 二七頁上一二行共一四字，係行文，諸本無。

佛地經論卷第四

親光菩薩等造

大唐三藏法師玄奘奉　詔譯

經曰又如空中種種色相現生現滅而此虛空无生無滅如是如來淨法界中諸智變化利衆生事現生現滅而淨法界無生无滅

論曰復有難言若淨法界遍在一切所知境界不相捨離一向隨轉是則法界應有生滅若無生滅不應遍在所知境界不相捨離一向隨轉為釋此難故說第四太虛空喻又如空中種種色相現生現滅等者此義意言如太虛空遍在諸色容受色相不相捨離一向隨轉諸色雖復現生現滅而虛空性无生無滅如是如來清淨法界遍一切境含容一切智所變化利衆生事不相捨離一向隨轉智等雖有現生現滅而淨法界無生无滅就此密意契經中說畢竟空刹不生不滅故名如來乃至廣說就勝義諦色等諸法亦無生滅就世俗諦施設

生滅是故言現此意說言就世俗相現有生滅非勝義體實有生滅淨法界中諸智變化利衆生事亦復如是

經曰又如空中種種色相現增現減而此虛空無增无減如是如來淨法界中顯示如來甘露聖教有增有減而淨法界无增無減

論曰復有難言若淨法界遍在一切不相捨離如來聖教現見有增後當減滅法界同彼應有增減若介法界應不清淨為釋此難故說第五太虛空喻又如空中種種色相現增現減等者如來聖教於諸外道一切世間邪劣教中最為真實殊勝清淨猶如醍醐亦如甘露令得涅槃永不死故如是聖教奉行證聖得无學果千載已前多分有故說佛正法但經千載非佛教法但住千歲又聲聞藏雖佛去世百年已後即分多部而菩薩藏千載已前清淨一味無有乖諍千載已後乃興空有二種異論是故說言如來正法但經千載而淨法界无增無減者如來聖教就世俗理有增有

減非就勝義法界為性無增減故色等亦尒法界為性无增無減就勝義理猶如虛空无增減相是故言現謂就世俗識等變現似有增減非就真性淨法界中色等諸法皆離戲論分別相故

經曰又如空中十方色相无邊無盡是虛空界无邊盡故而此虛空無去无來無動无轉如是如來淨法界中建立十方一切衆生利益安樂種種作用無邊无盡清淨法界無邊盡故而淨法界无去無來无動無轉

論曰復有難言若諸如來法界為體如來施與一切有情利益安樂或去或來法界與彼不相離故如所餘法應有去来應有生等若尒法界應不清淨法界若无去來等事不應十方施與有情利益安樂為釋此難故說第六太虛空喻又如空中十方色相無邊无盡等者如虛空界无邊無盡十方世界亦无邊盡是故其中種種色相亦无邊盡無一方邊无諸方盡或就時處是故說名無邊无盡而此

虛空無去无來無動无轉者以太虛空舍容一切遍一切故無作用故如是如来淨法界中建立十方一切衆生等者利樂作用無邊无盡義如前說清淨法界無邊盡故者以淨法界無邊盡故雖无行動而增上力能於十方无邊世界無邊有情利樂事轉而淨法界无去無来等者捨此就彼名去捨彼就此名來无動無轉初標後釋法界无者無邊際故无形㝵故若有邊際形㝵諸法可說異方去来動轉非無邊際形㝵法界如虛空等得說去來動轉作業此揔義言清淨法界是諸如來勝義自體法界遍在一切有情相續中有彼諸有情自善種子成熟力故由淨法界增上縁力彼識生時如是作用變現而轉說名如來作諸衆生利益安樂除此作用增上縁力更無如來法身能作有情利益安樂事用如契經言善男子如來都無去來等事而言如來去來等者就受用身及變化身无相違過

經曰又如空中三千世界現壞現成而虛空界无壞無成如是如來淨法界中現无量相成等正覺或復示現入大涅槃而淨法界非成等覺非入寂滅

論曰復有難言若淨法界離去來等云何無有方所去來而得正覺般涅槃等若有去來還得前過為釋此難故說第七太虛空喻又如空中三千世界等者此難不然辟如世界現壞現成而虛空界无成壞故淨法界中雖有諸佛現成正覺般涅槃等而淨法界真實无有成等正覺涅槃等事若有此事可為此故有去来等如虛空中現諸世界滅壞生成就世俗理非真實義彼如太虛皆性空故如是如來清淨法界現無量相成等正覺或復涅槃亦由世俗非真實義成正覺者入涅槃者皆无有故縁生諸蘊非我性故若淨法界就真實義有此二者應非真實以真實法不捨自相取餘相故若許法界捨非正覺成等正覺捨非涅槃得般涅槃則非真實若有意謂即以此義名為真實等正覺者曾無有時不等正覺般涅槃者

曾无有時不般涅槃是故真實若尒餘事亦應如是壞刧恒壞无時不壞成刧恒成無時不成瓶等无時不是瓶等如是等事皆應真實若尒不應修觀行者度熾火等遍滿世界往餘世界應被其中火所燒等獲得增上勝解力者於其地等應無自在轉變作用非得勝定自在力者現等正覺非等正覺現般涅槃非般涅槃是故雖有先正覺位今涅槃位而淨真如不捨自相故淨法界非成等覺非入涅槃此中二種皆是增益為自相故非真實有作者作用皆是遍計所執相故俱無所有而言隨覺一切法故名菩提者此是出世無分別智成等正覺此中亦以緣真如智二種分別不現行故非等正覺非般涅槃即依如是密意說言天子當知以一切法皆无生故諸佛現生无得无證乃至廣說遍計所執無所有故生等分別亦无有故由世俗理施設二故由變化身示現二故隨順所化有情意故如来示現如是二事且舉二事類顯一切

經曰又如依空種種色相壞爛燒燥變異可得而虛空界非彼所變亦无勞弊如是依止如来淨界衆生界內種種學處身語意業毀犯可得而淨法界非彼變異亦无勞弊

論曰復有難言若淨法界遍在一切有情之類云何有情得有毀犯非法界中有諸毀犯性清淨故制立學處亦應唐捐以諸有情無毀犯故若有毀犯應有勞弊應同二乘非極清淨為釋此難故說第八太虛空喻又如依空種種色相等者此難不然如虛空故辟如依空諸草木等種種色相壞等變異種種可得而淨虛空不為彼物之所變異雖在其中而無變異亦无勞弊無有壞等苦所逼故如是依止如来淨界衆生界內雖有種種毀犯可得而淨法界无有變異亦無勞弊雖法淨界中現見有情自分別起身語意業二種毀犯謂在家者害父母等種種不善毀犯可得諸出家者隨其所應亦有種種毀犯可得及為遮止制立種種學處可得此皆世俗

有所違犯而淨法界非彼違犯之所變異无異性故亦無勞弊无逼切故若為苦逼不堪耐故則有勞弊如聲聞等非淨法界不能堪耐一切苦逼故无勞弊猶如虛空又如空中色等諸法雖有壞等但是世俗而非真實如是如来淨法界中雖有毀犯制立學處但假安立而非實有所以者何身等三業不善等性皆由相應發起勢力假名建立不由自性非塊石等由發起力可實建立為不善等身業亦尒地等和合所成性故語業亦如鍾鼓聲等非不善等諸无表業唯以不作為其性故亦非實有意業亦由相應勢力立不善等如餘相應亦非實有因既非實果亦應尒故法界中若業若果一切皆是分別所起世俗識等變現而生如變現相如是建立皆非真實

經曰又如依空大地大山光明水火帝釋眷屬乃至日月種種可得而虛空界非彼諸相如是依止如来淨界戒蘊定蘊慧蘊解脫蘊解脫智見諸蘊

可得而淨法界非彼諸相
論曰復有難言若淨法界遍一切法應無戒等无漏蘊相不相離故應如法界亦非蘊性為釋此難故說第九太虛空喻又如依空大地大山光明水火等者此難不然如虛空故譬如依空地等可得非與地等共相應故空成蘊性如是依止如來淨界雖有戒等諸蘊可得而淨法界非戒等蘊當知此中无漏淨戒名為戒蘊無漏定慧名定慧蘊無學勝解名解脫蘊无學正見名解脫智見蘊前三是因後二是果有義一切皆是無學緣解脫慧名解脫智見餘慧名慧有義一切通學无學學位分得無學圓滿諸佛菩薩皆具五故如是五蘊雖依法界而淨法界不同彼相彼亦不失五蘊自相此中亦應說五取蘊戒等无漏同法界故且略宣說淨法界中雖無戒等諸事功德而有真理功德法門彼增上緣生長一切有為功德不同虛空法界真理功德法門是无為故非蘊所攝依之生長一切功德有

為生滅是蘊所攝无斷盡故亦說名常非永不滅生必歸滅一向記故蘊所攝故非无為法有緣慮等作用義故以其勝故且說五蘊法界實是一切三乘功德所依
經曰又如空中種種因緣展轉生起三千大千无量世界周輪可得而虛空界无所起作如是如來淨法界中具無量相諸佛衆會周輪可得而淨法界无所起作
論曰復有難言若一切佛法界為體應無彼此受用差別云何得有衆會不同若所受用有差別者云何諸佛法界清淨為釋此難故說第十太虛空喻又如空中種種因緣展轉生起等者此難不然如虛空故如虛空中因緣生起三千界等周帀風輪圍遶可得虛空雖无我所差別分別思慮而能容受種種差別世界周輪如是如來淨法界中自業增上所起種種衆相圓滿得一切智灌頂菩薩同一集會周輪可得別別因緣之所生起非如一佛衆會因緣第二第三亦復

如是餘契經中依此故說諸佛淨土種種可得諸佛衆會種種可得而淨法界无我我所受用差別及以造作能取所取分別可得此揔義言如來法身雖無差別識論色像而受用身及變化身由本願力自勝行力生起種種衆相圓滿諸佛淨土諸佛衆會差別可得皆是淨識如是變現種種差別非真實有如轉輪王由宿願力亦為饒益諸有情故造作勝行生女寶等諸妙樂具種種差別諸佛亦尒為欲饒益諸有情故造作勝行自業增上生起種種淨國衆會受用法樂衆具差別但无分別與前有異
復次如是已說法界諸相甚深業用甚深處所甚深相甚深者謂離十種不清淨過當知即是十清淨相不清淨過有十種者一差別過二雜涤過三有行過四有為過五增減過六行動過七斷常過八勞獘過九積聚過十攝衆過十清淨相者謂无差別相無雜涤相非有行相非有為相无增减相無行動相非斷常相无勞獘相

非積聚相無我所相如其次第業用甚深當知即是變化等業處所甚深當知即是无有行動衆相圓滿一切如来淨土衆會於一切處皆以虛空為辟喻者為顯法界一切處相同虛空故如契經言乃至所有施設辟喻喻諸如来戒等功德一切皆是謗諸如来唯除一喻謂虛空喻如来戒等无量功德同虛空故乃至廣說

經曰復次妙生大圓鏡智者如依圓鏡衆像影現如是依止如来智鏡諸處境識衆像影現唯以圓鏡為辟喻者當知圓鏡如来智鏡平等平等是故智鏡名圓鏡智

論曰已建立斷當建立智依此故言復次妙生大圓鏡等應知此中以喻顯示大圓鏡智是能生現諸法影像平等因緣謂諸如来第八淨識能現能生智等影像如大圓鏡能現世間一切影像智相應故假說名智言諸處者謂內六處即是眼等言諸境者謂外六境即是色等此內六處外六境界即十二處緣此十二生三智品

心及心法識為主故揔名諸識即此諸識名衆像影種種行相差別現故此後經言大圓鏡智於一切時依諸緣故種種智影相貌生起如是等文皆說能為智影生因故名鏡智平等性智以緣生事圓鏡智等為境界故妙觀察智以一切法自相共相為境界故成所作智應知亦尒如是三智相應心品於內六處外六境界一切所緣所取境上變似一切自相共相種種影像分明顯現如是影像皆因如来大圓鏡智而得生起分明顯了故名為現此唯如来智等所現如来果位平等智等為自性故智等生時如自所有行相差别皆能證知唯有如来覺慧分析說示其相餘无此能大圓鏡智說名能現由此為緣生彼影像猶如明鏡現諸影故又處境識三事各别處謂六根境謂六塵識謂六識即十八界衆像影現此衆像影隨其所應三智品現觀察智等盡所有性如所有性皆能現故如来鏡智相應淨識為緣生此三智影像故名

為現亦唯如来智等所現廣說乃至唯有如来覺慧分析說示其相餘如前說又十八界皆在如来大圓鏡智相應心品影像顯現以諸如来鏡智生時皆能照了一切境故諸處境識猶如影像在此智中分明顯現由此鏡智攝受彼相而生起故鏡智雖无所取能取一異分别而有一切所知影現如大圓鏡此智生時如是行相為自性故如来雖無所取能取一異分别而能現證自心所現自相共相諸法影像由證知故能无顛倒說一切法自相共相由此影像如来成就無忘失法一切所知境界影像於一切時鏡智等上分明顯現无忘失故若不尒者云何如来名一切智無鏡智等不能恒時於一切法自相共相現證知故若謂相續有堪能故名一切智如有頌曰

相續有堪能　如火食一切　如是一切智
非頓知一切

此但虛言他心智等取一事時不取餘事不知餘故非一切智就其相續

亦不能取知現在故汝宗一念但知一分諸法共相若尒如來應假名説為一切智不可假説非一切智為一切智即成真實一切智者又以如來鏡智為緣餘相續中世出世善諸處境識衆像影現以諸世間世出世善若无鏡智皆不得生彼法生時皆由此力亦能證知此義意言如來鏡智增上緣力一切世間世出世善諸處境識皆得生起如明鏡中衆像影現雖諸有情各有因力而由鏡智為增上緣乃得生起如雖有種若无地等芽等不生如雖有質若無鏡等衆影不現若尒世尊應同妄見自在天等為世間因立為世間一切果生平等因故无此過失以彼生時唯能為作增上緣故非作者故是無常故於无量劫脩集福智二種資糧所生起故一切衆生善及善緣由此得生外道妄見自在天等與諸世間為能作者其性常住故不相似若無實影圓鏡中生云何為喻有質有鏡和合為緣如是相現故得為喻謂諸有情顛倒

執著影像熏習成熟力故鏡面為緣自識變異似面影現由是世間起增上慢謂我鏡中見其面影以无別影鏡中生故經但説言衆像影現不言生起如是應知一切境相皆是自識變異顯現非別實有以識勝故但言唯識非无心法亦不説言唯有一識以諸有情各有八識及心法故一切色等雖各有種皆是自識變異熏習識上功能差別為性故變現時還不離識就世俗説別有心法非真實義以就勝義諸法皆无定別性故乃至真如雖非識變亦不離識識實性故識言但遮愚夫横計一切心心法外定性色等遍計所執不遣不離諸心心法色等諸法依他起性圓成實性非无有故由平等故此二平等是故説言平等平等世間圓鏡如來智鏡俱無分別皆能現影无有差別由是因緣名圓鏡智

經曰如大圓鏡有樂福人懸高勝處无所動揺諸有去來無量衆生於此

觀察自身得失為欲存得捨諸失故如是如來懸圓鏡智處淨法界无間斷故無所動揺欲令无量無數衆生觀於染淨為欲取淨捨諸染故

論曰高勝處者所謂高幢或餘勝處淨法界者無垢真如處諸安處或依或緣无間斷故無動揺者由此鏡智依緣法界窮生死際恒常隨逐相續無斷故无動揺此義意言大圓鏡智永離一切分別動揺一得已後盡未來際相續無斷其餘三智雖无妄計而有無執作意分別證得已後或行不行非不動揺有義滅定平等性智亦不現行論説滅定無第七故又説亦滅一分恒行心心法故若尒論説於三位中皆无第七是則初地已上無漏現觀行時及如來地應无此智即為大失違經論故然説無者意説无有染汙第七非一切無未得法空無我智來法分別執常現依故如來證得補特伽羅空无我智彼執恒行依此識故決擇分説阿頼耶識定與未那一識俱轉若起意識定與二識

一時俱轉若五識中隨起一識定與三識一時俱轉乃至一時若起五識定與七識一時俱轉故知聖道滅定无學亦有無染法分別執平等智俱第七識等行相細故不違定滅由此滅定是无漏道所引發故體無漏故與染汙意我執相違此一分滅非滅一切故平等智於佛果上雖恒現行而十地中證得巳後或起煩惱有漏心時此智不起有間斷故非不動揺其餘二智於佛果上亦不常行故非不動揺何故安處大圓鏡智在淨法界為令无量無數衆生觀染淨故何故觀彼為欲取淨捨諸染故染謂煩惱及業生相捨謂伏斷由世間道及出世道暫時畢竟伏斷彼故淨謂諸善能令衆生心清淨故取謂住持安立長養成熟種子隨所願求證解脫故此中意說一切如來昔菩薩位為欲成辦一切有情一切種相利樂事故一切有情利益安樂意樂常隨依淨法界隨所修集福智資糧迴求相續大圓鏡智方便善巧勤修習故證

得此智依緣法界相續无動雖無作意分別戲論而相續轉為增上緣令諸有情隨所求願安立長養成熟无量善根種子得世間樂出世解脫此由如來大圓鏡智起化生用為諸有情宣說法要令知染淨取淨捨染即是利樂有情根本

經曰又如圓鏡極善摩瑩鑒淨无垢光明遍照如是如來大圓鏡智於佛智上一切煩惱所知障垢永出離故極善摩瑩為依止定所攝持故鑒淨無垢作諸衆生利樂事故光明遍照

論曰鑒謂自性極清淨故淨謂差別離客塵故言无垢者捴前二種周圓離垢極清淨故光者由鑒明者由淨言遍照者由無垢故於佛智上等者即煩惱障及所知障俱名為垢究竟斷故名永出離由有永出諸障垢義故說鏡智極善摩瑩又煩惱者謂貪瞋等一切煩惱纏隨眠位若行不行皆有勢力障生聖道障得涅槃乱身心故名煩惱障所知障者於所知境不染无知障一切智不障涅槃雖有

此障見聲聞等得涅槃故即此二障亦名為垢㝵清淨智令不生故染淨智故由得對治客塵障垢畢竟不生名永出離由永離障大圓鏡智恒時極淨是故說為極善摩瑩為依止定所攝持故者是所依止故名依止大圓鏡智依此生故依止即定名依止定或智依定名依止定從此無間解脫道生極清淨故此所依定即是殊勝金剛喻定由彼定力障永斷故此智為彼所依止定力所攝持故名攝持彼定无間此智生故由彼定力資極清淨離諸分別無有分別鏡智生故此智既為所依止定所攝持故鑒淨无垢自體清淨故名為鑒離煩惱障故名為淨離所知障故名無垢作諸衆生利樂事故光明遍照者此智為定所攝持故亦能起作一切有情諸利樂事由作此故光明遍照自性清淨鑒故名光離煩惱障及所知障如其次第名明遍照此中意說如大圓鏡極善摩瑩鑒淨無垢為令他見面之得失為饒益事是故說名光明

遍照大圓鏡智自性清淨遠離二障鑒淨無垢雖不可見而起受用及變化身能生諸智成辦衆生諸饒益事是故說名光明遍照

經曰又如圓鏡依緣本質種種影像相貌生起如是如來大圓鏡智於一切時依諸緣故種種智影相貌生起

論曰若圓鏡智是諸有情一切智等影像生因云何影像相有差別云何此智體无差別又一切時常能為因何不恒時頓生一切衆生及自智等影像釋此難言又如圓鏡依緣本質種種影像相貌生起非影異故鏡體差別亦非恒時頓生影像待衆緣故如是鏡智於一切時待衆緣故生智等影種種差別非彼異故智成青等種種體別亦非恒時能生一切衆生及自聖智等影待時待緣乃能生故此中意說大圓鏡智相應淨識有二種用一因緣用謂淨識中具有一切能現能生身土增智淨法種子若遇外緣即便變現身土境界種種影像及能生起平等智等相應心品行相

差別二增上緣用謂佛淨識善根願力所生起故若諸衆生自因緣具尒時淨識即便資助令得無障生長成滿是故鏡智體雖是一能現能生諸法影像待外緣故非頓現起

經曰如圓鏡上非一衆多諸影像起而圓鏡上無諸影像而此圓鏡无動無作如是如來圓鏡智上非一衆多諸智影起圓鏡智上无諸智影而此智鏡無動无作

論曰若諸智影於鏡智上先巳有體云何鏡智為緣而生若先無體云何能生諸智影像而无動作不見陶師無有動作而能生起先无瓶等釋此難言如圓鏡上非一衆多諸影像等如大圓鏡能起諸影同類數多故名非一異類無數故名衆多觀待同類簡一種故說言非一觀待異類顯无數故說言衆多如是鏡上雖先無影而起多影而无思慮分別動作鏡智亦尒雖先無有智等影像而能生起智等種種諸法影像觀待同類說言非一觀待異類說言衆多雖生如是

智等影像而无思慮分別動作此中意言如大圓鏡雖無分別而能生起種種影像鏡智亦尒雖无我執及我所執所取能取作意分別而能生起種種智等諸法影像

經曰又如圓鏡與衆影像非合非離不聚集故現彼緣故如是如來大圓鏡智與衆智影非合非離不聚集故不散失故

論曰若圓鏡智與諸智等影像和合云何不由彼差別故此成差別若不和合云何為因不見種等與諸芽等果不和合而能為因非日光等與石火等不共和合而相顯照釋此難言又如圓鏡與衆影像非合離等如世圓鏡雖能為因起衆影像而不與彼影像和合彼未生前由未有體不聚集故非此與彼或俱不俱可名和合圓鏡與影亦非別離現彼緣故即由此義非不和合要由此有彼得有故雖與影像為現生因而非影像有差別故鏡成差別大圓鏡智亦復如是雖能為因生智等影而與智等非合

非離不聚集故不散失故言非合者彼未生前由未有體不聚集故言非離者要有鏡智智等影生無則不生不散失故離壞无有名為散失與彼相違名不散失攝生彼故或不忘失所緣境相名不散失由鏡智中顯現一切所知相故三世智等及諸衆生若不遍知鏡智不生要知一切此智乃生是故此智不忘一切所緣境相名不散失不散失故所以非離雖能為因起智等影而不由彼有差別故此成差别如大圓鏡無差别轉此中意説如世圓鏡雖能為因起諸影像而非合離差别所觸鏡智亦尒雖能為因起智等影而非合離差别所觸種等雖能為芽等因而亦合離俱不可説光明細分亦非色等共相和合以俱有故令其識上似與色等和合相生以世現見一切因果雖非合離而能為因是故無有因果二相决定和合

佛地經論卷第四

佛地經論卷第四

校勘記

一 底本，金藏廣勝寺本。

一 二九頁中一九行第八字「淨」，石作「清淨」。

一 三〇頁上三行第八字「滅」，資、磧、普、南、徑、清、麗作「無滅」。

一 三〇頁上一八行第二字「與」，石、麗作「諸」。

一 三〇頁中九行末字「摽」，諸本作「標」。

一 三〇頁下三行第一一字「覺」，資、磧、普、南、徑、清作「正覺」。

一 三一頁上九行第五字「現」，資、磧、普、南、徑、清無。

一 三一頁中一二行第八字「者」，磧、普、南、徑、清作「有」。

一 三一頁中一九行「法淨」，石、資、磧、普、南、徑、清作「淨法」；麗作「淨」。

一 三一頁中二〇行第五字「二」，石作「三」。

一 三一頁下一一行第四字「力」，資、磧、普、南、徑、清作「故」。

一 三一頁下末行第九字「薀」，麗無。

一 三二頁上一三行及一四行「有義」，石、資、磧、普、南、徑、清作「有説」。

一 三二頁中一七行第七字「界」，資、磧、普、南、徑、清作「大千界」。

一 三三頁中一八行第一一字「又」，磧、南、徑、清作「入」。

一 三三頁中二一行第九字「觀」，資、磧、普、南、徑、清作「妙觀」。

一 三三頁下一六行末字「鏡」，資、磧、普、南、徑、清作「境」。

一 三四頁中一九行「智鏡」，石、資、磧、普、南、徑、清作「鏡智」。

一 三四頁下六行第一〇字「諸」，資、磧、普、南、徑、清、麗作「謂」。

一 三四頁下一三行第八字「義」，資、磧、普、南、徑、清作「説」。

一 三四頁下一七行「觀行」，資、磧、普、南、徑、清作「行觀」。

一 三四頁下末行首字「未」，諸本作「末」。

一 三五頁上五行「定滅」，諸本作「滅定」。

一 三五頁上一一行第一一字「常」，磧、普、南、徑、清作「當」。

一 三五頁上一七行第一二字「住」，諸本作「任」。

一 三五頁中八行第九字「摩」，資、磧、普、南、徑、清作「磨」。

一 三五頁下九行「此所依」，資、磧、普、南、徑、清作「所依止」。

一 三六頁上五行第一〇字「種」，諸本作「質」。

一 三六頁上一六行第二字「影」，石作「影像」。

一 三六頁上一七行第三字「體」，資、磧、普、南、徑、清作「差」。

一 三六頁上一七行第九字「能」，諸本作「頓」。

一 三六頁上二一行第七字「增」，諸本作「境」。

一 三六頁中二行第七字「諸」，資、磧、普、南、徑、清作「謂」。

一 三六頁下一五行第八字「像」，磧、南、徑、清作「現」。

一 三七頁上二〇行第一二字「相」，磧、普、南、徑、清作「根」。

佛地經論卷第五

親光菩薩等造

大唐三藏法師玄奘奉　詔譯

經曰又如圓鏡周瑩其面於一切處為諸影像遍起依緣如是如來大圓鏡智不斷無量衆行善瑩為諸智影遍起依緣謂聲聞乘諸智影像獨一覺乘諸智影像無上大乘諸智影像為欲令諸聲聞乘人依聲聞乘而出離故獨一覺人依獨覺乘而出離故大乘之人依无上乘而出離故

論曰云何一智於一切時能生三乘一切智等諸法影像釋此難言又如圓鏡周瑩面等如世圓鏡為遍於中現其面等一切影像種種加行周瑩其面前後兩邊於一切處普能為緣現一切影鏡智亦尒一切如來為菩薩時雖有種性而為障覆未能現起為遍於中生起三乘一切智等諸法影故精勤修習不斷无量衆行善瑩金剛喻定現在前時離一切障清淨圓滿遍能生起三乘智等一切影像

不斷就方無分限故无量就時无量時故此言因位遍一切處於無量持勤修衆行除障善瑩大圓鏡智能生三乘智等影像又即鏡智遍處恒時離諸垢穢種種行德圓滿莊嚴極圓淨故一切處時能起諸影如說殊勝金剛喻定斷一切障證得如來大圓鏡智種種功德圓滿莊嚴於一切處及無量時能起三乘一切影像此中意說各別善根成熟差別勝道生時大圓鏡智或近或遠隨其所應為作強緣決定種性各依自乘而得出離不定種性或依大乘或依餘乘而得出離言出離者即是涅槃諸三乘人用自種性以為因緣如来鏡智為增上緣精勤方便修集資糧引生聖道除煩惱障及所知障隨其所應各證涅槃決定種性聲聞獨覺住无學位樂寂滅故發業潤生諸煩惱障永滅除故先業煩惱所感身心任運滅已更不受生無所依故一切有漏無漏有為諸行種子皆隨斷滅唯有轉依无戲論相離垢真如清淨法界解脫

身在名无餘依般涅槃界常住安樂究竟寂滅不墮衆數不可思議同諸如來但无有為無漏功德所莊嚴故无有更起利益安樂有情事故不同如來不定種性聲聞獨覺住无學位雖無煩惱樂菩提故由定願力留身相續修大乘行乃至獲得金剛喻定一切障滅證佛三身雖有有為无漏功德而無有漏身心在故證无餘依大涅槃界依謂三界有漏身心若諸菩薩斷二障盡得佛果時即得說名證無餘依大涅槃界是故二乘先入有餘依涅槃界後入无餘依涅槃界菩薩初證如來地時頓證二種大涅槃界一切有漏身心盡故名無餘依猶有變化似有漏相身心在故名有餘依悲智无斷所證得故亦名無住大涅槃界涅槃即是真如體上障永滅義由无漏慧簡擇諦理斷諸雜染而證得故亦名擇滅如是擇滅於真如上假施設有无別實物至究竟位說名涅槃無所趣故无臭穢故離編織故離稠林故名為涅槃聲聞獨覺

有所知障習氣未滅云何證得究竟涅槃所知障習是無知故非染汙故障菩提果不障涅槃非煩惱故不能潤生若无願力迴心趣大至無學位盡其壽量必永寂滅

經曰如圓鏡中大影可得所謂大地大山大樹大宮舍影而是圓鏡不等彼量如是如來圓鏡智上從極喜地乃至佛地智影可得及與一切世出世法智影可得而圓鏡智非彼分量

論曰若圓鏡智能起智影應同彼量差別可得釋此難言如圓鏡中大影可得謂大地等如世圓鏡雖能為緣起地等影而是圓鏡不等彼量一小鏡中衆多山等大影可得一大鏡中衆多石等小影可得雖有形量而不同影大小數量鏡智亦尒雖起諸地世出世間諸智影像無形量故而不同彼一切智影大小數量由是因緣諸佛鏡智名大智藏世出世間智根本故如說世尊成大智藏鏡智能生一切智故應知此中以智名說一切功德由是鏡智相應淨識具足一切

自利利他功德種子能為因緣生自身中智等影像為增上緣生他身中智等影像由此鏡智能變現身生智說法展轉生他智等影故或悲願力熏修所成任運為他智等善法增上緣故令他身中智等善法易得生長是故經言一切衆生所有善法及殊勝果皆是如來慈悲願力增上所起

經曰又如圓鏡非處障質影像起緣如是如來大圓鏡智非惡友攝聞不正法障导衆生智影起緣彼非器故

論曰若圓鏡智為令三乘得出離故生諸智影又悲願力熏修所成為增上緣生世出世諸智影者云何世間諸外道等正智不生能生因緣常和合故諸外道等應无顛倒釋此難言又如圓鏡非處障質影像緣等如世圓鏡雖能為緣現諸影像而非處在壁障等質影像起緣如來鏡智亦復如是雖能為緣生智影像而非處在惡知識攝愛樂聽聞邪法障者智影生緣以彼非是可加被器聞正法器是故外道聖道不生常懷顛倒善法

種子被損伏故惡法種子遇生緣故一切衆生無始時來習善時少造惡時多是故善法雖遇強緣亦難生長惡法雖遇少小外緣則便熾盛

經曰又如圓鏡非處闇質影像起緣如是如來大圓鏡智非處樂惡愚昧衆生智影起緣彼非器故

論曰如外緣障智影不生如是內緣宿習樂惡無明闇障智影不起諸樂惡者雖貪瞋等一切煩惱悉皆熾盛而癡偏重以不了知善惡因果勝劣事故世間現有諸佛正法利益安樂一切衆生三寶良田生長一切世出世間无量福聚不欲聽受不樂歸依而反聽受無利无樂外道邪法歸依生長能感衆苦無量惡業種種邪神豈非无明癡闇障力是故障善無明冣重當勤脩習智慧光明无明重者非善器故

經曰又如圓鏡非處遠質影像起緣如是如來大圓鏡智非處不淨感匱法業不信衆生智影起緣彼非器故

論曰如是內外二緣障力智影不生

一由先世感匱法業令於多時不聞正法謂於前生誹毀正法由此業障經無量劫不聞佛法即此不聞諸佛正法是彼業果障彼智影令不得生不聞正法其體是無云何得名謗正法果云何能障可生智影不即說彼不聞正法為果為障然說由彼感匱法業所得不能聽受正法不具根等愚鈍身心為果為障二由不信謂无種性無涅槃法不樂涅槃无有出世聖道種子於證真如有畢竟障聞出世法都不信受畢竟不得三乘涅槃如是一切身心相續不清淨故非聖法器暫時畢竟不生出世功德智影如濁穢水不能發生月等影像鏡智亦尒於彼不能生智影像

如是略說大圓鏡智有九種相勝所餘智謂訓詞相无分別相障清淨相依止因緣生智影相無有我所无攝受相不忘一切所知境相遍處恒時生智影相能生一切智根本相於非法器不能生相此有三種非聖法器一者親近不善知識聞不正法暫時

有障非聖法器二者煩惱癡障所障非聖法器三者極重業障所障及无出世聖道種子久時畢竟非聖法器如是三種揔名第九於非法器不能生相

經曰復次妙生平等性智者由十種相圓滿成就

論曰平等性智由十種相圓滿成就應知即是十地修果一一地中略說各證一平等性修習圓滿成就佛地平等性智是故說言平等性智由十種相圓滿成就若廣說者一一地中各證無量平等法性修習圓滿成就佛地平等性智

經曰證得諸相增上喜愛平等法性圓滿成故

論曰諸相者謂諸大士相及諸隨好相差別故皆名為相如是諸相遠離遍計所執自性說名平等故契經言諸大士相如來即說以為非相是故說名諸大士相增上者謂富貴自在色等諸蘊各別皆非富貴自在和合亦非富貴自在即別性故諸法合時

不捨自性離此无實補特伽羅是故一切富貴自在遠離遍計所執自性說名平等故契經言世尊我今解了一切以無我故无貧無富喜愛者謂所有喜愛由遍計力於順彼法發生歡喜於違彼法發生憂慼遍計所執諸法無故於彼一切遍計所執喜憂亦无說名平等達解如是所說諸相增上喜愛平等法性故名證得初地菩薩最初證得後後地中漸漸方便修令增長最後佛地圓滿成就從此已後更无增長由此證得圓滿成故平等性智圓滿成就應知此中圓滿成故於第三處說第五轉一切應說由圓滿故成義類相似言詞便故作如是說

經曰證得一切領受緣起平等法性圓滿成故

論曰緣起有二謂內及外內緣起者謂無明等十二有支外緣起者謂種芽等一切外物內者應以雜染清淨二分行相順逆觀察外者應以此有故彼有此生故彼生行相觀察謂種

等有故種等生故芽等得有芽等得生此二緣起一切皆由因有故果有因生故果生无作用義是緣起義空無我義无補特伽羅義是緣起義如是等義緣起自相是所領受故名領受或假有情能領受故名領受緣起諸法是所領受如是一切領受緣起無作用故空无我故無補特伽羅故遠離遍計所執自性說名平等法性故名證得由此證得如前修習圓滿成故平等性智圓滿成就如是緣起平等法性即一切法平等法性如說梵志一切法性即是緣生緣起法性悟解此故名為菩提如佛所見一切法性如此即是緣起法性又契經言不見少法離緣起性此中緣起平等法性名緣起性依此密意說如是言若見緣起即見法性若見法性即見諸佛緣起實性即勝義法勝義佛故平等法性於一切處皆無差別故作是說

經曰證得遠離異相非相平等法性

圓滿成故

論曰色等諸法變壞等相不相似故名為異相遠離如是各別異相即是共相如是共相以何為相非相為相如契經言一切法性唯有一相所謂非相非相即是平等法性達解如是遍計所執一切法性畢竟永無平等法性故名證得由此證得如前修習圓滿成故平等性智圓滿成就復有義者遠離異相即无有相遠離非相即無无相無有无無名平等性餘如前說

經曰弘濟大慈平等法性圓滿成故

論曰慈有三種一有情緣二者法緣三者無緣初發心位諸菩薩等多分修習有情緣慈多是有漏以世俗有情境界故修正行位諸菩薩等多分修習法緣之慈亦多有漏大乘教法為境界故得無生忍諸菩薩等多分修習无緣之慈雖有所緣緣法界故辟如眼等異熟諸法無有分別不作加行任運轉故說名无緣平等性智相應大慈或有義者惟緣法界所緣

分別永無有故不緣有情及諸法故名无緣慈復有義者亦緣諸法如實義者亦緣有情但無分別平等行相了知一切假立有情性平等故緣生等法性平等故无我真如性平等故名平等智此智相應就所緣境得具三慈但無分別平等行故說名无緣如来地中平等性智相應大慈衆相成滿恒常現行如来既有無緣大慈餘二不說自然成就如来由此三種慈故平等救濟一切有情非但於彼少分與樂普於一切有情諸法无我真如平等性轉恒常現行救度一切故名大慈非如聲聞及異生等暫時少分與樂行轉不能救度一切有情以勝一切聲聞等故救度一切諸有情故長時積集福慧資糧所成滿故說名弘濟如是所說弘濟大慈遍一切處無差別轉故名平等即此平等說名法性或即所說弘濟大慈平等法性為所緣故就境說名平等法性由此大慈如前修習圓滿成故平等性智圓滿成就

經曰無待大悲平等法性圓滿成故

論曰聲聞等悲不能拔濟一切有情惟緣欲界分少行相暫時而轉如来大悲普能拔濟一切有情通緣三界遍滿行相恒時而轉言无待者無所觀待恒救不捨謂无所待隨其所應拔濟三苦所苦有情恒轉不捨猶如長者怜愛一子於諸有情平等而轉以有情界無邊際故成熟有情時无暫廢成熟有情曾不過時如来常與大悲相應不可說言覺起覺轉如經言善男子不應說言諸佛世尊所有大悲於諸有情覺起覺轉何以故恒常轉故諸佛世尊乃至大悲無根未立終不證得无上菩提如来證得大菩提已恒作是念我當安立一切有情諸善根本若有未悟一切法者我當開悟如来如是於諸有情常起大悲乃至廣說如契經說如来晝夜恒於六時觀察世間云何令言大悲恒轉此說作用六時相續恒無間斷故不相違大慈大悲无瞋不害無癡善根以為自性與樂拔苦行相有異俱有三種有情緣等慈是无瞋悲是不害慈緣無樂欲與其樂悲緣有苦欲拔其苦无待大悲無差別轉故名平等此即法性或緣平等法性為境由此大悲如前修習圓滿成故平等性智圓滿成就

經曰隨諸衆生所樂示現平等法性圓滿成故

論曰隨諸有情樂見如来色身差別如来示現如是色身如来雖居无戲論位由平等智增上力故大圓鏡智相應淨識現琉璃等微妙色身令諸有情善根成熟自心變似如是身相謂自心外見如来身如契經言由諸如来慈善根力有所示現令天人等自心變異見如来身如金色等又如經言若所應化無量有情宜見琉璃末尼寶色如来即能无㝵示現種種琉璃末尼寶色令彼自心亦如是變乃至廣說如是示現一切如来形相平等如是平等即是法性是故說名平等法性謂諸如来隨同所化有情樂見色身形相即各示現同處同時

同類形相令彼自心如是變現作利樂事如諸有情阿賴耶識共相種熟各各變現世界等相同處相似不相妨㝵此亦如是如色身相餘事亦尒由此示現如前修習圓滿成故平等性智圓滿成就

經曰一切衆生敬受所說平等法性圓滿成故

論曰若有如是種類語業能令有情善根成熟聞生歡喜得淨信樂如來便現如是語業令彼得聞如來雖无戲論分別由悲願力如是示現所化有情自勝解力如是變異謂自心外聞佛音聲如來所出一切語言稱機宜故諸人天等皆無違逆故名敬受若不稱機則不示現故說諸佛語不唐捐雖有衆生不順佛語此是化作或當有益後必信受就揔為語故言一切敬受所說如是語言由前道理諸佛同現故名平等如是平等即名法性由此示現如前修習圓滿成故平等性智圓滿成就

經曰世間寂靜皆同一味平等法性圓滿成故

論曰有漏五蘊說名世間念念對治二種壞故即彼息滅名為寂靜由此於此而寂靜故即是聖道及以涅槃依他起性世間寂靜同歸真如圓成實性故名一味又世間者遍計所執此本性无說名寂靜如是寂靜所顯真如無差別故名為一味此即名為平等法性由此一味如前修習圓滿成故平等性智圓滿成就

經曰世間諸法苦樂一味平等法性圓滿成故

論曰世間諸法略有八種一利二衰三毀四譽五稱六譏七苦八樂得可意事名利失可意事名衰不現誹撥名毀不現讃美名譽現前讃美名稱現前誹撥名譏逼惱身心名苦適悅身心名樂如是八種揔有二品四違名苦四順名樂生欣慼故或復此中略說最後苦樂一對聖者居中恒常一味得利不高遇衰不下如是乃至樂而无受苦而無恚如契經言聖處世間平等一味猶如虛空凡愚在世計有差別由彼遠離遍計所執世間八法於一切處皆同一味即此說名平等法性由此一味如前修習圓滿成故平等性智圓滿成就

經曰修殖無量功德究竟平等法性圓滿成故

論曰功德即是菩提分等諸功德法熏種長養成熟解脫說名修殖平等性智雖无分別由佛菩薩智增上力如如意珠令異身中功德生長成熟解脫言究竟者能得三乘般涅槃故既令解脫令得世樂不說自成如是智名平等法性遠離遍計所執性故或諸菩薩修殖无量菩提分等殊勝功德乃至究竟即此名為平等法性由此功德如前修習圓滿成故平等性智圓滿成就

經曰復次妙生妙觀察智者

論曰依十種因應知分別妙觀察智十種因者一建立因二生起因三歡喜因四分別因五受用因六趣差別因七界差別因八雨大法雨因九降伏怨敵因十斷一切疑因

經曰辟如世界持衆生界如是如来妙觀察智任持一切陁羅尼門三摩地門无㝵辯說諸佛妙法

論曰此中顯示建立因相辟如世界持衆生界者如諸有情自心所變下風輪等諸世界相能持自心所變眼等諸有情界如是如来妙觀察智能持一切陁羅尼門廣說乃至諸佛妙法與彼相應及能引故陁羅尼者增上念慧能捴任持无量佛法令不忘失於一法中持一切法於一文中持一切文於一義中持一切義攝藏无量諸功德故名無盡藏此陁羅尼略有四種一法陁羅尼二義陁羅尼三呪陁羅尼四能得菩薩忍陁羅尼如瑜伽論廣說其相云何唯於一法等中普能任持一切法等謂佛菩薩增上念慧不思議力自心相分一法相中現一切法文義亦尒又能示現無量无盡功德法門見分自體亦具無邊勝功能故任持一切令不忘失如是念慧不思議力名陁羅尼三摩地者謂增上定即健行等諸三摩地能

勝一切世出世間諸三摩地餘不能勝故名健行又佛菩薩健士所行故名健行惟第十地菩薩及佛得此定故餘三摩地隨經所說應釋其名即陁羅尼及三摩地俱說名門如空無願无相三門以能通生無量同類異類德故无㝵辯說即四無㝵法義詞辯由此四種能為衆生辯說妙法故名辯說諸佛妙法即是如来力無畏等无量佛法一切之言一一應說妙觀察智轉意識得作用寬廣故能任持一切功德此智相應第六意識普與一切功德相應及能引發諸功德故說能任持

經曰又如世界是諸衆生頓起一切種種無量相識因緣如是如来妙觀察智能為頓起一切所知无㝵妙智種種無量相識因緣

論曰此中顯示生起因相妙觀察智能作頓起一切所知相識因故世界即是諸器世間如器世間能為衆生種種地上無量空中相識生因如是如来妙觀察智一時頓於一切境界

猶如虛空能了無㝵能為一切種種世間无量出世所緣境界相識生因此義意言一切如来妙觀察智能頓了知一切境界似所知境有衆多相如綵畫色有種種相見分智體能為如是相識生因此能現彼說為生因非親生因從種生故此即緣因說名因緣由見起相或體起用雖无異體由不一故亦得為因如從相分生見分等此亦如是

經曰又如世界種種可玩園林池等之所莊嚴甚可愛樂如是如来妙觀察智種種可玩波羅蜜多菩提分法十力無畏不共佛法之所莊嚴甚可愛樂

論曰此中顯示歡喜因相如器世間種種可玩園林池等綺餝間列威光熾盛令諸有情歡喜愛樂如是如来妙觀察智種種可玩波羅蜜多菩提分等綺飾間列威光熾盛令諸菩薩歡喜愛樂波羅蜜多略有六種謂布施等或開為十更足方便善巧等四或復開為八万四千如經廣說若別

分別其數无量菩提分法略三十七廣亦無量言十力者謂處非處智力等如來身中慧根所攝及具知根言無畏者謂四无畏五根所攝及具知根即信等五不共佛法有十八種如經廣說如是功德多分此智所攝相應及能引發是故一切莊嚴此智

經曰又如世界洲渚日月四天王天三十三天及夜摩天覩史多天樂變化天他化自在天梵身天等妙飾間列如是如來妙觀察智世及出世衰盛因果聲聞獨覺菩薩圓證无餘觀察妙飾間列

論曰此中顯示分別因相如器世間無量洲等妙飾間列不相雜亂洲謂四大洲則贍部洲等渚謂八小渚則遮末囉等略舉日月攝諸星宿四天王天謂妙高山第四層級四面各住三十三天謂此山頂四面各有八大天王帝釋居中故有此數夜摩天者謂此天中隨時受樂故名時分覩史多天後身菩薩於中教化多修喜足故名喜足樂變化天樂自變化作諸樂具以自娛樂他化自在樂令他化作諸樂具顯已自在梵身天者離欲寂靜故名為梵身者衆也等者等取此上諸天如是如來妙觀察智普能觀察世及出世衰盛因果三乘圓證妙飾間列不相雜亂惡趣因果名世間衰善趣因果名世間盛又世間壞及世間成如其次第名為衰盛又撿減名衰增長名盛二乘因果名出世衰大乘因果名出世盛又退名衰進名為盛言圓證者即是果位前三乘名顯其因位又圓證者唯說佛果妙觀察智觀此諸法法相異故智如其境行相不雜分明顯現是故說名妙飾間列

佛地經論卷第五

佛地經論卷第五

校勘記

一　底本，金藏廣勝寺本。

一　三九頁下九行首字「及」，徑作「又」。

一　三九頁下一七行第一三字「各」，資、磧、普、南、徑、清作「名」。

一　四〇頁上二一行末字「位」，資、磧、普、南、徑、清作「住」。

一　四一頁上六行第一〇字「處」，徑作「樂處」。

一　四一頁上一三行「衆生」，石作「有情」。

一　四一頁上一八行第二字「重」，磧、普、南、徑、清作「熏」。

一　四一頁中二行第八字「毀」，石作「謗」。

一　四一頁中一九行第二字「止」，資、磧、普、南、徑、清作「上」。

一　四二頁上八行「說名」，石作「故說」。

一　四二頁上一五行第四字「故」，資、磧、普、南、徑、清、麗無。

一　四二頁下九行第一三字「復」，磧、南作「無」。

一　四二頁下一〇行、末行及次頁上二行「義者」，石、資、磧、普、南、徑、清作「說者」。

一　四二頁下一一行第九字「名」，資、磧、普、南、徑、清作「明」。

一　四二頁下一七行首字「情」，石作「情爲」；資、磧、普、南、徑、清、麗作「爲」。

一　四三頁中三行「分少」，石、麗作「少分」。

一　四三頁中七行第四字「苦」，石作「界」。

一　四三頁下一三行第一〇字「似」，磧、普、南、徑、清作「以」。

一　四四頁下一四行第一一字「分」，資、磧、普、南、徑、清作「分法」。

一　四五頁中七行第二字「德」，資、磧、普、南、徑、清作「得」。

一　四五頁中九行第一二字「力」，資、磧、普、南作「是」。

一　四五頁下一行首字「猶」，徑作「譬」。

一　四六頁上一六行第七字「洲」，石無。

一　四六頁上一七行第二字「未」，諸本作「末」。

佛地經論卷第六　　　傳

親光菩薩等造

大唐三藏法師玄奘奉　詔譯

經曰又如世界為諸衆生廣大受用如是如來妙觀察智示現一切諸佛衆會雨大法雨為令衆生受大法樂

論曰此中顯示受用因相如器世間隨有情業增上力故阿賴耶識共相種子變生種種共相資具為令有情廣大受用如是如來妙觀察智助平等智為增上緣擊發鏡智相應淨識現受用身種種衆會威德熾盛雨大法雨為令地上諸大菩薩受大法樂亦助如來成所作智為增上緣擊發鏡智相應淨識現變化身種種衆會威德熾盛雨正法雨為令地前所化有情受用法樂

經曰如世界中五趣可得所謂地獄餓鬼傍生人趣天趣如是如來觀察智上無邊因果五趣差別具足顯現

論曰此中顯示趣差別因相如世界中隨有情業增上力故阿賴耶識不共相種變生種種五趣因果差別可得如是如來妙觀察智五趣因果為境界故似其五趣因果二相差別顯現非生五趣諸阿素洛種類不定或天或鬼或復傍生故不別說五趣因者謂中有身以與五趣為方便故趣是所趣中有能趣故非趣攝就生顯別建立四生是故中有亦生所攝有義中有趣方便故說在趣中此言因者業煩惱等果即五趣

經曰如世界中欲色無色諸界可得如是如來觀察智上無邊因果三界差別具足顯現

論曰此中顯示界差別因相如世界中隨有情業增上力故阿賴耶識共不共相種子變生三界因果差別可得此中世界通情非情謂有情世界及器世界若不尒者不應於中有无色界以彼惟有定所生色無業生色无方處故於世界中隨其所應建立三界謂器世界中但有欲色情非情界有情界中具有三種惟有情界以器世界通持有情及非情界有情世

界唯能任持有情界故如是如来妙觀察智三界因果為境界故似其三界因果二相差别顯現非生三界因果同前二種分别此中意説妙觀察智普能觀察一切境故遍似一切諸界趣生煩惱業等所感諸行成熟所攝心心法等因果相現謂諸如来大圓鏡智增上所生妙觀察智雖无所取能取執著遠離一切煩惱所知二垢障故觀察一切因果等事及能説故如淨圓鏡現衆影像一切境相皆現其中然無鏡智无差别過大圓鏡智以於一切皆不悬故雖能顯現一切影像任運轉故而無分别此智能現一切境相亦有分别若无分别則不能觀因果等事及為衆會説法斷疑此文定證无漏心等亦有相分如来智上五趣三界無邊因果具足現故有説如来智明淨故一切境相雖現其中而此境相非智所變不清淨故但是衆生心等所變諸法影像此不應理如是影像若是衆生心等所變云何在佛智上顯現不可他因生

他心相違正理故如餘心相此亦應尒然此境相如来無漏心所變現如明鏡中眞穢影像雖似不淨實非不淨心及心法緣境法尒若緣他境非如鉆鋌無動作故但如明鏡性本淨故變似境相而能緣慮若諸境相非心上現彼雖有力生心心所如五根等不名所緣如餘處説无分别智亦定尒耶所緣真如不離智體不可定尒後得俗智雖不離真有分别故不證真體但自變作真相而緣故不可難如諸異生心緣无漏心上所有無漏境相雖似無漏實是有漏此亦應尒唯識道理決定如是心所變相雖相似有而實无體若不尒者應有色等如心心法不成唯識若彼實有但不離識名唯識者心及心法亦不離彼色等諸相應名唯境便成大過

經曰如世界中蘇迷盧等大寶山王顯現可得如是如来觀察智上諸佛菩薩威神所引廣大甚深教法可得

論曰此中顯示雨大法雨因相如器世間由諸衆生業增上力起諸寶山

如是如来妙觀察智由諸有情感正法業增上力故起佛菩薩威神所引深大教法此教開示諸佛菩薩自在威神亦能引發彼威神力是故説名諸佛菩薩威神所引此説如来妙觀察智能發鏡智相應識上教法影像或自能現教法影像由此為緣善根成熟所化有情自心變現

經曰如世界中廣大甚深不可傾動大海可得如是如来觀察智上一切天魔外道異論所不傾動甚深法界教法可得

論曰此中顯示降伏怨敵因相如器世間由諸衆生業增上力起諸大海不可傾動如是如来妙觀察智由諸有情感正法業增上力故起法界教不可傾動法界則是空无相理説法界理名法界教諸外道等皆依諸見法界空理對治諸見離諸見起是故空教彼不能測不能傾動前威神教威神高廣故喻寶山此法界教法界甚深故喻大海妙觀察智是能顯照一切境因故能起説一切法教略説

勝者是故契經說佛世尊名大智日普能照了一切法故

經曰又如世界大小輪山之所圍繞如是如来妙觀察智不愚一切自相共相之所圍繞

論曰此中顯示斷一切疑因相如器世界一妙高山七大金山八大海水四大洲等捴於其外有小輪山周帀圍繞如是為一積數至千復捴於外有次輪山周帀圍繞名小千界如是為一復數至千更捴於外有次輪山周帀圍繞名中千界如是為一復數至千捴於其外有大輪山周帀圍繞有大風輪捴持其下名一三千大千世界如是名為大小輪山之所圍繞如是如来妙觀察智遍知一切自相共相能斷世間一切疑惑自共相愚是疑惑因知自共相無此愚故自无疑惑能斷他疑大圓鏡智永離二障不愚一切自相共相能生此智攝護此智故名圍繞鏡智雖能知一切法自相共相無分別故不能為他說法斷疑此智能知有分別故能為一切說法斷疑又此智體能知諸法自相共相二種行相之所圍繞自相行相如小輪山共相行相如大輪山鏡智能持如風持下如来淨智現量所攝云何能知諸法共相若共相境現量所知云何二量依二相立有義二量在散心位依二相立不說定位若在定心緣一切相皆現量攝有義定心唯緣自相然由共相方便所引緣諸共相所顯理者就方便說名知共相不如是者名知自相由此道理或說真如名空無我諸法共相或說真如二空所顯非是共相如實義者彼因明論立自共相與此少異彼說一切法上實義皆名自相以諸法上自相共相各附已體不共他故若分別心立一種類能詮所詮通在諸法如縷貫花名為共相此要散心分別假立是比量境一切定心離此分別皆名現量雖緣諸法苦无常等亦一一法各別有故名為自相真如雖是共相所顯以是諸法自實性故自有相故亦非共相不可以其為一切法不一

不異即名共相自相亦與一切共相不一異故是故彼論說諸法上所有實義皆名自相此經不尒故無相違

經曰復次妙生成所作智者

論曰成所作智應知成立如来化身意化第一身化復有三種一現神通化二現受生化三現業果化第二語化亦有三種一慶慰語化二方便語化三辯揚語化第三意化復有四種一決擇意化二造作意化三發起意化四受領意化成所作智能起如是三業化用此化三業即是化身應知此中以用顯體非此三業即是智體但是智上所現相分成所作智增上緣力擊發鏡智相應淨識令現如是三業化用自亦能現當知四智一一能起一切作用就强多分說平等智起受用身成所作智起變化身妙觀察智觀察一切自相共相陁羅尼門三摩地等大圓鏡智能現一切諸法影像如一一根取一切境非無益用此亦如是此中經文定證三業心心

法等皆有變化如來智上現此麁相心心法等一切功德令諸下位能現了知若不尒者二乘異生云何能知如來所有心心法等功德差别云何如來久已成佛復能現作具貪瞋等種種化身餘經亦說化無量類皆令有心又說化身亦名有心亦名无心有依他心無自依心故謂化心等依實心現但實心上相分似有緣慮等用如鏡中火无别自體隨衆緣生如餘心等餘處雖說無化心等以无實用如實心等變化色等有實作用如實色等故偏說有由化心等麁相顯現易了知故乃至獲猴知如來心若佛實心諸大菩薩亦不能了

經曰如諸衆生勤勵身業由是衆生趣求種種殉利務農勤王等事如是如來成所作智勤身化業由是如來示現種種工巧等處摧伏諸伎傲慢衆生以是善巧方便力故引諸衆生令入聖教成熟解脫

論曰此中顯示現神通化化身業相令心勇悍故名勤勵於善性中無取

精進餘但作意由此發起勤勵身業說因為名由此身業世間有情作三正事等者等取其餘雜事成所作智精進相應起化身業由此化業為菩薩時示現種種陶師等類工巧等處此是智上身業相現為欲摧伏伎術傲慢故現斯事善巧方便即是悲慧平等運道先現神通初令生信故名引生令入聖教如現神通度迦葉等次令調順有所堪能故名成熟引令長養諸善根故後令解脫三界惡趣有性無性如其次第故名解脫由教化力有種性者令生聖道解脫三界无種性者令修世善常生善趣念彼善根為說正法令脫三界放光息苦安立善趣又令彼生聞思修慧次第三句又令彼生順解脫分順決擇分及生聖道次第三句又令彼入見道修道及無學道次第三句如是等釋應隨相說後亦如是

經曰又如衆生受用身業由是衆生受用種種色等境界如是如來成所作智受身化業由是如來往諸衆生

種種生處示同類生而居尊位由其示現同類生故攝伏一切異類衆生以是善巧方便力故引諸衆生令入聖教成熟解脫

論曰此中顯示現受生化化身業相世間有情於諸生處諸根領納色等境界故名受用身有運轉故名身業成所作智一切生處同時現生受用境界謂現化身於天人中一切生處示同類生居剎帝利婆羅門種伏諸下類令得利樂此亦智上身業相現或擊鏡智或自顯現餘例應尒

經曰又如衆生領受身業由是衆生領受所作善惡業果如是如來成所作智領身化業由是如來示現領受本事本生難修諸行以是善巧方便力故引諸衆生令入聖教成熟解脫

論曰此中顯示現業果化化身業相身即是業故名身業先業果故果說因名或身領受先業果時有運轉用故名身業由此身業領受先業愛非愛果成所作智現似化身領受化業由此業故示受一切本事本生難修

諸行先世相應所有餘事名為本事先世所受生類差別名為本生如毗濕飯怛囉等一切本生事依此本生先所修行種種苦行名難修行或於今世依變化身先修苦行後捨彼行修處中行方得菩提名難修行謂諸衆生計修苦行止惡起善方得菩提為化彼故先示同彼修諸苦行為顯非但持戒得淨要由定慧方得淨故現捨苦行修處中行方得菩提有契經說如來先世迦葉佛時作是罵言何處沙門剃鬚髮者有大菩提无上菩提極難得故由彼惡業今受如是難行苦果此言亦是為止惡行現化所作若不尒者何有繫屬一生菩薩已曾親事無量如來殖諸善本性憶宿命更起如是重語惡行當知此言為欲化度宜聞此言而得度者令於佛所離此言故

經曰又如衆生慶慰語業由是衆生展轉談論更相慶慰如是如來成所作智慶語化業由是如來宣暢種種隨所樂法文義巧妙小智衆生初聞

尚信以是善巧方便力故引諸衆生令入聖教成熟解脫

論曰此中顯示慶慰語化化語業相慶慰即是喜悅差別語能生彼故名慶慰聞此語言展轉發生大歡喜故謂諸有情由發語心增上力故各別識上語業相現為增上緣令餘識變似語業相各謂聞他語言生喜成所作智化作語業應知亦尒自現妙音令他心變謂聞佛語生歡喜故隨所樂法者隨彼因力所應樂聞人天三乘諸差別法文巧妙者字句顯美令樂聞故義巧妙者理趣分明易解了故小智衆生初聞尚信者謂佛言音具六十德諸凡愚慧暫時得聞尚生信解何況其餘聰慧者慧成所作智名慶慰者能現化語宣說一切巧妙文義生諸有情歡喜心故亦能加被善現等輩以佛言音宣說甚深難測量法如是此智能加被他一切論者一切色類乃至虛空亦能發起化語說法當知此事不可思議

經曰又如衆生方便語業由是衆生

展轉指授務專所作毀惡讚善更相召命如是如來成所作智所起方便語變化業由是如來立正學處毀諸放逸讚不放逸又復建立隨信行人隨法行等以是善巧方便力故引諸衆生令入聖教成熟解脫

論曰此中顯示方便語化化語業相如諸世間方便語業更相教示諸所應作不應作事利益親友放逸衆生如行起作故名方便如是如來由大悲故為諸有情安立學處令伏諸惡修世間善安立聖道分位差別令入正道出離三界成所作智能發化語成辦斯事謂息諸惡發起諸善是此語用

經曰又如衆生辯揚語業由是衆生展轉開示所不了義宣諷諸論如是如來成所作智辯語化業由是如來斷諸衆生无量疑惑以是善巧方便力故引諸衆生令入聖教成熟解脫

論曰此中顯示辯揚語化化語業相成所作智隨諸衆生意樂差別現化語業說種種義斷諸疑惑謂發一音

表一切義令諸有情隨類獲益如契經言佛以一音演說諸法衆生隨類各得開解或有怖畏或有歡喜或生猒離或復斷疑此是如来本願所引不思議力所發化語一音能斷一切衆疑若作化身亦令衆生一質異見利樂事成

經曰又如衆生決擇意業由是衆生決擇可作及不可作如是如来成所作智決意化業由是如来決擇衆生八万四千心行差別以是善巧方便力故引諸衆生令入聖教成熟解脫

論曰此中顯示決擇意化化意業相成所作智相應意業能起化故名化意業此能決擇所化衆生八万四千心行差別或復此智相分中現變化意業似能決擇衆生八万四千心行令彼了知得勝義利云何八万四千心行謂諸有情八万四千諸垢塵勞心行差別此能障㝵八万四千波羅蜜多陁羅尼門三摩地等如賢劫經廣說其相所謂最初修習行法波羅蜜多乃至最後分布佛體波羅蜜多

三百五十一一皆具六到彼岸如是揔有二千一百對治貪瞋癡及等分有情心行八千四百除四大種及六無義所生過失十轉合數八万四千修習此故復得成就八万四千陁羅尼門三摩地等此猶略說廣則无量

經曰又如衆生造作意業由是衆生造作種種諸所起業如是如来成所作智造意化業由是如来觀諸衆生所行之行行與不行若得若失為令取捨造作對治以是善巧方便力故引諸衆生令入聖教成熟解脫

論曰此中顯示造作意化化意業相隨所觀察一切有情所行之行若諸惡行不行有得行即有失若諸善行行即有得不行有失如是觀察為欲令彼取得捨失於德造作任持對治於失造作遠離對治成所作智相應意業能起化故名化意業雖諸如来於一切事無有功用而令衆生心等變現似[illegible]造作故名造作或復此智相分中現變化意業似能觀察一切有情諸行得失令彼了知得勝義利

經曰又如衆生發起意業由是衆生發起諸業如是如来成所作智發意化業由是如来為欲宣說彼對治故顯彼所樂名句字身以是善巧方便力故引諸衆生令入聖教成熟解脫

論曰此中顯示發起意化化意業相成所作智相應意業能發身語二種業故就用說名發起意業或此意業由智發起是故說名發起意業能起化故或智相分現似彼故此化意業為欲宣說彼對治者為說有情諸行對治此所說法名句字身以為自性是故顯示名句字身如来隨彼有情所樂說名身等令起愛樂發生對治是則如来成所作智相分中現變化意業發名身等宣說有情諸行對治由此力故令諸有情自心變似佛所說法深生愛樂發起對治是故說名發起意業

經曰又如衆生受領意業由是衆生受領苦樂如是如来成所作智受意化業由是如来於定不定及問置記為記別故隨其所應受領去来現在

等義以是善巧方便力故引諸衆生令入聖教成熟解脱

論曰此中顯示受領意化化意業相受相應思能動其心令受苦樂是故説名受領意業成所作智受相應思能起化故名化意業或相分中現化意業名化意業於四記問為記别故隨其所應如實了知一切問已領三世等无量法義如實了知一一自體如實知已隨其所應一一記别無有顛倒言四記者一一向記二分别記三反問記四默置記一向記者如有問言一切生者决定滅耶佛法僧寶良福田耶如是等問應一向記此義决定分别記者如有問言一切滅者定更生耶佛法僧寶惟有一耶如是等問應分别記此義不定反問記者如有問言菩薩十地為上為下佛法僧寶為勝為劣如是等問應反問記汝望何問默置記者如有問言實有性我為善為惡石女兒色為黒為白如是等問應默置記不應記故長戯論故

應知此中身語化業或自身相應或他身相應或不相應意化業惟自他相應由此即釋三種神變謂神通教誡記説神變此佛化業於一切種恒時隨逐不可思議作用數量國土差别不思議故利有情用无休息轉不思議故一切如來三種化業為欲成熟有情為先説名第一方便善巧是故契經説佛世尊名大智藥能除一切煩惱病故

經曰介時妙生菩薩摩訶薩白佛言世尊為獨如来於淨法界受用和合一味事智而諸菩薩亦能如是佛告妙生菩薩亦能受用和合一味事智

論曰今依受用和合一味事智為問前辯佛地但説如来清淨法界體惟一味佛鏡智等於中受用和合一味無動无作妙生菩薩意疑此事為惟如来亦通菩薩故作此問或前但説有五種法攝大覺地清淨法界體惟一味鏡智依此縁此而生无分别故亦唯一相平等性智通縁真如離二分别亦惟一相其餘二智為饒益他

亦依真如無異分别亦惟一相如是唯佛受用和合一味事智應不通餘為欲審定故作此問此中既言於淨法界受用和合一味事智證知於餘无有受用和合一味智能受用所應受用和合一味真如境界故名受用共同一事故名為和雖同一事或復離别為顯於中常不離别故復言合所縁能縁平等平等畢竟和合不離别故味者堅實即所受用所縁法界真如一味事謂事用智者即是能受用智正取鏡智平等性智兼取餘二多縁真故或一味者能受用智無分别故事者是果縁淨法界而生起故或能受用即是捨受无苦無樂平等一類故名一味事者果也即此相應圓鏡智等由彼力生故名彼果或是行捨無功用相於一切處一味而轉能受用智説名事智或智自能領受己體故名受用自他二種分别无故説名一味事者果也從衆因縁遠離二想恒時轉故菩薩亦能等者此中意説受用和合一味事智非獨如来若

諸菩薩亦能如是云何但言有五種法攝大覺地此中意說佛地唯是五法所攝不說五法唯攝佛地亦能攝諸菩薩地故

經曰妙生菩薩復白佛言何等菩薩受用和合一味事智佛告妙生證得无生法忍菩薩由彼菩薩無生法中得忍解時對治二想由遣自他二種想故得平等心從此已上彼諸菩薩自他異想不復現前受用和合一味事智

論曰為顯示得大乘無生法忍菩薩或住功用有加行道菩薩未有受用和合一味事智故復問言何等菩薩受用和合一味事智證得无生法忍菩薩謂從初地已上菩薩證得二空所顯真如觀一切法遍計所執本性無生亦无有滅本来寂靜自性涅槃受用和合一味事智非如二乘見道現觀但證生空所顯真如未證法空所顯真理未能現觀諸法平等受用和合一味事智地前菩薩亦未能證未見真如和合一味平等性智未現

行故有義初地已上菩薩復有三種一初發心謂在初地已入見道正性離生真無漏心創現行故二已修行謂上六地已得修道進修行故三不退轉謂上三地修道已滿離諸功用無加行道任運現前一切煩惱畢竟不起念念勝進无退轉故此中唯取八地已上觀一切法本来無生令亦不起得上品忍一向清淨恒起无漏任運而轉由得此故說名證得無生法忍如契經言八地已上諸菩薩衆離法想故无我我所觀一切法非常無常无生無起自他平等乃至廣說由得任運二想對治於一切處得平等心從此已上離二想故離諸功用及加行故一向无漏極清淨故無分別智已得自在任運轉故方得說名受用和合一味事智初地菩薩雖已證得自他平等而有功用加行作意未清淨故而未建立

經曰妙生菩薩復白佛言唯願如来廣說譬喻令諸菩薩悟甚深義隨所化緣廣宣流布令諸衆生聞已疾悟

無生法忍

論曰妙生菩薩為令上義因譬喻門明了易見諸菩薩等聞是法已悟甚深義悟无生忍故復請問

經曰佛告妙生譬如三十三天未入雜林終不能於若事若受无我我所和合受用若入雜林即無分別隨意受用由此雜林有如是德能令諸天入此林者天諸果報若事若受无所思惟和合受用如是菩薩若未證得無生法忍終不能得平等之心平等之捨乃與一切聲聞獨覺无有差別有二想故彼不能住受用和合一味事智若已證得無生法忍遣二想故得平等心遂與聲聞獨覺差別由平等心而能住捨受用和合一味事智

論曰三十三天有一雜林諸天和合福力所感令諸天衆不在此林宮殿等事苦樂等受勝劣有異有我我所差別受用若在此林若事若受都无勝劣皆同上妙無我我所和合受用能令平等和合受用故名雜林此由諸天各修平等和合福業增上力故

令彼諸天阿頼耶識變現此林同處同時同一相狀由此雜林增上力故令彼轉識亦同變現雖各受用而謂无別如是地前菩薩二乘未證二空所顯真如無生法忍有見道斷差別執故未離自他差別二想未得无漏平等性智相應之心平等受捨或復行捨故不能住受用和合一味事智有義七地已下菩薩猶有功用有加行道猶有微細煩惱現行未清淨故未得任運无生法忍妙觀察智相應平等若心若捨故不能住受用和合一味事智

經曰復次妙生譬如種種大小衆流未入大海各別所依異水少水水有增減隨其水業所作各異少分依持水族生命若入大海無別所依水无差別水無限量水无增減所作業一廣大依持水族生命如是菩薩若未證入如来清淨法界大海各別所依異智少智智有增減隨其智業所作各異少分衆生成熟善根之所依止若已證入如来清淨法界大海無別所依智无差別智無限量智无增減受用和合一味事智无量衆生成熟善根之所依止

論曰大衆流者謂殑伽等四種大河小衆流者謂餘小河未入大海各別所依者種種地方為所依故異水者清濁灰美水差別故少水者望大海故水有增減者少雨多雨時差別故隨其水業所作各異者種種氣味勢力成熟有差別故少分依持水族生命者少數少量水族有情所依持故若入大海无別所依等者與前所説一切相違應知其相廣大依持者此依數廣量大而説如是菩薩未證如来法界大海者未證諸佛清淨法界各別所依者別別如来為所依故異智者各別勝解所脩成故少智者望佛智故智有增減者諸地相望有勝劣故及定相望有勝劣故隨其智業所作各異者諸菩薩定數量別故所作各異隨諸菩薩勝解勢力緣有情界能有所作過此不轉是故各異少分衆生等者少數少量成熟善根所依止故由諸菩薩增上力故隨分令他善根成熟諸菩薩定望如来定數量少故化諸有情利樂亦少若證如来法界大海者已證諸佛清淨法界無別所依者清淨真如為所依故无漏界中不可建立諸佛有異何况菩薩智無差別者圓鏡智等皆相似故无有自他分別異故智無限量者了達無邊所知境故智无增減者等清淨故過知境界无少多故受用和合一味事智者平等智等一切所作皆相似故無量衆生等者若數若量皆无量故福德智慧無盡資糧皆平等故由得法身窮生死際一切有情成熟善根所依止故

前後二喻有差別者有義前喻説諸菩薩未入已入或歡喜地或不動地後大海喻説諸菩薩未入已入或不動地或如来地有義二喻同説菩薩未得已得無生法忍前説菩薩功德稠密喻如雜林後説菩薩功德无盡喻如大海

佛地經論卷第六

佛地經論第六卷　第二十　傍

佛地經論卷第六

校勘記

一　底本，金藏廣勝寺本。五六頁下原版漫漶，以麗藏本換。

一　四八頁中一九行第三字「傍」，石、資、磧、普、南、徑、清作「畜」。

一　四八頁下一一行第二字「曰」，石作「白」。

一　四九頁上四行第四字「二」，資、磧、普、南、徑、清作「三」。

一　四九頁上一九行第三字「説」，資、磧、普、南、徑、清作「義」。

一　四九頁上二二行第四字「如」，資、磧、普、南、徑、清作「以」。

一　四九頁中五行第二字「鈷」，資、磧、普、南、徑、清、麗作「鉗」。

一　四九頁中七行第一一字「所」，資、磧、普、南、徑、清作「法」。

一　四九頁中一〇行第八字「離」，磧、普、南、徑、清作「緣」。

一　四九頁中一一行第五字「自」，石作「有」。

一　四九頁中一一行第一一字「緣」，磧、普、南、徑、清作「離」。

一　四九頁中末行第一一字「起」，資作「契」。

一　四九頁下一九行第一二字「起」，資、磧、普、南、徑、清、麗作「趣」。

一　五〇頁上一四行第一〇字「一」，磧、南、徑、清作「爲」。

一　五〇頁中一一行第六字「知」，磧、普、南、徑、清作「如」。

一　五〇頁中一三行第一一字「義」，資、磧、普、南、徑、清作「説」。

一　五一頁上一九行第一二字「伎」，石、磧、普、南、徑、清作「技」，下同。

一　五一頁中一四行第九字「常」，南、徑、清作「當」。

一　五一頁中一四行第一三字「念」，資、磧、普、南、徑、清作「令」。

一　五一頁中二〇行第五字「後」，資、磧、普、南、徑、清作「彼」。

一　五二頁上一三行第一一字「今」，

磧、南、徑、清作「令」。

一　五二頁中一六行第八字「愍」，石、資、磧、普、南、徑、清作「敏」。

一　五二頁下二一行末字「相」，普、南、徑、清作「指」。

一　五三頁上一〇行第三字「決」，資、磧、普、南、徑、清作「決擇」。

一　五三頁上二二行「行法」，資、磧、普、南、徑、清作「法行」。

一　五三頁上末行第一〇字「體」，資、磧、普、南、徑、清作「身」。

一　五三頁中二行「二千」，南作「三千」。

一　五三頁中一七行第八字「德」，資、磧、普、南、徑、清作「得」。

一　五三頁中一七行第一一字「任」，資、磧、普、南作「住」。

一　五三頁下二〇行第二字「曰」，石作「白」。

一　五四頁中六行第二字「不」，資、磧、普、南、徑、清作「不可」。

一　五四頁中九行第一三字「除」，資、磧、普、南、徑、清作「療」。

一　五四頁下四行第一二字「知」，資、磧、普、南、徑、清作「智」。

一　五四頁下五行第九字「智」，資、磧、普、南、徑、清作「事智」。

一　五五頁上一二行第五字「示」，資、磧、普、南、徑、清作「未」。

一　五五頁上二〇行第三字「但」，磧、南作「俱」。

一　五五頁中一行第四字及次頁上九行第二字「義」，石、資作「說」。

一　五五頁中六行「任運」，磧作「住運」，下同。

一　五五頁下一九行第三字「苦」，麗作「業」。

一　五六頁中二二行末字「少」，徑、清作「劣」。

一　五六頁下三行第四字「化」，石作「作」。

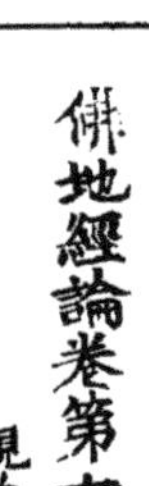

佛地經論卷第七

親光菩薩等造
大唐三藏法師玄奘奉　詔譯

經曰尒時世尊而說頌曰

論曰當說四頌總攝上義略顯佛地淨法界相如来地中一切有為無為功德皆是清淨法界攝持皆是清淨法界之相所相能相俱名相故於四頌中前三頌半別顯其相後半總結別顯相中有義此中初半顯示清淨法界次半顯示大圓鏡智次半顯示平等性智次半顯示妙觀察智次半顯示成所作智次半顯示四智所攝眷属功徳後半顯示五法所成三身差別復有義者此中顯示清淨法界有六種相總攝一切佛地功徳謂自性相因相果相若作業相若相應相若差別相如其次第初有一頌餘各半頌

經曰一切法真如　二障清淨相

論曰有義此顯清淨法界謂一切法空無我性所顯真如永離二障本性

清淨今復離染能為一切善法所依是故說名清淨法界一切法者謂世出世有漏无漏藴界處等真如即是諸法實性無顛倒性與一切法不一不異體唯一味隨相分多或說二種謂生空无我法空無我真如實非空无我性離分別故絶戲論故但由修習空無我觀滅障真如我我所執而證得故名空无我或說三種謂善不善無記真如是此三法真實性故或說四種謂三界繫不繫真如是此四法真實性故或說五種謂心真如廣說乃至无為真如亦是五法真實性故或說六種謂色真如廣說乃至無為真如五藴无為真實性故或說七種一流轉真如謂一切行無始世来流轉實性二實相真如謂一切法二空无我所顯實性三唯識真如謂一切法唯識實性四安立真如謂有漏法苦諦實性五邪行真如謂業煩惱集諦實性六清淨真如謂善无為滅諦實性七正行真如謂諸有為無漏善法道諦實性或說八種謂不生不

滅不断不常不一不異不来不去八遣相門所顯真如或說九種謂九品道除九品障所顯真如或說十種謂於十地除十无明所顯真如即十法界如攝大乘廣辯名相如是增數乃至窮盡一切法門皆是真如差別之相而真如體非一非多分別言說皆不能辯由離一切虛妄顛倒假名真如能為一切善法所依假名法界離損減謗假名實有離增益謗假名空無分拼推求諸法虛假極至於此更不可度唯此是真假名實際是无分別冣勝聖智所證境界假名勝義如是廣說言二障者一煩惱障二所知障煩惱乱身心令不寂靜名煩惱障覆所知境无顛倒性令不顯現名所知障煩惱障者謂執實我薩迦耶見以為上首百二十八根本煩惱及隨煩惱若所發業若所得果皆攝在中皆以煩惱為根本故所知障者謂執遍計所執諸法薩迦耶見以為上首所有無明法愛恚等諸心心法及所發業并所得果皆攝在中皆以法執及

无明等為根本故有義法執及無明等遍在一切善惡无記有漏心品及與二乘無漏心品皆不了達法无我故皆似相分見分起故有義唯在不善無記有漏心品瑜伽師地說諸无明但有二種一者不善二者無記復有二種一者染汙二不染汙不言有善不可非善善心相應性相違故又善心品必與无癡善根相應癡即無明不可一心癡无癡並如貪無貪瞋无瞋等不相應故不可法執不與癡倶若無无明無倒執故如執有我定无明倶此亦應尓又諸善心性無迷執皆信等倶順无我解與二空觀為前方便不可法執導法空觀我執未曾見此事故是故有漏無漏善心決定不與二執無明愛等相應違教理故一切異熟无記心品亦無法執及无明等分別力劣不能執故若有倒執成法我見有无明等阿賴耶識不應唯與五法相應見無明等慧等攝故又若此識有法執者无所熏故應念念失不須對治則成大過煩惱障

中無此事故又法空觀初現前時此識應斷障治相違不倶得故若尓所餘有漏種子應无所依所修功德應無熏習无所熏故不可說言熏習鏡智相應淨識非無記故猶未得故阿賴耶識既無法執餘轉識中異熟果者亦應如是性類同故於五識中亦无法執无有猛利分別用故無推求故攝大乘說能遍計心唯是意識故知五識不緣遍計所執自性如無分別无推求見不能計我故亦不能計度諸法然由意識計我計法起愛恚等引五識中非見所攝愛恚等起雖无有見而有愛恚無明等法二障所攝是故二執分別推求惟在第六第七意識若愛恚等非見所攝不推求者亦在五識諸我執等煩惱障體惟在不善有覆無記二心中有若法執等所知障體亦在无覆無記心中二乘无學亦現行故無學位中無有不善有覆无記此就二乘名為無覆若望菩薩是染汙故亦名有覆故所知障亦名无覆亦名有覆一體二名所望別故

煩惱障中有所知障是所依故必執有法而計我故體雖無二而用有別如一識體取境用多由此熏生一種子體亦有多用起時雖俱而漸次斷聖道勢力有分齊故若所知障說二乘說无覆無記四无記中何無記攝異熟生攝以從異熟識生起故若尒何者非異熟生如增上緣餘所不攝皆此攝故威儀等心不堅執故非普遍故無二障體若善無覆无記心中無法執者云何不能了達法空亦无我執云何不能了達生空此既由與第七識中我執俱故不達生空亦應由與第七識中法執俱故不達法空既似相分見分而起云何不名法執所攝諸佛菩薩无漏智等亦有二分云何非執是故緣生相分見分依他起攝若於此上妄計心外或定性有方名為執故所知障在第七者遍與六識三性心俱非相應品且止廣諍應釋本文清淨相者謂此真如本性清淨二障所覆如淨虛空烟雲等障相似不淨得出世間證真如道漸除二障

所有種子猶如大風吹烟雲等金剛喻定現在前時滅離一切障種子盡得淨法界究竟轉依名清淨相如是已顯前五法中清淨法界有義此顯自性一分法界淨相即六相中自性一分文同前釋

經曰法智彼所緣　自在無盡相

論曰有義此顯大圓鏡智法者即是依他起性緣法鏡智名為法智大圓鏡智亦緣世俗依他起性現彼影故不迷彼故彼所緣者彼謂真如非彼法智雖復隣句義勢相應故无有過法智用彼為所緣故名彼所緣非謂法智是彼所緣大圓鏡智亦緣勝義圓成實性窮生死際內證彼故此說鏡智緣一切法自相共相依他起性圓成實性俱為境故遍計所執但是凡愚妄心所計非聖智境故不說緣如論中說遍計所執惟凡智境圓成實性惟聖智境依他起性亦凡智境亦聖智境遍計所執以无體故非聖所證若尒聖智不知一切彼既是無智何所知若知為有則成顛倒若知

為無則非遍計所執自性心所現無依他起攝真如理无圓成實攝是故聖智雖知有無而不緣彼遍計所執自性為境言自在者大圓鏡智六到彼岸所修成故具十自在妙用无导無盡相者窮生死際无間無斷相續常故相謂所相或復能相表自體故如是揔顯前五法中大圓鏡智有義此顯自性一分佛果四智即六相中自性一分有為功德法者即是大圓鏡智由對治力轉去一切麤重所依阿賴耶識轉得清淨依他起性遠離一切心麤分別所緣能緣平等平等不可宣說緣生法性不增不減內證行相能現一切諸法影像於一切境普能照了无分別故揔說名法智者即是平等性智由對治力轉去執著衆生及法第七末那轉得清淨依他起性緣鏡智等及淨法界平等平等內證行相故名為智彼所緣者即餘二智由對治力轉去世間分別六識轉得清淨依他起性或出世間或世出世彼後所得緣上真如及法智等

依他起性以為境界无執分別似所緣現分別自内所證能證用彼上說真如法智為所緣故名彼所緣如是四智妙用無㝵故名自在窮生死際常用不息故名无盡大圓鏡智平等性智常无間斷故名無盡妙觀察智成所作智雖有間斷而數作意即能現前數起无窮亦名無盡相謂體相皆從緣生說名清淨依他起性皆无顛倒說名清淨圓成實性皆有內證照境作用似境顯現說名為智如是等義能表自體故名為相

經曰普遍真如智　修習證圓滿

論曰有義此顯平等性智謂初地中初現觀時得此平等无分別智觀真如等一切平等於後諸地漸次修習轉勝轉淨乃至佛地證得圓滿究竟清淨證法界等一切理事皆悉平等如是顯示前五法中平等性智有義此顯六中因相謂初地中无分別智觀初法界見道三心斷見道斷百一十二根本煩惱及隨煩惱并滅見斷不染無明分別法執麁一分顯初法界智種增長從此已後於一切地修道位中无分別智觀餘法界如如於彼一切法門聞思修等加行智等方便等位漸次修習如是如是隨其所應漸伏修斷十六煩惱及隨煩惱并隨所應漸滅修斷不染无明俱生法執所餘諸分顯餘法界智種增長由此為因乃至佛地證得法界四智圓滿

經曰安立衆生二　諸種無盡果

論曰有義此顯妙觀察智謂此妙智能為衆生說妙法等安立衆生利益安樂故名為二即此二種有多品類故名諸種如是二事窮生死際常作不絕故言无盡此即名果是智果故如是顯示前五法中妙觀察智有義此顯六中果相謂淨法界及四妙智皆能安立一切衆生利益安樂令修善因名為利益令得樂果名為安樂又令離惡名為利益令其攝善名為安樂又拔其苦名為利益施與其樂名為安樂此世他世出世等應知亦尒品類衆多故名諸種窮未來際故名無盡如是二事諸種無盡是淨法界及四智果由此起故

經曰身語及心化　善巧方便業

論曰有義此顯成所作智謂智能起身語心化稱順機宜故名善巧加行不絕故名方便此即名業或復此智善巧方便能起身語心三化業如是顯示前五法中成所作智有義此顯六中業相謂淨法界及四妙智能起身語心三化業及與善巧并方便業成所作智起身語心三種化業妙觀察智起善巧業觀機宜等極巧便故其餘二智及淨法界起方便業以能任運與一切業為方便故身化三種一自身相應謂化自身為輪王等種種形類及現種種諸本生事二他身相應謂化魔王為佛身等變舍利子為天女等寄他身上示現種種變化形類三非身相應謂現大地為七寶等或現無量佛化身等或放光明照无邊界如是等類離自他身別現化作情非情色種種形類動地放光風香等事皆為利樂諸有情故一切皆

名佛化身業如是語化亦有三種一自身相應謂佛自身化現梵音遍告无邊諸世界等種種語業二他身相應謂令聲聞大弟子等以佛梵音宣說大乘甚深法等是故聲聞諸菩薩等說非已分甚深妙法皆是如來變化所作非彼自力三非身相應謂化山海草木等類乃至虛空亦出音聲說大法等如是皆名變化語業心化惟二一自身相應謂自心上化現種種心及心法影像差別二他身相應謂令他心亦現種種心及心法影像差別此並相分似見分現有義定力能令自心解非分法名化自心加被有情令愚昧者解深細法令失念者得正憶念名化他心然心无化無形質故如論說言心无形故不可變化又說化身无心心法此就二乘及諸異生定力而說彼定力劣不能化現无形質法諸佛菩薩不思議定皆能化現若不尒者云何如来現貪瞋等云何聲聞及傍生等知如來心云何經說化無量類皆令有心云何上說

諸化意業云何經說有依他心但諸化色同實色用化根及心但有相現不同實用又就下類故作是說若尒云何不化非情令心相現非情已是心等相分云何復令有心相現若心相現則名有情非非情攝是故化心但說二種如前已說妙觀察智能觀自證陁羅尼門三摩地等能觀有情根欲性等說妙法藥名善巧業其餘二智及淨法界與諸功德為所依止能起種種利有情事名方便業

經曰定及揔持門　無邊二成就

論曰有義此顯四智所攝眷屬功德有義此顯六種相中相應之相定門即是八万四千三摩地門揔持門者八万四千陁羅尼門如是二種通生一切有為功德通顯一切无為功德通引一切神力作用利衆生事故名為門无邊二者福德智慧二種莊嚴於中差別有無量種八万四千福德智慧或无量劫修所成故說名無邊前五波羅蜜多名為福德後五波羅蜜多名為智慧或隨所應自性眷屬

一一具二如是二門二種莊嚴四智品中一一具足恒共相應亦復依止清淨法界與淨法界不相捨離故名成就

經曰自性法受用　變化差別轉

論曰有義此顯五法所成三身差別有義此顯六種相中差別之相雖諸如來所依清淨法界體性无有差別而有三身種種相異轉變不同故名差別自性法者即是如来初自性身體常不變故名自性力無畏等諸功德法所依止故亦名法身受用即是次受用身能令自他受用種種大法樂故變化即是後變化身為欲利益安樂衆生示現種種變化事故體義依義衆德聚義揔名為身如是略釋三身名義

又法身者究竟轉依真如為相一切佛法平等所依能起一切自在作用一切白法增上所顯一切如来平等自性微妙難測滅諸分別絕諸戲論故契經言諸佛法身不應尋思非尋思境超過一切尋思戲論受用身者

一切功德圓滿為相一切佛法共所集成能起一切自在作用一切白法增上所起一切如来各別自體微妙難測居純淨土任運湛然盡未来際自受法樂現種種形說種種法令大菩薩亦受法樂變化身者一切神變圓滿為相一切化用共所集成示現一切自在作用一切白法增上所引一切如来各別化用微妙難測居淨穢土現種種形說種種法成熟下位菩薩二乘及異生衆令入大地出離三界脫諸惡趣如是略釋三身相用又前五法攝三身者有義前二攝自性身中間二種攝受用身成所作智攝變化身經說真如是法身故論說轉去阿賴耶識得自性身大圓鏡智轉第八得故知前二攝自性身此經中說成所作智起諸化業莊嚴論說成所作智於一切界發起種種无量難思諸變化事故知後一攝變化身平等性智如餘論說能於淨土隨諸菩薩所樂示現種種佛身妙觀察智亦如論說於大集會能現一切自在

作用說法斷疑又說轉去諸轉識故得受用身故知中二攝受用身又佛三身皆十義中智殊勝攝故知三身皆得有智有義初一攝自性身四智自性相應共有及為地上菩薩所現一分細相攝受用身若為地前諸菩薩等所現一分麁相化用攝變化身諸經皆說清淨真如為法身故讃佛論說如来法身无生滅故莊嚴論說佛自性身本性常故能斷金剛般若論說受持演說彼經功德於佛法身為證得因於餘二身為生因故諸經論說究竟轉依以為法身轉依即是清淨真如非對治道故知法身惟淨法界真如為性莊嚴論說大圓鏡智是受用佛攝大乘說轉諸轉識得受用身然說轉去阿賴耶識得法身者此說轉去第八識中二障種子顯得清淨轉依法身非說鏡智以說鏡智是受用故又受用身略有二種一自受用三無數劫修所成故二他受用為諸菩薩受法樂故是故四智相應共有及一分化為受用身經論皆說

化身為化地前衆生現種種相既是地前衆生境界故知非是真實功德但是化用經論惟說成所作智能起化業非即化身雖三種身智殊勝攝法身是智所依證故化身是智所起用故似智現故假說為智亦無有過如是三身受用變化既有生滅云何經說諸佛身常由二所依法身常故又受用身及變化身雖有生滅以恒受用種種法樂无休廢故於十方界數數現化無斷絕故如常受樂如常施食故說名常莊嚴論說常有三種一本性常謂自性身此身本来性常住故二不斷常謂受用身恒受法樂无間斷故三相續常謂變化身沒已復現化無盡故如是法身雖離一切分別戲論而无生滅故說名常二身雖有念念生滅而依常身無間斷故恒相續故說名為常經說如来色受等法一切常住依此道理非無生滅无漏種子修習增長所生起故生者皆滅一向記故色心皆見是无常故常住色心曾不見故

如是三身云何形量法身清淨真如為體真如即是諸法實性法无邊際法身亦介遍一切法無處不有猶如虛空不可說其形量大小就相而言遍一切處受用身者有色非色非色諸法無形質故亦不可說形量大小若就依身及所知境亦得說言遍一切處色有二種一者實色二者化色言實色者三无數劫修感色身相好等業轉五根等有漏色身得佛無漏五根等色无量相好莊嚴其身周遍法界彌實淨土於生死中業有分限阿賴耶識所變身形大小不定且如此界贍部洲人善業劣所得色身極長四肘東勝身洲善業次勝身長八肘如是善業漸漸增勝所得色身形量漸大乃至色界色究竟天感色業中最殊勝故所得色身一万六千瑜膳那量十地菩薩無漏善根所資熏故身形轉大如經廣說金剛喻定現在前時滅一切障善根勢力量无邊故所得色身充滿法界遍實淨土大圓鏡智相應淨識所變身土無限量故諸佛識變同處同時其相相似不相障㝵盡未來際無間无斷依此能令諸佛受用廣大喜樂是故說名受用身土如是身土唯佛乃知非諸菩薩五根所證一一色根能證一切所受境界無障㝵故是故諸佛无見頂相無邊法音一切色根作用无限以遍滿故言化色者由悲願力為入大地諸菩薩衆現種種身種種相好種種言音依種種土形量不定變化身者亦非願力為化地前諸有情故現變化身通色非色非色即是變化意業力无畏等諸功德相无形質故無有形量色者變化身語業等隨時隨處隨衆所宜所現身形其量不定如經廣說

如是三身一切如来為有差別為无差別法身實性一切如来皆共有故無有差別就能證因有差別故假說差別其餘二身各別因感各別自性實有差別但无別執同處相似利樂意樂事業平等說無差別是故說言一切諸佛由所依止意樂事業於三種身如其次第說无差別所依法界無差別故利樂意樂无差別故共作事業無差別故

如是三身為有各別諸功德不如来法身清淨真如轉依為相真實善有本性清淨遠離一切雜染法故一切功德所依止故一切功德真實性故說名具足一切功德无有色心差別功德佛受用身具足一切色心等法真實功德及為他現化相功德佛變化身唯具一切現色心等化相功德是故三身皆說具有過殑伽沙數量功德

一切如来所化有情為共不共有義皆共以一一佛皆能化度一切有情福德智慧一切平等三无數劫勤修行願同為拔濟一切有情求菩提故如說一佛所化有情即一切佛有義不共以佛所化諸有情類本相屬故是故如来底沙佛時曾與慈氏同為弟子佛觀釋迦所化有情善根先熟慈氏所化善根後熟又觀慈氏因行先滿釋迦後滿遂於一處入火光定

令釋迦見七日七夜不下一足一頌讚歎令趣慈氏在前成佛又佛將欲入涅槃時作如是言我所應度皆已度訖又契經說佛涅槃時觀一所化現在非想非非想處當生此間應受佛化留一化身潛住此界先所受身現入涅槃彼從非想非非想沒來生此間佛所留化為說妙法成阿羅漢宣說能化所化相屬決定是故諸佛尒時化身方沒不現又諸經中處處所化不共如實義者有共不共无始時來種性法尒更相繫屬或多屬一或一屬多菩薩因時成熟有情亦不決定或共不共故成佛已或共化度或別化度若所化生一向共者何須多佛一佛能化一切生故惟應一佛常住世間教化衆生餘佛皆應入永寂滅佛亦不應化餘衆生令趣大乘以無用故但應化彼令得三乘入永寂滅以易得故誰有智者捨易就難然燈助日是故所化非一向共若所化生一向不共菩薩不應發弘誓願歷事諸佛修學大乘蘇達郍等亦不

應事多善知識諸佛不應以已所化付囑後佛如是等事皆悉相違是故不應一向不共雖一一佛有化一切有情功能然諸有情於无緣佛不肯受化亦不見聞雖一一佛盡未來際常住世間教化无量諸有情類而隨所宜現種種化或現等覺或現涅槃或名釋迦或慈氏等隨一化相所度有情言皆度訖生非想者宜見釋迦化相得度故留化待亦不相違若諸如來同一所化何佛現前而化彼耶諸佛皆有悲願力故不可一化餘皆止息但有緣佛同處同時後得智上各現一化其狀相似不相障㝵更相和雜為增上緣令所化生識如是變謂見一佛為現神通為說正法如是等事不可思議非惟識理不可解了又自性身寂滅安樂正屬自利功德所攝為增上緣益衆生故兼屬利他又與二身俱利功德為所依故二利所攝受用身者具有二分一自受法樂分謂三無數劫修自利行滿足所證色等實身令自受用微妙喜樂二

他受法樂分謂三無數劫修利他行滿足所證色等化身為入大地諸菩薩衆現種種形說種種法令諸菩薩受大法樂由此二分或說此身惟自利攝或說此身惟利他攝或說俱攝皆不相違變化身者惟為利他現諸化相故利他攝

如是三身有四分故得為四句一受用非變化謂自利分實受用身二變化非受用謂變化身為化地前雜類生故或麁或妙或令歡喜或令怖畏改轉不定但名變化不名受用不必令受現法樂故三亦受用亦變化謂為地上菩薩所現種種化身令諸菩薩受法樂故隨時改轉不決定故

或處說佛有二種身一者生身二者法身若自性身若實受用俱名法身諸功德法所依止故諸功德法所集成故若變化身若他受用俱名生身隨衆所宜數現生故

又餘經說有十種佛一現等覺佛二弘誓願佛三業異熟佛四住持佛五變化佛六法界佛七心佛八定佛九

本性佛十隨樂佛前五世俗後五勝義隨其所應三身所攝如是等類隨相應知

經曰如是淨法界 諸佛之所說

論曰如是如來清淨法界諸佛同說具足佛地五種功德三身差別或自性等六句義相由此四頌略說佛地一切功德及前廣說應知揔名聖教所說

經曰時薄伽梵說是經已妙生菩薩摩訶薩等諸大聲聞世間天人阿素洛等一切大衆聞佛所說皆大歡喜信受奉行

論曰此中顯示聞法衆會依教奉行由佛淨識悲願所引變似契經增上緣力時衆自心善根成熟似彼相現謂聞佛說皆生歡喜信受奉行諸聲聞等或現化作或是真實受用變化二土同處聽法徒衆所聞雖同所見各異不相障礙上亦見下下不見上各各利益安樂事成

佛地甚深諸句義 我今隨分已略說
功德普施諸群生 願速等成無上果

諸有書寫所生福 後後勝善等流果
願此相續盡未來 利益安樂諸含識

佛地經論釋卷第七

佛地經論卷第七

校勘記

一 底本，金藏廣勝寺本。

一 六〇頁下二行第九字「得」，諸本作「行」。

一 六〇頁下八行第一〇字「無」，諸本作「不」。

一 六二頁上五行「故名」，石作「名爲」。

一 六二頁下一八行第九字「示」，資、磧、普、南、徑、清作「亦」。

一 六三頁中二行第六字「用」，磧、普、南、徑、清作「同」。

一 六三頁中二二行第一二字「五」，資、磧、普、南、徑、清作「一」。

一 六四頁下一行第四字「化」，資、磧、普、南、徑、清作「他」。

一 六四頁下二二行第五字「記」，徑、清作「說」。

一 六五頁上一四行第一〇字「劣」，石作「少」。

一 六五頁中六行第二字「受」，徑作「證」。

一 六五頁中一一行第四字「非」，石、資、磧、普、南、徑、清作「悲」。

一 六五頁中末行第八字「止」，資、磧、普、南、徑、清作「上」。

一 六六頁下一七行「受用」，徑作「用身」。

一 六六頁下一七行第一三字「法」，磧、普、南、徑、清作「生」。

一 六七頁上一五行第一〇字「似」，南、徑、清作「以」。

一 六七頁上二行末字「說」，諸本作「釋」。

一 六七頁中末行第五字「釋」，諸本無。

金剛般若論卷上

無著菩薩造

隋南印度三藏達磨笈多譯

出生佛法無與等　顯了法界寂第一
金剛難壞句義聚　一切聖人不能入
此小金剛波羅蜜　以如是名顯勢力
智者所說教及義　聞已轉為我等說
歸命彼類及此輩　皆以正心而頂礼
我應精勤立彼義　解釋相續為自他

成立七種義句已此般若波羅蜜即得成立七義句者一種性不斷二發起行相三行所住處四對治五不失六地七立名此等七義句於般若波羅蜜經中成立故名義句於中前六義句顯示菩薩所作究竟第七義句顯示成立此法門故應如是知　此般若波羅蜜為佛種不斷故流行於世為顯此當得佛種不斷義故上座須菩提寂初說言希有世尊云何如來以第一善攝攝受所有菩薩摩訶薩也如是等於中善攝者謂已熟菩薩於佛證正覺轉法輪時以五種義中菩薩法而建立故付囑者彼已得攝受菩薩等於佛般涅槃時亦以彼五義如是建立故此善攝付囑二種顯示種性不斷　發起行相者如經云何菩薩應住如是等彼應住者謂欲願故應修行者謂相應三摩鉢帝故應降伏心者謂折伏散乱故於中欲者正求也願者為所求故作心思念也相應三摩鉢帝者无分別三摩提也折伏散乱者若彼三摩鉢帝心散制令還住也第一者顯示攝道第二者顯示成就道第三者顯示不失道行所住處者謂彼發起行相所住處也此復有十八種應知所謂一發心二波羅蜜相應行三欲得色身四欲得法身五於修道得勝中無慢六不離佛出時七願淨佛土八成熟衆生九遠離隨順外論散乱十色及衆生身摶取中觀破相應行十一供養給侍如來十二遠離利養及疲乏熱惱故不起精進及退失等十三忍苦十四離寂靜味十五於證道時遠離喜動十六求教授十七證道十八上求

佛地是為十八種住處　於中菩薩應如是住為滅度一切衆生故發心已於波羅蜜等中相應修行為得如來色身及法身故發生樂欲應遠離證道中障㝵心既離慢等喜動等心已為證道故應求教誡然後得彼證道自此已上皆求佛地此等如是次第相續　於中為發心故經言此菩薩應生如是心等　為波羅蜜相應行故經言菩薩不住於物應行布施等為欲得色身故經言須菩提於意云何應以相具足見如來不如是等法身復有二種謂言說法身證得法身此證得法身亦有二種謂智相福相　言說法身者謂修多羅等為欲得此法身故經言世尊頗有衆生於未來世如是等於不顛倒義想是為實想應知如言執義彼非實想為欲得智相法身故經言有法如來正覺阿耨多羅三藐三菩提耶如是等為欲得福相法身故經言若此三千大千世界如是等　為修道得勝中無慢故經言須嚂多阿般那頗作是

念如是等為不離佛出時故經言有法如来於然燈所如是等為願淨佛土故經言須菩提若有如是言我成就莊嚴國土如是等　為成熟衆生故經言須菩提譬如有丈夫如是等為遠離隨順外論散乱故經言須菩提於意云何若恒伽河所有沙復有尒許恒伽河如是等　為色及衆生身摶取中觀破相應行故經言須菩提三千大千世界中所有地塵如是等為供養給侍如来故經言須菩提於意云何應以三十二大丈夫相見如来應正遍覺不如是等　為遠離利養疲乏熱惱於精進若退若不發故經言須菩提若女人若丈夫捨恒伽河沙等身如是等於中身有疲乏心有熱惱以此二種於彼精進若退若不發為忍苦故經言若如来忍波羅蜜如是等　為離寂靜味故經言須菩提若女人若丈夫於此法門受持如是等　為證道時遠離喜動故經言世尊云何菩薩應住如是等　為求教授故經言有法如来於燃燈如

来所正覺阿耨多羅三藐三菩提如是等　為證道故經言須菩提譬如丈夫妙身大身如是等於中妙身者謂至得身成就身得畢竟轉依故大身者一切衆生身攝身故　自此已上皆求佛地應知彼佛地復有六種具足攝轉依具足所謂國土淨具足無上見智淨具足隨形好身具足相身具足語具足心具足彼心具足中復有念處有正覺有施設大利法有攝取法身有不住生死涅槃有行住淨應知　此行住淨中復有威儀行住有名色觀自在行住有不涂行住應知　此不涂中復有說法不涂流轉不涂應知　為國土淨具足故經言須菩提若菩薩如是言我國土莊嚴成就如是等　為無上見智淨具足故經言須菩提於意云何如来有肉眼不乃至若此三千大千世界如是等　為隨形好身具足故經言須菩提於意云何應以色身成就見如来不如是等　為相身具足故經言須菩提於意云何應以相具足見如

来不如是等　為語具足故經言須菩提於意云何如来作是念我說法耶如是等　於心具足中為念處故經言須菩提非衆生非不衆生如是等　為正覺故經言須菩提於意云何頗有法如来正覺阿耨多羅三藐三菩提不如是等　為施設大利法故經言復次須菩提三千大千世界中所有須弥山如是等　為攝取法身故經言須菩提於意云何應以相具足見如来不如是等須菩提於意云何如来可以相具足正覺阿耨多羅三藐三菩提莫作是念者此義明相具足體非菩提亦不以相具足為因也以相是色自性故　為不住涅槃故經言須菩提如是念發行菩薩乘者有法說斷滅耶如是等　為不住流轉故經言須菩提菩薩於福聚不應受不應取如是等受者說有故取者取彼道故如福聚及果中皆不應著　於行住淨中為威儀行住故經言若有如是言如来若去如是等　為名色觀破自在行住故經言須菩

提若復善家子善家女以所有三千大千世界中地塵如是等於不染行住中為說法不染故經言須菩提若復菩薩以無量无數世界如是等為流轉不染故說偈言如星瞖燈幻露泡夢電雲於諸有為法應當如是觀此偈顯示四種有為相所謂自性相著所住味相隨順過失相隨順出離相　於中自性相者共相見識此相如星應如是見何以故无智闇中有彼光故有智明中無彼光故人法我見如瞖應如是見何以故以取无義故識如燈應如是見何以故渴愛潤取緣故識然於中著所住味相者味著顛倒境界故彼如幻應如是見何以故以顛倒見故　於中隨順過失相者無常等隨順故彼露譬喻者顯示相體无有以隨順無常故彼泡譬喻者顯示隨順苦體以受如泡故若有受皆是苦故隨有應知彼苦生故是苦苦破滅故是壞苦不相離故是行苦復於第四禪及无色中立不苦不樂受以勝故　於中隨順出離相

金剛般若論上卷　第七張　傳

者隨順人法无我以攀緣故得出離故說無我以為出離也隨順者謂過去等行以夢等譬喻顯示彼過去行以所念處故如夢現在者不久時住故如電未來者彼麁惡種子似虛空引心出故如雲如是知三世行轉生已則通達無我此顯示隨順出離相彼住處等略為八種亦得滿足所謂攝住處波羅蜜淨住處欲住處離障礙住處淨心住處究竟住處廣大住處甚深住處　於中攝住處者謂發心波羅蜜淨住處者謂波羅蜜相應行欲住處者謂欲得色身法身離障礙住處者謂餘十二種淨心住處者謂證道究竟住處者謂自此已上皆求佛地廣大及甚深住處者通一切處　於初住處中若說菩薩應生如是心所有衆生如是等此為廣大若復說言若菩薩衆生想轉如是等此為甚深　於第二住處中若說菩薩不住於事應行布施如是等此為甚深若復說言彼所有福聚不可量取如是等此為廣大　如是於餘住處

金剛般若論上卷　第八張　傳

中廣大甚深等隨所相應應知已說住處何者對治彼如是相應行相行諸住處時有二種對治應知謂邪行及共見正行此中見者謂分別也於初住處中若說菩薩應生如是心所有衆生等此是邪行對治生如是心是菩薩邪行若復說言若菩薩衆生想轉等此為共見正行對治此分別執菩薩亦應斷謂我應滅度衆生故　於第二住處中若說應行布施此為邪行對治非无布施是菩薩邪行若復說言住於事等是共見正行對治此分別執菩薩亦應斷謂應行布施故何者不失謂離二邊去何二邊謂增益邊損減邊若於如言辭法中分別執有自性是增益邊若於中無我事中而執為无是損減邊於中若說言世尊若福聚非聚者此遮增益邊以無彼福聚分別自性故若復說言是故如來說福聚此遮損減邊以彼雖不如言辭有自性而有可說事以如來說福聚故此得顯示如是須菩提佛法佛法者如來說非佛法

金剛般若論上卷　第九張　傳

者此遮增益邊是名佛法者此遮損減邊於中如來說非佛法者顯示不共義是名佛法者顯示相應義何者是相應若佛法如說有自性者則如來不說佛法以雖不說亦自知故是故无有自性為世諦故如來說名佛法如是於一切處顯示不共及相應義應知復次佛法者攝波羅蜜事及念處等菩提分應知菩薩離此二邊故於彼對治不復更失故名不失

何者地此地有三種謂信行地淨心地如來地於中十六住處顯示信行地證道住處是淨心地究竟住處是如來地　云何立名名金剛能斷者此名有二義相應應知如說入正見行入邪見行故金剛者細牢故細者智因故牢者不可壞故能斷者般若波羅蜜中聞思修所斷如金剛斷處而斷故是名金剛能斷又如畫金剛形初後闊中則狹如是般若波羅蜜中狹者謂淨心地初後闊者謂信行地如來地此顯示不共義也彼五種義句上上依止應知彼等皆依止地

故說修多羅身相續此義句今當說

世尊何故以寂靜者威儀而坐也顯示唯寂靜者於法能覺能說故　何故上座須菩提問也有六因緣為斷疑故為起信解故為入甚深義故為不退轉故為生歡喜故為正法久住故即是般若波羅蜜令佛種不斷云何以此令佛種不斷也若有疑者得斷疑故有樂福德而心未成熟諸菩薩等聞多福德於般若波羅蜜起信解故已成熟心者入甚深義故已得不輕賤者由貪受持修行有多功德不復退轉故已得順攝及淨心者於法自入及見生歡喜故能令未來世大乘教久住者故若略說疑者令見故樂福德及心已成熟諸菩薩等攝受故已得不輕賤者令精勤心故已淨心者令歡喜故　諸菩薩有七種大故此大衆生名摩訶薩埵何者七種大謂法大心大信解大淨心大資粮大時大果報大如菩薩地持中說

經言善攝第一善攝者於諸菩薩所何者善攝何者第一也利樂相應為

善攝第一有六種應知一時二差別三高大四牢固五普遍六異相　何者時現見法及未來故彼菩薩善攝中樂者是現見法利者是未來世

何者差別於世間三摩鉢帝及出世聖者聲聞獨覺等善攝中差別故

何者高大此善攝无有上故何者牢固謂畢竟故何者普遍自然於自他身善攝故　何者異相於未淨菩薩善攝中勝上故　經言第一付囑者何者第一付囑有六種因緣一入處二法介得三轉教四不失五悲六尊重　何者入處於善友所善付囑故何者法介得已得善攝菩薩於他所法介善攝故何者轉教汝等於餘菩薩應當善攝是名轉教此等三種如其次第即是不失及悲尊重等應知

何故唯問發行菩薩乘為三種菩提差別故以善問故於上座須菩提所應稱善哉所有衆生衆生所攝者總相說也卵生等者差別說也又受生依止境界所攝差別應知乃至化生等者受生別故若有色若无色者依止

別故若有想若无想若非有想非無想者境界所攝別故所有衆生界施設住施設已者謂上種種相住衆生界佛施設說也我皆令入涅槃者何故願此不可得義生所攝故无過以皆是生故如所說卵生等生並入願數者彼卵生濕生無想及非有想非无想等則不能去何能令一切衆生入涅槃也有三因緣故難處生者待時故非難處生未成熟者成熟之故已成熟者解脫之故何故說無餘涅槃界不直說涅槃若如是便與世尊所說初禪等方便涅槃不別故彼自以丈夫力故无佛亦得但非究竟何故不說有餘涅槃界彼共果故自以宿業又值佛說而得果故又非一向身苦有餘故如是涅槃及有餘涅槃等丈夫力果故共果故非究竟果故非一向果故是故說無餘如是无量衆生入涅槃已者顯示卵生等生一無量故无有衆生得涅槃者此何義如菩薩自得涅槃無別衆生何以故若菩薩衆生想轉則不名菩薩者

此何義若菩薩於衆生所他想轉非自體想不名菩薩故何以故若衆生想命想人想轉不名菩薩者此何義若以煩惱心取衆生命人想轉彼則有我想及於衆生中有衆生想轉菩薩於彼不轉已斷我見故得自行（行者謂五陰行）平等相故信解自他平等彼菩薩非衆生命人取見者此是其義復次經言菩薩應生如是心者顯示菩薩應如是住中欲願也若菩薩我想轉不名菩薩者顯示應如是修行中相應三摩鉢帝時也若衆生想命想人想轉不名菩薩者顯示應如是降伏心中攝散時也如菩薩相應三摩鉢帝散時衆生想亦不轉如彼介焰相住故是故无有衆生得涅槃者此得成就彼欲願者攝諸住處為最勝彼相應行相行餘住處時依止欲願決定得故此欲願義不復解釋自此後餘住處中有五種隨所相應而解釋應知一依義二說相三攝持四安立五顯現

住處對治為依義即彼住處為說相

欲願為攝持住處第一義為安立相應三摩提為顯現　於波羅蜜淨住處中經言菩薩不住於物應行布施等此為依義顯示對治住者故經言應行施者此為說相六波羅蜜初攝一切檀那體性故檀那有三種一資生施者謂檀那波羅蜜二无畏施者謂尸羅波羅蜜羼提波羅蜜三法施者謂毗梨耶波羅蜜禪那波羅蜜鉢羅賢攘波羅蜜等若無精進於受法人所為說法時疲惓故不能說法若无定則貪於信敬供養及不能忍寒熱等逼惱故染心說法若無智慧便顛倒說法多有過故不離此三得成法施彼諸波羅蜜有二種果謂未來現在未來果者檀那波羅蜜得大福報尸羅波羅蜜得自身具足謂釋梵等羼提波羅蜜得大伴助大眷屬毗離耶波羅蜜得果報等不斷絕禪那波羅蜜得生身不可損壞鉢羅賢攘波羅蜜得諸根猛利及多諸悅樂於大人衆中得自在等現在果者得一切信敬供養及現法涅槃等於中卷

菩薩求未來果故行施為住物行施如所施物還望得彼物果是故經言不住於物應行布施若求未來尸羅等果故行施為有所住行施是故經言无所住應行布施尸羅等果有衆多不可分別故捴名有所住若求現在果信敬供養等故行施為住色聲香味觸行施故經言不住色等若求現法涅槃故行施為住法行施故經言不住於法應行布施　又經言應行布施者即說攝持施之欲願故經言不住行施者即此不住為安立第一義故於中以不住故顯示如所有事第一義不住物等是所有事經言菩薩應如是行施不住於相想者此為顯示謂相應三昧及攝散心於此二時不住相想如是建立不住已或有菩薩貪福德故於此不堪為令堪故世尊顯示不住行施福聚甚多猶如虛空有三因緣一遍一切處謂於住不住相中福生故二寬廣高大殊勝故三无盡究竟不窮故　為欲得色身住處故經言須菩提於意

云何應以相具足見如來不此為依義顯示對治如來色身慢故　經言相具足者此為說相顯示如來色身故上座須菩提言不也為成滿此義故世尊說須菩提所有相具足者彼為虛妄此即顯欲願於如是義中應攝持故及即是安立第一義於第一義中相具足為虛妄非相具足為不虛妄　經言如是諸相非相應見如來者此為顯現謂相應三昧及攝散心時於彼相中非相見故　為欲得言說法身住處故經言頗有衆生於未來世於如是修多羅句說等於中修多羅句說者謂所有義應知何者為句如上所說七種義句上座須菩提作是念於未來世无有生實想者為遮此故世尊言有正法欲滅時者謂修行漸滅時應知　次後世尊為如是顯示修行如是集因如是善友攝受如是攝福德相應如是實想中當得實想故　經言有戒有功德有智慧者此增上戒等三學顯示修行功德者少欲等功德為初乃至三摩

提等　經言已得供養無量百千諸佛乃至一心淨信等此顯示集因一心淨信尚得如是業何況生實想也經言如來悉知者知名身如來悉見者見色身謂於一切行住所作中知其心見其依止故此等顯示善友所攝　經言生取無量福聚者此顯示攝福德生者福正起時故取者即彼滅時攝持種子故　經言是諸菩薩无復我想衆生想轉乃至言若法想轉即為有我取者此顯示實想對治五種邪取故何者五邪取一外道二內法凡夫及聲聞三增上慢菩薩四世間共想定五無想定第一者我等想轉第二者法想轉第三者无法想轉此猶有法取有法取者謂取無法故第四者有想轉第五者无想轉是諸菩薩於彼皆不轉也此中顯了有戒乃至當生無量福聚等經言何以故者此言是中邪取但法及非法想轉非我等想以想及依止不轉故然於我想中隨眠不斷故則為有我取是故經言是諸菩薩若起法想則為

有我取等若無法想轉則為有我取等此我等想轉中餘義猶未說經言則為有我取者於中取自體相續為我想我所取為眾生想謂我乃至壽住取為命想展轉趣餘趣取為人想應知於中言當生實想者此為依義顯示對治不實想故言於此修多羅句說中者此為說相顯示言說法身故即彼當生實想中言當生者是欲願攝持者是諸菩薩无復我想轉等故是安立第一義須菩提不應取法非法者是顯了謂相應三摩鉢帝及攝散心時不應取法非法者於法體及法無我並不分別故又言說法身要義者經言以是義故如来常說栰喻法門若解此者法尚應捨何况非法故法尚應捨者實想生故何况非法者理不應故略說顯示菩薩欲得言說法身不應作不實想為欲得智相至得法身住處故經言須菩提於意云何有法如来於阿耨多羅三藐三菩提中正覺耶此為依義顯示翻於正覺菩提耶故說法者正覺所攝故

經言有法可說耶阿耨多羅三藐三菩提者是為說相顯示至得法身故無有定法者上座須菩提導佛意故世諦故有菩提及得是為欲願攝持以方便故二俱為有若如世尊意說者二俱无有為顯此故言如我解世尊所說義等經言何以故如来所說法不可取不可說非法非非法者是安立第一義由說法故知得菩提故於說法中安立第一義於中不可取者謂正聞時不可說者謂演說時非法者分別性故非非法者法無我故經言何以故以无為故得名聖人者無為者无分別義也是故菩薩有學得名無起无作中如来轉依名為清淨是故如来無學得名於中初无為義者三摩鉢帝相應及折伏散乱時顯了故第二無為唯第一義者无上覺故

自此已後一切住處中皆顯以無為故得名聖人應知前諸住處中未說无為得名於此說阿耨多羅三藐三菩提中無為已竟　福相至得法身住處云何顯示即彼所有言說

法身出生如来福相至得法身於彼乃至說一四句偈生福甚多况復如来所有福相至得法身以何因緣於言說法身中如是說一四句偈能生多福為成就此義故經言何以故如来阿耨多羅三藐三菩提從此出者於中普集十法行阿含故諸佛世尊從此生者世諦故言佛出生以有菩提故即此二並故名為佛法以菩提及佛故經言須菩提佛法佛法者即非佛法復次經言其所生福勝彼无量阿僧祇者此為依義顯示對治福不生故於中其福者此為說相顯示福相法身故勝彼者顯示欲願攝持故經言世尊是福聚即非福聚是故如来說福聚及言須菩提佛法佛法者即非佛法是名佛法者以此福聚及佛法為攝取如来福相法身中安立第一義故為隨順无為得名故相應三摩鉢帝及折伏散乱不復顯了言甚多婆伽婆甚多修伽陁二語者顯示攝心持心以攝自心故言受持為他說者解釋句味故无量者過辟喻

故阿僧祇者顯多故

金剛般若論卷上

壬寅歲高麗國大藏都監奉

勑雕造

金剛般若論上卷　第二十二張　德

金剛般若論卷上

校勘記

一　底本，麗藏本。此論分上下兩卷，且[資]、[磧]、[普]、[南]、[徑]、[清]皆作三卷，且文字差異頗大，故只校[石]；卷下底本爲金藏本，故同時校以[麗]。另以清藏本作別本，校以[資]、[磧]、[普]、[南]、[徑]附後。

一　六八頁上三行譯者，「南印度」，[石]作「天竺」，下卷同。

一　六八頁上一三行第一〇字「句」，[石]無。

一　七二頁上二一行首字「一」，[石]作「一一」。

一　七三頁下末行「起法想」，[石]作「法想轉」。

金剛般若論卷下　傅

無著菩薩造

隋南印度三藏達磨笈多譯

已說欲住處竟今說離障㝵住處有十二種障㝵對治應知　何者十二障㝵一慢二無慢而少聞三多聞而小攀緣作念修道四不小攀緣作念修道而捨衆生五不捨衆生而樂隨外論散動六離不散動而破影像相中無巧便七離有巧便而福資粮不具八離具福資粮而樂味懈怠及利養等九離離懈怠利養而不能忍苦十離能忍苦而智資粮不具十一離具智資粮而不自攝十二離自攝而无教授　初中為離慢故經言須陁洹頗作是念我得須陁洹果等此為依義顯示對治我得慢故又復須陁洹頗作是念者即為說相顯示無慢故亦即是欲顯攝持經言世尊无有所入不入色聲香味觸者此為安立第一義若須陁洹如是念我得須陁洹果即為有我想若有我想則為有

慢應知如是至阿羅漢亦尒上座須菩提自顯無諍行第一及阿羅漢共有功德者以已所證為令信故以无有法得阿羅漢及無所行故說无諍行無諍行此中即為安立第一義為離少聞故經言如来於然燈如来應供正遍知所有法可取耶等謂彼佛出世承事供養時有法可取離此分別故依義等及對治等隨義相應應知一為離小攀緣作念修道故經言須菩提若有菩薩如是言我當成就嚴淨佛土等若念嚴淨佛土者則於色等事分別生味著為離此故經言是故須菩提菩薩應生如是不住心無所住不住色聲香味觸法等為離捨衆生故經言須菩提辟如有人身如須弥山王如是等此　何所顯示為成熟欲界衆生故彼羅睺阿脩羅王等一切大身量如須弥尚不應見其自體何況餘者經言如来說為非體者顯示法無我故彼體非體者顯示法體无生無作故此即顯示自性與相及差別故　為離樂外論散乱故經說四

種因縁顯示此法勝異也一攝取福德二天等供養三難作四起如来等念經言以此因縁得福多彼者是攝取福德經言為他者說若授者解釋彼地分即是支提相者是天等供養經言當得具足㝡上希有者是難作經言此地分即為教師住處及餘可尊重者是起如来等念於中說者為他直說故授者教授他故顯示此樂外論散乱對治法勝異已於如是法中或起如言執義為對治彼未来罪故經言如来所說般若波羅蜜即非般若波羅蜜故如般若波羅蜜非波羅蜜如是亦无有餘法如来說者為顯此義故經言頗有法如来可說不此顯示自相及平等相法門第一義也　為離於影像相自在中无巧便故經言須菩提所有三千大千世界地塵如是等彼不限量攀縁作意菩薩恒於世界攀縁作意修習故說三千大千世界　於中為破色身影像相故顯示二種方便一細作方便如經三千大千世界所有地塵寧為多

不等二不念方便如經所有地塵如来說非塵是名地塵故為破衆生名身影像相故經言所有世界如来說非世界是名世界故於中世界者顯衆生世也但以名身名為衆生世不念名身方便即是顯示破名身影像相不復說細作方便也　為離不具福資粮故經言須菩提於意云何以三十二大丈夫相見如来耶者顯示為福資粮故親近供養如来時不應以相成就見如来云何見應見第一義法身故　為離懈怠利養等樂味故經言須菩提若復姉女丈夫捨恒河沙等自身如是等此何所顯示如此捨尒許自身所有福不及此福云何以一身著懈怠等故而為障身何故此中上座須菩提流淚而言我未曾聞如是等法門也以聞此勝福甚多過於捨无量身更不說餘勝福故若聞如是勝福故發起精進已若於此法中生如義想為離此過故經言於說此修多羅中生實想者當成第一希有等即於如是實想中為離實想

分別故經言彼所有實想即非實想如是等經言世尊我於此法門若分別若信解不為希有若當来世其有衆生於此法門受持讀攝為他解釋則為第一希有如是等此何義為令味著利養過懈怠諸菩薩生慚愧故於未来正法滅時尚有菩薩於此法門受持故无人等取及法取云何汝等於正法興時遠離修行不生慚愧也經言是諸菩薩無復我等想轉者顯示无人取也所有我想即非我想者顯示無法取也　經言何以故諸佛世尊離一切想者顯示諸菩薩順學相諸佛世尊離一切想是故我等亦應如是學此等經文為離退精進故說於中言若分別若信解者後句釋前句也受者受文字也攝者攝義也為離不發起精進故經言須菩提若聞說此修多羅章句時不驚等者以驚等故不發起精進也於聲聞乘中世尊說有法及有空於聽聞此經時聞法无有故驚聞空故無有故怖於思量時於二不有理中不能相應

故畏更有別釋為三種無自性故應知謂相生第一義等无自性故經言何以故須菩提如來說第一波羅蜜者此有何義復說第二生慚愧處故言此法如是勝上波等不應放逸於中以於餘波羅蜜中勝故名第一波羅蜜經言如來說第一波羅蜜者彼无量諸佛亦說波羅蜜者此言顯示一切諸佛同說第一是故名第一為離不能忍苦故經言復次須菩提如来說羼提波羅蜜等於中如所能忍以何相生忍處如忍差別顯示對治彼因緣故何者能忍謂達法無我故云何得顯示如經言如來說羼提波羅蜜故云何應知忍相若他於已起惡等時由無有我等想故不生瞋想亦不於羼提波羅蜜中生有想於非波羅蜜中生无想此云何顯示如經如我昔為迦利王割截身分我於尒時無有我想等及无想亦非無想等何者種類忍謂極苦忍相續苦忍此云何顯示如經如我昔為迦利王割截身分及言我憶過去五百生中作

忍辱仙人等不忍因緣者有三種苦謂流轉苦衆生相違苦乏受用苦於中如經是故須菩提菩薩摩訶薩應離一切想發阿耨多羅三藐三菩提心等此為顯示流轉苦忍因緣對治發菩提心者以三種苦想故則不欲發心故說應離一切想等此中一切想者為顯如是等三苦想也若著色等則於流轉苦中疲乏故菩提心不生故經言不應住色生心等如前說不住非法者謂非法無我也於非法及法无我中皆不住故為成就彼諸不住故說遮餘事如經應生無所住心何以故若心有住即為非住等

經言如是菩薩為利益一切衆生應如是布施乃至言諸所有想即為非想等此顯示對治衆生相違苦忍既為一切衆生而行於捨云何於彼應生瞋也由不能无衆生想以此因緣故衆生相違特即生疲乏故顯示人无我法無我等須菩提如來是真語者等此何所顯示欲令信如來故能忍於中真語者為顯世諦相故實語

者為顯世諦修行有煩惱及清淨相故於中實者此行煩惱此行清淨故如語者為第一義諦相故不異語者為第一義諦修行有煩惱及清淨相故說此真語等已於此中如言說性起執者為遣此故經言須菩提如来正覺法及說於中無實无妄無實者如言說性非有故无妄者不如言說自性有故須菩提辟如丈夫入闇如是等顯示乏受用苦忍因緣對治若為果報布施便者於事而行捨施彼於異施欲樂苦受中不解出離猶如入闇不知我何所趣彼憙樂欲樂亦尒若不著於事而行布施如有眼丈夫夜過日出見種種色隨意所趣應如是見彼无明夜過惠日出已種種尒焰如實見之彼不知解出離欲樂苦受故憙樂欲樂　為離闕少智資粮故經言須菩提若復善家子善家女於此法門若受等此中為離三摩提攀緣顯示與法相應有五種勝功德一如来憶念親近二攝福德三讃歎法及修行四天等供養五滅罪何者

如来憶念親近如經受持讀誦者如来以佛智知彼如来以佛眼見彼等於中受者習誦故持者不忘故若讀若攝者此說受持因故為欲受故讀為欲持故攝又復讀者習誦故攝者揔覽義故何者攝福德如經是諸衆生生如是无量福德聚等何者讀歎法及修行如經復次須菩提此法門不可思不可稱等此為讚歎法於中不可思者惟自覺故不可稱者无有等及勝故經言又此法門如来為發㝡上乘者說為發㝡勝乘者說者此成就不可稱義於中餘乘不及故㝡上煩惱障智障淨故㝡勝應知經言若於此法門受持乃至如来悉知見等者此為讚歎修行於中是諸衆生成就無量者是揔說不可思不可稱不可量者解釋故是等即為荷擔我菩提者謂肩負菩提重擔故經言須菩提下信解者不能聞此法者謂聲聞獨覺乘者故經言若有我等見者謂有人我見衆生而自謂菩薩者何者天等供養如經復次須菩提隨所

地分解說此修多羅處常應供養彼地分即為支提等於中以華鬘燒香熏香塗香末香衣蓋幢幡等供養恭敬礼拜右遶故名支提何者滅罪如經彼若為人輕賤甚輕賤乃至當得菩提等故此毀辱事有无量門為顯示此故復言甚輕賤經言當得佛菩提者顯示罪滅故前所說以此因緣出生無量阿僧祇多福者今當解釋彼无量阿僧祇義應知威力者成熟熾然故多者具足勝大故於中如經須菩提我憶阿僧祇過阿僧祇劫前如是等此顯示威力故即是福聚威力以彼所有福聚遠絶高勝故此中阿僧祇劫者乃至燃燈佛故應知過阿僧祇者更過前故親近者供養故不空過者常不離供養故若復經言須菩提若善家子善女人所得福聚若我說者若有人聞心則狂乱如是等此顯示多故或為狂因或得乱心果應知此之彼威力及彼多等何人能說是故經言復次須菩提此法門不可思議果報亦不可思議此顯示

彼福體及果不可測量故　為遠離自取故經言須菩提言云何菩薩大乗中發心應住等何故復發起此初時問也將入證道菩薩自見得勝處作是念我如是住如是修行如是降伏心我滅度衆生為對治此故須菩提問當於彼時如所應住如所應修行如所應降伏其心世尊荅應生如是心等又經言須菩提若菩薩衆生等想轉者為顯我執取或隨眠故若言我正行菩薩乘此為我取對治彼故經言須菩提無有法發行菩薩乘者為離无教授故經言須菩提有法如来於燃燈如来所等又經言須菩提若有法如来得正覺者燃燈如来則不授記汝當得等此有何意若正覺法可說如彼燃燈如来所說者我於彼時便得正覺燃燈如来則不授記言汝當得等以彼法不可說故我於彼時不得正覺是故與我授記此是其義應知又何故彼法不可說如經須菩提如来者即是真如故如清淨故名為如来以如不可說故作此

說清淨如名為真如猶如真金或言燃燈如來所於法不得正覺世尊後時自得正覺為離此取故經言須菩提若人如是言如來正覺阿耨多羅三藐三菩提者等又經言須菩提如來所正覺法於是中不實不妄者顯示真如無二故云何不實謂言說故不妄者謂彼正覺不无世間言說故經言是故如來說一切法即是佛法者此何義顯一切法法如清淨故如者遍一切法故此是其義又彼一切法法體不成就為安立第一義故經言須菩提一切法者悉是非法是名一切法故為入證道故經言須菩提辟如有人妙身大身如是等顯示入證道時得智慧故離慢云何得智有二種智故謂攝種性智及平等智若得智已得生如來家得決定紹佛種此為攝種性智得此智已能得妙身若於此家長夜願生既得生已便得彼身是名妙身平等智復有五種平等因緣謂處惡平等法无我平等斷相應平等無悕望心相應平等一切

道進

菩薩證道平等得此等故得為大身攝一切衆生大身故於彼身中安立非自非他故經言如來所說有人妙身大身即非身是故如來說名妙身大身等此於妙身等中安立第一義如是等是為得智恵云何離慢如經若菩薩作是言等此云何可知若作是念我滅度衆生我是菩薩應知此是慢者非實義菩薩為顯示此故經言是故如來說一切法无衆生若菩薩有衆生念則不得妙身大身故彼上求佛地中為淨國土三摩鉢帝故經言須菩提若菩薩作是言我成就莊嚴國土則非菩薩此義為於共見正行中轉故為斷彼故安立第一義經言即非莊嚴如來說名莊嚴國土等又經言須菩提若菩薩信解无我法無我法者此言為二種无我故謂人無我法无我又經言如來說名菩薩菩薩者為於彼二種無我中二種正覺故此等云何顯示若言我成就即為人我取莊嚴國土者是法我取此非菩薩　為見智淨具足故經言

須菩提於意云何如來有肉眼不如是等如來不惟有慧眼為令知見淨勝故顯示有五種眼若異此則惟求慧眼見淨故於中略說有四種眼謂色攝第一義諦攝世諦攝一切種一切應知攝色攝復有二種謂法果修果此為五眼麁境界故是初色攝第一義智力故世智不顛倒轉是故第一義諦攝在先於中為人說法若彼法為彼人施設此智說名法眼一切應知中一切種无功用智說名佛眼此等名為見淨如經說恒河等辟喻所有若干種心住我悉知等此為智淨於中心住者謂三世心若干種者應知有二種謂染及淨即是共欲心離欲心等世者謂過去等分於此二中安立第一義故經言心住者即為非住乃至過去心不可得等於中過去心不可得者已滅故未來者未有故現在者第一義故為應知中證故安立見為教彼彼衆生寂靜心故安立智於此智淨中說心住即非心住如是見淨中何故不說眼即非也以

一住處故見智淨後安立第一義故初亦得成就　為福自在具足故經言此三千大千世界等於中亦安立第一義故經言須菩提若福聚有實等　於身具足中為好具足故經言須菩提於意云何以色身成就見如来不如是等於中亦以安立第一義故經言如来說非成就等　為相身具足故經言須菩提於意云何可以相具足見如来不如是等為語具足故經言須菩提於意云何汝謂如来作是念我說法也如是等於中安立第一義故經言如来說法說法者等於心具足中為念處故經言世尊頗有衆生於未来世聞說是法等此處於諸衆生中顯示如世尊念處故彼非衆生者第一義故非不衆生者世諦故是人即為希有第一者顯示說第一義是不共及相應故此文如前說　於彼心具足中為正覺故經言頗有法如来於阿耨多羅三藐三菩提得正覺也如是等於中无有法者為離有見過已顯示菩提及菩提道

故彼復顯示菩提有二種因縁謂阿耨多羅語故三藐三佛陁語故於中經言微塵許法不可得不可有者此為阿耨多羅語故此顯示菩提自相故菩提解脫相故彼中无微塵許法有體是故亦無可得亦无所有應知經言復次須菩提是法平等者為三藐三佛陁語故顯示菩提者人平等相於中平等者以菩提法故得知是佛此中經言无有高下者顯示一切諸佛第一義中壽命等无高下故經言無壽者无衆生得彼平等向耨多羅三藐三菩提者顯示菩提於生死法平等相故經言一切善法得正覺者顯示菩提道故經言所言善法善法者如来說非善法等此安立第一義相故　於彼心具足中為施設大利法故經言三千大千世界中所有須弥如是等於中為安立第一義教授故經言如来頗作是念我度衆生耶如是等如来則有我等取者此有何義如来如尒焰而知是故若有衆生想如来則為有我取若實无我而言

有我取為離此著故經言須菩提我取者即為非取如是等是故但小兒凡夫　有如是取故經言須菩提凡夫凡夫者如来說非凡夫是名凡夫故於彼心具足中為攝取法身故經言須菩提於意云何應以相成就見如来不如是等於中初偈顯示如所不應見不可見故云何不可見諸見世諦故是人行邪靜者定名為靜以得禪者說名寂靜者故又復禪名思惟修故於中思者意所攝修者識所攝言寂靜者即說意及識此世諦所攝應知彼不應見佛者謂彼世諦行者第二偈顯示如彼不應見及不應見因緣謂初分次分於中偈言以法應見佛者法者謂真如義也此何因緣偈言導師法為身故以如為緣故出生諸佛淨身此不可見但應見法故彼不應見復何因緣故不可見以彼法真如相故非如言說而知惟自證知故不如言說者非見實不能知故為顯示此義故偈言法體不可知故彼不能知於此住處中得顯示以法身應

見如来非以相具足故若介如来雖不應以相具足見應以相具足為因得阿耨多羅三藐三菩提為離此著故經言須菩提於意云何如来可以相具足於阿耨多羅三藐三菩提正覺也如是等於彼心具足中為不住生死涅槃故經言須菩提汝作是念發行菩薩乗者如是等於中經言於法不說斷滅者謂如所住法而通達不斷一切生死影像法於涅槃自在行利益衆生事此中為遮一向寂靜故顯示不住涅槃若不住涅槃應受生死苦惱為離此著故經言須菩提若善男子善女人乃至是故菩薩取福德等於中經言无我無生法忍者何義如来於有為法得自在故无彼生死法我又非業煩惱力生故無生故名无我者無生者此中云何得顯示如說攝取餘福尚於生死中不受苦惱何況菩薩於無我无生法中得忍已所生福德勝多於彼經言須菩提菩薩不應受福聚者此顯示不住生死故若住生死即受福聚經言須菩

提言不應受福聚邪者此有何義以世尊於餘處說應受福聚故經言世尊言受福聚不取福聚是名受福而不取者此顯示以方便應受而不應取如前已說於行住心具足中為威儀行住故經言須菩提若有人言如来若去若来等於中行者謂去来住者謂餘威儀為破名色身自在行住故經言須菩提若善男子善女人以三千大千世界所有地塵等於中細末方便及無所見方便等此破如前方便經言世尊若微塵聚有者世尊則不說微塵聚等是為無所見方便此說有何義若微塵為無所見方便此說有何義若微塵聚第一義中是有者世尊則不說非聚世尊說微塵聚非聚是名微塵聚者以此聚體不成就故若異此者雖不說亦自知是聚何義須說經言如来說即非世界者此是无所見方便此破名身亦如前說應知於中世界者為明衆生世故彼惟名身得名經言世尊若世界是有者即為有摶取者於中為並說若世界若微塵界故

有二種摶取謂一摶取及差別摶取衆生類衆生世界有者此為一摶取微塵有者此為差別摶取以取微塵聚集故經言如来說摶取即非摶取者此上座須菩提安立第一義故世尊為成就如是義故說摶取者即是不可以言說說等此何所顯示謂言說故有彼摶取第一義故彼法不可說彼小兒凡夫如言說取非第一義已說無所見方便破義未說无所見中入相應三昧時不分別謂如所不分別及何人何法何方便　云何不分別此後具說經言須菩提若有人如是言如来說我見等此等顯示如所不分別云何得顯如外道說我如来說為我見故安置人无我又為說有此我見故安置法無我若有彼我見是見所攝如是觀察菩薩入相應三昧時不復分別即此觀察為入方便　經言須菩提菩薩乗發行者此顯示何人无分別經言於一切法者此顯示於何法不分別經言應如是知應如是見應如是勝解者此顯示

增上心增上智故於無分別中知見勝解於中若智依止奢摩他故名依止毗鉢舍那故見此二依止三摩提故勝解以三摩提自在故解內攀緣影像彼名勝解經言如是知解已而不住法想者　此正顯示无分別經言法想法想者即非法想是名法想者此顯示法想中不共義及相應義如前已說如是一切住處中相應三摩提方便亦尒應知欲顯及攝散二種如前所說更無別義是故不復說其方便於彼心具足中為說法无染故經言須菩提若有菩薩以滿無量阿僧祇世界七寶等此何所顯示以有如是大利益故決定　演說如是演說而无所染經言云何演說而不演說是名演說者此有何義顯示不可言說故不演說彼法有可說體應如是演說若異此者則為染說以顛倒義故又如是說時不求信敬等亦為無染說法　於彼心具足中為生死不染故說星翳燈等偈此義如前說

若聞如是義　於大乘無覺我念過於石
究竟无因故
下人於此深大法　不能覺知及信向
世間衆人多如此　是以此法成荒廢

金剛斷割般若波羅蜜論竟阿僧伽作

金剛般若論卷下

金剛般若論卷下

校勘記

一　底本，金藏廣勝寺本。
一　七六頁下一行第六字「至」，石、麗作「乃至」。
一　七六頁下九行末字「一」，石、麗無。
一　七六頁下一二行第八字「佛」，麗無。
一　七七頁中五行第九字「名」，石無。
一　七七頁下二二行第一〇字「故」，石、麗無。
一　七八頁中二行第一〇字「乏」，麗作「之」。
一　七八頁下一三行第一一字「樂」，麗無。
一　七九頁中一八行第六字「家」，石、麗作「男」。
一　八〇頁中一三行第一二字「我」，石作「我當」。
一　八一頁下五行第一〇字「取」，麗無。

一八二頁中一〇行第九字「地」，麗作「微」。

一八二頁中一一行末字「前」，石、麗作「前說應知經言彼微塵聚甚多者是細末」。

一八二頁中一四行「爲無所見方便此說有何義若微塵」，石、麗無。

一八二頁下一五行第八字「顯」，石作「顯示」。

一八三頁上一五行第一一字「演」，麗作「實演」。

一八三頁上二二行「生死」，石作「流轉」。

金剛般若波羅蜜經論卷上（亦名金剛能斷般若）　受五

無著菩薩造

隋南天竺三藏法師達摩岌多譯

出生佛法無與等　顯了法界最第一
金剛難壞句義聚　一切聖人不能入
此小金剛波羅蜜　以如是名顯勢力
智者所說教及義　聞已轉爲我等說
歸命彼類及此輩　皆以正心而頂禮
我應精勤立彼義　解釋相續爲自他

論曰成立七種義句已此般若波羅蜜即得成立七義句者一種性不斷二發起行相三行所住處四對治五不失六地七立名此等七義於般若波羅蜜經中成立故名義句於中前六義句顯示菩薩所作究竟第七義句顯示成立此法門故應如是知此般若波羅蜜爲佛種不斷故流行於世爲顯此當得佛種不斷義故上座須菩提最初經云白佛言希有世尊如來應供正徧知善護念諸菩薩善付囑諸菩薩如是等

二發起行相者如經云何菩薩大乘中發阿耨多羅三藐三菩提心如是等

三行所住處者謂彼發起行相所住處也此復有十八種應知

一發心經言諸菩薩生如是心所有一切衆生如是等二波羅蜜相應行經言不住於事行於布施如是等三欲得色身經言須菩提於意云何可以相成就見如來不如是等四欲得法身經言須菩提白佛言世尊頗有衆生於未來世如是等五於修道得勝中無慢經言須陀洹能作是念如是等六不離佛出時經言於意云何如來昔在然燈佛所如是等七願淨佛土經言須菩提若菩薩作是言我莊嚴佛國土如是等八成熟衆生經言須菩提譬如有人身如須彌山王如是等九遠離隨順外論散亂經言須菩提於意云何如恒河中所有沙數如是等十色及衆生身摶取中觀破相應行經言須菩提於意云何三千大千世界所有微塵如是等十一供養給侍如來經言須菩提於意云何可以三十二大人相見如來不如是等十二遠離利養及疲乏熱惱故不起精進及退失等經言須菩提若善男子善女人以恒河沙等身如是等十三忍苦經言如來說忍波羅蜜如是等十四離寂靜味經言須菩提若善男子善女人能於此法門受持讀誦修行如是等十五於證道時遠離喜動經言世尊云何菩薩發阿耨多羅三藐三菩提心如是等十六求教授經言於意云何如來於然燈佛所有法得阿耨多羅三藐三菩提如是等十七證道經言譬如有人其身妙大如是等十八上求佛地經言須菩提若菩薩作是言我莊嚴佛國土是不名菩薩如是等

彼住處等略爲八種亦得滿足一攝住處二波羅蜜淨住處三欲住處四離障礙住處五淨心住處六究竟住處七廣大住處八甚深住處於中攝住處者謂發心波羅蜜淨住處者謂波羅蜜相應行欲住處者謂欲得色身法身離障礙住處者謂餘十二種淨心住處者謂證道究竟住處者謂上求佛地廣大及甚深住處者通一切住處於初住處中若說

菩薩應生如是心所有衆生如是等此爲廣大又復說言若菩薩有衆生相如是等此爲甚深於第二住處中若說菩薩不住於事行於布施如是等此爲甚深若復說言彼所有福聚不可思量如是等此爲廣大如是於餘住處中廣大甚深等隨所相應應知已說住處四對治者彼如是相應行相行諸住處時有二種對治應知一邪行二共見正行此中見者謂分別也於初住處中若說菩薩應生如是心所有衆生等此是邪行對治生如是心是菩薩邪行若復說言若菩薩有衆生想等此爲共見正行對治此分別執菩薩亦應斷謂我應滅度衆生故於第二住處中若說應行布施此爲邪行對治非於布施是菩薩邪行若復說言住於事等此是共見正行對治此分別執菩薩亦應斷謂應行布施故

五不失者謂離二邊云何二邊謂增益邊損減邊若於如言辭法中分別執有自性是增益邊若於法無我事中而執爲無是損減邊於中若說言世尊若福聚非聚此遮增益邊以無彼福聚分別自性故若復說言是故如來說福聚此遮損減邊彼不如言辭有自性而有可說事以如來說福聚故此得顯示如是須菩提佛法佛法者如來說非佛法者此遮增益邊是名佛法者此遮損減邊於中如來說非佛法者顯示不失義是名佛法者顯示相應義何者是相應若佛法如說有自性者則如來不說佛法以雖不說亦自知故是故無有自性爲世諦故如來說名佛法如是於一切處顯示不共及相應義應知復次佛法者攝波羅蜜事及念處等菩提分應知菩薩離此二邊故於彼對治不復更失故名不失

六地者此地有三種謂信行地淨心地如來地於中前十六處顯示信行地證道住處是淨心地後上求佛地

七立名名金剛能斷者此名有二義相應知如說入正見行入邪見行故金剛者細牢故細者智因故牢者不可壞故能斷者般若波羅蜜中聞思修所斷如金剛斷處而斷故是名金剛能斷

又如畫金剛形初後闊中則狹如是般若波羅蜜中狹者謂淨心地初後闊者謂信行地如來地此顯示不共義也彼五種義句上上依止應知彼等皆依止地故說

經曰如是我聞一時婆伽婆在舍婆提城祇樹給孤獨園與大比丘衆千二百五十人俱爾時世尊食時著衣持鉢入舍婆提大城乞食於其城中次第乞食已還至本處飯食訖收衣鉢洗足已如常敷坐結跏趺坐端身而住正念不動爾時諸比丘來詣佛所到已頂禮佛足右遶三帀退坐一面爾時慧命須菩提在大衆中即從坐起偏袒右肩右膝著地向佛合掌恭敬而立白佛言希有世尊如來應供正徧知善護念諸菩薩善付囑諸菩薩

論曰修多羅身相續此義句今當說世尊何故以寂靜者威儀而坐也顯示唯寂靜者於法能覺能說故經言善攝第一菩薩摩訶薩者謂已熟菩薩於佛證正覺轉法輪時以五種義中菩薩法而建立故諸菩薩有七種大

故此大衆生名摩訶薩埵何者七種大一法大二心大三信解大四淨心大五資糧大六時大七果報大如菩薩地持中說於諸菩薩所何者善攝何者第一也利樂相應爲善攝第一有六種應知一時二差別三高大四牢固五普徧六異相何者時現見法及未來故彼菩薩善攝中樂者是現見法利者是未來世何者差別於世間三摩鉢帝及出世聖者聲聞獨覺等善攝中差別故何者高大此善攝無有上故何者牢固謂畢竟故何者普徧自然於自他身善攝何者異相於未淨菩薩善攝中勝上故經言第一付囑者彼已得善攝菩薩等於佛般涅槃時亦以彼五義如是建立故何者第一付囑有六種因緣一入處二法爾得三轉教四不失五悲六尊重何者入處於善友所善付囑故何者法爾彼已得善攝菩薩於他所法爾善攝何者轉教汝等於餘菩薩應當善攝是名轉教此等三種如其次第即是不失及悲等重等應知此善攝付囑二種顯示種性不斷

經曰世尊云何菩薩大乘中發阿耨多羅三藐三菩提心應云何住云何修行云何降伏其心

爾時佛告須菩提善哉善哉須菩提如汝所說如來善護念諸菩薩善付囑諸菩薩汝今諦聽當爲汝說如菩薩大乘中發阿耨多羅三藐三菩提心應如是住如是修行如是降伏其心須菩提白佛言世尊如是願樂欲聞

論曰此下第二發起行相何故上座須菩提問也有六因緣一爲斷疑故二爲起信解故三爲入甚深義故四爲不退轉故五爲生喜故六爲正法久住故亦即是般若波羅蜜令佛種不斷云何以此令佛種不斷也若有疑者得斷故有樂福德而心未成熟諸菩薩等聞多福德於般若波羅蜜起信解故已成熟心者入甚深義故已得不輕賤者由貪受持修行有多功德不復退轉故已得順攝及淨心者於法自入及見生歡喜故能令未來世大乘教久住故者若略說疑者令見故樂福德及已成熟諸菩薩等攝受故已得不輕賤者令精勤心故已得淨心者令歡喜故經言應云何住者謂欲願故應修行者謂相應三摩鉢帝故應降伏心者謂折伏散亂故於中欲者正求也願者爲所求故作心思念也相應三摩鉢帝者無分別三摩提也折伏散亂者若彼三摩鉢帝心散制令還住也第一者顯示攝道第二者顯示成就道第三者顯示不失道何故唯問發行菩薩乘爲三種菩提差別故以善問故於上座須菩提所應稱善哉

經曰佛告須菩提諸菩薩生如是心所有一切衆生衆生所攝若卵生若胎生若濕生若化生若有色若無色若有想若無想若非有想非無想所有衆生界衆生所攝我皆令入無餘涅槃而滅度之如是滅度無量無邊衆生實無衆生得滅度者何以故須菩提若菩薩有衆生相即非菩薩何以故非須菩提若菩薩起衆生相人相壽者相則不名菩薩

論曰自下第三行所住處訖盡經末有十八門具如前說此中第一初明發心經言所有

衆生衆生所攝者總相說也卵生等者差別說也又受生依止境界所攝差別應知卵生乃至化生者受生別也若有色若無色者依止別也若有想若無想若非有想非無想者境界所攝別故所有衆生界衆生所攝者謂上種種想住衆生界佛施設說也我皆令入無餘涅槃者何故願此不可得義生所攝故無過以皆是生故如所說卵生等生並入願數故彼卵生濕生無想及非有想非無想等則不能云何能令一切衆生入涅槃也有三因緣故一難處生者得時故二非難處生未成熟者成熟之故三已成熟者解脫之故何故說無餘涅槃界不直說涅槃若如是便與世尊所說初禪等方便涅槃不別故彼自以丈夫力故無佛亦得但非究竟何故不說有餘涅槃界彼共果故自以宿業又值佛說而得果故又非一向身苦有餘故如是涅槃及有餘涅槃等丈夫力果故共果故非究竟果故非一向果故是故說無餘如是無量衆生入涅槃已者顯示卵生等生一一無量故無有衆生得涅槃者此何義如菩薩自得涅槃無別衆生何以故若菩薩有衆生相即非菩薩者此何義若菩薩於衆生所他想轉非自體想不名菩薩故何以故若菩薩起衆生想人想壽者想則不名菩薩者此何義若以煩惱取衆生命人想轉彼則有我想及於衆生中有衆生想轉菩薩於彼不轉已斷我見故得自行（行者謂五陰行）平等相故信解自他平等彼菩薩非衆生命人取見者此是其義復次經言諸菩薩生如是心等者顯示菩薩應如是住中欲願也若菩薩有衆生想即非菩薩者顯示應如是修行中相應三摩鉢帝時也若菩薩起衆生相人相壽者相則不名菩薩者顯示應如是降伏心中攝散時也如菩薩相應三摩鉢帝散時衆生想亦不轉如彼爾焰相住故是故無有衆生得涅槃者此得成就彼欲願者攝諸住處爲最勝彼相應行相行餘住處時依止欲願決定得故此欲願義不復重釋

經曰復次須菩提不住於事行於布施無所住行於布施不住色布施不住聲香味觸法布施須菩提菩薩應如是布施不住於相想何以故若菩薩不住相布施其福德聚不可思量須菩提於汝意云何東方虛空可思量不須菩提言不也世尊佛言如是須菩提南西北方四維上下虛空可思量不須菩提言不也世尊佛言如是如是須菩提菩薩無住相布施福德聚亦復如是不可思量佛復告須菩提菩薩但應如是行於布施

論曰此下第二波羅蜜相應行自此後餘住處中有五種隨所相應而解釋應知

一依義二說相三攝持四安立五顯現住處對治爲依義即彼住處爲說相欲願爲攝持住處第一義爲安立相應三摩提及攝散心爲顯現於波羅蜜淨住處中經言菩薩不住於事行於布施此爲依義顯示對治住著故經言應行施者此爲說相六波羅蜜六攝一切檀那體性故檀那有三種一資生施者謂檀那波羅蜜二無畏施者謂尸羅波羅蜜羼提波羅蜜三法施者謂毗梨耶波羅蜜禪那

波羅蜜般若波羅蜜等若無精進於受法人所爲說法時疲倦故不能說法若無禪定則貪於信敬供養及不能忍寒熱逼惱故染心說法若無智慧便顛倒說法多有過故不離此三得成法施彼諸波羅蜜有二種果謂未來現在未來果者檀那波羅蜜得大福報尸羅波羅蜜得自身具足謂釋梵等羼提波羅蜜得大伴助大眷屬毗離耶波羅蜜得果報等不斷絕禪那波羅蜜得生身不可損壞般若波羅蜜得諸根猛利及多諸悅樂於大人衆中得自在等現在果者得一切信敬供養及現法涅槃等於中若菩薩求未來果故行施爲住事行施如所施物還得彼物果是故經言不住於事行於布施若求未來尸羅等果故行施爲有所住行施是故經言無所住應行布施尸羅等果有衆多不可分別故總名有所住若求現在衆信敬供養故行施爲住色聲香味觸行施故經言不住色等若求現法涅槃故行施爲住法行施故經言不住於法應行布施又經言應行布施者即說攝持施之欲顯故經言不住行施者即此不住爲安立第一義故於中以不住故顯示如所有事第一義不住物等是所有事經言菩薩應如是行施不住於相想者此爲顯示謂相應三昧及攝散心於此二時不住相想如是建立不住已或有菩薩貪福德故於此不堪爲令堪故世尊顯示不住行施福聚甚多猶如虛空有三因緣一徧一切處謂於住不住相中福生故二寬廣高大殊勝故三無盡究竟不窮故

經曰須菩提於意云何可以相成就見如來不須菩提言不也世尊不可以相成就得見如來何以故如來所說相即非相佛告須菩提凡所有相皆是妄語若見諸相非相則非妄語如是諸相非相則見如來

論曰此下第三欲得色身住處經言須菩提於意云何可以相成就見如來不者此爲依義應如顯示對治如來色身慢故經言相成就者此爲說相顯示如來色身故上座須菩提言不也爲成滿此義故世尊說須菩提凡所有相皆是妄語即顯欲顯於如是義中應攝持故及即是安立第一義於第一義中相成就爲虛妄非相成就不虛妄經言如是諸相非相則見如來者此爲顯現謂相應三昧及攝亂心時於彼相中非相見故

經曰須菩提白佛言世尊頗有衆生於未來世末世得聞如是修多羅章句生實相不佛告須菩提莫作是說頗有衆生於未來世末世得聞如是修多羅章句生實相不佛復告須菩提有未來世末世有菩薩摩訶薩法欲滅時有持戒修福德智慧者於此修多羅章句能生信心以此爲實佛復告須菩提當知彼菩薩摩訶薩非於一佛二佛三四五佛所修行供養非於一佛二佛三四五佛所而種善根佛復告須菩提已於無量千萬諸佛所修行供養無量百千萬諸佛所種諸善根聞是修多羅乃至一念能生淨信須菩提如來悉知是諸衆生如來悉見是諸衆生須菩提是諸菩薩生如是無量福德聚取如是無量福德何以故須菩提是諸菩薩無復我相衆

生相人相壽者相須菩提是諸菩薩無法相亦非無法相無相亦非無相何以故須菩提是諸菩薩若取法相則爲著我人衆生壽者須菩提若是菩薩有法相即著我相人相衆生相壽者相何以故須菩提不應取法非不取法以是義故如來常說栰喻法門是法應捨何況非法

論曰此下第四爲欲得法身住處於中二種一言說法身二證得法身爲欲得此言說法身故經言世尊頗有衆生於未來世末世得聞如是修多羅章句等於中修多羅章句者謂所有義應知何者爲句如上所說七種義句於不顛倒義想是謂實相應知如言執義彼非實相上座須菩提作是念於未來世無有生實相者爲遮此故世尊言有正法欲滅時者謂修行漸滅時應知次後世尊爲如是義顯示五種一顯示修行二顯示集因三顯示善友攝受四顯示攝福德相應五顯示實相中當得實想故經言有持戒修福德智慧者此增上戒等三學顯示修行功德少欲等功德爲初乃至三摩提等經言已得供養無量百千諸佛乃至一心淨信等此顯示集因一心淨信尚得如是何況生實想也經言如來悉知悉見是諸衆生者此顯示善友所攝知者知名身見者見色身謂一切行住所作中知其心見其依止故經言生取無量福聚者此顯示攝福德生者福正起時故取者即彼滅時攝持種子故經言是諸菩薩無復我相衆生相乃至若是菩薩有法想即著我相人相衆生相壽者相者此顯示實想對治五種邪取故何者五邪取一外道二內法凡夫及聲聞三增上慢菩薩四世間共想定五無想定第一者我等想轉第二法相轉第三者無淨想轉此猶有法取有法取者謂取無法故第四者有想轉第五者無想轉是諸菩薩於彼皆不轉也此中顯了有戒乃至當生無量福聚等經言何以故者此言是中邪取但法及非法想轉非我等想以我想及依止不轉故然於我想中隨眠不斷故則爲有我取是故經言是諸菩薩若取法想則爲著我等取若無法想轉則爲有我取等此我等想轉中餘義猶未說經言若是菩薩有法相即著我等者於中取自體相續爲我想我所取爲衆生想謂我乃至壽住取爲命想展轉取餘趣取爲人想應知於中言當生實想者此爲依義應知顯示對治不實想故言於此修多羅章句說中者此爲說相顯示言說法身故即彼當生實想中言當生者是故顯攝持故是諸菩薩無復我想轉等者是安立第一義須菩提不應取法非不取法者是顯了謂相應三摩鉢帝及散心時不應取法者於法體及法無我並不分別又言說法身要義者經言以是義故如來常說栰喻法門若解此者法尚應捨何況非法故法尚應捨實想生故何況非法者理不應故略說顯示菩薩欲得言說法身不應作不實想故

經曰復次佛告慧命須菩提須菩提於意云何如來得阿耨多羅三藐三菩提耶如來有所說法耶須菩提言如我解佛所說義無有定法如來得阿耨多羅三藐三菩提亦無有

定法如來可說何以故如來所說法皆不可取不可說非法非非法何以故一切聖人皆以無爲法得名

論曰此下證得法身復有二種一智相法身二福相法身爲欲得智相至得法身住處故經言須菩提於意云何如來得阿耨多羅三藐三菩提耶此爲依義顯示翻於正覺菩提取故說法者正覺所攝故經言有法可說阿耨多羅三藐三菩提者是爲說相顯示至得法身故無有定法者上座須菩提道佛意故世諦故有菩提及得是爲欲願攝持以方便故二俱爲有若如世尊意說者二俱無有爲顯此故經言如我解世尊所說義等又經言何以故如來所說法不可取不可說非法非非法者是安立第一儀由說法故知得菩提故於說法中安立第一義於中不可取者謂正聞時不可說者謂演說時非法者分別性非非法者法無我故經言何以故以無爲故得名聖人者無爲者無分別義也是故菩薩有學得名無起無作中如來轉依名爲清淨是故如來無學得名於中初無爲義者三摩鉢帝相應及折伏散亂時顯了故第二無爲唯第一義者無上覺故自此已後一切住處中皆顯以無爲故得名聖人應知前諸住處中未說無爲得名於此說阿耨多羅三藐三菩提中無爲已竟

經曰須菩提於意云何若滿三千大千世界七寶以用布施須菩提於意云何是善男子善女人所得福德寧爲多不須菩提言甚多婆伽婆甚多修伽陀彼善男子善女人得福甚多何以故世尊是福德聚即非福德聚是故如來說福德聚佛言須菩提共善男子善女人以滿三千大千世界七寶持用布施若復於此經中受持乃至四句偈等爲他人說其福勝彼無量不可數何以故須菩提一切諸佛阿耨多羅三藐三菩提法皆從此經出一切諸佛如來皆從此經生須菩提所謂佛法者即非佛法是名佛法

論曰此下福相法身爲欲得福相至得法身住處故經言於意云何若人滿三千大千世界七寶以用布施等云何顯示即彼所有言說法身出生如來福相至得法身於彼乃至說一四句偈生福甚多況復如來所有福相至得法身以何因緣於言說法身中如是說一四句偈能生多福爲成就此義故經言何以故如來阿耨多羅三藐三菩提從此出者於中普集十法行阿含故諸佛世尊從此生者世諦故言佛出生以有菩提故即此二並故名爲佛法以菩提及佛故經言須菩提佛法者即非佛法

復次經言其所生福勝彼無量阿僧祇者此爲依義顯示對治福不生故於中其福者此爲說相顯示福相法身故勝彼者顯示欲願攝持故經言世尊是福聚即非福聚是故如來說福聚及言須菩提佛法佛法者即非佛法是名佛法者以此福聚及佛法爲攝取如來福相法身中安立第一義爲隨順無爲得名故相應三摩鉢帝及折伏散亂不復顯了言甚多婆伽婆甚多修伽陀二語者顯示攝心持心以攝自心故言受持爲他說者解釋

句味故無量者過譬喻故阿僧祇者顯多故已說欲住處竟

金剛般若波羅蜜經論卷上

金剛般若波羅蜜經論卷上（別本）

校勘記

一　底本，清藏本。

一　八五頁上一行夾註，資無。

一　八五頁上三行譯者，資作「隋天竺三藏法師岌多譯」。

一　八八頁中五行第五字「想」，資、磧、普作「相」。

一　九〇頁中一四行第二字「淨」，資作「法」。

一　九一頁上一五行第九字「儀」，普、徑作「義」。

一　九一頁中一二行第一三字「共」，資作「若」。

一　九一頁中末行第一〇字「若」，南作「者」。

金剛般若波羅蜜經論卷中　受六

無著菩薩造

隋南天竺三藏法師達摩笈多譯

經曰須菩提於意云何須陁洹能作是念我得須陁洹果不須菩提言不也世尊何以故實無有法名須陁洹不入色聲香味觸法是名須陁洹佛言須菩提於意云何斯陁含能作是念我得斯陁含果不須菩提言不也世尊何以故實無有法名斯陁含是名斯陁含須菩提於意云何阿那含能作是念我得阿那含果不須菩提言不也世尊何以故實無有法名阿那含是名阿那含須菩提於意云何阿羅漢能作是念我得阿羅漢果不須菩提言不也世尊何以故實無有法名阿羅漢世尊若阿羅漢作是念我得阿羅漢即爲著我人衆生壽者世尊佛說我得無諍三昧最爲第一世尊說我是離欲阿羅漢世尊我不作是念我是離欲阿羅漢世尊我若作是念我得阿羅漢世尊則不記我無諍行第一以須菩提實無所行而名須菩提無諍無諍行

論曰此下第五爲修道得勝中無慢如前略爲八種住處已下十二總名離障礙住處對治應知何者十二障礙一慢二無慢而少聞三多聞而小攀緣作念修道四不小攀緣作念修道而捨衆生五不捨衆生而樂隨外論散動六雖不散動而破影像相中無巧便七雖有巧便而福資糧不具八雖具福資糧而樂味懈怠及利養等九雖離懈怠利養而不能忍苦十雖能忍苦而智資糧不具十一雖具智資糧而不自攝十二雖能自攝而無教授此中爲離慢故經言須陁洹能作是念我得須陁洹果不等此爲依義顯示對治我得慢故又復須陁洹能作是念者即爲說相顯示無慢故亦即是欲願攝持經言世尊實無有法不入色聲香味觸者此爲安立第一義若須陁洹如是念我得須陁洹果即爲有我想若有我想則爲有慢應知如是乃至阿羅漢亦爾上座須菩提自顯無諍行第一及離欲阿羅漢共有功德者以已所證爲令信故以無有法得阿羅漢及無所行故說無諍無諍行此中即爲安立第一義

經曰佛告須菩提於意云何如來昔在然燈佛所得阿耨多羅三藐三菩提法不須菩提言不也世尊如來在然燈佛所於法實無所得阿耨多羅三藐三菩提

論曰此下第六爲不離佛出時依離障礙十二種中爲離少聞故經言如來昔在然燈佛所得阿耨多羅三藐三菩提法不等謂彼佛出世承事供養時有法可取離此分別故依義等及對治等隨義相應應知

經曰佛告須菩提若菩薩作是言我莊嚴佛國土彼菩薩不實語何以故須菩提如來所說莊嚴佛土者則非莊嚴是名莊嚴佛土是故須菩提諸菩薩摩訶薩應如是生清淨心而無所住不住色生心不住聲香味觸法生心應無所住而生其心

論曰此下第七爲願淨佛土依離障礙十二種中爲離小攀緣作念修道故經言須菩提若菩薩作是言我莊嚴佛國土等若念嚴淨土者則於色等事分別生味著爲離此故經

言是故須菩提諸菩薩摩訶薩應如是生清淨心而無所住不住色聲香味觸法等

經曰須菩提譬如有人身如須彌山王須菩提於意云何是身爲大不須菩提言甚大世尊何以故佛說非身是名大身彼身非身是名大身

論曰此下第八爲成熟衆生依離障礙十二種中爲離捨衆生故經言須菩提譬如有人身如須彌山王如是等此何所顯示爲成熟欲界衆生故彼羅睺阿脩羅王等一切大身量如須彌尚不應見其自體何況餘者經言如來說爲非體者顯示法無我故彼體非體者顯示法體無生無作故此即顯示自性與相及差別故

經曰佛言須菩提如恒河中所有沙數如是沙等恒河於意云何是諸恒河沙寧爲多不須菩提言甚多世尊但諸恒河尚多無數何況其沙佛言須菩提我今實言告汝若有善男子善女人以七寶滿爾數恒沙數世界以施諸佛如來須菩提於意云何彼善男子善女人得福多不須菩提言甚多世尊彼善男子善女人得福甚多佛言須菩提以七寶滿爾數恒河沙世界持用布施若善男子善女人於此法門乃至受持四句偈等爲他人說而此福德勝前福德無量阿僧祇復次須菩提隨所有處說是法門乃至四句偈等當知此處一切世間天人阿脩羅皆應供養如佛塔廟何況有人盡能受持讀誦此經須菩提當知是人成就最上第一希有之法若是經典所在之處則爲有佛若尊重似佛爾時須菩提白佛言世尊當何名此法門我等云何奉持佛告須菩提是法門名爲金剛般若波羅蜜以是名字汝當奉持何以故須菩提佛說般若波羅蜜則非般若波羅蜜須菩提於意云何如來有所說法不須菩提言世尊如來無所說法

論曰此下第九爲遠離隨順外論散亂依離障礙十二種中爲離樂外離散亂故經說四種因緣顯示此法勝異也一攝取福德二天等供養三難作四起如來等念經言須菩提如恒河中所有沙數等者是攝取福德經言須菩提隨所有處說是法門等者是天等供養經言須菩提當知是人成就最上第一希有等者是難作經言若是經典所在之處等者是起如來等念於中說者爲他直說故授者教授他故顯示此樂外論散亂對治法勝異已於如是法中或起如言執義爲對治彼未來罪故經言佛說般若波羅蜜則非般若波羅蜜故如般若波羅蜜非波羅蜜如是亦無有餘法如來說者爲顯此義故經言須菩提於意云何如來有所說法不此顯示自相及平等相法門第一義也

經曰須菩提於意云何三千大千世界所有微塵是爲多不須菩提言彼微塵甚多世尊須菩提是諸微塵如來說非微塵是名微塵如來說世界非世界是名世界

論曰此下第十明色及衆生身摶取中觀破相應行依離障礙十二種中爲離於影像相自在中無巧便故經言須菩提於意云何三千大千世界所有微塵如是等彼不限量攀

緣作意菩薩恒於世界攀緣作意修習故說三千大千世界於中爲破色身影像相故顯示二種方便一細作方便如三千大千世界所有微塵寧爲多不等二不念方便如經是諸微塵如來說非微塵是名微塵故爲破衆生身影像相故經言如來說世界非世界是名世界故於中世界顯衆生世也但以名身名爲衆生世不念名身方便即是顯示故彼影像相不復說細作方便也

經曰佛言須菩提於意云何可以三十二大人相見如來不不須菩提言不也世尊何以故如來說三十二大人相即是非相是名三十二大人相

論曰此下第十一明供養給侍如來依離障礙十二種中爲離不具福資糧故經言於意云何可以三十二大人相見如來不者顯示爲福資糧故親近供養如來時不應以相成就見如來云何見應見第一義法身故

經曰佛言須菩提若善男子善女人以恒河沙等身命布施若復有人於此法門中乃至受持四句偈等爲他人說其福甚多無量阿僧祇

爾時須菩提聞說是經深解義趣涕淚悲泣捫淚而白佛言希有婆伽婆希有修伽陀佛說如是甚深法門我從昔來所得慧眼未曾得聞如是法門何以故須菩提佛說般若波羅蜜即非般若波羅蜜世尊若復有人得聞是經信心清淨則生實相當知是人成就第一希有功德世尊是實相者則是非相是故如來說名實相實相世尊我今得聞如是法門信解受持不足爲難若當來世其有衆生得聞是法門信解受持是人則爲第一希有何以故此人無我相人相衆生相壽者相何以故我相即是非相人相衆生相壽者相即是非相何以故離一切諸相則名諸佛佛告須菩提如是如是若復有人得聞是經不驚不怖不畏當知是人甚爲希有何以故須菩提如來說第一波羅蜜非第一波羅蜜如來說第一波羅蜜者彼無量諸佛亦說波羅蜜是名第一波羅蜜

論曰此下第十二遠離利養及疲乏熱惱故不起精進及退失等依離障礙十二種中爲離懈怠利養等樂味故經言須菩提若有善男子善女人以恒河沙等身命布施如是等於中身有疲乏心有熱惱以此二種於彼精進若退若不發此何所顯示如此捨爾許身自所有福不及此福云何以一身著懈怠等故而爲障礙何故此中上座須菩提流淚而言我未曾聞如是等法門也以聞此勝福甚多過於捨無量身更不說餘勝福故若聞如是勝福故發起精進已若於此法中生如義想爲離此過故經言若復有人得聞是經信心清淨則生實相當知是人成就第一希有功德等即於如是實相中爲離實相分別故經言是實相者即是非相如是等經言世尊我今得聞如是法門信解受持不足爲難若當來世其有衆生得聞是法門信解受持是人則爲第一希有如是等此何義爲令味著利養過懈怠諸菩薩生慚愧故於未來正法滅時尚有菩薩於此法門受持故無人等取

及法取云何汝等於正法興時遠離修行不生慚愧也經言此人無我相人相衆生相壽者相者顯示無人取也我相即非相等者顯示無法取也經言何以故離一切諸相即名諸佛者顯示諸菩薩順學相諸佛世尊離一切相是故我等亦應如是學此等經文爲離退精進故說於中言若分別若信解者後句釋前句也受者受文字也持者持義也爲離不發起精進故經言若復有人得聞是經不驚不怖不畏等者以驚等故不發起精進也於聲聞乘中世尊說有法及有空於聽聞此經時聞法無有故驚聞空無有故怖於思量時於二不有理中不能相應故畏更有別釋爲三種無自性故應知謂相生第一義等無自性故經言何以故須菩提如來說第一波羅蜜非第一波羅蜜者此有何義復說第二生慚愧處故言此法如是勝上汝等不應放逸於中以於餘波羅蜜中勝故名第一波羅蜜又經言如來說第一波羅蜜者彼無量諸佛亦說波羅蜜者此言顯示一切諸佛同說第一是故名第一

經曰須菩提如來說忍辱波羅蜜即非忍辱波羅蜜何以故須菩提如我昔爲歌利王割截身體我於爾時無我相無衆生相無人相無壽者相無相亦非無相何以故須菩提我於往昔節節支解時若有我相衆生相人相壽者相應生瞋恨須菩提又念過去於五百世作忍辱仙人於爾所世無我相無衆生相無人相無壽者相是故須菩提菩薩應離一切相發阿耨多羅三藐三菩提心何以故若心有住則爲非住不應住色生心不應住聲香味觸法生心應生無所住心是故佛說菩薩心不住色布施須菩提菩薩爲利益一切衆生應如是布施須菩提言世尊一切衆生相即非相何以故如來說一切衆生即非衆生須菩提如來是眞語者實語者如語者不異語者須菩提如來所得法所說法無實無妄語須菩提譬如有人入闇則無所見若菩薩心住於事而行布施亦復如是須菩提譬如人有目夜分已盡日光明照見種種色若菩薩不住於事行於布施亦復如是

論曰此下第十三明忍苦依離障礙十二種中爲離不能忍苦故經言須菩提如來說忍辱波羅蜜等於中有二一能忍二離不能忍能忍有三一如所能忍二忍相三種類忍於中如所能忍以何相生忍處如忍差別顯示對治彼因緣故何者能忍謂達法無我故云何得顯示如經言如來說忍辱波羅蜜即非忍辱波羅蜜故云何應知忍相若他於已起惡等時由無有我等相故不生瞋想亦不於羼提波羅蜜中生有想於非波羅蜜中生無想此云何顯示經言如我昔爲歌利王割截身體我於爾時無有我等相及無相亦非無相等故何者種類忍亦有二種一極苦忍二相續苦忍此云何顯示經言須菩提我於往昔節節支解時若有我相應生瞋恨等云何相續苦忍經言須菩提又念過去於五百世作忍辱仙人等不忍因緣者有三種苦一流轉苦二衆生相違苦三乏受用苦於中經言是故須菩提菩薩應離一切相發阿耨多羅

三藐三菩提心等此爲顯示流轉苦忍因緣對治發菩提心者以三種苦相故則不欲發心故說應離一切相等此中一切相者爲顯如是等三苦相也若著色等則於流轉苦中疲乏故菩提心不生故經言不住色生心等如前說不住非法者謂非法無我也於非法及法無我中皆不住故爲成就彼諸不住故說遮餘事經言應生無所住心何以故若有心住即爲非住等經言須菩提菩薩爲利益一切衆生應如是布施乃至一切衆生即非衆生等此顯示對治衆生相違苦忍即爲一切衆生而行於捨云何於彼應生瞋也由不能無衆生及衆生想以此因緣故衆生相違時即生疲乏故顯示人無我法無我等經言須菩提如來是眞語者等此何所顯示欲令信如來故能忍於中眞語者爲顯世諦相故實語者爲顯世諦修行有煩惱及清淨相故於中實者此行煩惱此行清淨故如語者爲第一義諦相故不異語者爲第一義諦修行有煩惱及清淨相故說此眞語等已於此中如言說性起執著爲遣此故經言須菩提如來所得法所說法無實無妄語故無實者如言說性非有故無妄者不如言說自性有故經言須菩提譬如有人入闇如是等顯示乏受用苦忍因緣對治若爲果報布施便著於事而行捨施於彼喜於欲樂若受中不解出離猶如入闇不知我何所趣彼喜欲樂亦爾若不著於事而行布施如有眼丈夫夜過日出見種種色隨意所趣應如是見彼無明夜過慧日出已種種爾焰如實見之彼不知解出離欲樂苦受故喜樂欲樂

經曰復次須菩提若有善男子善女人能於此法門受持讀誦修行則爲如來以佛智慧悉知是人悉見是人悉覺是人皆得成就無量無邊功德聚須菩提若有善男子善女人初日分以恒河沙等身布施中日分復以恒河沙等身布施後日分復以恒河沙等身布施如是捨恒河沙等無量身如是百千萬億那由他劫以身布施若復有人聞此法門信心不謗其福勝彼無量阿僧祇何況書寫受持讀誦修行爲人廣說須菩提以要言之是經有不可思議不可稱量無邊功德此法門如來爲發大乘者說爲發最上乘者說若有人能受持讀誦修行此經廣爲人說如來悉知是人悉見是人皆成就不可思議不可稱無有邊無量功德聚如是人等則爲荷擔如來阿耨多羅三藐三菩提何以故須菩提若樂小法者則於此經不能受持讀誦修行爲人解說若有我見衆生見人見壽者見於此法門能受持讀誦修行爲人解說者無有是處須菩提在在處處若有此經一切世間天人阿脩羅所應供養當知此處則爲是塔皆應恭敬作禮圍遶以諸華香而散其處

復次須菩提若善男子善女人受持讀誦此經爲人輕賤何以故是人先世罪業應墮惡道以今世人輕賤故先世罪業則爲消滅當得阿耨多羅三藐三菩提須菩提我念過去無量阿僧祇阿僧祇劫於然燈佛前得值八千四億那由他百千萬諸佛我皆親承供養無空過者須菩提如是無量諸佛我皆親承

供養無空過者若復有人於後世末世能受持讀誦修行此經所得功德我所供養諸佛功德於彼百分不及一千萬億分乃至算數譬喻所不能及須菩提若有善男子善女人於後世末世有受持讀誦修行此經所得功德若我具說者或有人聞心則狂亂疑惑不信須菩提當知是法門不可思議果報亦不可思議

論曰此下第十四離寂靜味依離障礙十二種中為離闕少智資糧故經言復次須菩提若有善男子善女人能於此法門受持讀誦修行等此中為離三摩提舉緣顯示與法相應有五種勝功德一如來憶念親近二攝福德三讚歎法及修行四天等供養五滅罪何者如來憶念親近經言受持讀誦等如來以佛智知彼如來以佛眼見彼等於中受者習誦故持者不忘故若讀若誦者此說受持因故為欲受故讀為欲持故誦又復讀者習誦故持者總覽義故何者攝福德經言皆得成就無量無邊功德聚等何者讚歎法及修行經言須菩提以要言之是經有不可思議不可稱量等此為讚歎法於中不可思者唯自覺故不可稱者無有等及勝故經言此法門如來為發大乘者說為發最上乘者說者此成就不可稱義於中餘乘不及故最上煩惱障智障淨故最勝應知經言若有人能受持讀誦修行此經廣為人說等者此為讚歎修行於中如來知見成就無量功德聚者是總說也不可思不可稱不可量者解釋故如是人等則為荷擔如來阿耨多羅三藐三菩提者謂肩負菩提重擔故經言須菩提若樂小法者則於此經不能受持讀誦修行為人解說者謂聲聞獨覺乘者故經言若有我等見乃至受持無有是處者謂有人我見衆生而自謂菩薩者故何者天等供養經言須菩提在在處處若有此經一切世間天人阿脩羅所應供養等者於中以華鬘燒香熏香塗香末香衣蓋幢旙等供養恭敬禮拜右遶故名支提何者滅罪經言若善男子善女人受持讀誦此經為人輕賤等故者此毀辱事有無量門為顯示此故說輕賤經言當得阿耨多羅三藐三菩提者顯示滅罪故前所說以此因緣出生無量阿僧祇多福者今當解釋彼無量阿僧祇義應知威力者成熟熾然故多者具足故於中經言須菩提我念過去無量阿僧祇阿僧祇劫等者此顯示威力故即是福聚威力以彼所有福聚遠絕高勝故此中阿僧祇劫者乃至然燈佛故應知過阿僧祇者更過前故親承者供養故不空過者常不離供養故經言須菩提若有善男子善女人於後末世有受持讀誦修行此經所得功德若我具說者或有人聞心則狂亂如是等此顯示多故或為狂因或得亂心果應知此之彼威力及彼多等何人能說是故經言須菩提當知是法門不可思議果報亦不可思議此顯示彼福體及果不可測量故

經曰爾時須菩提白佛言世尊云何菩薩發阿耨多羅三藐三菩提心云何住云何修行云何降伏其心佛告須菩提菩薩發阿耨多羅三藐三菩提心者當生如是心我應滅度

一切衆生令入無餘涅槃界如是滅度一切衆生已而無一衆生實滅度者何以故須菩提若菩薩有衆生相人相壽者相則非菩薩何以故須菩提實無有法名爲菩薩發阿耨多羅三藐三菩提心者

論曰此下第十五於證道時遠離喜動依離障礙十二種中爲遠離自取故經言須菩提白佛言世尊云何菩薩發菩提心住修行等何故復發起此初時問也將入證道菩薩自見得勝處作是念我如是住如是修行如是降伏心我滅度衆生爲對治此故須菩提問當於彼時如所應住如所修行如所應降伏心及世尊答當生如是心等又經言須菩提若菩薩有衆生等者爲顯我執取或隨眠故若言我正行菩薩乘此爲我取對治彼故經言須菩提實無有法名爲菩薩發阿耨多羅三藐三菩提心者

經曰須菩提於意云何如來於然燈佛所有法得阿耨多羅三藐三菩提不須菩提白佛言不也世尊如我解佛所說義佛於然燈佛所無有法得阿耨多羅三藐三菩提佛言如是如是須菩提實無有法如來於然燈佛所得阿耨多羅三藐三菩提須菩提若有法如來得阿耨多羅三藐三菩提者然燈佛則不與我授記汝於來世當得作佛號釋迦牟尼以實無有法得阿耨多羅三藐三菩提是故然燈佛與我授記作如是言摩那婆汝於來世當得作佛號釋迦牟尼何以故須菩提言如來者即實眞如須菩提若有人言如來得阿耨多羅三藐三菩提者是人不實語須菩提實無有法佛得阿耨多羅三藐三菩提須菩提如來所得阿耨多羅三藐三菩提於是中不實不妄語是故如來說一切法皆是佛法須菩提所言一切法一切法者即非一切法是故名一切法

論曰此下第十六求故授依離障礙十二種中爲離無教授故經言須菩提於意云何如來於然燈佛所有法得阿耨多羅三藐三菩提不如是等又經言須菩提若有法如來得阿耨多羅三藐三菩提者然燈佛則不與我授記汝於來世當得作佛等此有何意若菩提法可說如彼然燈如來所說者我於彼時便得菩提然燈如來則不授記言我得等以彼法不可說故我於彼時不得菩提是故與我授記此是其義應知又何故彼法不可說經言須菩提言如來者即實眞如故如清淨故名爲如來以如不可說故作此說清淨如名爲眞如猶如眞金或言然燈如來所於法不得菩提世尊後時自得菩提爲離此取故經言須菩提若有人言如來得阿耨多羅三藐三菩提者是人不實語等故又經言須菩提如來所得阿耨多羅三藐三菩提於是中不實不妄語者顯示眞如無二故云何不實謂言說故不妄者謂彼菩提不無世間言說故經言是故如來說一切法皆是佛法者此何義顯一切法法如清淨故如者遍一切法故此是其義又彼一切法法體不成就爲安立第一義故經言須菩提所言一切法一切法者即非一切法是名一切法故

金剛般若波羅蜜經論卷中

音釋

睺胡鉤切

割居曷切斷也

金剛般若波羅蜜經論卷中（別本）

校勘記

一 底本，清藏本。

一 九三頁上一一行第三字「果」，磧、普、南無。

一 九三頁中六行末字「七」，資作「十」。

一 九五頁上一四行第一二字「侍」，磧作「待」。

一 九五頁中一〇行第一五字「如」，磧、普、南作「知」。

一 九六頁中九行第五字「壽」，資、磧作「受」。

一 九七頁上三行第一四字「相」，資、磧、普、南作「想」。

一 九七頁下一九行首字「千」，資作「十」。

一 九九頁中一六行第九字「故」，徑作「教」。

一 九九頁中一六行第一六字「二」，資作「一」。

金剛般若波羅蜜經論卷下　受七

無　著　菩　薩　造

隋南天竺三藏法師達摩笈多　譯

經曰須菩提譬如有人其身妙大須菩提言世尊如來說人身妙大則非大身是故如來說名大身佛言須菩提菩薩亦如是若作是言我當滅度無量衆生則非菩薩佛言須菩提於意云何頗有實法名爲菩薩不須菩提言不也世尊實無有法名爲菩薩是故佛說一切法無衆生無人無壽者

論曰此下第十七爲入證道故經言須菩提譬如有人其身妙大如是等顯示入證道時得智慧故離慢云何得智有二種智故一攝種性智二平等智若得智已得生如來家得決定紹佛種此爲攝種性智得此已能得妙身於中妙身者謂至得身成就身得畢竟轉依故大身者一切衆生身攝身故若於此家長夜願生既得生已便得彼身是名妙身平等智復有五種平等因緣一麤惡平等二法無我平等三斷相應平等四無希望心相應平等五一切菩薩證道平等得此等故得爲大身攝一切衆生大身故於彼身中安立非自非他故經言世尊如來說人身妙大則非大身是故如來說名大身等者於此妙身等中安立第一義如是等是爲得智慧云何離慢經言須菩提菩薩亦如是若作是言我當滅度無量衆生等此云何可知若作是念我滅度衆生我是菩薩應知此是慢者非實義菩薩爲顯示此故經言是故佛說一切法無衆生等若菩薩有衆生念則不得妙身大身故

經曰須菩提若菩薩作是言我莊嚴佛國土是不名菩薩何以故如來說莊嚴佛土莊嚴佛土者即非莊嚴是名莊嚴佛國土須菩提若菩薩通達無我無我法者如來說名眞是菩薩菩薩

論曰此下第十八上求佛地應知彼地復有六種具足攝轉依具足一國土淨具足二無上見智淨具足三福自在具足四身具足五語具足六心具足爲國土淨具足三摩鉢帝故經言須菩提若菩薩作是言我莊嚴佛國土是不名菩薩如是等此義爲於共見正行中轉故爲斷彼故安立第一義經言即非莊嚴是名莊嚴國土等又經言須菩提若菩薩通達無我無我法者此言爲二種無我故謂人無我法無我又經言如來說名菩薩菩薩者爲於彼二種無我中二種正覺故此等云何顯示若言我成就即爲人我取莊嚴國土者是法我取此非菩薩

經曰須菩提於意云何如來有肉眼不須菩提言如是世尊如來有肉眼佛言須菩提於意云何如來有天眼不須菩提言如是世尊如來有天眼佛言須菩提於意云何如來有慧眼不須菩提言如是世尊如來有慧眼佛言須菩提於意云何如來有法眼不須菩提言如是世尊如來有法眼佛言須菩提於意云何如來有佛眼不須菩提言如是世尊如來有佛眼佛言須菩提於意云何如恒河中所有沙佛說是沙不須菩提言如是世尊如來說是沙佛言須菩提於意云何如一恒河

中所有沙有如是等恒河是諸恒河所有沙數佛世界如是世界寧爲多不須菩提言彼世界甚多世尊佛告須菩提爾所世界中所有衆生若干種心住如來悉知何以故如來說諸心住皆爲非心住是名爲心住何以故須菩提過去心不可得現在心不可得未來心不可得

論曰此下第二爲無上見智淨具足故經言須菩提於意云何如來有肉眼不如是等於中二種一爲見淨二爲智淨如來不唯有慧眼爲令知見淨勝故顯示有五種眼若異此則唯求慧眼見淨故於中略說有四種眼謂色攝第一義諦攝世諦攝一切種一切應知攝色攝復有二種謂法界修果此爲五眼麤境界故是初色攝第一義智力故世智不顯倒轉是故第一義諦攝在先於中爲人說法若彼法爲彼人施設此智說名法眼一切應知中一切種無功用智說名佛眼此等名爲見淨如經須菩提於意云何如恒河中所有沙如是等此爲智淨於中心住者謂三世心若干種者應知有二種謂染及淨即是共欲心離欲心等世者說過去等分於此二中安立第一義故經言如來說諸心住皆爲非心住乃至過去心不可得等於中過去心不可得者已滅故未來者未有故現在者第一義故爲應知中證故安立見爲數彼彼衆生寂靜心故安立智於此智淨中說心住即非心住如是見淨中何故不說眼即非也以一住處故見智淨後安立第一義故初亦得成就

經曰須菩提於意云何若有人以滿三千大千世界七寶持用布施是善男子善女人以是因緣得福多不須菩提言如是世尊此人以是因緣得福甚多佛言如是如是須菩提彼善男子善女人人以是因緣得福德聚多須菩提若福德聚有實如來則不說福德聚福德聚

論曰此下第三爲福自在具足故經言須菩提於意云何若有人以滿三千大千世界等於中亦安立第一義故經言須菩提若福德聚有實等

經曰須菩提於意云何佛可以具足色身見不須菩提言不也世尊如來不應以色身見何以故如來說具足色身即非具足色身是故如來說名具足色身佛言須菩提於意云何如來可以具足諸相見不須菩提言不也世尊如來不應以具足諸相見何以故如來說諸相具足即非具足是故如來說名諸相具足

論曰此下第四爲身具足故於中復有二種一爲好具足二爲相具足爲好具足故經言須菩提於意云何佛可以具足色身見不如是等於中亦以安立第一義故經言如來說非具足等爲相身具足故經言須菩提於意云何如來可以具足諸相見不如是等

經曰佛言須菩提於意云何汝謂如來作是念我當有所說法耶須菩提莫作是念何以故若人言如來有所說法則爲謗佛不能解我所說故何以故須菩提如來說法說法者無法可說是名說法

論曰此下第五爲語具足故經言須菩提於

意云何汝謂如來作是念我當有所說法耶如是等於中安立第一義故經言如來說法說法者等

經曰爾時慧命須菩提白佛言世尊頗有衆生於未來世聞說是法生信心不佛言須菩提彼非衆生非不衆生何以故須菩提衆生衆生者如來說非衆生是名衆生

論曰此下第六心具足於心具足中復有六種一爲念處二爲正覺三爲施設大利法四爲攝取法身五爲不住生死涅槃六爲行住淨應知於心具足中爲念處故經言世尊頗有衆生於未來世聞說是法生信心不如是等此處於諸衆生中顯示如世尊念處故彼非衆生者第一義故非不衆生者世諦故是人即爲希有第一者顯示說第一義是不共及相應故此文如前說

經曰佛言須菩提於意云何如來得阿耨多羅三藐三菩提耶須菩提言不也世尊世尊無有少法如來得阿耨多羅三藐三菩提佛言如是如是須菩提我於阿耨多羅三藐三菩提乃至無有少法可得是名阿耨多羅三藐三菩提復次須菩提是法平等無有高下是名阿耨多羅三藐三菩提以無衆生無人無壽者得平等阿耨多羅三藐三菩提修一切善法得阿耨多羅三藐三菩提須菩提所言善法善法者如來說非善法是名善法

論曰此下第二於彼心具足中爲正覺故經言須菩提於意云何如來得阿耨多羅三藐三菩提耶如是等於中無有法者爲離有見過已顯示菩提及菩提道故彼復顯示菩提有二種因緣謂阿耨多羅語故三藐三佛陀語故於中經言無有少法如來得阿耨多羅者此爲阿耨多羅語故此顯示菩提自相故菩提解脫相故彼中無微塵許法有體是故亦不可得亦無所有應知經言復次須菩提是法平等者爲三藐三佛陀語故顯示菩提者人平等相於中平等者以菩提法故得知是佛此中經言無有高下者顯示一切諸佛第一義中壽命等無高下故經言以無衆生無人無壽者得平等阿耨多羅三藐三菩提者顯示菩提於生死法平等相故經言一切善法得阿耨多羅三藐三菩提者顯示菩提道故經言所言善法善法者如來說非善法是名善法等者此安立第一義相故

經曰須菩提三千大千世界中所有諸須彌山王如是等七寶聚有人持用布施若人以此般若波羅蜜經乃至四句偈等受持讀誦爲他人說於前福德百分不及一千分不及一百千萬分不及一歌羅分不及一數分不及一優波尼沙陀分不及一乃至筭數譬喻所不能及須菩提於意云何汝謂如來作是念我度衆生耶須菩提莫作是見何以故實無有衆生如來度者佛言須菩提若有實衆生如來度者如來則有我人衆生壽者相須菩提如來說有我者則非有我而毛道凡夫生者以爲有我須菩提毛道凡夫生者如來說名非生是故言毛道凡夫生

論曰此下第三於彼心具足中爲施設大利法故經言三千大千世界中所有諸須彌山王如是等於中爲安立第一義教授故經言

汝謂如來作是念我度衆生耶如是等又經言如來則有我人衆生壽者相等者此有何義如來如爾焰而知是故若有衆生如來則爲有我取若實無我而言有我取爲離此著故經言須菩提如來說有我者則非有我如是等是故但小兒凡夫有如是取故經言須菩提毛道凡夫生者如來說名非生是故言毛道凡夫生故

經曰須菩提於意云何可以相成就得見如來不須菩提言如我解如來所說義不以相成就得見如來佛言如是如是須菩提不以相成就得見如來佛言須菩提若以相成就觀如來者轉輪聖王應是如來是故非以相成就得見如來爾時世尊而說偈言

若以色見我　以音聲求我　是人行邪道
不能見如來　彼如來妙體　即法身諸佛
法體不可見　彼識不能知

須菩提於意云何如來可以相成就得阿耨多羅三藐三菩提耶須菩提莫作是念如來以相成就得阿耨多羅三藐三菩提

論曰此下第四於彼心具足中爲攝取法身故經言須菩提於意云何可以相成就得見如來不如是等於中初偈顯示如所不應見不可見故云何不可見諸見世諦故是人行邪靜者定名爲靜以得禪者說名寂靜說名寂靜者故又復禪名思惟修故於中思者意所攝修者識所攝言寂靜者即說覺及識此世諦所攝應知彼不能見者謂彼世諦行者第二偈顯示如彼不應見及不應因緣謂初分次分於中偈言以法應見佛者法者謂真如義也此何因緣偈言導師法爲身故以如爲緣故出生諸佛淨身此不可見但應見法故彼不應見復何因緣故不可見以彼法眞如相故非如言說而知唯自證知故不如言說者非見實不能知故爲顯示此義故偈言法體不可見彼識不能知故於此住處中得顯示以法身應見如來非以相具足故若爾如來雖不應以相具足見應相具足爲因得阿耨多羅三藐三菩提爲離此著故經言須菩提於意云何如來可以相成就得阿耨多羅三藐三菩提須菩提莫作是念等者此義明相具足體非菩提亦不以相具足爲因也以相是色自性故

經曰須菩提汝若作是念菩薩發阿耨多羅三藐三菩提心者說諸法斷滅相須菩提莫作是念菩薩發阿耨多羅三藐三菩提心說諸法斷滅相何以故菩薩發阿耨多羅三藐三菩提心者於法不說斷滅相須菩提若善男子善女人以滿恒河沙等世界七寶持用布施若有菩薩知一切法無我得無生法忍此功德勝前所得福德須菩提以諸菩薩不取福德故須菩提白佛言世尊菩薩不取福德佛言須菩提菩薩受福德不取福德是故菩薩取福德

論曰此下第五於彼心具足中爲不住生死涅槃故於中有二一爲不住涅槃二爲不住生死爲不住涅槃故須菩提汝若作是念菩薩發阿耨多羅三藐三菩提心者說諸法斷滅相如是等於中經言於法不說斷滅者謂如所住法而通達不斷一切生死影像法於

涅槃自在行利益衆生事此中爲遍一向寂靜故顯示不住涅槃若不住涅槃應受生死苦惱爲離此著顯示不住流轉故經言須菩提若善男子善女人以滿恒河沙等世界七寶持用布施如是等於中經言無我無生法忍者何義如來於有爲法得自在故無彼生死法我又非業煩惱力生故無生故名無我無生者此中云何得顯示如說攝取餘福尚於生死中不受苦惱何況菩薩於無我無生法中得忍已所生福德勝多於彼經言須菩提以諸菩薩不取福德者此顯示不住生死故若住生死即受福聚又經言須菩提白佛言世尊菩薩不取福德者此有何義以世尊於餘處說應受福聚故經言佛言須菩提菩薩受福德不取福德是故菩薩取福德者此顯示以方便應受而不應取故受者說有故取者修彼道故如福聚及果中皆不應許

經曰須菩提若有人言如來若去若來若住若坐若卧是人不解我所說義何以故如來者無所至去無所從來故名如來

論曰此下第六於心具足中爲行住淨於中復有三種一威儀行住二名色觀破自在行住三不染行住應知爲威儀行住故經言須菩提若有人言如來若去若來等於中行者謂去來住者謂餘威儀

經曰須菩提若善男子善女人以三千大千世界微塵復以爾許微塵世界碎爲微塵阿僧祇須菩提於意云何是微塵衆寧爲多不須菩提言彼微塵衆甚多世尊何以故若是微塵衆實有者佛則不說是微塵衆何以故佛說微塵衆則非微塵衆是故佛說微塵衆世界如來所說三千大千世界則非世界是故佛說三千大千世界何以故若世界實有者則是一合相如來說一合相則非一合相是故佛說一合相佛言須菩提一合相者則是不可說但凡夫之人貪著其事何以故須菩提若人如是言佛說我見人見衆生見壽者見須菩提於意云何是人所說爲正語不須菩提言不也世尊何以故世尊如來說我見人見衆生見壽者見即非我見人見衆生見壽者見是名我見人見衆生見壽者見須菩提菩薩發阿耨多羅三藐三菩提心者於一切法應如是知如是見如是信如是不住法相何以故須菩提所言法相法相者如來說即非法相是名法相

論曰此下第二爲破名色身自在行住故經言須菩提若善男子善女人以三千大千世界微塵如是等於中細末方便乃無所見方便等此破如前說應知經言彼微塵衆甚多世尊者是細末方便經言若是微塵衆實有者佛則不說是微塵衆等者是爲無所見方便此說有何義若微塵衆第一義是有者世尊則不說非聚經言佛說微塵衆則非微塵衆是故佛說微塵衆以此聚體不成故若異此者雖不說亦自知是聚何義須說經言如來所說三千大千世界等者此是無所見方便此破名身亦如前說應知於中世界者謂明衆生世故彼唯名身得名故經言若世界實有者則是一合相者於中爲並說若世界若微塵界故有二種摶取謂一摶取及差別

摶取衆生類衆生世界有者此爲一摶取微塵有者此爲差別摶取以取微塵衆集故經言如來說一合相則非一合相等者此上座須菩提安立第一義故世尊爲成就如是義故經說一合相者即是不可說等此何所顯示世言說故有彼摶取第一義故彼法不可說彼小兒凡夫如言說取非第一義已說無所見方便破義未說無所見中入相應三昧時不分別謂如所不分別及何人何法何方便云何不分別此後具說經言須菩提若人如是言佛說我見等以等顯示如所不分別云何得顯示如外道說我如來說爲我見故安置人無我又爲說有此我見故安置法無我若有彼我見是見所攝如是觀察菩薩入相應三昧時不復分別即此觀察爲入方便經言須菩提菩薩發阿耨多羅三藐三菩提心者此顯示無分別人經言於一切法者此顯示於何法不分別經言應如是知如是見如是信者此顯示增上心增上智故於無分別中知見勝解於中若智依止奢摩他故知依止毗鉢舍那故見此二依止三摩提故勝解以三摩提自在故解內攀緣影像彼名勝解經言如是不住法相者此正顯示無分別經言所言法相法相者如來說即非法相是名法相者此顯示法相中不共義及相應義如前已說如是一切住處中相應三摩提方便亦爾應知欲頗及攝散二種如前所說更無別義是故不復說其方便

經曰須菩提若有菩薩摩訶薩以滿無量阿僧祇世界七寶持用布施若有善男子善女人發菩薩心者於此般若波羅蜜經乃至四句偈等受持讀誦爲他人說其福德勝彼無量阿僧祇

云何爲人演說而不名說是名爲說

一切有爲法　如星翳燈幻　露泡夢電雲
應作如是觀

論曰此下第三爲不染行住於中二種一爲說法不染二爲流轉不染爲說法不染故經言須菩提若有菩薩摩訶薩以滿無量阿僧祇世界七寶如是等此何所顯示以有如是大利益故決定應演說如是演說而無所染經言云何爲人演說而不名說是名爲說者此有何義顯示不可言說故不演說彼法有可說體應如是演說若異此者則爲染說以顛倒義故又如是說時不求信敬等亦爲無染說法爲流轉無染故經說偈言一切有爲法如星翳燈幻等此偈顯示四種有爲相一自性相二著所住味相三隨順過失相四隨順出離相於中自性相者共相見識此相如星應如是見何以故無智闇中有彼光故有智明中無彼光故人法我見如翳應如是見何以故以取無義故識如燈應如是見何以故渴愛潤取緣故熾然於中著所住味相者味著顛倒境界故彼如幻應如是見何以故以顛倒見故於中隨順過失相者無常等隨順故彼露譬喻者顯示相體無有以隨順無常故彼泡譬喻者顯示隨順苦體以受如泡故若有受皆是苦以三苦故隨有應知彼苦生故是苦苦破滅故是壞苦不相離故是行苦復於第四禪及無色中立不苦不樂受以

勝故於中隨順出離相者隨順人法無我以攀緣故得出離故說無我以爲出離也隨順者謂過去等行以夢等譬喻顯示彼過去行以所念處故如夢現在者不久時住故如電未來者彼麤惡種子似虛空引心出故如雲如是知三世行轉生已則通達無我此顯示隨順出離相故

經曰佛說是經已長老須菩提及諸比丘比丘尼優婆塞優婆夷菩薩摩訶薩一切世間天人阿脩羅乾闥婆等聞佛所說皆大歡喜信受奉行

論曰偈言

若聞如是義　於大乘無覺　我念過於石
究竟無因故　下人於深法　不能覺及信
世人多如此　是故法荒廢

金剛般若波羅蜜經論卷下

金剛般若波羅蜜經論卷下（別本）

校勘記

一　底本，清藏本。

一　一〇一頁上二行第五字「造」，資作「論」。

一　一〇三頁上末行第二字「如」，磧、普作「是」。

一　一〇七頁上末行經名後，資有「阿僧佉菩薩造」；磧、普、南有「阿僧佉此云無著菩薩造論」。

能斷金剛般若波羅蜜多經論頌

無著菩薩造
三藏法師義淨奉 制譯

勝利益應知 於身并屬者 得未得不退
謂寂勝付囑 於心廣寂勝 至極無顛倒
利益意樂處 此乘功德滿 六度皆名施
由財无畏法 此中一二三 名修行不住
為自身報恩 果報皆不著 為離於不起
及離為餘行 攝伏在三輪 於相心除遣
後後諸疑惑 隨生皆悉除 若將為集造
妙相非勝相 三相遷異故 無此謂如來
因與果甚深 於彼惡時說 此非无利益
由三菩薩殊 由於先佛所 奉持於戒學
并植善根故 名具戒具德 能斷於我想
及以法想故 此名為具慧 二四殊成八
別體相續起 至壽盡而住 更求於餘趣
我想有四種 皆无故非有 有故不可說
是言說因故 法想有四種 由彼信解力
信故生實想 不如言取故 取為正說故
佛了果非比 由願智故知 為求利敬者
遮其自說故 證不住於法 為是隨順故
猶如捨其筏 是密意應知 化體非真佛
亦非說法者 說法非二取 所說離言詮
自受為他說 非無益集福 福不持菩提
彼二能持故 得自性因故 此餘者是生
唯是佛法故 能成寂勝福 不取自果故
非可取可說 解脫二障故 說妙生无諍
在然燈佛所 言不取證法 由斯證法成
非所取所說 智流唯識性 國土非所執
無形故勝故 非嚴許嚴性 譬如妙高山
於受用無取 非有漏性故 亦非是因造
為顯多差別 及以成殊勝 前後福不同
更陳其喻說 兩成尊重故 由等流殊勝
煩惱因性故 由劣亦勝故 彼果勝苦故
難逢勝事故 境岸非知故 於餘不共故
是甚深性故 勝餘略詮故 胄族高勝故
望福福殊勝 彼行堪忍時 雖苦行善故
彼德難量故 由斯名勝事 由无恚怒情
不名為苦性 有安樂大悲 行時非苦果
生心因不捨 是故應堅求 謂是得忍邊
及此心方便 應知正行者 是利生因故
於有情事相 應知遍除遣 彼事謂名聚
寂勝除其想 諸世尊无比 由真見相應
果不住因位 是得彼果因 世尊實語故
應知有四種 立要說下乘 及說大乘義

由諸授記事　皆無有差別　不得彼順故
是非實非妄　如言而執者　對彼故宣說
常時諸處有　於真性不獲　由無知有住
智无住得真　無智猶如闇　當開智若明
能對及所治　得失現前故　由如是正行
獲如是福量　於法正行者　業用今當說
於人有三種　受持聞廣說　義得由從地
及已聞思故　此謂熟內已　餘成他有情
由事時大性　望福福殊勝　非境性獨性
能依是大人　及難可得聞　無上因增長
若但持正法　所依處成器　獨除諸業障
速獲智通性　世妙事圓滿　異熟極尊貴
於此法修行　應知獲斯業　由自身行時
將已為菩薩　說名為心障　違於无住心
授後時記故　然燈行非勝　菩薩彼行同
非實由因造　無彼相為相　故顯非是妄
由法是佛法　皆非有為相　謂以法身佛
應知喻丈夫　无障圓具身　是遍滿性故
及德體大故　亦名為大身　非有身是有
說彼作非身　不了於法界　作度有情心
及清淨土田　此名為誑妄　於菩薩衆生
諸法無自性　若解雖非聖　名聖慧應知
雖不見諸法　此非无有眼　佛能具五種

由境虛妄故　種種心流轉　離於念處故
彼无持常轉　故說為虛妄　應知是智持
福乃非虛妄　顯此福因故　重陳其喻言
謂於真法身　無隨好圓滿　亦非是具相
非身性應知　於法身无別　非如来無二
重言其具相　由二體皆无　如佛說亦無
說二是所執　由不離法界　說亦无自性
能說所說雖甚深　然亦非無敬信者
由非衆生非非生　非聖聖性相應故
少法无有故　無上覺應知　由法界不增
清淨平等性　及方便无上　由漏性非法
是故非善法　由此名為善　說法雖無記
非不得應知　由斷一法寶　勝彼寶无量
於諸算勢類　因亦有差殊　尋思於世間
喻所不能及　法界平等故　佛不度衆生
於諸名共聚　不在法界外　若起於法執
與我執過同　定執脫有情　是无執妄執
不應以色體　唯如來法身　勿彼轉輪王
與如来齊等　即具相果報　圓滿福不許
能招於法身　由方便異性　唯見色聞聲
是人不知佛　此真如法身　非是識境界
其福不失亡　果報不斷絕　得忍亦不斷
以獲無垢故　更論於福因　為此陳其喻

彼福无報故　正取非越取　彼福招化果
作利有情事　彼事由任運　成佛現諸方
去来等是化　正覺常不動　彼於法界處
非一異應知　微塵將作墨　喻顯於法界
此論造墨事　為障煩惱盡　非聚非集性
顯是非一性　於彼總集性　明其非異性
不了但俗言　諸凡愚妄執　斷我法二種
非證覺无故　是故見無見　无境虛妄執
由此是細障　如是知故斷　由得二種智
及定彼方除　陳福明化身　非无無盡福
諸佛說法時　不言身是化　由不自言故
是其真實說　如来涅槃證　非造亦不殊
此集造有九　以正智觀故　見相及與識
居處身受用　過去并現存　未至詳觀察
由觀察相故　受用及遷流　於有為事中
獲无垢自在

能斷金剛般若波羅蜜多經論頌

能断金剛般若波羅蜜多經論頌

校勘記

一　底本，金藏廣勝寺本。

一　一〇八頁中一行「論頌」，石、麗作「論頌一卷」；磧、普、南作「論」。

一　一〇八頁中三行「三藏」，諸本作「唐三藏」。

一　一〇八頁中二〇行第五字「比」，資、磧、普、南作「彼」。

一　一〇八頁下五行第五字「説」，磧、普、南作「取」。

一　一〇八頁下一三行第二字「逢」，諸本作「逄」。

一　一〇九頁上一行第一〇字「別」，石、資、磧、普、南、徑、清作「舛」。

一　一〇九頁上四行第一二字「閑」，資、磧、普、南、徑、清作「闇」。

一　一〇九頁上七行末字「地」，石、徑、清、麗作「他」。

一　一〇九頁上一四行第一一字「遣」，諸本作「違」。

一　一〇九頁上一五行第一二字「薩」，徑、清作「提」。

一　一〇九頁中一九行末字「許」，資、磧、普、南、徑、清作「計」。

一　一〇九頁下五行第七字「障」，石、麗作「彰」。

一　一〇九頁下末行經名，石作「能断金剛般若論頌一卷」。

能断金剛般若波羅蜜多經論釋卷上　聲

無著菩薩造頌　世親菩薩釋
三藏法師義淨奉　制譯

此經文句義次第　世無明慧不能解
稽首於此教我等　无邊功德所生身
具如斯德應礼敬　彼之足跡頂戴持
覺轅難駕彼能乘　要心普利諸含識

經云能以最勝利益者此據成熟菩薩能以最勝付囑者此據未成熟菩薩云何於諸菩薩最勝利益復何者是最勝付囑為荅此問頌曰

勝利益應知　於身并屬者　得未得不退
謂最勝付囑

謂於菩薩身中為其利益亦能令彼菩薩益其所有相屬伴類名最勝利益於彼身中令其佛法成熟攝聚故即是利益彼身亦令化餘有情所有堪能皆成就故是於屬者能為利益如是應知於得未得所有功德能為彼作不退之因由於善友而親委寄是名以勝付囑而相付囑此中得而不退者欲令不捨大乘未得不退者令於大乘更趣殊勝諸有發趣菩薩乘者應云何住為荅此問頌曰

於心廣最勝　至極無顛倒　利益意樂處
此乘功德滿

此明何義若菩薩作此四種利益意樂如是發心住於大乘具此意樂方可名為功德圓滿云何為四利益意樂一廣大二最勝三至極四无顛倒經云諸有發趣菩薩乘者當生如是心廣說乃至如是一切此明廣大利益意樂我皆令入無餘涅槃而滅度之者此明最勝利益意樂雖度如是無量衆生乃至不名菩薩此明至極利益意樂此何意耶欲明所有一切衆生悉皆攝同菩薩已身由斯但是寂滅已身無別有情也若作別有衆生不為已想者此即不名菩薩若攝為已體即是至極不捨是故名為至極意樂若菩薩有我想衆生想壽者想更求趣想者則不名菩薩此明无顛倒利益意樂此即由依有身見故我等想生為令正斷是不顛倒次下當顯諸有發趣菩薩乘者應如是修

行經云菩薩不住於事應行布施如是廣說此中何意以一施聲而摠収盡六到彼岸耶荅曰

六度皆名施　由財無畏法　此中一二三
名修行不住

為明此六咸有施相此之施性由財無畏法財施由一謂是初施无畏由二謂是戒忍於無怨讎(戒也)及怨讎處(忍也)不為怖懼故法施由三謂是勤等由其亡倦(勤也)了彼情已(定也)宣如實法(慧也)此是大菩薩滲行之處即是以一施聲収盡六度經云菩薩不住於事應行布施如是等者此中何謂不住性耶頌曰

為自身報恩　果報皆不著

言不住於事者此顯不著自身不住隨處應行布施者此顯不著報恩於利養恭敬等求恩望益之處事有多途故云不應隨處生著而行布施不住於色等者謂不著果報問何須如是行不住施耶頌曰

為離於不起　及離為餘行

由顧自身不行其施為欲離其不起

心故莫著自身速應行施由望恩心及怖果故遂捨正覺菩提果性為於餘事而行惠施是故當捨求餘行施次下當說攝伏心其事云何

攝伏在三輪　於相心除遣　後後諸疑惑
隨生皆悉除

經云菩薩如是應行布施乃至相想亦不應著者此顯所捨之物及所施衆生并能施者於此三處除著想心次明布施利益或有難云既於施等離其相狀如何當獲福德利益為荅此故說生福甚多問何故宣說於修行後不彰福利於攝伏下方始言之荅為顯若人不著相想方能行彼不著施也從此已後所有經文皆為除遣後後疑惑於此便有如是疑生問若不著於法而行施者如何為求正覺勝果行惠施耶為荅此疑經云於汝意云何可以勝相觀如來不如是廣說頌曰

若將為集造　妙相非勝相　三相遷異故
無此謂如來

若謂如来是由施等因緣所造於有

為相中得最勝性者便見如來有其勝相若望如来真如之性即无此勝相是故不應以勝妙相觀於如来由彼法身是非集造之所顯故次云何以故如来說彼勝相三相遷異故由此勝相即非勝相此中意說三相之體是遷流故妙生所有勝相皆是虛妄是故應以勝相非相觀於如来此意欲用從因生法是虛假故无此謂如来由彼全無三種相故由離此相即以无相為相若於是處無生住滅變異之性可了知者此顯如来不是有為造作之性因緣所成如是明解如来性已雖為佛果而行布施非著法施即是除去疑情次下妙生重生疑念若由如是行无住施者即因極甚深復說如来是無為性即是果極甚深如何末代得有信者令彼果報不虛弃耶為斷此疑頌曰

因與果甚深　於彼惡時說　此非無利益
由三菩薩殊

謂於末代而有菩薩具戒具德具慧由此說決果利不虛頌曰

由於先佛所奉持於戒學　非植善根故
名具戒具德
經云然彼菩薩非於一佛而行恭事非於一佛植諸善根此顯於先佛所為持戒故而行恭敬承事及為種諸善根如其次第即是具戒具德次明具慧人頌曰
能斷於我想　及以法想故　此名為具慧
二四殊成八
此明我想有四法想亦四故成八想頌曰
別體相續起　至壽盡而住　更求於餘趣
我想有四種
我想四者謂是我想有情想壽者想更求趣想四種不同此於別別五蘊有情自生斷割為我想故見相續起作有情想（性續是相續義）乃至壽存作壽者想命根既謝轉求後有作更求趣想
法想四者頌曰
皆無故非有　有故不可說　是言說因故
法想有四種
法想四者一法想二無法想三想四無想此謂能取所取諸法皆无故法想不生即無法想彼之非有法无自性空性有故非無法想即彼非有有非有性非言所詮故非是想是言說因故非是无想由想力故雖非言顯而以言說故有八義不同由我及法八想斷故名具慧人何意此義但於具慧而說非具戒具德者何答為顯實想有差異故何者是頌曰

由彼信解力　信故生實想　不如言取故
取為正說故
由此義故說彼之後而云是人乃能斷此經典生一信心由具慧者不如言而取及由隨順勝義智故取為正說故名為實想為斯理故說彼之後便云不應取為法不應取為非法不應如言所說將以為法亦復不即執為非法由此是能隨順勝義智取為正說故即是經云聞說是經生實信不經云妙生如來悉已知見是人等若為顯何義頌曰
佛了果非比　由願智故知
彼具戒等入所有果報佛非比知然由願智現量而了若不言見或謂比知若不言知恐是肉眼等見是故知見並言何故世尊作如是語頌曰

為求利敬者　遮其自說故
彼具戒等為求利養恭敬自說已德便生念曰如来既遥鑒我為此无宜自說
經云妙生彼諸有情當生當攝无量福聚者此目何義謂是令其福聚當生又是彼福當能相續熏習不斷言有我執等者意說有隨眠性非有現行執
經云是故如來密意宣說筏喻法門諸有智者法尚應捨何况非法此中有何密意頌曰
證不住於法　為是隨順故　猶如捨其筏
是密意應知
謂於經等法非增上證所住處故即得證巳應捨彼法如到彼岸捨弃其筏於增上證是隨順故應須取如未達岸必憑其筏是名密意一筏之上有其取捨故名為密若是自餘非順證法理須捨故次後更為除疑何者是上文云不應以勝相觀於如来

彼從無為所顯性故若如是者復如何說釋迦牟尼如來證於無上正等菩提乃能宣揚所有法教由斯道理彼非正覺亦不說法荅此難故頌曰

化體非真佛　亦非說法者

由有三佛一法身佛二受用身佛三化身佛言釋迦牟尼佛者即是化身此乃元非正覺亦不說法度生文云何以故佛所說法等者為遮撥一切說法之事故云化體非真佛亦非說法者然非撥无頌曰

說法非二取　所說離言詮

如是二種謂法性非法性非耳能聽非言能說是故應知非法非非法此據真如道理而說彼非是法謂是法无為其性故復非非法由彼无自性體是有故何故但言所說之法不言能證之人荅但言所說能證義顯由非不覺得有所說

經云以諸聖者皆從無為之所顯故者為明說此法因由諸聖人並從真如清淨之法所顯現故名无為所顯是故彼還說無為法凡所有事言不

能宣者此即豈能取也彼之自性非是言說所行處故明此即是非言說性何故此中無有簡別揔說聖者不唯言佛荅為明聖人皆從真如清淨所顯由有全淨一分淨故隨其所應故无有過又說福差殊欲何所顯荅法雖實是不可取性及不可說然而有益頌曰

自受為他說　非無益集福

何故經云世尊此福聚者則非是聚是故如來說為福聚福聚頌曰

福不持菩提　彼二能持故

言福於菩提不能持負故二於菩提是能持故頌意如是何謂為二謂自受為他說經云既自受已於他演說未了此言將述何義由其聚聲（梵云塞建陀有其名義或是聚義或是肩義或是分段義諸假此方譯之為聚但得積聚遂無餘義此中上據二種此為昔人不解梵言又譯蘊為肩成遂甚又復須知此聚義有義解時獨難也）有二種義一是聚積義二是肩荷義猶如在肩能持於擔為此名肩荷為聚由斯理故彼福積聚說為福聚由其不能持荷菩提說為非聚即非肩義是積聚義此二是菩提因福乃甚多問何故此二能持菩提為顯斯義故經云何以故妙生由諸如來無上菩提從此經出等何故菩提言出諸佛言生頌曰

得自性因故　此餘者是生

言菩提者即是法身此是无為性故名為自性是故此二是得彼之因非是生因者望此餘受用化身是生因故由此親能持菩提故生福甚多為顯此義經云何以故等何故此是能成立因頌曰

唯是佛法故　能成冣勝福

言如來說為非佛法者此顯所覺之法唯佛能證由不共性是故冣勝此是冣勝福因性故招福極多意明此是能成勝福之親因上經云聖人皆是非集造之所顯示為此諸聖於彼證法不可取不可說者諸預流等聖人並悉取其自果如何此成非所取性於其所取而宣說者非不可說性為遣疑故生起後文即彰非所取所證理善成就頌曰

不取自果故　非可取可說

由是無為所顯性故彼於六境無有少法可得既無可預名為預流乃至阿羅漢亦无有法理皆同此無為之法體無可取為此聖人於自果不取不說若聖人作如是念我得果者即是有其我等執者意說有隨眠惑非是現行由非彼證現觀之時有我等執而云我得何意妙生自說得阿羅漢為令一分有情知已親證故又復自說得无諍住者為顯身與勝德相應為欲令他生勝敬信故為何意趣而云妙生都无所住而說我得無諍住得无諍住頌曰

解脫二障故　說妙生無諍

障有二種一是煩惱障二是定障於斯脫故不住二障為此再言此言二無諍性即是諍之非有

次復起疑言世尊昔於然燈佛所有法可取彼亦為他說其法要以此而言如何得成無取无說為荅斯難故云實無有法是如来所取此有何意頌曰

在然燈佛所　言不取證法

此言世尊在然燈佛所亦不以言取其證法頌曰

由斯證法成　非所取所說

若言諸聖皆是無為所顯彼法不是所取　亦非所說者如何諸菩薩取嚴勝佛國土耶又受用身如何自已取為法王世間於彼將為法王為遣疑故方生下文此中意者頌曰

智流唯識性　國土非所執

由彼實無佛土嚴勝是可取事喻從諸佛淨智所流唯識所現此即不能有所執取若言實有形質是可取性我當成就國土嚴勝者斯誠妄語如来說彼不是嚴勝由此說為國土嚴勝此有何意頌曰

無形故勝故　非嚴許嚴性

言莊嚴者此有二義一是形相二是勝相此㝡勝者是第一義此由无形質故佛土莊嚴非是莊嚴以彼不是真莊嚴故是故說此以為㝡勝勝法集此故名㝡勝若執有佛土形勝莊嚴云我當成就彼即便於色等境界有住著心為遮此見故有不住文生

所云受用身佛如何自已取為法王他亦尒者為荅此難故將受用身同妙高山此文欲顯何義頌曰

譬如妙高山　於受用無取

如妙高山王獲得勝大尊主性故名為妙高而不自取為山王性以山无分別性故受用身佛亦復如是具法王性由獲勝大尊主性故名為勝大而不自取其法王性我是法王以无分別故如何得是無分別耶為顯斯義文云如来說為非身由彼非有說名有身此有何意頌曰

非有漏性故　亦非是因造

然受用身非有漏性故由此非有說為有身皎然純淨自體有故亦非是因造由此有身非是仗也因緣生故何故於先顯福德性已說其喻今何更說頌曰

為顯多差別　及以成殊勝　前後福不同
更陳其喻說

前明三千世界喻顯福多今說无數三千彰其更廣何故於前不言斯喻為受化者所樂不同先少後多意在

於此前福差別不明成立之因為於菩提無有荷持之用今欲顯其能立因相更將別喻隨事而言

能斷金剛般若波羅蜜多經論釋卷上

能断金剛般若波羅蜜多經論釋卷上

校勘記

一　底本，金藏廣勝寺本。一一一頁中及次頁上、中共三版，原版殘缺，以麗藏本補。

一　一一一頁中一行經名「卷上」，清作「上、中同卷」。

一　一一一頁中二行末字「釋」，磧、普、南、徑、清作「論釋」，以下各卷同。

一　一一一頁中三行「三藏」，磧、普作「大唐三藏」；資、南、徑、清作「唐三藏」，以下各卷同。

一　一一一頁中一六行第一三字「聚」，資、磧、普、南、徑、清作「衆」。

一　一一二頁上一〇行「亡倦」，資、磧、普、南、徑、清作「忘倦」。

一　一一二頁中四行「云何」，資、磧、普、南、徑、清作「云何頌曰」。

一　一一二頁中一三行「不彰」，資、磧、普、南、徑、清作「不障」。

一　一一二頁下九行「欲用」，石作「欲明」。

一　一一二頁下一六行第七字「行」，資、磧、普、南、徑、清無。

一　一一二頁下二一行末字「殊」，磧作「珠」。

一　一一三頁上一八行第三字「根」，石、資、磧、普、南、徑、清作「想」。

一　一一三頁中一六行第四字「所」，資、磧、普、南、徑、清作「不」。

一　一一三頁下五行末字「宜」，資、磧、普、南、徑、清作「疑」。

一　一一三頁下八行第五字「目」，磧、普、南、徑、清作「自」。

一　一一四頁中一七行夾註右「其多」，資、磧、普、南、徑、清作「甚多」。

一　一一四頁中一八行夾註右第八字「二」，清作「一」。

一　一一四頁下八行末字「因」，資、磧、普、南、徑、清作「以」。

一　一一五頁下一四行第一三字「有」，資、磧、普、南、徑、清作「有身」。

一　一一五頁下一五行第六字「純」，資、磧、普、南、徑、清作「緻」。

能斷金剛般若波羅蜜多經論釋卷中

無著菩薩造頌　世親菩薩釋

三藏法師義淨奉　詔譯

何謂能立因相

兩成尊重故　由等流殊勝　煩惱因性故
由劣亦勝故

言兩成尊重者由所託處成制底塔故謂是說法之地其所依身成如大師尊重性故即是持經之人施寶之地及能施者無如是事故次下經文顯此法門乃是諸佛親所證會等流之性頗曾有法是如来說不者此明何意言無有法是如来獨說皆是諸佛共宣楊故

又此施珎寶福是苦惱事生起之因法門功德乃是煩惑斷除之要優劣懸隔是故下文將地塵為喻如来說作非塵由此說為地塵所言世界如来說為非界由此說為世界者此有何意言此地塵不是染等性塵是故名作地塵又彼世界非是煩惱之因名界為此說為世界界是因義即是

世之因也斯言意顯彼福乃是煩惑塵坌之因由其外塵雖是無記彼福縱善方之極卑況並成佛福因而不更為微劣又彼能成大丈夫相所有福業媿此成善提因持說法門之福亦為是劣由彼衆相非是正覺之體性故為此名為大丈夫相是彼標相故由持說福能得大覺性為此名劣亦勝過施寶之福況法身因而不越是故劣亦勝也即是寶福極卑為能成立因此既成立施寶之福與此福因有老別已次下諸文更復成立

欲何所明頌曰

彼果勝苦故　難逢勝事故　境岸非知故
於餘不共故　是甚深性故　勝餘略詮故
肖旋高勝故　望福福殊勝

此述何義答施寶之福獲得自身所受用果彼身是勝以能捨彼无邊之身此福勝前由彼自身是苦性故何況為彼而行其施

介時具壽妙生了彼自身是苦事故由法勢力遂便墮淚此之法門復是難逢妙生自從生智巳来亦未曾聞

復是勝事此言欲顯般若之名此下意欲成立是勝妙事即經云如來說為般若波羅蜜多者彼即非波羅蜜多為何意趣作如是說荅境岸非知故由其所知境岸除佛於餘无能知者復是於餘不共故此之法門所有實想即實想者除佛教巳餘處无故言實想者唯此處有言非實者是於餘不生義是故文云若能生如是想者彼當成就第一希有又此法門亦是甚深由於此經或少受或遍持於我等想不復生起於我等想不生故者明於所取義無有顛倒於我等想即是非想者明於能取無有顛倒此二如其次第明我法二无性智佛於此義隨印妙生所說之事言不驚不怖不畏者此三皆名為懼即是驚懼怖懼畏懼然隨事不同故有三別言驚者謂於非處生懼（若正譯梵音應云越怖今言驚等者此為不能發舊若准論釋驚義未甚相當下二准此應可思之也）違越正理如越正道可猒惡故言怖者（應云纔怖）相續生懼怖既生巳不能除斷故言畏者（應云定怖）生决定心一向畏懼此

等若無便成心離惶惑（若不見本音本意於文即未開釋翻為此注出今音斯乃可亡疑且依家釋別義并此論）又此法門勝餘略詮故者由經說此是最勝波羅蜜多如來所說（經是略詮）又此法門殊胄高勝故言勝殊者謂由諸佛所共說故然彼寶施无有如斯衆德圓備即是成立此福望前福聚昇沉理別也所云於身是其苦性彼施即是苦果性故其福畢劣者然此法門若有持說彼之大士行諸苦行此亦豈非是招苦報如何不是得苦果耶為除此難故有下文欲顯何義頌曰

彼行堪忍時　雖苦行善故　彼德難量故

由斯名勝事　由無恚怒情　不名為苦性

有安樂大悲　行時非苦果

此述何義答縱令彼人行苦行時有苦惱果然於彼時由有堪忍性故此名勝事有其二因一是善性故由諸波羅蜜多皆以善為體性故二是彼德難量故如經云此即是其非波羅蜜多由彼德岸曾無知者為此名為不知其岸由與勝法相應故即此難行之苦望前苦惱自有殊別何况我

想瞋想恚皆无故必無其苦非但無苦更生悲樂如經云我無是想亦非无想言非無想者此顯有想與悲心相應准斯語理若諸有情於我想等不除遣者苦行之時見有苦惱即便欲捨菩提之心是故應離諸想乃至廣說此何所顯若人不發勝菩提心便有如斯過失生瞋恨心頌曰

生心因不捨　是故應堅求

問於何處心是此心生因而遣堅固動求復於何處是不捨菩提心因令進求也頌曰

謂是得忍邊　及此心方便

此謂入初地勝義之心得忍邊際行無住心即是文云應離諸想發起无上正等覺心何以故者此謂顯其無住者心生起之因若於色等處有住著心若此必不能進求佛果故諸菩薩應無所住而行布施者文意欲明施攝六到彼岸即是生起无住著心方便謂得忍巳雖復遭苦而不弃捨大菩提心問如何起行為利有情復遣不住利有情事此則取捨同問疑

情遂發荅曰菩薩如是應行布施為利諸衆生等此顯何意頌曰

應知正行者　是利生因故　於有情事相
應知遍除遣

此述何義言此正行者是利益衆生因應知即是利益有情而不取有情所有相貌何謂有情相貌事耶頌曰

彼事謂名聚

彼衆生者即是名字施設喚為衆生及所依事何者是其正行謂於衆生事相皆除遣故由彼名字想者即是非想以彼自體本非有故即彼衆生不是衆生謂於五蘊名為衆生由彼衆生自體無故此我法无性何以故由佛世尊並除諸想此明我法二想皆無如何能成最勝妙事頌曰

最勝除其想　諸世尊无此　由真見相應

此述何義由非彼二是實有性而諸大師強除彼想然諸如來與真見相應故果不住因位如何得見彼果之因既有此疑荅如經云妙生如來是實語者有其四句頌曰

果不住因位　是得彼果因　世尊實語故
應知有四種

此實語性有其四種何謂為四頌曰

立要說下乘　及說大乘義　由諸授記事
皆无有差殊

由佛自立要期尢求佛果无有妄謬於下劣乘及以大乘并諸授記並無謬故於此隨其次第實語如語不誑語不異語而相配屬言如來者由於聲聞乘說若等四諦是實不虛於其大乘說法無性所顯真如稱實知故來是知義於一切時過去未來現在所有授記如其事故皆無妄謬故曰如來經云如來所證法及所說法此即非實非妄者此有何意荅曰

不得彼順故　是非實非妄　如言而執者
對彼故宣說

言諸如來所有說法此說不得彼故而是隨順於彼由彼說法不能親獲內證法故於其言下無有體故故非是實由順彼故故非是妄言我現證無上覺者此據文句道理而有此說問何故世尊自立要言我是真實語者而所說法非實非虛一說兩兼理成難信由此荅云如言而執者對彼故宣說言諸聖人是無為所顯者然真如性常時遍有如何佛果以无住心方能證得非有住心又復如何常時遍有實體真如或有得者或不得者為除此疑說入闇喻此明何義頌曰

常時諸處有　於真性不獲　由無知有住
智無住得真

此中意道真如之性雖是常時遍有由其无智有住心故即不能得是不清淨義由其有智無住心故即便得見是清淨義然佛世尊是真如所顯由斯理故以有住心不能證得由此頌曰

無智由如闇　當闇智若明　能對及所治
得失現前故

猶如闇者是與闇相似義由斯以闇比其無識以其日光辟同有智有眼如文具述故云能對及所治得失現前故隨其所應由其有眼者顯得能對夜分曉已顯破所治冥闇謝故曰明既出者顯能對現前日光既照見衆色像次後之文欲說何事頌曰

由如是正行　獲如是福量　於法正行者
業用今當說
由如是正行者此明文正行頌曰
於文有三種　受持讀演說
文有三者一受持二讀誦三演說言
受持者謂持法人讀誦者依多聞說
雖不能持由能讀故亦多聞攝義王
行者謂是周遍得其義故頌曰
義得由從他　及已聞思故
義之得因從他及已何謂從他云何
由已為聞思故如其次第從他及已
而得者攝遍得義此謂文義正行
頌曰
此謂熟内已　餘成他有情　由事時大性
望福望殊勝
此受持等但為成熟内已餘成他有
情即是於他廣為正說獲如是福量
者顯其福量差別由事時大性望福
福殊勝此捨身福望前捨身福由事
大故有其差別及由時大由一日中
尚以極多自身而行布施復經多時
於法正行者業用今當說何謂彼行
業用耶頌曰

非境性獨性　能依是大人　及難可得聞
無上因增長　若但持正法　所依處成器
蠲除諸業障　速獲智通性　世妙事圓滿
異熟極尊貴　於此法修行　應知獲斯業
經云不可思者此顯不是凡情比度
所行境界言不可稱者此顯獨性所
獲之福於聲聞等是不共性故言為
益發趣極上最勝乘有情故說者顯
此法門是大人所依大乘教名極上
乘大乘行名最勝乘樂下劣者不欲
聞故此顯難聞性聽者難得故由能
成就不可思量等福聚故此顯增長
無上之因福種增長故此中文云不
可思不可稱者謂以非量非度如次
應知當知是人則為以肩荷負等者
此即顯其能持法者由彼持法即是
持菩提也所在之處香花供養者此
顯所依之處成勝妙器由被輕辱故
所有應生惡趣之業皆當消盡故此
顯淨除業障言此為善事者謂遭輕
辱時顯被辱之人有福德性故言此
為善事（自古翻譯皆無此語由梵本中字隱密故）於然燈佛
先供事諸佛所得之福比於末代於

此法門能受持等獲多福故此顯得
成智通性多福資粮悉圓滿故乃至
當知是經不可思議此顯果報不可
思也即是世妙事圓滿果報極尊貴
謂於護世帝釋婆羅門等所有圓滿
皆當攝取言狂乱者應知此是狂心
因言不可思果報者此之多性勝性
二種皆非凡情所測斯謂於法正行
便能安住如是衆德是故名此為正
行業果報功用又復如前三種問荅
此中重問義有何殊荅曰
由自身行時　將已為菩薩　說名為心障
違於无住心
妙生實無有法可名菩薩者若无菩
薩云何如来於然燈佛所行菩薩行
耶荅此疑曰實無有法如来於然燈
佛所如是等此顯何義頌曰
授後時記故　然燈行非勝　菩提彼行同
非實由因造
此中意言我昔於然燈佛所非是勝
上行菩薩行而我昔行時實无有法
可於彼邊證得正覺若證覺者即不
記我後時成佛此中意者言彼行時

自云我當成佛若言菩提非有者佛言是無即惣撥无佛為除此難文云妙生言如来者即是實性真如異名謂無顛倒義名為實性无改變義是曰真如妙生若有說云如来證得无上正等覺者是為妄語者此顯何義荅曰菩提彼行同非實由因造由昔菩薩修行之時實无可行諸佛亦介無法可證正等菩提此還撥實无無上正等菩提荅斯難曰妙生如来所有正覺之法此即非實非妄者此有何意然真如理是佛所證彼即非實由從因生諸有為相是聚相義彼即無其色等相故頌曰

无彼相為相　故顯非是妄　由法是佛法
皆非有為相

謂此無彼色聲等相色等相無是其自相由此故云無彼相為相故顯非是妄是故如来說一切法即是佛法此顯何義由如来證此法故由法是佛法皆非有為相者此顯以无為體此何所陳由一切法以真如為自性此乃但是佛所覺悟是故一切法名

為佛法由此色等不能持其自體相故所有彼諸色聲等法皆不是法由不是法是故此成其法即是畢竟能持非有之相丈夫之喻何所顯耶頌曰

謂以法身佛　應知喻丈夫　無障圓具身
是遍滿性故　及得體大故　亦名為大身
非有身是有　說彼作非身

煩惱所知二障無故名圓具身言遍滿者是遍行義遍諸處故名為具身及得體大故亦名為大身此遍行者應知即是真如之性在諸法中无有異性故云非有身是有說彼作非身如来說為非身由此名為具身大身者斯何所陳以非有為身故名彼為非身即真如性故由其无身故是故名此為具身大身若言無有菩薩者正覺亦無所覺亦無亦无衆生令入涅槃亦不嚴淨諸佛國土有何所為諸菩薩等令諸衆生入於圓寂又復作意淨佛土耶為荅斯難故有下文此顯何義頌曰

不了於法界　作度有情心　及清淨土田
此名為誑妄

若言此心是其誑妄為此不名菩薩者若介由何得名荅妙生若有信解一切法無性一切法無性者如是等此文欲顯何義荅曰

於菩薩衆生　諸法无自性　若解雖非聖
名聖慧應知

此明何義言法無性法无性者此據衆生及菩薩所有之法於彼若能信解或世出世謂是異生及聖皆名菩薩由此便成決定許有覆俗勝義二種菩薩此即顯其順彼再說菩薩菩薩經文前云如来是無得所顯者義成明白若如是者豈彼聖人全無所見為荅斯難許有五眼為顯其義頌曰

雖不見諸法　此非無有眼　佛能具五種
由境虛妄故

此乃如何不是妄耶為荅此難先為喻已彼諸衆生種種性其心流轉我悉知之如是廣說此顯何義言彼非是妄見由境虛妄故何者是虛妄境謂種種妄識頌曰

種種心流轉　離於念處故　彼无持常轉
故說為虛妄

即是種種識有六識殊故復是其妄何因名識為心流轉經云如来說為無陁羅者此顯離於念處性故由彼念處是此持處彼若无者即是無持陁羅南阿羅痾陁羅此之三名共自二義皆得名持亦有流注義由無持故心即流散言無持者為顯常轉之緣既無持故顯其常轉是虛妄性問何故本經初留梵語陁羅不譯為漢字者有何意趣答梵本三處皆是陁羅而義有差別令時譯者若也全為梵字即響滯於東土如其梵作唐音頓理乘於西域是故初題梵字可謂義詮流轉所由於內道持便是正述執持之事作斯譯者方釋頌本无著菩薩之意符釋者世親菩薩之情如其不作斯傳定貽傷手之患若愬譯為流持理便成不現咸為持字流義因乃全無作此變兼方為恒當若譯為流於理亦得然合多義不及陁羅一處既介餘皆類知諸在梵本者咸有異意此般若已經四譯五譯尋者當須善觀不是好異重譯意存斷理西國聲明自有一名目多事一事有多名為此陁羅一言遂含眾義有流有持理應體方俗之殊致不得持昔而膠柱若勘舊譯全成濫无暇言其咸否何以故者由有過去等心不可得言故所云過去未来心者由是過去未来性故是不可得其現在者即是遍計所執自性非有故此顯流轉之心是妄識性所緣无有三世性故復有何意說福聚喻耶荅曰

應知是智持　福乃非虛妄　顯此福因故

重陳其喻說

此述何義心既流轉是誑妄性故所有福聚亦並成虛此既是妄何成於善既有深疑理須明决荅流轉之心可是其妄所言福聚體不是虛由是正覺智之持故如何顯此是其持性如云妙生若此福聚者如来即不說為福聚此何意趣由五取蘊體是虛妄若此福聚是取蘊者如来即不說此福聚為福聚性是不說為智之持處義若言如来是非集造所顯如何如来說有諸好及衆相耶為除此難故云不應色身圓滿及相具足觀於如来言色身者是隨好義故

能斷金剛般若波羅蜜多經論釋卷中

能断金剛般若波羅蜜多經論釋卷中

校勘記

一　底本，金藏廣勝寺本。

一　一一七頁中七行第一一字「成」，徑作「或」。

一　一一八頁上八行第五字「唯」，徑作「住」。

一　一一八頁下一一行首字「動」，諸本作「勤」。

一　一一八頁下二一行第五字「忍」，磧作「悉」。

一　一一八頁下末行第一三字「問」，資、磧、普、南、徑、清作「門」。

一　一一九頁上二一行第一一字「生」，徑作「坐」。

一　一一九頁中一一行首字「来」，麗作「如来」。

一　一二〇頁上四行第二字及五行首字「文」，徑作「人」。

一　一二〇頁上一五行第三字「望」，石、麗作「福」。

一　一二〇頁下二行末字「至」，徑、清作「知」。

一　一二〇頁下六行第一一字「此」，磧作「比」。

一　一二一頁上二行首字「言」，石、麗作「亦」。

一　一二二頁上五行末字「自」，諸本作「目」。

一　一二二頁上一〇行夾註左行首字「土」，石、資、磧、普、南、徑、清作「川」。

一　一二二頁上一四行夾註左行首字「在」，石、麗作「存」。

一　一二二頁上一五行夾註右行「意存」，資、磧、普、南、徑、清作「意好」。

一　一二二頁上一六行夾註左行第一四字「桂」，石、資、徑、麗作「柱」。

一　一二二頁中九行「取薀」，石作「五蘊」。

能斷金剛般若波羅蜜多經論釋卷下　聲

無著菩薩造頌　世親菩薩釋

三藏法師義淨奉　詔譯

如來說彼為具相者此非具相由此說為具相此有何意頌曰

謂於其法身　無隨好圓滿　亦非是具相
非身性應知　於法身无別　非如來無二
重言其具相　由二體皆無

言法身實不圓滿隨好色身應知亦不具足衆相彼無身性故是謂法身無具相義亦非如來无斯二種所謂色身圓滿及以具相由斯二種不離法身是故如來有其相好為此重言色身圓滿及以具相由二皆無故是故此二亦說為無言此非圓滿此亦非具相亦說為有以說色身圓滿及具相言故斯有何意由其法身无此相好是故名此為如來色身圓滿及以具相由與彼身不相離故法身之性即不如是然法身非彼自性故若言不應以色身圓滿及具相身觀如來者如何如來有所說法耶為荅斯難此即以其惡取而謗於我由不能解我所說義故頌曰

如來說亦无　說二是所執

何意重言說法說法者頌云說二是所執云何為二一乃是文二便是義由何所以文云无法可說是名說法耶荅曰

由不離法界　說亦无自性

由不離法界外有說法自性可得若言無有世尊是能說者所說之法亦復不離法身故成非有如是甚深之法如何當有敬信之人為除此難荅曰

能說所說雖甚深　然亦非无敬信者

經云妙生彼非衆生非非衆生者此有何意頌曰

由非衆生非非生　非聖聖性相應故

諸有當能生敬信者彼非衆生由餘衆生不與聖性相應即與凡夫性相應故非非衆生者由與聖性相應故此中義者由彼望其凡夫性故不是衆生由望聖人性故非非衆生何以故衆生衆生者如來說彼為非衆生此據愚小異生性由此說為衆生者

此據聖人性若言如来曾无有法是所覺知者云何離其後後正知次第而名無上正等覺耶為荅此難非是有法可覺方名无上正覺然由頌曰

少法無有故　无上覺應知　由法界不增
清淨平等性　及方便無上

於此乃至無有少法能過故名无上又復法界无有增故其法平等故名無上上上性無故又復如来法身清淨平等故其法無不齊等无有少增故名無上又復其法是无我自相此即高高性無故名无上又復於諸方便亦是無上所有善法皆圓滿故名為無上此餘善提於諸善法不圓滿故即此方便實為有上此乃如来說為非法由此說為善法者此何有意頌曰

由漏性非法　是故非善法　由此名為善

由有漏性彼不是持有漏之相不能持故由此說為善法由無漏性決定能持是善性故若要以善法獲大菩提者所有說法亦應不獲菩提是无記性故為遮此難更言差別之福荅

所說法縱令無記終有所得頌曰

說法雖无記　非不得應知

由非離此能得菩提故知藉斯菩提方契頌曰

由斯一法實　勝彼寶无量

故此宜說法實望前無數妙高无邊之寶顯福差別假為第百分亦不能及一者乃至廣說將顯何義頌曰

於諸筭勢類　因亦有差殊　尋思於世間
喻所不能及

此言何義謂以此福望前福聚謂是筭勢類因四種差別於此世間遍尋思已無有其喻能比况者言由筭差別者始從假為第百分乃至或為筭分不顯差殊但言筭者此即應知總攝其餘所有筭數或為勢分者由其勢力有差殊故如強弱人事不相並或為比數者由品類別言此福類尤不比數前之福類如貴賤人不相比數因者明其因果亦不相干涉故言彼亦不可與此為因（鄔波尼殺曇譯為因字如芥子猶將比芥福）於此世間竟无其喻可况於福由斯前福望於此福實為減少皆不

足言故云乃至譬喻亦不能及若言彼法性相平等故無不平者即无能度所度云何如来說脫有情耶為除此難故起後文將顯何義頌曰

法界平等故　佛不度衆生　於諸名共聚
不在法界外

凡名有情者於彼蘊處由名共藴不在法界之外即此法界其性平等是故曾無有一衆生可是如来之所度脫此即如何當有我執者此有何意若言但唯脫其五蘊而已此即是有所許衆生由如是故頌曰

若起於法執　與我執過同　定執脫有情
是无執妄執

如云妙生言我執者如来說為非執妄執如来說為非生者是不能生聖法之義若言不應以其具相觀於如来非彼自性故由是法身自性故然彼如来自性法身可以具相而比知之有作斯難為除疑意生起後文將顯何義頌曰

不應以色體　准如来法身　勿彼轉輪王
與如来齊等

此則報相之福亦名具相由彼成此故藉其福力得菩提故有作是說此則如来以其具相現證無上正覺為除此意不應以具相如是等將顯何義頌曰

即具相果報　圓滿福不許　能招於法身
由方便異性

由真法身是智自性故與彼福體性不同此二伽他要顯何義頌曰

若以色見我　以音聲求我　彼人起邪勤
不能當見我　應觀佛法性　即導師法身
法性識難知　故彼不能了

此二頌中所說之義頌曰

唯見色聞聲　是人不知佛　此真如法身
非是識境故

此文意顯不應以色聲二種觀於如来由是異生不能見者此何為也彼人起邪勤言彼異生妄起邪勤不依正道求見於我此云法性者即是真如若言福不證菩提者此即菩薩福業其果應斷為釋此疑故有下文言此福性雖復不能親招覺處頌曰

其福不失亡　果報不斷絕　得忍亦不斷

以獲无垢故　更論於福因　為此陳其喻
彼福無報故　正取非越取

由此是彼智資粮性故又復何為更於其福而陳喻耶故云得忍亦不斷以獲無垢故更論其福因為此陳其喻又有疑云既得無生法忍智乃不生菩薩諸福皆應斷絕為顯福不斷絕至極清淨獲福既多果報亦勝於不生法得无性者有二種無性由其二性體不生故經云妙生應正取不應越取者云何是正取不應越取荅彼福无報故正取非越取凡所有福招果報者是可猒故當知彼取即是越取如越正路而行嶮道而彼福不招報是故彼是正取非為越取問菩薩福津既不感報所獲之果如何可知荅曰

彼福招化果　作利有情事　彼事由任運
成佛現諸方　去来等是化　正覺常不動
彼於法界處　非一異應知

諸佛世尊現衆變化非彼如来若来若去等故云彼事由任運成佛現諸方去来等是化正覺常不動為顯斯

義生起下文曾無有去亦不有来由此故名為如来此有何意若如来有去来等異者彼即不是如其常性無有變易微塵作墨喻者是誰之喻顯何事耶荅曰

彼於法界處　非一異應知

言彼如来於法界處非一非異性意顯斯事故彰其喻頌曰

微塵將作墨　喻顯於法界

又世界為墨喻顯何義頌曰

此論造墨事　為彰煩惱盡　非聚非集性
顯是非一性　於彼總集性　明其非異性

譬如造墨所有塵埃衆多極微性非一處其聚集物非一事故亦非異性由總集故此由無有別別斷割之理如是應知諸佛世尊於法界中煩惱障盡非一處性亦非異性此即兼述三千大千世界不是聚性及是聚性其喻亦同如来說為非是聚性是故說為極微聚者此顯何義若其聚物是其一者不應名此為極微聚又復若是一界者亦不應言三千大千世界由此故云此即是其有聚執也此

卽如来說為非執不為聚執故由其妄執是故說為聚執欲明異此餘恚應無无上正智復有何因諸凡愚類於實無聚而執耶為除斯難而云其聚執者但俗論說有如是等此何所明頌曰

不了但俗言　諸凡愚妄執

妙生諸有說云如来宣說我見等者此明何義頌曰

斷我法二種　非證覺无故

言我法二種體是無故此兩雖言得斷而亦不證菩提是誰之斷而能獲耶荅由二見之斷彼二之見是所除故頌曰

是故見无見　無境虛妄執

由此故知我體是無諸有我見如来說為非見以無境故意道所有我境元来是無文云故名我見者明虛妄分別有也如是於無我理顯見无見性已亦是顯其於法見无見性是故文云於一切法應如是知等然其法想亦是非相性故猶如我見復有何意此之我法二見說為非見性耶荅曰

由此是細障　如是知故斷

是所顯義此之我法二見是其見取此謂細障由於二事如是正知非見性故方能除斷經云應如是知應如是見應如是解者此文說頌曰

由得二種智　及定彼方除

謂以覆俗勝義智及以此二所依之定方除彼障又論差別之福何所顯耶荅頌曰

陳福明化身　非無无盡福

如来雖復任運廣為化用然彼化身宣說正法卽是無漏之福便成无有盡期云何正說等者此意為顯如来不自言我是化身頌曰

諸佛說法時　不言身是化　由不自言故是其真實說

此何所陳欲明如来雖為衆生宣揚法化而不自說我是化身由作如是不正說故為此名彼以為正說意道若異此者於彼所化諸衆生輩不生極敬斯乃為利多衆生事復是无法可說故若言如来為多化身無盡說法如何彼復說有涅槃耶為釋此疑

說伽他曰

如来涅槃證　非造亦不殊

非諸如来所證圓寂是其造作有為自性望其造作復不是異雖現涅槃而是其化示同生死利益有情欲顯如来無住涅槃生死涅槃兩皆不住故復有何因示同生死而不住於生死因緣事耶荅頌曰

一切有為法　如星翳燈幻　露泡夢電雲應作如是觀

此集造有九　以正智觀故

由以星等九事為同法喻喻九種正智而觀於境何謂九觀應知卽是九種所觀之事何謂所觀頌曰

見相及與識　居處身受用　過去并現存未至詳觀察

此中應觀見如星宿謂是心法正智日明亦既出已光全滅故應觀所緣境相如瞖目人覩髮團等是妄現故應觀其識猶若於燈此能依見由愛膩力而得生故應觀居處猶如於幻卽器世間有多奇質性不實故應觀其身譬如露滴暫時住故觀所受用猶若水泡其受用性是三事合所生

性故應觀過去所有集造同於夢境
但唯念性故應觀現在事同於電疾
滅性故應觀未至體若重雲阿賴耶
識在種子位體能攝藏諸種子故
作斯九種觀察之時有何利益獲何
勝智頌曰
由觀察相故　受用及遷流　於有為事中
獲无垢自在
此義云何觀有為法有其三種一由
觀見境識故即是觀察集造有為之
相二由觀器界身及所用故即是觀
其受用於此由彼所受用也三由觀
三世差別轉故即是觀其遷流不住
由此觀故便能於諸有為法中獲无
障导隨意自在為此縱居生死塵勞
不染其智設證圓寂灰燼寧味其悲
頌曰
由斯諸佛希有法　陁羅尼句義深邃
從尊決已義廣開　獲福令生速清淨
能斷金剛般若波羅蜜多經論釋卷下
略明般若末後一頌讚述

義淨因譯無著菩薩般若頌釋說詳
夫大士判其九喻可謂文致幽深理
義玄簡自非地隣極喜誰能發此明
慧而西域相承云無著菩薩昔於覩
史多天慈氏尊處親受此八十頌開
般若要門順瑜伽宗理明唯識之義
遂令教流印度若金烏之焰赫扶桑
義闡神州等玉兔之光浮雪嶺然而
能斷金剛西方乃有多釋考其始也
此頌最先即世親大士躬為其釋此
雖神州譯訖而義有闕如故復親覈
談筵重詳其妙雅符釋意更譯本經
世親菩薩復為般若七門義釋而鄉
爛陁寺盛傳其論但為義府幽冲尋
者莫測有師子月法師造此論釋復
有東印度多聞俗士其名月官遍撿
諸家亦為義釋斯等莫不意符三性
不同中觀矣更有別釋而但順龍猛
不會瑜伽瑜伽則真有俗無以三性
為本中觀乃真无俗有寔二諦為先
般若大宗含斯兩意致使東夏則道
分南北西方乃義隔有空既識分經
理無和雜各准　聖旨誠難乖競

然而末後一頌云一切有為法如星
瞖燈幻露泡夢電雲應作如是觀者
而釋文既隱恐尋者尚昧輙因二九
事喻聊題十八之作冀使朝覽遂開
庨冈鎖神之滯夜光親授長無按劒
之惑然而見等九等即生死之區寰
大士了如星等是故處而不著智不
住生津慈紅蓮之在焱悲不居圓寂
若白玉之沉溺因沓無住涅槃中其
九喻云尒
論見　觀見如星長夜妄執
見心長夜景　妄執久冥舒　三心纔已發
兩分盡皆除
喻星　以星喻見夜有明無
榆星通夜景　槲色徹明舒　千條光若發
一旦盡皆除
論境　道境如瞖妄觀空花
境色无非障　妄有見塵瑕　但由真智力
不復覩狂花
喻瞖　以瞖喻境九無妄執
太虛本无障　淨境性亡瑕　但由瞖眼力
遂使見空花
論識　言識如燈生生不絶

晁起起不已　妄生生未極　留滯死宮中
良由依識力
喻燈　以燈喻識焰　焰無窮
發焰焰不已　舒光光未極　照灼炳宵中
良為膏油力
論界　說界如幻藉業生而會盡
業刃莊嚴巧　由惑生衆相　所執定非真
界體全虛妄
喻幻　以幻喻界假匠起而終无
幻師方便巧　假作衆形相　鞠體固非真
所見皆虛妄
論身　序身如露體不久停
投軀生嶮際　寄命死河中　鎮處飄飖夜
還如橐籥風
喻露　以露喻身逢風必落
圓珠停草際　滴淚處花中　悽悽動林夜
索索盡隨風
論受用　陳用如泡待根境識
衆中根色積　託此復心行　定由三觸合
遂令三受生
喻泡　以泡喻用假滴水風
池中平水積　滴墜有風行　但由三事合
乘使方泡生

論過　述過如夢由思而起
過去雖無境　尋思意尚通　遂令方寸內
還見九城容
喻夢　以夢喻過因憶乃生
處晝多緣境　良宵記念通　遂令於睡內
重憶本時容
論現　說現如電暫時而有
万像如電野　四相等流光　詎知唯一念
妄計有三常
喻電　以電喻現倏忽便亡
震雷鳴四野　掣電動千光　剎那存有念
即體自无常
論未　論未如雲本識能持其種
藏識無初結　波情浪後飛　良由有貪愛
帶種定何疑
喻雲　以雲喻未自體必含於潤
靉靆屯雲結　煥爛景風飛　光華如可愛
含潤理無疑
更以一句收事收喻撮其要義而為
一述
見心智滅如星亦　惑境真亡若瞖除
想起由識如燈焰　界有藉思同幻車
一身暫顯同朝露　三受忽現等泡虛

憶念過時空夢發　計執現存奔電舒
既知未潤雲中住　未種常依識藏居
次下別據三性三身真俗般若以明
觀行九喻解九事云
熟觀生界咸如此　智者應可務真常
真常實不玄　圓成在目前
覺亡體空虵索盡　了非無鏡月懸
鏡月懸時實无慮　但作他緣生福處
唯識初心乍有依　真如後合還無據
無據即般若　勝俗亡真假
福津如筏捐不捐　悲智隨生捨不捨
略明般若末後一頌讚述

華州蒲城縣烏喬里寺講經律論沙門惠辰雕論疏二卷共計二十板為上
先師父母早生天界　施主張□□　都□郎　段二行者
擬入司公各人施板一片資益亡人祖父母生天現存父母合家貴樂增福
正隆元年

能断金剛般若波羅蜜多經論釋卷下

校勘記

一　底本，金藏廣勝寺本。

一　一二四頁中一一行經名下，徑、清有夾註「略明般若末後一頌讚述附」。

一　一二四頁中三行第八字「詔」，石作「制」。

一　一二四頁下三行第二字「来」，石作「佛」。

一　一二五頁上一六行「何有」，石、清、麗作「有何」。

一　一二五頁中二二行夾註「種將比松栢」，資、磧、普、南、徑、清作「種植將比松栢也」。

一　一二五頁下一〇行第一〇字「者」，磧、南作「諸」。

一　一二六頁上一行第九字「具」，磧、普、南、徑、清作「其」。

一　一二六頁下一一行第七字「彰」，資、磧、普、南、徑、清作「障」。

一　一二七頁上末行第二字「此」，南作「比」。

一　一二八頁上末行至次頁下一二行「略明般若末後一頌讚述」，麗無。

一　一二八頁中二二行第一三字「分」，麗作「介」。

一　一二八頁下三行末字「九」，麗作「丸」。

一　一二八頁下六行第八字「等」，麗作「事」。

一　一二八頁下九行第一三字「申」，資、磧、普、南、徑、清作「中」。

一　一二八頁下二一行第九字「亡」，資、磧、南、徑、清作「忘」。

一　一二九頁上四行「灼炳」，石作「灼灼」。

一　一二九頁上五行第二字「爲」，資、磧、普、南、徑、清作「由」。

一　一二九頁上七行第一一字「所」，資、磧、普、南、徑、清作「妄」。

一　一二九頁上一三行第五字「際」，資、磧、普作「隔」。

一　一二九頁中八行第五字「野」，資、磧、普、南、清作「舒」。

一　一二九頁中一一行第九字「千」，普作「十」。

一　一二九頁中一一行「存有」，磧、普、南作「有有」。

一　一二九頁中一三行第二字、第四字，一六行第六字及下二行第八字「未」，資、磧、普、南、徑、清作「末」。

一　一二九頁下五行第五字「咸」，磧、普、南作「或」。

一　一二九頁下七行「索盡」，磧、普作「盡索」。

一　一二九頁下七行第八字「了」，諸本作「了一」。

一　一二九頁下九行第五字「乍」，徑、清作「作」。

一　一二九頁下一〇行第八字「亡」，石作「忘」。

一　一二九頁下卷末小字「華州蒲城縣……正隆元年」，諸本無。

金剛般若波羅蜜經論卷上　聲

天親菩薩造

元魏天竺三藏菩提流支譯

法門句義及次第　世間不解離明慧
大智通達教我等　歸命无量功德身
應當敬彼如是尊　頭面礼足而頂戴
以能荷佛難勝事　攝受衆生利益故

如是我聞一時婆伽婆在舍婆提城祇樹給孤獨園與大比丘衆千二百五十人俱尒時世尊食時著衣持鉢入舍婆提大城乞食於其城中次第乞食已還至本處飯食訖收衣鉢洗足已如常敷座結加趺坐端身而住正念不動

尒時諸比丘來詣佛所到已頂礼佛足右遶三匝退坐一面

尒時慧命須菩提在大衆中即從坐起偏袒右肩右膝著地向佛合掌恭敬而立白佛言希有世尊如來應供正遍知善護念諸菩薩善付囑諸菩薩

論曰善護念者依根熟菩薩說善付囑者依根未熟菩薩說云何善護念

諸菩薩云何善付囑諸菩薩偈言

不退得未得　巧護義應知　加彼身同行
是名善付囑

云何加彼身同行謂於菩薩身中與智慧力令成就佛法故又彼菩薩攝取衆生與教化力是名善護念應知云何不退得未得謂於得未得功德中懼其退失付授智者又得不退者不捨大乘故未不退者於大乘中欲令勝進故是善付囑應知

經曰世尊云何菩薩大乘中發阿耨多羅三藐三菩提心應云何住云何修行云何降伏其心

尒時佛告須菩提善哉善哉須菩提如汝所說如來善護念諸菩薩善付囑諸菩薩汝今諦聽當為汝說如菩薩大乘中發阿耨多羅三藐三菩提心應如是住如是修行如是降伏其心

須菩提白佛言世尊如是願樂欲聞

佛告須菩提諸菩薩生如是心所有一切衆生衆生所攝若卵生若胎生若濕生若化生若有色若無色若有想若無想若非有想非无想所有衆

生界衆生所攝我皆令入无餘涅槃而滅度之如是滅度無量无邊衆生實無衆生得滅度者何以故須菩提若菩薩有衆生相即非菩薩何以故非須菩提若菩薩起衆生相人相壽者相則不名菩薩

論曰云何菩薩大乘中住問荅示現此義偈言

廣大第一常　其心不顛倒　利益深心住
此乘功德滿

此偈說何等義若菩薩有四種深利益菩提心此是菩薩大乘住處何以故此深心功德滿足是故四種深利益攝取心生能住大乘中

何等為四種心一廣二第一三常四不顛倒云何廣心利益如經諸菩薩生如是心所有一切衆生衆生所攝乃至所有衆生界衆生所攝故

云何第一心利益如經我皆令入无餘涅槃而滅度之故

云何常心利益如經如是滅度無量無邊衆生實无衆生得滅度者何以故須菩提若菩薩有衆生相即非菩

薩故此義云何菩薩取一切衆生猶如我身以此義故菩薩自身滅度无異衆生得滅度者若菩薩於衆生起衆生想不生我想者則不應得菩薩名如是取衆生如我身常不捨離是名常心利益

云何不顛倒心利益如經何以故非須菩提若菩薩起衆生相人相壽者相則不名菩薩故此示現遠離依止身見衆生等相故

論曰自此以下說菩薩如大乘中住修行此事應知

經曰復次須菩提菩薩不住於事行於布施无所住行於布施不住色布施不住聲香味觸法布施須菩提菩薩應如是布施不住於相想何以故若菩薩不住相布施其福德聚不可思量須菩提於汝意云何東方虛空可思量不須菩提言不也世尊佛言如是須菩提南西北方四維上下虛空可思量不須菩提言不也世尊佛言如是如是須菩提菩薩无住相布施福德聚亦復如是不可思量

佛復告須菩提菩薩但應如是行於布施論曰偈言

檀義攝於六　資生無畏法　此中一二三
名為修行住

何故唯檀波羅蜜名說六波羅蜜一切波羅蜜檀波羅蜜相義示現故一切波羅蜜檀相義者謂資生无畏法檀波羅蜜應知此義云何資生者即一檀波羅蜜體名故無畏檀波羅蜜者有二謂尸波羅蜜羼提波羅蜜於已作未作惡不生怖畏故法檀波羅蜜者有三謂毗梨耶波羅蜜等不疲惓善知心如實說法故此即是菩薩摩訶薩修行住如向說三種檀攝六波羅蜜是名菩薩摩訶薩修行住云何菩薩不住於事行於布施如是等偈言

自身及報恩　果報斯不著　護存已不施
防求於異事

不住於事者謂不著自身无所住者謂不著報恩報恩者謂供養恭敬種種等門如經無所住故不住色等者謂不著果報何故如是不住行於布

施偈言護存已不施防求於異事若者自身不行布施為護此事於身不著若著報恩果報捨佛菩提為異義行於布施為防是行於事不著

自此以下說云何菩薩降伏其心此事應知云何降伏心名之降伏偈言

調伏彼事中　遠離取相心　及斷種種疑
亦防生成心

此支說何義所謂不見施物受者及施者偈言調伏彼事中遠離取相心故如經須菩提菩薩應如是布施不住於相想故

次說布施利益何以故此中有疑若離施等相想云何能成施福彼人如是布施其福轉多故

次說布施利益如經何以故若菩薩不住相布施其福德聚不可思量須菩提於意云何東方虛空可思量不須菩提言不也世尊如是等何故說修行後次顯布施利益以得降伏心故是以次說布施利益此義云何不住相想行於布施成就義故

自此以下一切修多羅示現斷生疑

心云何生疑若不住於法行於布施云何為佛菩提行於布施斷彼疑心

經曰須菩提於意云何可以相成就見如來不須菩提言不也世尊不可以相成就得見如來何以故如來所說相即非相

佛告須菩提凡所有相皆是妄語若見諸相非相則非妄語如是諸相非相則見如來

論曰偈言

分別有為體　防彼成就得　三相異體故
離彼是如來

此義云何若分別有為體是如來以有為相為第一以相成就見如來為防彼相成就得如來身

如經不可以相成就得見如來故何以故如來名無為法身故如經何以故如來所說相即非相偈言三相異體故離彼是如來彼相成就即非相成就何以故三相異如來體故

如經佛告須菩提凡有所相皆是妄語若見諸相非相則非妄語如是諸相非相則見如來此句顯有為虛妄

故偈言離彼是如來示現彼處三相無故相非相相對故彼處生滅住異體不可得故此句明如來體非有為故菩薩如是知如來為佛菩提行於布施彼菩薩不住於法行於布施成如是斷疑故

自此以下尊者須菩提生疑致問

經曰須菩提白佛言世尊頗有衆生於未來世末世得聞如是修多羅章句生實相不佛告須菩提莫作是說頗有衆生於未來世末世得聞如是修多羅章句生實相不佛復告須菩提有未來世末世有菩薩摩訶薩法欲滅時有持戒修福德智慧者於此修多羅章句能生信心以此為實

佛復告須菩提當知彼菩薩摩訶薩非於一佛二佛三四五佛所修行供養非於一佛二佛三四五佛所而種善根

佛復告須菩提已於無量百千万諸佛所修行供養无量百千万諸佛所種諸善根聞是修多羅乃至一念能生淨信須菩提如來悉知是諸衆生

如來悉見是諸衆生須菩提是諸菩薩生如是無量福德聚取如是無量福德何以故須菩提是諸菩薩无復我相衆生相人相壽者相須菩提是諸菩薩無法相亦非无法相無相亦非无相何以故須菩提是諸菩薩若取法相則為著我人衆生壽者須菩提若是菩薩有法相即著我相人相衆生相壽者相何以故須菩提不應取法非不取法以是義故如來常說筏喻法門是法應捨非捨法故

論曰此義云何向依波羅蜜說不住行於布施說因深義向依如來非有為體說果深義若尒未來惡世人不生信心云何不空說為斷彼疑佛答此義

如經佛告須菩提莫作是說乃至非捨法故此義云何偈言

說因果深義　於彼惡世時　不空以有實
菩薩三德備

此義云何彼惡世時菩薩具足持戒功德智慧故能生信心以此義故名不空說又偈言

修戒於過去　及種諸善根　戒具於諸佛
亦說功德滿

如經佛復告須菩提當知彼菩薩摩訶薩非於一佛二佛三四五佛所修行供養非於一佛二佛三四五佛所而種善根

佛告須菩提已於無量百千万諸佛所修行供養无量百千万諸佛所種諸善根故此經文明於過去諸佛具足持戒供養彼佛亦種諸善根如是次第彼持戒具足功德具足故又偈言

彼壽者及法　遠離於取相　亦說知彼相
依八八義別

此義云何復說般若義不斷故說何等義明彼菩薩離於壽者相離於法相故以對彼相故說此義偈言依八八義別故此復云何依四種壽者相有四種義故依四種法相有四種義故是故依八相有八種義差別故此義復云何偈言

差別相續體　不斷至命住　復趣於異道
是我相四種

此義云何明壽者相義故何者是四

種一者我相二者衆生相三者命相四者壽者相我相者見五陰差別一一陰是我如是妄取是名我相衆生相者見身相續不斷是名衆生相命相者一報命根不斷住故是名命相壽者相者命根斷滅復生六道是名壽者相如經何以故須菩提是諸菩薩無復我相衆生相人相壽者相故云何及法偈言

一切空无物　實有不可說　依言辭而說
是法相四種

何者是四種一者法相二者非法相三者相四者非相此義云何有可取能取一切法无故言無法相以无物故彼法無我空實有故言亦非无法相彼空無物而此不可說有无故言无相依言辭而說故言亦非無相何以故以於無言處依言相說是故依八種差別義離八種相所謂離人相離法相是故說有智慧

如經須菩提是諸菩薩无法相亦非無法相无相亦非無相故有智慧便足何故復說持戒功德為示現生實

相差別義故云何示現偈言

彼人依信心　恭敬生實相　聞聲不正取
正說如是取

此義云何彼人有持戒功德依信心恭敬能生實相是以說彼義故次言聞說如是修多羅章句乃至一念生淨信者是故不但說般若又有智慧者不如聲取義隨順第一義智正說如是取能生實相是以說此義故次言須菩提不應取法非不取法不應取法者不應如聲取法非不取法者隨順第一義智正說如是取彼菩薩聞說如是修多羅章句生實相故又經復言須菩提如来悉知是諸衆生如来悉見是諸衆生如是等此明何義偈言

佛非見果實　願智力現見　求供養恭敬
彼人不能說

此義云何彼持戒等人諸佛如来非見果比知

云何知偈言願智力現見故　如来悉知是諸衆生便足何故復說如来悉見是諸衆生若不說如来悉見是諸

衆生或謂如来以比智知恐生如是心故若尒但言如来悉見是諸衆生便足何故復說如来悉知是諸衆生若不說如来悉知是諸衆生或謂肉眼等見為防是故何故如是說以有二語故又何故如来如是說偈言求供養恭敬彼人不能說故此義云何若有人欲得供養恭敬自歎有持戒等功德彼人則不能說是人自知故諸佛如来善知彼何等人有何等行是故彼人不能自說

又是諸菩薩生如是無量福德聚取如是無量福德者此義云何生者能生因故取者熏修自體果義故又何以故須菩提是諸菩薩若取法相則為著我人衆生壽者此義云何但有無明使无現行麁煩惱示无我見故又經言以是義故如来常說栰喻法門是法應捨非捨法者有何次第偈言

彼不住隨順　於法中證智　如人捨舩栰
法中義亦然

此義云何示修多羅等法中證智不住故以得證智捨法故如到彼岸捨

栰故隨順者隨順彼證智法彼法應取如人未到彼岸取栰故

自此以下說何等義為遮異疑故云何異疑向說不可以相成就得見如来何以故如来非有為相得名故若如是云何釋迦牟尼佛得阿耨多羅三藐三菩提說名為佛云何說法是名異疑為斷此疑云何斷

經曰復次佛告慧命須菩提須菩提於意云何如来得阿耨多羅三藐三菩提耶如来有所說法耶須菩提言如我解佛所說義無有定法如来得阿耨多羅三藐三菩提亦无有定法如来可說何以故如来所說法皆不可取不可說非法非非法何以故一切聖人皆以無為法得名

論曰以是義故釋迦牟尼佛非佛亦非說法此義云何偈言

應化非真佛　亦非說法者　說法不二取
无說離言相

此義云何佛有三種一者法身佛二者報佛三者化佛又釋迦牟尼名為佛者此是化佛此佛不證阿耨多羅

三藐三菩提亦不說法如經无有定法如来得阿耨多羅三藐三菩提亦無有定法如来可說若尒何故經言何以故如来所說法皆不可取不可說如是等有人謗言如来一向不說法為遮此故偈言應化非真佛亦非說法者故說法不二取無說離言相者聽者不取法不取非法故說者亦不二說法非法故何以故彼法非法非非法依何義說依真如義說非法者一切法無體相故非非法者彼真如无我相實有故何故唯言說不言證有言說者即成證義故若不證者則不能說如經何以故一切聖人皆以无為法得名此句明何義彼法是說因故何以故一切聖人依真如法清淨得名以無為法得名故以此義故彼聖人說彼无為法復以何義如彼聖人所證法不可如是說何況如是取何以故彼法遠離言語相非可說事故何故不但言佛乃說一切聖人以一切聖人依真如清淨得名故如是具足清淨如分清淨故

經曰須菩提於意云何若滿三千大千世界七寶以用布施須菩提於意云何是善男子善女人所得福德為多不須菩提言甚多婆伽婆甚多脩伽陁彼善男子善女人得福甚多何以故世尊是福德聚即非福德聚是故如来說福德聚福德聚

佛言須菩提若善男子善女人以滿三千大千世界七寶持用布施若復於此經中受持乃至四句偈等為他人說其福勝彼无量不可數何以故須菩提一切諸佛阿耨多羅三藐三菩提法皆從此經出一切諸佛如来皆從此經生須菩提所謂佛法佛法者即非佛法

論曰此說勝福德譬喻挍量示現何義法雖不可取不可說而不空故偈言

受持法及說　不空於福德　福不趣菩提
二能趣菩提

何故說言世尊是福德聚即非福德聚者偈言福不趣菩提二能趣菩提故此義云何彼福德不趣大菩提二能趣大菩提故何者為二

一者受持二者演說如經受持乃至四句偈等為他人說故何故名福德聚聚義有二種一者積聚義二者進趣義如人擔重說名為聚如是彼福德聚以有積聚義故說名為聚於菩提不能進趣故名為非福德聚此二能趣大菩提是故於彼福德中此福為勝云何此二能得大菩提如經何以故須菩提一切諸佛阿耨多羅三藐三菩提法皆從此經出一切諸佛如来皆從此經生故云何說一切諸佛菩提法皆從此經出云何說一切諸佛如来皆從此經生偈言

於實名了因　亦為餘生因　唯獨諸佛法
福成第一體

此義云何菩提者名為法身彼體實无為是故於彼法身此二能作了因不能作生因餘者受報相好莊嚴佛化身相好佛於此為生因以能作菩提因是故名因顯彼福德中此福勝故如經何以故須菩提乃至皆從此經生故云何成此義偈言唯獨諸佛法福成第一體故

須菩提所謂佛法佛法者即非佛法者彼諸佛法餘人不得是故彼佛法名為佛法是故言唯獨諸佛法第一不共義以能作第一法因是故彼福德中此福為勝如是成福德多故

經曰須菩提於意云何須陁洹能作是念我得須陁洹果不須菩提言不也世尊何以故實无有法名須陁洹不入色聲香味觸法是名須陁洹佛言須菩提於意云何斯陁含能作是念我得斯陁含果不須菩提言不也世尊何以故實無有法名斯陁含是名斯陁含須菩提於意云何阿那含能作是念我得阿那含果不須菩提言不也世尊何以故實無有法名阿那含是名阿那含須菩提於意云何阿羅漢能作是念我得阿羅漢不須菩提言不也世尊何以故實无有法名阿羅漢世尊若阿羅漢作是念我得阿羅漢即為著我人衆生壽者世尊佛說我得無諍三昧最為第一世尊說我是離欲阿羅漢世尊我不作是念我是離欲阿羅漢世尊我若作

是念我得阿羅漢世尊則不說我无諍行第一以須菩提實無所行而名須菩提無諍无諍行

論曰向說聖人無為法得名以是義故彼法不可取不可說若須陁洹等聖人取自果云何言彼法不可取既如證如說云何成不可說自下經文為斷此疑成彼法不可取不可說故偈言

不可取及說　自果不取故　依彼善吉者
說離二種障

此義云何以聖人無為法得名是故不取一法不取者不取六塵境界以是義故名取逆流者如經不入色聲香味觸法是名須陁洹故乃至阿羅漢不取一法以是義故名為羅漢然聖人非不取無為法以取自果故若聖人起如是心我能得果即為著我等者此義云何以有使煩惱非行煩惱何以故彼於證時離取我等煩惱是故無如是心我能得果何故尊者須菩提自歎身得受記以自身證果為於彼義中生信心故何故唯說无

諍行為明勝功德故為生深信故何故言以須菩提實無所行而名須菩提无諍無諍行者偈言依彼善吉者說離二種障二種障者一者煩惱障二者三昧障離彼二障故言無所行以是義故說名二種諍離彼二種障故名為無諍行

經曰佛告須菩提於意云何如來昔在然燈佛所得阿耨多羅三藐三菩提法不須菩提言不也世尊如來在然燈佛所於法實無所得阿耨多羅三藐三菩提

論曰復有疑釋迦如來昔在然燈佛所受法彼佛為此佛說法若如是云何彼法不可說不可取為斷此疑說彼佛所無法可取如經不也世尊如來在然燈佛所於法實无所得阿耨多羅三藐三菩提故何故如是說偈言

佛於然燈語　不取理實知　以是真實義
成彼无取說

此義云何釋迦如來於然燈佛所言語所說不取證法故以是義故顯彼證智不可說不可取偈言以是真實

義成彼無取說故

又差聖人无為法得名是法不可取不可說

云何諸菩薩取莊嚴淨佛國土云何受樂報佛取自法王身云何餘世間復取彼是法王身自下經文為斷此疑

經曰佛告須菩提若菩薩作是言我莊嚴佛國土彼菩薩不實語何以故須菩提如來所說莊嚴佛土者則非莊嚴是名莊嚴佛土是故須菩提諸菩薩摩訶薩應如是生清淨心而无所住不住色生心不住聲香味觸法生心應無所住而生其心

須菩提譬如有人身如須弥山王須菩提於意云何是身為大不須菩提言甚大世尊何以故佛說非身是名大身彼身非身是名大身

論曰此義如是應知云何知偈言

智習唯識通　如是取淨土　非形第一體
非嚴莊嚴意

此義云何諸佛無有莊嚴國土事唯諸佛如来真實智慧習識通達是故彼土不可取若人取彼國土形相作

是言我成就清淨佛土彼不實說如經何以故須菩提如来所說莊嚴佛土者則非莊嚴是名莊嚴佛土故何故如是說偈言非形第一體非嚴莊嚴意故莊嚴有二種一者形相二者第一義相是故說莊嚴莊嚴又非莊嚴佛土者無有形相故非莊嚴如是無莊嚴即是第一莊嚴何以故以一切功德成就莊嚴故若人分別佛國土是有為形相而言我成就清淨佛國土彼菩薩住於色等境界中生如是心為遮此故如經是故須菩提諸菩薩摩訶薩應如是生清淨心而无所住不住色生心不住聲香味觸法生心應无所住而生其心故

前言云何受樂報佛取自法王身云何餘世間復取彼是法王身為除此疑說受樂報佛體同彼須弥山王鏡像義故此義云何偈言

如山王无取　受報亦復然　遠離於諸漏
及有為法故

此義云何如須弥山王勢力高遠故名為大而不取彼山王體我是山王

以無分別故受樂報佛亦如是以得无上法王體故名為大而不取彼法王體我是法王以無分別故何故无分別以無分別故

如經何以故佛說非身是名大身彼身非身是名大身故何故如是說偈言遠離於諸漏及有為法故彼受樂報佛體離於諸漏若如是即无有物若如是即名有物以唯有清淨身故以遠離有為法故以是義故實有我體以不依他緣住故

金剛般若波羅蜜經論卷上

金剛般若波羅蜜經論卷上

校勘記

一 底本，金藏廣勝寺本。

一 一三一頁中三行譯者，資作「元魏三藏法師菩提流支譯」；磧、南、徑、清作「元魏三藏法師菩提流支奉詔譯」；普作「元魏三藏法師菩提流支譯」，以下各卷同。

一 一三一頁中六行第七字「尊」，資、磧、普、南、徑、清作「等」。

一 一三一頁下六行第一二字「念」，資、磧、普、南、徑、清無。

一 一三一頁下九行第六字「未」，諸本作「未得」。

一 一三一頁下一〇行第五字「是」，諸本作「是名」。

一 一三二頁上一九行第一三字「入」，麗作「住」。

一 一三二頁中一一行「論曰」，徑無。

一 一三二頁中二〇行「如是」，資、磧、普、南、徑、清作「如是如是」。

一 一三三頁中一四行「第一」，資、磧、普、南、徑、清作「第一義」。

一 一三三頁中一四行「如来」，石、資、磧、普、南、徑、清作「如来身」。

一 一三三頁中二一行「有所」，諸本作「所有」。

一 一三三頁下二行「滅住」，石、麗作「住滅」。

一 一三四頁上一二行末字「住」，資、磧、普、南、徑、清作「住事」。

一 一三五頁上一七行「非見果實」，石、麗作「非見果知」；資、磧、普、南、徑、清作「不見果知」。

一 一三五頁中四行第一三字「謂」，資、磧、普、南、徑、清、麗作「謂如来以」。

一 一三五頁中一二行第三字「諸」，石作「説」。

一 一三五頁下八行末字「断」，諸本作「断疑」。

一 一三五頁下一八行第三字「法」，石、資、磧、普、南、徑、清作「法者」。

一 一三六頁上七行第九字「取」，清作「故」。

一 一三六頁上末行第八字「分」，磧作「是」。

一 一三六頁中三行末字「爲」，諸本作「寧爲」。

一 一三六頁中七行第七字「聚」，資、磧、普、南、徑、清作「聚即非」。

一 一三六頁中九行末字「復」，資、磧、普、南、徑、清作「復有人」。

一 一三六頁中一五行「佛法」，資、磧、普、南、徑、清、麗作「佛法是名佛法」。

一 一三六頁下四行首字「趣」，南作「聚」。

一 一三六頁下二〇行第一三字「福」，石作「福德」。

一 一三七頁中一四行第五字「取」，資、磧、普、南、徑、清、麗作「不取」。

一 一三七頁中一六行「羅漢」，資、磧、普、南、徑、清作「阿羅漢」。

一 一三七頁下四行第五字「障」，諸

本作「障故」。

一 一三七頁下五行第八字「二」，資、磧、普、南、徑、清作「二種」。

一 一三七頁下六行第九字「諍」，資、磧、普、南、徑、清作「障」。

一 一三七頁下七行「無諍」，諸本作「無諍無諍」。

一 一三七頁下一三行第一一字「在」，石、資、磧、普、南、徑、清作「於」。

一 一三七頁下一九行第一〇字「知」，諸本作「智」。

一 一三八頁中一行「佛土彼」，石作「佛國土彼」；資、磧、普、南、徑、清作「佛國土彼菩薩」。

一 一三八頁中六行第九字「莊」，麗作「非」。

趙城縣廣勝寺

金剛般若波羅蜜經論卷中　聲

天親菩薩造

元魏天竺三藏菩提流支譯

經曰佛言須菩提如恒河中所有沙數如是沙等恒河於意云何是諸恒河沙寧為多不須菩提言甚多世尊但諸恒河尚多無數何況其沙佛言須菩提我今實言告汝若有善男子善女人以七寶滿尒數恒河沙數世界以施諸佛如来須菩提於意云何彼善男子善女人得福多不須菩提言甚多世尊彼善男子善女人得福甚多佛告須菩提以七寶滿尒數恒河沙世界持用布施若善男子善女人於此法門乃至受持四句偈等為他人說而此福德勝前福德无量阿僧祇

論曰前已說多福德辟喻何故此中復說偈言

說多義差別　亦成勝校量　後福過於前　故重說勝喻

此義云何前說三千世界辟喻明福德多今重說無量三千世界故何故不先說此喻為漸化衆生令生信心上妙義故又前未顯以何等勝功德能得大菩提故以此喻成彼功德是故重說勝喻

經曰復次須菩提隨所有處說是法門乃至四句偈等當知此處一切世間天人阿修羅皆應供養如佛塔廟何況有人盡能受持讀誦此經須菩提當知是人成就最上第一希有之法若是經典所在之處則為有佛若尊重似佛尒時須菩提白佛言世尊當何名此法門我等云何奉持佛告須菩提是法門名為金剛般若波羅蜜以是名字汝當奉持何以故須菩提佛說般若波羅蜜則非般若波羅蜜須菩提於意云何如来有所說法不須菩提言世尊如来無所說法須菩提於意云何三千大千世界所有微塵是為多不須菩提言彼微塵甚多世尊何以故須菩提是諸微塵如来說非微塵是名微塵如来說世界非世界是名世界佛言須菩提於意

云何可以三十二大人相見如来不須菩提言不也世尊何以故如来說三十二大人相即是非相是名三十二大人相

論曰云何成彼勝福偈言

尊重於二處　因習諸大體　彼因習煩惱
此降伏染福

此義云何尊重於二處者一者所說處隨何等處說此經令生尊重奇特相故二者能說人隨何等人能受持及說以尊重經論故非七寶等隨何處捨隨何人能捨如是生敬重故此法門與一切諸佛如来證法作勝因故如經須菩提言世尊如来無所說法故此義云何無有一法唯獨如来說餘佛不說故彼珎實布施福德是染煩惱因以能成就煩惱事故此因示現遠離煩惱因故是故說地微塵喻如經須菩提是諸微塵如来說非微塵是名微塵如来說世界非世界是名世界故何故如是說彼微塵非貪等煩惱體以是義故名為地微塵故彼世界非煩惱染因界是故說世界此明何義彼福德是煩惱塵染因是故於外無記塵彼福德善根為近何況此福德能成佛菩提故及成就大丈夫相福德中勝故是故受持演說此法門能成佛菩提勝彼福德何以故彼相於佛菩提非相故以彼非法身故是故說大丈夫相以彼相故此受持及說福德能成佛菩提是故彼非勝故又彼福德能降伏珎實等福何況此福故能降伏是故此福最近最勝如是彼檀等福德中此福德最如是成已

經曰佛言須菩提若有善男子善女人以恒河沙等身命布施若復有人於此法門中乃至受持四句偈等為他人說其福甚多無量阿僧祇尒時須菩提聞說是經深解義趣涕淚悲泣捫淚而白佛言希有婆伽婆希有修伽陁佛說如是甚深法門我從昔来所得慧眼未曾得聞如是法門何以故須菩提佛說般若波羅蜜即非般若波羅蜜世尊若復有人得聞是經信心清淨則生實相當知是人成

就第一希有功德世尊是實相者則是非相是故如来說名實相實相世尊我今得聞如是法門信解受持不足為難若當來世其有衆生得聞是法門信解受持是人則為第一希有何以故此人無我相人相衆生相壽者相何以故我相即是非相人相衆生相壽者相即是非相何以故離一切諸相則名諸佛佛告須菩提如是如是若復有人得聞是經不驚不怖不畏當知是人甚為希有何以故須菩提如来說第一波羅蜜非第一波羅蜜如来說第一波羅蜜者彼无量諸佛亦說波羅蜜是名第一波羅蜜

論曰自下經文重明彼福德中此福轉勝此義云何偈言

苦身勝於彼　希有及上義　彼智岸難量
亦不同餘法　堅實解深義　勝餘修多羅
大因及清淨　福中勝福德

此二偈說何義捐捨身命重於捨資生珎實等彼如是捨无量身命果報福德此福德勝彼福何以故彼捨身命苦身心故何況為法捨故念彼身

苦慧命須菩提尊重法故悲泣流淚如經尒時須菩提聞說是經深解義趣涕淚悲泣故此法門希有何以故尊者須菩提雖有智眼昔來未曾得聞是故希有如經我從昔来所得慧眼未曾得聞如是法門故又此法門第一以說名般若波羅蜜故此云何成以上義故如經何以故須菩提佛說般若波羅蜜即非般若波羅蜜故何故如是說彼智岸故彼智岸無人能量是故非波羅蜜又此法門不同何以故此中有實相故餘者非實相除佛法餘處无實故以彼處未曾有未曾生信以是義故如經世尊若復有人得聞是經信心清淨則生實相當知是人成就第一希有功德故又此法門堅實深妙何以故受持此經思量修習不起我等相故又不起我等相者示可取境界不倒相故我等相即非相者示能取境界不倒相故此二明我空法空無我智故如是次第如經何以故此人无我相人相衆生相壽者相何以故我相即是非相

人相衆生相壽者相即是非相何以故離此一切諸相則名諸佛故如来為須菩提說如是義驚者謂非處生懼是故名驚以可訶故如非正道行故怖者心體怖故以起不能斷疑心故畏者一向怖故其心畢竟驚怖墮故遠離彼處如經不驚不怖不畏故又此法門勝餘修多羅如經何以故須菩提如来說第一波羅蜜非第一波羅蜜故又此法門名為大因如經如来說第一波羅蜜者故又此法門名為清淨以无量佛說故如經彼無量諸佛亦說波羅蜜是名第一波羅蜜故彼珎寶檀等無如是功德是故彼福德中此福為勝如是成已

論曰自下經文復為斷疑云何疑向說彼身苦以彼捨身苦身果報而彼福是劣若尒依此法門受持演說諸菩薩行苦行彼苦行亦是苦果云何此法門不成苦果為斷此疑故經曰須菩提如来說忍辱波羅蜜即非忍辱波羅蜜何以故須菩提如我昔為歌利王割截身體我於尒時无我相

無人相无衆生相無壽者相无相亦非無相何以故須菩提我於往昔節節支解時若有我相人相衆生相壽者相應生瞋恨須菩提又念過去於五百世作忍辱仙人於尒所世无我相無人相无衆生相無壽者相是故須菩提菩薩應離一切相發阿耨多羅三藐三菩提心何以故若心有住則為非住不應住色生心不應住聲香味觸法生心應生無所住心是故佛說菩薩心不住色布施須菩提菩薩為利益一切衆生應如是布施須菩提言世尊一切衆生相即是非相何以故如来說一切衆生即非衆生

論曰此示何義偈言

能忍於苦行　以苦行有善　彼福不可量
如是最勝義　離我及恚相　實無於苦惱
共樂有慈悲　如是苦行果

此二偈說何義雖此苦行同於苦果而此苦行不疲惓以有羼提波羅蜜名為第一故彼岸有二種義一者波羅蜜清淨善根體二者彼岸功德不可量如經即非波羅蜜故非波羅蜜

者無人知彼功德岸故言非波羅蜜是故為得第一法此苦行勝彼捨身何況離我相瞋恚相故又此行无苦不但無苦及有樂以有慈悲故如經我於尒時无我相乃至無相亦非无相故此明慈悲心相應故如是說若有菩薩不離我相等彼菩薩見苦行苦亦欲捨菩提心為彼故說如經是故須菩提菩薩應離一切相等此明何義未生第一菩提心者有如是過為防此過偈言

為不捨心起　修行及堅固　為忍波羅蜜
習彼能學心

此義云何為何等心起行相而修行為何等心不捨相偈言為忍波羅蜜習彼能學心故又第一義心者已入初地得羼提波羅蜜故此名不住心如經是故須菩提菩薩應離一切相發阿耨多羅三藐三菩提心故何以故示不住生心義故若心住於色等法彼心不住佛菩提此明不住心行於布施此經文說不住心起行方便以檀波羅蜜攝六波羅蜜故云何為

利益衆生修行而不名住於衆生事為斷此疑如經須菩提菩薩為利益一切衆生應如是布施故此明何義偈言

修行利衆生　如是因當識　衆生及事相
遠離亦應知

此義云何利益是因體故彼修行利益衆生非取衆生相事故何者是衆生事偈言

假名及陰事　如来離彼相　諸佛无彼二
以見實法故

此說何義名相衆生及彼陰事故云何彼修行遠離衆生事相即彼名相想非相以無彼實體故以是義故衆生即非衆生以何等法謂五陰名衆生彼五陰无衆生體以無實故如是明法無我人无我何以故一切諸佛如来遠離一切相故此句明彼二相不實偈言如来離彼相諸佛無彼二以見實法故此說何義若彼二實有者諸佛如来應有彼二相何以故諸佛如来實見故

經曰須菩提如来是真語者實語者如語者不異語者須菩提如来所得法所說法無實无妄語

論曰此中有疑於證果中無道云何彼於果能作因為斷此疑如經須菩提如来是真語者實語者如語者不異語者故此四句說何等義偈言

果雖不住道　而道能為因　以諸佛實語
彼智有四種

此義云何彼境界有四種是故如来有四種實語云何四種偈言

實智及小乘　說摩訶衍法　及一切授記
以不虛說故

此明何義以如来實智不妄說佛菩提及小乘大乘受記之事皆不妄說以是四境故次第說四語如經須菩提如来是真語者實語者如語者不異語者故不妄說小乘者說小乘苦諦等唯是諦故不妄說大乘者說法無我真如故真如者即是真如故不妄說受記者一切過去未來現在受記故如彼義如是說不顛倒故經復言須菩提如来所得法所說法无實無妄語者何故如是說偈言

隨順彼實智　說不實不虛　如聞聲取證
對治如是說

此義云何諸佛所說法此法不能得彼法而隨順義故以所說法不能得彼證法何以故如所聞聲無如是義故是故無實以此所說法隨順彼證法是故无妄語若尒何故說如來所得法所說法以依字句說故何故如來前說如是真語者復言所說法无實無妄語偈言如聞聲取證對治如是說故

經曰須菩提譬如有人入闇則無所見若菩薩心住於事而行布施亦復如是須菩提譬如人有目夜分已盡日光明照見種種色若菩薩不住於事行於布施亦復如是

論曰復有疑若聖人以無為真如法得名彼真如一切時一切處有云何不住心得佛菩提則非不住若一切時一切處實有真如何故有人能得有不得者為斷此疑故說入闇等喻此明何義偈言

時及處實有　而不得真如　無智以住法
餘者有智得

此義云何一切時者謂過現未來一切處者謂三世衆生實有真如法何故不得偈言無智以住法故彼无智以心住法故此復何義不清淨故以有智者心不住法是故能得以是義故諸佛如來清淨真如得名是故住心不得佛菩提又此譬喻明於何義偈言

闇明愚无智　明者如有智　對治及對法
得滅法如是

此義云何彼闇明喻者相似法故闇者示現無智日光明者示現有智有目者明何義偈言對治及對法得滅法如是故如是次第又有目者如能對治法故夜分已盡者如所治暗法盡故日光明照者如能治法現前故如經須菩提譬如有人入暗則無所見如是等故

經曰復次須菩提若有善男子善女人能於此法門受持讀誦修行則為如來以佛智慧悉知是人悉見是人悉覺是人皆得成就無量无邊功德

聚須菩提若有善男子善女人初日分以恒河沙等身布施中日分復以恒河沙等身布施後日分復以恒河沙等身布施如是捨恒河沙等无量身如是百千万億那由他劫以身布施若復有人聞此法門信心不謗其福勝彼无量阿僧祇何況書寫受持讀誦修行為人廣說

論曰自下復說何義偈言

於何法修行　得何等福德　復成就何業
如是說修行

於何法修行者示現彼行云何示現偈言

名字三種法　受持聞廣說　修從他及內
得聞是修智

此說何義於彼名字得成聞慧此有三種一者受二者持三者讀誦此云何知偈言受持聞廣說故受持修行依摠持法故讀誦修行依聞慧廣故廣多讀習亦名聞慧此是名字中三種修行如經復次須菩提若有善男子善女人能於此法門受持讀誦故彼修行云何得偈言修從他及內得

聞是修智故此義云何為修得相於他及自身云何於他及自身謂聞及修如是次第從他聞法内自思惟為得修行故向說名字及以修行此為自身偈言

此為自淳熟　餘者化衆生　以事及時大
福中勝福德

此義云何彼名字聞慧修行為自身淳熟故餘者化衆生廣說法故得何等福德者示現勝校量福德故偈言以事及時大福中勝福德故此捨身福德勝於前捨身福德云何勝以事勝故以時大故即一日時多捨身故復多時故如經須菩提若善男子善女人初日分以恒河沙等身布施乃至若復有人聞此法門信心不謗其福勝彼無量阿僧祇何况書寫受持讀誦修行為人廣說故

經曰須菩提以要言之是經有不可思議不可稱量無邊功德此法門如來為發大乘者說為發最上乘者說若有人能受持讀誦修行此經廣為人說如來悉知是人悉見是人皆成

就不可思議不可稱無有邊无量功德聚如是人等則為荷擔如來阿耨多羅三藐三菩提何以故須菩提若樂小法者則於此經不能受持讀誦修行為人解說若有我見衆生見人見壽者見於此法門能受持讀誦修行為人解說者無有是處須菩提在在處處若有此經一切世間天人阿修羅所應供養當知此處則為是塔皆應恭敬作礼圍繞以諸花香而散其處復次須菩提若善男子善女人受持讀誦此經為人輕賤何以故是人先世罪業應墮恶道以今世人輕賤故先世罪業則為消滅當得阿耨多羅三藐三菩提須菩提我念過去無量阿僧祇阿僧祇劫於然燈佛前得值八十四億那由他百千万諸佛我皆親承供養无空過者須菩提如是無量諸佛我皆親承供養无空過者若復有人於後世末世能受持讀誦修行此經所得功德我所供養諸佛功德於彼百分不及一千万億分乃至筭數辟喻所不能及須菩提若

有善男子善女人於後世末世有受持讀誦修行此經所得功德若我具說者或有人聞心則狂乱疑惑不信須菩提當知是法門不可思議果報亦不可思議

論曰復成就何業修行者今顯彼修行業偈言

非餘者境界　唯依大人說　及希聞信法
滿足无上界　受持真妙法　尊重身得福
及遠離諸障　復能速證法　成種種勢力
得大妙果報　如是等勝業　於法修行知

此三行偈說何等義有不可思議者示不可思議境界故不可稱量者謂唯獨大人不共聲聞等以為住第一大乘衆生說故此示依止大人故又說大乘者最妙大乘修行勝故以信小乘等則不能聞此示希聞而能信法故如經以要言之是經有不可思議不可稱量無邊功德如來為發大乘者說為發最上乘者說故希聞者謂不可思議等文句得不可思議等福德顯滿足性故以福德善根滿足故此說不可思議等文句如經皆成

就不可思議不可稱無有邊无量功德聚故如是人等則為荷擔如來阿耨多羅三藐三菩提者示現受持真妙法故受持法者即是荷擔大菩提如經如是人等則為荷擔如來阿耨多羅三藐三菩提故在在處處供養者當知是人必定成就無量功德如經在在處處若有此經一切世間天人阿修羅所應供養當知此處則為是塔皆應恭敬作礼圍繞以諸花香而散其處故受持讀誦此經為人輕賤者示現遠離一切諸障故何故為人輕賤而離諸障以有大功德故如經是人先世罪業則為消滅故於然燈佛前供養諸佛功德於後末世受持此法門功德福多於彼者此示速證菩提法故以多福德莊嚴速疾滿足故如經若復有人於後世末世能受持讀誦修行此經所得功德我所供養諸佛功德於彼百分不及一千万億分乃至筭數譬喻所不能及故當知是法門不可思議果報亦不可思議者此明何義偈言成種種勢力得大妙果報故所謂攝受四天王釋提桓因梵天王等成就勢力故若聞此事其心迷亂者以彼果報不可思議甚為勝妙示非思量智境界故住彼修行中成如是等功德是故彼修行等業應知如經當知是法門不可思議果報亦不可思議故

經曰尒時須菩提白佛言世尊云何菩薩發阿耨多羅三藐三菩提心云何住云何修行云何降伏其心佛告須菩提菩薩發阿耨多羅三藐三菩提心者當生如是心我應滅度一切衆生令入無餘涅槃界如是滅度一切衆生已而無一衆生實滅度者何以故須菩提若菩薩有衆生相人相壽者相則非菩薩何以故須菩提實無有法名為菩薩發阿耨多羅三藐三菩提心者

論曰何故前說三種修行今復重說此有何勝偈言

於內心修行　存我為菩薩　此即障於心
違於不住道

此義云何若菩薩於自身三種修行生如是心我住於菩薩大乘我如是修行我如是降伏其心菩薩生此分別則障於菩提行偈言於內心修行存我為菩薩此即障於心故障何等心偈言違於不住道故如經何以故須菩提實无有法名為菩薩發阿耨多羅三藐三菩提心者故

經曰須菩提於意云何如來於然燈佛所有法得阿耨多羅三藐三菩提不須菩提白佛言不也世尊如我解佛所說義佛於然燈佛所无有法得阿耨多羅三藐三菩提佛言如是如是須菩提實无有法如來於然燈佛所得阿耨多羅三藐三菩提須菩提若有法如來得阿耨多羅三藐三菩提者然燈佛則不與我受記汝於來世當得作佛号釋迦牟尼以實無有法得阿耨多羅三藐三菩提是故然燈佛與我受記作如是言摩納婆汝於來世當得作佛号釋迦牟尼何以故須菩提言如來者即實真如須菩提若有人言如來得阿耨多羅三藐三菩提者是人不實語須菩提實无

有法佛得阿耨多羅三藐三菩提須菩提如來所得阿耨多羅三藐三菩提於是中不實不妄語是故如來說一切法皆是佛法須菩提所言一切法一切法者即非一切法是故名一切法

論曰此中有疑若無菩薩云何釋迦如來於然燈佛所行菩薩行為斷此疑如經須菩提於意云何如來於然燈佛所有法得阿耨多羅三藐三菩提不不也世尊如是等此明何義偈言

以後時授記　然燈行非上　菩提彼行等
非實有為相

此義云何於然燈佛時非第一菩薩行何以故我於彼時所修諸行无有一法得阿耨多羅三藐三菩提若我於彼佛所已證菩提則後時諸佛不授我記是故我於彼時行未成佛故偈言以後時授記然燈行非上故若無菩提即无諸佛如來有如是謗謂一向無諸佛為斷此疑如經何以故須菩提言如來者即實真如故實者非顛倒義故真如者不異不變故須

菩提若有人言如來得阿耨多羅三藐三菩提者此示何義偈言菩提彼行等故此義云何彼菩薩行若人言有實者此則虛妄如是如來得阿耨多羅三藐三菩提若人言得者此亦虛妄故言菩提彼行等故若如是有人謗言如來不得阿耨多羅三藐三菩提為斷此疑如經須菩提如來所得阿耨多羅三藐三菩提法不實不妄語故此義云何以如來得彼菩提故偈言非實有為相故有為相者謂五陰相彼菩提法無色等相故此復云何偈言

彼即非相相　以不虛妄說　是法諸佛法
一切自體相

此義云何彼即於色等非相無色等相故彼即菩提相故是故偈言彼即非相相以不虛妄說故是故如來說一切法佛法如是等此義云何以如來得如是法偈言是法諸佛法一切自體相故自體相者非體自體故此明何義一切法真如體故彼法如來所證是故言一切法佛法彼處色等

相不住故彼一切色等諸法非法如是諸法非法即是諸法法以無彼法相常不住持彼法相故

經曰須菩提譬如有人其身妙大須菩提言世尊如來說人身妙大則非大身是故如來說名大身

論曰大身譬喻示現何義偈言

依彼法身佛　故說大身喻　身離一切障
及遍一切境　功德及大體　故即說大身
非身即是身　是故說非身

此二偈示何義畢竟遠離煩惱障智障畢竟具足法身故此復云何有二種義一者遍一切處二者功德大是故名大身偈言功德及大體故遍一切處者真如一切法不差別故偈言非身即是身是故說非身故如經世尊如來說人身妙大則非大身是故如來說名大身故此說何義非身者無有諸相是名非身大者有真如體如是即名妙大身如經是名妙大身故

經曰佛言須菩提菩薩亦如是若作是言我當滅度無量眾生則非菩薩佛言須菩提於意云何頗有實法名

為菩薩須菩提言不也世尊實无有法名為菩薩是故佛說一切法無衆生無人无壽者須菩提若菩薩作是言我莊嚴佛國土是不名菩薩何以故如來說莊嚴佛土莊嚴佛土者即非莊嚴是名莊嚴佛國土須菩提若菩薩通達无我無我法者如來說名真是菩薩

論曰此中有疑若無菩薩者諸佛亦不成大菩提衆生亦不入大涅槃亦無清淨佛國土若如是為何義故諸菩薩摩訶薩發心欲令衆生入涅槃起心修行清淨佛國土自下經文為斷此疑云何斷疑偈言

不達真法界　起度衆生意　及清淨國土
生心即是倒

此義云何若起如是心即是顛倒非菩薩者起何等心名為菩薩如經須菩提若菩薩通達無我无我法者如來說名真是菩薩菩薩故此示何義偈言

衆生及菩薩　知諸法無我　非聖自智信
及聖以有智

此明何義知無我无我法者謂衆生及菩薩何等衆生何等菩薩於彼法若能自智信若世間智出世間智所謂凡夫聖人是人名為菩薩此言攝世諦菩薩出世諦菩薩是故重說菩薩菩薩如經如來說名真是菩薩菩薩故

金剛般若波羅蜜經論卷中

金剛般若波羅蜜經論卷中

校勘記

一　底本，金藏廣勝寺本。
一　一四一頁中九行及一三行「尒數」，石、麗作「尒所」。
一　一四一頁下二一行「何以故」，石無。
一　一四二頁上一〇行首字「相」，資、磧、普、南、徑、清作「想」。
一　一四二頁中一一行末字「德」，石無。
一　一四二頁中一二行首字「最」，石、資、磧、普、南、徑、清作「最勝」。
一　一四二頁下二二行第五字「德」，石、資、磧、普、南、徑、清無。
一　一四三頁上二〇行「能取」，資、磧、普、南、徑、清作「能取可取」。
一　一四三頁中二行第三字「此」，資、磧、普、南、徑、清無。
一　一四三頁中一六行「論曰」，徑無。
一　一四三頁中二〇行首字「此」，資、

磧、普、南、徑、清、麗作「於此」。

一四四頁中一四行首字「想」，石、麗作「相」。

一四四頁下一一行第一四字「授」，資、磧、普、南、徑、清作「受」。

一四四頁下一四行、二〇行、二〇行末字至二一行首字「受記」，麗作「授記」。

一四四頁下末行「者何」，資、磧、普、南、徑、清作「何以」。

一四五頁上五行「如是」，資、磧、普、南、徑、清作「如此」。

一四五頁上九行第四字「如」，諸本作「如来」。

一四五頁中一〇行及一四行「對治及對法」，石、資、磧、普、南、徑、清作「對法及對治」。

一四五頁中一五行末字「能」，資、磧、普、徑、清作「得」；南作「是」。

一四五頁下二一行第一二字「有」，石無。

一四六頁中一六行第六至第八字「阿僧祇」，資、磧、普、南、徑、清無。

一四六頁中二〇行第八字「世」，資、磧、普、南、徑、清無。

一四七頁中一八行末字「者」，石、麗作「者故」。

一四八頁上二一行第五字「佛」，資、磧、普、南、徑、清作「佛如来」。

一四八頁中二行第七字「示」，徑、清作「是」。

一四八頁中一六行第一二字「無」，資、磧、普、南、徑、清作「非」。

一四八頁中末行第一〇字「法」，石、資、磧、普、南、徑、清作「法故」。

一四九頁上二行「無衆」，資、磧、普、南、徑、清、麗作「無我無衆」。

一四九頁上八行「菩薩」，石、麗作「菩薩菩薩」。

一四九頁中三行第四字「智」，石作「知」。

趙城縣廣勝寺

金剛般若波羅蜜經論卷下 孝

天親菩薩造

元魏天竺三藏菩提流支譯

經曰須菩提於意云何如来有肉眼不須菩提言如是世尊如来有肉眼佛言須菩提於意云何如来有天眼不須菩提言如是世尊如来有天眼佛言須菩提於意云何如来有慧眼不須菩提言如是世尊如来有慧眼佛言須菩提於意云何如来有法眼不須菩提言如是世尊如来有法眼佛言須菩提於意云何如来有佛眼不須菩提言如是世尊如来有佛眼佛言須菩提於意云何如恒河中所有沙佛說是沙不須菩提言如是世尊如来說是沙佛言須菩提於意云何如一恒河中所有沙有如是等恒河是諸恒河所有沙數佛世界如是世界寧為多不須菩提言彼世界甚多世尊佛告須菩提尒所國土中所有衆生若干種心住如来悉知何以故如来說諸心住皆為非心住是名為心住何

以故須菩提過去心不可得現在心不可得未来心不可得須菩提於意云何若有人以滿三千大千世界七寶持用布施是善男子善女人以是因緣得福多不須菩提言如是世尊此人以是因緣得福甚多佛言如是如是須菩提彼善男子善女人以是因緣得福德聚多須菩提若福德聚有實如来則不說福德聚福德聚

論曰復有疑前說菩薩不見彼是衆生不見我為菩薩不見清淨佛國土何以故以不見諸法名為諸佛如来若如是或謂諸佛如来不見諸法自下經文為斷此疑故說五種眼偈言

雖不見諸法　非無了境眼　諸佛五種實
以見彼顛倒

何故說彼非顛倒為顯斷疑譬喻是故說我知彼種種心住如是等此示何義彼非顛倒以見顛倒故何者是顛倒偈言

種種顛倒識　以離於實念　不住彼實智
是故說顛倒

此義云何種種顛倒者彼種種心緣

住是名種種識以六種識差別顛倒何故彼心住心為顛倒偈言以離於實念不住彼實智是故說顛倒故如来說諸心住皆為非心住者此句示現遠離四念處故此以何義心住者住彼念處以離彼念處故云不住又住不動根本名異義一若如是不住是故說心住此明不住相續不斷行因是故不住示彼相續顛倒如經何以故須菩提過去心不可得現在心不可得未来心不可得以過去未来故不可得現在心虛妄分別故不可得如是示彼心住顛倒諸識虛妄以無世觀故何故依福德重說譬喻偈言

佛智慧根本　非顛倒功德　以是福德相
故重說譬喻

此說何義復有疑向說心住顛倒若如是福德亦是顛倒若是顛倒何名善法為斷此疑示現心住雖顛倒福德非顛倒何以故偈言佛智慧根本故云何示現根本如經須菩提若福德有實如来則不說福德聚福德聚故此義云何明有漏福德聚是其顛

倒以此福德聚是有漏故所以如来不說福德聚又福德聚者即福德聚何以故若非福德聚者如来則不說為智慧根本是故福德聚者即福德聚

經曰須菩提於意云何佛可以具足色身見不須菩提言不也世尊如来不應以色身見何以故如来說具足色身即非具足色身是故如来說名具足色身佛言須菩提於意云何如来可以具足諸相見不須菩提言不也世尊如来不應以具足諸相見何以故如来說諸相具足即非具足是故如来說名諸相具足

論曰復有疑若諸佛以无為法得名云何諸佛成就八十種好三十二相而名為佛為斷此疑是故說非成就色身非成就諸相得見如来又色身攝得八十種好三十二相如經何以故如来說具足色身即非具足色身是故如来說名具足色身何以故如来說諸相具足即非具足是故如来說名諸相具足故何故如是說偈言

法身畢竟體　非彼相好身　以非相成就
非彼法身故　不離於法身　彼二非不佛
故重說成就　亦無二及有

此二偈說何義彼法身畢竟體非色身成就亦非諸相成就以非彼身故非彼身者以非彼法身相故此二非不彼即彼如来身有故何者是二者色身成就二者諸相成就以此二法不離於法身是故彼如来身成就相好亦得說有云何說有經言色身成就諸相成就故是故偈言彼二非不佛故是故此二亦得言无故說非身成就非相成就亦得言有故說色身成就諸相成就故偈言亦無二及有故何以故如是說以彼法身中无即於是義說如来色身成就諸相成就以不離彼身故而法身不如是說以法身非彼體故

經曰佛言須菩提於意云何汝謂如来作是念我當有所說法耶須菩提莫作是念何以故若人言如来有所說法則為謗佛不能解我所說故何以故須菩提如来說法說法者无法

可說是名說法

論曰復有疑若如来具足色身成就不可得見若相成就不可得見云何言如来說法自下經文為斷此疑如經若人言如来有所說法則為謗佛不能解我所說故此義云何偈言

如佛法亦然　所說二差別　不離於法界
說法无自相

何故重言說法說法者偈言所說二差別故何者是二一者所說法二者所有義何故言無法可說是名說法故者偈言不離於法界說法無自相故此以何義所說法離於真法界不可得自相見故

經曰尒時慧命須菩提白佛言世尊頗有衆生於未来世聞說是法生信心不佛言須菩提彼非衆生非不衆生何以故須菩提衆生衆生者如来說非衆生是名衆生

論曰復有疑若言諸佛說者是无所說法不離於法身亦是其無有何等人能信如是甚深法界自下經文為斷此疑偈言

所說說者深　非無能信者　非衆生衆生
非聖非不聖

何故言須菩提非衆生非不衆生者偈言非衆生衆生非聖非不聖故此以何義若有信此經彼人非衆生非衆生者非無聖體非无聖體者非凡夫體故非不衆生者以有聖體故彼人非凡夫衆生非不是聖體衆生如經何以故須菩提衆生衆生者如来說非衆生是名衆生故如来說非衆生者非凡夫衆生是故說衆生衆生以聖人衆生是故說非衆生

經曰佛言須菩提於意云何如来得阿耨多羅三藐三菩提耶須菩提言不也世尊世尊無有少法如来得阿耨多羅三藐三菩提佛言如是如是須菩提我於阿耨多羅三藐三菩提乃至无有少法可得是名阿耨多羅三藐三菩提復次須菩提是法平等無有高下是名阿耨多羅三藐三菩提以無衆生无人無壽者得平等阿耨多羅三藐三菩提一切善法得阿耨多羅三藐三菩提須菩提所言善

法善法者如来說非善法是名善法

論曰復有疑若如来不得一法名阿耨多羅三藐三菩提者云何離於上上證轉轉得阿耨多羅三藐三菩提自下經文為斷此疑示現非證法名為得阿耨多羅三藐三菩提此義云何偈言

彼處無少法　知菩提无上　法界不增減
淨平等自相　有無上方便　及離於漏法
是故非淨法　即是清淨法

此明何義彼菩提處無有一法可證名為阿耨多羅三藐三菩提如經世尊無有少法如来得阿耨多羅三藐三菩提法故彼復有義偈言法界不增減不增減者是法平等是故名无上以更無上上故如經復次須菩提是法平等无有高下是名阿耨多羅三藐三菩提故又諸佛如来清淨法身平等無差別於彼處无有勝者是故說无上如經以無衆生无人無壽者得平等阿耨多羅三藐三菩提故又彼法無我自體真實更无上上故名阿耨多羅三藐三菩提故又彼法

有無上方便以一切善根滿足故說阿耨多羅三藐三菩提餘菩提者善法不滿足更有上方便如經一切善法得阿耨多羅三藐三菩提故須菩提所言善法善法者如來說非善法是名善法者何故如是說偈言及離於漏法是故彼漏非是淨法此即是清淨法故此以何義彼法無有漏法故名非善法以无有漏法故是故名為善法以決定無漏善法故

經曰須菩提三千大千世界中所有諸須弥山王如是等七寶聚有人持用布施若人以此般若波羅蜜經乃至四句偈等受持讀誦為他人說於前福德百分不及一千分不及一百千万分不及一歌羅分不及一數分不及一優波尼沙陁分不及一乃至筭數譬喻所不能及

論曰復有疑若一切善法滿足得阿耨多羅三藐三菩提者則所說法不能得大菩提何以故以所說法无記法故為斷此疑重說勝福譬喻示現何義偈言

雖言無記法　而說是彼因　是故一法寶
勝无量珎寶

此義云何雖言所說法是無記而能得大菩提何以故以遠離所說法不能得大菩提以是義故此法能為菩提因又言无記者此義不然何以故汝法是無記而我法是記偈言是故一法寶勝无量珎寶故是故此所說法勝彼阿僧祇須弥等珎寶故如經若人以此般若波羅蜜經乃至一四句偈等受持讀誦為他人說於前福德百分不及一如是等此示何義偈言

數力無似勝　无似因亦然　一切世間法
不可得為喻

此說何等義示於前福德此福為勝云何為勝一者數勝二者力勝三者不相似勝四者因勝是故偈言一切世間法不可得為喻故數勝者如經百分不及一乃至筭數譬喻所不能及故以數無限齊故攝得餘數應知力勝者如經不及一歌羅分故无似勝者此福德中數不相似以此福德不可數故如經數不能及故因勝者

因果不相似此因果勝彼因果故如經乃至優波尼沙陁分不及一故又此法寂勝無有世間法可喻此法故偈言一切世間法不可得為喻故如是此福德中彼福微少是故无法可喻

經曰須菩提於意云何汝謂如來作是念我度衆生耶須菩提莫作是見何以故實無有衆生如來度者佛言須菩提若有實衆生如來度者如來則有我人衆生壽者相須菩提如來說有我者則非有我而毛道凡夫生者以為有我須菩提毛道凡夫生者如來說名非生是故言毛道凡夫生

論曰復有疑若是法平等相無有高下者云何如來名為度衆生自下經文為斷此疑云何斷疑偈言

平等真法界　佛不度衆生　以名共彼陰
不離於法界

此義云何衆生假名與五陰共故彼名共陰不離於法界偈言不離於法界故彼法界无差別故偈言平等真法界故是故如來不度一衆生偈言

佛不度衆生故如經何以故實無有
衆生如来度者故佛言須菩提若有
實衆生如来度者如来則有我人衆
生壽者相者此明何義偈言
取我度為過　以取彼法是　取度衆生故
不取取應知
此義云何若如来有如是心五陰中
有衆生可度者此是取相過以著彼
法故偈言取我度為過故以取彼法
是者以取五陰中是衆生故取度衆
生故者欲令衆生得解脫有如是相
故經復言須菩提如来說有我者則
非有我而毛道凡夫生者以為有我
者此義云何偈言不取取應知故此
以何義以彼不實義是故彼不取以
不取者即是毛道凡夫取而即是不
取故言不取取故又須菩提毛道凡
夫生者如来說名非生者不生聖人
法故言非生
經曰須菩提於意云何可以相成就
得見如来不須菩提言如我解如来
所說義不以相成就得見如来佛言
如是如是須菩提不以相成就得見

如来佛言須菩提若以相成就觀如
来者轉輪聖王應是如来是故非以
相成就得見如来
論曰復有疑雖相成就不可得見如
来以非彼體以如来法身為體而如
来法身以見相成就比智則知如来
法身為福相成就自下經文為斷此
疑云何斷疑偈言
非是色身相　可比知如来　諸佛唯法身
轉輪王非佛
此義云何有人言福德能成是相果
報以成是相故則知福德力得大菩
提若如是如来則以相成就得阿耨
多羅三藐三菩提為遮此故如經若
以相成就觀如来者轉輪聖王應是
如来是故非以相成就得見如来故
此義云何偈言
非相好果報　依福德成就　而得真法身
方便異相故
此明何義法身者是智相身福德者
是異相身故
經曰尒時世尊而說偈言
若以色見我　以音聲求我　是人行邪道

不能見如来　彼如来妙體　即法身諸佛
是體不可見　彼識不能知
論曰此偈說何義偈言
唯見色聞聲　是人不知佛　以真如法身
非是識境故
此示何義如来法身不應如是見聞
不應如是見聞者不應如見色聞聲
以何等人不能見謂凡夫不能見故
偈言唯見色聞聲是人不知佛故如
經是人行邪道不能見如来故是人
者是凡夫人不能見真如法身如經
彼如来妙體即法身諸佛法體不可
見彼識不能知故
經曰須菩提於意云何如来可以相
成就得阿耨多羅三藐三菩提須菩
提莫作是念如来以相成就得阿耨
多羅三藐三菩提須菩提汝若作是
念菩薩發阿耨多羅三藐三菩提心
者說諸法斷滅相須菩提莫作是念
菩薩發阿耨多羅三藐三菩提心說諸法斷滅相
何以故菩薩發阿耨多羅三藐三菩提心不說諸
法斷滅相須菩提若善男子善女人以滿恒河沙
等世界七寶持用布施若有菩薩知一切法無我

我得無生法忍此功德勝前所得福德須菩提以諸菩薩不取福德故須菩提白佛言世尊云何菩薩不取福德佛言須菩提菩薩受福德不取福德是故菩薩取福德論曰有人起如是心若不依福德得大菩提如是諸菩薩摩訶薩則失福德及失果報自下經文為斷此疑云何斷疑偈言

不失功德因　及彼勝果報　得勝忍不失
以得无垢果　示勝福德相　是故說譬喻
是福德無報　如是受不取

此義云何雖不依福德得真菩提而不失福德及彼果報何以故以能成就智慧莊嚴功德莊嚴故何故依彼福德重說譬喻偈言得勝忍不失以得無垢果故此義云何有人起如是心諸菩薩摩訶薩得無生法忍以得出世間智失彼福德及以果報為遮此故示現福德不失而更得清淨殊勝功德是故不失如經何以故菩薩發阿耨多羅三藐三菩提心者於法不說斷滅相故若復有菩薩知一切法無我得无生法忍者有二種無我

不生二種无我相是故受而不取如經佛言須菩提菩薩受福德不取福德是故菩薩取福德故云何菩薩受福德不取福德偈言是福德無報如是受不取故此義云何取者彼福德得有漏果報以有漏果報故彼福德可訶如是取者名之為取如取非道故此福德無報无報者無彼有漏報是故此福德受而不取經曰須菩提若有人言如來若去若來若住若坐若臥是人不解我所說義何以故如來者無所至去无所從来故名如来論曰若諸菩薩不受彼果報云何諸菩薩福德衆生受用偈言

是福德應報　為化諸衆生　自然如是業
諸佛現十方

此義云何明諸佛化身有用彼法身諸佛不去不来故偈言自然如是業諸佛現十方故此復何義偈言

去来化身佛　如来常不動　於是法界處
非一亦不異

此明不去不来義故如經何以故如来者無所至去无所從来故此義云何

若如来有去来差別即不得言常如是住常如是住者不變不異故經曰須菩提若善男子善女人以三千大千世界微塵復以尒許微塵世界碎為微塵阿僧祇須菩提於意云何是微塵衆寧為多不須菩提言彼微塵衆甚多世尊何以故若是微塵衆實有者佛則不說是微塵衆何以故佛說微塵衆則非微塵衆是故佛說微塵衆世尊如來所說三千大千世界則非世界是故佛說三千大千世界何以故若世界實有者則是一合相如来說一合相則非一合相是故佛說一合相佛言須菩提一合相者則是不可說但凡夫之人貪著其事何以故須菩提若人如是言佛說我見人見衆生見壽者見須菩提於意云何是人所說為正語不須菩提言不也世尊何以故世尊如來說我見人見衆生見壽者見即非我見人見衆生見壽者見是名我見人見衆生見壽者見須菩提菩薩發阿耨多羅三藐三菩提心者於一切法應如

是知如是見如是信如是不住法相何以故須菩提所言法相法相者如来說即非法相是名法相須菩提若有菩薩摩訶薩以滿无量阿僧祇世界七寶持用布施若有善男子善女人發菩薩心者於此般若波羅蜜經乃至四句偈等受持讀誦為他人說其福勝彼無量阿僧祇云何為人演說而不名說是名為說

論曰碎微塵譬喻者示現何義偈言

此界作微塵　此喻示彼義　微塵碎為末
示現煩惱盡

此明何義偈言於是法界處非一亦非異故彼諸佛如来於真如法界中非一處住亦非異處住為示此義故說世界碎微塵喻此喻示現何義偈言微塵碎為末示現煩惱盡故此喻非聚集微塵衆示現非一喻此義云何偈言

非聚集故集　非唯是一喻　聚集處非彼
非是差別喻

此義云何如微塵碎為末非一處住以無有聚集物故亦非異處差別以

聚集微塵差別不可得故以差別不住故如是諸佛如来遠離煩惱障住彼法界中非一處住亦非異處住如是三千世界合相喻非聚集故此以何義如經如来說一合相則非一合相是故如来說一合相故若實有一物聚集如来則不說微塵聚集如是若實有一世界如来則不說三千大千世界如經若世界實有者則是一合相故但凡夫之人貪著其事者以彼聚集无物可取虛妄分別是故凡夫妄取若有實者即是正見故知妄取何故凡夫無物而取物如經佛言須菩提一合相者則是不可說但凡夫之人貪著其事如是等此示何義偈言

但隨於音聲　凡夫取顛倒　非無二得道
遠離於我法

如經何以故須菩提若人如是言佛說我見人見衆生見壽者見如是乃至是名我見人見衆生見壽者見故此復何義偈言非無二得道遠離於我法故此義云何非无我無法離此

二事而得菩提云何得菩提遠離彼二見故得於菩提偈言遠離於我法故此復何義偈言

見我即不見　無實虛妄見　此是微細障
見真如遠離

是故見即不見无其實義以虛妄分別以是無我是故如来說彼我見即是不見以其无實無實者即是无物以是義故說我見即是虛妄見如是示現我見不見故見法者亦是不見如經須菩提菩薩發阿耨多羅三藐三菩提心於一切法應如是知如是見如是信如是不住法相故此復何義以見法相即不見相如彼我見即非見故何故此二見說名不見偈言此是微細障見真如遠離故此復云何彼見我見法此是細障以不見彼二故是以見法而得遠離偈言見真如遠離故又如是知如是見如是信者此示何義偈言

二智及三昧　如是得遠離　化身示現福
非无無盡福

此義云何示現世智第一義智及依

止三昧得遠離彼障是故重說勝福辟喻此示何義偈言化身示現福非無无盡福故此復何義雖諸佛自然化身作業而彼諸佛化身說法有无量無盡无漏功德故云何為人演說而不名說是名為說者何故如是說偈言

諸佛說法時　不言是化身　以不如是說
是故彼說正

此義云何若化身諸佛說法時不言我是化身是故彼所說是正說若不如是說者可化衆生不生敬心何以故以不能利益衆生即彼說是不正說是故不說我是化佛

經曰

一切有為法　如星翳燈幻　露泡夢電雲
應作如是觀

論曰復有疑若諸佛如來常為衆生說法云何言如來入涅槃為斷此疑是故如來說彼偈喻其義云何偈言

非有為非離　諸如來涅槃　九種有為法
妙智正觀故

此義云何諸佛涅槃非有為法亦不

離有為法何以故以諸佛得涅槃化身說法示現世間行為利益衆生故此明諸佛以不住涅槃以不住世間故何故諸佛示現世間行而不住有為法中偈言九種有為法妙智正觀故此以何義如星宿等相對法地種正觀故此九種正觀於九種境界應知觀何境界偈言

見相及於識　器身受用事　過去現在法
亦觀未來世

云何觀九種法辟如星宿為日所映有而不現能見心法亦復如是又如目有翳則見毛輪等色觀有為法亦復如是以顛倒見故又如燈識亦如是依止貪愛法住故又如幻所依住處亦如是以器世間種種差別無一體實故又如露身亦如是以少時住故又如泡所受用事亦如是以受想因三法不定故又如夢過去法亦如是以唯念故又如電現在法亦如是以刹那不住故又如雲未來法亦如是以於子時阿梨耶識與一切法為種子根本故觀如是九種法得何等

功德成就何智偈言

觀相及受用　觀於三世事　於有為法中
得无垢自在

此義云何觀有為法三種一觀有為法以觀見相識二者觀受用以觀器世間等以何處住以何等身受用何等三者觀有為行以何等法三世轉差別如是觀一切法於世間法中得自在故偈言於有為法中得无垢自在故

佛說是經已長老須菩提及諸比丘比丘尼優婆塞優婆夷菩薩摩訶薩一切世間天人阿修羅乾闥婆等聞佛所說皆大歡喜信受奉行

諸佛希有揔持法　不可稱量深句義
從尊者聞及廣說　迴此福德施群生

金剛般若波羅蜜經論卷下

金剛般若波羅蜜經論卷下

校勘記

一 底本，金藏廣勝寺本。

一 一五一頁中二〇行「國土」，資、磧、普、南、徑、清、麗作「世界」。

一 一五二頁上二行第六字「心」，諸本作「名」。

一 一五二頁上一四行第二字「世」，麗作「三世」。

一 一五二頁上一九行第五字「此」，資、磧、普、南作「於」。

一 一五二頁下七行第二字「彼」，石、磧、麗作「佛」。

一 一五二頁下一五行「故何以故」，石、麗作「故何故」；資無；磧、普、南、徑、清作「何故」。

一 一五三頁上一二行首字「故」，諸本無。

一 一五三頁中二二行「一切」，磧、普、南、徑、清作「修一切」。

一 一五三頁下一四行第九字「義」，石、麗作「何義」。

一 一五四頁上一行第一〇字「根」，資、磧、普、南、徑、清、麗作「法」。

一 一五四頁下一行第六字「此」，石、麗作「以此」。

一 一五五頁上六行「取取」，磧、普作「取彼」。

一 一五五頁上六行、上一四行「取取」，南、徑、清作「取彼」。

一 一五五頁中六行第一〇字「智」，麗作「知」。

一 一五五頁下二行首字「是」，諸本作「法」。

一 一五五頁下三行「此偈」，諸本作「此二偈」。

一 一五五頁下七行第一〇字「如」，諸本作「如是」。

一 一五五頁下一五行「菩提」，諸本作「菩提耶」。

一 一五五頁下二〇行共十九字，麗無。

一 一五五頁下二一行第一六字至二二行第四字「心不說諸法斷滅相」，石作「心者於法不說斷滅相故」；資、磧、普、南、徑、清作「心者於法不說斷滅相」；麗作「心者不說諸法斷滅相故」。

一 一五六頁上三行「云何菩薩」，石、麗作「菩薩云何」；資、磧、普、南、徑、清作「菩薩」。

一 一五七頁上八行第二字「福」，石作「福德」。

一 一五七頁上一一行「此界」，諸本作「世界」。

一 一五七頁中四行第六字「合」，諸本作「一合」。

一 一五七頁下五行第二字「真」，資、磧、普作「其」。

一 一五七頁下一二行第四字「心」，資、磧、普、南、徑、清作「心者」。

一 一五七頁下一七行第九字「細」，石、麗作「微細」。

一 一五八頁上一五行「經曰」，資、磧、普、南、徑、清作「經曰尒時世尊而説偈言」。

一　一五八頁上二〇行「説彼」，石、資、磧、普、南、徑、清作「即説」。

一　一五八頁上二〇行第九字「其」，諸本作「此」。

一　一五八頁中六行「地種」，諸本作「九種」。

一　一五八頁下四行第一一字「一」，資、磧、普、南、徑、清作「一者」。

一　一五八頁下一一行首字「佛」，諸本作「經曰佛」。

趙城縣廣勝寺

金剛般若波羅蜜經破取著不壞假名論卷上　聲

功德施菩薩造

唐中天竺國沙門地婆訶羅奉　詔譯

稽首能悟真實法　離諸分別及戲論
欲令世間出淤泥　無言說中言論者
一切異道之所作　不能壞於諸想見
彼難壞見金剛斷　故我歸心此法門
諸句義中秘密義　世間智慧莫能測
開諭我等及羣生　彼菩薩衆今敬礼
佛所說法咸歸二諦一者俗諦二者
真諦俗諦者謂諸凡夫聲聞獨覺菩
薩如来乃至名義智境業果相屬真
諦者謂即於此都无所得如說第一
義非智之所行何況文字乃至無業
无業果是諸聖種性是故此般若波
羅蜜中說不住布施一切法無相不
可取不可說生法無我无所得無能
證无成就無来无去等此釋真諦又
說內外世間出世間一切法相及諸
功德此建立俗諦如是應知大
如是我聞者顯示此經是世尊現覺
而演非自所作一時者說此經時餘

金剛經不壞假名論卷二　第二張　聲字号

時復說無量經故在舍衛城等說處
也辯處何義利益衆生云何利益令
知此地佛曾遊止心淨尊崇種福因
故一切經首列来者何示現如来大
威德故又結集者證已所傳無異說
故諸大乘經中廣說世尊菩薩功德
須菩提於彼已生淨信是故言希有
等此中世尊者謂何能永蠲夷四魔
畏故善逝者於第一義一切法皆无
所得自證知故如来者三無數劫福
智圓滿如是而来成正覺故應者諸
煩惱怨已永害故正者不顛倒義等
者遍及滿義故名正等覺護念有二
種如来攝受令悟真實護念也又令
轉化無量衆生第一護念也已知護
念何故付囑為有未能見真實者此
亦有二彼諸菩薩普於世間當成如
来獨尊體相如是讚美付善知識俾
其贍護令已生佛法住及增長付囑
也為未生勝法付之令生第一付囑
也復以何因捨見真者讚於未見哀
彼未得勝智善品誘勸其心令勇進
故善男子善女人發菩薩乘等者謂

所護念付囑菩薩趣向佛乘應云何

住等云何住者於何相果心住願求
云何修行者當修何行而得其果云
何降伏其心者降何等心使因清淨
諸法先因而後果何故先說果先讚
果德令彼欣求而修因故諦聽者心
專一境善者於如理義生信无疑思
念者敬持不忘應如是住等者如其
次第於如是果而住其心脩如是行
克證彼果降如是心即因清淨
此中顯示菩薩果四種利益相應之
心何者為四一無邊二㝡上三愛攝
四正智云何无邊心經曰所有一切
衆生之類如是等言衆生類謂稟息
風含情覺者此復云何所謂卵生諸
鳥等胎生諸人等濕生諸蟲等化生
諸天等如是四種各多族類此諸衆
生住於何處以何為體經曰若有色
若無色有色者謂有形无色者無有
形三界衆生此皆攝盡有形者謂欲
界十依止處色界十七依止處無形
者謂無色界此復幾種經曰若有想
若无想若非有想非無想有想者謂

空無邊處識无邊處起空想識想故

無想者謂无所有處離少想故名為
无想非有想非無想者謂有頂所攝
衆生之聚如是一切我皆攝受云何
㝡上心經曰我皆令入無餘涅槃而
滅度之無餘涅槃者何義謂了諸法
无生性空永息一切有患諸蘊資用
無邊布有功德清淨色相圓滿莊嚴
廣利群生妙業無盡云何愛攝心經
曰如是滅度无量衆生實無衆生得
滅度者此義云何菩薩慈愛一切衆
生同於已故衆生滅度即我非他是
名愛攝若第一義入初地等諸菩薩
無衆生想以衆生不可得如預流人
不起身見非彼菩薩見一衆生是我
所度云何正智心經曰若有衆生想
即不名菩薩等名何等邪所謂凡夫
何以故以必迷於第一義起我想衆
生想命想取者想故若證真實第一
義者衆生等想決定不生此中以般
若力證第一義一切衆生皆不可得
大悲心故恒逐衆生處於生死隨冗
誘度如是四種利衆生果應以俗諦

而住其心此四種心圓滿果因次應

顯示是故經言復次須菩提菩薩不
住於事行於布施如是等此布施名
中具六波羅蜜施有三種攝於六故
何等為三一者資生施二者無畏施
三者法施此中資生施攝檀那波羅
蜜無畏施攝尸羅羼提二波羅蜜於
未作已作惡不生怖畏故法施攝餘
三波羅蜜精懃不倦引諸神通如無
所得為人說故或彼一切諸波羅蜜
為他開演皆成法施事等是何云何
不住事者自身此身常有苦樂等无
邊事故不住者謂於是中心无愛著
無所住者不望報恩不住色等者心
不悕求可意諸境復以何義不住彼
耶心存於已不能惠施故若有悕求
退失菩提故復次不住於事者依資
生施說謂惠施者於所施財不應愛
著愛而行施心必生苦或復施已還
追悔故無所住者依无畏施說謂諸
菩薩脩戒忍時不應生心求彼果報
不住色等者依法施說法施有二果
謂現生他生於此二中不應貪著現

生果者謂所資用色等五境此復云何說法之人衆所瞻敬以妙色等妓樂香花飲食衣服而供養故他生果者依法境說云何此中而亦不住若諸菩薩證真實時乃至法身亦无得故云何修行六波羅蜜因得清淨經曰須菩提菩薩應如是布施不住於相想如是等此義云何謂諸菩薩第一義中施者受者及以施物名義智境諸想不生是即伏心因以清淨或日有施者等可生福聚三事並妄福於何有福我斯言第一義故不住於想俗諦故行施如是福聚難可度量如十方虛空廣遍无盡前因行處應讃其福此說者何降伏於心想不生故不生於想施方淨故由清淨因福无邊故

自下一切修多羅問荅遣疑持正法福德威力此威力成就一切法修行修行任運果因清淨相一切衆生如來藏性佛境界見佛法身法界相无住涅槃觀察育為世尊說巳

聖者須菩提疑曰若菩薩施時法亦不住云何以相好故行於施耶百福相等功德法聚名為世尊若不住法云何得成諸佛體相為遣此疑經曰須菩提於意云何可以相成就見如来不不不也世尊如是等相成就者是無常故如經凡所有相皆是虛妄諸相非相即非虛妄非虛妄者所謂真實以真實故名曰如来諸相若存是虛誑矣如經應以諸相非相而見如來即相微求无所得故若能遠離衆果怖望乃至法身亦無所得然恒如是行不住施即於佛身速致成滿

須菩提復疑曰若二種施皆无所得為清淨因了相空性為真實果於後世中誰其信樂將无空說同乎石女是故問言頗有衆生於未来世後五十歲法欲滅時聞此等經生實想不為遣此疑經曰須菩提莫作是說如是等後五十歲者人壽百齡開為二分初分五十教力增強後漸衰減佛涅槃巳名未来世此中正法將滅之時教力漸微是故說為後五十歲菩薩摩訶薩其義云何於菩提處有决定心菩薩也於一切衆生誓興利益摩訶薩也云何復名有尸羅者過去生中見無量佛咸供養故供養有三種一者給侍左右二者嚴辦所須三者諮承法要能守護故名曰尸羅謂能善守六情根故彼復有三一能離尸羅離於十不善業故二能作尸羅作於菩提分業故三能趣尸羅趣於第一義諦故云何復名有功德者種無貪等三善根故質直柔和及智悲等是名功德云何復名有智慧者了知生法二无我故如是了知離於八想生法各有四種想故離生想者經曰是諸菩薩无我想無衆生想无命想無取者想此義云何有主宰用名之為我諦觀諸蘊無彼體相故無我想安住常性名曰衆生諸蘊无常相續流轉無有一法是安住性故无衆生想如有經說汝今剎那亦生亦老亦死故無命想諸蘊循環受諸異趣名為取者是中無人能取諸趣捨於現蘊而受後蘊如去故衣而著新衣然依俗諦辟如因質而現於像質不

至像而有像現由前藴故後藴續生前不至後而後相續是故菩薩无取者想此謂了知生無我性離法想者經曰無法想亦无非法想無想亦无非想此復云何第一義法本不生故無法想以不生故亦無有滅故无非法想法非法分別離故无想此言無想但顯想无非謂有法而名非想復次雖第一義離一切想而隨世間言語想說是故菩薩亦無非想此謂了知法無我性云何但說有尸羅等持戒種善能起深信智慧見真生於實想一切功德此俱攝故復以何義言知見彼令諸菩薩心勇勵故彼作是言我今信解如來知見應更專勤修諸善法何故知見二俱說耶為欲開顯一切智故此復云何一切智者於諸境界朗然現覺非如比智見煙知火不能照了諸相差別亦非如肉眼見麁近物細障遠處則不能知但隨說一或如彼故若諸菩薩起我等想及法等想有何過失因此生於我等執故云何我等想生我等執若生此

執有其想故云何法等想生我等執

我我所藴中起法非法想於無我土木等故經曰不應取法不應取非法此何義耶捨二邊故法有性相尚不應取何況非法本无性相復次無分別者善如法尚不取況不善非法或念言不善不應取何故不取善若善法亦不取者佛何故三無數劫積集資糧是故經言以是義故如來常說如筏喻者法尚應捨何況非法此義云何如欲濟川先應取筏至彼岸已捨而去之世尊亦尒欲度苦流假資糧筏起一切果登涅槃岸樂因尚離何況苦因如象𧰼經說若出生死證涅槃界愛非愛果法非法因一切皆捨

復次疑曰若證時法非法皆捨何故世尊以一念相應正智現覺諸法有所說耶為遣此疑經曰須菩提於意云何如來得阿耨多羅三藐三菩提耶如來有所說法耶如是等此明何義顯示世尊證於真實無法可取言諸法者順俗名言非第一義若法非法皆無所取即依俗諦說名菩提非有實物如說大梵諸佛如來證菩提者謂無所得若无所得云何世尊有諸能事如來本願普利群生我成正覺離諸分別不由作意乃至衆生生死未盡隨其種類欲樂不同形相言音差別應現於諸法性皆无所得是得菩提亦名法身菩提法身無所得故雖無動念仍先擠力无邊色像以嚴其身十方國土周行不局凡有見聞靡不家益聖者須菩提以菩提無生故審意荅言无有少法如來所得非於無生而不現證如經如來所說法皆不可取不可說非法非非法此義云何无生者非是法亦非非法法非法分別境故不可取不可說者无能取說故證無所得故如經以无為相說名聖人無為者无所得義無為相者无所得自性義聖人者見真實義

須菩提復念言有尸羅等於經深信其福幾何是故廣明持法威力經曰須菩提於意云何若滿三千大千世

界七寳以用布施乃至為他人說如是等為他說者謂於二諦有所得无所得理善能開演不顛倒故其福勝彼無量阿僧祇者非心所量无量也六十位數所不能及阿僧祇也福德聚即非福德聚者財施雖多比持經福即為少故持經福多二門成立謂教及理云何為教如有經言施中最者所謂法施今此實施是財施攝云何為理財施雖獲富饒之果住於生死無常敗壞法施能成究竟功德永斷一切生死苦因如經阿耨多羅三藐三菩提從此經出諸佛如來從此經生云何出生依此法門心无所得證無生理妙菩提故又說諸法無生等義是語律儀從此生於衆德身故由身律儀相圓滿業生化身故復以何義財施唯得大財位果非諸佛因經曰佛法者即非佛法是名佛法其義云何諸法體性空無所有此若開顯是佛法身見有性者於法未悟依此密意說非佛法若知法無性覺故名佛此法佛有餘人無是名佛法由

持正法了法无性行於財施不能如是法施福多以斯義故

復次疑曰若所證法無有性者四聖果云何得成不見世間无物有果為遣此疑經曰須菩提於意云何須陁洹能作是念我得須陁洹果不須菩提言不也世尊如是等何故名為須陁洹以預於聖无得流故云何無得於色等境皆無得故十有五念為見道乘此向果名彼果向第十六念說為住果人天二別極七返生何故七生餘七結故七結者何謂欲貪及嗔色無色愛掉慢无明從此復斷欲界中修所斷惑乃至五品名斯陁含向是中復說二種家家謂天及人天家家者謂於天趣或於一天或二三天諸家流轉而般涅槃人家家者謂於人趣或於此洲或餘洲中諸家流轉而般涅槃盡第六品名住此果更一來生此世間故如是次第復斷二品一生為間當般涅槃是即名阿那含向九品永離名住此果更不還生於欲界故如是復斷初禪地欲乃至有頂

第九品無間道時一切說名阿羅漢向此无間道亦名金剛喻定以能永壞諸惑隨眠至解脫道名盡智與漏盡得同時生故如是名住阿羅漢果應作自他利益事故應為一切有含者者所供養故如是四人皆不作念我能得果何以故在證時无所得故如經實無有法名須陁洹乃至實无有法名阿羅漢何故不欲得果念耶若是念生有我等取離身見者无彼取故是故先說以無為相說名聖人無為相者空性相義須菩提述已所得證无是念曰如來說我無諍行第一我是離欲阿羅漢我不作是念如是等此義云何若須菩提行於无諍不悟即空何故如來讚言第一言第一者悟即空故如經以須菩提實无所行諍者是何所謂煩惱離彼煩惱名無諍定須菩提住於此定障及諍皆不與俱故隨俗言無諍行无諍行也

復次疑曰若預流等不得自果云何世尊遇然燈佛獲無生忍為遣此疑經曰須菩提於意云何如來昔在然

燈佛所於法有所取不須菩提言不也世尊如是等此明何義顯示昔遇然燈佛時以悟無生无法可取言獲忍者以俗諦故如說得菩提者謂无所得復有經說文殊師利我坐道場無得而起金剛場經又作是說我所有法皆不可得若聲聞獨覺及以如来或曰言語不能取於證法非智不取此說違經經說第一義非智之所行何況文字故復次智所知境名所詮境是二差別智之所證名初不行何義須說語不能取斯或大簡應具說牙齒手足諸身分等不能取故復次有餘經中世尊自釋然燈佛所得無生智不取於法如彼經言海慧當知菩薩有四所謂初發心菩薩修行菩薩不退轉菩薩一生補處菩薩此中初發心菩薩見色相如来修行菩薩見功德成就如来不退轉菩薩見法身如来海慧一生補處菩薩非色相見非功德成就見非法身見何以故彼菩薩以淨慧眼而觀察故依淨慧住依淨慧行淨慧者无所行非戲論不復是見何以故見非見是二无遠離二邊是即見佛若見於佛即見自身見身清淨見佛清淨見佛清淨者見一切法皆悉清淨是中見清淨智亦復清淨是名見佛海慧我如是見然燈如来得無生忍證无得無所得理即於此時上昇虛空高七多羅樹一切智智明了現前斷衆見品超諸分別異分別遍分別不住一切識之境界得六萬三昧然燈如来即授我記汝於来世當得作佛号釋迦牟尼是授記聲不至於耳亦非餘智之所能知亦非我惛蒙都無所覺然无所得亦無佛想无我想無授記說授記想乃至廣說言無想者顯是智證而无所取想者心法非是語故當知此中說智之境是故言以淨慧眼而觀察故復次無生忍者是心法非語法故復次證於无得無所得者以法無性无能取得此無得理有可得耶都無所得豈智能取復次斷衆見品超諸分別見品分別智法非語復次不住一切識之境界不言不住一切語境故無所取是智境界云何餘師固謂遮語

復次疑曰若智亦不能取諸佛法何故菩薩以智取佛土功德而興搢頡為遣此疑經曰須菩提若菩薩作是言我成就莊嚴佛國土是人不實語如是等衆妙珎綺悅可於心名為莊嚴彼有體相色等性故第一義中斯不可得說非莊嚴也而依俗諦以智成就是名莊嚴也菩薩應如是不生有住心者我作我成就如是住心不應生故不應住色等生心者於色等果不應求故應無所住而生其心者以智成就而不住彼如是心應生故

復次疑曰若不取一切法云何諸佛取遍滿自在身耶為遣此疑經曰須菩提譬如有人身如須弥山王如是等此喻顯示彼相似法自在之身其義云何如須弥山由共業力雖无分別而生大體如来亦尒於無量劫修諸福行雖獲大身不由分別如来何故同須弥山無分別耶第一義中山及色身无體性故是形相者皆有為

故如經何以故佛說非身是名為身非謂有身名為大身

復欲顯示受持正法其福甚多是故此中重說辟喻經曰如恒河中所有沙數如是沙等恒河於意云何是諸恒河沙寧為多不如是等此之勝喻何不先舉以諸凡夫未見真實先為廣說不生信解漸次聞之乃生信故復次受持福多以十三種因而得成就所謂處可恭敬故人可尊崇故一切勝因故彼義無上故越外內多故勝佛色因故起內施福故同佛出現故希能信解故難有修行故信修果大故信解成就故威力無上故世尊何故慇懃說此諸因相耶以諸衆生行資生施求財位果不持正法斷諸苦因此中處可恭敬者經曰復次須菩提隨所有處說是法門乃至一四句頌當知此處即是支提如是等人可尊崇者經曰當知是人成就寂上希有之法如是等一切勝因者經曰當何名此法門乃至名為般若波羅蜜如是等此義云何諸佛菩薩以般

若波羅蜜於世出世寂勝了知今此法門如是教故云何知然如經即非波羅蜜故此復云何智功德岸无能量者復次非彼岸者謂三界法智能稱量知不堅固第一義本性無生是故說言非波羅蜜彼義無上者即如是義無有上故如經須菩提於意云何如來有所說法不如是等此義云何以般若波羅蜜中無法可得是故如來亦不能以文字而說唯此分量說名菩提如有經言空中鳥跡不可得菩提性亦復如是言菩薩者於无得中能覺了故越外多者經曰三千大千世界所有微塵是為多不如是等此中舉大千界微塵數多為欲對顯受持之福云何顯耶比持經福即非多故如經是諸微塵如來說非微塵非微塵者顯非多義若以非多名非微塵者云何復說是名微塵依自分限是一大千微塵數故越內多者經曰所有世界如來說非世界等此中世界者謂衆生界大千界中一一衆生出息入息微塵刹那皆亦多故非

世界等如微塵說勝佛色因者經曰可以三十二相見如來不如是等此明何義顯示法身無相為體如經三十二相即是非相非相者非法身相是名相者是佛色身丈夫之相受持等福是法身因非諸相因是故此福寂為殊勝起內施福者經曰若善男子善女人以恒河沙等身布施乃至其福勝彼無量阿僧祇此何所因是財施故捨身尚尒況外物耶云何名為同佛出現佛興于世薄福難逢此經亦然預聞者少如經尒時須菩提聞此法門深生信解悲泣雨淚捫淚而白佛言希有世尊如是等須菩提向羅漢人隨佛覺悟於此正法昔尚不聞是故希有同於佛現希能信解者經曰若復有人得聞此經生於實想當知成就寂上希有如是等實想者謂聞此法門是無邊福因以為實故復次謂聞難得同於佛興以為實故復次謂聞此說一切法无生無所得等以為實故若一切法無生何故言當生實想雖生實想不壞无生如

經實想者即是非想是故當知生實想者依俗諦說第一義即非實想復次俗諦名實想者俗諦之想是人雖信諸法無生而不捨俗諦法故以是當得最上希有難有修行者經曰我今得聞如是法門信解受持不足為難如是等信修果大者經曰是諸衆生無復我想衆生想命想取者想如是等此義云何以於此經信及行故了生無我性不生我等想何以故有所取我是中乃生能取想故彼能取想隨俗言說第一義即是非想何以故諸佛世尊證法无我遠離一切分別想故諸佛體相名為大果信解成就者經曰若復有人得聞是經不驚不怖不畏如是等此中不驚者謂於諸法無生之理心不驚愕趣生道故不怖者謂於諸法無和合相心不怖懼而於世俗和合相中相續分別執為實故不畏者心不如是永決定故復次不驚等者如其次第謂聞法時思惟時修習時心安不動衆生等想已遠離故威力無上者經曰須菩提

如來說第一波羅蜜須菩提此第一波羅蜜如來說彼無量諸佛亦如是說如是等云何名第一無與等者故云何无與等一切佛法中威力最勝故一切諸佛同演說故以如是等十三種因持經之福多於寶施復次疑曰若一切佛法中般若波羅蜜最為上者何用勤苦行餘度耶為遣此疑示現般若攝持餘度經曰須菩提如來忍辱波羅蜜即非波羅蜜如是等非波羅蜜者遠離有此分別心故云何無分別經曰如我昔為歌利王割截支體我於尒時無我想无衆生想無命想无取者想如是等此義云何若有我等想即見有自他來犯已必生瞋恨若謂无分別想是愚癡心癡心作因瞋念還起於彼王所執能不挍以不挍故證知無想亦非无想無想者所謂无我等想無自他想及瞋恨想非無想者謂非愚癡何故愚癡名為无想不能觀察是應作是不應作故復次無想亦非无想者離於想無想染著分別故此已說彼虐害

時攝持忍辱復欲顯示餘時攝持經曰又念過去於五百世作忍辱仙人如是等此顯往昔未遇惡王已於多生斷我等想皆由般若攝持力故復欲顯示攝持菩提經曰菩薩應離一切想發阿耨多羅三藐三菩提心以離諸想得菩提故如說坐於菩提座永斷一切想云何離想耶經曰不應住色生心不應住聲香味觸法生心應生無所住心若生无所住心者云何住菩提而發心耶以住菩提故无所住如經何以故如是住者即為非住此義云何如是住者俗諦故非住者第一義故復次言住菩提即是非住如有經說菩提無住處是故非住是住菩提之異名也已說般若攝持忍辱攝持餘度其相云何經曰是故佛說菩薩心不住色布施不住聲香味觸法布施三施攝六如前說故五波羅蜜離於施物施者受者三種分別即是般若波羅蜜相故持餘度其義得成如說五波羅蜜若離般若如關目者而無導師為顯示彼方便故

經曰菩薩為利益一切衆生應如是布施或念言着不住法而行施者云何為利益衆生是故經言一切衆生想即是非想為利益者俗諦言說第一義即是非想何以故以衆生想取諸衆生計與藴異或不異等第一義中皆不可得如經是諸衆生即非衆生此顯遠離智及所知二種分別言非想者顯智無性非衆生者所知无性彼二無性如來證了諸想永除證無性故

金剛般若波羅蜜經破取著不壞假名論卷上

大唐新譯三藏聖教序　虚七

皇太后御製

朕聞真空無像非像教無以譯其真實際無言非言緒無以筌其實是以龍宮法鏡圓照帀於三千鷲嶺玄門方廣周於百億師無師之智必藉修多學無學之宗終資紙夜自金人感夢寶偈方傳貝葉靈文北天之訓逾遠實華微旨西秦之譯更新大乘小乘逗根機而演教半字滿字逐權實而相曉我

大唐之御宇載叶昌期代傳三聖年將七十舜河與定水俱清堯燭與慈燈並照緇衣西上寧惟法顯之流白馬東來豈直摩騰之輩大弘釋教諒屬茲辰朕爰自幼齡歸心彼岸務廣三明之路思崇八正之門往者風遘閔凶遽違嚴蔭近以孝誠無感復背慈顏露草之恨日深風樹之悲鎮切凡是二親之所蓄用兩京之所舊居莫不摠結招提之宇咸充無盡之藏仍集京城大德凡有十人共中天竺國三藏法師地婆訶羅於西太原寺同譯經論法師等並業隣初地道架彌天爲佛法之棟梁乃慧海之舟檝前後翻譯凡有十部以垂拱元年歲次大梁月旅夷則汗青方就裝縹畢功甘露之旨既深大雲之喻方遠庶永垂沙劫廣濟塵區傳火之義自明寫瓶之

永垂沙劫廣濟塵區傳火之義自明寫瓶之
辯逾潤朕以虚昧欽承顧託常願紹隆三寶安大寶之鴻基發揮八聖固　先聖之玉業所以四句微言極提河之深致一音妙義盡菴園之奥旨擊大法鼓響振於無間吹大法螺聲通於有頂爲闇室之明炬實昏衢之慧月菩提了義其在茲乎部帙條疏列之於後

金剛般若波羅蜜經破取著不壞假名論

卷上

校勘記

一　底本，金藏廣勝寺本。一六四頁上、下兩版原版殘缺，以麗藏本補。

一　一六一頁中一行經名前，資、磧、普有序文「大唐新譯三藏聖教序」，今據磧砂藏本補，附於經文之後。

一六一頁中三行譯者，石作「唐中天竺國沙門地婆訶羅等奉勅於西太原寺譯」；資、磧、普、南、清作「中天竺國沙門地婆訶羅奉勅譯」；麗作「唐中天竺國沙門地婆訶羅等奉詔譯」，卷下同。

一六一頁中五行第一三字「論」，諸本作「説」。

一六一頁中二〇行末字「大」，諸本無。

一六一頁下一九行第四字「今」，諸本作「令」。

一六二頁上六行第五字「欣」，磧作「忺」。

一六二頁上二一行第二字「十」，諸本作「二十」。

一六二頁下一六行第一三字「怖」，石作「異」。

一六三頁上一〇行「是即」，徑作「即是」。

一六三頁上一一行首字「日」，諸本作「曰」。

一六三頁上一一行第一三字「妄」，石、資、磧、普、南、徑、清作「忘」。

一六三頁上一二行第四字「福」，資、磧、普、徑、清、麗作「禍」。

一六三頁上一八行首字「自」，資、磧、普作「目」。

一六三頁中一一行首字「果」，資、磧、普、南、徑、清作「生」。

一六三頁中一五行第四字「其」，石作「有」。

一六三頁下一二行末字「八」，磧、普、南作「足」。

一六三頁下一六行第一一字「相」，石、資、磧、普、南、徑、清作「想」。

一六五頁中八行第六字「聖」，諸本無。

一六五頁中一〇行第七字「果」，磧、徑、清作「是」。

一六六頁中一行末字「无」，諸本作「邊」。

一六六頁中一七行第六字「境」，資、磧、普、南、徑、清作「境界」。

一六六頁下七行第七字「綺」，資、磧、普、南、徑、清作「奇」。

一六七頁上三行第二字「欲」，諸本作「次」。

一六七頁上一〇行首字「就」，資、磧、普、南、徑、清作「福」。

一六七頁中五行第七字「第」，資、磧、普、南、徑、清作「以第」。

一六七頁中一九行第二字「微」，資、磧、普、南、徑、清無。

一六八頁上三行第四字「名」，資、磧、普、南、徑、清作「名實」。

一六八頁中一一行第八字「有」，石、麗無。

一六八頁中二二行第一二字「者」，南作「著」。

趙城縣廣勝寺

金剛般若波羅蜜經破取著不壞假名論卷下　贊

功德施菩薩造

唐中天竺國沙門地婆訶羅奉　詔譯

須菩提復念言諸佛離一切想證法無性世間以何相故而信知耶是故經言如來是真語者實語者如語者不異如語者何以故但以如是四句顯示諸佛證實離想以世間中求名利者於上人法未證言證佛異彼人故說真語復有貪鄙情多矯妄曾獲神通自知巳失有人來問但云先得遠離是心說於實語又有修得世間之定心暫不生相同寂滅而向人說我證涅槃永除此㲉故說如語此言如取如是義所隨如字應可比知必同行故如說義時相同行相違乃至廣說是中同行者如母牛来子亦隨至如與如是應知亦然此顯如来斷一切障如彼明證如是而說不同學得世間禪者言證涅槃尋復退失何為復說不異如語以諸凡夫於乹闥婆城夢幻響像熱時之焰旋火之輪

如其所對如是取著名為異如諸佛不然是故說不異如說此復云何諸凡夫人所取城等非城等有名為異如如来所證非虛妄有不誑性故名不異如是故所言未甞虛妄云何知然佛巳淨除一切障故有諸及教可辨明故云何為證辭如說色是無常等色法現是無常等故云何為教如有經言童子我一切知一切見也復次真等四諦之名如来證知此四深理是以能說說而不知无是處故此中真語者說於苦諦色等諸蘊真是苦故實語者說於集諦愛實苦因非自在等能為因故如語者說於滅諦無為涅槃有為虛妄无為是如說無為之法非虛妄性名之為如不異如語者說於道諦離八支道言得涅槃虛誑不實此道能得實非妄故或念言若諸佛離一切想云何於法現證而說言八支道是實入水火等為妄說實妄故有分別想是故經言須菩提如来所得法所說法无實無妄此義云何如来證第一義一切法本

性無生无生故不曾是有云何名實既无生豈有滅是故非妄實妄二境皆不可得於何而生彼分別想所說之法是文字性文字有為故非實依而證實故非妄

復次疑曰若所證法無生无性非實非妄是即諸佛第一義身從此為因二身成滿菩薩何故捨所證法住於事等而行施耶為遣此疑經曰須菩提辟如有人入闇即无所見若菩薩心住於事而行布施如是等此闇明二喻示有住无住過失功德其義云何如人闇中捨平坦路行於非道顛墜難險受諸苦難於所樂處近而不達若諸菩薩住事行施捨無得性平疾之道行於有得險難之路於生死中受諸困厄涅槃之所何時可至如人有目者得無生忍也夜分已盡者捨於果愛也日光明照者决定了知諸法无性見種種色者悟一切法不滅不生不斷不常不一不異不來不出無所得等菩薩如是行不住施速成正覺得大涅槃

此一切法修行中有自他二利自利復有教義修行教修行者謂受持讀誦義修行者聽聞思惟利他者謂為人演說如經須菩提若善男子善女人於此法門受持讀誦修習演說如来悉知是人悉見是人生如是无量福德聚取如是無量福德此中受者作心領納故持者溫記不忘故讀誦者披諷其文故修習者謂聽聞及思惟故無量福聚其相云何經曰若善男子善女人初日分以恒河沙等身布施乃至於此法門信心不謗如是等此布施福轉勝於前以事與時二種大故事大者如經以恒河沙等身布施故時大者如經百千億那由他劫故

修行任運果今說云何名為任運果謂修行者從初乃至未成正覺此生餘生獲諸功德本所期者是佛果故功德是何所謂魔及異道不能沮乱功德大故殊勝無等堅牢福果㝡上法器圓滿資糧能荷難勝深大信解福因之處拔一切罪速疾證地此中

魔及異道不能沮乱者經曰此法門不可思議其義云何以法威力不思議故斯人福慧超諸智境是故邪徒莫能沮乱功德大故殊勝无等者經曰不可稱量以能受持不可量法功德威力餘無與等是故此人㝡為殊勝堅牢福果者經曰無量果報耶莫能沮故功德廣大故於天人中受諸勝福无能逼奪令其不受㝡上法器者經曰此法門如来為發大乘者說為發㝡上乘者說法豈虛行授之以器圓滿資糧者經曰若有人受持讀誦修習演說如是等此中受持讀誦為他說故福德增長聽聞思惟故智慧增長云何增長如經皆成就不可思不可稱無有邊无量功德聚言无量者顯此功德非是一切心量之境是故思所不能知不可取而稱無邊際可得能荷難勝者經曰如是人等即為荷擔如来阿耨多羅三藐三菩提此義云何如佛成就難思妙法慱濟群苦無復遺餘持經之人當如是故廣大甚深信解者經曰若樂小法

者即於此經不能受持讀誦如是等此中廣大信解者無小意樂故甚深信解者无我等見故福因之處者經日在在處處若說此經如是等集福捨罪故名支提人能演法功與之等地雖無思持說者故拔一切罪者經日若善男子善女人受持讀誦此經為人輕賤如是等受持此經方致成佛反被輕賤其故者何經曰是人先世罪業應墮惡道以今世人輕賤故先世罪業即為消滅如來品說若復有人受持此經乃至演說是人現世或作惡夢或遭重疾或被驅逼強使速行罵辱鞭打乃至殞命所有惡業咸得消除復有頌言

若人造惡業　作已生怖畏　自悔若向人
永拔其根本

怖心悔過尚除根本何況有人受持正法此豈不與餘教相違如說

業雖經百劫　而終无失壞　衆緣會遇時
要必生於果

非有相違此復云何且十不善惡趣之業由持正法及悔先罪惡趣果雖

永不生然於現身受諸苦報現受諸苦豈失壞耶不生惡趣非拔根耶若有無間決定業者命終之後定生彼故應住劫受須臾出故如阿闍王等是故無違速疾證地者經曰我念過去無量阿僧祇劫乃至若復有人於後末世能受持讀誦此經廣為人說我所供養諸佛功德於此百分不及一如是等此義云何无邊佛所供養之福不證真實持此法門速疾能證是故受持功德威力設為百分彼前福聚不及其一如是千分百千分數分不及取類應知數者謂六十位過斯已往數不能及歌羅不及挍計不及者此依歌羅微細義說謂受持福最微細性功德已多非前所及窮於挍計終無與等微細尚尒況一切耶優波尼沙者因也其義云何此少分福於最勝果即成因性忽前福聚亦不成因不能得真實果故譬喻不及者如有童女稱為月面女面豈能全類於月以有光潔少分相同彼前福聚即不如是無少相似可為譬喻此

復云何謂但受持文字之福前福於此無相似性匪薄福人而能聽受此文字故如經若我具說者或有人聞心則迷惑而生輕賤謂聞此功德威力思惟時不信持也如經此法門不可思議果報亦不可思議二俱難思威力勝故

須菩提何故復言發菩薩乘應云何住等欲具顯因清淨相故何者不具云何具顯謂所修因非但離於三事相想即名清淨要當遠離我住我修我降伏心如是諸想方得淨故如經應生如是心乃至實無有法名為發菩薩乘者此復云何第一義无有衆生得般涅槃亦無有法名為菩薩發心住果修行降伏於无有中而起有想是顛倒行非清淨因復炎疑曰若無菩薩發趣大乘則无有因證於佛果成滿四種利益之業云何世尊然燈佛所而得授記汝於來世當得作佛号釋迦牟尼能成四種利衆生事為遣此疑經曰須菩提於意云何如來昔在然燈佛所頗有法得阿耨多

羅三藐三菩提不如是等此中意說佛於往昔證真實義得授記時不見少法而是無上菩提因體以無所得得授尊記此即證知一切法皆无所得如經須菩提言如來者以真如故真如者無所得義須菩提心念我於此說雖復無疑然有人言然燈佛所不見有法能得菩提昇于覺座豈亦如是是故經言須菩提若有人言如來得阿耨多羅三藐三菩提是人不實語乃至如來所得法是中无實無妄此義云何夫實妄者生於有得有時言實壞時知妄無所得中此二俱遣復有念言若如來但證无所得者佛法即一非是無邊是故經言如來說一切法皆是佛法佛法謂何即无所得未曾一法有可得性是故一切無非佛法云何一切皆無所得經曰一切法者即非一切法云何非耶無生性故若无生即無性云何名一切法於無性中假言說故一切法无有性者即是衆生如來藏性是故世尊乘次開顯經曰須菩提譬如有人其

身妙大如是等妙大身者謂空性身云何妙大隨於所在而不異故一切衆生咸共有故如說此一衆生空性彼一切衆生空性如來有之衆生亦有何故但說如來藏一切衆生有不說衆生藏如來有耶以諸衆生未證空理如來證故如有經說衆生身內有如來藏具相莊嚴豈不同於妄計神我雖如是說然了空性名為法身法身為因乃生色相非與外道所說我同如楞伽經大慧菩薩白佛言世尊修多羅中說如來藏本性清淨具三十二相在於一切衆生身中常住不變為貪瞋癡妄分別垢蘊界處衣之所纏裹如無價寶垢衣所纏世尊此說云何不同外道邪論外道說我是常作者體非求那周遍無盡佛言大慧我所宣說如來藏義不同外道所說之我如來藏者即是空性實際涅槃不生不滅無相无願如是等義如來為欲止息愚人無我怖畏說无分別無虛妄境如來藏門大慧現在未來諸菩薩摩訶薩不應於此計著

生於我見乃至廣說須菩提為欲闡明妙身大身是空性義曰如來說人身妙大即是非身非身者謂以色身依實義說無生性故說无生性為妙大身非色身也

上所說因清淨相義未圓滿為滿足故經曰須菩提菩薩亦如是若作是言我當滅度無量衆生即非菩薩如是等以要除能度所度一切分別菩薩修因方得淨故復為成就無分別心經曰頗有法名為菩薩不須菩提言不也世尊乃至佛說一切法无我無衆生等第一義无菩薩無凡夫故我當莊嚴佛國土不名菩薩者染者因故於色身等聚成佛土如是取故即非莊嚴者實義無生故是名莊嚴者俗諦言說故通達无我法說名菩薩者離一切想因清淨故

復次疑曰若清淨因離諸想者有境可得為無有耶是故此中說佛境界經曰須菩提於意云何如來有肉眼不須菩提言如是世尊如來有肉眼乃至如來有佛眼不須菩提言如是

世尊如来有佛眼如是等何故世尊說具五眼示於境界無不了知此中有衆生數境非衆生數境如經所有衆生若干種心住等顯示了知非數境恒河沙數世界等顯示了知故衆生數境若干種心者欲樂不同故住者相續而轉故或作是念心若能住斯應有體是故經言如来說諸心住皆為非心住非心住者第一義无相續故如經何以故須菩提過去心不可得現在心不可得未来心不可得此復云何過去心已滅故未来心未生故現在心不住故無形故實積經言迦葉一切佛不見過去心不見未来心不見現在心乃至廣說經曰若福德聚有實如来即不說福德聚此意云何聚者藴義假名不實實即非藴於何說聚云何知假名不實第一義无積聚故俗諦中有言說故如是五眼都無所得是佛境界以是應知離想淨因无境可得是故大般若波羅蜜中如是言須菩提如来五眼於第一義都無所得若言有得愚人

謗我

復次疑曰若第一義佛境界是无所得色相如来豈亦非有為遣此疑經曰須菩提於意云何如来可以具足色身見不須菩提言不也世尊如是等此顯示見佛法身云何見耶如經如来說具足色身即非具足色身等此依實義即於色相而見法身非具足者是法身故如說無生性是常住如来乃至廣說

復次疑曰若第一義佛境界及色相身皆見有體豈具足衆德言說相身亦復非有遣此疑故經曰須菩提於意云何如来作是念我有所說法耶如是等欲使定除有說執故經曰若人言如来有所說法即為謗佛乃至無法可說是名說法此義云何說无體故不見内外漏無漏法少有真實而可說故

須菩提復次顯示於此所說信受者難是故言頗有衆生於未来世聞說是法生信心不乃至彼非衆生非不衆生等云何非衆生第一義即藴異

藴推求其體不可得故如經說非衆生云何非不衆生以俗諦依於五藴業果相應而施設故如經是名衆生

復次疑曰若第一義佛境界色身言說身皆不可得法身體性豈亦然耶為遣此疑經曰

須菩提於意云何頗有法如来得阿耨多羅三藐三菩提耶須菩提言不也世尊如是等此義云何佛證真實不見少法是所得故以无所得是故說名阿耨多羅三藐三菩提何故无所得經曰是法平等無有高下何故平等經曰以无我無衆生无命無取者如生無我中平等故无所得法無我亦如是此無得理以何因證經曰一切善法云何善法有體可得而能證無所得理法不相似豈得成因經曰善法者如来說為非法云何非法第一義無生性故當知此因即无所得善法者俗諦言說非真實義

何故復以須弥塵量寶施之福而校量耶令修行者心勇進故

復次疑曰若如来說非衆生者云何

不與餘教相違如有經言无量衆生以得我為善知識故生等諸菩並皆解脫為遣此疑經曰須菩提於意云何如来作是念我度衆生耶乃至實無有衆生如来度者如是等无衆生者第一義故復次以大悲心攝同已故若實有衆生異於如来是所度者如来即有我等四取何以故若見有已能度衆生是我取故何故不欲我等取耶經曰我取者如来說為非取非者何義所謂不善云何不善縛諸衆生住生死故復次非者无體性義此復云何以無所取我亦無能取故若我等取無體可得何用遣我言非取耶以諸凡夫顛倒妄取言非取者令彼解故如經但无智凡夫生之所妄取如是等未得聖者各執於我差別而生名凡夫生彼即非生不善生故如不善人說為非人復次法從緣起無我造作故名非生是故說名凡夫生者隨俗言故

以諸衆生於佛色身多生取著是故復說色身無性經曰須菩提於意云

何可以相成就見如来不乃至轉輪聖王應是如来如是等佛欲令於色等身見法身義受持時易故說頌言

若以色見我　以音聲求我　是人行邪道
不能見如来　如来法為身　但應觀法性
法性非所見　彼亦不能知

以色見我等其義云何謂有見光明相好言見於佛及有聽受經等文字言我隨逐而得如来彼作是言於相好身及言說身攀緣修習當斷煩惱為除此見經曰是人行邪道不能見如来此義云何色及文字性非真實於中取著是邪道故行於此道何能見佛云何見耶經曰如来法為身但應觀法性法性者所謂空性无自性無生性等此即諸佛第一義身若見於此名為見佛如有經說不生不滅是如来故十萬頌經復作是說慈氏以見空性名見如来薩遮經中又作是說無取著見名為見佛若无取著名見佛者攀緣法性將非取著以淨智心了知法性法性豈是所了知耶是故經言法性非所見彼亦不能知

法性之處無有一物可名所知由是彼智亦不能知如有經言大王一切法性猶如虛空等與衆物為所依止而其體性非是有物亦非无物能於此中寂然無知名為了知名為知者隨俗言說

復次疑曰若智亦不能知法性者云何諸佛具丈夫相而證菩提以見具足丈夫相者得菩提故為遣此疑經曰須菩提於意云何如来諸相成就得阿耨多羅三藐三菩提耶如是等此中顯示法界相其義云何若相成就是真實有此相滅時即名為斷无有菩薩見法斷故何以故以生故即有斷一切法是無生性所以遠離常斷二邊遠離二邊是法界相是故於此說能信解無生之福多於實施如經須菩提若善男子善女人以恒河沙等世界七寶持用布施若菩薩得無我无生法忍如是等但於無生愛樂修習福多彼故如有頌言

若人持正法　及發菩提心　不如解於空
十六分之一

或念言若一切法無生者云何而有福德生耶是故經言須菩提菩薩不應取福德如是等不應取福者非第一義中有福可取故須菩提白佛言世尊菩薩不取福德者菩薩於福應圓滿故佛言須菩提菩薩應取者俗諦故不應貪著者第一義諦故

復次疑曰若第一義無福可取何故餘經作如是說如来福智資糧圓滿坐菩提座趣於涅槃為遣此疑經曰須菩提若有人言如来若去若来若住若坐若卧是人不解我所說義如是等涅槃無有真實處所而至於彼名之為去生死亦無真實處所而從彼出名之為来不去不来是如来義此即顯示无住涅槃雖生死涅槃無有一異而於三界牢獄引導衆生盡未来際而為利益

復次疑曰若生死涅槃不可得故无去来者如来豈如須弥山等積聚一合而安住耶為遣此中是一是常無分有分一合見故經曰須菩提若善男子善女人以三千大千世界碎為

金剛經不壞假名論卷下　第十八張　發

金剛經不壞假名論卷下　第十九張　發字號

微塵是微塵衆寧為多不如是等此中微塵衆多者遣無分一合見非微塵衆者遣有分一合見是名微塵衆者非有分物說之為衆復為遣積聚見故經曰如来說三千大千世界即非世界如是等何故復說非世界耶經曰若世界實有即是一合見何故不欲一合見耶經曰即為非見云何非見於非有中而妄見故如經一合者即是不可說但我見凡夫而取其事此義云何一合者是俗諦相非真實有何以故第一義一切法本性無生無生故不可得不可得故離於言說而我執凡夫於中妄取若不欲我見與教相違如有頌言

我以已為依　詎以他為依　智者能調我
生天受安樂

為遣此疑經曰須菩提若有人言如来說我見衆生見命見取者見為正語不如是等佛何故說見我耶為謗攝信樂者故此於五藴隨俗名言非謂真實是故諸佛所見我者是遠離性如經即非我見等世尊以離生死

金剛經不壞假名論卷下　第二十張　發字號

涅槃我等合見而得菩提復愍諸含識欲令同證是故言須菩提發菩薩乘者於一切法應如是知如是見如是信解不生法想如見者謂證時信解者修學時信解之人法想尚不生况非法想此云法想非法想者謂如法分別不如法分別法想如法何故不生經曰法想者如来說為非想此復云何一切法無生性故若无生即非有於何知見以俗諦故如經曰是名法想何故復說受持之福欲令衆生畢竟信故經曰如無演說是名為說此何謂耶第一義無世出世若法若物少有可說能如實義如是說者乃名為說此无住涅槃觀察有為然後方證云何觀察經曰尒時世尊而說頌言

一切有為法　如星翳燈幻　露泡夢電雲
應作如是觀

今此頌中觀察有為九種體相何謂為九所謂觀察自在觀察境物觀察遷動觀察體性觀察少盛觀察壽觀察作者觀察心觀察有無此中觀察

自在如星辟如星等著象於空隨方運行光色熾盛假令久住終隨劫盡如是人天受諸福報豊財重位衆所瞻仰雖久自在會亦歸空觀察境物如瞖辟如瞖目於淨空中見有毛輪飛花二月無明瞖識亦復如是於真實理无物之處而見内外世出世間種種諸法觀察遷動如燈辟如燈焰即生處滅不至餘處然因此焰餘處焰生念念相續如有遷動衆生亦尒前趣諸蘊即前趣滅不往餘趣然因前蘊後趣蘊生以相續故狀如遷動言諸凡夫數往餘趣觀察體性如幻如因幻力變作女人容貌可觀體性非有不了之者取為真實一切法亦復如是從妄縁生初无實體未了實者生有體見觀察少盛如露辟如朝露見日即晞盛年容色亦復如是一遇無常巳從衰謝觀察壽如泡辟如水泡或有始生未成體相或纔生巳或暫停住即歸散滅壽亦如是或始託生在於胎藏正生生巳從作嬰兒少年中年乃至衰老之歸於壞滅觀察

作者如夢辟如夢中隨先見聞憶念分別熏習住故雖无作者種種境界分明現前如是衆生無始時来有諸煩惱善不善業熏習而住雖无有我是能作者而現無涯生死等事觀察心如電辟如電光生時即滅心亦如是剎那必謝觀察有无如雲如空中雲先無後有須叓復滅有為諸法亦復如是體性本空從妄縁有有縁既散還復歸无復次先依俗諦以星等九喻安立有為後依中論第一義一切法不滅不生不斷不常不一不異不来不出及般若波羅蜜中一切法非積住性解釋此頌其義云何辟如星光自體常滅有為亦尒性恒遷謝如人目瞖雖無作者病縁故生有為亦然但從縁起辟如燈焰念念恒斷有為如是剎那不住如幻所作不了之者取為實常愚夫迷實取有為法亦復如是辟如泫露在物雖繁體雅是一所謂滋潤有為内蘊生生有別本性亦同咸資受故如因積水雨滞成泡各別而生各別而滅衆生諸行

亦復如是八万四千別生別滅如夢中境来無所從而彼夢心妄見来處有為亦尒来不可得无明夢識妄見為来辟如奔電性非遷動前處前滅後處後生以相相似說之為去有為諸法去亦如是辟如空雲非恒積住有為之相類此應知如是名為依俗諦故安立有為如中論中成立真實不生等義於有為法應如是知此復云何彼論中以自他共無因觀察諸法本无生義如是以瞖有為生法應知不生以不生故星光有滅違於道理有為亦然應知不滅復次不生故彼燈自體尚不可得何有剎那而說為斷有為不斷類此應知復次不生故似幻所作有為之法無有常義應知不常復次不生故似於朝露有為諸法一義不成愛能潤生不契理故應知不一復次不生故似泡差別有為之法異性不成應知不異復次不生故似夢中境有為之法本无来義應知不来復次不生故似於電光生滅之法以相似故說為去者理不相

應應知不去復次不生故如雲之法
體尚非有豈積住耶如是應知頌曰
我今功德施　為破諸迷取　開於中觀門
略述此經義　願諸衆生類　見聞若受持
照真不壞俗　明了心无㝵

金剛般若波羅蜜經破取著不壞假名論卷下

金剛般若波羅蜜經破取著不壞假名論

卷下

校勘記

一　底本，金藏廣勝寺本。一七七頁上、一七八頁上共二版，原版殘缺，以麗藏本換。

一　一七一頁中七行第七字「以」，諸本無。

一　一七一頁下二行第九字「說」，諸本作「語」。

一　一七一頁下五行第九字「甞」，石作「曾」。

一　一七二頁上一四行第二字「難」，諸本作「艱」。

一　一七二頁中一行首字「此」，磧作「比」。

一　一七三頁中七行第二字「未」，諸本作「末」。

一　一七三頁中九行第一二字「所」，石作「於」。

一　一七三頁下八行第一〇字「薩」，徑、清作「提」。

一　一七四頁上一五行第三字「即」，徑作「得」。

一　一七四頁上末行首字「垂」，石、資、磧、普、南、徑、清作「乘」。

一　一七四頁中一〇行第六字「生」，石作「至」。

一　一七四頁中一九行第四字「我」，徑、清作「義」。

一　一七四頁下二行第一〇字「曰」，資、磧、普、南、徑、清、麗作「經曰」。

一　一七四頁下一五行第五字「身」，諸本無。

一　一七四頁下一五行第八字「成」，諸本作「所成」。

一　一七四頁下一七行「无我」，石、資、磧、普、南、徑、清作「無我無我」。

一　一七五頁上四行第四字「干」，石作「千」。

一　一七五頁中一二行第三字「見」，石無。

一　一七五頁中二〇行第五字「次」，

石、麗作「欲」。

— 一七五頁下五行首字「説」，徑作「色」。

— 一七六頁下二〇行末字「愛」，資、磧、普、南、徑、清作「受」。

— 一七七頁中四行首字「者」，資、磧、普、南、徑、清作「我」。

— 一七七頁中五行第二字「故」，資、磧、普、南作「等」。

— 一七七頁下一〇行第一三字「曰」，石、資、磧、普、南、徑、清無。

— 一七七頁下一三行第四字「謂」，資、磧、普、南、徑、清作「説」。

— 一七八頁上一三行第八字「趣」，徑作「處」。

— 一七八頁中一三行第四字「出」，資、磧、普、南、徑、清作「去」。

— 一七八頁中二二行第七字「受」，諸本作「愛」。

— 一七八頁下一一行第八字「以」，諸本作「似」。

— 一七九頁上四行第八字「衆」，石、資、磧、普、南、徑、清作「群」。

文殊師利菩薩問菩提經論卷上　聲

天親菩薩造

元魏天竺三藏菩提流支譯

見諸衆生煩惱縛　起菩提願為救拔
如是正覺慈悲尊　頂礼造論釋經故

我論能盡煩惱怨敎護諸有斷惡道如是二種最勝利一切外道論中無此修多羅所攝有九分一序分二所應聞弟子成就分三三昧分四能觀清淨分五所觀法分六起分七說分八菩薩功德勢力分九菩薩行差別分

如是我聞一時婆伽婆住伽耶城伽耶山頂塔初得菩提與大比丘衆滿足千人俱其先悉是辮髮梵志應作已作所作已辦棄捨重擔逮得己利盡諸有結正智心得解脫一切心得自在已到彼岸皆是阿羅漢諸菩薩摩訶薩無量无邊皆從十方世界来集有大威德皆得諸忍諸陁羅尼諸深三昧具諸神通其名曰文殊師利菩薩觀世音菩薩得大勢菩薩香象菩薩勇施菩薩勇修行智菩薩等而為上首如是諸菩薩摩訶薩其數无量并諸天龍夜叉乾闥婆阿修羅迦樓羅緊那羅摩睺羅伽人非人等大衆圍遶

論曰如是我聞一時等集法者語住伽耶城者示現所住處成就故伽耶山頂者示現彼形相大衆行住處故塔者示現為彼能供養者與供養故初得菩提者即彼成佛時故與大比丘衆者以其大故以不增不損故滿足千比丘辮髮梵志者此明學無學比丘是名聽者成就餘者次說諸菩薩行差別彼菩薩行有二種攝法所攝何等為二一者因攝二者果攝又伽耶山頂塔者根本序分以無量諸佛所住處故示現彼處諸佛如來集故此法門者諸佛如来所攝護故應聞此修多羅者攝取成就學无學其先悉是辮髮梵志

又無學者有八種德何等為八一者所作畢竟如經應作已作故二者畢竟過於應作已作如經所作已辦故三者遠離三昧障如經棄捨重擔故四者捨離所受重擔如經逮得已利故彼重擔者所謂五陰五者證涅槃

如經盡諸有結故六者過三界如經正智心得解脫故七者依不顛倒受教修行如經一切心得自在已到彼岸故以善遠離諸煩惱故八者如實修行四如意足如經皆是阿羅漢故又阿羅漢者能受信者所施物故故名應供又學有二種何等為二一者善畢竟持戒學道故二者如心所求畢竟滿足故次說三昧分

經曰尒時世尊獨靜無人入於諸佛甚深三昧觀察法界

論曰入三昧觀察者示現非是思量境界故又入三昧者示現不同聲聞辟支佛故此明非聲聞辟支佛境界故已說三昧分次說能觀清淨分

經曰而作是念我得阿耨多羅三藐三菩提得一切智慧所作已辦除諸重擔度諸有險道滅無明得真明拔諸箭斷渴愛成法船擊法鼓吹法螺建法幢轉生死種示涅槃性閉塞邪道開於正路離諸罪田示于福田

論曰能觀清淨者示現已得菩提故如經而作是念我得阿耨多羅三藐

三菩提故得菩提者示現勝彼聲聞辟支佛證智故如經得一切智慧故彼得一切智慧者有十七種何等十七一者本願滿足如經所作已辦故二者捨離所取重擔如經除諸重擔故又重擔者所謂五陰三者善斷一切諸煩惱障如經度諸有嶮道故四者善斷一切智障如經滅無明故五者證如實妙法如經得真明故六者離一切邪箭如經拔諸箭故七者離諸顛如經斷渴愛故八者成就出世間慧如經成法船故九者轉妙法輪如經擊法鼓故十者出無我妙聲善能降伏一切諸魔如經吹法螺故十一者善能降伏一切外道如經建法幢故十二者善斷一切諸結因緣如經轉生死種故十三者說世間出世間妙法如經示現涅槃性故十四者善能遠離顛倒取相如經閉塞邪道故十五者轉八聖道如經開於正路故十六者善能遠離外道福田如經離諸罪田故十七者示現三寶福田如經示于福田故已說能觀清淨分

次說所觀法分經曰我今當觀彼法誰得阿耨多羅三藐三菩提以何等智得阿耨多羅三藐三菩提何者是所證阿耨多羅三藐三菩提法

論曰以何等人能證菩提以何等智能證菩提何者是所證菩提觀彼三法於三世中虛妄分別無有實體

經曰為以身得為以心得若以身得身則无知無覺如草如木如塊如影無所識知四大所造從父母生其性无常假以衣服飲食卧具澡浴而得存立此法必歸敗壞磨滅

論曰經言為以身得為以心得者示現身心不證菩提故此明何義以離身心更無實者如愚癡人虛妄分別无有如是證菩提者故以何等人能證菩提彼法於三世中虛妄分別無實體者以非身得菩提示現有八種法示現彼身不證菩提何等為八一者無作者如經若以身得身則无知無覺故二者虛妄取相成就如經如草如木如塊如影故三者遠離諸想如經無所識知故四者以諸因緣和

合故生如經四大所造故五者體本不淨如經從父母生故六者念不住如經其性無常故七者如危朽物不可常保如經假以衣服飲食臥具澡浴而得存立故八者體是不實如經此法必歸敗壞磨滅故已說非身得菩提示現以何等人得菩提者彼法於三世中虛妄分別無有實體次說以何智能證菩提彼法於三世中虛妄分別無實體者以非心得菩提示現

經曰若以心得心則如幻從衆緣生无處無相无物無所有

論曰有六種法示現彼心不得菩提何等為六一者見顛倒法虛妄誑惑愚癡凡夫如經心則如幻故二者依善不善諸因緣生如經從衆緣生故三者无定住處如經无處故四者虛妄分別取相實不可得如經無相故五者自性空如經無物故六者遠行如經无所有故已說非心得菩提示現以何等智得菩提者彼法於三世中虛妄分別無有實體次說何者是所證菩提彼法於三世中虛妄分別無有實體

經曰菩提者但有名字世俗故說无聲无色無成无行無入不可見不可依去来道斷過諸言說出於三界无見無聞无覺無著无觀離戲論無諍无示不可觀不可見無嚮无字離言說道

論曰經言菩提者但有名字世俗故說諸示現可證法但有名用虛妄分別其體無實故彼但有名字世俗故說有二十三種何等二十三一者无事如經無聲故二者過覺境界如經无色故三者諸法體空如經无成故四者離諸相如經無行故五者過一切世間凡夫境界如經无入故六者過識境界如經不可見故七者無可依處如經不可依故八者不生滅如經去来道斷故九者過一切世間名字如經過諸言說故十者善不善行諸法不可得如經出於三界故十一者離見者如經無見故十二者過耳識境界如經无聞故十三者過意識境界如經無覺故十四者不住如經

無著故十五者如虛空如經无觀故十六者無為如經離戲論故十七者无諸患離諸漏如經無諍故十八者過小智境界如經无示故十九者無量如經不可觀故二十者他不能見如經不可見故二十一者內心無知如經無嚮故二十二者無物可見如經无字故二十三者不可說如經離言語故

經曰如是能證菩提者以何等智證菩提者所證菩提法者如是諸法但有名字但假名說但和合名說依世俗名說無分別分別說假成无成無物離物无取不可說無著彼處无人證無所用證亦無法可證如是通達是則名為得阿耨多羅三藐三菩提無異離異无菩提相

論曰次說云何證菩提者彼亦但有假名名字依世俗說虛妄分別无實體故彼依世俗名說有六種何等為六一者不實分別如經無分別分別說故二者體空如經假成无成故三者我不可得如經無物離物故四者

過世間慧如經無取故五者過言語道如經不可説故六者遠離我我所如經無著故又經言彼處無人證无所用證亦無法可證如是通達是則名為得阿耨多羅三藐三菩提者此明何義明能證人明所用證智明所證境界彼如是法以何等法用妙正智慧如實知所見所知所證是名得阿耨多羅三藐三菩提故又經言无異離異無菩提相者此明何義無異離異二句明彼證法清淨寂靜故无菩提相義如向所説已説所觀事分別分起者此中復有何義以三昧事説故以説時至故是故應起又於此中有二種義一者以三昧中所觀察義欲為文殊師利説故二者文殊師利問如來荅故何故如來唯告文殊師利而不告餘者以依對文殊師利説此法故又復何故唯對文殊師利説此法門以此所説法門深故是故告彼深智慧菩薩又何以故唯文殊師利問以如來但告文殊師利故是故文殊師利問隨順義故彼所發問以心清淨問荅清淨故次顯説分

經曰尒時文殊師利法王子在大會中立佛右面執大寶盖以覆佛上時文殊師利默知世尊所念如是即白佛言世尊若菩提如是相者善男子善女人云何於菩提發心住佛告文殊師利善男子善女人應如是知菩提相而發心住文殊師利言世尊菩提相者當云何知佛告文殊師利菩提相者出於三界過一切世俗名字語言過一切嚮無發心發滅諸發是發菩提心住是故文殊師利諸菩薩摩訶薩過一切發是發心住文殊師利無發是發菩提心住文殊師利發菩提心者無物發住是發菩提心住文殊師利發菩提心者无障㝵住是發菩提心住文殊師利發菩提心者如法性住是發菩提心住文殊師利發菩提心者不執著一切法是發菩提心住文殊師利發菩提心者不破壞如實際是發菩提心住文殊師利發菩提心者不移不益不異不一是發菩提心住文殊師利發菩提心者

如鏡中像如熱時焰如影如響如虛空如水中月應當如是發菩提心住

論曰彼發清淨有九種何等為九一者捨一切戲論如經文殊師利无發是發菩提心住故二者捨取諸法如經文殊師利發菩提心者無物發住是發菩提心住故三者如虛空如經文殊師利發菩提心者無障㝵住是發菩提心住故四者寂靜如經文殊師利發菩提心者如法性住是發菩提心住故五者捨取常无常相如經文殊師利發菩提心者不執著一切法是發菩提心住故六者不毀道不捨道如經文殊師利發菩提心者不破壞如實際是發菩提心住故七者離謗離著如文殊師利發菩提心者不移不益不異不一是發菩提心住故八者入一切法一相如經文殊師利發菩提心者如鏡中像如熱時焰如影如響如虛空如水中月應當如是發菩提心住故又如實修行般若波羅蜜餘四句過三界等者如前所説應知已顯説分次説菩薩切德勢

力分

經曰尒時會中有天子名月淨光德得不退阿耨多羅三藐三菩提心問文殊師利言諸菩薩摩訶薩初觀何法故行菩薩行依何法故行菩薩行文殊師利荅言天子諸菩薩摩訶薩行以大悲為本為諸衆生天子又問文殊師利諸菩薩摩訶薩大悲以何為本文殊師利荅言天子諸菩薩摩訶薩大悲以直心為本天子又問文殊師利諸菩薩摩訶薩直心以何為本文殊師利荅言天子諸菩薩摩訶薩直心以於一切衆生平等心為本天子又問文殊師利諸菩薩摩訶薩於一切衆生平等心以何為本文殊師利荅言天子諸菩薩摩訶薩於一切衆生平等心以無異離異行為本天子又問文殊師利諸菩薩摩訶薩無異離異行以何為本文殊師利荅言天子諸菩薩摩訶薩无異離異行以深淨心為本天子又問文殊師利諸菩薩摩訶薩深淨心以何為本文殊師利荅言天子諸菩薩摩訶薩深

淨心以阿耨多羅三藐三菩提心為本天子又問文殊師利諸菩薩摩訶薩阿耨多羅三藐三菩提心以何為本文殊師利荅言天子諸菩薩摩訶薩阿耨多羅三藐三菩提心以六波羅蜜為本天子又問文殊師利諸菩薩摩訶薩六波羅蜜以何為本文殊師利荅言天子諸菩薩摩訶薩六波羅蜜以方便慧為本天子又問文殊師利諸菩薩摩訶薩方便慧以何為本文殊師利荅言天子諸菩薩摩訶薩方便慧以不放逸為本天子又問文殊師利諸菩薩摩訶薩不放逸以何為本文殊師利荅言天子諸菩薩摩訶薩不放逸以三善行為本天子又問文殊師利諸菩薩摩訶薩三善行以何為本文殊師利荅言天子諸菩薩摩訶薩三善行以十善業道為本天子又問文殊師利諸菩薩摩訶薩十善業道以何為本文殊師利荅言天子諸菩薩摩訶薩十善業道以持戒為本天子又問文殊師利諸菩薩摩訶薩持戒以何為本文殊師利

荅言天子諸菩薩摩訶薩持戒以正憶念為本天子又問文殊師利諸菩薩摩訶薩正憶念以何為本文殊師利荅言天子諸菩薩摩訶薩正憶念以正觀為本天子又問文殊師利諸菩薩摩訶薩正觀以何為本文殊師利荅言天子諸菩薩摩訶薩正觀以堅念不忘為本

論曰諸菩薩摩訶薩功德勢力有二種何等為二一者如心所求一切滿足二者無障导樂說辯才說法如心所求一切滿足者以起上上勝勝法故彼起上上勝勝法者有十四種何等十四一者受教不忘如經天子又問文殊師利諸菩薩摩訶薩正觀以何為本文殊師利荅言天子諸菩薩摩訶薩正觀以堅念不忘為本故二者善取正教觀有為法如經天子又問文殊師利諸菩薩摩訶薩正憶念以何為本文殊師利荅言天子諸菩薩摩訶薩正憶念以正觀為本故三者無彼屬過如經天子又問文殊師利諸菩薩摩訶薩持戒以何為本文

殊師利荅言天子諸菩薩摩訶薩持戒以正憶念為本故四者不隨順諸過如經天子又問文殊師利諸菩薩摩訶薩十善業道以何為本文殊師利荅言天子諸菩薩摩訶薩十善業道以持戒為本故五者善修十善業道如經天子又問文殊師利諸菩薩摩訶薩三善行以何為本文殊師利荅言天子諸菩薩摩訶薩三善行以十善業道為本故六者身口意業三法清淨如經天子又問文殊師利諸菩薩摩訶薩不放逸以何為本文殊師利荅言天子諸菩薩摩訶薩不放逸以三善行為本故七者戒清淨如經天子又問文殊師利諸菩薩摩訶薩方便慧以何為本文殊師利荅言天子諸菩薩摩訶薩方便慧以不放逸為本故八者隨順利益一切衆生如經天子又問文殊師利諸菩薩摩訶薩六波羅蜜以何為本文殊師利荅言天子諸菩薩摩訶薩六波羅蜜以方便慧為本故九者滿足一切助菩提法如經天子又問文殊師利諸

菩薩摩訶薩阿耨多羅三藐三菩提心以何為本文殊師利荅言天子諸菩薩摩訶薩阿耨多羅三藐三菩提心以六波羅蜜為本故十者不疲惓如經天子又問文殊師利諸菩薩摩訶薩深淨心以何為本文殊師利荅言天子諸菩薩摩訶薩深淨心以阿耨多羅三藐三菩提心為本故十一者業果清淨如經天子又問文殊師利諸菩薩摩訶薩無異離異行以何為本文殊師利荅言天子諸菩薩摩訶薩無異離異行以深淨心為本故十二者修行清淨如經天子又問文殊師利諸菩薩摩訶薩於諸衆生平等心以何為本文殊師利荅言天子諸菩薩摩訶薩於諸衆生平等心以无異離異行為本故十三者作利益一切衆生清淨如經天子又問文殊師利諸菩薩摩訶薩直心以何為本文殊師利荅言天子諸菩薩摩訶薩直心以於一切衆生平等心為本故十四者心清淨如經天子又問文殊師利諸菩薩摩訶薩大悲以何為本

文殊師利荅言天子諸菩薩摩訶薩大悲以直心為本故又經言介時會中有天子名月淨光德得不退阿耨多羅三藐三菩提心問文殊師利言諸菩薩摩訶薩初緣何法故行菩薩行依何法故行菩薩行文殊師利荅言諸菩薩摩訶薩行大悲為本為諸衆生如是等修多羅從後向前解釋應知已說如心所求一切滿足次說無障㝵樂說辯才說法

經曰天子又問文殊師利諸菩薩摩訶薩有幾種心能成就因能成就果文殊師利荅曰天子諸菩薩摩訶薩有四種心能成就因能成就果何等為四一者初發心二者行發心三者不退發心四者一生補處發心復次天子初發心如種種子第二行發心如牙生增長第三不退發心如莖葉華果初始成就第四一生補處發心如果等有用復次天子初發心如車匠集材智第二行發心如斫治材木淨智第三不退發心如安施材木智第四一生補處發心如車成運載

智復次天子初發心如月始生第二行發心如月五日第三不退發心如月十日第四一生補處發心如月十四日如來智慧如月十五日復次天子初發心能過聲聞地第二行發心能過辟支佛地第三不退發心能過不定地第四一生補處發心安住定地復次天子初發心如學初章智第二行發心如差別諸章智第三不退發心如算數智第四一生補處發心如通達諸論智

復次天子初發心從因生第二行發心從智生第三不退發心從斷生第四一生補處發心從果生復次天子初發心因攝第二行發心智攝第三不退發心斷攝第四一生補處發心果攝復次天子初發心因生第二行發心智生第三不退發心斷生第四一生補處發心果生復次天子初發心因差別分第二行發心智差別分第三不退發心斷差別分第四一生補處發心果差別分復次天子初發心如取藥草方便第二行發心如分別藥草方便第三不退發心如病服藥方便第四一生補處發心如病得差方便復次天子初發心學法王家生第二行發心學法王法第三不退發心能具足學法王法第四一生補處發心學法王法能得自在

論曰无㝵樂說辯才說法有四種發菩提心攝取十地以種種差別說故被種種差別有十二句經言天子又問文殊師利諸菩薩摩訶薩有幾種心能成就因能成就果文殊師利荅言天子諸菩薩摩訶薩有四種心能成就因能成就果何等為四一者初發心二者行發心三者不退發心四者一生補處發心者初發心能與第二行發心作因第二行發心能與第三不退發心作因第三不退發心能與第四一生補處發心作因此句明上上因勝勝不失故又經言復次天子初發心如種種子第二行發心如牙生增長第三不退發心如莖葉華果初始成就第四一生補處發心如果等有用等者示現從清淨因成就清淨果故又經言復次天子初發心如車匠集材智者以依諸願則能攝取一切佛法故第二行發心如斫治材木淨智者以成就清淨戒故第三不退發心如安施材木智者以依慧方便修一切行皆相應故第四一生補處發心如車成運載智者以不捨先許重擔故又經言復次天子初發心如月始生第二行發心如月五日第三不退發心如月十日第四一生補處發心如月十四日如來智慧如月十五日等者以示現上上大力清淨故又經言復次天子初發心能過聲聞地者以初地前菩薩利根觀察一切菩提分法故第二行發心能過辟支佛地者以初地前菩薩依般若勝智能集諸菩薩無量行故第三不退發心能過不定地者此已入初地得證智故又過聲聞辟支佛地者以過一切功用行故第四一生補處發心安住定地者以善住王子地故又經言復次天子初發心如學初禪智者以觀下地法故第二行發心如差

別諸章智者以智慧增長差別故第三不退發心如筭數智者以方便智能數一切法故第四一生補處發心如通達諸論智者以得證智故又經言復次天子初發心從因生者以自性清淨本來成就故第二行發心從智生者以攝取世間出世間聞慧方便故第三不退發心從斷生者以過一切世間戲論故第四一生補處發心從果生者以自然成一切行故又經言復次天子初發心因攝者以信行助道淳熟故又以觀初地境界故第二行發心智攝者以依境界淳熟觀功用行故第三不退發心斷攝者以依修行境界未得佛法觀故第四一生補處發心果攝者以依果淳熟隨所有佛國土應成佛處即成佛故又經言復次天子初發心因生者以不顛倒修行善根性故第二行發心智生者以不顛倒法究竟性故第三不退發心斷生者以不顛倒修行性故第四一生補處發心果生者以得心自在故又經言復次天子初發心因差別分者以攝取無量善根故第二行發心智差別分者以无量無邊法門畢竟究竟故第三不退發心斷差別分者以入無量三昧門故第四一生補處發心果差別分者以无量神通奮迅隨意自在用故又經言復次天子初發心如取藥草方便者以攝取對治煩惱病法故第二行發心如分別藥草方便者以知對治煩惱病隨相應藥故第三不退發心如病服藥方便者以依知諸方便隨相應受用故第四一生補處發心如病得差方便者以煩惱病滅故又經言復次天子初發心學法王家生者以降伏一切聲聞辟支佛故第二行發心學法王法者以學一切得勝處故第三不退發心能具足學法王法者以得修道勝果故第四一生補處發心學法王法能得自在者以於一切法中能得自在无障导故

文殊師利菩薩問菩提經論卷上

文殊師利菩薩問菩提經論卷上

校勘記

一　底本，金藏廣勝寺本。

一　一八一頁中一行經名後，石、磧、普、南、徑、清、麗有夾註「一名伽耶山頂經論」；資有夾註「伽耶山頂經」。

一　一八一頁中二行著者，石作「婆藪盤豆菩薩造」；資作「論師婆藪槃豆」；磧、普、南作「論師婆藪槃豆造此云天親」；徑、清作「論師婆藪槃豆此云天親造」。

一　一八一頁中三行譯者，資作「元魏三藏法師菩提流支譯」；磧、南、徑、清作「元魏三藏法師菩提留支譯」；普作「元魏三藏法師菩提留支初譯」。

一　一八一頁下六行第一一字「與」，石作「興」。

一　一八二頁中一一行第二字「顚」，麗作「顛」。

一一八二頁下四行末字「法」，資、磧、普、南、徑、清無。

一一八三頁上九行第二字「何」，諸本作「何等」。

一一八三頁上一五行第八字「則」，資、磧、普、南、徑、清無。

一一八三頁中七行首字「說」，諸本作「語」。

一一八三頁中九行第二字「諸」，諸本作「者」。

一一八四頁上一二行末字至一三行第三字「分別分起」，石、資、磧、普、南、徑、清作「分起分」；麗作「分次起分」。

一一八四頁上一四行首字「訖」，資、磧、普、南、徑、清作「說」。

一一八四頁中七行第一三字「知」，資、磧、普、南、徑、清作「知彼」。

一一八四頁下一三行第七字「住」，南作「任」。

一一八四頁下一六行第五字「如」，諸本作「如經」。

一一八六頁下一六行第八字「一」，徑作「不」。

一一八七頁中一九行第五字「勝」，資、磧、普、南、徑、清無。

一一八七頁中二一行「牙生」，石作「生芽」。

一一八七頁中二一行第二字「生」，資、磧、普、南、徑、清無。

一一八七頁下七行第一〇字「智」，石、資、磧、普、南、徑、清作「智等」。

一一八七頁下八行第五字及次頁上一七行末字「故」，資、磧、普、南、徑、清無。

一一八七頁下一二行末字至一三行首字「清淨」，石、資、磧、普、南、徑、清作「精進」。

一一八七頁下二〇行「功用」，資、磧、普、南、徑、清作「用功」。

一一八八頁上一〇行第九字「成」，諸本作「成就」。

一一八八頁中一一行第八字「知」，資、磧、普、南、徑、清作「智」。

一一八八頁中末行經名「菩薩」，資無。

文殊師利菩薩問菩提經論卷下　豈

天親菩薩造

元魏天竺三藏菩提流支譯

論曰已說菩薩功德勢力分次說菩薩行差別分

經曰尒時大衆中有天子名定光明主不退阿耨多羅三藐三菩提心時定光明主天子問文殊師利法王子言何等是諸菩薩摩訶薩畢竟略道諸菩薩摩訶薩以是略道疾得阿耨多羅三藐三菩提文殊師利荅言天子諸菩薩摩訶薩略道有二種諸菩薩摩訶薩是二道疾得阿耨多羅三藐三菩提何等為二一者方便道二者慧道方便者知攝善法智慧者如實知諸法智又方便者觀諸衆生智慧者離諸法智又方便者知諸法相應智慧者知諸法不相應智又方便者觀因道智慧者滅因道智

論曰法王世尊覲在衆中何故乃問文殊師利以為示現諸菩薩摩訶薩功德故此以何義以諸衆生於菩薩所起輕慢心令生尊重恭敬心故諸菩薩摩訶薩行差別有二種道何等為二一者因清淨道二者功德清淨道因清淨道者以示現勝因清淨故彼勝因清淨者以四種發心說何等為四一者說助清淨道二者說功德智道三者說實際證道四者說如實修行道功德清淨道者有八種何等為八一者攝取智教化一切衆生如經又方便者知攝善法智故二者能忍一切衆生諸不善行如經慧者如實知諸法故三者集諸白淨法如經又方便者觀一切衆生智故四者觀一切菩提分法如經慧者離諸法智故五者知諸法和合相如經又方便者知諸法相應智故六者知諸法不同相如經慧者知諸法不相應智故又慧者知諸法不相應知者以種種願故七者如實知可化衆生如經又方便者觀因道智故八者集種種助道如經慧者滅因道智故已說功德清淨道次說因清淨道

經曰又方便者知諸法差別智慧者

知諸法無差別智又方便者莊嚴佛土智慧者莊嚴佛土平等无差別智又方便者入衆生諸根行智慧者不見衆生智又方便者得至道場智慧者能證一切佛菩提法智

論曰因清淨道亦有八種何等為八一者觀善不善法如經又方便者知諸法差別智故二者離諸因緣一切法根本如經慧者知諸法无差別智故三者離一切障㝵如經又方便者莊嚴佛土智故四者斷一切和合如經慧者莊嚴佛土平等无差別智故五者如實知如經又方便者入衆生諸根行智故六者入一法門如經慧者不見衆生智故七者如實知一切凡夫虛妄分別如經又方便者得至道場智故八者證寂靜界如經慧者能證一切佛菩提法智故

經曰復次天子諸菩薩摩訶薩復有二種略道諸菩薩摩訶薩以是二道疾得阿耨多羅三藐三菩提何等為二一者助道二者斷道助道者五波羅蜜斷道者般若波羅蜜復有二種

略道何等為二一者有㝵道二者无㝵道有㝵道者五波羅蜜無㝵道者般若波羅蜜復有二種略道何等為二一者有漏道二者無漏道有漏道者五波羅蜜無漏道者般若波羅蜜復有二種略道何等為二一者有量道二者无量道有量道者取相分別無量道者不取相分別復有二種略道何等為二一者智道二者斷道智道者謂從初地乃至七地斷道者謂從八地乃至十地

論曰復有二種略道何等為二一者功德道二者智道功德道者集種種善根如經助道者五波羅蜜故智道者通達一切法如經斷道者般若波羅蜜故又經言復有二種略道何等為二一者有㝵道二者无㝵道有㝵道者五波羅蜜者以行三界故此初地已前无㝵道者般若波羅蜜者以過三界入初地證智故又經言復有二種略道何等為二一者有漏道二者無漏道有漏道者五波羅蜜者以成就世間果故此初地已前无漏道

者般若波羅蜜者以成就出世間果故此已得出世間智故又經言復有二種略道何等為二一者有量道二者無量道有量道者取相分別者以遍取識境界故無量道者不取相分別者以過識境界不見遍取故又經言復有二種略道何等為二一者知道二者斷道知道者謂從初地乃至七地者以如實知有為界故斷道者謂從八地乃至十地者以如實知无為界故

經曰尒時會中有菩薩摩訶薩名勇修行智問文殊師利法王子言何謂菩薩摩訶薩義何謂菩薩摩訶薩智文殊師利答言善男子義名不相應智名相應勇修行智菩薩言文殊師利何謂義名不相應何謂智名相應文殊師利言善男子義名无為彼義無有一法共相應無有一法不共相應何以故以無變无相故義者無有一法共相應无有一法不共相應以本不成就義故是故无有一法共相應無有一法不共相應義者不移不

益无有一法共相應無有一法不共相應故

論曰經言善男子義名不相應智名相應者示現實際有四種又經言善男子義名无為彼義無有一法共相應无有一法不共相應何以故以無變無相故者以離諸无常過故是故經言義者無有一法共相應无有一法不共相應故以自體性住故如經以本不成就義故是故經言無有一法共相應无有一法不共相應故以常真如法界實體住故是故經言義者不移不益無有一法共相應無有一法不共相應故又无有一法不移不益者以法界不增不減故

經曰善男子智者名道道者心共相應非不相應善男子以是義故智名相應非不相應復次善男子智名斷相應是故善男子智名相應法非不相應法復次善男子智名善觀五陰十二入十八界十二因緣是處非處善男子以是義故智名相應非不相應

論曰經言善男子智者名道道者心共相應非不相應者自此以下次説為證法界有三種句六種十法此明何義以何等智云何證為何義何處住能證法界以何等智者以三種句六種十法示現云何三種句示現何等智智者謂道者心相應法非不相應法是故經言善男子以是義故智名相應非不相應故又智共眷屬能證法界何以故以心清淨故道清淨以道清淨故心清淨故又經言復次善男子智名斷相應是故善男子智名相應法非不相應法者以遍共依止故又經言復次善男子智名善觀五陰十二入十八界十二因緣是處非處善男子是故智名相應非不相應者以如實知可知境界故已説三種句次説六種十法初説十種智

經曰復次善男子諸菩薩摩訶薩有十種智何等為十一者因智二者果智三者義智四者方便智五者慧智六者攝智七者波羅蜜智八者大悲智九者教化衆生智十者不著一切

法智善男子是名諸菩薩摩訶薩十種智

論曰經言諸菩薩摩訶薩有十種智何等為十一因智者以善知无始世来解脫種子故二果智者以如實知無始世来種種業報故三義智者以善知自利利他故四方便智者以能增長微少善根令无量故五慧智者以能觀察善不善法故六攝智者以攝取法施資生施故七波羅蜜智者以善知成就種種善根故八大悲智者以依善根能起善行故九教化衆生智者以善觀察時非時故十不著一切諸法智者以離二邊修行中道故如經善男子是名諸菩薩摩訶薩十種智已説初十種智次説第二十種發

經曰復次善男子諸菩薩摩訶薩有十種發何等為十一者身發欲令一切衆生身業清淨故二者口發欲令一切衆生口業清淨故三者意發欲令一切衆生意業清淨故四者内發以不虛妄分別一切諸衆生故五者

外發以於一切衆生平等行故六者智發以具足佛智清淨故七者清淨國土發以示一切諸佛國土功德莊嚴故八者教化衆生發以知一切煩惱病藥故九者實發以成就定聚故十者无為智滿足心發以不著一切三界故善男子是名諸菩薩摩訶薩十種發

論曰經言諸菩薩摩訶薩有十種發何等為十一者身發欲令一切衆生身業清淨故二者口發欲令一切衆生口業清淨故三者意發欲令一切衆生意業清淨故者以為遠身口意業一切惡行發大精進故四內發者以化一切衆生令學彼處故不虛妄分別一切衆生故者以不著諸法故五者外發於一切衆生平等行故者以遠離增愛故六者智發以具足佛智清淨故者以平等教化一切衆生故七者清淨國土發以示一切佛國土功德莊嚴故者以聞慧智不顛倒求發故八者教化衆生發以知一切煩惱病藥故者以於一切法中得

自在故九者實發以成就定聚故者以如實知心使隨相應說法故十者无為智滿足心發者以發實法故不著一切三界故者以心不著虛妄法故又實不實心離虛妄取相故如經善男子是名諸菩薩摩訶薩十種發已說第二十種發次說第三十種行

經曰復次善男子諸菩薩摩訶薩有十種行何等為十一者波羅蜜行二者攝事行三者慧行四者方便行五者大悲行六者求助慧法行七者求助智法行八者心清淨行九者觀諸諦行十者於一切愛不愛事不貪著行善男子是名諸菩薩摩訶薩十種行

論曰經言諸菩薩摩訶薩有十種行何等為十一波羅蜜行者以助菩提法滿足故二攝事行者以能教化諸衆生故三慧行者以如實觀生滅法故四方便行者以如實知一切法故五大悲行者以心不求證涅槃故六求助慧法行者以為得四无畏故七求助智法行者以為自然得一切法

故八心清淨行者以於一切法中无疑惑故九觀諸諦行者以入第一義諦故十於一切愛不愛事不貪著行者如前所說離憎愛故如經善男子是名諸菩薩摩訶薩十種行已說何等智次說云何證第四十種无盡觀示現

經曰復次善男子諸菩薩摩訶薩有十種無盡觀何等為十一者身无盡觀二者事無盡觀三者煩惱无盡觀四者法無盡觀五者愛无盡觀六者見無盡觀七者助道无盡觀八者取无盡觀九者不著無盡觀十者相應無盡觀十一者道場智性无盡觀善男子是名諸菩薩摩訶薩十種無盡觀

論曰經言諸菩薩摩訶薩有十種无盡觀何等為十一身無盡觀者以實觀聖非聖有為無為身故二者事无盡觀者以如實觀實不實義故三煩惱無盡觀者以如實觀淨染法故四法无盡觀者以如實觀上中下一切諸法故五愛無盡觀者以如實觀善

不善法故六見無盡觀者以如實觀顛倒不顛倒見故七助道无盡觀者以如實觀種種門修集善根迴向大菩提故八取無盡觀者以如實觀無邊衆生界故九者不著無盡觀者不著義如向所說十相應无盡觀者以如實觀是義非義故十一道場智性無盡觀者以隨衆生信示現坐道場故如經善男子是名諸菩薩摩訶薩十種无盡觀已說云何證次說為何義第五十種對治法示現

經曰復次善男子諸菩薩摩訶薩有十種對治法何等為十一者對治慳貪心雨布施雨故二者對治破戒心身口意業三法清淨故三者對治瞋恚心修行清淨大慈悲故四者對治懈怠心求諸佛法無疲倦故五者對治不善覺觀心得禪定解脫奮迅自在故六者對治愚癡心生助決定慧方便法故七者對治諸煩惱心生助道法故八者對治顛倒道集實諦助道生不顛倒道故九者對治不自在心法時非時得自在故十者對治有我相觀諸法無我故善男子是名諸菩薩摩訶薩十種對治法

論曰經言諸菩薩摩訶薩有十種對治法者以十波羅蜜清淨故何等為十一者檀波羅蜜清淨如經對治慳貪心雨布施雨故二者尸波羅蜜清淨如經對治破戒心身口意業三法清淨故三者羼提波羅蜜清淨如經對治瞋恚心修行清淨大慈悲故四者毗離耶波羅蜜清淨如經對治懈怠心求諸佛法無疲惓故五者禪波羅蜜清淨如經對治不善覺觀心得禪定解脫奮迅自在故六者般若波羅蜜清淨如經對治愚癡心生助決定慧方便法故七者方便波羅蜜清淨如經對治諸煩惱心生助道法故八者願波羅蜜清淨如經對治顛倒道集實諦助道生不顛倒道故九者力波羅蜜清淨如經對治不自在心法時非時得自在故十者智波羅蜜清淨如經對治有我相觀諸法无我故如經善男子是名諸菩薩摩訶薩十種對治法故已說為何義次說何處住第六十種寂靜地示現

經曰復次善男子諸菩薩摩訶薩有十種寂靜地何等為十一者身寂靜以離三種身不善業故二者口寂靜以清淨四種口業故三者心寂靜以離三種意惡行故四者內寂靜以不著自身故五者外境界寂靜以不著一切法故六者智功德寂靜以不著道故七者勝寂靜以如實觀聖地故八者未來際寂靜以彼岸慧助行故九者所行世事寂靜以不誑一切衆生故十者不惜身心寂靜以大慈悲心教化一切衆生故善男子是名諸菩薩摩訶薩十種寂靜地

論曰經言諸菩薩摩訶薩有十種寂靜地何等為十一者身寂靜以離三種身不善業道故二者口寂靜以清淨四種口業故三者心寂靜以離三種意惡行故者以三種戒善清淨故四者內寂靜以不著自身故者以離邪我見故五者外境界寂靜以不著一切法故者以離常無常法故六者智功德寂靜以不著道故者以不著

有物無物故七者勝寂靜以如實觀聖地故者以不見聲聞辟支佛地如實觀察諸佛菩薩聖地故八者未來際寂靜以彼岸慧助行故者以遠離一切虛妄取相故九者所行世事寂靜以不誑一切衆生故者以如實知世諦第一義諦不顛倒說法故十者不惜身心寂靜以大慈悲心教化一切衆生故者以為教化衆生一切處生不疲倦故如經善男子是名諸菩薩摩訶薩十種寂靜地已說證法界自此已下次說諸菩薩摩訶薩隨順如實修行義

經曰復次善男子諸菩薩摩訶薩如實修行得菩提非不如實修行得菩提善男子云何名為諸菩薩摩訶薩如實修行善男子如實修行者如說能行故不如實修行者但有言說不能如實修行故復次善男子諸菩薩摩訶薩復有二種如實修行何等為二一者智如實修行道二者斷如實修行道善男子是名諸菩薩摩訶薩二種如實修行復次善男子諸菩薩

摩訶薩復有二種如實修行何等為二一者調伏自身如實修行二者教化衆生如實修行善男子是名諸菩薩摩訶薩二種如實修行復次善男子諸菩薩摩訶薩復有二種如實修行何等為二一者功用智如實修行二者無功用智如實修行善男子是名諸菩薩摩訶薩二種如實修行復次善男子諸菩薩摩訶薩復有二種如實修行何等為二一者善知分別諸地如實修行二者善知諸地無差別方便如實修行善男子是名諸菩薩摩訶薩二種如實修行復次善男子諸菩薩摩訶薩復有二種如實修行何等為二一者離諸地過如實修行二者善知地地轉方便如實修行善男子是名諸菩薩摩訶薩二種如實修行復次善男子諸菩薩摩訶薩復有二種如實修行何等為二一者能說聲聞辟支佛地如實修行二者善知佛菩提不退轉方便如實修行善男子是名諸菩薩摩訶薩二種如實修行

論曰經言復次善男子諸菩薩摩訶薩如實修行得菩提非不如實修行得菩提善男子云何名為諸菩薩摩訶薩如實修行如實修行者如說能行故不如實修行者但有言說不能如實修行故者以如所說如是修行以不違先言故又經言復次善男子諸菩薩摩訶薩復有二種如實修行何等為二一者智如實修行道二者斷如實修行道善男子是名諸菩薩摩訶薩二種如實修行者以如實知諸聲聞辟支佛智而不取彼處以為究竟故又經言復次善男子諸菩薩摩訶薩復有二種如實修行何等為二一者調伏自身如實修行者以自取妙道如實修行故二者教化衆生如實修行者以化餘衆生令入正道如實說法故如經善男子是名諸菩薩摩訶薩二種如實修行故又經言復次善男子諸菩薩摩訶薩復有二種如實修行何等為二一者功用智如實修行者以作心行菩薩行功用智故二者無功用行智如實修行者

菩薩於修道中住以無作心行菩薩行無功用行智故如經善男子是名諸菩薩摩訶薩二種如實修行故又經言復次善男子諸菩薩摩訶薩復有二種如實修行何等為二一者善知分別諸地如實修行者以善知慧方便故二者善知諸地無差別方便如實修行者以入一相故如經善男子是名諸菩薩摩訶薩二種如實修行故又經言復次善男子諸菩薩摩訶薩復有二種如實修行何等為二一者離諸過如實修行者以離二邊故二者善知地地轉方便如實修行者以修行善法不休息精進故如經善男子是名諸菩薩摩訶薩二種如實修行故又經言復次善男子諸菩薩摩訶薩復有二種如實修行何等為二一者能說聲聞辟支佛地如實修行者以善學一切法故二者善知佛菩提不退轉方便如實修行者以證真如法如實知修行方便故如經善男子是名諸菩薩摩訶薩二種如實修行

經曰善男子諸菩薩摩訶薩有如是等無量无邊如實修行諸菩薩摩訶薩應如是學如實修行諸菩薩摩訶薩若能如是如實修行者速得阿耨多羅三藐三菩提不以為難

論曰修行四種勝因成就四種勝果及餘如實修行故彼勝果者諸如來智於一念中知三世事皆相應故

經曰尒時佛讚文殊師利法王子言善哉善哉文殊師利汝今善能為諸菩薩摩訶薩說本業道誠如汝所說菩薩摩訶薩說本業道誠如汝所說

論曰善哉者以不顛倒說法故隨順如來所說法故

經曰說是法時十千菩薩得无生法忍文殊師利法王子等一切世間天人阿脩羅等聞佛所說皆大歡喜信受奉行

論曰有三種義是故歡喜何等為三一說者清淨以於諸法得自在故二所說法清淨以如實證知清淨法體故三依所說法得果清淨以得淨妙境界故如經皆大歡喜信受奉行故

文殊師利菩薩問菩提經論卷下　第二十張　摩字

文殊師利菩薩問菩提經論卷下

校勘記

一　底本，金藏廣勝寺本。

一　一九〇頁中一行經名，資作「文殊師利問菩提經論卷下」；石、麗經名下有夾註「一名伽耶山頂經論」。

一　一九〇頁中二行著者，石、磧、普、南、徑、清同上卷；資作「論師婆藪槃豆造此云天親」。

一　一九〇頁中三行譯者，石作「元魏天竺三藏菩提留支譯」；資、磧、普、南、徑、清同卷上。

一　一九〇頁中一三行第五字「是」，資、磧、普、南、徑、清作「以是」。

一　一九〇頁中一五行第二字「慧」，資、磧、普、南、徑、清作「智慧」。

一　一九〇頁中二〇行第四字「主」，磧、普、南、徑、清作「王」。

一　一九〇頁下一二行第四字「法」，石、麗作「法智」。

一　一九一頁上一九行第七字「諸」，麗作「謂」。

一　一九一頁下七行末字、八行第六字「知」，諸本作「智」。

一　一九一頁下一一行第二字「界」，資、磧、普、南、徑、清作「法界」。

一　一九三頁上一三行第一二字「遠」，諸本作「遠離」。

一　一九三頁上一四行末二字至一五行首字「內發者」，資、磧、普、南、徑、清、麗作「者內發」。

一　一九三頁上一八行第五字「增」，資、磧、普、南、徑、清、麗作「憎」。

一　一九三頁中三行第一〇字「發」，資、磧、普、南、徑、清作「證」。

一　一九三頁下六行第一〇字及九行首字、第九字、一五行第一一字、一七行第一二字、一八行第六字及次頁上一〇行首字「十」，徑、清、麗作「十一」。

一　一九三頁下九行首字、第九字、一五行第一一字、一七行第一二字及次頁上一〇行首字「十」，南作「十一」。

一　一九三頁下一八行末字「實」，資、磧、普、南、徑、清、麗作「如實」。

一　一九三頁下一九行第一二字及次頁上五行第七字「者」，資、磧、普、南、徑、清無。

一　一九五頁上八行第八字「大」，磧、普作「天」。

一　一九五頁中一〇行「分別」，徑作「別分」。

一　一九五頁下一一行末字「知」，磧、南、徑、清作「智」。

一　一九五頁下一七行第一一字「令」，磧、普、南作「今」。

一　一九六頁上一二行第四字「諸」，諸本作「諸地」。

一　一九六頁上一九行第六字「學」，資、磧、普、南、徑、清作「知」。

一　一九六頁中五行末字「難」，石作「難故」。

一　一九六頁中七行第一二字「諸」，資、磧、普、南、徑、清作「謂」。

一　一九六頁中一一行第一〇字「誠」，磧、普、南、徑、清作「識」。

一　一九六頁中一二行全行爲衍文，諸本無。

一　一九六頁中二一行第三字「法」，資、磧、普、南、徑、清作「法得」。

妙法蓮華經論優波提舍　聲

婆藪般豆菩薩造

元魏中天竺三藏勒那摩提共僧朗等　譯

如是我聞一時佛住王舍城耆闍崛山中與大比丘衆万二千人俱皆是阿羅漢諸漏已盡無復煩惱心得自在善得心解脱善得慧解脱心善調伏人中大龍應作者作所作已辦離諸重擔逮得已利盡諸有結善得正智心解脱一切心得自在到第一彼岸菩薩摩訶薩八万人皆於阿耨多羅三藐三菩提不退轉皆得陁羅尼大辯才樂說轉不退法輪供養无量百千諸佛於諸佛所種諸善根常為諸佛之所稱歎以大慈悲而修身心善入佛慧通達大智到於彼岸名稱普聞無量世界能度無數百千衆生此法門中初第一品明七種功德成就何等為七一者序分成就二者衆成就三者如來欲說法時至成就四者所依說法隨順威儀住成就五者依止說因成就六者大衆現前欲聞法成就七者文殊師利荅成就又序分成就者此法門示現二種義成就何等為二一者亦現一切諸法門中最勝成就故二者示現自在功德成就故如王舍城勝餘一切城舍故耆闍崛山勝餘諸山故如經如是我聞一時佛住王舍城耆闍崛山中故衆成就者有四種義成就何等為四一者數成就二者行成就三者攝功德成就四者威儀如法住成就數成就者謂大衆无數故行成就者有四種一者諸聲聞修小乘行二者諸菩薩修大乘行三者諸菩薩隨時示現能行大乘如颰陁婆羅等十六人具足菩薩不可思議事而能示現種種形相優婆塞優婆夷比丘比丘尼等故四者出家人威儀一定不同菩薩故皆是阿羅漢等者十六句示現聲聞功德成就故皆不退轉阿耨多羅三藐三菩提等者十三句示現菩薩功德成就故阿羅漢功德成就者彼十六句示現三種門攝義應知何等三門一者上上起門二者摠別相門三者攝取事門上上起門者謂諸漏已盡故名為羅漢以心得自在故名諸漏已盡諸漏已盡故名為阿羅漢以心無煩惱故名心得自在以善得心解脱善得慧解脱故名心得自在以遠離能見所見故名无復煩惱已善得心解脱慧解脱故名心善調伏人中大龍者行諸惡道如平坦路無所拘㝵應行者已行應到處已到故應作者已作人中大龍已盡對治降伏煩惱怨敵故所作已辦者更不後生如相應事已成故離諸重擔者已應作者作所作已辦後生重擔已捨故逮得已利者已捨重擔證涅槃故盡諸有結者已逮得已利断諸煩惱因故善得正智心解脱者諸漏已盡故一切心得自在者善知見道修道智故到第一彼岸者善得正智心得解脱善得神通无諍三昧等諸功德故大羅漢等者心得自在到彼岸故衆所知識者諸王王子大臣帝釋梵天王等皆識知故復聲聞菩薩佛等是勝智彼勝智者皆善知故名衆所知識摠別門者皆是羅漢等十六句初句摠

法華經論　第三張　齊

餘句別故皆是羅漢者彼羅漢名有十五種義應知一者應受飲食卧具供養恭敬等故二者應將大衆教化一切故三者應入聚落城邑等故四者應降伏諸外道等故五者應以智慧速觀察法故六者應不疾不遲說法如法相應不疲惓故七者應靜坐空閑處飲食衣服一切資生不積不聚少欲知足故八者應一向行善行不著諸禪故九者應行空聖行故十者應行無相聖行故十一者應行无願聖行故十二者應降伏世間禪淨心故十三者應起諸通勝功德故十四者應證第一義功德故十五者應如實知同生衆得諸功德為利益一切衆生故攝取事門者此十五句攝取十種功德示現可說果不可說果故一者攝取得功德二句示現如經諸漏已盡無復煩惱故二者三句攝取諸功德一句降伏世間功德如經心得自在故二句降伏出世間學人功德如經善得心解脫善得慧解脫故三者攝取不違功德隨順如来教行故

如經心善調伏故四者攝取勝功德如經人中大龍故五者攝取所應作勝功德所應作者依法供養恭敬尊重如来故如經應作者作故六者攝取滿足功德滿足學地故如經所作已辦故七者三句攝取過功德一者過受故二者過求命供養恭敬故三者過上下界已過學地故如經離諸重擔逮得己利盡諸有結故八者攝取上上功德如經善得正智心解脫故九者攝取應作利益衆生功德如經一切心得自在故十者攝取上首功德如經到第一彼岸故彼諸菩薩十三句功德二門攝應知一者上支下支門二者攝取事門上支下支門者所謂揔相別相應知皆於阿耨多羅三藐三菩提不退轉者是揔相餘者是別相彼不退轉有十種示現一者住聞法不退轉如經皆得陁羅尼故二者樂說不退轉如經大辯才樂說故三者說不退轉如經轉不退法輪故四者依止善知識不退轉以身心業依色身攝取故如經供養无量百千諸佛故於諸

佛所種諸善根故五者斷一切疑不退轉如經常為諸佛之所稱歎故六者為何等何等事說法入彼彼法不退轉如經以大慈悲而修身心故七者入一切智如實境界不退轉如經善入佛慧故八者依我空法空不退轉如經通達大智故九者入如實境界不退轉如經到於彼岸故十者應作所作住持不退轉如經能度无量百千衆生故

攝取事門者示現諸菩薩住何等清淨地中因何等方便何等境界中應作所作故地清淨者八地已上三地无相行寂靜清淨故方便者有四種一者攝取妙法方便住持妙法以樂說力為人說故二者攝取善知識方便以依善知識所作應作故三者攝取衆生方便以不捨衆生故四者攝取智方便以教化衆生令入彼智故境界者易解復有攝取事門示現諸地攝取勝功德不同二乘功德故八地者无功用智不同下上故不同下者下功用行不能動故不同上者上无相行不能動自

然而行故於九地中得勝進陁羅尼門具足四無㝵自在故於第十地中不退轉法輪得佛受位如轉輪王子故以得周攝功德故攝功德成就者示現依何處依何心依何智依何境界行依何等能辨故依何處者依善知識故依何心者我依衆生心教化畢竟利益一切衆生故依何智者依三種智一者授記密智二者諸通智三者真實智依何等境界行依何等能辨者即三種智攝應知威儀如法住成就者有四種示現何等為四一者四衆圍繞二者前後三者供養恭敬四者尊重讚歎如經尒時世尊四衆圍繞供養恭敬尊重讚歎故如来欲說法時至成就者為諸菩薩說大乘經故此大乘修多羅有十七種名顯示甚深功德應知一名無量義經者成就字義故以此法門說彼甚深妙境界法故甚深妙境界者諸佛如来冣勝境界故二名冣勝修多羅者三藏中冣妙勝藏成就故三名大方廣者无量大乘門隨衆生根住持成就故四名

法華經論　第七張　馨

教菩薩法者為教化根熟菩薩隨器法成就故五名佛所護念者依佛如来有此法故六名一切諸佛秘密法者此法甚深如来知故七名一切佛藏者如来功德三昧之藏在此經故八名一切諸佛密處者根未熟衆生非法器不與故九名能生一切諸佛者聞此法門能成佛菩提故十名一切諸佛道場者聞此法門能成阿耨多羅三藐三菩提非餘修多羅故十一名一切諸佛所轉法輪者此法門能破一切諸障故十二名一切諸佛堅固舍利者謂如来真如法身於此修多羅不壞故十三名一切諸佛大巧方便經者依此法門成大菩提已為衆生說天人聲聞辟支佛等法故十四名說一乘經者此法門顯示如来阿耨多羅三藐三菩提究竟之體二乘非究竟故十五名第一義住者此法門即是如来法身究竟住處故十六名妙法蓮華者有二種義何等二種一者出水義不可盡出離小乘泥濁水故復有義蓮華出泥水喻諸

法華經論　第八張　馨

聲聞入如来大衆中坐如諸菩薩坐蓮華上聞說無上智慧清淨境界證如来密藏故二華開者衆於大乘中心怯弱不能生信故開示如来淨妙法身令生信心故十七名法門者攝成就故攝成就者攝取無量名句字身頻婆羅阿閦婆等偈故此十七句法門者是揔餘句是別故如經為諸菩薩說大乘經名無量義如是等所依說法隨順威儀住成就者示現依何等法說法依三種法故一依三昧成就故以三昧成就二種示現何等為二一者成就自在力身心不動故二者離一切諸障隨自在力故此自在力有二種一者為隨順衆生示現對治攝取覺菩提分法故二者為對治無量世来堅執煩惱故如經說此經已結跏趺坐入於無量義處三昧等二依器世間三依衆生世間震動世界及知過去無量劫事等故如經是時天雨曼陁羅華乃至歡喜合掌一心觀佛故

依止說因成就者彼諸大衆現見異

法華經論　第九張　馨

相不可思議事如来應為我說渴仰欲聞生希有心名依止說因成就是故放大光明示現諸世界中種種事故先示現外事六種震動等次示現此法門內證深密法故又依器世間衆生世間數種種量種種具足煩惱差別具足清淨差別佛法弟子差別示現三寶故復乘差別有世界有佛有世界无佛令衆生見修行者未得果得道者已得果如經諸修行得道者故數種種者示現種種觀故略說四種觀一者食二者聞法三者明修行四者樂如經尒時佛放眉間白毫相光乃至以佛舍利起七寶塔故行菩薩道者教化衆生依四攝法方便攝取應知如經中說當推取

自此以下示現大衆現前欲聞法成就問一人多人欲聞生希有心是故唯問文殊師利如是示現世尊弟子隨順法不相違故令佛世尊現神變相者為何等義為現大相因故為大相者為說妙法蓮華經故現大瑞相為說所得妙法不可思議等文句故

有二種法故推文殊師利一者現見諸法二者離諸因緣自心成就彼法故示現種種瑞相者示現彼彼事如彼事現沒住滅應知以文殊師利能記彼事故以文殊師利所作成就因果成就現見彼法故所作成就者有二種一者功德成就二者智慧成就因成就者一切智成就因緣者相也果者說大法種種佛國土者示現彼國土中種種差別應知淨妙國土者無煩惱衆生住處故如經照於東方万八千世界乃至悉見彼佛國界莊嚴故如来為上首者諸菩薩等依如来住故以如来於彼國土一切大衆中得自在故如經又見彼土現在諸佛如是等故

自此已下明聖者文殊師利菩薩以宿命智現見過去因果相成就十種事如現在前是故能答弥勒現見過去因相者自見已身於彼諸佛國土中修種種行事故現見過去果相者文殊師利自見已身是過去妙光菩薩於彼佛所聞此法門為衆生說故成就十種事者何等為十一者現見大義因成就二者現見世間文字章句

甚深意因成就三者現見希有因成就四者現見勝妙因成就五者現見受用大因成就六者現見攝取一切諸佛法輪因成就七者現見善堅實如来法輪因成就八者現見能進入因成就九者現見憶念因成就十者現見自身所經事因成就大義因成就者八句示現應知一者欲轉大法輪二者欲雨大法雨三者欲擊大法鼓四者欲建大法幢五者欲然大法燈六者欲吹大法蠡七者欲不斷大法鼓八者欲說大法此八句示現如来欲說大法等故何等為八種大義謂疑者斷疑故已斷疑者增長淳熟智身故根熟者為說二種密境界謂聲聞密境界菩薩密境界大法鼓二句示現以遠聞故入密境界者令進取上上清淨義故取上上清淨義者進取一切智現見故取一切智現見者為一切法建立名字章句義故建立名字章句義者令入不可說證智轉法輪故現見世間名字章句意甚深因成就故如經我於過去諸佛曾見此瑞

乃至故現斯瑞故現見希有因成就者無量時不可得故不可思議不可稱不可量者示現過彼阿僧祇劫不可得故復示現五種劫一者夜二者晝三者月四者時五者年示現彼无量無邊劫故如經如過去无量無邊不可思議阿僧祇劫尒時有佛号日月燈明乃至得阿耨多羅三藐三菩提成一切種智故現見勝妙因成就者以諸佛菩薩自受用示現故如經次復有佛亦名日月燈明乃至所可說法初中後善故現見受用大因成就者是時王子受勝妙樂各捨出家復彼大衆於尒許時不生疲惓心故如經其最後佛未出家時乃至佛授記已便於中夜入無餘涅槃故現見攝取一切諸佛轉法輪因成就者法輪不斷故如經佛滅度後妙光菩薩持妙法蓮華經滿八十小劫為人演說故現見堅實如來法輪因成就者佛滅度後无量時說法故如經日月燈明佛八子皆師妙光乃至皆令其堅固阿耨多羅三藐三菩提故現見進入因成就者彼諸王子得大菩提故如經是諸王子乃至皆成佛道故現見憶念因成就者為他說法利益他故如經其最後成佛者名曰然燈乃至尊重讚歎故現見自身所經事因成就者以自身受勝妙樂故如經弥勒當知乃至佛所護念故汝号求名者示現知過去事故復示現得彼法具足故

方便品第二

尒時世尊入甚深三昧正念不動以如實智觀從三昧安詳而起起已告舍利弗諸佛智慧甚深无量其智慧門難見難覺難知難解難入如来所證一切聲聞辟支佛所不能知何以故舍利弗如来應正遍知已曾親近供養無量百千万億那由他佛於諸佛所盡行諸佛所修阿耨多羅三藐三菩提法舍利弗如来已於無量百千億那由他劫勇猛精進所作成就名稱普聞舍利弗如来畢竟成就希有之法舍利弗難解之法如来能知舍利弗難解法者諸佛如来隨宜所說意趣難解一切聲聞辟支佛所不能知何以故舍利弗諸佛如来自在說因成就故舍利弗如来成就種種方便種種知見種種念觀種種言辞舍利弗吾從成佛已来於彼彼處廣演言教無數方便引導衆生於諸著處令得解脫舍利弗如来知見方便到於彼岸舍利弗如来知見廣大深遠無障无㝵力無畏不共法根力菩提分禪定解脫三昧三摩跋提皆已具足舍利弗諸佛如来深入无際成就一切未曾有法舍利弗如来能種種分別巧說諸法言辞柔軟悅可衆心止舍利弗不須復說舍利弗佛所成就第一希有難解之法舍利弗唯佛與佛說法諸佛如来能知彼法究竟實相舍利弗唯佛如来知一切法舍利弗唯佛如来能說一切法何等法云何法何似法何相法何體法何等云何何似何相何體如是等一切法如来現見非不現見

論曰自此已下示現所說法因果相應知如經尒時世尊入甚深三昧正念不動以如實智觀從三昧安詳而起起已告舍利弗者示現如来得自在力故如来入定無能驚寤故何

故告舍利弗不告餘聲聞等隨深智慧與如来相應故何故不告諸菩薩有五種義一者為諸聲聞所作事故二者為令聲聞迴趣大菩提故三者護諸聲聞恐怯弱故四者為令餘人善思念故五者為諸聲聞不起所作已辦心故諸佛智慧甚深无量者為諸大衆生尊重心畢竟欲聞如来說故甚深者顯示二種甚深義應知何等為二一者證甚深謂諸佛智慧甚深無量故二者阿含甚深謂智慧門故甚深者是捴餘者是別證甚深者有五種一者義甚深依何等義甚深故二者實體甚深三者内證甚深四者依止甚深五者無上甚深甚深者謂大菩提故大菩提者如来所證阿耨多羅三藐三菩提故又甚深者一切聲聞辟支佛所不能知故智慧者謂一切種一切智智義故如經諸佛智慧甚深無量其智慧門難見難覺難知難解難入一切聲聞辟支佛所不能知故智慧門者謂說阿含義甚深者示現有八種一者受

法華經論　第十六張　賢

持讀誦甚深如經舍利弗如来應正遍知已曾親近供養無量百千万億那由他佛故二者修行甚深如經於諸佛所盡行諸佛所修阿耨多羅三藐三菩提法故三者果行甚深如經舍利弗如来已於無量百千億劫勇猛精進所作成就故四者增長功德心甚深如經名稱普聞故五者快妙事甚深如經成就希有法故六者無上甚深如經舍利弗難解之法如来能知故七者入甚深入甚深者名字章句意難得自在住持不同外道說因緣法名為甚深如經舍利弗難解法者諸佛如来隨宜所說意趣難解故八者不共聲聞辟支佛所作住持甚深如經一切聲聞辟支佛所不能知故如是說妙法功德已次說如来法師功德成就應知如經何以故諸佛如来自在說因成就故如来成就四種功德故能度衆生何等為四一者住成就如經如来成就種種方便故種種方便者從兜率天退乃至示現入涅槃故二者教化成就如經種種知見故種種知見者示現淨

法華經論　第十七張　賢

諸因故三者功德畢竟成就如經種種念觀故種種念觀者以說彼法成就因緣如法相應故四者說成就如經種種言辭故種種言辭者以四无导依何等何等名字章句隨何等何等衆生能受為說故復有義種種方便者示現外道邪法如是如是種種過失故示現諸佛正法如是如是種種功德故如經吾從成佛已来廣演言教無數方便引導衆生於諸著處令得解脫故復無數方便者方便令入諸善法故復方便者斷諸疑故復方便者令入增上勝智故復方便者依四攝法攝取衆生令得解脫故諸著者彼處處著或著界或著諸地或著分或著乘故著界者著欲色无色界故著地者著戒取三昧初禪定地乃至非非想及滅盡定地故著分者著在家出家分故著在家分者著已同類作種種業邪見等故著出家分者著名聞利養種種諸覺煩惱等故著乘者著聲聞乘菩薩乘故著聲聞乘者樂持小乘戒求須陁洹斯陁含阿

法華經論　第十八張　賢

鄃舍阿羅漢等故著大乘者著利養供養恭敬等著分別觀種種法相乃至佛地故復種種知見者自身成就不可思議境界與聲聞菩薩故如經舍利弗如来知見方便到於彼岸故到彼岸者勝餘一切諸菩薩故復種種念觀者如經舍利弗如来知見廣大深遠無障无㝵力无畏不共法根力菩提分禪定解脫三昧三摩跋提皆已具足故又第一成就可化衆生依止善知識成就故第二成就根熟衆生令得解脫故第三成就力家得自在降伏故第四說成就者有七種一者種種成就如經舍利弗諸佛如来深入無際成就一切未曾有法故二者言成就得五種美妙音聲說法如經如来能種種分別巧說諸法言辞柔軟悅可衆心故三者相成就如經止舍利弗不須復說故有法器衆生心已滿足故四者堪成就一切可化衆生知如来成就第一希有功德能說法故如經利弗佛所成就第一希有難解之法故五者無量種成就說不可盡如經舍

利弗唯佛與佛說法諸佛如来能知彼法究竟實相故實相者謂如来藏法身之體不變故六者覺體成就如来所說一切諸法如来自證得故如經舍利弗唯佛如来知一切法故七者隨順衆生意為說修行法成就彼法何等如是等如經舍利弗唯佛如来能說一切法故第一種種法門攝取衆生故第二令不散乱住故第三令取故第四令得解脫故第五令彼修行成就得對治法故第六能令修行進趣成就故第七令得修行不失故此七種法為諸衆生自身所作成就故又與教化成就者依證法故又說成就者依說法故此二種法如向前說依此二種法有何次第而得修行即彼前文句再說應知

又依證法有五種一者何等法二者云何法三者何似法四者何相法五者何體法故何等法者聲聞法辟支佛法佛法故云何法者起種種事說故何似法者依三種門得清淨故何相法者三種義一相法故何體法

者無二體故无二體者無量乘唯一佛乘無二乘故復有義何等法者謂有為法無為法云何法者謂因緣法非因緣法等何似法者謂常法无常法如是等何相法者生等三相法不生等三相法何體法者謂五陰體非五陰體又何似法者謂无常法有為法因緣法又何相法者謂可見相等法又何體法者謂五陰能取可取五陰是苦集體故五陰者是道諦體復有依說法何等法者謂名句字身故云何法者依如来所說法故何似法者能教化可化衆生故何相法者依音聲取故以依音聲取彼法故何體法者假名體法相故

自此以下依二種義示現一者決定義二者疑義三者依何事疑義決定義者有聲聞方便證得深法作決定心於聲聞道中得方便涅槃證故如是三種證法示現有為無為法故如經尒時大衆中有諸聲聞漏盡阿羅漢乃至亦得此法到於涅槃故疑義者謂聲聞辟支佛不能知故是故生疑如

經而今不知是義所疑故依何事疑
者如來說聲聞解脫與我解脫不異
是故生疑生疑者生因中疑此云何
云何如來數數說甚深境界前說甚
深後說甚深不同聲聞如是等是故生
疑如經尒時舍利弗知四衆心疑乃
至而說偈言故自此已下依四種事
說一者決定心二者因受記三者取
受記四者與授記應知云何決定心
已生驚怖者令斷驚怖為利益二種
人故如來有決定心此驚怖有五種
應知一者損驚怖如所聞聲取以為實
謗無大乘而作是言如來說言阿羅
漢究竟涅槃我畢竟取如是涅槃是故
羅漢不入涅槃故二者多事驚怖以大
乘衆生生如是心我无量無邊劫行菩
薩行生驚怖心起取異乘心故三者
顛倒驚怖分別我我所身見不善法
故四者悔驚怖悔驚怖者謂大德舍
利弗等我不應證如是小乘法自止即
此悔心名為驚怖應知五者誑驚怖謂
增上慢聲聞作如是心云何如來誑於
我等故因授記者如經止止舍利弗

不須復說若說是事一切世間諸天
人等皆生驚怖故因授記生驚怖
者有三種義一者欲令彼大衆推
覓甚深境界故二者欲令大衆生
尊重心畢竟欲聞故三者為令增
上慢聲聞離法座而去故第二請
示現過去無量佛教化衆生如經
是會无數乃至聞佛所說則能敬
信故第三請示現現在佛教化衆生如
經今此會中如我等比乃至長夜安
隱多所饒益故取授記者以舍利弗
等欲得授記如經告舍利弗汝以三
請豈得不說汝今諦聽如是等故與
授記者有六種應知一者未聞令聞
二者說三者依何等義四者令住五
者依法六者遮未聞令聞者如經舍
利弗如是妙法諸佛如來時乃說之
如優曇華如是等說者如經舍利弗
我以無數方便種種因緣譬喻言辭
演說諸法如是等種種因緣者謂三
乘彼三乘唯名字章句說非有實義
故以彼實義不可說故
依何等義者如經舍利弗諸佛世尊
唯以一大事因緣故出現於世如是

等故彼一大事者依四種義應知何
者為四一者無上義除一切智智更无
餘事如經欲開佛知見令衆生知得
清淨故出現於世佛知見者如來能
證如實知彼義故二者同義以聲聞
辟支佛佛法身平等故如經欲示衆
生佛知見故出現於世故法身平等者
佛性法身更無差別故三者不知義
以一切聲聞辟支佛不知彼真實處
故不知真實處者不知究竟唯一
佛乘故如經欲令衆生悟佛知見故
出現於世四者為令證不退轉地示
現與無量智業故如經欲令衆生入
佛知見道故出現於世又示者為諸
菩薩有疑者令知如實修行故又悟
者未發菩提心者令發心故已發心
者令入法故復悟者令外道衆生生
覺悟故復入者令得聲聞果者入大菩
提故令住者如經舍利弗如來但以一
佛乘故為衆生說法依法者如經舍
利弗過去諸佛以無量无數方便種
種辟喻因緣念觀方便說法是法皆
為一佛乘故如是等辟喻者如依牛

有乳酪生酥熟酥醍醐醍醐為第一
小乘如乳大乘如醍醐故此辟唯明
大乘無上諸聲聞等亦同大乘无上
故聲聞同者示諸佛如来法身之性
同諸凡夫聲聞辟支佛等法身平等
無差別故此辟喻示現因緣如向說
念觀者於小乘諦中人無我等於大
乘諦中真如法界實際人无我法無
我等觀故方便者小乘中觀陰界入
猒苦離苦得解脫故大乘中修諸波羅
蜜四攝法攝取自身他身利益對治
法故遮者如經舍利弗十方世界中
尚無二乘何況有三如是等故無二乘
者無二乘涅槃唯佛如来證大菩提究
竟滿足一切智慧名大涅槃非諸聲聞
辟支佛等有涅槃法唯一佛乘故一佛
乘者依四種義說應知如来依此六種
授記是故前說何等法云何法何似
法何相法何體法如是示現何等法
者謂未曾聞故云何法者謂種種言語
辟喻說故何似法者唯為一大事故何
相法者為隨衆生器說佛法故何體法
者唯一乘體故一乘體者謂諸佛如来

平等法身聲聞辟支佛乘非彼平等
法身之體以因果行觀不同故
自此已下說法為斷四種疑應知何
等四種一者何時說二者云何知增
上慢三者云何堪說四者云何不成
妄語何時說者諸佛如来於何等時
起種種方便說法為斷彼疑如經佛
告舍利弗諸佛出於五濁惡世所謂劫
濁等故云何知增上慢者如来不為
增上慢人說法云何知彼是增上慢為
斷彼疑如經若有比丘實得阿羅漢
者若不信是法无有是處等故云何
堪說者從佛聞法而起謗心云何如
来不成不堪說法人為斷此疑如經
除佛滅度後現前无佛如是等故云
何不成妄語者如来先說法異今說
法異云何如来不成妄語為斷此疑
故如經舍利弗汝等當一心信解受
持佛語諸佛如来言無虛妄无有餘
乘唯一佛乘故乃至童子戲聚沙為
佛塔如是諸人等皆已成佛道者謂
發菩提心行菩薩行者所作善根能證
菩提非諸凡夫及决定聲聞未發菩
提心者之所能得故如是乃至小

伍頭等亦如是
譬喻品第三　舍利弗說偈
金色三十二　十力諸解脫　同共一法中
而不得此事　八十種妙好　十八不共法
如是等功德　而我皆已失
此偈示現何義舍利弗自可責身我
不見諸佛不往佛所聞法不供養恭
敬諸佛無利益衆生事未得法退是
故舍利弗可責自身不見者不見諸
佛如来大人相生恭敬供養心故往
者示現教化衆生力故放金色光明
者見佛自身異身得无量功德故聞
者能作利益一切衆生故力者衆生
有疑依十力斷疑故供養者示現教
化衆生力故十八不共法者遠離諸
障㝵故恭敬者生無量福德依如来
教得解脫故人无我法無我一切法
平等故是故舍利弗自可責身我未
得如是法於未得中退故自此已下
為七種具足煩惱性衆生說七辟
喻對治七種增上慢應知又三種
染无煩惱人三昧解脫見等染慢
對治此故說三平等應知何者七
種具足煩惱性人一者求勢力人二

者求聲聞解脫人三者求大乘人四者有定人五者無定人六者集功德人七者不集功德人七種增上慢者顛倒求功德增上慢以世間諸煩惱熾然而求天人妙境果報對治此故說大宅辟喻應知聲聞人一向增上慢我乘與如來乘无差別如是顛倒取對治此故說窮子辟喻應知大乘人一向增上慢無別聲聞辟支佛乘顛倒取對治此故說雨辟喻應知實無而有增上慢人以有世間三昧三摩跋提實無涅槃而生涅槃想對治此故說化城辟喻應知散乱心實無有定過去有大乘善根而不覺知彼不求大乘於狹劣心中生虛妄解以為第一乘對治此故說繫寶珠辟喻應知有功德人說大乘法而取非大乘對治此故說王解髻中明珠與之辟喻應知无功德人於第一乘不集諸善根說第一乘不取為第一對治此故說醫師辟喻應知第一人者以世間種種善根三昧功德方便令戲後令入涅槃故第二人者以三為一令

法華經論　第二十八張　聲

入大乘故第三人者令知種種乘諸佛如來平等說法隨衆生善根種子生芽故第四人者方便令入涅槃城故涅槃城者諸禪三昧城過彼城已令入大涅槃城故第五人者示過去善根令憶念教入三昧故第六人者說大乘法以此法門同十地行滿諸佛如來密與授記故第七人者根未熟為令熟故示現涅槃量為是義故如來說此七種辟喻何者三種無煩惱人染慢顛倒信故一者信種種乘異二者信世間涅槃異三者信彼此身異為對治此三種染說三種平等應知一者乘平等與聲聞授記唯有大乘无二乘故二者世間涅槃平等以多寶如來入涅槃世間涅槃平〻等〻故三者身平等多寶如來已入涅槃復示現身自身他身法身平等無差別故是无煩惱人染慢見彼此身所作差別以不知彼此佛性法身平等故即彼人我證此法彼人不得對治此故與諸聲聞授記應知彼聲聞等為實成佛故與授記為不成佛與授記也若實成佛者

法華經論　第二十九張　聲

菩薩何故於無量劫修集无量功德若不成佛者云何虛妄授記彼聲聞授記者得決定心非成就法性故如來依三平等說一乘法故以如來法身與彼聲聞法身無異故與授記非即具足修行功德故是故菩薩功德具足諸聲聞人功未具足言授記者有六處示現五者如來記一者菩薩記如來記者舍利弗摩訶迦葉等衆所知識故名号不同故與別記富樓那等五百人千二百人等同一名故俱時與記學無學等俱同一号非衆所知識故一時與記與提婆達多記者示現如來無怨故與比丘尼及諸天女記者示現女人在家出家修菩薩行者皆證佛果故菩薩授記者如不輕菩薩品示現礼拜讚歎言我不輕汝汝等皆當作佛者示諸衆生皆有佛性故言聲聞授記者聲聞有四種一者決定聲聞二者增上慢聲聞三者退善提心聲聞四者應化聲聞二種聲聞如來與授記謂應化聲聞退已還發善提心者決定增上慢二種聲聞根未

法華經論　第三十張　聲

數故如来不與授記菩薩與授記菩薩授記者方便令發心故又依何義故如來說三乘名為一乘依同義故與諸聲聞授記同義者以如来法身聲聞法身平等无差別故以聲聞辟支佛異乘故有差別以彼非大乘故如来說言不離我身是无上義一切聲聞辟支佛法中不說此義以不能解故是故諸菩薩行菩薩行非為虛妄無上義者餘殘修多羅明无上義無上義有十種應知一者示現種子无上故說雨辟喻汝等所行是菩薩道者謂發菩提心退已還發者前所修行善根不滅同後得果故二者示現行无上故說大通智勝如来本事等故三者示現增長力無上故說商主辟喻四者示現令解无上故說繫寶珠辟喻五者示現清淨國土無上故示現多寶如来塔六者示現說无上故說髻中明珠辟喻七者示現教化衆生無上故地中踊出无量菩薩摩訶薩等故八者示現成大菩提無上者示現三種佛菩提一者應化佛

菩提隨所應見而為示現故如經皆謂如来出釋氏宮去伽耶城不遠坐於道場得阿耨多羅三藐三菩提故二者報佛菩提十地行滿足得常涅槃證故如經善男子我實成佛已來無量无邊百千万億那由他劫故三者法佛菩提謂如來藏性淨涅槃常恒清涼不變故如經如來如實知見三界之相乃至不如三界見於三界故三界相者謂衆生界即涅槃界不離衆生界有如来藏故無有生死若退若出者謂常恒清涼不變故亦無在世及滅度者謂如來藏真如之體不即衆生界不離衆生界故非實非虛非如非異者謂離四種相故有四種相者是無常故不如三界見三界者如来能見能證真如法身凡夫不見故是故經言如来明見无有錯謬故我本行菩薩道今猶未滿者以本願故衆生界未盡願非究竟故言未滿者非謂菩提不滿足故所成壽命復倍上數者示現如來常命方便顯多數過上數量不可數知故我淨土不毀而衆見燒盡者報佛如来真實淨

土第一義諦攝故九者示現涅槃无上故說醫師辟喻十者示現勝妙力無上故說餘殘修多羅應知多寶如来塔顯示一切佛土清淨者示現諸佛實相境界中種種間錯莊嚴故塔者示現如來舍利住持故量者方便示現一切佛國土清淨出世間无漏善根所生非世間有漏善所生故略者多寶如來身一體示現攝取一切佛法身故住持者示現諸佛如來法身自在身力故示現无量佛者示現彼此所作業無差別故遠離穢不淨者示現一切佛國土平等清淨故言多寶者示現一切佛土同實性故同一塔坐者示現化佛非化佛法佛報佛等皆為成大事故自此已下示現法力持力修行力應知法力者五種門示現一者證二者信三者供養四者聞法五者讀誦持說四種門弥勒品中示現一法門常精進菩薩品示現弥勒品中四種門者一者證如經我說是如來壽命長遠時六百八十万億那由他恒河沙衆生得无生法忍故此

言無生法忍者謂初地證智應知八生乃至一生得阿耨多羅三藐三菩提者謂證初地菩提故八生乃至一生者謂諸凡夫决定能證初地隨力隨分八生乃至一生證初地故言阿耨多羅三藐三菩提者以離三界中分段生死隨分能見真如佛性名得菩提非謂究竟滿足如來方便涅槃故信者如經復有八世界微塵衆生皆發阿耨多羅三藐三菩提心故供養者如經是諸菩薩摩訶薩得大法利時於虚空中雨曼陁羅花如是等故聞法者如隨喜品說應知一法門常精進菩薩品示現者謂讀誦解說書寫等得六根清淨故如經若善男子善女人受持法花經若讀若誦若解說若書寫是人當得八百眼功德乃至千二百意功德故此得六根清淨者謂凡夫人以經力故得勝根用未入初地菩薩位應知如經以父母所生清淨肉眼見於三千大千世界如是等又六根清淨者於一一根中悉能具足見色聞聲知香味觸法等

用應知眼見者聞香能知如經釋提桓因在勝殿上五欲娛樂乃至說法聞香知者此是智境鼻根知故持力者有三種法門示現如法師品安樂行品勸持品等廣說法力應知其心决定知水必近者受持此經得佛性水成阿耨多羅三藐三菩提故修行力者五門示現一者說力二者行苦行力三者護衆生諸難力四者功德勝力五者護法力說力者有三種法門神力品中示現一出廣長舌者憶念故二謦咳聲者說偈令聞故聞聲已如實修行不放逸故三彈指令覺悟者令修行者覺悟故行苦行力者藥王菩薩品示現教化衆生行苦行者妙音菩薩品示現教化衆生護衆生難觀世音品陁羅尼品示現功德勝力者妙莊嚴王品示現依過去功德彼童子有如是力故護法力者普賢品及後品中示現又說言受持觀世音菩薩名及受持六十二恒河沙諸佛名彼福德平等者有二種義一者信力故二者畢竟知故信力者有二

種一者求我身如觀世音畢竟信故二者生恭敬心如彼功德我亦畢竟得故畢竟知者决定知法界故法界者名法性彼法性入初地菩薩能證入一切諸佛菩薩平等身故平等身者謂真如法身是故受持六十二恒河沙佛名受持觀世音菩薩名功德无差别

第一序品示現七種功德成就

第二方便品有五分示現破二明一餘品如向處分易解

妙法蓮華經論優波提舍

癸卯歲高麗國大藏都監奉

勅雕造

妙法蓮華經論優波提舍

校勘記

一　底本，麗藏本。此本一卷，磧、普、南、徑、清皆作二卷，且文字出入較大，故只校石。另以清藏本作別本，校以資、磧、普、南、徑。

一　一九九頁上一八行第四字「中」，石無。

一　一九九頁上二一行第九字「住」，石無。

一　一九九頁中三行「示現」，石無。

一　一九九頁中三行「成就」，石無。

一　一九九頁中六行首字「故」，石作「故顯此法勝故」。

一　一九九頁中一三行第六字「能」，石作「能修」。

一　一九九頁下二行第九字至三行第四字「諸漏已盡故名爲阿羅漢」，石無。

一　一九九頁下三行第六字「心」，石無。

一　一九九頁下一一行第一〇字「成」，石作「成就」。

一　一九九頁下二一行末字「智」，石作「智者」。

一　二〇〇頁上一行第一三字「名」，石無。

一　二〇〇頁上一四行第三字「證」，石無。

一　二〇〇頁上一八行第四字「得」，石無。

一　二〇〇頁中四行第六字「應」，石作「所應」。

一　二〇〇頁中六行第一三字「受」，石作「愛」。

一　二〇〇頁下一九行第一三字至二〇行第二字「境界者易解」，石無。

一　二〇一頁上一二行第一四字「四」，石無。

一　二〇一頁上一五行第一四字「法」，石無。

一　二〇一頁中二行第三字「就」，石作「熟」。

一　二〇一頁下三行「衆於」，石作「衆生於」。

一　二〇一頁下一一行第九字「一」，石作「一者」。

一　二〇一頁下一五行首字「有」，石作「復有」。

一　二〇一頁下一五行第六字「爲」，石無。

一　二〇二頁上一二行第一三字「明」，石無。

一　二〇二頁上一四行第一三字「故」，石無。

一　二〇二頁中一六行第四字「下」，石作「下答成就」。

一　二〇二頁中一九行第九字「於」，石作「於彼」。

一　二〇二頁下一三行第二字「説」，石作「論」。

一　二〇二頁下一九行第一二字「見」，石作「見故」。

一　二〇三頁上一〇行「次復」，石作「復次」。

一二〇三頁上一四行第七字「惓」，石作「倦」。

一二〇三頁上二一行第三字「法」，石無。

一二〇四頁中九行第二字「甚」，石作「心甚」。

一二〇四頁中九行第五字「經」，石作「經舍利弗如來」。

一二〇四頁中一一行首字「能」，石無。

一二〇四頁中一三行「名爲」，石無。

一二〇四頁中一六行第三字「持」，石作「持故」。

一二〇四頁下九行第五字「經」，石作「經舍利弗」。

一二〇五頁上一五行第一二字「言」，石作「言語」。

一二〇六頁中九行「現現」，石作「現」。

一二〇六頁中一二行第八字「告」，石作「佛告」。

一二〇六頁中一八行第七字「等」，石作「等故」。

一二〇七頁上一行第八、九字「醍醐」，石作「乃至醍醐」。

一二〇七頁上二一行第一三字「唯」，石作「唯喻」。

一二〇七頁上一〇行第一二字「修」，石無。

一二〇七頁上二二行第一〇字「佛」，石作「諸佛」。

一二〇七頁中二行「行觀」，石作「觀行」。

一二〇七頁下五行第三字「等」，石作「諸」。

一二〇七頁下一四行第一三字「現」，石作「現能」。

一二〇七頁下二〇行第一二字「七」，石無。

一二〇七頁下二一行第一一字「又」，石無。

一二〇八頁上一行第一〇字「求」，石無。

一二〇八頁上五行「妙境」，石作「妙境界」。

一二〇八頁中一一行第一三字「異」，石無。

一二〇八頁中二一行「對治此」，石作「此對治」。

一二〇八頁下七行第五字「功」，石作「功德」。

一二〇八頁下一四行第四字「怨」，石作「怨惡」。

一二〇九頁上末行第二字「者」，石作「故」。

一二〇九頁中一行第六字「見」，石作「現」。

一二〇九頁下三行第四字「說」，石無。

一二〇九頁下三行第九字「羅」，石作「羅說」。

一二〇九頁下五行第九字「種」，石作「種寶」。

一二一〇頁中三行第一四字「力」，石無。

一二一〇頁中七行第一一字「修」至一〇行第五字「力」（共三十七字）

一　石無。
一　二一〇頁中一一行第六字「一」，石作「一者」。
一　二一〇頁中一一行第一一字「者」，石無。
一　二一〇頁中一二行「嚳咳」，石作「者謦欬」。
一　二一〇頁中一七行第二字「難」，石作「諸難者」。
一　二一〇頁下末行第六字「論」，石無。
一　二一〇頁下末行末字「舍」，石作「舍一卷」。

妙法蓮華經論優波提舍卷上論本內廣略俱備　虧五

大乘論師婆藪槃豆菩薩造

元魏天竺三藏法師勒那摩提共僧朗等譯

頂禮正覺海　淨法無爲僧　爲深利智者
開示毗伽典　祇虔牟尼尊　及菩薩聲聞
令法自他利　略出勸伽辯
歸命過去未來世　現在一切佛菩薩
弘慈降神力　願施我無畏　大悲止四魔
護菩提增長

序品第一

如是我聞一時婆伽婆佛住王舍城耆闍崛山中與大比丘衆萬二千人俱皆是阿羅漢諸漏已盡無復煩惱心得自在善得心解脫善得慧解脫心善調伏人中大龍應作者作所作已辦離諸重擔逮得已利盡諸有結善得正智心解脫一切心得自在到第一彼岸菩薩摩訶薩八萬人皆於阿耨多羅三藐三菩提不退轉皆得陀羅尼大辯才樂說轉不退法輪供養無量百千諸佛於諸佛所種諸善根常爲諸佛之所稱歎以大慈悲而修身心善入佛慧通達大智到於彼岸名稱普聞無量世界能度無數百千衆生

釋曰此法門初第一品明七種功德成就應知何等爲七一者序分成就二者衆成就三者如來欲說法時至成就四者所依說法隨順威儀住成就五者依止說因成就六者大衆現前欲聞法成就七者文殊師利答成就

又序分成就者此法門中示現二種義成就此義應知何等爲二一者一切諸法門中最勝義成就故二者示現自在功德義成就故如王舍城勝於諸餘一切城舍故耆闍崛山勝餘諸山故顯此法最勝義故如經婆伽婆佛住王舍城耆闍崛山中故

衆成就者有四種義成就示現應知何等爲四一者數成就二者行成就三者攝功德成就四者威儀如法住成就數成就者謂大衆無數故行成就者有四種一者謂諸聲聞修小乘行二者謂諸菩薩修大乘行三者謂諸菩薩以神通自在力隨時示現能修行大乘如颰陀婆羅菩薩等十六人具足菩薩不可思議事而常能示現種種形相謂優婆塞優婆夷比丘比丘尼等故四者出家聲聞人威儀一定不同菩薩故

皆是阿羅漢等有十六句示現聲聞功德成就故皆不退轉阿耨多羅三藐三菩提等者有十三句示現菩薩功德成就故阿羅漢功德成就者彼十六句示現三種門攝義應知何等三種門一者上上起門二者總別相門三者攝取事門上上起門者謂諸漏已盡故名爲阿羅漢以心得自在故名爲諸漏已盡以心無復煩惱故名爲心得自在以善得心解脫善得慧解脫故名爲心得自在以遠離能見所見故名爲無復煩惱以善得心解脫善得慧解脫故名爲心善調伏人中大龍者行諸惡道如平坦路無所拘礙應行者已行應到處已到故應作者已作人中大龍已得對治降伏煩惱怨敵故所作已辦者更不後生如相應事已成就故離諸重擔者以應作者作所作已辦後生重擔已捨離故逮得已利者已捨重擔證涅槃故盡諸有結者已遠

得已利斷諸煩惱因故善得正智心解脫者諸漏已盡故一切心得自在者善知見道修道智故到第一彼岸者善得正智心得解脫善得神通無諍三昧等諸功德故大阿羅漢等者心得自在到彼岸故衆所知識者諸王王子大臣人民帝釋天王梵天王等皆識知故又復聲聞菩薩佛等是勝智者彼勝智者皆悉善知是故名衆所知識總別相門者皆是阿羅漢等十六句等初句是總餘句別故皆是阿羅漢者彼阿羅漢名之爲應有十五種義應知何等十五一者應受飲食卧具供養恭敬等故二者應將大衆教化一切故三者應入聚落城邑等故四者應降伏諸外道等故五者應以智慧速觀察諸法故六者應不疾不遲說法如法相應不疲倦故七者應靜坐空閑處飲食衣服一切資生不積不聚少欲知足故八者應一向行善行不著諸禪故九者應行空聖行故十者應行無相聖行故十一者應行無願聖行故十二者應降伏世間禪淨心故十三者應起諸通勝功德故

十四者應證第一義功德故十五者應如實知同生諸衆得諸功德爲利益一切諸衆生故攝取事門者此十五句攝取十種功德應知示現可說果不可說果故何等爲十一者攝取得功德二句示現如經諸漏已盡無復煩惱故二者三句攝取諸功德一句降伏世間功德如經心得自在故二句降伏出世間學人功德如經善得心解脫善得慧解脫故三者攝取不違功德隨順如來教行故如經心善調伏故四者攝取勝功德如經人中大龍故五者攝取所應作勝功德所應作者謂能依法供養恭敬尊重如來故如經應作者作故六者攝取滿足功德滿足學地故如經所作已辦故七者三句攝取過功德一者過愛故二者過求命供養恭敬故三者過上下界已過學地故如經離諸重擔故逮得己利故盡諸有結故八者攝取上上功德如經善得正智心解脫故九者攝取應作利益衆生功德如經一切心得自在故十者攝取上首功德如經到第一彼岸故

得諸菩薩功德成就者彼十三句功德二門攝義示現應知何等二門一者上支下支門二者攝取事門上支下支門者所謂總相別相此義應知皆得阿耨多羅三藐三菩提不退轉者是總相餘者是別相彼不退轉有十種示現應知何等爲十一者住聞法不退轉如經皆得陀羅尼故二者樂說不退轉如經大辯才樂說故三者說不退轉如經轉不退法輪故四者依止善知識不退轉以已身心業依色身攝取故如經供養無量百千諸佛故於諸佛所種諸善根故五者斷一切疑不退轉如經常爲諸佛之所稱歎故六者爲何等何等事說法入彼彼法不退轉如經以大慈悲而修身心故七者入一切智如實境界不退轉如經善入佛慧故八者依我空法空不退轉如經通達大智故九者入如實境界不退轉如經到於彼岸故十者應作所作住持不退轉如經名稱普聞無量世界能度無量百千衆生故攝取事門者示現諸菩薩住何等清淨地中因何等方便於何等境界中

應作所作故地清淨者八地以上三地無相行寂靜清淨故方便者有四種一者攝取妙法方便住持妙法以樂說力爲人說故二者攝取善知識方便以依善知識所作應作故三者攝取衆生方便以不捨衆生故四者攝取智方便以教化衆生令入彼智故又復更有攝取事門示現諸地攝取勝功德不同二乘功德故謂八地中無功用智不同下上故不同下功者下功用行不能動故不同上者上無相行不能動故自然而行讃於九地中得勝進陀羅尼門具足四無礙自在智故於第十地中不退轉法輪得佛受位如轉輪王之太子故以得同攝功德義故攝功德成就者示現依何處依何心依何智依何等境界行依何等境界能辦故依何處者依善知識故依何心者我依衆生心教化畢竟利益一切衆生故依何智者依三種智一者授記密智二者諸通智三者具實智依何等境界行依何等能辦者即三種智所攝應知威儀如法住成就者有四種示現何等爲四一者衆圍遶二者前後三者供養恭敬四者尊重讃歎如經爾時世尊四衆圍遶供養恭敬尊重讃歎故

如來欲說法時至成就者爲諸菩薩說大乘經故此大乘修多羅有十七種名顯示甚深功德應知何等十七云何顯示一名無量義經者成就字義故以此法門說彼甚深法妙境界法故彼甚深法妙境界者諸佛如來最勝境界故二名最勝修多羅者於三藏中最勝妙藏此法門中善成就故三名大方廣者無量大乘門隨衆生根住持成就故四名教菩薩法者以爲教化根熟菩薩隨順法器善成就故五名佛所護念者依佛如來有此法故六名一切諸佛祕密法者此法甚深唯佛如來知故七名一切佛之藏者如來功德三昧之藏在此經故八名一切諸佛祕密處者以根未熟衆生等非受法器不授與故九名能生一切諸佛經者聞此法門能成諸佛大菩提故十名一切諸佛之道場者聞此法門能成諸佛阿耨多羅三藐三菩提非餘修多羅故十一名一切諸佛所轉法輪者以此法門能破一切諸障礙故十二名一切諸佛堅固舍利經者謂如來眞如法身於此修多羅不敗壞故十三名一切諸佛大巧方便經者依此法門成大菩提已爲衆生說天人聲聞辟支佛等諸善法故十四名說一乘經者以此法門顯示如來阿耨多羅三藐三菩提究竟之體彼二乘道非究竟故十五名第一義住者以此法門即是如來法身究竟住處故十六名妙法蓮華者有二種義何等爲二種一者出水義以不可盡出離小乘泥濁水故又復有義如彼蓮華出於泥水喻諸聲聞得入如來大衆中坐如諸菩薩坐蓮華上聞說如來無上智慧清淨境界得證如來深密藏故二華開義者以諸衆生於大乘中其心怯弱不能生信是故開示諸佛如來淨妙法身令生信心故十七名最上法門者攝成就故攝成就者攝取無量名句字身頻婆羅阿閦婆等舒盧迦偈故此十七句法門者是總餘句是別故如經爲諸菩薩說大乘經名無量

義如是等故

所依說法隨順威儀住成就者示現依何等法說法依三種法故一者依三昧成就故以三昧成就二種法示現何等爲二一者成就自在力身心不動故二者離一切諸障隨自在力故此自在力復有二種一者隨順衆生不見對治攝取覺菩提分法故二者爲對治無量世來堅執煩惱故如經佛說此經名已結跏趺坐入於無量義處三昧身心不動如是等故二依器世間三者依衆生世間震動世界及知過去無量劫事等故如經是時天雨曼陀羅華乃至歡欣合掌一心觀佛故

依止說因成就者彼諸大衆現見異相不可思議事大衆見已生希有心渴仰欲聞生如是念如來今者應爲我說故如來應爲我說渴仰欲聞生希有心故名依止說因成就是故如來放大光明示現他方諸世界中種種諸事故先爲大衆示現外事六種震動等次爲示現此法門中內證甚深微密之法故又依器世間衆生世間數種種無量種種具足煩惱差別具足清淨差別佛法弟子差別示現三寶故復乘差別有世界有佛有世界無佛令衆生見修行者未得果得道者已得果故如經諸修行得道者故數種種者示現種種觀故略說四種觀一者食二者聞法三者修行四者樂如經爾時佛放眉間白毫相光次第乃至以佛舍利起七寶塔故行菩薩道者教化衆生依四攝法方便攝取此義應知如經中說當自推取

自此以下示現大衆現前欲聞法成就問一人者多人欲聞生希有心是故唯問文殊師利如是示現世尊弟子隨順於法不相違故令佛世尊現神變相者爲何等義爲說大法故現大相以爲說因現大相者爲說妙法蓮華經故現大瑞相爲說如來所得妙法不可思議等文字章句故有二種法是故仰推文殊師利何等爲二一者現見諸法故二者離諸因緣唯自心成就彼法故示現種種諸瑞相者以爲示現彼彼事故如彼事相現沒住滅應知以文殊師利能記彼事故以文殊師利所作成就因果成就現見彼法故所作成就者此有二種一者功德成就二者智慧成就因成就者一切智成就又復有因謂緣因因成就者衆相具足也果成就者說大法也種種異佛國土者爲此示現彼國土中種種異異差別應知淨妙國土者無煩惱衆生住處故如經照於東方萬八千世界乃至悉見彼佛國界莊嚴故如來爲上首者諸菩薩等依如來住故以彼如來於彼國土一切大衆中得自在故如經又見彼土現在諸佛如是等故

自此已下明聖者文殊師利菩薩以宿命智現見過去因相果相成就十種事如現在前是故能答彌勒云何現見過去因相者謂文殊師利自見已身曾於彼彼諸佛國土中處處修行種種行事故云何現見過去果相謂文殊師利自見已身是過去妙光菩薩於彼佛所聞此法門爲衆生說故成就十種事者何等爲十一者現見大義因成就二者現見世間文字章句甚深意因成就三者現見希

有因成就四者現見勝妙因成就五者現見受用大因成就六者現見攝取一切諸佛轉法輪因成就七者現見善堅實如來法輪因成就八者現見能進入因成就九者現見憶念因成就十者現見自身所經事因成就

大義因成就者八句示現應知一者欲論大法二者欲雨大法雨三者欲擊大法鼓四者欲建大法幢五者欲然大法炬六者欲吹大法螺七者欲不斷大法鼓八者欲說大法此八句欲示現如來欲論大法等故何者爲八種大義謂有疑者爲斷疑故已斷疑者增長淳熟彼智身故根熟者爲說二種微密境界一者謂聲聞密境界二者菩薩密境界大法鼓者二句示現以遠聞故入密境界者令進取上上清淨義故取上上清淨義者令彼進取一切種智得現見故令彼進取一切種智得現見者爲一切法建立名字章句義故建立名字章句義者令入不可說證智轉法輪故現見世間名字章句意甚深因成就者如經我於過去諸佛曾見此瑞乃至故現斯瑞故現見希有因成就者以無量時不可得故不可思議不可稱不可量者示現過彼阿僧祇劫不可得故復示現五種劫一者夜二者晝三者月四者時五者年示現彼無量無邊劫故如經如過去無量無邊不可思議阿僧祇劫爾時有佛號日月燈明乃至令得阿耨多羅三藐三菩提成就一切種智故

現見勝妙因成就者以示現諸佛及諸菩薩自受用示現故如經次復有佛亦名日月燈明乃至所可說法初中後善故現見受用大因成就者是時王子受勝妙樂各捨出家復彼大衆於爾許時不生疲倦心故如經其最後佛未出家時乃至佛授記已便於中夜入無餘涅槃故

現見攝取一切諸佛轉法輪因成就者法輪不斷故如經佛滅度後妙光菩薩持妙法蓮華經滿八十小劫爲人演說故現見善堅實如來法輪因成就者佛滅度後無量時說故如經日月燈明佛八子皆師妙光乃至皆令其堅固阿耨多羅三藐三菩提故

現見能進入因成就者彼諸王子得大菩提故如經是諸王子乃至皆成佛道故現見憶念因成就者爲他說法利益他故如經其最後成佛者名曰然燈乃至尊重讚歎故現見自身所經事因成就者以自身受勝妙樂故如經彌勒當知乃至佛所護念故汝號求名者示現知彼過去事故復示現得彼法具足故自此已下示現所說法說因果相應知

方便品第二

經曰爾時世尊入甚深三昧正念不動以如實智觀從三昧安詳而起起已告舍利弗諸佛智慧甚深無量其智慧門難見難覺難知難解難入如來所證一切聲聞辟支佛等所不能知何以故舍利弗如來應正遍知已曾親近供養無量百千萬億那由他佛於諸佛所盡行諸佛所修阿耨多羅三藐三菩提法舍利弗如來已於無量百千萬億那由他劫勇猛精進所作成就名稱普聞舍利弗如來畢竟成就希有之法舍利弗難解之法如來能知舍利弗難解法者諸佛如來隨宜所說

意趣難解一切聲聞辟支佛所不能知何以故舍利弗諸佛如來自在說因成就故舍利弗如來成就種種方便種種知見種種念觀種種言詞舍利弗吾從成佛已來於彼彼處廣演言教無數方便引導衆生於諸著處令得解脫舍利弗如來知見方便到於彼岸舍利弗如來知見廣大深遠無障無礙力無所畏不共法根力菩提分禪定解脫三昧三摩跋提皆已具足舍利弗諸佛如來深入無際成就一切未曾有法舍利弗如來能種種分別巧說諸法言詞柔軟悅可衆心止舍利弗不須復說舍利弗佛所成就第一希有難解之法舍利弗唯佛與佛說法諸佛如來能知彼法究竟實相舍利弗唯佛如來知一切法舍利弗唯佛如來能說一切法何等法云何法何似法何相法何體法何等云何何似何相何體如是等一切法如來現見非不現見論曰自此已下示現所說法因果相應知爾時世尊入甚深三昧正念不動以如實智觀從三昧安詳而起起已告舍利弗者示現如來得自在力故如來入定無能驚寤故何故唯告舍利弗不告餘聲聞等隨深智慧與如來相應故何不告諸菩薩者有五種義一者爲諸聲聞所應作事故二者爲諸聲聞迴趣向大菩提故三者護諸聲聞恐怯弱故四者爲令餘人善思念故五者爲諸聲聞不起所作已辦心故

諸佛智慧甚深無量者爲諸大衆生尊重心畢竟欲聞如來說故言甚深者顯示二種甚深之義應知何等爲二一者證甚深謂諸佛智慧甚深無量故二者阿含甚深謂智慧門故言甚深者此是總相餘者是別相證甚深者有五種示現一者義甚深謂依何等義甚深故二者實體甚深三者內證甚深四者依止甚深五者無上甚深甚深者謂大菩提故大菩提者如來所證阿耨多羅三藐三菩提故又甚深者一切聲聞辟支佛所不能知故名甚深言智慧者謂一切種一切智智義故如經諸佛智慧甚深無量其智慧門難見難覺難知難解難入一切聲聞辟支佛所不能知故智慧門者謂說阿含義甚深者示現有八種一者受持讀誦甚深如經舍利弗如來應正遍知已曾親近供養無量百千萬億那由他佛故二者修行甚深如經於百千萬億那由他佛所盡行諸佛所修阿耨多羅三藐三菩提法故三者果行甚深如經舍利弗如來已於無量百千萬億那由他劫勇猛精進所作成就故四者增長功德心甚深如經名稱普聞故五者快妙事心甚深如經舍利弗如來畢竟成就希有之法故六者無上甚深如經舍利弗難解之法如來能知故七者入甚深入甚深者名字章句意難得故以自在住持不同外道說因緣法名爲甚深如經舍利弗難解法者諸佛如來隨宜所說意趣難解故八者不共聲聞辟支佛所作住持甚深如經一切聲聞辟支佛等所不能知故

妙法蓮華經論優波提舍卷上

妙法蓮華經論優波提舍卷上(別本)

校勘記

一　底本，清藏本。

一　二一四頁上一行「卷上」，資作「十一」。

一　二一四頁中七行「現前欲聞」，磧、南作「欲聞現前」。

一　二一四頁中一二行第一三字「如」，資無。

一　二一四頁下一〇行「阿羅漢」，資作「羅漢」。

一　二一四頁下一一行首字「以」，資、磧、普、南作「諸漏已盡故名爲羅漢以」。

一　二一四頁下一四行「善得」，資作「解脱」。

一　二一五頁中一七行第一二字「上」，資、磧、普、南作「下」。

一　二一五頁下九行第七字「止」，磧、南作「上」。

一　二一六頁中一二行第一四字「順」，資無。

一　二一六頁中一八行第一五字「諸」，資、磧、普、南無。

一　二一七頁上一六行第九字「故」，資無。

一　二一七頁中一三行至一四行「說大法故現大相以爲說因現」，資、磧、普、南作「現大相因故現大相以爲說因緣爲」。

一　二一八頁下一行「能進」，資作「進」。

一　二一八頁下九行首字「方」，資、磧、普、南作「妙法蓮華經方」。

一　二一八頁下一〇行「經曰爾」，資作「經爾」。

一　二一九頁下七行第一三字「劫」，磧、普、南作「如」。

一　二一九頁下末行經名，資無(未換卷)。

妙法蓮華經論優波提舍卷下（論本內廣略俱備）　虁

大乘論師婆藪槃豆菩薩造

元魏天竺三藏法師勒那摩提共僧朗等譯

方便品之餘

如是已說妙法功德具已次說如來法師功德成就應知如經何以故舍利弗諸佛如來自在說因成就如來成就四種功德故能度衆生何等爲四一者住成就如經舍利弗如來成就種種方便故種種方便者謂從兜率天中退沒乃至示現入涅槃故二者教化成就如經種種知見故種種知見者示現染淨諸因故三者功德畢竟成就如經種種念觀故種種念觀者以說彼法成就因緣如法相應故四者說成就如經種種言辭故種種言辭者以四無礙智依何等何等名字章句隨何等何等衆生能受爲說故復有義種種方便者示現外道邪法如是如是種種過失故示現諸佛正法如是如是種種功德故如經舍利弗吾從成佛已來廣演言教無數方便引導衆生於諸著處令得解脫故復無數方便者方便令入諸善法故復方便者斷諸疑故復方便者令入增上勝智故復方便者依四攝法攝取衆生令得解脫故言著者彼處處著或著界或著諸地或著分或著乘故著界者著欲色無色界故著地者著戒取三昧初禪定地乃至非非想及滅盡定地故著分者著在家出家分故著在家分者著已同類作種種業邪見等故著出家分者著名聞利養種種諸覺煩惱等故著乘者著聲聞乘菩薩乘故著聲聞乘者樂持小乘戒求須陀洹斯陀含阿那含阿羅漢等故著大乘者著利養供養恭敬等著分別觀種種法相乃至佛地故

復種種知見者自身成就不可思議境界與諸聲聞菩薩故如經舍利弗如來知見方便到於彼岸故到彼岸者勝餘一切諸菩薩故復種種念觀者如經舍利弗如來知見廣大深遠無障無礙力無所畏不共法根力菩提分禪定解脫三昧三摩跋提皆已具足故又第一成就可化衆生依止善知識成就故第二成就根熟衆生令得解脫故第三成就力家得自在淨降伏故第四說成就者有七種一者種種成就如經舍利弗諸佛如來深入無際成就一切未曾有法故二者言語成就得五種美妙音聲聞說法故如經如來能種種分別巧說諸法言辭柔輭悅可衆心故三者相成就如經止舍利弗不須復說故有法器衆生心已滿足故四者堪成就一切可化衆生皆知如來成就希有功德能說法故如經舍利弗佛所成就第一希有難解之法故五者無量種成就說不可盡如經舍利弗唯佛與佛說法諸佛如來能知彼法究竟實相故實相者謂如來藏法身之體不變義故六者覺體成就如來所說一切諸法唯佛如來自證得故如經舍利弗唯佛如來知一切法故七者隨順衆生意爲說修行法成就彼法何等如是等如經舍利弗唯佛如來能說一切法故第一種種法門攝取衆生故第二令不散亂住故第三令取故第四令得解脫故第五令彼修行成就得對治法故第六能令

得修行進趣成就故第七令得修行不退失故此七種法爲諸衆生自身所作成就故又與教化令成就者與二種法令彼成就何等爲二一與證法二與說法一與證法令成就者謂依證法而授與故二與說法令成就者謂依說法說與故此二種法如向前說依此二種法有何次第而得修行即彼前文句再說應知又依證法復有五種一者何等法二者云何法三者何似法四者何相法五者何體法故何等法者謂聲聞法辟支佛法諸佛法故云何法者謂起種種諸事說故何似法者依三種門得清淨故何相法者謂三種義一相法故何體法者無二體故無二體者謂無量乘唯一佛乘無二乘故又復有義何等法者謂有爲法無爲法等云何法者謂因緣法非因緣法等何似法者謂常法無常法如是等何相法者謂生等三相法不生等三相法何體法者謂五陰體非五陰體又何似法者謂無常法有爲法因緣法又何相法者謂可見相等法又何體法者謂五陰能取可取以五陰是苦集體故又五陰者是道諦體故復有異義依說法說法何等法者謂名句字身故云何法者謂依如來所說法故何似法者能教化可化衆生故何相法者依音聲取故以依音聲取彼法故何體法者謂假名體法相故

自此已下依三種義示現一者決定義二者疑義三者依何事疑義決定義者有聲聞方便證得深法作決定心於聲聞道中得方便涅槃證故如是二種證法示現有爲無爲法故如經爾時大衆中有諸聲聞漏盡阿羅漢乃至亦得此法到於涅槃故言疑義者諸聲聞辟支佛等不能知故是故生疑如經而今不知是義所趣故依何事疑義者聞如來說聲聞解脫與我解脫不異是故謂生疑生疑者生因中疑此事云何此事云何云何如來數數說甚深境界前說甚深後說甚深不同聲聞以如是等是故生疑如經爾時舍利弗知四衆心疑乃至而說偈言故

自此已下依四種事說一者決定心二者因授記三者取授記四者與授記應知云何決定心已生驚怖者令斷驚怖爲利益二種人故是故如來有決定心此驚怖有五種應知一者損驚怖謂如聲聞取以爲實謗無大乘而作是言如來說言阿羅漢果究竟涅槃我畢竟取如是涅槃是故羅漢不入涅槃故二者多事驚怖以大乘衆生聞菩薩道劫數長遠種種苦行生如是心佛道長遠我無量無邊劫中行菩薩行久受勤苦如是念故生驚怖心起取異乘心故三者顛倒驚怖謂心分別有我我所身見諸不善法故四者心悔驚怖謂大德舍利弗等起如是心言我不應證如是小乘之法如是悔已心即自止即此悔心名爲念驚怖應知五者誑驚怖謂增上慢聲聞作如是心云何如來誑於我等故

因授記者如經止止舍利弗不須復說若說是事一切世間諸天人等皆生驚怖故此因授記皆生驚怖者有三種義一者欲令彼諸大衆推覓甚深境界故二者欲令彼諸大衆生尊重心畢竟欲聞如來說故三者爲欲令

增上慢聲聞離法座而去故第二請者示現過去無量諸佛教化衆生如經是會無數乃至聞佛所說則能敬信故第三請者示現現在佛教化衆生如經令此會中如我等比乃至長夜安隱多所饒益故取授記者以舍利弗等欲得授記如經佛告舍利弗汝以三請豈得不說汝今諦聽如是等故與授記者有六種應知一者未聞令聞二者說三者依何等義四者令住五者依法六者遮未聞令聞者如經舍利弗如是妙法諸佛如來時乃說之如優曇華如是等故

說者如經舍利弗我以無數方便種種因緣譬喻言詞演說諸法如是等故種種因緣者所謂三乘彼三乘者唯有名字章句言說非有實義故以彼實義不可說故

依何等義者如經舍利弗諸佛世尊唯以一大事因緣故出現於世如是等故彼一大事者依四種義應知何等爲四一者無上義唯除如來一切義智智更無餘事如經欲開佛知見令衆生知得清淨故出現於世故佛知見者如來能證以如實知彼深義故二者同義以聲聞辟支佛佛法身平等故如經欲示衆生佛知見故出現於世故法身平等者佛性法身更無差別故三者不知義以一切聲聞辟支佛不知彼眞實處故言不知眞實處者不知究竟唯一佛乘故如經欲令衆生悟佛知見故出現於世四者爲令證不退轉地示現欲與無量智業故如經欲令衆生入佛知見故出現於世故又復示者爲諸菩薩有疑心者令知如實修行故又悟入者未發菩提心者令發菩提心故已發心者令入法故又復悟者令外道衆生生覺悟故又復入者令得聲聞小果者入大菩提故令住者如經舍利弗但以一佛乘故爲衆生說法故依法者如經舍利弗是過去諸佛以無量無數方便種種譬喻因緣念觀方便說法是法皆爲一佛乘故如是等故有譬喻者如依牛故得有乳酪生酥熟酥乃至醍醐此五味中醍醐爲第一小乘不如其猶如乳大乘爲最猶如醍醐故此譬喻明大乘無上諸聲聞等亦同大乘無上義故聲聞同者此中示現諸佛如來法身之性同諸凡夫聲聞辟支佛等法身平等無差別故此義皆是譬喻示現因緣之義如向前說言念觀者於小乘諦中人無我等於大乘諦中眞如法界實際法界法性及人無我法無我等種種觀故言方便者於小乘中觀陰界入猒苦離苦得解脫故於大乘中修諸波羅蜜以四攝法攝取自身他身利益對治法故遮者如經舍利弗十方世界中尚無二乘何況有三如是等故無二乘者無二乘所得涅槃唯佛如來證大菩提究竟滿足一切智慧名大涅槃非諸聲聞辟支佛等有涅槃法唯一佛乘故一佛乘者依四種義說應知如來依此六種授記是故前說何等法云何法何似法何相法何體法如是示現何等法者謂未曾聞故云何法者謂種種言語譬喻說故何似法者所謂唯爲一大事故何相法者爲隨衆生器說諸佛法故何體法者所謂唯一乘體故一乘體者所謂諸佛如來平等法身聲聞辟支佛乘非彼平等法身

之體以因緣果行觀不同故自此已下如來說法爲斷四種疑心應知何等四種一者疑何時說二者疑云何知是增上慢人三者疑云何堪說四者疑云何如來不成妄語何時說者諸佛如來於何等時起種種方便說法爲斷彼疑如經佛告舍利弗諸佛出於五濁惡世所謂劫濁等故云何知增上慢者如來不爲增上慢人說法云何知彼是增上慢爲斷彼疑故如經若有比丘實得阿羅漢者若不信是法無有是處等故云何堪說者從佛聞法而起謗心如來應是不堪說人云何如來不成不堪說法人爲斷此疑如經除佛滅度後現前無佛如是等故云何如來不成妄語者以如來先說法異今說法異云何如來不成妄語爲斷此疑故如經舍利弗汝等當一心信解受持佛語諸佛如來言無虛妄無有餘乘唯一佛乘故乃至童子戲聚沙爲佛塔如是諸人等皆已成佛道者謂發菩提心行菩薩行者所作善根能證菩提非諸凡夫及決定聲聞未發菩提心者之所能得故如是乃至小低頭等皆亦如是

譬喻品第三

舍利弗說偈

金色三十二　十力諸解脫　同共一法中
而不得此事　八十種妙好　十八不共法
如是等功德　而我皆已失

釋曰此偈示現何義尊者舍利弗自呵責身言我不見諸佛不往諸佛所及聞佛說法不供養恭敬諸佛無利益衆生事於未得法退是故尊者舍利弗作如是言呵責自身不見者示現不見諸佛如來大人之相不生恭敬供養心故往佛所者示現教化衆生力故放金色光明者示現見佛自身異身獲得無量功德故聞說法示現者能作利益一切衆生故示現力者示現衆生有疑依十力斷彼疑故供養者示現能教化衆生力故十八不共法者示現遠離諸障礙故恭敬者示現出生無量福德依如來教得解脫故以人無我法無我一切諸佛法悉皆平等故是故舍利弗自呵責身言我未得如是法故於未得中退故自此已下次爲七種具足煩惱染性衆生說七種譬喻對治七種增上慢心此義應知又復次爲三種染慢無煩惱人三昧解脫見等染慢對治此故說三平等此義應知何者七種具足煩惱染性人一者求勢力人二者求聲聞解脫人三者求大乘人四者有定人五者無定人六者集功德人七者不集功德人七種增上慢心者云何七種譬喻對治一者顛倒求諸功德增上慢心以世間中諸煩惱染熾然增上而求天人勝妙境界有漏果報對治此故爲說火宅譬喻應知二者聲聞人一向決定增上慢心自言我乘與如來乘無差別故如是倒取對治此故說窮子譬喻應知三者大乘人一向決定增上慢心起如是意無別聲聞辟支佛乘如是顛倒取對治此故爲說雲雨譬喻應知四者實無而謂有增上慢人以有世間漏三昧三摩跋提實無涅槃而生涅槃想如是倒取對治此故爲說化城譬喻應知五者散亂增上慢心實無有定過去雖有大乘善根而不覺知不覺知故

不求大乘於狹劣心中生虛妄解以爲第一乘如是倒取對治此故爲說繫寶珠譬喻應知六者有實功德人增上慢心聞佛說大乘法而取非大乘如是倒取對治此故爲說輪王解髻中明珠與之譬喻應知七者無實功德增上慢人於第一乘不曾修集諸善根本聞說第一乘心中不取以爲第一如是倒取對治此故爲說醫師譬喻應知第一人者以世間種種善根三昧功德方便令嬉戲然後令入大涅槃故第二人者以三爲一令入大乘故第三人者令知種種乘諸佛如來平等說法隨諸衆生善根種子而生芽故第四人者方便令入涅槃城故涅槃城者所謂諸禪三昧城過彼城已然後令入大般涅槃城故第五人者示其過去所有善根令憶念已然後教令入三昧故第六人者說大乘法以此法門同十地行滿諸佛如來密與授記故第七人者根未淳熟爲令熟故示現得涅槃量爲是義故如來說此七種譬喻何者三種無煩惱人三種染慢所謂三種顛倒信故何等爲三一者信種種乘異二者信世間涅槃異三者信彼此身異爲對治此三種染慢故說三種平等應知何者名三種平等云何對治一者乘平等與聲聞授菩提記唯有大乘無二乘故是乘平等無差別也二者世間涅槃平等以多寶如來入於涅槃世間涅槃彼此平等無差別故三者身平等多寶如來已入涅槃復示現身自身他身法身平等無差別故如是三種無煩惱人染慢之心現彼此身所作差別以不知彼此佛性法身悉平等故即彼人我證此法故彼人不得此法對治故與諸聲聞授記應知問曰彼聲聞等爲實成佛故與授記爲不成佛與授記也若實成佛者菩薩何故於無量劫修集無量種種功德若不成佛者云何與之虛妄授記答曰彼聲聞授記者得決定心非謂聲聞成就法性故如來依三平等說一乘法故以如來法身與彼聲聞法身平等無異故與授記非即具足修行功德故是故菩薩功德具足諸聲聞人功德未具足言授記者有六處示現五者如來記一者菩薩記如來記者謂大德舍利弗摩訶迦葉等衆所知識故名號不同故與別記富樓那等五百人等千二百人等同一名故俱時與記學無學等俱同一號又復非是衆所知識故一時與記與提婆達多授記者示現如來無怨惡故與比丘尼及諸天女授佛記者示現女人在家出家修菩薩行者皆證佛果故與授記菩薩授記者如下文不輕菩薩品中示現應知禮拜讚歎作如是言我不輕汝汝等皆當得作佛者示現諸衆生皆有佛性故言聲聞人得授記者聲聞有四種一者決定聲聞二者增上慢聲聞三者退菩提心聲聞四者應化聲聞二種聲聞如來與授記謂應化聲聞退已還發菩提心者若決定者增上慢者二種聲聞根未熟故如來不與授記應化聲聞是大菩薩與授記菩薩與授記者方便令發菩提心故

又依何義者故如來說三乘名爲一乘依同義故與諸聲聞大菩提記言同義者以如來法身聲聞法身平等無差別故以諸聲聞辟

支佛異乘不同故有差別不以彼二乘非大乘故如來說言不離我身是無上義一切聲聞辟支佛等二乘法中不說此義以其不能如實解故是故諸菩薩等行菩薩行非爲虛妄無上義者餘殘修多羅明無上義無上義者略有十種應知何者爲十一者示現種子無上故說雨譬喻汝等所行是菩薩道者謂發菩提心退已還發者前所修行善根不滅同後得果故二者示現行無上故說大通智勝如來本事等故三者示現增長力無上故說商主譬喻四者示現令解無上故說繫寶珠譬喻五者示現清淨一切國土無上故示現多寶如來塔六者示現說無上故說髻中明珠譬喻七者示現教化衆生無上故地中涌出無量菩薩摩訶薩等故八者示現成大菩提無上者示現三種佛菩提一者應化佛菩提隨所應見而爲示現故如經皆謂如來出釋氏宫去伽耶城不遠坐於道場得阿耨多羅三藐三菩提故二者示現報佛菩提十地行滿足得常涅槃證故如經善男子我實

成佛已來無量無邊百千萬億那由他劫故三者示現法佛菩提謂如來藏性淨涅槃常恒清涼不變等義故如經如來如實知見三界之相乃至不如三界見於三界故三界相者謂衆生界即涅槃界不離衆生界有如來藏故無有生死若退若出者謂常恒清淨清涼不變義故亦無在世及滅度者謂如來藏眞如之體不即衆生界不離衆生界故非實非虛非如非異者謂離四種相有四種相者是無常故不如三界見三界者諸佛如來能見能證眞如法身凡夫不見故是故經言如來明見無錯謬故我本行菩薩道今猶未滿者以本願故衆生界未盡願非究竟故言未滿者非謂菩提不滿足故所成壽命復倍上數者此文示現如來常念善巧方便顯多數過上數量不可數知故我淨土不毁而衆見燒盡者報佛如來眞實淨土第一義諦之所攝故九者示現涅槃無上故說醫師譬喻十者示現勝妙力士無上故餘殘修多羅說應知多寶如來塔顯示一切佛土清淨者示現

諸佛實相境界中種種諸寶間錯莊嚴故示現有八一者塔二者量三者略四者住持五者示現無量佛六者離穢七者多寶八者同一塔坐塔者示現如來舍利住持故量者方便示現一切佛國土清淨莊嚴是出世間清淨無漏善根所生非是世間有漏善根之所生故略者示現多寶如來身一體示現攝取一切佛法身故住持者示現諸佛如來法身自在身力故示現無量佛者示現彼此所作諸業無差別故遠離穢不淨者示現一切佛國土平等清淨故言多寶者示現一切諸佛國土同實性故同一塔坐者示現化佛非化佛法佛報佛等皆爲成大事故自此已下示現法力修行力應知法力者五種門示現一者證門二者信門三者供養門四者聞法門五者讀誦持說門四種門彌勒品中示現一法門常精進菩薩品中示現彌勒品中四種門者一者證門如經我說是如來壽命長遠時六百八十萬億那由他恒河沙等衆生得無生法忍故此言無生法忍者謂初地證智

應知八生乃至一生得阿耨多羅三藐三菩提者謂證初地菩提故八生一生者謂諸凡夫決定能證初地歡喜地隨力隨分八生乃至一生皆證初地故此言阿耨多羅三藐三菩提者以離三界中分段生死隨分能見眞如佛性名得菩提非謂究竟滿足如來方便涅槃也二信門者如經復有八世界微塵數衆生皆發阿耨多羅三藐三菩提心故三供養門者如經是諸菩薩摩訶薩得大法利時於虛空中雨曼陀羅華如是等故四聞法門者如隨喜品所說應知一淨故如經法門常精進菩薩品示現者謂讀誦解說書寫等得六根清淨故如經若善男子善女人受持法華經若讀若誦若解說若書寫是人當得八百眼功德乃至千二百意功德故此得六根清淨者謂諸凡夫人以經力故得勝根用未入初地菩薩正位應知如經以父母所生清淨肉眼見於三千大千世界如是等又六根清淨者於一一根中悉能具足見色聞聲知香味覺觸法等諸根互用應知眼所見者聞香能知如經釋提桓因在勝殿上五欲娛樂乃至說法聞香知者此是智境以鼻根知故持力者有三種法門示現持力如法師品安樂行品勸持品等廣說法力如經應知其心決定知水必近者受持此經得佛性水成阿耨多羅三藐三菩提故修行力無上者五門示現一者說力二者行苦行力三者護衆生諸難力四者功德勝力五者護法力說力者有三種法門神力品中示現一者出廣長舌相者令憶念故二者謦欬聲者說偈令聞故令聞聲已如實修行不放逸故三者彈指令覺悟衆生令修行者得覺悟故行苦行力者藥王菩薩品示現教化衆生故又行苦行力者妙音菩薩品示現教化衆生故護衆生故護衆生諸難力者觀世音菩薩品陀羅尼品示現功德勝力者妙莊嚴王品示現二童子依過去世功德彼童子有如是力故護法力者普賢品及後品中示現又說言受持觀世音菩薩名號及受持六十二億恒河沙諸佛名號彼福德平等者有二種義一者信力故二者畢竟知故信力者有二種一者求我身如彼觀世音無異畢竟信故二者生恭敬心如彼功德我亦如是畢竟得故畢竟知者謂能決定知法界故言法界者名爲法性彼法性者名爲入初地菩薩能證入一切諸佛菩薩平等法身故平等身者謂眞如法身初地菩薩乃至證入是故受持六十二恒河沙等諸佛名號有能受持觀世音名號所得功德無差別

第一序品示現七種功德成就

第二方便品有五分示現破二明一餘品如向處分易解

妙法蓮華經論優波提舍卷下

妙法蓮華經論優波提舍卷下(別本)

校勘記

一　底本，清藏本。

一　二二一頁上一行至四行經名、著者、譯者及品名，資無(未換卷)。

一　二二一頁上四行首字「方」，磧、普、南作「妙法蓮華經方」。

一　二二一頁中七行第一四字「著」，資作「者」。

一　二二二頁中二行首字「復」，資作「體復」。

一　二二三頁中一七行第九字「有」，資、磧、普、南作「言」。

一　二二四頁上三行第四字「二」，資、普作「一」。

一　二二四頁上三行第六字「疑」，資、磧、普、南無。

一　二二四頁中二行首字「譬」，磧、普、南作「妙法蓮華經譬」。

一　二二四頁中八行第八字及一二行第五字「往」，磧、普、南作「住」。

一　二二四頁中一一行「不生」，資、磧、普、南作「生」。

一　二二五頁中末行及一三字及次頁上一一行第八字「示」，磧作「云」。

一　二二五頁下八行首字「證」，磧作「諸」。

一　二二五頁下一九行第七字「大」，資作「授大」。

一　二二六頁下七行第三字「略」，資、磧、普、南作「異」。

一　二二六頁下一九行第五字「十」，資作「千」。

一　二二七頁上七行第三字「也」，資、磧、普、南作「故」。

一　二二七頁中一三行第六字「品」，磧作「始」。

一　二二七頁下末行「優波提舍」，資作「一卷十一」。

勝思惟梵天所問經論卷第一　虛

天親菩薩造

後魏北印度三藏菩提流支譯

歸命釋迦牟尼佛四句之義於諸經首有論解釋如彼應知於大衆中說此法門者示現法勝大衆攝在說法住處依彼山等勝處說故六万四千比丘僧者示現莊嚴如来大衆故此經法門快妙甚深出過一切聲聞境界示現如来能說勝義故七万二千諸菩薩者何故菩薩多於聲聞以此經典為諸菩薩摩訶薩說甚深法故皆是智者之所識知者何故重說依世間法故世間說言勝中勝者如言於端正中冣端正者乃可將来於有德中有勝德者乃可將来彼諸菩薩各別有智非共有故復更有義皆是智者之所識知者入地菩薩之所知故此明何義以諸菩薩摩訶薩先行菩薩行者知彼菩薩故以是故言皆是智者之所識知彼諸菩薩智者所知有七種德皆依樂說辯才應知何等為七一者種種樂說辯才二者無滯樂說辯才三者堅固樂說辯才四者了了樂說辯才五者不怯弱樂說辯才六者相應樂說辯才七者任放樂說辯才此諸辯才如經得具足陀羅尼乃至得無生法忍如是七句次第而說此義應知應云何知陀羅尼者以多聞慧樂說種種諸法門故故名種種樂說辯才速疾不住故名無滯樂說辯才以得攝受諸三昧故無有忘失故名堅固樂說辯才以諸菩薩摩訶薩等依勝通力之所住持不畏一切諸魔等故故名了了樂說辯才菩薩攝得四無所畏威德快妙於自他衆無所怖畏故名不怯弱樂說辯才依於假名他力成就三法體相而不顛倒故名相應樂說辯才得八地中無生法忍任意說法離說法障故名任放樂說辯才

聖者文殊師利諸菩薩等以何義故名法王子以初發心来常斷婬欲法故初發心者已入菩薩定心正位應如是知

一切菩薩皆是大賢士何故惟說聖者跋陁婆羅等名為大賢士以為亦現心行勝故彼跋陁婆羅等菩薩有如是心我所教化衆生皆化令得阿耨多羅三藐三菩提心既如是復化衆生令得阿耨多羅三藐三菩提是故自利利他行勝如實修行自求菩提亦化衆生令得菩提是故說彼跋陁婆羅等名為大賢士

有百千万大衆圍遶者亦現如来大眷屬故一切皆是得心定者此以如来能領六衆於大衆中㝡為勝故以百千万衆亦現大事是故圍也所言遶者亦現大衆皆悉善伏諸煩惱故言說法者亦現如来常說諸法而不斷絶離諸過故

右膝著地者亦現欲問威儀相故復為亦現諸大衆等一心之相故雙膝著地者不成礼拜相亦不成問相以諸世間右膝著地敬重相故動此三千大千世界者以諸魔等與說法者而作留難為令諸魔生驚怖故又為說法時大衆不起散乱心故又為可化衆生

若放逸者令覺知故又為令衆生念法相故又復有義動此三千大千世界諸衆生等令其觀察此諸大衆說法處故又為教化淳熟衆生令得解脫故又為令隨順問正義故佛言綱明恣汝所問我當解說悅可尒心者如来聽問亦現自身我是一切智人為令聽者聞如来說法生尊重心故能見佛身者隨觀如来何等身分不能捨離更觀餘分以如来身相微妙故超百千万日月光明者亦現勝相快妙相相應故亦現如来出世間相以如来身有如是相故智心為與衆生安隱與衆生樂亦現正直心相應知修行智果相應應知應云何知應知如来依彼色相放諸光明能作衆生二種利益謂與衆生安隱及樂與智相應照諸佛土我自惟念若有衆生能見佛身及思惟者此中見者初覩色相也言思惟者次後觀察已說諸光明依三種法差別應知三者所謂因名成辦所言因者即彼與樂與

安隱智相應修行此義應知名者如經名寂莊嚴乃至名曰亦現一切種色如是等也依自各各作業差別此義應知言成辦者所成辦事略有四種依彼義故略說則有四種光明所謂受用增長切德止惡令信言受用者諸佛如来可化衆生共受法樂故彼受用樂謂見如来供養如来礼拜如来問如来應知見如来供養如来者依第一光明得見如来思惟如来也見如来供養如来者第一光明說礼拜如来者亦現身業供養見如来者非供養應知問如来者第二光明說於所問中以有世間及出世間果報差別次第復有六種光明世間果報勝妙差別依二種地一非定地二依定地非定地中以願攝取二種果報一者轉輪聖王勝妙果報二者天帝釋王勝妙果報依定地者謂梵天王勝妙果報何故不取夜摩天等諸果報者以世間諸經皆不說故佛放光明亦應照彼而諸經中無是故不明言出世間果報差別者謂依三乘

言語寂勝故以尊重言語故以說正因故以依實義說故以依安隱說故是名美妙以有人情故以於大天人邊得清淨心供養故以一切諸魔怨敵不能降伏故以說深密意義故以此八句說勝思惟梵天美妙言語樂說辯才此義應知應云何知所謂一者相應二者令解三者尊重四者安隱五者人情六者大清淨至到七者不可降伏八者甚深

次說樂說辯才因亦現如是多種功德言語說法時若諸衆生有不如實修正行者而不捨彼諸衆生故以與勝樂善相應故以求衆生離於諸苦得勝樂故以興樂等勝功德時歡喜慶彼故以求不染等與勝樂安隱心故以此五句說勝思惟梵天彼美妙言語樂說辯才因此義應知應云何知亦現三種心一者不捨心二者與樂心三者安隱心如是一三一次第說應知

次說得何等樂說辯才果所謂為彼一切衆生於一切義中能斷疑故

偈義如經

尒時世尊讚勝思惟梵天言善哉善哉梵天復善哉梵天者以其發問儀式請佛於此三時中事相應故應知善哉梵天汝今至心諦聽我為汝說者如是次第不顛倒心正念心故其心堅固而不疲倦者是正直心此中大菩提信心為本是作願相依彼願故則能具足得如来地一切功德依菩提心堅固方便有第一問於大乘中略有四種疲倦之事依彼四種疲倦事故菩薩雖發菩提之心作菩提願而失彼心何等為四一者以諸衆生不如實修行故二者多作衆事故三者多時在有中行故四者等解脫中心常欲得速解脫故為彼有力故此四種障對治法者謂於衆生起大悲心等如是四種法次第而說此義應知應云何知謂諸菩薩依大悲心如是如是見諸衆生不能如實修正行時如是如是轉轉增上生憐愍心為彼衆生令得解脫如是如是轉轉增上增長作願又諸菩薩常勤精

進而不疲倦所作事多而悉能作又諸菩薩無始世来過去諸苦信解如夢不計後時未来世苦又諸菩薩為一切智雖同二乘解脫煩惱雖取無量不共功德為彼有力斷彼欲得速解脫心言無等者不共功德無有等故所言等者二乘少分斷煩惱等是故名等以是義故名無等等如是四種不疲倦心對治四種疲倦心障是故菩薩於大乘中其心堅固而不疲倦如是其心堅固而不疲倦依於自身佛法淳熟如實修行正說法巳次依為他如實修行略說四法所言决定而不中悔者於二種義一者無義二者有義言無義者以無我故彼無我者離於法故言無法者無彼相故是菩薩畢竟說言諸法无我諸菩薩等如是畢竟說一切法悉無有我言有義者有三種義一有過義二功德義三者二義以差別故有過義者謂一切生處以攝一切諸煩惱故不願彼處故不樂說是故菩薩畢竟說彼一切生處無有樂者諸菩薩等如是

畢竟説諸生處無有樂者功德義者謂讚大乘無上之法以諸功德一切相應故是故菩薩畢竟決定常讚大乘諸菩薩等如是畢竟常讚大乘言二義者彼過功德二法不空故是故菩薩畢竟説彼二法不空諸菩薩等如是畢竟説彼罪福二法不空此明何義雖无量時得因緣相應能與果報故

如是依自利他利如實修行畢竟説法已次説增長諸善根依世間果報因善根增長説依出世間果報因善根增長説世間果報因有二種一者自妙身成就因二者資生成就因自妙身成就因有二種一者不定地中自妙身成就因謂戒善根增長二者定地中自妙身成就因謂智善根增長彼上地下地智功德過以依智根本離欲得彼故資生成就因者捨一切物謂布施善根增長出世間果報因者謂解脱因是出家相離貪著因以因彼故得解脱因一切功德善根增長又增長者此諸善根依世辯説

有五種增上義故名增長何等為五一者降伏諸善根增上故名增長以此善根勝出聲聞辟支佛等諸善根故二者不違增上故名增長以不退故以堅固故三者不畏增上故名增長以依此善根過地獄等惡道怖畏故四者不偏增上故名增長以能等破所治法故五者無差別增上故名增長以作自利他利無異相故

如是增長諸善根已於不信佛法不如實修而説無所恐畏威儀不轉是故次第説彼法相謂於不信佛法不如實修行衆生無所恐畏威儀不轉彼有三種謂軟中上軟者為命常畏自身不得資生中者有二一者常畏毀辱二者常畏惡名現前説惡屏處説惡上者常畏苦惱於身中受

如是無所恐畏威儀不轉隨順白法是故次説增長諸白法依四種白法説一者欲白法二者行白法三者滿足功德白法四者證白法欲白法者謂諸菩薩以大菩提教化衆生生彼欲心令諸衆生於未來世諸白法中

得自體相欲行白法者謂諸菩薩捨已資生珎寶等物以用布施不求未來自身果報滿足功德白法者謂諸菩薩依彼捨珎寶因得好妙法成就心不貪著而復修行白法攝取妙法以多聞相應故一切白法薰習滿足是故菩薩諸功德滿足證白法者謂諸菩薩摩訶薩依彼證智為於自身大菩提故説智方便得彼白法證智勝法

如是增長諸白法已隨順善知從一地至一地是故次下説彼法相謂依四種法説一者滿足功德二者清淨諸障三者成就心四者具足修行集諸善根者為得從地至地功德滿足故離諸過者為清淨彼一切諸障故迴向方便者離有資生及離小乘速解脱心故所有善根一切迴向取大菩提故勤精進者至心修行一切時中常不斷絶以依根本取勝處故

如是説方便已次説方便法相善知方便教化衆生者依四種法説一者能教化衆生二者集无量智功德三

者集無量智慧四者方便能教化衆生者謂依布施愛語等隨順諸衆生攝取諸衆生是故菩薩能教化衆生集無量智功德者雖離定不定地而依布施等行於三世中一切衆生一切種功德悉皆隨喜是故菩薩得无量智功德集無量智慧者雖無智障對治而常修行發露懺悔是故菩薩集無量智慧方便者依一切菩薩修行對治勸請諸佛依為諸衆生與智慧光明集諸智慧以善方便為根本故是名方便

如是已說修行方便次說為彼說法之相隨順諸衆生者為之說法故謂依四種諸衆生說一者依中間衆生二者依入法衆生三者依謗法衆生四者依所尊重衆生隨順彼衆生威儀方便故依中間衆生者謂依未信佛法衆生菩薩修行隨彼衆生所信佛法而為說之與彼衆生安隱事門不但與彼供養恭敬虛妄誑之菩薩行如是依入法衆生者謂菩薩心為令衆生得入法義故供給之令彼衆生貪者利養親近菩薩得入法義於如是法有未度者令得度故為求衣食資生之具不生疲倦不為自身貪著已樂菩薩行如是依謗法衆生者菩薩自行無諸過失依柔和忍辱不計彼罪教令懺悔菩薩行如是依所尊重衆生者菩薩於彼屈伏順從隨語而受菩薩行如是如是已說隨順衆生如實修行而不疲倦為之說法已次說不失菩提之心以為不失菩提之心隨順說法故見佛妙果以為最勝依四種法說一者依不奪他物二者依定因三者依緣力四者依因力常憶念佛者心常憶念佛菩提心果故以見佛果成就无量不共功德此依不奪他物是故不失菩提之心所作善根不離菩提心者一切善根皆菩提心以為根本依菩提心無量世中長遠因故依彼定因世間種種受果報處所不能牽此依定因吹之而去是故不失菩提之心親近善知識者以正修行依外緣力善知識等此依緣力是故不失菩提之心讚歎大乘者為諸衆生發菩提心讚歎大乘生生世世為於自身增長一切善根種子為因力大因力堅固此依因力是故不失菩提之心

如是不失菩提心故畢竟一心行菩薩行是故次第說彼法相能一其心而不散乱者以對四種散乱心障故說四種不散乱心何等四種散乱心障一者乘障二者教化衆生障三者聚集佛法滿足功德障四者畢竟聚集一切佛法障何等四種不散乱心云何對治一者遠離聲聞心者對治乘障不墮聲聞小乘心故是故菩薩於大乘中心不散乱二者捨辟支佛心念者對治教化衆生障不著自身三昧樂行故是故菩薩教化衆生心不散乱三者求法無有猒足者對治聚集佛法滿足功德障以求佛法無猒足故為集一切諸佛法故增長種種諸善根故滿足佛法諸功德故是故菩薩聚集佛法滿足功德心不散乱四者如所聞法廣為人說者對治畢竟聚集一切佛法障如所聞法如

勝思惟經論第一卷　第二十一張　應字号

是如是正念觀察以正覺知畢竟聚集一切佛法故是故菩薩畢竟聚集一切佛法心不散乱是名四種不散乱心對治四種散乱心障此義應知如是畢竟得一心已善求於法是故次說善求於法以對世間四種果報成就相似說出世間四種果報成就應知亦現菩薩求出世間果報成就故求於法何等名為世間四種果報成就一者快妙端正成就二者無病成就三者富貴成就四者不畏他人成就云何相對治如世間人以為成就自身端正作希有因故求珎寶如是菩薩為諸相好快妙成就於善法因生於寶想生希有想故求諸法如世間人為無病故求妙藥草菩薩如是為斷一切諸煩惱病於佛法中生妙藥想故求諸法如世間人為富貴故求於財利菩薩如是為求諸通成就不退為求義相令得不失於佛法中生財利想故求諸法如世間人為離賊等成就不畏故求財寶菩薩如是為離一切諸障煩惱令彼不能降

勝思惟經論第一卷　第二十二張　應字号

伏菩薩菩薩不畏一切諸處菩薩不畏一切處者所謂世間一切諸苦以為欲過一切世間離諸世間一切苦相得寂靜相為得涅槃成就不畏於佛法中生無苦想故求諸法

勝思惟梵天所問經論卷第一

勝思惟梵天所問經論卷第一

校勘記

一　底本，金藏廣勝寺本。此經資、磧、普、南、徑、清分上、中、下三卷。

一　二二九頁中二行「天親菩薩造」，資、磧、普、南、徑、清無，以下各卷同。

一　二二九頁中三行譯者，石作「元魏天竺三藏菩提流支譯」；資、磧、普、南、徑、清作「元魏天竺三藏法師菩提留支譯」，以下各卷同。

一　二三〇頁上四行第一一字「化」，麗作「悉」。

一　二三〇頁中五行「淳熟」，資、磧、普、南、徑、清作「純淑」，下同。

一　二三〇頁中一四行「智心」，資、磧、普、南、徑、清作「如來」。

一　二三〇頁中二一行第一三字「已」，資、磧、普、南、徑、清、麗作「也」。

一　二三〇頁中末行「因名成」，資、磧、普、南、徑、清作「一因二名三成」。

一 二三一頁中一行第四字「離」，資、磧、普、南、徑、清作「離」。

一 二三一頁中一〇行第三字「量」，諸本作「邊」。

一 二三一頁中二二行第五字「者」，麗作「者也」。

一 二三一頁下四行「明網」，資、磧、普、南、徑、清、麗作「網明」。

一 二三一頁下七行第七字「光」，資、磧、普、南、徑、清、麗作「光明」。

一 二三二頁上七行第一一字「樂」，資、磧、普、南、徑、清作「受樂」。

一 二三二頁下二二行首字「知」，資、磧、普、南、徑、清作「如」。

一 二三二頁下末行第二字「記」，麗作「訊」。

一 二三三頁中二一行末字「愍」，資、磧、普、南作「慜」。

一 二三三頁下一行「事多」，資、磧、普、南、徑、清作「多事」。

一 二三三頁下一八行第一〇字「悉」，資、磧、普、南、徑、清作「悉皆」。

一 二三四頁上一一行「果報」，資、磧、普、南、徑、清作「果報出世間果報」。

一 二三四頁上二〇行「善根」，資、磧、普、南、徑、清、麗作「因善根」。

一 二三四頁上二一行第一〇字「相」，資、磧、普、南、徑、清作「相說」。

一 二三四頁中一一行第三字「修」，諸本作「修行衆生不生恨心於讀誦等善行分中如法」。

一 二三四頁中一八行第九字「不」，南作「取」。

一 二三四頁下六行第一一字「薰」，磧、普作「重」。

一 二三四頁下一三行第四字「說」，資、磧、普、南、徑、清作「說何等爲四」。

一 二三四頁下一六行第一三字「障」，資、磧、普、南、徑、清作「過」。

一 二三五頁上一行「教化」，資、磧、普、南、徑、清作「攝取」。

一 二三五頁上一二行「名方便」，資、磧、普、南、徑、清作「故菩薩得無量智慧」。

勝思惟梵天所問經論卷第二　虛

天親菩薩造

後魏北印度三藏菩提流支譯

復有異義依世間珎寶四種功德相似相對說出世間法寶應知何等名為世間珎寶四種功德云何復名相似相對一者冣上大價貴重如世間人得彼寶故則能出生無量財寶菩薩如是得出世間佛法寶故能生出世無量善根二者冣勝法相應如世間人得彼寶故則能療治種種諸病菩薩如是得出世間佛法寶故則能斷除一切諸煩惱病如彼妙藥三者如意如世間人得彼摩尼寶體依彼寶故如心所須求之皆得菩薩如是得出世間佛法寶故依法思惟一切善根功德具足四者寶體如世間人得彼摩尼寶故如心所須求得无盡菩薩如是為過世間一切諸苦得出世間佛法寶故得果無盡得為衆生說不生不死寶

又復有義世間衆生得无量寶寶在手故則能隨意成就無量殊勝之事

菩薩如是得出世間及出世間一切功德隨意成就世間殊勝果報如是得無量寶治諸病等依初句釋餘句應知

如是求法隨順多聞有巧方便能離諸過是故次第說彼法相善出毀禁之罪者依如實觀不取不捨依不生滅不去不來依未來世不復作惡依能遠離一切所疑得無生忍者謂內心忍滅諸法忍如實觀察不取不捨故得無滅忍者如實觀察罪過之體虛妄分別不生不滅以不去不來故得因緣忍者觀察因緣本來不生以他體攝故如實觀察毀禁染體離生因故於未來世不復作惡得無住忍者以異異心展轉生悔如實觀察諸罪根本即在身中不離於心不見彼罪過如是不見一切罪過遠離一切心中所疑能滅悔故善出過罪

如是諸過根本是虛妄染法若欲斷過要斷過本是故次說斷彼過本善斷諸煩惱者依三世說正觀察者如

實正念依邪念行現起煩惱如實正觀不見彼體故遠離未來諸障增長諸白法者於未來世更不作惡以是至心不作惡故得清淨心得善法力者觀察虛妄煩惱諸過不見過去一切煩惱以得自法力故獨處遠離者以得寂靜心種子故如是次第善根增上故隨順不生煩惱境界護諸煩惱故得因緣力故未來世中煩惱不起故如是折伏諸煩惱已善往諸大衆是故次第說彼法相善往諸大衆者有二種差別依人差別依心差別依人差別者往何等人何所為往何義故往云何而往此明何義貴人出家有多聞慧為求法故生貴重心往詣彼人不覔其過此人如是不覔彼人過失故往賤人出家有多聞慧為求法故生尊重心往詣彼人非憍慢心此人如是非憍慢心往詣彼人阿蘭若人無多聞慧非輕賤心求少善法往詣彼人不自顯故此人如是不自顯故往詣彼人憒閙處人無多聞慧不為欺彼不為自身我是高勝何

所為往以為自身為於他身求善根故往詣彼人不為自身供養恭敬名稱讚歎此人如是不為自身供養恭敬名稱讚歎故往彼人依心差別者以依四種心成就故一者求法心成就以見法勝猶如真實為求彼法故往大衆二者威儀心成就脫去金冠寶屐傘等威儀柔耎而往大衆三者求上上義善根心成就雖得上法不以為足更求上上勝中勝法為與法施故往大衆四者本願心成就不求自身供養恭敬名稱讚歎為自他利故往大衆

如是往諸大衆應行法施是故次第說彼法相善聞法施者以何法說以何義說依何事說云何而說因彼事說故以何法說者以法攝取法故如得聞慧如是說法以何義說者以得義故自作誓願已畢竟故內自思惟為他人說依何事說者以作妙事作賢事故如所說法如是作事以諸言語不虛妄故云何而說者亦現染淨法故亦現二二諦法相次第故

如是為他說法令生善根增長堅固自身因力是故次第說彼法相得先因力不失善根者依四種法說一者教化衆生二者能忍諸苦三者遠離邪見四者修行一切功德善根依止因力堅固說故於他闕失不見其過者不見他過護自身過應衆生過故得化衆生因力堅固生生世世常能教化一切衆生因力增長現前堅固依止如是堅固因力於未來世教化衆生堅固增長而得成就是名菩薩得先因力不失善根於瞋怒人常修慈心者樂修大慈以能忍彼瞋恨衆生作苦惱事能忍諸苦因力堅固生生世世樂修大慈常能忍彼故瞋恨衆生作苦惱事因力增長現前堅固菩薩依彼依止如是堅固因力於未來世能忍諸苦堅固增長而得成就是名菩薩得先因力不失善根常說諸法因緣者於諸法中為他亦現非顛倒因因力得果為離邪見樂正見事因力堅固生生世世於諸法中為他亦現非顛倒因因力得果為離邪

見樂正見事因力增長現前堅固菩薩依彼堅固因力於未來世自身正見不樂邪見堅固增長而得成就是名菩薩得先因力不失善根常念菩提者不捨菩提心願力故常不捨離菩提之心修行一切功德善根見大菩薩心願力堅固生生世世常修一切功德善根因力增長現前堅固菩薩依彼堅固因力於未來世修行一切功德善根堅固增長悉得成就是名具足得先因力不失善根

如是以有先因力故雖未有人說波羅蜜行而有方便波羅蜜行是故次說不由他教而能自行波羅蜜行法以施導人者謂於布施波羅蜜中最為上首初自修行後為他人令入修行菩薩如是修行布施故於未來施行成就生生世世不由他教而能自行檀波羅蜜故不說他人毀禁之罪者亦現不見他人過失故善住持戒菩薩如是善住持戒故於未來不失一切諸禁戒行生生世世不由他教而能自行尸波羅蜜故善知攝法教

化衆生者以為教化諸衆生故為諸衆生令得安隱忍彼衆生不修諸行勤說諸法不生疲惓知心知使攝取衆生菩薩如是修行忍辱精進禪定故於未來忍辱精進禪定成就生生世世如是次第不由他教而能自行忍辱精進禪波羅蜜故解達深法者善知一切諸法無我菩薩如是信解深法故於未來智慧成就生生世世不由他教而能自行般若波羅蜜故

如是修行波羅蜜行得柔軟勝行能迴轉諸禪還生欲界是故次第說彼法相其心柔軟者謂諸菩薩以得三昧三摩跋提有自在力以巧方便而能轉起勝妙境界以彼菩薩於禪定中得自在力不為禪定生於色界故得諸善根力者謂諸菩薩能勝處去而不取勝處雖生下地於彼禪定亦不退失故善修智慧方便力者謂諸菩薩以有方便般若故善修諸行是故不退下地猒中不受彼地亦不修行生彼處行亦現正因故不捨一切諸衆生謂諸菩薩以不捨離諸衆生

故捨勝妙處取下處生示現教化諸衆生故

如是不著自樂為與他樂示現與衆生樂以得不退法輪地故是以次第說彼法相得不退轉法輪地者以對三種所治退治故說四種對治之法此義應知應云何知所謂修行菩薩行中有三種法令菩薩退一者時節久遠無量以不能忍生等種種諸苦惱故而生退心二者功德智慧少故而生退心三者捨棄一切衆生無慈悲故而生退心堪受无量生死者所謂菩薩畢竟心取無量无邊久遠時節雖有生等種種諸苦堪能忍受而不怖畏不生疲惓供養无量諸佛者所謂菩薩供養恭敬無量諸佛從佛聞法獲得無量功德智慧是故菩薩快妙功德智慧成就修行無量大慈修行無量大悲者所謂菩薩如是次第為與一切衆生安隱為與一切諸衆生樂以不捨離諸衆生故

如是以得不退地故不斷佛種如實修行是故次第說彼法相不斷佛種

如實修行者為得第一義佛地故為得世間佛地故第一義佛地者有三種因得一者根本欲心二者至心欲得三者上欲心不退本願者以不失根本欲是名根本欲心如是亦現根本欲心亦現本願力相故如說修行者此有如來如法如說如是修行是名如說修行亦現諸菩薩至心欲得故於諸善法大欲精進者是上欲心雖得少分不以為足更求勝法故深心行於佛道者亦現假名佛地因故假名佛者入涅槃時生佛亦現言深心者亦現求彼生佛心故行於佛道者如實修行故生佛亦現住持佛故又為亦現彼生佛時復有說法轉法輪等攝取眾生故

為受何等法義樂故佛放光明攝取聖者勝思惟梵天為欲受彼種種法樂故聖者網明童子菩薩依彼先說問中勝故問彼種種勝說法相自此以下勝思惟梵天廣說應知彼問有八種邪問正問記為說彼法如經梵天言網明若菩薩見我故問名為邪問非為正問如是等故何等八種一者依二者體三者依止四者依事五者過六者利益七者起八者根本

所言依者謂依大乘以依彼乘此中止問故所言體者邪問為體彼體有二種謂外道聲聞始發心菩薩

言依止者有三種無智謂麁中微彼三種闇謂外道等次第應知應云何知外道之人依麁無智是故不識無我體相見他身中執著有我以不能知諸法相故依自心見所說邪論隨彼句義執著法相如是次第自身他身虛妄見問如是一切非正念問恚是邪問聲聞分知無我法相復有不知是故名為中無智闇依中無智取自業等造作諸業即因彼業受於果報不於餘處及著自體同相異相成就色等諸法必有彼如是問執著自身及他身法以有隨順斷煩惱障依於自乘名為正念依斷煩惱障名為邪念以不隨順斷智障故依於大乘名為邪問始發心菩薩少分能知諸法無我復有不知有微無智依微無

智依有無物離於有相取於無相於二法中一向取無法取無法相問是不正問

言依事者事有六種一者陰入界事二者因緣集三者諦事四者證智事五者對對治事六者佛法事依陰入界事者依我我問故依因緣集事者依順問故依逆問故以生故問以滅故問以是處非處故問即彼因緣集問生滅即是是處非處如經中說身口等業修行諸善若生惡道無有是處依諦事者順因緣集逆因緣集順因緣集者染體二諦有因有果是有漏行法之體故逆因緣集者淨體二諦依道能滅是故道諦名為滅諦如是依二二諦為染淨問依二種諦染法體故有生死世間問依二種諦淨法體故有寂滅涅槃問如是次第生於世間過於世間獲得涅槃如是世間涅槃二種差別依有餘涅槃無餘涅槃故如是問世間等事依實諦問此義應知以是義故依諦四種事遮法無我

依證智事者依知依離問為得為修

問如是次第彼智於見道時得智名
已證智者自此以上得修道名以得
彼證知依證智問得智名修行名此
義應知以離彼集得出世間正道果
故以離諸使煩惱身故依離彼事問
如經是故明網以何處無得無取無
證無分別無知無依止無修無修見
問是為正問故此明何義於真如中
如所說字句說無如是智為遮彼處
無如是法如一一句分別之處亦遮
彼句一一之處無如是故言無取者
以不虛妄分別我已得故無分別者
以不虛妄分別我已證故無依止者
以不虛妄分別我已知涅槃故不分
別者是第一義言依止者依止見道
見道為修道依止說故無修見者不
見我修道故如是說法則名為正
依對對治事者所謂善不善等法不
善法名為對善法名為對治又彼善
法二種差別謂有漏無漏差別又諸
外道以邪見濁長夜有過此義應知
無過亦有二種差別謂有為无為差

別善法復有二種差別謂世間出世

間差別彼有分別以無分別依彼所
治治能治事問網明若菩薩不見二
不見不二者不見二數不見一數以
遮可取法無我故無明無相平等行
問名為正問者為取彼法相遮彼能
取可取相故又無相無相平等行問
者遮彼能說可說相故又能說者說
名平等可說名相以一切事平等知
故彼可說法亦名平等多種法相同
名說故
依佛法事者依佛依法依修行依處
依可化衆生依進取證智如是次第
佛等亦現因彼差別故問佛等種種
應知佛種種者謂時家性命差別故
法種種者謂修多羅祇夜等差別故
僧種種者謂一向菩薩聲聞雜僧多
少差別故國土種種者謂一向清淨
染雜差別故衆生種種者謂貪瞋癡
雜等差別故乘種種者謂聲聞乘等
差別故
所言過者謂外道等為生法滅法是
處非處問見生法問見滅法問見染

法問見淨法問如是等問皆是染問

是故名過聲聞之人如是等一切問
為滅為淨為成涅槃而不得大菩提
是故名過始發菩提心菩薩亦不正
念問以不成就如實淨智是故名過
言利益者若如是不問即名利益此
義應知如是等問非正問等如是等
問名正問等亦現彼義
所言起者即非正問及正問等亦現
彼義如經復次網明一切法正一切
法邪故此以何義陰界入等皆悉攝
在佛法中說如向所說陰界入等事
相諸法如說不可思議名為正而起
思議名為邪者是不正問及正問事
如經梵天言網明以何義故諸法不
可思議故一切法名為正若不可思
議而思議者一切法名為邪故以何
義故一切諸法不可思議如經一切
法寂靜名為正思惟故以離虛妄分
別體故名為寂靜以離戲論故亦名
寂靜以不信寂靜法無我故墮增上
慢邊虛妄分別可分別法而修諸行
以分別四大故起彼問法亦現非正問

法正性者離自境界離餘欲際是名法性此以亦現正問因故
此以何義以何等觀而能離欲以何等智知於彼法彼二不二名為真如此中如是無分別智真如智相名為實際言實際者謂離餘欲之勝際也言實際者離於諸欲謂無分別真如智相此謂內心自境界中如實觀察地觀相故如是次第明為法性寂靜應知地者自心境界成就及觀真如是所觀地何等法上謂如所說陰界等事彼陰等事離於真如以彼真如無戲論故觀彼真如無分別智彼智寂靜以彼真如離於能取可取處故如是說甚深法知此正法甚深難解如經綱明菩薩言梵天少有衆生能解如是諸法正性故如此中說諸法正性離正法性更求智者則不可得以彼法性出過世間一異數故遮有法體所言少者依一數故離彼一數更無少分如是為遮取有物體非彼法體一向是無不覺不知遮無法相此說何義此中謂說信此三世諸法

根本不見法相非謂實證遮諸菩薩摩訶薩等有實證法亦現此義以隨順此義故名為信非證此法證者名為不見一事綱明若有善男子善女人得聞如是諸法正性勤行精進是名如實修行者依聞思慧於智慧中說彼法相如向所說以依何心以依何意如來說法此義應知不戲一切法故是名證法以如實知故是故彼人不住世間不住涅槃以彼世間煩惱染中無一法捨是故不滅以涅槃中無一法取是故不增亦現諸菩薩摩訶薩不住世間涅槃相故如是聞說正法相者次第從他聞法然從內心自正思惟次第能生出世正見獲得彼果離於諸相亦現實體不住相故亦現不住涅槃因故此以如來見法無我等一味故亦現諸菩薩世間涅槃諸過功德無有分別平等相故如是諸菩薩得不住世間不住涅槃故

說法次第至此已竟復依異義次下更問此明何義如來說法不能異過

於者不能異過於身不能異過世間更有一法是故世間無一法滅於涅槃中無一法增遮離一物遮得一物故此以何義非謂一向不過世間有過世間以為遮彼見無物故此亦何義以為亦現過二相故此義云何言二相者一者世間行二者涅槃分別世間過分別功德過彼二種過菩薩摩訶薩畢竟遠離故此義云何平等法中無染無淨以依離欲實際法性故如是說以彼實際一向不同生死世間以其常故是故無有入涅槃者以是義故不染不淨如是次第不必說法嘿然而住亦得如法修行諸行若欲說者應當如彼梵天所說是故讚言善哉善哉法不可說而能說之是故如來重讚善哉我不得生死不得涅槃如是等者領先說義更無有法而可說也如來何故重說此法以五百比丘聞說此法生於驚怖如來為欲令彼比丘於此義中畢竟定故此亦何義亦現如來意亦如是非獨梵天如是衆生墮無物邊是故如來

同梵天說空修梵行者不解深意義虛妄分別也何者梵行謂受持戒如說修行而不毀犯故修行正道者修行四諦差別觀也諸禪者初禪等四禪也三昧者有覺有觀等種種行也三摩跋提者無色四定也彼諸比丘以見有法見無法故聞上說已謂如來說一向無物亦無修行梵行故生驚怖以彼比丘見有法故見無法故為斷比丘有見無見則於其人佛不出世等者彼人乃至涅槃以為有物故求得涅槃為對治此有物見故如經彼人乃至求決定相故如是依無名相正說法已為呵責彼驚怖比丘故以二喻此二種喻令生二種念因謂生厭念因生觀念因因彼二因獲得涅槃是故呵責此亦何義亦現依彼求法見過逼惱心故起於厭觀初喻相似相對法亦現利益觀故共樂身轉故生歡喜觀第二辟喻相似相對治法次明彼人雖行正相而是邪行相以起生相以起滅相以得涅槃相以證道相故向來說法諸比丘聞

微損惡行自此已下為令諸比丘入於法中是故聖者網明菩薩謂於梵天令入法者此中亦現二種法相一者亦現實體二者亦現得果言實體者令信法故所言果者令離邪見得解脫故畢竟亦現正見相故為比丘身此間說法能生種子餘佛國土諸佛如來亦說此法明彼比丘以何處畏而無去處不能遠離所說法相以一切處不離於法以不可避亦如是相令彼不去故說虛空以為譬喻亦現此義何處怖畏捨之而去終不遠離所怖畏處如畏空者不能過空有無空處而可求也依彼證法亦現得相空無相無願者是真如應知欲求涅槃行涅槃中而不得涅槃者涅槃是真如清淨相故此以何義以彼真如一切法中悉平等故名為涅槃口中言說不可取故此為何義遮彼實體是可取故如是遠離有無物法能如實知諸法體相彼諸比丘如是見已心得解脫得心解脫已則得實法得實法已自說法相彼諸比丘先是

凡夫次作學人次成羅漢以此義故於三時後依先不成而作是言世尊我等今者非凡夫非學非無學非阿羅漢也不在世間者謂彼無餘涅槃界中永斷一切受生處故不在涅槃者有餘涅槃中取陰相未盡故如實亦現有佛出世現覺知相所言動者散亂心也言我想者謂我見也所言發者謂能起作行心相也所言戲者動等三句分別心也如是因果或盡亦現彼人有佛出世聖者舍利弗依道依得依滅依證問諸比丘諸比丘應如是答如舍利弗說而諸比丘如是說言我已得七不可作而作言語問荅此為亦現實荅返荅故此有二種一者所證荅二者說荅以有如是所立記故同行諸比丘說法不能至到大生尊重心以彼比丘說彼法體生尊重心故

勝思惟梵天所問經論卷第二

勝思惟梵天所問經論卷第二

校勘記

一　底本，金藏廣勝寺本。二三八頁中原缺，以麗藏本補。

一　二三八頁中一八行第七字「如」，資、磧、普、南、徑、清作「隨」。

一　二三八頁下二行第四字「就」，資、磧、普、南、徑、清作「就一切」。

一　二三九頁上一七行第五字「往」，資、磧、普、南、徑、清作「往云何往彼人者」。

一　二三九頁中一一行第三字「往」，徑作「生」。

一　二四〇頁中二〇行「般若」，資、磧、普、南、徑、清作「般若力」。

一　二四〇頁中末行第三字「生」，麗作「生者」。

一　二四〇頁下四行末字「第」，資、磧、普、南、徑、清作「下」。

一　二四〇頁下六行第六字「治」，石、徑、清、麗作「法」。

一　二四〇頁下八行第一〇字「退」，資、磧、普、南、徑、清作「退何等爲三」。

一　二四〇頁下九行「種種」，資、磧、普、南、徑、清作「無量」。

一　二四〇頁下一二行首字「悲」，資、磧、普、南、徑、清作「悲心」。

一　二四〇頁下一三行「无邊」，資、磧、普、南、徑、清無。

一　二四〇頁下一四行「生等種種」，資、磧、普、南、徑、清作「無量生等」。

一　二四〇頁下一六行「諸佛」，資、磧、普、南、徑、清作「諸佛如來」。

一　二四一頁上五行第三字「欲」，石、麗作「故」。

一　二四一頁中一行「如是」，資、磧、普、南、徑、清作「爲如是」。

一　二四一頁中五行首字「止」，資、磧、普、南、徑、清、麗作「正」。

一　二四一頁中六行首字「二」，資、磧、普、南、徑、清、麗作「三」。

一　二四一頁中六行「謂外道聲聞」，資、磧、普、南、徑、清作「一者外道二者聲聞三者」。

一　二四一頁中七行首字「言」，資、磧、普、南、徑、清作「所言」。

一　二四一頁中一〇行第四字「見」，資、磧、普、南、徑、清、麗作「自」。

一　二四一頁下四行首字「言」，資、磧、普、南、徑、清無。

一　二四一頁下五行第五字「集」，資、磧、普、南、徑、清、麗作「集事」。

一　二四二頁上七行「明網」，諸本作「網明」。

一　二四二頁上九行第八字「明」，徑作「名」。

一　二四二頁上一一行第五字「如」，資、磧、普、南、徑、清作「亦分別」。

一　二四二頁上一二行第一一字及一六行第七字「言」，資、磧、普、南、徑、清無。

一　二四二頁上末行第二字「過」，資、磧、普、南、徑、清作「過者」。

一　二四二頁中一七行首字「僧」，資、磧、普、南、徑、清作「修行僧」。

一　二四二頁中一九行「差別故」，資、磧、普、南、徑、清作「國土差別故可化」。

一　二四二頁中二〇行第一二字「閒」，諸本作「聞」。

一　二四二頁中二二行第五字「謂」，石、資、磧、普、南、徑、清作「諸」。

一　二四二頁下六行首字「言」，資、磧、南、徑、清作「所言」。

一　二四二頁下六行第九字「問」，資、磧、普、南、徑、清作「問者」。

一　二四三頁上末行第二字「說」，資、磧、普、南、徑、清作「明」。

一　二四三頁中八行第二字「意」，資、磧、普、南、徑、清作「意故」。

一　二四三頁中一一行第一一字「滅」，資、磧、普、南、徑、清、麗作「減」。

一　二四三頁中一八行第一〇字「諸」，資、磧、普、南、徑、清無。

一　二四三頁下四行第三字「以」，資、磧、普、南、徑、清作「明」。

一　二四三頁下五行第五字「爲」，資、磧、普、南、徑、清作「是」。

一　二四三頁下五行第一三字「示」，資、磧、普、南、徑、清作「明」。

一　二四三頁下九行第八字「故」，資、磧、普、南、徑、清無。

一　二四三頁下二二行及次頁上一七行「此示」，資、磧、普、南、徑、清作「此以」。

一　二四四頁上二行第五字「也」，資、磧、普、南、徑、清作「故」。

一　二四四頁上三行首字「說」，資、磧、普、南、徑、清作「實」。

一　二四四頁上八行第八字「無」，資、磧、普、南、徑、清作「無如是」。

一　二四四頁上一五行第八字「喻」，資、磧、普、南、徑、清作「喻者」。

一　二四四頁上一六行第七字「觀」，資、磧、普、南、徑、清作「歡喜」。

一　二四四頁上一九行第六字「法」，資、磧、普、南、徑、清作「治」；麗作「治法」。

一　二四四頁中二行「聖者網明菩薩」，資、磧、普、南、徑、清作「網明」。

一　二四四頁中一九行第九字「爲」，資、磧、普、南、徑、清作「明」。

一　二四四頁下八行「言我想者謂」，資、磧、普、南、徑、清作「謂我想者」。

一　二四四頁下八行及九行「所言」，資、磧、普、南、徑、清無。

一　二四四頁下一一行「出世」，資、磧、普、南、徑、清作「出世也」。

一　二四四頁下一四行第二字「說」，資、磧、普、南、徑、清作「誑」。

一　二四四頁下一六行末字「是」，資、磧、普、南、徑、清作「是者」。

趙城縣廣勝寺

勝思惟梵天所問經論卷第三　虛

天親菩薩造

後魏北印度三藏菩提流支譯

住於福田能消供養者依福田地住羅漢道堪受供養故大師世尊猶尚不能消諸供養何況我等能消供養者此明何義如實知法性本來清淨故以是故言大師世尊猶尚不能消諸供養何況我等此以何義以離法界更無有人受供養者以彼法界本來清淨故此以何義以住福田地者住羅漢地堪受供養以如實知清淨法界故以諸世間不知如來是勝福田是故說言大師世尊猶尚不能消諸供養此以何義以離法界更無別有清淨法相以彼法界自性清淨故依受供養故問福田故次問應受供養福田之人何者是耶如經次言不為世法之所牽者故世尊如是依諸菩薩是世福田說受供養福田之相是故荅言不為世法之所牽故此以何義以諸菩薩摩訶薩等常在世間

行世間法不為世法之所染汙雖有勝負得失毀譽稱譏苦樂世法等門皆不能牽菩薩心體其心堅固不隨如是八種世法於如是等心堅不動貪欲瞋癡所不能牽如是人者是受供養福田人也是名福田能受供養是為清淨以是義故因福田人故問清淨福田之相

以諸菩薩雖復多受眷屬利養而不起心攝取一法執著一法以是義故能消供養是勝福田能消供養亦現此義是故次問能消供養無所取著者亦現能受福田勝相是故得彼二相功德福田之名

以諸菩薩為諸衆生不失安隱起菩提心為諸衆生修行彼處諸功德故得彼功德供養恭敬福田中勝亦現此義是故次問清淨福田以彼不壞菩提心故是能受供清淨福田以是菩薩能作福田攝取衆生作善知識亦現此義是故次第問善知識直心修行如是次第入於禪定從禪定起與諸衆生安隱之樂不捨一切諸衆

生故亦現菩薩勝善知識菩薩如是能作善友依如來教自利利他修行諸行不失師恩亦現此義是故次問能報佛恩為得菩提不斷佛種故心為利益他故於如來自作所作勝報恩行

以報恩者有諸功德供養等行亦現此義是故次問供養於佛以法身實際自體不生於如來身能知不生實際證相為求彼法必得不失於一切時供養如來是故菩薩以勝供養供養諸佛

以為供養諸如來故親近諸佛亦現此義是故次問親近於佛謂諸菩薩寧捨身命終不捨於十地諸行以為攝取十地行故不捨禁戒得如法體親近諸佛及諸菩薩亦現勝行故

以近諸佛及諸菩薩生尊重心恭敬如來亦現此義是故次問恭敬於佛以無差別一切諸根為一切根修行諸行是故不生煩惱之心以能修行善護諸根是故得彼尊重勝心菩薩如是正修行已得大果報亦現此義

是故次第問於財富得出世間信等七種實勝法財亦現於此勝法大財而得上上勝欲心相已得斷除障行諸欲離諸欲相受於法樂受飲食樂得證如實法如實修行信戒慚愧聞捨慧等說財物施如次第說又慚與愧二種法財此依斷除煩惱熱法應如是知

菩薩雖有七種法財不生心念我足不足亦現此義是故次第問於知足以為攝取諸衆生故菩薩雖求供養恭敬而心常求無上般若不以為足不生具足心名為知足既知足已離於諸欲亦現此義是故次第問於遠離菩薩雖於三界中行而不求彼處以得寂靜勝上心故

既得寂靜勝上心已遠離身心亦現此義是故次問無諸惡行菩薩雖復受用種種勝妙境界而心不為煩惱所染以得勝心護諸根故

菩薩既得護諸根已於一切處皆不怖畏不怖畏故得受安樂亦現此義是故次第問於樂人菩薩雖受供養

恭敬而不貪著常不捨離一切衆生如實善知諸有為行離諸煩惱故得勝樂

如是不著離諸煩惱得勝樂已則得不捨受樂衆生如是則能到於彼岸亦現此義是故次問能到彼岸以諸菩薩亦現諸趣六入之身攝取一切六入衆生為斷彼欲令得彼岸離貪欲心是故名為能捨六入捨六入故則得勝心到於彼岸

菩薩如是以得勝心到彼岸故彼處正住亦現此義是故次問住於彼岸以不分別世間涅槃道無分別智證無我法住於無住涅槃得無生法忍以是義故第八地中得同不同智是故名為到於彼岸住於勝處

菩薩如是住於彼岸滿足出世間諸波羅蜜亦現此義是故次問云何增長諸波羅蜜以求一切智心故施等增長以為施等展轉增長是故菩薩為諸衆生說一切智心諸菩薩等為令衆生發菩提心增長施行是故菩薩先世已曾令諸衆生發菩提心修

勝思惟經論第三卷 第六張 盛字

行布施菩薩如是自行布施教人行
施餘者復施教化衆生令行布施彼
諸菩薩亦令衆生發菩提心修行布
施彼諸菩薩復令衆生發心行施如
是展轉自心住施令他住施以是義
故施彼波羅蜜展轉增長以常不捨
菩提心故說持戒波羅蜜餘毀禁者
令得持戒以不捨離菩提行心為得
大菩提故為令住持戒故以見一切
智心不退故說忍辱波羅蜜於菩提
心中說菩薩名為令餘處諸餘衆生
生忍心故忍一切罪忍一切惡思惟
一切智心不得故說精進波羅蜜依
精進波羅蜜不見彼岸不取菩行相
是故不生疲惓之心以證一切智心
寂靜故說禪波羅蜜法所謂心自性
清淨不生不滅以知寂靜智故以散
乱心一切不行故不戲一切法故說
般若波羅蜜以攝取無分別智故以
為亦現餘波羅蜜善清淨故為餘波
羅蜜依一切智心說
障行煩惱對治法者其惟如是見波
羅蜜勝行無我為佛法淳熟故為教

勝思惟經論第三卷 第七張 盛字

化衆生故依於彼法次問无量於諸
衆生不生有心而生慈心此明何義
無異自身安隱心故不生異身他衆
生想菩薩依彼不生法想行於悲心
以見苦法不成就故以諸衆生著彼
苦苦故生悲心菩薩依彼不生我想
行於喜心依彼見自身相離於喜心
見他資生具足成就起貪嫉意心不
生喜菩薩不尒更無貪相隨喜於彼
是故遠離所治嫉妬依離嫉妬行於
喜心菩薩依彼不生彼我想行於捨
心依見彼我想此對治故行於捨心
第八地中無功用行以得無分別智
力故以得同不同智慧力故能遠離
自他二心相故於諸衆生與離染因
快方便故
如是依波羅蜜依於無量為利自身
亦利他身而修行者復依上上欲心
依受法樂依斷煩惱為如所說一切
功德得增長故次問云何住於信等
如彼次第能信無言之法住於信法
信第一法甚深法無我巳餘甚深法
難信得信以不執著一切音聲住聞

勝思惟經論第三卷 第八張 盛字

慧中如所聞法無有如是執著之心
異求於法雖少聞慧而能作多事故
但聞一行偈說多聞慧故依內心相
是故有慙謂依他身自身不如法行
以知過失離於彼處捨外人故愧行
成就他人說法不如法行離彼過失
以他人身是外入故嫉妬入說彼人
如是捨於彼法名捨外入此義應知
身口意業三種清淨遍一切處成就
功德能受供養淨福田等乃至慙愧
如是所說諸功德等對治所治身口
意業善惡相應以是義故名為清淨
依彼至到功德具足是故名為遍行
一切功德處也如是應知又復有義
遍至一切功德處者於彼所說一切
功德法中住故
十偈之義一一如經
如是依世間法說能受供勝福田等
諸功德巳即依彼義如是次第梵天
發問此義應知云何菩薩過世間法
者以諸聲聞亦過世間是故如来亦
現勝法過諸聲聞出世間法是故說
言出過世間法又復亦現雖在世間

行世間法而過世間又而不為彼世法所染著現行世間化衆生故如經如實善知世間諸法故又為聚集諸衆生故現巧方便為彼衆生攝取令入世間法故知世間集諦知世間所去而依願智生於彼處不為世間集所生故取如是生亦現世間成就世諦依世諦故為衆生說法令諸衆生出過世間故菩薩雖於世間中行而終不為世間所染得法無我住無住道以為教化一切衆生是故雖生於世間為彼攝取世間之道故

三十五偈如經所說

依說世間法如来亦依自身世間法世間識知境界以樂說辯才說入世間法相以如来法出過聲聞出世間法聲聞亦過世間境界如来過彼聲聞境界復說勝法說彼法者為餘衆生過世間故亦現如是出世間方便梵天言世間者我說五陰名為世間者此中亦現五取陰應知依世間說故貪著五陰者貪著是愛也名為世間集者以依彼愛世間聚集故過去

未来現在諸陰滅故以未来世陰因盡故以更不種未来種子故名為滅觀察五陰不見二名為世間滅道者求道不求道一二一向不得聖道亦現勝故此明何義世間對治非一向定若有對治則能猒苦若無對治則退彼法若有一法為對治此法則不對治餘法若有一法為對治下地則非上地對治聖道對治則不如是以一切時一切法對治故

如是依聲聞乗對治之義說世間等差別相已次依大乗對治法之義差別相說依於大乗說法相者如經復次梵天如是等故所言五陰五陰者但有言說者於五陰中見聞知等但是名字分別說故以依無始久遠集来依分別體是故執著菩薩觀察若依如是名字分別是言語見之世間也若如言語名字分別貪著相者彼為邪見離隨順行名世間集如彼世間寂滅之相如實觀察滅相之體如實觀察所緣滅故名世間滅以何等道不取彼見名世間滅道向說分別

能治分別亦現無分別智如是等世間境界如来已過如来已得大涅槃故攝取非過世間非離世間道

如是依世間世間等說苦諦等已依勝聖諦次下復問如来所說四聖諦者以彼聖人虛妄分別苦等諸諦如来亦現真實聖諦則不如是此以何義諦有二種一者相諦二者心諦以依如是二種諦故依相諦者說苦諦等所有法相所有法體所有實體依彼非聖諦聖諦無差別故說道聖諦依心諦者說勝聖諦彼聖諦中知顛倒心不顛倒心故此以何義以非聖者說苦諦者彼但受苦不知苦諦說集諦者彼人但聞虛妄集法不知集諦說滅諦者彼聞滅名墮於斷見不知滅諦說道諦者彼人但聞業與煩惱有為之法如是之法但是有為世間集法不知道諦如是分別苦諦等四諦若如是等皆有諦者生三惡道諸衆生等皆應有諦而彼無諦以為亦現如是義故如經梵天若彼苦是實聖諦者一切牛䐗諸畜生等應有

實諦何以故以彼皆受種種苦故以是義故苦非實諦如是等故以何義故諸畜生中惟說牛羖餘不說者以畜生中惟牛與羖最愚騃故以諸世間皆知牛羖最為鈍故如是非聖虛妄分別謂以為諦此義應知以世間人依於苦門虛妄執著以為苦諦依於集門虛妄執著以為集諦依於滅門欲離有漏法虛妄執著以為滅諦依道對治門虛妄執著以為道諦又苦集二諦無彼體相以彼自體不成就故以彼自體本来不生不和合故以依彼虛妄執著心對治故說知無生無和合是名聖人聖諦諸有漏法亦一切時無如是體以彼法體無可離故以依彼虛妄執著心對治依真如清淨彼一切法本来寂滅故說知無生無滅是名聖人聖諦對治對治亦無彼體相以彼自體不成就故以彼道諦非對治諦故以依彼虛妄執著心對治依自性清淨心依平等觀可觀依淳熟智依觀察智依彼諸法一切法平等無二無修道故說以不

二法得道是名聖人聖諦以說第一聖諦涅槃異名名為道諦是名聖人聖諦以不誑故以不生故說為聖諦又從無生乃至不二謂依涅槃所修之道依聖道諦一切法平等故說一切法不二說涅槃者以真如法清淨得名以彼涅槃離於可取能取法故以依彼法而得名故如是次第

又彼諦者因不正念名為虛妄語非實聖諦又即彼諦因正念故名為實語亦非實聖諦是故亦現妄語實語皆不成就如經梵天實聖諦實聖諦者非妄語非實語故彼非正念取我相等亦現應知如是諸句於二一法中生執著故以異異義相縛應知謂有一我我體是有以為根本依根本我故有種種以我不斷名為衆生依命根住故名為命數墮六道故名丈夫如是等見自身是一虛妄執著取我相等即於彼我虛妄分別常與无常墮於常見墮於斷見見我是色我是無色如是種種虛妄分別異異執著著我是一以我是物以虛妄分別

是故取相依彼我虛妄分別取無明等生虛妄分別而取生相即依彼我虛妄分別取無明等滅虛妄分別取斷滅相如是生滅依於我相次第成彼虛妄分別取世間相取涅槃相取彼世間取涅槃者如前所說諸取相等所謂取者希樂信等虛妄分別堅執定取惟此是實餘者虛妄是名為著以彼諸見不可捨離虛妄執著是名為觸不離彼觸是名為取如是次第不著不觸不取等者是名實語亦現正念

如是依丈夫無我非妄語非實語說法已次依法無我說苦等分別離無分別智是故名誑以是誑故名為妄語是故亦現彼二乘諦虛妄不實分別三世一切法故彼念虛妄是故亦現無分別智此以何義以憶過去一切法門分別現在一切諸法念未来世一切法門以是義故離於正念菩薩住彼无分別智中不戲一切法相觀法無我得無住涅槃以不住世間涅槃中故得平等見菩薩如是善知

法已諸諦如說亦現不見成就諦故聖人諦者彼處無實語無妄語以是義故亦現彼義

雖有正念不正念心二種差別而彼聖諦猶不成就若住實相成就諦者則一切時古今常尒恒如是住自此以下亦現彼義如經梵天言實實者古今實故此明何義彼法性法體亦現勝法體聖法體因世間涅槃无差別故是故名為常聖諦也依世間涅槃亦現二二聖諦成就如是依真如相聖諦亦現不離世間聖諦亦現不取涅槃聖諦如是說法相諦證已而說者亦現彼人名為實說彼人說聖諦名為邪說自此以下亦現彼義亦現彼人無增上戒學因彼人不能守護諸根亦現少因故亦現彼無增上戒學無彼增上定學因亦現彼無增上定學無彼增上慧學因亦現彼無增上慧學亦是生相是苦諦等執著虛妄法次第自配此義應知

如是彼婆伽婆以為世尊而彼聲聞但是外道次下亦現彼聲聞人成於

外道以彼愚人失物為諦說物為諦亦現彼人墮於惡道故以自不證以如來得無言語法故菩等諸諦自體不成亦說諦相我如是證亦現不立有法相故亦現他不取故菩提不可得以無分別體故不取我已得菩提法無如是取離一切有以離三界離五道故以過彼法得出世間聖道法故如是不見一切諸法是菩提相不證一法而證諸法是故說為應正遍知若如來於法無所得者以何義故說如來坐道場名為佛者此間如來遮有物得故如來說言我不得物聞說法名世諦攝故分別相故依無體相法無我說次依法無我問彼法相彼法無我以一切法無體為體遮有無二法亦現何義亦現彼法非有物可證非無物可證以彼法離於二相是故說證

如是說已自下次說非謂一向不證實法以見虛妄執著法無故如實善知自性不生以依顛倒他體而生所謂涤等分別體性常一切時自性不

生知真如我如是證法云何而知如常不知不覺而知言知識者此為亦現彼真如相亦不分別以不見彼真實法體以彼法體一切言語不可得故是故亦現彼證智因不知不識不可見等者於見聞覺識墮四種語此諸句等上上起門亦現應知不可取等如彼法體如是彼法不可以彼見等取故此以何義以諸名字不可得故過心境界故以無戲論事故相應法中不可相當故以諸言語不能至到故相應法中不可相當故不可問答故過六根故過名字故內身一切不可說故無世間相故世間法不行故離於所作以有為法所不行故以無世間心意意識分別相故出過世間以無彼體故以過於戲論無可對事故

如是亦現所說法體無有一切諸分別已亦現彼法虛空相似應知彼法虛空相似有二種相應知一者遍去以離有無戲論法故以得諸佛不可思議畢竟法故二者無导以大慈心

第一忍苦所不可作而能作故以無言法依言說故以依彼法令諸衆生得入法故為亦何義有諸衆生依於黠慧我慢心故不能信此所說法相以為亦現彼諸衆生善根微薄故說彼法相為明何義明此法門一切世間所難信者以世間意於同法中常顛倒故此義云何世間人意念云我等應證實諦依三學法修行滿足我依彼法應得涅槃一向修善法以依彼法現受法樂此善行次第依佛出世以為根本次有說法次有如實修行伴侶衆僧如是此法實諦等如實而住以無戲論故諸世間人所不能信此義應知世尊辟如水中出火火中出水者為亦何義以為亦現煩惱如火以非寂靜體遠離彼體故善提如水以其能滅煩惱火故以彼不信與信相違相應法而不相應此義應知言煩惱者所謂一切愚癡凡夫如是執著戲論言有煩惱滓我為彼愚人遮煩惱體不成就故以觀察法不可得故以出世間智乃證得故以識

不能分別知故以對治所治學修道故以不執著能治所治二相法故以得真如清淨法故以無有心取得法故能令彼障無勢力故以彼障法本性不生故如說法相若人不生諸法相者則得遠離一切邪見而得解脫以得遠離取不實相能治所治分別心故

自此以下依諸菩薩摩訶薩信法功德讃歎彼菩薩有七種功德此義應知何等為七一者所作諸行滿足功德二者修行功德三者入位功德四者以自在心生有功德五者善練功德六者能集佛法修行功德七者得果功德

云何所作諸行滿足功德亦現過去於諸佛所能作所作種種功德皆悉已辦故復有何義依二種義一依功德二依智慧以能供養恭敬給侍諸修行等如威儀故聞正法故如是次第菩薩如是滿足功德智慧行已次應修行入地諸行是故次說修行功德四句亦現有諸功德智慧增上以

飲食法食二種攝故以依善知識復修諸行能於義中能於法中作巧方便隨順正法如實修行故以得上妙善根力故依巧方便故妙有二種一者能作所作妙二者深妙能信彼處以聞如是二種大妙不驚不怖故以善護如来妙法藏故以如說法二隨順如實修行故以不自見以不自觸法故

菩薩如是如實修行自身畢竟入菩薩位是故次說入位功德二十五句亦現此義云何名為生如来家以是菩薩依佛家生得佛法故以能捨於分別煩惱命時攝取無分別知故亦現修行施等行故以斷所治破戒法故此以何義以持戒故對於破戒能起破戒諸煩惱滅是故持戒治彼所治以得對治惜身命故以得對治懈怠心故以對欲界惡不善故以對一切諸不正見乃至對於小乘見故如是名為入位功德是出世間波羅蜜行功德應知以於如来如實所說甚深之法正入功德不顛倒故以彼不

能作諸功德障所謂天魔煩惱魔等不能作障如是次第說以能說法入功德故以深意說不顛倒法功德入故說法功德以如世諦第一義諦真實說故如次第說此明何義法自性者所謂諸法自體相等入彼應知住持功德入法門流位得清淨法故以依如來住持之力能作所作故是諸菩薩不共住功德同梵行故以得持戒平等行故以是菩薩有善法分增長功德以出世間信等功德皆現前故此是以不觸諸食功德此明何義隨宜而得謂依乞食住處卧具及湯藥等知足功德聖人所行隨何資生皆不觸故樂離諸欲修行之相不觸功德對觸應知此復何義不依於他智慧命活是故易滿易養應知以能隨順證智功德自身畢竟得阿耨多羅三藐三菩提故以心畢竟我定得故當知是人為能度者以是人能度未度者如是等八句為他利益修行功德應如是知以能安慰煩惱所縛諸衆生等令入道故能安衆生解脫

法中故能令衆生得解脫故二句次第亦現勝處能為說道故能與解脫故二句次第亦現能知對治法故亦現能與對治所治能治法故

勝思惟梵天所問經論卷第三

勝思惟梵天所問經論卷第三

校勘記

一　底本，金藏廣勝寺本。

一　二四七頁中四行末字「住」，資、磧、普、南、徑、清作「住於」。

一　二四七頁中九行及一五行「以何義以離法」，資、磧、普、南、徑、清作「明何義離於法」。

一　二四七頁中一〇行第九字「者」，資、磧、普、南、徑、清作「者故」。

一　二四七頁中一五行「供養」，資、磧、普、南、徑、清作「供養也」。

一　二四七頁中一八行第七字「者」，資、磧、普、南、徑、清作「等」。

一　二四七頁中二一行第一二字「故」，石作「者」。

一　二四七頁中末行第一〇字「等」，資、磧、普、南、徑、清無。

一　二四七頁下三行「心體」，資、磧、普、南、徑、清作「心體不得不失不悔不譽不稱不譏不苦不樂」。

一　二四七頁下二一行「是故次第」，資、磧、普、南、徑、清作「是故次」，下同。

一　二四八頁上四行第六字「得」，資、磧、普、南、徑、清作「得佛」。

一　二四八頁上一八行第一三字至一九行第二字「恭敬如來」，資、磧、普、南、徑、清作「供養恭敬」。

一　二四八頁中九行「菩薩」，資、磧、普、南、徑、清作「菩薩摩訶薩」。

一　二四八頁中一四行第一二字「聞」，諸本作「問」。

一　二四八頁中一七行第二字「得」，資、磧、普、南、徑、清作「獲」。

一　二四八頁下一行第一〇字「離」，資、磧、普、南、徑、清無。

一　二四八頁下五行第一〇字「能」，資、磧、普、南、徑、清作「得」。

一　二四八頁下八行第一二字「岸」，資、磧、普、南、徑、清作「岸故」。

一　二四八頁下一〇行「到於」，資、磧、普、南、徑、清作「得到」。

一　二四八頁下一一行「以得勝心」，資、磧、普、南、徑、清作「得勝心故」。

一　二四九頁上六行第三字「彼」，石、麗無。

一　二四九頁上一七行第一二字「故」，資、磧、普、南、徑、清無。

一　二四九頁上二二行首字「障」，資、磧、普、南、徑、清作「唯彼障」。

一　二四九頁上二二行第八字「者」，資、磧、普、南、徑、清作「故」。

一　二四九頁中五行第三字「苦」，資、磧、普、南、徑、清作「苦苦」。

一　二四九頁中九行第一〇字「相」，資、磧、普、南、徑、清作「想」。

一　二四九頁中一五行第三字「二」，資、磧、普、南、徑、清無。

一　二四九頁中一五行第一二字「離」，資、磧、普、南、徑、清作「彼」。

一　二四九頁下三行第四字「行」，資、磧、普、南、徑、清無。

一　二四九頁下三行第一〇字「故」，資、磧、普、南、徑、清作「故以」。

一　二四九頁下四行首字「是」，資、磧、普、南、徑、清無。

一　二四九頁下四行第一二字「如」，資、磧、普、南、徑、清作「以」。

一　二四九頁下五行第一一字「人」，石、資、磧、普、南、徑、清作「入」。

一　二四九頁下一三行第四字「到」，資、磧、普、南、徑、清作「諸」。

一　二五〇頁上二行首字「法」，資、磧、普、南、徑、清作「法之」。

一　二五〇頁上一二行第九字及下一八行第八字「之」，資、磧、普、南、徑、清無。

一　二五〇頁上二二行「是愛也」，資、磧、普、南、徑、清作「愛故」。

一　二五〇頁上末行第一二字「故」，南、徑、清無。

一　二五〇頁中一行「滅故」，南、徑、清作「故滅者」。

一　二五〇頁中三行第七字「二」，徑、清作「二法」。

一　二五〇頁中四行第六字「一」，徑、清無。

一　二五〇頁中五行第五字「明」，資、磧、普、南、徑、清作「名」。

一　二五〇頁中一三行「大乘」，資、磧、普、南、徑、清作「大乘差別相」。

一　二五〇頁中一七行第九字「著」，資、磧、普、南、徑、清、麗作「著彼法」。

一　二五〇頁中一八行第一一字至一九行首字「見之世間也」，資、磧、普、南、徑、清作「世間」。

一　二五〇頁下三行末字「道」，資、磧、普、南、徑、清作「道故」。

一　二五〇頁下五行第二字「聖」，資、磧、普、南、徑、清作「世」。

一　二五〇頁下五行末字「諦」，資、磧、普、南、徑、清作「諦法」。

一　二五〇頁下一三行第一二字「以」，資、磧、普、南、徑、清作「又」。

一　二五〇頁下一九行第三字「法」，資、磧、普、南、徑、清作「故」。

一　二五一頁上六行第六字「爲」，資、磧、普、南、徑、清作「爲苦」。

一　二五一頁上一二行第一一字「不」，資、磧、普、南、徑、清作「無」。

一　二五一頁上一三行末字至一四行第五字「無生無和合是」，資、磧、普、南、徑、清作「不生不和合故是故說」。

一　二五一頁上一七行末字至一八行第五字「知無生無滅是」，資、磧、普、南、徑、清作「不生不滅是故說」。

一　二五一頁上末行第三字「法」，資、磧、普、南、徑、清作「諸法」。

一　二五一頁上末行第一三字「以」，資、磧、普、南、徑、清無。

一　二五一頁中一行第六字「名」，資、磧、普、南、徑、清作「故名爲」。

一　二五一頁中二行第一一字「是」，資、磧、普、南、徑、清作「是故說」。

一　二五一頁中八行「如是」，資、磧、普、南、徑、清作「如是如是」。

一　二五一頁中一七行「名爲」，資、磧、普、南、徑、清作「是名」。

一　二五一頁中二〇行第五字「於」，資、磧、普、南、徑、清作「依」。

一　二五一頁中末行第七至第八字「我是」，資、磧、普、南、徑、清作「是我」。

一　二五一頁下二行第二字「生」，資、磧、普、南、徑、清作「生故」。

一　二五一頁下二行第九字「生」，資、磧、普、南、徑、清作「我」。

一　二五一頁下九行第八字「捨」，資、磧、普、南、徑、清作「遠」。

一　二五一頁下一一行第三字「著」，資、磧、普、南、徑、清作「取」。

一　二五一頁下一一行「取等」，資、磧、普、南、徑、清作「執著」。

一　二五一頁下一二行末字「念」，磧、普、南、徑、清作「念知」。

一　二五一頁下一八行第七字「以」，資、磧、普、南、徑、清作「明」。

一　二五二頁上七行第一三字「實」，

資、磧、普、南、徑、清無。

一 二五二頁上一一行第五字「二」，磧、普、南、徑、清作「而」。

一 二五二頁上一四行第二字「者」，資、磧、普、南、徑、清作「音」。

一 二五二頁上一五行「示現」，資、磧、普、南、徑、清作「次說」。

一 二五二頁上一六行第一〇字「彼」，資、磧、普、南、徑、清作「是」。

一 二五二頁中二行第一三字「證」，麗作「說」。

一 二五二頁中四行第三字「示」，資、磧、普、南、徑、清作「示現」。

一 二五二頁中一〇行第一一字「爲」，資、磧、普、南、徑、清作「言」。

一 二五二頁中一二行第一二字「聞」，諸本作「問」。

一 二五二頁中一四行第一一字「故」，資、磧、普、南、徑、清作「故以是義故」。

一 二五二頁中一五行「說次」，資、磧、普、南、徑、清作「義此」。

一 二五二頁中二一行第四字「見」，資、磧、普、南、徑、清作「見無法」。

一 二五二頁中二一行「法無」，資、磧、普、南、徑、清無。

一 二五二頁中二二行末字至末行第三字「所謂染等」，資、磧、普、南、徑、清作「染等所謂」。

一 二五二頁下一行第一二字「而」，資、磧、普、南、徑、清無。

一 二五二頁下五行首字「故」，資、磧、普、南、徑、清作「說」。

一 二五二頁下六行第三字「等」，資、磧、普、南、徑、清作「等法」。

一 二五二頁下七行第七字「門」，石、資、磧、普、南、徑、清作「問」。

一 二五二頁下一四行首字「不」，資、磧、普、南、徑、清作「皆不」。

一 二五二頁下一七行「以過於」，石作「以過諸」；資、磧、普、南、徑、清作「過諸」。

一 二五二頁下一九行「示現所說法」，資、磧、普、南、徑、清作「所說示現說法」。

一 二五二頁下二一行第一三字「遍」，徑、清作「遮」。

一 二五三頁上三行「有諸」，資、磧、普、南、徑、清作「所有」；麗作「諸有」。

一 二五三頁上四行「不能」，資、磧、普、南、徑、清作「此義不能」。

一 二五三頁上六行第四字「爲」，資、磧、普、南、徑、清作「此」。

一 二五三頁上七行「所難信者」，資、磧、普、南、徑、清作「元所難信故」。

一 二五三頁上七行第九字「意」，資、磧、普、南、徑、清作「意故」。

一 二五三頁上七行末字「常」，資、磧、普作「當」。

一 二五三頁上八行「義云何」，資、磧、普、南、徑、清作「明何義」。

一 二五三頁上一三行首字「行」，資、磧、普、南、徑、清作「行次有」。

一 二五三頁上一四行第七字「故」，資、磧、普、南、徑、清作「故以」。

一　二五三頁上一九行「法而不相應」，資、磧、普、南、徑、清作「不相應法」。

一　二五三頁中五行第一一字至六行首字「不生諸法相」，資、磧、普、南、徑、清作「能信諸法不生如所說」。

一　二五三頁中一七行「所作」，資、磧、普、南、徑、清無。

一　二五三頁下一四行第二字「别」，磧、普、徑作「於」。

一　二五三頁下一六行第三字「以」，資、磧、普、南、徑、清作「明」。

一　二五四頁上二行第九字「説」，資、磧、普、南、徑、清無。

一　二五四頁上一二行第四字「以」，資、磧、普、南、徑、清作「以彼」。

一　二五四頁上一三行第五字「謂」，資、磧、普、南、徑、清作「説」。

一　二五四頁上一四行第二字「等」，資、磧、普、南、徑、清作「等故」。

一　二五四頁上一五行第四字「故」，資、磧、普、南、徑、清無。

一　二五四頁中三行「二句次第示現」，資、磧、普、南、徑、清無。

一　二五四頁中三行末字至四行第五字「示現能與對治」，資、磧、普、南、徑、清作「能與」。

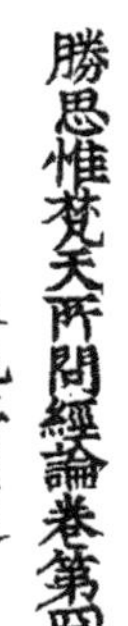

勝思惟梵天所問經論卷第四　　虛

天親菩薩造

後魏北印度三藏菩提流支譯

菩薩如是入菩薩位已以為利益一切衆生心生有故攝諸趣生是故次說菩薩摩訶薩以自在心生於三有是故名為攝取功德四句亦現以自在力攝勝處生雖生彼處而不為彼之所染故以長遠時攝取生處不疲倦故以不為彼煩惱業等他力而生自在如意攝取生故以諸菩薩一切處生不畏彼處所受種種諸苦惱故菩薩如是以為利益一切衆生修行諸行常為一切衆生上首是故次說能為上首能領大衆能辦功德有十五句亦現此義菩薩自身如佛所說修行之法勤而學之教他無過故以長遠時學習禁戒受持不毀守慎堅固故以有如是二種功德於先後時自善住故以是義故能領大衆此義應知以為衆生能作止首令降伏故以是菩薩能領大衆諸魔不能與作

障難遠離一切諸魔業故以有不護身口意業畢竟得故不畏他人說其過故以其現見甚深之法能荅問難不怯弱故以說法勝巧方便故以領大衆行於大事修行諸行不退自身善根分故二句亦現可化衆生生於明故可化衆生雖無明故能作因緣如是次第此義應知以諸衆生有隨順者不隨順者而心堅固雖有相違有不相違諸煩惱等心不異故以於衆生無差別故為彼衆生成就一切種種功德能受一切功德數故以作他恩他人不作報恩障縛不住心故以為除滅一切諸使與諸衆生對治法故以其雖為大衆圍遶而不高心故菩薩如是自利利他修行諸行以為成就佛法修行是故次說為成就佛法修行功德二十九句亦現此義當知是人如須弥山以其堅固不可動者以依一切諸勝功德無分別智餘七地等一切分別不能動故以依彼法一切聲聞辟支佛念不能破壞以堅固故以依如来內法修行違佛法

者所不能壞以得勝力故以入第一甚深之義法無我故以是人得轉身勝法依彼法故得勝解脫滅煩惱故以依修行轉身得身以一切種諸煩惱染依身滅故以於一切諸如来所常聞正法不猒足故以證實際更無境界未證可證更不求故以為衆生演說正法轉法輪故以諸相好莊嚴其身住持可樂如帝釋王為諸衆生乏所樂故以得八地中十自在力故二句亦現於九地中以依樂說辯才說法與諸衆生相應正念如次第說此義應知以於菩薩第十地中得能治法善增長故以得遠離所治障法故所言弱者所對治法說名為弱以諸菩薩住如是處說名佛故以是菩薩雖有障地而無障故以是菩薩勝住餘地諸菩薩故以是菩薩無等地住菩薩平等又復無等無差別等復有差別說修多羅等法無我平等一味證故以諸菩薩住於彼處他不能以覺觀測量故以樂說辯說一切容無滯著故以於無量諸佛如来无量說法而能持能受故以不去而去即次聞慧受大法雨後以如實覺入所覺故以覺彼法隨順正入徹諸法故以入衆生八万四千諸行門故以如彼行與對治法不疲倦故以是菩薩雖見世間而離世間故以得失等世間諸法憎愛貪恚諸使煩惱不能增長故以彼菩薩雖有得等大利益事而於修行諸善根分不能減壞故

菩薩如是修集佛法正修諸行得彼彼勝果是故次說得果功德二十六句亦現此義依未解成就依色成就依業成就依菩薩地盡具足成就依入佛地盡成就如是次第此義應知

當知是人為得快愛以諸黠慧之所愛者以是菩薩如實證諦是故為彼同伴侶者之所恭敬心愛念故以依法句依解法相知彼法重而供養故如次第說以尊重佛法者能供養故以依中間人以依不信佛法人見彼菩薩有大勝事歸依菩薩礼拜等故以進究竟修菩薩行餘諸菩薩於此菩薩亦供養故餘二乘人雖復進得彼二乘道以是菩薩有勝功德為彼二乘人求此功德故以是菩薩依彼勝行不求小乘故此是心成就得果功德相

當知是人為不諂曲以無黠汙諂曲法者以離世間有為法相諸諂曲故以其能生世間歡喜去来坐卧諸威儀故以成就妙色形相上下故以威具足為諸世間生尊重故以身具足三十二相故以彼菩薩八十種好一切種種身顯現故此是色成就得果功德相

依佛法僧等住持業成就得果功德相

是人諸佛見者以一切佛皆現見故即是彼佛諸功德故如實見故以得現見如来法身故以得無量證法受位故以軟中上得法忍故言軟忍者於七地中言中忍者八九地中言上忍者第十地中此是菩薩地盡具足成就得果功德相

是人滿足道場者以證一切種一切功德皆滿足故是人能降伏衆魔乃

至是人能作佛所作事者以降伏魔如是次第佛作衆生利益應知此是入佛地成就得果功德相

不驚等者云何為驚以聞深法謂為異道故名為驚因彼驚故轉更增上相續不斷名增上驚以隨驚驚不斷絶相應執著名上上驚以隨驚驚怖中故以在驚怖故以怖無物故如是次第彼人不驚不增上驚不上上驚此義應知說彼功德猶不可盡者依如說修行七種功德種種差別不可數故佛菩提者如先所說以彼菩提難可知故難見難覺二句亦現以出世間智依出世間智得智境界餘世間智則不能知彼境界故言能信者依取受持讀誦解釋能自隨法如說修行為令他知故名為信所謂令他如實修行巧方便智此義應知信取受持讀誦說等所有功德不可稱量以是一切智境界故

次依梵天不能盡知彼具足智如經尒時如來告勝思惟大梵天言梵天汝少分知彼諸菩薩摩訶薩色及功德而讚歎之故此依何義以依讚歎以依功德以依於事如是次第依甚深義說謂於義中句中字中甚深應知亦現知彼進趣去處知深意故此以何義知深意者知能說者說法意故亦現依量相應法故前後義去相應知以不隨順文字義故以依於義不依字故以依正問依正語故以五種力修行說故是故即說五力言語名為樂說此義應知此五力者云何名力以有四種力相應故何等為四一者住持佛所作力二者降伏一切諸外道力三者能知一切魔業知已則能遠離彼力四者三乘畢竟取力於彼法中一一相應以依彼法如來能說善相應故此五力者依五甚深說何等為五一者依相甚深二者依意甚深三者依時處甚深四者依進取甚深五者依常說法隨順甚深如是次第

依相甚深者一切諸法三世等差別相難覺故過去等法依四種說一者依事說二者依對對治說三者依世諦義說四者依進取乘差別說此義云何依事說者謂三世事以說三世事相法故三世事者所謂過去未來現在即此名為說三世記以依如來無障导智說三世事名三世記依對對治說者所治煩惱除能治法清淨又彼煩惱二種差別謂善不善差別善法亦有二種差別謂世間出世間差別世間復有二種差別謂有漏無漏差別有漏亦有二種差別謂有過無過差別無過亦有二種差別謂有為无為差別依世諦義說者依假名名字說我衆生等差別相故依進取乘差別說者得第一義證真如正智依清淨故如次第證如是進取世間涅槃此明何義世間之人所進取者即是世間二乘攝取異地證法以為涅槃以取寂滅際涅槃故諸菩薩摩訶薩不住二處故

為彼初力說不執者無過失故說幻等喻此明何義如幻所作烏等身體皆不成就如是言語所說諸法色等身體不成就故如夢中夢見受用種

種境界而彼夢中種種境界顛倒故見如是言說所用法義受法樂門惟是虛妄分別故有如彼響聲言語說身虛空中聞而無住處如是說法言語音聲第一義諦中無住善住故猶如彼影現見惟相雖見有色種種形相而諸形相共彼法體非是相應而依彼法隨順而生如是言語說一切法亦惟是相雖有種種名字差別而諸名字共所說法非是相應而依彼法隨順相故如以眾印印於泥等見第二印而諸印體不轉不入而如是見如是言語說於諸法雖因言語聞色等義差別異相而諸言語不在法義而如是聞故如彼陽焰實無水身而亦見水如是言語說於諸法無如所說諸法體相而亦見彼種種諸法故如彼虛空本來不生本來不滅雖以言語說於虛空而彼虛空無體可說如是言語說於法義第一義諦無可說體故以一切法無彼言語可以說故如是說法無一說法以彼說法如幻等故故以幻等譬喻亦現

如是不著言說法義得無障导智樂說辯才是名利益此義應知此明何義一切言語法不離法界說不差別法界說此以何義一切說法色等差別不離法界以說法界和合故以說色等諸法差別而不執著故

依意甚深者以依如來六種密意能知如來有甚深意此義應知何等名為六種密意一者念密意二者無說密意三者對對治密意四者法密意五者心密意六者字轉密意梵天如來或染法說淨等此亦現念密意此以何義以不見煩惱染法體故以堅執著淨法體故以染正念染淨無體故

以不搖動執著此是染法體相故以心搖動執著此是淨法體相故以彼染法雖非正念而彼染法不成染法故是名如來念密意復次梵天我依布施即亦涅槃等此亦現無說密意此以何義以佛無起心而說諸法以一切法無如是力能從此世轉至彼世我法無體是故無有一法可轉以

是義故無一毫法轉至異世是故依施說得涅槃無有是處是名如來無說密意

持戒乃至般若以亦現涅槃此明何義此明對對治密意此以何義以斷戒等所治之法依波羅蜜樂行行故說持戒等名為涅槃以斷能起破戒煩惱身口意等不行惡行故以離一切煞害等心依彼害心空故以不復生忍辱心故以離懈怠常修精進為增長善為滅惡行無如是心為善不增長惡行不滅無如是心故又復更無搖動心故以無覺觀故此以何義以離一切搖動心故以無分別散亂心故以眼一切所見境界是故不生我已得心以無所得而名為得以不見法故是名如來對對治密意

貪欲是實際法性無欲相故乃至愚癡是實際法性無癡離於真如貪等實際等無故亦現法密意此明何義實際法性無癡相故此亦現法密意此以何義以離真如貪等實際等無法可說故此義應知是名如來法密

意世間是涅槃無退無生故乃至虛妄是實語為增上慢人故此亦現心寂意此以何義以解世間本來不生本來不滅即是涅槃執著涅槃涅槃身體如是取相以此心過即是世間實言語者依言語說門若見是實即是虛妄言虛妄者是我慢人虛妄分別以之為實取於實相而不實故是名如來心寂意復次梵天如來以隨意故或自說言我是說常邊者等此亦現字轉寂意此以何義以說涅槃等是常法故以說煩惱等諸染法故以說斷貪等諸使煩惱故以說無有惡行作故以說無有身等業故以見一切戲論諸邪見故以一切智不隨他因緣故以證無為涅槃法界故以不依業煩惱一切趣中生無生縛故以得畢竟斷愛業故以不住三界不屬三界故如經而如來無有如此諸事故此以何義此以如來依常邊等無常等見故又言無有如此諸事者以佛法中無如是說如是所說不可見故梵天當知是為如來隨意以依

何意憍慢眾生能捨我慢者此明何義即於向來所說法中亦現異義執著如名義亦如是故梵天若菩薩知如來隨行方便說者依離如是名義執著次下復說此以何義以說法中有二種行一者字行二者義行此明何義如是名字於義中行如是義於名字中行此是如來甚深之意依此深意如是善知巧方便相字義行智應知此行即名為行菩薩進取如意行故如彼所說甚深之意善巧方便集諸法故則能善知一切所說種種諸法是故菩薩能於諸佛一切說法言語音聲不驚不怖應如是知以諸眾生隨種種心是故菩薩依彼方便則能信受聞佛出世不出世等以異異相如彼出世不出世等一一亦現不執不著以巧方便令彼眾生信入諸法故以可化眾生身不淳熟令彼眾生身淳熟故為說淺法依樂亦樂為身受樂身淳熟故為說深法是故次第依時說法此義應知應云何知先為眾生說麁淺法此明何義攝取

因果故攝取彼觀故攝取彼業故以教化方便攝取眾生故攝取修行故攝取修行果故布施得大富乃至慧捨諸煩惱者依善法修行攝取因果也以忍為對對治醜陋以忍能生歡喜心故以忍能作端正因故以聞慧等勤修諸行能作智因故以過苦苦因故以慧如實觀能離諸煩惱以諸煩惱因散滅不集故又此聞慧行修善法觀何者是觀因以多聞慧為攝彼觀故攝取彼觀也修行身等行攝取十善業道依十種業攝取天人中成就諸功德故攝取彼業也無量攝取業憐愍眾生故以教化方便攝取眾生也攝取眾生淳熟方便以依止奢摩他修行一切善法是故奢摩他得毗婆舍那修行故攝取修行也以依三乘得三乘涅槃故攝取修行果也以攝取乞匃少欲頭陀等為諸眾生少作利益故不能說法故為令眾生隨順入故

如來如是說淺法已然後方乃為說深法此明何義說麁淺法明因果為

勝思惟經論第四卷　第十五張　虛字号

根不熟可化衆生自心覺知明因果事衆生攝取能作所作我等相見是故如来明因果已次說對治能治所治亦現自身離彼邪見如来實不得我衆生壽命及丈夫等故此義云何有我衆生壽命丈夫義如先說應如是知以不見彼能治所治因果法故略說依隨世間果報以不見施等受果報故以不見慳等不受果報故以得遠離能治所治修行法故以不見彼離世間果得涅槃果有無法相故梵天如来常為衆生說法而諸衆生依如来教如所說法如實修行勤修諸行為何義修行勤行彼行乃至不得涅槃不見涅槃此明何義如淺說法衆生攝取見諸法相如是修行出世間果不見彼果如来亦現如是說法是世間因此有何義依佛說法而修行者此是根本隨順善法修諸行者此是解釋以依不得法依不見法次第說故不得法者以慧觀察不能得故不見法者以身不能證涅槃故為令衆生攝取妙法者此明何義彼

勝思惟經論第四卷　第十六張　虛字号

淺說法及深說法為令衆生入彼深淺二種法故以為亦現入法相故此以何義令入法者依四種入為可化衆生亦現解脫令證彼法此義應知四種入者相行說得眼等諸根離我我所體二相空故解彼相已則不能諍得入解脫故名相入依眼等相能入解脫是故說為入解脫相如是彼空相中修正行故得入解脫相所不諍與諍相違以是義故依修行入說諸衆生入解脫相是故依此相行二法亦現對治業煩惱染及生等染空等門者此明何義對治所治見相願染業煩惱染及生等染對治法故此明何義以空無相無願等門對治業染及煩惱染以不行門對生死故對治生染不生不滅門此明何義即彼生染中間差別對治法故即彼所治復有對治以無所從来無所至去門復有對治以不退不去門入解脫相如彼次第自性清淨方靖門者此明何義以彼法退自性寂靜故亦現何義亦現彼染一切寂靜故以何故說

勝思惟經論第四卷　第十七張　虛字号

自性寂靜以依性淨說法入故是以次言復次梵天如来於一切名字亦是解脫門如是等此以何義以有遮共無相應故自性領故此以何義以依異異法說異異名字以諸名字前字後字不相到故復有差別以言語義不相到故如是說者為明何義以說諸法無彼言語可以說故依无言語名字法相如是說已亦現一切言語名字如来說名為解脫因故此明何義說實諦故依彼如實正說法已云何得解脫是故次言梵天如来說法無有法染此明何義為身淳熟淺說法已以為隨順斷諸煩惱染法等因依入法門故言一切所說法中亦解脫門此亦現何義亦現涅槃故此亦現何義見諦學人餘殘煩惱亦現學人離彼煩惱得解脫故未見實諦者為令彼人入一切法平等真如方便說法亦現涅槃有二種義應知大悲一者畢竟治彼所治之法二者謂一切種大悲之心此明何義遠離一切所治之法　及離一切習氣煩惱以

得如來身故以得一切種故略依四種大悲心說一者遠離相應大悲之心二者相應大悲之心三者謂心大悲之心四者修行大悲之心遠離相應者以識離識不相應故以見我等心相應故此亦何義亦現遠離相應大悲之心亦現相應大悲之心如是次第一切法無我乃至一切法無丈夫依人無我說一切法無所有依法無我說即彼二種人無我相法無我相名為无住言無住者以不執著諸法體故是以不住一切諸法應如是知此明何義所言住者住諸入故依我見愛門住彼處故夫無住者則無歸處無歸處者云何有歸歸三界故歸六道故以依彼入攝取身故依彼生故以於彼處常沉没故言沉没者我我所故以彼彼處生於身故以生我心故有生故無歸處者則無我想無我想者則无我所有歸處者則著我想著我者則有我所著我所者諸法平等既共有之而諸衆生虛妄分別我是增上故此明何義所謂依事

攝取執著言依事者依田依宅依園林等依於父母及妻子等依衣服飲食及卧具等依攝取者攝取一切受用之事依執著者執著以為自已所有以田宅等我別有故如是著生著於退生言著生者自於此處自異處去以取著故業煩惱染增上遍滿來去生染滿時處故依貪瞋癡三種所纏染隨所染此義云何貪瞋癡染隨所染者以何義故二種名說依根本染謂過去世來至此世從此世中向彼世去以為上首故如是說如是亦現世世生生相續不斷有所為作衆生如是生不斷絶輪轉彼彼學種種術學種種業丈夫力相作諸有為戲論之法集得境界受用境界衆生如是虛妄分別如是一切依俗人分此義應知又復次有依出家分謂外道等邪見之相邪見相顛此明何義言邪見者謂見我等所言相者虛妄分別彼彼義相所言顛者心常樂求生世間等即此上說遠離悲心不遠離悲心亦現心悲心此義應知為彼遠

離不遠離心說法修行依於欲求依於有求依梵行求諸顛倒道為彼所治能治法故是以次說修行悲心此明何義依於欲求顛倒道者以攝取故迹共鬪諍為諸欲故自於父母及妻子等共相鬪諍依於恚恨覺訟等過如是次第依於有求顛倒道者顛倒相應求梵天等常見顛倒顛倒取故故名顛倒為顛倒者離顛倒道令得入於非顛倒道又依有求顛倒道者住於異道為教化彼異道衆生令入實道不可得故依梵行求顛倒道者略有三種所謂不求邪求下求此復何義一切世間不自在過及邪命過作親相過諸煩惱染業苦染法俗人樂家是故衆生不求梵行不求梵行者不求解脫道故此所謂慳及慳壓没行貪行誑行懈怠習氣如是次第一一拔濟不知猒足奪他財物者以自資生非法求故於等不足衆生當為財物屋宅妻子恩愛而作僮僕者亦現彼心不在故於此危脆无堅之物生堅固想者以於無常資生等

中生常想故供養恭敬者此為何義為飲食所縛不成就故衆生雖謂是善知識而是衆生惡知識者亦現怨家故邪命自活者以斗秤等欺誑他故一切法中勤修諸行方能畢竟得大菩提而彼衆生懈怠疲倦故聖人寂勝解脫處者非顛倒因修行者得而諸衆生求邪梵行依顛倒因而修諸行所應得者是人乃求外道解脫為令不行彼邪道故何以故以彼不得聖人解脫故衆生棄捨寂上大乘無爭等者以彼求於下梵行故捨於無上第一大乘而求不分小乘法故

勝思惟梵天所問經論卷第四

勝思惟梵天所問經論卷第四

校勘記

一　底本，金藏廣勝寺本。

一　二五九頁中一九行「以有如是」，資、磧、普、南、徑、清作「如是則有」。

一　二五九頁下二行末字「其」，資、磧、普、南、徑、清作「我」。

一　二五九頁下七行第一一字「能」，資、磧、普、南、徑、清作「與」。

一　二六〇頁上五行「諸如来」，資、磧、普、南、徑、清作「佛」。

一　二六〇頁上一一行「以依」，資、磧、普、南、徑、清作「依於」。

一　二六〇頁上一五行第四字「弱」，磧、普、南、徑、清作「溺」。

一　二六〇頁上一六行第一一字「故」，資、磧、普、南、徑、清作「地」。

一　二六〇頁上一七行及中五行「以是」，資、磧、普、南、徑、清作「以諸」。

一　二六〇頁中一〇行第六字「集」，資、磧、普、南、徑、清作「習」。

一　二六〇頁中一六行第一三字「爲」，磧、普、南、徑、清作「菩薩爲」。

一　二六〇頁下六行「世間有爲」，資、磧、普、南、徑、清作「有爲世間」。

一　二六〇頁下九行第八字「尊」，資、磧、普、南、徑、清作「敬」。

一　二六〇頁下一〇行第一三字「好」，資、磧、普、南、徑、清作「妙好」。

一　二六〇頁下一六行第二字「是」，資、磧、普、南、徑、清無。

一　二六〇頁下一九行第九字「八」，資、磧、普、南、徑、清作「於八地」。

一　二六〇頁下二〇行第三字「第」，資、磧、普、南、徑、清作「於第」。

一　二六一頁上二行第五字「佛」，石、麗作「依」。

一　二六一頁上三行第四字「成」，資、磧、普、南、徑、清作「盡成」。

一　二六一頁上一四行「出世間智」，資、磧、普、南、徑、清作「世間音」。

一　二六一頁上一五行第七字「言」，資、磧、普、南、徑、清無。

一　二六一頁上一八行「信取」，資、磧、普、南、徑、清作「以彼」。

一　二六一頁上一九行「說等所有」，資、磧、普、南、徑、清作「信等」。

一　二六一頁上一九行第一〇字「量」，資、磧、普、南、徑、清作「量故」。

一　二六一頁中一行第八字「依」，資、磧、普、南、徑、清作「明」。

一　二六一頁中六行第一三字「去」，諸本作「法」。

一　二六一頁中二二行第一二字「說」，資、磧、普、南、清作「說何等爲四」；徑作「說何者爲四」。

一　二六一頁下一行末字至二行第二字「義云何」，資、磧、普、南、徑、清作「明何義」。

一　二六一頁下四行及五行「三世記」，資、磧、普、南、徑、清作「三世說」。

一　二六一頁下八行「善法」，資、磧、普、南、徑、清作「又彼善法」。

一　二六一頁下九行第五字「復」，資、磧、普、南、徑、清作「亦」。

一　二六一頁下二二行「諸法」，資、磧、普、南、徑、清作「法義」。

一　二六一頁下末行第七字「如」，資、磧、普、南、徑、清作「如彼」。

一　二六二頁上二行「用法義受法」，資、磧、普、南、徑、清作「說法義受用」。

一　二六二頁上四行第五字「聞」，石、麗作「間」。

一　二六二頁上五行第七字「諦」，資、磧、普、南、徑、清無。

一　二六二頁上六行第一一字「色」，資、磧、普、南、徑、清作「色等」。

一　二六二頁上七行「而諸形相」，資、磧、普、南、徑、清作「彼形相等」；麗作「而諸形相等」。

一　二六二頁上八行第一一字「語」，資、磧、普、南、徑、清無。

一　二六二頁上九行首字「法」，資、磧、普、南、徑、清作「諸法」。

一　二六二頁上一一行第五字「故」，資、磧、普、南、徑、清作「應」。

一　二六二頁上一五行「水身」，資、磧、普、南、徑、清作「有水」。

一　二六二頁上一六行「諸法無如」，資、磧、普、南、徑、清作「法義無彼」。

一　二六二頁上一七行「種種諸法」，資、磧、普、南、徑、清作「法體相」。

一　二六二頁上二〇行末字「無」，資、磧、普、南、徑、清作「不」。

一　二六二頁上二一行第三字「體」，資、磧、普、南、徑、清無。

一　二六二頁上二二行「說法無一說」，資、磧、普、南、徑、清作「言說無說一」。

一　二六二頁上二二行第一二字「彼」，資、磧、普、南、徑、清作「言」。

一　二六二頁中五行「以說」，資、磧、普、南、徑、清作「說以」。

一　二六二頁中八行末字至九行第五字「名爲六種密意」，資、磧、普、南、徑、清作「爲六」。

一 二六二頁中一二行首字「來」，資、磧、普、南、徑、清作「我」。

一 二六二頁中一三行「以何義」，資、磧、普、南、徑、清作「義云何」。

一 二六二頁中一三行末字「堅」，資、磧、普、南、徑、清無。

一 二六二頁中二一行「此以何義」，資、磧、普、南、徑、清作「此明何義」，以下時有出現。

一 二六二頁下二行第一一字「名」，資、磧、普、南、徑、清作「故」。

一 二六二頁下五行「此以何義」，資、磧、普、南、徑、清無。

一 二六二頁下九行第一〇字「空」，資、磧、普、南、徑、清作「空空」。

一 二六二頁下一〇行第一一字「修」，資、磧、普、南、徑、清無。

一 二六二頁下一一行「增長善」，資、磧、普、南、徑、清作「善增長」。

一 二六二頁下一二行第二字「長」，資、磧、普、南、徑、清無。

一 二六二頁下一五行第四字「眼」，資、磧、普、南、徑、清、麗作「離」。

一 二六二頁下一九行第八字「癡」，資、磧、普、南、徑、清作「癡相故此示現法密意此明何義」。

一 二六二頁下二〇行第五字「故」，至末行第六字「義」，資、磧、普、南、徑、清作「法可說」。

一 二六三頁上五行「如是取」，資、磧、普、南、徑、清作「取如是」。

一 二六三頁上一三行及一四行「無有」，資、磧、普、南、徑、清作「不作」。

一 二六三頁上一四行第三字「作」，資、磧、普、南、徑、清作「法」。

一 二六三頁上一六行第一三字「故」，資、磧、普、南、徑、清作「法故」。

一 二六三頁上一七行第一〇字「生」，資、磧、普、南、徑、清作「生以」。

一 二六三頁上二二行首字「以」，資、磧、普、南、徑、清作「以一切」。

一 二六三頁中二行「向來」，資、磧、普、南、徑、清作「如是」。

一 二六三頁中四行第四字「行」，資、磧、普、南、徑、清作「意」。

一 二六三頁中二〇行第九字「淺」，資、磧、普、南、徑、清作「麁淺」。

一 二六三頁下七行「勤修」，資、磧、普、南、徑、清作「修行」。

一 二六三頁下八行末字「諸」，資、磧、普、南、徑、清無。

一 二六三頁下一〇行末字「攝」，資、磧、普、南、徑、清作「攝取」。

一 二六三頁下一一行第九字「修」，資、磧、普、南、徑、清作「以修」。

一 二六三頁下一七行第八字「故」，資、磧、普、南、徑、清作「故此」。

一 二六三頁下二二行第一三字「爲」，資、磧、普、南、徑、清無。

一 二六三頁下末行末字「爲」，資、磧、普、南、徑、清作「事爲」。

一 二六四頁上三行「明因果已」，資作「明因果」；磧、普、南、徑、清作「先明因果」。

— 二六四頁上三行「對治」，資、磧、普、南、徑、清作「對對治法」。

— 二六四頁上四行「離彼」，資、磧、普、南、徑、清作「令離」。

— 二六四頁上八行末字、九行第一〇字「受」，磧、普、南、徑、清作「愛」。

— 二六四頁中二一行第七字「清」，石作「有」。

— 二六四頁下四行「自性」，資、磧、普、南、徑、清作「以自性」。

— 二六四頁下一〇行第六字「說」，資、磧、普、南、徑、清作「說言」。

— 二六四頁下一一行「依彼」，資、磧、普、南、徑、清作「彼依」。

— 二六四頁下一七行「示現」，資、磧、普、南、徑、清作「明」。

— 二六五頁上二行第五字「說」，資、磧、普、南、徑、清作「故何等爲四」。

— 二六五頁上六行第六字「示」，資、磧、普、南、徑、清作「明」。

— 二六五頁上一二行「故是以」，資、磧、普、南、徑、清作「等是故」。

— 二六五頁上二一行第四字「我」，資、磧、普、南、徑、清作「我想」。

— 二六五頁中七行「遍滿」，資、磧、普、南、徑、清作「滿足」。

— 二六五頁中九行第一三字「染」，資、磧、普、南、徑、清無。

— 二六五頁中一一行末字「向」，資、磧、普、南、徑、清作「還」。

— 二六五頁中一三行「爲作」，資、磧、普、南、徑、清作「有作爲是」。

— 二六五頁中一五行第一一字至一六行第三字「諸有爲戲論之法」，資、磧、普、南、徑、清作「有爲法諸戲論等」。

— 二六五頁下一行第五字「心」，資、磧、普、南、徑、清作「故」。

— 二六五頁下六行第一〇字「恚」，資、磧、普、南、徑、清作「瞋」。

— 二六五頁下九行第三字「名」，資、磧、普、南、徑、清作「言」。

— 二六五頁下一二行第二字「實」，資、磧、普、南、徑、清作「佛」。

— 二六五頁下一七行第七字「道」，資、磧、普、南、徑、清無。

— 二六五頁下一八行第三字「行」，資、磧、普、南、徑、清作「行慳行」。

— 二六五頁下二〇行第九字「於」，資、磧、普、南、徑、清、麗作「施」。

— 二六五頁下二一行「當爲」，石、麗作「常爲」；資、磧、普、南、徑、清作「當」。

— 二六五頁下二二行第七字「在」，石、麗作「自在」。

— 二六五頁下末行第九字「於」，資、磧、普、南、徑、清作「於彼」。

— 二六六頁上五行第四字「法」，資、磧、普、南、徑、清作「行」。

— 二六六頁上五行第一〇字「方」，資、磧、普、南、徑、清作「則」。

— 二六六頁上九行第四字「應」，資、磧、普、南、徑、清作「望」。

妙法蓮華經憂波提舍卷上　虛

大乘論師婆藪槃豆釋

後魏北天竺三藏菩提留支共沙門曇林等譯

頂礼正覺海　淨法無為僧　為深利智者
開示毗伽典　祇度牟尼尊　及菩薩聲聞
令法自他利　略出勒伽辯　歸命過未世
現在佛菩薩　弘慈降神力　願施我無畏
大悲止四魔　護菩提增長

妙法蓮華經序品第一

如是我聞一時佛住王舍城耆闍崛山中與大比丘眾萬二千人俱皆是阿羅漢諸漏已盡無復煩惱心得自在善得心解脫善得慧解脫心善調伏人中大龍應作者作所作已辦離諸重擔逮得已利盡諸有結善得正智心解脫一切心得自在到第一彼岸菩薩摩訶薩八萬人皆於阿耨多羅三藐三菩提不退轉皆得陀羅尼大辯才樂說轉不退轉法輪供養无量百千諸佛於諸佛所種諸善根常為諸佛之所稱歎以大慈悲而修身心善入佛慧通達大智到於彼岸名稱普聞無量世界能度無數百千眾生

釋曰此經法門初第一品示現七種功德成就此義應知何等為七一者序分成就二者眾成就三者如來欲說法時至成就四者依所說法威儀隨順住成就五者依止說因成就六者大眾現前欲聞法成就七者文殊師利菩薩荅成就

序分成就者此法門中示現二種勝義成就此義應知何等為二一者示現諸法門中寂勝義成就二者示現自在功德義成就如王舍城勝於一切諸餘城舍耆闍崛山勝餘諸山顯此法門寂勝義故如經婆伽婆住王舍城耆闍崛山中故

眾成就者有四種義故成就示現應知何等為四一者數成就二者行成就三者攝功德成就四者威儀如法住成就

數成就者諸大眾無數故行成就者有四種一者謂諸聲聞修小乘行二者謂諸菩薩修大乘行三者謂諸善薩神通自在隨時示現能修行大乘

如颰陀波羅菩薩等十六大賢士具足菩薩不可思議事而常示現種種形相謂優婆塞優婆夷比丘比丘尼等四者謂出家聲聞威儀一定不同菩薩故

皆是阿羅漢等有十六句示現聲聞功德成就

皆於阿耨多羅三藐三菩提不退轉等有十三句示現菩薩功德成就

聲聞功德成就者彼十六句三門攝義示現應知何等三門一者上上起門二者揔別相門三者攝取事門

上上起門者謂諸漏已盡故名為阿羅漢以心得自在故名為諸漏已盡以無復煩惱故名為心得自在以善得心解脫善得慧解脫故名為心得自在以遠離能見所見故名為無復煩惱以善得心解脫善得慧解脫故名為心善調伏人中大龍者行諸惡道如平坦路無所拘㝵應行者已行應到處已到故應作者作人中大龍已得對治降伏煩惱之怨敵故所作已辦者更不後生如相應事已成就

故離諸重擔者以應作者作所作已辦後生重擔已捨離故逮得已利者已捨重擔證涅槃故盡諸有結者以逮得已利斷諸煩惱因故善得正智心解脫者諸漏已盡故一切心得自在者善知見道修道智故到第一彼岸者善得正智心解脫善得神通無諍三昧等諸功德故大阿羅漢等者心得自在到彼岸故衆所知識者諸王王子大臣人民帝釋天王梵天王等皆識知故又復聲聞菩薩佛等是勝智者彼勝智者皆悉善知是故名為衆所知識

揔別相門者皆是阿羅漢等十六句初句是揔餘句別故彼阿羅漢名之為應有十五種應義應知何等十五一者應受飲食卧具供養恭敬等故二者應將大衆教化一切故三者應入聚落城邑等故四者應降伏諸外道等故五者應以智慧速觀察法故六者應不疾不遲說法如法相應不疲惓故七者應靜坐空閑處飲食衣服一切資生不積不聚少欲知足故

八者應一向行善行不著諸禪故九者應行空聖行故十者應行無相聖行故十一者應行無願聖行故十二者應降伏世間禪淨心故十三者應起諸通勝功德故十四者應證第一義勝功德故十五者應如實知同生諸衆得諸功德為利益一切諸衆生故攝取事門者此十五句攝取十種功德應知亦現可說果不可說果故何等為十一者攝取德功德二句亦現如經諸漏已盡無復煩惱故二者三句攝取諸功德一句降伏世間功德如經心得自在故二句降伏出世間學人功德如經善得心解脫善得慧解脫故三者攝取不違功德隨順如來教作故如經心善調伏故四者攝取勝功德如經人中大龍故五者攝取所應作勝功德所應作者謂能依法供養恭敬尊重如來如經應作者作故六者攝取滿足功德滿足學地故如經所作已辦故七者三句攝取過功德一者過愛二者過求命供養恭敬三者過上下界已過學地故

如經離諸重擔故逮得已利故盡諸有結故八者攝取上上功德如經善得正智心解脫故九者攝取應作利益衆生功德如經一切心得自在故十者攝取上首功德如經到第一彼岸故

菩薩功德成就者彼十三句二門攝義亦現應知何等二門一者上支下支門二者攝取事門

上支下支門者所謂揔相別相此義應知皆於阿耨多羅三藐三菩提不退轉者是揔相餘者是別相彼不退轉十種亦現此義應知何等為十一者住聞法不退轉如經皆得陁羅尼故二者樂說不退轉如經大辯才樂說故三者說不退轉如經轉不退轉法輪故四者依止善知識不退轉以身心業依色身攝取故如經供養無量百千諸佛故於諸佛所種諸善根故五者斷一切疑不退轉如經常為諸佛之所稱歎故六者為何等何等事說法入彼彼法不退轉如經以大慈悲而脩身心故七者入一切智如

實境界不退轉如經善入佛慧故八者依我空法空不退轉如經通達大智故九者入如實境界不退轉如經到於彼岸故十者作所應作不退轉如經能度無數百千衆生故

攝取事門者示現諸菩薩住何等清淨地中以何等方便於何等境界中作所應作故地清淨者八地已上三地無相行寂靜清淨故方便者有四種一者攝取妙法方便住持妙法以樂說力為人說故二者攝取善知識方便以依善知識作所應作故三者攝取衆生方便以不捨衆生故四者攝取智方便以教化衆生令入彼智故

又復更有攝取事門示現諸地攝取勝功德不同二乘諸功德故謂第八地中無功用智不同下上故不同下者下功用行不能動故不同上者上無相行不能動自然而行故第九地中得勝進陁羅尼門具足四無㝵自在智故第十地中不退轉法輪得受佛位如轉輪王之太子故以得同攝

功德義故

攝功德成就者示現依何處依何心依何智依何等境界行依何等能辯故依何處者依善知識故依何心者依教化衆生心畢竟利益一切衆生故依何智者依三種智一者授記密智二者諸通智三者真實智依何等境界行依何等能辯者即三種智所攝應知威儀如法住成就者四種示現何等為四一者衆圍繞二者前後三者供養恭敬四者尊重讚歎如經尒時世尊四衆圍繞供養恭敬尊重讚歎故

如来欲說法時至成就者為諸菩薩說大乘經故此大乘修多羅有十七種名顯示甚深功德應知何等十七云何顯示一名無量義經者成就字義故以此法門說彼甚深法妙境界故彼甚深法妙境界者諸佛如来㝡勝境界故二名㝡勝修多羅者於三藏中㝡勝妙藏此法門中善成就故三名大方廣經者無量大乘門中善成就故隨順衆生根住持成就故四

名教菩薩法者以為教化根熟菩薩隨順法器善成就故五名佛所護念者以依如来有此法故六名一切諸佛秘密法者此法甚深唯佛知故七名一切諸佛之藏者如来功德三昧之藏在此經故八名一切諸佛秘密處者以根未熟衆生等非受法器不授與故九名能生一切諸佛經者聞此法門能成諸佛大菩提故十名一切諸佛之道場者以此法門能成諸佛阿耨多羅三藐三菩提非餘修多羅故十一名一切諸佛所轉法輪者以此法門能破一切諸障㝵故十二名一切諸佛堅固舍利者謂如来真實法身於此修多羅不敗壞故十三名一切諸佛大巧方便經者依此法門成大菩提已為衆生說天人聲聞辟支佛等諸善法故十四名說一乘經者以此法門顯示如来阿耨多羅三藐三菩提究竟之體彼二乘道非究竟故十五名第一義住者以此法門即是諸佛如来法身究竟住處故十六名妙法蓮華經者有二種義何

等二種一者出水義以不可盡出離
小乘涅濁水故又復有義如彼蓮華
出於涅水喻諸聲聞得入如來大衆
中坐如諸菩薩坐蓮華上聞說如來
無上智慧清淨境界得證如來深密
藏故二華開義以諸衆生於大乘中
其心怯弱不能生信是故開示諸佛
如來淨妙法身令生信心故十七名
冣上法門者攝成就故攝成就者攝
取无量名句字身有頻婆羅阿閦婆
等舒盧迦故此十七句法門是惣餘
句是別如經為諸菩薩說大乘經名
無量義如是等故
依所說法威儀隨順住成就者亦現
依何等法說法依三種法故一
者依三昧成就三昧成就二種亦現
一者成就自在力身心不動故二者
離一切障隨自在力故此自在力復
有二種一為隨順衆生不見對治攝
取覺菩提分法故二為對治無量世
來堅執煩惱故如經佛說此經已結
加趺坐入於無量義處三昧身心不
動如是等故二者依器世間三者依

衆生世間震動世界及知過去無量
劫事如是等故如經是時天雨曼陁
羅花次第乃至歡喜合掌一心觀佛故
依止說因成就者為諸大衆亦現異
相不思議事大衆見已生希有心渴
仰欲聞生如是念如來今者應為我
說故名依止說因成就是故如來放
大光明亦現他方諸世界中種種諸
事故先為大衆亦現外事六種震動
等次為亦現此法門中內證甚深微
密之法又依器世間衆生世間數種
種量種種具足煩惱差別具足清淨
差別佛法弟子差別亦現三寶故復
乘差別有世界有佛有世界無佛令
衆生見修行者未得果得道者已得
果如經諸修行得道者故數種種者
亦現種種觀故略說四種觀一者食
二者聞法三者修行四者樂如經尒
時佛放眉間白毫相光次第乃至以
佛舍利起七寶塔故行菩薩道者教
化衆生依四攝法方便攝取此義應
知如經所說當自推取
自此以下亦現大衆欲聞現前成就

問一人者多人欲聞生希有心是故
唯問文殊師利如是亦現世尊弟子
隨順於法不相違故令佛世尊現神
變相者為何等義為說大法故現大
相以為說因現大相者為說妙法蓮
華經故現大瑞相為說如來所得妙
法不可思議等文字章句故有二種
義是故仰推文殊師利何等為二一
者現見諸法故二者離諸因緣唯自
內心成就彼法故亦現種種諸瑞相
者以為亦現彼彼事故如彼事相現
没住滅應當善知以文殊師利能記
彼事故以文殊師利所作成就因果
成就現見彼法故所作成就者此有
二種一者功德成就二者智慧成就
因成就者一切智成就故又復有因
謂緣因故緣因成就者衆相具足故
果成就者說大法故種種異異佛國
土者為此亦現彼國土中種種異異
差別應知淨妙國土者謂無煩惱衆
生住處如經照於東方萬八千世界
次第乃至忠見彼佛國界莊嚴故如
來為上首者諸菩薩等依如來住故

以彼如来於彼國土諸大衆中得自在故如經又見彼土現在諸佛如是等故

自此以下次明聖者文殊師利以宿命智現見過去因相果相成就十事如現在前是故能答弥勒菩薩云何現見過去因相謂文殊師利自見已身曾於彼彼諸國土中處處脩行種種行事故云何現見過去果相謂文殊師利自見已身是過去世妙光菩薩於彼佛所聞此法門為衆生說故何等名為成就十事一者現見大義因成就二者現見世間文字章句意甚深因成就三者現見希有因成就四者現見勝妙因成就五者現見受用大因成就六者現見攝取一切諸佛轉法輪因成就七者現見善堅實如来法輪因成就八者現見能進入因成就九者現見憶念因成就十者現見自身所經事因成就

大義因成就者八句亦現此義應知何等為八一者欲論大法二者欲雨大法雨三者欲擊大法鼓四者欲建

大法幢五者欲然大法燈六者欲吹大法蠡七者欲不斷大法鼓八者欲說大法此八句欲亦現如来欲論大法等故

何等名為八種大義謂有疑者為斷疑故已斷疑者增長淳熟彼智身故根淳熟者為說二種微密境界一者聲聞微密境界二者菩薩微密境界大法鼓者二句亦現以遠聞故入密境界者令彼進取上上清淨義故進取上上清淨義者令彼進取一切種智得現見故令彼進取一切種智得現見者為一切法建立名字章句義故建立名字章句義者令入不可說證智轉法輪故

現見世間名字章句意甚深因成就者如經我於過去諸佛曾見此瑞次第乃至故現斯瑞故

現見希有因成就者以無量時不可得故不可思議不可稱不可量者亦現過彼阿僧祇劫不可得故又復亦現五種劫故所謂一夜二晝三月四時五年亦現無量無邊諸法故如經

如過去無量無邊不可思議阿僧祇劫尒時有佛号日月燈明次第乃至令得阿耨多羅三藐三菩提成一切種智故

現見勝妙因成就者亦現諸佛及諸菩薩自受用故如經次復有佛亦名日月燈明次第乃至所可說法初中後善故

現見受用大因成就者是時王子受勝妙樂各捨出家復彼大衆於尒許時心不疲惓故如經其㝡後佛未出家時次第乃至佛授記已便於中夜入無餘涅槃故

現見攝取一切諸佛轉法輪因成就者法輪不斷故如經佛滅度後妙光菩薩持妙法蓮華經滿八十小劫為人演說故

現見善堅實如来法輪因成就者佛滅度後無量時說故如經日月燈明佛八子皆師妙光次第乃至皆令堅固阿耨多羅三藐三菩提心故

現見能進入因成就者彼諸王子得大菩提故如經是諸王子次第乃至

皆成佛道故
現見憶念因成就者為他說法利益他故如經其最後成佛者名曰然燈次第乃至尊重讚歎故
現見自身所經事因成就者以自身受勝妙樂故如經弥勒當知次第乃至佛所護念故汝号求名者亦現知彼過去事故又復亦現今得彼法皆具足故又依義攝三故一與說故如經今佛世尊欲說大法等故二成如實說故如經我於過去曾見等故三令待說故如經諸人今當知等故
自此已下亦現所說法因果相應知

方便品第二

經曰尒時世尊入甚深三昧正念不動以如實智觀從三昧安詳而起起已即告尊者舍利弗言舍利弗諸佛智慧甚深無量其智慧門難見難覺難知難解難入如来所證一切聲聞辟支佛等所不能知何以故舍利弗如来應正遍知已曾親近供養无量百千萬億無數諸佛於百千億那由他佛所盡行諸佛所脩阿耨多羅三

藐三菩提法舍利弗如来已於無量百千億那由他刧勇猛精進所作成就名稱普聞舍利弗如来畢竟成就希有之法舍利弗難解之法如来能知舍利弗難解法者諸佛如来隨宜所說意趣難解一切聲聞辟支佛等所不能知何以故舍利弗諸佛如来自在說因成就故舍利弗如来成就種種方便種種知見種種念觀種種言辭舍利弗吾從成佛已来於彼彼處廣演言教無數方便引導衆生於諸著處令得解脫舍利弗如来知見方便到於彼岸舍利弗如来知見廣大深遠無障無㝵力無所畏不共法根力菩提分禪定解脫三昧三摩跋提皆已具足舍利弗諸佛如来深入無際成就一切未曾有法舍利弗如来能種種分別巧說諸法言辭柔軟悅可衆心止舍利弗不須復說舍利弗佛所成就第一希有難解之法舍利弗唯佛與佛說法諸佛如来能知彼法究竟實相舍利弗唯佛如来知一切法舍利弗唯佛如来能說一切

法何等法云何法何似法何相法何體法何等云何何似何相何體如是等一切法如来現見非不現見
釋曰尒時世尊入甚深三昧正念不動以如實智觀從三昧安詳而起起已即告舍利弗者亦現如来得自在力故如来入定無能驚寤故何故唯告尊者舍利弗不告其餘聲聞等者隨深智慧與如来相應故何故不告諸菩薩者有五種義一者為諸聲聞所應事故二者為諸聲聞迴心趣向大菩提故三者護諸聲聞恐怯弱故四者為令餘人善思念故五者為諸聲聞不起所作已辦心故諸佛智慧甚深無量者為諸大衆生尊重心畢竟欲聞如来說故言甚深者顯亦二種甚深之義應如是知何等為二一者證甚深謂諸佛智慧甚深无量故二者阿含甚深謂智慧門甚深無量故言甚深者此是惣相餘別相證甚深者五種亦現一者義甚深謂依何等義甚深故二者實體甚深三者内證甚深四者依止甚深五者無上甚

深何者甚深謂大菩提大菩提者如来所證阿耨多羅三藐三菩提故云何甚深一切聲聞辟支佛等所不能知故名甚深言智慧者謂一切種一切智義故如經諸佛智慧甚深无量其智慧門難見難覺難知難解難入一切聲聞辟支佛等所不能知故何舍甚深者八種示現一者受持讀誦甚深如經已曾親近供養无量百千萬億無數諸佛故二者修行甚深如經於百千萬億𨚗由他佛所盡行諸佛所修阿耨多羅三藐三菩提法故三者果行甚深如經舍利弗如来已於無量百千億𨚗由他劫勇猛精進所作成就故四者增長功德心甚深如經名稱普聞故五者快妙事心甚深如經舍利弗如来畢竟成就希有之法故六者無上甚深如經舍利弗難解之法如来能知故七者入甚深入甚深者名字章句意難得故自以任持不同外道說因緣法名為甚深如經舍利弗難解法者諸佛如来隨宜說法意趣難解故八者不共聲聞

妙法蓮華經論卷上　第十九張　虛

辟支佛所作住持甚深如經一切聲聞辟支佛等所不能知故

妙法蓮華經憂波提舍卷上

甲辰歲高麗國大藏都監奉
勑雕造

妙法蓮華經論卷上　第二十張　虛

妙法蓮華經憂波提舍卷上

校勘記

一　底本，麗藏本。

一　二七〇頁上二行著者，石作「天親菩薩造」。

一　二七〇頁上三行譯者，石作「元魏天竺三藏菩提流支等譯」；資、磧、普、南、徑、清作「元魏北天竺三藏法師菩提留支共沙門曇林等譯」，卷下同。

一　二七〇頁上五行第六字「祇」，資、磧、普、徑、清作「祈」。

一　二七〇頁上六行末字「世」，南、徑、清作「來」。

一　二七〇頁上九行「妙法蓮華經」，徑、清無。

一　二七〇頁上一〇行第八字「住」，徑作「在」。

一　二七〇頁中七行第八字「法」，石無。

一　二七一頁中四行第八字「淨」，徑

作「静」。

一　二七一頁中一〇行第九字「德」，資、磧、普、南、徑、清作「得」。

一　二七一頁中一六行第四字「作」，石、資、磧、普、南、徑、清作「行」。

一　二七一頁中二〇行第一〇字「切」，諸本作「功」。

一　二七一頁下一五行第一二字「辯」，資、磧、普、南、徑作「辦」。

一　二七二頁上五行第二字「經」，資、磧、普、南、清作「經名稱普聞無量世界」。

一　二七二頁中三行末字及八行第八字「辦」，資、磧、普、南、徑、清作「辯」。

一　二七二頁下一八行第一三字「一」，石作「大」。

一　二七三頁上一一行第五字「故」，資、磧、普、南、徑、清作「偈故」。

一　二七三頁上一六行第七字「三」，資、磧、普、南、徑、清作「以三」。

一　二七三頁中九行第一三字「震」，石無。

一　二七三頁中末行第一二字「前」，資、磧、普、南、徑、清作「前法」。

一　二七四頁上四行第三字「以」，資、磧、普、南、徑、清作「已」。

一　二七四頁中八行「微密」，資、磧、普、南、徑、清作「歡喜」。

一　二七四頁中末行第一一字「法」，資、磧、普、南、徑、清作「劫」。

一　二七五頁上八行末字「皆」，石、資、磧、普、南、徑、清無。

一　二七五頁上九行第四字至一二行末字「又……故」共五十二字，石、資、磧、普、南、徑、清無。

一　二七五頁上一四行第五字「二」，石作「二之初」。

一　二七六頁上五行第二字「智」，石作「智智」。

一　二七六頁上二一行首字「任」，諸本作「住」。

妙法蓮華經憂波提舍卷下　虛

大乘論師婆藪槃豆釋

後魏北天竺三藏菩提留支共沙門曇林等譯

方便品之餘

如是已說妙法功德具足次說如來法師功德成就應知如經何以故舍利弗諸佛如來自在說因成就故如來成就四種功德故能度衆生何等為四一者住成就如經舍利弗如來成就種種方便故種種方便者謂從兜率天中退没乃至亦現入涅槃故二者教化成就如經種種知見故種種知見者亦現除淨諸因故三者功德畢竟成就如經種種念觀故種種念觀者以說彼法成就因緣如法相應故四者說成就如經種種言辭故種種言辭者以四無㝵智依何等何等名字章句隨何等何等衆生能受而為說故

又復有義種種方便者種種方便亦現外道所有邪法如是如是種種過失故種種方便亦現諸佛所有正法如是如是種種功德故如經舍利弗吾從成佛已來廣演言教無數方便引導衆生於諸著處令得解脫故又無數方便者方便令入諸善法故又方便者斷諸疑故又方便者令入增上勝智中故又方便者依四攝法攝取衆生令得解脫故諸著處者彼處著或著諸界或著諸地或著諸分或著諸乘著諸界者謂著欲色無色界故著諸地者謂著界故依於三昧取禪定地謂初禪地乃至非想非非想地及取滅盡定地等故著諸分者謂著在家出家分故著在家分者著已同類作種種業邪見等故著出家分者著名聞利養種種覺煩惱等故著諸乘者著聲聞乘菩薩乘故著聲聞乘者樂持小乘戒求須陁洹斯陁含阿那含阿羅漢等故著大乘者謂著利養供養恭敬等故著分別觀種種法相乃至佛地故

又復種種知見者自身成就不可思議勝妙境界與諸聲聞菩薩等故如經舍利弗如來知見方便到於彼岸

故到彼岸者勝餘一切諸菩薩故又復種種念觀者如經舍利弗如來知見廣大深遠無障無㝵力無所畏不共法根力菩提分禪定解脫三昧三摩跋提皆已具足故又第一成就可化衆生依善知識而成就故第二成就根熟衆生令得解脫故第三成就力家自在淨降伏故第四成就復有七種一者種種成就如經舍利弗諸佛如來深入無際成就一切未曾有法故二者言語成就謂得五種美妙音聲言語說法如經如來能種種分別巧說諸法言辭柔濡悅可衆心故三者相成就如經止舍利弗不須復說故有法器衆生心已滿足故四者堪成就所有一切可化衆生皆知如來成就希有勝功德故如經舍利弗佛所成就第一希有難解之法故五者無量種成就說不可盡如經舍利弗唯佛與佛說法諸佛如來能知彼法究竟實相故言實相者謂如來藏法身之體不變義故六者覺體成就如來所說一切諸法唯佛如來自證得故如經舍利弗唯佛如來知一切法故七者隨順衆生意為說修行法成就彼法何等如是等故如經舍利弗唯佛如來能說一切法故第一種種法門攝取衆生故第二令不散乱住故第三令取故第四令得解脫故第五令彼修行成就得對治法故第六令彼修行進趣成就故第七令得修行不退失故此七種法為諸衆生自身所作善成就故又與教化令成就者與二種法令彼成就何等為二一與證法二與說法一與證法令成就者謂依證法而授與故二與說法令成就者謂依說法而說與故此二種法如向前說依此二法有何次第而得修行即彼前文重說應知

又依證法復有五種一者何等法二者云何法三者何似法四者何相法五者何體法故何等法者謂聲聞法辟支佛法諸佛法故云何法者謂起種種諸事說故何似法者依三種門得清淨故何相法者謂三種義一相法故何體法者無二體故無二體者謂無量乘唯一佛乘無二乘故

又復有義何等法者所謂有為無為法等云何法者謂因緣法非因緣法等何似法者所謂常法無常法等何相法者謂生等三相法不生等三相法何體法者謂五陰體非五陰體故又何似法者謂無常法有為法因緣法又何相法者謂可見相等法又何體法者所謂五陰能取可取以五陰是苦集體故又五陰者是道諦體故復有異義依說法說何等法者所謂名句字身等故云何法者謂依如來所說法故何似法者謂能教化可化者故何相法者依音聲取以依音聲取彼法故何體法者謂假名體法相義故

自此已下次依亦現三種義說一者決定義二者疑義三者依何事疑義應當善知

決定義者有聲聞方便得證深法作決定心於聲聞道中得方便涅槃證故如是二種證法亦現有為無為法故如經尒時大衆中有諸聲聞漏盡

阿羅漢次第乃至亦得此法到於涅槃故言疑義者謂諸聲聞辟支佛等不能得知是故生疑如經而今不知是義所趣故依何事疑義者聞如來說聲聞解脫與我解脫不異不別是故生疑謂生疑者生因中疑此事云何此事云何此以如來數數為說甚深境界前說甚深後說甚深不同聲聞以如是故生疑如經尒時舍利弗知四衆心疑次第乃至而說偈言

自此以下次依亦現四種事說一者決定心二者因授記三者取授記四者與授記應當善知云何決定心已生驚怖者令斷驚怖以為利益二種人故是故如來有決定心此驚怖者五種應知

一者損驚怖謂小乘衆生如所聞聲取以為實謗無大乘起如是心如來說言阿羅漢果究竟涅槃我畢竟取如是涅槃是故羅漢不入涅槃如是驚怖

二者多事驚怖謂大乘衆生聞菩薩道劫數長遠種種苦行起如是心佛

道長遠我於無量無邊劫中行菩薩行久受勤苦如是念故生驚怖心以是故起取異乘心如是驚怖

三者顛倒驚怖謂心分別有我我所種種身現諸不善法如是驚怖

四者心悔驚怖謂大德舍利弗等起如是心言我不應修證如是小乘之法如是悔已心即自止即此心海名為驚怖此義應知

五者誑驚怖謂增上慢聲聞之人起如是心云何如來誑於我等如是驚怖

因授記者如經止止舍利弗不須復說若說是事一切世間諸天人等皆生驚怖故此因授記皆生驚怖者有三種義一者欲令彼諸大衆推求甚深妙境界故二者欲令彼諸大衆生尊重心畢竟欲聞如來說故三者欲令諸增上慢聲聞之人捨離法坐而起去故第二請者亦現過去无量諸佛教化衆生如經是會無數次第乃至聞佛所說則生敬信故第三請者亦現今佛教化衆生如經今此會中

如我等比次第乃至長夜安隱多所饒益故取授記者以舍利弗等欲得授記如經佛告舍利弗汝已三請豈得不說汝今諦聽如是等故

與授記者六種應知一者未聞令聞二者說三者依何等義四者令住五者依法六者遮未聞者令聞如經舍利弗如是妙法諸佛如來時乃說之如優曇鉢華如是等故

說者如經舍利弗我以無數方便種種因緣譬喻言辭演說諸法如是等故種種因緣者所謂三乘彼三乘者唯有名字章句言說非有實義以彼實義不可說故

依何等義者如經舍利弗諸佛世尊唯以一大事因緣故出現於世如是等故一大事者依四種義應當善知何等為四一者無上義唯除如來一切智知更無餘事如經欲開佛知見令衆生知得清淨故出現於世故佛知見者如來能證以如實知彼深義故二者同義謂諸聲聞辟支佛佛法身平等如經欲示衆生佛知見故出

現於世故法身平等者佛性法身無差別故三者不知義謂諸聲聞辟支佛等不能知彼真實處故此言不知真實處者不知究竟惟一佛乘故如經欲令衆生悟佛知見故出現於世故四者令證不退轉地亦現欲與無量智業故如經欲令衆生入佛知見故出現於世故又復亦者為諸菩薩有疑心者令知如實修行故又悟入者未發心者令發心故已發心者令入法故又復悟者令外道衆生生覺悟故又復入者令得聲聞小乘果者入菩提故

令住者如經舍利弗但以一佛乘故為衆生說法故

依法者如經舍利弗過去諸佛以無量無數方便種種譬喻因緣念觀方便說法是法皆為一佛乘故如是等故言譬喻者如依牛故得有乳酪生酥熟酥及以醍醐此五味中醍醐第一小乘不如其猶如乳大乘為㝡猶如醍醐此喻所明大乘無上諸聲聞等亦同大乘無上義故聲聞同者此中亦現諸佛如來法身之性同諸凡夫聲聞之人辟支佛等法身平等無差別故此義皆是譬喻亦現因緣之義如前所說言念觀者小乘諦中人無我等大乘諦中真如實際法界法性及人無我法無我等種種觀故言方便者於小乘中觀陰界入猒苦離苦得解脫故於大乘中諸波羅蜜以四攝法攝取自身他身利益對治法故遮者如經舍利弗十方世界中尚無二乘何況有三如是等故無二乘者謂無二乘所得涅槃惟有如來證大菩提究竟滿足一切智慧名大涅槃非諸聲聞辟支佛等有涅槃法惟一佛乘故一佛乘者依四種義說應當善知如來依此六種授記是故前說何等法云何法何似法何相法何體法如是亦現何等法者謂未曾聞故云何法者謂種種言辭譬喻顯說故何似法者所謂惟為一大事故何相法者為隨衆生器說諸佛法故何體法者所謂惟有一乘體故一乘體者所謂諸佛如來平等法身彼諸聲聞辟支佛乘非彼平等法身之體以因果行觀不同故

自此以下如來說法為斷四種疑心應知何等四疑一疑何時說二疑云何知是增上慢人三疑云何堪說四疑云何如來不成妄語何時說者諸佛如來於何等時起種種方便說法為斷此疑如經舍利弗諸佛出於五濁惡世所謂劫濁如是等故云何知是增上慢人者如來不為增上慢人而說諸法云何知彼是增上慢為斷此疑如經若有比丘實得阿羅漢者若不信是法無有是處如是等故云何堪說者從佛聞法而起謗心如來應是不堪說人云何不成不堪說人為斷此疑如經除佛滅度後現前無佛如是等故云何如來不成妄語者此以如來先說法異今說法異云何如來不成妄語為斷此疑如經舍利弗汝等應當一心信解受持佛語諸佛如來言無虛妄無有餘乘惟一佛乘故

乃至童子戲聚沙為佛塔如是諸人

等皆已成佛道者謂發菩提心行菩薩行者所作善根能證菩提非諸凡夫及決定聲聞本來未發菩提心者之所能得如是乃至小低頭等皆亦如是

譬喻品第三

尊者舍利弗所說偈言

金色三十二　十力諸解脫　同共一法中
而不得此事　八十種妙好　十八不共法
如是等功德　而我皆已失

釋曰此偈示現何義尊者舍利弗自呵責身言我不見諸佛不往諸佛所及聞佛說法不供養恭敬諸佛無利益衆生事於未得法退尊者舍利弗作如是等呵責自身不見佛者示現不見諸佛如來大人之相不生恭敬供養心故往佛所者示現教化衆生力故放金色光明者示現見佛自身異身獲得無量諸功德故聞說法者示現能作一切衆生之利益故力者示現衆生有疑依十種力斷彼疑故供養者示現能教化衆生力故十八不共法者示現遠離諸障㝵故恭敬者示現出生無量福德依如來教得解脫故以人無我及法無我一切諸法悉皆平等是故尊者舍利弗自呵責身言我未得如是法故於未得中退

自此以下次為七種具足煩惱染性衆生說七種喻對治七種增上慢心此義應知

又復次為三種染慢無煩惱人三昧解脫身見脫染慢對治此故說三種平等此義應知

何者七種具足煩惱染性衆生一者求勢力人二者求聲聞解脫人三者大乘人四者有定人五者無定人六者集功德人七者不集功德人

何等七種增上慢心云何七種譬喻對治一者顛倒求諸功德增上慢心謂世間中諸煩惱染熾然增上而求天人勝妙境界有漏果報對治此故為說火宅譬喻應知

二者聲聞一向決定增上慢心自言我乘與如來乘等無差別如是倒取對治此故為說窮子譬喻應知

三者大乘一向決定增上慢心起如是意無別聲聞辟支佛乘如是倒取對治此故為說雲雨譬喻應知

四者實無謂有增上慢心以有世間三昧三摩跋提實無涅槃生涅槃想如是倒取對治此故為說化城譬喻應知

五者散亂增上慢心實無有定過去雖有大乘善根而不覺知不覺知故不求大乘狹劣心中生虛妄解謂第一乘如是倒取對治此故為說繫寶珠譬喻應知

六者實有功德增上慢心聞大乘法取非大乘如是倒取對治此故為說輪王解自髻中明珠與之譬喻應知

七者實無功德增上慢心於第一乘不曾修集諸善根本聞第一乘心中不取以為第一如是倒取對治此故為說醫師譬喻應知第一人者示世間中種種善根三昧功德方便令喜然後令入大涅槃故第二人者以三為一令入大乘故第三人者令知種種乘諸佛如來平等說法隨諸衆生

善根種子而生牙故第四人者方便令入涅槃城故涅槃城者所謂諸禪三昧城故過彼城已然後令入大涅槃城故第五人者示其過去所有善根令憶念已然後敎令入三昧故第六人者說大乘法以此法門同十地行滿諸佛如來與授記故第七人者根未淳熟為令熟故如是示現行涅槃量為是義故如來說七種辟喻何者三種無煩惱人三種染慢所謂三種顛倒信故何等為三一者信種種乘異二者信世間涅槃異三者信彼此身異為對治此三種染慢故說三種平等應知

何者名為三種平等云何對治一者乘平等謂與聲聞授菩提記惟一大乘無二乘故是乘平等無差別故二者世間涅槃平等以多寶如來入於涅槃世間涅槃彼此平等無差別故三者身平等多寶如來已入涅槃復示現自身他身法身平等無差別故如是三種無煩惱人染慢之心見彼此身所作差別不知彼此佛性法身恚平等故謂即此人我證此法故彼人不得此對治故與諸聲聞授記應知

問曰彼聲聞等為實成佛故與授記為不成佛與授記耶若實成佛菩薩何故於無量刼修集无量種種功德若不成佛云何與之虛妄授記荅曰彼聲聞等得授記者得決定心非謂聲聞成就法性如來依彼三種平等說一乘法以佛法身聲聞法身平等無異故與授記非即具足修行功德是故菩薩功德具足諸聲聞人功德未足

言授記者六處示現五是佛記一菩薩記如來記者謂舍利弗大迦葉等衆所知識名号不同故別與記富樓那等五百人千二百等同一名故俱時與記學無學等皆同一号又復非是衆所知識故同與記如來與彼提婆達多授別記者示現如來無怨惡故與比丘尼及諸天女授佛記者示現女人在家出家修菩薩行皆證佛果故與授記菩薩記者如下不輕菩薩品中亦現應知礼拜讃歎作如是言我不輕汝汝等皆當得作佛者亦現衆生皆有佛性故

言聲聞人得授記者聲聞有四種一者決定聲聞二者增上慢聲聞三者退菩提心聲聞四者應化聲聞二種聲聞如來授記謂應化者退已還發菩提心者若決定者增上慢者二種聲聞根未熟故不與授記菩薩與授記者方便令發菩提心故

又依何義佛說三乘名為一乘依同義故授諸聲聞大菩提記言同義者以佛法身聲聞法身彼此平等無差別故以諸聲聞辟支佛等乘不同故有差別以彼二乘非大乘故如來說言不離我身是無上義一切聲聞辟支佛等二乘法中不說此義以其不能如實解故以是義故諸菩薩等行菩薩行非為虛妄無上義者自餘經文明無上義無上義者略有十種此義應知何等為十一者亦現種子無上故說雨辟喻汝等所行是菩薩道者謂發菩提心退已還發者前所修

行善根不滅同後得果故二者亦現行無上故說大通智勝如来本事等三者亦現增長力無上故說商主辟喻四者亦現令解無上故說繫寶珠辟喻五者亦現清淨國土無上故亦現多寶如来塔六者亦現說無上故說解髻中明珠辟喻七者亦現教化衆生無上故地中踊出无量菩薩摩訶薩等八者亦現成大菩提無上故亦現三種佛菩提故一者亦現應佛菩提隨所應見而為亦現如經皆謂如来出釋氏宮去伽耶城不遠坐於道場得成阿耨多羅三藐三菩提故二者亦現報佛菩提十地行滿足得常涅槃證故如經善男子我實成佛已来无量無邊百千万億那由他劫故三者亦現法佛菩提謂如来藏性淨涅槃常恒清凉不變等義如經如来如實知見三界之相次第乃至不如三界見於三界故三界相者謂衆生界即涅槃界不離衆生界有如来藏故無有生死若退若出者謂常恒清凉不變義故亦無在世及滅度者

謂如来藏真如之體不即衆生界不離衆生界故非實非虛非如非異者謂離四種相有四種相者是无常故不如三界見於三界者謂佛如来能見能證真如法身凡夫不見故是故經言如来明見無有錯謬故我本行菩薩道今猶未滿者以本願故衆生界未盡願非究竟故言未滿非謂菩提不滿足也所成壽命復倍上數者此文亦現如来命常善巧方便顯多數故過上數量不可數知我淨土不毀而衆見燒盡者報佛如来真實淨土第一義諦之所攝故九者亦現涅槃無上故說醫師辟喻十者亦現勝妙力無上故自餘經文亦現應知多寶如来塔亦現一切佛土清淨者亦現說佛實相境界中種種諸寶間錯莊嚴故亦現有八一者塔二者量三者略四者住持五者亦現無量佛六者離織七者多寶八者同一塔坐塔者亦現如来舍利住持故量者方便亦現一切佛土清淨莊嚴是出世間清淨無漏善根所生非是世間有漏善根之所生也略者亦現多寶佛身一體攝取一切諸佛真法身故住持者亦現諸佛如来法身自在力故亦現無量佛者亦現彼此所作諸業無差别故遠離織者亦現一切諸佛國立平等清淨故多寶者亦現一切諸佛國土同實性故同一塔坐者亦現化佛非化佛法佛報佛等皆為成大事故自此已下亦現法力修行力應知

法力者五門亦現一者證門二者信門三者供養門四者聞法門五者讀誦持說門

弥勒菩薩品中亦現四門常精進菩薩品中亦現一門弥勒菩薩品中四法門者一是證門如經我說是如来壽命長遠時六百八十万億那由他恒河沙等衆生得無生法忍故此言無生法忍者所謂初地證智應知八生乃至一生得阿耨多羅三藐三菩提者謂證初地菩提法故八生一生者謂諸凡夫決定能證初地故隨力隨分八生乃至一生皆證初地故此

言阿耨多羅三藐三菩提者以離三界分段生死隨分能見真如法性名得菩提非謂究竟滿足如來方便涅槃也

二是信門如經復有八世界微塵數衆生皆發阿耨多羅三藐三菩提心故三供養門如經是諸菩薩摩訶薩得大法利時於虛空中雨曼陀羅華如是等故四聞法門如隨喜品所說應知

常精進菩薩品中一法門者謂讀誦解說書寫等得六根清淨如經若善男子善女人受持法華經若讀若誦若解說若書寫是人當得八百眼功德次第乃至得千二百意功德故此得六根清淨者謂諸凡夫以經力故得勝根用未入初地菩薩正位此義應知如經以父母所生清淨肉眼見于三千大千世界如是等故又六根清淨者於一一根中悉能具足見色聞聲辨香別味覺觸知法諸根互用此義應知眼所見者聞香能知如經釋提桓因在勝殿上五欲娛樂乃至說法故聞香知者此是智境以鼻根知故持力者有三法門示現持力如法師品安樂行品等廣說法力如經應知其心決定知水必近者受持此經佛性水成阿耨多羅三藐三菩提故修行力者五門示現一者說力二者行苦行力三者護衆生諸難力四者功德勝力五者護法力說力者有三法門神力品示現一者出廣長舌令憶念故二者謂謦欬聲說偈令聞故令聞聲已如實修行不放逸故三者彈指覺悟衆生令修行者得覺悟故行苦行力者藥王菩薩示現

又行苦行力者妙音菩薩品示現教化衆生故護衆生諸難力者觀世自在菩薩品陀羅尼品示現功德勝力者妙莊嚴王品示現二童子供過去世功德善根有如是力護法力者普賢菩薩品及後品示現

又言受持觀世自在菩薩名号若人受持六十二億恒河沙等諸佛名号福德等者有二種義一者信力故二者畢竟知故信力者有二種一者我身如彼觀世自在無異畢竟信故二謂於彼生恭敬心如彼功德我亦如是畢竟得故畢竟知者謂能決定知法界故言法界者名為法性彼法性者名為一切諸佛菩薩平等法身平等身者真如法身初地菩薩乃能證入是故受持六十二億恒河沙等諸佛名号有能受持觀世自在菩薩名号所得功德無差別

第一序品示現七種功德成就第二方便品有五分示現破二明一餘品如向屢分易解意也

妙法蓮華經憂波提舍卷下

妙法蓮華經憂波提舍卷下

校勘記

一 底本，金藏廣勝寺本。

一 二七八頁中四行品名，石作「方便品第二之餘」。

一 二七九頁上八行第八字「伏」，磧作「伙」。

一 二七九頁上一七行第一〇字「故」，麗作「能說法故」。

一 二七九頁下二一行第四字「於」，資、磧、普、南、徑、清作「相」。

一 二八〇頁上一一行「以下」，資、磧、普作「已」。

一 二八〇頁中五行第四字「現」，麗作「見」。

一 二八〇頁中八行第一三字「海」，諸本作「悔」。

一 二八〇頁下七行「者令聞」，資、磧、普、南、徑、清作「令聞者」。

一 二八一頁上二〇行第四字「及」，資、磧、普、南、徑、清作「乃」。

一 二八二頁中五行第二字「退」，諸本作「退故」。

一 二八二頁中一〇行「身見脫」，石、資、磧、普、南、徑、清作「見等」；麗作「身等」。

一 二八二頁中一一行第五字「知」下，麗有夾註「身下丹本有見字」。

一 二八二頁下一七行第四字「集」，磧作「智」；資、普、南、徑、清作「習」。

一 二八三頁上三行第六字「彼」，磧、普、南、清作「後」。

一 二八三頁上八行末字「行」，諸本作「得」。

一 二八三頁上九行第一〇字「說」，資、磧、普、南、徑、清作「說此」。

一 二八三頁上二一行第二字「現」，麗作「現身」。

一 二八三頁中六行第八字「集」，資、磧、普、南、徑、清作「習」。

一 二八三頁中一七行第九字「等」，資、磧、普、南、徑、清作「人等」。

一 二八三頁中末行第八字「記」，資、磧、普、南、徑、清作「授記」。

一 二八三頁中末行第一一字「下」，資、磧、普、南、徑、清作「下文」。

一 二八三頁下九行第七字「不」，資、磧、普、南、徑、清作「如來不」。

一 二八三頁下九行第一〇字「記」，資、磧、普、南、徑、清作「記應化聲聞是大」。

一 二八四頁上一〇行末字「佛」，資、磧、普、南、徑、清作「化佛」。

一 二八四頁中一〇行「命常」，石、資、磧、普、南、徑、清作「常命」。

一 二八四頁中一七行第二字「說」，石、麗作「諸」。

一 二八四頁下七行第五字「實」，石作「寶」。

一 二八四頁下八行末字「大」，磧、普作「天」。

一 二八四頁下九行第一〇字「力」，麗作「力持力」。

一 二八四頁下一三行第二字「持」，

磧作「得」。

一 二八五頁上二行第一二字「法」，徑、清作「佛」。

一 二八五頁中一行第一〇字「智」，麗作「知」。

一 二八五頁中二行第二字「故」，資、磧、普、南、徑、清無。

一 二八五頁中三行第六字「品」，資、磧、普、南、徑、清作「品勸持品」。

一 二八五頁中五行首字「佛」，石、麗作「得佛」。

一 二八五頁中一三行第一〇字「示」，諸本作「品示」。

一 二八五頁中一三行第一一字「現」，資、磧、普、南、徑、清作「現教化衆生故」。

一 二八五頁中一八行第五字「根」，磧、普、南、清作「相」。

一 二八五頁中一八行第九字「力」，麗作「力故」。

一 二八五頁下一行末字「二」，石、麗作「二者」。

一 二八五頁下一二行「意也」，諸本無。

趙城縣廣勝寺

遺教經論　　　　虛

天親菩薩造
真諦三藏譯

頂礼三世尊　無上功德海　哀愍度衆生
是故我歸命　清淨深法藏　增長修行者
世及出世間　我等皆南無　我所建立論
解釋佛經義　為彼諸菩薩　令知方便道
以知彼道故　佛法得久住　滅除凡聖過
成就自他利

此修多羅中建立菩薩所修行法有七分一序分二修集世間功德分三成就出世間大人功德分四顯示畢竟甚深功德分五顯示入證決定分六分別未入上上證為斷疑分七離種種自性清淨無我分

釋迦牟尼佛初轉法輪度阿若憍陳如最後說法度須跋陁羅所應度者皆已度訖於娑羅雙樹間將入涅槃是時中夜寂然無聲為諸弟子略說法要

論曰初序分修多羅顯示利益成就畢竟故是中成就畢竟有六種功德一法師成就畢竟功德二開法門成就畢竟功德三弟子成就畢竟功德四大揔相成就畢竟功德五因果自相成就畢竟功德六分別揔相成就畢竟功德

初成就畢竟有三種相一揔相二別相三揔別相揔相者如經牟尼故別相者如經釋迦故揔別相者佛故是中釋迦者亦現化衆生巧便故復家姓尊貴故牟尼者一切諸佛功德故復亦自體清淨故開法門成就畢竟功德者有二白淨法句一道場白淨法句二涅槃白淨法句此二白淨法前後二句說亦轉說義應知道場白淨法者如經初轉法輪故涅槃白淨法句者如經最後說法故弟子成就畢竟功德者亦能受持二種白淨法門故成就自利益行故顯現如來快說法門功德故如經度阿若憍陳如及度須跋陁羅故此二句修多羅亦八種成就故

云何為八謂二種受持成就故二種白淨法門成就故二種自利益行成

說故二種快說法門功德成就故大惣相成就畢竟功德者二八成就惣故如經所應度者皆已度訖故因果自相成就畢竟功德者有四種自相一因自相如經娑羅雙樹間故二因共果自相如經將入涅槃故三惣自相如經是時中夜故四果自相如經寂然無聲故於中惣自相者遠離二邊故成就二種中道故一者正覺中道二者離正覺中道是中離正覺中道者即果自相應知此果有二種一者自性無說離念涅槃果二者遠離覺觀涅槃果故分別惣相成就畢竟功德者分別人法二位差別故人位差別者上首眷屬差別故如經為諸弟子故法位差別者世間出世間法等故如經略說法要故已說序分次說修集世間功德分此功德有三一者修集對治邪業功德二者修集對治止苦功德三者修集對治滅煩惱功德

對治邪業功德者

經曰汝等比丘於我滅後當尊重珎

敬波羅提木叉如闇遇明貧人得寶當知此則是汝大師若我住世無異此也

論曰此修多羅中每說比丘者亦現遠離相故復亦摩訶衍方便道與二乘共故又於四衆亦同遠離行故於我滅後者此言亦現遺教義故不盡滅法故以不盡法清淨法身常為世間作究竟度故如經當尊重珎敬波羅提木叉故此木叉亦是毗尼相順法故復是諸行調伏義故如來不滅法身自體解脫波羅提木叉依此法身得度二種障故一者有煩惱暗障二者空無善根障得度煩惱暗障者如盲得眼相似法故如經如暗遇明故得度空無善根障者滿足財寶相似法故如經貧人得寶故餘者亦現波羅提木叉是修行大師故如經當知此則是汝大師故又亦住持利益人法相似故如經若我住世無異此也故依根本清淨戒經已次說方便遠離清淨戒

經曰持淨戒者不得販賣貿易安置

田宅畜養人民奴婢畜生一切種殖及諸財寶皆當遠離如避火坑不得斬伐草木墾土掘地合和湯藥占相吉凶仰觀星宿推步盈虛歷數筭計皆所不應節身時食清淨自活不得參豫世事通致使命呪術仙藥結好貴人親厚媟慢皆不應作當自端心正念求度不得苞藏瑕疵顯異惑衆於四供養知量知足趣得供事不應畜積

論曰此中方便遠離淨者護根本淨戒故如經持淨戒者故云何護根本何者是根本護根本者今說二種何等為二一者不同凡夫增過護二者不同外道損智護不同凡夫增過護者有十一事一者方便求利增過如經不得販故二者現前求利增過如經不得賣故三者交易求利增過如經不得貿易故若依世價無求利心不犯賣買法式如毗尼中廣說四者所居業處求多安隱增過如經不得安置田宅故五者眷屬增過如經不得畜養人民故此亦外眷屬非同意

者何故不但言人而復說民者以其同在人中於善法不了畜生之屬故六者雖生卑下心增過如經不得畜奴婢故七者養生求利增過如經不得畜生故八者多事增過如經不得一切種植故九者積聚增過如經及諸財寶故十者不覺增過如經皆當遠離如避火坑十一者不順威儀及損衆生增過如經不得斬伐草木墾土掘地故此十一種增過事修行菩薩宜遠遠離不應親近避大火聚相似法故如經皆當遠離如避火坑故不同外道損智護者謂世間分別見故此分別見有五句十種分別如經合和湯藥乃至皆所不應故遠異見故何者是根本者此亦根本有二種一者行法根本故二者行處根本故行法根本者波羅提木叉故行處根本者身口意故於身口意行處行波羅提木叉故節身時食等亦現身口意行處波羅提木叉故修行菩薩當知三處波羅提木叉無復有餘解脫故身處波羅提木叉有五種解脫三

種障對治二種不應作不作故一者他求放逸障此障對治如經節身故二者內資無厭足障此障對治如經時食故三者共相退求障此障對治如經清淨自活故四者自性止多事如經不得參豫世事故五者自性尊重不作輕賤事如經不得通致使命故後二句亦現不應作不作云何五種身解脫一者外緣身解脫二者內緣身解脫三者自相緣身解脫四者衆事緣身解脫五者遠離異方便緣身解脫五種解脫中初句惣餘句別應知口處波羅提木叉者有二種邪語不應作不作一者依邪法語有二種不應作一邪術惱衆生語二依邪藥作世辯不正語如經呪術仙藥故二者依邪人語亦二種不應作一者與族姓同好多作鄙褻語二者親近族姓多作我慢語如經結好貴人親厚媟慢皆不應作故意處波羅提木叉者有六句說三種障對治三種不應作不作一者多見他過障犯自淨心故此對治如經當自端心故二者

邪思惟障不能自度下地故此對治如經正念求度故三者於受用衆具中無限無厭足障此對治第五句於四供養知量知足故此供養有二種一者於身分中供養謂飲食衣服卧具湯藥供養身分故二者於心分中供養謂不共心供養無厭足心供養二事相違心供養等分心供養此四種心供養癡亂衆生常受用故不知節量故若入三昧分者知量故若入道分者知足故三種不應作不作者一不汙淨戒不受持心垢故如經不得包藏瑕疵故二者遠離無緣顯已勝行令他不正解故如經顯異惑衆故三者遠離貪覆心貯積衆具故如經趣得供事不應畜積故已說從根本戒次說根本戒與從戒俱解脫能生諸功德故

經曰此則略說持戒之相戒是正順解脫之本故名波羅提木叉依因此戒得生諸禪定及滅苦智慧

論曰從戒是戒相故不可廣說顯示略說應知如經此則略說持戒之相

故戒是正順者此言亦現從戒義故於此彼處說從有二種一者從根本戒二者從根本所起成就戒從根本戒者亦現順根本無作波羅提木叉如向已說故從根本所起成就戒者亦現後際解脫因中際從戒生故如經解脫之本故戒是解脫體能正度故如經故名波羅提木叉故此言亦現能度身口意惡彼岸成三業解脫故能生諸功德者亦現有色解脫功德無色解脫功德彼二相順相違解脫功德皆從彼生故如經依因此戒得生諸禪定及滅苦智慧故次說勸修戒利益故

經曰是故比丘當持淨戒勿令毀缺若人能持淨戒是則能有善法若無淨戒諸善功德皆不得生是以當知戒為第一安隱功德住處

論曰云何勸修戒利益於中有五種勸一者勸不失自體如經當持淨戒故二者勸不捨方便如經勿令毀缺故三者勸遠離諸過身口意業常集功德故如經若人能持淨戒是則能有善法故四者勸知多過惡於身口意中一切時不能生功德故如經若無淨戒諸善功德皆不得生故五者顯亦持戒菩薩於所修行三種戒中有如是得失者我當住安隱處不住不安隱處故如經是以當知戒為第一安隱功德住處故此言正亦現勸修利益勝義故已說修集對治邪業功德次說對治修集止苦功德是中苦有三種一者根欲放逸苦二者多食苦三者懈怠睡眠苦是三種苦三昧樂門對治應知云何根欲放逸苦對治

經曰汝等比丘已能住戒當制五根勿令放逸入於五欲辟如牧牛之人執杖視之不令縱逸犯人苗稼若縱五根非惟五欲將無崖畔不可制也亦如惡馬不以轡制將當牽人墜於坑陷如被劫害苦止一世五根賊禍殃及累世為害甚重不可不慎是故智者制而不隨持之如賊不令縱逸假令縱之皆亦不久見其磨滅

論曰根放逸苦者是苦因苦果故依戒淨三昧方便攝念對治故如經已能住戒當制五根故何故但說五根亦現色非色別故復亦意根中有五根二種對治故云何二種一者動念對治故二者不動對治故戒念護根利益根似法故如經勿令放逸乃至犯人苗稼故身戒清淨故種種色不放逸牧牛相似法故正念成就故種種心不行執杖相似法故以戒念成就故三昧方便及正受功德無減無失故不犯苗稼相似法故復亦無戒念失上上損心故氣分成就對治故如經若縱五根非惟五欲將無崖畔不可制也故次說无對治難對治惡馬相似法故如經亦如惡馬不以轡制將當牽人墜於坑陷故復亦過重相似不相似又因果深苦無量世故亦現先際中慎故如經如被劫害苦止一世五根賊禍殃及累世為害甚重不可不慎故向說戒念護今說智護故智者三昧觀故彼是三昧重障故如經是故智者制而不隨故護彼如害命者相似法故如經持之如賊不

令縱逸故重者既如是輕者云何制是中輕者謂細相習障故於此處有時則有無時則無故不作意起故如經假令縱之故勢無自立故如經皆亦不久故性是無對不相見故如經見其磨滅故是中云何立見亦現依見時說故彼無見故滅見故次說欲放逸苦對治

經曰此五根者心為其主是故汝等當好制心心之可畏甚於毒虵惡獸怨賊大火越逸未足喻也動轉輕躁但觀於蜜不見深坑譬如狂象無鉤猨猴得樹騰躍踔躑難可禁制當急挫之無令放逸縱此心者喪人善事制之一處無事不辦是故比丘當勤精進折伏汝心

論曰是中欲苦者心性差別故亦是苦因苦果故亦現種種色苦依彼而有故如經此五根者心為其主故應知自他生過故勤遮故如經是故汝等當好制心故何故勤遮亦現此心三昧障法故何者是三昧相云何障法相三昧相者有三種一者無二念三昧相二者調柔不動三昧相三者起多功德三昧相故障法相者亦有三種一者心性差別障二者輕動不調障三者失諸功德障心性差別障者如經心之可畏甚於毒虵惡獸怨賊大火越逸未足喻也故是中差別者貪等四種差別故修無二念三昧者於此差別處可畏應知四種譬喻相似法故復亦不相似法大可思故輕動不調障者如經動轉輕躁如是等故於中動轉者亦現諸根中輕識動故復速疾故猨猴相似法故但觀於蜜者亦現有瞖不見未来故深坑者障礙義故是障礙有二種一者生處障身二者修一切行時困苦不能成就障礙狂象相似法故急挫者亦現抑入無動處故無令放逸者顯亦攝入調伏聚故失諸功德障者如經縱此心者喪人善事故無二念三昧相者如經制之一處故起多功德三昧相者如經無事不辦故調柔不動三昧相者如經當勤精進折伏汝心故已說根欲苦對治次說多食苦對治

經曰汝等比丘受諸飲食當如服藥於好於惡勿生增減取得支身以除飢渴如蜂採花但取其味不損色香比丘亦介受人供養取自除惱無得多求壞其善心譬如智者籌量牛力所堪多少不令過分以竭其力

論曰多食者三昧障故食有二種何等為二一者身食二者心心數法食若多段食難止息故去禪定遠故是心心數法食者欲界相違法中方便對治故復有第一義心三昧中盡故成就無食三昧故如是二種三昧有六種功德成就何等為六一者受用對治功德成就二者平等觀功德成就三者究竟對治功德成就四者顯亦平等觀功德相似成就五者不虛受功德成就六者知時功德成就此六種功德顯亦成就二種三昧第一第五第六功德成就顯亦少食三昧故餘者三種功德成就顯亦無食三昧故受用對治功德成就者如經汝等比丘受諸飲食當如服藥故平等觀功德成就者如經於好於惡勿生

增減故究竟對治功德成就者如經取得支身以除飢渴故此亦平等法身攝平等觀究竟無飢渴故顯亦平等觀功德相似成就者如經如蜂採花但取其味不損色香比丘亦介故是中不損者亦現非壞法觀故不虛受功德成就者如經受人供養取自除惱故知時功德成就者如經无得多求壞其善心故多求者亦現心心數法多三昧功德不現前故籌量牛力等亦知時相似法故亦現知時有二種一者方便時計挍故二者成就時相應故亦多食過故已說多食苦對治次說懈怠睡眠苦對治

經曰汝等比丘晝則勤心修集善法無令失時初夜後夜亦勿有廢中夜誦經以自消息無以睡眠因緣令一生空過無所得也當念無常之火燒諸世間早求自度勿睡眠也諸煩惱賊常伺煞人甚於怨家安可睡眠不自驚悟煩惱毒虵睡在汝心譬如黑蚖在汝室睡當以持戒之鉤早併除之睡虵既出乃可安眠不出而眠是

無慙人慙耻之服於諸莊嚴最為第一慙如鐵鉤能制人非法是故比丘常當慙耻勿得蹔替若離慙耻則失諸功德有愧之人則有善法若無愧者與諸禽獸無相異也

論曰懈怠睡眠苦對治者不疲惓思惟對治故是中何故懈怠睡眠共說障法亦現懈怠者謂心懶墮故睡眠者身悶重故此二相順共成一苦故五動定障中共說故於中起睡眠有三種一從食起二從時節起三從心起若從食及時節起者是阿羅漢眠以彼不從心生故無所蓋故是三種睡眠中初二種以精進對治無有時節故無始來未曾斷故復亦聖道難得故如經汝等比丘晝則勤心修習善法無令失時初夜後夜亦勿有廢中夜誦經以自消息無以睡眠因緣令一生空過無所得也故自餘修多羅亦現第三從心起睡眠對治故是中對治有二種一者思惟觀察對治觀諸生滅壞五陰故如經當念无常之火燒諸世間故復亦求禪定智慧

度所度故如經早求自度勿睡眠也故復次觀察陰界入等常害故是中可畏求自正覺故如經諸煩惱賊常伺煞人甚於怨家安可睡眠不自驚悟故二者淨戒對治謂禪定相應心戒故六種境界心安住自心故可畏如虵相似法故如經煩惱毒虵睡在汝心譬如黑蚖在汝室睡故淨心戒對治故如經當以持戒之鉤早併除之故復亦遠離故安隱故如經睡虵既出乃可安眠故次說下地相似安隱無對治故如經不出而眠是無慙人故又亦治法勝能令自地清淨莊嚴亦令他地無過故如經慙耻之服於諸莊嚴最為第一慙如鐵鉤能制人非法故是中最為第一者亦現勝餘戒莊嚴故是故比丘等為明何義亦現勸修勝莊嚴故常修故復亦遠離者損自地故如經若離慙耻則失諸功德故復亦有無得失故如經應知已說修集對治止苦功德次說修集對治滅煩惱功德於中有三種障對治亦道義應知

經曰汝等比丘若有人来節節支解當自攝心不令瞋恨亦當護口勿出惡言若縱恚心則自妨道失功德利忍之為德持戒苦行所不能及能行忍者乃可名為有力大人若其不能歡喜忍受惡罵之毒如飲甘露者不名入道智慧人也所以者何瞋恚之害破諸善法壞好名聞今世後世人不喜見當知瞋心甚於猛火常當防護無令得入劫功德賊無過瞋恚白衣受欲非行道人無法自制瞋猶可恕出家行道無欲之人而懐瞋恚甚不可也辟如清冷雲中而礔礰起火非所應也

論曰是中初障對治者瞋恚煩惱障對治故亦現堪忍道故修行菩薩住堪忍地中能忍種種諸苦惱故無輕重對治故如經汝等比丘若有人来節節支解當自攝心無令瞋恨故此亦幻化法身成就故又復口行清淨常作軟語故如經亦當護口勿出惡言故復說自他利道德障法故如經若縱恚心則自妨道失功德利故顯

亦功德智慧二種心行淨故挍量勝諸眷屬行故如經忍之為德持戒苦行所不能及故於中行者三昧功德苦對治故三種業清淨及挍量勝相亦行安苦道應知次說真如觀淨顯亦安樂道故成就觀智大人力故如經能行忍者乃可名為有力大人故又顯亦不入丈夫力成就者無智慧觀故依相違顯勝應知如經若其不能歡喜忍受乃至智慧人也故是中不歡喜者無信入觀故惡罵之毒者亦无生法門相中不如法受故甘露者亦無生法自體相相似法故於中道者亦智慧自體故復說過患事常護故如經所以者何如是等故於中諸善法者自利智慧相故好名聞者利他善法名稱功德故人不喜見者自他世無可樂果報故於中防護有二種何等為二一者護自善法如防火相似法故二者護利他功德防護賊相似法故復亦世間功德違順法中有受用故未畢竟相違故如經白衣受欲非行道人无法自制瞋猶可

恕故於中無法者无白淨法對治故次亦出世間道於世間受用二法中一向相違故如經出家行道無欲之人而懐瞋恚甚不可也故餘者顯亦道分中不應有相似法故如經辟如清冷雲中礔礰起火非所應也故次說第二煩惱障對治道

經曰汝等比丘當自摩頭已捨飾好著壞色衣執持應器以乞自活自見如是若起憍慢當疾滅之增長憍慢尚非世俗白衣所宜何况出家入道之人為解脱故自降其身而行乞也

論曰第二煩惱障對治道者亦現自无尊勝心成就輕賤身心行故遠離貢高煩惱故於中有七句行遠離一者於上上尊勝處最先折伏故常應自知故如經汝等比丘當自摩頭故二者於餘處莊嚴不受用故如經已捨飾好故三者於衣服屨對治為好心故如經著壞色衣故四者自受用具常自持故如經執持應器故五者於內外受用事不作餘生過方便故及自調伏故如經以乞自活故六者

智慧成就常自觀察故如經自見如是故七者對治成就遠離微起故如經若走憍慢當疾滅之故餘者明何義故亦現挍量自降伏者不應起憍慢故障身先後際功德故如經增長憍慢尚非世俗如是等故次說第三障對治

經曰汝等比丘諂曲之心與道相違是故宜應質直其心當知諂曲但為欺誑入道之人則無是處是故汝等宜當端心以質直為本

論曰第三障對治者亦現根本直心遠離諂曲煩惱障於口意中自違遠彼故如經汝等比丘諂曲之心與道相違故復亦違道障對治故如經是故宜應質直其心故又復相違法道分時中不應有故如經當知諂曲但為欺誑入道之人則無是處故是中欺誑者心口俱時不實用故餘者亦現直心是道心本故如經是故汝等宜當端心以質直為本故已說修集世間功德分次說修集出世間大人功德分大人功德分有八種一切大人常用此以自覺察故長養成就方便畢竟故

經曰汝等比丘當知多欲之人多求利故苦惱亦多少欲之人無求無欲則無此患直介少欲尚應修集何況少欲能生諸功德少欲之人則無諂曲以求人意亦復不為諸根所牽行少欲者心則坦然無所憂畏觸事有餘常無不足有少欲者則有涅槃是名少欲

論曰是中第一大人成就無求功德知覺多欲過故於中說所知覺有五種相一者知覺障相謂煩惱業苦三種障故如經汝等比丘當知多欲之人多求利故苦惱亦多故此亦迴轉不息故二者知覺治相成就遠離三種妄想故如經少欲之人無求無欲則無此患故三者知覺因果集起相成就無量行故如經直介少欲尚應修集何況少欲能生諸功德故四者知覺無諸障畢竟相三障畢竟故如經少欲之人則無諂曲以求人意亦復不為諸根所牽故五者知覺果成就相般若等三種功德果成就故如經行少欲者心則坦然無所憂畏觸事有餘常無不足有少欲者則有涅槃是名少欲故復次說第二大人知覺功德

經曰汝等比丘若欲脫諸苦惱當觀知足知足之法即是富樂安隱之處知足之人雖卧地上猶為安樂不知足者雖處天堂亦不稱意不知足者雖富而貧知足之人雖貧而富不知足者常為五欲所牽為知足者之所憐愍是名知足

論曰第二大人知覺功德者成就知足行故對治苦因果故如經汝等比丘若欲脫諸苦惱當觀知足故是中惱者亦現煩惱過從苦生故復說清淨因果成就治法故如經知足法即是富樂安隱之處故若如是者二種知覺云何差別此中亦現初知覺者遠離他境界事故知足者於自事中遠離故復次有三種差別亦現知足不知足故一者於何等何等處受用差別故二者於何等何等事受用差

別故三者於何等何等法中無自利有自他利差別故如經知足之人雖臥地上如是等如經應知次說第三大人遠離功德

經曰汝等比丘若求寂靜無為安樂當離憒閙獨處閑居靜處之人帝釋諸天所共敬重是故當捨己衆他衆空閑獨處思滅苦本若樂衆者則受衆惱譬如大樹衆鳥集之則有枯折之患世間縛著沒於衆苦如老象溺泥不能自出是為遠離

論曰第三大人遠離功德於中三門攝義應知一者自性遠離門體出故二者修習遠離門方便出故三者受用諸見門常縛故自性遠離門者亦現四種對治一者我相執著障此障對治如經汝等比丘若求寂靜無為安樂故於中寂靜者亦法無我空故無為者無相空故安樂者無取捨願空故二者我所障五衆亂起無次第故此障對治如經當離憒閙故三者彼二無相障此障對治如經獨處閑居故四者無為首功德障以其天可

重法故此障對治如經靜處之人帝釋諸天所共敬重故修習遠離門者遠離我我所不復集生故如經是故當捨己衆他衆故方便慧成就如法如住故如經空閑獨處故善擇智成就遠離起因故如經思滅苦本故受用諸見門者樂集我我所生起自他心境相惱故如經若樂衆者則受衆惱故諸見集生生已自害大樹相似法故如經譬如大樹衆鳥集之則有枯折之患故復亦无出離相煩惱業深生故老象溺泥相似法故如經世間縛著沒於衆苦如老象溺泥不能自出是為遠離故次說第四大人不疲惓功德

經曰汝等比丘若勤精進則事無難者是故汝等當勤精進譬如小水常流則能穿石若行者之心數數懈廢譬如鑽火未熱而息雖欲得火火難可得是名精進

論曰是中不疲惓者亦現不同外道精進故於一切法一切行善趣故成就不退轉故如經汝等比丘若勤精

進則事無難者故以能成就不退須修習長養故如經是故汝等當勤精進故復以譬喻顯亦不休息精進成就有力故如經譬如小水常流則能穿石故次說懈怠過不能常精進念處退失不成就心慧故依譬喻顯亦應知如經若行者之心數數懈廢如是等故次說第五大人不忘念功德

經曰汝等比丘求善知識求善護助無如不忘念者若有不忘念者諸煩惱賊則不能入是故汝等常當攝念在心若失念者則失諸功德若念力堅強雖入五欲賊中不為所害譬如著鎧入陣則无所畏是名不忘念

論曰第五大人不忘念功德者亦現是一切行上首故能破無始重怨故於中一切行者略說三種一者求聞法行如經汝等比丘求善知識故二者內善思惟行如經求善護故三者求如法修行如經求善助故復亦此等行中為首為勝故如經無如不忘念者故能遮無始重怨不害三種善根故如經若有不忘念者諸煩惱賊

則不能入故煩惱者亦心相中惑亂故賊者從外集生過故復亦勸修令初後念成就亦現遮无始心故如經是故汝等常當攝念在心故無始終故失念成就多過故如經若失念者則失諸功德故又成就多功德隨順世間門集諸行故如經若念力堅強雖入五欲賊中不為所害故念力強故勇健無畏入陣相似法故如經辟如著鎧入陣則無所畏是名不忘念故次說第六大人禪定功德

經曰汝等比丘若攝心者心則在定心在定故能知世間生滅法相是故汝等常當精進勤集諸定若得定者心則不散辟如惜水之家善治堤塘行者為智慧水故善修禪定令不漏失是名為定

論曰大人禪定功德者謂八種禪定等因攝念生故如經汝等比丘若攝心者心則在定故云何攝心能生禪定亦現攝偏所行處心行對治緣故次及中濡取事心行對治緣故此三種緣處對治成時則近禪定故禪定

成就有方便果用故如經心在定故能知世間生滅法相故又懈怠無修集方便障故如經是故汝等常當精勤修集諸定故是中懈怠有三種一者不安隱懈怠二者無味懈怠三者不知恐怖懈怠云何修集一一對治亦現精進修集節量食卧及調阿那波那故精勤修集覺知諸定有通慧功德及盡苦原故大希有事故精進修集觀察生老病死苦及四惡趣苦我未能離故是三障對治故復修習功德成就無所對治故如經若得定者心則不散故又以辟喻亦善修功德上上增長故如經應知次說第七大人智慧功德

經曰汝等比丘若有智慧則無貪著常自省察不令有失是則於我法中能得解脫若不尒者既非道人又非百衣無所名也實智慧者則是度老病死海堅牢船也亦是無明黑暗大明燈也一切病者之良藥也伐煩惱樹之利斧也是故汝等當以聞思修慧而自增益若人有智慧之照雖是

肉眼而是明見之人是為智慧

論曰是中智慧功德者於真實義處障及世間事處障能遠離故如經汝等比丘若有智慧則無貪著故於一切時常修心慧故以其難得故如經常自省察不令有失故復亦難得能得於第一義處遠離故如經是則於我法中能得解脫故復亦非自性慧不入出世及世間中故非施設故如經若不尒者既非道人又非白衣無所名也故又以四種辟喻顯亦四種功德聞思修證故如經應知言實智慧者亦實能對治故於四種功德中第四功德自利益最勝義故又四種修學功德於分內處而有覺照故如經若人有智慧之照雖是肉眼而是明見人也是為智慧故已說長養方便功德次說大人成就畢竟功德

經曰汝等比丘若種種戲論其心則乱雖復出家猶未得脫是故比丘當急捨離乱心戲論若汝欲得寂滅樂者惟當速滅戲論之患是名不戲論

論曰大人成就畢竟功德者亦現自

性遠離非對治法故四種差別智障法分別可分別故如經汝等比丘若種種戲論其心則乱故修道智非自性故如經雖復出家猶未得脫故餘者二句觀修遠離成就無戲論故一者有對相遠離有彼彼功德相故如經是故比丘當急捨離乱心戲論故二者無對相遠離無彼彼功德相故如經若汝欲得寂滅樂者惟當速滅戲論之患故亦現行成就體性異故如經是名不戲論故已說成就出世間大人功德分次說顯示畢竟甚深功德分

經曰汝等比丘於諸功德常當一心捨諸放逸如離怨賊大悲世尊所欲利益皆已究竟汝等但當勤而行之若於山間若空澤中若在樹下閑處靜室念所受法勿令忘失常當自勉精進修之無為空死後致有悔我如良醫知病說藥服與不服非醫咎也又如善導導人善道聞之不行非導過也

論曰顯示畢竟甚深功德者有二種畢竟顯亦二種甚深功德故一者如來分別說法畢竟功德顯亦非分別說法甚深功德常說故二者修行菩薩修世間功德畢竟顯亦餘者甚深功德常修故此二種修行功德如上一一種中各修二種功德應知是中常修功德者第一義心修故如經汝等比丘於諸功德常當一心故遠離一心相似相違行如怨故如經捨諸放逸如離怨賊故無限齊大悲常利益限齊畢竟故如經大悲世尊所欲利益皆已究竟故次復廣說常修功德有七種修相一者云何修亦現常勤行故如經汝等但當勤而行之故二者於何處修亦無事處故如經若於山間若空澤中若在樹下閑處靜室故三者何所修亦修真實無二念法故如經念所受法故四者何故修修令現前故如經勿令忘失故五者以何方便修如經常當自勉精進修之故六者於相似法處蘇息遠離上上心故如經無為空死故七者於晚時自知有餘悔不及事故如經後致有悔故次廣說如來分別說法功德畢竟亦現二種畢竟相一者說化法畢竟相應無餘故如經我如良醫知病說藥服與不服非醫咎也故二者與念畢竟度法相應無餘故如經又如善導導人善導聞之不行非導過也故是中服與不服等亦現如來於二種畢竟中無過失故不負衆生世間法故次說顯亦入證決定分

經曰汝等若於苦等四諦有所疑者可疾問之無得懷疑不求決也尒時世尊如是三唱人無問者所以者何衆無疑故時阿㝹樓馱觀察衆心而白佛言世尊月可令熱日可令冷佛說四諦不可令異佛說苦諦實苦不可令樂集真是因更無異因苦若滅者即是因滅因滅故果滅滅苦之道實是真道更無餘道世尊是諸比丘於四諦中決定無疑

論曰入證決定者亦現於所證法中成就決定無所疑故是中有三門攝義亦現決定無疑一者方便顯發門二者滿足成就門三者分別說門方

便顯發門者亦現於諸實法處顯發故以彼法是修行者當觀察及依之起行故如經汝等若於苦等四諦故於四諦中有作無作法亦現有疑無疑分齊故如經有所疑者可疾問之無得懷疑不求決也故疾問者亦二種將畢竟故如向已說二種畢竟事故無得懷疑者於見有作無作諦處及修行有作諦處彼二相違處皆不得疑故滿足成就門者有三種亦現一者亦現法輪滿足成就三轉實法故如經尒時世尊如是三唱故二者亦現證法滿足成就如經人無問者故三者亦現斷功德滿足成就如經所以者何衆無疑故分別說門者亦現彼衆上首知大衆心行成就決定復了知所證實義故分別說彼事荅如來故如經時阿㝹樓馱觀察衆心如是等故日月冷熱者亦於四諦中違順觀行不可異故實苦不可令樂者以佛說故苦樂各實不變異故更無異因者亦苦滅各自因故復亦滅道同是自性觀故決定者苦樂因

果入行決定故無疑者無異無餘義故已說顯亦入證決定分次說分別未入上上證為斷疑分

經曰於此衆中所作未辦者見佛滅度當有悲感若有初入法者聞佛所說即皆得度辟如夜見電光即得見道若所作已辦已度苦海者但作是念世尊滅度一何疾哉

論曰分別未入上上證者有三種分別顯亦未入上上法故一者於有作諦修分時中未入上上法故如經於此衆中所作未辦者見佛滅度當有悲感故二者於無作諦見道時中速決定故亦現不同修分法故去上上法轉遠故如經若有初入法者聞佛所說即皆得度故復以辟喻亦現見道速決定義應知如經辟如夜見電光即得見道故三者於彼二相違無功用無學道中於上上法界有微細疑故復有異義於自地中見佛速滅故如經若所作已辦已度苦海者但作是念世尊滅度一何疾哉故次說為斷彼彼疑故

經曰阿㝹樓馱雖說衆中皆悉了達四聖諦義世尊欲令此諸大衆皆得堅固以大悲心復為衆說汝等比丘勿懷悲惱若我住世一劫會亦當滅會而不離終不可得自利利人法皆具足若我久住更无所益應可度者若天上人間皆悉已度其未度者皆亦已作得度因緣自今已後我諸弟子展轉行之則是如來法身常在而不滅也

論曰是中斷疑者斷彼勝分疑故於自地中先所成就故如經阿㝹樓馱雖說衆中皆悉了達四聖諦義故復令上上成就於彼所得究竟不退故是如來悲心溥至故不護上上法故如經世尊欲令此諸大衆皆得堅固以大悲心復為衆說故去何說說有為功德自他俱滅故自他者說聽差別故如經汝等比丘勿懷悲惱若我住世一劫會亦當滅會而不離終不可得故復說法門常住不滅故如經自利利人法皆具足故又說他利事畢竟無復所作故如經若我久住更

無所益故又說於彼彼衆中自利事畢竟無復所作故如經應可度者若天上人間皆悉已度故又說未修集者依不滅法門能作得度因緣故如經其未度者皆亦已作得度因緣故復有異義於上上法中未得度者住常住法門度故又說住持不壞功德於中有二一者於因分中住持不壞常修故不斷修故如經自今已後我諸弟子展轉行之故二者於果分中住持不壞常顯故如經則是如來法身常在而不滅也故此二種住持不壞功德亦現上上法能斷疑應知次重說有為功德無常相故

經曰是故當知世皆無常會必有離勿懷憂也世相如是當勤精進早求解脫以智慧明滅諸癡暗世實危脆無牢強者我今得滅如除惡病此是應捨罪惡之物假名為身沒在老病生死大海何有智者得除滅之如煞怨賊而不歡喜

論曰是中何故重說有為功德无常相者亦現於此處勸修世間生猒離

行故於有為相中得脫故如經是故當知世皆無常乃至早求解脫故又亦無我如實觀成就能滅我我所見根本故如經以智慧明滅諸癡暗故陰等諸法實不實故如經世實危脆無牢強者故又亦如來是度世大師為成可患故如經我今得滅如除惡病故又說異可猒患相惟智能滅故亦現勸修智滅對故得无對法現前故如經此是罪惡之物如是等故次說離種種自性清淨無我分

經曰汝等比丘常當一心勤求出道一切世間動不動法皆是敗壞不安之相汝等且止勿得復語時將欲過我欲滅度是我最後之所教誨

論曰是中種種自性者於五陰法中作種種見患故妄想自性障故此障對治如經汝等比丘常當一心故復以一心如實慧難可得故如經勤求出道故又亦除如實慧所有相對法患無常故亦現名相等法應知如經一切世間動不動法皆是敗壞不安之相故於中動不動者謂三界相靜

乱差別故清淨无我者亦現於甚深寂滅法中寂滅故如經汝等且止如是等故且止勿語者勸亦三業无動故是寂滅無我相應器故最後教誨者正顯遺教義故是遺教義於住持法中勝以其遺教故

遺教經論

卍

遺教經論

校勘記

一　底本，金藏廣勝寺本。

一　二八八頁中一行末字「論」，石、麗作「論一卷」。

一　二八八頁中三行譯者，石作「陳天竺三藏真諦譯」；資、磧、普、南、徑、清作「陳天竺三藏法師真諦譯」。

一　二八八頁中一一行「修集」，徑、清作「修習」，下同。

一　二八八頁中一六行首字「釋」，磧、普、南、徑、清作「經曰釋」。

一　二八九頁上一七行末字「次」，徑、清作「二」。

一　二八九頁上一八行第一三字「三」，石作「三種」。

一　二八九頁上二二行首字「對」，徑、清作「初修習對」。

一　二八九頁中一一行第一一字「依」，資、磧、普、南、徑、清、麗無。

一　二八九頁中一二行「解脫」，石、麗作「解脫說」。

一　二八九頁中二一行「經已」，石、麗作「已說」。

一　二九〇頁上五行「畜生」，資、磧、普、南、徑、清作「畜畜生」。

一　二九〇頁中一三行第一二字「二」，石作「三」。

一　二九〇頁中一八行第九字「嘍」，資、磧、普、南、徑、清作「蝶」。

一　二九〇頁中二〇行「不應作」，資、磧、普、南、徑、清作「所不應」。

一　二九〇頁下三行第八字「此」，資、磧、普、南、徑、清作「此障」。

一　二九〇頁下五行第九字「謂」，資、磧、普、南、徑、清作「謂供」。

一　二九〇頁下一六行第二字「趣」，資、磧、普、南、徑、清作「所」。

一　二九〇頁下二二行第八字「故」，資、磧、普、南、徑、清無。

一　二九一頁上一行第六字「者」，資、磧、普、南、徑、清無。

一　二九一頁上九行第一〇字「成」，資、磧、普、南、徑、清、麗作「成就」。

一　二九一頁上一八行及同頁中七行「住處」，資、磧、普、南、徑、清作「之所住處」。

一　二九一頁中九行「對治修集」，資、磧、普、南作「修集對治」；徑、清作「修習對治」。

一　二九一頁中一九行「坑陷」，徑、清作「坑埳」。

一　二九一頁下三行「復示」，資、磧、普、南、徑、清作「復次」。

一　二九一頁下六行第三字「根」，諸本作「相」。

一　二九一頁下一〇行第一三字「滅」，資、磧、普、南、徑、清作「減」。

一　二九一頁下一二行「對治」，諸本作「難對治」。

一　二九一頁下一四行第一〇字「治」，麗無。

一　二九一頁下一六行第八字「陷」，資、磧、普、南、徑、清作「埳」。

一 二九二頁上一一行「動轉」，徑、清作「譬如有人手執蜜器動轉」。

一 二九二頁上一三行及同頁中一二行「獲猴」，石作「獼猴」。

一 二九二頁中九行第一三字「思」，諸本作「畏」。

一 二九二頁中一一行第一三字「輕」，諸本作「轉」。

一 二九二頁中一三行第七字「瞖」，資、磧、普、南、徑、清作「瞎」。

一 二九二頁中末行第三字「說」，石作「已說」。

一 二九二頁下四行第九字，二九三頁上二行首字以及七行第一三字「取」，資、磧、普、南、徑、清、麗作「趣」。

一 二九二頁下一〇行第一〇字「達」，資、磧、普、南、徑、清作「遠」。

一 二九三頁上二二行及下九行「併除」，石作「摒除」。

一 二九三頁上末行「而睡是」，原有描摹墨迹；石、資、磧、普、南、徑、清作「而眠是」。

一 二九三頁中一一行第三字「人」，資、磧、普、南、徑、清作「人也」。

一 二九三頁中一〇行第二字「動」，諸本作「種」。

一 二九三頁下一二行第一一字「眠」，徑作「睡」。

一 二九三頁下末行第四字「道」，資、磧、普、南、徑、清作「道道」。

一 二九四頁上二行第五字「不」，資、磧、普、南、徑、清作「無」。

一 二九四頁上八行第二字「破」，資、磧、普、南、徑、清作「則破」。

一 二九四頁中四行第六字「種」，資、磧、普、南、徑、清作「種苦」。

一 二九四頁中五行第一三字「淨」，諸本作「清淨」。

一 二九四頁中六行「大人」，資、磧、普、南、徑、清作「丈夫」。

一 二九四頁中一二行第一一字「受」，資、磧、普、南、徑、清作「受用」。

一 二九四頁中二〇行末字「護」，資、磧、普、南、徑、清無。

一 二九四頁下二〇行首字「心」，石、麗無。

一 二九四頁下二〇行第一二字「自」，石、麗作「自已」。

一 二九五頁上一三行第七字「障」，石、麗作「障故」。

一 二九五頁上二二行「次說修集」，徑、清作「三說成就」。

一 二九五頁下一行第三字「般」，資、磧、普、南、徑、清作「彼」。

一 二九五頁下四行「故復」，資、磧、普、南、徑、清無。

一 二九五頁下一七行第一三字「法」，石、麗作「之法」。

一 二九六頁上一〇行第一一字「如」，資、磧、普、南、徑、清作「譬如」。

一 二九六頁中一四行第一二字「大」，石作「天」。

一 二九七頁上三行第一〇字「始」，石、麗作「始終」。

一 二九七頁上一四行「精進勤集」，

石、麗作「精勤修集」；徑、清作「精進勤習」。

一 二九七頁上一六行「行者」，資、磧、普、南、徑、清作「行者亦爾」。

一 二九七頁中一九行首字「百」，諸本作「白」。

一 二九七頁下一行第八字「人」，石、麗作「人也」。

一 二九七頁下一八行「大人」，徑、清作「第八大人」。

一 二九八頁上五行第四字「觀」，石、麗作「勤」；資、磧、普、南、徑、清作「勸」。

一 二九八頁上一二行第七字「次」，徑、清作「四」。

一 二九八頁上一五行及中一一行「所欲」，資、磧、普、南、徑、清作「所説」。

一 二九八頁中一三行末字「常」，資、磧、普、南、徑、清作「常修」。

一 二九八頁下六行第七字「導」，諸本作「道」。

一 二九八頁下九行第四字「次」，徑、清作「五」。

一 二九九頁上二行第九字「當」，資、磧、普、南、徑、清作「常所」。

一 二九九頁上八行「有作」，麗無。

一 二九九頁中二行第一一字「次」，徑、清作「六」。

一 二九九頁中一九行第一一字「界」，資、磧、普、南、徑、清作「境界」。

一 二九九頁下一行第八字「説」，資、磧、普、南、徑、清作「説此語」。

一 二九九頁下一七行第一三字「説」，資、磧、普、南、徑、清無。

一 三〇〇頁上六行末字「住」，資、磧、普、南、徑、清、麗作「依」。

一 三〇〇頁上八行第四字「二」，石、資、磧、普、南、徑、清作「二種」。

一 三〇〇頁上一二行第二字「常」，資、磧、普、南、徑、清作「常住」。

一 三〇〇頁上一三行第九字「能」，資、磧、普、南、徑、清無。

一 三〇〇頁上一六行第四字「也」，資、磧、普、南、徑、清作「惱」。

一 三〇〇頁中七行首字「爲」，資、磧、普、南、徑、清作「證」。

一 三〇〇頁中八行第五字「異」，資、磧、普、南、徑、清作「異異」。

一 三〇〇頁中一〇行末字「次」，徑、清作「七」。

一 三〇〇頁下末行末字「論」，石作「論一卷」。

無量壽經優波提舍願生偈　虚

婆藪槃豆菩薩造

元魏天竺三藏菩提流支譯

世尊我一心　歸命盡十方　無导光如来　願生安樂國
我依修多羅　真實功德相　說願偈總持　與佛教相應
觀彼世界相　勝過三界道　究竟如虛空　廣大無邊際
正道大慈悲　出世善根生　淨光明滿足　如鏡日月輪
備諸珎寶性　具足妙莊嚴　無垢光焰熾　明淨曜世間
寶性功德草　柔軟左右旋　觸者生勝樂　過迦旃隣陁
寶華千萬種　弥覆池流泉　微風動華葉　交錯光亂轉
宮殿諸樓閣　觀十方無导　雜樹異光色　寶欄遍圍繞
无量寶交絡　羅網遍虛空　種種鈴發響　宣吐妙法音
雨華衣莊嚴　无量香普熏　佛慧明淨日　除世癡闇冥
梵聲語深遠　微妙聞十方　正覺阿弥陁　法王善住持
如来淨華衆　正覺華化生　愛樂佛法味　禪三昧為食
永離身心惱　受樂常无間　大乘善根界　等無譏嫌名
女人及根缺　二乘種不生　衆生所願樂　一切能滿足
故我願往生　阿弥陁佛國
無量大寶王　微妙淨花臺　相好光一尋　色像超群生
如来微妙聲　梵響聞十方　同地水火風　虛空無分別
天人不動衆　清淨智海生　如須弥山王　勝妙無過者
天人丈夫衆　恭敬繞瞻仰　觀佛本願力　遇無空過者
能令速滿足　功德大寶海　安樂國清淨　常轉無垢輪
化佛菩薩日　如須弥住持　無垢莊嚴光　一念及一時
普照諸佛會　利益諸群生　雨天樂花衣　妙香等供養
讚佛諸功德　無有分別心　何等世界無　佛法功德寶
我皆願往生　亦佛法如佛　我作論說偈　願見弥陁佛
普共諸衆生　往生安樂國

無量壽修多羅章句我以偈總說竟

論曰此願偈明何義觀安樂世界見阿弥陁佛願生彼國土故云何觀云何生信心若善男子善女人修五念門成就者畢竟得生安樂國土見彼阿弥陁佛何等五念門一者礼拜門二者讚歎門三者作願門四者觀察門五者迴向門云何礼拜身業礼拜阿弥陁如来應正遍知為生彼國意

故云何讚歎口業讚歎稱彼如来名如彼如来光明智相如彼名義欲如實修行相應故云何作願心常作願一心專念畢竟往生安樂國土欲如實修行奢摩他故云何觀察智慧觀察正念觀彼欲如實修行毗婆舍那故彼觀察有三種何等三種一者觀察彼佛國土功德莊嚴二者觀察阿弥陁佛功德莊嚴三者觀察彼諸菩薩功德莊嚴云何迴向不捨一切苦惱衆生心常作願迴向為首成就大悲心故云何觀察彼佛國土功德莊嚴彼佛國土功德莊嚴者成就不可思議力故如彼摩尼如意寶性相似相對法故觀察彼佛國土功德莊嚴者有十七種事應知何者十七一者清淨功德成就二者量功德成就三者性功德成就四者形相功德成就五者種種事功德成就六者妙色功德成就七者觸功德成就八者莊嚴功德成就九者雨功德成就十者光明功德成就十一者聲功德成就十二者主功德成就十三者眷屬功

德成就十四者受用功德成就十五者無諸難功德成就十六者大義門功德成就十七者一切所求功德成就清淨功德成就者偈言觀彼世界相勝過三界道故量功德成就者偈言究竟如虛空廣大無邊際故性功德成就者偈言正道大慈悲出世善根生故形相功德成就者偈言淨光明滿足如鏡日月輪故種種事功德成就者偈言備諸珍寶性具足妙莊嚴故妙色功德成就者偈言無垢光燄熾明淨曜世間故觸功德成就者偈言寶性功德草柔軟左右旋觸者生勝樂過迦旃隣陁故莊嚴功德成就者有三種應知何等三一者水二者地三者虛空莊嚴水者偈言寶華千万種弥覆池流泉微風動華葉交錯光乱轉故莊嚴地者偈言宮殿諸樓閣觀十方無导雜樹異光色寶欄遍圍繞故莊嚴虛空者偈言無量寶交絡羅網遍虛空種種鈴發響宣吐妙法音故雨功德成就者偈言雨華衣莊嚴無量香普熏故光明功德

成就者偈言佛慧明淨日除世癡闇冥故妙聲功德成就者偈言梵聲語深遠微妙聞十方故主功德成就者偈言正覺阿弥陁法王善住持故眷屬功德成就者偈言如來淨華衆正覺華化生故受用功德成就者偈言愛樂佛法味禪三昧為食故無諸難功德成就者偈言永離身心惱受樂常無間故大義門功德成就者偈言大乘善根界等無譏嫌名女人及根缺二乘種不生故淨土果報離二種譏嫌過應知一者體二者名體有三種一者二乘人二者女人三者諸根不具人無此三過故名離體譏嫌名亦三種非但無三體乃至不聞二乘女人諸根不具三種名故名離名譏嫌等者平等一相故一切所求功德滿足成就者偈言衆生所願樂一切能滿足故略說彼阿弥陁佛國土莊嚴十七種功德亦現如來自身利益大功德力成就利益他功德成就故彼無量壽佛土莊嚴第一義諦妙境界十六句及一句次第說應知

云何觀佛功德莊嚴成就觀佛功德莊嚴成就者有八種應知何等八種一者座莊嚴二者身莊嚴三者口莊嚴四者心莊嚴五者衆莊嚴六者上首莊嚴七者主莊嚴八者不虛作住持莊嚴

何者座莊嚴偈言無量大寶王微妙淨華臺故何者身莊嚴偈言相好光一尋色像超群生故何者口莊嚴偈言如來微妙聲梵響聞十方故何者心莊嚴偈言同地水火風虛空無分別故無分別者無分別心故何者衆莊嚴偈言天人不動衆清淨智海生故何者上首莊嚴偈言如須弥山王勝妙無過者故何者主莊嚴偈言天人丈夫衆恭敬繞瞻仰故何者不虛作住持莊嚴偈言觀佛本願力遇無空過者能令速滿足功德大寶海故即見彼佛未證淨心菩薩畢竟得平等法身與淨心菩薩無異淨心菩薩與上地諸菩薩畢竟同得寂滅平等故略說八句亦現如來自利利他功德莊嚴次第成就應知

云何觀菩薩功德莊嚴成就觀菩薩功德莊嚴成就者觀彼菩薩有四種正修行功德成就應知何等爲四一者於一佛土身不動搖而遍十方種種應化如實修行常作佛事偈言安樂國清淨常轉無垢輪化佛菩薩日如須彌住持故開諸衆生淤泥華故二者彼應化身一切時不前不後一心一念放大光明悉能遍至十方世界教化衆生種種方便修行所作滅除一切衆生苦故偈言無垢莊嚴光一念及一時普照諸佛會利益諸群生故三者彼於一切世界無餘照諸佛會大衆無餘廣大無量供養恭敬讚歎諸佛如來偈言雨天樂華衣妙香等供養讚佛諸功德無有分別心故四者彼於十方一切世界無三寶處住持莊嚴佛法僧寶功德大海遍示令解如實修行偈言何等世界無佛法功德寶我皆願往生示佛法如佛故

又向說佛國土功德莊嚴成就佛功德莊嚴成就菩薩功德成就此三種

成就願心莊嚴略說入一法句故一法句者謂清淨句清淨句者謂眞實智慧無爲法身故此清淨有二種應知何等二種一者器世間清淨二者衆生世間清淨器世間清淨者向說十七種佛國土功德莊嚴成就是名器世間清淨衆生世間清淨者如向說八種佛功德莊嚴成就四種菩薩功德莊嚴成就是名衆生世間清淨如是一法句攝二種清淨應知

如是菩薩奢摩他毗婆舍那廣略修行成就柔軟心如實知廣略諸法如是成就巧方便迴向何者菩薩巧方便迴向菩薩巧方便迴向者謂說禮拜等五種修行所集一切功德善根不求自身住持之樂欲拔一切衆生苦故作願攝取一切衆生共同生彼安樂佛國是名菩薩巧方便迴向成就菩薩如是善知迴向成就遠離三種菩提門相違法何等三種一者依智慧門不求自樂遠離我心貪著自身故二者依慈悲門拔一切衆生苦遠離無安衆生心故三者依方便門

憐愍一切衆生心遠離供養恭敬自身心故是名遠離三種菩提門相違法故菩薩遠離如是三種菩提門相違法得三種隨順菩提門法滿足故何等三種一者無染清淨心不以爲自身求諸樂故二者安清淨心以拔一切衆生苦故三者樂清淨心以令一切衆生得大菩提故以攝取衆生生彼國土故是名三種隨順菩提門法滿足應知

向說智慧慈悲方便三種門攝取般若般若攝取方便應知

向說遠離我心不貪著自身遠離無安衆生心遠離供養恭敬自身心此三種法遠離障菩提心應知

向說無染清淨心安清淨心樂清淨心此三種心略一處成就妙樂勝眞心應知

如是菩薩智慧心方便心無障心勝眞心能生清淨佛國土應知是名菩薩摩訶薩隨順五種法門所作隨意自在成就如向所說身業口業意業智業方便智業隨順法門故復有五

種門漸次成就五種功德應知何者
五門一者近門二者大會衆門三者
宅門四者屋門五者園林遊戲地門
此五種門初四種門成就入功德第
五門成就出功德入第一門者以礼
拜阿弥陁佛爲生彼國故得生安樂
世界是名入第一門
入第二門者以讃歎阿弥陁佛隨順
名義稱如来名依如来光明想修行
故得入大會衆數是名入第二門
入第三門者以一心專念作願生彼
修奢摩他寂靜三昧行故得入蓮華
藏世界是名入第三門
入第四門者以專念觀察彼妙莊嚴
修毗婆舍那故得到彼處受用種種
法味樂是名入第四門出第五門以
大慈悲觀察一切苦惱衆生示應化
身迴入生死園煩惱林中遊戲神通
至教化地以本願力迴向故是名出
第五門菩薩入四種門自利行成就
應知菩薩出第五門利益他迴向行
成就應知菩薩如是修五門行自利
利他速得成就阿耨多羅三藐三菩

無量壽經論　第十張　虛

提故

無量壽經論一卷

大乘善根界　天台智者即曰界字乃男字之錯則宜改作而諸本家皆作界字故今存之

甲辰歲高麗國大藏都監奉勅雕造

無量壽經論　第十一張　虛

無量壽經優波提舍願生偈

校勘記

一　底本，麗藏本。

一　三〇四頁上一行經名，石作「無量壽經優波提舍一卷」；資作「無量壽優波提舍經八」；磧、普、南、徑、清作「無量壽經優波提舍」。

一　三〇四頁上二行著者，石作「天親菩薩造」。

一　三〇四頁上三行第六字「藏」，資、磧、普、南、徑、清作「藏法師」。

一　三〇四頁上三行後，資、磧、普、南、徑、清有「無量壽經優波提舍願生偈」一行。

一　三〇四頁上一七行第八字及次頁中二行末字「語」，資、磧、普、南、徑、清作「悟」。

一　三〇四頁上二〇行第六字「受」，徑、清作「愛」。

一　三〇四頁中一二行及三〇六頁上二〇行「皆願」，資、磧、普、南、徑、清作「願皆」。

一　三〇四頁中一五行第一一字「偈」，資、磧、普、南、徑、清作「偈頌」。

一　三〇四頁中二〇行末字、二一行第五字、第一〇字，二二行首字及第六字「門」，資、磧、普、南、徑、清無。

一　三〇四頁中末行第三字「陁」，資、磧、普、南、徑、清作「陀佛」。

一　三〇四頁下四行第七字「住」，石作「往」。

一　三〇四頁下一〇行第一〇字「不」至一二行第二字「心」共二二字，資、磧、普、南、徑、清作「於彼觀察一切世間苦惱衆生同願生彼安樂國土願心所有功德善根以巧方便作願迴向攝取衆生不捨一切世間」。

一　三〇四頁下一三行「成就」，資、磧、普、南、徑、清無。

一　三〇四頁下一七行第九字及次頁上五行第八字「量」，石、資、磧、普、南、徑、清作「無量」。

一　三〇四頁下末行末字「功」，磧、普作「次」。

一　三〇五頁中一行末字至二行首字「闇冥」，資、磧、普、南作「冥闇」。

一　三〇五頁中一五行第二字「三」，資、磧、普、南、徑、清作「有三」。

一　三〇五頁中二二行第六字「土」，資、磧、普、南、徑、清作「國土」。

一　三〇五頁中末行首字「界」，資、磧、普、南、徑、清作「界相」。

一　三〇五頁中末行第七字「向」，石無。

一　三〇六頁上一六行第六字「佛」，徑作「歎」。

一　三〇六頁上末行第一〇字「成」，資、磧、普、南、徑、清作「莊嚴成」。

一　三〇六頁中四行第五字「種」，資、磧、普、南、徑、清無。

一　三〇六頁下五行「不以」，資、磧、普、南、徑、清作「以不」。

一　三〇七頁上九行第一二字「想」，資、磧、普、南、徑、清作「知相」。

一　三〇七頁上一六行第一三字「門」，資、磧、普、南、徑、清作「門者」。

一　三〇七頁上一七行第一二字「亦」，資、磧、普、南、徑、清作「示」。

一　三〇七頁中一行後，磧、普、南、徑、清有「無量壽修多羅優波提捨願生偈略解義竟」一行。

一　三〇七頁中二行經名，資作「無量壽修多羅優波提舍願生偈略解義竟無量壽經論」；磧、普、南、徑、清作「無量壽經優波捨舍」。

一　三〇七頁中經名後附記「大……之」共三十四字，石、磧、普、南、徑、清無。

涅槃經本有今無偈論一卷　虛

天親菩薩造
陳世真諦三藏於廣州譯

涅槃經三世義

解純陁疑問論曰多弟子已成熟純陁未成熟佛為純陁未成熟故顯示大般涅槃講說大經受大功德為成熟故來拘尸那城云何純陁而有疑心有二因緣一見同相未見別相生疑心二見別相不見同相故起疑心者如還見杌疑為是人為是杌若見烏鳥集上鹿從其下過知是杌非人若見舉手挽衣者知人非杌別相不見同相生疑心者如空不共相是常住如見地不共相是無常聲聞者不共相於聲聞不共相生疑為同空是常住為同地是無常凡夫為同相故起疑心聲聞緣覺為別相故起疑心凡夫為有生法故起疑心聲聞緣覺為無生法故起疑心純陁不為此二種故起疑心為欲利益衆生故生此疑如此大菩薩那得於佛生疑於此大會大有外道聚集有外道說佛死而更生復有說如燈盡火滅復有說佛滅後有盡有不盡為釋此疑故佛說偈

本有今無　本無今有　三世有法
無有是處

佛為二乘故說偈煩惱生得聖修得凡夫性生得聖性修得煩惱縛生得解縛修得生死生得涅槃修得本生今修本是生今是修為二乘作此解說不謗大乘為大乘作此解說是謗大乘此是不相應大乘誰能令相應大乘是故我等依義選擇思惟義不依語言不選擇思惟語言為修行大乘者說過三種義顯了別義言本有今無本無今有三時有是三種義無有無有是處何故三種義不成就若本有今無者一切如來等則無解脫何以故性不定住故以前有後無故一切真有亦無真有俗有亦無何以故真有前後無異故俗有無本故是故真俗二義不成就於此二義不明了僧佉外道亦如是說因中有果辟

如乳有酪生酥等是增益僧佉等義若本無㝵現在時中誰能為障若汝思惟妨礙因緣和合為障者是義不然何以故前後無異故若今不障本時何故不障有何道理本不依因緣生後依那因緣滅所言本者以何法為本為初起為當相續為本若初起為本初不為因緣所生後如初亦不為因緣所生若如是說十二因緣法如如義皆悉已破則同外道說無因義若相續為本者相續亦不定何以故分分不定故云何相續為本是故一切有生之法說本無因如此說者則無道理本無今有者若前是無本而今有有者則無得解脫者前煩惱未起則是離解脫而後生煩惱則無解脫若前無今有者寂極無生當應得生如空生花若汝思惟一則無因是義不然何以故如屋與花二同是未有何故因緣生屋不因緣生花等是無故是義無道理若本無生而今得生則破本義是義不然何以故初生是本故若汝思惟因緣是初生則

非初是故生非是本是亦不然何以
故汝意欲破本有故欲立因緣本者
是說不過本故前未有法因云何生
若其生者為具足生為分分生若具
足生者為一時生為前後生若一時
生則因果同時不可分別若果後生
因在前滅誰生後果如煑熟鷄而復
作聲還生若具足者何用觀因若分
分生者亦同前失是故本無今有欲
安立因是義不然
三時有者無有是義若有是三世者
為一義遍三世為一一義各各三世
如此二義並皆不然何以故若一義
遍三世者不得一世有三何以故相
妨㝵故若義依時則過去未來分分
無窮若時依義義一故則無三世離
義故則無別時是故三時皆不成就
若一物遍三世者是物則不可說名
何以故一物二成就故若介生死涅
槃則是一若各各世有者三世各自
有如現世能生果過去未來何意不
能生若具能生則無一人得解脫者
若不能生過去未來誰斷果報言過

去未來是有者為體故說有為用故
說有若為體說有云何可破而為三
分若為用說有者過去滅未來未生
云何起用若汝思惟三世是有為能
說三世不為能說三世不為體說若
同有體一則有能二則無能是義不
然若汝思惟為時節有能不說能知
芭蕉一生果不能重生義亦不然何
以故義不定故此三時誰之所有若
有因生難則無窮若無因生則時節
義不成就若汝思惟未來是前現在
是中過去是後作三世者何以故未
來力逼出故現在現在力逼出過去
如恒河水未來水逼現在水現在水
逼過去水若一世成就則三世成就
是義不然何以故水是同時處所別
故故說三時三世有義是故不然無
無是處者如小乘說無是處如外道
說無是處破小乘外道如是偈義一
破邪義二立正義破邪義者依語言
說立正義者依於義說所言正義者
本有今有過於三世是名正義本有
今有者從初發心至得涅槃一味無

異不依生因不依滅因有則清淨凡
夫法不能染聖人法不能清淨若起
四重五逆不能令減若修慧斷惡不
能令增若有見得清淨眼若有見得
毒惡眼依方便則過語言道及一切
思惟不可說不可思惟攝受因果非
因非果是地非數量一時能分別是
諸佛如來境界生死涅槃是地逆順
故若逆是生死若順是涅槃地是前
際是後際是發心地是金剛後心地
破一切見清淨一切見一切衆生應
當受用如來一體寂歸依處攝受一
切寶是大涅槃過三世者為用說涅
槃功德何者過三世為生故分別三
世涅槃無生故不可分別三世者未
生得生已生即滅涅槃無滅故常住
是故自在以自在故是故寂樂為體
故說清淨為用故說常樂我自體故
清淨對生死故常樂我復次有二種
義若本有今有則是常見若過三世
則是斷見若二義待來離斷常是中
道如是俗諦真諦相待故有如是十
二因緣真實何以故離二邊是真十

二因緣若能善解即見如來現在於世是故如來說十二因緣是如來身於真俗二諦以不二故是十二緣真佛道如是偈有二義一則對因義斷於邪道二理得義顯亦實如是二義是如來乘依大智依大慈悲五常義一無窮常二無起常三恒在常四湛然常五無變常無窮常者有十一因無邊故常二衆生無邊故常三大悲無邊故常四四如意足無邊故常五慧无邊故常六恒在定故常七安樂清凉故常八行於世間八法不能染故常九甘露寂靜遠離四魔故常十性無生故常因无邊者無量劫來捨身命財為攝持正法正法既无邊際无窮盡此即以無窮之因得無窮之果果即三身也

二無起常者依前際非本無今有不為意生身所生故三恒在常者依彼際離不可思議死壞故四湛然常者依中際不為無明煩惱病所破壞故五無變常者過三際不為無漏業果報所變異故第三恒在離死第四湛

然離病第五無變者初地至如來地通名無窮從八地至如來名無起從九地至如來亦分得名為無變常者正論五義併在佛地

諸行無常　是生滅法　生滅滅已
寂滅為樂

三藏闍梨解旨云諸行無常者諸行即是色心諸行行於三世中也無常自有五義一失滅無常二相離無常三變異無常亦名迴轉無常四有分無常五自性無常所言失滅者如百年報盡壽命失滅也二相離無常者即是骨肉離散也三變異者如骨色初白後變為鴿色也迴轉者即轉白為鴿色四有分無常如根塵識三事未和合時名為本無無常已有還無名為滅壞即是已有還無无常根塵識共聚愁名為有分也五自性者為有前四義故名為自性無常也是生者是未來世生也滅法者是過去世已滅法也生滅者是現在世也而現在攝生滅者生而即滅故去生滅居現在也言寂滅為樂者若言滅法為

樂此義不然何以故為有現在滅是過去已滅法為殘以有殘故非樂也若滅現在生滅為樂者此事不然何以故為有未來生是現在世殘故有殘故非樂也若言未來生是常者此義不然生必有滅故非常也若能令未來應生法而不得生乃可為樂耳寂滅為樂即其義也上三句明生死有為法故無常後一句辨涅槃是無為法故常住

涅槃經本有今無偈論

癸卯歲高麗國大藏都監奉
勑雕造

涅槃經本有今無偈論一卷

校勘記

一　底本，麗藏本。

一　三〇九頁上一行經名，資作「涅槃本有今無偈」、「一卷」，磧、普、南、徑、清無。

一　三〇九頁上三行「真諦三藏」，資、磧、普、南、徑、清作「天竺三藏真諦」。

一　三〇九頁中一〇行第一〇字「二」，資、磧作「三」。

一　三〇九頁中一七行「無有」，資、磧、普、南、徑、清無。

一　三〇九頁下一九行第九字及二〇行第八字「屋」，資、磧、普、南、徑、清作「空」。

一　三一〇頁中一〇行第三字「生」，資、磧、普、南、徑、清作「生則難」。

一　三一〇頁下三行第八字「減」，資、磧、普、南、徑、清作「滅」。

一　三一一頁中三行「如來」，資、磧、普、南、徑、清作「如來地」。

一　三一一頁下末行末字「論」，石作「論

涅槃論一卷　虛

婆藪槃豆作

沙門達磨菩提譯

頂礼淨覺海　住持甘露門　亦礼不思議
自性清淨藏　救世諸度門　正趣實諦道
及如學而學　如法證實義　愍長迷苍生
舍悲傳世間

從初如是至流血灑地名不思議神通反亦分純陁哀歎二品名成就種性遣執分從三告以下訖大衆問品名正法實義分五行十功德名方便修成分師子吼品名離諸放逸入證分迦葉品名慈光善巧住持分憍陳如品名顯相分云何得長壽金剛不壞身迦葉欲共衆生同聞故問荅意我修三業故得長壽云何金剛不壞身問一切衆生皆敗壞云何得不壞如前所行得不壞云何堅固力心無分別故得堅固無来無去故長壽不可說故不壞無流動故堅固云何得長壽金剛不壞身故得長壽云何不壞得堅固力故不壞迦葉為衆生非一問可了荅法相不盡故問願佛開微寂廣為衆生說云何微寂身外有佛亦不寂身內有佛亦非寂非有非無亦非寂衆生是佛故微寂云何衆生是佛衆生非有非無非非有非非無是故衆生是佛

云何得廣大為衆作依止何以故名廣大無有識相無不是佛行無不淨德無不滿故言為衆作依止見釋迦依止者不名依止小乘解義慈故今衆生依止實非阿羅漢如與羅漢等者昔教王宮生得阿羅漢今說王宮非生雙林非滅云何非羅漢如與羅漢等迦葉未蒙佛教不問四依止問如来若王宮非生雙林非滅自然得戒不由四果實非阿羅漢云何如来與羅漢等解云若如来實是阿羅漢四依可與羅漢等佛實非羅漢那得言如與羅漢等釋迦身有二名一名應来二名菩薩實行言應者從蓮華藏世界是大莊嚴佛作太子現王宮生雙林滅此是菩薩遊戲法第二真者無所從来云何與羅漢等佛有一

種名一真佛化同聲聞阿羅漢佛非實聲聞云何與四聲聞等解向前實有羅漢可言我與羅漢等前不曾有羅漢言羅漢者我身自作云何與等又解釋迦身名阿羅漢性地菩薩云何與羅漢等第二實行菩薩應来亦能化作佛釋迦實是阿羅漢可言等釋迦不曾是羅漢云何等是故正性地菩薩是阿羅漢阿羅漢此菩薩實非佛羅漢云何與佛等釋迦實是阿羅漢可言等釋迦不曾是羅漢云何等是故正實行菩薩是阿羅漢是故王宮生雙林滅皆是遊戲菩薩現作前實無阿羅漢由我化故衆生得阿羅漢是故我作阿羅漢第二蓮華藏世界菩薩化與我無異是故實非阿羅漢如與羅漢等若我實是羅漢菩薩可與我等執我為羅漢者此非菩薩法相化通皆是不實解四依歡喜地為初依六地為二依八地為三依法雲地為四依化聲聞聲聞虛斷不曾是阿羅漢云何與等菩薩名為法佛亦名緣佛云何法佛從法中生行

法故得見故名法佛云何緣佛有緣故見名為緣佛問迦葉意若自解不須如此問若不曾聞不曾見云何作如此問荅迦葉是十二童子如來威神力加教故能問迦葉所問正是涅槃更無異外

云何知天魔為衆作留難解此迦葉正問如來身不問未來何以得知衆生身自不信云何有外魔來作留難如來今在道樹下始成佛正法將興魔畏失其徒衆故作留難

云何諸調御心喜說真諦云何名調御凡夫衆生無所知聞大乘是大乘聞小乘是小乘聞苦是苦聞樂是樂何以名調御非苦說苦非樂說樂非常說常昔日說小今說大亦不名心喜說真諦不名為調御今說無常非无常苦樂非苦樂無来無去是名說真諦

正善具成就演說四顛倒正善具成就者菩薩行四無量心十波羅蜜無不平等是名相中正善菩薩行無不正善聲聞有彼此故不名為正善善

薩無彼此故名為正善第二正善者昔教不正聲聞不具成就今者涅槃理正無来無去無生無滅名為正善具成就第二從歡喜巳上至法雲地是名具成就演說四顛倒聲聞人言我常樂我淨佛苦空无常是倒聲聞苦空無常佛常樂我淨亦顛倒佛常樂我淨衆生苦空无常亦是倒云何如來說四顛倒為聲聞說正說四顛倒是不顛倒更無外法是顛倒不顛倒是名心喜說真諦經云說法不有亦不無是名真諦

云何諸菩薩能見難見性迦葉有二種意一欲使一切衆生知有佛性二不欲使見佛性何以不欲使知見欲令如來深解佛性何以故名深佛性非是可作可造可修可得故名深聲聞狹小不究竟不能見菩薩行慈悲廣濟不求見為衆生故被縛故名難見第二解佛性非是可見法能見所見能知所知能修所修故名能見難見性

云何解滿字及與半字義半字者漸

教滿字者涅槃滿足教故名滿字攝佛教果功德盡名滿字聲聞緣覺教不滿足故名半字涅槃名頓亦名漸今論涅槃二諦相對中滿就行有滿不滿故名漸教就理無滿不滿是故涅槃名漸教形半字涅槃名頓教第二復次言滿半者是衆生妄想理不是滿不滿是故言涅槃漸教云何諸菩薩能見難見性是或但見法又言云何解滿字及與半字義今更無見不見

云何共聖行如娑羅娑鳥如来在王宮取婦有見或出家與聲聞同辟如娑羅娑鳥共為一群不可分別聖者如來與一切衆生同修同行故言云何共聖行如娑羅娑鳥第二解色為聖人聲聞色心為聖人菩薩聖人非心色言有心色者故非聖人聲聞聖人形色為共菩薩聖人無青黄赤白心識理共有心識凡夫无心識聖人故言聖人言娑羅娑鳥者惣名辟如来共一切衆生不可分別迦隣提者辟涅槃别一切衆生還去聲聞意善

薩知如来與一切衆生無差別故名共解有相捨離如来未出世有凡有聖相捨離如来出世一切衆生不相捨離聲聞音菩薩不相捨離者如来不出世不相捨離如来出世不相離解世諦無苦空無常第一義諦无常樂我淨有人言無世諦有常樂我淨淺解義理又有人言有是世諦無是第一義諦亦有亦無是世諦非有非無是第一義諦非有非無更無外法故名共聖行

迦隣提日月太白與歲星去何名日月此日月者辟喻凡夫見日月有出没聖人不曾見出没第二聲聞人見佛王宮生雙林滅菩薩不曾見王宮生雙林入涅槃第三日月没故太白歲星出世人生恠如来入涅槃聲聞緣覺出法與如来異故言星出衆生妄見日月歲星有出没而實無出没衆生見如来有生滅而如来實無生滅

去何未發心而名為菩薩聲聞有發不發緣覺亦有發不發菩薩亦有發

不發此三種菩薩名發心去何發心者果異可得名發心如来從初教衆生有發不發昔教有發不名為發去何不名發見有佛異可得可求差別不名發何者名發今說無相涅槃理薰故令一切發名為發無有聲聞緣覺菩薩有發不發故言未發心而名為菩薩涅槃平等照一切故一切未發心皆名為菩薩迦葉何故問去何未發心而名為菩薩發心者見日月不發心不見日月二發心者見常住不發心者不見向者如来出世有發不發發者見不發不見今者涅槃平等照發亦是發亦是不發

去何於大衆而得無所畏菩薩出世慈悲平等不壞衆生相故言無所畏菩薩無畏衆生亦無畏去何衆生不畏菩薩出世不壞衆生相是故衆生亦不畏如来出世以慈悲喜捨四無量心平等無有差別無有天魔外道乃至一闡提如一子想無所畏何以衆生無所畏一切衆生視如来如父母故無所畏何以名闡提不識佛不

識内外道名一闡提問一闡提不識内外與菩薩何異解言菩薩不識内外不煞一闡提不識故行煞猶如閻浮金無能説其過解此是和衆義閻浮檀金有四種其四者何一青二黄三赤四紫磨青者喻外道黄者喻聲聞緣覺赤喻六波羅蜜菩薩紫磨喻如来閻浮金亦有青黄赤白有四種諸色二者世間好物雖復端正猶有闕少閻浮金者不如此物不可說其過喻如来得涅槃亦種種聲聞外道六波羅蜜菩薩猶如閻浮金不可說其過紫磨金具有衆色喻涅槃具有天魔外道聲聞緣覺六波羅蜜菩薩何以如此此外更無異法紫磨金一切具足諸色不可說聲聞緣覺六波羅蜜外道種種有故不可說涅槃理非青黄赤白法亦青黄赤白故言不可說若有青黄赤白可說其過此青黄赤白不曾有故不可說

去何處濁世不汙如蓮華濁世者五濁去何五濁劫濁煩惱濁釋迦出於五濁王宮生有妻子金銀七珎種種

財物皆名為濁不為所染故名處濁世不汙如蓮華第二第三乘法名之為濁金者涅槃不為三乘所染故名不汙

云何處煩惱煩惱不能染如醫療衆病不為病所汙迦葉問意據如來三界煩惱九十八使如來出世不為所汙一切衆生三界煩惱九十八使所汙第二聲聞緣覺六波羅蜜計有煩惱可斷佛果可得是故為煩惱所汙十地菩薩行通達大智故不為煩惱所汙第四大菩薩望果亦為煩惱所汙今者涅槃非是因果所得是故不為所汙第五四諦教乃至般若波羅蜜法華亦名煩惱所汙今者涅槃理無流動無得失無起滅是故不為所汙如醫療衆病不為病所汙如來出世始從三歸五戒乃至菩薩戒彈指任頭以漸教化治衆生病知煩惱故不為病所汙衆生不知煩惱故恒為病所汙第二次第教亦名治衆生病第三名力教神通變化身一切降伏亦名治衆生病第四今時說涅槃治

前別教患亦名療衆病云何名患一切衆生未發心名患見丈六發心又解非丈六使發心涅槃平等照令使發心故名療衆病

生死大海中云何作船師三界名生死如來出世亦名生死何以名生死如來法能度衆生令不生死故言生死大海中作船師第二丈六說次第法乃至法華亦名生死法今說涅槃無來無去無生無滅度前生死教故名船師初解丈六不生死及教不生滅第二丈六及教亦生死涅槃無生滅第三佛滅度後誰能度生死唯大菩薩能度生死第四菩薩亦不能度大涅槃理能度生死喻世間船師善解方便能知海難煩惱大海三界為船如來種種方便說三乘法為船師世間船師指因指果衆生上船如來方便說三乘法說因說果言出三界者猶是生死是故以三界為船初次第教者以生死度衆生故名為船師法華以万行為船師令涅槃以無生死為船何以亦病所汙復有生死大

海中云何作船師前去煩惱又煩惱大海中作船師度令到彼岸云何捨生死如虵脫故皮迦葉問如來出世生死令說入涅槃道我不生不死如虵脫故皮不生滅次第丈六所說是生死法今者說涅槃不滅前次第教此教无理如虵脫故皮無利無功德今者涅槃無生無滅亦不破教第二一切衆生乃至言說不言說有形類悉有空名唯涅槃是真實理

云何觀三寶猶如天意樹三寶名軌則如來出世示現有三寶由有三寶故受三歸得五戒亦得彈指亦得隨意所修隨意所得如來亦名如意三寶亦名如來如意衆生如意云何衆生如意隨意受三歸五戒乃至菩薩悉得果報故名衆生如意如來如意者隨衆生根感故名如意今言涅槃如意者一切苦樂善惡無不是理故名如意故言觀三寶猶如天意樹喻他化自在天有一樹能隨諸天意所得故名如意樹諸天行行久故感得此樹三寶亦如是衆生行行久故感

得丈六故名三寶猶如天意樹
三乘若無性云何而得說三乘者非
如来說一法三乘者衆生根故言一
音說隨類解如来說三乘不名說逐
衆生根故有小有大如来雖說三乘
非如来本意何者如来本意涅槃是
迦葉問意三乘若無性云何而得說
如来荅意一切諸佛不為衆生說三
乘今者涅槃實相小非小大非大當
知三乘教是一相無有大小第三說
涅槃理處不道大不道小衆生智差
別故教差別理無差別大小故得說
大小向者差別者正是無差別更無
異外
猶如樂未生云何名受樂迦葉問言
衆生不知樂云何說受樂凡夫有苦
無樂菩薩有樂無苦何以有樂菩薩
智通達到果故知樂衆生不知故苦
菩薩知果言菩薩樂不是樂衆生苦
不是苦等是妄故涅槃無苦無樂名
為大樂故樂未生云何名受樂問如
来娑羅林說法何以不純戒持得福
戒不得福戒外道是佛戒非佛荅意

向者雜教是涅槃更無外道涅槃大
何諸菩薩而得不壞衆一解聲聞緣
覺六波羅蜜菩薩乃至外道有彼此
有得證故名為壞衆第二菩薩寄行
寄教知衆生根性不壞衆生相故名
壞菩薩所不壞者能壞不能壞非菩
薩能作法如此不乖法相故名不壞
衆第三菩薩知涅槃无青黃赤白無
彼此故名不壞衆第四不壞者涅槃
理非得非證非造非作故得不壞衆
第五真理不壞衆生衆生亦不壞理
何以如此衆生是理理外更無衆生
故不壞衆
云何為生盲而作眼目導迦葉問云
何作眼目導一解前教聲聞緣覺六
波羅蜜隨其相解名生盲如来解聲
聞緣覺六波羅蜜若曾有所得是不
可開此法曾有故開辟如盲人不知
青黃赤白若有人語青黃赤白轉迷
若道無青黃赤白稱所解名作開喻
三乘人明有因有果差別有得不得
今語涅槃若有長有短有得有不得
轉迷言涅槃无青黃赤白無得無證

無長無短故名為開因丈六修道持
戒布施不是因因佛性無得无修是
名為因一切衆生根三乘人以為法
三乘者名青盲非但三乘人一切衆
生亦青盲法非可見不可見可開不
可開可至不可至以教故道青盲理
不道青盲無青盲是故道青盲不青
盲不乖法相若有此二種可道不曾
有不曾無何以說是有不有無不無
開不開都不乖故言開
云何亦多頭唯願大仙說迦葉問意
如来初教種種多頭今涅槃何以唯
一無二如来荅非我多頭衆生昔行
多根故是故說多頭故言亦多頭第
二法多何以名多法相如此所以亦
多頭第三所由說多此法若有可名
多說此法不曾有是故不多說第四
涅槃理相如此非是多不多第五真
理本末非是有無法是故說不說無
所妨礙

涅槃論一卷

癸卯歲高麗國大藏都監奉
勑雕造

涅槃論一卷

校勘記

一　三一三頁上一行經名，石前有夾註「涅盤經本有今無偈論」；後有夾註「略釋涅盤經」；資作「涅槃論」；磧、南、徑、清作「大般涅槃經論」。

一　三一三頁上二行，石作「天親菩薩造」。

一　三一三頁上三行「沙門」，資、磧、南、徑、清作「元魏沙門」。

一　三一三頁中七行第一三字「故」，石、資、磧、南、徑、無作。

一　三一三頁中二二行「第二」，石、資、磧、南、徑、清作「第一」。

一　三一三頁下八行第一三字「正」，資、磧、南、徑、清作「止」。

一　三一四頁上八行第一二字「得」，資、磧、南、徑、清作「故」。

一　三一四頁上一四行第一一字「聞」，資、磧、南、徑、清無。

一　三一四頁中二〇行「佛性」，資、磧、南、徑、清作「性佛」。

一　三一四頁下五行第七字「就」，石、資、磧、南、徑、清作「然」。

一　三一五頁中一二行第四字「者」，資、磧、南、徑、清無。

一　三一六頁上三行第三字「金」，資、磧、南、徑、清作「今」。

一　三一六頁上一五行第五字「名」，資、磧、南、徑、清作「爲」。

一　三一六頁中一三行第七字「後」，資、磧、南、徑、清無。

一　三一六頁中一九行末字「界」，資、磧、南、徑、清作「果」。

一　三一六頁中二二行第八字「師」，資、磧、南、徑、清無。

一　三一六頁下一二行第六字「示」，資、磧、南、徑、清作「亦」。

一　三一六頁下一四行末字至一五行首字「三寶」，資、磧、南、徑、清無。

一　三一六頁下一五行「如来如意衆生如意云何」，資、磧、南、徑、清無。

一　三一七頁上八行第四字「意」，資、磧、南、徑、清作「言」。

一　三一七頁中一二行第二字「以」，石作「以故」。

一　三一七頁中一八行第二字「開」，資、磧、南、徑、清作「聞」。

一　三一七頁下五行「青盲」，資、磧、南、徑、清作「清盲」，下同。

一　三一七頁下六行第八字「以」，石、資作「比」；磧、南、徑、清作「此」。

一　三一七頁下一一行第三字「示」，磧、南、徑、清作「六」。

一　三一七頁下一九行第三字「末」，資、磧、南、徑、清無。

一　三一七頁下末行經名，磧、南、徑、清作「大般涅槃經論」。

趙城縣廣勝寺

三具足經優波提舍翻譯之記一卷　虛

施戒聞三倫攝衆行是以如來說名具足法門深邃淺識未窺天親菩薩慈心開示惟顯義弗釋章句是故名為憂波提舍昔出中國今現魏都三藏法師毗目智仙婆羅門人瞿曇流支愛敬法人沙門曇林於鄴城內在金花寺興和三年歲次辛酉月建在戌朔次庚午十三日譯千百十言驃騎大將軍開府儀同三司御史中尉勃海高仲密啓請供養守護流通

三具足經憂波提舍　有釋論無經本

元魏天竺三藏毗目智仙譯

如是我聞一時婆伽婆住毗舍離大林精舍與大比丘僧大菩薩衆俱尒時世尊告無垢威德大力士言善男子菩薩有三具足何等為三一者施具足二者戒具足三者聞具足善男子此是菩薩三種具足世尊說巳無垢威德大力士聞心生歡喜又彼比丘彼諸菩薩聞世尊說皆悉讚歎

如是菩薩三種具足我今解釋以何

義故彼無垢勝無量具足勤進正出相好嚴身過百千日光明世尊而說是經偈言

無量種具足　出身三界主　第一勝相集
超日光今㞐　何所饒益故　說此修多羅

世尊何故遊毗舍離大林精舍以何義故名為世尊何故世尊遊毗舍離大林精舍不於餘處為善男子說此菩薩三種具足以何因緣而說如是三種具足不多不少又復云何菩薩為當惟有如是三種具足為當更有餘法具足若此說三大海慧經云何相避彼說菩薩四十具足所謂菩薩布施具足乃至菩薩方便具足弥勒解脫修多羅中言善男子菩薩滿足無量具足更有大乘修多羅中彼處世尊為菩薩說無量具足彼云何避

又復聖者龍樹巳說偈言

淨道皆具足　餘人不能說　佛無量智慧
故能說具足　佛無邊功德　具足是善根
若如是菩提　有无量具足

若餘處說菩薩則有無量具足此修多羅云何相避善男子者是種姓義

何故菩薩名為種姓此義須說以何義故名為具足施具足者何故名施有幾種施戒具足者何故名戒有幾種戒聞具足者何故名聞有幾種聞又復施戒二具足漏聞具足者則是不漏以何因緣以漏不漏二種具足得一切智不漏之法此義須說又施具足幾種因緣戒聞具足幾種因緣又復世尊說三具足何故初施中戒後聞此意須說以要言之世尊亦現云何施具足云何戒具足云何聞具足身如虛空住無垢法而說是經彼戒聞等無量無垢不可稱量布施具足此皆作難我今解釋何故世尊施義今說偈言

第一施戒聞　寂正行善身　如空勝法持
具足善光明　人天礼牟尼　第一世間覺
無垢除三苦　何義說此經

此義今說發菩提心與菩薩業相應饒益一切智人亦現此義菩薩既發菩提心已次滿施等三種具足此菩提業非惟發心而能證得阿耨多羅三藐三菩提偈言

若發菩提心　悲衆生苦惱　彼相應善業
佛說此勝經

又復何義佛說此經為怯弱者除怯弱故為彼始行菩薩行者聞修無量種種法故尒乃獲得阿耨多羅三藐三菩提生怯弱心佛知彼意為除怯弱饒益彼故而說是經言善男子菩薩惟有三種具足世尊亦言汝勿怯弱若我廣說過不可數菩薩具足以要言之三具足攝偈言

若有諸佛子　畏經無量劫　怯弱於善法
久遠得菩提　如來自然智　安慰饒益彼
是故第一覺　說此修多羅

又復何義佛說此經菩薩欲得趣一切智第一勝舍須資粮乘及道方便亦現此義大導師言若汝欲得趣一切智第一勝舍須道資粮取施具足若須所乘取戒具足知道方便取聞具足亦此義偈言

佛子若欲趣　一切智勝舍　彼人樂相應
道資粮等覺　世尊饒益彼　說此修多羅

又復何義佛說此經菩薩怖望境界生智三種具足不解其因覺因饒益

世尊已亦若汝欲得境界生智非惟怖望汝應修滿三種具足若施具足當得境界若戒具足汝當得生若聞具足汝當得智偈言

菩薩若怖望　善微妙境界　欲勝生不劣
第一增上智　亦現因饒益　世尊說是經

又復何義佛說此經菩薩欲得過五怖畏不解其因覺因饒益何等為五一者不活畏二者惡名聞畏三者死畏四者惡道畏五者大衆威德畏世尊已亦若汝欲得過五怖畏應當修滿三種具足若施具足離不活畏惡名聞畏若戒具足則離死畏離惡道畏若聞具足則離大衆威德怖畏偈言

第一善逝子　欲離種種畏　智慧人覺亦
第一廣勝因　具故牟尼尊　說此修多羅

又復何義佛說此經為彼疑者斷疑義故彼大衆中有人有天有阿修羅有龍夜叉鳩槃茶等見聞世尊勝身口意不可思議生如是心不知世尊幾種具足獲得此三不可思議是故世尊為斷此疑已說是經言善男子菩薩修行三種具足此已亦現世尊

往昔發菩提心三具足滿是故得三
不可思議偈言
若人天修羅　龍鳩槃茶等　聞佛勝功德
而不解其因　牟尼斷彼疑　故為說是經
又復何義佛說此經菩薩生於如來
種姓法種姓中相應亦現世尊已亦
若人得生婆羅門姓若剎利姓如是
之人法性相應若離法種是則卑劣
彼人若生如來種姓不離法性若生
法性如來種姓以滿施等三種具足
若不滿足是則卑劣是故如來如是
教言汝滿具足莫後卑劣偈言
若生善逝姓　離過大富樂　天人所礼讚
牟尼王令彼　不離自法義　說此無垢經
又復何義佛說此經若人自謂行於
大乘第一堅固是大衆生惟口教言
欲護世間一切衆生學菩薩行修諸
功德而无真實彼如是人如說如行
相應饒益是故如來為說此經令彼
人知修一切行如來世尊為彼人說
非此菩提惟言語得多種苦行乃得
成就我云何得我於往昔為取菩提
一切行智悕堅利益一切衆生彼彼

生處種種善行及種種捨所謂種種
美味飲食種種騎乘坐卧等處園林
池水戲樂之處宅舍田業城邑聚落
寶莊嚴具冠髻真珠及毗瑠璃金寶
瓔珞衆寶金剛諸莊嚴具白鳥牛馬
水牛輦輿莊嚴之具并及所乘諸牛
馬等僮僕導從皆以捨施過去久遠
我尒時作一切莊嚴見王身時城邑
聚落國土山川海畔大地并及人民
一切樹林種種苗稼及諸藥草无量
華果鮮淨妙寶種種莊嚴諸粟豆等
滿藏財寶布施貧窮又復本作善才
童子我於尒時所愛妻子捨施不慳
又復往昔作善王時滿宮婇女有十
千數捨施不慳又復往作寶髻王時
直閻浮提上身寶髻妙莊嚴冠脱施
不慳又復往作迦施王時上身愛分
捨施不慳又復往作無怨勝王捨身
耳鼻施而不慳又復往作月光王時
如青蓮華無垢平滿廣長好眼蓮華
面上自手挑施又復往作華德王時
白淨无垢猶如雪堆及君陀華乳色
齒骨挑施不慳又復往作善面王時

廣妙長薄清淨無垢如蓮華葉口中
舌根自手拔施又復往作給求者王
一切世間貧窮乞人憶念我者令彼
心喜以一切珠金等珎寶巧作自身
寶手用施又復往作知足王時以手
足施又復往昔曾作光金閻浮提王
捨手足指以用布施又復往昔作求
善語大富王時以愛法故用手足抓
挑自身宍捨以布施又復往昔作亦
一切饒益王子自捨身血給與病人
又復往作利益仙王割宍截足捨以
布施又復往作居素摩王童子之時
破自身骨脂髓布施又復往昔作屋
羅拏童子之時捨心布施又復往作
降惡王時捨大小腸乳肚肝肺胞脣
腸膳脾脂頭腦以用布施又復往作
淨藏王時捨自身皮以用布施又復
往作金脅鹿王捨身皮施又復往作
光明王時一切身分分分捨施又復
往作成就一切饒益導主一切愛物
皆悉捨施臨被煞者復捨自身而救
濟之又復往昔身作僕使捨身供給
一切衆生又復往昔作求善語大富

王時高千时山在上捨身投大火聚為善說句法因緣故又復往作一切施王盡割身肉稱用施與為救怖畏来歸我者又復往作不悋王時於被繫者自捨已身救護饒益又復往作大悲長者若入城内獄中繫者放令得脫又復往昔作為王時自身作橋度諸衆生又復往作魚龜瞿陁受一切苦自身忍耐又復往作師子鹿王不惜筋脉救濟大衆不護自身救怨家命又復往作悲心仙時然自身辟失道衆生作明亦道又復往作說忍仙時爾割我身我救彼怨又復往作不休息堅等住菩薩他入我舍侵我妻婦有自在力能忍不瞋又復往昔作熊身時畏失命人来至我所我皆安慰自捨愛身又復往昔作上仙時心愛正法以正法儉无法渴法愛正法故破身取皮取血取骨書寫法言又復往昔作王童子為病人故自捨已命與作第一難得之藥而施與之又復往作勝福德王於破乱世財物傾盡近怨家所自縛已身以利益他

饒益安樂又復往作摩那婆時在深山中見有餓虎睡寤飢急自捨已身施令飽滿又復往作精進比丘發勤精進一切智智求相應行衆生淳熟護正法故一切苦惱種種欺陵能忍不瞋又復往昔作堅鉀時一正遍知正像法中勤苦持戒如是八万四千之身如是阿僧祇那由他百千苦惱我皆作来我以悕求一切智智為欲利益一切衆生然我不曾退菩提心不墮大乘不捨本願不緩大鉀於菩薩業不生怯弱不曾捨離檀波羅蜜不曾捨離尸波羅蜜不曾退墮羼提波羅蜜不曾破壞毗梨耶波羅蜜不曾放捨禪波羅蜜不疲倦修般若波羅蜜不捨攝法修行一切菩薩之道具足清淨不錯不謬堅住一切菩薩之地不倦一切菩薩三昧三摩跋提教諸衆生發菩提心不生疲倦聚集一切菩提分法非不得思發行一切菩薩之行堅住不退心常欲滿一切菩薩諸願法門不生畏懼聚集修行一切功德不生怯弱何以故一切世

閒寂勝之處一切所有學與无學辟支佛智所不能證所不能入不能觀察此佛法名彼不易得若小功德和集修行則不能得小善根者不能得故如是若人有此宗願我當成佛是故翹勤修行精進如功德法聚集修行我於此處悕望欲得如是義故佛說此經

以何義故名世尊者彼義今說言世尊者供養義故復有餘義如菩提心憂波提舍彼說應知

何故世尊遊毗舍離大林精舍不餘處者彼義今說如是難者則不相應隨在何處彼一切處皆有此難若在餘處不離此難更有餘義如菩提心憂波提舍彼說應知

以何因緣而說如是三種具足不多少者彼義今說以有三分相對義故以此三種對治貪嫉破戒愚癡以施具足對治貪嫉以戒具足對治破戒以聞具足對治愚癡

又復示現三種福德施具足者亦施福德戒具足

者正行福德聞具足者亦修福德又復有義一切衆生隨順淳熟施戒具足一切衆生既淳熟已然後能聞聞已觀察相應淳熟如是隨順一切衆生淳熟相應是故說三又復有義二種具足一切佛法聚集住處得不亂法依上不亂則聞具足如法正覺一切佛法皆具足得如是一切佛法聚集住處如是因緣是故說三爲當惟有三種具足爲當更有餘法具足彼義今說如是三種總攝具足若佛廣說無量具足皆此中攝若大海慧修多羅中彼言世尊菩薩所有一切具足福德具足智具足攝應如是知何以故世尊菩薩若修福德具足以是因緣尊勝富貴復能令他尊勝富貴智具足故口說善語一切衆生聞者歡喜彼施與戒福德具足聞智具足如是無違

何故菩薩名種姓者彼義今說有師說言有四種家如來生處如偈說言

諦捨寂靜慧　此四眞勝家　正遍知家生

師說言種姓

又善方便是菩薩父般若波羅蜜是菩薩母如彼無垢名稱經說般若菩薩母方便以爲父一切衆導師無不由是生菩薩般若波羅蜜者持故如母方便生者如父生子如父母故說言種姓如是種姓父母二種相似義故又奢摩他毗婆舍那如是種姓生正遍知一切姓中此門第一一切善法是姓是門如經中說佛正法中二法雙行彼奢摩他父毗婆舍那母彼二法種姓偈言

毗婆舍那母　奢摩他爲父　生一切菩薩
因毗婆舍那　奢摩他等故　有一切正覺

又復有義諸佛菩薩現在正住三昧大悲此二法是如來種姓因此二法生於如來諸佛菩薩現前正住三昧爲父大悲爲母又復如是此佛菩薩現前正住三昧爲父忍菩薩母此是種姓偈言

佛菩薩現前　正住三昧父　若大悲戒忍
是菩薩之母

此偈明何義說菩薩種姓之義

以何義故名具足者彼義今說惟覓

衆物處處將來舉掌積聚計校脩辦增益和集故名具足又復多法和集之義故名具足又復有義荷擔菩提故名具足如外道齋大會具足切取羊等將來營辦如是菩提如前具足後菩提覺又復多法說名具足如藥和集乃得成散如是具足又復有義前種姓法堅持不失復向彼岸如大舩舶先和集已後向寶洲又復有義正負非邪如觀察耳如是之義故名具足又復常修一切勝行故名具足

又具足者欲得出過荷負重擔出到度義荷負重擔不懈怠義三界過義故名具足

又具足者平等集修平等圓修平等行修平等起修平等作修平等持修平等住修平等養修故名具足等養修者於諸衆生猶如醫師消息病者療治衆病等圓修者六波羅蜜如乘舩舶等行修者如大乘說等起修者菩薩修學如學射等先正足住等作修者巧作一切菩薩諸業如巧作師等持修者常無常等如稱平等等住修

者一切菩薩能住法舍如堂廡柱等集修者一切白法如蜜蜂集如是等義故名具足

又自田義若和合義若或多義若別異義若或廣義若寬博義若或勝義若堅固義若牢固義若和集義若和合義若或物義若或財義若或取義若積聚義若或慚義若或愧義故名具足

何故名施彼義今說若破貪貧得大富樂福德具足是故名施施有幾種彼義今說略有三種何等為三一者資生施二者無畏施三者法施資生施者謂飲食等種種捨施彼資生施色香味勝淨潔如法遠離貪垢無匱悋垢離貪垢者心不狹小如是捨施自手多施無悋垢者不存富樂如是捨施無畏施者謂能救濟師子虎龜王賊水等如是諸畏何者法施倒說法者為之正說次第學句教彼正取廣說則有無量種種聖無盡意說不可量菩薩施業所謂菩薩須食與食即是布施一切眾生色力壽命安樂辯才

又菩薩施心濁等過皆悉遠離彼濁心施有十四種一者心濁二者先妬三者嫉心四者愓心五者不減愓六者瞋心七者簡擇八者疑心九者惱害十者乱心十一者名十二者依准上法選日時等次第行施十三者懈怠十四者先為報力如是等法能涤心故名為濁心心體有濁故名為濁先妬施者得富樂少眷屬不愛先嫉施者雖得富樂不樂勝報惟喜下劣坐卧床敷止宿等處食飲富樂貪著不離先愓施者雖得富樂生下劣姓心不正直先不減愓而布施者後受報時依他得活如事王人伎兒使卒誑惑之人防邏戍護種種駈使平准市官當門守户放牧畜獸承事太子下賤官人恐嚇他等博戲等人捔力相撲如是種種廣設方便強力取物復有跳躑劫賊之人如是等業以自利益先瞋施者後得大力畜生等身師子虎豹貔貅熊羆猴等中生簡擇施者後得報時治生田業作子林子

若種林人作林等人得少果報以自存活先疑施者後得果報富樂不常先惱施者雖得富樂生夷人中若隘狹處若災難地邊地生等乱心施者得富樂少或不得果先名施者雖得富樂得財富巳而復喜失依准上法選日時等次第施者雖受富樂勤苦難得懈怠施者後受富樂雖得不常先為報施後雖得報難得而少如是初過菩薩如是皆悉觀察既觀察巳自心清淨淨心生巳遠離濁心離濁心巳正信相應悲等功德相應和合自手施與先信布施得好方處種姓力色受勝富樂眷屬自在名聞辯才安樂色命他不欺凌為人讚歎第一自在勝坐卧處止宿等處堂舍莊嚴飲食衣服塗香末香色聲味觸得如是等富樂住處

何故名戒彼義今說若能寂靜非法律儀惡不善法能生善道能得三昧如是名戒戒有幾種彼義今說略有三種謂律儀戒攝善法戒攝眾生戒彼所謂戒律儀戒者菩薩正取大眾

律儀所謂比丘比丘尼式叉摩那沙弥沙弥尼優婆塞優婆夷戒出家在家如是次第皆律儀攝

何者菩薩攝善法戒菩薩所有善法及戒皆正聚已然後修集大菩薩善若身若口若意等善如是略說攝善法戒又復菩薩何所依止依戒住戒然後修聞次修思惟後奢摩他毗婆舍那專一樂行如尊長前正面言語先礼拜已後起合掌時時常尒如是時時如是尊長敬重供給常於病者悲心供給若聞善語讃言善哉於功德人說實功德生如是心普為十方如彼十方一切衆生一切福德勤心隨喜喜心生已然後口說於他一切犯觸已者皆能忍受一切所修身口意善皆悉願取向耨多羅三藐三菩提時時種種供養三寶一切種種設供養已口發正願相應精進常護善分身不放逸口誦學句意念發行藏護根門食惟知足初夜後夜寤寐相應親近善人依善知識自識已錯犯過識知見已知改犯佛菩薩諸福德人盡心懺悔如是等分攝取善法得善法已守護增長若如是戒是名菩薩攝善法戒

何者菩薩攝衆生戒彼要略說有十一種此義應知何等十一一者種種饒益衆生種種因緣同事相應二者衆生病不病等種種諸苦供給伴等三者世間出世間義如彼法說先亦方便先亦道理四者報衆生恩不忘恩報隨所宜讓隨報供給五者師子虎王木火賊等種種畏處護諸衆生六者諸親善友亡失冨樂憂悲殃罪能為除遣七者貧窮苦惱乞匃衆生一切所須皆悉給與行善之人依正捨法功德攝取八者先語問訊後語問訊應時而往九者若他呼喚取食飲等世間饒益彼此往來以要言之一切所有不饒益事不可愛行皆悉捨離心隨順轉十者自實功德心生歡喜公白正取畢竟唱說以潤益心若治若擯若罰若黜或時驅遣諸如是等不善處擯令住善處相應饒益十一者以神通力亦地獄等毀呰不善令入佛法教化衆生令其歡喜得未曾有又復聖者無盡意說六十七種謂於一切諸衆生所不起惱害如是等故又菩薩藏修多羅中廣說无量如来戒故

又復此戒無量無邊功德和集如是功德今說少分所謂戒名出家人戒如大冨人身少喜樂於善法中增長如母於惡法中能護如父如在俗人有財物故一切饒益皆悉成就出家人戒亦復如是正導如是如人正行則無衰損如善人所報恩具足如世間人愛惜身命又如勝智世所讃歎如慎王語求解脫人護戒亦尒欲求解脫當歸依佛欲生善道當歸依戒安身之本戒是第一知識過惡善友不捨戒亦如是欲自利益至死不捨如女慚愧世人莊嚴如人勝行不諂為寂如梵行中見柔和勝如欲大貴不幻為本如不放逸多饒功德欲證勝法依觀察得如近善友初中後時悕望學人時節如海不可得過如諸衆生依地而住依戒住持一切勝法

如水能潤一切種子戒能津潤善法種子如火成根如風能令分分開張如行住物空為無障欲證果人戒如堅瓶戒如寶藏如隨所欲攝得之牛如食資粮如人因杖得行住等如息依命如命慧勝如國有王人所依止如軍有將功德軍衆戒是統將如婦女人一切樂行皆因夫主如行道人所有資粮若行天道戒是資粮如曠野行主將善導行善法者戒是前導如大海船若人方便度生死海以戒為船如病大藥煩惱病者戒為良藥如戰鬪處所有器杖共魔王戰以戒遮防如潤親友不可得捨戒是賢聖如大闇中燈為照明未來大闇以戒為燈如過度河等因橋而度出三惡道諸方便中戒冣為大如清涼舍能離大熱煩惱大熱戒能清涼如怖畏者歸依健兒執刀杖者畏惡道人戒是歸依菩薩之人如住實家善凡夫人如自已物菩薩之人如住捨家行道之人如所行道菩薩之人如住家家得果之人能為他說菩薩之人如

住慧家不動之人平坦清淨如諂捨直如貪捨施如嫉心人捨不嫉心如幻偽人心不觀察如況審人捨離高心如謹慎人捨放逸過如王有眼無眼闇人非其境界八聖道分解脫相應不觀察人去之甚遠如阿羅漢愛涅槃法如人自愛如佛出世次第善轉如住正法則住果證如佛世尊利益自他如僕事主物時方處皆須相應如人獲得須陀洹果則心安隱如得良時造作不悔如菩薩願終得解脫如良善田種善種子生長廣叔如時方則因緣具足智色愛樂自多受用如善根熟則有勢力如自善行自心歡喜如人無罪此世來世則無所畏如勇健人所依正行戒如正行善喜自修如修慈者善心安樂如修喜者心常慶悅如修悲者心則正信如修捨者心常隨順四種正法如實諦信如世間法障导寂靜隨順樂行如因聞故則得辯才如巧語人則無所畏如智明人則有名稱如善語人不可破壞如法隨法能成就證得明解

脫正覺之人正道如幢如有智人則能修禪如伴修道如健因緣則無所畏如山饒寶饒功德寶如海住處多饒希有如来弟子戒如大海是入道行如信得果如覺知者依道理行雖曰無水猶能洗浴無根莖葉而生香物不穿不瑩非金非實非是真珠而是莊嚴雖非境界而能生於後世樂報世間人天修羅魔梵一切沙門婆羅門等之所讚歎非因他樂是得天道涅槃方便如濟不邪無有沒溺離石壘石如是可渡渡信河濟如財物等離種種過如離過道資粮柴薪水及水泉正直不迴不高不下惡虫毒虵青虵蚊子寒熱賊等惡物離道如不須犁不種不熱饒種種田雖無種樹無藥無林而得美果味如甘露不在高原不下濕生非餘人作又無人穿常新華鮮不乾不爆如善冷水淋灌却熱雖不防護不器仗闘不與財物不令怖畏而得樂具常得富樂離諍鬪處如大寶山價直無量不出於海過大衆畏命畏罰畏不活畏惡道

等具如影隨身此世後世常與身俱此如是等種種功德戒相應故何故名聞彼義今說謂不善法寂靜相應若不能尒則非義語脩多羅等十二部經言語說法是故名聞聖無盡意說八十種謂欲脩行順心行等以何義故漏與不漏二種具足得一切智不漏法者彼義今說智慧觀察惟一味故如蜜蜂王辟如蜂王種種異物皆作一味菩薩亦尒漏與不漏二種具足以智慧力皆為一味又願方便令漏不漏二種具足得一切智不漏之法如寶積經佛言迦葉辟如諸方四維等處所有大河幷及眷屬一切水聚入大海已彼一切水平等一味所謂鹹味如是迦葉菩薩如是以種種門集諸善根願菩提故一切一味所謂皆是一切智味

施戒聞等幾因緣者彼義今說施具足者二種因緣一離貧窮二得大富戒具足者二種因緣一離惡道二生善道聞具足者二種因緣謂離愚癡得大智慧

又復菩薩三種具足自他利益施攝衆生攝衆生已令住戒聞如是具足他利益行自利成就阿耨多羅三藐三菩提如是具足自利益行

說三具足何故初施中戒後聞彼義今說依漸次義亦現佛法如彼大海辟如大海次第漸深佛法亦尒初說布施中戒後聞又復有義在家菩薩食等施已彼後時聞出家功德聞已深信捨家出家既出家已方得淨戒以住戒故離世間業得無上聞是故在後說聞具足又復有義上生次第菩薩家初自他饒益是故行施彼布施已次行何者如是思惟世尊說戒及持戒人復有何者次第相應此則說聞以要言之施具足者世尊亦現檀波羅蜜戒具足者尸波羅蜜聞具足者忍進禪慧波羅蜜亦又復有義施戒亦現福德具足聞智具足又復有義施戒具足亦障尋道聞具足者亦無礙道

三具足經論優波提舍

三具足經優波提舍

校勘記

一　底本，金藏廣勝寺本。

一　三一九頁中一行經名，石作「三具足經論翻譯之記」。

一　三一九頁中一行「之記一卷」，資、磧、普作「之記」；南、徑、清作「記」。

一　三一九頁中四行第七字「義」，磧、普、南、徑、清作「經義」。

一　三一九頁中一一行與一二行之間，磧、普有「經優波提舍」五字。

一　三一九頁中一二行夾註，石作「一卷」；資、磧、普、南、徑、清無。

一　三一九頁中一三行譯者前，資、磧、普、南、徑、清有「天親菩薩造」五字。

一　三一九頁中一三行「三藏」，資、磧、普、南、徑、清作「三藏法師」。末字「譯」，諸本作「等譯」。

一　三一九頁下一五行第二字「脫」，

資、磧、普、南、徑、清作「説」。

一 三二〇頁上二二行首字「提」，徑作「薩」。

一 三二〇頁中一九行第三字「示」，諸本作「示現」。

一 三二一頁上一三行第五字「姓」，石、資、磧、普、南、徑、清作「性」。

一 三二一頁上末行第六字「堅」，諸本作「望」。

一 三二一頁中三行第七字「宅」，資、磧、普、南、徑、清作「堂」。

一 三二一頁中二二行第八字「堆」，石作「埠」；資、磧、普、南、徑、清作「阜」。

一 三二一頁下三行第一三字「令」，資、磧、普、南、徑、清作「念」。

一 三二一頁下八行末字「抓」，資、磧、普、南、徑、清作「爪」。

一 三二一頁下一五行末字「脣」，諸本作「腎」。

一 三二一頁下二〇行第九字「導」，石作「道」。

一 三二二頁上四行末字「被」，資、磧、普、南、清作「彼」。

一 三二二頁上一〇行第五字「救」，資、磧、普、南、清作「拔」。

一 三二二頁上一二行第八字「道」，石作「導」。

一 三二二頁上一三行「臠割我身」，資、磧、普、南、徑、清作「臠臠割我」。

一 三二二頁上一五行末字「昔」，資、磧、普、南、徑、清無。

一 三二二頁上一六行第二字「熊」，資、磧、普、南、徑、清作「羆」。

一 三二二頁上二〇行「昔作」，資、磧、普、南、徑、清作「作者」。

一 三二二頁中二一行第一〇字「常」，清作「當」。

一 三二二頁下二一行末字「癡」，資、磧、普、南、徑、清作「癡又貪瞋癡以三對治以施具足對治貪心以戒具足對治瞋心以聞具足對治癡心」。

一 三二三頁中九行第三字「姓」，徑、清作「性」。

一 三二三頁中一四行第一〇字「在」，諸本作「前」。

一 三二三頁下一〇行第二字「負」，石、麗作「圓」。

一 三二三頁下一五行及一九行「圓修」，資、磧、普、南、徑、清、麗作「負修」。

一 三二三頁下一七行第一三字「等」，資、磧、普、南、徑、清作「平等」。

一 三二四頁上四行第三字「田」，資、磧、普、南、徑、清作「由」。

一 三二四頁上八行第七字「慚」，資、磧、普、南、徑、清作「束」。

一 三二四頁中六行第九字「名」，石、麗作「先名」。

一 三二四頁中一五行第一一字「伎」，資、磧、普、南、徑、清作「技」。

一 三二四頁中二二行第九字「猴」，資、磧、普、南、徑、清作「獲」。

一 三二四頁下一三行第一二字「處」，徑作「便」。

一　三二四頁下末行末字「衆」，資、磧、普、南、徑、清作「種」。

一　三二五頁上五行第五字「聚」，石、資、磧、普、南、徑、清作「取」。

一　三二五頁上五行第一三字「薩」，諸本作「提」。

一　三二五頁上一七行第二字「善」，石作「業」。

一　三二五頁上二一行「寤寐」，石、麗作「覺寤」；資、磧、普、南、徑、清作「寐寤」。

一　三二五頁下一行第三字「入」，資、磧、普、南、徑、清作「是」。

一　三二五頁下一四行第二字「慎」，資、磧、普、南、徑、清作「順」。

一　三二五頁下一六行第一一字「過」，資、磧、普、南、徑、清、麗作「遏」。

一　三二五頁下一八行第二字「女」，資、磧、普、南、徑、清作「汝」。

一　三二六頁上七行第三字「有」，資、磧、普、南、徑、清作「有勇」。

一　三二六頁上一二行第五字「大」，石、資、磧、普、南、徑、清作「人」。

一　三二六頁中五行首字「眼」，資、磧、普、南、徑、清作「明」。

一　三二六頁中一三行第三字「則」，資、磧、普、南、徑、清作「財」。

一　三二六頁中末行第六字「隨」，石、麗作「順」。

一　三二六頁下一二行第二字「畺」，石、麗作「得」；資、磧、普、南、徑、清作「礓」。

一　三二六頁下一四行末字至一五行第三字「毒虵青虵」，諸本作「虵蝎青蠅」。

一　三二六頁下一九行首字「穿」，資、磧、普、南、徑、清作「取」。

一　三二六頁下二二行第六字「實」，諸本作「寶」。

一　三二七頁上五行第一三字「聖」，石、資、磧、普、南、徑、清作「聖者」。

一　三二七頁上六行「八十」，石作「十八」。

一　三二七頁中三行第六字「利」，石作「身」。

一　三二七頁中一八行第一〇字「尒」，資、磧、普、南、徑、清作「示」。

一　三二七頁中末行第五字「論」，石、資、磧、普、南、徑、清無。末字「舍」，石作「舍一卷」。

趙城縣廣勝寺

轉法輪經憂波提舍翻譯之記　虛

轉法輪經如來初說憂波提舍義門之名天親菩薩之所開示佛說為誰憍陳如等義行此方必主其人魏驃騎大將軍開府儀同三司御史中尉勃海高仲密善求義方選真簡為故請法師毗目智仙并其弟子瞿曇流支於鄴城內在金華寺出此義門憂波提舍興和三年歲次大梁建酉之月朔次庚子十一日譯三千九百四十二言沙門曇林對譯錄記

轉法輪經憂波提舍 有釋論無經本

元魏天竺三藏毗目智仙譯

如是我聞一時婆伽婆住王舍城耆闍崛山中與大比丘僧大菩薩眾俱尒時世尊告智負大海樂說辯才菩薩言智負大海樂說辯才有二種住持如來轉法輪何等為二一者眾生住持二者法住持智負大海樂說辯才此二種住持如來轉法輪乃至盡

此修多羅說

此正法輪勝修多羅以何義故彼牟尼王不可思議不可稱不可說不可量不可喻如虛空不斷不常順入因緣寂靜勝寂靜寂勝寂靜第一寂靜如實諦不虛妄如來轉無上法輪說此修多羅如來弟子聲聞之人聲聞弟子諸仙人等之所讚歎此因緣故我今解釋云何解釋無量功德大牟尼王何故轉此不可思議不可稱量第一寂靜善無垢輪一以何義故名勝修多羅二以何義故名為世尊本元少三法第四如來何故在王舍城耆闍崛山二種住持轉此法輪不在餘處五以何義故名為如來六以何義故名為法輪七又復世尊幾轉幾行而轉法輪八又復世尊此中說轉何故如來不生法門說一切法不轉不迴應如是知畢竟不起若此轉者云何得避彼修多羅彼修多羅則不須避九又若此說眾生住持法住持者云何般若波羅蜜中如來告彼須菩提言如來設復經劫說言眾生眾生頗有眾生生滅不耶須菩提言不也世尊一切眾生無始來淨如來復於無垢

名稱修多羅說若住法想此則大病若衆生法皆不可得然則世尊何所住持而轉法輪此須解釋十又復世尊以何義故捨彼寬博種種勝妙華樹莊嚴無量勝人多衆集處於波羅奈少人衆處在波吒離樹影蔭下鹿苑之中而轉法輪此之因緣亦須解釋十一又復世尊何處初坐而轉法輪十二又復世尊轉法輪時幾許衆生捨惡行善十三以要言之亦現云何衆生住持及法住持十四　此皆是難

自下解釋彼法今說以何義故彼處第一無垢廣博不可稱量不可思議不可破壞甚深不動正覺世尊已說此經又復今說勝無垢廣博不可稱譽三界衆生所讚世尊何故說此不可稱量離一切過勝修多羅此義今釋世尊恐彼會中有天阿修羅人龍及夜叉鳩槃荼等聞轉法輪心生疑惑不知世尊幾種住持而轉法輪世尊觀察衆生疑心為斷彼疑是故為說二種住持而轉法輪此義云何偈言

世間人及天　疑心觀法主　為斷疑義故
說此修多羅

又復世尊有大悲力饒益衆生故說此經云何世尊大悲力說此義今說世尊如是於諸衆生知無衆生諸法皆如乾闥婆城如是知已衆生住持及法住持已轉法輪此義云何偈言

知世間無我　如幻乾闥婆　衆生法住持
如來大悲說

亦現自力故能說義世間更無能住持者唯佛能作二種住持更無有人能轉法輪如我轉者又復有義偈言

非是天宮殿　非阿修羅舍　非人處龍宮
有如是衆生　第一不可稱　離過滅三善
天人恭敬礼　善轉第一輪

又無量苦無量具足然後乃得阿耨多羅三藐三菩提故始行菩薩若聞是已心生怯弱如來為欲除彼怯弱亦現此義無垢淨覺若無量苦無量具足得阿耨多羅三藐三菩提無量功德亦此法輪偈言

金珠真珠等　妻子國城施　頭分眼骨髓
手足等施勝　種種苦持戒　希有得佛身
功德不可稱　為疑怯者亦

佛增上意觀衆生　心無量功德而轉法輪又復未發菩提心人聲聞緣覺乘欲入涅槃舍大乘住持此義亦現又復勝意若有聲聞緣覺等乘入涅槃舍則不復轉無上法輪偈言

小心離悲等　欲入二涅槃　牟尼說此經
令住第一乘

又此福人歡喜饒益此義亦現一切世間最勝無比轉法輪師無如我師偈言

若無歸依佛　今歸當復歸　牟尼喜彼人
說此修多羅

若餘依止外道之人將引饒益此義亦現無垢功德莊嚴妙身而轉法輪汝師非比汝師不能令汝獲得無漏善法偈言

依止惡知識　如來見世間　為引彼人故
為說此經實

一切智惕寂靜饒益亦現此義我一切智今者新轉無上法輪云何汝是一切智人偈言

佛初轉法輪　能除斷常倒　不能轉淨輪

彼非一切智
求廣勝果無上福田饒益亦現不可
思議果報能與若有能轉無上法輪
布施彼者得大果報偈言
若有人能轉　無上正法輪　少施如是人
得無比果報
又菩薩行得果饒益亦現此義世尊
說言我此法輪能大饒益已行無量
億那由他百千苦行能捨難捨辟如
抒海心不休息又言本生作摩那婆
身及妻子我皆捨施又言本生作梵
得王所愛二子我捨布施心不生悔
又言本生作善牙王家端正女人中
勝妙名孫陁利施婆羅門又言本生
作德藏王得陁羅尼我七千年未一
習卧又言本生作不思議功德寶德
王之太子童子之身一切論義我皆
已得為衆生說又言本生作身汁仙
割身手足不生瞋恨為說忍法又言
本生作月光王捨頭布施不生瞋恨
又言本作一切衆生所喜見王童子
之身我十二年食香燒身供養佛法
心不生悔又言本作療病王身已療

一切閻浮提人一切病苦如是種種
無量苦惱皆悉已作有大饒益我已
證得如是菩薩種種苦行得果亦現
亦現饒益世尊已說此修多羅偈言
若如是初因　苦行廣捨身　貧窮乞丐者
隨所應施與　離一切諸過　第一寂靜輪
說不毀第一　是故我今轉
以何義故名世尊者堪受供養故名
世尊更有餘義如菩提心憂波提舍
彼中亦現
如來何故在王舍城耆闍崛山二種
住持轉于法輪不餘處者難不相應
墮在何處此難無窮世尊若在餘處
遊行亦有此難是則無窮更有餘義
如菩提心憂波提舍彼處亦現以何
義故名如來者彼義今說如實而來
故名如來何法名如涅槃名如衆生
與法彼二不如如世尊說諸比丘第
一聖諦不虛妄法名為涅槃知故名
來異聲論界知字論界如世人說此
來生此明何義此明智慧具足來義
如是涅槃名如知解名來正覺涅槃
故名如來又空無相無願名如如彼

一切行故名如來又四聖諦此名為
如非餘人見彼一切行故名如來又
復一切如是佛法此名為如彼來此
人故名如來又復如名六波羅蜜布
施持戒忍辱精進禪定般若正覺彼
來故名如來實捨寂慧安住是如如
彼無上正遍知來故名如來一切如
是菩薩諸地歡喜離垢明焰難勝現
前遠行不動善慧法雲等十此名為
如如彼無上正遍知來故名如來如
八道來故名如來以有般若波羅蜜
足方便足來故名如來或名如去言
如去者或以如說故名如去又如去
者去不復來故名如去以何義故名
法輪者彼義今說法體是輪故名法
輪辟如世間銅體是瓶故名銅瓶木
體為輪故名木輪此亦如是法體為
輪故名法輪如是亦現何者是法謂
三十七菩提分法此法是輪故名法
輪又一切法自體覺義是法輪義又
一切法勝莊嚴義又取捨義如是等
義名為法輪捨何等物謂捨有為取
何者物謂取涅槃又能破壞一切煩

惱是故名輪如時運輪法王治輪如輪王輪一切世間光明照輪如星宿輪又說法輪不斷常輪二邊不定又不生輪如因緣生又不二輪如眼與色乃至意法不二應知不可得輪以三世法不可得故又復空輪離諸日故又無相輪觀一切相離諸相故又無願輪離三界故一切分別不別異輪以一切法不分別故

世尊復於阿那婆達多龍王修多羅中告龍王言賢面龍王又法輪者實不壞行如是名輪三世等故無自體輪以離有無二種見故又復離輪身無染故又不著輪以離心意意識等故無處所輪以捨一切有行生故又復寶輪大寶見故又復諦輪正修不壞故又不盡輪亦不盡故又法界輪以一切法皆悉行故又實際輪以前後際非際輪故又如如輪諸法自體無自體故巳無為輪一切戲處觀察定故又復常輪聖性集故又復空輪不見內外一切物故又無相輪以一切相不分別故又無願輪以一切法不攀緣故又無為輪一切言語所說皆空不可說故如是世尊所說法輪此等皆是法輪之義

又復世尊幾轉幾行轉法輪者彼義今說法輪三轉有十二行此苦聖諦此集聖諦此滅聖諦此苦滅道聖諦此第一轉此苦聖諦應知此苦集應斷此苦滅應證此苦滅道應修此第二轉此苦聖諦巳知此苦集巳斷此苦滅巳證此苦滅道巳修此第三轉此說三轉如是苦智集智滅智道智如是苦諦有三轉智如是集諦如是滅諦如是道諦有三轉智彼如是說有十二行何以故如是異行於苦諦中有三轉智異行集諦異行滅諦異行道諦皆三轉智此如是說有十二行

所言苦者謂之五陰五陰苦相是名為苦彼苦相空通達此空是名苦智聖諦彼五陰因愛使見因是名為集若不分別不分別不取不觸愛因見因是名集智聖諦若彼五陰畢竟盡滅前際不來後際不去中際不得是名為滅彼如是知是名滅智聖諦若道得巳攀緣苦智集智滅智彼平等相彼不二智是名苦滅道智聖諦又復何故非少非多說彼聖諦如是分別此則無窮又復如是知四聖諦則得解脫所謂知苦苦因苦滅後得方便如是四聖諦此如是義次第而說又平等相何者名聖諦不虛妄法以不虛妄故名為諦各各自相皆不虛妄如是不虛妄法是平等相又復勝相何者勝相苦逼迮相集能生相滅寂靜相道者出相又十二行若逆若順有十二分因緣生轉又復廣普修多羅說正分別能分別不善觀察生於無明非有生法如是乃至大苦聚集彼有及滅如是法輪十二行轉居憐若知三寶具足

又復世尊此中說轉何故如來不生法門說一切法不轉不迴應如是知畢竟不起如是次第彼義今釋被真諦說此世諦說又此時說又此為治信受故說此義巳說是故今說又復此為初業菩薩故如是說得大地大

如是不諍
若衆生法皆不可得然則世尊何所住持而轉法輪彼義今釋佛以大悲不取衆生亦不取法而常住持衆生及法已轉法輪又復世尊於龍王問修多羅說如虛空轉名法輪轉又復此是世尊方便諸法無名以名字說是故偈言

一切法無名　設名以名法　世尊法亦不
取衆生而治

衆生為之說法雖不取法而常廣說一切諸法又復般若波羅蜜經無垢名稱修多羅說為知真諦故說世諦如是無過

又復世尊以何義故捨彼寬博種種勝妙華樹莊嚴无量勝人多衆集處於波羅奈少人衆處在波吒離樹影蔭下鹿苑之中而轉法輪彼義今釋世尊往昔已於彼處六十千億那由他會廣行布施又於彼處已曾供養六十千億那由他佛又於彼處已有九十一億千佛轉於法輪彼處常饒寂靜仙人有如是等諸大功德是故世尊在於彼處而轉法輪此義已釋今復更說又廣普經有偈說言

我六十千億　那由他會施　供六十千億
那由他諸佛　波羅奈處勝　有勝舊仙人
第一天龍等　常讚說法處　九十一億前
我憶無上勝　於此妙林中　轉無上法輪
此有那由他　寂靜勝仙人　常在鹿苑中
故名仙人處　如是勝林中　轉無上法輪

如是已轉又為法人如是已轉

又復世尊何處初坐而轉法輪彼義今釋世尊坐彼大圓殿處無量清淨妙色珎寶

莊嚴師子座上而轉法輪此何處說廣普經中如是說言諸比丘有諸地天知波羅奈欲轉法輪有本饒益置大圓殿種種莊嚴廣博嚴麗其殿縱廣七百由旬虛空諸天以蓋幢幡而為莊嚴於上空中欲界天子八十四千師子之座奉施如來施如來已一一請言惟願如來坐我此座而轉法輪一一天子各見世尊坐其所施師子座上而轉法輪世尊如是滿足一切諸天子意

又復世尊轉法輪時幾許衆生捨惡行善彼義今釋憍陳如等有五比丘復有諸天六十億數復色界天八十億數復有八十四千億人此何處說彼廣普經有偈說言

阿若居隣等　如是五比丘　六十億諸天
皆得法眼淨　八十億色天　淨無上法眼
淨勝法眼人　八万四千億

以要言之衆生住持亦說衆生法住持者亦現說法又復有義衆生住持亦現令知衆生心行八万四千法住持者亦現令知八万四千法聚光明多所饒益又復有義衆生住持此為亦現衆生平等法住持者亦法平等又復此二世諦亦現

轉法輪經憂波提舍一卷

轉法輪經憂波提舍

校勘記

一　底本，金藏廣勝寺本。

一　三三〇頁中一行第五字「憂」，資、磧、普、南、徑、清作「優」，下同。

一　三三〇頁中一二行第八字「舍」，石作「舍一卷」。

一　三三〇頁中一二行夾註，資、磧、普、南、徑、清無。

一　三三〇頁中一二行後，諸本有「天親菩薩造」五字。

一　三三〇頁中一三行譯者，資、磧、普、南、徑、清作「元魏天竺三藏法師毗目智仙等譯」。

一　三三〇頁下九行第九字「一」，石、資、磧、普、南、徑、清作「二」。

一　三三〇頁下九行「故名」，石作「故名此」；資、磧、普、南、徑、清作「名此」。

一　三三〇頁下一〇行第五字「二」，石、資、磧、普、南、徑、清作「三」。

一　三三〇頁下一〇行至一一行夾註，石、資、磧、普、南、徑、清無。

一　三三〇頁下末行末字「垢」，資、磧、普、南作「始」。

一　三三一頁上一七行首字「譽」，資、磧、普、南、徑、清作「擧」。

一　三三一頁下一二行第二字「無」，資、磧、普、南、徑、清、麗作「己」。

一　三三二頁中一三行首字「墮」，諸本作「隨」。

一　三三二頁中二〇行末字「此」，諸本作「此人」。

一　三三二頁下一四行「去不」，資、磧、普、南、徑、清作「不去」。

一　三三三頁上六行末字「日」，諸本作「見」。

一　三三三頁上一一行第七字「面」，資、磧、普、南、徑、清作「首」。

一　三三三頁下一七行首字「憐」，諸本作「隣」。

一　三三四頁上九行第六字「設」，南、徑、清作「說」。

一　三三四頁上一九行第九字「六」，磧、普、南、徑、清作「八」。

一　三三四頁中一五行第一一字「本」，石、麗作「大」。

一　三三四頁中一六行第七字「嚴」，資、磧、普、南、徑、清作「校」。

一　三三四頁下三行第九字「復」，資、磧、普、南、徑、清作「復有」。

一　三三四頁下末行「一卷」，資、磧、普、南、徑、清無。

大唐三藏聖教序

御製

堂

蓋聞二儀有像顯覆載以含生四時無形潛寒暑以化物是以窺天鑑地庸愚皆識其端明陰洞陽賢哲罕窮其數然而天地苞乎陰陽而易識者以其有像也陰陽處乎天地而難窮者以其无形也故知像顯可徵雖愚不惑形潛莫覩在智猶迷況乎佛道崇虛乘幽控寂弘濟万品典御十方舉威靈而無上抑神力而無下大之則弥於宇宙細之則攝於毫釐無滅無生歷千劫而不古若隱若顯運百福而長今妙道凝玄遵之莫知其際法流湛寂挹之莫測其源故知蠢蠢凡愚區區庸鄙投其旨趣能無疑惑者哉然則大教之興基乎西土騰漢庭而皎夢照東域而流慈昔者分形分跡之時言未馳而成化當常現常之世民仰德而知遵及乎晦影歸真遷儀越世金容掩色不鏡三千之光麗象開圖空端四八之相於是微言

廣被拯含類於三途遺訓遐宣導群生於十地然而真教難仰莫能一其旨歸曲學易遵邪正於焉紛糺所以空有之論或習俗而是非大小之乘乍沿時而隆替有玄奘法師者法門之領袖也幼懷貞敏早悟三空之心長契神情先苞四忍之行松風水月未足比其清華仙露明珠詎能方其朗潤故以智通無累神測未形超六塵而迥出隻千古而無對凝心內境悲正法之陵遲栖慮玄門慨深文之訛謬思欲分條析理廣彼前聞截偽續真開茲後學是以翹心淨土往遊西域乘危遠邁杖策孤征積雪晨飛途間失地驚砂夕起空外迷天萬里山川撥煙霞而進影百重寒暑躡霜雨而前蹤誠重勞輕求深願達周遊西宇十有七年窮歷道邦詢求正教雙林八水味道餐風鹿苑鷲峯瞻奇仰異承至言於先聖受真教於上賢探賾妙門精窮奧業一乘五律之道馳驟於心田八藏三篋之文波濤於口海爰自所歷之國摠將三藏要文

凡六百五十七部譯布中夏宣揚勝
業引慈雲於西極注法雨於東垂聖
教缺而復全蒼生罪而還福濕火宅
之乾焰共拔迷途朗愛水之昏波同
臻彼岸是知惡因業墜善以緣昇昇
墜之端惟人所託譬夫桂生高嶺雲
露方得泫其花蓮出淥波飛塵不能
汙其葉非蓮性自潔而桂質本貞良
由所附者高則微物不能累所憑者
淨則濁類不能沾夫以卉木无知猶
資善而成善況乎人倫有識不緣慶
而求慶方冀茲經流施將日月而無
窮斯福遐敷與乾坤而永大

皇太子臣治述　聖記

夫顯揚正教非智无以廣其文崇闡
微言非賢莫能定其旨蓋真如聖教
者諸法之玄宗衆經之軌躅也綜括
宏遠奧旨遐深極空有之精微體生
滅之機要詞茂道曠尋之者不究其
源文顯義幽履之者莫測其際故知
聖慈所被業无善而不臻妙化所敷
緣無惡而不翦開法網之綱紀弘六
度之正教拯羣有之塗炭啓三藏之

秘扃是以名無翼而長飛道无根而
永固道名流慶歷遂古而鎮常赴感
應身經塵劫而不朽晨鍾夕梵交二
音於鷲峯慧日法流轉雙輪於鹿菀
排空寶蓋接翔雲而共飛莊野春林
與天花而合彩伏惟

皇帝陛下　上玄資福垂拱而治
八荒德被黔黎斂衽而朝万國恩加
朽骨石室歸貝葉之文澤及昆蟲金
匱流梵說之偈遂使阿耨達水通神
甸之八川耆闍崛山接嵩華之翠嶺
竊以法性凝寂靡歸心而不通智地
玄奧感懇誠而遂顯豈謂重昏之夜
燭慧炬之光火宅之朝降法雨之澤
於是百川異流同會於海万區分義
揔成乎實豈與湯武挍其優劣堯舜
比其聖德者哉玄奘法師者夙懷聰
令立志夷簡神清齠齓之年體拔浮
華之世凝情定室匿迹幽巖栖慮三
禪巡遊十地超六塵之境獨步迦維
會一乘之旨隨機化物以中華之無
質尋印度之真文遠涉恒河終期滿
字頻登雪嶺更獲半珠問道往還十

有七載備通釋典利物為心以貞觀
十九年二月六日奉
勅於弘福寺翻譯聖教要文凡六百
五十七部引大海之法流洗塵勞而
不竭傳智燈之長焰皎幽闇而恒明
自非久植勝緣何以顯揚斯旨所謂
法相常住齊三光之明
我皇福臻同二儀之固伏見
御製衆經論序照古騰今理含金石
之聲文抱風雲之潤治輒以輕塵足
岳墜露添流略舉大綱以為斯記

瑜伽師地論卷第一

彌勒菩薩說

三藏法師玄奘奉　詔譯

本地分中五識身相應地第一

云何瑜伽師地謂十七地何等十七
嗢拕南曰

五識相應意　有尋伺等三　三摩地俱非
有心無心地　聞思修所立　如是具三乘
有依及無依　是名十七地

一者五識身相應地二者意地三者
有尋有伺地四者無尋唯伺地五者
無尋无伺地六者三摩呬多地七者

非三摩呬多地八者有心地九者無心地十者聞所成地十一者思所成地十二者修所成地十三者聲聞地十四者獨覺地十五者菩薩地十六者有餘依地十七者無餘依地如是略說十七名為瑜伽師地

云何五識身相應地謂五識身自性彼所依彼所緣彼助伴彼作業如是揔名五識身相應地何等名為五識身耶所謂眼識耳識鼻識舌識身識云何眼識自性謂依眼了別色彼所依者俱有依謂眼等无間依謂意種子依謂即此一切種子執受所依異熟所攝阿賴耶識如是略說二種所依謂色非色眼是色餘非色眼謂四大種所造眼識所依淨色无見有對意謂眼識无間過去識一切種子識謂無始時來樂著戲論熏習為因所生一切種子異熟識彼所緣者謂色有見有對此復多種略說有三謂顯色形色表色顯色者謂青黃赤白影光明闇雲煙塵霧及空一顯色形色者謂長短方圓麄細正不正高下色表色者謂取捨屈伸行住坐卧如是等色又顯色者謂若色顯了眼識所行形色者謂若色積集長短等分別相表色者謂即此積集色生滅相續由變異因於先生處不復重生轉於異處或无間或有間或近或遠差別生或即於此處變異而生是名表色又顯色者謂光明等差別形色者謂長短等積集差別表色者謂業用為依轉動差別如是一切顯形表色是眼所行眼境界眼識所行眼識境界眼識所緣意識所行意識境界意識所緣名之差別又即此色復有三種謂若好顯色若惡顯色若俱異顯色似色顯現彼助伴者謂彼俱有相應諸心所有法所謂作意觸受想思及餘眼識俱有相應諸心所有法又彼諸法同一所緣非一行相俱有相應一一而轉又彼一切各各從自種子而生彼作業者當知有六種謂唯了別自境所緣是名初業唯了別自相唯了別現在唯一剎那了別復有二業謂隨意識轉隨善染轉隨發業轉又復能取愛非愛果是第六業

云何耳識自性謂依耳了別聲彼所依者俱有依謂耳等无間依謂意種子依謂一切種子阿賴耶識耳謂四大種所造耳識所依淨色無見有對意及種子如前分別彼所緣者謂聲无見有對此復多種如螺貝聲大小鼓聲舞聲歌聲諸音樂聲俳戲叫聲女聲男聲風林等聲明了聲不明了聲有義聲无義聲下中上聲江河等聲鬪諍諠雜聲受持演說聲論義決擇聲如是等類有衆多聲此略三種謂因執受大種聲因不執受大種聲因執受不執受大種聲初唯內緣聲次唯外緣聲後內外緣聲此復三種謂可意聲不可意聲俱相違聲又復聲者謂鳴音詞吼表彰語等差別之名是耳所行耳境界耳識所行耳識境界耳識所緣意識所緣意識所行意識境界意識所緣助伴及業如眼識應知

云何鼻識自性謂依鼻了別香彼所依者俱有依謂鼻等无間依謂意種子依謂一切種子阿賴耶識鼻謂四

大種所造鼻識所依淨色无見有對意及種子如前分別彼所緣者謂香无見有對此復多種謂好香惡香平等香鼻所齅如根莖花葉果實之香如是等類有衆多香又香者謂鼻所聞鼻所取鼻所齅等差別之名是鼻所行鼻境界鼻識所行鼻識境界鼻識所緣意識所行意識境界意識所緣助伴及業如前應知

云何舌識自性謂依舌了別味彼所依者俱有依謂舌等无間依謂意種子依謂一切種子阿賴耶識舌謂四大種所造舌識所依淨色无見有對意及種子如前分別彼所緣者謂味無見有對此復多種謂苦酢辛甘鹹淡可意不可意若捨處所舌所嘗又味者謂應嘗應吞應噉應飲應舐應吮應受用如是等差別之名是舌所行舌境界舌識所行舌識境界舌識所緣意識所行意識境界意識所緣助伴及業如前應知

云何身識自性謂依身了別觸彼所依者俱有依謂身等无間依謂意種

子依謂一切種子阿賴耶識身謂四大種所造身識所依淨色无見有對意及種子如前分別彼所緣者謂觸无見有對此復多種謂地水火風輕性重性滑性澁性冷飢渴飽力劣緩急病老死蛘悶黏疲息軟性勇如是等類有衆多觸此復三種謂好觸惡觸捨處所觸身所觸又觸者謂所摩所觸若鞕若軟若動若煖如是等差別之名是身所行身境界身識所行身識境界身識所緣意識所行意識境界意識所緣助伴及業如前應知

復次雖眼不壞色現在前能生作意若不正起所生眼識必不得生要眼不壞色現在前能生作意正復現起所生眼識方乃得生如眼識乃至身識應知亦尒

復次由眼識生三心可得如其次第謂率尒心尋求心決定心初是眼識二在意識決定心後方有染淨此後乃有等流眼識善不善轉而彼不由自分別力乃至此意不趣餘境經尒所時眼意二識或善或染相續而轉

如眼識生乃至身識應知亦尒

復次應觀五識所依如徃餘方者所乘所緣如所為事助伴如同侶業如自功能復有差別應觀五識所依如居家者家所緣如所受用助伴如僕使等業如作用

本地分中意地第二之一

已說五識身相應地云何意地此亦五相應知謂自性故彼所依故彼所緣故彼助伴故作業故云何意自性謂心意識心謂一切種子所隨依止性所隨依附性體能執受異熟所攝阿賴耶識意謂恒行意及六識身无間滅意識謂現前了別所緣境界彼所依者等无間依謂意種子依謂如前說一切種子阿賴耶識彼所緣者謂一切法如其所應若不共者所緣即受想行蘊无為無見無對色六內處及一切種子彼助伴者謂作意觸受想思欲勝解念三摩地慧信慚愧无貪無瞋无癡精進輕安不放逸捨不害貪恚无明慢見疑忿恨覆惱嫉慳誑諂憍害无慚無愧惛

沉掉舉不信懈怠放逸邪欲邪勝解忘念散乱不正知惡作睡眠尋伺如是等輩俱有相應心所法是名助伴同一所緣不同行相一時俱有一一而轉各自種子所生更互相應有行相有所緣有所依彼作業者謂能了別自境所緣是名初業復能了別自相共相復能了別去来今世復刹那了別或相續了別復為轉隨轉發淨不淨一切法業復能取愛非愛果復能引餘識身又能為因發起等流識身又諸意識望餘識身有勝作業謂分別所緣審慮所緣若醉若狂若夢若覺若悶若醒若能發起身業語業若能離欲若離欲退若斷善根若續善根若死若生等　卍　※

云何分別所緣由七種分別謂有相分別無相分別任運分別尋求分別伺察分別染汙分別不染汙分別有相分別者謂於先所受義諸根成熟善名言者所起分別无相分別者謂隨先所引及嬰兒等不善名言者所有分別任運分別者謂於現前境界

隨境勢力任運而轉所有分別尋求分別者謂於諸法觀察尋求所起分別伺察分別者謂於已所尋求已所觀察伺察安立所起分別染汙分別者謂於過去顧戀俱行於未來希樂俱行於現在執著俱行所有分別若欲分別若恚分別若害分別或隨與一煩惱隨煩惱相應所起分別不染汙分別者若善若无記謂出離分別无恚分別無害分別或隨與一信等善法相應或威儀路工巧處及諸變化所有分別如是等類名分別所緣

云何審慮所緣謂如理所引不如理所引非如理非不如理所引如理所引者謂不增益非真實有如四顛倒謂於无常常倒於苦樂倒於不淨淨倒於无我我倒亦不損減諸真實有如諸邪見謂无施與等諸邪見行或法住智如實了知諸所知事或善清淨出世間智如實覺知所知諸法如是名為如理所引與此相違當知不如理所引非如理非不如理所引者謂依无記慧審察諸法如是名為審

慮所緣云何醉謂由依止性羸劣故或不習飲故或極數飲故或過量飲故便致醉乱云何狂謂由先業所引或由諸界錯乱或由驚怖失志或由打觸末摩或由鬼魅所著而發癲狂

云何夢謂由依止性羸劣或由疲倦過失或由食所沉重或由於闇相作意思惟或由休息一切事業或由串習睡眠或由他所引發如由搖扇或由明呪或由於藥或由威神而發惛夢

云何覺謂睡增者不勝彼極故有所作者要期睡故或他所引從夢而覺

云何悶謂由風熱乱故或由捶打故或由瀉故如過量轉痢及出血或由極勤勞而致悶絶

云何醒謂於悶已而復出離

云何發起身業語業謂由發身語業智前行故次欲生故次功用起故次隨順功用為先身語業風轉故從此發起身業語業

云何離欲謂隨順離欲根成熟故從他獲得隨順教誨故遠離彼障故方便正脩无倒思惟故方能離欲

云何離欲退謂性軟根故新修善品者數數思惟彼形狀相故受行順退法故煩惱所障故惡友所攝故從離欲退

云何斷善根謂利根者成就上品諸惡意樂現行法故得隨順彼惡友故彼邪見纏極重圓滿到究竟故彼於一切惡現行中得无畏故無哀愍故能斷善根此中種子亦名善根无貪瞋等亦名善根但由安立現行善根相違相續名斷善根非由永拔彼種子故

云何續善根謂由性利根故見親朋友修福業故詣善丈夫聞正法故因生猶豫證決定故還續善根

云何死謂由壽量極故而便致死此復三種謂壽盡故福盡故不避不平等故當知亦是時非時死或由善心或不善心或無記心

云何壽盡故死猶如有一隨感壽量滿盡故死此名時死

云何福盡故死猶如有一資具闕故死

云何不避不平等故死如世尊說九

因九緣未盡壽量而死何等為九謂食无度量食所不宜不消復食生而不吐熟而持之不近醫藥不知於己若損若益非時非量行非梵行此名非時死

云何善心死猶如有一將命終時自憶先時所習善法或復由他令彼憶念由此因緣尒時信等善法現行於心乃至麁想現行若細想行時善心即捨唯住无記心所以者何彼於尒時於曾習善亦不能憶他亦不能令彼憶念

云何不善心死猶如有一命將欲終自憶先時串習惡法或復由他令彼憶念彼於尒時貪瞋等俱諸不善法現行於心乃至麁細等想現行如前善說又善心死時安樂而死將欲終時无極苦受逼迫於身惡心死時苦惱而死將命終時極重苦受逼迫於身又善心死者見不亂色相不善心死者見亂色相

云何无記心死謂行善不善者或不行者將命終時自不能憶無他令憶

尒時非善心非不善心死既非安樂死亦非苦惱死

又行善不善補特伽羅將命終時或自然憶先所習善及與不善或他令憶彼於尒時於多曾習力最强者其心偏記餘悉皆忘若俱平等曾串習者彼於尒時隨初自憶或他令憶唯此不捨不起餘心彼於尒時由二種因增上力故而便命終謂樂著戲論因增上力及淨不淨業因增上力受盡先業所引果已若行不善業者當於尒時受先所作諸不善業所得不愛果之前相猶如夢中見无量種變怪色相依此相故薄伽梵說若有先作惡不善業及增長已彼於尒時如日後分或山峯影等懸覆遍覆極覆當知如是補特伽羅從明趣闇若先受盡不善業果而修善者與上相違當知如是補特伽羅從闇趣明此中差別者將命終時猶如夢中見无量種非變怪色可意相生若作上品不善業者彼由見斯變怪相故流汗毛竪手足紛亂遂失便穢捫摸虛空

齠睛咀沫彼於尒時有如是等變恠相生若造中品不善業者彼於尒時變恠之相或有或无設有不具又諸衆生將命終時乃至未到惛昧想位長時所習我愛現行由此力故謂我當无便愛自身由此建立中有生報若預流果及一来果尒時我愛亦復現行然此預流及一来果於此我愛由智慧力數數推求制而不著猶壯丈夫與羸劣者共相捔力能制伏之當知此中道理亦尒若不還果尒時我愛不復現行又解肢節除天那落迦所餘生處一切皆有此復二種一重二輕重謂作惡業者輕謂作善業者北拘盧洲一切皆輕又色界没時皆具諸根欲界没時隨所有根或具不具又清淨解脫死者名調善死不清淨不解脫死者名不調善死又將終時作惡業者識於所依從上分捨即從上分冷觸隨起如此漸捨乃至心處造善業者識於所依從下分捨即從下分冷觸隨起如此漸捨乃至心處當知後識唯心處捨從此冷觸遍滿所依

云何生由我愛无間已生故無始樂著戲論因已熏習故淨不淨業因已熏習故彼所依體由二種因增上力故從自種子即於是處中有異熟无間得生死生同時如秤兩頭低昂時等而此中有必具諸根造惡業者所得中有如黑羺光或陰闇夜作善業者所得中有如白衣光或晴明夜又此中有如是極清淨天眼所行彼於尒時先我愛類不復現行識已住故然於境界起戲論愛隨所當生即彼形類中有而生又中有眼猶如天眼無有障㝵唯至生處所趣无㝵如得神通亦唯至生處又由此眼見已同類中有情及見自身當所生處又造惡業者眼視不淨伏面而行往天趣者上往人趣者傍又此中有若未得生緣極七日住有得生緣即不決定若極七日未得生緣死而復生極七日住如是展轉未得生緣乃至七七日住自此已後決得生緣又此中有七日死已或即於此類生若由餘業可轉中有種子轉者便於餘類中生又

此中有有種種名或名中有在死生二有中間生故或名健達縛尋香行故香所資故或名意行以意為依往生處故此說身往非心緣往或名趣生對生有起故當知中有除無色界一切生處又造惡業者謂屠羊雞猪等隨其一類由住不律儀衆同分故作感那落迦惡不善業及增長已彼於尒時猶如夢中自於彼業所得生處還見如是種類有情及屠羊等事由先所習憙樂馳趣即於生處境色所㝵中有遂滅生有續起彼將没時如先死有見紛乱色如是乃至生滅道理如前應知又彼生時唯是化生六處具足復起是心而往趣之謂我與彼嬉戲受樂習諸伎藝彼於尒時顛倒謂造種種事業及觸冷熱若離妄見如是相貌尚无趣欲何况往彼若不往彼便不應生如於那落迦如是於餘似那落迦鬼趣中生當知亦尒如瘦鬼等又於餘鬼傍生人等及欲色界天衆同分中將受生時於當生

處見已同類可意有情由此於彼起
其欣欲即往生處便被拘㝵死生道
理如前應知又由三處現前得入母
胎父母調適而復值時二父母和合
俱起愛染三健達縛正現在前
復无三種障㝵謂産處過患所作種
子過患所作宿業過患所作
云何産處過患謂若産處為風熱癊
之所逼迫或於其中有麻麦果或復
其門如車螺形有曲有穢有濁
如是等類産處過患應知
云何種子過患謂父出不淨非母或
母非父或俱不出或父精朽爛或父
母俱如是等類種子過患應知
云何宿業過患謂或父或母不作不
增長感子之業或復俱无或彼有情
不作不增長感父母業或彼父母作
及增長感餘子業或彼有情作及增
長感餘父母業或感大宗葉業或感
非大宗葉業如是等類宿業過患應
知若无如是三種過患三處現前得
入母胎彼即於中有處自見與已同
類有情為嬉戲等於所生處起希趣

欲彼於尒時見其父母共行邪行所
出精血而起顛倒起顛倒者謂見父
母為邪行時不謂父母行此邪行乃
起倒覺見已自行見自行已便起貪
愛若當欲為女彼即於父便起會貪
若當欲為男彼即於母起貪亦尒乃
往逼趣若女於母欲其遠去若男於
父心亦復尒生此欲已或唯見男或
唯見女如如漸近彼之處所如是如
是漸漸不見父母餘分唯見男女根
門即於此處便被拘㝵死生道理如
是應知若薄福者當生下賤家彼於
死時及入胎時便聞種種紛乱之聲
及自妄見入於叢林竹葦蘆荻等中
若多福者當生尊貴家彼於尒時便
自聞有寂靜美妙可意音聲及自妄
見昇宮殿等可意相現尒時父母貪
愛俱極最後決定各出一滴濃厚精
血二滴和合住母胎中合為一段猶
如熟乳凝結之時當於此處一切種
子異熟所攝執受所依阿賴耶識和
合依託云何和合依託謂此所出濃
厚精血合成一段與顛倒緣中有俱

滅與滅同時即由一切種子識功能
力故有餘微細根及大種和合而生
及餘有根同分精血和合搏生於此
時中說識已住結生相續即此名為
羯羅藍位此羯羅藍中有諸根大種
唯與身根及根所依處大種俱生即
由此身根俱生諸根大種力故眼等
諸根次第當生又由此身根俱生根
所依處大種力故諸根依處次第當
生由彼諸根及所依處具足生故名
得圓滿依止成就又此羯羅藍色與
心心所安危共同故名依託由心心
所依託力故色不爛壞色損益故彼
亦損益是故說彼安危共同又此羯
羅藍識最初託處即名肉心如是識
於此處最初託即從此處最後捨

後序

中書令臣許敬宗製

原夫三才成位爰彰開闢之端六羽
為君猶昧尊卑之序詳餘軌於襄陸
淪胥靡徵考陳跡於懷英寂寥无紀
暨乎黄軒振武玄頊蹟功帝道盛於
唐虞王業著於殷夏蔵蘊玉冊照耀
金圖茂範曾芬詳諸歷選然則基神

襲聖衍慶摛和軼三代而孤標掩百王而迥秀我 卍 卍 大唐皇帝無得稱矣斷鼇龍初載万有於是宅心飛龍在辰六幽於是仰德偃洪流而恢地絡練清氣而輯天維散服韜戈肩無為之道移澆反樸弘不言之化悠悠庶類叶夢於華胥蠢蠢懷生遂性於仁壽大禮大樂苞曲臺而掩宣榭宏謨宏典澄璧水而藻璪林瑞露禎雲翊紫空而表貺祥鱗慶翼繞丹禁而呈符感精所記之州咸為壇場暄谷所謨之縣並入提封廣闢轅宮被文軌於殊俗還開姬弈均正朔於王會大業成矣大化清矣於是遊心羽陵寓情延閣揔万籟於天縱資一貫於生知洞照緫神襟深窮性道俯同小伎則綸發三辰降習微毫則妙逾八體居域中之大寶畢天下之能事雖則甲夜觀書見稱優洽華旦成曲獨擅風猷仰挍鴻徽豈可同年而語矣有玄奘法師者胎彰辯慧躡身子之高蹤生禀神奇嗣摩什之芳軌爰初束髮即事抽簪迥出蓋纏深悟空假研求四諦曉謀旨於真宗鑽仰一乘鑒訛文於實相遂迺發弘誓願起大悲心思拯迷途親尋正教辛屬時康道泰遠安遊肅裂裳裹足直趣迦維 皇澤於遐番徽輝教於蔥域越蔥嶺之外猶跬步而忘遠遵竹園之左辟靚受而何殊訪道周遊十有七載經途所亘百有餘國異方之語資一音而並貫未譯之經罄五財而畢寫若誦若閱踰青蓮之受持半句半偈隨白馬而俱返以貞觀十九年二月六日持如来舍利一百五十粒佛像七軀三藏聖教要文還至長安凡將經論六百五十七部奉 勅於弘福寺安置所司供給諸名僧二十一人學通內外者共譯持术三藏梵本至二十一年五月十五日肇譯瑜伽師地論論梵本四万頌頌三十二字凡有五分宗明十七地義三藏法師玄奘敬執梵文譯為唐語弘福寺沙門靈會靈雋智開知仁會昌寺沙門玄度瑤臺寺沙門道卓大揔持寺沙門道觀清禪寺沙門明覺烝義筆受弘福寺沙門玄謨證梵語大揔持寺沙門玄應正字大揔持寺沙門道洪實際寺沙門明琰寶昌寺沙門法祥羅漢寺沙門惠貴弘福寺沙門文備蒲州栖巖寺沙門神泰廓州法講寺沙門道深詳證大義本地分中五識身相應地意地有尋有伺地無尋唯伺地無尋無伺地凡十卷普光寺沙門道智受旨證文三摩呬多地非三摩呬多地有心無心地聞所成地思所成地修所成地凡十卷蒲州普救寺沙門行友受旨證文聲聞地初瑜伽種姓地盡第二瑜伽處凡九卷玄法寺沙門玄賾受旨證文聲聞地第三瑜伽處盡獨覺地凡五卷汴州真諦寺沙門玄忠受旨證文菩薩地有餘依地無餘依地凡十六卷簡州福衆寺沙門靖邁受旨證文攝決擇分凡三十卷大揔持寺沙門辯機受旨證文攝異門分攝釋分凡四卷普光寺沙門處衡受旨證文攝事分十六卷弘福寺沙門明濬受旨證文銀青光祿大夫行太子左庶子高陽縣開國男臣許敬宗奉詔監閱至二十二年五月十五日絕筆揔成一百卷佛滅度後弥勒菩薩自覩史多天宮降于中印度阿踰陁國為無著菩薩之所說也斯固法門極地

談三藏之遺文如來後心暢五乘之
奥旨玄宗微妙不可思議僧徒並戒
行圓深道業貞固欣承嘉召得奉
高人各磬幽心共稟新義隨畢奏上
有感宸衷爰降殊恩親裁鴻序情超
繫象理絶名言　皇太子分耀黃
離纘基青陸北撝傳樂仰金聲而竊
媿東明御辯瞻玉裕而多慙九載勤
經漢儲斯陋一朝成賦魏兩韜英既
睹天文頂戴无已爰抽秘藻讚歎
功德紆二聖之仙詞闡三藏之幽鍵
載揚佛日式導玄津開夏景於蓮花
法流逾潔泛春光於貝葉道樹增輝
偶夫　聖藻長懸與天地而無極真
如廣被隨塵沙而不窮凡厥含靈知
所歸矣

瑜伽師地論卷第一

瑜伽師地論卷第一

校勘記

一　底本，金藏廣勝寺本。

一　三三六頁中一行序名前，石、資有經名「瑜伽師地論卷第一」。

一　三三六頁中一一行至次頁下一一行末字，聖教序及聖記，普、南、徑、清無。

一　三三六頁中二行「御製」，石、磧作「太宗文皇帝製」。

一　三三七頁上一二行第五字「奠」，石作「覲」。

一　三三七頁上一四行「皇太子臣治述聖記」，石作「高宗皇帝在春宮述三藏聖記」；資作「皇太子臣治述」；磧作「聖教序記皇太子臣治述」。

一　三三七頁中一九行第一三字「慮」，磧、麗作「息」。

一　三三七頁下一四行譯者，石、資、磧、普、南作「沙門玄奘奉詔譯」；徑、清作「唐三藏沙門玄奘奉詔譯」，以下各卷同。

一　三三七頁下一五行品名，磧、普、南作「本地分第一」；徑、清作「本地分」。

一　三三八頁上六行與七行之間，磧、普、南、徑、清有「本地分中五識身相應地第一」一行。

一　三三八頁上二一行末字至二二行首字「影光」，石、麗作「光影」。

一　三三八頁中七行第九字「而」，資、磧、普、南、徑、清、麗無。

一　三三八頁中九行末字「依」，資、磧、普、南、徑、清作「作」。

一　三三八頁下一一行第五字「雜」，石無。

一　三三九頁上四行第六字「如」，資、磧、普、南、徑、清、麗作「知」。

一　三三九頁上四行「實之」，資、磧、普、南、徑、清無。

一　三三九頁中六行第五字「蛘」，石、南、徑、清作「癢」。

一　三三九頁中六行第一一字「性」，麗作「怯」。

一　三三九頁下九行第九字「彼」，資、磧、普、南、徑、清無。

一　三三九頁下一〇行「作業」，諸本作「彼作業」。

一　三三九頁下一二行「依附」，諸本作「依附依止」，其中麗爲夾註。

一　三三九頁下一三行「依止性」，石、麗無。

一　三三九頁下一五行「依依」，石、徑、清、麗作「依」。

一　三四〇頁上三行第九字「所」，諸本作「所有」。

一　三四〇頁上四行第五字「不」，麗作「非」。

一　三四〇頁上二〇行「成熟」，麗作「成就」，下同。

一　三四〇頁中一八行第二字「諸」，石作「是」。

一　三四〇頁下八行第七字「息」，磧、普、南、徑、清作「意」。

一　三四〇頁下一一行第一〇字「彼」，諸本作「疲」。

一　三四〇頁下一六行第三字「醒」，石作「惺」。

一　三四一頁下六行「曾串」，石、資、磧、普、南、徑、清作「串曾」。

一　三四一頁下一六行第五字「山」，資、磧、普、南、徑、清、麗作「山山」。

一　三四二頁上一行「翻睛」，資、磧、普、南、徑、清作「飜精」。

一　三四二頁中八行「陰闇」，石作「霒闇」。

一　三四二頁中一〇行第四字「如」，資、磧、普、南、徑、清、麗無。

一　三四二頁中一六行「有情」，諸本作「有有情」。

一　三四二頁中一七行第五字「不」，資、磧、普、徑、清、麗作「下」。

一　三四三頁上四行「父母」，資、磧、普、南、徑、清作「毋」；麗作「其母」。

一　三四三頁上五行「正現」，徑、清作「而現」。

一　三四三頁上一三行「父精」，資、磧、普、南、徑、清作「母精」。

一　三四三頁上一三行第一三字至一四行第三字「或父或母俱」，石、麗作「或母或俱」。

一　三四三頁中一五行「多福」，資、磧、普、南、徑、清作「福多」。

一　三四三頁下一二行第三字及一三行首字「所」，資、磧、普、南、徑、清作「法」。

一　三四三頁下一七行至卷末倒數第二行許敬宗後序，石無；資、磧、普、南、徑、清俱置於三三七頁下一一行與一二行之間。

一　三四三頁下一七行「後序」，資無；磧、普、南、徑、清作「瑜伽師地論新譯序」。

一　三四三頁下一七行「中書令臣許敬宗製」，資、磧、普、南、徑、清作「銀青光禄大夫行東宮左庶子高陽縣開國男許敬宗撰」。

一　三四三頁下一九行第二字「君」，資、磧、普、南、徑、清作「居」。

一　三四三頁下二一行第八字「頡」，資、磧、普、南、徑、清、麗作「頊」。

一　三四三頁下末行第一三字「基」，磧、普、南、徑、清作「其」。

一　三四四頁上三行「稱矣」，資、磧、普、南、徑、清、麗作「而稱矣」。

一　三四四頁上一一行第三字「繞」，資、磧、普、南、徑、清作「擾」。

一　三四四頁上一二行第八字「謨」，資、磧、普、南、徑、清作「談」。

一　三四四頁上一六行第三字「資」，資、磧、普、南、徑、清作「表」。

一　三四四頁上二一行第五字「而」，資、磧、普、南、徑、清作「同」。

一　三四四頁上二一行末字「胎」，資、磧、普、南、徑、清作「昭」。

一　三四四頁上末行第二字「什」，資作「滕」；磧、普、南、徑、清作「騰」。

一　三四四頁中六行首字「番」，資、磧、普、南、徑、清、麗作「方」。

一　三四四頁中一一行「半偈」，資、磧、普、南、徑、清作「半頌」。

一　三四四頁中一二行「二月六日」，資、磧、普、南、徑、清、麗無。

一　三四四頁中一二行「舍利」，資、磧、普、南、徑、清、麗作「肉舍利」。

一　三四四頁中一三行「還至長安凡將經論」，資、磧、普、南、徑、清、麗作「凡」。

一　三四四頁中一四行第五字「部」後，資、磧、普、南、徑、清有「還至長安」四字；麗有「二月六日還至長安」八字。

一　三四四頁中一八行第五字「字」，資、磧、普、南、徑、清作「言」。

一　三四四頁中二〇行第一三字「知」，資、磧、普、南、徑、清作「和」。

一　三四四頁下六行「十卷」，麗作「十七卷」。

一　三四四頁下七行「證文」，資、磧、普、南、徑、清作「綴文」，下同。

一　三四四頁下八行首字「心」，資、磧、普、南、徑、清作「心地」。

一　三四四頁下八行第六字「說」，資、磧、普、南、徑、清、麗作「所」。

一　三四四頁下一〇行第八字「姓」，徑、清作「性」。

一　三四四頁下二〇行第一〇字「至」，資、磧、南、徑、清無。

一　三四五頁上四行第一一字「隨」，資、磧、普、南、徑、清作「功」。

一　三四五頁上五行第五字「爰」，資、磧、普、南、徑、清作「曲」。

一　三四五頁上一一行第三字「紓」，資、磧、普、南、徑、清作「行」。

一　三四五頁上一二行第五字「式」，資、磧、南、徑、清作「永」。

一　三四五頁上一三行末字「輝」，資、磧、南、徑、清作「榮」。

一　三四五頁上一四行首字「偶」，資、磧、普、南、徑、清作「俾」；麗作「冀」。

瑜伽師地論卷第二　　益

彌勒菩薩說

三藏法師玄奘奉　詔譯

本地分中意地第二之二

復次此一切種子識若般涅槃法者一切種子皆悉具足不般涅槃法者便闕三種菩提種子隨所生處自體之中餘體種子皆悉隨逐是故欲界自體中亦有色無色界一切種子如是色界自體中亦有欲界无色界一切種子無色界自體中亦有欲色界一切種子又羯羅藍漸增長時名之與色平等增長俱漸廣大如是增長乃至依止圓滿應知此中由地界故依止造色漸漸增廣由水界故攝持不散由火故成熟令其堅鞕由無潤故由風界故分別肢節各安其所又一切種子識於生自體雖有淨不淨業因然唯樂著戲論為衰勝因於生族姓色力壽量資具等果即淨不淨業為衰勝因又諸凡夫於自體上計我我所及起我慢一切聖者觀唯是苦

又處胎分中有自性受不苦不樂依識增長唯此性受異熟所攝餘一切受或異熟所生或境界緣生又苦受樂受或於一時從緣現起或時不起又種子體無始時來相續不絕性雖无始有之然由淨不淨業差別熏發望數數取異熟果說彼為新若果已生說此種子為已受果由此道理生死流轉相續不絕乃至未般涅槃又諸種子未與果者或順生受或順後受雖經百千劫從自種子一切自體復圓滿生雖餘果生要由自種若至壽量盡邊尒特此種名已受果所餘自體種子未與果故不名已受果又諸種子即於此身中應受異熟緣差不受順不定受攝故然此種子亦唯住此位是故一一自體中皆有一切自體種子若於一處有染欲即說一切處有染欲若於一處得離欲即說於一切處得離欲又於諸自體中所有種子若煩惱品所攝名為麁重亦名隨眠若異熟品所攝及餘無記品所攝唯名麁重不名隨眠若信等善法

品所攝種子不名麁重亦非隨眠何以故由此法生時所依自體唯有堪能非不堪能是故一切所依自體麁重所隨故麁重所生故麁重自性故諸佛如來安立為苦所謂由行苦故又諸種子乃有多種差別之名所謂名界名種姓名自性名因名薩迦耶名戲論名阿賴耶名取名苦名薩迦耶見所依止處名我慢所依止處如是等類差別應知又般涅槃時已得轉依諸淨行者轉捨一切染汙法種子所依於一切善無記法種子轉令緣闕轉得內緣自在又於胎中經三十八七日此之胎藏一切支分皆悉具足從此已後復經四日方乃出生如薄伽梵於入胎經廣說此說極滿足者或經九月或復過此若唯經八月此名圓滿非極圓滿若經七月六月不名圓滿或復缺減又此胎藏六處位中由母所食生麁津味而得資長於羯羅藍等微細位中由微細津味資長應知

復次此胎藏八位差別何等為八謂羯羅藍位遏部曇位閉尸位鍵南位鉢羅賒佉位髮毛爪位根位形位若已結凝箭內仍稀名羯羅藍若表裏如酪未至肉位名遏部曇若已成肉仍極柔軟名閉尸若已堅厚稍堪摩觸名鍵南即此肉摶增長支分相現名鉢羅賒佉從此以後髮毛爪現即名此位從此以後眼等根生名為根位從此以後彼所依處分明顯現名為形位又於胎藏中或由先業力或由母不避不平等力所生隨順風故令此胎藏或髮或色或皮及餘支分變異而生髮變異生者謂由先世所作能感此惡不善業及由其母多習灰鹽等味若飲若食令此胎藏髮毛稀尠色變異生者謂由先業因如前說及由其母習近煖熱現在緣故令彼胎藏黑黯色生又母習近極寒室等令彼胎藏極白色生又由其母多噉熱食令彼胎藏極赤色生皮變異生者謂由宿業因如前說及由其母多習婬欲現在緣故令彼胎藏或癬疥癩等惡皮而生支分變異生者謂由

先業因如前說及由其母多習馳走跳躑威儀及不避不平等現在緣故令彼胎藏諸根支分缺減而生又彼胎藏若當為女於母左脇倚脊向腹而住若當為男於母右脇倚腹向脊而住又此胎藏極成滿時其母不堪持此重胎內風便發生大苦惱又此胎藏業報所發生分風起令頭向下足便向上胎衣纏裹而趣產門其正出時胎衣遂裂分之兩腋出產門時名正生位生後漸次觸生分觸所謂眼觸乃至意觸次復隨墮施設事中所謂隨學世事言說次復耽著家室謂長大種類故諸根成熟故次造諸業謂起世間工巧業處次復受用境界所謂色等若可愛不可愛此苦樂謂由先業因或由現在緣隨緣所牽或往五趣或向涅槃

又諸有情隨於如是有情類中自體生時彼有情類於此有情作四種緣謂種子所引故食所資養故隨逐守護故隨學造作身語業故初謂父母精血所引次彼生已知其所欲方求

飲食而用資長次常隨逐專志守護不令起作非時之行及不平等行次令習學世俗言說等事由長大種類故諸根成熟故此復於餘此復於餘如是展轉諸有情類无始時來受苦受樂未曾獲得出苦樂法乃至諸佛未證菩提若從他聞音及内正思惟由如是故方得漏盡如是句義甚為難悟謂我无有若分若誰若事我亦都非若分若誰若事如是略說内分死生已

云何外分若壞若成謂由諸有情所作能感成壞業故若有能感壞業現前尒時便有外壞緣起由彼外分皆悉散壞非如内分由壽量盡何以故由一切外分所有麁色四大所成恒相續住非如内分又感成器世間業此業決定能引劫住不增不減若有情數時无決定所以者何由彼造作種種業故或過一劫或復減少乃至一歲又彼壞劫由三種灾一者火灾能壞世間從无間獄乃至梵世二者水灾能壞一切乃至第二静慮三者風灾能壞一切乃至第三静慮第四静慮无灾能壞由彼諸天身與宮殿俱生俱没故更无能壞因緣法故復有三灾之頂謂第二静慮第三静慮第四静慮又此世間二十中劫壞二十中劫壞已空二十中劫成二十中劫成已住如是八十中劫假立為一大劫數有梵世間壽量一劫此冣後壞亦冣初成當知此劫異相建立謂梵衆天二十中劫合為一劫即依此劫施設壽量梵前益天四十中劫合為一劫即依此劫施設壽量若大梵天六十中劫合為一劫即依此劫施設壽量

云何火灾能壞世間謂有如是時世間有情壽量无限從此漸減乃至壽量經八万歲彼復受行不善法故壽量轉減乃至十歲彼復獲得猒離之心受行善法由此因緣壽量漸增乃至八万如是壽量一減一增合成一中劫又此中劫復有三種小灾出現謂儉病刀儉灾者所謂人壽三十歲時方始建立當尒之時精妙飲食不可復得唯煎煑朽骨共為讌會若遇得一粒稻麦粟稗等子重若末尼寶置箱篋而守護之彼諸有情多无氣勢蹎僵在地不復能起由此飢儉有情之類亡没殆盡此之儉灾經七年七月七日七夜方乃得過彼諸有情復共聚集起下猒離由此因緣壽不退減儉灾遂息又若人壽二十歲時本起猒患今乃退捨尒時多有疫氣障癘灾横熱惱相續而生彼諸有情遇此諸病多悉殞没如是病灾經七月七日七夜方乃得過彼諸有情復共聚集起中猒離由此因緣壽量无減病灾乃息又人壽十歲時本起猒患今還退捨尒時有情展轉相見各起猛利煞害之心由此因緣隨執草木及以瓦石皆成冣極銳利刀劒更相殘害死喪略盡如是刀灾極經七日方乃得過尒時有情復有三種冣極衰損謂壽量衰損依止衰損資具衰損壽量衰損者所謂壽量極至十歲依止衰損者謂其身量極至一搩或復一握資具衰損者尒時有情唯

以粟稗為食中第一以髮褐為衣中第一以鐵為莊嚴中第一五種上味悉皆隱沒所謂蘇蜜油鹽等味及甘蔗變味尒時有情展轉聚集起上猒離不復退減又能棄捨損減壽量惡不善法受行增長壽量善法由此因緣壽量色力富樂自在皆漸增長乃至壽量經八万歲如是二十減二十增合四十增減便出住劫於最後增已尒時那洛迦有情惟沒不生如是漸漸乃至沒盡當知說名那洛迦世間壞如那洛迦壞傍生餓鬼壞亦如是尒時人中隨一有情自然法尒所得第二靜慮其餘有情展轉隨學亦復如是皆此沒已生極淨光天衆同分中當知尒時說名人世間壞如人趣既尒天趣亦然當於此時五趣世間居住之處无一有情可得所有資具亦不可得非唯資具不可復得尒時天雨亦不可得由無雨故大地所有藥草藂林皆悉枯槁復由无雨之所攝故令此日輪熱勢增大又諸有情能感壞劫業增上力故及依六種

所燒事故復有六日輪漸次而現彼諸日輪望舊日輪所有熱勢踰前四倍既成七已熱遂增七

云何名為六所燒事一小大溝坑由第二日輪之所枯竭二小河大河由第三日輪之所枯竭三無熱大池由第四日輪之所枯竭四者大海由第五日輪及第六一分之所枯竭五蘇迷盧山及以大地體堅實故由第六一分及第七日輪之所燒然即此火焰為風所鼓展轉熾盛極至梵世又如是等略為三事一水所生事謂藥草等由初所槁二即水事由五所涸三恒相續住體堅實事由二所燒如是世界皆悉燒已乃至灰墨及與餘影皆不可得廣說如經從此名為器世間已壞滿足二十中劫如是壞已復二十中劫住

云何水災謂過七火災已於第二靜慮中有俱生水界起壞器世間如水消鹽此之水界與器世間一時俱沒如是沒已復二十中劫住

云何風災謂七水災過已復七火災

從此無間於第三靜慮中有俱生風界起壞器世間如風乾支節復能消盡此之風界與器世間一時俱沒所以者何現見有一由風界發乃令其骨皆悉消盡從此壞已復二十中劫住如是略說世間已壞

云何世間成謂過如是二十中劫已一切有情業增上力故世間復成尒時最初於虛空中第三靜慮器世間成如第三靜慮第二及初亦復如是尒時第三災頂有諸有情由壽盡故業盡故福盡故從彼沒已生第三靜慮餘一切處漸次亦尒復從第二災頂生第二靜慮餘一切處應知亦尒復從第一災頂有一有情由壽等盡故從彼沒已生初靜慮梵世界中為最大梵由獨一故而懷不悅便有希望今當云何令餘有情亦來生此當發心時諸餘有情由壽等盡故從第二靜慮沒已生初靜慮彼同分中如是下三靜慮器及有情世間成已於虛空中欲界四天宮殿漸成當知彼諸虛空宮殿皆如化出又諸有情從

極淨光天衆同分没而来生此諸宮殿中餘如前說自此以後有大風輪量等三千大千世界從下而起與彼世界作所依持為欲安立無有宮殿諸有情類此大風輪有二種相謂仰周布及傍側布由此持水令不散墜次由彼業增上力故於虛空界金藏雲興從此降雨注風輪上次復起風鼓水令堅此即名為金性地輪上堪水雨之所激注下為風颸之所衝薄此地成已即由彼業增上力故空中復起諸界藏雲又從彼雲降種種雨然其雨水乃依金性地輪而住次復風起鼓水令堅即由此風力所引故諸有清淨第一最勝精妙性者成蘇迷盧山此山成已四寶為體所謂金銀頗胝琉璃若中品性者成七金山謂持雙山毗那矺迦山馬耳山善見山朅達洛迦山持軸山尼民達羅山如是諸山其峯布列各由形狀差別為名繞蘇迷盧次第而住蘇迷盧量高八万踰繕那廣亦如之下入水際量亦復尒又持雙山等彼之半從此

次第餘六金山其量漸減各等其半若下品性者於蘇迷盧四邊七金山外成四大洲及八中洲并輪圍山此山輪圍四洲而住量等尼民達羅之半復成非天宮殿此宮在蘇迷盧下依水而居復成大雪山及无熱池周圍崖岸次成㝡下八大那洛迦處諸大那洛迦及獨一那洛迦寒那洛迦近邊那洛迦復成一分鬼傍生處四大洲者謂南贍部洲東毗提訶洲西瞿陁尼洲北拘盧洲其贍部洲形如車箱毗提訶洲形如半月瞿陁尼洲其形圓滿北拘盧洲其形四方贍部洲量六千五百踰繕那毗提訶洲量七千踰繕那瞿陁尼洲量七千五百踰繕那拘盧洲量八千踰繕那又七金山其間有水具八支德名為內海復成諸龍宮有八大龍並經劫住謂持地龍王歡喜近喜龍王馬騾龍王目支隣陁龍王意猛龍王持國龍王大黑龍王黳羅葉龍王是諸龍王由帝釋力數與非天共相戰諍其諸龍衆類有四種謂卵生胎生濕生化生妙

翅鳥中四類亦尒復有餘水在內海外故名外海又依蘇迷盧根有四重級從蘇迷盧初級傍出一万六千踰繕那量即從此量半半漸減如其次第餘級應知有堅手神住㝡初級血手神住第二級常醉神住第三級持鬘神住第四級蘇迷盧頂四隅之上有四大峯各高五百踰繕那量有諸藥叉謂金剛手止住其中

又持雙山於其四面有四王都東南西北隨其次第謂持國增長醜目多聞四大天王之所居止諸餘金山是彼四王村邑部落又近雪山有大金崖名非天脇其量縱廣五十踰繕那善住龍王常所居鎮又天帝釋時来遊幸此中有樹名曰善住多羅樹行七重圍繞復有大池名漫陁吉尼五百小池以為眷屬善住大龍與五百牝象前後圍繞遊戲其池隨欲變現便入此池採蓮花根以供所食即於此側有無熱大池其量深廣各五十踰繕那微細金沙遍布其底八支德水弥滿其中形色殊妙端嚴憙見從

此沠流為四大河一名殑伽二名信度三名私多四名縛芻

復次於蘇迷盧頂處中建立帝釋天宮縱廣十千踰繕那量所餘之處是彼諸天村邑聚落其山四面對四大洲四寶所成謂對贍部洲瑠璃為面對毗提訶白銀為面對瞿陁尼黃金為面對拘盧洲頗胝為面又贍部洲循其邊際有輪王路真金所成如四大王天有情膝量沒住大海若輪王出世如彼膝量海水減焉又无熱池南有一大樹名為贍部是故此洲從彼得名次於此北有設拉末梨大樹藂林四生種類妙翅諸鳥栖集其中此四大洲各二中洲以為眷屬復有一洲羅刹所住

如是器世間成已有諸有情從極淨光天眾同分沒來生此中餘如前說此皆由彼感劫初業此業第一寂勝微妙欲界所攝唯於此時此業感果非於餘時尒時有情名劫初者又彼有色從意所生如是一切如經廣說彼於尒時未有家宅及諸聚落一切

大地面皆平正自此以後由諸有情福業力故有地味生如是漸次地餅林藤不種粳稻自然出現无糠无秔次有粳米有秔有糠次復處處粳稻藂生於是有情方現攝受次由受用味等資緣有情之類惡色便起光明遂滅其多食者惡色逾增身極沉重此諸有情互相輕毀惡法現行由此因緣所有味等漸沒於地如經廣說復從此緣諸有情類更相顧眄便起愛染次由能感男女業故一分有情男根生起一分有情女根生起遞相陵犯起諸邪行遂為他人之所訶呰方造室宅以自隱蔽復由攝受粳稻因故遂於其地復起攝受由此緣已更相爭奪不與取法從此而生即由此緣立司契者彼家初王名大等意如是便有刹帝利衆婆羅門衆吠舍衆戍陁羅衆出現世間漸次因緣如經廣說又彼依止光明既滅世間便有大黑闇生日月星宿漸漸而起其日輪量五十一踰繕那當知月輪其量減一日輪以火頗胝所成月輪以

水頗胝所成此二輪中月輪行速及與不定又彼日輪恒於二洲俱時作明復於二洲俱時作闇謂於一日中於一日出於一夜半於一日沒又一切所有日月星宿歷蘇迷盧處半而行與持雙山高下量等又復日行時有遠近若遠蘇迷盧立為寒分若近蘇迷盧立為熱分即由此故沒有遲速又此月輪於上稍欹便見半月由彼餘分障其近分遂令不見如如漸側如是如是漸現圓滿若於黑分如如漸伍如是如是漸現虧減由大海中有魚鼈等影現月輪故於其內有黑相現諸星宿中其量大者十八拘盧舍量中者十拘盧舍量最小者四拘盧舍量

復次於世間四姓生已方乃發起順愛不愛五趣受業從此以後隨一有情由感雜染增上業故生那洛迦中作靜息王從此无間有那洛迦卒猶如化生及種種苦具謂銅鐵等那洛迦火起然後隨業有情於此受生及生餘趣

如是百拘胝四大洲百拘胝蘇迷盧百拘胝六欲天百拘胝梵世間三千大千世界俱成俱壞即此世界有三種一小千界謂千日月乃至梵世揔攝為一二中千界謂千小千三大千界謂千中千合此名為三千大千世界如是四方上下無邊无際三千世界正壞正成猶如天雨注如車軸無間無斷其水連注墮諸方分如是世界遍諸方分無邊无際正壞正成即此三千大千世界名一佛土如來於中現成正覺於无邊世界施作佛事如是安立世界成已於中五趣可得謂那洛迦傍生餓鬼人天及四生可得謂卵生胎生濕生化生復有六種依持復有十種時分謂時年月半月日夜剎那怛剎那臘縛目呼剌多復有七攝受事復有十種身資具復有十種受欲者此中如阿笈摩說復有八數隨行復有八世法謂得不得若譽若毀稱譏苦樂復有三品謂怨親中復有三種世事復有三種語言復有二十二種發憤復有六十二種有

情之類又有八位復有四種入胎復有四種威儀復有六種活命復有六種守護復有七種苦復有七種慢復有七種憍復有四種言說復有衆多言說句

云何那落迦謂種果所攝那洛迦趣諸蘊及傍那洛迦受業如那洛迦趣如是傍生餓鬼人天如其所應盡當知云何卵生謂諸有情破卵而出彼復云何如鵝鴈孔雀鸚鵡舍利鳥等云何胎生謂諸有情胎所纏裹剖胎而出彼復云何如象馬牛驢等云何濕生謂諸有情隨因一種濕氣而生彼復云何如虫蝎飛蛾等云何化生謂諸有情業增上故具足六處而生或復不具彼復云何如天那洛迦全及人鬼傍生一分

云何六種依持一建立依持謂最下風輪及水輪地輪令諸有情不墜下故起是名依持二藏覆依持謂屋宇等為諸有情離流漏等所損故起是名依持被屋宇等略有三種或由造作或不由造作或宮殿化起三豐稔

依持為諸有情段食故起是名依持四安隱依持為諸有情離刀仗等所害故起是名依持五日月依持為諸有情見色故起是名依持六食依持謂四食一段食二觸食三意思食四識食為諸有情任持身故起是名依持

云何七種攝受事一自父母事二妻子事三奴婢僕使事四朋友官僚兄弟眷屬事五田宅邸肆事六福業事及方便作業事七庫藏事云何十種身資具一食二飲三乘四衣五莊嚴具六歌笑舞樂七香鬘塗末八什物之具九照明十男女受行

云何八數隨行謂諸世間數數隨所行事一蔽覆事二瑩飾身事三威儀易奪事四飲食事五睡眠事六交會事七屬彼勤劬事八屬彼言說事

云何三種世事一語言談論更相慶慰事二嫁娶賓主更相飲噉事三於起作種種事中更相營助事

云何三種語言謂有法語言无法語言及餘語言有法語言者謂宣說猒捨離諸纏蓋趣可愛樂等廣說如經

無法語言者謂染汙心說飲食等餘語言者謂无記心所起言說

云何二十二種發憤一偽斗二偽稱三偽函四邪業方便五拒鬪六輕調七違反八諍訟九罵詈十忿怒十一訶責十二迫憎十三捶打十四煞害十五繫縛十六禁閉十七割截十八驅擯十九諂曲二十矯誑二十一陷逗二十二妄語

云何六十二種有情之類一那洛迦二傍生三鬼四天五人六剎帝利七婆羅門八吠舍九戍陁羅十女十一男十二非男非女十三劣十四中十五妙十六在家十七出家十八苦行十九非苦行二十律儀二十一不律儀二十二非律儀非不律儀二十三離欲二十四未離欲二十五邪性聚定二十六正性聚定二十七不定聚定二十八苾芻二十九苾芻尼三十正學三十一勤策男三十二勤策女三十三近事男三十四近事女三十五習斷者三十六習誦者三十七淨施人三十八宿長三十九中年四十少年四十一軌範師四十二親教師四十三共住弟子及近住弟子四十四賓客四十五營僧事者四十六貪利養恭敬者四十七猒捨者四十八多聞者四十九大福智者五十法隨法行者五十一持經者五十二持律者五十三持論者五十四異生五十五見諦五十六有學五十七無學五十八聲聞五十九獨覺六十菩薩六十一如來六十二轉輪王此轉輪王復有四種或王一洲或二三四王一洲者有鐵輪應王二洲者有銅輪應王三洲者有銀輪應王四洲者有金輪應

云何八位謂處胎位出生位嬰孩位童子位少年位中年位老年位耄熟位處胎位者謂羯羅藍等出生位者謂從此後乃至耄熟嬰孩位者謂乃至未能遊行嬉戲童子位者謂能為彼事少年位者謂能受用欲塵乃至三十中年位者謂從此位乃至五十老年位者謂從此位乃至七十從此以上名耄熟位云何四種入胎一正知而入不正知住出二正知入住不正知而出三俱能正知四俱不正知初謂輪王二謂獨覺三謂菩薩四謂所餘有情

云何六種活命一營農二商賈三牧牛四事王五習學書筭計數及印六習學所餘工巧業處

云何六種守護謂象軍馬軍車軍步軍藏力友力

云何七種苦謂生苦老苦病苦死苦怨憎會苦愛別離苦求不得苦

云何七種慢謂慢過慢慢過慢我慢增上慢卑慢邪慢

云何七種憍謂无病憍少年憍長壽憍族姓憍色力憍富貴憍多聞憍

云何四種言說謂依見聞覺知所有言說依見言說者謂依眼故現見外色由此因緣為他宣說是名依見言說依聞言說者謂從他聞由此因緣為他宣說是名依聞言說依覺言說者謂不見不聞但自思惟稱量觀察由此因緣為他宣說是名依覺言說依知言說者謂各別於內所受所證所觸所得由此因緣為他宣說是名

依知言說

云何衆多言說句謂即此亦名釋詞句亦名戲論句亦名攝義句如是等類衆多差別又諸字母能攝諸義當知亦名衆多言說句彼復云何所謂地根境法補特伽羅自性差別作用自他有无問荅取與正性邪性句又有駛制切德過失得不得毀譽苦樂稱譏堅妙智退沉量助伴示現教導讃勵慶慰句

又有七言論句此即七例句謂補盧沙補盧衫補盧崽拏補盧沙耶補盧沙頞補盧煞娑補盧鐵如是等復有施設教勑摽相靜息表了執則安立積集決定配屬驚駭初中後句族姓等立宗言說成辦受用尋求守護著耻憐愍堪忍佈畏簡擇句又有父母妻子等一切所攝資具應當廣說及生老等乃至所求不得愁歎少年無病長壽愛會怨離所欲隨應若不隨應往來顧視若屈若申行住坐卧驚悟語默解睡解勞句又有飲噉咀味串習不串習放逸不放逸廣略增減尋伺煩惱隨煩惱戲論離戲論力劣所成能成流轉定異相應勢速次第時方數和合不和合相似不相似句又有雜糅共有現見不現見隱顯句又有能作所作法律世事資產真妄利益非利益骨髓癡慮驚怛句又有怯弱無畏顯了不顯了煞害繫縛禁閉割截驅擯句又有罵詈忿怨捶打迫脅訶責燒爛爆暑摧伏澤濁聖教隨逐比度句

瑜伽師地論卷第二

瑜伽師地論卷第二

校勘記

一 底本，金藏廣勝寺本。

一 三四八頁中八行第九字「隨」，資作「隨散故」。

一 三四八頁中一〇行第一〇字「界」，石、麗無。

一 三四八頁中一五行第一二字至一六行第一一字「故攝持……令其堅鞕」，石、資、磧、普、南、徑、清作「攝持故(「故」資、磧、南、徑、清作「不」) 由火界成熟故令其堅鞕」；麗作「故攝持不散由火界故成熟堅鞕」。

一 三四九頁上末行第三字「此」，石、麗作「此之」。

一 三四九頁中三行第四字「前」，石、麗作「箭」。

一 三四九頁中三行第六字「仍」，資、磧、普、南、徑、清無。

一 三四九頁中一一行首字「母」，石、麗作「其母」。

一 三四九頁下七行「若惱」，諸本作「苦惱」。

一 三四九頁下一四行「成熟」，麗作「成就」，下同。

一 三五〇頁上四行末四字「此復於餘」，資、磧、普、南、徑、清無。

一 三五〇頁上一六行「所成」，磧、

普、南作「所別」。

一　三五〇頁中八行第四字「有」，石、資、徑、清、麗作「又」；磧、普、南作「人」。

一　三五〇頁中二二行「三十」，磧、普、南作「二十」。

一　三五〇頁下五行「七年」，資、磧、普、南作「七季」。

一　三五〇頁下二二行末字「揲」，石、資、磧、普、南、徑、清作「碟」。

一　三五一頁上一一行第一一字「褐」，麗作「毼」。

一　三五一頁下八行「復成」，清作「后成」。

一　三五一頁下一八行第二字「今」，石作「念」。

一　三五二頁中二二行「戰諍」，資、磧、普、南、徑、清作「戰爭」。

一　三五二頁下一九行第一〇字「池」，資作「地」。

一　三五三頁上二行末字「茤」，磧作「蒭」；普、南、徑、清、麗作「芻」。

一　三五三頁上一四行「栖集」，清作「洒集」。

一　三五三頁中三行「林藤」，資、磧、普、南、徑、清作「林條」。

一　三五三頁中四行第四字「米」，麗作「稻」。

一　三五三頁中一四行第三字「室」，資、磧、普、南、徑、清作「屋」。

一　三五三頁下一二行第一一字「滅」，石作「減」。

一　三五四頁上三行第一三字「有」，諸本作「有其」。

一　三五四頁上一七行「目呼」，磧、普、南、徑、清作「自呼」。

一　三五四頁上一八行第二字「七」，磧、普、南作「十」。

一　三五四頁中六行第五字「迦」，諸本作「迦趣」。

一　三五四頁中六行第一四字「趣」，諸本無。

一　三五四頁中二〇行「二藏」，磧、普、南作「三藏」。

一　三五四頁中二二行第五字「屋」，石作「室」。

一　三五四頁下六行第七字「任」，石作「住」。

一　三五六頁上八行「毀譽」，石、資、磧、普、南、徑、清作「譽毀」。

一　三五六頁上一三行「復有」，石、資、磧、普、南、徑、清作「又有」。

一　三五六頁上一六行首字「等」，資、磧、普、南、徑、清作「想」。

一　三五六頁上二一行末字「驚」，資、磧、普、南、徑、清、麗作「警」。

一　三五六頁中六行第七字「髓」，資、麗作「體」。

一　三五六頁中九行第八字「暑」，資、磧、普、南作「温」；徑、清作「煑」。

瑜伽師地論卷第三　堂

彌勒菩薩說

三藏法師玄奘奉　詔譯

本地分中意地第二之三

復次即前所說自性乃至業等五事當知皆由三處所攝謂由色聚故心心所品故及無為故除餘假有法今當先說色聚諸法問一切法生皆從自種而起云何說諸大種能生所造色耶云何造色依彼彼所建立彼所任持彼所長養耶答由一切內外大種及所造色種子皆悉依附內相續心乃至諸大種子未生諸大以來造色種子終不能生造色要由彼生造色方從自種子生是故說彼能生造色由彼生為前導故由此道理說諸大種為彼生因云何造色依於彼耶由造色生已不離大種處而轉故云何彼所建立由大種損益彼同安危故云何彼所任持由隨大種等量不壞故云何彼所長養由因飲食睡眠修習梵行三摩地等依彼造色倍復增廣故說大種為彼養因如是諸大種望所造色有五種作用應知

復次於色聚中曾无極微生若從自種生時唯聚集生或細或中或大又非極微集成色聚但由覺慧分析諸色極量邊際分別假立以為極微又色聚亦有方分極微亦有方分然色聚有分非極微何以故由極微即是分此是聚色所有非極微復有餘極微是故極微非有分又不相離有二種一同處不相離謂大種極微與色香味觸等於无根處有離根者於有根處有有根者是名同處不相離二和雜不相離謂即此大種極微與餘聚集能造所造色處俱故是名和雜不相離又此遍滿聚色應知如種種物石磨為末以水和合乎不相離非如胡麻綠豆粟稗等聚又一切所造色皆即依止大種處不過大種處量乃至大種所據處所諸所造色還即據此由此因緣說所造色依於大種即以此義說諸大種名為大種由此大種其性大故為種生故

復次於諸色聚中略有十四種事謂地水火風色聲香味觸及眼等五根除唯意所行色一切色聚有色諸根所攝者有一切如所說事界如有色諸根所攝聚如是有色諸根所依大種所攝聚亦尒所餘色聚除有色諸根唯有餘界又約相攝有十四事即由相攝施設事極微若約界攝隨於此聚有尒所界即說此聚尒所事攝若約不相離攝或內或外所有諸聚隨於此聚中乃至有尒所法相可得即說此聚尒所事攝應知所以者何或有聚中唯一大種可得如石末尼真珠琉璃珂貝璧玉珊瑚等中或池沼溝渠江河等中或火焰燈燭等中或四方風輪有塵无塵風等中或有聚中二大種可得如雪濕樹葉花果等中或熱末尼等中或有聚中三大種可得如即熱樹等中或動搖中或有聚中四大種可得謂於內色聚中如瑜伽說說於各別內身若髮毛等乃至糞穢是內地界若小便等是內水界若於身中所有煖等是內火界

若上行等風是內風界如是若於此聚彼相可得說彼相為有若不可行說彼相為无復次聲於一切色聚中界故說有相即不定由現在方便生故風有二種謂恒相續及不恒相續恒相續者謂於彼彼聚有恒旋轉風不恒相續者謂旋風及空行風又闇色明色說名空界及孔隙又諸闇色恒相續者謂世界中間不恒相續者謂於餘處如是明色恒相續者謂於自然光明天中不恒相續者謂於餘處又明闇之色謂於顯色增聚應知又由依心色聚種子功能故若遇相似緣時或小聚無間大聚生或大聚无間小聚生由此因緣施設諸聚有增有減如經言若堅堅攝近攝執受乃至廣說堅云何謂地堅攝云何謂彼種子又堅者即彼界堅攝者謂髮毛等或土塊等近攝云何謂有執受執受云何謂內所攝非近攝云何謂无執受无執受云何謂外所攝又心心所所執種子名近攝名執受與此相違名非近攝名非執受又隨逐自身

故名近攝執受如前說如是水等界如理應知又於一切色聚中一切時具有一切大種界如世間現見乾薪等物鑽即火生擊石等亦尒又銅鐵金銀等極火所燒即銷為水從月愛珠水便流出又得神通者由心勝解力變大地等成金銀等又色聚有三種流轉一者長養二者等流三者異熟生長養有二種一處遍滿長養二相增盛長養等流有四種一長養等流二異熟等流三變異等流四自性等流異熟生有二種一異熟體生名異熟生二從異熟生名異熟生又諸色聚略說依六處轉謂建立處覆藏處資具處根所依處根處三摩地所行處

復次於心心所品中有心可得及五十三心所可得謂作意等乃至尋伺為後邊如前說問如是諸心所幾依一切處心生一切地一切時一切俱荅五謂作意等思為後邊幾依一切處心生一切地非一切時非一切俱荅亦五謂欲等慧為後邊幾唯依善

非一切處心生然一切地非一切時非一切耶荅謂信等不害為後邊幾唯依染汙非一切處心生非一切地非一切時非一切耶荅謂貪等不正知為後邊幾依一切處心生非一切地非一切時非一切耶荅謂惡作等伺為後邊復次根不壞境界現前能生作意正起尒時從彼識乃得生云何根不壞謂有二種因一不滅壞故二不羸劣故云何境界現前謂或由所依處故或由自性故或由方故或由時故或由顯了不顯了故或由全分及一分故若四種障所不障㝵亦非極遠謂覆蔽障隱沒障映奪障幻惑障極遠有二種謂處所極遠損減極遠云何能生作意正起由四因故一由欲力二由念力三由境界力四由數習力云何由欲力謂若於是處心有愛著心則於彼多作意生云何由念力謂若於彼已善取其相已極作想心則於彼多作意生云何由境界力謂若彼境界或極廣大或極可意正現在前心則於彼多作意生云

何由數習力若於彼境界已極串習已極諳悉心即於彼多作意生若異此者應於一所緣境唯一作意一切時生又非五識身有二剎那相隨俱生亦無展轉無間更互而生又一剎那五識身生已從此無間必意識生從此無間或時散亂或耳識生或五識身中隨一識生若不散亂必定意識中第二決定心生由此尋求決定二意識故分別境界又由二種因故或染汙或善法生謂分別故及先所引故意識中所有由二種因在五識者唯由先所引故所以者何由染汙及善意識力所引故從此無間於眼等識中染汙及善法生不由分別彼無分別故由此道理說眼等識隨意識轉如經言起一心若衆多心云何安立此一心耶謂世俗言說一心剎那非生起剎那云何世俗言說一心剎那謂一處為依止於一境界事有尒所了別生揔尒所時名一心剎那又相似相續亦說名一與第二念極相似故又意識任運散亂緣不串習

境時无欲等生尒時意識名率尒墮心唯緣過去境五識无間所生意識或尋求或決定唯應說緣現在境若此即緣彼境生又識能了別事之揔相即此所未了別所了境相能了別者說名作意即此可意不可意俱相違相由觸了別即此攝受損益俱相違相由受了別即此言說因相由想了別即此邪正俱相違行因相由思了別是故說彼作意等思為後邊名心所有法遍一切處一切地一切時一切生作意云何謂心迴轉觸云何謂三和合受云何謂領納想云何謂了像思云何謂心造作欲云何謂於可樂事隨彼彼行欲有所作性勝解云何謂於決定事隨彼彼行印可隨順性念云何謂於串習事隨彼彼行明了記憶性三摩地云何謂於所觀察事隨彼彼行審慮所依心一境性慧云何謂即於所觀察事隨彼彼行簡擇諸法性或由如理所引或由不如理所引或由非如理非不如理所引又作意作何業謂引心為業觸作何

業謂受想思所依為業受作何業謂愛生所待為業想作何業謂於所緣令心發起種種言說為業思作何業謂發起尋伺身語業等為業欲作何業謂發勤為業勝解作何業謂於所緣任持功德過失為業念作何業謂於久所思所作所說憶念為業三摩地作何業謂智所依為業慧作何業謂於戲論所行染汙清淨隨順推求為業

云何建立三世謂諸種子不離法故如法建立又由與果未與果故若諸果法若已滅相是過去有因未生相是未来已生未滅相是現在

云何建立生老住无常謂於一切處識相續中一切種子相續俱行建立由有緣力故先未相續生法令最初生是名生有為相即此變異性名老有為相此復二種一異性變異性二變性變異性由有相似生故立異性變異性由有不相似生故立變性變異性即已生時唯生剎那隨轉故名住有為相生剎那後剎那不住故名

無常有為相如是即約諸法分位差別建立四相

又有四緣一因緣二等無間緣三所緣緣四增上緣因緣者謂種子等无間緣者謂若此識无間諸識決定生此是彼等无間緣所緣緣者謂諸心心所所緣境界增上緣者謂除種子餘所依如眼及助伴法望眼識所餘識亦尒

又善不善性能取愛非愛果如是等類名增上緣又由種子故建立因緣由自性故立等无間緣由所緣境故立所緣緣由所依及助伴等故立增上緣如經言諸因諸緣能生識者彼即此四因緣一種亦因亦緣餘唯是緣又如經言善不善無記者彼差別云何謂諸善法或立一種由无罪義故或立二種謂生得善及方便善或立三種謂自性善相應善等起善或立四種謂順福分善順解脫分善順決擇分善及无漏善或立五種謂施性善戒性善修性善愛果善離繫果善或立六種謂善色受想行識及擇

滅或立七種謂念住所攝善正勝所攝善神足所攝善根所攝善力所攝善覺支所攝善道支所攝善或立八種謂起迎合掌問訊礼敬業所攝善讚彼妙說稱揚實德所攝善供承病者所攝善敬事師長所攝善隨喜所攝善勸請所攝善迴向所攝善修无量所攝善或立九種謂方便无尋解脫勝進道所攝善及軟中上世出世道所攝善或立十種謂有依善无依善聞所生善思所生善律儀所攝善非律儀非不律儀所攝善根本眷屬所攝善聲聞乘所攝善獨覺乘所攝善大乘所攝善又立十種謂欲界繫善初二三四靜慮繫善空无邊處識无邊處无所有處非想非非想處繫善无漏所攝善又有十種謂十善業道又有十種謂无學正見乃至正解脫正智又有十種謂能感八福生及轉輪王善及趣不動善如是等類諸善差別略說善有二種義謂取愛果義善了知事及彼果義不善法者謂與善法相違及能為障尋由能取不

愛果故及不正了知事故无記法者略有四種謂異熟生及一分威儀路工巧處及變化若諸工巧但為戲樂不為活命非習業想非為簡擇此工巧處業是染汙餘是无記如工巧處威儀路亦尒變化有二種謂善及无記

復次眼有一種謂能見色或立二種謂長養眼異熟生眼或立三種謂肉眼天眼慧眼或立四種謂有瞶眼无瞶眼恒相續眼不恒相續眼恒相續者謂色界眼或立五種謂五趣所攝眼或立六種謂自相續眼他相續眼端嚴眼醜陋眼有垢眼无垢眼或立七種謂有識眼无識眼強眼弱眼善識所依眼不善識所依眼无記識所依眼或立八種謂依處眼變化眼善業異熟生眼不善業異熟生眼食所長養眼睡眠長養眼梵行長養眼定所長養眼或立九種謂已得眼未得眼曾得眼未曾得眼得已失眼應斷眼不應斷眼已斷眼非已斷眼或立十種者无或立十一種謂過去眼未來眼現在眼內眼外眼麁眼細眼劣

眼妙眼遠眼近眼如眼如是耳等亦尒是中差別者謂增三增四三種耳者謂肉所經耳天耳審諦耳四種耳者謂恒相續耳不恒相續耳高聽耳非高聽耳三種鼻舌者謂光淨不光淨及被損四種鼻舌者謂恒相續不恒相續有識无識三種身者謂滓穢處非滓穢處及一切遍諸根所隨逐故四種身者謂恒相續不恒相續有自然光無自然光

或立一種意謂由識法義故或立二種謂墮施設意不墮施設意初謂了別名言者意後謂嬰兒意又初謂世間意後謂出世間意或立三種謂心意識或立四種謂善不善有覆无記无覆無記或立五種謂五位差別一因位二果位三樂位四苦位五不苦不樂位或立六種謂六識身或立七種謂依七識住或立八種謂增語觸相應有對觸相應依耽嗜依出離有愛味无愛味世間出世間或立九種謂依九有情居或立十種者无或立十一種如前說或立十二種即十二

心謂欲界善心不善心有覆无記心无覆無記心色界有三心除不善無色界亦尒出世間心有二種謂學及無學

或立一種色謂由眼所行義故或立二種謂內色外色或立三種謂顯色形色表色或立四種謂有依光明色无依光明色正不正光明色積集住色或立五種謂由五趣差別故或立六種謂建立所攝色覆藏所攝色境界所攝色有情數色非有情數色有見有對色或立七種謂由七種攝受事差別故或立八種謂依八世雜說一地分雜色二山雜色三園林池沼等雜色四宮室雜色五業處雜色六采畫雜色七鍛業雜色八資具雜色或立九種謂若過去若未來若現在若麁若細若劣若妙若遠若近或立十種謂十種資具或立一種聲謂由耳所行義故或立二種謂了義聲不了義聲或立三種謂因受大種聲因不受大種聲因俱大種聲或立四種謂善不善有覆无記無覆无記或立

五種謂由五趣差別故或立六種一受持讀誦聲二請問聲三說法聲四論議決擇聲五展轉言教若犯若出聲六諠雜聲或立七種謂男聲女聲下聲中聲上聲鳥獸等聲風林藥聲或立八種謂四聖言聲四非聖言聲四非聖言者一不見言見見言不見非聖言二不聞言聞聞言不聞非聖言三不覺言覺覺言不覺非聖言四不知言知知言不知非聖言四聖言者一見言見不見言不見聖言二聞言聞不聞言不聞聖言三覺言覺不覺言不覺聖言四知言知不知言不知聖言又有八種謂四善語業道四不善語業道或立九種謂過去未來現在乃至若遠若近或立十種謂五樂所攝聲此復云何一舞俱行聲二歌俱行聲三絃管俱行聲四女俱行聲五男俱行聲六螺俱行聲七簪等鼓俱行聲八罡等鼓俱行聲九都曇等鼓俱行聲十俳叫聲

或立一種香謂由鼻所行義故或立二種謂內及外或立三種謂可意不可意及處中香或立四種謂四大香一沉香二窣堵曾迦香三龍腦香四麝香或立五種謂根香莖香葉香花香果香或立六種謂食香飲香衣香莊嚴具香乘香宮室香或立七種謂皮香葉香素泣謎羅香栴檀香三辛香熏香末香或立八種謂俱生香非俱生香恒續香非恒續香雜香純香猛香非猛香或立九種謂過去未來現在等如前說或立十種謂女香男香一指香二指香嘸香淺香脂髓膿血香肉香雜糅香淤涅香

或立一種味謂由舌所行義故或立二種謂內及外或立三種謂可意等如前說或立四種謂大麥味粳稻味小麥味餘下穀味或立五種謂酒飲味非酒飲味蔬菜味林果味所食味或立六種謂甘苦等或立七種謂蘇味油味蜜味甘蔗變味乳酪味鹽味肉味或立八種如香說或立九種亦如香說或立十種謂可嚼味可噉味可嘗味可飲味可吮味可爆乾味充足味休愈味盪滌味常習味後五謂諸藥味

或立一種觸謂由身所行義故或立二種如香說或立三種謂可意等或立四種謂摩觸搦觸打觸揉觸或立五種謂五趣差別又有五種謂蚊蝱風日蛇蠍等觸或立六種謂苦樂不苦不樂俱生所治攝能治攝或立七種謂堅鞕觸流濕觸煖觸動觸跳躑觸摩按觸身變異觸謂濕滑等或立八種謂手觸觸塊觸觸杖觸觸刀觸觸冷觸觸煖觸觸飢觸觸渴觸觸或立九種如香說或立十種謂食觸飲觸乘觸衣觸莊嚴具觸牀坐觸机橙臺枕及方座觸女觸男觸彼二相事受用觸

略說法界若假若實有八十七法彼復云何謂心所有法有五十三始從作意乃至尋伺為後邊法處所攝色有二種謂律儀不律儀所攝色三摩地所行色不相應行有二十四種謂得无想定滅盡定无想異熟命根衆同分異生性生老住无常名身句身文身流轉定異相應勢速次第時方

數和合不和合无為有八事謂虛空非擇滅擇滅善不善无記法真如不動想受滅如是无為廣八略六若六若八平等平等

復次法界或立一種謂由意所行義或立二種謂假所攝法非假所攝法或立三種謂有色无色及有為无為或立四種謂有色假所攝法无色心心所有所攝法无色不相應假所攝法无色無為假非假所攝法或立五種謂色心所有法心不相應行善无記無為或立六種謂受想相應行不相應行色无為或立七種謂受想思染汙不染汙色无為或立八種謂善不善无記受想行色无為或立九種謂由過去未來等差別或立十種謂由十種義一隨逐生義二領所緣義三取所緣相義四於所緣造作義五即彼諸法分位差別義六无障导義七常離繫義八常非離繫義九常无顛倒義十苦樂離繫義非受離繫義及受離繫義如是若內若外六處所攝法差別分別有六百六十

復次屢觀衆色觀而復捨故名為眼數數於此聲至能聞故名為耳數由此故能嗅諸香故名為鼻能除飢羸數發言論表彰呼召故名為舌諸根所隨周遍積聚故名為身愚夫長夜瑩飾藏護執為已有計為我所我及我所又諸世間依此假立種種名想謂之有情人與命者生者意生及儒童等故名為意數可示現在其方所質量可增故名為色數宣數謝隨增異論故名為聲離質潛形屢隨風轉故名為香可以舌嘗屢招疾苦故名為味數可為身所證得故名為觸遍能任持唯意境性故名為法如是等類諸法差別應知此中重說嗢拕南曰

自性及所依　所緣助伴業　由此五種門
諸心差別轉

此中顯由五法六識身差別轉謂自性故所依故所緣故助伴故業故

又復應知蘊善巧攝界善巧攝處善巧攝緣起善巧攝處非處善巧攝根善巧攝又復應知諸佛語言九事所攝云何九事一有情事二受用事三

生起事四安住事五染淨事六差別事七說者事八所說事九衆會事有情事者謂五取蘊受用事者謂十二處生起事者謂十二分事緣起及緣生安住事者謂四食染淨事者謂四聖諦差別事者謂无量界說者事者謂佛及彼弟子所說事者謂四念住等菩提分法衆會事者所謂八衆一剎帝利衆二婆羅門衆三長者衆四沙門衆五四大天王衆六三十三天衆七焰摩天衆八梵天衆又嗢拕南曰

色聚相應品　世相及與緣　善等差別門
巧便事為後

瑜伽師地論卷第三

瑜伽師地論卷第三

校勘記

一 底本，金藏廣勝寺本。

一 三五八頁中六行末字至七行第二字「心心所」，石作「心心法」，下同。

一 三五八頁中一一行及二〇行「任持」，磧作「住持」。

一 三五八頁中一三行第一三字「未」，諸本作「来」。

一 三五八頁中一六行第二字「由」，麗作「要由」。

一 三五九頁上一九行「等中或動揺中」，石作「而有動揺」。

一 三五九頁中一二行第五字「之」，資、磧、普、南、徑、清、麗無。

一 三五九頁中一三行第三字「心」，麗作「止」。

一 三五九頁中一六行「近攝」，麗作「近攝非近攝」。

一 三五九頁下一九行「心所」，石、資、磧、普、南、徑、清作「心法」。

一 三五九頁下二〇行末字及二二行末字「俱」，資、磧、普、南、徑、清、麗作「耶」。

一 三六〇頁上二行第四字、四行第八字及六行第九字「耶」，石作「俱」。

一 三六〇頁中一七行第五字「言」，資、磧、普、南作「有」。

一 三六〇頁中一七行第九字「若」，磧、普、南作「苦」。

一 三六〇頁下七行「損益」，資、磧、普、南、徑、清、麗作「損害」。

一 三六〇頁下一六行第一二字「印」，徑、清作「即」。

一 三六一頁上二行「愛生所待」，石作「生愛」；南、徑、清作「愛生所持」；麗作「愛生所依」。

一 三六一頁上六行「任持」，資、磧作「住持」。

一 三六一頁上七行第二字「久」，石作「久来遠」；麗作「久遠」。

一 三六一頁中一一行第六字「又」，石作「復」。

一 三六一頁中一五行第七字「種」，資、磧、普、南、徑、清作「者」。

一 三六一頁中一七行「一種」，磧、普、南作「二種」。

一 三六一頁中一八行第一三字「善」，麗作「喜」。

一 三六一頁中末行第一〇字「想」，磧、普、南、徑、清作「思」。

一 三六一頁下一行第一三字「勝」，麗作「勤」。

一 三六一頁下六行第一三字「喜」，麗作「善」。

一 三六一頁下八行「无㝵」，麗作「无間」。

一 三六二頁中六行第四字「損」，石作「損害」。

一 三六三頁上二〇行第七字「罡」，石作「⿱罒山」；資、磧、普、南、徑、清、麗作「岡」。

一 三六三頁下六行「風日」，資、磧、普、南、徑、清作「蚤蝨」。

一 三六三頁下一三行末二字至一四

行首二字「机橙臺枕」，資作「机蹬臺抗」；磧、南作「抗蹬臺抗」；普作「机蹬臺枕」；徑、清作「机隥臺炕」。

一　三六四頁上一一行第五字「有」，麗無。

一　三六四頁中七行「我所」，石作「我我」。

一　三六四頁中一三行第六字「身」，石、麗作「身之」。

一　三六四頁下四行第一〇字「事」，石、資、磧、普、南、徑、清無。

一　三六四頁下一一行第三字「焰」，資、磧、普、南、徑、清作「夜」。

瑜伽師地論卷第四　　堂

弥勒菩薩說

三藏法師玄奘奉　詔譯

本地分中有尋有伺等三地之一

已說意地云何有尋有伺地云何無尋唯伺地云何無尋无伺地揔嗢拕南曰

界相如理不如理　雜染等起㝡為後

如是三地略以五門施設建立一界施設建立二相施設建立三如理作意施設建立四不如理作意施設建立五雜染等起施設建立云何界施設建立別嗢拕南曰

數處量壽受用生　自體因緣果分別

當知界建立由種相一數建立二處建立三有情量建立四有情壽建立五有情受用建立六生建立七自體建立八因緣果建立云何數建立略有三界謂欲界色界無色界如是三種名墮攝界非墮攝界者謂方便并薩迦耶滅及無戲論無漏界此中欲界及色界初靜慮除靜慮中間若定若生名有尋有伺地即靜慮中間若定若生名無尋唯伺地隨一有情由修此故得為大梵從第二靜慮餘有色界及无色界全名無尋无伺地此中由離尋伺欲道理故說名无尋無伺地不由不現行故所以者何未離欲界欲者由教導作意差別故於一時間亦有无尋無伺意現行已離尋伺欲者亦有尋伺現行如出彼定及生彼者若无漏界有為定所攝初靜慮亦名有尋有伺地依尋伺處法緣真如為境入此定故不由分別現行故餘如前說處所建立者於欲界中有三十六處謂八大那落迦何等為八一等活二黑繩三衆合四號叫五大號叫六燒熱七極燒熱八无間此諸大那落迦處廣十千踰繕那此外復有八寒那落迦處何等為八一皰那落迦二皰裂那落迦三㰦哳詀那落迦四郝郝凡那落迦五虎虎凡那落迦六青蓮那落迦七紅蓮那落迦八大紅蓮那落迦從此下三万二千踰繕那至等活那落迦從此復隔四

千踰繕那有餘那落迦如等活大那落迦處初寒那落迦處亦尒從此復隔二千踰繕那有餘那落迦應知又有餓鬼處所又有非天處所傍生即與人天同處故不別建立復有四大洲如前說復有八中洲又欲界天有六處一四大王衆天二三十三天三時分天四知足天五樂化天六他化自在天復有摩羅天宮即他化自在天攝然處所高勝復有獨一那落迦近邊那落迦即大那落迦及寒那落迦以近邊故不別立處又於人中亦有一分獨一那落迦可得如尊者取菉豆子說我見諸有情燒然極燒然遍極燒然揔一燒然聚如是等三十六處揔名欲界

復次色界有十八處謂梵衆天梵前益天大梵天此三由軟中上品熏修初靜慮故少光天无量光天極淨光天此三由軟中上品熏修第二靜慮故少淨天无量淨天遍淨天此三由軟中上品熏修第三靜慮故无雲天福生天廣果天此三由軟中上品熏

修第四靜慮故无想天即廣果攝无別處所復有諸聖住止不共五淨宮地謂无煩無熱善現善見及色究竟由軟中上上勝上極品雜熏修第四靜慮故復有超過淨宮大自在住處有十地菩薩由極熏修第十地故得生其中　卍　卍

復次無色界有四處所或无處所有情量建立者謂贍部洲人身量不定或時高大或時卑小然隨自肘三肘半量東毗提訶身量決定亦隨自肘三肘半量身又高大如東毗提訶如是西瞿陁尼北拘盧洲身量亦尒轉復高大四大王衆天身量如拘盧舍四分之一三十三天身量復增一足帝釋身量半拘盧舍時分天身量亦半拘盧舍此上一切如欲界天身量當知漸漸各增一足梵衆天身量半踰繕那梵前益天身量一踰繕那大梵天身量一踰繕那半少光天身量二踰繕那此上一切餘天身量各漸倍增除无雲天應知彼天減三踰繕那又大那落迦身量不定若作及增

長極重惡不善業者彼感身形其量廣大餘則不尒如大那落迦如是寒那落迦獨一那落迦近邊那落迦傍生餓鬼亦尒諸非天身量大小如三十三天當知无色界无有色故无有身量壽建立者謂贍部洲人壽量不定彼人以三十日夜為一月十二月為一歲或於一時壽无量歲或於一時壽八万歲或於一時壽量漸減乃至十歲東毗提訶人壽量決定二百五十歲西瞿陁尼人壽量決定五百歲北拘盧洲人壽量決定千歲又人間五十歲是四大王衆天一日一夜以此日夜三十日夜為一月十二月為一歲彼諸天衆壽量五百歲人間百歲是三十三天一日一夜以此日夜如前說彼諸天衆壽量千歲如是所餘乃至他化自在天日夜及壽量各增前一倍又四大王衆天滿足壽量是等活大那落迦一日一夜即以此三十日夜為一月十二月為一歲彼大那落迦壽五百歲以四大王衆天壽量成等活大那落迦壽量如是以三

十三天壽量成黑繩大那落迦壽量以時分天壽量成衆合大那落迦壽量以知足天壽量成號叫大那落迦壽量以樂化天壽量成大號叫大那落迦壽量以他化自在天壽量成燒熱大那落迦壽量應知亦尒極燒熱大那落迦有情壽半中劫無間大那落迦有情壽一中劫非天壽量如三十三天傍生餓鬼壽量不定又寒那落迦於大那落迦次第相望壽量近半應知又近邊那落迦獨一那落迦受生有情壽量不定梵衆天壽二十中劫一劫梵前益天壽四十中劫一劫大梵天壽六十中劫一劫少光天壽八十中劫二劫自此以上餘色界天壽量相望各漸倍增唯除无雲當知彼天壽减三劫空无邊處壽二万劫識无邊處壽四万劫无所有處壽六万劫非想非非想處壽八万劫除北拘盧洲餘一切處悉有中夭又人鬼傍生趣有餘滓身天及那落迦與識俱没无餘滓身

受用建立者略有三種謂受用苦樂

受用飲食受用婬欲受用苦樂者謂那落迦有情多分受用極治罰苦傍生有情多分受用相食噉苦餓鬼有情多分受用極飢渴苦人趣有情多分受用匱乏追求種種之苦天趣有情多分受用衰惱墜没之苦又於等活大那落迦中多受如是極治罰苦謂彼有情多共聚集業增上生種種苦具次第而起更相殘害悶絶躄地次虚空中有大聲發唱如是言此諸有情可還等活可還等活次彼有情欻然復起復由如前所說苦具更相殘害由此因緣長時受苦乃至先世所造一切惡不善業未盡未出故此那落迦名為等活又於黑繩大那落迦中多受如是治罰重苦謂彼有情多分為彼所攝獄卒以黑繩拼之或為四方或為八方或為種種圖畫文像彼既拼已隨其處所若鑿若斵若斫若剜由如是等種種因緣長時受苦乃至先世所造一切惡不善業未盡未出故此那落迦名為黑繩又於衆合大那落迦中多受如是治罰重

苦謂彼有情或時展轉聚集和合尒時便有彼攝獄卒驅逼令入兩鐵羺頭大山之間彼既入已兩山迫之既被迫已一切門中血便流注如兩鐵羺頭如是兩鐵羖頭兩鐵馬頭兩鐵爲頭兩鐵師子頭兩鐵虎頭亦尒復令和合置大鐵槽中便即壓之如壓甘蔗既被壓已血便流注復和合已有大鐵山從上而墮令彼有情躄在鐵地若斫若刺或擣或裂既被斫刺及擣裂已血便流注由此因緣長時受苦乃至先世所作一切惡不善業未盡未出故此那落迦名為衆合又於號叫大那落迦中多受如是治罰重苦謂彼有情尋求舍宅便入大鐵室中彼纔入已即便火起由此燒然若極燒然遍極燒然既被燒已苦痛逼切發聲號叫由此因緣長時受苦乃至先世所造一切惡不善業未盡未出故此那落迦名為號叫又於大號叫大那落迦中所受苦惱與此差別謂彼室宅其如胎藏故此那落迦名大號叫又於燒熱大那落迦中多

受如是治罰重苦謂彼所攝獄卒以諸有情置无量踰繕那熱極熱遍極燒然大鐵鏊上左右轉之表裏燒煿又如炙魚以大鐵弗從下貫之徹頂而出反覆炙之令彼有情諸根毛孔及以口中悉皆焰起復以有情置熱極熱遍極燒然大鐵地上或仰或覆以熱極熱遍極燒然大鐵椎棒或打或築遍打遍築令如肉摶由此因緣長時受苦乃至先世所造一切惡不善業未盡未出故此那落迦名為燒熱又於極燒熱大那落迦中所受苦惱與此差別謂以三支大熱鐵弗從下貫之徹其兩膊及頂而出由此因緣眼耳鼻口及諸毛孔猛焰流出又以熱極熱遍極燒然大銅鐵鍱遍裹其身又復倒擲置熱極熱遍極燒然弥滿灰水大鐵鑊中而煎煮之其湯涌沸令此有情隨湯飄轉或出或没令其血肉及以皮脉悉皆銷爛唯骨璅在尋復漉之置鐵地上令其皮肉及以血脉復生如故還置鑊中餘如大燒熱那落迦說由此因緣長時受

苦乃至先世所造一切惡不善業未盡未出故此那落迦名極燒熱又於无間大那落迦中彼諸有情恒受如是極治罰苦謂從東方多百踰繕那燒熱極燒熱遍極燒然大鐵地上有猛熾火騰焰而來刺彼有情穿皮入肉斷筋破骨復徹其髓燒如脂燭如是舉身皆成猛焰如從東方南西北方亦復如是由此因緣彼諸有情與猛焰和雜唯見火聚從四方來火焰和雜无有間隙所受苦痛亦无間隙唯聞苦逼號叫之聲知有衆生又以鐵箕盛滿燒然極燒然遍極燒然猛焰鐵炭而簸揃之復置熱鐵地上令登大熱鐵山上而復下下而復上從其口中拔出其舌以百鐵釘釘而張之令无皺襵如張牛皮復更仰卧熱鐵地上以熱燒鐵鉗鉗口令開以燒然極燒然遍極燒然大熱鐵丸置其口中即燒其口及以咽喉徹於府藏從下而出又以洋銅而灌其口燒喉及口徹於府藏從下流出所餘苦惱如極熱說由此因緣長時受苦乃至

先世所造一切惡不善業未盡未出故此那落迦名為无間多是造作无間之業來生是中此但略說麁顯苦具非於如是大那落迦中所餘種種衆多苦具而不可得又於近邊諸那落迦中有情之類受用如是治罰重苦謂彼一切諸大那落迦皆有四方四岸四門鐵牆圍遶從其四方四門出已其一一門外有四出園謂煻煨齊膝彼諸有情出求舍宅遊行至此下足之時皮肉及血並即消爛舉足還生次此煻煨无間即有死屍糞湿此諸有情為求舍宅從彼出已漸漸遊行陷入其中首足俱没又屍糞湿内多有諸虫名孃矩吒穿皮入肉斷筋破骨取髓而食次屍糞湿无間有利刀劒仰刃為路彼諸有情為求舍宅從彼出已遊行至此下足之時皮肉筋血悉皆消爛舉足之時還復如故次刀劒刃路无間有刃葉林彼諸有情為求舍宅從彼出已往趣彼陰纔坐其下微風遂起刃葉墮落斫截其身一切支節便即躃地有黑䵷狗

樝掣春腊而噉食之從此刃葉林無間有鐵設拉末梨林彼諸有情為求舍宅便來趣之遂登其上當登之時一切刾鋒悉迴向下欲下之時一切刾鋒復迴向上由此因緣貫刾其身遍諸支節尒時便有鐵觜大烏上彼頭上或上其髆探啄眼睛而噉食之從鐵設拉末梨林无間有廣大河沸熱灰水弥滿其中彼諸有情尋求舍宅從彼出已來墮此中猶如以豆置之大鑊然猛熾火而煎煑之隨湯騰涌周旋迴復於河兩岸有諸獄卒手執杖索及以大網行列而住遮彼有情不令得出或以索羂或以網漉復置廣大熱鐵地上仰彼有情而問之言汝等今者欲何所須如是荅言我等今者竟无覺知然為種種飢苦所逼時彼獄卒即以鐵鉗鉗口令開便以極熱燒然鐵丸置其口中餘如前說若彼荅言我今唯為渴苦所逼尒時獄卒便即洋銅以灌其口由是因緣長時受苦乃至先世所造一切能感那落迦惡不善業未盡未出此中

若刀劍刃路若刃葉林若鐵設拉末梨林摠之為一故有四園又於寒那落迦受生有情多受如是極重寒苦謂皰那落迦中受生有情即為彼地極重廣大寒觸所觸一切身分悉皆卷縮猶如瘡皰故此那落迦名皰那落迦皰裂那落迦與此差別猶如皰潰膿血流出其瘡卷皺故此那落迦名為皰裂又哳詀詀郝郝凡虎虎凡此三那落迦由彼有情苦音差別以立其名青蓮那落迦中由彼獄極重廣大寒觸所觸一切身分悉皆青瘀皮膚破裂或五或六故此那落迦名曰青蓮紅蓮那落迦與此差別過此青已色變紅赤皮膚分裂或十或多故此那落迦名曰紅蓮大紅蓮那落迦與此差別謂彼身分極大紅赤皮膚分裂或百或多故此那落迦名大紅蓮又獨一那落迦中受生有情各於自身自業所感多受如是種種大苦如吉祥問採菽豆子經中廣說故此那落迦名為獨一

又傍生趣更相殘害如羸弱者為諸

強力之所煞害由此因緣受種種苦以不自在他所驅馳多被鞭撻與彼人天為資生具由此因緣具受種種極重苦惱又餓鬼趣略有三種一者由外障㝵飲食二者由內障㝵飲食三者飲食無有障㝵云何由外障㝵飲食謂彼有情由習上品慳故生鬼趣中常與飢渴相應皮肉血脉皆悉枯槁猶如火炭頭髮蓬乱其面黯黑脣口乾焦常以其舌䑛略口面飢渴慞惶處處馳走所到泉池為餘有情手執刀杖及以羂索行列守護令不得趣或強趣之便見其泉變成膿血自不欲飲如是等鬼是名由外障㝵飲食云何由內障㝵飲食謂彼有情口或如針口或如炬或復頸癭其腹寬大由此因緣縱得飲食无他障㝵自然不能若噉若飲如是等鬼是名由內障㝵飲食云何飲食无有障㝵謂有餓鬼名猛焰鬘隨所飲噉皆被燒然由此因緣飢渴大苦未嘗暫息復有餓鬼名食糞穢或有一分食糞飲尿或有一分唯能飲噉極可厭惡

生熟臭穢縱得香美而不能食或有一分自割身肉而噉食之縱得餘食竟不能噉如是等鬼是名飲食无有障㝵

又人趣中受生有情多受如是匱乏之苦所謂俱生飢渴匱乏苦所欲不果匱乏苦麁疎飲食匱乏苦逼切追求攝受等匱乏苦時節變異若寒若熱匱乏苦无有舍宅覆障所作淋漏匱乏苦黑闇等障所作事業皆悉休廢匱乏苦又受變壞老病死苦由那洛迦中謂死為樂故於彼趣不立為苦又天趣中无解支節苦而有死墮苦如經中說有諸天子將欲没時五相先現一衣無垢染有垢染現二鬘舊不萎今乃萎顇三兩腋汗流四身便臭穢五天及天子不樂本座時彼天子偃卧林間所有婇女與餘天子共為遊戲彼既見已由此因緣生大憂苦復受陵蔑悚慄之苦所以者何由有廣大福聚成就及廣大五欲天子生時所餘薄福諸舊天子見已皇怖由此因緣受大憂苦又受斫截破

壞驅擯殘害之苦所以者何由天與非天共戰諍時天與非天互相違拒即執四仗所謂金銀頗胝瑠璃共相戰鬪尒時諸天及與非天或斷支節或破其身或復致死若傷身斷節續還如故若斷其首即便殞没天與非天互有他勝然天多勝力勢强故然其彼二若為他勝即退入自宮已之同類竟不慰問由此因緣便懷憂慼若天得勝便入非天宮中為悅其女起此違諍若非天得勝即入天宮為求四種蘇陁味故共相戰諍又諸非天當知天趣所攝然由意志多懷詐幻諂誑多故不如諸天為淨法器由此因緣有時經中說為別趣實是天類由不受行諸天法故說為非天復有强力天子纔一發憤諸劣天子便被驅擯出其自宮是故諸天受三種苦謂死墮苦陵蔑苦斫截破壞殘害驅擯苦又色无色界有情无有如是等苦由彼有情非苦受器故然由麁重苦故說彼有苦有煩惱故有障故於死及住不自在故又无漏界中一

切麁重諸苦永斷是故唯此是勝義樂當知所餘一切是苦又於四種那落迦中无有樂受如那落迦中三種餓鬼中亦尒諸大力鬼傍生人中有外門所生資具樂可得然為衆苦之所相雜又人趣中轉輪王樂最勝微妙由彼輪王出現世時有成就七寶自然出現故說彼王具足七寶何等為七所謂輪寶象寶馬寶末尼珠寶女寶主藏臣寶主兵臣寶尒時輪寶等現其相云何七寶現相如經廣說若彼輪王王四洲者一切小王望風順化各自白言其城邑聚落天之所有惟願大王垂恩教勑我等皆當為天僕隸尒時輪王便即勑令汝等諸王各於自境以理擧化當以如法勿以非法又復汝等於國於家勿行非法行勿行不平等行若彼輪王王三洲者先遣使往然後從化若彼輪王王二洲者興師現威後乃從化若彼輪王王一洲者便自往彼奮戈揮刃然後從化

復次諸天受其廣大天之富樂形色

殊妙多諸適悅於自宮中而得久住
其身內外皆悉清潔无有臭穢又人
身內多有不淨所謂塵垢筋骨脾腎
心肝彼即皆无有又彼諸天有四種
宮殿所謂金銀頗胝琉璃所成種種
文綵綺飾莊嚴種種臺閣種種樓觀
種種層級種種窻牖種種羅網皆可
愛樂種種末尼以為綺鈿周帀放光
共相照曜復有食樹從其樹裏出四
食味名曰蘇陁所謂青黃赤白復有
飲樹從此流出甘美之飲復有乘樹
從此出生種種妙乘所謂車輅輦輿
等復有衣樹從此出生種種妙衣其
衣細軟妙色鮮潔雜綵間飾復有莊
嚴具樹從此出生種種微妙莊嚴之
具所謂末尼臂印耳璫環釧及以手
足綺飾之具如是等類諸莊嚴具皆
以種種妙末尼寶而間飾之復有熏
香鬘樹從此出生種種塗香種種熏
香種種花鬘復有大集會樹最勝微
妙其根深固五十踰繕那其身高挺
百踰繕那枝條及葉遍覆八十踰繕
那雜花開發其香順風熏百踰繕那

逆風熏五十踰繕那於此樹下三十
三天兩四月中以天妙五欲共相娛
樂復有歌笑舞樂樹從此出生歌笑
舞等種種樂器又有資具之樹從此
出生種種資具所謂食飲之具坐卧
之具如是等類種種資具又彼諸天
欲受用時隨欲隨業應其所須來現
手中
又諸非天隨其所應受用種種宮殿
富樂應知又北拘盧洲有如是相樹
名曰如意彼諸人眾所欲資具從樹
而取不由思惟隨其所須自然在手
復有秔稻不種而獲无有我所又彼
有情竟无繫屬決定勝進又天帝釋
有普勝殿於諸殿中最為殊勝仍於
其處有百樓觀一一樓觀有百臺閣
一一臺閣有七房室一一房室有七
天女一一天女有七侍女又彼諸天
所有地界平正如掌竟无高下履躡
之時便生安樂下足之時陷便至膝
舉足之時隨足還起於一切時自然
而有曼陁羅花遍布其上時有微風
吹去萎花復引新者又彼天宮四面

各有大街其形殊妙軌式可觀清淨
端嚴度量齊整復於四面有四大門
規模宏壯色相希奇觀之无猒寶為
殊絕多有異類妙色藥叉常所守護
復於四面有四園苑一名繢車二名
麁澁三名和雜四名喜林其四園外
有四勝地色相殊妙形狀可觀端嚴
无比其宮東北隅有天會處名曰善
法諸天入中思惟稱量觀察妙義近
此園側有如意石其色黃白形質殊
妙其相可觀嚴麗无比又彼天身自
然光曜闇相若現乃知晝去夜分方
來便於天妙五欲遊戲之中嬾惰睡
眠異類之鳥不復和鳴由此等相以
表晝夜又彼諸天眾妙五欲甚可愛
樂唯發喜樂彼諸天眾恒為放逸之
所持行常聞種種歌舞音樂鼓噪之
聲調戲言笑談謔等聲常見種種可
意之色常齅種種微妙之香恒嘗種
種美好之味恒觸種種天諸婇女最
勝之觸恒為是樂牽引其意以度其
時又彼諸天多受如是眾妙欲樂常
无疾病亦無衰老无飲食等匱之所

作俱生之苦无如前說於人趣中有餘匱乏之苦

瑜伽師地論卷第四

瑜伽師地論卷第四

校勘記

一　底本，金藏廣勝寺本。

一　三六七頁中四行「之一」後，徑、清有夾註「第三第四第五」。

一　三六七頁中一五行第八字「種」，資、磧、普、南、徑、清無。

一　三六八頁上一行第一〇字「如」，資、磧、普、南、徑、清作「如是」。

一　三六八頁上一八行第八字「由」，石無。

一　三六九頁上六行末字「熱」，資、磧、普、南、徑、清作「然」。

一　三六九頁上二〇行第九字「悉」，石作「容」。

一　三六九頁中一七行第一二字及一九行第四字「拼」，徑、清、麗作「拼」。

一　三六九頁中一九行第一三字「斵」，資、麗作「斵」；磧、普、南、徑、清作「斵」。

一　三七〇頁上三行第五字「鏊」，資、磧、普、南、徑、清作「熬」。

一　三七〇頁上一五行第五字「口」，石作「舌」。

一　三七〇頁上二〇行首字「令」，磧、普、南、徑、清作「念」。

一　三七〇頁上末行「大燒熱」，諸本作「燒熱大」。

一　三七〇頁中一七行第五字「禰」，磧、南、清作「褫」。

一　三七〇頁中一八行及次頁上一八行「鉗鉗」，石作「鉆鉆」。

一　三七〇頁下末行第一三字「鼇」，石作「鼈」。

一　三七一頁上一行首字「楂」，石、徑、清、麗作「櫨」。

一　三七一頁上七行「髀探」，資、磧、普、南、清作「髆陷」；麗作「髆探」。

一　三七一頁中一一行第一三字「獄」，諸本無。

一　三七一頁下九行「火炭」，石作「災炭」。

一　三七二頁上末行第一〇字「又」，資、磧、普、南、徑、清作「及」。

一　三七二頁下八行第八字「王」，磧、南作「主」。

一　三七二頁下一三行第七字「其」，石、麗作「某」。

一　三七二頁下末行第五字「受」，徑、清作「次」。

一　三七三頁上四行第四字「即」，諸本無。

一　三七三頁中二行第三字「兩」，資、磧、普、南、徑、清、麗作「雨」。

一　三七三頁中一二行第一三字「在」，磧、普、南作「是」。

瑜伽師地論卷第五

弥勒菩薩說

三藏法師玄奘奉　詔譯

本地分中有尋有伺等三地之二

復次於色界中初靜慮地受生諸天即受彼地離生喜樂第二靜慮地諸天受定生喜樂第三靜慮地諸天受離喜妙樂第四靜慮地諸天受捨念清淨寂靜无動之樂無色界諸天受極寂靜解脫之樂又由六種殊勝故苦樂殊勝應知一形量殊勝二柔軟殊勝三緣殊勝四時殊勝五心殊勝六所依殊勝何以故如如身量漸增廣大如是如是苦轉殊勝如如依止漸更柔軟如是如是苦轉殊勝如如苦緣漸更猛盛衆多差別如是如是苦轉殊勝如如時分漸遠无間如是如是苦轉殊勝如如內心無簡擇力漸漸增廣如是如是苦轉殊勝如如所依苦器漸增如是如是苦轉殊勝如苦殊勝如是樂殊勝義隨其所應廣說應知又樂有二種一非聖財所

生樂二聖財所生樂非聖財所生樂者謂四種資具為緣得生一適悅資具二滋長資具三清淨資具四住持資具適悅資具者謂車乘衣服諸莊嚴具歌笑舞樂塗香花鬘種種上妙珎翫樂具光明照曜男女侍衛種種庫藏滋長資具者謂无尋思輪石推打築蹋按摩等事清淨資具者謂吉祥草頻螺果螺貝滿瓮等事住持資具者謂飲及食聖財所生樂者謂七聖財為緣得生何等為七一信二戒三慚四愧五聞六捨七慧

復次由十五種相聖非聖財所生樂差別何等十五謂非聖財所生樂能起惡行聖財所生樂能起妙行又非聖財所生樂有罪喜樂相應聖財所生樂无罪喜樂相應又非聖財所生樂微小不遍所依聖財所生樂廣大遍滿所依又非聖財所生樂非一切時有以依外緣故聖財所生樂一切時有以依內緣故又非聖財所生樂非一切地有唯欲界故聖財所生樂一切地有通三界繫及不繫故又非

聖財所生樂不能引發後世聖非聖財聖財所生樂能引發後世聖非聖財又非聖財所生樂若受用時有盡有邊聖財所生樂若受用時轉更充盛增長廣大又非聖財所生樂為他劫奪若王若賊怨及水火聖財所生樂无能侵奪又非聖財所生樂不可從今世持往後世聖財所生樂可從今世持往後世又非聖財所生樂受用之時不可充足聖財所生樂受用之時究竟充滿又非聖財所生樂有怖畏有怨對有災橫有燒惱不能斷後世大苦有怖畏者謂懼當生苦所依處故有怨對者謂鬬訟違諍所依處故有災橫者謂老病死所依處故有燒惱者謂由此樂性不真實如疥癩病虛妄顛倒所依處故愁歎憂苦種種熱惱所依處故不能斷後世大苦者謂貪瞋等本隨二惑所依處故聖財所生樂无怖畏無怨對无災橫无燒惱能斷後世大苦隨其所應與上相違廣說應知又外有欲者受用欲塵聖慧命者受用正法由五種相

故有差別由此因緣說聖慧命者以無上慧命清淨自活何等為五一受用正法者不染汙故二受用正法者極畢竟故三受用正法者一向定故四受用正法者與餘慧命者不共故五受用正法者有真實樂故摧伏魔怨故此中諸受欲者所有欲樂是隨順喜處貪愛所隨故是隨順憂處瞋恚所隨故是隨順捨處无簡擇捨之所隨故聖慧命者受用正法則不如是又諸有欲者受用欲塵從不可知本際以來以無常故捨餘欲塵得餘欲塵或於一時都无所得聖慧命者受用正法則不如是又受欲者受用欲時即於此事一起喜愛一起憂恚復即於彼或時生喜或時生憂聖慧命者受用正法則不如是又諸離欲外慧命者於種種見趣自分別所起邪勝解處其心猛利種種取著恒為欲染之所隨逐雖已離欲復還退起聖慧命者受用正法則不如是又受欲者及諸世間已離欲者所有欲樂及離欲樂皆非真實皆為魔怨之所

隨逐如幻如響如影如焰如夢所見猶如幻作諸莊嚴具又著樂愚夫諸受欲者及諸世間已離欲者凡所受用猶如癲狂如醉亂等未制魔軍而有受用是故彼樂為非真實亦不能制所有魔事聖慧命者受用正法則不如是

復次三界有情所依之身當云何觀謂如毒熱癰麤重所隨故即於此身樂受生時當云何觀謂如毒熱癰暫遇冷觸即於此身苦受生時當云何觀謂如毒熱癰為熱灰所觸即於此身不苦不樂受生時當云何觀謂如毒熱癰離冷熱等觸自性毒熱而本住故薄伽梵說當知樂受壞苦故苦苦受苦苦故苦不苦不樂受行苦故苦又說有有愛味喜有離愛味喜有勝離愛味喜如是等類如經廣說應知隨三界攝又薄伽梵建立想受滅樂為樂中第一此依住樂非謂受樂又說有三種樂謂貪離欲瞋離欲癡離欲此三種樂唯無漏界中可得是故此樂名為常樂无漏界攝復次欲

食受用者謂三界將生已生有情壽命安住此中當知觸意思識三種食故一切三界有情壽命安住段食一種唯令欲界有情壽命安住又於那落迦受生有情有微細段食謂府藏中有微動風由此因緣彼得久住餓鬼傍生人中有麁段食謂作分段而噉食之復有微細食謂住羯羅藍等位有情及欲界諸天由彼食已所有段食流入一切身分支節尋即消化無有便穢

復次婬欲受用者諸那落迦中所有有情皆无婬事所以者何由彼有情長時无間多受種種極猛利苦由此因緣彼諸有情若男於女不起女欲若女於男不起男欲何況展轉二二交會若鬼傍生人中所有依身苦樂相雜故有婬欲男女展轉二二交會不淨流出欲界諸天雖行婬欲无此不淨然於根門有風氣出煩惱便息四大王衆天二二交會熱惱方息如四大王衆天三十三天亦尒時分天唯手相抱熱惱便息知足天唯相執

手熱惱便息樂化天相顧而笑熱惱便息他化自在天眼相顧視熱惱便息又三洲人攝受妻妾施設嫁娶比拘盧洲無我所故无攝受故一切有情无攝受妻妾亦无嫁娶如三洲人如是大力鬼及欲界諸天亦尒唯除樂化天及他化自在天又一切欲界天衆无有處女胎藏然四大王衆天於父母肩上或於懐中如五歲小兒欻然化出三十三天如六歲時分天如七歲知足天如八歲樂化天如九歲他化自在天如十歲

復次生建立者謂三種欲生或有衆生現住欲塵由此現住欲塵故富貴自在彼復云何謂一切人及四大王衆天乃至善知足天是名第一欲生或有衆生變化欲塵由此變化欲塵故富貴自在彼復云何謂樂化天由彼諸天為自己故化為欲塵非為他故唯自變化諸欲塵故富貴自在是名第二欲生或有衆生他化欲塵由他所化諸欲塵故富貴自在彼復云何謂他化自在天由彼諸天為自因

緣亦能變化為他因緣亦能變化故於自化非為希奇用他所化欲塵為富貴自在故說此天為他化自在非彼諸天唯受用他所化欲塵亦有受用自所化欲塵者是名第三欲生復有三種樂生或有衆生用離生喜樂灌灑其身謂初靜慮地諸天是名第一樂生或有衆生由定生喜樂灌灑其身謂第二靜慮地諸天是名第二樂生或有衆生以離喜樂灌灑其身謂第三靜慮地諸天是名第三樂生問何故建立三種欲生三種樂生耶荅由三種求故一欲求二有求三梵行求謂若諸沙門或婆羅門墮欲求者一切皆為三種欲生更無增過若諸沙門或婆羅門墮有求者多分求樂由貪樂故一切皆為三種樂生由諸世間為不苦不樂寂靜生處起追求者極為尠少故此以上不立為生若諸沙門或婆羅門墮梵行求者一切皆為求无漏界或復有一墮邪梵行求者為求不動空无邊處識無邊處无所有處非想非非想處起邪分

別謂為解脫當知此是有上梵行求无上梵行求者謂求无漏界

復次自體建立者謂於三界中所有衆生有四種得自體差別或有所得自體由自所害不由他害謂有欲界天名遊戲忘念彼諸天衆或時躭著種種戲樂久相續住由久住故忘失憶念由失念故從彼處没或復有天名曰意憤彼諸天衆有時展轉角眼相視由相視故意憤轉增意憤增故從彼處没或有所得自體由他所害不由自害謂處羯羅藍遏部曇閉尸鍵南位及在母腹中所有衆生或有所得自體亦由自害亦由他害謂即彼衆生處已生位諸根圓滿諸根成熟或有所得自體亦非自害亦非他害謂色无色界諸天一切那落迦似那落迦鬼如來使者住最後身慈定滅定若无諍定若處中有如是等類云何因緣果建立謂略說有四種一由相故二由依處故三由差別故四由建立故因等相者謂若由此為先此為建立此和合故彼法生或得或

成或辨或用說此為彼因問以誰為先誰為建立誰和合故何法生耶荅自種子為先除種子依所餘若有色若无色及業為建立助伴所緣為和合故隨其所應欲繫色繫无色繫及不繫諸法生問以誰為先誰為建立誰和合故得何法耶荅聲聞獨覺如来種性為先内分力為建立外分力為和合故證得煩惱離繫涅槃内分力者謂如理作意少欲知足等内分善法及得人身生在聖處諸根无缺无事業障於其善處深生淨信如是等法名内分力外分力者謂諸佛興世宣說妙法教法猶存住正法者隨順而轉具悲信者以為施主如是等法名外分力問以誰為先誰為建立誰和合故何法成耶荅所知勝解愛樂為先宗因譬喻為建立不相違衆善敵論者為和合故所立義成問以誰為先誰為建立誰和合故何法辦耶荅工巧智為先隨彼勤劬為建立工巧業處衆具為和合故工巧業處辦又愛為先由食住者依止為建立

四食為和合故愛生有情安住充辦問以誰為先誰為建立誰為和合故何法用耶荅即自種子為先即此生為建立即此生緣為和合故自業諸法作用可知何等名為自業作用謂眼以見為業如是餘根各自業用應知又地能持水能爛火能燒風能燥如是等類當知外分自業差別

因等依處者謂十五種一語二領受三習氣四有潤種子五無間滅六境界七根八作用九士用十真實見十一隨順十二差別功能十三和合十四障导十五无障导

因等差別者謂十因四緣五果十因者一隨說因二觀待因三牽引因四生起因五攝受因六引發因七定異因八同事因九相違因十不相違因四緣者一因緣二等无間緣三所緣緣四增上緣五果者一異熟果二等流果三離繫果四士用果五增上果因等建立者謂依語因依處施設隨說因所以者何由於欲界繫法色无色界繫法及不繫法施設名為先故

想轉想為先故語轉由語故隨見聞覺知起諸言說是故依語依處施設隨說因依領受因依處施設觀待因所以者何由諸有情諸有欲求欲繫樂者彼觀待此於諸欲具或為求得或為積集或為受用諸有欲求色无色繫樂者彼觀待此於彼諸緣或為求得或為受用諸有欲求不繫樂者彼觀待此於彼諸緣或為求得或為受用諸有不欲苦者彼觀待此於彼生緣於彼斷緣或為遠離或為求得或為受用是故依領受依處施設觀待因依習氣因依處施設牽引因所以者何由淨不淨業熏習三界諸行於愛不愛趣中牽引愛不愛自體又即由此增上力故外物衰盛是故依諸行淨不淨業習氣依處施設牽引因依有潤種子因依處施設生起因所以者何由欲色无色界繫法各從自種子生愛名能潤種是所潤由此所潤諸種子故先所牽引各別自體當得生起如經言業為感生因愛為生起因是故依有潤種子依處施設

生起因依无間滅因依處及依境界根作用士用真實見因依處施設攝受因所以者何由欲繫諸法无間滅攝受故境界攝受故根攝受故作用攝受故士用受故諸行轉如欲繫法如是色无色繫法亦尒或由真實見攝受故餘不繫法轉是故依无間滅境界根作用士用真實見依處施設攝受因依隨順因依處施設引發因所以者何由欲繫善法能引欲繫諸勝善法如是欲繫善法能引色无色繫及不繫善法由隨順彼故如欲繫善法如是色繫善法能引色繫諸勝善法及无色繫善法不繫善法如色繫善法如是无色繫善法能引无色繫諸勝善法及不繫善法如无色繫善法如是不繫善法能引不繫諸勝善法及能引發無為作證又不善法能引諸勝不善法謂欲貪能引瞋癡慢見疑身惡行語惡行意惡行如欲貪如是瞋癡慢見疑隨其所應盡當知如是无記法能引善不善无記法如善不善无記種子阿賴耶識又无

記法能引无記勝法如段食能引受生有情令住令安勢力增長由隨順彼故是故依隨順依處施設引發因依差別功能因依處施設定異因所以者何由欲繫諸法自性功能有差別故能生種種自性功能如欲繫法如是色无色繫及不繫法亦尒是故依差別功能依處施設定異因依和合因依處施設同事因所以者何要由獲得自生和合故欲繫法生如欲繫法如是色無色繫及不繫法亦尒如生和合如是得成辦用和合亦尒是故依和合依處施設同事因依障㝵因依處施設相違因所以者何由欲繫法將得生若障㝵現前便不得生如欲繫法如是色无色繫及不繫法亦尒如生如是得成辦用亦尒是故依障㝵依處施設相違因依无障㝵因依處施設不相違因所以者何由欲繫法將得生若无障㝵現前尒時便生如欲繫法如是色無色繫及不繫法亦尒如生如是得成辦用亦尒是故依无障㝵依處施設不相違因

復次依種子緣依處施設因緣依无
間滅緣依處施設等无間緣依境界
緣依處施設所緣緣依所餘緣依處
施設增上緣
復次依習氣隨順因緣依處施設異
熟果及等流果依真實見因緣依處
施設離繫果依士用因緣依處施設
士用果依所餘因緣依處施設增上果
復次順益義是因義建立義是緣義
成辦義是果義又建立因有五種相
一能生因二方便因三俱有因四無
間滅因五久遠滅因能生因者謂生
起因方便因者謂所餘因俱有因者
謂攝受因一分如眼於眼識如是耳
等於所餘識无間滅因者謂生起因
久遠滅因者謂牽引因又建立因有
五種相一可愛因二不可愛因三增
長因四流轉因五還滅因又建立因
有七種相謂无常法是因无有常法
能為法因謂或為生因或為得因或
為成立因或為成辦因或為作用因
又雖無常法為无常法因然與他性
為因亦與後自性為因非即此剎那

又雖與他性為因及與後自性為因
然已生未滅方能為因非未生已滅
又雖已生未滅能為因然得餘緣方
能為因非不得又雖得餘緣然成變
異方能為因非未變異又雖成變異
必與功能相應方能為因非失功能
又雖與功能相應然必相稱相順方
能為因非不相稱相順由如是七種
相隨其所應諸因建立應知
云何相施設建立嗢拕南曰
體所緣行相　等起與差別　決擇及流轉
略辯相應知
應知此相略有七種一體性二所緣
三行相四等起五差別六決擇七流
轉尋伺體性者謂不深推度所緣思
為體性若深推度所緣慧為體性應
知尋伺所緣者謂依名身句身文身
義為所緣尋伺行相者謂即於此所
緣尋求行相是尋即於此所緣伺察
行相是伺尋伺等起者謂發起語言
尋伺差別者有七種差別謂有相无
相乃至不染汙如前說尋伺決擇者
若尋伺即分別耶設分別即尋伺耶

謂諸尋伺必是分別或有分別非尋
伺謂望出世智所餘一切三界心心
所皆是分別而非尋伺尋伺流轉者
若那落迦尋伺何等行何所觸何所
引何相應何所求何業轉耶如那落
迦如是傍生餓鬼人欲界天初靜慮
地天所有尋伺何等行何所觸何所
引何相應何所求何業轉耶謂那落
迦尋伺唯是慼行觸非愛境引發於
苦與憂相應常求脫苦嬈心業轉如
那落迦尋伺一向受苦餓鬼尋伺亦
尒傍生人趣大力餓鬼所有尋伺多
分慼行少分欣行多分觸非愛境少
分觸可愛境多分引苦少分引樂多
分憂相應少分喜相應多分求脫苦
少分求遇樂嬈心業轉欲界諸天所
有尋伺多分欣行少分慼行多分觸
可愛境少分觸非愛境多分引樂少
分引苦多分喜相應少分憂相應多
分求遇樂少分求脫苦嬈心業轉初
靜慮地天所有尋伺一向欣行一向
觸內可愛境界一向引樂一向喜相
應唯求不離樂不嬈心業轉

云何如理作意施設建立嗢拕南曰

依處及與事　求受用正行三菩提資糧

到彼岸方便

應知建立略由八相謂由依處故事故求故受用故正行故聲聞乘資糧方便故獨覺乘資糧方便故波羅蜜多引發方便故如理作意相應尋伺依處者謂有六種依處一決定時二止息時三作業時四世間離欲時五出世離欲時六攝益有情時如理作意相應尋伺事者謂八種事一施所成福作用事二戒所成福作用事三脩所成福作用事四聞所成事五思所成事六餘脩所成事七簡擇所成事八攝益有情所成事如理作意相應尋伺求者謂如有一不以非法及不兇險追求財物不以非法及兇險如理作意相應尋伺受用者謂如即彼追求財已不染不住不耽不縛不悶不著亦不堅執深見過患了知出離而受用之如理作意相應尋伺正行者謂如有一了知父母沙門婆羅門及家長等恭敬供養利益承事於今世後世所作罪中見大怖畏行施作福受齋持戒聲聞乘資糧方便者聲聞地中我當廣說獨覺乘資糧方便者獨覺地中我當廣說波羅蜜多引發方便者菩薩地中我當廣說

復次施主有四種相一有欲樂二无偏黨三除匱乏四具正智具尸羅者亦有四相一有欲樂二結橋樑三不現行四具正智成就脩者亦有四相一欲解清淨二引攝清淨三勝解定清淨四智清淨又受施者有六種一受學受施二活命受施三貧匱受施四棄捨受施五羈遊受施六躭著受施復有八種損惱一飢損惱二渴損惱三麁食損惱四疲倦損惱五寒損惱六熱損惱七无覆障損惱八有覆障損惱復有六種損惱一俱生二所欲匱乏三過切四時節變異五流漏六事業休廢復有六種攝益一住持攝益二勇健无損攝益三覆護攝益四塗香攝益五衣服攝益六共住攝益復有四種非善友相一不捨怨心二引彼不愛三遮彼所愛四引非所宜與此相違當知即是四善友相復有三種引攝一引攝資生具二引攝有喜樂三引攝離喜樂有四種隨轉供事一隨轉供事非知舊者二隨轉供事諸親友者三隨轉供事所尊重者四隨轉供事具福慧者由此四種隨轉供事依上四處獲得五果應知何等四處一无攝受處二无侵惱處三應供養處四同分隨轉處依此四處能感五果一感大財富二名稱普聞三離諸煩惱四證得涅槃五或往善趣又聡慧者有三種聡慧相一於善受行二於善決定三於善堅固復有三相一受學增上戒二受學增上心三受學增上慧

瑜伽師地論卷第五

瑜伽師地論卷第五

校勘記

一　底本，金藏廣勝寺本。

一　三七五頁中五行第一一字至六行第四字「受生諸天即受彼地」，石作「諸天受」。

一　三七五頁下末行第五字「通」，石、資、磧、普、南、徑、清作「遍通」。

一　三七六頁下一七行第二字，三七七頁上四行第一二字，三七八頁中末行第二字，三七九頁上一五行末字，三八一頁中一一行第七字「又」，資、磧、普、南、徑、清作「復」。

一　三七六頁下一九行「三界」，諸本作「二界」。

一　三七六頁下二一行第八字至二二行第二字「貪離欲瞋離欲癡離欲」，石、資、磧、普、南、徑、清作「離貪離瞋離癡等欲」；麗作「離貪離瞋離癡」。

一　三七七頁中一三行「三種」，資、磧、普、南、徑、清作「三種三種」。

一　三七七頁中一六行第五字「善」，石、資、磧、普、南、徑、清無。

一　三七八頁上九行「角眼」，資、磧、普、南、徑、清作「捔眼」。

一　三七八頁上一六行首字「熟」，麗作「就」。

一　三七八頁上一八行第一〇字「最」，石無。

一　三七八頁上二〇行「云何」，石、資、磧、普、南、徑、清作「復次云何」。

一　三七八頁中四行第三字「色」，諸本作「色依」。

一　三七八頁中九行「證得煩惱離繫」，石作「煩惱離繫」；資、磧、普、南、徑、清作「煩惱離繫證得」。

一　三七八頁中一九行第二字「敵」，資、磧、普、南、徑、清作「抗」。

一　三七八頁下二行第一一字「爲」，諸本無。

一　三七八頁下三行第一二字「即」，磧、普、南、徑、清作「如」。

一　三七九頁上一六行「衰盛」，諸本作「盛衰」。

一　三七九頁中五行第六字「受」，諸本作「攝受」。

一　三八〇頁中三行「能爲因」，資、磧、普、南、徑、清無。

一　三八〇頁中四行「不得」，石、資、磧、普、南、徑、清作「不得餘緣」。

一　三八〇頁中五行第七字「未」，石、資、磧、普、南、徑、清作「未成」。

一　三八〇頁中一〇行及次頁上一行「云何」，諸本作「復次云何」。

一　三八〇頁下三行首字「所」，石、資、磧、普、南、徑、清作「法」。

一　三八〇頁下一八行第一二字及一九行第二字「引」，石作「別」。

一　三八一頁上二行「三菩提」，諸本作「二菩提」。

一　三八一頁上一六行「不以非法」，資、磧、普、南、徑、清作「以法」。

一　三八一頁上一七行「不以非法及兇險」，石、麗無。

一　三八一頁中二行「受齋持戒」，石作「受持齋戒」。

一　三八一頁中一八行第一〇字「變」，資、磧、普、南、徑、清無。

一　三八一頁下三行第一〇字「有」，諸本作「復有」。

一　三八一頁下七行「依上」，諸本作「依止」。

瑜伽師地論卷第六　　堂

彌勒菩薩說

三藏法師玄奘奉　詔譯

本地分中有尋有伺等三地之三

復次云何不如理作意施設建立嗢拕南曰

執因中有果　顯了有去來　我常宿作因

自在等害法　邊无邊矯乱　計無因断空

最勝淨吉祥　由十六異論

由十六種異論差別顯不如理作意應知何等十六一因中有果論二從緣顯了論三去来實有論四計我論五計常論六宿作因論七計自在等為作者論八害為正法論九有邊無邊論十不死矯乱論十一無因見論十二断見論十三空見論十四妄計最勝論十五妄計清淨論十六妄計吉祥論

因中有果論者謂如有一若沙門若婆羅門起如是見立如是論常常時恒恒時於諸因中具有果性謂雨衆外道作如是計問何因緣故彼諸外道起如是見立如是論顯示因中具有果性荅由教及理故教者謂彼先師所造教蔵隨聞轉授傳至于今顯示因中先有果性理者謂即如彼沙門若婆羅門為性尋思為性觀察住尋思地住自辦地住異生地住隨思惟觀察行地彼作是思若從彼性此性得生一切世間共知共立彼為此因非餘又求果者唯取此因非餘又即於彼加功營攝諸所求事非餘又若彼果即從彼生不從餘生是故彼果因中已有若不尒者應立一切是一切因為求一果應取一切應於一切加功營攝應從一切一切果生如是由施設故求取故所作决定故生故彼見因中常有果性應審問彼汝何所欲何者因相何者果相因果兩相為異不異若无異相便无因果二種决定因果二種无差別故因中有果不應道理若有異相汝意云何因中果性為未生相為已生相若未生相便於因中果猶未生而說是有不應道理若已生相即果體已生復從

因生不應道理是故因中非先有果然要有因待緣果生又有相法於有相法中由五種相方可了知一於處所可得如甕中水二於所依可得如眼中眼識三即由自相可得如因自體不由比度四即由自作業可得五由因變異故果成變異或由緣變異故果成變異是故彼說常常時恒恒時因中有果不應道理由此因緣彼所立論非如理說如是不異相故異相故未生相故已生相故不應道理

從緣顯了論者謂如有一若沙門若婆羅門起如是見立如是論一切諸法性本是有從衆緣顯不從緣生謂即因中有果論者及聲相論者作如是計問何因緣故因中有果論者見諸因中先有果性從緣顯耶荅由教及理故教如前說理者謂如有一為性尋思為性觀察廣說如前彼如是思果先是有復從因生不應道理然非不用功為成於果彼復何緣而作功用豈非唯為顯了果耶彼作如是妄分別已立顯了論應當問彼汝何

所欲為无障緣而有障导為有障緣耶若无障緣者无障导緣而有障导不應道理若有障緣者屬果之因何故不障同是有故不應道理辟如黒闇障瓮中水亦能障瓮若言障緣亦障因者亦應顯因俱被障故而言但顯因中先有果性不顯因者不應道理復應問彼為有性是障緣為果性耶若有性是障緣者是即有性常不顯了不應道理因亦是有何不為障若言果性是障緣者是則一法亦因亦果如牙是種子果是莖等因是即一法亦顯不顯不應道理又今問汝隨汝意荅本法與顯為異不異若不異者法應常顯顯已復顯不應道理若言異者彼顯為无因耶為有因耶若言无因無因而顯不應道理若有因者果性可顯非是因性以不顯因能顯於果不應道理如是无障緣故有障緣故有相故果相故顯不異故顯異故不應道理是故汝言若法性无是即無相若法性有是即有相性若是无不可顯了性若是有方可顯

了者不應道理我今當說雖復是有不可取相謂或有遠故雖有而不可取又由四種障因障故而不可取復由極微細故而不可取或由心散亂故而不可取或由根損壞故而不可取或由未得彼相應智故而不可取如因果顯了論不應道理當知聲相論者亦不應理此中差別者外聲論師起如是見立如是論聲相常住无生无滅然由宣吐方得顯了是故此論如顯了論非應理說

去来實有論者謂如有一若沙門若婆羅門若在此法者由不正思惟故起如是見立如是論有過去有未来其相成就猶如現在實有非假問何因緣故彼起如是見立如是論荅由教及理故教如前說又在此法者於如来經不如理分別故謂如經言一切有者即十二處此十二處實相是有又薄伽梵說有過去業又說有過去色有未来色廣說乃至識亦如是理者謂如有一為性尋思為性觀察廣說如前彼如是思若法自相安住

此法真實是有此若未来无者尒時應未受相此若過去无者尒時應失自相若如是者諸法自相應不成就由此道理亦非真實故不應理由是思惟起如是見立如是論過去未来性相實有應審問彼汝何所欲去来二相與現在相為一為異若言相一立三世相不應道理若相異者性相實有不應道理又汝應說自意所欲墮三世法為是常相為无常相若常相者墮在三世不應道理若无常相於三世中恒是實有不應道理又今問汝隨汝意荅為計未来法来至現在世耶為彼死已於此生耶為即住未来為緣生現在耶為本无業今有業耶為本相不圓滿今相圓滿耶為本異相今異相耶為於未来有現在分耶若即未来法来至現在者此便有方所復與現在應无差別復應是常不應道理若言未来死已現在生者是即未来不生於今現在世法本无今生又未来未生而言死没不應道理若言法住未来以彼為緣生現

在者彼應是常又應本无今生非未来法生不應道理若本無業用今有業用是則本有今有便有如前所說過失不應道理又汝何所欲此業用與彼本法為有異相為无異相若有異相此業用相未来无故不應道理若无異相本无業用今有業用不應道理如无業用有此過失如是相圓滿異相未来分相應知亦尒此中差別者復有自性雜亂過失故不應道理如未来向現在如是現在往過去如其所應過失應知謂即如前所計諸因緣及所說破道理如是自相故共相故来故死故為緣生故業故相圓滿故相異故未来有分故說過去未来體實有論不應道理如是說已復有難言若過去未来是无云何緣無而有覺轉若言緣无而有覺轉者云何不有違教過失如說一切有者謂十二處我今問汝隨汝意荅世間取无之覺為起耶為不起耶若不起者能取無我兎角石女兒等覺皆應是無此不應理又薄伽梵說我諸无

諂聲聞如我所說正脩行時若有知有若无知無此不應道理若言起者汝意云何此取無覺為作有行為作無行若作有行取无之覺而作有行不應道理若作无行者汝何所欲此無行覺為緣有事轉為緣无事轉若緣有事轉者无行之覺緣有事轉不應道理若緣无事轉者无緣無覺不應道理又雖說一切有者謂十二處然於有法密意說有有相於无法密意說有无相所以者何若有相法能持有相若無相法能持无相是故俱名為法俱名為有若異者諸脩行者唯知於有不知於无應非無間觀所知法不應道理又雖說言有過去業由此業故諸有情受有損害受受无損害受此亦依彼習氣密意假說為有謂於諸行中曾有淨不淨業若生若滅由此因緣彼行勝異相續而轉是名習氣由此相續所攝習氣故受不愛果生是故於我无過而汝不應道理復雖說言有過去色有未来色有現在色如是乃至識亦尒者此亦

依三種行相容意故說謂因相自相果相依彼因相容意說有未來依彼自相容意說有現在依彼果相容意說有過去是故无過又不應說過去未來是實有相何以故應知未來有十二種相故一因所顯相二體未生相三待衆緣相四已生種類相五可生法相六不可生法相七未生雜染相八未生清淨相九應可求相十不應求相十一應觀察相十二不應觀察相當知現在亦有十二種相一果所顯相二體已生相三衆緣會相四已生種類相五一刹那相六不復生法相七現雜染相八現清淨相九可憙樂相十不可憙樂相十一應觀察相十二不應觀察相當知過去亦有十二種相一已度因相二已度緣相三已度果相四體已壞相五已滅種類相六不復生法相七靜息雜染相八靜息清淨相九應顧戀處相十不應顧戀處相十一應觀察相十二不應觀察相

計我論者謂如有一若沙門若婆羅

門起如是見立如是論有我薩埵命者生者有養育者數取趣者如是等諦實常住謂外道等作如是計問何故彼外道等起如是見立如是論答由教及理故教如前說理者謂如有一為性尋思為性觀察廣說如前由二種因故一先不思覺率尒而得有薩埵覺故二先已思覺得有作故彼如是思若無我者見於五事不應起於五有我覺一見色形已唯應起於色形之覺不應起於薩埵之覺二見順苦樂行已唯應起於受覺不應起於勝劣薩埵之覺三見已立名者名相應行已唯應起於想覺不應起於刹帝利婆羅門吠舍戍陁羅佛授得友等薩埵之覺四見作淨不淨相應行已唯應起於行覺不應起於愚者智者薩埵之覺五見於境界識隨轉已唯應起於心覺不應起於我能見等薩埵之覺由如是先不思覺於此五事唯起五種薩埵之覺非諸行覺是故先不思覺見已率尒而起有薩埵覺故如是決定知有實我又彼如

是思若无我者不應於諸行中先起思覺得有所作謂我以眼當見諸色正見諸色已見諸色或復起心我不當見如是等用皆由我覺行為先導如於眼見如是於耳鼻舌身意應知亦尒又於善業造作善業止息不善業造作不善業止息如是等事皆由思覺為先方得作用應不可得如是等用唯於諸行不應道理由如是思故說有我我今問汝隨汝意荅為即於所見事起薩埵覺為異於所見事起薩埵覺耶若即於所見事起薩埵覺者汝不應言即於色等計有薩埵計有我者是顛倒覺若異於所見事起薩埵覺者我有形量不應道理或有勝劣或刹帝利等或愚或智或能取彼色等境界不應道理又汝何所欲為唯由此法自體起此覺耶為亦由餘體起此覺耶若唯由此法自體起此覺者即於所見起彼我覺不應說名為顛倒覺若亦由餘體起此覺者即一切境界各是一切境界覺因故不應理又汝何所欲於无情數有

情覺於有情數无情覺於餘有情數餘有情覺為起為不起耶若起者是即无情應是有情有情應是无情是餘有情應是餘有情此不應理若不起者則非撥現量不應道理又汝何所欲此薩埵覺為取現量義為取比量義耶若取現量義者唯色等蘊是現量義我非現量義故不應理若取比量義者如愚稚等未能思度不應率尒起於我覺又我今問汝隨汝意荅如世間所作為以覺為因為以我為因若以覺為因者執我所作不應道理若以我為因者要先思覺得有所作不應道理又汝何所欲所作事因常无常耶若无常者此所作因體是變異執我有作不應道理若是常者即无變異无變異有作不應道理又汝何所欲為有動作之我能有所作為无動作之我有所作耶若有動作之我能有所作者即是常作不應復作若无動作之我有所作者无動作性而有所作不應道理又汝何所欲為有因故我所有作為无因耶若有因

者此我應由餘因策發方有所作不應道理若无因者應一切時作一切事不應道理又汝何所欲此我為依自故能有所作為依他故能有所作若依自者此我自作老病死苦雜染等事不應道理若依他者計我所作不應道理又我今問汝隨汝意荅為即於蘊施設有我為於諸蘊中為蘊外餘處為不屬蘊耶若即於蘊施設我者是我與蘊无有差別而計有我諦實常住不應道理若於諸蘊中者此我為常為无常耶若是常者常住之我為諸苦樂之所損益不應道理若无損益起法非法不應道理若不生起法及非法應諸蘊身畢竟不起又應不由功用我常解脫若无常者離蘊體外有生有滅相續流轉法不可得故不應理又於此滅壞後於餘處不作而得有大過失故不應理若蘊外餘處者汝所計我應是无為不應道理若不屬蘊者我一切時應无染汙又我與身不應相屬此不應理又汝何所欲所計之身為即見者等

相為離見者等相若即見者等相者為即於見等假立見者等相為離於見等別立見者等相若即於見等假立見者等相者則應見等是見者等而汝立我為見者等不應道理以見者等與見等相无差別故若離於見等別立見者等相者彼見等法為是我所成業為是我所執具若是我所成業者若如種子應是无常不應道理若言如陶師等假立丈夫此我應是无常應是假立而汝言是常是實不應道理若言如具神通假立丈夫此我亦應无常假立於諸所作隨意自在此亦如前不應道理若言如地應是无常又所計我無如地大顯了非業故不應理何以故世間地大所作業用顯了可得謂持万物令不墜下我无是業顯了可得若如虛空應非實有唯於色無假立空故不應道理虛空雖是假有而有業用分明可得非所計我故不應理世間虛空所作業用分明可得者謂由虛空故得起往來屈伸等業是故見等是我所

成業不應道理若是我所執具者若言如鎌如離鎌外餘物亦有能断作用如是離見等外於餘物上見等業用不可得故不應道理若言如火則徒計於我不應道理何以故如世間火離能燒者亦自能燒故若言離見者等相别有我者則所計我相乖一切量不應道理又我今問汝隨汝意荅汝所計我為與染淨相應而有染淨為不與染淨相應而有染淨耶若與染淨相應而有染淨者於諸行中有疾疫灾横及彼止息順益可得即彼諸行雖无有我而説有染淨相應如於外物内身亦尒雖无有我染淨義成故汝計我不應道理若不與染淨相應而有染淨者離染淨相我有染淨不應道理又我今問汝隨汝意荅汝所計我為與流轉相相應而有流轉為不與流轉相相應而有流轉及止息耶若與流轉相相應而有流轉及止息者於諸行中有五種流轉相可得一有因二可生三可滅四展轉相續生起五有變異若諸行中此

流轉相可得如於身牙河燈乘等流轉作用中雖無有我即彼諸行得有流轉及與止息何須計我若不與彼相相應而有流轉及止息者則所計我无流轉相而有流轉止息不應道理又我今問汝隨汝意荅汝所計我為由境界所生若苦若樂及由思業并由煩惱隨煩惱等之所變異説為受者作者及解脱者為不由彼變異説為受者等耶若由彼變異者是即諸行是受者作者及解脱者何須計我設是我者我應无常不應道理若不由彼變異者我无變異而是受者作者及解脱者不應道理又汝今應説自所欲為唯於我説為作者為亦於餘法説為作者若唯於我世間不應説火為燒者光為照者若亦於餘法即於見等諸根説為作者徒分别我不應道理又汝應説自意所欲為唯於我建立於我為亦於餘法建立於我若唯於我者世間不應於假説士夫身呼為德友佛授等若亦於餘法者是則唯於諸行假説名我何須

更執别有我耶何以故諸世間人唯於假設士夫之身起有情想立有情名及説自他有差别故又汝何所欲計我之見為善不善耶若是善者何為極愚癡人深起我見不由方便率尒而起能令衆生怖畏解脱又能增長諸惡過失不應道理若不善者不應説正及非顛倒若是邪倒所計之我體是實有不應道理又汝何所欲无我之見為善為不善耶若言是善於彼常住實有我上見无有我而是善性非顛倒計不應道理若言不善而一切智者之所宣説精勤方便之所生起令諸衆生不怖解脱能速證得白淨之果諸惡過失如實對治不應道理又汝意云何為即我性自計有我為由我見耶若即我性自計有我者應一切時無无我覺若由我見者雖无實我由我見力故於諸行中妄謂有我是故汝計定實有我不應道理如是不覺為先而起彼覺故思覺為先見有所作故於諸藴中假施設故由於彼相安立為有故建立雜

染及清淨故建立流轉及止息故假立受者作者解脫者故施設有作者故施設言說故施設見故計有實我皆不應理又我今當說第一義我相所言我者唯於諸法假立為有非實有我然此假我不可說言與彼諸法異不異性勿謂此我是實有體或彼諸法即我性相又此假我是无常相是非恒相非安保相是變壞相生起法相老病死相唯諸法相唯苦惱相故薄伽梵說苾芻當知於諸法中假立有我此我無常无恒不可安保是變壞法如是廣說由四因故於諸行中假設有我一為令世間言說易故二為欲隨順諸世間故三為欲斷除謂定无我諸怖畏故四為宣說自他成就功德過失令起決定信解心故是故執有我論非如理說

計常論者謂如有一若沙門若婆羅門起如是見立如是論我及世間皆實常住非作所作非化所化不可損害積聚而住如伊師迦謂計前際說一切常者說一分常者及計後際說

有想者說無想者說非想非非想者復有計諸極微是常住者作如是計問何故彼諸外道起如是見立如是論我及世間是常住耶荅彼計因緣如經廣說隨其所應盡當知此中計前際者謂或依下中上靜慮起宿住隨念不善緣起故於過去諸行但唯憶念不如實知計過去世以為前際發起常見或依天眼計現在世以為前際於諸行剎那生滅流轉不如實知又見諸識流轉相續從此世間至彼世間无斷絕故發起常見或見梵王隨意成立或見四大種變異或見諸識變異計後際者於想及受雖見差別然不見自相差別是故發起常見謂我及世間皆悉常住又計極微是常住者以依世間靜慮起如是見由不如實知緣起故而計有為先有果集起離散為先有果壞滅由此因緣彼謂從衆微性麁物果生漸析麁物乃至微住是故麁物无常極微是常此中計前際後際常住論者是我執論差別相所攝故我論已破當知

我差別相論亦已破訖又我今問汝隨汝意荅宿住之念為取諸藴為取我耶若取藴者執我及世間是常不應道理若取我者憶念過去如是名等諸有情類我曾於彼如是名如是姓乃至廣說不應道理又汝意云何緣彼現前和合色境眼識起時於餘不現不和合境所餘諸識為滅為轉若言滅者滅壞之識而計為常不應道理若言轉者由一境界依一切時一切識起不應道理又汝何所欲所執之我由想所作及受所作為有變異為无變異若言有者計彼世間及我常住不應道理若言无者有一想已復種種想復有小想及无量想不應道理又純有樂已復純有苦復有苦有樂有不苦不樂不應道理又若計命即是身者彼計我是色若計命異於身者彼計我非色若計我俱遍無二無缺者彼計我亦是色亦非色若為對治此故即於此義中由異句異文而起執者彼計我非色非非色又若見少色少非色者彼計有邊若

見彼无量者彼計有无邊若復遍見
而色分少非色分无量或色分无量
非色分少者彼計亦有邊亦无邊若
為對治此故但由文異不由義異而
起執者彼計非有邊非无邊或計觧
脫之我遠離二種又計極微常住論
者我今問汝隨汝意荅汝為觀察計
極微常為不觀察計彼常耶若不觀
察者離慧觀察而定計常不應道理
若言已觀察者違諸量故不應道理
又汝何所欲諸微塵性為由細故計
彼是常為由與麁果物其相異故計
彼常耶若由細者離散損減轉復羸
劣而言是常不應道理若言由相異
故者是則極微起過地水火風之相
不同種類相故而言能生彼類果不
應道理又彼極微更无異相可得故
不中理又汝何所欲從諸極微所起
麁物為不異相為異相耶若言不異
相者由與彼因无差別故亦應是常
是則應无因果決定不應道理若異
相者汝意云何為從離散極微麁物
得生為從聚集耶若言從離散者應

一切時一切果生是則應无因果決
定不應道理若從聚集者汝意云何
彼麁果物從極微生時為不過彼形
質之量為過彼形質量耶若言不過
彼形質量者從形質分物生形質有
分物不應道理若言過者諸極微體
无細分故不可分析所生麁物亦應
是常亦不中理若復說言有諸極微
本无今起者是則計極微常不應道
理又汝何所欲彼諸極微起造麁物
為如種子等為如陶師等耶若言如
種子等者應如種子體是无常若言
如陶師等者彼諸極微應有思慮如
陶師等不應道理若不如種等及陶
師等者是則同喻不可得故不應道
理又汝意云何諸外物起為由有情
為不尒耶若言由有情者彼外麁物
由有情生所依細物不由有情不應
道理誰復於彼制其功能若言不由
有情者是則无用而外物生不應道
理如是隨念諸蘊有情故由一境界
一切識流不斷絶故由想及受變不
變故計彼前際及計後際常住論者

不應道理又由觀察不觀察故由共
相故由自相故由起造故根本所用
故極微常論不應道理是故計常論
者非如理說我今當說常住之相若
一切時无變異相若一切種无變異
相若自然無變異相若由他无變異
相又無生相當知是常住相

瑜伽師地論卷第六

瑜伽師地論卷第六

校勘記

一 底本，金藏廣勝寺本。

一 三八四頁中二一行「雨衆」，資、磧、普、南、徑、清作「兩衆」。

一 三八四頁下四行第一二字「如」，石無。

一 三八五頁上一七行第一三字「由」，磧、普作「中」。

一 三八五頁上末行第一〇字「當」，石、麗作「審」。

一 三八五頁中五行第三字及第九字「瓮」，石作「盆」，南、徑、清作「甕」。

一 三八五頁下一二行第七字「謂」，石作「猶」。

一 三八六頁中三行「本有」，麗作「本無」。

一 三八六頁中一六行第一三字「説」，石作「記」。

一 三八六頁下二行第九字「道」，石、資、磧、普、南、徑、清無。

一 三八六頁下一三行「若異者」，石、麗作「若異此者」。

一 三八六頁下一六行「受受」，石、麗作「受」。

一 三八八頁上三行末字「是」，石、麗無。

一 三八八頁上二〇行「即是」，諸本作「是即」。

一 三八八頁上末行「所有」，資、磧、普、南、徑、清、麗作「有所」。

一 三八八頁中六行末字「作」，資、磧、普、南、徑、清作「依」。

一 三八八頁中末行第九字「身」，諸本作「我」。

一 三八八頁下一六行首字「非」，石、徑、清、麗作「作」。

一 三八九頁中二一行第一二字「於」，石、麗作「於彼」。

一 三八九頁下四行「不善」，諸本作「爲不善」。

一 三九〇頁上一四行第八字「令」，石作「今」。

一 三九〇頁中一行第二字及第六字「想」，麗作「相」。

一 三九〇頁中二〇行第一三字「析」，磧、普、南作「所」。

一 三九〇頁下六行首字「姓」，資、磧、普、南、徑、清作「性」。

一 三九〇頁下末行第一二字「有」，資作「亦有」。

一 三九一頁上一四行第一二字「由」，磧、普、南作「中」。

瑜伽師地論卷第七 堂

弥勒菩薩說

三藏法師玄奘奉 詔譯

本地分中有尋有伺等三地之四

宿作因論者猶如有一若沙門若婆羅門起如是見立如是論廣說如經凡諸世間所有士夫補特伽羅所受者謂現所受苦皆由宿作為因者謂由宿惡為因由勤精進吐舊業故者謂由現法極自苦行現在新業由不作因之所害故者謂諸不善業如是於後不復有漏者謂一向是善性故說後無漏由無漏故業盡者謂諸惡業由業盡故苦盡者謂宿因所作及現法方便所招苦惱由苦盡故得證苦邊者謂證餘生相續苦盡謂無繫外道作如是計問何因緣故彼諸外道起如是見立如是論答由教及理故教如前說理者猶如有一為性尋思為性觀察廣說如前由見現法士夫作用不決定故所以者何彼見世間雖具正方便而招於苦雖具邪方

便而致於樂彼如是思若由現法士夫作用為彼因者彼應顛倒由彼所見非顛倒故是故彼皆以宿作為因由此理故彼起如是見立如是論今應問彼汝何所欲現法方便所招之苦為用宿作為因為用現法方便為因若用宿作為因者汝先所說由勤精進吐舊業故現在新業由不作因之所害故如是於彼不復有漏乃至廣說不應道理若用現法方便為因者汝先所說凡諸世間所有士夫補特伽羅所受皆由宿作為因不應道理如是現法方便苦宿作為因故現法士夫用為因故皆不應道理是故此論非如理說我今當說如實因相或有諸苦唯用宿作為因猶如有一自業增上力故生諸惡趣或貧窮家或復有苦雜因所生謂如有一因邪事王不獲樂果而反致苦如事於王如是由諸言說商賈等業由事農業由刦盜業或於他有情作損害事若有福者獲得冨樂若無福者雖設功用而無果遂或復有法純由現在功

用因得如新所造引餘有業或聽聞正法於法覺察或復發起威儀業路或復修學工巧業處如是等類唯因現在士夫功用

自在等作者論者由如有一或沙門或婆羅門起如是見立如是論凡諸世間所有士夫補特伽羅所受彼一切或以自在變化為因或餘丈夫變化為因諸如是等謂說自在等不平等因論者作如是計問何因緣故起如是見立如是論答由教及理教如前說理者猶如有一為性尋思為性觀察廣說如前彼由現見於因果中世間有情不隨欲轉故作此計所以者何現見世間有情於彼因時欲脩淨業不遂本欲反更為惡於彼果時願生善趣樂世界中不遂本欲墮惡趣等意謂受樂不遂所欲反受諸苦由見此故彼作是思世間諸物必應別有作者生者及變化者為彼物父謂自在天或復其餘令當問彼汝何所欲嗢柁南曰

功能無體性　攝不攝相違　有用及无用

為因成過失

自在天等變化功能為用業方便為因為无因耶若用業方便為因者唯此功能用業方便為因非餘世間不應道理若无因者唯此功能无因而有非世間物不應道理又汝何所欲此大自在為墮世間攝為不攝耶若言攝者此大自在則同世法而能遍生世間不應道理若不攝者則是解脫而言能生世間不應道理又汝何所欲為有用故變生世間為无用耶若有用者則於彼用无有自在而於世間有自在者不應道理若无用者无有所須而生世間不應道理又汝何所欲此所出生為唯大自在為因為亦取餘為因耶若唯大自在為因者是則若時有大自在是時則有出生若時有出生是時則有大自在而言出生用大自在為因者不應道理若言亦取餘為因者此唯取樂欲為因為除樂欲更取餘為因若唯取樂欲為因者此樂欲為唯取大自在為因為亦取餘為因耶若唯取大自在

為因者若時有大自在是時則有樂欲若時有樂欲是時則有大自在便應无始常有出生此亦不應道理若言亦取餘為因者此因不可得故不應道理又於彼欲无有自在而言於世間物有自在者不應道理如是由功用故攝不攝故有用無用故為因性故皆不應理是故此論非如理說

害為正法論者謂如有一若沙門若婆羅門起如是見立如是論若於彼祠中呪術為先害諸生命若能祀者若所害者若諸助伴如是一切皆得生天問何因緣故彼諸外道起如是見立如是論答由教及理教如前說不由觀察道理建立然於諍競惡劫起時諸婆羅門違越古昔婆羅門法為欲食肉妄起此計又應問彼汝何所欲此呪術方為是法自體為是非法自體若是法自體者雖彼煞生不能感得自所愛果而能轉彼非法以為正法不應道理若是非法自體者自是不愛果法而能轉捨餘不愛果法者不應道理如是記已復有教言

如世間毒呪術所攝不能為害當知此呪術方亦復如是今應問彼汝何所欲如呪術方能息外毒亦能息內貪瞋癡毒為不尒耶若能息者无處无時無有一人貪瞋癡等靜息可得故不中理若不能息者汝先所說如呪術方能息外毒亦能息除非法業者不應道理又汝何所欲此呪術方為遍行耶不遍行耶若遍行者自所愛親不先用祠不應道理若不遍者此呪功能便非決定不應道理又汝何所欲此呪功能為唯能轉因亦轉果耶若唯轉因者於果无能不應道理若亦轉果者應如轉變即令羊等成可愛妙色然捨羊等身已方取天身不應道理又汝何所欲造呪術者為有力能及悲愍不若言有者離殺彼命不能將彼往生天上不應道理若言無者彼所造呪能有所辦不應道理如是由因故譬喻故不決定故於果無能故呪術者故不應道理是故此論非如理說我今當說非法之相若業損他而不治現過是名非法

又若業諸修道者共知此業感不愛果又若業一切智者決定說為不善又若業自所不欲又若業染心所起又若業待邪呪術方備功驗又若業自性無記諸如是等皆是非法

邊無邊論者謂如有一若沙門若婆羅門依止世間諸靜慮故於彼世間住有邊想无邊想俱想不俱想廣說如經由此起如是見立如是論世間有邊世間无邊世間亦有邊亦无邊世間非有邊非无邊當知此中已說因緣及能計者是中若依斷邊際求世邊時若憶念壞劫於世間起有邊想若憶念成劫則於世間起无邊想若依方域周廣來世邊時若下過无間更无所得上過第四靜慮亦无所得傍一切處不得邊際尒時則於上下起有邊想於傍處所起无邊想若為治此執但依異文義无差別則於世間起非有邊非无邊想今應問彼汝何所欲從前壞劫以來為更有世間生起為無起耶若言有者世間有邊不應道理若言无者非世間住念

世間邊不應道理如是彼來有故彼來无故皆不應理是故此論非如理說

不死矯亂論者謂四種不死矯亂外道如經廣說應知彼諸外道若有人來依審勝生道問善不善依決定勝道問苦集滅道便自稱言不死亂者隨於處所依不死淨天不亂詰問即於彼所問以言矯亂或託餘事方便避之或但隨問者言辭而轉是中第一不死亂者覺未開悟第二於所證法起增上慢第三覺已開悟而未決定第四羸劣愚鈍又復第一怖畏妄語及怖畏他人知其無智故不分明荅言我无所知第二於自所證未得无畏懼他詰問怖畏妄語怖畏邪見故不分明說我有所證第三怖畏邪見怖畏妄語懼他詰問故不分明說我不決定如是三種假託餘事以言矯亂第四唯懼他詰於審勝生道及決定勝道皆不了達於世文字亦不善知而不分明說言我是愚鈍都无所了但反問彼隨彼言辭而轉以矯乱彼此四論發起因緣及能計者并

破彼執皆如經說由彼外道多怖畏故依此見住若有人来有所詰問即以謟曲而行矯乱當知此見是惡見攝是故論非如理說

無因見論者謂依止靜慮及依止尋思應知二種如經廣說問何因緣故彼諸外道依止尋思起如是見立如是論我及世間皆無因生荅略而言之見不相續以為先故諸內外事無量差別種種生起或復有時見諸因緣空無果報謂見世間无有因緣或時欻尒大風卒起於一時間寂然止息或時忽尒瀑河弥漫於一時間頓則空竭或時欝尒果木敷榮於一時間颯然衰頼由如是故起無因見立无因論今應問彼汝宿住念為念无體為念自我若念無體无體之法未曾串習未曾經識而能隨念不應道理若念自我計我先无後欻然生不應道理又汝何所欲一切世間內外諸物種種生起或欻然生起為无因耶為有因耶若无因者種種生起欻然而起有時不生不應道理若有因

者我及世間无因而生不應道理如是念无體故念自我故內外諸物不由因緣種種異故由彼因緣種種異故不應道理是故此論非如理說

斷見論者謂如有一若沙門若婆羅門起如是見立如是論乃至我有麁色四大所造之身住持未壞尒時有病有癰有箭若我死後斷壞无有尒時我善斷滅如是欲界諸天色界諸天若无色界空無邊處所攝乃至非想非非想處所攝廣說如經謂說七種斷見論者作如是計問何因緣故彼諸外道起如是見立如是論荅由教及理故教如前說理者謂如有一為性尋思乃至廣說彼如是思若我死後復有身者應不作業而得果異熟若我體性一切永无是則應無愛業果異熟觀此二種理俱不可是故起如是見立如是論我身死已斷壞无有猶如瓦石若一破已不可還合彼亦如是道理應知今應問彼汝何所欲為蘊斷滅為我斷滅耶若言蘊斷滅者蘊體无常因果展轉生起不

絶而言斷滅不應道理若言我斷汝先所說麁色四大所造之身有病有癰有箭欲界諸天色界諸天若无色界空无邊處所攝乃至非想非非想處所攝不應道理如是若蘊斷滅故若我斷滅故皆不應理是故此論非如理說

空見論者謂如有一若沙門若婆羅門起如是見立如是論無有施與無有愛養无有祠祀廣說乃至世間无有真阿羅漢復起如是見立如是論无有一切諸法體相問何因緣故彼諸外道起如是見立如是論荅由教及理故教如前說理者謂如有一為性尋思乃至廣說又依世間諸靜慮故見世施主一期受命恒行布施无有斷絶從此命終生下賤家貧窮匱乏彼作是思定无施與愛養祠祀復見有人一期壽中恒行妙行或行惡行見彼命終墮於惡趣生諸那落迦或往善趣生於天上樂世界中彼作是思定無妙行及與惡行亦无妙行惡行二業果異熟復見有一剎帝利

種命終之後生婆羅門吠舍戍陁羅諸種姓中或婆羅門命終之後生刹帝利吠舍戍陁羅諸種姓中吠舍戍陁羅等亦復如是彼作是思定无此世刹帝利等從彼世刹帝利等種姓中來亦无彼世刹帝利等從此世間刹帝利等種姓中去又復觀見諸離欲者生於下地又見母命終已生而為女女命終已還作其母父終為子子還作父彼見父母不决定已作如是思世間畢定无父無母或復見人身壊命終或生无想或生无色或入涅槃求彼生處不能得見彼作是思决定无有化生衆生以彼處所不可知故或於自身起阿羅漢增上慢已臨命終時遂見生相彼作是念世間必無真阿羅漢如是廣說聞復何因縁或有起如是見立如是論无有一切諸法體相皆以於如来所說甚深經中相似甚深離言說法不能如實正覺了故又於安立法相不如正理而思惟故起於空見彼作是念决定无有諸法體相今應問彼汝何所

欲為有生所受業及後所受業為一切皆是生所受耶若俱有者汝先所說无有施與无有愛養无有祠祀无有妙行无有惡行无有妙行惡行業果異熟无此世間无彼世間不應道理若言无有後所受者諸有造作淨與不淨種種行業彼命終已於彼生時頓受一切淨與不淨業果異熟不應道理又汝何所欲凡從彼彼胎藏及從彼種子而生者彼等於此為是父母為非父母耶若言是父母者汝言无父無母不應道理若言彼非父母者從彼胎藏及彼種子所生而言非父非母不應道理若時為父母是時非男女若時為男女是時非父母無不定過又汝何所欲為有彼處受生衆生天眼不見為无有耶若言有者汝言無有化生衆生不應道理若言无者是則撥无離想欲者離色欲者離三界欲者不應道理又汝何所欲為有阿羅漢性而於彼起增上慢為无有耶若言有者汝言世間必定無有真阿羅漢不應道理若言无者亦

有發起不正思惟顛倒自謂是阿羅漢此乃應是真阿羅漢亦不中理又應問彼汝何所欲圓成實相法依他起相法遍計所執相法為有為無若言有者汝言无有一切諸法體相不應道理若言无者應无顛倒亦無染淨不應道理如是若生後所受故非不决定故有生處故有增上慢故有三種相故不應道理是故此論非如理說

妄計冣勝論者謂如有一若沙門若婆羅門起如是見立如是論婆羅門是冣勝種類刹帝利等是下劣種類婆羅門是白淨色類餘種是黑穢色類婆羅門種可得清淨非餘種類諸婆羅門是梵王子從大梵王腹口所生從梵所出梵所變化梵王體胤謂鬪諍劫諸婆羅門作如是計問何因縁故諸婆羅門起如是見立如是論荅由教及理教如前說理者謂如有一為性尋思乃至廣說以見世間真婆羅門性具戒故有貪名利及恭敬故作如是計今應問彼汝何所欲為

唯餘種類從父母產生爲婆羅門亦
尒耶若唯餘種類者世間現見諸婆
羅門從母產生汝謗現事不應道理
若婆羅門亦尒者汝先所說諸婆羅
門是冣勝種類剎帝利等是下種類
不應道理如從母產生如是造不善
業造作善業造身語意惡行造身語
意妙行於現法中受愛不愛果便於
後世生諸惡趣或生善趣若三處現
前是彼是此由彼由此入於母胎從
之而生若世間工巧處若作業處若
善不善若王若臣若鐵搥若增進滿
足若爲王顧錄以爲給侍若不顧錄
若是老病死法若非老病死法若修
梵住已生於梵世若復不尒若修菩
提分法若不修習若悟聲聞菩提獨
覺菩提无上菩提若復不尒又汝何
所欲爲從勝種類生此名爲勝爲由
戒聞等耶若由從勝種類生者汝論
中說於祠祀中若戒聞等勝取之爲
量如此之言應不中理若由戒聞等
者汝先所說諸婆羅門是冣勝類餘
是下類不應道理如是產生故作業

故受生故工巧業處故增上故彼所
顧錄故梵住故修覺分故證菩提故
戒聞勝故不應道理是故此論非如
理說妄計清淨論者謂如有一若沙
門若婆羅門起如是見立如是論若
我解脫心得自在觀得自在謂於諸
天微妙五欲堅著攝受嬉戲娛樂隨
意受用是則名得現法涅槃第一清
淨又有外道起如是見立如是論若
有離欲惡不善法於初靜慮得具足
住乃至得具足住第四靜慮是亦名
得現法涅槃第一清淨又有外道起
如是見立如是論若有衆生於孫陁
利迦河沐浴支體所有諸惡皆悉除
滅如於孫陁利迦河如是於婆湖陁
河伽耶河薩伐底河殑伽河等中沐
浴支體應知亦尒第一清淨復有外
道計持狗戒以爲清淨或持牛戒或
持油墨戒或持露形戒或持灰戒或
持自苦戒或持糞穢戒等計爲清淨
謂說現法涅槃外道及說水等清淨
外道作如是計問彼何因緣起如是
見立如是論荅由教及理故教如前

說理者謂如有一爲性尋思乃至廣
說彼謂得諸縱任自在欲自在觀行
自在名勝清淨然不如實知縱任自
在等相又如有一計由自苦身故自
惡解脫或造過惡過惡解脫令應問
彼汝何所欲若有於妙五欲嬉戲受
樂者爲離欲貪爲未離耶若已離者
於世五欲嬉戲受樂不應道理若未
離者計爲解脫清淨不應道理又汝
何所欲諸得初靜慮乃至具足住第
四靜慮者彼爲已離一切貪欲爲未
離耶若言一切離者但具足住乃至
第四靜慮不應道理若言未離一切
欲者計爲究竟解脫清淨不應道理
又汝何所欲爲由內清淨故究竟清
淨爲由外清淨故究竟清淨若由內
者計於河中沐浴而得清淨不應道
理若由外者內具貪瞋癡等一切垢
穢但除外垢便計爲淨不應道理又
汝何所欲爲執受淨物故而得清淨
爲執受不淨物故得清淨耶若由執
受淨物得清淨者世間共見狗等不
淨而汝立計執受狗等得清淨者不

應道理若由執受不淨物者自體不淨而令他淨不應道理又汝何所欲諸受狗等戒者為行身等邪惡行故而得清淨為行身等正妙行故得清淨耶若由行邪惡行者行邪惡行而計清淨不應道理若由正妙行者持狗等戒則為唐捐而計於彼能得清淨不應道理如是離欲不離欲故內外故受淨不淨故邪行正行故不應道理是故此論非如理說

妄計吉祥論者謂如有一若沙門若婆羅門起如是見立如是論若世間日月薄蝕星宿失度所欲為事皆不成就若彼隨順所欲皆成為此義故精勤供養日月星等祠火誦呪安置茅草滿瓮頻螺果及餉佉等謂曆筭者作如是計問彼何因緣起如是見立如是論答由教及理故教如前說理者謂如有一為性尋思乃至廣說彼由獲得世間靜慮世間皆謂是阿羅漢若有欲得自身富樂所祈果遂者便往請問然彼不如實知業果相應緣生道理但見世間日月薄蝕星

度行時亦時眾生淨不淨業果報成熟彼則計為日月等作復為信樂此事者建立顯說今應問彼汝何所欲世間興衰等事為是日月薄蝕星度等作為淨不淨業所作耶若言日度等作者現見盡壽隨造福非福業感此興衰苦樂等果不應道理若淨不淨業所作者計日等作不應道理如是日等作故淨不淨業作故不應道理是故此論非如理說如是十六種異論由二種門發起觀察由正道理推逐觀察於一切種皆不應理

瑜伽師地論卷第七

瑜伽師地論卷第七

校勘記

一　底本，金藏廣勝寺本。

一　三九三頁中一八行第一三字「及」，石作「乃」。

一　三九三頁下九行第八字「彼」，石、麗作「後」。

一　三九四頁上一八行第一〇字「欲」，磧、普、南作「故」；徑、清作「欲故」。

一　三九四頁中二行末字「爲」，石無。

一　三九四頁下一二行「如是」，石作「彼之」；資、磧、普、南、徑、清作「彼」。

一　三九四頁下一五行第二字「由」，磧、普、南作「曰」。

一　三九五頁中一五行第七字「来」，諸本作「求」。

一　三九六頁上四行第四字「論」，諸本作「此論」。

一　三九六頁上一三行第六字「瀑」，

石、資、磧、普、南、徑、清作「暴」。

一　三九六頁中七行第八字「住」，徑、清作「任」。

一　三九六頁下一二行第五字「諸」，磧、普、南、徑、清作「者」。

一　三九六頁下一六行「受命」，磧、普、南、徑、清作「壽命」。

一　三九七頁上一四行首字「思」，麗作「念」。

一　三九七頁中六行第六字「後」，資、磧、普、南、徑、清作「彼」。

一　三九七頁下一六行「從大梵王口腹口」；石、麗作「從大梵王口腹」；資、磧、普、南、徑、清作「口腹」。

一　三九七頁下二〇行第五字「理」，麗作「理故」。

一　三九七頁下末行第五字「計」，資、磧、普、南、徑、清作「論」。

一　三九八頁上三行第八字「謗」，磧、普、南、徑、清作「說」。

一　三九八頁上一三行「給侍」，石作「結使」。

一　三九八頁上一六行第二字「分」，石作「方」。

一　三九八頁中一二行首字「得」，磧、普、南、徑、清作「謂」。

一　三九八頁下三行第一三字「任」，磧、普作「住」。

一　三九八頁下八行末字「未」，磧、普、南作「已」。

一　三九九頁中四行第六字「事」，資、磧、普、南、徑、清無。

一　三九九頁中八行第三字「所」，石作「之所」。

趙城縣廣勝寺

瑜伽師地論卷第八　　堂

彌勒菩薩說

三藏法師玄奘奉　詔譯

本地分中有尋有伺等三地之五

復次云何雜染施設建立謂由三種雜染應知何等為三一煩惱雜染二業雜染三生雜染煩惱雜染云何嗢拕南曰

自性若分別　因位及與門　上品顛倒攝
差別諸過患

當知煩惱雜染由自性故分別故因故位故門故上品故顛倒攝故差別故過失故解釋應知

煩惱自性者謂若法生時其相自然不寂靜起由彼起故不寂靜行相續而轉是名略說煩惱自性

煩惱分別者或立一種謂由煩惱雜染義故或分二種謂見道所斷修道所斷或分三種謂欲繫色繫无色繫或分四種謂欲繫記无記色繫無記無色繫无記或分五種謂見苦所斷見集所斷見滅所斷見道所斷修道

所斷或分六種謂貪恚慢无明見疑或分七種謂七種隨眠一欲貪隨眠二瞋恚隨眠三有貪隨眠四慢隨眠五无明隨眠六見隨眠七疑隨眠或分八種謂貪恚慢无明疑見及二種取或分九種謂九結一愛結二恚結三慢結四无明結五見結六取結七疑結八嫉結九慳結或分十種一薩迦耶見二邊執見三邪見四見取五戒禁取六貪七恚八慢九無明十疑或分一百二十八煩惱謂即上十煩惱由迷執十二種諦建立應知

何等名為十二種諦謂欲界苦諦集諦色界苦諦集諦无色界苦諦集諦欲界增上彼遍智果彼遍智所顯滅諦道諦色界增上彼遍智果彼遍智所顯滅諦道諦无色界增上彼遍智果彼遍智所顯滅諦道諦此中於欲界苦集諦及於欲界增上滅道諦具有十煩惱迷執於色界苦集諦及於彼增上滅道諦除瞋有餘煩惱迷執如於色界於無色界亦尒於欲界對治修中有六煩惱迷執謂除邪見見

取戒禁取疑於色界對治修中有五煩惱迷執謂於上六中除瞋如於色界對治修中於无色對治修中亦尒如迷執障㝵亦尒薩迦耶見者謂由親近不善丈夫聞非正法不如理作意故及由任運失念故等隨觀執五種取蘊若分別不分別染汙慧為體邊執見者謂由親近不善丈夫聞非正法不如理作意故及由任運失念故執五取蘊為我性已等隨觀執為斷為常若分別不分別染汙慧為體邪見者謂由親近不善丈夫聞非正法不如理作意故撥因撥果或撥作用壞真實事唯用分別染汙慧為體見取者謂由親近不善丈夫聞非正法不如理作意故以薩迦耶見邊執見邪見及所依所緣所因俱有相應等法比方他見等隨觀執為最為上勝妙第一唯用分別染汙慧為體戒禁取者謂由親近不善丈夫聞非正法不如理作意故即於彼見彼見隨行若戒若禁及所依所緣所因俱有相應等法等隨觀執為清淨為解脫

為出離唯用分別染汙慧為體貪者謂由親近不善丈夫聞非正法不如理作意故及由任運失念故於外及內可愛境界若分別不分別染著為體恚者謂由親近不善丈夫聞非正法不如理作意故及由任運失念故於外及內非愛境界若分別不分別憎恚為體慢者謂由親近不善丈夫聞非正法不如理作意故及由任運失念故於外及內高下勝劣若分別不分別高舉為體無明者謂由親近不善丈夫聞非正法不如理作意故及由任運失念故於所知事若分別不分別染汙无知為體疑者謂由親近不善丈夫聞非正法不如理作意故即於所知事唯用分別猶豫為體煩惱因者謂六種因一由所依故二由所緣故三由親近故四由邪教故五由數習故六由作意故由此六因起諸煩惱所依故者謂由隨眠起諸煩惱所緣故者謂順煩惱境界現前親近故者謂由隨學不善丈夫邪教故者謂由聞非正法數習故者謂由

先殖數習力勢作意故者謂由發起不如理作意故諸煩惱生

煩惱位者略有七種一隨眠位二纏位三分別起位四俱生位五耎位六中位七上位由二緣故煩惱隨眠之所隨眠一由種子隨逐故二由彼增上事故

煩惱門者略由二門煩惱所惱謂由纏門及隨眠門纏門有五種一由不寂靜住故二由障㝵善故三由發起惡趣惡行故四由攝受現法鄙賤故五由能感生等苦故云何隨眠門所惱謂與諸纏作所依故及能引發生等苦故又由七門一切煩惱於見及修能為障㝵應知謂邪解了故不解了故解了不解了故邪解了迷執故彼因依處故彼怖所生故任運現行故云何煩惱上品相謂猛利相及尤重相此相略有六種一由犯故二由生故三由相續故四由事故五由起惡業故六由究竟故由犯故者謂由此煩惱纏故毀犯一切所有學處由生故者謂由此故生於欲界若惡趣中

由相續故者謂貪等行諸根成熟少年盛壯無涅槃法者由事故者謂緣尊重田若緣功德田若緣不應行田而起由起惡業故者謂由此煩惱纏故以增上適悅心起身語業由究竟故者謂此自性上品所攝最初惡對治道之所斷故煩惱

顛倒攝者謂七顛倒一想倒二見倒三心倒四於无常常倒五於苦樂倒六於不淨淨倒七於無我我倒想倒者謂於无常苦不淨无我中起常樂淨我妄想分別見倒者謂即於彼妄想所分別中忍可欲樂建立執著心倒者謂即於彼所執著中貪等煩惱當知煩惱略有三種或有煩惱是倒根本或有煩惱是顛倒體或有煩惱是倒等流倒根本者謂无明顛倒體者謂薩迦耶見邊執見一分見取戒禁取及貪倒等流者謂邪見邊執見一分恚慢及疑此中薩迦耶見是无我我倒邊執見一分是無常常倒見取是不淨淨倒戒禁取是於苦樂倒貪通二種謂不淨淨倒及於苦樂倒

煩惱差別者多種差別應知謂結縛隨眠隨煩惱纏暴流軛取繫蓋株杌垢常害箭所有根惡行漏匱燒惱有諍火熾然稠林拘㝵如是等類煩惱差別當知此中能和合苦故名為結令於善行不隨所欲故名為縛一切世間增上種子之所隨逐故名隨眠倒染心故名隨煩惱數起現行故名為纏深難渡故順流漂故名暴流邪行方便故名為軛能取自身相續不絕故名為取難可解脫故名為繫覆真實義故名為蓋壞善稼田故名株杌自性染汙故名為垢常能為害故名為常害不靜相故遠所隨故名為箭能斷依事故名所有不善所依故名為根邪行自性故名惡行流動其心故名為漏能令受用无有猒足故名為匱能令所欲常有匱乏故名為燒能引衰損故名為惱能為鬪訟諍競之因故名有諍燒所積集諸善根薪故名為火如大熱病故名熾然種種自身大樹聚集故名稠林能令衆生樂著種種妙欲塵故能障證得

出世法故名為拘㝵諸如是等煩惱差別佛薄伽梵隨所增强於彼種種煩惱門中建立差別結者九結謂愛結等廣說如前縛者三縛謂貪瞋癡隨眠者七種隨眠謂欲貪隨眠等廣說如前隨煩惱者三隨煩惱謂貪瞋癡纏者八纏謂无慚無愧惛沉睡眠掉舉惡作嫉妬慳悋暴流者四暴流謂欲暴流有暴流見暴流无明暴流如暴流軛亦尒取者四取謂欲取見取戒禁取我語取繫者四繫謂貪身繫瞋身繫戒禁取身繫此實執取身繫蓋者五蓋謂貪欲蓋瞋恚蓋惛沉睡眠蓋掉舉惡作蓋疑蓋株杌者三株杌謂貪瞋癡如株杌如是垢常害箭所有惡行亦尒根者三不善根謂貪不善根瞋不善根癡不善根漏者三漏謂欲漏有漏无明漏匱者三匱謂貪瞋癡如匱如是燒惱有諍火熾然稠林亦尒拘㝵者有五拘㝵一顧戀其身二顧戀諸欲三樂相雜住四樂隨順教五得微少善便生喜足煩惱過患者當知諸煩惱有无量過患

謂煩惱起時先惱亂其心次於所緣
發起顛倒令諸隨眠皆得堅固令等
流行相續而轉能引自害能引他害
能引俱害生現法罪生後法罪生俱
法罪令受彼生身心憂苦能引生等
種種大苦能令相續遠涅槃樂能令
退失諸勝善法能令資財衰損散失
能令入衆不得无畏悚懼无威能令
鄙惡名稱流布十方常為智者之所
訶毀令臨終時生大憂悔令身壞已
墮諸惡趣生那落迦中令不證得自
勝義利如是等過无量無邊
云何業雜染嗢拕南曰
自性若分別　因位及與門　增上品顛倒
差別諸過患
當知業雜染由自性故分別故因故
位故門故上品故顛倒故差別故過
患故解釋應知業自性云何謂若法
生時造作相起及由彼生故身行語
行於彼後時造作而轉是名業自性
業分別云何謂由二種相應知一由
補特伽羅相差別故二由法相差別
故此復二種即善不善十種業道所

謂殺生離殺生不與取離不與取欲
邪行離欲邪行妄語離妄語離間語
離離間語麁惡語離麁惡語綺語離
綺語貪欲離貪欲瞋恚離瞋恚邪見
離邪見補特伽羅相差別建立者謂
如經言諸殺生者乃至廣說殺生者
者此是摠句最極暴惡者謂殺害心
正現前故血塗其手者謂為成殺身
支節故計活命故无有羞恥者謂自
相變故害極害執者謂斷彼命故解
罪生故无有哀愍者謂引彼非愛故
有出家外道名曰无繫彼作是說百
踰繕那内所有衆生於彼律儀若不
律儀為治彼故說如是言一切有情
所即彼外道復作是說樹等外物亦
有生命為治彼故說如是言真實衆
生所此即顯示真實福德遠離對治
及顯示不實福德遠離對治如是所
說諸句顯示加行殺害乃至極下捃
多蟻等諸衆生所者此句顯示无擇
殺害於殺生事若未遠離者此顯遇
緣容可出離謂乃至未遠離來名殺
生者又此諸句略義者謂為顯示殺

生相顯殺生作用殺生因緣及與殺
生事用差別又略義者謂為顯示殺
生如實殺生差別殺所殺生名殺生
者又此諸句顯能殺生補特伽羅相
非顯殺生法相
復次不與取者者此是摠句於他所
有者謂他所攝財穀等事若在聚落
若謂即彼事於聚落中若積集若移
轉若閑靜處者謂即彼事於閑靜處
若生若集或復移轉即此名為可盜
物數者謂所不與不捨不棄物若自
執受者謂執為已有不與而取者謂
彼或時資具闕少執為已有不與而
樂者謂樂受行偷盜事業於所不與
不捨不棄而生希望者謂刼盜他欲
為已有若彼物主非先所與如酬債
法是名不與若彼物主於彼取者而
不捨與是名不捨若彼物主於諸衆
生不隨所欲受用而棄是名不棄自
為而取者謂不與而取故及不與而
樂故饕餮而取者謂所不與不捨不
棄而希望故不清而取謂於所競物
為他所勝不清雪故不淨而取者謂

雖勝他而為過失垢所染故有罪而取者謂能攝受現法後法非愛果故於不與取若未遠離者如前煞生相說應知所餘業道亦介此中略義者謂由盜此故成不與取若於是處如其差別如實劫盜由劫盜故得此過失是名揔義又此中亦顯不與取者相非不與取相當知餘亦介

復次欲邪行者者此是揔句於諸父母等所守護者猶如父母於已處女為嬙嫁他故勤加守護時時觀察不令與餘共為鄙穢若彼没已復為至親兄弟姊妹之所守護此若无者復為餘親之所守護此若无者恐損家族便自守護或彼舅姑為自兒故勤加守護有治罰者謂諸國王若執理者以治罰法而守護故有障导者謂守門者所守護故此中略顯未適他者三種守護一尊重至親眷屬自已之所守護二王執理家之所守護三諸守門者之所守護他妻妾者謂已適他他所攝者謂即未適他為三守護之所守護若由晃詐者謂矯亂已而行邪行若由强力者謂對父母等公然强逼若由隱伏者謂不對彼竊相欣欲而行欲行者謂兩兩交會即於此事非理欲心而行邪行者謂於非道非處非時自妻妾所而為罪失此中略義者謂略顯示若彼所行若行差別若欲邪行應知

復次諸妄語者者此是揔句若王者謂王家若彼使者謂執理家若別者謂長者居士若衆者謂彼聚集若大集中者謂四方人衆聚集處若已知者謂隨前三所經語言若已見者謂隨曾見所經語言若由自因者謂或因怖畏或因味著如由自因他因亦介因怖畏者謂由怖畏煞縛治罰黜貢等故因味著者謂為財穀珎寶等故知而說妄語者謂覆想欲見而說語言此中略義者謂依處故異說故因緣故壞想故而說妄語應知

復次離間語者者此是揔句若為破壞者謂由破壞意樂故聞彼語已向此宣說聞此語已向彼宣說者謂隨所聞順乖離語破壞和合者謂能生起喜別離故隨印別離者謂能乖違喜更生故意壞和合者謂於已生喜別離中心染汙故樂印別離者謂於乖違喜更生中心染汙故說能離間語者謂或不聞或他方便故此中略義者謂略顯示離間意樂離間未壞方便離間已壞方便離間染汙心及他方便應知

復次麁惡語者者此是揔句此中尸羅支所攝故名語无擾動文句美滑故名悅耳增上欲解所發起故非假偽故非諂媚故名為稱心不增益故應順時機引義利故名為可愛趣涅槃宮故名先首文句可味故名美妙善釋文句故名分明顯然有趣故名易可解了攝受正法故名可施功勞離愛味心之所發起故名无所依止不過度量故名非可猒逆相續廣大故名无邊无盡又從無擾動語乃至無邊无盡語應知略攝為三種語一尸羅律儀所攝語謂一種二等歡喜語謂三種三說法語謂其所餘即此取後又有三種應知一所趣圓滿語

謂初一二文詞圓滿語謂次二三方便圓滿語謂其所餘又於未來世可愛樂故名可愛語於過去世可愛樂故名可樂語於現在世事及領受可愛樂故名可欣語及可意語應知即等歡喜語名无量眾生可愛可樂可欣可意語即說法語名三摩呬多語即尸羅支所攝語名由无悔等漸次能引三摩地語此中毒螫語者謂毀辱他言縱瞋毒故麁獷語者謂惱乱他言發苦觸故所餘麁惡語翻前白品應知

復次諸綺語者者此是捴句於邪舉罪時有五種邪舉罪者言不應時故名非時語者言不實故名非實語者言引无義故名非義語者言麁獷故名非法語者言挾瞋恚故名非靜語者又於邪說法時不正思審而宣說故名不思量語為勝聽者而宣說故名不靜語非時而說前後義趣不相屬故名雜乱語不中理因而宣說故名非有教語引不相應為譬況故名非有喻語顯穢染故名非有法語又

於歌笑娼戲等時及觀舞樂戲笑俳說等時有引无義語此中略義者謂綺如前說三時綺語

復次諸貪欲者者此是捴句由猛利貪者謂於他所有由貪增上欲為已有起决定執故於財者謂世俗財類具者謂所受用資具即此二種捴名為物凡彼所有定當屬我者此顯貪欲生起行相此中略義者當知顯示貪欲自性貪欲所緣貪欲行相

復次瞋恚心者者此是捴句惡意分別者謂於他有情所由瞋恚增上力欲為損害起决定執故當煞者謂欲傷害其身當害者謂欲損惱其身當為衰損者謂欲令彼財物損秏彼當自獲種種憂惱者謂欲令彼自失財物此中略義如前應知

復次諸邪見者者此是捴句起如是見者此顯自心忍可欲樂當所說義立如是論者此顯授他當所說義无有施與无有愛養无有祠祀者謂由三種意樂非撥施故一財物意樂二清淨意樂三祀天意樂供養火天名

為祠祀又顯非撥戒修所生善能治所治故及顯非撥施所生善能治所治故說如是言无有妙行无有惡行又顯非撥此三種善能治所治所得果故說如是言无有妙行惡行二業果及異熟又顯非撥流轉依處緣故說如是言无有此世無有他世又顯非撥彼所託緣故及非撥彼種子緣故說如是言无母無父又顯非撥流轉士夫故說如是言無有化生有情又顯非撥流轉對治還滅故說如是言世間无有真阿羅漢乃至廣說已趣各別煩惱寂靜故名正至於諸有情遠離邪行行无倒行故名正行因時名此世間果時名彼世間自士夫力之所作故名為自然通慧者謂第六已證者謂由見道具足者謂由修道顯示者自所知故為他說故我生已盡等當知如餘處分別此中略義者謂顯示謗因謗果誹謗功用謗真實事功用者謂殖種功用任持功用來往功用感生業功用又有略義差別謂顯示誹謗若因若果若流轉緣

若派轉士夫及顯誹謗彼對治還滅又誹謗派轉者應知謗因不謗自相謗還滅者應知謗彼功德不謗補特伽羅

復次白品一切斷前應知所有差別我今當說謂斷欲邪行中諸梵行者者此是總句當知此由三種清淨而得清淨一時分清淨二他信清淨三正行清淨盡壽行故久遠行故者此顯時分清淨諍處豐故名清无違越故名淨此二總顯他信清淨此中或有清而非淨應作四句初句者謂實毀犯於諍得勝第二句者謂實不犯於諍墮負第三句者謂實不犯於諍得勝第四句者謂實毀犯於諍墮負不以愛染身觸母邑故名遠離生臭不行兩兩交會鄙事故名遠離婬欲不以餘手觸等方便而出不淨故名非鄙愛願受持梵行故名遠離猥法如是名為正行清淨具足當知略義即在此中又斷妄語中可信者謂可委故可委者謂可寄託故應可建立者謂於彼彼違諍事中應可建立為正證故无有虛誑者於委寄中不虛誑故不欺罔故此中略義者謂顯三種攝受一欲解攝受二保任攝受三作用攝受

復次法相差別建立者謂即煞生離煞生等云何煞生謂於他衆生起煞欲樂起染汙心若即於彼起煞方便及即於彼煞究竟中所有身業云何不與取謂於他攝物起盜欲樂起染汙心若即於彼起盜方便及即於彼盜究竟中所有身業云何欲邪行謂於所不應行非道非處非時起習近欲樂起染汙心若即於彼起欲邪方便及於欲邪行究竟中所有身業云何妄語謂於他有情起覆想說欲樂起染汙心若即於彼起偽證方便及於偽證究竟中所有語業云何離間語謂於他有情起破壞欲樂起染汙心若即於彼起破壞方便及於破壞究竟中所有語業云何麁惡語謂於他有情起麁語欲樂起染汙心若即於彼起麁語方便及於麁語究竟中所有語業云何綺語謂起綺語欲樂起染汙心若即於彼起不相應語方便及於不相應語究竟中所有語業云何貪欲謂於他所有起已有欲樂起染汙心若於他所有起已有欲樂決定方便及於彼究竟中所有意業云何瞋恚謂於他起害欲樂起染汙心若於他起害欲樂決定方便及於彼究竟中所有意業云何邪見謂起誹謗欲樂起染汙心若於起誹謗欲樂決定方便及於彼究竟中所有意業云何離煞生謂於煞生起過患欲解起勝善心若於彼起靜息方便及於彼靜息究竟中所有身業如離煞生如是離不與取乃至離邪見應知亦尒此中差別者謂於不與取起過患欲解乃至於邪見起過患欲解起勝善心若於彼起靜息方便及於彼靜息究竟中所有意業如是十種略為三種所謂身業語業意業即此三種廣開十種應知

業因云何應知有十二種相一貪二瞋三癡四自五他六隨他轉七所愛味八怖畏九為損害十戲樂十一法

瑜伽師地論八　　王　　堂字号

想十二邪見

業位云何應知略說有五種相謂耎位中位上位生位習氣位由耎不善業故生傍生中由中不善業故生餓鬼中由上不善業故生那落迦中由耎善業故生人中由中善業故生欲界天中由上善業故生色无色界何等名為耎位不善業耶謂以耎品貪瞋癡為因緣故何等名為中位不善業耶謂以中品貪瞋癡為因緣故何等名為上位不善業耶謂以上品貪瞋癡為因緣故若諸善業隨其所應以无貪無瞋无癡為因緣應知何等生位業謂已生未滅現在前業何等習氣位業謂已生已滅不現前業

瑜伽師地論卷第八

瑜伽師地論卷第八

校勘記

一　底本，金藏廣勝寺本。

一　四〇一頁中一三行第三字「失」，石、徑、清、麗作「患」。

一　四〇二頁上一一行第七字「不」，麗作「若不」。

一　四〇二頁下末行第一一字「若」，石、麗作「苦」。

一　四〇三頁中二行第九字及一〇行第八字、下一〇行第四字「扼」，石、普、麗作「軛」。

一　四〇三頁中九行第一一字，四〇五頁中一九行第六字「故」，資、磧、普、南、徑、清無。

一　四〇三頁中一四行第一三字「故」，麗作「故故」。

一　四〇三頁中一九行末字至二〇行首字「訟諍」，石作「諍訟」。

一　四〇三頁下八行第六字「妬」，石作「妒」，下同。

一　四〇四頁中七行首字，四〇五頁上一九行首字「者」，資、磧、普、南、徑、清無。

一　四〇四頁下二二行第九字「取」，諸本作「取者」。

一　四〇五頁上五行首字「謂」，石作「諸」。

一　四〇五頁上一一行「嫡嫁」，諸本作「適事」。

一　四〇六頁上一〇行首字「辱」，麗作「摩」。

一　四〇六頁中一行末字「徘」，諸本作「俳」。

一　四〇七頁中一二行末字「方」，麗作「行方」。

一　四〇七頁中一五行第一二字「說」，石作「語」。

一　四〇七頁中一九行第一二字「於」，石無。

一　四〇八頁上二行末字「突」，石、麗作「耎」；資、磧、普、南、徑、清作「輭」，下同。

趙城縣廣勝寺

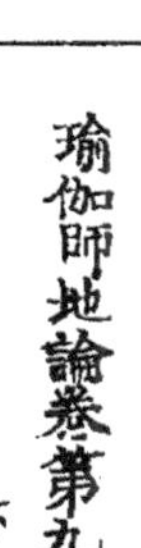

瑜伽師地論卷第九

彌勒菩薩說

三藏法師玄奘奉　詔譯

本地分中有尋有伺等三地之六

復次業門云何此略有二種一與果門二損益門與果門者有五種應知一與異熟果二與等流果三與增上果四與現法果五與他增上果與異熟果者謂於殺生親近修習多修習故於𨚗洛迦中受異熟果如於殺生如是於餘不善業道亦尒是名與異熟果與等流果者謂若從彼出來生此間人同分中壽量短促資財匱乏妻不貞良多遭誹謗親友乖離聞違意聲言不威肅增猛利貪增猛利瞋增猛利癡是名與等流果與增上果者謂由親近修習多修習諸不善業增上力故所感外分光澤尠少果不充實果多朽敗果多變改果多零落果不甘美果不恒常果不充足果不便宜空無果實當知善業與此相違與現法果者有二因緣善不善業與現法果一由欲解故二由事故應知欲解復有八種一有顧欲解二无顧欲解三損惱欲解四慈悲欲解五憎害欲解六淨信欲解七棄恩欲解八知恩欲解有顧欲解造不善業受現法果者謂如有一由增上欲解顧戀其身顧戀財物顧戀諸有造不善業无顧欲解所造善業受現法果者謂如有一以增上欲解不顧其身不顧財物不顧諸有造作善業損惱欲解造不善業受現法果者謂如有一於他有情補特伽羅以增上品損惱欲解造不善業慈悲欲解所造善業受現法果者謂如有一於他有情補特伽羅以增上品慈悲欲解造作善業憎害欲解造不善業受現法果者謂如有一於佛法僧及隨一種尊重處事以增上品憎害欲解造不善業淨信欲解所造善業受現法果者謂如有一於佛法僧等以增上品淨信欲解造作善業棄恩欲解造不善業受現法果者謂如有一於父母所及隨一種恩造之處以增上品背恩欲解

欺誑欲解酷暴欲解造不善業知恩欲解所造善業受現法果者謂如有一於父母等以增上品知恩欲解報恩欲解所作善業由事故者若不善業於五無間及彼同分中亦有受現法果者五無間業者一害母二害父三害阿羅漢四破僧五於如來所惡心出血無間業同分者謂如有一於阿羅漢尼及於母所行穢染行打殺後有菩薩或於天廟衢路市肆立無羊法流行不絕或於寄託得極委重親友同心者舊等所損害欺誑或於有苦貧窮困乏无依無怙為作歸依施无畏已後返加害或復逼惱或劫奪沙門或破壞靈廟如是等業名无間同分若諸善業由事重故受現法果者謂如有一毋无正信勸進開化安置建立於具信中如无正信於具信中如是犯戒於具戒中慳吝於具捨中惡慧於具慧中亦尒如毋父亦尒或於起慈定者供養承事如於起慈定者如是於起无諍定滅盡定預流果阿羅漢果供養承事亦尒又親

於佛所供養承事如於佛所如是於學无學僧所亦尒若即於此尊重事中與上相違由損害因緣起不善業受現法果與他增上果者謂亦由受現法果業猶如如來所住國邑必无疾疫災橫等起佛神力故无量衆生无疾無疫无有災橫得安樂住如佛世尊如是轉輪聖王及住慈定菩薩亦尒若諸菩薩以大悲心觀察一切貧窮困苦業天所惱衆生施以飲食財穀庫藏皆令充足由此因緣彼諸衆生得安樂住如是等類是他增上所生現法受業應知損益門者謂於諸有情依十不善業道建立八損害門何等為八一損害衆生二損害財物三損害妻妾四虛偽支證損害五損害助伴六顯說過失損害七引發放逸損害八引發怖畏損害與此相違依十善業道建立八利益門應知業增上云何謂猛利極重業當知此業由六種相一加行故二串習故三自性故四事故五所治一類故六所治損害故加行故者謂如有一由極

猛利貪瞋癡纏及極猛利无貪無瞋无癡加行發起諸業串習故者謂如有一於長夜中親近脩習若多脩習不善善業自性故者謂於綺語麁惡語為大重罪於麁惡語離間語為大重罪於離間語妄語為大重罪於欲邪行不與取為大重罪於不與取煞生為大重罪於貪欲瞋恚為大重罪於瞋恚邪見為大重罪又於施性戒性无罪為勝於戒性脩性无罪為勝於聞性思性无罪為勝如是等事故者謂如有一於佛法僧及隨一種尊重處事為損為益名重事業所治一類故者謂如有一一向受行諸不善業乃至壽盡无一時善所治損害故者謂如有一斷所對治諸不善業令諸善業離欲清淨業顛倒云何此有三種應知一作用顛倒二執受顛倒三憙樂顛倒作用顛倒者謂如有一於餘衆生思欲煞害誤害餘者當知此中雖有煞生无煞生罪煞有煞生種類煞生相似同分罪生若不誤煞其餘衆生煞於非情加刀杖已謂我

煞生當知此中无有煞生無煞生罪
煞於煞生種類煞生相似同分罪生
如煞生業道如是不與取等一切業
道隨其所應作用顛倒應知執受顛
倒者謂如有一起如是見立如是論
无施無受乃至廣說一切邪見彼作
是執畢竟無有能煞所煞若不與取
乃至綺語亦无施與受齋脩福受學
尸羅由此因緣无罪無福又如有一
起如是見立如是論若有衆生憎梵
憎天憎婆羅門若彼憎惡唯應煞害
煞彼因緣唯福无罪又於彼所起不
與取乃至綺語唯獲福德无有非福
憙樂顛倒者謂如有一不善業道現
前行時如遊戲法極為憙樂

業差別云何謂有作業有不作業有
增長業有不增長業有故思業有不
故思業如是定異熟業不定異熟業
異熟已熟業異熟未熟業善業不善
業无記業律儀所攝業不律儀所攝
業非律儀非不律儀所攝業施性業
戒性業脩性業福業非福業不動業
順樂受業順苦受業順不苦不樂受

業順現法受業順生受業順後受業
過去業未來業現在業欲繫業色繫
業无色繫業學業无學業非學非无
學業見所斷業脩所斷業无斷業黑
黑異熟業白白異熟業黑白黑白異
熟業非黑非白无異熟業能盡諸業
曲業穢業濁業清淨業寂靜業作業
者謂若思業若思已所起身業語業
不作業者謂若不思業若不思已不
起身業語業增長業者謂除十種業
何等為十一夢所作業二無知所作
業三无故思所作業四不利不數所
作業五狂亂所作業六失念所作業
七非樂欲所作業八自性无記業九
悔所損業十對治所損業除此十種
所餘諸業名為增長業不增長業者謂
即所說十種業故思業者謂故思已
若作業若增長業不故思業者謂非
故思所作業順定受業者謂故思已
若作若增長業順不定受業者謂故
思已作而不增長業異熟已熟業者
謂已與果業異熟未熟業者謂未與
果業善業者謂无貪無瞋无癡為因

緣業不善業者謂貪瞋癡為因緣業
无記業者謂非无貪无瞋無癡為因
緣亦非貪瞋癡為因緣業律儀所攝
業者謂或別解脫律儀所攝業或靜
慮等至果斷律儀所攝業或无漏律
儀所攝業不律儀所攝業者謂十二
種不律儀類所攝諸業何等十二不
律儀類一屠羊二販鷄三販猪四捕
鳥五罝兔六盜賊七魁膾八守獄九
讒刺十斷獄十一縛為十二呪龍非
律儀非不律儀所攝業者謂除三種
律儀業及不律儀類業所餘一切善
不善无記業施性業者謂若因緣若
等起若依處若自性彼因緣者謂以
无貪無瞋无癡為因緣彼等起者謂
無貪無瞋无癡俱行能捨所施物能
起身語業思彼依處者謂以所施物
及受者為依處彼自性者謂思所起
能捨所施物身業語業如施性業如
是戒性業脩性業隨其所應應知此
中戒性業因緣等起如前自性者謂
律儀所攝身語業等依處者謂有情
非有情數物脩性因緣者謂三摩地

因緣即无貪無瞋无癡等起者謂彼俱行引發定思自性者謂三摩地依處者謂十方無苦无樂等有情界又具施戒修者所有相貌應知一切如餘處說福業者謂感善趣異熟及順五趣受善業非福業者謂感惡趣異熟及順五趣受不善業不動業者謂感色无色界異熟及順色无色界受善業順樂受業者謂福業及順三靜慮受不動業順苦受業者謂非福業順不苦不樂受業者謂能感一切處阿賴耶識異熟業及第四靜慮以上不動業順現法受業者謂能感現法界業順生受業者謂能感无間生果業順後受業者謂能感彼後生果業過去業者謂住習氣位或已與果或未與果業未來業者謂未生未滅業現在業者謂已造已思未謝滅業欲繫業者謂能感欲界異熟墮欲界業色繫業者謂能感色界異熟墮色界業无色繫業者謂能感无色界異熟墮无色界業學業者謂若異生若非異生學相續中所有善業无學業者

謂无學相續中所有善業非學非无學業者謂除前二除相續中所有善不善无記業見所斷業者謂受惡趣不善等業修所斷業者謂受善趣善不善无記業无斷業者謂世出世諸无漏業黑黑異熟業者謂非福業白白異熟業者謂不動業黑白黑白異熟業者謂福業有不善業為怨對故由約未斷非福業時所有福業而建立故非黑非白无異熟業能盡諸業者謂出世間諸无漏業是前三業斷對治故曲業者謂諸外道善不善業穢業者謂即曲業亦名穢業又有穢業謂此法異生於聖教中顛倒見者住自見取者邪決定者猶預覺者所有善不善業濁業者謂即曲業穢業亦名濁業又有濁業謂此法異生於聖教中不決定者猶預覺者所有善不善業又有差別唯於外道法中有此三業由邪解行義故名曲由此為依能障所起諸功德義故名穢能障通達真如義故名濁應知清淨業者謂此法異生於聖教中正決定者不

猶預覺者所有善業寂靜業者謂住此法非異生者一切聖者所有學无學業業過患云何當知略說有七過患謂煞生者煞生為因能為自害能為他害能為俱害生現法罪生後法罪生現法後法罪受彼所生身心憂苦云何能為自害謂為害生發起方便由此因緣便自被害若被繫縛若遣退失若被訶毀然彼不能損害於他云何能為他害謂即由此所起方便能損害他由此因緣不自被害乃至訶毀云何能為俱害謂即由此所起方便能損害他由此因緣復被他害若被繫縛乃至訶毀云何生現法罪謂如能為自害云何生後法罪謂如能為他害云何生現法後法罪謂如能為俱害云何受彼所生身心憂苦謂為害生發起方便而不能成六種過失又不能辦隨欲煞事彼由所欲不會因緣便受所生身心憂苦又有十種過患依犯尸羅如經廣說應知又有四種不善業道及飲諸酒以為第五依犯事善男學處佛薄伽梵

說多過患應知廣說如聞地迦經云何生雜染謂由四種相應知一由差別故二由艱辛故三由不定故四由流轉故生差別者當知復有五種一界差別二趣差別三處所差別四勝生差別五自身世間差別界差別者謂欲界及色无色界生差別趣差別者謂於五趣四生差別處所差別者謂欲界中有三十六處生差別色界中有十八處生差別无色界中有四處生差別如是總有五十八生勝生差別者謂欲界人中有三勝生一黒勝生生謂如有一生旃荼羅家若卜羯娑家若造車家若竹作家若生所餘下賤貧窮乏少財物飲食等家如是名為人中薄福德者二白勝生生謂如有一生刹帝利大富貴家若婆羅門大富貴家若諸長者大富貴家若生所餘豪貴大富多諸財穀庫藏等家如是名為人中勝福德者三非黒非白勝生生謂如有一非前二種生處中家者又欲界天中亦有三種勝生一非天生二依地分生三依虛空宮殿生又色界中有三種勝生一者黒生無想天生二者有想天生三者淨居天生又無色界中有三勝生一无量想天生二無所有想天生三非想非非想天生自身世間差別者謂於十方無量世界中有无量有情无量生差別應知

生艱辛者如薄伽梵說汝等長時馳騁生死身血流注過四大海所以者何汝等長夜或生象馬駝驢牛羊雞鹿等衆同分中汝等於彼多被斫截身諸支分令汝身血極多流注如於象等衆同分中人中亦尒又復汝等於長夜中喪失无量父母兄弟姉妹親屬又復喪失種種財寶諸資生具令汝涕淚極多流注如前血量如血涕淚如是當知所飲母乳其量亦尒如是等類生艱辛苦无量差別應知

生不定者如薄伽梵說假使取於大地所有一切草木根莖枝葉等截為細籌如四指量計筭汝等長夜展轉所經父母如是衆生曾為我母我亦長夜曾為彼母如是衆生曾為我父我亦長夜曾為彼父如是筭計四指量籌速可窮盡而我不說汝等長夜所經父母其量邊際又復說言汝等有情自所觀察長夜展轉成就第一極重憂苦令得究竟汝等當知我亦曾受如是大苦如苦樂亦尒又復說言我觀大地无少處所可得汝等長夜於此處所未曾經受无量生死又復說言我觀世間有情不易可得長夜流轉不為汝等若母若父兄弟姉妹若軌範師若親教師若餘尊重若等尊重又如說言若一補特伽羅於一劫中所受身骨假使有人為其積集不爛壞者其聚量高王舍城側廣博脇山云何生流轉謂自身所有緣起當知此即說為流轉云何緣起嗢拕南曰

體門義差別　次第難釋詞　緣性分別緣

攝諸經為後

云何緣起體若略說由三種相建立緣起謂從前際中際生從中際後際生中際生已若趣流轉若趣清淨究竟云何從前際中際生中際生已復

趣流轉謂如有一不了前際无明所
攝无明為緣於福非福及與不動身
語意業若作若增長由此隨業識乃
至命終流轉不絕能為後有相續識
因此識將生果時由内外貪愛正現
在前以為助伴從彼前際既捨命已
於現在世自體得生在母腹中以因
識為緣相續果識前後次第而生乃
至羯羅藍等位差別而轉於母胎中
相續果識與名色俱乃至衰老漸漸
增長尒時感生受業名色與異熟果
又此異熟識即依名色而轉由必依
託六依轉故是故經言名色緣識俱
有依根曰色等无間滅依根曰名隨
其所應為六識所依依止彼故乃至
命終諸識流轉又五色根若根所依
大種若根處所若彼能生大種曰色
所餘曰名由識執受諸根墮相續法
方得流轉故此二種依止於識相續
不斷由此道理於現在世識緣名色
名色緣識猶如束蘆乃至命終相依
而轉如是名為從前際中際諸行緣
起生中際生已流轉不絕當知此中

依胎生者說流轉次第若卵生濕生
者除處母胎餘如前說若於有色有
情聚中謂欲色界受化生者諸根决
定圓滿而生與前差別若於无色界
以名為依及色種子為依識得生起
以識為依名及色種子轉從此種子
色雖斷絕後更得生與前差別又由
福業生欲界人天由非福業生諸惡
趣由不動業生色無色界
云何不生由不生故趣清淨究竟云
何從中際後際諸行緣起生謂中際
已生補特伽羅受二種先業果謂受
内異熟果及境界所生受增上果此
補特伽羅或聞非正法故或先串習
故於二果愚内愚内異熟果故於後
有生苦不如實知由迷後有後際无
明增上力故如前於諸行若作若增
長由此新所作業故說此識名隨業
識即於現法中說无明為緣故行生
行為緣故識生此識於現法中名為
因識能攝受後生果識故又揔依一
切識說名六識身又即此識是後有
名色種子之所隨逐此名色種子是

後有六處種子之所隨逐此六處種
子是後有觸種子之所隨逐此種子
觸是後有受種子之所隨逐如是揔
名於中際中後有引因應知由此能
引識乃至受一期身故由先異熟果
愚引後有已又由第二境界所生受
果愚故起緣境界受愛由此愛故或
發求或發有求或執欲取或執見戒
及我語取由此愛取和合資潤令前
引因轉名為有即是後有生因所攝
從此无間命既終已隨先引因所引
識等受家為後此諸行生或漸或頓
如是於現法中无明觸所生受為緣
故受愛為緣故取取為緣故有有為
緣故生生為緣故老病死等諸苦差
別或於生受次第現前或復種子隨
逐應知如是於中際中无明緣行等
受緣愛等為因緣故後際諸行生
復有先集資糧於現法中從他聞音
及於二果諸行若於彼因彼滅彼趣
滅行如理作意由此如理作意為緣
正見得生從此次第得學无學清淨
智見由此智見无明及愛永斷无餘

由此斷故於彼所緣不如實知無明觸所生受亦復永斷由此斷故永斷无明於現法中證慧解脫若於无明觸所生受相應心中所有貪愛即於此心得離繫故貪愛永滅於現法中證心解脫設彼无明不永斷者依於識等受寂為後所有諸行後際應生由无明滅故更不復起得无生法是故說言无明滅故行滅次第乃至異熟生觸滅故異熟生受滅於現法中无明滅故无明觸滅无明觸滅故无明觸所生受滅无明觸所生受滅故愛滅愛滅故如前得无生法由此故說取等惱寂為後諸行永滅如是於現法中諸行不轉由不轉故於現法中於有餘依界證得現法涅槃彼於尒時唯餘清淨識緣名色名色緣識乃至有識身在恒受離繫受非有繫受此有識身乃至先業所引壽量恒相續住若壽量盡便捨識所持身此命根後所有命根无餘永滅更不重熟又復此識與一切受任運滅故所餘因緣先巳滅故不復相續永滅无

餘是名无餘依涅槃界究竟寂靜處亦名趣求涅槃者於世尊所梵行巳立究竟涅槃如是巳說由三種相建立緣起謂從前際中際生從中際後際生又於中際若流轉若清淨是名緣起體性緣起門云何謂依八門緣起流轉一內識生門二外稼成熟門三有情世間死生門四器世間成壞門五食任持門六自所作業增上勢力受用隨業所得愛非愛果門七威勢門八清淨門緣起義云何謂離有情義是緣起義於離有情復无常義是緣起義於无常復暫住義是緣起義於暫住復依他義是緣起義於依他離作用義是緣起義於離作用復因果相續不斷義是緣起義於因果相續不斷復因果相似轉義是緣起義於因果相似轉復自業所作義是緣起義問為顯何義建立緣起耶答為顯因緣所攝染汙清淨義故緣起差別云何謂於前際无知等如經廣說於前際无知云何謂於過去諸行起不如理分別謂我於過去為曾有

耶為曾无耶曾何體性曾何種類所有无知於後際无知云何謂於未來諸行起不如理分別謂我於未來為當有耶為當无耶當何體性當何種類所有无知於前後際无知云何謂於內起不如理猶豫謂何等是我我為何等今此有情從何所來於此沒巳當往何所所有無知於內无知云何謂於各別諸行起不如理作意謂之為我所有无知於外無知云何謂於外非有情數諸行起不如理作意謂為我所所有无知於內外无知云何謂於他相續諸行起不如理分別謂怨親中所有无知於業无知云何謂於諸業起不如理分別謂有作者所有无知於異熟无知云何謂於異熟果所攝諸行起不如理分別謂有受者所有无知於業異熟无知云何謂於業及果起不如理分別所有无知於佛無知云何謂於佛菩提或不思惟或邪思惟或由放逸或由疑惑或由毀謗所有无知於法無知云何謂於正法善說性或不思惟或邪思

惟惑由放逸或由疑惑或由毀謗所有无知於僧无知云何謂於僧正行或不思惟或邪思惟或由放逸或由疑惑或由毀謗所有无知於苦无知云何謂於苦是苦性或不思惟或邪思惟或由放逸或由疑惑或由毀謗所有无知如於苦當知於集滅道无知亦尒於因無知云何謂起不如理分別或計无因或計自在世性士夫中間等不平等因所有无知如於因无知於從因所生諸行亦尒又彼無罪故名善有罪故名不善有利益故名應修習无利益故名不應修習黑故名有罪白故名無罪雜故名有分於六觸處如實通達无知云何謂增上慢者於所證中顛倒思惟所有无知如是略說十九種无知

復有七種無知一世愚二事愚三移轉愚四寂勝愚五真實愚六染淨愚七增上慢愚前十九无知令七無知相攝云何謂初三无知攝初一次三無知攝第二次三無知攝第三次三無知攝第四次四無知攝第五次二無知攝第六後一無知攝第七

復有五種愚一義愚二見愚三放逸愚四真實義愚五增上慢愚前十九愚令五種愚相攝云何謂見愚攝前六及於因所生法无知放逸愚攝於業異熟俱无知真實義愚攝於佛等乃至道諦无知增上慢愚攝寂後無知當知義愚通攝一切復次無知無見无有現觀黑闇愚癡及无明闇如是六種无明差別隨前所說七无知事次第應知於後二無知事摠合為一起此寂後无明黑闇復有差別謂聞思修所成三慧所治差別如其次第說前三種即此所治軟中上品差別說後三種如是所治差別故自性差別故建立六種差別應知身行云何謂身業若欲界若色界在下名福非福在上名不動語行云何謂語業餘如前應知意行云何謂意業若在欲界名福非福在上二界唯名不動眼識云何謂於當来依止眼根了別色境識所有福非福不動行所熏發種子識及彼種子所生果識如眼識如是乃至意識應知亦尒由所依及境界所起了別差別應知此於欲界具足六種色界唯四无色界唯一受蘊云何謂一切領納種類想蘊云何謂一切了像種類行蘊云何謂一切心所造作意業種類識蘊云何謂一切了別種類如是諸蘊皆通三界四大種云何謂地水火風界此皆通二界四大種所造色云何謂十色處及法處所攝色欲界具十及法處所攝假色色界有八及法處所攝色然非一切此亦二種謂識種子所攝受種子名色及彼所生果名色

眼處云何謂眼識所依淨色由此於色已見現見當見如眼處如是乃至意處隨其所應盡當知於一切處應說三時業用差別此亦二種謂名色種子所攝受種子六處及彼所生果六處五在欲色界第六通三界眼觸云何謂三和所生能取境界淨妙等義如是餘觸各隨別境說相應知此復二種謂六處種子所攝受種子觸及彼所生果觸欲界具六色界四无

色界一

樂受云何謂順樂諸根境界為緣所生適悅受受所攝

苦受云何謂順苦二為緣所生非適悅受受所攝

不苦不樂受云何謂順不苦不樂二為緣所生非適悅非不適悅受受所攝欲界三色界二第四靜慮以上乃至非想非非想處唯有第三不苦不樂此亦二種謂觸種子所攝受種子受及彼所生果受

瑜伽師地論卷第九

瑜伽師地論卷第九

校勘記

一 底本，金藏廣勝寺本。

一 四〇九頁下二二行第一三字「及」，資、磧、普、南、徑、清作「造」。

一 四一〇頁上一五行「沙門」，石、麗作「僧門」。

一 四一〇頁中一六行第一〇字「支」，麗作「友」。

一 四一一頁上二行第二字「於」，諸本作「有」。

一 四一一頁上五行第一一字「立」，磧、普、南作「亦」。

一 四一一頁上六行第四字「受」，石、麗作「愛」。

一 四一一頁上一七行末字至一八行首字「不故」，南、清作「故不」。

一 四一一頁中一行「順現」，資、磧、普、南、徑、清作「現順」。

一 四一一頁中一六行第九字「業」，資、磧、普、南、徑、清、麗無。

一 四一二頁上一四行首字「界」，諸本作「果」。

一 四一二頁中二行第八字「除」，諸本作「餘」。

一 四一二頁中八行「怨對故」，石作「惡對治」；麗作「惡對故」。

一 四一二頁下末行第八字「男」，磧、南、徑、清作「男子」。

一 四一三頁中二行首字「黑」，諸本作「異」。

一 四一四頁中一五行第六字「内」，徑、清、麗作「由」。

一 四一四頁中末行第九字至下三行首字「此名色……觸」，石、資、磧、普、南、徑、清作「乃至觸種子」。

一 四一四頁下八行第二字「求」，諸本作「欲求」。

一 四一四頁下一一行第六字「既」，資、磧、普、南、徑、清作「即」。

一 四一四頁下一六行第五字「受」，諸本作「處」。

一 四一五頁上二行末字「斷」，諸本作「離」。

一 四一五頁中九行「任持」，磧作「住持」。

一 四一六頁上末行末字「二」，資、磧、普、南、徑、清作「六」。

一 四一六頁下一三行「及彼」，麗作「及於彼」。

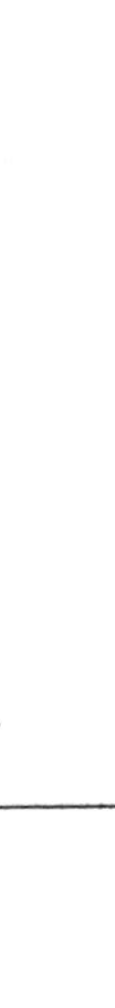

瑜伽師地論卷第十 堂

彌勒菩薩說

三藏法師玄奘奉　詔譯

本地分中有尋有伺等三地之七

欲愛云何謂欲界諸行為緣所生於欲界行染汙希求由此能生欲界苦果色愛云何謂色界諸行為緣所生於色界行染汙希求由此能生色界苦果无色愛云何謂无色界行為緣所生於无色界行染汙希求由此能生無色界苦果欲取云何謂於諸欲所有欲貪見取云何謂除薩迦耶見於所餘見所有欲貪戒禁取云何謂於邪願所起戒禁所有欲貪我語取云何謂於薩迦耶見所有欲貪初唯能生欲界苦果餘三通生三界苦果欲有云何謂欲界本有業有死有中有生有及那落迦傍生餓鬼人天有揔說名欲有此復由先所作諸行煩惱攝受之所熏發色有云何謂除那落迦傍生餓鬼人有所餘是色有應知无色有云何謂復除中有所餘是无色有應知問依何義故建立七有所謂那落迦傍生餓鬼人天有業有中有答依三種所作故一能引有謂一二趣有有謂一三受用果有謂五生云何謂於胎卵二生初託生時等生云何謂即於彼身分圓滿仍未出時趣云何謂從彼出起云何謂出已增長出現云何謂於濕化二生身分頓起蘊得云何謂即於彼諸生位中五取蘊轉界得云何謂即彼諸蘊因緣所攝性處得云何謂即彼諸蘊餘緣所攝性諸蘊生起云何謂即彼諸蘊日日飲食之所資長命根出現云何謂即彼諸蘊餘壽力故得相續住此生支略義者謂若生自性若生處位若所生若因緣所攝若任持所引若俱生依持是名略義

衰云何謂依止劣故令彼掉動老云何謂髮色衰變攝云何謂皮膚緩皺熟云何謂火力衰減無復勢力受用欲塵氣力損壞云何謂性多疾病故无有勢力能作事業黑黶間身云何謂黯黑出現損其容色身脊傴曲喘

息奔急云何謂行步威儀身形所顯由此發起極重喘嗽形貌傴前云何謂坐威儀位身首低曲憑據杖策云何謂住威儀位依杖力而住昏眛云何謂卧威儀位數重睡眠羸劣云何謂即於此位无力速覺損减云何謂念慧衰退衰退云何謂念慧劣故至於善法不能現行諸根耄熟云何謂身體尫羸功用破壞云何謂彼於境不復明利諸行朽故云何謂彼於後將欲終時其形腐敗云何謂壽量將盡身形臨壞於諸事業无復功能此老略義者謂依止變壞鬢髮變壞充悅變壞火力變壞疾病變壞色相變壞威儀變壞无色諸根變壞有色諸根變壞時分已過壽量將盡略義應知彼彼有情云何謂那落迦等有情種類云何謂即彼一切終云何謂諸有情離解支節而死盡云何謂諸有情由解支節而死壞云何謂識離身沒云何謂諸色根滅捨壽云何謂氣將盡位捨煖云何謂不動位棄捨諸蘊命根謝滅云何謂時死死云何謂

過攝緣非時而死時運盡云何謂初死未久位又死魔業名時運盡此死略義者謂若死若死法若死差別若死後位是名略義如是名為緣起差別應知問何因緣故无明等諸有支作如是次第說荅諸愚癡者要先愚於所應知事次即於彼發起邪行由邪行故令心顛倒心顛倒故結生相續生相續故諸根圓滿根圓滿故二受用境受用境故若耽著若希求由希求故於方覓時煩惱滋長煩惱滋長故發起後有愛非愛業由所起業滋長力故於五趣生死中苦果生苦果生已有老死等苦謂内身變異所引老死苦及境界變異所引憂歎苦熱惱之苦是故世尊如是次第說十二支復有次第差別謂依二種緣建立緣起次第一内身緣二受用境界緣内身緣前六支所攝受用境界緣後六支所攝先於内身起我執等愚由此不了諸業所引苦果異熟故發起諸業既發起已即隨彼業多起尋思由業與識為助伴故能感當來三

種苦果謂根初起所攝苦果根圓滿所攝苦果受用境界所攝苦果即名色為先觸為㝡後又於現法中依觸緣受發起於愛由愛用境界緣廣起追求或由事業門或由利養門或由戒禁門或由解脫門發起欲求内身求邪解脫求如是求時令先所起煩惱及業所引五趣生死果生既得生已老死隨逐復有次第差別謂由三種有情聚一樂出世清淨二樂世間清淨三樂著境界由初聚故滅諸緣起增白淨品由第二有情聚故不如實知諸諦道理若住正念或作福業或作有漏脩所引不動業若不住正念便發非福業或起追悔所引或不追悔歡喜所引心相續住彼又如前於下中上生處次第能感當來三種苦果謂名色為先觸為㝡後由第三有情聚故依現受用境界所生受於現法中如前次第起後六支謂受為先老死為後問何因緣故逆次第中老死為先說諸緣起荅依止宣說諦道理故以生及老死能顯苦諦如世尊

言新名色滅為上首法

問何故不言諸无明滅為上首耶荅依心解脫者而施設故由彼於現法中種子苦及當来苦果不生而滅故說名色為先受為最後得究竟滅又於現法中受諸受時愛及隨眠永拔不起說名為滅由彼滅故以彼為先餘支亦滅如是等類宣說緣起次第應知問何故緣起說為緣起荅由煩惱繫縛往諸趣中數數生起故名緣起此依字釋名復次依託衆緣速謝滅已續和合生故名緣起此依刹那義釋復次衆緣過去而不捨離依自相續而得生起故名緣起如說此有故彼有此生故彼生非餘依此義故釋名應知復次數數謝滅復相續起故名緣起此依數壞數滅義釋復次於過去世覺緣性已等相續起故名緣起如世尊言我已覺悟正起宣說即由此名展轉傳說故名緣起問无明望行為幾種緣荅望諸色行為增上緣望无色行為三緣謂等无間緣所緣緣增上緣如是餘支為緣多少

應如此知謂有色支望有色支為一增上緣望无色支為二緣謂所緣緣及增上緣若无色支望有色支唯為一緣望無色支為三緣謂等无間緣所緣緣增上緣問何故諸支相望无因緣耶荅因緣者自體種子緣所顯故問若諸支相望无因緣者何故說言依因果體性建立緣起耶荅依增上緣所攝引發因牽引因生起因故說名為因問幾支是引因所攝荅從无明乃至受問幾支是生因所攝荅從愛乃至有問幾支是生引二因果所攝耶荅於現法後法中識等乃至受於生老死位所攝諸支問若說無明以不如理作意為因何因緣故於緣起教中不先說耶荅彼唯是不斷因故非雜染因故所以者何非不愚者起此作意依雜染因說緣起教无明自性是染汙不如理作意自性非染汙故彼不能染汙無明然由無明力所染汙又生雜染業煩惱力之所熏發業之初因謂初緣起是故不說不如理作意

問何故不說自體為自體緣耶荅由彼自體若不得餘緣於自體雜染不能增長亦不損減是故不說問何因緣故福行不動行由正簡擇功力而起仍說用無明為緣耶荅由不了達世俗苦因為緣起非福行由不了達勝義苦因為緣生福及不動行是故亦說彼以无明為緣問如經中說諸業以貪瞋癡為緣何故此中唯說癡為緣耶荅此中通說福非福不動業緣貪瞋癡緣唯生非福業故問身業語業思所發起是則行亦緣行何故但說无明緣行荅依發起一切行緣而說故及依生善染汙思緣而說故問識亦以名色為緣何故此中但說行為緣耶荅行為識雜染緣能引能生後有果故非如名色但為所依所緣生起緣故問名色亦由大種所造及由觸生何故但說識為緣耶荅識能為彼新生因故彼既生已或正生時大種及觸唯能與彼為建立因

問如經中說六界為緣得入母胎何故此中唯說識界荅若有識界決定

於母胎中精血大種腹穴无閑故又識界勝故又依一切生一切有生時而說故問六處亦以飲食為緣何故此中但說名色為緣耶荅此中說名色是彼生因故彼既生已亦以飲食為任持因問觸以三和為緣何故此中但說六處為緣荅若有六處定有餘二无闕故又六處勝故由六處攝二攝故問若自所逼迫若他所逼迫若時候變異若先業所引皆得生受何故此中但顯觸為彼緣荅觸是彼近因故由觸所引故餘緣所生受亦從觸生故必不離觸是故偏說問經中亦說无明為緣生愛順愛境界亦得為緣何故此中但說受為緣耶荅以受力故於相似境或求和合或求乖離由愚癡力但於諸受起盡等相不如實知由此不能制御其心問由隨眠未斷順彼諸法取皆得生何故此中但說愛為取緣荅由希望生故於追求時能發隨眠及能引彼隨順法故問前已說无明為緣發起業有何故今者說取緣有荅由取力故即令彼業於彼彼生處能引識名色等果問生亦以精血等為緣何故此中唯說有緣生耶荅由有有故定有餘緣无闕又有勝故唯說彼為緣問亦由遠行不避不平等他所逼迫為緣老死可得何故此中但說生緣老死耶荅雖由彼諸緣必以生為根本故縱闕彼緣但生為緣定有老死故問此十二支幾是煩惱道幾是業道幾是苦道荅三是煩惱道二是業道餘是苦道問幾唯是因幾唯是果幾通因果荅初一唯因後一唯果餘通因果又即於此問更作餘荅三唯是因二唯是果當知所餘亦因亦果問幾是獨相幾是雜相荅三是獨相行等是雜相問何故行有是雜相荅由二種說故謂能引愛非愛果故及能生趣差別故問何故識與名色六處一分有雜相荅由三種說故謂依雜染時故依閒時故依轉時故問何故識乃至受與老死有雜相荅由二種說故謂別顯苦相故及顯引生差別故復次於緣起中云何數往義謂生已不住義云何和合義謂諸緣聚集義云何起義謂諸緣和合之所引攝新新生義云何緣起云何緣生謂諸行生起法性是名緣起即彼生已說名緣生問幾支苦諦攝及現法為苦荅二謂生及老死問幾支苦諦攝當来為苦荅識乃至受種子性問幾支集諦攝荅所餘支問无明與行為作俱有緣為作无閒滅緣為作久遠滅緣荅當知具作三緣謂由无知於隨順諸行法中為俱有覆障緣為彼彼事發起諸行又由惡見放逸俱行无知為无閒滅生起緣發起諸行又由无知為久遠滅引發緣故建立順彼當生相續問云何應知諸行望識為三種緣荅由能熏發彼種子故為俱有緣次後由彼勢力轉故為无閒滅生起緣由彼當来果得生故為久遠滅引發緣如行望識如是識望名色名色望六處六處望觸觸望受亦尒問云何應知受望愛為三種緣荅當知由彼起樂著故為俱有緣從此无閒由彼勢力起追求等作用轉故為

无間滅生起緣建立當來難可解脫彼相續故為久遠滅引發緣問云何愛望取為三種緣荅由欲貪俱行於隨順取法中欲樂安立故為俱有緣由无間滅勢力轉故為生起緣建立當來難可解脫彼相續故為久遠滅引發緣問云何取望有為三種緣荅由與彼俱令業能招諸趣果故為俱有緣又由彼力於此生處能引識等故為无間滅生起緣又能引發彼果功能故為久遠滅引發緣問云何有望生為三種緣荅熏發彼種子故為俱有緣由彼勢力間隨轉故為生起緣雖久遠滅而果轉故為引發緣如有望生當知生望老死為緣亦尒復次建立有支有二種一就勝分建立謂取所攝受業如前已說二全分建立謂業及識乃至受所有種子取所攝受建立為有應知問是諸有支唯有次第與行為緣乃至老死更有餘業用耶荅即此業用及於各別所行境中如其所應所有業用當知是名第二業用

問无明唯與行為緣亦與餘支為緣耶荅无明乃至亦與老死為緣前言唯與行為緣者但說近緣義如是所餘盡應當知復次後支非前支緣何以故如為斷後支故勤作功用斷於前支由前斷故後亦隨斷非為斷前故勤作功用斷於後支是故當知准此為彼緣問云何說言此有故彼有荅由未斷緣餘得生義故問云何此生故彼生荅由无常緣餘得生義故問何故說言有生故有老死要由生緣而有老死如是乃至无明望行荅由此言教道理顯從无實作用緣餘得生義故問何故說言有生故有老死非離生緣而有老死如是乃至無明望行荅由此言教道理顯從自相續緣即自相續餘得生義故問若法无明為緣彼法是行耶設是行者彼無明為緣耶荅應作四句或有行非无明為緣謂无漏及无覆无記身語意行或無明為緣而非是行謂除行所攝有支所餘有支或有亦无明為緣亦是行謂福非福不動身語意行

除如是相是第四句問若行為緣彼亦識耶設是識者行為緣耶荅應作四句或行為緣非識謂除識所餘有支或識非行為緣謂无漏識及无覆无記識除異熟生或亦識亦行為緣謂後有種子識及果識除如是相是第四句由此道理乃至觸緣受隨其所應四句應知問若受為緣皆是愛耶設是愛者皆受為緣耶荅應作四句或有是愛非受為緣謂希求勝解脫及依善愛而捨餘愛或受為緣而非是愛謂无明觸所生受為緣所餘有支法生或有受為緣亦是愛謂无明觸所生受為緣染汙愛生除如是相是第四句問若愛為緣皆是取耶設是取者皆愛為緣耶荅當知此中是順後句謂所有取皆愛為緣或愛為緣而非是取謂除取所餘有支及緣善愛勤精進等諸善法生問若取為緣皆是有耶設是有者皆取為緣耶荅亦應作順後句謂所有有皆取為緣或取為緣而非是有謂除有所餘有支問若有為緣皆是生耶設是

生者皆有為緣耶答諸所有生皆有為緣或有為緣而非是生謂除生所餘老死審後有支問若生為緣皆老死耶設是老死皆生為緣耶答所有老死皆生為緣或生為緣而非老死所謂疾病怨憎合會親愛別離所求不遂及彼所起愁歎憂苦種種熱惱問是諸有支幾與道支所攝正見為勝障導答无明及彼所起意行若有一分能為勝障如於正見如是於正思惟及正精進亦尒若正語正業正命以身行語行及有一分為勝障導若正命正定以餘有支為勝障導應知問是諸有支幾唯雜染品幾通雜染清淨品答四唯雜染品餘通雜染清淨品問云何生支通二品耶答若生惡趣及有難處唯是雜染品若生人天諸无難處此通染淨品當知餘支隨其所應皆通二品問何等无明不有故行不有何等無明滅故行滅耶答有三種發起纏隨眠无明由此無明滅故彼无明滅由彼滅故行亦隨滅

問何等行不有故識不有何等行滅故識滅耶答諸行於自相續中已作已滅及未起對治又由意行有故起身語行由此有故彼有彼无故彼緣識亦无此若全滅當知識亦隨滅問何等識不有何名色不有何等識滅故名色滅耶答種子識不有故果識不有此俱滅故俱名色滅如識望名色道理如是餘支乃至受隨其所應當知亦尒如無明緣行道理如是愛緣取取緣有道理當知亦尒如行緣識道理如是有緣生當知亦尒如識緣名色道理生緣老死當知亦尒問何等愛不有故愛不有何等愛滅故愛滅耶答如行緣識道理當知亦尒問如前所說八緣起門幾門是十二支緣起所顯幾門非耶答三門是彼所顯謂二一分所顯一全分所顯餘門非何等為二一分所顯謂內識生門自業所作門何等為一全分所顯謂有情世間轉門問不如實知緣起道理者有幾種過患耶答有五謂起我見及能發起前際俱行見如前際

俱行見如是後際俱行見前後際俱行見亦尒又於彼見猛利堅執有取有怖於現法中不般涅槃是名第五過患問如實知者有幾種勝利耶答翻前五過應知勝利亦有五種復次是十二支緣起幾支是實有謂九幾支非實有謂餘幾一事為自性謂五幾非一事為自性謂餘幾是所知障因謂一幾能生苦謂五幾苦胎藏謂五幾唯是苦謂二幾說為因分謂前六无明乃至觸及愛取有三說為因分幾說為果分謂後二說為果分幾說為雜因果分謂所餘支說為雜分所以者何有二種受名為雜分一謂後法以觸為緣因受二謂現法與愛為緣果受此二雜說為觸緣受復次幾支能生愛非愛境界果幾支能生自體果謂前六支能生前果後三支能生後果一支俱生二果復次幾支樂受俱行謂除二所餘支幾支苦受俱行謂即彼及所除中一幾支不苦不樂受俱行謂如樂受道理應知幾支不與受俱行謂所除中一復次幾

支壞苦攝謂樂受俱行支及非受俱行支一分幾支苦苦攝謂苦受俱行支及非受俱行支一分幾支行苦攝謂所有壞苦苦苦支亦是行苦支或有行苦所攝非餘二苦謂不苦不樂受俱行支及非受俱行支一分問於一切生處及三摩鉢底中皆有一切支現行可得耶荅不可得謂无想天中及滅盡定无想定中有色支可得非无色支若生无色界無色支可得非有色支問頗有依支得離支耶荅有謂依上地支離下地支此但一分非全唯暫時非究竟問幾支染汙幾支不染汙荅三染餘通二種若不染汙善及無覆无記別故分為二種應知問幾支欲界繫荅一切支和合等起故問幾支色界繫荅一切一分問云何應知彼有老耶荅彼諸行有朽壞腐敗性故如色界繫當知無色界繫亦尒問幾支是學荅无問幾支是无學荅亦无問幾支是非學非无學荅一切問所有善有漏支彼何故非學耶荅墮流轉故若學所有善有漏法彼與流轉相違故及用明為緣故非支問預流果當言幾支已斷耶荅一切一分無全斷者如預流果如是一来果亦尒問不還果當言幾支已斷耶荅欲界一切色无色界不定問阿羅漢當言幾支已斷耶荅三界一切

復次於彼彼經中由幾種言說道理說緣起耶謂略說由六種言說道理一由順次第說二由逆次第說三由一分支說四由具分支說五由黑品說六由白品說問如世尊說緣起甚深此甚深義云何應知荅由十種相應知緣起甚深義謂依无常義苦義空義无我義說依无常義者謂從自種子生亦待他緣又從他緣生亦待自種子又從自種子及從他緣生而種及緣於此生事無作无用亦無運轉又復此二因性功能非不是有又謂有支雖无始来其相成就然剎那剎那新新相轉又緣起支雖剎那速滅然似停住運動相現依苦義者謂緣起支一味苦相而似三種相現依空義者謂緣起支雖離有情作者受者然似不離顯現而說依无我義者謂緣起支雖不自在實无有我相然似我相顯現依勝義諦諸法自性雖不可說而言諸法自性可說問應以幾智知緣起耶荅二謂以法住智及真實智云何以法住智謂如佛施設開示无倒而知云何以真實智謂如學見跡觀甚深義問如世尊言是諸緣起非我所作亦非餘作所以者何若佛出世若不出世安住法性法住法界云何法性云何法住云何法界荅是諸緣起无始時来理成就性是名法性如成就性以无顛倒文句安立是名法住由此法住以彼法性為因是故說彼名為法界問如經言生若无者無處无位生可是有若一切種生非有者生緣老死應不可得何故此中說彼自性緣自性耶荅依自種子果生說故謂識乃至受支是生種子故義說為生由此有故後時即此果支名有緣生如是餘支如經所說隨其所應盡當知

問已說一切支非更互為緣何故建

立名色與識互為緣耶答識於現法中用名色為緣故名色復於後法中用識為緣故所以者何以於母腹中有相續時說互為緣故由識為緣於母腹中諸精血色名所攝受和合共成羯羅藍性即此名色為緣復令彼識於此得住問何故菩薩觀黑品時唯至識支其意轉還非至餘支耶答由此二支更互為緣故如識緣名色如是名色亦緣識是故觀心至識轉還於餘支中无有如是轉還道理於此一處顯示更互為緣道理故名轉還於還滅品中名色非是後有識還滅因由此因緣復還觀察問何因緣故說緣起支非自作非他作非俱作亦非无因生耶答生者非有故緣无作用故緣力所生故問於緣起中何等是苦牙誰守養苦牙何等為苦樹答无明行緣所引識乃至受是苦牙受緣所引愛乃至有是守養苦牙生與老死當知是苦樹問幾緣起支當知如炷答識乃至受問幾支如膏答无明行愛取有問幾支如焰答生老

死應知問何因緣故於緣起黑品教中說名增益答一切有支純大苦聚為後果故又諸有支前前為緣後後所隨故問何因緣故於白品教中說名損減答由一切支前前永斷後復滅故又是純大苦聚損減因故問幾緣起支名有因法答謂前七問幾緣起支名有因苦答餘五問幾支滅是漏盡所顯答三問幾支滅是緣盡所顯答即此三是餘支緣故問幾支滅是受盡所顯答一謂由煩惱已斷故所依滅時此一切受皆永息滅故問何因緣故依止緣起建立七十七智耶答為顯有因雜染智故又復為顯於自相續自已所作雜染智故又復為顯前際諸支无始時故又復為顯後際諸支容有雜染還滅義故又復為顯支所不攝諸有漏慧遍知義故於一一支皆作七智當知揔有七十七智問何因緣故於緣起中建立四十四智耶答為顯於一一支依四聖諦觀察道理是故揔有四十四智復次若生欲界依欲界身引發上地若

眼若耳由此見聞下地自地所有色聲又依此身起三界意及不繫意而現在前若生色无色界除其下地一切現前如在欲界

復次此三種雜染謂煩惱雜染業雜染生雜染為欲斷故修六種現觀應知何等為六謂思現觀信現觀戒現觀現觀智諦現觀現觀邊智諦現觀究竟現觀

瑜伽師地論卷第十

瑜伽師地論卷第十

校勘記

一　底本，金藏廣勝寺本。
一　四一八頁中九行第一二字「行」，石、麗作「諸行」。
一　四一八頁中一七行第八字「本」，麗作「前時」。
一　四一九頁上一三行「鬢髮」，麗作「鬚髮」。
一　四一九頁上一四行「疾病」，資、磧、普、南、徑、清、麗作「無病」。
一　四一九頁下四行「愛用」，諸本作「受用」。
一　四一九頁下二〇行第一二字「受」，資、磧、普、南、徑、清作「愛」。
一　四二〇頁上一〇行第一三字「名」，資、磧、普、南、徑、清作「名爲」。
一　四二〇頁中一行第四字「知」，磧作「如」。
一　四二一頁上一行第一〇字「穴」，資、磧、普、南作「宂」。
一　四二一頁上五行第八字「既」，資、磧、普、南、徑、清作「即」。
一　四二一頁上六行「任持」，磧、普作「住持」。
一　四二一頁上九行「二攝」，諸本作「二種」。
一　四二一頁中二〇行第四字「閏」，麗作「潤」。
一　四二二頁上一三行第八字「間」，諸本作「無間」。
一　四二二頁上二一行第五字「即」，資、磧、普、南、徑、清無。
一　四二二頁下一二行第五字「无」，麗作「除無」。
一　四二二頁下一二行第一〇字「受」，資、磧、普、南、徑、清作「愛」。
一　四二三頁上一三行第三字「命」，石、資、磧、普、南、徑、清作「念」。
一　四二三頁中六行第六字「何」，諸本作「故」。
一　四二三頁下三行第二字「怖」，資、磧、普、南、徑、清作「悕」。
一　四二四頁上一四行第九字「通」，石無。
一　四二四頁中一九行首字「謂」，諸本作「諸」。
一　四二四頁中末行末字「苦」，麗作「受」。
一　四二五頁上末行首字「无」，麗作「元」。

趙城縣廣勝寺

瑜伽師地論卷第十一 習

彌勒菩薩說

三藏法師玄奘奉 詔譯

本地分中三摩呬多地第六之一

已說有尋有伺等三地云何三摩呬多地嗢柁南曰

總標與安立 作意相差別 攝諸經宗要 最後衆雜義

若略說三摩呬多地當知由總標故安立故作意差別故相差別故略攝諸經宗要等故云何總標謂此地中略有四種一者靜慮二者解脫三者等持四者等至靜慮者謂四靜慮一從離生有尋有伺靜慮二從定生無尋無伺靜慮三離喜靜慮四捨念清淨靜慮解脫者謂八解脫一有色觀諸色解脫二內無色想觀外諸色解脫三淨解脫身作證具足住解脫四空无邊處解脫五識無邊處解脫六無所有處解脫七非想非非想處解脫八想受滅身作證具足住解脫等持者謂三三摩地一空二無願三無

相復有三種謂有尋有伺無尋唯伺无尋無伺復有三種謂小大無量復有二種謂一分修具分修復有三種謂喜俱行樂俱行捨俱行復有四種謂四修定復有五種謂五聖智三摩地復有五種謂聖五支三摩地復有有因有具聖正三摩地復有金剛喻三摩地復有有學无學非學非无學等三摩地等至者謂五現見三摩鉢底八勝處三摩鉢底十遍處三摩鉢底四無色三摩鉢底无想三摩鉢底滅盡定等三摩鉢底

云何安立謂惟此等名等引地非於欲界心一境性由此定等无悔歡喜安樂所引欲界不尒非欲界中於法全无審正觀察

復次初靜慮中說離生喜由證住此斷除五法謂欲所引喜欲所引憂不善所引喜不善所引憂不善所引捨

又於五法修習圓滿謂歡喜安樂及三摩地欲所引喜者於妙五欲若初得時若已證得正受用時或見或聞或曾領受由此諸緣憶念歡喜欲

所引憂者於妙五欲若求不遂若已受用更不復得或得已便失由此諸緣多生憂惱不善所引喜者謂如有一與喜樂俱而行殺業乃至邪見不善所引憂者謂如有一與憂苦俱而行殺業乃至邪見不善所引捨者謂如有一或王王等或餘宰官或尊尊等自不樂為殺等惡業然其僕使作惡業時忍而不制亦不安處毗柰耶中由縱捨故遂造惡業彼於此業現前領解非不現前又住於捨尋求伺察為惡方便又於諸惡耽著不斷引發於捨又於不善現前轉時發起中庸非苦樂受歡者謂從本來清淨行者觀資糧地所修淨行无悔為先慰意適悅心欣踊性喜者謂正修習方便為先深慶適悅心欣踊性安者謂離麤重身心調適性樂者謂由如是心調適故便得身心無損害樂及解脫樂以離彼品麤重性故於諸煩惱而得解脫三摩地者謂於所緣審正觀察心一境性世尊於无漏方便中先說三摩地後說解脫由三摩地善

成滿力於諸煩惱心永解脫故於有漏方便中先說解脫後說三摩地由證方便究竟作意果煩惱斷已方得根本三摩地故或有俱時說三摩地及與解脫謂即於此方便究竟作意及餘无間道三摩地中由三摩地與彼解脫俱時有故復次於諸靜慮等至障中略有五蓋將證彼時能為障㝵何等為五一貪欲蓋二瞋恚蓋三惛沉睡眠蓋四掉舉惡作蓋五疑蓋貪欲者謂於妙五欲隨逐淨相欲見欲聞乃至欲觸或隨憶念先所領受尋伺追戀瞋恚者謂或因同梵行等舉其所犯或因憶念昔所曾經不饒益事瞋恚之相心生恚怒或欲當作不饒益事於當所為瞋恚之相多隨尋伺心生恚怒惛沉者謂或因毀壞淨尸羅等隨一善行不守根門食不知量不勤精進減省睡眠不正知住而有所作於所修斷不勤加行隨順生起一切煩惱身心惛昧無堪任性睡眠者謂心極昧略又順生煩惱壞斷加行是惛沉性心極昧略是睡眠

性是故此二合說一蓋又惛昧无堪任性名惛沉惛昧心極略性名睡眠由此惛沉生諸煩惱隨煩惱時无餘近緣如睡眠者諸餘煩惱及隨煩惱或應可生或應不生若生惛昧睡眠必定皆起掉舉者謂因親屬尋思國土尋思不死尋思或隨憶念昔所經歷戲笑歡娛所行之事心生諠動騰躍之性惡作者謂因尋思親屬等故心生追悔謂我何緣離別親屬何緣不往如是國土何緣棄捨如是國土來到於此食如是食飲如是飲惟得如是衣服卧具病緣醫藥資身眾具我本何緣少小出家何不且待至年衰老或因追念昔所曾經戲笑等事便生悔恨謂我何緣於應受用戲樂嚴具朋遊等時違背宗親朋友等意令其悲戀涕淚盈目而強出家由如是等種種因緣生憂變心惡作追悔由前掉舉與此惡作處所等故合說一蓋又於應作不應作事隨其所應或已曾作或未曾作心生追悔去何我昔應作不作非作反作除先追

悔所生惡作此惡作纏猶未能捨次後復生相續不斷憂變之心惡作追悔此又一種惡作差別次前所生非處惡作及後惡作雖與掉舉處所不等然如彼相騰躍諠動今此亦是憂變之相是故與彼雜說一蓋疑者謂於師於法於學於誨及於證中生惑生疑由心如是懷疑惑故不能趣入勇猛方便正斷寂靜又於去來今及諸等諦生惑生疑心懷二分迷之不了猶豫猜度問此貪欲蓋以何為食荅有淨妙相及於彼相不正思惟多所修習以之為食淨妙相者謂第一勝妙諸欲之相若能於此遠離染心於餘下劣亦得離染如制強力餘劣自伏此復云何謂女人身上八處所攝可愛淨相由此八處女縛於男所謂歌舞笑睇美容進止妙觸就禮由此因緣所有貪欲未生令生生已增長故名為食問此貪欲蓋誰為非食荅有不淨相及於彼相如理作意多所修習以為非食此復云何謂青瘀等者觀此身種種不淨雜穢充滿名

觀內身不淨之相復觀於外青瘀等相種種不淨名觀外身不淨之相由觀此二不淨相故未生貪欲令其不生生已能斷故名非食由於彼相如理作意故遮未生多所修習故生已能斷前黑品中由於彼相不正思惟故未生令生多所修習故倍更增廣問瞋恚蓋以何為食荅有瞋恚性有瞋恚相及於彼相不正思惟多所修習以之為食依於種種不饒益事心生惱害名瞋恚性不饒益事名瞋恚相於九惱事不正作意名不正思惟是等事皆名為食問此瞋恚蓋誰為非食荅有仁慈賢善及於彼相如理作意多所修習以為非食又此慈善恒欲與他安樂為相修力所攝由思擇力所攝作意調伏九惱以能斷除瞋恚蓋故經中惟說此為非食問惛沉睡眠蓋以何為食荅有黑闇相及於彼相不正思惟多所修習以之為食問此蓋誰為非食荅有光明相及於彼相如理作意多所修習以為非食明有三種一治闇光明二法光明

三依身光明治闇光明復有三種一在夜分謂星月等二在晝分謂日光明三在俱分謂火珠等法光明者謂如有一隨其所受所思所觸觀察諸法或復修習隨念佛等依身光明者謂諸有情自然身光當知初明治三種闇一者夜闇二者雲闇三者障闇謂窟宅等法明能治三種黑闇由不如實知諸法故於去來今多生疑惑於佛法等亦復如是此中无明及疑俱名黑闇又諸觀察能治惛沉睡眠黑闇以能顯了諸法性故問掉舉惡作蓋以何為食荅於親屬等所有尋思於曾所經戲笑等念及於彼相不正思惟多所修習以之為食親屬尋思者謂因親屬或盛或衰或離或發欣慼行心生籌慮等國土尋思者謂因國土盛衰等相廣如前說不死尋思者謂因少年及衰老位諸有所作或利他事發欣慼行心生籌慮等笑者謂隨有一或因開論或因合論現齒而笑歡聚啞戲者謂雙陸摴蒱弄珠等戲或有所餘種類歡樂謂手相

受用受用境界受諸伎樂或由同處或因戲論歡娛而住所行事者謂相執持手髀璣等或相摩觸隨一身分或抱或嗚或相顧眄或作餘事問此蓋誰為非食荅有奢摩他及於彼相如理作意多所修習以為非食奢摩他者謂九種住心及奢摩他品所攝諸法謂於自他若衰若盛可猒患法心生猒離驚恐惡賤安住寂靜閑疑蓋以何為食荅有去来今及於彼相不正思惟多所修習以之為食謂我於過去為有為无廣說如上不正思惟者謂不可思處所攝思惟不可思處者謂我思惟有情思惟世間思惟若於自處依世差別思惟我相名我思惟若於他處名有情思惟若於有情世間及器世間處名世間思惟謂世間常或謂无常亦常亦无常非常非無常等問此蓋誰為非食荅有緣緣起及於彼相如理作意多所修習以為非食由彼觀見惟有於法及惟法因惟有於苦及惟苦因故所有一切不正思惟為緣无明於三世境未

生者不生已生者能断若不如理而強作意其如理者而不作意揔說此二名不正思惟若於是中應合道理應知是處名為如理謂於闇中作光明想由此方便如理作意非不如理於餘處所亦有所餘如理作意

復次於初靜慮具足五支一尋二伺三喜四樂五心一境性第二靜慮有四支一內等淨二喜三樂四心一境性第三靜慮有五支一捨二念三正知四樂五心一境性第四靜慮有四支一捨清淨二念清淨三不苦不樂受四心一境性初靜慮中尋伺為取所緣三摩地為彼所依喜為受境界樂為除麁重第二靜慮中內等淨為取所緣三摩地為彼所依餘如前說第三靜慮中捨念正知為取所緣三摩地為彼所依餘如前說第四靜慮中捨淨念淨為取所緣三摩地為彼所依餘如前說諸靜慮中雖有餘法然此勝故於修定者為恩重故偏立為支

問何因緣故初靜慮中有尋有伺耶

荅由彼能猒患欲界入初靜慮初靜慮中而未能觀尋伺過故第二靜慮能觀彼過是故說為尋伺寂靜如第二靜慮見彼過故名尋伺寂靜如是第三靜慮見喜過故名喜寂靜第四靜慮見樂過故名樂寂靜捨念清淨差別應知

復次是諸靜慮名差別者或名增上心謂由心清淨增上力正審慮故或名樂住謂於此中受極樂故所以者何依諸靜慮領受喜樂安樂捨樂身心樂故又得定者於諸靜慮數數入出領受現法安樂住故由此定中現前領受現法樂住從是起已作如是言我已領受如是樂住於无色定無如是受是故不說彼為樂住然彼起已應正宣說何以故若有阿練若苾芻来就彼問彼若不荅便生譏論此阿練若苾芻云何名為阿練若者我今問彼超色无色寂靜解脫而不能記是故為說應入彼定非為樂住或復名為彼分涅槃亦得說名差別涅槃由諸煩惱一分斷故非決定故名彼

分涅槃非究竟涅槃故名差別涅槃
復次此四靜慮亦得名為出諸憂事
謂初靜慮出離憂根第二靜慮出離
苦根第三靜慮出離喜根第四靜慮
出離樂根於无相中出離捨根如薄
伽梵無倒經中說如是言苾芻憂根
生巳應當如實了知生者此於何位
謂即於此斷方便位若為憂根間心
相續介時應知又應并此因緣及序
若相若行皆如實知者云何知因謂
了知此種子相續云何知緣謂了知
此種所不攝所依助伴云何知序謂
知憂根託此事生即是能發憂根之
相及先知種子云何知相謂了知此
是慼行相云何知行謂了知此能發
之行即不如理作意相應思也如是
知巳於出離中極制持心者云何制
持謂於染汙行制攝其心於思惟脩
任持堅住又於是中无餘盡滅乃至
究竟者謂滅隨眠故滅諸纏故世間
靜慮但能漸捨彼品麁重不拔種子
若異此者種永拔故後不應生无漏
靜慮亡種俱捨如是於餘隨應當知

問以何等相了知憂根荅或染汙相
或出離欲俱行善相苦根者或由自
等增上力故或由身勞增上力故或
火燒等增上力故或他逼等增上力
故諸離欲者猶尚生起喜根者謂第
二靜慮中即第二靜慮地攝樂根者
謂第三靜慮中即第三靜慮地攝問
何故苦根初靜慮中說未斷耶荅彼
品麁重猶未斷故問何緣生在初靜
慮者苦根未斷而不現行荅由其助
伴相對憂根所攝諸苦彼巳斷故若
初靜慮巳斷苦根是則行者入初靜
慮及第二時受所作住差別應无由
二俱有喜及樂故而經中說由出諸
受靜慮差別又此應无尋伺寂靜麁
重斷滅所作差別如是餘根彼品麁
重漸次斷故上諸靜慮斷有差別又
无相者經中說為无相心定於此定
中捨根永滅但害隨眠彼品麁重无
餘斷故非滅現纏住无相定必有受
故於此定中容有三受謂喜樂捨非
彼諸受得有隨眠煩惱斷故說以為
斷彼品麁重說名隨眠又此捨根乃

至何處當知始從第四靜慮乃至有頂
復次此五根出離無相為後與彼五
種順出離界展轉相攝此中由欲恚
害出離即說乃至樂根出離由色出
離即說第四靜慮捨根出離由薩迦
耶滅即說无色界一切捨根出離順
出離言有何等義由住此者能出離
故名順出離不說由此出離於彼為
離欲者說此界故問諸欲恚害定同
時斷何緣建立別出離耶荅彼諸出
離雖復同時約修對治有差別故宣
說三種出離差別對治差別者謂不
淨慈悲如其次第或有惟修不淨出
離一切或慈或悲是故別說三種出
離此上惟有一類對治故後出離無
有差別云何猛利見者等隨念欲謂
由觀察作意於勝事作意故猛利功
用作意故云何於諸欲中心不趣入
謂於彼處不見勝功德故云何不美
謂於彼處喜悅不生故云何不住謂
於彼處不樂受用為欣悅故云何無
有勝解謂於彼處不樂取著不如理
相故云何萎顇謂雖縱任而不舒泰

故云何壞散謂取境已尋復棄捨故云何而不舒泰謂於所緣雖強令住而不受樂故云何等住於捨謂行平等位於平等位中心遊觀故何等為猒謂由於彼深見過患棄背為性此復共種謂無常故苦故變壞法故何等為惡謂由於彼初見過患棄背為性何等為違謂由於彼中見過患棄背為性何等為背謂由於彼後見過患棄背為性與此相違即於離欲作意趣入者謂於是處見勝功德故美者謂於是處生清淨信而證順故住者謂於所緣不流散故勝解者由於是處不染汙轉於諸煩惱得離繫故以於猒等棄背行中正流轉時心無罣导又復於捨无有功用云何其心善逝謂住方便究竟作意故云何善修謂善修習餘作意故當知此說斷位及斷方便道位解者謂解脫諸纏故脫者謂解脫所緣相故離繫者謂解脫隨眠故從諸欲緣所生諸漏者謂除欲貪於欲界中所餘煩惱惡者謂因此生執器仗等惡行差別於

此若作若增長故生諸惡趣燒者謂由此因欲愛猒食燒身心故惱者謂由此因若事變壞便生愁歎憂苦惱故於彼解脫超出離繫者謂如前次第解脫諸纏所緣隨眠故云何終不領納緣彼諸受謂依將得正得隨念諸欲境界染汙諸受不復現行其所依身不為衆惑染汙而住如紅蓮花水滴不著

復有六種順出離界如經廣說謂我已修慈乃至我已離諸我慢然我猶為疑惑毒箭悶乱其心是故慈等於恚害等非正對治當知為捨如是邪執建立此界是中恚等離欲對治有差別故建立前四對治相故觀察聖住得道理故建立無相觀察究竟正道理故建立第六慈對治恚無損行轉故悲對治害為除他苦勝樂行轉故喜治不樂於他樂事隨喜行轉故捨治貪恚俱捨行轉故無相對治一切衆相相相違故若離我慢於自解脫或所證中定无疑惑故離我慢是彼對治此諸出離定能出離一切恚等

不善修故恚等過失容可現行又前五種順出離界初之四種天住所攝第五一種聖住所攝令此六種順出離界前之四種梵住所攝第五第六聖住所攝

復次能超恚等諸過失故名為出離於出離時正可憑仗故名為依世尊說依略有四種一法是依非數取趣二義是依非文三了義經是依非不了義經四智是依非識此四種依因何建立補特伽羅四種別故謂因諂詐補特伽羅差別故建立初依因順世間補特伽羅差別故建立第二因住自見取補特伽羅差別故建立第三因闇為極補特伽羅差別故建立第四因其諂詐說法是依非數取趣要與彼論分別決擇方證正智非惟由彼現威儀故即於此中復有差別謂佛宣說補特伽羅及與諸法惟法是依非數取趣世俗言辭不應執故法又二種謂文及義惟義是依非文何以故不應但聞即為究竟要須於義思惟籌量審觀察故佛所說經或

有了義或不了義觀察義時了義是依非不了義世尊或時宣說依趣福不動識為往善趣故或時宣說四聖諦智為向涅槃故於修法隨法行時惟智是依非識略於四時失不失數建立四種補特伽羅謂得法時住持時觀察義時修法隨法行時依四時故建立四依

復次已說安立當知於此靜慮等中作意所緣二種差別作意差別者謂七種根本作意及餘四十作意云何七種作意謂了相作意勝解作意遠離作意攝樂作意觀察作意加行究竟作意加行究竟果作意云何四十作意謂緣法作意緣義作意緣身作意緣受作意緣心作意緣法作意勝解作意真實作意有學作意无學作意非學非無學作意遍知作意正斷作意已斷作意有分別影像所緣作意无分別影像所緣作意事邊際所緣作意所作成辦所緣作意勝解思擇作意寂靜作意一分修作意具分修作意无間作意慇重作意隨順作

意對治作意順清淨作意順觀察作意力勵運轉作意有間運轉作意有功用運轉作意自然運轉作意思擇作意內攝作意淨障作意依止成辦所行清淨作意他所建立作意內增上取作意廣大作意遍行作意

緣法作意者謂聞所成慧相應作意緣義作意者謂思修所成慧相應作意緣身受心法作意者謂修念住者如理思惟身等作意勝解作意者謂修靜慮者隨其所欲於諸事相增益作意真實作意者謂以自相共相及真如相如理思惟諸法作意有學作意略有二種一者自性二在相續自性者謂有學无漏作意在相續者謂有學一切善作意如有學作意當知无學作意二種亦尒非學非无學作意者謂一切世間作意遍知作意者謂由此故遍知所緣而不斷惑正斷作意者謂由此故俱作二事已斷作意者謂斷煩惱後所有作意有分別影像所緣作意者謂由此故修緣分別體境毗鉢舍那无分別影像所緣

作意者謂由此故修緣分別體境奢摩他事邊際所緣作意者謂由此故了知一切身受心法所緣邊際過此更无身受心法所作成辦所緣作意者謂我思惟如此如此若我思惟如是如是當有如此如此當辦如是如是及緣清淨所緣作意勝解思擇作意者謂由此故或有寂初思擇諸法或奢摩他而為上首寂靜作意者謂由此故或有寂初安心於內或毗鉢舍那而為上首一分修作意者謂由此故於奢摩他毗鉢舍那隨修一分具分修作意者謂由此故二分雙修无間作意者謂一切時无間無斷相續而轉慇重作意者謂不慢緩加行方便此中由勝解思擇作意故淨修智見由寂靜作意故生長輕安由一分具分修作意故於諸蓋中心得解脫由无間慇重作意故於諸結中心得解脫又由無間作意故終不徙然而捨身命由慇重作意故速證通慧隨順作意者謂由此故猒壞所緣順斷煩惱對治作意者謂由此故正捨

諸惑任持於斷令諸煩惱遠離相續順清淨作意者謂由此故修六隨念或復思惟隨一妙事順觀察作意者謂由此故觀諸煩惱斷與未斷或復觀察自已所證及先所觀諸法道理力勵運轉作意者謂修始業未得作意者所有作意有間運轉作意者謂已得作意於上慢緩修加行者所有作意有功用運轉作意者謂即於此勇猛精進無有慢緩修加行者所有作意自然運轉作意者謂於四時決定作意一得作意時二正入已入根本定時三修現觀時四正得已得阿羅漢時思擇作意者謂毗鉢舍那品作意內攝作意者謂奢摩他品作意淨障作意者謂由此故棄捨諸漏永害麁重依止成辦所行清淨作意者謂由此故依離一切麁重之身離行一切所緣境界而諸煩惱不復現行他所建立作意者謂諸聲聞所有作意要從他音乃能於內如理作意故內增上取作意者謂諸獨覺及諸菩薩所有作意以不從師而覺悟故廣

大作意者謂諸菩薩為善了知生死過失出離方便發弘誓願趣大菩提所有作意遍行作意者謂佛世尊現見一切无障㝵智相應作意若諸菩薩遍於三乘及五明處方便善巧所有作意

此中了相作意攝緣法緣義餘六作意惟攝緣義緣身等境四種作意遍在七攝了相勝解加行究竟果作意通攝勝解真實作意觀察作意惟攝勝解餘三作意惟攝真實此就前門就餘門者當知隨應七種作意皆攝有學及非學非无學二種作意亦攝无學作意謂清淨地了相作意及加行究竟果作意了相勝解觀察作意攝遍知作意餘三作意攝正斷作意加行究竟果作意攝已斷作意觀察作意惟攝有分別影像所緣作意餘六作意通攝二種事邊際所緣作意遍一切攝所作成辦所緣作意若就初門遍一切攝就第二門惟加行究竟果作意所攝寂初勝解思擇作意皆所不攝若奢摩他而為上首遍一

切攝若寂初寂靜若毗鉢舍那而為上首當知亦尒前六作意通攝一分及具分修加行究竟果作意惟攝具分修無間作意殷重作意遍一切攝隨順作意初二所攝對治作意遠離加行究竟二作意攝及攝樂作意一分所攝順清淨作意惟攝樂一分所攝順觀察斷未斷作意惟觀察作意所攝此就斷對治說若就所餘隨應當知力勵運轉作意皆所不攝有間有功用運轉作意乃至攝樂作意所攝自然運轉作意加行究竟及此果二作意攝思擇作意了相所攝內攝作意勝解所攝淨障作意遠離攝樂觀察加行究竟作意所攝依止成辦所行清淨作意惟加行究竟果作意所攝他所建立內增上取作意一切作意所攝廣大作意皆所不攝初遍行作意加行究竟果攝第二一切所攝又了相作意若他所建立作意攝者以聞他音及內如理作意定為其緣若內增上取作意攝者惟先資糧以為其緣所餘作意前前後後傳為其緣

復次云何所緣差別謂相差別何等為相略有四種一所緣相二因緣相三應遠離相四應修習相所緣相者謂所知事分別體相因緣相者謂定資糧應遠離相復有四種謂沉相掉相乱相著相應修習相當知對治此四種相何等沉相謂不守根門食不知量初夜後夜不常悎覺勤修觀行不正知住是癡行性躭著睡眠無巧便慧惡作俱行欲勤心觀不曾修習正奢摩他於奢摩他未為純善一向思惟奢摩他相其心惛闇於勝境界不樂攀緣何等掉相謂不守根門等四如前廣說是貪行性樂不寂靜無猒離心无巧便慧太舉俱行如前欲等不曾修舉於舉未善惟一向修由於種種隨順掉法親里尋等動乱其心何等乱相謂不守根門等四如前應知是鈍根性多求多務多諸事業尋思行性無巧便慧無猒離心不修遠離於勝境界不樂攀緣親近憒閙方便閒猒不審了知乱不乱相何等著相謂不守根門等四如前應知是鈍根性是愛行性多煩惱性不如理思不見過患於增上無出離見對治如是應遠離相隨其所應當知即是應修習相

復有三十二相謂自心相外相所依相所行相作意相心起相安住相自相相共相相麁相靜相領納相分別相俱行相染汙相不染汙相正方便相邪方便相光明相觀察相賢善定相止相舉相觀相捨相入定相住定相出定相增相減相方便相引發相云何自心相謂有染著先為煩惱染汙心故便於自心極善取相如是如是心有染汙或無染汙由此方便心處沉等由此方便不處沉等言沉等者謂沉等四乃至令心尋著之相或復於彼彼染汙心云何外相謂即於彼彼染汙心了知自心被染汙已便取外相謂光明相或淨妙相或復餘相為欲除遣諸煩惱故或令彼惑不現行故云何所依相謂分別體相即是一切自身所攝五蘊并種子相云何所行相謂所思惟彼彼境界色乃至法分別體相云何作意相謂有能生作意故於彼彼境界所生識生作是思惟令我此心由作意故於境界轉非無作意此所思惟名作意相云何心起相謂即次前所說是一相第二相者謂心緣行緣名色相此所思惟名心起相云何安住相謂四識住即識隨色住等如經廣說此所思惟名安住相云何自相相謂自類自相或各別自相此所思惟名自相相云何共相相謂諸行共相或有漏共相或一切法共相此所思惟名共相相云何麁相謂所觀下地一切麁相云何靜相謂所行上地一切靜相云何領納相謂隨憶念過去曾經諸行之相云何分別相謂思未來諸行之相云何俱行相謂分別現在諸行之相云何染汙相謂於有貪心思惟有貪心相乃至於不善解脫心思惟不善解脫心相云何不染汙相謂與此相違當知即是不染汙相此中已出離於斷不修方便者觀有貪等修方便者觀略下等有貪心者謂貪相應心

或復隨彼品象重如是由纏及隨眠故一切染汙心如應當知以能對治纏及隨眠故成不染汙云何正方便相謂所思惟白淨品因緣相相云何邪方便相謂所思惟染汙品因緣相相即是思惟如是如是不守根門住故乃至不正知住故如是如是心被染相云何光明相謂如有一於暗對治或法光明懸懃懇到善取其相極善思惟如於下方於上亦尒如是一切治暗相故建立此相云何觀察相謂有苾芻懸懃懇到善取其相而觀察之住觀於坐者謂以現在能取觀未來所取法坐觀於卧者謂以現在能取觀過去所取或住在後行觀於前行者謂以後後能取觀前前能取法此則略顯二種所取能取法觀云何賢善定相謂所思惟青瘀等相為欲對治欲貪等故何故此相說名賢善諸煩惱中貪最為勝於諸貪中欲貪為勝生諸苦故此相是彼對治所緣故名賢善云何止相謂所思惟無分別影像之相云何舉相謂象心所取隨一淨妙或光明相相云何觀相謂聞思修慧所思惟諸法相云何捨相謂已得平等心於諸善品增上捨相云何入定相謂由因緣所緣應修習相故入三摩地或復已得而現在前云何住定相謂即於彼諸相善巧而取由善取故隨其所欲於定安住又於此定得不退法云何出定相謂分別體所不攝不定地相云何增相謂輕安定倍增廣大所思惟相云何減相謂輕安定退減陿小所思惟相云何方便相謂二道相或趣倍增廣大或趣退減陿小故云何引發相謂能引發略諸廣博文句義通若无諍無㝵妙願智等若依三摩地諸餘功无畏等最勝功德及能通達甚深句義微妙智慧如是等相

復次如是諸相即前根本四相所攝謂所緣相具攝一切因緣相亦尒前與後為因緣故為令後後得明淨故正方便相一切種別皆因緣相如正方便邪方便亦尒一是白品相第二黑品相諸染汙相惟應遠離所餘諸相惟應修習於彼彼時應修習故

瑜伽師地論卷第十一

瑜伽師地論卷第十一

校勘記

一　底本，金藏廣勝寺本。

一　四二七頁下一九行末字「捨」，資作「捨者」。

一　四二八頁上一四行首字「庯」，石作「容」。

一　四二八頁中三行末字「得」，資、磧、普、南、徑、清作「便」。

- 四二八頁下一九行第一〇字及次頁上二行第九字「變」，麗作「戀」。
- 四二九頁中一一行第一二字「名」，清作「多」。
- 四二九頁中一二行第一三字「思」，資、磧、普、南、徑、清、麗作「思惟」。
- 四二九頁中末行第二字「明」，資、磧、普、南、徑、清作「光明」。
- 四二九頁下九行第一〇字「今」，石作「令」。
- 四二九頁下二二行第七字「啞」，資、磧、普、南、徑、清無。
- 四三一頁上一九行「任持」，資、磧、普、南、徑、清作「住持」。
- 四三一頁下二行第一〇字「爲」，資、磧、普、南、徑、清作「爲復」。
- 四三二頁上三行第三字「受」，石、麗作「愛」。
- 四三二頁上三行第一〇字「於」，資、磧、普、南、徑、清作「棄」。
- 四三二頁上二二行「損匱之」，石作「匱乏」；資、磧、普、南、徑、清、麗作「損匱」。
- 四三三頁上六行「住持」，資、磧、普、南、徑、清作「任持」。
- 四三三頁下一三行第七字「謂」，資、磧、普、南、徑、清作「諸」。
- 四三四頁上一行「任持」，磧、普、南、徑、清作「住持」。
- 四三四頁上七行第二字「者」，資、磧、普、南、徑、清無。
- 四三四頁上七行第八字「閒」，資、磧、普、南作「開」。
- 四三四頁中一行第四字「者」，至三行第九字「者」與三行第一〇字「謂」至四行第一二字「若」共十七字，磧、普倒置。
- 四三四頁中三行第一〇字「謂」，南、徑、清作「諸」。
- 四三四頁中一六行第七字「三」，資、磧、普、南作「二」。
- 四三四頁下一九行第一三字「所」，資、磧、普、南、徑、清作「意」。
- 四三四頁下末行第一二字「傳」，磧、普、南、徑、清作「轉」。
- 四三五頁上八行「常悟覺」，石作「嘗覺寤」；資、磧、普、南、徑、清作「常悟悟」；麗作「常覺寤」。
- 四三五頁上一五行第八字「太」，磧作「大」。
- 四三五頁上一七行「隨順」，資、磧、普、南、徑、清、麗作「順隨」。
- 四三五頁中一六行第八字「令」，資、磧、普、南、徑、清作「念」。
- 四三六頁上一二行第九字「到」，石作「倒」。
- 四三六頁中一四行第一二字「通」，資、磧、普、南、徑、清、麗作「道」。

瑜伽師地論卷第十二　習

彌勒菩薩說

三藏法師玄奘奉　詔譯

本地分中三摩呬多地第六之二

復次云何修習所緣諸相作意謂即於彼彼諸相作意思惟以思惟故能作四事謂即修習如是作意又能遠彼所治煩惱又能練此作意及餘令後所生轉更明盛又即修習此作意時厭壞所緣捨諸煩惱任持斷滅令諸煩惱遠離相續是故修習如是所緣諸相作意

復次由四因緣入初靜慮乃至有頂謂因力方便力說力教授力云何因力謂曾鄰近入靜慮等云何方便力謂雖不鄰近入靜慮等然由數習無間修力能入諸定云何說力謂於靜慮等增上緣法多聞任持乃至廣說即依此法獨處空閑離諸放逸勇猛精進自策勵住法隨法行由此能入靜慮等定云何教授力謂於親教軌範師所或於隨一餘尊長所獲得隨順初靜慮等无倒教授從此審諦作意思惟能入靜慮及諸餘定如是顯示四種行者謂具因力者方便力者若利根者及鈍根者

復次有四得靜慮者一愛上靜慮者二見上靜慮者三慢上靜慮者四疑上靜慮者云何愛上靜慮者謂如有一先聞靜慮諸定功德而不聞彼出離方便於彼一向見勝功德勇猛精勤由此因緣入初靜慮或所餘定如是入已後生愛味云何見上靜慮者謂如有一從自師所或餘師所聞諸世間皆是常等如是方便入初靜慮乃至有頂能得清淨解脫出離彼依此見勇猛精勤由是因緣入初靜慮或所餘定如是入已能自憶念過去多劫遂生是見我及世間皆是常等從定起已即於此見堅執不捨復於後時審思審慮審諦觀察謂由此故當得清淨解脫出離云何慢上靜慮者謂如有一聞如是名諸長老等入初靜慮乃至有頂聞是事已遂生憍慢彼既能入靜慮等定我復何緣而

不當入依止此慢勇猛精勤由是因緣入初靜慮及所餘定如是入已後生憍慢或入定已作是思惟唯我能得如是靜慮餘不能得彼依此慢復於後時於諸靜慮審思審慮審諦觀察云何疑上靜慮者謂如有一為性闇鈍本嘗樂習奢摩他行由此因緣入諸靜慮或所餘定如是入已復於上定勤修方便為得未得於四聖諦勤修現觀性闇鈍故不能速證聖諦現觀由此因緣於餘所證便生疑惑依此疑惑復於勝進審思審慮審諦觀察

復次云何愛味相應靜慮等定謂有鈍根或貪行故或煩惱多故彼唯得聞初靜慮等所有功德廣說如前愛上靜慮於上出離不了知故便生愛味戀著堅住其所愛味當言已出其能愛味當言正入云何清淨靜慮等定謂有中根或利根性等煩惱行或薄塵行彼從他聞初靜慮等愛味過患及上出離勇猛精進入初靜慮或所餘定如是入已便能思惟諸定過患於上出離亦能了知不生愛味

云何无漏靜慮等定謂如有一是隨信行或隨法行薄塵行類彼或先時於四聖諦已入現觀或復正修現觀方便彼先所由諸行狀相入初靜慮或所餘定今於此行此狀此相不復思惟然於諸色乃至識法思惟如病如癰等行於有為法心生猒惡怖畏制伏於甘露界繫念思惟如是方能入無漏定

復次云何順退分定謂有鈍根下劣欲解勤精進故入初靜慮或所餘定於喜於樂於勝功德不堪忍故從靜慮退如如還入諸定差別如是如是還復退失乃至未善調練諸根云何順住分定謂有中根或利根性彼唯得聞諸定功德廣說如前愛味相應於所得定唯生愛味不能上進亦不退下云何順勝分定謂有亦聞出離方便於所得定不生喜足是故於彼不生愛味更求勝位由此因緣便得勝進云何順決擇分定謂於一切薩迦耶中深見過患由此因緣能入無漏又諸無漏名決擇分極究竟故猶

瑜伽師地論第十二卷 第四張 習

如世間珠缾等物已善簡者名為決擇自此已後无可擇故此亦如是過此更无可簡擇故名決擇分

復次云何無間入諸等至謂如有一得初靜慮乃至有頂然未圓滿清淨鮮白先順次入乃至有頂後逆次入至初靜慮

復次云何超越入諸等至謂即於此已得圓滿清白故從初靜慮无間超入第三靜慮第三无間超入空无邊處空處无間超入无所有處乃至廣說逆超亦尒以極遠故無有能超第三等至唯除如来及出第二阿僧企耶諸大菩薩彼隨所欲入諸定故

復次云何薰修靜慮謂如有一已得有漏及與无漏四種靜慮為於等至得自在故為受等至自在果故長時相續入諸靜慮有漏無漏更相間雜乃至有漏无間無漏現前无漏無間還入有漏當知齊此薰修成就若於是處是時是事欲入諸定即於此處此時此事能入諸定是名於諸等至獲得自在等至自在果者謂於現法

瑜伽師地論第十二卷 第五張 習

樂住轉更明淨又由此故得不退道又淨修治解脫勝處及遍處等勝品功德能引之道若有餘取而命終者由此因緣便入淨居由軟中上品修諸靜慮有差別故於一切處受三地果如前有尋有伺地已廣分別修習無尋唯伺三摩地故得為大梵由軟中上上勝上極品薰修力故生五淨居當知因修清淨靜慮定故生靜慮地不由習近愛味相應既生彼已若起愛味即便退沒若修清淨還生於彼或生下定或進上定先於此間修得定已後往彼生何以故非未離欲得生彼故非諸異生未修得定能離欲故又非此間及在彼處入諸等至樂有差別唯所依身而有差別

復次已說修習作意相差別云何攝諸經宗要謂八解脫等如經廣說八解脫者謂如前說有色觀諸色等前七解脫於已解脫生勝解故名為解脫第八解脫棄背想受故名解脫云何有色觀諸色謂生欲界已離欲界欲未離色界欲彼於如是所解脫中已

瑜伽師地論第十二卷 第六張 習

得解脫即於欲界諸色以有光明相
作意思惟而生勝解由二因緣名為
有色謂生欲界故得色界定故又於
有光明而作勝解故問觀諸色者觀
何等色復以何行答欲界諸色於諸
勝處所制少色若好若惡若劣若勝
如是於多乃至廣說何故修習如是
觀行為淨修治能引寂勝功德方便
何等名為寂勝功德謂勝處遍處諸
聖神通無諍願智无㝵解等雖先於
彼欲界諸色已得離欲然於彼色未
能證得勝解自在為證得故數數於
彼思惟勝解去何內無色想觀外諸
色謂生欲界已離色界欲無色界定
不現在前又不思惟彼想明相但於
外色而作勝解若於是色已得離欲
說彼為外由二因緣名內無色想謂
已證得無色等至亦自了知得此定
故不思惟內光明相故餘如前說去
何淨解脫身作證具足住謂如有一
已得捨念圓滿清白以此為依修習
清淨聖行圓滿名淨解脫何以故三
因緣故謂已超過諸苦樂故一切動

亂已寂靜故善磨瑩故身作證者於
此住中一切賢聖多所住故去何空
無邊處解脫謂如有一於彼空處已
得離欲即於虛空思惟勝解如是識
无邊處解脫於彼識處已得離欲即
於是識思惟勝解无所有處解脫者
謂已得无所有處於識無邊處思惟
勝解有頂解脫更不於餘而作勝解
乃至遍於想可生處即於是處應作
勝解
復次先已修治作意勝解後方能起
勝知勝見故名勝處此勝當知復有
五種一形奪卑下故名為勝謂如有
一以已勝上工巧等事形奪他人置
下劣位二制伏羸劣故名為勝謂如
有一以已強力摧諸劣者三能隱蔽
他故名為勝謂瓶盆等能有覆障或
諸藥草呪術神通有所隱蔽四猒壞
所緣故名為勝謂猒壞境界捨諸煩
惱五自在迴轉故名為勝謂世君王
隨所欲為處分臣僕於此義中意顯
隱蔽及自在勝前解脫中勝解自在
今於勝處制伏自在觀色少者謂諸

有情資具等色觀色多者謂諸宮殿
房舍等色言好色者謂美妙顯色一
向淨妙故與此相違名為惡色言劣
色者謂聲香味觸不可意色與此相
違當知勝色此四顯色有情資具宮
殿等攝言勝知者謂數數隱蔽所緣
勝解有如是想者謂有制伏想也
復次由諸遍處於勝解事生遍勝解
故名遍處言無二者謂諸賢聖無我
我所二差別故言無量者遍一切故
何故遍處唯就色觸二處建立由此
二種共自他身遍有色界常相續故
眼等根色唯屬自身香味二塵不遍
一切聲聲有間是故不說如是有色
諸遍處定色界後邊於無色中空遍
一切故立遍處識所行境遍一切故
亦立遍處
復次修觀行者先於所緣思惟勝解
次能制伏既於制伏得自在已後即
於此遍一切處如其所欲而作勝解
是故此三如是次第八色遍處善清
淨故能引賢聖勝解神通及於諸事
轉變神通如其勝解隨所轉變皆能

成就又能變作金銀等物堪有所用由識遍處善清淨故便能引發無諍願智无㝵解等諸勝功德由空遍處善清淨故隨其所欲皆轉成空辟如世間凡鐵金師初和浧等未善調練解脫位亦尒如善調練勝處位亦尒如調練已隨欲轉變遍處位亦尒

復次三三摩地者云何空三摩地謂於遠離有情命者及養育者數取趣等心住一緣當知空性略有四種一觀察空謂觀察諸法空无常樂乃至空無我我所等二彼果空謂不動心解脫空无貪等一切煩惱三者內空謂於自身空无計我我所及我慢等一切僻執四者外空謂於五欲空無欲愛如說我已超過一切有色想故於外空身作證具足住乃至廣說此中緣妙欲想名為色想此想所起貪欲斷故說為外空又修行者由彼果空或時作意思惟外空或時作意思惟內空由觀察空或時思惟內外空性由此力故心俱證會設復於此內外空性不證會者便應作意思惟无

動言无動者謂無常想或復苦想如是思惟便不為彼我慢等動由彼不為計我我慢乃至廣說動其心故便於二空心俱證會云何無願心三摩地謂於五取蘊思惟無常或思惟苦心住一緣云何無相心三摩地謂即於彼諸取蘊滅思惟寂靜心住一緣如經言無相心三摩地不低不昂乃至廣說云何名為不低不昂違順二相不相應故又二因緣入無相定一不思惟一切相故二正思惟无相界故由不思惟一切相故於彼諸相不猒不壞惟不加行作意思惟故名不低於无相界正思惟故於彼無相不堅執著故名不昂此三摩地略有二種一者方便二方便果言方便者數數策勵思擇安立於彼諸相未能解脫由隨相識於時時中擾乱心故彼復數數自策自勵思擇安立方能取果解脫隨相於此解脫又解脫故不自策勵思擇而住是故名為極善解脫若數策勵思擇安立方得住者雖名解脫非善解脫又曉了果曉了功

德者謂煩惱斷究竟故現法樂住究竟故又復滅道俱應曉了即此二種隨其次第名曉了果曉了功德又諦現觀阿羅漢果俱應曉了於見道位中名曉了果於阿羅漢果名曉了功德若於此處无有彼物由此道理觀之為空故名空性即所觀空無可希願故名無願觀此遠離一切行相故名无相何故此中先說空性餘處直說无常故苦苦故無我後方說空謂若無無我无常苦觀終不清淨要先安住無我之想從此无間方得無願是故經言諸無常想依无我想而得安住乃至廣說彼於無常觀无我已不生希願唯願無相專求出離故此无間宣說無相

復次云何有尋有伺三摩地謂三摩地尋伺相應云何无尋唯伺三摩地謂三摩地唯伺相應大梵修已為大梵王云何无尋無伺三摩地謂三摩地尋伺二種俱不相應修習此故生次上地乃至有頂唯除無漏諸三摩地云何无尋無伺三摩地相謂於尋

伺心生棄捨唯由一味於內所緣而作勝解又唯一味平等顯現

復次云何小三摩地謂或由所緣故小觀少色故或由作意故小小信小欲小勝解故云何大三摩地謂或由所緣故大觀多色故而非无邊無際觀諸色故或由作意故大上信上欲上勝解故而非無邊无際信欲勝解故云何无量三摩地謂或由所緣故無量无邊無際觀諸色故或由作意故无量無邊无際信欲勝解故此中大心三摩地者謂於一樹下想諸天光而生勝解乃至廣說无量三摩地者謂四无量云何於一樹下想諸天光而生勝解謂於欲界極猒壞已得初靜慮為令此定善清淨故更修方便又聞諸天身帶光明便思惟彼身光明相遍一樹下乃至大地大海邊際發生勝解由三摩地後後轉增有差別故令所生起而有差別云何作意得成唯二謂隨勝解分齊施設作意故云何作意唯二為緣修成唯二謂即由此作意力故施設所修定有差

別圓滿清淨轉增勝故云何以修唯二為緣行成唯二謂如如善修定轉增勝如是如是施設所感生有差別云何以行唯二為緣補特伽羅建立唯二謂此因緣所生有情施設高下勝劣差別問初二靜慮諸天光明有何差別荅如末尼珠外有光明內無光明初靜慮身亦復如是外放光明內則不尒譬如明燈外發光明內自照了第二靜慮身亦如是若內若外俱有光明是故經說彼地已上唯一種身非於下地

復次云何建立四无量定謂諸有情有三品故一者无苦无樂二者有苦三者有樂如其次第欲與其樂欲令離苦欲令其樂永不相離於彼作意有四種故如其次第建立四種謂由與樂作意故拔苦作意故樂不相離隨喜作意故建立前三即於此三欲與樂等為欲令彼不樂思慕不染汙作意故瞋恚不染汙作意故貪欲不染汙作意故建立於捨經言以慈俱心乃至廣說現前饒益故名慈俱饒

益相故名慈善友其饒益相略有二種一欲利益二欲安樂此二種相一切無量之所顯示无怨者離惡意樂故无敵者離現乖諍故無惱害者離不饒益事故廣者所緣廣大故大者利益安樂思惟最勝故无量者果無量故如四大河衆流雜處善修習者極純熟故設有問言慈俱等心有何等相故次荅言勝解遍滿具足而住勝解遍滿者增上意樂勝解周普義具足者圓滿清白故住者所修觀行日夜專注時專注故問如經言善修習慈極於遍淨乃至廣說此何密意荅第三靜慮於諸樂中其樂最勝憶念此樂修習慈心慈最第一故說修慈極於遍淨憶念空處修習悲心亦最第一以修悲者樂欲拔苦無色界中遠離衆苦斷壞等苦彼都无故是故憶念無邊空處修悲等至作如是念當令一切有苦有情到無衆苦及所依處修喜定者亦常憶念无邊識處慶諸有情所得安樂作如是念當令一切有情之類受无量樂猶如識處

識無限量是故憶念識无邊處修習喜定為寂第一修捨定者亦常憶念无所有處作如是念無所有處無漏心地寂為後邊捨寂第一如阿羅漢苾芻一切苦樂不苦不樂現行位中皆无染汙當令一切有情之類得如是捨是故憶念無所有處修習捨定為寂第一如是一切皆是聖行唯聖能修故經宣說覺分俱行

復次云何一分修三摩地謂於此中或唯作意思光明相或唯作意思惟色相而入於定如是二種隨其次第或了光明或覩衆色云何具分修三摩地謂俱思惟而入於定亦了光明亦見衆色如是修習光明定者定雖差別有十一種所謂疑等如經廣說問此誰難耶答三摩地相相有二種謂所緣相及因緣相用彼為依住三摩地若退彼相便不能住此中寂初於所顯現光明色相不善知故便覺有疑方便緩故有不作意如於衆色不欲見者或閉於目或復背面此觀行者於諸色中不欲作意亦復如是

由不善守根門等故有身麤重多習睡眠或多覺悟便增惛睡不見衆色設有所見而不圓滿為此二事極作功用力勵思惟故有太過勇猛精進由有太過策勵過故還極下劣如急捉持尺鷃鳥者彼惟思求光明之相此與見色若俱生時怖一得二便生踊躍猶如有人得二伏藏遍於諸方欻然並見不祥之色便生大怖猶如有人兩邊旋轉卒起彼於行時或復住時於世雜類起種種想如是外想與定為難或復因其所脩習定謂已為勝觀他為劣便自高舉如是亦得名種種想或多言論或久尋思令身疲勞心不得定如是多言與定為難若從定生光明之相及見色時便捨內修相續作意願樂於外諦視衆色故極思察與定為難如是諸難隨其所應障三摩地所緣境相及因緣相或有過此退失所緣因緣相故如其次第二相俱沒

復次云何喜俱行三摩地謂初二靜慮諸三摩地云何樂俱行三摩地謂

第三靜慮諸三摩地云何捨俱行三摩地謂第四靜慮已上諸三摩地

復次云何修定為得現法樂住謂於四種現法樂住方便道中所有修定及未圓滿清淨鮮白諸根本地所有修定為顯修習未曾得定是故世尊說初靜慮前方便道云何修定為得智見謂諸苾芻於光明相慇懃懇到審諦而取如經廣說當知此在能發天眼前方便道所有修定此中天眼於諸色境能照能觀說名為見能知諸天如是名字如是種類乃至廣說如勝天經是名為智云何修定生分別慧謂諦現觀預流果向方便道中所有修定或為修習諸無尋解云何修定為盡諸漏謂阿羅漢果方便道中所有修定

復次云何五聖智三摩地謂我此三摩地是聖无染無執廣說如經此中示現五行相智謂自體智補特伽羅智清淨智果智入出定相智聖者善故名聖又無漏故名聖无染者顯善聖性无執者顯無漏聖性非凡夫所

近者謂諸佛及聖弟子所親近故是聡叡所讃者謂即彼所稱讃故是諸時常稱讃故非如世間初静慮等為背下地修方便故先以静相而稱讃之為趣上地修方便故後以麁相而復呵毀寂静者所治煩惱永寂静故微妙者自地煩惱不愛味故得安隱道者所得之道无退轉故證心一趣者已得无尋無伺地故現在安樂者能得現法樂住故後樂異熟者引无餘依涅槃樂故正念而入者善取能入三摩地相无忘失故正念而出者善取能出三摩地相无忘失故

復次云何聖五支三摩地謂諸苾芻即此身内離生喜樂廣說如經離生喜樂者謂初静慮地所攝喜樂所滋潤者謂喜所潤遍滋潤者謂樂所潤遍充滿者謂加行究竟作意位遍適悅者謂在已前諸作意位由彼位中亦有喜樂時時閒起然非久住亦不圓滿於此身中无有少分而不充滿者謂在加行究竟果作意位譬如黠

慧能沐浴人或彼弟子者當知喻於修觀行者銅器凡器或蜂蛤器者喻為離欲生喜樂故教授教誡細沐浴末者喻能順彼出離尋等水澆灌者當知喻於尋清淨道沐浴摶者以喻於身帶津膩者喻喜和合膩所隨者喻樂和合遍内外者喻无間隙喜樂和合不強者喻無散動不弱者喻無滲汙亦無愛味又於第二喻有差别山者喻於无尋伺定尖頂者喻於第二静慮无尋無伺於所緣境一味勝解泉者喻於内等淨支水軸者謂水傍流出水索者謂水上涌出此二種喻如其次第顯示喜樂滋潤等言如前解釋無不充滿者當知喻於無間相應又於第三喻有差别如嗢鉢羅等離喜之樂彼相應法及所依身當知亦尒水喻離喜无尋伺定喜發踊躍由無彼故喻花胎藏没在水中又於第四喻有差别清淨心者謂與捨念清淨相應超過下地諸災患故鮮白者謂性是善自地煩惱无愛味故何故復以長者為喻謂彼所作皆審

悉故不放逸故思惟籌量觀察勝故於增減門无不知故證得清淨第四静慮者亦復如是凡有所為審諦圓滿无諸放逸於一切義無不了知其性捷利八經九經以為喻者由堅緻故顯軟韮等不能侵損首足皆覆者若有二失容可侵損謂衣薄故有露處故今此顯示二失俱无此定亦尒其心清淨鮮白周遍一切散動所不能侵堪忍寒暑乃至他所呵叱惡言及内身中種種苦受又於第五喻有差别於所觀相慇懃懇到等當知巳如前釋謂審觀察三世諸行於能觀察又復觀察是此中惣義何等名為聖三摩地云何建立五支差别謂四静慮中所有聖賢心一境性及於安立審諦觀察如是名為聖三摩地依於四種現法樂住建立四支依審觀察緣起法故又為斷除能結縛故建立第五支當知此由二因緣故建立五

復次云何有因有具聖正三摩地當知善故及无漏故說名為聖有五道支名此定因所謂正見正思惟正語

正業正命具有三種所謂正見正精進正念此中薄伽梵說前七道支與聖正三摩地為因為具隨其所應差別當知謂由前導次第義故立五為因於三摩地資助義故立三為具云何正見等前導次第義謂先了知世間實有真阿羅漢正行正至便於此離染生樂欲獲得正見次復思惟何當出離居家迫迮乃至廣說從此出家受學尸羅修治淨命是名正語正業正命此正見等於所對治邪見等五猶未能斷還即依止此五善法從他聞音展轉發生聞思正見為欲斷除所治法故又為修習道資糧故方便觀察次依聞慧發生思慧復依思慧發生修慧由此正見於諸邪見如實了知此是邪見於諸正見如實了知此是正見乃至正命如實知已為欲斷除邪見等故及為圓滿正見等故發勤精進若由此故能斷所治集能治法令其圓滿是名正念此念即是三摩地分故亦頼說正三摩地若是時中捨邪見等令不復生修正見等令得圓滿即於如是方便道中亦能棄捨邪精進念兼能修滿正精進念若於是時於彼諸法能斷能滿即於此時聖正三摩地亦得圓滿此中由慧為導首於增上戒先自安處次聞他音如理作意及增上戒學二為依止於方便道中發生增上心學及增上慧學此中正念名增上心學正見正精進名增上慧學如是三學於修聖正三摩地時皆得圓滿

復次云何金剛喻三摩地謂最後邊學三摩地此三摩地最第一故最尊勝故極堅牢故上無煩惱能摧伏故摧伏一切諸煩惱故是故此定名金剛喻譬如金剛其性堅固諸末尼等不能穿壞穿壞一切末尼寶等此定亦介故喻金剛

復次云何五現見三摩鉢底謂諸苾芻即於此身等廣說如經已見諦者修此等至是故名為現見等至是諸修道所斷煩惱制伏對治斷滅對治及觀察斷當知此中捴略體性初不淨觀方便念住以為依止為令欲貪

不現行故觀察內身種種不淨第二不淨觀即彼念住以為依止乃至觀察骨人之相為令彼貪不現行故觀察此身種種不淨當知齊此名具觀察一切不淨最極通達者是青瘀等觀品類次第極逾越義初不淨觀觀察內身現前安住種種不淨後不淨觀通達法性觀察此身有如是法有如是性乃至廣說觀識流轉者觀察此識生滅相續或觀生身展轉相續謂應觀察行緣識等或觀剎那展轉相續謂細觀察若有貪心離貪心等品類差別莊華過度彼彼日夜剎那臘縛牟呼栗多於其中間非一衆多種種心識異生異滅觀察有學未離欲者俱住二世已離欲者惟住他世阿羅漢果俱無所住如是名為觀察於斷勝處等至遍處等至如前已說

復次云何無想三摩鉢底謂已離遍淨欲未離上欲求出離想作意為先諸心心法滅問以何方便入此等至答觀想如病如癰如箭入第四靜慮修背想作意於所生起種種想乜乜猒

背而住唯謂無想寂靜微妙於无想中持心而住如是漸次離諸所緣心便寂滅於此生中亦入亦起若生於彼唯入不起其想若生便從彼没

復次云何滅盡三摩鉢底謂已離無所有處欲暫安住想作意爲先諸心心法滅問以何方便入此等至荅若諸聖者已離無所有處欲或依非想非非想處相而入於定或依滅盡相而入於定依非想非非想處相而入定者謂於此上心深生猒捨非想非非想處進趣所緣皆滅盡故心便寂滅依滅盡相而入定者亦復如是將欲趣入滅盡定時有二種法多有所作謂奢摩他毗鉢舍那云何奢摩他云何毗鉢舍那云何此二多有所作謂於此義中八次第定名奢摩他所有聖慧名毗鉢舍那於此二中隨闕一種即不能入滅盡等至要具此二方能趣入是故此二多有所作問入滅定時云何次第滅三種行荅此有一種謂行時住時若於行時亦起言說於初靜慮有此作用有語行故若

於住時從第二靜慮已上次第定力彼三種行次第而滅當知出時由逆次第次第而起問滅盡定中諸心心法並皆滅盡云何說識不離於身荅由不變壞諸色根中有能執持轉識種子阿賴耶識不滅盡故後時彼法從此得生問入滅定時無有分別我當入定我當出定正在定時心寂滅故遠離加行將出定時心先滅故亦无作意云何能入云何能出荅先於其心善修治故若有諸行諸狀諸相能入於定能出於定於彼修習極多修習由修習故任運能入任運能出云何出滅定時觸三種觸一不動觸二無所有觸三无相觸謂出定時多由三境而出於定一由有境二由境境三由滅境由此三境於出定時如其次第觸三種觸緣於有境而出定時无有我慢擾動其心謂此爲我而起我慢或計未来我當有等乃至廣說是故說言觸不動觸緣於境境而出定時无貪所有無瞋所有无癡所有是故言觸无所有觸緣於滅境而

出定時於一切相不思惟故緣无相界是故說言觸無相觸如是已說靜慮解脫等持等至

瑜伽師地論卷第十二

丙午歲高麗國大藏都監奉
勑雕造

瑜伽師地論卷第十二

校勘記

一　底本，麗藏本。金藏廣勝寺本多殘缺，今採用其中可用者六版，即四四三頁中至四四五頁上。

一　四三八頁上一〇行「任持」，磧作「住持」。

一　四三八頁上二〇行第五字「勵」，資、磧、普、南、徑、清作「而勵」。

一　四三八頁下七行第三字「嘗」，石作「曾」。

一　四三九頁上五行第五字「今」，石作「令」。

一　四三九頁中六行第一二字「逆」，資作「進」；磧、普、南、徑、清作「還」。

一　四三九頁中一〇行第三字「二」，諸本作「三」。

一　四三九頁中一二行首字「説」至第八字「遠」與第九字「故」至一二字「能」，磧、普、南、徑、清倒置。

一　四四〇頁下一四行第六字「間」，資、磧、普、南、徑、清作「聞」。

一　四四一頁上五行第三字「凡」，諸本作「瓦」。

一　四四一頁上一〇行第三字「住」，資、磧、普、南作「位」。

一　四四一頁上一三行第三字「空」，石作「故」。

一　四四一頁上一九行第九字至二〇行第二字「修行者由彼果空或」，磧、普、南、徑、清作「彼果空或修行者由」。

一　四四一頁下一一行第四字「我」，資、磧、普、南、徑、清作「願」。

一　四四一頁下末行第四字「无」，石無。

一　四四二頁上一二行第六字「謂」，資、磧、普、南、徑、清無。

一　四四二頁中五行第六字「緣」，石作「故」。

一　四四二頁下一〇行第四字「者」，諸本作「者是」。

一　四四三頁上一一行第五字「思」，資、磧、普、南、徑、清作「思惟」。

一　四四三頁上一九行第一〇字「住」，磧、普、南、徑、清作「性」。

一　四四三頁中三行末字「作」，磧、南、徑、清作「非」。

一　四四三頁中二〇行第四字「遇」，資、磧、普、南、徑、清作「過」。

一　四四三頁下一三行第六字「名」，資、磧、普、南、徑、清作「知」。

一　四四四頁中四行首字「末」，資、磧、普、南、徑、清作「未」。

一　四四四頁中六行第一一字「賦」，諸本作「膩」。

一　四四四頁下一九行第一〇字「能」，諸本作「餘」。

一　四四四頁下二〇行第四字「支」，諸本無。

一　四四四頁下二〇行第八字「由」，資、磧、普、南、徑、清作「中」。

一　四四四頁下二〇行末字「五」，諸本作「五支」。

一　四四五頁中五行第五字「導」，磧作「尊」。

一　四四五頁中六行末字「二」，南、徑、清作「並」。

一　四四五頁下一行末字「二」，南、徑、清作「一」。

一　四四五頁下六行第五字「第」，徑、清作「等」。

一　四四五頁下二〇行第七字「求」，資、磧、普、南、徑、清作「永」。

一　四四六頁中一一行第五字「治」，徑、清作「持」。

瑜伽師地論卷第十三　習一

彌勒菩薩說

三藏法師玄奘奉　詔譯

本地分中三摩呬多地第六之三

復次如世尊言汝等苾芻當樂空閑勤修觀行內心安住正奢摩他者謂能遠離臥具貪著或處空閑或坐樹下繫念現前乃至廣說名樂空閑當知此言顯身遠離若能於內九種住心如是名為內心安住正奢摩他當知此言顯心遠離若樂處空閑便能引發內心安住正奢摩他若內心安住正奢摩他便能引發毗鉢舍那若於毗鉢舍那善修習已即能引發於諸法中如實覺了

復次如世尊言汝等苾芻於三摩地當勤修習无量常委安住正念者謂先總摽於三摩地勤修習已後以三事別顯修相無量者謂四無量常委者謂常有所作及委悉所作故名常委安住正念者顯於四念住安住其心何故說此三種修相謂依二種圓

滿故一者世間圓滿二者出世圓滿修无量故便能引發世間圓滿修正念故便能引發出世圓滿常委修故於此二種速得通達由此因緣處二中說是故但說三種修相又无量者顯奢摩他道住正念者顯毗鉢舍那道常委者顯此二種速趣證道又無量者顯趣福德行住正念者顯趣涅槃行常委者顯趣二種速圓滿行先於奢摩他善修習已後與毗鉢舍那方得俱行修此二種三摩地故如實覺了所知境界

復次如世尊言修靜慮者或有等持善巧非等至善巧廣說如經嗢拕南頌云何等持善巧謂於空等三三摩地得善巧故云何非等至善巧謂於勝處遍處滅盡等至不善巧故云何等至善巧非等持善巧謂於十種遍處等至及无想等至若入若出俱得善巧非於三三摩地云何俱善巧謂於彼二俱善巧故云何俱不善巧謂於彼二俱不善巧故如是於先所說等持等至中隨其所應當善建立又

說等持善巧非等等至善巧者謂於等持名句文身善知差別非於能入等至諸行狀相差別云何等至善巧非等持善巧謂如有一善知能入隨一等至諸行狀相亦能現入而不善知此三摩地名句文身差別之相亦不能知我已得入如是如是等持差別有諸菩薩雖能得入若百若千諸三摩地而不了知彼三摩地名句文身亦不能知我已得入如是如是等持差別乃至未從諸佛所聞及於已得第一究竟諸菩薩所而得聽聞或自證得第一究竟云何為住謂善取能入諸三摩地諸行狀相善取彼故隨其所欲能住於定於三摩地无復退失如是若住於定若不退失二俱名住云何為出謂如有一於能入定諸行狀相不復思惟於不定地分別體相所攝定地不同類法作意思惟出三摩地或隨所作因故或定所作因故或期所作因故而出於定隨所作者謂修治衣鉢等諸所作業定所作者謂飲食便利承事師長等諸所作

業期所作者謂如有一先立期契或許為他當有所作或復為欲轉入餘定由此因緣出三摩地何等為行謂如所緣作種種行而入於定謂麁行靜行病行癰行箭行无常等行若於彼彼三摩地中所有諸行何等為狀謂於諸定臨欲入時便有此定相狀先起由此狀故彼自了知我於如是如是相定不久當入或復正入彼教授師由此狀故亦了知彼不久當入如是如是相定何等為相謂二種相一所緣相二因緣相所緣相者謂分別體由緣此故能入諸定因緣相者謂定資糧由此因緣能入諸定謂隨順定教誡教授積集諸定所行資糧修俱行欲猒患有心於乱不乱審諦了知及不為他之所逼惱或人所作或非人所作或音聲所作或功用所作云何調善謂若三摩地猶為有行之所拘執如水被持或為法性之所拘執不靜不妙非安隱道亦非證得心一趣性此三摩地不名調善不隨所樂安隱而住與此相違名為調善

云何猶為有行拘執謂由揞顩俱行思故制伏外緣持心於定又於作意要由功用方能運轉不令內心於外流散故作是說如水被持云何法性之所拘執謂觀下地為麁法性觀於上地為靜法性寂靜微妙得安隱道及能證得心一趣性如五聖智三摩地中已略解釋云何所行謂三摩地所行境界由所得定過此已上不能知故如初靜慮不能觀見第二靜慮如是根度數取趣度亦不能知云何引發謂能略攝廣文句義及能成辦諸勝功德云何等愛謂慚愧愛敬信正思惟正念正知根護戒護及無悔等樂為最後由隨樂故心便得定與此相違名不等愛云何等愛亦不等愛謂如有一於慚愧等少分成就少不成就謂具慚愧而無愛敬乃至廣說云何為增謂所得定轉復增長云何為減謂所得定還復退失云何方便謂趣彼二道又止舉捨當知如前止等相中已具分別

復次如分別靜慮經言有靜慮者即

於興等謂之為衰乃至廣說此中四轉當知二時顛倒謂於三摩地若退墮時若勝進時趣退及退俱名為衰趣勝進道及與勝進俱名為興云何應知於三摩地進時顛倒彼謂我今退失離生喜樂我今退失勝三摩地謂靜慮者勤修習故心趣寂靜隨捨行故從初靜慮入於第二靜慮近分然於此事不善了知於此位中初靜慮地喜樂已過第二靜慮地中所有喜樂猶未能得便作是念我今退失離生喜樂遂還從彼退攝其心當知如是修靜慮者其心顛倒云何應知於三摩地退時顛倒謂如有一得初靜慮為涅槃故積集資粮彼於涅槃已得所修資糧圓滿由此因緣或由功用或復任運起如是想作意現前由如是想作意故於諸色中乃至識中了知如病乃至无我由如是想作意故從此无間因世間定所生喜樂不復現行便作是念我今退失定生利益及所依止遂還從彼退攝其心如是當知修靜慮者於三摩地退失顛倒云何當知於三摩地

退失無倒謂如有一得初靜慮便生喜足不求上進惟起愛味由起如是欲俱行想作意故遂便退失近欲界定彼於此衰能了是衰由此因緣當知無倒又由所得靜慮定故自譽毀他謂我所得此靜慮定非餘能得由起如此欲俱行想作意故所有蓋纏轉增轉厚便從定退彼於此衰能了是衰又以所得靜慮諸定顯示於他為諸國王及王臣等當供養我從定起已尋思此事由如是欲俱行想作意故所有蓋纏轉增轉厚餘如前說如是當知修靜慮者於三摩地退失無倒第二無倒翻初无倒應知其相此二無倒亦於二時應知其相由依如是倒无倒處安立四轉

復次如分別四撿行定經中由四種相撿行一切三摩地等謂此等持是順退分乃至此是順決擇分云何撿行謂此是劣分此是勝分此殊勝分此㝡勝分如其次第此復云何謂修定者從初靜慮還退出已於諸靜慮不復樂入亦不思惟此行狀相然欲

俱行諸想作意數數現前如先所說從彼起已隨念愛味當於尒時修靜慮者應自撿行我三摩地今成退劣又修定者從初靜慮還退出已得聞隨順此定教法謂初靜慮諸行狀相慇懃懇到善取其相令所得定堅住不忘如是隨念順定法故成順住分當於尒時應自撿行我三摩地已成其勝我三摩地已得安住非退非進非趣決擇又靜慮者從初靜慮還退出已得聞隨順第二靜慮教授之法既得聞已第二靜慮道俱行諸想作意數數現前當於尒時應自撿行我三摩地已成殊勝非退非住唯是勝進非趣決擇又修定者從初靜慮還退出已聞呰諦等相相應教法既得聞已呰諦等俱行諸想作意順決擇分數數現前彼於尒時當自撿行我三摩地已成㝡勝非退非住亦非勝進然趣決擇

復次如經言有眼有色乃至有意有法而諸苾芻於此諸法若實若有都不領受尚不受想何況無想此復云

何謂諸苾芻於初靜慮具足安住由此因緣猒壞眼色乃至意法由猒壞故威勢映奪遂於眼中无有眼想然有其想乃至於法無有法想然有其想云何有想謂於眼等作意思惟是苦是集或是病等彼於諸法不受自相如是乃至無所有處此中正說無相作意云何名為不受無想謂不思惟一切相故於盡滅中思惟寂靜此中意說離諸相想名為无想又說安住滅盡定者一切諸想皆不生起

復次如經中說四種趣道云何宴坐於諸法中思惟簡擇謂有苾芻先巳證得初靜慮等而未見諦由聽正法及多聞故而能宴坐依三摩地於苦等諦發起現觀如是行者依增上心修增上慧又有苾芻如實知苦乃至知道而未證得初靜慮等彼便宴坐思惟諸法如是行者依增上慧修增上心第三行者名為俱得奢摩他毗鉢舍那雙雜轉故第四行者先巳證得初靜慮等未聽正法未習多聞後從大師或餘尊所聞見諦法或復得

聞斷餘結法由此得入真諦現觀或復證得阿羅漢果彼既證得出離所引大善喜悅由能制伏諸掉舉心復還宴坐如是坐巳安心住於靜慮等至寂初趣道引見道故第二第三引修道故第四趣道為俱引故

復次如經中說有四淨勝為求清淨此寂為勝故名淨勝云何為淨云何為勝謂所得所證所引或等若圓滿若攝受是名為淨發動精進未滿令滿是名為勝云何尸羅圓滿攝受謂若有一雖住具戒亦能守護別解脫律儀而於軌則及所行中未能具足未於小罪深見怖畏此於尸羅未名圓滿若於一切皆悉滿足乃名圓滿如是名為尸羅圓滿若於長時串修習故便於根門善守而住廣說乃至即於尸羅攝成自體自性安住如是名為尸羅攝受云何三摩地圓滿謂若巳得加行究竟果或第四靜慮乃名圓滿於此下位皆未圓滿云何三摩地攝受謂彼所得三摩地等後時清淨又三摩地不為有行之所拘執

乃至廣說云何見圓滿謂聞他音及如理作意故正見得生由此正見雖能知苦乃至知道若未如實猶不得名正見圓滿若能於彼如實了知介時方名正見圓滿云何見攝受謂於後時諸漏永盡乃至廣說云何解脫圓滿謂若由有學智見解脫貪等未名圓滿若由无學智見得解脫者乃名圓滿云何解脫攝受謂若行若住常不退失現法樂住如是名為解脫攝受

復次如經言心清淨行苾芻於時時間應正作意思惟五相乃至廣說方便勤修增上心者乃得名為心清淨行諸惡不善欲等尋思及親里等所有尋思皆於此行能為障㝵略有三種補特伽羅由軟中上尋思行者有差別故初由正思惟所餘相故令彼尋思不復現行第二由見尋思深過患故或復不念不思惟故令彼尋思不復現行云何不念及不思惟由善於內安心等故第三補特伽羅非初即能令彼一切皆不現行要當方便

令尋思行漸漸歇薄麁既息已漸當制伏若猶未能於尋思路尋思所緣深生猒怖當以猒患俱行之心多思惟力於彼尋思俱行之心調練制伏如是三種補特伽羅分為五種

復次盪塵經中佛世尊言當如陶鍊生金之法陶鍊其心乃至廣說如是等義云何應知謂陶鍊生金略有三種一除垢陶鍊二攝受陶鍊三調柔陶鍊除垢陶鍊者謂從金性中漸漸除去麁中細垢乃至唯有淨金沙在攝受陶鍊者謂即於彼鄭重銷煑調柔陶鍊者謂銷煑已更細鍊治瑕隙等穢如金性內所有生金種性位中心淨行者當知亦尒謂堪能證般涅槃者問從何位名心淨行者荅從得淨信求出家位此於在家及出家位有麁中細三種垢穢其在家者由二為障不令出家一不善業謂常樂安處身語惡行二邪惡見謂撥无世間眞阿羅漢正行正至此於已得淨信位前能為障㝵欲等尋思障出家者令其不能心生喜樂親等尋思障憙

樂者令其不能恒修善法由斷彼故恒修善法速得圓滿純淨之心有尋有伺如淨金沙是名為心除垢陶鍊猶如生金仍未銷煑若有復能止息尋思乃至具足安住第四靜慮是名為心攝受陶鍊由能攝受无尋无伺三摩地故猶如生金已被銷煑若三摩地不為有行之所拘執乃至廣說是名為心調柔陶鍊於神通法隨其所欲能轉變故如彼生金已細鍊治瑕隙等穢

復次如經言應於三相作意思惟乃至廣說應時時間作意思惟奢摩他等差別之相不應一向為欲對治沉掉等故若於止舉未串習者唯一向修是沉掉相如此修者當知住在方便道位若時時間思惟捨相如是在於成滿道位亦由於此一向修故於緣起法及聖諦中不思擇故心不正定不盡諸漏於諸諦中若未現觀不能現觀或已現觀不得漏盡初之二種是三摩地能成辦道第三一種依三摩地盡諸漏道是名略顯此中要

義於時時間作意思惟遍一切故

復次有四正法攝持聖教何等為四一者遠離二者修習三者修果四者於聖教中无有乖諍遠離者謂山林樹下空閑靜室修習者謂住於彼勤修二法謂奢摩他毗鉢舍那云何已習奢摩他依毗鉢舍那而得解脫謂如有一先已得初靜慮乃至第四靜慮彼即依此三摩地故如實知苦乃至知道彼即依此毗鉢舍那於見所斷諸煩惱中心得解脫云何已習毗鉢舍那依奢摩他心得解脫謂如有一如實知苦乃至知道彼依如是增上慧故發生靜慮即由如是奢摩他故於修所斷諸煩惱中心得解脫如是修習奢摩他毗鉢舍那已於諸界中而得解脫見道所斷諸行斷故名為斷界修道所斷諸行斷故名離欲界一切有執皆永滅故名為滅界是名修果於聖教中无乖諍者所謂大師及諸弟子若義若句若文於文句義平等潤洽互相隨順非如異道施設見解種種非一差別不同第一句

者所謂前句若以此句問於初一即以此句而問第二設於初一依蘊而問復於第二依餘問者便不得名與第一句平等瀾洽手相隨順

本地分中非三摩呬多地第七

已說三摩呬多地云何非三摩呬多地當知此地相略有十二種或有自性不定故名非定地謂五識身或有闕輕安故名非定地謂欲界繫諸心心法彼心心法雖復亦有心一境性然無輕安舍潤轉故不名為定或有不發趣故名非定地謂受欲者於諸欲中深生染著而常受用或有極散乱故名非定地謂初修定者於妙五欲心隨流散或有太略聚故名非定地謂初修定者於內略心惛睡所蔽或有未證得故名非定地謂初修定者雖無散乱及以略聚嬾惱其心然猶未得諸作意故諸心心法不名為定或有未圓滿故名非定地謂雖得作意然未證得加行究竟及彼果故不名為定或有雜染汙故名非定地謂雖證得加行究竟果作意然為種

積愛味等惑染汙其心或有不自在故名非定地謂雖已得加行究竟果作意其心亦无煩惱染汙然於入住出諸定相中未得自在未隨所欲梗澁艱難或有不清淨故名非定地謂雖自在隨其所欲无澁無難然惟修得世間定故未能永害煩惱隨眠諸心心法未名為定或有起故名非定地謂所得定雖不退失然出定故不名為定或有退故名非定地謂退失所得三摩地故不名為定

本地分中有心无心二地第八第九

已說非三摩呬多地云何有心地云何无心地謂此二地俱由五門應知其相一地施設建立門二心乱不乱建立門三生不生建立門四分位建立門五第一義建立門

地施設建立者謂五識身相應地意地有尋有伺地无尋惟伺地此四一向是有心地無尋无伺地中除无想定并无想生及滅盡定所餘一向是有心地若无想定若无想生及滅盡定是無心地

心乱不乱建立者謂四顛倒顛倒其心名為乱心若四顛倒不顛倒心名不乱心此中乱心亦名无心性失壞故如世間見心狂乱者便言此人是無心人由狂乱心失本性故於此門中諸倒乱心名无心地若不乱心名有心地

生不生建立者八因緣故其心或生或復不生謂根破壞故境不現前故闕作意故未得故相違故已斷故已滅故已生故心不得生由此相違諸因緣故心乃得生此中若具生因緣故心便得生名有心地若遇不生心因緣故心則不生名无心地

分位建立者謂除六位當知所餘名有心地何等為六謂無心睡眠位無心悶絶位無想定位無想生位滅盡定位及无餘依涅槃界位如是六位名無心地

第一義建立者謂惟无餘依涅槃界中是无心地何以故於此界中阿賴耶識亦永滅故所餘諸位轉識滅故名无心地阿賴耶識未永滅盡於第

一義非无心地

本地分中聞所成地第十之一

已說有心無心地云何聞所成地謂若略說於五明處名句文身无量差別覺慧為先聽聞領受讀誦憶念又於依止名身句身文身義中无倒解了如是名為聞所成地何等名五明處謂內明處醫方明處因明處聲明處工業明處

云何內明處當知略說由四種相一由事施設建立相二由想差別施設建立相三由攝聖教義相四由佛教所應知處相

云何事施設建立相謂三種事捴攝一切諸佛言教一素怛纜事二毗奈耶事三摩怛履迦事如是三事攝事分中當廣分別

云何想差別施設建立相嗢拕南曰

句迷惑戲論　住真實淨妙　寂靜性道理

假施設現觀

云何句謂內六處無量境界无量方所无量時分復有三界謂欲界色界無色界又有三界謂小千世界中千

世界三千大千世界復有四衆謂在家衆出家衆鄔波索迦衆非人衆復有三受謂苦受樂受不苦不樂受復有三世謂過去世未來世現在世復有三寳謂佛寳法寳僧寳復有三法謂善法不善法无記法復有三雜染謂煩惱雜染業雜染生雜染復有四聖諦謂苦聖諦集聖諦滅聖諦道聖諦復有九次第等至謂初靜慮等至乃至滅想受等至復有三十七菩提分法謂四念住四正斷四神足五根五力七覺支八道支復有四沙門果謂預流果一來果不還果最勝阿羅漢果復有衆多勝妙功德謂无量解脫勝處遍處无諍願智無㝵解六神通等復有方廣大乘五事謂相名分別真如正智復有二空性謂補特伽羅空性及法空性復有二无我性謂補特伽羅無我性及法無我性復有遠離二邊處中觀行謂離增益邊離損減邊復有四種真實謂世間所成真實道理所成真實煩惱障淨智所行真實所知障淨智所行真實復有

四尋思謂名尋思事尋思自性假立尋思差別假立尋思復有四如實遍智謂名尋思所引如實遍智事尋思所引如實遍智自性假立尋思所引如實遍智差別假立尋思所引如實遍智復有三種自性謂遍計所執自性依他起自性圓成實自性復有三无性性謂相無性性生無性性勝義無性性復有五相大菩提謂自性故功能故方便故轉故還故復有五種大乘一種子二趣入三次第四正行五正行果最初發心悲愍有情波羅蜜多攝衆生事自他相續成熟復有五无量想謂有情界無量想世界无量想法界无量想所調伏界无量想調伏方便界无量想復有真實義隨至謂於一切無量法中遍隨至真如及於彼智復有不思議威德勝解無障㝵智三十二大士夫相八十種隨形相四種一切相清淨十力四無所畏三念住三不護大悲無忘失法拔除習氣一切相妙智等如是諸句略惟二句謂聲聞乘中所說句及大乘

中所說句
云何迷惑謂四顛倒一於無常計常顛倒二於苦計樂顛倒三於不淨計淨顛倒四於无我計我顛倒
云何戲論謂一切煩惱及雜煩惱諸蘊云何住謂四識住或七識住
云何真實謂真如及四聖諦
云何淨謂三清淨性一自體清淨性二境界清淨性三分位清淨性
云何妙謂佛法僧寶名最微妙隨最第一施設中故
云何寂靜謂從善法欲乃至一切菩提分法及所得果皆名寂靜
云何性謂諸法體相若自相若共相若假立相若因相若果相等
云何道理謂諸緣起及四道理
云何假施設謂於惟法假立補特伽羅及於惟相假立諸法
云何現觀謂六現觀如有尋有伺地已說復次嗢柁南曰
方所位分別　作執持增減　冥言所覺上
遠離轉藏護
云何方所謂色蘊

云何位謂受蘊
云何分別謂想蘊
云何作謂行蘊
云何執持謂識蘊
云何增謂有二種一煩惱增二業增如增有二種當知減亦尒
云何冥謂无明及疑
云何言謂諸如來十二分教說名為言
云何所覺謂彼彼言音所說之義名為所覺
云何上謂四沙門果
云何遠離謂五種遠離一惡行遠離二欲遠離三資具遠離四憒鬧遠離五煩惱遠離
云何轉謂三界五趣
云何藏護謂追戀過去希慕未來耽著現在復次嗢拕南曰
思擇與現行　睡眠及相屬　諸相攝相應
說任持次第
云何思擇謂一行順前句順後句四句无事句復有有色法无色法有見法无見法有對法無對法有漏法无漏法有為法无為法有諍法无諍法有味著法無味著法依耽嗜法依出離法世間法出世間法有繫屬法不繫屬法內法外法麤法細法劣法勝法遠法近法有所緣法无所緣法相應法不相應法有行法无行法有依法无依法因法非因法果法非果法異熟法非異熟法有因法非有因法有果法非有果法有異熟法非有異熟法有執受法無執受法大種造法非大種造法同分法彼同分法有上法无上法又有過去法未來法現在法善法不善法无記法欲繫法色繫法无色繫法學法无學法非學非无學法見所斷法修所斷法无斷法又有四緣謂因緣等无間緣所緣緣增上緣又有四依一法是依非補特伽羅二義是依非文三了義經是依非不了義四智是依非識又有四無量法四念住法四正斷法四神足法五根法五力法七覺支法八支聖道法四行跡法四法跡法奢摩他法毗鉢舍那法增上戒法增上心法增上慧法解脫法勝處法遍處法如是等法

無量無邊應當思擇
云何現行謂諸煩惱纏
云何睡眠謂諸煩惱隨眠
云何相屬謂內六處於一身中當知屬轉互相繫屬又若此法能引彼法當知此彼互相繫屬又諸根境當知能取所取互相繫屬
云何攝謂十六種攝一界攝二相攝三種類攝四分位攝五不相離攝六時攝七方攝八一分攝九具分攝十勝義攝十一蘊攝十二界攝十三處攝十四緣起攝十五處非處攝十六根攝
云何相應當知此相略有五種一與他性相應非自性二於他性中與不相違相應非相違三於不相違中軟中上品與軟中上品自相應非餘品四於軟中上品中同時相應非異時五於同時中同地相應非異地
云何說謂四種言說一見言說二聞言說三覺言說四知言說
云何任持謂四食一段食二觸食三意思食四識食

云何次第謂六種次第一流轉次第二成所作次第三宣說次第四生起次第五現觀次第六等至次第
復次嗢拕南曰
所作及所緣　亦瑜伽止觀　作意與教授
德菩提聖教
云何所作謂八種所作一滅依止二轉依止三遍知所緣四喜樂所緣五得果六離欲七轉根八引發神通
云何所緣謂四種所緣一遍滿所緣二淨行所緣三善巧所緣四淨煩惱所緣
云何瑜伽謂或四種或九種四種瑜伽者一信二欲三精進四方便九種瑜伽者一世間道二出世道三方便道四無間道五解脫道六勝進道七軟品道八中品道九上品道
云何止謂九種住心
云何觀謂或三事觀或四行觀或六事差別所緣觀三事觀者一有相觀二尋求觀三伺察觀四行觀者謂於諸法中簡擇行觀極簡擇行觀遍尋思行觀遍伺察行觀六事差別所緣

觀者一義所緣觀二事所緣觀三相所緣觀四品所緣觀五時所緣觀六道理所緣觀
云何作意謂七種作意了相等如前說
云何教授謂五種教授一教教授二證教授三次第教授四無倒教授五神變教授
云何德謂无量解脫等如句中已說
云何菩提謂三種菩提一聲聞菩提二獨覺菩提三阿耨多羅三藐三菩提
云何聖教謂授以歸依制立學處施設說聽建立師徒施論戒論生天之論訶欲愛味示欲過失顯說雜染及清淨法教導出離及與遠離稱讚功德乃至廣說无量无邊清淨品法
云何攝聖教義相此中有能修習法謂於諸善法專志所作相續所作方便勤修有所修習法謂所有諸善法有有過患法謂應遍知法有有染汙法謂應不著制伏初應斷法有障导法謂違逆現觀究竟法有隨順法謂隨順現觀究竟法有真如所攝法謂

應覺悟法有勝德所攝法謂所應引發法有隨順世間法謂應習應斷及斷已現行法有得究竟法謂究竟自義所應證法

云何佛教所應知處相當知此中一切有情住有三種謂日別住盡壽住善法可愛生展轉住初由食增上力第二由命行增上力第三由於諸善法不放逸增上力於諸不善无記法中亦有相似不放逸法如於殺生等事及威儀工巧等中審諦而作然於善法不放逸者於現法中乃至能得般涅槃故於後法中往善趣故多有所作

復次依有情世間及器世間有二種法能攝一切諸戲論事謂能取法及彼所依所取之法

又諸世間略有二種雜染根本能引无義無利雜染謂於真實无正解行及彼為先悕求无義

又正法外若諸沙門若婆羅門略有二種雜染根本謂薩迦耶見增上力故推求我常推求我斷

又諸有情略有二種衆苦根本謂於有漏法喜愛俱行所有期願及非理所引猒離俱行所有期願

又有二種師及弟子教授教誡相違之法謂諸弟子不能堪忍教誨語言及師倒見習行邪行與此相違當知即是白品二法

又有二法甚能違越世出世間正行境界謂於自非法增上所生不可愛果无有顧慮於所作罪无有羞恥及於現法他所殺縛衰退等事无有顧慮於所作罪无有羞恥與此相違當知即是白品二法

又有二種无倒建立能令行者少用功力住於梵行終不唐捐一正立學處若有違越便獲大罪若不違越便生大福二正立出離令違越者速復出離

又有二法能令行者得自他利一居遠離者心常安定現法樂住二居憒鬧者有來求法時時為說能令正法相續久住

又有二法能令有情內正作意外聞

他音二因緣故於現法中入諦現觀或令當來諸根成熟一於因所生法正通達因二於如來所說所有甚深相似甚深空相應經一切緣性及諸緣起隨順作意數數思惟

又有二法能令根熟補特伽羅速證通慧一於教授教誡遠離諂誑二猒離為先身語意行離諸調戲

又有二法令居一處同梵行者展轉皆得安樂而住一者堪忍他所逼惱二者自不逼惱於他

又有二法令居一處同梵行者未生違諍遮令不生其已生者速令止息无鬪無訟无諍無競一者展轉互起慈心二者平等受用財法

又有二法速令心住得三摩地清淨梵行一者憶持久遠所作所說增上力故若有所犯如法悔除若无所犯便生歡喜晝夜隨學當无懈廢二者於身語意一切事業能正了知增上力故於諸過失終无違犯由此因緣亦无憂悔隨生歡喜廣說乃至解脫智見又有二法能越衆苦謂能超越

瑜伽師地論第十三卷　三十　曾字号

諸惡趣苦及能超越生死大苦一者
深見現法當來諸過患故遠離惡行
二者心常安定精勤修習菩提分法
又有二法能令修斷遠離者得安樂
住一者於諸境界不生雜染无惡尋
伺擾乱其心二者凡所噉食要為利
益稱量消化能隨順斷令身調適
又有二法令修善品諸苾芻等時無
虛度一者於諸根境正勤方便研究
法相二者知時知量少習睡眠
又有二法能壞增上心學慧學一者
建立邪學違越正學及懷猶豫二者
增益損減邪見決定與此相違當知
即是白品二法
又有二法能令已集菩提資糧未入
現觀補特伽羅速入現觀一者思惟
現在過去自他衰盛二者勤修諦行
攝无倒作意
又有二法令觀行者究極究竟離垢
梵行速得圓滿一者修諦現觀二者
於後離欲方便勤修於諸等至无有
愛味離諸障難
又有二法令觀行者速能引發世出

瑜伽師地論第十三　三一　曾字号

世間一切勝德一者九相住心二者
由六種事以正定心思擇諸法如聲
聞地當廣分別
又觀行者有二種淨謂作意淨及所
依淨於三世中遠離愚癡智清淨故
名作意淨遠離三界諸煩惱品麁重
法故名所依淨
又有二法心善解脫諸阿羅漢內自
所證一者於現法中苦因永盡二者
由此為先當來世苦畢竟不生

瑜伽師地論卷第十三

瑜伽師地論卷第十三

校勘記

一　底本，金藏廣勝寺本。

一　四四八頁下一行第一二字「世」，資、磧、普、南、徑、清作「世間」。

一　四四九頁上五行第二字「至」，磧、普、南作「持」。

一　四四九頁中五行「等行」，諸本作「行等」。

一　四四九頁中七行「相狀」，石作「狀相」。

一　四四九頁中一九行第四字「調」，資、磧、普、南、徑、清作「謂」。

一　四四九頁下二行第一二字「於」，石作「此」。

一　四四九頁下一七行第四字「有」，磧、普作「育」。

一　四四九頁下一七行第一〇字「少」，資、磧、普、南、徑、清作「劣」。

一　四五〇頁上五行首字「應」至第一〇字「倒」，資、磧、普、南、徑、清無。

一　四五〇頁上二一行第一〇字「正」，諸本作「止」。

一　四五〇頁中五行第一三字「譽」，資、磧、普、南、徑、清作「舉」。

一　四五一頁中一〇行第九字「動」，諸本作「勤」。

一　四五一頁中二一行首字「名」，磧、普、南、徑、清作「各」。

一　四五一頁下二二行第八字「三」，磧、普、南、徑、清作「二」。

一　四五二頁上四行第一二字「練」，石作「鍊」。

一　四五二頁上六行「陶鍊」，資、磧、普、南作「陶練」，下同。

一　四五三頁上一二行第一〇字「受」，資、磧、普、南、徑、清作「愛」。

一　四五三頁上一八行第一〇字「嬈」，資、磧、普、南、徑、清作「繞」。

一　四五三頁上一九行第一一字「法」，徑、清作「所」。

一　四五三頁上二〇行末字「得」，南、徑、清作「有」。

一　四五三頁中四行末字「梗」，石、麗作「硬」。

一　四五三頁中一二行第一〇字「地」，資、磧、普、南、徑、清作「地品」。

一　四五四頁上三行第二字「說」，磧、普、南作「記」。

一　四五四頁中二一行第二字「滅」，磧、普、南、徑、清作「減」。

一　四五五頁上一九行第六字「六」，石、資、磧、普、南、徑、清作「六種」。

一　四五五頁中一九行及次頁上二二行「任持」，磧、普、南、徑、清作「住持」。

一　四五五頁下二行末字「不」，資、磧、普、南、徑、清作「無」。

一　四五六頁上五行首字「屬」，諸本作「展」。

一　四五六頁上一二行第一〇字「非」，資、磧、普、南、徑、清作「攝」。

一　四五六頁中六行末字「教」，石作「道」。

一　四五六頁下一四行第八字「過」，資、磧、普作「迥」。

一　四五六頁下一八行第一二字「所」，資、磧、普、南、徑、清作「此」。

一　四五七頁上六行第九字「日」，資、磧、普、南、徑、清作「曰」。

一　四五七頁中一九行第七字「行」，資、磧、普、南、徑、清、麗作「作」。

一　四五七頁下末行首字「智」，磧、普、南、徑、清作「知」。

一　四五八頁上一七行末字「行」，諸本作「行所」。

瑜伽師地論卷第十四

彌勒菩薩說

三藏法師玄奘奉　詔譯

本地分中聞所成地第十之二

已說二種佛教所應知處次說三種謂依十相三門三種及與三根於諸有情發起邪行能令有情墮諸惡趣言十相者謂壞生命財物妻妾若壞實義善友讚美所為事業若意三濁謂執受他財欲為已有欲令他遭所不愛事誹謗真實所有惡見言三門者一作業毀壞門二喜樂毀壞門三方便毀壞門於十相中前之七種作業毀壞其次二種喜樂毀壞㝡後一種方便毀壞所謂惡見由惡見故羞耻慈悲離諸惡行悉皆毀壞无有羞耻无有慈悲廣造衆惡言三種者一身所作二語所作三意所作言三根者一為自饒益相二為損害他相三於他顛倒相謂於非法而作法想於不應作作應作想堅執現行

復有三法能令有情不護諸根一於依止中邪法種子二於諸境界取不正相三於私隱處不正思惟如是三種當知即是欲貪瞋恚及與害品依四處所發生三種不正尋思謂於自已利等四種白品法處為欲獲得或為不失生欲尋思於能障彼怨中二品有情處所生恚尋思於親友品有情處所生害尋思所以者何若親友品或時違犯於彼不生全斷滅欲惟有輕微呰楚方便訓罰之欲與此相違所有白品如應當知略有四種内法種子遍攝一切諸法種子一世間種子二出世種子三不清淨種子四清淨種子世間種子者謂欲色无色界繫諸行種子出世種子者謂能證三乘及三乘果八聖道等清淨種子不清淨種子者謂欲界繫諸行種子清淨種子復有二種一世間淨二出世間淨色無色繫諸行種子名世間淨能證三乘及三乘果八聖道等所有種子名出世淨

復有三種從因所生有漏法因若於此中不如正理脩方便者能生諸呰

若能如理修方便者於苦於因能知
能斷謂於欲界繫法染汙希求於色
无色界繫法亦尒又有三種諸煩惱
趣令諸有情流轉生死謂於勝欲發
意希求名初煩惱趣於色无色界勝
自體中發意悕求名第二煩惱趣於
邪解脫發意悕求名第三煩惱趣又
有三種諸有情類欲為根本作業方
便一為得勝欲二為得勝自體三為
證解脫道又有三種諸有情類於三
界中攝受自體諸行威勢一牽引威
勢二能得威勢三成滿威勢牽引威
勢者謂能引之業能得威勢者謂健
達縛正現在前成滿威勢者謂住於
此受淨不淨諸業異熟又有三種無
明蘊諸有情類住无明者由此因緣
能生三世自體差別謂於過去世前
際等无知能生現在自體於現在世
前際等无知能生未來自體於未來
世前際等无知即於未來能生後後
當來自體又有三種未究竟聖共諸
異生生死災患若有於彼深猒怖者
當速斷除三種憍逸修習現法涅槃

方便一無病衰退二少年衰退三壽
命衰退其有智者應觀未來如是三
事定當隨逐又有三種有情之類貪
瞋癡縛所依處所身分差別能急繫
縛諸有情類閉在大苦生死牢獄一
能饒益二能損害三者平等二種俱
離又有三處所生諸苦遍攝有情所
有衆苦一合會所生苦二乖離所生
苦三平等相續苦初由損害位和合
故第二由饒益位變壞故第三於一
切位相續而轉麁重所攝諸行所生
惟衆賢聖覺之為苦非諸異生又有
三種心高舉法違害欲求沙門果證
修方便者預流果支能障沙門令不
得證一者以已挍量於他謂我為勝
心生高舉二者以已挍量於他謂我
相似心生高舉三者以已挍量於他
謂我為劣心生高舉

復有三種種子當知能生一切諸行
一已與果二未與果三果正現前又
有三種諸行言說所依處所謂去來
今又有三相能攝一切色法自相謂
顯形作用安立眼識所取之色於自

處所障㝵餘色行住安立根色若一
切境界色當知一切捴有十色及定
地色若得淨定為引變化修方便者
所有諸色當知是內化心境界亦是
未滿變化心果又有三種為諸煩惱
所隨逐心一諸異生心二未滿學心
三已滿學心又有三種聽聞法者一
於法於義不能受持二惟能領受不
能任持三能受能持又有三法是修
行者觀身語意无常性觀趣入上首
一者入出息二者尋伺三者想思又
有三種尊勝應受敬養一年齒增上
二族姓增上三功德增上又有三種
住定不定因二是定因一不定因一
惡趣定因謂無間業二善趣涅槃定
因謂无漏有為法三不定因謂所餘
法又有三法為令聖教得久住故展
轉舉罪一者現見身語現行違犯學
處二從他聞三以餘相比度了知又
諸如來自說具足三不護德為顯外
道諸師內懷衆惡自稱一切智者實
非一切智者又欲令彼於如來所發
起真實一切智信

復有三種邪執所生大火所起有情燒惱一貪愛燒惱二愁憂燒惱三瞋倒燒惱又有三火為化樂福邪事外火勝解有情示无虛誑所應事火雖實非火假立火名一者父母二者妻子三者真實應供福田又有三種為諸樂欲增上生者所說真實增上生道一者布施得大財富二者持戒得往善趣三者修定遠離苦受得生一向无有惱害樂世界中又有三種諸受欲者劣中勝欲觀待諸欲所生樂故一多用功力依緣諸欲謂現前住所有諸欲二少用功力依心諸欲謂樂化天所有諸欲三極少功力依心諸欲謂他化天所有諸欲又有三種超過諸欲劣中勝樂一有尋伺喜二無尋伺喜三離喜之樂又有三種覺悟所知能令三乘出離衆苦一從他聞音種類二內正思惟種類三長時修習止觀種類又有三種覺悟所知一者具縛二不具縛三全无縛又有三種所應作事修觀行者由此三事增上力故修習信等一切善法一者

永斷見道所斷諸煩惱已證預流果二者永斷修道所斷諸煩惱已漸次證得一來不還阿羅漢果三者證得阿羅漢已現法樂住又由三分照了一切所知境界增上力故建立三眼一者肉眼能照顯露无有障礙有見諸色二者天眼能照顯露不顯露有障无障有見諸色三者慧眼照一切種若色非色所有諸法又有三法能害現行煩惱怨敵一者信順善友二者不與在家出家諸衆雜住三者內正作意覺悟所知真實道理

復有三種正教誡方便能展轉證後後所證及得涅槃一於尸羅正教誡方便二於心住正教誡方便三於覺悟所知真實道理正教誡方便如正教誡方便有三種當知數習正教誡方便亦尒又於正教誡方便現修習時由三種法得安隱住一者空无願无相滅盡等至二者四靜慮三者四無量又略有三種心一境性能令證得如實智見一於意言中種種差別所緣行相二意言无間種種差別所

緣行相三超度意言專注一境無種種無差別所緣行相又有三處能善攝受於惡邪處妄計尊勝及處中庸於化有情引入聖教一現已所有寂勝神通二於他所有染淨諸行遮止開許三宣說妙法正教正誡又有三淨為欲斷除樂淨外道以外事水澡除外垢自謂已得第一清淨所起邪慢故建立此三第一義淨不淨處生超越因故又有三種牟尼為欲斷除持牟尼戒諸外道等雙息語言自謂已得真實寂靜所起邪執故又為顯說无倒牟尼故建立三種真實牟尼即是聖所愛戒所攝身語二業及无漏心又有三法能令處遠離者斷除現行不正尋思謂由他所誹毀自所誹毀退失大利增上力故所起愧慙及與愛敬又依道及道果當知有三種寂勝无上謂無常智苦智无我智樂速通等四種行跡一切世間出世間有學无學時解脫不動心解脫寂勝无上修觀行者先得其智由此智故為斷煩惱次修行跡修行跡已心

得解脫又有三明當知為顯於前後中際斷常二邊邪執現法涅槃愚癡沙門婆羅門無明性故建立三明已說三種佛教所應知處次說四種謂有四法能攝一切所知及智謂身及聞思修增上念住以為依止緣身境恵如身及緣身境恵當知受心法及緣受心法境慧亦尒復有差別謂四種縛一執取縛二領受縛三了別縛四執著縛當知心於身由執取縛所縛於受由內領受縛所縛於色等境界相由了別縛所縛即於所說身等由貪瞋等大小煩惱執著縛所縛對治如是四種縛故立四念住又有四種欲勤為先觀察過患及與對治以為依止能斷現行諸不善法及斷彼繫能得善法及能增長又有四種為欲住心為得勝定修方便者心住如意能生長門一樂出離欲二愛持讀誦悔過精進三能取賢善定相之心四住空閑處觀察諸法又有四種心定心住一有尋有伺有喜心住二無尋无伺有喜心住三无尋無伺離喜

心住四捨念清淨超度一切苦樂心住又有四種所知真實染汙清淨二品別故建立四種若能了知善了知者能斷見修所斷一切煩惱一染汙品果真實二彼品因真實三清淨品果真實四彼品因真實又有四種想為先戲論縛一於小欲中想為先戲論縛二於大色中想為先戲論縛三於无量空識無邊處想為先戲論縛四於無所有處想為先戲論縛又有四法於諸有情對治恚害不樂欲貪善修習時能生大福能趣離欲一慈二悲三喜四捨又有四種超過色界令成遠分謂空處識處無所有處非想非非想處又有四種為令解脫速得圓滿勤修行者聖解脫欲勝任持法為斷四愛增上力故謂為衣服飲食卧具少有所求無作无乱時無虛度勤修方便心離散乱樂斷煩惱樂修正道又有四種修習道果諸煩惱斷一見所斷煩惱斷二修所斷下分結上中品斷三即此无餘斷四上分結无餘斷

復有四種證預流支能令行者於佛聖教及善趣中畢竟不動謂於大師所真覺所生无動心淨如於大師所當知於所證法及為證法修證行者所亦尒如是三種名心清淨第四一種名色清淨聖所愛戒所攝故前之三種令於聖教无有動搖最後一種令於善趣无有動搖又有四種證預流支一於說法師及教授者能善承事无所違犯二无倒聽聞師所說法及教授法三於所聞法能正思惟及善通達四成辦所修又有四智攝一切智一惟無漏於諸法中能現見智二一向无漏於諸法中非現見智三一向有漏或如理所引或不如理所引或非如理非不如理所引世間智四通有漏无漏他心差別智又有四種於轉還品真實能取智能盡諸漏一轉品果真實智二轉品因真實智三還品果真實智四還品因真實智又有四法能令信者為斷煩惱修正方便一相續殷重作用精進二正知行念三奢摩他四毗鉢舍那又有四

種能通達法能盡上漏所依足迹謂為得聖道修有漏慧既得道已數諸煩惱及數諸事無餘永斷諸煩惱事如所得道轉更修習又有四法展轉相應有行有緣和合而轉同一緣轉謂受想行識又有四護能令已入佛聖教者愛樂聖教一者命護二者力護三者心煩惱護四者正方便護又有四種能得正見無倒義行所依處所由前三種行時清淨由後一種住時清淨謂守根門者於諸境界不順不違為守根門念增上力正智而行住遠離者心无染汙專注一緣又由四行當知能證明及解脫由念眼慧能證於明又由身故能證不動及時解脫

復有四法能為廣大種種差別諸所造色生起依止一者堅性二者濕性三者煖性四者輕等動性又有四法能持已生諸有情類令得久住及能攝益尋求有者攝事分中當廣分別又有四種於生死中諸識流轉所依足迹謂於諸色見已趣向由貪愛故

取為所緣所依境界俱有建立如於諸色於受想行當知亦尒又諸苾芻顧戀現法身命為依止故而於衣服飲食卧具生希求愛顧戀後法身命為依止故而於後有生悕求愛悕於涅槃為依止故而於無有生悕求愛如是略有四種悕求之愛謂衣服愛飲食愛卧具愛有无有愛又有四法能令有情現行造作所不應作謂隨順可愛事違逆不可愛事怖畏強敵其心顛倒愚於現法及後法果又有四種請問記論能斷所疑能悟未悟又能任持勝決擇力謂於法實相應一向記於諸有情業果異熟應分別記於隱密說非一向問應詰問記於不如理應當置記於此問中云何名記謂記彼問言佛世尊於斯不記又有四種惠捨或清淨或不清淨三種清淨謂惟自身或見具足或復惟他戒見具足或自及他戒見具足一不清淨謂自及他戒見二種俱不具足其清淨者當生善趣資産豊饒不清淨者當生惡趣資産无匱又有四種

攝衆方便能正攝化一切大衆一饒益方便二攝受方便三引導方便四修治方便又有四種從業所生諸有情類於彼彼趣生依止門一由業及卵㲉二由業及胎膜三由業及潤汙四惟由業又彼彼處受生有情有四種死一者由自故死謂於戲妄意忿天中而受生者二由他故死謂於羯邏藍頞部曇閉尸鍵南母腹中者三俱由故死謂在欲界所餘有情四俱不由故死謂色无色界有頂為後所有有情復有四清淨道一非功用根圓滿亦非喜樂圓滿二功用根圓滿非喜樂圓滿三喜樂圓滿非功用根圓滿四喜樂圓滿亦功用根圓滿又有四清淨道一背惡說法及吠奈耶二向善說法及吠奈耶三資糧道四清淨道此中最初謂如有一於外道見及引無義苦切行中心不愛樂亦不忍可第二謂如有一於蘊界處緣起處非處等諸善功中愛樂忍可又能堪忍寒熱等苦第三謂淨尸羅守根門等諸善資糧所攝正法第四謂

奢摩他毗鉢舍那斷諸煩惱現法樂住又有四種學增上心方便謂未離欲者為得不還果或不還果依未至定求現法樂住又為令他斷諸惡法及往善趣又為自已斷諸煩惱得勝决擇又有二業四相差別謂轉所攝業差別有三還所攝業捴立一種當知初業一向能感不可愛果惡趣異熟第二業一向能感可愛樂果色无色界異熟第三業能感愛非愛果欲界天人異熟第四業能斷前三業又有四種諸有情類增上勤務一樂而非利益二利益而非樂三亦樂亦利益四非樂非利益又有四門起諸煩惱能令有情與生等苦和合不離一染者諸欲門二染者色无色等至門三外道諸見門四住此法中未得眼者无智門又修聖道令此四門所生衆苦速得離繫如能令有情與苦和合能令順流取後有業難可解脫當知亦尒復有四種補特伽羅當知遍攝一切補特伽羅一者異生二者未離欲有學三者已離欲有學四者超

薩迦耶見一切無學又有四種補特伽羅一自住律儀不能為他宣說正法二自不住律儀而能為他宣說正法三俱能作四俱不能作又有四種補特伽羅一族姓卑下現行白法二族姓尊高現行惡法三族姓卑下現行惡法四族姓尊高現行白法此中最初現法有苦非於後法第二後法有苦非於現法第三二世俱苦第四二世俱樂又有四種補特伽羅一以苦自任不任於他而生非福謂受外道自苦戒者二以苦任他不任於自而生非福謂隨有一不律儀者三以苦俱任而生非福謂諸國王及祠祀主馬祠祀等四不以苦任於自他而生大福謂住靜慮者及離諸惡補特伽羅又略有四種語失一不實二乖離三毀德四无義與此相違當知即是四種語德又略有四種非聖妄語謂於見不見顛倒而說於聞不聞於覺不覺於知不知當知亦尒與此相違當知即是賢聖諦語

已說四種佛教所應知處次說五種

謂有五種諸欲貪品麁重隨逐流轉雜染所攝行聚一所依所緣自性行聚二能領納自性行聚三能分別言說分位取諸法相自性行聚四能作用自性行聚五能了别自性行聚此五相違當知即是離欲貪品麁重還滅清淨所攝自性行聚又有五種受用欲者所受境界諸樂欲者常所追求常所受用諸背欲者恒正觀察謂色聲香味觸當知此中依所追求所尋思所染著事有四種愛樂謂未來所愛樂事即所追求過去所愛樂事即所尋思現在所愛樂事即所染著此復二種一所愛樂事二從彼所生所愛樂受又有五種有情所得受愛非愛業果異熟自體謂天人那落迦傍生鬼趣又有五種失利養因行亦是背涅槃因行謂若於是處受用利養若從彼得若所得物若所為得若如是得於此諸處心生吝惜又有五法令修行者先毀淨戒多聞後虧止觀善軛謂於諸欲中心生愛染於能覺發憶念教授教誡者所心生瞋恚

夫受尸羅令其不受雖先受得後令棄捨或使穿穴躭者惛瞶恒不寂靜染汙追悔常懷疑惑於所聞法不能領受雖初領受尋即忘失雖不忘失不證決定又有二種下分謂見道是修道下分欲界是色无色界下分約此二種下分說五下分結依初下分說薩迦耶見戒禁取疑依第二下分說貪欲瞋恚又有二種上分謂色界及无色界依此二種上分說五上分結或有无差別結謂色貪無色貪或有有差別結謂愛上靜慮者掉慢上靜慮者慢无明上靜慮者无明又為五種不信敬所執持者心不調柔不能生長諸善根本謂於大師所說正法增上戒學增上心學增上慧學正覺發者正教授者正教誡者同梵行所无有信敬又有五種為斷煩惱正精進障一者躭著等至及生二者躭著利養恭敬三者放逸四者惡慧五者其心下劣或增上慢

復有不能堪忍補特伽羅於他怨敵所起五種邪行謂不堪忍者於他怨敵先起瞋心怨嫌意樂於彼親友樂欲破壞常欲令彼發生憂苦廣作一切不饒益事壞自所受清淨尸羅由身語意多行惡行由此五種惡邪行故能感後世還來此中三種等流過患一種現法等流過患一種後法異熟過患謂次生中多諸怨敵親友乖離由他發起種種憂苦不可愛事恒現在前臨命終時多生憂悔命終已後顛墜惡趣與此相違能堪忍者於他怨敵發起五種正行由此所感勝利差別如應當知又有五法能生現法後法一切憂苦一親屬滅亡二所有財寶非理衰失三疾病緣身此三能生現法憂苦四毀犯尸羅五毀謗一切諸惡邪見此二能生後法憂苦與此相違五法當知能生現法後法所有喜樂又阿羅漢雖現追求供身財物亦常受用而能超度三邪追求二邪受用謂能超過殺生偷盜妄語所引三邪追求亦能超過妻妾畜積二邪受用又修斷者成就五法隨其所欲於諸善品方便修行亦能速證究竟通慧一者於所修斷猛利樂欲如教奉行二者於自所有如實發露三者身力康強四者相續无間修方便中其心勇銳五者成就通達止舉捨相時分智慧又有五種能圓滿解脫猒離所對治法謂於諸法中有三種愚以為依止起三顛倒三種愚者一時節愚二分位愚三自性愚三顛倒者一於無常計常顛倒二者於苦計樂顛倒三於無我計我顛倒及窺求利養希望壽命為治如是五所治法起五取相謂於諸行取无常相亦取苦相於諸法中取無我相於飲食中取惡逆相於其命根取中夭相又有五種修定修智二勝行者正心解脫生長之門定勝行者因聞依諦聖言論故正解法義如因聽聞因廣大音讀誦經典因為他人開闡妙義在空閑處審諦思惟正解法義當知亦尒智勝行者於上品乱貪欲對治無倒思惟又有五種修觀行者意樂方便悉皆具足謂於涅槃菩提起猛利信解名意樂具足无間殷重修習正

智而行奢摩他毗鉢舍那名方便具足又有五法令諸有情受愛非愛業果異熟煩惱身心具攝衆苦謂苦樂憂喜捨又由成就如前所說意樂方便恚皆具足不退轉故令觀行者堪能速證聖諦現觀亦善安住諸勝善品又有五種離欲界欲未盡餘結學生差別一住中有便能究竟得般涅槃二於初靜慮初受生已得般涅槃三受生已後少用功力聖道現前得般涅槃四多用功力聖道現前得般涅槃五或色界邊際乃至色究竟得般涅槃或無色界邊際乃至有頂方能究竟得般涅槃又有五種雜修第四靜慮果得不還者生地差別一下品靜慮果生地二中品靜慮果生地三上品靜慮果生地四上勝品靜慮果生地五上極品靜慮果生地又有五種修觀行者觀察作意能令三界煩惱永斷究竟决定謂雖深厚憶念分別思惟欲相於諸欲中仍不趣入任運捨心於離欲相平尒思惟便能任運其心趣入如於欲離欲相如是於恚無恚相害无害相色等至生相无色等至生相及涅槃相當知亦尒已說五種佛教所應知處次說六種謂依六相宣說八種有情事差別爲令隨在我及有情命者見等衆生趣入无我故謂我所依事差別境界事差別自性事差別受用日事差別受用事差別隨說事差別作用事差別希望事差別於如是等事差別中未善純熟修觀行者便謂有我依眼等根於色等境由觸及受種種受用有如是名如是種如是性如是食等於自於他隨起言說造作一切法非法行於可愛事悕望和合久住增益於非愛事悕望不合不住損減若於如是事差別中已善純熟修觀行者尒時妄計皆不得生又於寶學有六輕蔑能令善法成未得退或已得退捨佛聖教乃至微信亦皆退失謂於佛法僧寶增上戒學增上心學增上慧學由惡友故於增上心慧令得邪僻教誡教授由惡語故全無所得彼由邪僻及无所得故退失一切所有善法與此相違當知即是白品六法又有情心與不如理作意俱行於色等境有六種貪所依處平等分位如貪所依處平等分位如是瞋所依處不平等分位癡所依處非平等非不平等分位當知亦尒又有六種最極清淨轉自所依第一究竟無間無缺无有染汙恒平等住謂若行者住於眼所識色乃至意所識法中恒平等住又有六法是諸色根及所依處隨其所應之所依止無有障㝵引導安養於彼彼生自在而轉謂四大種空界識界如是識界能於現在積集任持福非福業能引當來愛非愛果亦能執持識所依止五種色根及所依處令不爛壞又由現法後後所生識自在力令諸有情於善不善无記業中差別而轉

復有三處諸修行者難可超越一者超越欲貪恚害不樂所攝下界二者超越一切行相現行三者超越有頂超越此三難超越處當知由六種无上對治四无量是初對治無相心三

摩地是第二對治我慢永盡是第三對治永害如是所對治故諸三摩地皆悉成滿善修對治故害所對治令彼決定不復現行已斷我慢者終不為彼我為究竟為不究竟如是疑惑纏擾其心當知有疑惑者必不離我慢若離我慢必無疑惑又有六種諍根本處一展轉相違作不如意二覆藏諸惡三於等類中剩受利養執為已有四於衣服等更相欺誑五違越學處六於法於義顛倒執著又有六法能斷如是諍根本處慈心所發身語意業能斷初二同受利養能斷三四同趣尸羅能斷第五同趣正見能斷第六又有六法能攝一切諸修行者威德究竟謂神境天耳宿住他心生死智通能攝威德漏盡智通能攝究竟又於聖諦未得現觀補特伽羅略有六種能障諦現觀法謂如前說三種愚癡增上力故起三顛倒規求利養悕望壽命此中差別者於順惡見惡聞惡說惡分別處法中喜樂惡見惡聞惡說惡分別事如是喜樂

於未得聖諦現觀異生心冣能漂動極為障导非於聖者是故說此在明分中非在解脫成熟分中對治如是能障导法當知即是六種正取相謂如前說五種取相及一切世間不可樂取相又有二種具足隨念六行差別能令心沒諸修行者正策其心令生歡喜謂歸依具足隨念有三種行證具足隨念有三種行於佛法僧隨念之行名歸依隨念於趣涅槃行趣資財行趣生天行隨念之行名證隨念又有六法於善說法毗奈耶中立為无上不與一切諸外道共謂見大師聞正法得淨信隨學一切所有學處於大師所起隨念行謂佛世尊是正等覺者能說一切法乃至廣說又於大師以身語行承事供養又有六法能令為盡貪愛修觀行者決定證知我於今者猶有貪愛非無貪愛謂於色境乃至法境繫攝其心又六因緣故應知諸業是實可依非種家姓是實可依謂下劣種性補特伽羅亦生不善性於惡趣亦生善業性於善

趣亦於現法能般涅槃貴勝種性三種亦尒已說六種佛教所應知處次說七種謂有七法能於諸諦如實覺了圓滿解脫謂毗鉢舍那品有三一擇法二精進三喜奢摩他品亦有三一安二三摩地三捨念通二品又由根故果故解脫故建立七種補特伽羅於向道中依鈍根利根故建立隨信隨法行於果道中即此二種名信解脫見到定障解脫非煩惱障解脫故建立身證煩惱障解脫非定障解脫故建立慧解脫定障煩惱障俱解脫故建立俱分解脫又三因緣七種行故令修行者心得內定心正一緣謂趣入安住攝受因緣若世間正見了知定有施與等行及此為依了知居家迫迮居家塵染等行出離所引正思惟名趣入因緣既趣入已受持正語正業正命名安住因緣於趣入因緣安住因緣及後方便作意隨行中所有正精進正念名攝受因緣又諸世間樂求財者為得樂故華樂積集一切凡財而未能得七種聖財所

生之樂謂與信俱行清淨之樂生於善趣所起之樂顧自妙好不行諸惡无有追悔所生之樂顧他誹謗不行諸惡无有追悔所生之樂於法於義正解俱行所生之樂後世資財无所匱乏所生之樂於勝義諦如實覺悟所生之樂諸如是等无量無邊无罪之樂樂求積集世間財者皆所未得惟得現法資財無匱所生有罪妄想之樂又有七種魔感品力一憎嫉聖教二現行能往惡趣惡行三樂習不顧自妙好障法四樂習不顧他誹毀障法五於善不善有罪无罪若劣若勝若黑若白及廣分別緣起法中不能解了六慳妒弊心積集衆具七智慧陋劣愚癡增廣若能降伏如是七種魔感品力當知即是聖法律中信等七力又有七種第一義法涅槃所對治法能令正法衰退隱没如是七法三衰損攝謂受用衰損增上意樂衰損方便衰損於衣服等樂求妙好樂欲多求及彼所起種種受用名受用衰損於道及道果涅槃心不信解名

增上意樂衰損懈怠失念心亂惡慧名方便衰損受用衰損是貪不善根品類意樂方便衰損是癡不善根品類與此相違當知即是白品七法人有七種第一義法涅槃品法能令正法无退久住一聞所成慧二思所成慧三修所成慧四不為惡緣侵損依止五正求財法六無增上慢七於可供養不可供養補特伽羅能善簡擇此可供養此不可供養此中由聞慧故於未了義能正解了由思慧故於未善決定義能善思惟由修慧故斷諸煩惱由無惡緣侵損依止故堪能修斷正求財法故速證通慧无增上慢故於下品所證不生喜足能善簡擇補特伽羅故於諸世智大福者等不樂親近亦不供養惟樂親近供養少欲者等又有七種諸有情類受生處所於彼處所受生有情諸識現前相續而住於三界中惟除惡趣无想有情及非想非非想處由惡趣中極可猒故不立識住无想有情一向轉識不現行故不立識住非想非非想

處行與不行不決定故不立識住身異類故名種種身想異類故名種種想當知與此相違名一種身一種想梵世已下身形異類所生身形種種色相有差別故於梵世中初受生時彼諸梵衆咸作是念我等皆是大梵所生尒時梵王亦作是念是諸梵衆皆吾所生如是彼想非有異類第二靜慮已上一切諸天身光等照故名一種身光音天衆先後生者由覩梵世猛焰燒然尒時便有怖不怖想是故於彼有異類想又諸有情有七種麤重遍攝一切煩惱品麤重謂劣界貪瞋品麤重中界〻妙界貪品麤重劣中妙界慢無明見疑品麤重又於外道惡說法律中當知有七種過失謂解過失行過失依止過失思惟過失功用過失增上心過失增上慧過失彼諸外道鮮少於法聽聞受持而常隨順四顛倒故凡與言論專為毀他免脫徵難為勝利故其所生解皆有過失所受禁戒邪亂邪命所攝受故不能令自得出離故亦有過失所事

師友惟能宣說顛倒道故亦有過失所有思惟邪求出離損壞心故亦有過失所有功用離方便故亦有過失彼增上心忘念愛惕及與无明疑上靜慮之所攝故亦有過失彼增上慧六十二見所損壞故亦有過失與此相違當知善說法律中亦有七種無過失事又有七法令諸苾芻所起違犯諍事止息餘如攝事分中當說當知此中有七種違犯諍事一開悟現前犯諍事二開悟過去失念犯諍事三開悟不自在犯諍事四尋思犯諍事五決擇犯諍事六自悔犯諍事七忍愧建立二衆展轉舉罪諍事

瑜伽師地論卷第十四

瑜伽師地論卷第十四

校勘記

一　底本，金藏廣勝寺本。

一　四六〇頁中九行第四字及下七行第一二字「友」，石作「支」。

一　四六〇頁中一二行第九字及一四行第八字「喜」，資、磧、普、南、徑、清、麗作「悉」。

一　四六〇頁下六行第一一字「彼」，磧、普作「波」。

一　四六〇頁下一〇行末字「相」，磧作「在」。

一　四六一頁上一〇行「解脫」，麗作「勝解脫」。

一　四六一頁中一五行第七字「校」，資、磧、普作「教」。

一　四六一頁下一二行第八字「敬」，徑、清作「供」。

一　四六一頁下一四行第六字「二」，資、磧、普、南、徑、清作「一」。

一　四六二頁上一一行第九字「待」，資作「持」。

一　四六二頁下三行末字「痛」，石、資、磧、普、南、徑、清作「容」。

一　四六二頁下一一行第一〇字「息」，資、磧、普、南、徑、清作「自」。

一　四六二頁下一六行第一三字至一七行第二字「自所誹毀」，資、磧、普、南、徑、清無。

一　四六四頁上一一行末字「順」，資、磧、普、南、徑、清作「慎」。

一　四六四頁中一二行第三字「請」，資、磧、普、南、徑、清作「謂」。

一　四六四頁中一五行第一一字「詰」，諸本作「詰」。

一　四六四頁下九行第七字「尸」，石作「戶」。

一　四六四頁下二一行第八字「功」，諸本作「巧」。

一　四六五頁中末行首字「已」，資作「色」。

一　四六六頁上一九行第一〇字「及」，資、磧、普、南、徑、清作「令」。

一　四六六頁中五行第一〇字「三」，磧、普、南、徑、清作「二」。

一　四六六頁中七行第五字「次」，徑、清、麗作「此」。

一　四六六頁下一〇行末字「窺」，諸本作「覘」。

一　四六七頁中九行第一三字「中」，資、磧、普、南、徑、清作「於中」。

一　四六七頁中一七行第一〇字「寶」，資、磧、普、南、徑、清作「實」。

一　四六七頁中一八行第六字「成」，麗作「或」。

一　四六七頁下一三行第一〇字「在」，南作「前」。

一　四六八頁上九行第九字「剩」，資、磧、普、南、徑、清作「乘」。

一　四六八頁中一三行第八字「諸」，資、磧、普、南、徑、清無。

一　四六九頁上三行「誹謗」，諸本作「誹毁」。

一　四六九頁上一五行第五字「妒」，麗作「垢」。

一　四六九頁中一四行第五字「財」，磧、普、南、徑、清作「非」。

瑜伽師地論卷第十五　習

彌勒菩薩說

三藏法師玄奘奉　詔譯

本地分中聞所成地第十之三

巳說七種佛教所應知處次說八種謂有八支聖道所攝令諸苾芻究竟斷結三種修法謂修戒修定修慧正語正業正命名為修戒正念正定名為修定正見正思惟正精進名為修慧又由正方便及果增上力故建立清淨品八種補特伽羅謂行四向住四果者又有二種施八相差別一有過失施二无過失施前七種施名有過失㝡後一種名無過失謂有布施懈怠所損故有過失或有布施不隨所欲故有過失謂有染心者怖畏貧窮悕求富樂而行布施或有布施顧戀過去故有過失或有布施悕望未來故有過失或有布施有輕慢過故有過失或有布施悕求富樂故有過失或有布施求他知聞故有過失無過失施者謂迴向涅槃故為彼資糧故無染汙心為往善趣故為得大財故而行布施又依四處於八時中趣入懈怠不發精進當知如是補特伽羅是懈怠類非精進類謂依乞食處依所作處依遊行處依界不平等處依此四處八時差別多食精美身沉重時少食麁惡身劣頓時將欲所作護惜力時已有所作身疲倦時將欲遊行護惜力時已涉長塗身疲倦時正為病苦所纏擾時所病已愈恐更發時此懈怠類補特伽羅乃至未遇懈怠所依少似精進若得遇已速發懈怠是故名為懈怠種類與此相違亦依四處於八時中發勤精進當知如是補特伽羅能伏懈怠勤精進類雖遇懈怠所依亦能發勤精進何況不遇是故名為勤精進類又有八種正願所攝可愛生因能令於諸欲中樂增上生不求永離一切欲者當生八種可愛生處謂願人中卑惡種類脩小施戒二福業事如是願樂人中尊貴種類四大王天三十三天夜摩天覩史多天樂化天他化自在天脩小

施戒二福業事又四因緣故於人趣中建立如来四衆三因緣故於天趣中建立四衆宙增上故世間共許為福田故受用資財不由他故棄捨一切世資財故由此四緣於人趣中建立四衆依地邊際故欲界邊際故語行邊際故由此三緣於天趣中建立四衆又於世間三處轉時恒常世間八法所觸謂樂欲處功用處衆緣處於樂欲處轉時或觸於利或觸非利於功用處轉時或稱他意或不稱意於背面位觸於毀譽於現前位觸於稱譏於衆緣處轉時或由先世或由現法苦樂衆緣觸於苦樂又八勝解能引不還或阿羅漢諸聖神通及宙勝住謂未伏内色想外无染汙色勝解是名第一已伏内色想是名第二淨不淨非二色第一捨勝解是名第三此三解脫於一切色得自在故便能引發諸聖神通謂諸神通不與一切異生共有空无邊勝解識無邊勝解無所有勝解非想非非想勝解微微任運心勝解此五勝解次第善修

治故能引想受滅等至宙勝住又若觀諸色若如所觀於初三解脫中而修習者謂三解脫方便道所攝三勝處也此中觀外諸色若小若大若好若惡若劣若勝者謂觀非三摩地所行現所得色由緣三摩地所行作意不種種現前故名為勝於三摩地所行中奢摩他行名知毗鉢舍那行名見如於三摩地所行若知若見如於彼色已尋思已了別如是於外所想非三摩地所行中觀諸色亦尒

已說八種佛教所應知處次說九種謂有九結如攝事分當廣建立又有九種生處受生有情於彼彼處同所居止謂三界中除諸惡趣可猒處故如前已說

已說九種佛教所應知處次說十種謂十遍處當知即諸解脫所作成就餘解脫勝處遍處如攝事分當廣分別又有十无學支當知无學五蘊所攝謂戒蘊定蘊慧蘊解脫蘊解脫知見蘊如是已說十種佛教所應知處及前所說佛教所應知處等當知皆

是内明處攝

云何醫方明處當知此明略有四種謂於病相善巧於病因善巧於已生病斷滅善巧於已斷病後更不生方便善巧如是善巧廣分別義如經應知

已說醫方明處云何因明處謂於觀察義中諸所有事此復云何嗢柁南曰

論體論處所　論據論莊嚴　論負論出離

論多所作法

當知此中略有七種一論體性二論處所三論所依四論莊嚴五論墮負六論出離七論多所作法

云何論體性謂有六種一言論二尚論三諍論四毀謗論五順正論六教導論

言論者謂一切言說言音言詞是名言論尚論者謂諸世間隨所應聞所有言論

諍論者謂或依諸欲所起若自所攝諸欲他所侵奪若他所攝諸欲自行侵奪若所愛有情所攝諸欲更相侵奪或欲侵奪若無攝受諸欲謂歌舞戲笑等所攝若倡女僕從等所攝或

為觀看或為受用於如是等諸欲事中未離欲者為欲界貪所染汙者因堅執故因縛著故因耽嗜故因貪愛故發憤恚違害闘諍者興種種論興怨害論故名諍論或依惡行所起若自所作身語惡行他所譏毀若他所作身語惡行自行譏毀若所愛有情所作身語惡行互相譏毀於如是等行惡行中願作未作諸惡行者未離欲界貪瞋癡者重貪瞋癡所拘蔽者因堅執故因縛著故因耽嗜故因貪愛故更相憤發懷染汙心互相乖違喜闘諍者興種種論興怨害論故名諍論或依諸見所起謂薩迦耶見斷見无因見不平等因見常見雨衆見等種種邪見及餘無量諸惡見類於如是諸見中或自所攝他所遮斷或他所攝自行遮斷或所愛有情所攝他正遮斷或已遮斷或欲攝受所未攝受由此因緣未離欲者如前廣說乃至興種種論興怨害論是名諍論

毀謗論者謂懷憤發者以染汙心振發威勢更相擯毀所有言論謂麁惡

所引或不遜所引或綺言所引乃至惡說法律中為諸有情宣說彼法研究決擇教授教誡如是等論名毀謗論

順正論者謂於善說法律中為諸有情宣說正法研究決擇教授教誡為斷有情所疑惑故為達甚深諸句義故為令智見畢竟淨故隨順正行隨順解脫是故此論名順正論

教導論者謂教修習增上心學增上慧學補特伽羅心未定者令心得定心已定者令得解脫所有言論令彼覺悟真實智故令彼開解真實智是故此論名教導論

問此六論中幾論真實能引義利所應修習幾不真實能引无義所應遠離答最後二論是真是實能引義利所應修習中間二論不真不實能引无義所應遠離初二種論應當分別

云何論處所當知亦有六種一於王家二於執理家三於大衆中四於賢哲者前五於善解法義沙門婆羅門前六於樂法義者前

云何論所依當知有十種謂所成立義有二種能成立法有八種

所成立義有二種者一自性二差別所成立自性者謂有立為有无立為无所成立差別者謂有上立有上無上立無上常立為常無常立無常如是有色无色有見無見有對無對有漏无漏有為无為如是等無量差別門當知名所成立差別

能成立法有八種者一立宗二辯因三引喻四同類五異類六現量七比量八正教

立宗者謂依二種所成立義各別攝受自品所許或攝受論宗若自辯才若輕蔑他若從他聞若覺真實或為成立自宗或為破壞他宗或為制伏於他或為摧屈於他或為悲愍於他建立宗義

辯因者謂為成就所立宗義依所引喻同類異類現量比量及與正教建立順益道理言論

引喻者亦為成就所立宗義引因所依諸餘世間串習共許易了之法比

況言論
同類者謂隨所有法望所餘法其相展轉少分相似此復五種一相狀相似二自體相似三業用相似四法門相似五因果相似相狀相似者謂於現在或先所見相狀相屬展轉相似自體相似者謂彼展轉其相相似業用相似者謂彼展轉作用相似法門相似者謂彼展轉法門相似如無常與苦法苦與无我法无我與生法生法與老法老法與死法如是有色無色有見無見有對无對有漏無漏有為无為如是等類無量法門展轉相似因果相似者謂彼展轉若因若果能成所成展轉相似是名同類
異類者謂所有法望所餘法其相展轉少不相似此亦五種與上相違應知其相
現量者謂有三種一非不現見二非已思應思三非錯乱境界
非不現見現量者復有四種謂諸根不壞作意現前相似生故超越生故无障导故非極遠故相似生者謂欲界諸根於欲界境上地諸根於上地境已生已等生若生若起是名相似生超越生者謂上地諸根於下地境已生等如前說是名超越生无障导者復有四種一非覆障所导二非隱障所导三非映障所导四非惑障所导覆障所导者謂黑闇無明闇不澄清色闇所覆障隱障所导者謂或藥草力或呪術力或神通力之所隱障映障所导者謂少小物為廣多物之所映奪故不可得如飲食中藥或復毛端如是等類无量無邊且如小光大光所映故不可得所謂日光映星月等又如月光映奪衆星又如能治映奪所治令不可得謂不淨作意映奪淨相无常苦無我作意映奪常樂我相无相作意映奪一切衆相惑障所导者謂幻化所作或色相殊勝或復相似或內所作目眩惛夢悶醉放逸或復顛狂如是等類名為惑障若不為此四障所导名无障导非極遠者謂非三種極遠所遠一處極遠二時極遠三損減極遠如是一切摠名非不現見非不現故名為現量
非已思應思現量者復有二種一纔取便成取所依境二建立境界取所依境纔取便成取所依境者謂若境能作纔取便成取所依止猶如良醫授病者藥色香味觸皆悉圓滿有大勢力成熟威德當知此藥色香味觸纔取便成取所依止藥之所有大勢威德疾若未愈名為應思其病若愈名為已思如是等類名纔取便成取所依境建立境界取所依境者謂若境能為建立境界取所依止如瑜伽師於地思惟水火風界若住於地思惟其水即住地想轉作水想若住於地思惟火風即住地想轉作火風想此中地想即是建立境界之取地者即是建立境界取之所依如住於地住水火風如其所應當知亦介是名建立境界取所依境此中建立境界取所依境非已思惟非應思惟地等諸界解若未成名應思惟解若成就名已思惟如是名為非已思應思現量
非錯乱境界現量者謂或五種或七

種五種者謂非五種錯乱境界何等為五一想錯乱二數錯乱三形錯乱四顯錯乱五業錯乱七種者謂非七種錯乱境界何等為七謂即前五及餘二種遍行錯乱合為七種何等為二一心錯乱二見錯乱想錯乱者謂於非彼相起彼相想如於陽焰鹿渇相中起於水想數錯乱者謂於少數起多數增上慢如瞖眩者於一月處見多月像形錯乱者謂於餘形色起餘形色增上慢如於旋火見彼輪形顯錯乱者謂於餘顯色起餘顯色增上慢如迦末羅病損壞眼根於非黃色悉見黃相業錯乱者謂於无業事起有業增上慢如結拳馳走見樹奔流心錯乱者謂即於五種所錯乱義心生喜樂見錯乱者謂即於五種所錯乱義忍受顯說生吉祥想堅執不捨若非如是錯乱境界名為現量

問如是現量誰所有耶答略說四種所有一色根現量二意受現量三世間現量四清淨現量色根現量者謂五色根所行境界如先不說現量體

相意受現量者謂諸意根所行境界如先所說現量體相世間現量者謂即二種揔說為一世間現量清淨現量者謂諸所有世間現量亦得名為清淨現量或有清淨現量非世間現量謂出世智於所行境有知為有無知為无有上知有上無上知无上如是等類名不共世間清淨現量

比量者謂與思擇俱已思應思所有境界此復五種一相比量二體比量三業比量四法比量五因果比量

相比量者謂隨所有相狀相屬或由現在或先所見推度境界如見幢故比知有車由見烟故比知有火如是以王比國以夫比妻以角犎等比知有牛以膚細軟髮黑輕躁容色姸美比知少年以面皺髮白等相比知是老以執持自相比知道俗以樂觀聖者樂聞正法遠離慳貪比知正信以善思所思善說所說善作所作比知聡叡以慈悲愛語勇猛樂施能善解釋甚深義趣比知菩薩以掉動輕轉嬉戲歌笑等事比未離欲以諸威儀

恒常寂靜比知離欲以具如来微妙相好智恵寂靜正行神通比知如来應等正覺具一切智以於差時見彼劝年所有相狀比知是彼如是等類名相比量

體比量者謂現見彼自體性故比類彼物不現見體或現見彼一分自體比類餘分如以現在比類過去或以過去比類未来或以現在近事比遠或以現在比於未来又如飲食衣服嚴具車乘等事覩見一分得失之相比知一切又以一分成熟比餘熟分如是等類名體比量

業比量者謂以作用比業所依如見遠物无有動揺鳥居其上由是等事比知是杌若有動揺等事比知是人廣跡住處比知是象曳身行處比知是蛇若聞嘶聲比知是馬若聞哮吼比知師子若聞咆勃比知牛王見比於眼聞比於耳齅比於鼻甞比於舌觸比於身識比於意水中見濕比知有地若見是處草木滋潤莖葉青翠比知有水若見熱灰比知有火藂林

掉動比知有風瞑目執杖進止問他蹎蹶失路如是等事比知是盲高聲側聽比知是聾正信聰叡離欲未離欲菩薩如來如是等類以業比度如前應知

法比量者謂以相隣相屬之法比餘相隣相屬之法如屬無常比知有苦以屬苦故比空無我以屬生故比有老法以屬老故比有死法以屬有色有見有對比有方所及有形質屬有漏故比知有苦屬无漏故比知無苦屬有為故比知生住異滅之法屬无為故比知無生住異滅法如是等類名法比量

因果比量者謂以因果展轉相比如見有行比至餘方見至餘方比先有行若見有人如法事王比知當獲廣大祿位見大祿位比知先已如法事王若見有人脩善作業比知必當獲大財富見大財富比知先已脩善作業見先脩習善行惡行比當興衰見有興衰比先造作善行惡行見豐飲食比知飽滿見有飽滿比豐飲食若

見有人食不平等比當有病現見有病比知是人食不平等見有靜慮比知離欲見離欲者比有靜慮若見脩道比知當獲沙門果證若見有獲沙門果證比知脩道如是等類當知揔名因果比量

正教量者謂一切智所說言教或從彼聞或隨彼法此復三種一不違聖言二能治雜染三不違法相

不違聖言者謂聖弟子說或佛自說經教展轉流布至今不違正法不違正義

能治雜染者謂隨此法善修習時能永調伏貪瞋癡等一切煩惱及隨煩惱

不違法相者謂翻違法相當知即是不違法相何等名為違法相耶謂於无相增為有相如執有我有情命者生者等類或常或斷有色無色如是等類或於有相減為無相或於決定立為不定如一切行皆是無常一切有漏皆性是苦一切諸法皆空無我而妄建立一分是常一分無常一分是苦一分非苦一分有我一分無我

於佛所立不可記法尋求記別謂為可記或安立記或於不定建立為定如執一切樂受皆貪所隨眠一切苦受瞋所隨眠一切不苦不樂受癡所隨眠一切樂受皆是有漏一切樂俱故思造業一向決定受苦異熟如是等類或於有相法中无差別相建立差別有差別相立無差別如於有為无差別相於無為中亦復建立於无為法无差別相於有為法亦復建立如於有為無為如是於有色无色有見无見有對无對有漏無漏隨其所應皆當了知又於有相不如正理立因果相如立妙行感不愛果立諸惡行感可愛果計惡說法毗奈耶中習諸邪行能得清淨於善說法毗奈耶中修行正行謂為雜染於不實相以假言說立真實相於真實相以假言說種種安立如於一切離言法中建立言說說第一義如是等類名違法相與此相違當知即是不違法相是名正教

問若一切法自相成就各自安立已

法性中復何因緣建立二種所成義耶答為欲令他生信解故非為生成諸法性相問為欲成就所成立義何故先立宗耶答為先顯示自所愛樂宗義故問何故次辯因耶答為欲開顯依現見事決定道理令他攝受所立宗義故問何故次引喻耶答為欲顯示能成道理之所依止現見事故問何故後說同類異類現量比量正教等耶答為欲開示因喻二種相違不相違智故又相違者由二因緣一不決定故二同所成故不相違者亦二因緣一決定故二異所成故其相違者於為成就所立宗義不能為量故不名量不相違者於為成就所立宗義能為正量故名為量是名論所依

論莊嚴者略有五種一善自他宗二言具圓滿三無畏四敦肅五應供善自他宗者謂如有一若於此法毗柰耶中深生愛樂即於此論宗旨讀誦受持聽聞思惟純熟修行已善已說已明若於彼法毗柰耶中不愛不樂

然於彼論宗旨讀誦受持聞思純熟而不修行然已善已說已明是名善自他宗

言具圓滿者謂如有一凡有所說皆以其聲不以非聲何等為聲謂具五德乃名為聲一不鄙陋二輕易三雄朗四相應五義善不鄙陋者謂離邊方邊國鄙俚言詞輕易者謂有所說皆以世間共用言詞雄朗者所謂依義建立言詞能成彼義巧妙雄壯相應者謂前後法義相符不散義善者謂能引發勝生定勝无有顛倒又此聲論由九種相言具圓滿一不雜亂二不麁獷三辯了四限量五與義相應六以時七決定八顯了九相續如是一切總名言具圓滿

無畏者謂如有一處在多衆雜衆大衆執衆諦衆善衆等中其心無有下劣憂懼身无戰汗面無怖色音无謇吃語无怯弱如是說者名為無畏

敦肅者謂如有一待時方說而不嚨速是名敦肅

應供者謂如有一為性調善不惱於

他終不違越諸調善者調善之地隨順他心而起言說以時如實能引義利言詞柔軟如對善友是名應供

若有依此五論莊嚴與言論者當知復有二十七種稱讚功德何等名為二十七種一衆所敬重二言必信受三處大衆中都无所畏四於他宗旨深知過隙五於自宗旨知殊勝德六无有僻執於所受論情无偏黨七於自正法及毗柰耶无能引奪八於他所說速能了悟九於他所說速能領受十於他所說速能酬對十一具語言德令衆愛樂十二悅可信解此月論者十三能善宣釋義句文字十四令身无倦十五令心无倦十六言不謇澁十七辯才无盡十八身不損頓十九念无忘失二十心無損惱二十一咽喉无損二十二凡所宣吐分明易了二十三善護自心令无忿怒二十四善順他心令無憤恚二十五令對論者心生淨信二十六凡有所行不招怨對二十七廣大名稱聲流十方世咸傳唱此大法師處大師數如

受欲者以末尼真珠琉璃等寶顧環釧等寶莊嚴具以自莊嚴威德熾盛光明普照如是論者以二十七稱讚功德顧此五種論莊嚴具以自莊嚴威德熾盛光明普照是故名此為論莊嚴是名論莊嚴

論墮負者謂有三種一捨言二言屈三言過捨言者謂立論者以十三種詞謝對論者捨所言論何等名為十三種詞謂立論者謝對論者曰我論不善汝論為善我不善觀汝為善觀我論无理汝論有理我論無能汝論有能我論屈伏汝論成立我之辯才惟極於此過此已上更善思量當為汝說且置是事我不復言以如是等十三種詞謝對論者捨所言論捨所論故當知被破為他所勝墮在他後屈伏於彼是故捨言名墮負處

言屈者如立論者為對論者之所屈伏或託餘事方便而退或引外言或現憤發或現瞋恚或現憍慢或現所覆或現惱害或現不忍或現不信或復默然或復憂慼或竦肩伏面或沉思詞窮假託餘事方便而退者謂捨前所立更託餘宗捨先因喻同類異類現量比量及正教量更託餘因乃至正教引外言者謂捨所論事論說飲食王臣盜賊衢路倡妓等事假託外緣捨本所立以遣他難現憤發者謂以麤獷不遜等言擯對論者現瞋恚者謂以惡報之言責對論者現憍慢者謂以卑賤種族等言毀對論者現所覆者謂以發他所覆惡行之言舉對論者現惱害者謂以害酷怨言罵對論者現不忍者謂發怨言怖對論者現不信者謂以毀壞行言謗對論者或默然者謂語業頓盡或憂慼者謂意業焦惱竦肩伏面者謂身業威嚴而頓萎頓沉思詞窮者謂才辯俱竭由如是等十三種事當知言屈前二妄行矯乱中七發起邪行後四計行窮盡是名言屈墮在負處

言過者謂立論者為九種過汙染其言故名言過何等為九一雜乱二麤獷三不辯了四無限量五非義相應六不以時七不決定八不顯了九不相續雜乱者謂捨所論事雜說異語麤獷者謂憤發掉舉及躁急掉舉不辯了者謂若法若義眾及對論所不領悟无限量者謂所說義言詞復重或復減少非義相應者當知有十種一无義二違義三損理四與所成等五招集過難六不得義利七義无次序八義不決定九成立能成十慎不稱理諸邪惡論非時者謂所應說前後不次不決定者謂立已復毀毀而復立速疾轉撥難可了知不顯了者謂言招譏弄不領而荅先為典語後為俗語或先俗語後復典語不相續者謂於中間言詞斷絕凡所言論犯此九失是名言過墮在負處

論出離者謂立論者先應以彼三種觀察觀察論端方興言論或不興論名論出離三種觀察者一觀察得失二觀察時眾三觀察善巧及不善巧觀察得失者謂立論者方興論端先當觀察我立是論將无自損損他及俱損耶不生現法後法及俱罪耶勿起身心諸憂苦耶莫由此故執時刀

杖鬪罵諍訟諂誑妄語而發起耶將無種種惡不善法而生長耶非不利益安樂若自若他及多衆耶非不憐愍諸世間耶不因此故諸天世人無義無利不安樂耶彼立論者如是觀時若自了知我所立論能為自損乃至天人無義無利亦无安樂便自思勉不應立論若如是知我所立論不為自損乃至能引天人義利及與安樂便自思勉當立正論是名第一或作不作論出離相

觀察時衆者謂立論者方起論端應善觀察現前衆會為有僻執為无執耶為有賢正為无有耶為有善巧為無有耶如是觀時若知衆會惟有僻執非无僻執惟不賢正无有賢正惟不善巧无善巧者便自思勉於是衆中不應立論若知衆會无所僻執非有僻執惟有賢正无不賢正惟有善巧无不善巧便自思勉於是衆中應當立論是名第二或作不作論出離相

觀察善巧不善巧者謂立論者方起論端應自觀察善與不善我於論體

論處論依論莊嚴論負論出離等為善巧耶不善巧耶我為有力能立自論摧他論耶於論負處能解脫耶如是觀時若自了知我无善巧非有善巧我无力能非有力能便自思勉與對論者不應立論若自了知我有善巧非无善巧我有勢力非無勢力便自思勉與對論者當共立論是名第三或作不作論出離相

論多所作法者謂有三種於所立論多所作法一善自他宗二勇猛无畏三辯才無竭問如是三法於所立論何故名為多有所作荅能善了知自他宗故於一切法能起談論勇猛無畏故處一切衆能起談論辯才无竭故隨所問難皆善酬荅是故此三於所立論多有所作

已說因明處云何聲明處當知此處略有六相一法施設建立相二義施設建立相三補特伽羅施設建立相四時施設建立相五數施設建立相六處所根栽施設建立相嗢拕南曰

法義數取趣　時數與處所　若根栽所依

是略聲明相

云何法施設建立謂名身句身文身及五德相應聲一不鄙陋二輕易三雄朗四相應五義善

云何義施設建立當知略有十種一根建立二大種建立三業建立四尋求建立五非法建立六法建立七興盛建立八衰損建立九受用建立十守護建立嗢拕南曰

眼等與地等　身等及尋求　非法法興盛
衰損受用護

根建立者謂見義聞義齅義嘗義觸義知義大種建立者謂依持等義澆潤等義照了說等義動搖等義業建立者謂往來等義宣說等義思念覺察等義尋求建立者謂追訪等義非法建立者謂殺盜等義法建立者謂施戒等義興盛建立者謂證得喜悅等義衰損建立者謂破壞怖畏憂慼等義受用建立者謂飲食覆障抱持受行等義守護建立者謂守護育養盛滿等義

又復略說有六種義一自性義二因

義三果義四作用義五差別相應義

六轉義嗢柁南曰

自性與因果　作用相應轉

云何補特伽羅施設建立謂建立男女非男非女聲相差別或復建立初中上士聲相差別

云何時施設建立謂有三時聲相差別一過去過去殊勝二未來未來殊勝三現在現在殊勝

云何數施設建立謂有三數聲相差別一者一數二者二數三者多數

云何處所根栽施設建立當知處所略有五種一相續二名号三揔略四彼益五宣說若界頌等名為根栽如是二種揔名處所根栽建立

已說聲明處云何工業明處謂於十二處略說工業所有妙智名工業明處何等十二工業處耶謂營農工業商估工業事王工業書筭計度數印工業占相工業呪術工業營造工業生成工業防那工業和合工業成熟工業音樂工業

瑜伽師地論卷第十五

瑜伽師地論卷第十五　校勘記

一　底本，金藏廣勝寺本。四七二頁中、下及次頁上、中共四版，原版殘缺，以麗藏本換。

一　四七二頁下末行「樂化」，資、磧、普、南、徑、清作「化樂」。

一　四七三頁上五行第二字「世」，資、磧、普、南、徑、清作「世間」。

一　四七三頁上一二行第三字「面」，磧作「而」。

一　四七三頁下七行第一二字「𥁞」，諸本作「嗢」。

一　四七四頁上四行末字「與」，諸本作「與」。

一　四七四頁中一三行第一〇字「智」，諸本作「智故」。

一　四七四頁下一二行第三字「教」，石、麗作「教量」。

一　四七五頁下九行「威德疾」，石、麗作「威德病」；資、磧、普、南、徑、清作「熱德病」。

一　四七六頁上八行第六字「想」，資、磧、普、南、徑、清作「相」。

一　四七六頁上一五行第九字「捲」，石作「拳」。

一　四七六頁上末行第一〇字「不」，諸本作「所」。

一　四七六頁中一〇行第二字「界」，石、麗作「思」。

一　四七六頁下二〇行第五字「於」，石作「是」。

一　四七七頁上二一行第四字「修」，石作「備」。

一　四七七頁下一七行末字「以」，資、磧、普、南、徑、清作「此」。

一　四七八頁中一六行第三字「切」，石、麗作「切相」。

一　四七八頁中二一行末字「嚵」，徑、清作「儳」。

一　四七八頁下一三行末字「月」，諸本作「明」。

一　四七九頁上一〇行第四字「謂」，資、磧、普、南、徑、清作「謝」。

一　四七九頁上一八行第九字及中一九行第六字「名」，磧作「各」。

一　四七九頁中六行第八字「違」，資、磧、普、南、徑、清作「達」。

一　四七九頁下三行首字「辯」，石作「辦」。

一　四七九頁下八行第一三字「慎」，石、麗作「順」。

一　四八〇頁中一七行第二字「立」，資、磧、普、南、徑、清作「言」。

一　四八〇頁下一四行第六字「說」，諸本無。

一　四八一頁上二一行第六字「那」，資、磧、普、南、徑、清作「邪」。

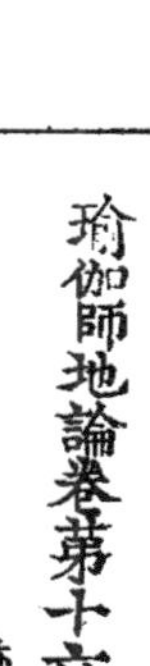

瑜伽師地論卷第十六　　習

彌勒菩薩說

三藏法師玄奘奉　詔譯

本地分中思所成地第十一之一

已說聞所成地云何思所成地當知略說由三種相一由自性清淨故二由思擇所知故三由思擇諸法故

云何自性清淨謂九種相應知一者謂如有一獨處空閑審諦思惟如其所聞如所究達諸法道理二者遠離一切不可思議處審諦思惟所應思處三者能善了知黑說大說四者凡所思惟惟依於義不依於文五者於法少分惟生信解於法少分以慧觀察六者堅固思惟七者安住思惟八者相續思惟九者於所思惟能善究竟終无中路猒怖退屈由此九相名為清淨善淨思惟

云何思擇所知謂善思擇所觀察義何等名為所觀察義謂於有法了知有相於非有法了知无相如是名為所觀察義

何等名為所觀有法當知此法略有五種一自相有法二共相有法三假相有法四因相有法五果相有法

何等名為自相有法當知此法略有三種一勝義相有二相狀相有三現在相有勝義相有者謂諸法中離言說義出世間智所行境界非安立相相狀相有者謂由四種所觀相狀一於是處名可得二於是處事可得三此名於此事非不決定謂或迷亂不決定故或無常不決定故四此名於此事無尋隨轉或於是處隨轉或於是處退還現在相有者謂若已生及因果性如是一切總說為一自相有法

何等名為共相有法當知此相復有五種一種類共相二成所作共相三一切行共相四一切有漏共相五一切法共相種類共相者謂色受想行識等各別種類總名為一種類共相成所作共相者謂善有漏法於感愛果由能成辦所作共相說名共相如善有漏法於感愛果如是不善法於感非愛果念住正斷神足根力覺支

道支菩提分法於得菩提由能成辦所作共相說名共相當知亦尒一切行共相者謂一切行无常性相一切有漏共相者謂有漏行者皆苦性相一切法共相者謂一切法空无我性相如是一切總說為一共相有法何等名為假相有法謂若於是處略有六種言論生起當知此處名假相有何等名為六種言論謂屬主相應言論遠離此彼言論衆共施設言論衆法聚集言論不遍一切言論非常言論屬主相應言論者謂諸言論配屬於主方解其相非不屬主如說生時此誰之生待所屬主起此言論謂色之生受想行識之生非說色時此誰之色待所屬主起此言論如生如是老住无常等心不相應行隨其所應盡當知是名屬主相應言論若於是處起此言論當知此處是假相有遠離此彼言論者謂諸言論非以此顯此亦非以彼顯彼是說名為遠離此彼言論若以此顯此言論是言論亦於實相處轉亦於假相處轉若以

彼顯彼言論是言論亦於實相處轉亦於假相處轉若非以此顯此亦非以彼顯彼言論是言論一向於假相處轉云何以此顯此言論於實相處轉如言地之堅云何此復於假相處轉如言石之圓如地之堅石之圓如是水之濕油之滴火之煗燄之焰風之動飈之鼓亦尒云何以彼顯彼言論於實相處轉如言眼之識身之觸如是等云何此復於假相處轉如言佛授德友之所飲食車乘衣服莊嚴具等云何非以此顯此亦非以彼顯彼言論一向於假相處轉如言宅之門舍之壁缾之口甕之腹軍之車林之樹百之十十之三如是等是名遠離此彼言論衆共施設言論者謂於六種相狀言說自性假立言論六種相狀者一事相狀二所識相狀三淨妙等相狀四饒益等相狀五言說相狀六邪行等相狀事相狀者謂識所取所識相狀者謂作意所取能起於識淨妙等相狀者謂觸所取饒益等相狀者謂受所取言說相狀者謂想

所取邪行等相狀者謂思所取衆法聚集言論者謂於衆多和合建立自性言論如於內色受想行識建立種種我等言論於外色香味觸等事和合差別建立宅舍缾衣車乘軍林樹等種種言論不遍一切言論者謂諸言論有處隨轉有處旋還如於舍宅舍宅言論於諸舍宅處處隨轉於村聚落亭邏國等即便旋還於盆甕等盆等言論於盆甕等處處隨轉於缾器等即便旋還於軍軍言隨諸軍轉於別男女幼少等類即便旋還於林林言隨諸林轉於別樹根莖枝條葉花菓等類即便旋還非常言論者由四種相應知一由破壞故二由不破壞故三由加行故四由轉變故破壞故者謂缾等破已缾等言捨瓦等言生不破壞故者謂種種物共和合已或丸或散種種雜物差別言捨丸散言生加行故者謂於金段等起諸加行造環釧等異莊嚴具金段等言捨環釧等言生轉變故者謂飲食等於轉變時飲食等言捨便穢等言生

如是等類應知名為非常言論隨於諸物發起如是六種言論當知此物皆是假有是名假相有法何等名為因相有法當知此因略有五種一可愛因二不可愛因三長養因四流轉因五還滅因可愛因者謂善有漏法不可愛因者謂不善法長養因者謂前前所生善不善无記法修習善修習多修習故能令後後所生善不善无記法展轉增勝名長養因流轉因者謂由此種子由此熏習由此助伴彼法流轉此於彼法名流轉因還滅因者謂諸行還滅雜染還滅所有一切能寂靜道能般涅槃能趣菩提及彼資糧并其方便能生能辦名還滅因如是惣名因相有法若廣分別如思因果中應知其相何等名為果相有法謂從彼五因若生若得若成若辨若轉當知是名果相有法

何等名為所觀无法當知此相亦有五種一未生無二已滅無三互相无四勝義无五畢竟無未生无者謂未來諸行已滅无者謂過去諸行互相

无者謂諸餘法由所餘相若遠離性若非有性或所餘法與諸餘法不和合性勝義无者謂由世俗言說自性假設言論所安立性畢竟無者謂石女兒等畢竟无類復有五種有性五種無性何等名為五種有性一圓成實相有性二依他起相有性三遍計所執相有性四差別相有性五不可說相有性此中初是勝義相第二是緣生相相第三是假施設相第四是不二相生相老相住相无常相苦相空相无我相事相相所識相所取相淨妙等相饒益等相言說相相邪行等相相如是等相應知名差別相第五由四種不可說故名不可說相一無故不可說謂補特伽羅於彼諸蘊不可宣說若異不異二甚深故不可說謂離言法性不可思議如來法身不可思議諸佛境界如來滅後若有若无等不可宣說三能引無義故不可說謂有諸法非能引發法義梵行諸佛世尊雖證不說四法相法尒之所安立故不可說所謂真如於諸行等

不可宣說異不異性何等名為五種無性一勝義相無性二自依相無性三畢竟自相無性四無差別相無性五可說相無性

云何思擇諸法此復二種應知一思擇素呾纜義二思擇伽他義思擇素呾纜義如攝事分及菩薩藏教授中當廣說思擇伽他義復有三種一者建立勝義伽他二者建立意趣義伽他三者建立體義伽他建立勝義伽他者如經言

都无有宰主　及作者受者　諸法亦無用
而用轉非無　惟十二有支　蘊處界流轉
審思此一切　衆生不可得　於內及於外
是一切皆空　其能修空者　亦常无所有
我我定非有　由顛倒妄計　有情我皆无
惟有因法有　諸行皆剎那　住尚無况用
即說彼生起　為用為作者　眼不能見色
耳不能聞聲　鼻不能齅香　舌不能嘗味
身不能覺觸　意不能知法　於此亦无能
任持驅役者　法不能生他　亦不能自生
衆緣有故生　非故新新有　法不能滅他
亦不能自滅　衆緣有故生　生已自然滅

由二品為依 是生便可得 恒於境放逸
又復邪勝進 愚癡之所漂 彼遠邪勝進
諸貪愛所引 於境常放逸 由有因諸法
衆苦亦復然 根本二惑故 十二支分二
自无能作用 亦不由他作 非餘能有作
而作用非無 非内亦非外 非二種中間
由行未生故 有時而可得 設諸行已生
由此故無得 未来无有相 過去可分別
分別曾所更 非曾亦分別 行雖无有始
然有始可得 諸色如聚沫 諸受類浮泡
諸想同陽焰 諸行喻芭蕉 諸識猶幻事
日親之所說 諸行一時生 亦一時住滅
癡不能癡癡 亦不能癡彼 非餘能有癡
而愚癡非無 不正思惟故 諸愚癡得生
此不正思惟 非不愚者起 福非福不動
行又三應知 復有三種業 一切不和合
現在速滅壞 過去住无方 未生依衆緣
而復心隨轉 畢竟共相應 不相應亦尒
非一切一切 而說心隨轉 於此流無斷
相似不相似 由隨順我見 世俗用非无
若壞於色身 名身亦隨滅 而言今後世
自作自受果 前後差別故 自因果攝故
作者與受者 一異不可說 因道不斷故

和合作用轉 從自因所生 及攝受所作
樂戲論為因 若淨不淨業 諸種子異熟
及愛非愛果 依諸種異熟 我見而生起
自内所證知 無色不可見 無了別凡夫
計斯為内我 我見為依故 起衆多妄見
搃執自種故 宿習助伴故 聽聞隨順故
發生於我見 貪愛及與緣 而生於内我
攝受希望故 染習外為所 世間真可怖
愚癡故攝受 先起愛藏已 由茲趣戲論
彼所愛藏者 賢聖達為苦 此苦逼愚夫
剎那無暫息 不平等纏心 積集彼衆苦
積集是愚夫 計我苦樂緣 諸愚夫故著
如大象溺泥 由癡故增上 遍行遍所作
此池派衆流 於世流為暴 非風火日竭
唯除正法行 於苦計我受 苦樂了知苦
分別此起見 從彼生生彼 染汙意恒時
諸惑俱生滅 若解脫諸惑 非先亦非後
非彼法生已 後淨異而生 彼先無染汙
說解脫衆惑 其有染汙者 畢竟性清淨
既非有所淨 何得有能淨 諸種子滅故
諸煩惱盡故 即於此無染 顯示二差別
自内所證故 唯衆苦盡故 求絶戲論故
一切無戲論 衆生名相續 及法想相中

無生死流轉 亦无涅槃者

此中依止補特伽羅无我勝義宣說如是勝義伽他為欲對治增益損減二邊執故

於所攝受說為宰主於諸業用說為作者於諸果報說為受者如是半頌遮遣別義所分別我諸法亦無用者遮遣即法所分別我由此遠離增益邊執而用轉非无者顯法有性由此遠離損減邊執用有三種一宰主用二作者用三受者用因此用故假立宰主作者受者

雖言諸法而未宣說何等為法故次說言惟有十二支等半頌如有支次第諸蘊等流轉此顯不取微細多我便能對治宰主作者及受者執眼色為緣生眼識果无別受者此中顯示即十八界說受者性雖言無生而未宣說无何等生為欲顯示故次說言審思此一切衆生不可得言審思者由依三量審諦觀察

此若無者云何建立内外成就故次說言於内及於外是一切皆空此顯

內外唯假建立云何建立能觀所觀二種成就故次說言其能修空者亦常無所有

云何建立聖者異生二種成就故次說言我我定非有由顛倒妄計此顯聖者及異生我決定無有真實我性惟由顛倒妄計為有云何建立彼此成就故次說言有情我皆無云何建立染淨成就故次說言惟有因法有染者淨者皆不可得

雖說諸法皆無作用而未宣說云何无用故次說言諸行皆剎那住尚無況用如前已說用轉非無云何无用而有用轉故次說言即說彼生起為用為作者果故名為用因故名作者彼生起者顯從諸處諸識得生彼得生者非離眼等彼成就故

如前所說諸法无用此顯無用略有七種一无作用用謂眼不能見色等二無隨轉用謂於此亦無能任持駈役者如其次第宰主作者俱無所有故无有能隨轉作用三无生他用謂法不能生彼四無自生用謂亦不能自生五無移轉用謂衆緣有故生非故新新有六無滅他用謂法不能滅他七无自滅用謂亦不能自滅

問如衆緣有故生亦衆緣有故滅耶荅衆緣有故生生已自然滅

如前所說有因法有欲顯在家及與出家雜染自性有因法有故次說言由二品為依是生便可得等由此二頌顯無明愛有因法有次後五頌顯雜染品差別所依因及時分此中有因諸法者謂无明乃至受有因衆苦者謂愛乃至老死此言顯示煩惱業生三種雜染根本二惑故者此言顯亦煩惱雜染惟取最勝煩惱雜染自无能作用等言復重別顯業雜染義由彼所作有差別故彼果異熟不思議故自無能作用者待善惡友他所引故亦不由他作者待自功用所成辦故非餘能有作者要待前生因差別故方有所作非內亦非外等頌中顯依未來不生雜染依止現在過去諸行能生雜染設行已生即由此相无有分別未來無相故無分別如此如是當來決定不可知故若不如是分別異類或時可得若於過去即可分別如此如是曾有相貌可分別故非惟曾更而可分別未曾更者雖不分明取其相貌然隨種類亦可分別此則顯示依現在行分別為因生諸雜染行雖無始然始可得者顯示雜染時分差別無始時來常隨逐故剎那剎那新所起故

自此已後顯清淨品如實觀時得清淨故或由自相故謂觀色等如聚沫等或由共相故謂觀有為同生住滅所有共相或由世俗及勝義諦故謂雖无癡者非無愚癡衆緣所生世俗諦故說癡能癡又復顯示非不愚者不正思惟是故彼為愚癡所癡又由世俗宣說諸識隨福等行者就勝義无所隨逐又三應知者謂去來今三種業者謂身等業一切不和合者更互相望不和合故所以者何現在速滅速過去住無方未生依衆緣而復心隨轉若彼與此更互相應如福等行无有和合彼心相應道理亦尔云

何當有實隨轉性何以故若心與彼諸行相應或不相應非此與彼或時不相應或時非不相應又非一切心或相應或不相應如是由勝義故心隨轉性不得成就今當顯示由世俗故說心隨轉所有因緣於此流無斷者今此頌中顯世俗諦非无作用及與隨轉又由勝義无有作者及與受者由世俗故而得宣說自作自受又作者受者若一若異皆不可說為顯此義故次說言前後差別等頌

如是由勝義故无有宰主作者受者惟有因果於因果相釋通疑難略由五頌顯示於此起我顛倒初頌顯示雖无有我而有後有無有斷絕又諸因果非頓俱有非從一切一切得生又此因道無有斷絕頌中四句如其次第釋此四難由第二頌顯因果相由後三頌顯於无我諸因果中起我顛倒此中顯示彼所緣境彼所依止彼因彼果初頌顯示彼所緣境自內所證无色難見難可尋思故名無色經說色相為尋思故難說示他故不

可見由第二頌顯彼依果凡夫是依衆見是果由第三頌顯示彼因俱生我見由捴執計自種隨眠之所生起諸外道等分別我見由宿習等之所生起此外道見要由數習故不正尋思故又得隨順從他聽聞非正法故而得生長此中顯示由所依止作意所緣諸過失故分別我見方得生起次後五頌顯彼我見由集次第發生於苦又即此苦并及我見二苦因緣又於解脫能為障导此中初頌顯示於集第二第三顯示行苦所攝阿賴耶識愛藏此已而趣戲論謂我當有非當有等言愛藏者攝為已體故又復此苦於一切時恒常隨逐無一剎那而暫息者由第四頌顯示此苦是能計我及苦樂緣由第五頌顯示計我由愚癡故障导解脫言增上者望餘二苦故言遍行者隨逐諸受故遍所作者遍善惡无記故

今當顯示阿賴耶識所攝行苦共池相似又顯差別由正法行方能竭故於世衆流寂為暴惡言衆流者辟眼

等六五趣三界等又法行者顯示解了解脫遍知及縛遍知解了縛遍知者即了知苦謂了知我受苦受樂皆依於苦又此分別能起諸見從彼所生亦能生彼顯示解了縛遍知已餘有六頌顯示解了解脫遍知謂染汙意恒時諸惑俱生滅若解脫諸惑非先亦非後等非先者與諸煩惱恒俱生故非後者即與彼惑俱時滅故又顯所說解脫之相謂非即彼生已後方清淨別有所餘清淨意生即彼先来无染汙故說為解脫為成此義故復說言其有染汙者畢竟性清淨等頌又復顯示二種解脫謂煩惱解脫及事解脫諸種子滅故諸煩惱盡故者顯示煩惱解脫即於此無染者顯事解脫如經言苾芻當知若於眼中貪欲永斷如是此眼亦當永斷乃至廣說如是顯示有餘依解脫已次當顯示無餘依解脫自内所證者顯彼不思議故惟衆苦盡者為遣妄計惟无性執謂有餘依永寂滅故說為寂滅非全无性無戲論者此解脫性

惟內所證若異不異死後當有或當
无等一切戲論不能說故為顯補特
伽羅及法俱非流轉生死或般涅槃
故復頌言衆生名相續及法想相中
無生死流轉亦無涅槃者
已釋勝義聖教伽他次當建立意趣
義伽他如經言一時索訶世界主大
梵天王往世尊所頂礼佛足退坐一
面以妙伽他而讚請曰
於學到究竟　善斷諸疑網　今請學所學
脩學為我說　大仙應善聽　學略有三種
增上戒心慧　於彼當修學　應圓滿六支
四樂住成就　於四各四行　智慧常清淨
初善住根本　次樂心寂靜　後聖見惡見
相應不相應　先淨樂靜慮　及於諦善巧
即於諸諦中　應生遠增長　於諸學處中
有四趣三所　遠離於二趣　於二趣證得
二安住二種　一能趣涅槃　漸次為因緣
純雜而修習　寂先離惡作　寂後樂成滿
諸學是為初　於此學聡叡　由此智修淨
淨生樂成滿　諸學是為中　於此學聡叡
從此心解脫　永滅諸戲論　諸學是為尊
於此學聡叡　若行趣不淨　亦趣於善趣

趣行說為初　當知此非共　若行趣清淨
非諸趣究竟　是行說為中　當知亦非共
若行趣清淨　於諸趣究竟　是行說為尊
當知此必共　若有學无學　當知並聡叡
若有學无學　當知並愚夫　若棄捨攝受
亦斷除麁重　及現見所知　是受持三學
若有緣无緣　亦細麁顯現　由受持遠離
言發悟所引　初學唯有一　第二學二種
第三學具三　慧者皆超越　不毀壞尸羅
於學揞能順　軌範无識論　於五處遠離
若无犯出離　无惡作惡作　於彼學尋求
及勤修彼行　終無有棄捨　命難亦无虧
常住正行中　隨毗柰耶轉　修治揞為先
亦修治淨命　二邊皆遠離　亦棄捨邪願
於諸障导法　終无有耽染　乱心法纔生
尋當速遠離　非太沉太浮　恒善住正念
根本眷屬淨　而修行梵行　應發勤精進
常堅固勇猛　恒修不放逸　五支善安住
當隱自諸善　亦發露衆惡　得諸衣服等
麁妙皆歡喜　少隨於世務　麁弊亦隨轉
受杜多功德　為寂離煩惱　當具足威儀
稱量而攝受　終无有所為　詐現威儀相
不自說實德　亦不令他說　雖有所方求

而非現異相　從他邊乞求　終不強威逼
以法而獲得　得已不輕毀　不躭著利養
及所有恭敬　亦不執諸見　增益與損減
不著順世間　無義文呪術　亦不樂畜積
无義長衣鉢　恐增諸煩惱　不染習居家
為淨修智慧　當親近賢聖　不畜朋友家
恐發憂悲乱　能生苦煩惱　纔起尋遠離
不受於信施　恐加害瘡皰　於如來正法
嘗无有棄捨　於他愆犯中　無功用安樂
常省自過失　知已速發露　若犯於所犯
當如法遠離　所應營事中　能勇勵自作
於佛及弟子　威德與言教　一切皆信受
觀大罪不謗　於極甚深法　不可思度處
能捨舊師宗　不堅執自見　常樂居遠離
及邊際卧具　恒修習善法　堅精進勇猛
无有欲生欲　不憎惡憎惡　離睡眠睡眠
時不居寂靜　離惡作惡作　无希慮希慮
一切種恒時　成就正方便　引發與覺悟
及和合所結　有相若親昵　亦多種喜樂
侵逼極親昵　名虛妄分別　能生於欲貪
智者當遠離　諸欲令无飽　衆多所共有
是非法因緣　能增長貪欲　賢聖所應離
速趣於壞滅　仗託於衆緣　危逸所依地

訶欲如枯骨　亦如歡肉段　如草炬相似
猶如大火坑　辟如蝣毒虵　亦如夢所見
如借莊嚴具　如樹端熟果　如是知諸欲
都不應躭樂　當聽聞正法　常思惟修習
先觀見麁靜　次於修一向　捨煩惱麁重
於斷生欣樂　於諸相觀察　得加行究竟
能離欲界欲　及離色界欲　入真諦現觀
能離一切欲　證現法涅槃　及餘依永盡

於學到究竟善斷諸疑網今請學所學修學為我說者於此頌中大梵天王先讚世尊後興請問讚世尊者謂於一切學中已得第一究竟此依自利行圓滿不共德說又能善斷展轉所生一切疑網此依利他行圓滿不共德說興請問者何等為學學有幾種云何於彼當修學耶

是故世尊意為策勵怖多所作懈怠衆生總攝一切略說三學故次告曰

大仙應善聽　學略有三種　增上戒心慧　於彼當修學

此中顯示依戒心慧若散乱者令不散乱方便為說增上戒學心未定者為令得定方便為說增上心學心已得定未解脫者為令解脫方便為說增上慧學由此因緣諸修行者一切所作皆得究竟此顯世尊密意宣說一切諸學无不攝在此三學中

又為顯示於諸學中由此方便成辦所學故次說言

應圓滿六支　四樂住成就　於四各四行　智慧常清淨

今此頌中如其次第顯示成辦三學方便應圓滿六支者應依增上戒學方便修學何等六支一安住淨尸羅二守護別解脫律儀三軌則圓滿四所行圓滿五於諸小罪見大怖畏六受學學處如是六支顯示四種尸羅清淨安住淨尸羅者是所依根本守護別解脫律儀者顯示出離尸羅清淨為求解脫而出離故軌則所行俱圓滿者此二顯示無所譏毀尸羅清淨於諸小罪見大怖畏者顯无穿缺尸羅清淨受學學處者顯无顛倒尸羅清淨如是六支極圓滿故增上戒學與餘方便作所依止四樂住成就者顯示增上心學方便四種靜慮名四心住現法樂住故名為樂於四各四行智慧常清淨者依增上慧學說謂於苦集滅道四聖諦中一一皆有四行即無常等增上慧學由此淨智之所顯故

初善住根本　次樂心寂靜　後聖見惡見　相應不相應

者此頌顯示增上三學次第生起根本者謂增上戒由後二種是此初學所流類故既具尸羅由無悔等次第修習能得第二心樂靜定心得定者見如實故能得第三成就聖見遠離惡見

先淨樂靜慮　及於諦善巧　即於諸諦中　應生遠增長

者此頌顯示三學次第清淨差別先淨者是初學樂靜慮者是第二學於諦善巧者是第三學又於如是諦善巧中應生者謂道諦應生起故應遠者謂苦集諦應遠離故應增長者謂滅諦軟中上品煩惱次第數數漸斷增長滅故

於諸學處中　有四趣三所　遠離於二趣　於二趣證得

者此頌顯示於增上戒心慧學處由所修學有成敗故隨其所應所得果報四趣差別謂於欲

界人天所攝所有善趣是增上戒感成所得果即於欲界餘趣所攝所有惡趣是增上戒敗所得果色無色界天趣所攝所有上趣是增上心果三界所不攝涅槃趣是增上慧果於如是諸趣中遠離前二善趣惡趣已應證後二上趣及涅槃趣此言顯示世出世間二道所得

二安住二種一能趣涅槃漸次為因緣純雜而修習者於此頌中顯示冣初增上戒學增上心學漸次能為增上心學增上慧學安住因緣顯示中間增上慧靜慮律儀所攝增上戒學能為二種安住因緣顯示冣上一種能為涅槃安住因緣當知此中顯示修習若別若捴隨其所應

冣先離惡作冣後樂成滿諸學是為初於此學聡叡者此頌顯示由增上戒學以无悔等漸次修習為後轉因由此智修淨生樂成滿諸學是為中於此學聡叡者此頌顯示由增上心學修所成慧冣勝善根漸次生故為冣上學因

從此心解脫永滅諸戲論諸學是為尊於此學聡叡者此頌顯示由增上慧學能為冣勝涅槃果因

若行趣不淨亦趣於善趣是行說為初當知此非共者此頌顯示增上戒學若有敗毀為惡趣因若能成立為善趣因此是不共離後二學亦能成故

若行趣清淨非諸趣究竟是行說為中當知亦非共者此頌顯示中間學行離欲界欲得清淨故名趣清淨未能盡離上界欲故亦未永拔欲隨眠故不得名為於諸趣中究竟清淨此離冣上亦能成辦故名不共非離冣初若行趣清淨於諸趣究竟是行說為尊當知此必共者此頌顯示冣上學行三界諸欲皆遠離故亦能永拔諸隨眠故於諸趣中冣為究竟不離前二能　獨成辦故名必共

若有學无學當知並聡叡者此初半頌顯示於三學中聡叡者相有正學故无邪學故

若有學无學當知並愚夫者此後半頌顯示於三學中愚夫之相有邪學

故无正學故

若棄捨攝受亦斷除麁重及現見所知是受持三學者此頌顯示若能棄捨家親屬等所攝受故若能斷除三摩地障諸麁重故若能現見四聖諦相所知理故如其次第三學成滿

若有緣無緣亦細麁顯現者此初半頌顯後二學及冣初學如其次第有緣無緣細麁差別由受持遠離言發悟所引者此後半頌顯初中後如其次第引發因緣謂攝期所引故身心遠離所引故由他言音內正思惟所引故初學惟有一第二學二種第三學具三慧者皆超越者此頌顯示初一不共中不離初上不離二起彼一切當知無學是阿羅漢不毀壞尸羅於學攝能順軌範無譏論於五處遠離者此頌顯示受持戒相不毀壞尸羅於學者謂安住淨戒攝能順者謂守護別解脫律儀軌範无譏論者謂軌則無犯於五處遠離者謂所行無犯略有五處諸苾芻等非所應行謂王家唱令家酤酒家倡穢家旃荼羅

及羯耻鄰家唱令家者謂屠羊等由遍宣告此屠羊等成極重罪多造惡業殺害羊等故
若無犯出離無惡作惡作者顯示於諸小罪見大怖畏如其出離亦無惡作如其惡作亦無有犯於彼學處求及勤修彼行者顯示受學學處終无有棄捨命難亦無虧常住正行中隨毗柰耶轉者此頌四句如其次第顯示常尸羅性堅尸羅性恒所作性恒隨轉性修治誓為先亦修治淨命者此初半頌顯示軌範及命清淨由諸軌範先發誓願方乃修行故名為誓
二邊皆遠離亦棄捨邪願者此後半頌顯示遠離受用欲樂自苦二邊及棄捨生天等願故尸羅清淨
於諸障导法終無有躭染乱心法纔生尋當速遠離者此頌顯示於諸根門不守護等障导清淨所學法中不見功德无躭染故於諸不善欲恚尋等擾乱意法雖暫生已即除遣故學得清淨
非太沉太浮恒善住正念根本眷屬淨而修行梵行者此頌顯示遠離微劣惡作故遠離非處惡作故遠離失念故於究竟時及方便時修行梵行皆得清淨

瑜伽師地論卷第十六

瑜伽師地論卷第十六

校勘記

一　底本，金藏廣勝寺本。

一　四八三頁中一一行第四字「可」，諸本無。

一　四八三頁中一二行第八字「黑」，南、徑、清作「默」。

一　四八三頁下一二行第七字「或」，資、磧、普、南、徑、清、麗作「非或」。

一　四八三頁下末行第八字「断」，資、磧、普、南、徑、清作「勝」。

一　四八四頁上四行第一〇字「者」，資、磧、普、南、徑、清無。

一　四八四頁上一七行第二字「老」，資、磧、普、南、徑、清作「者」。

一　四八四頁中一行第一〇字「於」，石作「以」。

一　四八四頁中三行第五字「言」，資、磧、普、南、徑、清作「亦」。

一　四八四頁下九行第一三字「盆」，石、資、磧、普、南、徑、清作「瓮」，下同。

一 四八五頁上四行第六字「知」，資、磧、普、南、徑、清作「知是」。

一 四八五頁中二一行第三字「有」，麗作「若」。

一 四八五頁中二二行第五字「證」，資、磧、普、南、徑、清作「說」。

一 四八六頁上二行第四字及一四字「勝」，資、磧、普、南、徑、清作「升」。

一 四八六頁上一二行首字「日」，麗作「曰」。

一 四八六頁中一四行第二字「池」，資、磧、普、南、徑、清作「地」。

一 四八六頁中一四行「風火」，諸本作「火風」。

一 四八六頁下一八行第一二字及一九行第六字「生」，資、磧、普、南、徑、清、麗作「主」。

一 四八七頁上二〇行第一二字「任」，資、磧、普、南、徑、清作「住」。

一 四八七頁上末行第五字「彼」，石、麗作「他」。

一 四八七頁下二一行第九字「生」，徑、清作「來」。

一 四八八頁中二一行末字「池」，資、磧、普、南、徑、清、麗作「他」。

一 四八八頁下一七行第二字「事」，麗作「示事」。

一 四八九頁中一二行末字「戱」，石作「戲」。

一 四八九頁下四行第一四字及六行第一二字「畜」，石作「蓄」。

一 四八九頁下九行首字「暜」，石作「曾」。

一 四八九頁下九行第一二字「功」，石作「恐」。

一 四八九頁下一〇行第八字「速」，石作「遠」。

一 四八九頁下一一行第四字「遠」，石、麗作「出」。

一 四八九頁下二二行第一〇字「欲」，資、磧、普、南、徑、清作「愛」。

一 四九一頁中七行末字「故」，石、麗作「立故」。

一 四九一頁中一八行第三字「能」，麗作「能爲」。

一 四九一頁下一八行第四字「頌」，資、磧、普、南、徑、清、麗作「後」。

瑜伽師地論卷第十七　　習

彌勒菩薩說

三藏法師玄奘奉　詔譯

本地分中思所成地第十一之二

應發勤精進常堅固勇猛恒修不放逸五支善安住者此頌顯示由被甲方便無退精進故修習五支不放逸故令所修學清淨殊勝五支不放逸者謂去來今先時所作及俱所行

當隱自諸善亦發露衆惡得諸衣服等麤妙皆歡喜少隨於世務麤弊亦隨轉受杜多功德為寂離煩惱者此二頌中顯示遠離眷屬貪欲多欲不知足因故及遠離多欲不知足障淨學因故學得清淨

當具足威儀應量而攝受終無有所為詐現威儀相者此頌顯示具足威儀故不於他前詭現相故凡所攝受善知量故為修梵行資持壽命有所受故學得清淨

不自說實德亦不令他說雖有所方求而非現異相從他邊乞求終不強威逼以法而獲得得已不輕毀者此二頌中顯示遠離綺言說故詭現相故強威逼故以所得利轉招利故令所修學清淨殊勝

不耽著利養及所有恭敬亦不執諸見增益與損減者此頌顯示不耽著利養恭敬故不執著五種惡見故令所修學清淨殊勝

不著順世間無義文呪術亦不樂畜積無義長衣鉢者此頌顯示不執著諸惡見因外道邪論以能障㝵取蘊解脫彼所制造名順世間及遠離耽著利養恭敬因長衣鉢等因清淨故學得清淨

恐增諸煩惱不涂習居家為淨修智慧當親近賢聖者此頌顯示遠離所治因親近能治因故學得清淨

不畜朋友家恐發憂悲乱能生苦煩惱纏起尋遠離者此頌顯示若親近居家生憂悲散乱增長諸煩惱能為衆苦因由親近彼能生衆苦煩惱纏生尋即除遣如是顯示對治之因

不受於信施恐加害瘡皰於如來正

法嘗无有棄捨者此頌顯示不貪著
利養恭敬不堅執諸惡邪見不虛受
用信施不毀謗正法亦能遠離貪著
後世諸欲及能生起諸惡見是因如
所學清淨殊勝

於他傚犯中无功用安樂常省自過
失知已速發露者此頌顯示遠離作
意求覓他人所有過失於自善品無
有散乱常生歡喜於自過失如實了
知發露悔除離增上慢由此因緣學
得清淨

若犯於所犯當如法出離所應營事
中能勇勵自作者此頌顯示出離所
犯及能遠離貪受他人恭奉侍衛由
此因緣學得清淨

於佛及弟子威德與言教一切皆信
受觀大罪不謗者此頌顯示信圓滿
故於能誹謗見大罪故學得清淨

於極甚深法不可思度處能捨舊師
宗不堅執自見者此頌顯示遠離安
住自見取故清淨殊勝

常樂居遠離及邊際卧具恒修習善
法堅精進勇猛者此頌顯示若身若
心皆遠離故習近順定諸卧具故遠
離一切不善尋思純修白淨諸善法
故非沉掉等諸隨煩惱所摧蔽故能
善圓滿正加行故增上心學方便殊
勝无有欲生欲不憎惡憎惡離睡眠
睡眠時不居寂靜離惡作惡作无希
慮希慮一切種恒時成就正方便者
此二頌中顯示遠離貪欲瞋恚惛沉
睡眠掉舉惡作及疑蓋故於諸善法
生起欲故於諸欲中極憎猒故為修
善品方便加行有所堪任及心安靜
於時時閑習睡眠故若心沉沒或慮
彼生於淨妙相思惟作意及遊行時
不居靜故於先所犯便生憂悔於所
不犯无憂悔故後後殊勝生希慮故
殷重無間正方便故增上心學轉得
清淨引發與覺悟及和合所結有相
若親昵亦多種喜樂侵逼極親昵名
虛妄分別能生於欲貪智者當遠離
者此二頌中顯示八種虛妄分別能
生婬欲所有貪愛從初方便次第生
起乃至究竟由遠離故諸所修學清
淨殊勝引發分別者謂能引發於可
愛事不正思惟相應之心所有分別
覺悟分別者謂即於彼可愛事中覺
悟貪纏相應分別和合所結分別者
謂即於彼可愛事中所有分別有相
分別者謂即於彼可愛事中執取種
種淨妙相狀所有分別親昵分別者
謂於已得所愛事中勇勵相應所有
分別喜樂分別者謂即於彼所得事
中種種受用悕慕愛樂種種門轉所
有分別侵逼分別者謂兩根會時所
有分別極親昵分別者謂不淨出時
所有分別諸欲令無飽衆多所共有
是非法因緣能增長貪愛賢聖所應
離速趣於壞滅仗託於衆緣危逸所
依地者此二頌中顯示八種現法後
法如其所應諸欲過患若能觀見即
是斷除欲愛方便

諸欲如枯骨亦如軟肉段如草炬相
似猶如大火坑辟如蟒毒虵亦如夢
所見如借莊嚴具如樹端熟果如是
知諸欲都不應耽樂者此中廣引如
前所說令無飽等於諸欲中八種過
患一切世間共成辟喻顯示諸欲過

瑜伽師地論第十七卷　第五張　習

恚深重又為顯示於諸欲中具有如
是衆多過患分明可了何有智者於
彼耽樂又彼諸欲如枯骨故令无飽
滿如段肉故衆多共有猶如草炬正
起現前極燒惱故非法因緣如大火
坑生渴愛故增長貪愛如蟒毒故賢
聖遠離如夢見故速趣壞滅猶如假
借莊嚴具故仗託衆緣猶如樹端爛
熟果故危亡放逸所依之地
當聽聞正法常思惟修習先觀見麁
靜次於修一向捨煩惱麁重於斷生
欣樂於諸相觀察得加行究竟能離
欲界欲及離色界欲入真諦現觀能
離一切欲證現法涅槃及餘依永盡
者此中顯示由了相等七種作意世
出世道皆清淨故證得有餘及无餘
依二涅槃果增上慧學究竟清淨聽
聞正法常思惟言顯示了相作意常
修習言顯示勝解作意由起勝解而
修習故先觀見麁靜言顯示遠離作
意於修習一向等言顯示攝樂作意於
諸相觀察言顯示觀察作意加行究
竟言顯示加行究竟作意能離欲界

欲及離色界欲入真諦現觀能離一
切欲等言顯示世間出世間加行究
竟果作意
已釋意趣義聖教伽他今當建立體
義伽他如頌言
於身語意諸所有　一切世間惡莫作
由念正知離諸欲　勿親能引無義苦
今此頌中所言惡者謂諸惡行於一切
種一切因緣一切處所所有惡行皆不
應作云何於一切種不作惡耶謂由
身語意不造衆惡故云何於一切因
緣不作惡耶謂由貪瞋癡所生諸惡
終不造作故云何於一切處所不作
惡耶謂依有情事處及非有情事處
不造衆惡故云何由念正知遠離諸
欲謂斷事欲及斷煩惱欲故云何斷
事欲謂如有一於如來所諦正法毗
柰耶中得清淨信了知居家迫迮猶
如牢獄忌求出離廣說乃至白正信
心捨離家法趣入非家然於欲貪猶
未永離如是名為斷除事欲云何斷
煩惱欲謂彼既出家已為令欲貪无
餘斷故往趣曠野山林安居邊際卧

具或住阿練若處乃至或在空閑靜
室於諸事欲所起一切煩惱欲攝妄
分別貪為對治故修四念住或復還
出依近聚落村邑而住善護其身善
守諸根善住正念而入聚落或復村
邑遊行旋反去來進止恒住正知為
解睡眠及諸勞倦彼即於是四念住
中善安正念為依止故為欲永斷欲
貪隨眠修習對治又即以彼正知而
住為依止故遠離諸蓋身心調暢有
所堪能熾然方便修斷寂靜彼由如
是念及正知為依止故便能證得煩
惱欲斷遠離諸欲乃至於初靜慮具
足而住如是能於受用欲樂行邊劣
鄙穢性諸異生法若斷若知何等名
為引無義苦謂如有一若諸沙門或
婆羅門行自苦行於現法中以種種
苦自逼自切周遍燒惱自謂我今由
現法苦所逼惱故解脫當苦雖求是
事而自煎逼彼於此事終不能得然
更招集大損惱事如是名為引无義
苦諸聖弟子能於如是受用自苦行
邊能引非聖無義苦法善了知已遠

而避之不親不近亦不承事復次今
當略辨上所說義云何略辨謂諸有
情有二種滿一增上生滿二決定勝
滿增上生滿者謂往善趣決定勝滿
者謂愛盡離欲寂滅涅槃於此二滿
及與障㝵能斷能證是名略義若於
一切種一切因緣一切處所不作惡行
彼便能斷增上生滿所有障㝵亦能
證得增上生滿若於受用欲樂行邊
及於受用自苦行邊決定遠離彼便
能斷決定勝滿所有障㝵亦能證得
決定勝滿當知是名此中略義

應說想衆生　依應說安住　不了知應說
而招集生死　若了知應說　於說者无慮
由無有此故　他不應談論　若計等勝劣
彼遂興諍論　於三種无動　等勝劣皆无
斷名色憂慢　無者煙寂靜　無惱悕不見
此彼天人世

此四頌中初言應說者謂一切有為
法所以者何諸有為法皆三種言事
之所攝故今此義中說妙五欲以為
應說又妙五欲諸餘沙門婆羅門等
從施主邊以言求索故名應說又諸
君主於妙五欲從僕使等以言呼召
而受用之由是因緣亦名應說又諸
受欲者於妙五欲不能自然善知過
患惟除諸佛及佛弟子為其宣說彼
過患已乃能了知由是因緣亦名應
說諸受欲者於諸欲中不正思惟而
取其相亦取隨好即於彼欲便生愛
染受用耽嗜乃至堅著又於諸欲不
如實知有衆過患所謂諸欲無常虛
偽空無有實敗壞之法猶如幻事誑
惑愚夫甚少愛味多諸過患亦不如
實了知如是少味多患諸欲出離所
謂於彼欲貪調伏乃至超越是其出
離彼既如是不見過患不知出離而
受諸欲由是因緣便於欲界生為根
本所有諸行深起樂著又復造作生
為根本所有業已受欲界生生已死
滅生已殞没如是故言應說想衆生
依應說安住不了知應說而招集生死
若遇善士得聞正法如理作意則於
諸欲如實了知過患出離所謂諸欲
無常虛偽廣說乃至欲貪超越彼於
如來所證正法毗柰耶中得清淨信

便於諸欲深見過患轉復增勝遂能
捨離若少若多財寶庫藏眷屬遊從
以正信心捨離家法趣於非家所謂一
切生老病死皆悉永滅如是出家无
所願求修行梵行謂我由此持戒精
進修梵行故當得生天或異天處彼
无如是邪祈願故於已不見不恐不
慮他所譏論謂他不應如是譏論怨
尤呵責告言賢首汝今何為成就盛
年捨現妙欲不隨親戚之所顧戀而
更悕求待時諸欲揩修梵行耶如是
故言若了知應說於說者无慮由無
有此故他不應譏論

此即成就清淨尸羅及清淨見何以
故由見顛倒發起於慢慢所持故與
餘沙門婆羅門等共興諍論由此因
緣說如是見為諍根本若有沙門或
婆羅門依等勝劣諍根本見心現高
舉由此因緣遂與餘沙門婆羅門等
遞相諍論依止我勝我等我劣三種
慢類立已為勝或等或劣若聖弟子
非我我所我慢所動乃至亦非我當
非有想非無想所動了知諸行皆衆

緣生於諸行中惟見法性尚不以已按量於他為勝等劣況起見慢而興諍論彼聖弟子雖於他所顯揚自宗摧伏他論然於諸法惟為法性緣於慈悲謂當云何若有於我所說妙義一句領解如是如是正修行者令彼長夜獲得大義利益安樂亦令如來正法久住不依見慢及為利養恭敬因緣而興諍論如是不為悕求現法諸妙欲故措修梵行彼由如是修梵行故遠離邪願及諸邪見棄捨貪求利養恭敬於一切種智皆得清淨暉光熾然無不普燭諸天世人惟當讚美不應譏論又能超度生老病死如是故言若計勝等劣彼遂興諍論於三種無動等勝劣皆无

言名色者謂五取蘊若有於彼觀見為苦當諦現觀於五取蘊盡見苦時於五取蘊所有貪愛由意樂故皆說為斷非隨眠故彼若即如已所得道轉更修習於其我慢无餘斷滅成阿羅漢諸漏永盡由已證得阿羅漢果心善解脫便於自身自身衆具纏及

隨眠皆悉永斷離愛離憍離諸放逸彼由如是離愛離憍離放逸故名煙寂靜無有燒惱亦无悕望云何名為煙寂靜耶煙名為愛何以故如世間煙是火前相能損眼根便為擾亂令不安住愛亦如是是貪瞋癡火之前相能損慧眼亂心相續謂能引發無義尋思彼於此愛已斷已知乃至令其於當來世成不生法名煙寂靜彼既如是煙靜離著雖復追求命緣衆具非不追求然能解脫貪愛追求所求无染云何無惱謂彼如是現追求時若他自施或勸餘施施時殷重非不殷重精而非麁多而非少速而非緩然不愛味於所得物無染受用不生耽著乃至堅著如是受用命資具時不為貪惱之所燒惱若彼施主自不能施或障餘施設有所施現不殷重不現殷重乃至遲緩而不急速然不嫌恨由此因緣不生恚惱又於受用所得物時不慼不念无損害心及瞋恚心如是不為瞋惱所惱又於所得若精若麁於受用時深見過患善

知出離安住正念遠離愚癡如是不為癡惱所惱云何无悕悕名悕望繫心有在彼不攀鼻內懷貪願往趣居家謂剎帝利大宗葉家或婆羅門長者居士大宗葉家我當從彼獲得上妙應所敢食乃至財寶衣服餚膳諸座臥具病緣醫藥供身什物如是追求及與受用於此財物都无悕望又彼恒常安住死想謂過夜分入晝分中復過晝分還入夜分於其中間我有无量應死因緣如經廣說所謂發風乃至非人之所恐怖由此因緣所為追求所為受用所有財物於此壽命亦無悕望如是无著煙寂靜无燒惱無悕望故於此天人帝釋自在世主天等所有因中都不可見於彼天人諸因果中亦不可見又於此四洲天人世間及彼餘處都不可見又於此世界天人世間及彼餘處都不可見如是故言斷名色愛慢无著煙寂靜无惱悕不見此彼天人世

復次初頌顯示待時諸欲　邪　行及邪行果第二頌中顯示捨欲應正

道理淨修梵行仍被譏論不應道理
及待時欲如第二頌第三亦尒第四
頌中世尊顯示現所證法永離熾然
乃至智者內自所證又初頌中宣說
諸欲是應說相顯待時欲由彼諸欲
非幾須時即便稱遂要以言說爲究
然後追求受用又顯於彼由想安住
不了知故起於邪行及招生死邪行
果報第二頌中顯於諸欲能了知故
離邪願故修梵行故離邪見故離見
根本我慢種故遠離耽著利養恭
敬故棄捨諸欲應正道理由此因緣
他所譏論不應道理又顯諸欲是待
時性所以者何若於先世不作福者
今雖用功於所樂欲不能果遂或惟
今世造作福者即於此時其所樂欲
亦不諧偶由此因緣後方成辦所以
諸欲名曰待時第四頌中顯示見斷
煩惱斷故即於現在證初沙門及沙
門果又修所斷煩惱斷故即於現在
證後沙門及沙門果斷貪愛故斷我
慢故如是顯示現所證法又離著故
煙寂靜故顯示永離熾然乃至智者

自內所證彼得如是內所證法云何
令他當得了知由無燒惱無所悕望
相所表故此中前三頌顯示世尊爲
諸天說苾芻不能顯揚如來聖教大
義而我獨能說是語時彼既領悟於
苾芻所生陵蔑心及於自身心生憍
慢皆得除滅第四頌中廣顯如來聖
教大義

欲貪所摧蔽　我心遍燒然　惟大仙哀愍
爲說令寂靜　由汝想顛倒　令心遍燒然
是故常遠離　引貪淨妙相　汝當修不淨
常定於一境　爲貪火速滅　數數應澆灌
觀非妙諸行　爲苦爲无我　亦繫念於身
多修習厭離　修習於无相　壞慢及隨眠
由於慢現觀　當證苦邊際

云何想顛倒謂於不淨境捨不淨相
不正思惟取淨妙相及取隨好云何
遠離引貪淨相謂如有一見少盛色
應可愛樂諸母邑已便攝諸根而不
隨念云何常定一境修習不淨謂如
有一先以巧便取於賢善三摩地相
所謂青瘀乃至白骨或骨瑣相即以
此相於現所得可愛境界繫念思惟

如前所取後亦如是又於內身或自
或他觀察種種不淨充滿謂此身中
有髮有毛乃至便利種種不淨云何
觀察非妙諸行以之爲苦謂如有一
作是思惟見勝盛色應可愛樂諸母
邑已所生貪愛受用悕望即是集諦
爲衆苦因由此故生生已老死愁歎
憂苦種種擾惱從此而生云何觀察
非妙諸行以爲無我謂如有一作是
思惟於我身形女身形中都无有我
及有情等誰能愛用誰所愛用惟是
諸行惟是諸法從衆緣生云何繫念
於身多修厭離謂如有一性是猛盛欲
貪種類由是猛盛欲貪類故雖攝諸
根然被貪欲損壞其心雖復作意思
惟不淨苦及無我亦爲欲貪損壞其
心由此因緣彼依不淨或苦無我作
意思惟權時厭毀違逆不順於身念
住繫念在前親近修習若多修習彼
由多住如是行故便能斷此猛盛欲
貪若攝諸根不爲欲貪損壞其心若
復作意思惟不淨苦及无我亦不貪
欲損壞其心彼由修習如是行故諸

欲貪纏但現行斷非隨眠斷又此欲
貪纏及隨眠略於二種補特伽羅相
續可得一於異生相續可得二於有
學相續可得雖有一分有學身中亦
不可得然於下貪由永斷故已得安
隱上貪未斷不得安隱無學身中中
界妙界所有貪欲尚不可得何況劣
界以无學者下上貪斷於一切分已
得安隱了知是已永離欲貪一分學
者於後无學心生願樂見般涅槃寂
靜功德不復思惟一切相故恒正思
惟無相界故於无相定勤修學故又
即於此多修習故永斷三界修斷我
慢由此斷故說名无學雖三界欲上
下貪斷已得安隱一切皆因皆捨離
故證得一切衆苦邊際如是故言修
習於无相壞慢及隨眠由於慢現觀
當證苦邊際

復次今當略辯上所說義謂顯貪欲
由是而生由是寂靜及彼寂靜當知
是名此中略義云何貪欲由是而生
謂五因故一由淨妙想二由欣樂樂
三由有情想四由猛盛貪五由隨眠

有餘未盡云何貪欲生已由是寂靜
謂五因故一由作意思惟不淨二由
作意思惟於苦三由作意思惟无我
四由繫念多修猒離五由隨眠無餘
永滅云何寂靜謂此寂靜略有二種
一者現行寂靜二者永斷隨眠當來
不起由前四種寂靜因緣成初寂靜
由第五因第二成就

云何苾芻多所住　越五暴流當度六
云何定者能度廣　欲愛而未得罯舟
身輕安心善解脫　无作繫念不傾動
了法修習無尋定　憒愛惛沉過解脫
如是苾芻多所住　越五暴流當度六
如是定者能度廣　欲愛而未得罯舟

此因天女所問伽他暴流有六謂眼
暴流能見諸色乃至意暴流能了諸
法佛聖弟子有學見迹於隨順喜眼
所識色不住於愛於隨順憂眼所識
色不住於恚於隨順捨眼所識色數
數思擇安住於捨彼設已生或欲貪
纏或瞋恚纏或愚癡纏三身為緣所
謂喜身憂身捨身而不堅著乃至變
吐由是因緣於屬三身諸煩惱纏得
不現行輕安而住如是名為得身輕
安而未能得心善解脫由彼隨眠未
永斷故彼於後時又能永斷屬彼隨
眠即於屬彼諸煩惱中遠離隨縛如
是乃名即於三身貪瞋癡所心善解
脫如於眼所識色乃至於身所識觸
當知亦尒如是已斷五下分結越五
暴流謂越眼暴流能見諸色乃至越
身暴流能覺諸觸如是越度五暴流
已餘有第六意暴流在為當越度所
修无作無動繫念云何無作謂於涅
槃心生願樂不為我慢之所傾動無
所思惟亦无造作又不為彼計我我
所當來是有乃至我當非想非非想
等之所傾動无所思惟亦无造作云
何无動謂不為彼上分諸結纏繞其
心無動無變亦無改轉又於隨一寂
靜諸定不生愛味戀慕堅著云何繫
念謂為斷彼上分諸結於其內身住
循身觀如是乃至廣說念住彼由如
是修無作故斷諸生愛修无動故斷
諸定愛此離現行說名為斷修繫念
故為令一切上分諸結無餘永斷修

習對治如是修習無作繫念不傾動故能令一切上分諸結无餘永斷是名越度第六暴流謂意暴流能了諸法復有差別云何無動言無動者是慈善根无瞋性故由此因緣諸聖弟子於薩迦耶斷除邪願修奢摩他毗鉢舍那由彼慈故修奢摩他由念住故修毗鉢舍那如是正修行者於能隨順斷上分結三心修習速得圓滿謂於上身无耽染心於下有情无憒恚心不放逸者於上下境无染汙心餘如前說如是名為越五暴流當度第六云何了法謂於苦法能了能觀於集滅道法能了能觀云何修習於無尋定謂解了知如是法已又復安住居家諸欲依持斷滅及棄出中或於阿練若處或於樹下空閑於隨順喜眼所識色所有喜身於隨順憂眼所識色所有憂身於隨順捨眼所識色所有捨身於此所緣無欲尋纏心多安住乃至亦無所生家世相應尋纏心多安住設起欲尋乃至家世相應尋等即能如實了知出離不為欲尋之所障尋乃至不為家世相應尋所障尋而能靜慮審慮諦慮由此方便由此道修能斷喜身染愛過失能斷憂身憒恚過失能斷捨身惛沉過失諸纏斷故身得輕安隨眠斷故於欲界繫三身染汙心善解脫彼於尒時名已越度廣大欲愛謂於諸色乃至諸觸遍流行愛若和合愛若增長愛若不離愛若不合愛若退減愛若別離愛或於欲界復受生愛復有差別云何修習於无尋定謂已得无尋無伺靜慮餘如前說

復次今當略辯上所說義謂彼天女略問世尊三種要義一者下分結斷二者上分結斷方便三者即彼下分結斷方便及如彼善斷如是問已尒時世尊隨應而答謂由身輕安心善解脫答彼所問下分結斷非斷方便由无作繫念不傾動答彼所問上分結斷方便非斷而於彼斷天女類前亦即領解惟餘下分結斷方便及如彼善斷尒時世尊先以修無尋定廣說差別答斷方便謂若能斷如斷所斷此中了法說名能斷修无尋定說名如斷所斷憒過謂瞋恚品所斷愛過謂貪欲品所斷惛沉過謂愚癡品如是名為能如所斷如是廣答斷方便已惟有所餘如善斷在復由第二修无尋定差別因緣答其善斷言善斷者謂畢竟斷遠分斷一切離染斷由了知法故釋畢竟斷由修无尋定故釋遠分斷由貪瞋癡纏及隨眠一切斷故釋一切離染斷當知是名此中略義又彼天女依諸有學未得勝意已離欲貪未離上貪而興請問意名醫舟如經說軛意醫舟於此醫舟猶未得者說彼名爲未得醫舟此中何等名爲醫舟謂於諸結善解脫心

常有怖世間　衆生恒所厭　於未生衆苦
或復已生中　若有少无怖　今請爲我說
天我觀解脫　不離智精進　不離攝諸根
不離一切捨　我觀極久遠　梵志般涅槃
已過諸恐怖　超世間貪著

今此頌中始從欲界乃至有頂諸薩迦耶皆名世間此中義者意在欲界

有樂有苦有情世間若諸有情十資身具之所攝養無所匱乏身康無病年未衰老名為有樂有情世間與此相違當知有苦有情世間世間衆生少分有樂多分有苦諸有有樂有情世間常懷恐怖勿我財寶王所侵奪廣說乃至勿由此緣遭諸苦難勿或風熱於內發動乃至或人或非人等侵損我耶如是懼慮未來財寶變壞之苦及身壞苦心常怖畏諸有有苦有情世間現為衆苦逼切身心有苦有憂有愁有歎有諸擾惱恒不安住如是故言常有怖世間衆生恒所厭於未生衆苦或復已生中由是因緣彼天現見諸有有樂有情世間樂非決定請問如來有決定樂无怖畏處尒時世尊即為彼天方便示現惟聖教中有如是處非諸外道謂如有一住正法外所有沙門或婆羅門於現法中及當來世諸欲過患不如實知由不知故悕求未來諸欲差別捨現法欲求後法欲精勤受學所有禁戒雖復安住如是禁戒然無智慧不護

根門不守正念無常委念乃至廣說彼不調攝諸根門故於他所惠少小利養及與恭敬尚生愛味隨起戀著何況廣大如是精勤受禁戒者遠離智慧密護根門於現法欲尚不能斷況後法欲又即於彼有一沙門若婆羅門於欲過患粗了知故能趣現法後法諸欲而復欣求上離欲地於非解脫起解脫想斷棄諸欲便臻遠離彼由精勤數多修習正思惟故離欲欲界乃至離欲無所有處由此因緣捨下自體愛上自體由愛彼故於當來世尚不解脫下地自體何況上地如是棄捨財寶自體迷失道者雖復安住勇猛精勤而不能得一向快樂无怖畏處何以故彼外道師尚於是處不見不識況能為彼諸弟子等當廣開示如是外道師及弟子所制論中決定無有衆苦邊際與此相違善說正法毗柰耶中當知具足一切義利乃至定有衆苦邊際依此密意佛為彼天說如是言天我觀解脫不離智精進不離攝諸根不離一切捨

復次今當略辨上所說義謂為顯示惡說邪法毗柰耶中師及弟子皆有衰損善說正法毗柰耶中皆具吉祥於一切苦能證邊際當知是名此中略義尒時彼天聞佛世尊荅所請問歡喜踊躍即以四種無上功德讚歎如來謂佛世尊難出現故出已能成利他行故亦能建立自利德故於自他利離染心故我觀極久遠梵志般涅槃者此讚世尊難出現德已過諸怨者此讚世尊利他行德已過諸怖者此讚世尊於自他利離染心德如是四種功德差別當知復有三種差別謂難出現故難可見故建立自利利他行故見者則能成就大義成大義者離染心故遍一切生亦無衆罪如是衆德諸佛世尊最為殊勝故以此相讚歎如來

瑜伽師地論卷第十七

瑜伽師地論卷第十七

校勘記

一　底本，金藏廣勝寺本。四九四頁中、下，四九五頁下，四九六頁上、中及四九七頁中共六版，原版殘缺，以麗藏本換。

一　四九四頁中一三行第三字「中」，資、磧、普、南、徑、清無。

一　四九五頁上一行第一三字「貪」，資、磧、普、南、徑、清作「躭」。

一　四九五頁上四行「見是因如」，資、磧、普、南、徑、清、麗作「見因如是」。

一　四九六頁中二行「加行」，資、磧、普、南、徑、清作「方便」。

一　四九六頁中九行第一〇字「所」，資、磧、普、南、徑、清無。

一　四九七頁上一一行第二字「断」，資、磧、普、南、徑、清無。

一　四九七頁上一六行第二字「遂」，資、磧、普、南、徑、清作「還」。

一　四九七頁中一行末字「召」，資、磧、普、南、徑、清作「名」。

一　四九七頁中一五行第一三字「爲」，徑、清作「於」。

一　四九七頁下一五行第一〇字「慢」，資、磧、普、南、徑、清無。

一　四九八頁上三行第八字「於」，麗作「我」。

一　四九八頁上一二行第九字「智」，資、磧、普、南、徑、清、麗無。

一　四九八頁下二行第一〇字「悕」，資、磧、普、南、徑、清作「望」。

一　四九八頁下三行「擎鼻」，資、磧、普、南、徑、清作「驚畏」。

一　四九八頁下三行第九字「懷」，資作「壞」。

一　四九八頁下二二行第一〇字「欲」，資、磧、普、南、徑、清、麗作「欲於欲」。

一　四九八頁下末行第一二字「欲」，石作「故」。

一　四九九頁上末行第一一字「乃」，南、徑、清、麗作「及」。

一　四九九頁中一二行首字「常」，資、磧、普作「當」。

一　四九九頁下五行第六字「劣」，諸本作「少」。

一　五〇〇頁上七行及中一行「貪欲」，資、磧、普、南、徑、清作「欲貪」。

一　五〇〇頁上九行第六字「是」，清作「而」。

一　五〇〇頁下一〇行末字「所」，諸本作「復」。

一　五〇〇頁下一六行第二字「无」，南作「爲」。

一　五〇一頁上一五行第五字「解」，諸本作「能」。

一　五〇二頁上九行末字「壞」，磧作「有」。

一　五〇二頁上一三行第七字「悕」，資、磧、南、徑、清作「衆苦」；普作「衆若」。

一　五〇二頁上二二行第八字「勤」，清作「進」。

一　五〇二頁中一三行第七字「不」，

一　諸本作「下」。

一　五〇二頁下一二行第五字「尊」，諸本作「尊建自利德超世間貪欲者此讚世尊」。

瑜伽師地論卷第十八　習

彌勒菩薩說

三藏法師玄奘奉詔譯

本地分中思所成地第十一之三

誰辯勝類生　及開出離道　於何住何學　不懼後世死　戒慧自薰修　具定念正直　斷諸愁熾然　正念心解脫　能辯勝類生　及開出離道　住此於此學　不懼後世死

今此頌中言勝類者即是四種勝上姓類一婆羅門二刹帝利三吠舍四戍達羅以法以正以制以導教勝類生故名為辯此中顯示惟佛世尊能以法以正以制以導教勝類生由此因緣世尊自顯惟我獨為真辯道者故為彼天作如是說具戒具慧以自薰修又惟世尊能為四種勝上類生宣說出離一切衆苦聖八支道此中世尊示自顯示是真說者云何具戒謂佛世尊昔菩薩時棄上妙欲捨離居家受持身語所有律儀云何具慧謂即於彼受持身語律儀住者起如是相內正思惟深心籌量審諦觀察

令此世間多遭艱苦所謂若生若老如經廣說云何自薰修謂於往昔無量餘生經三大劫阿僧企耶於六波羅蜜多修習善修習由彼因緣令無師自然心趣出離又於衆緣所生諸行以微妙智能隨悟入云何具定謂能乃至離無所有處欲證得非想非非想處云何具念謂依如是所得勝定為斷見斷諸煩惱故修四念住即以如是所修念住為其道首乃至修習三十七種菩提分法云何正直謂彼生起逆流正直聖八支道能斷見斷所有煩惱於逆流道得預隨流云何永斷一切愁憂熾然謂從諦現觀俱得成不還者又能永斷五下分結瞋恚似順愁憂貪欲似順熾然於如是等皆已永斷云何正念謂為永斷上分諸結復更修習四種念住乃至修習三十七種菩提分法云何心解脫謂已永斷上分結故於二種障心善解脫謂煩惱障及所知障其心如是善解脫故得成如來應正等覺廣說如經由此故能辯勝類生開出離

道諸有四種勝類隨一於此聖教愛樂正行為欲證得聖八支道於三學中勤修學者彼定能證聖八支道及涅槃果由證彼故不懼當來生老病死

復次今當略辨上所說義謂略顯示惟佛世尊能令四類速得清淨彼若於此能正修行不唐捐故又復示現如來聖教善說正法及毗柰耶又復示現佛是天人無上大師當知是名此中略義

云何擅名譽 云何具珍財 云何獲美稱
云何攝親友 持戒擅名譽 布施具珍財
諦實獲美稱 惠捨攝親友

云何持戒能擅名譽謂如有一或男或女具足尸羅及賢善法乃至命終斷除殺罪遠離殺生如經廣說乃至十方所有沙門婆羅門等常所稱歎由是因緣為諸國王群目長者乃至城邑聚落人民恭敬供養云何布施能具珍財謂如有一昔餘生中作及增長施福業事由此因緣今生巨富大財寶家乃至衆多府庫盈積云何

諦實能獲美稱謂如有一不以假偽斗秤函等諂誑陵蔑妄言等事而致財寶但以如法作業伎能依法不暴而致財寶彼既如是衆咸唱言賢哉偈士乃能如法作業伎能引致財寶云何惠捨能攝親友謂如有一現前多有種種家產遠離慳垢不悋資具以正安樂而自歡娛乃至友朋親戚耆長彼諸人等便相佐助引致財寶守護滋息

復次今當略辨上所說義謂略顯示恭敬利養二種因緣持戒擅名譽者顯恭敬因緣所餘諸句顯利養因緣謂因力故士用力故助伴力故當知是名此中略義

齊何泉止息 於何迸不通 世間諸苦樂
何處无餘滅 若於是處所 眼耳及與鼻
舌身意名色 永滅盡无餘 齊此泉止息
於斯迸不通 世間諸苦樂 是處无餘滅

云何為泉謂六觸處何以故譬如泉池能生諸水水所繫屬堪任觸用又能存養男女大小下及禽獸乃至一切未盡枯竭六內觸處亦復如是一

切愚夫六境界觸之所觸用又能存養乃至是中諸貪愛水未盡枯竭云何為迸迸有二種一煩惱迸二者業迸此中迸者意明因義云何苦樂謂或於現法六種觸處為緣所生或安受受所攝或不安受受所攝或於後法煩惱攝持妙行惡行為緣所生或安受受所攝或不安受受所攝於何處所如是六處及名色等無餘滅盡謂无餘依涅槃界中若諸異生泉迸苦樂一切无缺亦未有捨若諸有學缺而未捨若諸无學迸及當來所有苦樂亦缺亦捨不復現行泉及現法所有苦樂亦缺亦捨有餘依故猶復現行是故無餘涅槃界中說彼一切无餘盡滅

復次今當略辨上所說義謂略顯示於現法中因及苦樂於後法中因及苦樂於无餘依涅槃界中皆悉永滅當知是名此中略義

誰能越暴流 誰能超大海 誰能捨衆苦
誰能得清淨 正信越暴流 无逸超大海
精進捨衆苦 智慧得清淨

令此頌中云何正信能越暴流謂如有一為欲了知諸欲過患聽佛所說若弟子說所有正法聞是法已獲得正信便生欲樂為斷事欲及煩惱欲遂能棄捨居家事欲正信出家往趣非家既出家已為欲斷除煩惱諸欲遠離而住彼由熾燃勤精進故乃至修習正思惟故斷煩惱諸欲得離欲定地如是正信為依為導便能越度諸欲暴流云何無逸能超大海謂於彼定終不愛味乃至亦無堅著安住惟除為證諸漏盡智專住其心由此定心清淨鮮白正直調柔於四聖諦能入現觀乃至證得諸漏永盡如是由不放逸為依為導能斷色無色繫二有暴流及斷一切無明與見二種暴流是故名為超渡大海云何精進能捨衆苦謂如有一有學見迹作是思惟我應當證三界離欲諸結永盡便臻遠離於彼勇猛精勤而住不多安止貪欲纏心又能如實了知現在諸欲貪纏所有出離於貪欲蓋淨修其心遂能斷滅諸貪欲纏及貪欲

纏為緣所生心諸憂苦如貪欲蓋乃至疑蓋當知亦介如是精進為依為導能捨衆苦云何智慧能得清淨謂彼除滅能染汙心乃至能障究竟涅槃五種蓋已即依未至安住未至如先所得苦集滅道諸无漏智於諸苦中思惟真苦乃至於道思惟真道便得無餘三界離欲諸漏永盡如是由先所得智慧為依為導能證清淨

復次今當略辨上所說義謂薄伽梵於此頌中略顯異生先已離欲後於聖諦現觀清淨及顯有學於諸聖諦現觀為先離欲清淨當知是名此中略義

誰超越暴流　晝夜无惛昧　於無攀無住　甚深無減劣
圓滿衆尸羅　具慧善安定　內思惟繫念　能度極難度
諸欲想離染　亦超色界結　彼无攀无住　甚深无減劣

令此頌中云何暴流所謂四流欲流有流見流无明流云何无攀無住所謂諸愛永盡離欲寂滅涅槃及滅盡定所以者何所言攀者諸煩惱纏所言住者煩惱隨眠於彼處所二種俱

无是故說言无攀無住此謂涅槃無攀无住又想名攀受名為住若於是處二種俱無即說彼處無攀无住如是顯示滅想受定无攀無住令此義中意取滅定云何圓滿衆尸羅謂善安住身語律儀修治淨命云何具慧謂於苦聖諦如實了知乃至於道聖諦亦復如是云何善安定謂遠離諸欲乃至具足安住第四靜慮或第一有三摩鉢底云何內思惟謂於二十二處數數觀察言我今者容飾毀常去俗形好廣說如經云何繫念謂於二十二處數數觀察時依沙門想恒作恒轉而現在前由此因緣為斷餘結修四念住云何能度極難度謂一切結无餘斷故能度㝡極難度有頂彼非一切愚夫異生可能度故云何於諸欲想而得離染謂於下分諸結已斷已知云何超於色界諸結謂於色繫上分諸結已斷已知云何於無攀无住甚深中無有減劣謂於无色界或已離欲或未離欲已得非想非非想處堪能有力入滅盡定學與无學

俱容有此故不定言超无色結
復次今當略辨上所說義謂薄伽梵
於此頌中略顯能得究竟道及顯
能證第一住道當知是名此中略義
貪恚何因緣　由何故欣慼　毛竪意尋思
如孩依乳母　潤所生自生　如諸瞿陁樹
別縛於諸欲　猶摩迦處林　是貪恚因緣
由斯故欣慼　毛竪意尋思　如孩依乳母
知彼彼因緣　生已尋除滅　超昔未超海
暴流无後有
今此頌中云何貪恚謂如有一處在
居家於可意境可意有情共相會遇
而生貪著於不可意境及有情共相
會遇而生瞋恚云何欣慼謂如有一
於佛所證法毗柰耶率尒得生須臾
正信不善觀察前後得失忽然自勵
便棄家法往趣非家既出家已與凡
道俗共相雜住遂於去来貨財親友
追念思慕憂慼纏心或復有一非由
正信亦非自勵往趣非家然或為王
之所驅迫乃至或為不活邪畏之所
恐怖捨離居家既出家已於其正信
諸婆羅門居士等邊時時多獲利

養恭敬深生愛味竊作念言吾此一
方善哉奇要无勞稼穡不事商賈少
致艱辛足堪活命彼緣如是利養恭
敬便自欣悅安然而住云何毛竪及
意尋思謂如有一非由自勵不為活
命捨離居家然由正信損棄家法往
趣非家既出家已不與道俗共相雜
住便臻遠離寂靜閑居彼閑居時或
於塵霧或昏夜分見大雲氣聞震雷
音或逢雹雨師子虎豹或遭凶猾竊
劫抄虜或遇非人来相嬈逼便生驚
怖身毛為竪或至晝分於彼去来奇
妙親友發依耽嗜所有尋思謂欲尋
思如經廣說乃至家世相應尋思如是
已說貪恚等事云何潤生及與自生
猶如世間諸瞿陁樹潤名愛水由此
為緣能生諸取彼貪恚等一切皆用
此為共緣自者即是貪恚為先尋思
為後各各差別種子界性云何貪恚
乃至尋思別縛諸欲猶如世間摩魯
迦條纏繞林樹謂略說有六種別欲
或有身手力所引致現在事欲謂居
家者所有諸欲於此境界用此為緣

發生貪恚或有從他所得種種現在
事欲謂為活命而出家者所有諸欲
於此境界用此為緣發生欣悅或有
過去未来事欲謂忽自勵而出家者
所有諸欲於此境界用此為緣發生
憂慼或有所餘諸煩惱欲略有二種
謂於欲界自體及資身命或有未斷
妄分別貪謂由正信而出家者寂靜
閑居於塵夜分所遭衆事於此境界
用此為緣便生驚怖身毛為竪或有
未斷妄分別貪所謂即此補特伽羅
至晝日分於外色聲香味觸境用此
為緣發生意地所有尋思又有沙門
若婆羅門如實了知如前所說貪與
恚等及彼因緣又能了知衆緣生法
无常性已隨其所生不起貪著即便
棄捨變吐斷滅離色无色二界貪故
度有暴流離欲貪故度欲暴流如是
暴流昔所未度今既度已終无有退
復次今當略辨上所說義謂薄伽梵
於此頌中略顯三位一在家位二出
家位三遠離位又略顯示共與不共
因緣所生若愛若恚於諸欲中二種

別縛及断方便并断勝利當知是名此中略義又於此中若貪若欣若依耽嗜所有尋思當知愛品若恚若慼及與驚怖當知恚品

應作婆羅門　謂断无縱逸　求棄捨諸欲
不怖望此有　若更有所作　非真婆羅門
當知婆羅門　於所作已辦　諸身分劬勞
未極底未度　已得廈住陸　无動到彼岸
天汝今當知　此謂真梵志　謂永盡諸漏
得常委靜慮　彼永断一切　愁憂及熾燃
恒住於正念　亦常心解脫

今此頌中顯示彼天依於世俗諸婆羅門為世尊說謂有種姓諸婆羅門自号我為真實梵志計梵世間為冣究竟悕求梵世安住於色常勤精進心无懈倦恒樂遠離寂靜閑居減省睡眠修習靜定為断事欲及煩惱欲由彼種姓諸婆羅門計梵世間以為究竟悕望梵世不求欲有又顯如来依第一義諸婆羅門而報彼天若婆羅門作所作已數復應作更有勝上所應作事當知此非真婆羅門若婆羅門證婆羅門所應作事超登一切

薩迦耶岸安住陸地當知此是真婆羅門由此顯示學與无學皆婆羅門學有二種謂於欲界或未離欲或已離欲未離欲者未得源底未到彼岸於二種法猶未具足一未得內心勝奢摩他二雖已得增上慧法毗鉢舍那未善清淨由闕內心奢摩他故乘如所得聖道浮囊為證內心奢摩他故運動如足勇猛精進又復為令增上慧法毗鉢舍那善清淨故運動如手勇猛精進彼於如是勤精進時離欲界欲如得源底證阿羅漢如到彼岸已離欲者證得內心勝奢摩他亦得善淨毗鉢舍那惟為進断上分諸結發勤精進非諸身分若已越度成阿羅漢所作已辦離勤劬用名住陸地已到彼岸此則顯示諸婆羅門依第一義略有三種一是有學二是無學若已究竟於到彼岸諸婆羅門名永盡漏若未離欲一切身分勤精進者名得常委若已離欲得源底者名得靜慮得靜慮者永断一切下分結故已断貪欲及瞋恚品所有一切愁

憂熾燃永盡漏者永断修断諸煩惱故已善修習四種念住恒住正念及心解脫彼非作已數數更作亦无增勝所應作事是故說彼名第一義真婆羅門

苾芻苾芻已度暴流耶　告言如是天
无攀無住已度暴流耶　告言如是天
苾芻汝今　猶如何等　无攀無住
已度暴流
如如我劬勞　如是如是劣　如如我劣已
如是如是住　如如我住已　如是如是漂
天我如如捨劬勞　如是如是无減劣
如是廣說鮮白品　此中祇焰頌應知

今此頌中无攀無住者謂涅槃滅定如前已說世尊依昔示現修習菩薩行時所有冣極難行苦行非方便攝勇猛精進又依示現坐菩提座非方便攝勇猛精進断遍知故說如是言天汝當知我昔如如虛設劬勞如是如是我便減劣如如減劣如是如是我便止住如如止住如是如是又被漂溺與此相違應知白品此中顯示修苦行時非方便攝勇猛精進名曰

劬勞行邪方便善法退失名為減劣既知退失諸善法已息邪方便說名止住捨諸苦行更求餘師遂於嗢達洛迦阿邏荼等邪所執處隨順觀察故名漂溺復於後時坐菩提座棄捨一切非方便攝勇猛精進所有善法遂得增長如如善法既增長已如是如是於諸善法不生知足不追止住於所修斷展轉尋求勝上微妙既由如是不知足故遂不更求餘外道師无師自然修三十七菩提分法證得无上正等菩提名大覺者此中四義捨劬勞等四句經文如其次第配釋應知云何復依涅槃无依無住以顯差別謂不能度諸煩惱纏隨眠暴流略由四因何等為四謂㝡初有依耽嗜尋伺耽嗜尋伺為依止故便有懈怠又由懈怠為依止故住異生分住異生分為依止故順生死流貪愛勢力令於五趣生死河中順流漂溺與此相違四種因故能度暴流如應當知云何復依想受滅定以顯差別謂如有一先已證得想受滅定復住放逸

多住想受而不多住諸想受滅由此因緣退失滅定由退失故還復止住下地生因住彼因故心便定趣彼所得果與此相違應知白品四句差別

獨臻阿練若　靜慮棄珍財　為別有方求
為窺窬封邑　何不與人交　而絕无徒侶
得義心寂靜　摧妙色魔軍　我獨處思惟
受寂勝安樂　故不與人交　而絕无徒侶

此因天女所問伽他言得義者略有二種一者證得沙門果義二者證得聖神通義由初得義超越一切生死大苦第二得義證八解脫寂靜思惟現法樂住又初得義降伏可愛妙色魔軍第二得義獨處思惟受勝安樂此中意辯聖神通義所以者何謂如有一為欲成辦聖神通義為令解脫清淨圓滿依十遍處方便修行由此因緣令遍處定清淨圓滿亦令解脫轉得清淨圓滿鮮白亦能成辦聖神通義彼既了知此成辦已便自通達我義已辦沙門果義亦得成就是真沙門於求財者深修猒毀於諸城邑交遊等處了知其初了知過患了知

出離亦能了知趣出離行生彼因緣說名為初無常衆苦變壞法性是名過患欲貪調伏斷除超越名為出離聖八支道名趣出離行若有於彼不見其初乃至不見趣出離行由是因緣於具珍財有情等處不能猒毀城邑交遊周旋不絕而謂彼為心得寂靜寂靜及生非謗由是彼於內心寂靜於出居家證八解脫靜慮定者內心則不堪能善見善知善鑒善達若第一義內心寂靜與此相違則能善見乃至善達

復次今當略辯上所說義謂薄伽梵於此略示諸受欲者樂雜住者非第一義內心寂靜若有證得八解脫定離諸愛味名第一義內心寂靜當知是名此中略義

諸行無常　有生滅法　由生滅故
彼寂為樂

今此頌中蘊及取蘊皆名諸行此中義者意在取蘊是五取蘊略有三種謂去來今諸行無常者謂彼諸行本無而生生已尋滅若過去生過去所

得諸自體中所有諸蘊皆過去故已謝滅故生已没故體是无常若未來生未來所得諸自體中所有諸蘊皆未生故非已起故未滅没故可生起故是有生法若現在生現在所得諸自體中所有暫住支持存活有情諸蘊皆死法故可為殞滅之所滅故是有滅法若彼諸蘊在於未來所得自體是有生法於中都無所得自體是常是恒乃至即當如是正住惟除纔生生已尋滅若諸有情於現法中永盡未來諸蘊因者一切未來自體諸蘊皆不生故説名彼寂又復此寂由二因縁説之為樂一者一切苦因滅故一切麁重永止息故於現法中安樂住故説之為樂二者當來生老病等所有衆苦永解脱故説之為樂

復次今當略辨上所説義謂薄伽梵此中略説正見依處及正見果復有差別謂略顯示遍知依處及彼斷滅又略顯示所遍知法及與遍知又略顯示三世諸行所有雜染及彼寂静故所有清淨又略顯示諸縁起法及縁

起滅又略顯示苦諦滅諦又略顯示空與无願二解脱門所依處所及顯无相一解脱門所依處所又略顯示聖諦現觀相違二法斷所依處言二法者一隨順戲論二怖无戲論又略顯示不共外道二對治法何等為二一者所知無顛倒性二者所證無顛倒性

無逸不死迹　放逸為死迹　無逸者不死
縱逸者常死

今此頌中云何無放逸是不死迹耶謂如有一依四所依立四種護謂命護身護心雜染護正方便護是名不放逸此不放逸為依為持涅槃資糧未圓滿者令速圓滿已圓滿者令於現法得般涅槃云何放逸為死迹耶謂如有一居家白衣於諸欲境耽著受用造不善業或有出家現四無護謂命無護乃至正方便無護如是放逸通於二品謂在家品及出家品即此放逸為依為持樂生本行造生本業因此故生生已壽終生已夭没云何无縱逸者不死縱逸者常死耶謂

死有五種一者調善死二者不調善死三者過去死四者現在死五者未來死若善修習此無縱逸補特伽羅於現在世由調善死而正死時由過去死已死於過去世亦由不調善死於現在世不由不調善死而死於未來世不由調善死不由不調善死而死故名不死若有縱逸補特伽羅於現在世由不調善死而正死時於過去世亦由不調善死已死於現在世即由不調善死而死於未來世亦由不調善死當死故名常死

復次今當略辨上所説義謂薄伽梵此中略示无縱逸者道諦滅諦有縱逸者集諦苦諦又略顯示處非處性自業作性前半顯示處非處性後半顯示自業作性又前半顯示師於弟子作所應作後半顯示諸弟子等自所作義

衆生尋思所鑽搖　猛利貪欲隨觀妙
倍增染愛而流轉　便能自為堅固縛

今此頌中云何尋思之所鑽搖謂如有一於先所得先所受用諸欲境界

不正作意發生不善依於耽嗜諸惡尋思云何猛利貪欲謂如有一於昔餘生修習貪欲亦多修習由是因緣令此生中於先所得先所受用諸欲境界雖正作意而被貪欲散壞其心云何隨觀淨妙謂如有一不善護身不攝諸根不住正念遊行聚落見甚少年可愛美色諸母邑已便不如理取淨妙相由此因緣身心燒惱云何倍增染愛謂由五種相貌當知染愛增長何等為五謂如有一雖於下劣諸欲境界尚生猛利諸貪欲纏耽著不捨何況上妙又以非法多分凶暴積集珎財不以正法亦常攝受增上衆具又於輕賤無所用物尚不欲捨何況貴重雖為追求少劣財物尚行衆多身語意惡何況多勝又於受持少小妙行其心尚无趣向愛樂何況廣大又於涅槃尚不樂聞何況欲得云何堅固縛謂由三種相知堅固縛一堅牢故二苦所觸故三長時隨逐故於現法中由惡行根貪瞋癡故知縛堅牢於當來世由生那落迦傍生

鬼趣知苦所觸及長時隨逐

復次今當略辨上所說義謂略顯示依二失壞因有二種失壞何等名為二失壞因謂不正思惟力及因力云何名為二種失壞謂方求失壞及受用失壞云何不正思惟力謂隨念先所受用境界因緣所生不正思惟或邪分別現前境界因緣所生不正思惟或邪取相不正思惟或即於彼若任若行不正思惟云何因力謂於可愛境界宿習欲貪云何方求失壞謂如有一成就二種失壞因故以非正法或以凶暴追求積集所有邪財云何受用失壞謂如有一於先所得順樂順苦順非苦樂諸境界中或有於一生染生著廣說乃至不知出離而受用之或有於一發生憎恚憎恚所蔽或有於一發生愚癡愚癡所蔽彼由如是貪染所蔽乃至愚癡之所蔽故行身語意種種惡行為貪瞋癡三堅固縛之所纏縛亦為那落迦傍生鬼等諸縛所縛又有差別謂愛結所繫補特伽羅略有七種雜染當知皆

是貪愛所作謂隨念雜染不自在雜染境界雜染熱惱雜染善趣相應雜染惡趣相應雜染諸見雜染云何隨念雜染謂如有一不正隨念先所受用可愛境界悕望追求令心散壞云何不自在雜染謂如有一宿世串習貪欲法故今世貪欲為性猛利雖復如理於可愛境隨念作意而有悕望追求貪欲散壞其心彼由貪欲極猛利故心不自在云何境界雜染謂如有一遊城邑等現前會遇容色端嚴可愛境界由彼境界極端嚴故隨美妙相心識纏綿因此發生悕望追求種種貪愛云何熱惱雜染謂如有一由是三種能長貪愛諸雜染故令已貪愛展轉增盛追戀過去已受用境悕求未來當受用境耽著現在正受用境乃令身心周遍熱惱云何善趣相應雜染謂即由彼貪愛集諦增上力故行身語意種種妙行得生善趣或天或人彼於樂受耽著不捨醉悶而住專行放逸云何惡趣相應雜染謂即由彼貪愛集諦增上力故行身

語意種種惡行身壞命終墮諸惡趣生那落迦等於彼生已便為種種極重憂苦惡心憤心之所擾惱云何諸見雜染謂即由彼貪愛集諦增上力故會遇惡友說顛倒法為令雜染得解脫故彼雖悕求雜染解脫由遇如是倒說法故不證解脫於六十二諸見趣中隨令一種邪見增長於諸緣起法愚癡增上故彼由如是見結所繫於五趣等生死大海不得解脫

住法具尸羅　有慚言諦實　能保愛自身
亦令他所愛

今此頌中云何住法謂於如來所證善說正法毗柰耶中淨信出家樂修梵行云何具尸羅謂如是出家如是愛樂故於戒无缺乃至無雜相續而作相續而轉於諸學處能受能學云何有慚謂慚於可慚慚於能生惡不善法謂能順惡戒究戒因緣即不正相不正尋思若諸煩惱及隨煩惱云何言諦實謂發露諸惡不藏諸惡若有所犯即於智者同梵行邊如實自舉如法對治

復次今當略辨上所說義謂薄伽梵於此頌中略顯四因所攝尸羅清淨謂能正受故受已不穴故遠離穴因故雖由無知放逸穴已即便如法而對治故當知是名此中略義

若見他惡業　能審諦思惟　自身終不為
由彼業能縛

今此頌中云何見他惡業審諦思惟謂如有一或善男子或善女人為性聰慧成就如理諦觀法忍見他現行惡行因改便遭種種挫辱楚撻又為王人執至王所廣說如經乃至斷命見已便作如是思惟觀觀是人於現法中造作如是惡不善業即於現法還受如是辛楚果報乃至止止如是惡不善業終不應為終不應作終不應行終不應犯即彼又見屠羊雞猪廣說一切不律儀衆不由如是作業伎能活命方術而乘象馬車乘輦轝又不因此能致廣大財寶庫藏令不散失然為世間之所訶毀凡在傭俗尚不以身暫相觸受而遠避之況餘賢拓見已便作如是思惟餘如前說

即彼又見他人巨富饒大財寶然由嬾惰多住縱逸經過日夜淹積歲月所有珍財僮僕基業及諸善法漸漸衰退見已便作如是思惟餘如前說即彼又見種種有情身相差別或有生盲生聾生瘂或瞎或跛或癖或癩或復短壽或惡形色或多疾病或貧賤家或少枝屬或癖惡慧或扇宅迦或半宅迦或醜形類餘即不尒見已便作如是思惟觀觀是人先作種種惡不善業今受如是苦惡果報乃至止止如是惡不善業餘如前說即彼又見他人黠慧无有嬾惰具足翹勇所謂能作營農商賈行船等業及能正作言論事業彼雖具足如是翹勇所作事業數漸衰損終无成辦見已便作如是思惟餘如前說即彼又見二人出家趣於非家同修梵行一於衣服飲食等利有所匱乏一則不尒見已便作如是思惟餘如前說即彼又見或有國王或是王等大地封疆咸皆克伏堅著不捨但為一身一具骸骨惟為現在少小安樂身語意

門現行無量廣大惡行損壞多生多身安樂當受多生多身大苦見已便作如是思惟觀觀是王或是王等甚為愚蔽惟知保愛一生一身不知保愛多生多身惟愛現在少時小樂不愛當來多時大樂亦非不愛多生重苦乃至止止如是惡不善業終不應為終不應作終不應行終不應犯復有或善男子或善女人為性聰慧獲得天眼用此天眼見諸有情死時生時如經廣說乃至生在大𨚗落迦中見已便作如是思惟觀觀是人於現法中造作如是惡不善業令受後法辛楚果報乃至止止如是惡不善業餘如前說如是或善男子或善女人見他所作諸惡業已由四種行諦善思惟諦善觀察何等為四一者觀察或因違越或邪活命或放逸懈怠於現法中造作種種惡不善業即現法受非愛果報二者觀察或有有情依身差別或有所作而不果遂或有所求而不果遂皆由先造惡不善業故現法中各受如是非愛果報三者觀

察或有國王或與王等因現法中行諸惡業比知當來定受種種非愛果報四者觀察諸有情類死時生時因現法中造作種種惡不善業後法中受非愛果報彼由如是如實知故終不自作云何業縛謂樂諸業故由業重故於業果報不自在故樂諸業者謂如有一串習惡故愛樂諸惡由此因緣於諸善法心不能入是初業縛由業重者謂如有一於無間業或有具造或不具造由此因緣雖有欣樂於佛所證善說正法毗柰耶中暫時出家尚不能得況當能獲沙門果證如是名為第二業縛於業果報不自在者謂如有一由身語意惡行因緣生諸惡趣生彼處已不得自在不能自任長夜受苦或生邊地於彼絕無四賢善衆所謂苾芻廣說乃至鄔波斯迦如是名為第三業縛

復次今當略辨上所說義謂薄伽梵於此略示依諸有情業業果報如理思惟及顯如理思惟為先法隨行當知是名此中略義

瑜伽師地論卷第十八

瑜伽師地論卷第十八
校勘記

一　底本，金藏廣勝寺本。

一　五〇五頁中一三行第八字，一四行第一三字「導」，石作「道」。

一　五〇五頁中一七行第一二字「導」，諸本作「道」。

一　五〇五頁下一行第七字「艱」，資、磧、普、南、徑、清作「難」。

一　五〇五頁下四行第一三字「令」，諸本作「今」。

一　五〇五頁下一一行「分法」，資、磧、普、南、徑、清作「法分」。
一　五〇六頁上一三行第一三字「具」，石作「善」。
一　五〇七頁下四行「想受」，石、資、磧、普、南、徑、清作「受想」。
一　五〇八頁上一七行第五字「住」，諸本作「往」。
一　五〇八頁上二一行第一一字「邪」，資作「耶」。
一　五〇八頁中六行第一〇字「損」，諸本作「捐」。
一　五〇八頁中一二行末字至一三行首字「奇妙」，石、麗作「妙欲」。
一　五〇八頁下九行第四字「塵」，資、磧、普、南、徑、清作「永」。
一　五〇九頁上五行第一一字「求」，磧、普、南、徑、清作「永」。
一　五〇九頁上一〇行第三字「委」，資、磧、普、南、徑、清作「安」。
一　五〇九頁上一六行第五字「恒」，石作「但」。
一　五〇九頁中九行第五字「足」，資、磧、普、南、徑、清作「是」。
一　五〇九頁中一一行首字「手」，南作「是」。
一　五〇九頁中一九行「於到」，諸本作「到於」。
一　五〇九頁下六行第五字「已」，資、磧、普、南、徑、清無。
一　五〇九頁下一〇行第一二字「如」，清作「是」。
一　五一〇頁下四行第八字「離」，資、磧、普、南、徑、清無。
一　五一〇頁下九行第三字「反」，資、磧、普、南、徑、清作「及」。
一　五一一頁上七行第九字「減」，諸本作「滅」。
一　五一一頁上二二行「静故」，石作「静」；資、磧、普、南、徑、清、麗作「故」。
一　五一一頁中一三行第二字「身」，資、磧、普、南、徑、清作「力」。
一　五一二頁上五行第三字「雖」，磧、普、南、徑、清作「不」。
一　五一二頁上一二行第五字「尚」，磧作「當」。
一　五一二頁中一七行第一三字「恚」，南作「恶」。
一　五一二頁下一三行第一三字「追」，資、磧、普、南作「進」。
一　五一三頁上一九行第八字及中三行第九字、第一三字、四行第八字「穴」，資、磧、普、南、徑、清作「冗」。
一　五一三頁下八行第五字「枝」，資、磧、普、南作「伎」；徑、清作「技」；麗作「支」。
一　五一四頁上一三行第一一字「令」，資、磧、普、南作「今」。
一　五一四頁中二行第四字「比」，資、磧、普、南、徑、清作「皆」。
一　五一四頁中二二行末字「行」，石、徑、清作「法行」；資、磧、普、南作「行行」。

瑜伽師地論卷第十九　習

彌勒菩薩說

三藏法師玄奘奉　詔譯

本地分中思所成地第十一之四

賢聖常說冣善語　愛非不愛語第二
諦非不諦語第三　法非非法語第四

今此頌中言善語者所謂善說善言善論當知善說有三種相所謂悅意無染惟善由第一語令他慶悅由第二語令自尸羅終無穿缺由第三語能令他人出不善處安住善處因此引攝利益安樂或有愛語非諦非法謂如有一以美妙言稱讚他人非真實德或有諦語非愛非法謂如有一以染汙心發麁惡言訶責他人真實過惡或有法語亦愛亦諦謂如有一善知稱讚及與訶責知可稱讚可訶責已然不稱讚亦不訶責惟善方便為說正法能令彼人出不善處安住善處

復次今當略辨上所說義謂薄伽梵此中略示所有善語若標若釋當知是名此中略義

信慙戒施法　善人所稱讚　是名趣天道
能往天世間

此頌所明謂如有一於佛所證法毗柰耶獲得正信恥在居家受持淨戒趣得衣服飲食卧具便生喜足減除器物儉約資緣凡所獲得如法利養終无私隱必與智人同梵行者而共受用所有正法初中後善稱揚梵行所謂契經乃至論議皆能受持研尋究達傳授他人廣為開闡彼既成就是諸善法當知必獲三種勝利一者諸佛諸佛弟子真實善人之所稱讚二者若彼尸羅財施之所攝引福德資糧法施攝引智慧資糧善圓滿者便得趣入證解脫處清淨諸天衆同分中三者若彼二種資糧猶未圓滿便能令彼速得圓滿身壞已後定生善趣多往天上樂世界中復有差別謂如有一於佛所證法毗柰耶獲得正信信惡尸羅當墮惡趣信慳貪者得貧窮報如是信已於現法中惡戒慳貪深生羞恥以羞恥故棄惡尸羅

受清淨戒棄捨慳貪以无垢心安處居家廣說乃至善行布施由此因緣於現法中聖賢所讚身壞已後乃至當生善趣天上樂世界中

復次今當略辨上所說義謂薄伽梵此中略示在家出家二種正行及正行果所有勝利當知是名此中略義

多聞能知法　多聞能遠惡　多聞捨无義
多聞得涅槃

此頌所明謂如有一於依先時正所應作施論戒論生天之論無倒教法恭敬聽聞聞已遂能了知其義謂現法中種種惡行及當惡趣苦無義因諸惡行所應遠離及往善趣捨生惡趣苦无義因彼由了知如是法義法隨法行能遠苦因能引樂因由此因緣得樂捨苦若於增上四聖諦等相應教法恭敬聽聞聞已遂能了知其義謂一切有生死大苦寂靜涅槃彼由了知如是法義若根已熟資糧已滿便能獲得如是義識心清淨故纔聞法已於諸聖諦未現觀者能入現觀已現觀者便得漏盡若根未熟

資糧未滿即由如是遠離諸惡依增上戒起增上心依增上心發增上慧由此能捨一切苦本煩惱无義證得涅槃復次今當略辨上所說義謂薄伽梵此中略示先聞正法如理思惟先如理思法隨法行法隨法行為先因故得勝利果當知是名此中略義

智者如空无染汙　不動猶如天帝幢
如泛清涼盈滿池　不樂遊涉生死海

今此頌中辯阿羅漢苾芻心善解脫超諸戲論猶如虛空何以故譬如虛空離諸戲論淨與不淨皆不能染諸阿羅漢亦復如是一切世法若順若違皆不能染所謂利衰乃至苦樂又諸有學已離欲貪向阿羅漢於四念住善住其心修無相心三摩地時如天帝幢於其一切動發憍舉戲論等為生願俱行所有貪愛不能傾動又諸有學已離欲貪得不還果於上解脫心生欲樂譬如遊泛清冷泉池於愛味定上分諸結熱惱泥中終不欣樂由於此中不欣樂故亦不欣樂生死大海復有差別謂阿羅漢所有欲

貪言說遊行處无相住有餘依苦之所隨逐如其次第三處應知復有差別謂慧解脫諸阿羅漢有學身證及俱解脫諸阿羅漢如其次第三處應知復次今當略辨上所說義謂薄伽梵此中略示離三界欲於佛聖旨猶有餘依離欲界貪勝進道攝及不還果復有差別謂略顯示解脫勝利等持勝利智慧勝利復有差別謂略顯示增上心慧學所得果及顯增上心慧二學

若以色量我　以音聲尋我　欲貪所執持
彼不能知我　若於內了知　於外不能見
由內果觀見　彼音聲所引　若於內無知
於外而能見　由外果觀察　亦音聲所引
若於內无知　於外不能見　彼音障愚夫
亦音聲所引　若於內了知　於外亦能見
英雄出離慧　非音聲所引

此頌所明謂如有一體是異生未斷虛妄分別欲貪觀見世尊具三十二大丈夫相遂便測量此薄伽梵定是如來應正等覺其所說法決定微妙其弟子眾所行必善彼於後時近不善

人聞不正法隨逐他論及他音聲信順於他他所引攝他所引故於佛法僧還生毀謗如是皆由不如實知如来法身故致如此復有異生由內靜慮果天眼通遠見世尊便作是解此薄伽梵定是如来應正等覺餘如前說復有由外欲界繫業果報肉眼見已測量當知彼亦隨逐他論及他音聲信順於他他所引攝復有異生於尒所見都无所有彼普被障長時為他音聲所引若諸賢聖除斷調伏超越欲貪得聖慧眼彼由如是聖慧眼故於內證解如來法身雖於外見如来色身或見制多或圖畫等而能了知非第一義應正等覺彼由如是於內正知於外正觀不隨他論及他音聲不信順他非他所引於佛法僧決定信受如是皆由如實了知如来法身故致如此

復次今當略辨上所說義謂薄伽梵此中略示若惟世俗見如来者則不決定若以勝義見如来者是則決定當知是名此中略義

第六增上王　染時染自取　於无染不染　染者名愚夫

今此頌中第六增上王者謂心意識若有已渡五暴流未渡第六意暴流尒時其心隨逐諸定所有愛味故名染時復有補特伽羅於長夜染取為已有於可愛法執藏不捨是故說彼為染自取貪名為染因貪所生當来世苦亦名為染若染自取於所染心不隨功用攝受遮止修意對治作意故如是彼心於現法中無有染汙於无染心此染自取當来世中因彼諸苦亦无有染若有於彼隨作功用而不攝受亦不遮止不修意對治作意故依此苦因長夜受苦於此苦因不能遠離故名愚夫

復次今當略辨上所說義謂薄伽梵此中略示遠離苦因所有勝利及顯苦因能感自苦是愚夫性當知是名此中略義

有城骨為墉　筋肉而塗飾　其中有貪恚　憍覆所任持

今此頌中所言城者謂心意識此城惟以骨充軌石筋代繩維肉當塗漫為形骸墉周帀圍繞此城中有違害善說法毗柰耶所有善法四種惡法之所任持二是在家諸受欲者謂貪與瞋二是惡說法毗柰耶中而出家者謂憍與覆由著諸欲悕求諸欲與鄙穢行不相違背於善說法及毗柰耶尚不信受況當修善恃惡說法而生憍慠不能自然趣佛世尊或弟子所設佛世尊或佛弟子由悲愍故自性其所然彼由覆隨煩惱纏染汙其心尚不如實發露已過況能信解修諸善法如是當知於彼善說法毗柰耶相應善法二種心城皆不能入何況復能取為已有

復次今當略辨上所說義謂薄伽梵此中略示在家出家捴由四種雜染因緣失壞善說法毗柰耶當知是名此中略義

如龜藏支於自殼　苾芻善攝意尋思　无所依止不惱他　證般涅槃無所謗

此頌所明謂如有一依初靜慮捨三惡尋所謂欲尋恚尋害尋又能棄捨

初靜慮地諸善尋思安住无尋無伺之中如龜藏支於其自𣪊略攝尋思亦復如是无尋无伺定者應知此上乃至有頂彼於此定正安住時不生愛味出已成就可愛樂法調順柔和易可共住不惱有智同梵行者又為智人同梵行者欣樂共住又復成就无違諍法彼由如是正方便故於諸聖諦能入現觀及得漏盡彼於諸法不由他信獲得善淨勝智見故如實了知法真是法毗柰耶真是毗柰耶由如是知故終不依止諸見顛倒於法謗法及於非法亦謗非法終不顯示非法為法法為非法非毗柰耶為毗柰耶或毗柰耶為非毗柰耶

復次今當略辨上所說義謂薄伽梵此中略示善說法者四種擾乱斷對治道何等名為四種擾乱一染不染尋思擾乱二於勝定愛味擾乱三互相違諍訟擾乱四於正道非謗擾乱當知是名此中略義

等不等而生　牟尼捨有行　內樂定差別　如俱舍卵生

此頌所明謂佛示現住最後有菩薩位時先所獲得三十有二大丈夫相八十隨好圓滿莊嚴妙色身生於後證得阿耨多羅三藐三菩提時其色身生與前正等其名身生由勝無漏不相似故與前不等又佛示現內寂靜樂及沙門樂為依止故得定自在如定心力捨諸壽行及諸有行彼捨邊際妙色身生與前正等其名身生與前不等故有差別如因其𣪊卵生雛等依卵而生即此生已漸漸增長種類相似破𣪊而出如是如來色身名身差別道理當知亦尒此中差別謂佛世尊若不棄捨諸壽行者應滿壽量方般涅槃定力所持捨壽行故不滿壽量而般涅槃

復次今當略辨上所說義謂薄伽梵此中略示捨諸壽行色身名身二種差別及顯棄捨所依因緣當知是名此中略義

無淤泥等欲　无魑魅等瞋　無羅網等癡
無江河等愛

此頌所明謂有四種能為世俗不自

在法世間現見能令有情不自在轉一者陷溺淤泥二者鬼魅所著三者入於羅網四者隨駛流河隨流漂溺復有四種能為真實不自在法能令有情不自在轉當知亦尒何等為四謂如有一生長欲界陷溺不淨腥臊生臭諸欲淤泥不能自在引發守護增長善法又如有一棄捨諸欲於善說法毗柰耶中而得出家心懷忿怒性多惡言由忿所持不得自在不數學處動生違越於諸智者同梵行所屢以麤言擊刺訶擯侵惱毀辱又如有一棄捨諸欲於惡說法毗柰耶中而得出家入諸惡魔大魔見網彼既入已流轉生死不得自在又如有一生長上分諸離欲地於諸愛結未永斷亦未遍知不得自在還生下界順流而住難可出離

復次今當略辨上所說義謂薄伽梵此中略示諸界諸品愚夫纏縛

復有差別謂如有一陷欲淤泥不能自在於善說法毗柰耶中清淨出家又如有一為性忿怒忿怒所蔽憤恚

經心尚於自身或害或損何況於他又如有一成就癡品諸惡邪見謂無父母毀謗父母於父母所反怖敬養況自能為又如有一廣集諸欲貪愛所漂不得自在尚不欲自食況能惠施他如是四法當知能障諸聰慧者四應知法謂善說法毗柰耶中清淨出家遠離恚害散事父母樂行慧施

虛空無鳥迹　外道无沙門　愚夫樂戲論　如來則無有

此頌所明謂有衆生怖樂勝欲欲求所攝又有衆生怖樂勝身有求所攝又有衆生怖樂沙門及婆羅門所有解脫梵行求攝此中欲求有求攝者謂我因少分布施少分持戒當得往生善趣天上樂世界中以妙五欲而自賞納歡娛遊戲彼既修習如是願巳得衆勝欲及衆勝身辟如衆鳥翱翔虛空遍虛空中无安足處如是衆生於其所得無當諸欲及身分中都无安住當知亦尒若樂沙門及婆羅門所有解脫梵行求攝復有二種或依善說法或依惡說法依惡說法諸外道輩並无沙門依善說法邪梵行求所攝受者亦無沙門正梵行求所攝受者得有沙門又此一切三門所攝或欲求門或有求門或梵行求門如是皆名樂著戲論當知如來棄捨一切所有怖求故无戲論即以此義類知如來諸弟子衆正梵行求所攝受者亦无戲論

復次今當略辨上所說義謂薄伽梵此中略示離善說法及毗柰耶勤精進者皆空無益當知是名此中略義

住戲論皆无　踰牆塹離愛　牟尼遊世間　天人不能識

此頌所明謂阿羅漢苾芻永離貪愛由四種相於惡魔怨一切愚夫所繫屬主解脫自在隨意遊行空閑聚落有諸愚夫過見如是真阿羅漢於家究竟自在遊行不如實知便於二處妄生輕毀云何此善男子棄捨自屬養命珎財乃求屬他資生衆具何故棄捨生天方便皆勤精進求有斷滅是諸愚夫見生天上有勝功德見處居家有多財寶故於牟尼妄生輕忽彼所事天於此牟尼廣大功德尚不能了況能事者而能識知云何離愛諸阿羅漢由四種相於惡魔怨一切愚夫所繫屬主解脫自在謂諸愚夫由四識住為魔怨主之所駈役令生死中往還五趣非阿羅漢又諸愚夫如由重過為魔怨主之所駈役謂或增益或復損減諸惡見故發起種種執刀杖等惡不善法隨諸戲論生諸惡趣令造種種諸惡業緣非阿羅漢又諸愚夫如由中過為魔怨主之所駈役令處欲愛繫縛垣牆不能出離欲界生苦非阿羅漢又諸愚夫如由輕過為魔怨主之所駈役令生色界及無色界無明深塹周帀圍繞閉在生死衆苦牢獄於生等苦不得出離非阿羅漢

復次今當略辨上所說義謂薄伽梵此中略示一切愚夫著不應著應著不著於不應怖而生怖見於應怖中生無怖見當知是名此中略義

若有熏除諸尋思　於內无餘離分別
超過尋著諸色想　四軛蠲除不往生

此頌所明謂如有一已入有學位未離欲界欲依初靜慮熏除欲界諸惡尋思依第二靜慮內等清淨心一趣性初靜慮地所有分別无餘永離無復分別依第三靜慮超過第二靜慮地諸喜尋著依第四靜慮超過第三靜慮地諸樂尋著依无色定超過一切所有色想如是漸次因依諸定乃至有頂若定若生斷除四軛何等爲四一斷除染汙尋思軛二斷除不染汙尋思軛三斷除喜樂繫縛軛四斷除一切色想軛由此因緣於諸下地不復往生當知與生雖到有頂若定若生猶爲四軛所繫縛故於諸下地還復往生

復次今當略辨上所說義謂薄伽梵此中略示到有邊際有學異生二種差別當知是名此中略義

惠施令福增　防非滅怨害　修善捨諸惡
惑盡得涅槃

此頌所明謂如有一於佛所證法毗柰耶獲得正信雖處居家而心遠離慳垢纏縛受持七種依福業事由此

因緣若行若住廣說如經乃至生長如是福德若有復能於善說法毗柰耶中清淨出家既出家已具足忍力爲護尸羅雖遭他罵侵惱訶責或以身手瓦礫刀杖毆擊傷害恐壞尸羅當爲障㝵心无惡念不出惡言惟緣彼境與慈俱心於一切方遍滿而住由此因緣於現法中自他相續所有怨害並皆止息當生無惱樂世界中无多怨敵爲世欣仰衆所樂見如是善修正方便已依增上戒起增上心依增上心發增上慧當於聖諦入現觀時則能永捨趣惡趣業及諸惡趣又修如先所得道故漸次永除所有諸結於有餘依涅槃界中而般涅槃如是後時於无餘依涅槃界中復般涅槃

復次今當略辨上所說義謂薄伽梵此中略示得淨信者四種正行一感財富行二感善趣行三離惡趣苦清淨修行四離一切苦清淨修行當知是名此中略義

諸惡者莫作　諸善者奉行　自調伏其心
是諸佛聖教

此頌所明謂如有一於佛所證法毗柰耶獲得正信於一切種一切因緣一切處所所有惡行皆能斷滅於善說法毗柰耶中能善受學尸羅律儀彼由三相奉行諸善謂善住尸羅守別解脫清淨律儀乃至受學所有學處依增上戒學發增上心學依增上心學發增上慧學彼由此故於所知境如實知見如是具足諸善法已復由三相調伏自心謂如實知故能起厭患由厭患故能得離染由離染故能得解脫

復次今當略辨上所說義謂薄伽梵此中略示三學學果顯自聖教不與他共當知是名此中略義

難調伏輕躁　淪墜於諸欲　善調伏其心
心調引安樂

此頌所明謂宣說心若意若識長夜愛樂憒鬧難處於憒鬧處難得遠離難可調伏雖强安處無閙修習諸善法中而不一向能住離貪離瞋離癡亦不一向能住策舉無掉寂靜然復

疾疾還生有貪有瞋有癡下劣掉舉及不寂靜雖强安處内寂止中長夜愛樂色聲香味觸故於五欲境馳趣淪没諸聖弟子於如是等樂著雜染能生苦心終不縱其令自在轉亦不隨順數數思擇成辦遠離恒修善法心一境性彼由如是正定心故能如實知如實知故能起厭患由厭患故能得離染由離染故能得解脱彼既如是善調伏心盡苦因故於現法中得安樂住當来衆苦亦得永盡

復次今當略辨上所說義謂薄伽梵此中略示能不隨順長夜流轉佐道之心及不隨順所得勝利當知是名此中略義

於心相善知　能養遠離味　靜慮常委念
受无染喜樂

此頌所明謂如有一有學見迹能善了知止舉捨相由此因緣得四功德謂心住一緣遠離廣重能善受用身心安樂是初功德又淨定心盡所修故如所修故能正審慮諸法道理獲得内法毗鉢舍那是第二功德彼由

如是清淨止觀為依止故於所修習菩提分法勇猛无間能常修習能委修習无懈無惲是第三功德彼由如是無懈惲心獲得第一正念正知心善解脱又能受用解脱喜樂及无染樂於現法中得安樂住是第四功德

復次今當略辨上所說義謂薄伽梵此中略示於相善巧四種功德謂奢摩他所作毗鉢舍那所作无懈惲所作到究竟所作當知是名此中略義

無工巧活輕自已　樂勝諸根盡解脱
無家无所无悕望　斷欲獨行真苾芻

此頌所明謂成就五支永斷五支當知得名真實苾芻何等為五謂不依止矯設方便邪活命法亦不恃賴有勢之家亦不修治名稱族望亦不詐受諸佛所說聖弟子說猶如依止工巧處所非法悕求衣服飲食是名初支又復減省器物衆具善棄珎財衣僅蔽身食纔充腹知足歡喜凡所遊行必持衣鉢是第二支又悕慕沙門愛樂沙門悕慕學處愛樂學處命難因緣尚不違越所學禁戒何況少小

利養因緣是第三支又彼如是正修方便淨命喜足愛樂學處於諸聖諦未現觀者能入現觀得清淨見或時失念暫介發生惡不善尋引起貪欲瞋恚愚癡遅緩忘念速復除遣是第四支又彼修習如先得道於諸結縛一切隨眠隨煩惱纏心得解脱是第五支如是名為成就五支云何復名永斷五支謂阿羅漢苾芻於五處所不復能犯所謂不能捨所學處而復退還又復不能有所貯積執為己有而受用之亦不受用諸欲境界又復不能為財為命知而妄語又復不能棄捨諸欲行不與取亦不復能永離貪欲獨住獨行而更習近非梵行法兩兩交會或計自作而招苦樂或計他作或自他作或非自作亦非他作不由因生而招苦樂如是名為五支永斷

心遠行獨行　无身寐於窟　能調伏難伏
我說婆羅門

今此頌中所言心者亦名為意亦名為識此於過去一切愚夫无量差别

自體展轉及因展轉雖無作者而流生死前際叵知故名遠行此於現在一一而轉第二伴心所遠離故一切種心不頓轉故名為獨行又此現在隨其自體初起現前或由貪性或由瞋性或由癡性或由一一所餘煩惱隨煩惱性即彼自體不畢竟轉如五色根或同或異或劣或勝隨其自體初起現前即此自體畢竟而轉心不如是何以故心經彼彼日夜刹那臘縛等位非一衆多種種品類異生時生異滅時滅由心自性染汙之體不成實故名為无身此未来世居四識住而有隨眠可於後生有往来義名寐於窟若有聰慧由此四相能於過現未来世心如實了知修厭離滅及心解脱彼能超度諸薩迦耶到於彼岸安住陸地名婆羅門

復次今當略辨上所説義謂薄伽梵此中略示心於過去長時染汙无作者性於現在世性是刹那自性清淨於未来世由有放逸不放逸故染汙清淨當知是名此中略義

誰能覆世間　誰能令不顯　誰復能塗染
誰為大怖畏　无明覆世間　放逸令不顯
戲論能塗染　苦為大怖畏　諸流處處漏
是漏誰能止　當説誰防護　衆流誰所偃
世間諸流漏　是漏念能止　我説能防護
由慧故能偃　念慧與名色　今問是一切
何當永滅盡　惟願為我説　念慧與名色
我説是一切　若諸識永滅　於斯永滅盡
云何念所行　諸識當永滅　今請垂方便
為釋令无疑　於內外諸受　都不生欣樂
如是念所行　諸識當永滅　若諸善説法
及有學異類　彼常委能趣　請大仙為説
不耽著諸欲　其心无濁染　於諸法巧念
是苾蒭能趣

此是波羅延中因阿氏多所請問頌言世間者略有三種一欲世間二色世間三無色世間今此義中意辨出家在家二種世間出家世間復有二種一惡説法二善説法惡説法者无明所覆善説法者由有明故應可顯了由放逸故令不顯了若諸在家異類白衣為諸戲論之所塗染當知戲論略有三種謂三種言事名為戲論

於四種言説有所宣談亦名戲論能發語言所有尋伺亦名戲論若於過去未来現在三種言事依四言説發起異類分別思惟或違或順是名塗染若前戲論若後塗染諸在家者多分可得是故説彼為諸戲論之所塗染此中惡説法者無明所覆善説法者放逸不顯諸在家者戲論塗染彼於現法苦因轉時於此苦因不能如實知是苦因於此苦因愛樂而住由此因緣生當来苦即説此苦名大怖畏又惡説法者由無明門從六處流漏泄衆苦諸在家者由戲論門從六處流漏泄衆苦善説法者由放逸門從六處流漏泄衆苦如是无明放逸戲論諸門流漏由聞他音內正作意於諸行中了知過患此相應念逆流而轉故能遮止如是方便名伏對治若出世間正見所攝諸無漏慧於三種流皆能偃塞如是方便名斷對治於此流漏若伏若永二種對治皆能斷故俱名防護又惡説法者及在家者一向墮於染汙品攝一若善説法

毗柰耶中二種可得諸縱逸者隨雜
染品非顯了攝不縱逸者隨清淨品
顯了所攝又若已顯了若應顯了當
知二種皆無放逸諸阿羅漢斯已顯
了於不放逸更不須作不放逸事於
四念住若念若慧已善修故已善證
得清淨識故惟有决定於无餘依涅
槃界中善清淨識當永滅故若念若
慧亦隨永滅餘依所攝先業所引一
切名色亦隨滅盡乃至彼法未永滅
來於六恒住常善安住於離欲地所
有內受及於諸欲相應外受不生欣
樂如是名為諸阿羅漢正念現行乃
至壽盡識方永滅若諸有學斯應
顯了於不放逸應更須作不放逸事
彼復二種於不放逸不放逸事謂常
所作委悉所作有學異類若諸有學
極七返有或復家家一來果等及於
現法堪般涅槃於下分結及上分結
心无染汙為斷彼故修習對治又於
諸欲不耽著故諸下分結不能染汙
心無濁故諸上分結不能染汙又於
一切有苦法中如實知集乃至出離

於四念住善住其心修習如先所得
聖道能趣究竟如是修習對治道故
彼於一切不放逸中諸所應作不放
逸事皆得究竟
復次今當略辨上所說義謂薄伽梵
此中略示諸在家者及於外法而出
家者决定離染及顯於善說法毗柰
耶中而出家者若行放逸隨染汙品
若不放逸隨清淨品當知是名此中
略義

於諸欲悕求　或所期果遂　得已心定喜
至死而保愛　諸樂欲衆生　若退失諸欲
其色便變壞　如毒箭所中　若遠離諸欲
猶如毒蛇首　彼於愛世間　正念能超度
田事與金銀　牛馬珠環釧　女僕增諸欲
是人所耽樂　攀緣沉下劣　衆壞生諸漏
從此集衆苦　如船破水溢　若永絕諸欲
如斷多羅頂　棄捨諸愁憂　猶蓮花水滴

此是義品中依諸欲頌謂如有一悕
求未來所有諸欲為獲得故發勤方
便得已現前耽著受用如是悕求及
正受用所得諸欲由此因緣生喜生
樂如是捴名諸欲愛味又彼悕求及

正受用所有諸欲於其所得所受用
事若退失時隨彼諸欲戀著愛味愛
箭入心如中毒箭受大憂苦或致殞
歿如是名為諸欲過患又復毒蛇譬
諸欲境毒蛇首者譬諸欲中所有愛
味若諸愚夫愛味諸欲貪著受用如
蛇所螫若有多聞諸聖弟子遠離諸
欲所有愛味如毒蛇首終不愛染而
受用之廣說乃至不生耽著彼於諸
色所有貪愛乃至於觸所有貪愛皆
能調伏斷滅超度如是名為諸欲出
離又諸欲自性略有二種一者事欲
二者煩惱欲事欲有二一者穀彼所依
處謂田事二者財彼所依處謂金銀
等事何以故諸求穀者必求田事諸
求財者必求金銀等事求金銀等復
有二種一者事王二者商賈求穀求
田方便須牛求財事王方便須馬求
財商賈所有方便若金銀等共相應
者謂諸寶珠金銀異類不相應者謂
環釧等此舉家勝若買賣言說事務
當知亦尒積集如是財穀事已受用
戲樂所有助伴謂諸女色若未積集

招集守護及息利中所有助伴謂諸僮僕如是財穀積集廣大於此處所耽樂不捨如是一切皆名事欲煩惱欲者謂於事欲隨逐愛味依耽著識發生種種妄分別貪又於事欲由煩惱欲令心沉没成下劣性若彼事欲變壞散失便生諸漏愁歎憂悲種種苦惱纒繞其心彼由如是於現法中諸漏蔽伏無有對治猶如船破水漸盈溢招集當来生老病等種種苦惱若於諸欲已得出離便能永絶隨欲愛味發起貪著諸染汙識猶如斷截多羅樹頂不復生長又彼事欲可愛可樂乃至可意若變壞時於清淨識諸憂愁等一切苦惱皆不得住如蓮花葉水滴不著復次今當略辦上所說義謂薄伽梵此中略示諸欲愛味過患出離三種自性又顯愛味能為過患及彼出離所有功德當知是名此中略義

於過去無戀　不悕求未来　現在諸法中
處處遍觀察　智者所增長　无奪亦無動

此是造賢善頌謂如有一於佛所證法毗柰耶獲得淨信以正信心棄捨家法趣於非家由五種相修行梵行令善清淨謂能捨離居家諸行無所顧戀亦不緣彼心生追戀還起染著是名初相又於現法利養恭敬未来種類所有諸行不生悕望亦不願求當来人天所有諸行修行梵行是第二相又於現在五取蘊攝色等諸法及彼安立能正觀察又於現法及當来世諸身惡行及惡果報謂我於身不應發起所有惡行廣說如經乃至應斷身諸惡行修身善行語意善行當知亦介又於色等諸蘊能隨觀察去来今世皆是無常無常故苦苦故無我由無我故於彼一切不執我所乃至於彼不執為我如是如實正慧觀察是第三相又依初法毗鉢舍那諸根成熟福德智慧二種資糧於當来世通達增長非諸王等所能刧奪是第四相又依第二法毗鉢舍那於現法中涅槃功德能善增長非諸煩惱及隨煩惱所能傾動是第五相由此五相修行梵行令善清淨若依如是一日一夜亦為賢善第一賢善當知超度此餘一切所有梵行

復次今當略辯上所說義謂薄伽梵此中略示於善說法毗柰耶中所脩梵行於一切相皆善清淨不與他共當知是名此中略義　嗢柁南曰

惡說貪流怖　類與池流貪　作劬勞得義
論議十四種

瑜伽師地論卷第十九

瑜伽師地論卷第十九

校勘記

一　底本，金藏廣勝寺本。

一　五一六頁中五行第三字「常」，資、磧、普、南、徑、清作「嘗」。

一　五一六頁中末行第一〇字「摽」，諸本作「標」。

一　五一七頁下一四行第五字「見」，諸本作「察」。

一　五一八頁中二一行第五字及下二行第四字「墉」，資、磧、普、南、徑、清作「牆」。

一　五一八頁下一行第一〇字「維」，諸本作「絍」。

一　五一九頁上二行首字「之」，諸本作「定」。

一　五一九頁中一三行第三字「身」，石作「色」。

一　五一九頁下三行第一三字「漂」，石作「澍」。

一　五一九頁下一六行末字「未」，諸本作「未能」。

一　五二〇頁上六行首字「施」，諸本作「於」。

一　五二〇頁中一二行第一〇字「愛」，資、磧、普、南、徑、清作「處」。

一　五二〇頁下一六行第一〇字「呰」，石作「若」。

一　五二一頁上八行第一〇字「因」，徑、清作「用」。

一　五二一頁中五行第七字「歐」，資、磧、普、南、徑作「毆」。

一　五二一頁下二行第六字「如」，清作「知」。

一　五二一頁下六行「諸善」，麗作「衆善」。

一　五二二頁上一行「疾疾」，南、徑、清作「疾病」。

一　五二二頁上二二行第一一字「法」，磧、普、南、徑、清作「染」。

一　五二二頁下六行第六字「習」，資、磧、普、南作「集」。

一　五二三頁下六行「戲論」，資、磧、普、徑、清作「論戲」。

一　五二三頁下末行第一〇字「一」，諸本無。

一　五二四頁中七行第五字「離」，諸本作「雜」。

一　五二四頁下一三行第二字「者」，資、磧、普、南、徑、清無。

一　五二五頁中四行第一〇字「戀」，石作「變」。

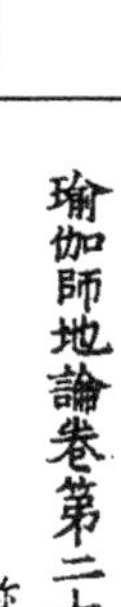

瑜伽師地論卷第二十　習

彌勒菩薩說

三藏法師玄奘奉　詔譯

本地分中修所成地第十二

已說思所成地云何修所成地謂略由四處當知普攝修所成地何等四處一者修處所二者修因緣三者修瑜伽四者修果如是四處七支所攝何等為七一生圓滿二聞正法圓滿三涅槃為上首四能熟解脫慧之成熟五修習對治六世間一切種清淨七出世間一切種清淨如此四處七支所攝普聖教義廣說應知依善說法毗柰耶中一切學處皆得圓滿云何生圓滿當知略有十種謂依內有五依外有五總依內外合有十種云何生圓滿中依內有五謂衆同分圓滿處所圓滿依止圓滿无業障圓滿無信解障圓滿衆同分圓滿者謂如有一生在人中得丈夫身男根成就處所圓滿者謂如有一生在人中又處中國不生邊地謂於是處有四衆行謂苾芻苾芻尼近事男近事女不生達須篾戾車中謂於是處无四衆行亦無賢聖正至正行諸善丈夫依止圓滿者謂如有一生處中國不缺眼耳隨一支分性不頑嚚亦不瘖瘂堪能解了善說惡說所有法義无業障圓滿者謂如有一依止圓滿於五無間隨一業障不自造作不教他作若有作此於現身中必非證得賢聖法器无信解障圓滿者謂如有一必不成就五无間業不於惡處而生信解不於惡處發清淨心謂於種種邪天處所及於種種外道處所由彼前生於佛聖教善說法處修習淨信長時相續由此因緣於今生中唯於聖處發生信解起清淨心云何生圓滿中依外有五謂大師圓滿世俗正法施設圓滿勝義正法隨轉圓滿正行不滅圓滿隨順資緣圓滿大師圓滿者謂即彼補特伽羅具內五種生圓滿已復得值遇大師出世所謂如來應正等覺一切知者一切見者於一切境得無障导世俗正法施設圓

滿者謂即彼補特伽羅值佛出世又廣開示善不善法有罪无罪廣說乃至諸緣生法及廣分別謂契經應頌記别諷頌自說緣起辟喻本事本生方廣希法及與論議勝義正法隨轉圓滿者謂即大師善為開示俗正法已諸弟子衆依此正法復得他人為說隨順教誡教授修三十七菩提分法得沙門果於沙門果證得圓滿又能證得展轉勝上增長廣大所有功德正行不滅圓滿者謂佛世尊雖般涅槃而俗正法猶住未滅勝義正法未隱未斷隨順資緣圓滿者謂即四種受用正法因緣現前受用正法諸有正信長者居士婆羅門等知彼受用正法而轉恐乏資緣退失如是所受正法是故慇懃奉施種種衣服飲食諸坐臥具病緣醫藥供身什物如是十種名依內外生圓滿即此十種生圓滿名修瑜伽處所由此所依所建立處為依止故證得如來諸弟子衆所有聖法如是聖法略有二種一有學法二无學法今此義中意取

无學所有聖法謂无學正見廣說乃至無學正智何以故由諸有學雖有聖法而相續中非聖煩惱之所隨逐現可得故如是初支生圓滿廣聖教義有此十種除此更無餘生圓滿若過若增云何聞正法圓滿謂若正說法若正聞法二種揔名聞正法圓滿又正說法略有二種所謂隨順及無染汙廣說當知有二十種如菩薩地當說又正聞法略有四種一遠離憍傲二遠離輕蔑三遠離怯弱四遠離散乱遠離如是四種過失而聽法者名正聞法當知廣說有十六種亦如菩薩地中當說

云何涅槃為上首謂如來弟子依生圓滿轉時如先所說相而聽聞正法唯以涅槃而為上首唯求涅槃唯緣涅槃而聽聞法不為引他令信於已不為利養恭敬稱譽又緣涅槃而聽法者有十法轉涅槃為首謂依止有餘依涅槃界及無餘依涅槃界當知依止有餘依涅槃界有九法轉涅槃為首依止无餘依涅槃界有一法轉

涅槃為首謂以聞所成慧為因於道道果涅槃起三種信解一信實有性二信有功德三信已有能得樂方便如是信解生已為欲成辦思所成智身心遠離憒閙而住遠離障蓋諸惡尋思依止此故便能趣入善決定義思所成智依止此故又能趣入無間殷重二修方便由此次第乃至證得修所成智依止此故見生死過失發起勝解見涅槃功德發起勝解由串修故入諦現觀先得見道有學解脫已得見迹於上修道由數習故更復證得无學解脫由證此故解脫圓滿即此解脫圓滿名有餘依涅槃界即此涅槃以為上首令前九法次第修習而得圓滿當知即此解脫圓滿以无餘依涅槃界而為上首如是涅槃為首聽聞正法當知獲得五種勝利何等為五謂聽聞法時饒益自他修正行時饒益自他及能證得衆苦邊際若說法師為此義故宣說正法其聽法者即以此意而聽正法是故此時名饒益他又以善心聽聞正法便

能領受所說法義甚深上味因此證得廣大歡喜又能引發出離善根是故此時能自饒益若有正修法隨法行大師為欲建立正法方便示現成正等覺云何令彼正修行轉故彼修習正法行時即是法尒供養大師是故說此名饒益他因此正行堪能證得寂靜清涼唯有餘依涅槃之界是故說此能自饒益若無餘依涅槃界中般涅槃時名為證得衆苦邊際是名涅槃以為上首聽聞正法所得勝利如是名為涅槃為首所有廣義除此更无若過若增

云何能熟解脫慧之成熟謂毗鉢舍那支成熟故亦名慧成熟奢摩他支成熟故亦名慧成熟所以者何定心中慧於所知境清淨轉故又毗鉢舍那支冣初必用善友為依奢摩他支尸羅圓滿之所攝受又依善友之所攝受於所知境真實性中有覺了欲依尸羅圓滿之所攝受於增上尸羅毀犯淨戒現行非法壞軌範中若諸有智同梵行者由見聞疑或舉其罪

或令憶念或令隨學於尒所時堪忍識論又依所知真實覺了欲故愛樂聽聞依樂聞故便發請問依請問故聞昔未聞甚深法義數數聽聞无間斷故於彼法義轉得明淨又能除遣先所生疑如是覺慧轉明淨故於諸世間所有盛事能見過患深心猒離如是猒心善作意故於彼一切世間盛事不生願樂彼由如是於諸世間增上生道无願心故為欲斷除諸惡趣法心生正願又為修集能對治彼所有善法修集一切煩惱對治所有善法為欲證得彼對治果亦為自心得清淨故心生正願如是十種能熟解脫慧成熟法如先所說漸次能令解脫圓滿又隨次第已說三支謂聞正法圓滿涅槃為上首能熟解脫慧之成熟如是三支廣聖教義謂十十種除此更无若過若增又此三支當知即是修瑜伽因緣何以故由依此次第此因此緣修習瑜伽方得成滿謂依聞正法圓滿涅槃為上首能熟解脫慧成熟故

云何修習對治當知略說於三位中有十種修習瑜伽所對治法云何三位一在家位二出家位三遠離閑居修瑜伽位云何十種修習瑜伽所對治法謂在家位中於諸妻室有婬欲相應貪於餘親屬及諸財寶有受用相應愛如是名為處在家位所對治法由此障㝵於一切種不能出離設得出家由此尋思之所擾動為障㝵故不生喜樂如是二種所對治法隨其次第修不淨想修无常想當知是彼修習對治又出家者於出家位中時時略有四種所作一常方便修善法所作謂我於諸法常方便修為依止故當能制伏隨愛味樂一切心識又能如實覺了苦性二於无戲論涅槃信解愛樂所作謂我當於无戲論涅槃心无退轉不生憂慮謂我我今者何所在耶三於時時中遊行聚落乞食所作謂我乞食受用為因身得久住有力調適常能方便修諸善法四於遠離處安住所作謂若愛樂與諸在家及出家衆雜居住者便有種種

世間相應見聞受用諸散乱事勿我於彼正審觀察心一境位當作障㝵於此四種所作事中當知有四所對治法於初所作有嬾墮懈怠於第二所作有薩迦耶見於第三所作有愛味貪於第四所作有世間種種樂欲貪愛如是四種所對治法如其次第亦有四種修習對治一於无常修習苦想二於衆苦修无我想三於飲食修厭逆想四於一切世間修不可樂想又於遠離閑居方便作意位中當知略有四種所治何等為四一於奢摩他毗鉢舍那品有闇昧心二於諸定有隨愛味三於生有隨動相心四推後後日顧待餘時隨不死尋不能熾燃勤修方便如是四種所對治法當知亦有四種修習對治一修光明想二修離欲想三修滅想四修死想又不淨想略有二種一思擇力攝二修習力攝思擇力攝不淨想中當知五法為所對治何等為五一親近母邑二處顯失念三居隱放逸四通處隱顯由串習力五雖勤方便修習不

淨而作意錯乱謂不觀不淨隨淨相轉如是名為作意錯乱修習力攝不淨想中當知七法為所對治何等為七謂本所作事心散乱性本所作事趣作用性方便作意不善巧性由不恭敬勤請問故又由不能守根門故雖處空閑猶有種種染汙尋思擾乱其心又於飲食不知量故身不調適又為尋思所擾乱故不樂遠離内心寂靜奢摩他定又由彼身不調適故不能善修毗鉢舍那不能如實觀察諸法如是一切所對治法當知揔說一門十二一門十四又即如是所對治法能治白法還有尒所於修二種不淨想中當知多有所作又於无常所修苦想略有六種所對治法何等為六一於未生善法冣初應生而有嬾惰二於巳生善法應住不忘修習圓滿倍令增廣所有懈怠三於恭敬師長往請問中不恒相續四於恒修善法常隨師轉遠離淨信五由遠離淨信不能常修六於内放逸由放逸故於常修習諸善法中不恒隨轉如

是六種所對治法還有六法能為對治多有所作與此相違應知其相又光明想緣多光明以為境界如三摩呬多地中已說今此義中意辯緣法光明以為境界修光明想謂如所聞已得究竟不忘念法名法光明與彼俱行彼相應想應知名光明想何以故真實能令心闇昧者謂方便修止觀品時於諸法中所有忘念與此相違當知即是光明又第一義思所成慧及修所成慧俱光明想有十一法為所對治云何十一謂思所成慧俱光明想有四法修所成慧俱光明想有七法如是所治合有十一思所成慧俱光明想有四法者一不善觀察故不善決定故於所思惟有疑隨逐二住於夜分嬾惰懈怠故多習睡眠故虛度時分三住於晝分習近邪惡食故身不調柔不能隨順諦觀諸法四與在家出家共相雜住於隨所聞所究竟法不能如理作意思惟如是疑隨逐故障㝵能遣疑因緣故此四種法是思所成慧俱光明想之所對

治令思所成者智若見不得清淨何等名為修所成慧俱光明想所治七法一依舉相修極勇精進所對治法二依止相修極劣精進所對治法三依捨相修貪著定味與愛俱行所有喜悅四於般涅槃心懷恐怖與瞋恚俱其心怯弱二所治法五即依如是方便作意於法精勤論議決擇於立破門多生言論相續不捨此於寂靜正思惟時能為障导六於色聲香味觸中不如正理執取相好不正尋思令心散乱七於不應思處強攝其心思擇諸法如是七種是修所成慧俱光明想所對治法極能障导修所成慧俱光明想令修所成若知若見不清淨轉此所治法還有十一與此相違能對治法能斷於彼當知亦令思修所成若知若見清淨而轉又正方便修諸想者有能斷滅所治法欲又於所治現行法中心不染著速令斷滅又能多住能對治法斷滅一切所對治法如是三法隨逐一切對治此故名多所作如是名為修習對治

修對治當知即是修習瑜伽此第五支修習對治廣聖教義當知唯有如是十相除此更无若過若增

云何世間一切種清淨當知略有三種一得三摩地二三摩地圓滿三三摩地自在此中寂初有二十種得三摩地所對治法能令不得勝三摩地何等二十一有不樂斷同梵行者為伴過失二伴雖有德然能宣說修定方便師有過失謂顛倒說修定方便三師雖有德然於所說修定方便其能聽者欲樂羸劣心散乱故不能領受過失四其能聽者雖有樂欲屬耳而聽然闇鈍故覺慧劣故不能領受過失五雖有智德然是愛行多求利養恭敬過失六多分憂愁難養難滿不知喜足過失七即由如是增上力故多諸事務過失八雖无此失然有懈怠嬾惰故棄捨加行過失九雖無此失然有為他種種障导生起過失十雖無此失然有於寒熱等皆不能堪忍過失十一雖無此失然有憍慢過故不能領受教誨過失十二雖無

此失然有於教顛倒思惟過失十三雖無此失然於所受教有忘念過失十四雖无此失然有在家出家雜住過失十五雖无此失然有受用五失相應卧具過失五失相應卧具應知如聲聞地當說十六雖无此失然於遠離處不守護諸根故有不正尋思過失十七雖無此失然由食不平等故有身沉重无所堪能過失十八雖无此失然性多睡眠有多睡眠隨煩惱現行過失十九雖无此失然不先修行奢摩他品故於內心寂止遠離中有不欣樂過失二十雖无此失然先不修行毗鉢舍那品故於增上慧法毗鉢舍那如實觀中有不欣樂過失如是二十種法是奢摩他毗鉢舍那品證得心一境性之所對治又此二十種所對治法略由四相於所生起三摩地中堪能為障何等為四一於三摩地方便不善巧故二於一切修定方便全無加行故三顛倒加行故四加行緩縵故此三摩地所對治法有二十種白法對治與此相違應

知其相由此能斷所對治法多所作故疾疾能得正住其心證三摩地又得此三摩地當知即是得初靜慮近分定未至位所攝又此得三摩地相違法及得三摩地隨順法廣聖教義當知唯有此二十種除此更無若過若增由此因緣依初世間一切種清淨於此正法補特伽羅得三摩地已善宣說已善開示

復次如是已得三摩地者於此少小殊勝定中不生喜足於勝三摩地圓滿更起求願又即於彼見勝功德又由求願見勝功德為求彼故勇猛精進策勵而住又彼於色相應愛味俱行煩惱非能一切皆永斷故名非得勝又非於彼諸善法中皆勤修故名他所勝又於廣大淨天生處无有沉沒又彼无能陵蔑於己下劣信解增上力故又彼如是心無沉沒於定所緣境界法中即先所得止舉捨相無間殷重方便修故隨順而轉又彼如是隨法相轉數入數出為欲證得速疾通慧依定圓滿樂聞正法故於時

時中慇懃請問又依如是三摩地圓滿故於正方便根本定攝內心奢摩他證得遠離愛樂又證得法毗鉢舍那如是觀察熾然明淨所有愛樂當知齊此已能證入根本靜慮如是名為三摩地圓滿又此三摩地圓滿廣聖教義當知惟有如是十相除此更无若過若增

復次雖已證得根本三摩地故名三摩地圓滿其心猶為三摩地生愛味慢見疑无明等諸隨煩惱之所染汙未名圓滿清淨鮮白為令如是諸隨煩惱不現行故為練心故為調心故彼作是思我應當證心自在性定自在性於四處所以二十二相應善觀察謂自捨受下劣形相威儀衆具又自捨受禁制尸羅又自捨受精勤無間修習善法若有為斷一切苦惱受此三處應正觀察衆苦隨逐由剃除鬚髮故捨俗形好故著壞色衣故應自觀察形色異人如是名為觀察捨受下劣形相於行住坐卧語默等中不隨欲行制伏憍慢隨趣他家審正

觀察遊行乞食如是名為觀察捨受下劣威儀又正觀察從他獲得无所畜積諸供身具如是名為觀察捨受下劣衆具由此五相當知是名初處觀察又善說法毗奈耶中諸出家者所受尸羅略捨二事之所顯現一者棄捨父母妻子奴婢僕使朋友眷屬財穀珍寶等所顯二者棄捨歌舞倡伎笑戲歡娛遊從諱逸親愛聚會種種世事之所顯現又彼安住尸羅律儀不由犯戒私自懇責亦不為彼同梵行者以法呵擯有犯尸羅而不輕舉若於尸羅有所毀犯由此因緣便自懇責若同梵行以法呵擯即便如法而自悔除於能舉罪同梵行者心无恚恨無損无惱而自修治由此五相是名於第二處觀察如是尸羅善圓滿已應以五相精勤方便修諸善品謂時時間諮受讀誦論量決擇勤修善品如是乃應受他信施又樂遠離以正方便修諸作意又復晝夜於退分勝分二法知斷修習又於生死見大過失又於涅槃見勝功德由此

五相是名第三處觀察如是精勤修
善品者略為四苦之所隨逐謂於四
沙門果未能隨有所證故猶為惡趣
苦所隨逐體是生老病死法故為內
壞苦之所隨逐一切所愛離別法故
為愛壞苦之所隨逐自業所作故一
切苦因之所隨逐彼為如是四苦隨
逐應以七相審正觀察由此七相是
名第四處觀察彼於如是四處以三
十二相正觀察時便生如是如理作
意謂我為求如是事故擔受下劣形
相威儀及資身具誓受禁戒誓受精
勤常修善法而我今者於四種苦為
脫何等若我如是自策自勵誓受三
處猶為四苦常所隨逐未得解脫我
今不應為苦隨逐未於勝定獲得自
在中路止息或復退屈如是精勤如
理行意乃得名為出家之想及沙門
想彼於圓滿修多方便以為依止由
世間道證得三摩地圓滿故於煩惱
斷猶未證得復依樂斷常勤修習又
彼已得善世間道數數為得三摩地
自在故依止樂修无間而轉又於正

信長者居士婆羅門等獲得種種利
養恭敬而不依此利養恭敬而生貪
著亦不於他利養恭敬及餘不信婆
羅門等對面背面諸不可意身業語
業現行事中心生憤恚又復於彼无
損害心又愛慢見无明疑惑種種定
中諸隨煩惱不復現行善守念住又
非證得勝奢摩他即以如是奢摩他
故謂已一切所作已辦亦不向他說
已所證彼由如是樂斷樂修心无貪
恚正念現前離增上慢於諸衣服隨
宜獲得便生喜足如於衣服於餘飲
食卧具等喜足當知亦尒又正了知
而為受用謂如是等諸資生具但為
治身令不敗壞暫止飢渴攝受梵行
廣說乃至於食知量彼由如是正修
行故於三摩地獲得自在依止彼故
其心清白无有瑕穢離隨煩惱廣說
乃至獲得不動能引一切勝神通慧
是名三摩地自在此三摩地自在廣
義當知唯有如所說相除此更無若
過若增又先所說得三摩地若中所
說三摩地圓滿及今所說三摩地自

在揔名无上世間一切種清淨當知
此清淨唯在正法非諸外道
云何出世間一切種清淨當知略有
五種何等為五一入聖諦現觀二入
聖諦現觀已離諸障㝵三入聖諦現
觀已為欲證得速疾通慧作意思惟
諸歡喜事四修習如所得道五證得
極清淨道及果功德
云何入聖諦現觀謂有如來諸弟子
衆已善修習世間清淨知長夜中由
妙五欲積集其心食所持故長養其
心於彼諸欲生愛樂故而於諸欲深
見過患於上勝境見寂靜德彼於戲
論界易可安住謂於世間一切種清
淨於無戲論界難可安住謂於出世
間一切種清淨是故於彼厭惡而住
非不厭惡又此住正法者於无戲論
涅槃界中心樂安住樂欲證得由聞
沙門果證增上力故於已雜染相應
心生厭患於已清淨不相應心生厭
患於已雜染相應過患心生厭患於
已應淨不相應過患心生厭患於已
清淨見難成辦心生厭患此中略有

三種雜染相應一未調未順而死雜染相應二死已當墮煩惱大坑雜染相應三由彼煩惱自在力故現行種種惡不善業往有怖處雜染相應彼觀已身闕沙門果證由彼闕故與三種雜染相應如是觀已心生厭患當知清淨不相應亦有三種一諸煩惱斷究竟涅槃名無怖處二能證此證依增上心學善心三摩地三能證此於增上慧學正見所攝微妙聖道彼觀已身與此三種清淨不相應故心生厭患當知雜染相應道患亦有三種一老病死皆根本之生二自性皆生无暇處三一切生无常性彼觀已身有此三種雜染相應過患心生厭患當知清淨不相應過患有五種一於邊地生未能止息二於惡道生未能止息三於在家衆諸无閒業未能偃塞四於出家衆无量見趣未不相應五雖由世閒道乃至有頂若定若生而於無初後際生死流轉未作邊際彼觀自身有此五種清淨不相應過患心生厭患於已清淨見難成辦

當知亦有五種一若捨不為不能自作故二於所餘事非請他為能成辦故三決定應作故由於自心未令清淨必於衆皆不得解脫成吉祥性四非於惡業現在不作即說彼為已作清淨即名已得於現見法永離熾燃无對治道先所造作惡不善業必不壞故五由彼清淨學无學道證得所顯故彼觀清淨由此五相難可成辦心生厭患又復發起堅固精進為欲證得彼由觀見雜染清淨相應不相應故心生厭患又由觀見雜染清淨相應不相應過患故心生怖畏又於清淨證得及雜染斷滅中有嬾惰懈怠故心便遮止又由作意思惟彼相故以生猒患即於此相多所作故心極厭患如厭患極厭患怖畏極怖畏遮止極遮止當知亦尒如是彼以由厭俱行想於五處所以二十種相作意思惟故名善修治復有五因二十種相之所攝受令於愛盡寂滅涅槃速疾多住心無退轉亦无憂慮謂我我今者為何所在何等五因一由通達

作意故謂由如是通達作意无閒必能趣入正性離生入諦現觀證聖智見二由所依故謂由依此所依無閒必能趣入正性離生餘如前說三由入境界門故謂由緣此入境界門必能趣入正性離生餘如前說四由攝受資糧故謂由此攝受資糧必能趣入正性離生餘如前說五由攝受方便故謂由攝受如是方便必能趣入正性離生乃至廣說如是五因當知依諦現觀逆次因說非順次因依寂勝因如先說事逆次說故謂於空無願无相加行中於隨入作意微細現行有閒无閒隨轉我慢俱行心相能障現觀作意正通達故既通達已於作意俱行心任運轉中能善棄捨令无閒滅依無閒滅心由新所起作意以無常等行如實思惟由此作意修習多修習故所緣能緣平等平等智生彼於尒時能障現觀我慢亂心便永斷滅證得心一境性便自思惟我已證得心一境性如實了知當知是名由通達作意故入諦現觀又若先

以世間道得三摩地亦得圓滿亦得自在彼或於入三摩地相謂由此故入三摩地或於住三摩地相謂由此故住三摩地或於出三摩地相謂由此故出三摩地於此諸相作意思惟安住其心入諦現觀若得三摩地而未圓滿亦未自在彼或思惟止相或思惟舉相或思惟捨相安住其心入諦現觀如是當知由所依故其心安住又有二法於修現觀極為障㝵何等為二一不正尋思所作擾亂心不安靜二於所知事其心顛倒為欲對治如是障㝵當知有二種於所緣境安住其心謂為對治第一障故修阿那波那念為對治第二障故修諸念住如是當知由入境界門故其心安住又於妙五欲樂習近者於聖法毗柰耶非所行處若於隨宜所得衣服飲食諸坐卧具便生喜足隨所獲得利養恭敬制伏其心謂依妙五欲不由所得利養恭敬心便堅住由此因緣遠離一切非所行處既遠離已依諸念住樂斷樂修於晝夜分時時觀

察自他所有衰盛等事心生厭患又復修習佛隨念等令心清妙又復安住諸聖種中如是當知由資糧故其心安住此依最勝資糧道說又彼如是資糧住已為修相應作意加行故有二種加行方便何等為二一自於契經阿毗達磨讀誦受持修正作意於蘊等事令極善巧二依他師教所謂大師鄔波柁耶阿遮利耶於時時間教授教誡攝受依止又正加行作意思惟當知是名第三方便此正加行作意思惟名正加行此中義者謂尸羅淨所有作意名正加行作意思惟彼自思惟尸羅清淨故无悔惱无悔惱故便生歡喜廣說乃至心入正定是故宣說此正加行作意思惟名心住方便由如是方便故心遠安住彼於尒時由此五因二十種相攝持其心於愛盡寂滅涅槃界中令善安住无復退轉心无驚怖謂我我今者何所在耶當於如是心安住時應知已名入諦現觀如是名入聖諦現觀又此聖諦現觀義廣說應知謂心厭

患相有二十種心安住相亦二十種除此更无若過若增

云何入聖諦現觀已離諸障㝵當知此障略有二種一行處障二住處障行處障者謂如聖弟子或與衆同居隨其生起僧所作事棄捨善品數與衆會或復安住常乞食法而愛重飲食或兼二處好樂營為衣鉢等事或為讀誦經典而好樂談話或居夜分而樂著睡眠或居晝分樂王賊等雜染言論或於是處有親戚交遊談謔等住而於是處不樂遠離謂長夜數習與彼共居增上力故或復樂與第二共住諸如是等名行處障住處障者謂處空閑修奢摩他毗鉢舍那趣名為住依奢摩他毗鉢舍那當知復有四種障㝵一毗鉢舍那支不隨順性二奢摩他支不隨順性三彼俱品念不隨順性四處所不隨順性若謂已聰明而生高舉不從他聞順觀正法是名毗鉢舍那支不隨順性若不安靜身語意行躁動輕舉數犯尸羅生憂悔等乃至不得心善安住當知

是名奢摩他支不隨順性若有忘念增上力故於沉掉等諸煩惱心不遮護當知是名彼俱品念不隨順性若有習近五失相應諸坐卧具當知是名處所不順隨性或於晝分多諸諠逸於夜分中多蚊虻等衆蛇所觸又多怖畏多諸災厲衆具匱乏不可愛樂惡友攝持無諸善友諸如是等名住處障又此二障當知總有二種因緣能為遠離一多諸定樂二多諸思擇多諸定樂應知略有六種謂若有已得三摩地而未圓滿未得自在彼應修習止舉捨三種善巧由此發生多諸定樂若有於三摩地已得圓滿亦得自在彼應修習入住出定三種善巧由此發生多諸定樂云何名為多諸思擇謂勝善慧名為思擇由此慧故於晝夜分自己所有善法增長如實了知不善法增長如實了知善法衰退如實了知不善法衰退如實了知又彼如於晝夜若行若住習近衣服飲食命緣由習近故不善法增長善法衰退或善法增長不善法衰退皆如實了知即此思擇為依止故於所生起諸不善法由不堅著方便道理駈擯遠離於諸善法能勤修習如是二處十種善巧於二處所十一種障能令斷滅隨所生起即便遠離如是名為遠離障导又此遠離障导義廣說應知如所說相除此更无若過若增

云何入聖諦現觀已為欲證得速疾通慧作意思惟諸歡喜事謂聖弟子已見聖諦已得證淨即以證淨為依止故於佛法僧勝功德田作意思惟發生歡喜又依自增上生事及決定勝事謂已身財寳所護威事作意思惟發生歡喜又依无嫉如於自身於他亦尒又依知恩謂有恩者念大師恩作意思惟發生歡喜由依彼故遠離衆苦及與此因引發眾樂及與樂因如是思惟隨順修道歡喜事故便能證得速疾通慧又此思惟隨順修道歡喜事義廣說應知如所說相除此更无若過若增

云何修習如所得道謂彼如是所生廣大无罪歡喜溉灌其心為趣究竟於現法中心極思慕彼由如是心生思慕出離樂欲數數現行謂我何當能具足住如是聖處如阿羅漢所具足住如是欲樂生已發勤精進无間常委於三十七菩提分法方便勤修又彼如是勤精進故不與在家出家衆相雜住習近邊際諸坐卧具心樂遠離又彼如是發生欲樂發勤精進樂遠離已不生喜足謂於少分殊勝所證心无喜足於諸善法轉上轉勝轉微妙處悕求而住由此四法攝受修道極善攝受即此四種修道為依如先所說諸歡喜事所生歡喜彼於尒時修得圓滿寂極損減方便道理煩惱斷故獲得殊勝所證法故亦令喜悅修得圓滿又修所斷惑品麁重已遠離故獲得輕安輕安故生身心清涼極所攝受如是二種修得圓滿又此有學金剛喻定到究竟故修得圓滿是名修習如所得道又此修習如所得道義廣說應知謂四種法為依止故能令五法修習圓滿除此更无若

過若增

云何證得極清淨道及果功德謂於三位樂位苦位不苦不樂位為諸煩惱之所隨眠有二種補特伽羅多分所顯一者異生二者有學又有二種能發起雜染品一者取雜染品二者行雜染品即為斷此二雜染品入善說法毗柰耶時能為障㝵所有煩惱此諸煩惱能為隨眠深遠入心又能發生種種諸苦若能於此无餘永斷名為證得極淨道果又十無學支所攝五无學蘊所謂戒蘊定蘊慧蘊解脫蘊解脫知見蘊名極清淨道又由證得此極淨道離十過失住聖所住云何名為十種過失所謂依外諸欲所有愁歎憂苦種種惱亂苦苦相應過失又有依內不護諸根過失由不護諸根故生愁歎等又有愛味樂住過失又有行住放逸過失又有外道不共即彼各別邪見所起語言尋思追求三種過失又有依靜慮邊際過失又有緣起所攝發起取雜染品過失又有發起行雜染品過失若於如

是十種過失永不相應惟有寂後身所任持第二餘身畢竟不起於寂寂靜涅槃界中究竟安住一切有情乃至上生第一有者於彼一切所有有情得為㝡勝是故說名住聖所住以能遠離十種過失又能安住聖所住處故名功德又若彼果若極淨道若彼功德如是一切摠略說名證得極清淨道及果功德又此證得極清淨道及果功德義廣說應知如所說相除此更无若過若增若得如是㝡上无學諸聖法者如是聖法相應之心於妙五欲極為厭背無異熟故後更不續若世間心雖復已斷猶得現行彼於後時任運而滅又煩惱道後有業道於現法中已永斷絕由彼絕故當來苦道更不復轉由此因果永滅盡故即名苦邊更无所餘無上无勝此中若入聖諦現觀若離障㝵若為證得速疾通慧作意思惟諸歡喜事若修習如所得道若證得極清淨道及果功德如是名為出世間一切種清淨又此出世間一切種清淨義廣說

應知如所說相除此更无若過若增如是若先所說世間一切種清淨若此所說出世間一切種清淨摠略為一說名修果如是如先所說若修處所若修因緣若修瑜伽若修果一切摠說為修所成地

瑜伽師地論卷第二十

瑜伽師地論卷第二十

校勘記

一　底本，金藏廣勝寺本。五二七頁中至五三二頁上及五三六頁下共十六版，原版殘缺或漫漶，以麗藏本換。

一　五二八頁上四行「記別」，磧、南、徑、清作「記莂」。

一 五二八頁下三行第一一字「得」，資、磧、普、南、徑、清無。

一 五二九頁中三行第三字「依」，資、磧、普、南、徑、清作「初」。

一 五二九頁中五行第四字「彼」，石作「法」。

一 五二九頁中一一行及一二行「修集」，徑、清作「修習」。

一 五二九頁中一八行「十十」，資、磧、普、南、徑、清作「十」。

一 五二九頁下末行第三字「及」，磧、普、南、徑、清作「又」。

一 五三〇頁上二行第四字「審」，資、磧、普、南、徑、清作「觀」。

一 五三〇頁上三行第二字「此」，資、磧、普、南、徑、清無。

一 五三一頁上六行首字「喜」，資、磧、普、南、徑、清作「勇」。

一 五三一頁下二行第五字「然」，資、磧、普、南、徑、清作「然有」。

一 五三一頁下末行「白法」，資、磧作「自法」。

一 五三二頁中四行「受樂」，諸本作「愛樂」。

一 五三三頁上九行末字「三」，諸本作「二」。

一 五三三頁上一八行「行意」，諸本作「作意」。

一 五三三頁中六行第一〇字「疑」，磧作「投」。

一 五三三頁下二行「應淨」，諸本作「清淨」。

一 五三四頁上八行「謂此證」，諸本作「證此謂」。

一 五三四頁上一二行「道患」，諸本作「過患」。

一 五三四頁上一四行「一切」，石、麗作「一切處」。

一 五三四頁中一四行第五字「及」，清作「又」。

一 五三四頁中一六行「以生」，麗作「心生」。

一 五三四頁中末行末字「達」，石作「進」。

一 五三五頁中二行「清妙」，麗作「清淨」。

一 五三五頁中八行第一一字「他」，麗作「地」。

一 五三五頁中二二行「現觀」，資、磧、普、南、徑、清作「現諦」。

一 五三五頁下一四行第七字「等」，石作「第」。

一 五三五頁下一六行第三字「住」，石作「住處」。

一 五三六頁上二行第九字「諸」，諸本作「諸隨」。

一 五三六頁上五行「順隨」，石作「隨順」。

一 五三六頁下一四行第八字「生」，清作「作」。

一 五三六頁下一五行第二字「得」，資、磧、普、南、徑、清無。

一 五三七頁下末行經名後，石有偈言「願以此功德 普及於一切 我等與衆生 皆共成佛道」。

瑜伽師地論卷第二十一　聽

弥勒菩薩說

三藏法師玄奘奉　詔譯

本地分中聲聞地第十三初瑜伽處種姓地第一

如是已說修所成地云何聲聞地一切聲聞地摠嗢柁南曰

若略說此地　姓等數取趣　如應而安立
世間出世間　此地略有三　謂種姓趣入
及出離想地　是說為聲聞

云何種姓地謂嗢柁南曰

若略說一切　種姓地應知　謂自性安立
諸相數取趣

謂若種姓　自性若種姓安立若住種姓者所有諸相若住種姓補特伽羅如是一切揔略為一名種姓地

云何種姓謂住種姓補特伽羅有種子法由現有故安住種姓補特伽羅若遇勝緣便有堪任便有勢力於其涅槃能得能證問此種姓名有何差別荅或名種子或名為界或名為性是名差別問今此種姓以何為體荅附在所依有如是相六處所攝從無

始世展轉傳來法尒所得於此立有差別之名所謂種姓種子界性是名種姓

云何種姓安立謂應問言今此種姓為當言細為當言麤應荅言細何以故由此種姓未能與果未習成果故名為細若已與果已習成果尒時種姓若種若果俱說名麤問如是種姓當言墮一相續多相續荅當言墮一相續所以者何若法異相俱有而轉見彼各別種種相續種種流轉如是種子非於六處有別異相即於如是種類分位六處殊勝從無始世展轉傳來法尒所得有如是想及以言說謂為種姓種子界性是故當言墮一相續問若住種姓補特伽羅有涅槃法此住種姓有涅槃法補特伽羅何因緣故有涅槃法而前際來長時流轉不般涅槃荅四因緣故不般涅槃何等為四一生無暇故二放逸過故三邪解行故四有障過故云何生無暇謂如有一生於邊國及以達須蔑戾車中四衆賢良正至善士不往

遊涉是名生無暇云何放逸過謂如有一雖生中國或非達須非蔑戾車四衆賢良正至善士皆往遊涉而生貴家財寶具足於諸妙欲耽著受用不見過患不知出離是名放逸過云何邪解行謂如有一雖生中國乃至廣説而有外道種種惡見謂起如是見立如是論無有施與廣説乃至我自了知無諸後有復由如是外道見故不值諸佛出現世間無諸善友説正法者是名邪解行云何有障過謂如有一雖生中國廣説如前亦值諸佛出現於世遇諸善友説正法者而性愚鈍頑騃無知又復瘖瘂以手代言無力能了善説惡説所有法義或復造作諸無間業或復長時起諸煩惱是名有障過如是名為四種因緣由此因緣故雖般涅槃法而不般涅槃彼若值遇諸佛出世聽聞正法獲得隨順教授教誡無彼因緣尒時方能善根成熟漸次乃至得般涅槃無涅槃法補特伽羅住決定聚彼若遇緣若不遇緣逈一切種畢竟不能得般

涅槃問何等名為涅槃法緣而言闕故無故不會遇故不般涅槃荅有二種緣何等為二一勝二劣

云何勝緣謂正法增上他音及內如理作意云何劣緣謂此劣緣乃有多種謂若自圓滿若他圓滿若善法欲若正出家若戒律儀若根律儀若於食知量若初夜後夜常勤修習悎寤瑜伽若正知而住若樂遠離若清淨諸蓋若依三摩地云何自圓滿謂善得人身生於聖處諸根無缺勝處淨信離諸業障云何名為善得人身謂如有一生人同分得丈夫身男根成就或得女身如是名為善得人身云何名為生於聖處謂如有一生於中國廣説如前乃至善士皆往遊涉如是名為生於聖處云何名為諸根無缺謂如有一性不愚鈍亦不頑騃又不瘖瘂乃至廣説支節無減彼由如是支節無缺耳無缺等能於善品精勤修集如是名為諸根無缺云何名為勝處淨信謂如有一於諸如來正覺所説法毗柰耶得淨信心如是名

為勝處淨信言勝處者謂諸如來正覺所説法毗柰耶能生一切世出世間白淨法故此中所起前行增上諸清淨信名勝處淨信能除一切所有煩惱垢穢濁故云何名為離諸業障謂能遠離五無間業所謂於彼害母害父害阿羅漢破和合僧於如來所惡心出血隨一所有無間業障於現法中不作不行如是名為離諸業障若有於此五無間業造作增長於現法中竟不能轉得般涅槃生起聖道故約彼説離諸業障唯由如是五種支分自體圓滿是故説此名自圓滿云何他圓滿謂諸佛出世説正法教法教久住法住隨轉他所哀愍云何名為諸佛出世謂如有一普於一切諸有情類起善利益增上意樂修習多千難行苦行經三大劫阿僧企耶積集廣大福德智慧二種資糧獲得最後上妙之身安坐無上勝菩提座斷除五蓋於四念住善住其心修三十七菩提分法現證無上正等菩提如是名為諸佛出世過去未來現在

諸佛皆由如是名為出世云何名為說正法教謂即如是諸佛世尊出現於世哀愍一切諸聲聞故依四聖諦宣說真實苦集滅道無量法教所謂契經應頌記別諷誦自說因緣譬喻本事本生方廣希法論議如是名為說正法教諸佛世尊及聖弟子一切正士皆乘此法而得出離然後為他宣說稱讚是故說此名為正法宣說此故名正法教云何名為法教久住謂說正法已轉法輪已乃至世尊壽量久住及涅槃後經尒所時正行未滅正法未隱如是名為正法久住如是久住當知說彼勝義正法住證道理云何名為法住隨轉謂即如是證正法者了知有力能證如是正法衆生即如所證隨轉隨順教授教誡如是名為法住隨轉云何名為他所哀愍他謂施主彼於行者起哀愍心惠施隨順淨命資具所謂如法衣服飲食諸坐臥具病緣醫藥如是名為他所哀愍云何善法欲謂如有一或從佛所或弟子所聞正法已獲得淨信

得淨信已應如是學在家煩擾若居塵宇出家閑曠猶處虛空是故我今應捨一切妻子眷屬財穀珍寶於善說法毗奈耶中正捨家法趣於非家既出家已勤修正行令得圓滿於善法中生如是欲名善法欲云何正出家謂即由此勝善法欲增上力故白四羯磨受具足戒或受勞策所學尸羅是名正出家云何戒律儀謂彼如是正出家已安住具戒堅牢防護別解律儀軌則所行皆得圓滿於微小罪見大怖畏受學一切所有學處是名戒律儀云何根律儀謂即依此尸羅律儀守護正念修常委念以念防心行平等位眼見色已而不取相不取隨好恐依是處由不修習眼根律儀防護而住其心漏泄所有貪憂惡不善法故即於彼修律儀行防護眼根依於眼根修律儀行如是行者耳聞聲已鼻齅香已舌嘗味已身覺觸已意了法已而不取相不取隨好恐依是處由不修習意根律儀防護而住其心漏泄所有貪憂惡不善法故

即於彼修律儀行防護意根依於意根修律儀行是名根律儀云何於食知量謂彼如是守諸根已以正思擇食於所食不為倡蕩不為憍逸不為飾好不為端嚴食於所食然食所食為身安住為暫支持為除飢渴為攝梵行為斷故受為令新受當不更生為當存養力樂無罪安隱而住如是名為於食知量云何初夜後夜常勤修習悎寤瑜伽謂彼如是食知量已於晝日分經行宴坐二種威儀從順障法淨修其心於初夜分經行宴坐二種威儀從順障法淨修其心過此分已出住處外洗濯其足右脇而卧重累其足住光明想正念正知思惟起想於夜後分速疾悎寤經行宴坐二種威儀從順障法淨修其心如是名為初夜後夜常勤修習悎寤瑜伽云何正知而住謂彼如是常勤修習悎寤瑜伽已若往若來正知而住若覩若瞻正知而住若屈若申正知而住持僧伽胝及以衣鉢正知而住若食若飲若噉若嘗正知而住若行若

住若坐若卧正知而住於惛寤時正知而住若語若默正知而住如解勞睡時正知而住如是名為正知而住云何樂遠離謂由如是所修善法無倒修治初業地已遠離一切卧具貪著住阿練若樹下空室山谷峯穴草積迥露塜間林藪虛曠平野邊際卧具是名樂遠離云何清淨諸蓋謂彼如是住阿練若或復樹下或空室等於五種蓋淨修其心所謂貪欲瞋恚惛沉睡眠掉舉惡作及以疑蓋從彼諸蓋淨修心已心離諸蓋安住賢善勝三摩地如是名為清淨諸蓋云何依三摩地謂彼如是斷五蓋已便能遠離心隨煩惱遠離諸欲惡不善法有尋有伺離生喜樂入初靜慮具足安住尋伺寂靜於內等淨心一趣性無尋無伺定生喜樂第二靜慮具足安住遠離喜貪安住捨念及以正知身領受樂聖所宣說捨念具足安樂而住第三靜慮具足安住究竟斷樂先斷於苦喜憂俱沒不苦不樂捨念清淨第四靜慮具足安住如是名為

依三摩地彼由如是漸次修行後後轉勝轉增轉上修集諸緣初自圓滿依三摩地以為最後得如是心清淨鮮白無諸瑕穢離隨煩惱質直堪能安住無動若復獲得依四聖諦為令遍知永斷作證修習他音教授教誡便有如是堪能勢力發生如理所引作意及彼為先所有正見由此便能於四聖諦入真現觀圓滿解脫於無餘依般涅槃界而般涅槃當知此中始從正見圓滿解脫於無餘依般涅槃界而般涅槃是名種性真實修集從自圓滿乃至最後依三摩地當知是名修集劣緣若依四諦法教增上所有教授教誡他音若如正理所引作意當知是名修集勝緣如是名為種性安立云何住種性者所有諸相謂與一切無涅槃法補特伽羅諸相相違當知即名安住種性補特伽羅所有諸相問何等名為無涅槃法補特伽羅所有諸相成就彼故應知說名無涅槃法補特伽羅答無涅槃法補特伽羅有衆多相我今當說彼相

少分謂彼最初不住種性無涅槃法補特伽羅阿賴耶愛遍一切種皆悉隨縛附屬所依成無量法不可傾拔久遠隨逐畢竟堅固依附相續一切諸佛所不能救是名第一不住種性補特伽羅無種姓相復有所餘不住種姓補特伽羅無種姓相謂彼聽聞以無量門呵毀生死衆多過失又復聽聞以無量門稱讚涅槃衆多功德而於生死不見少分戲論過失不見少分所有過患亦復不能少分猒離如是見猒於過去世不能已生於未來世不能當生於現在世不能正生又於愛盡寂滅涅槃不見少分下劣功德不見少分所有勝利亦復不能少分欣樂如是見樂於過去世不能已生於未來世不能當生於現在世不能正生是名第二不住種性補特伽羅無種姓相復有所餘不住種姓補特伽羅無種姓相謂彼本性成就上品無慚無愧由是因緣無有猒惡心無怯畏以歡喜心現行衆惡由是因緣未嘗追悔惟觀現法由是因緣

自身財寶衰退過患是名第三不住種姓補特伽羅無種姓相復有所餘不住種姓補特伽羅無種姓相謂一切種圓滿分明稱當道理美妙殊勝易可解了或依苦諦或依集諦或依滅諦或依道諦宣說開示正法教時不能獲得微小發心微小信解況能獲得身毛為竪悲泣墮淚如是亦依過去未來現在世別是名第四不住種姓補特伽羅無種姓相復有所餘不住種姓補特伽羅無種姓相謂彼或時於善說法毗奈耶中覔得出家或為國王所逼迫故或為狂賊所逼迫故或為債主所逼迫故或為怖畏所逼迫故或不活畏所逼迫故非為自調伏非為自寂靜非為自涅槃非為沙門性非為婆羅門性而求出家既出家已樂與在家及出家衆共諠雜住或發邪願修諸梵行謂求生天或餘天處或樂退捨所學禁戒或犯尸羅內懷朽敗外現貞實如水所生雜穢蝸牛螺音狗行實非沙門自稱沙門非行梵行自稱梵行如是亦依

過去未來現在世別當知如是不住種姓補特伽羅假相出家非不樂學補特伽羅名真出家受具足戒成苾芻性由此異門由此意趣義顯於彼本非出家唯有住持出家相狀墮出家數是名第五不住種姓補特伽羅無種姓相復有所餘不住種姓補特伽羅無種姓相謂彼少有所作善業或由於身或語或意一切皆為希求諸有或求當來殊勝後有或求財寶或求殊勝所有財寶是名第六不住種姓補特伽羅無種姓相如是等類有衆多相成就彼故墮在不般涅槃法數

云何安住種姓補特伽羅謂住種姓補特伽羅或有唯住種姓而未趣入亦未出離或有安住種姓亦已趣入而未出離或有安住種姓亦已趣入及已出離或有軟根或有中根或有利根或有貪行或有瞋行或有癡行或生無暇或生有暇或有縱逸或無縱逸或有邪行或無邪行或有障㝵或無障㝵或遠或近或未成熟或已

成熟或未清淨或已清淨云何名為安住種姓補特伽羅唯住種姓而未趣入亦未出離謂如有一補特伽羅成就出世聖法種子而未獲得親近善士聽聞正法未於如來正覺正說法毗奈耶獲得正信未受持淨戒未攝受多聞未增長慧捨未調柔諸見如是名為唯住種姓而未趣入亦未出離補特伽羅云何名為安住種姓亦已趣入而未出離補特伽羅謂前所說所有黑品相違白品當知即名安住種姓亦已趣入補特伽羅而差別者謂猶未得所有聖道及聖道果煩惱離繫云何名為安住種姓亦已趣入及已出離補特伽羅謂如前說而差別者已得聖道及聖道果煩惱離繫云何軟根補特伽羅謂有如是補特伽羅於所知事所緣境界所有諸根極遲運轉微劣運轉或聞所成或思所成或修所成作意相應謂或信根或精進根或復念根或復定根或復慧根無有堪能無有勢力通達法義速證真實是名軟根補特伽

羅云何中根補特伽羅謂有如是補特伽羅於所知事所緣境界所有諸根少遲運轉一切如前應當廣說是名中根補特伽羅云何利根補特伽羅謂有如是補特伽羅於所知事所緣境界所有諸根不遲運轉與不微劣運轉或聞所成或思所成或修所成作意相應謂或信根或精進根或復念根或復定根或復慧根有所堪能有大勢力通達法義速證真實是名利根補特伽羅云何貪行補特伽羅謂有如是補特伽羅於可愛事可染著事所緣境界有猛利貪有長時貪是名貪行補特伽羅云何瞋行補特伽羅謂有如是補特伽羅於可增事可瞋恚事所緣境界有猛利瞋有長時瞋是名瞋行補特伽羅云何癡行補特伽羅謂有如是補特伽羅於所知事所緣境界有猛利癡有長時癡是名癡行補特伽羅若生無暇若有縱逸若有邪行若有障㝵補特伽羅如是一切如前應知與此相違應知即是生於有暇無有縱逸無有

邪行無有障㝵補特伽羅云何名遠補特伽羅謂有如是補特伽羅由時遠故去涅槃遠或有復由加行遠故說名為遠云何名為由時遠故去涅槃遠謂有如是補特伽羅經多百生或多千生多百千生然後方能值遇勝緣得般涅槃云何名為加行遠故說名為遠謂有如是補特伽羅唯住種姓而未趣入不能速疾值遇勝緣得般涅槃彼於涅槃未能發起勝加行故由加行遠說名為遠不由時遠如是二種摠略為一說名為遠補特伽羅云何名近補特伽羅謂有如是補特伽羅由時近故去涅槃近或有復由加行近故說名為近云何名為由時近故去涅槃近謂有如是補特伽羅住最後生住最後有住最後身即由此身當得涅槃或即由此剎那無間於煩惱斷當得作證如是名為由時近故去涅槃近云何名為由加行近說名為近謂有如是補特伽羅安住種姓亦已趣入如是二種摠略為一說名為近補特伽羅云何未成

熟補特伽羅謂有如是補特伽羅未能獲得最後有身謂住於此能般涅槃或能趣入正性離生是名未成熟補特伽羅云何已成熟補特伽羅謂有如是補特伽羅已能獲得最後有身謂住於此能般涅槃或能趣入正性離生是名已成熟補特伽羅云何未清淨補特伽羅謂有如是補特伽羅未生聖道於聖道果煩惱離繫未能作證是名未清淨補特伽羅云何已清淨補特伽羅謂與上相違應知其相如是名為安住種姓補特伽羅所有差別為度彼故諸佛世尊出現於世謂若未趣入令其趣入若未成熟令其成熟若未清淨令其清淨轉正法輪制立學處

本地分中聲聞地第十三初瑜伽處趣入地第二

如是已說種姓地云何趣入地嗢柁南曰

若略說一切　趣入地應知　謂自性安立
諸相數取趣

謂若趣入自性若趣入安立若趣入者所有諸相若已趣入補特伽羅如

是一切捴略為一名趣入地

云何趣入自性謂安住種姓補特伽羅本性成就涅槃種子若於尒時有佛出世生於中國不生達須蔑戾車中乃至廣說初得見佛及佛弟子往詣承事從彼聞法得初正信受持淨戒攝受多聞增長惠捨調柔諸見從是已後由此法受由此因緣身滅壞已度此生已獲得六處異熟所攝殊勝諸根能作長時轉勝正信生起依止亦能與彼受持淨戒攝受多聞增長惠捨調柔諸見轉上轉勝轉復微妙為所依止復由如是轉上轉勝轉復微妙信等諸法更得其餘殊勝異熟由此異熟復得其餘隨順出世轉勝善法如是展轉互為依因互與勢力於後後生轉轉勝進乃至獲得最後有身謂住於此得般涅槃或能趣入正性離生是名趣入何以故若道若路若正行跡能得涅槃能趣涅槃彼於尒時能升能入能正行履漸次趣向至極究竟是故說此名已趣入如是名為趣入自性

云何建立趣入謂或有種姓或有趣入或有將成熟或有已成熟或有唯趣入非將成熟非已成熟或有亦趣入亦將成熟非已成熟或有亦趣入亦已成熟非將成熟或有非趣入非將成熟非已成熟云何有種姓謂如前說云何有趣入謂住種姓補特伽羅最初獲得昔所未得於諸如來正覺正說法毗奈耶所有正信受持淨戒攝受多聞增長惠捨調柔諸見是名趣入云何將成熟謂即如是已得趣入補特伽羅除所獲得最後有身謂住於此得般涅槃或能趣入正性離生從趣入後於後後生修集諸根轉上轉勝轉復微妙是名將成熟云何已成熟謂所獲得最後有身若住於此得般涅槃或能趣入正性離生是名已成熟云何唯趣入非將成熟非已成熟謂初獲得於諸如來正覺正說法毗奈耶所有正信廣說乃至調柔諸見未從此後復經一生是名唯趣入非將成熟非已成熟云何亦趣入亦將成熟非已成熟謂初獲得

於諸如來正覺正說法毗奈耶所有正信廣說乃至調柔諸見從此已後復經一生或二或多而未獲得最後有身謂住於此得般涅槃餘如前說是名亦趣入亦將成熟非已成熟云何亦趣入亦已成熟非將成熟謂即如是已得趣入補特伽羅復已獲得最後有身若住於此得般涅槃餘如前說是名亦已趣入亦已成熟非將成熟云何非已趣入非將成熟非已成熟謂即如是有涅槃法補特伽羅唯住種姓而未趣入是名非已趣入非將成熟非已成熟補特伽羅然有堪能定當趣入當得成熟復有一類補特伽羅定無堪能當得趣入當得成熟謂離種姓無涅槃法補特伽羅當知如是補特伽羅無種姓故定無堪能當得趣入及當成熟何況當能得般涅槃當知此中如是一切補特伽羅六位所攝何等為六一有堪能補特伽羅二成就下品善根補特伽羅三成就中品善根補特伽羅四成就上品善根補特伽羅五究竟方便

補特伽羅六已到究竟補特伽羅云何堪能補特伽羅謂安住種姓補特伽羅而未獲得冣初於佛正覺正說法毗柰耶所有正信廣說乃至調柔諸見是名堪能補特伽羅云何成就下品善根補特伽羅謂安住種姓補特伽羅已能獲得冣初於佛正覺正說法毗柰耶所有正信廣說乃至調柔諸見是名成就下品善根補特伽羅云何成就中品善根補特伽羅謂安住種姓補特伽羅已能獲得冣初於佛正覺正說法毗柰耶所有正信廣說乃至調柔諸見從是已後或經一生或二或多展轉勝進而未獲得冣後有身謂住於此能般涅槃或能趣入正性離生是名成就中品善根補特伽羅云何成就上品善根補特伽羅謂即如是展轉勝進補特伽羅已能獲得冣後有身若住於此能般涅槃或能趣入正性離生是名成就上品善根補特伽羅云何名為究竟方便補特伽羅謂已獲得冣後有身補特伽羅為盡諸漏聽聞正法或得無

倒教授教誡正修加行而未能得遍一切種諸漏永盡未到究竟如是名為究竟方便補特伽羅云何名為已到究竟補特伽羅謂即如是補特伽羅為盡諸漏聽聞正法獲得無倒教授教誡如是如是正修加行已能獲得遍一切種諸漏永盡所作已辦究竟獲得第一清涼如是名為已到究竟補特伽羅當知此中堪能種類補特伽羅即以種姓為依為住便能獲得下品善根及能趣入既趣入已下品善根為依為住復能獲得中品善根以此善根而自成熟彼於如是自成熟時中品善根為依為住復能獲得上品善根已得成熟彼由如是上品善根修集為因所得自體復能修集轉勝資糧由是觸證心一境性復能趣入正性離生證預流果或一来果或不還果而未能證冣勝第一阿羅漢果如是名為究竟方便補特伽羅若已證得一切煩惱皆悉永斷阿羅漢果尒時名為已到究竟補特伽羅此則顯示由初中後一切聲聞所

修正行所立六種補特伽羅由有種姓聲聞正行顯示冣初補特伽羅由到究竟聲聞正行顯示冣後補特伽羅由餘聲聞所修正行顯示中間補特伽羅問已得趣入補特伽羅為有定量一切時等得般涅槃為無定量一切時分而不齊等得般涅槃荅無有定量亦非一切時分齊等得般涅槃然隨所應如所遇緣有差別故而般涅槃當知此中或有一類極經久遠或有一類非極久遠或有一類冣極速疾得般涅槃謂住種姓補特伽羅冣極速疾般涅槃者要經三生第一生中冣初趣入第二生中修令成熟第三生中修成熟已或即此身得般涅槃或若不得般涅槃者必入學位方可夭沒極經七有得般涅槃如是名為趣入安立

云何名為已趣入者所有諸相謂安住種姓補特伽羅纔已趣入設轉餘生於自大師及善說法毗柰耶中雖復忘念若遇世間現有惡說法毗柰耶及有善說法毗柰耶雖久聽聞以

無量門讚美惡說法毗柰耶有勝功德而不信解愛樂修行亦不於彼而求出家設暫出家纔得趣入尋復速疾棄捨退還爲性於彼不樂安住如蜜生虫置之醨酢或如愛樂受妙欲者置淤埿中彼由宿世妙善因力所任持故若暫聽聞讚美善說法毗柰耶少分功德或全未聞雖暫少聞或全未聞而能速疾信解趣入愛樂修行或求出家既出家已畢竟趣入終無退轉爲性於此愛樂安住如蜜生虫置之上蜜或如愛樂受妙欲者寘勝欲中彼由宿世妙善因力所任持故是名第一已得趣入補特伽羅已趣入相復有所餘已得趣入補特伽羅已趣入相謂雖未得能往一切惡趣無暇煩惱離繫而能不生惡趣無暇世尊依此已得趣入補特伽羅密意說言若有世間上品正見雖歷千生不墮惡趣彼若已入上品善根漸向成熟尒時便能不生無暇及餘惡趣是名第二已得趣入補特伽羅已趣入相復有所餘已得趣入補特

伽羅已趣入相謂暫聞佛或法或僧勝功德已便得隨念清淨信心引發廣大出離善法數數緣念融練淨心身遂毛竪悲泣雨淚是名第三已得趣入補特伽羅已趣入相復有所餘已得趣入補特伽羅已趣入相謂性成就猛利慚愧於所現行諸有罪處深生羞耻是名第四已得趣入補特伽羅已趣入相復有所餘已得趣入補特伽羅已趣入相謂於受持讀誦請問思惟觀行求善法中有深欲樂猛利欲樂是名第五已得趣入補特伽羅已趣入相復有所餘已得趣入補特伽羅已趣入相謂於一切無罪事業修集一切善品加行正方便中能善修集堅固發起長時發起決定發起是名第六已得趣入補特伽羅已趣入相復有所餘已得趣入補特伽羅已趣入相謂彼爲性塵垢微薄煩惱羸劣雖起諸纏而不長時相續久住無謟無誑能制憍慢我我所執好取功德憎背過失是名第七已得趣入補特伽羅已趣入相復有所餘

已得趣入補特伽羅已趣入相謂能善巧藏護其心於諸廣大所應證處不自輕蔑不自安處無力能中其所信解增多猛盛是名第八已得趣入補特伽羅已趣入相如是等類已得趣入補特伽羅已趣入相當知無量我於是中已說少分如是諸相若有安住下品善根而趣入者當知下品安住中品善根而趣入者當知中品名有間隙未能無間未善清淨若有安住上品善根而趣入者當知上品無有間隙已能無間已善清淨如是名爲已得趣入補特伽羅已趣入相成就如是趣入相者當知墮在已趣入數應知如是安住種姓已得趣入補特伽羅所有衆多吉祥士相唯佛世尊及到第一究竟弟子以善清淨勝妙智見現見現證隨其種姓隨所趣入如應救濟

云何名爲已得趣入補特伽羅謂或有已得趣入補特伽羅唯已趣入未將成熟未已成熟未得出離或有亦已趣入亦將成熟未已成熟未得出

離或有亦已趣入亦已成熟未得出離隨欲而行如是差別應知如前已辨其相復有所餘如種姓地說軟根等補特伽羅所有差別今於此中如其所應亦當了知所有差別如是所說若趣入自性若趣入安立若已趣入者所有諸相若已趣入補特伽羅一切揔說名趣入地

瑜伽師地論卷第二十一

瑜伽師地論卷第二十一

校勘記

一　底本，金藏廣勝寺本。

一　五三九頁中四行第一七字「地」，[徑]、[清]作「地品」。

一　五三九頁中九行首字「及」，[磧]作「反」。

一　五三九頁中一〇行「地謂」，[資]、[磧]、[普]、[南]、[徑]、[清]無；[石]作「地」。

一　五三九頁下六行第五字「姓」，諸本作「子」。

一　五三九頁下一一行第四字「各」，[資]、[磧]、[普]、[南]、[徑]、[清]作「差」。

一　五三九頁下一二行第四字「非」，[資]、[南]作「作」；[磧]、[普]無。

一　五四〇頁上二行第七字「或」，[資]、[磧]、[普]、[南]、[徑]、[清]作「又」。

一　五四〇頁上一八行第六字「雖」，[石]、[麗]作「雖有」。

一　五四〇頁上二二行第八字「決」，[磧]作「法」。

一　五四〇頁中四行第五字「謂」，[磧]、[普]作「請」。

一　五四〇頁中八行第一三字「悎」，[石]、[麗]作「覺」。

一　五四一頁上一三行首字「減」，[資]、[磧]、[普]、[南]、[徑]、[清]作「滅」。

一　五四一頁上一四行第一二字「住」，[石]、[麗]作「作」。

一　五四二頁上三行第七字「如」，[資]、[磧]、[普]、[南]、[徑]、[清]無。

一　五四二頁下二一行末字「惡」，[石]作「患」。

一　五四三頁上二一行第九字「貞」，[資]、[磧]、[普]、[南]、[徑]、[清]、[麗]作「真」。

一　五四三頁中五行「住持」，[資]、[磧]、[普]、[南]、[徑]、[清]、[麗]作「任持」。

一　五四四頁上六行至七行「與不微劣」，[資]、[磧]、[普]、[南]、[徑]、[清]作「不劣」。

一　五四四頁上一六行首字「增」，[資]、[磧]、[普]、[南]、[徑]、[清]、[麗]作「憎」。

一　五四四頁中三行第三字「去」，[磧]、普、南作「云」。

一 五四四頁下一七行「本地分中聲聞地第十三」，經、清無。

一 五四四頁下一七行第一七字「地」，資、磧、普、南、徑、清作「地品」。

一 五四五頁上六行首字「詣」，清作「諸」。

一 五四五頁上末行末字「姓」，清作「性」。

一 五四五頁中一三行第三字「於」，磧、普、南作「故」。

一 五四六頁中一〇行第一二字「便」，石作「使」。

一 五四七頁上五行及一二行「愛樂」，資、磧、南、徑、清作「受樂」。

一 五四七頁上五行「愛樂受妙」，普作「受樂愛妙」。

一 五四七頁上七行「任持」，磧、普、南作「住持」。

一 五四七頁上一三行首字「最」，諸本作「置」。

一 五四七頁上一七行首字「惡」，資、磧、普、南、徑、清作「要」。

一 五四七頁下四行第六字「盛」，資、磧、普、南、徑、清作「威」。

瑜伽師地論卷第二十二　　聽

彌勒菩薩說

三藏法師玄奘奉　詔譯

本地分中聲聞地第十三初瑜伽處出離地第三之一

如是已說趣入地云何出離地嗢柁南曰

若世間離欲　如是出世間　及此二資糧

是名出離地

謂若由世間道而趣離欲若由出世道而趣離欲若此二道所有資糧趣略為一名出離地云何名為由世間道而趣離欲謂如有一於下欲界觀為麤相於初靜慮離生喜樂若定若生觀為靜相彼由多住如是觀時便於欲界而得離欲亦能證入最初靜慮如是復於初靜慮上漸次如應一切下地觀為麤相一切上地觀為靜相彼由多住如是觀時便於乃至無所有處而得離欲亦能證入乃至非想非非想處

如是名為由世間道而趣離欲除此更無若過若增

云何名為由出世道而趣離欲謂如有一親近善士於聖法中已成聰慧於聖法中已得調順於苦聖諦如實知苦於集聖諦如實知集於滅聖諦如實知滅於道聖諦如實知道既得成就有學智見從此已後漸修聖道遍於三界見修所斷一切法中自能離繫自得解脫如是便能超過三界如是名為由出世道而趣離欲

云何名為二道資糧嗢柁南曰

自他圓滿善法欲　戒根律儀食知量

覺寤正知住善友　聞思無障捨莊嚴

謂若自圓滿若他圓滿若善法欲若戒律儀若根律儀若於食知量若初夜後夜常勤修習覺寤瑜伽若正知而住若善友性若聞正法若思正法若無障㝵若修惠捨若沙門莊嚴如是等法是名世間及出世間諸離欲道趣向資糧

當知此中若自圓滿若他圓滿若善法欲此三如前修集種子諸劣緣中已辯其相

云何戒律儀嗢柁南曰

戒律儀當知　辯三虧滿十　六異門三淨

勝功德十種

戒律儀者謂如有一安住具戒廣說乃至受學學處云何名為安住具戒謂於所受學所有學處不虧身業不虧語業無缺無穿如是名為安住具戒云何名為善能守護別解脫律儀謂能守護七眾所受別解脫律儀即此律儀眾差別故成多律儀今此義中唯依苾芻律儀處說善能守護別解脫律儀云何名為軌則圓滿謂如有一或於威儀路或於所作事或於善品加行處所成就軌則隨順世間不越世間隨順毗柰耶不越毗柰耶云何名為於威儀路成就軌則隨順世間不越世間隨順毗柰耶不越毗柰耶謂如有一於所應行於如所行即於此中如是而行由是行故不為世間之所譏毀不為賢良正至善士諸同法者諸持律者諸學律者之所呵責如於所行於其所住所坐所卧當知亦尒如是名為於威儀路成就軌則隨順世間不越世間隨順毗柰耶不

越毗柰耶云何名為於所作事成就軌則隨順世間不越世間隨順毗柰耶不越毗柰耶謂如有一於其所作若衣服事若便利事若用水事若楊枝事若入聚落行乞食事若受用事若盪鉢事若安置事若洗足事若為敷設臥具等事即此略說衣事鉢事復有所餘如是等類諸所應作名所作事如其所應於所應作於如所作即於此中如是而作由是作故不為世間之所譏毀不為賢良正至善士諸同法者諸持律者諸學律者之所呵責如是名為於所作事成就軌則隨順世間不越世間隨順毗柰耶不越毗柰耶云何名為於諸善品加行處所成就軌則隨順世間不越世間隨順毗柰耶不越毗柰耶謂於種種善品加行若於正法受持讀誦若於尊長修和敬業奉覲承事若於病者起慈悲心殷重供侍若於如法宣白加行住慈悲心展轉與欲若於正法請問聽受翹勤無惰於諸有智同梵行者盡其身力而修敬事於他善品

常勤讚勵常樂為他宣說正法入於靜室結跏趺坐繫念思惟如是等類諸餘無量所修善法皆說名為善品加行彼於如是隨所宣說善品加行如其所應於所應作於如所作即於此中如是而作由是作故不為世間之所譏毀不為賢良正至善士諸同法者諸持律者諸學律者之所呵責如是名為於諸善品加行處所成就軌則隨順世間不越世間隨順毗柰耶不越毗柰耶若於如是所說行相軌則差別悉皆具足應知說名軌則圓滿云何名為所行圓滿謂諸苾芻略有五種非所行處何等為五一唱令家二婬女家三酤酒家四國王家五旃荼羅羯恥那家若於如是如來所制非所行處能善遠離於餘無罪所有行處知時而行如是名為所行圓滿云何名為於微小罪見大怖畏謂於諸小隨小學處若有所犯可令還淨名微小罪於諸學處現行毀犯說名為罪既毀犯已少用功力而得還淨說名微小由是因緣名微小罪

云何於中見大怖畏謂作是觀勿我於此毀犯因緣無復堪能得所未得觸所未觸證所未證勿我由此近諸惡趣往諸惡趣或當自責或為大師諸天有智同梵行者以法呵責勿我由此遍諸方維惡名惡稱惡聲惡頌遐迩流布彼於如是現法當來毀犯因生諸非愛果見大怖畏由是因緣於小隨小所有學處命難因緣亦不故犯或時或處失念而犯尋便速疾如法發露令得還淨如是名為於微小罪見大怖畏云何名為受學學處謂於先受別解脫戒白四羯磨受具戒時從戒師所得聞少分學處體性復從親教軌範師處得聞所餘別解脫經捴略宣說過於二百五十學處皆自誓言一切當學復從所餘恒言議者同言議者常交往者有親愛者聞所學處復於半月常所宣說別解脫經聞所學處一切自誓皆當修學以於一切所應學處皆受學故說名獲得別解律儀從此以後於諸學處若已善巧便能無犯設有所犯尋如

法悔若諸學處未得善巧未能曉悟由先自誓願受持故得於今時求受善巧欲求曉悟於如前說諸所學處從親教師或軌範師如先請問既得善巧及曉悟已隨所教誨無增無減復能受學又於尊重及等尊重所說學處若文若義能無倒受如是名為受學學處如是廣辨戒律儀已云何應知此中略義謂於是中世尊顯示戒蘊略義有三種相一者無失壞相二者自性相三者自性功德相此復云何謂若說言安住具戒由此顯示尸羅律儀無失壞相若復說言能善守護別解律儀由此顯示尸羅律儀自性相若復說言軌則所行皆悉圓滿由此顯示別解律儀如其所受觀他增上自性功德相所以者何由他觀見如是軌則所行圓滿未信者信信者增長由是發生清淨信處心無猒惡言不譏毀若異於此具足尸羅軌則所行皆圓滿者觀他增上所有功德勝利應無與此相違過失應有若復說言於微小罪見大怖畏受學學處

由此顯示別解律儀如其所受觀自增上自性功德相所以者何雖由如是軌則所行皆悉圓滿獲得如前觀他增上功德勝利然由毀犯淨戒因緣當生惡趣或無堪能得所未得如前廣說若能於彼微小罪中見大怖畏於先所受上品學處能正修學由是因緣身壞已後當生善趣亦有堪能得所未得如前廣說由是因緣說此名為別解律儀如其所受觀自增上功德勝利復有異門謂佛世尊此中略顯三種戒性一受持戒性二出離戒性三修習戒性謂若說言安住具戒由此顯示受持戒性若復說言能善守護別解律儀由此顯示出離戒性所以者何別解律儀所攝淨戒當知說名增上戒學即依如是增上戒學修增上心增上慧學由此能得一切苦盡究竟出離如是出離用增上戒以為前行所依止處是故說此別解律儀名出離戒性若復說言軌則所行皆悉圓滿於微小罪見大怖畏受學學處由此顯示修習戒性所

以者何若由如是所說諸相別解律儀修習淨戒名善修習極善修習如是一種尸羅律儀現前宣說當知六種又即如是尸羅律儀由十因緣當知虧損即此相違十因緣故當知圓滿云何十種虧損因緣一者最初惡受尸羅律儀二者太極沉下三者太極浮散四者放逸懈怠所攝五者發起邪願六者軌則虧損所攝七者淨命虧損所攝八者墮在二邊九者不能出離十者所受失壞云何名為最初惡受尸羅律儀謂如有一王所逼迫而求出家或為狂賊之所逼迫或為債主之所逼迫或為怖畏之所逼迫或不活畏之所逼迫而求出家不為沙門性不為婆羅門性不為自調伏不為自寂靜不為自涅槃而求出家如是名為最初惡受尸羅律儀云何名為太極沉下謂如有一性無羞恥惡作羸劣為性慢緩於諸學處所作慢緩如是名為太極沉下云何名為太極浮散謂如有一堅執惡取非處惡作於不應作諸惡作中浪作

惡作非處於他起輕蔑心或惱害心於其非處強生曉悟如是名為太極浮散云何放逸懈怠所攝謂如有一由過去世毀犯所犯於此毀犯由失念故一類不能如法還淨如由過去由未來世由現在世當知亦尒謂毀犯所犯於此毀犯由失念故一類不能如法還淨又非先時於所毀犯發起猛利無犯樂欲謂我定當如如所行如如所住如是如是行於所行如是如是住於所住於所毀犯終不毀犯由是因緣隨所行住如是如是毀犯所犯由此成就前際俱行後際俱行中際俱行先時所作及俱隨行所有放逸又自執取睡眠為樂偃卧為樂脇卧為樂性不勤勵為性懶惰不具起發於諸有智同梵行者不能時時覲問供事是名放逸懈怠所攝云何名為發起邪願謂如有一依止邪願修行梵行言我所有若戒若禁若常精勤若修梵行當得生天或餘天處或復愛樂利養恭敬而修梵行謂因此故從他希求利養恭敬即於如

瑜伽師地論卷第二十二　第十張　聽

是利養恭敬深生染著如是名為發起邪願云何軌則虧損所攝謂如有一於威儀路或所作事或諸善品加行處所所有軌則不順世間違越世間不順毗柰耶違越毗柰耶如前廣說是名軌則虧損所攝云何淨命虧損所攝謂如有一為性大欲不知喜足難養難滿常以非法追求衣服飲食卧具病緣醫藥及諸資具不以正法又為貪求種種衣服飲食卧具病緣醫藥資具因緣方便顯已有勝功德矯詐構集非常威儀為誑他故恒常詐現諸根無掉諸根無動諸根寂靜由是令他謂其有德當有所施當有所作所謂承事供給衣服飲食卧具病緣醫藥及諸資具又多凶悖強口矯傲修飾其名執恃種姓或求多聞或住持法為利養故亦復為他宣說正法或佛所說或弟子說或自宣說已實有德或少增益或於他前方便現相為求衣服或求隨一沙門資具或為求多或求精妙雖無匱乏而現被服故弊衣裳為令淨信長者居

瑜伽師地論卷第二十二　第十一張　聽

士婆羅門等知其衣服有所匱乏殷重承事給施衆多上妙衣服如為衣服為餘隨一沙門資生衆具亦尒或於淨信長者居士婆羅門所如其所欲不得稱遂或彼財物有所闕乏求不得時即便強逼研磨麁語而苦求索或彼財物無所闕乏得下劣時便對施主現前毀棄所得財物如是告言咄哉男子某善男子某善女人方汝族姓及以財實極為下劣又極貧匱而能惠施如是如是多妙悅意資產衆具汝望於彼族姓尊貴財寶豐饒何為但施如是少劣非悅意物彼由如是或依矯詐或邪妄語或假現相或苦研逼或利求利種種狀相而從他所非法希求所有衣服飲食卧具病緣醫藥諸資生具非以正法而有所求由非法故說名邪命如是名為尸羅淨命虧損所攝云何名為墮在二邊謂如有一躭著受用極樂行邊從他所得或法非法所有衣服飲食卧具病緣醫藥及諸資具愛玩受用不觀過患不知出離是名一邊

瑜伽師地論卷第二十二　第十二張　聽

復有一類好求受用自苦行邊以無量門而自煎迫受極苦楚謂依棘刺或依灰坌或依木杵或依木板或狐蹲住或狐蹲坐脩斷瑜伽或復事火謂乃至三承事於火或復昇水謂乃至三昇上其水或一足住隨日而轉或復所餘如是等類脩自苦行是第二邊如是名為墮在二邊云何名為不能出離謂如有一或戒或禁由見執取謂我因此若戒若禁當得清淨解脫出離一切外道所有禁戒雖善防護雖善清淨如其清淨不名出離如是名為不能出離云何名為所受失壞謂如有一都無羞耻不顧沙門毀犯淨戒習諸惡法内懷腐敗外現貞實猶如淨水所生蝸牛螺音狗行實非沙門自稱沙門實非梵行自稱梵行如是名為所受失壞略由如是十種因緣名戒虧損世尊或說尸羅虧損或時復說尸羅艱難當知於彼諸因緣中由二因緣謂不能出離及所受失壞由餘因緣當知唯說尸羅虧損與此安立黑品因緣相違白品

所有因緣當知說名尸羅圓滿尸羅清淨有處世尊宣說尸羅名為根本如伽他說

若善住根本　其心便寂靜　因聖見惡見
相應不相應

有處世尊宣說尸羅名莊嚴具如伽他說

苾芻苾芻尼　戒莊嚴圓滿　於不善能捨
於善能修習

有處世尊宣說尸羅名為塗香如伽他說

苾芻苾芻尼　戒塗香圓滿　於不善能捨
於善能修習

有處世尊宣說尸羅名為薰香如伽他說

阿難有香類　順風善能薰　逆風亦能薰
順逆薰亦尒

有處世尊宣說尸羅名為妙行如伽他說

身妙行能感　可愛諸異熟　於現法當來
語妙行亦尒

有處世尊宣說尸羅名為律儀如伽他說

諸有惠施主　具戒住律儀　有阿笈摩見
及有果正見

復有說言安住具戒善能守護別解律儀乃至廣說問何緣世尊宣說尸羅名為根本荅能建立義能任持義是根本義由此尸羅建立任持一切世間及出世間能引無罪寂勝第一快樂功德令生令證是故尸羅說名根本譬如大地建立任持一切藥草卉木藂林令生令長如是尸羅如前廣說問何緣世尊宣說尸羅名莊嚴具荅諸餘世間耳環指環腕釧脾釧及以寶印金銀鬘等妙莊嚴具若有成就幼稚黑髮少年盛壯姝妙形色而服飾之少增妙好非有成就朽老衰邁齒落髮白年逾八十或九十者而服飾之當有妙好唯除俳戲令衆歡笑若遭病苦財貨匱乏親戚衰亡當尒服之亦無妙好戒莊嚴具於一切類於一切時若有服者皆為妙好是故尸羅名莊嚴具問何緣世尊宣說尸羅名為塗香荅由此所受清淨無罪妙善尸羅能正除遣一切所受

惡戒為因身心熱惱辟如塗極炎熾
熱時塗以栴檀龍腦香等一切欝烝
皆得除滅是故尸羅說名塗香問何
緣世尊宣說尸羅名為薰香荅具戒
士夫補特伽羅遍諸方域妙善稱譽
聲頌普聞辟如種種根莖香等隨風
飄颺遍諸方所悅意芬馥周流彌遠
是故尸羅名為熏香問何緣世尊宣
說尸羅名為妙行荅由此尸羅清淨
善行能趣妙樂往妙天趣向妙安隱
故名妙行問何緣世尊宣說尸羅名
為律儀荅由此尸羅清淨善法是防
護性是息除相是遠離體故名律儀
又戒律儀有三種觀清淨因相何等
為三一觀身業二觀語業三觀意業
云何觀察如是諸業令戒律儀皆得
清淨謂希當造及欲正造身作業時
如是觀察我此身業為能自損及以
損他是不善性能生衆苦招苦異熟
為不自損亦不損他是其善性能生
諸樂招樂異熟如是觀已若自了知
我此身業自損損他是不善性能生
衆苦招苦異熟即於此業攝斂不作

亦不與便若自了知我此身業不損
自他是其善性餘如前說即於此業
而不攝斂造作與便復於過去已造
身業亦數觀察我此身業為能自
損餘如前說如是觀已若自了知我
此身業自損損他餘如前說便於有
智同梵行所如實發露如法悔除若
自了知我此身業不損自他餘如前
說便生歡喜晝夜安住多隨修學如
是彼於去來今世所造身業能善觀
察能善清淨如於身業於其語業當
知亦介由過去行為緣生意由未来
行為緣生意由現在行為緣生意即
於此意數數觀察我此意業為能自
損餘如前說如是觀已若自了知我
此意業是其黑品即於此業攝斂不
起不與其便若自了知我此意業是
其白品即於此業而不斂攝發起與
便如是於彼去來今世所起意業能
善觀察能善清淨所以者何去來今
世所有沙門若婆羅門於身語意三
種業中或已觀察或當觀察或正觀
察或已清淨或當清淨或正清淨或

已多住或當多住或正多住一切皆
由如是觀察如是清淨如佛世尊曾
為長老羅怙羅說

汝今羅怙羅　於身語意業　應數正觀察
念諸佛聖教　羅怙羅汝應　學是沙門業
若能於此學　唯勝善無惡

若於如是身語意業審正思擇我此
諸業為能自損廣說如前是名觀察
若於一分攝斂不作亦不與便廣說
乃至發露悔除復於一分而不斂攝
造作與便廣說乃至便生歡喜晝夜
安住多隨修學是名清淨如是清淨
尸羅律儀應知有十功德勝利何等
為十謂諸所有具戒士夫補特伽羅
自觀戒淨便得無悔無悔故歡歡故
生喜由心喜故身得輕安身輕安故
便受勝樂樂故心定心得定故能如
實知能如實見實知見故便能起猒
能起猒故便得離染離染故證得
解脫得解脫故便自知見我已解脫
乃至我能於無餘依般涅槃界當般
涅槃如是所有具戒士夫補特伽羅
尸羅清淨增上力故獲得無悔漸次

乃至能到涅槃是名第一尸羅律儀功德勝利復有所餘具戒士夫補特伽羅於臨終時起如是念我已善作身語意行非我惡作身語意行乃至廣說若有其趣作福業者作善業者作能救濟諸怖畏者之所應往我於斯趣必定當往如是獲得能往善趣第二無悔由無悔恨所有士夫補特伽羅名賢善死賢善夭逝賢善過往是名第二尸羅律儀功德勝利復有所餘具戒士夫補特伽羅遍諸方域妙善稱譽聲頌普聞是名第三尸羅律儀功德勝利復有所餘具戒士夫補特伽羅寢安覺安遠離一切身心熱惱是名第四尸羅律儀功德勝利復有所餘具戒士夫補特伽羅若寢若覺諸天保護是名第五尸羅律儀功德勝利復有所餘具戒士夫補特伽羅於他凶暴不應其惡無諸怖畏心離驚恐是名第六尸羅律儀功德勝利復有所餘具戒士夫補特伽羅諸憙殺者怨讎惡友雖得其隙亦常保護了知此是具戒士夫補特伽

羅或為善友或住中平是名第七尸羅律儀功德勝利復有所餘具戒士夫補特伽羅一切魍魎藥叉宅神非人之類雖得其便雖得其隙而常保護謂具尸羅增上力故是名第八尸羅律儀功德勝利復有所餘具戒士夫補特伽羅法無艱難從他獲得種種利養所謂衣服飲食臥具病緣醫藥及諸資具由依尸羅增上因力國王大臣及諸黎庶饒財長者及商主等恭敬尊重是名第九尸羅律儀功德勝利復有所餘具戒士夫補特伽羅一切所願皆得稱遂若於欲界願樂當生或剎帝利大族姓家或婆羅門大族姓家或諸居士大族姓家或諸長者大族姓家或四大王衆天或三十三天或夜摩天或覩史多天或化樂天或他化自在天衆同分中由戒淨故即隨所願當得往生若復願樂入諸靜慮現法樂住或有色天衆同分中若住若生由戒淨故便得離欲所願皆遂若復願樂寂靜勝解超過色定入無色定具足安住或無色天衆

同分中當得往生餘如前說若復願樂當證究極究竟涅槃由戒淨故便證一切究竟離欲是名第十尸羅律儀功德勝利如是已說戒蘊廣辨戒蘊虧損戒蘊圓滿戒蘊異門戒蘊觀察及以清淨戒蘊所有功德勝利於此宣說明了開示一切種相究極圓滿資糧所攝尸羅律儀若有自愛樂沙門性婆羅門性諸善男子應勤修學

瑜伽師地論卷第二十二

丙午歲高麗國大藏都監奉
勅雕造

瑜伽師地論卷第二十二

校勘記

一 底本，麗藏本。

一 五五〇頁上四行「第十三」，經、清無。

一 五五〇頁上四行第一七字「地」，資、磧、南、經、清作「地品」。

一 五五〇頁中一二行首字，一五行第八字，五五六頁上一四行第八字，一七行第三字「覺」，資、磧、南、經、清作「悎」。

一 五五〇頁下七行第一二字「脱」，資、磧、南、經、清無。

一 五五一頁下四行第七字「或」，資、磧、南、經、清作「我」。

一 五五一頁下六行第三字「遍」，資、磧、南、經、清作「通」。

一 五五一頁下一五行第一〇字「聞」，資、磧、南、經、清作「戒」。

一 五五二頁上二行第九字「得」，石、資、磧、南、經、清作「復」。

一 五五二頁下七行末字「大」，石、資、磧、南、經、清作「太」。

一 五五三頁中五行第一二字「如」，資、磧、南、經、清作「准」。

一 五五三頁中一六行第一三字「悖」，石、資、磧、南、經、清作「勃」。

一 五五三頁中一八行「住持」，資、磧、南、經、清作「任持」。

一 五五三頁中末行第二字「被」，磧、經、清作「彼」。

一 五五三頁下二行第四字「給」，資、磧、南、經、清作「合」。

一 五五四頁上二行第一〇字「楚」，石作「禁」。

一 五五四頁上七行第四字「餘」，資、磧、南、經、清作「飲」。

一 五五四頁上一五行第一〇字「懐」，資、磧、南、經、清作「壞」。

一 五五四頁上一六行首字「貞」，南、經、清作「真」。

一 五五四頁中三行首字「如」，清作「知」。

一 五五四頁下一五行末字至一六行首字「老衰」，石作「衰老」。

一 五五四頁下一八行「歡笑」，石作「笑歡」。

一 五五五頁下八行末字「察」，資、磧、南、經、清作「察若觀察」。

一 五五六頁上六行第一三字「往」，磧、南、經、清作「生」。

一 五五六頁上九行第一〇字「夭」，石作「天」。

一 五五六頁中一七行「化樂」，資、磧、南、經、清作「樂化」。

瑜伽師地論卷第二十三　聽

彌勒菩薩說

三藏法師玄奘奉　詔譯

本地分中聲聞地第十三初瑜伽處出離地第三之二

云何根律儀謂如有一能善安住密護根門防守正念常委正念乃至廣說云何名為密護根門謂防守正念常委正念廣說乃至防護意根及正修行意根律儀如是名為密護根門云何名為防守正念謂如有一密護根門增上力故攝受多聞思惟修習由聞思修增上力故獲得正念為欲令此所得正念無忘失故能趣證故不失壞故於時時中即於多聞若思若修正作瑜伽正勤修習不息加行不離加行如是由此多聞思修所集成念於時時中善能防守正聞思修瑜伽作用如是名為防守正念云何名為常委正念謂於此念恒常所作委細所作當知此中恒常所作名無間作委細所作名殷重作即於如是無間所作殷重所作捴說名為常委正念如其所有防守正念如是於念能不忘失如其所有常委正念如是即於無忘失念得任持力即由如是功德勢力制伏色聲香味觸法云何名為念防護意謂眼色為緣生眼識眼識無間生分別意識由此分別意識於可愛色色將生染著於不可愛色色將生憎恚即由如是念增上力能防護此非理分別起煩惱意令其不生所有煩惱如是耳鼻舌身廣說當知亦尒意法為緣生意識即此意識有與非理分別俱行能起煩惱由此意識於可愛色法將生染著於不可愛色法將生憎恚亦由如是念增上力能防護此非理分別起煩惱意令其不生所有煩惱如是名為念防護意云何名為行平等位平等位者謂或善捨或無記捨由彼於此非理分別起煩惱意善防護已正行善捨無記捨中由是說名行平等位如是名為行平等位云何於此非理分別起煩惱意能善防護謂於色聲香味觸法不取其相不取隨好終不依彼發

生諸惡不善尋思令心流漏若彼有時忘失念故或由煩惱極熾盛故雖離取相及取隨好而復發生惡不善法令心流漏便修律儀由是二相故能於此非理分別起煩惱意能善防護云何此意由是二相善防護已正行善捨或無記捨謂即由是二種相故云何二相謂如所說防護眼根及正修行眼根律儀如說眼根防護律儀防護耳鼻舌身意根及正修行意根律儀當知亦介由是二相於其善捨無記捨中令意正行云何於眼所識色中不取其相言取相者謂於眼識所行色中由眼識故取所行相是名於眼所識色中執取其相若能遠離如是眼識所行境相是名於眼所識色中不取其相如於其眼所識色中如是於耳鼻舌身意所識法中當知亦介云何於眼所識色中不取隨好取隨好者謂即於眼所識色中眼識無間俱生分別意識執取所行境相或能起貪或能起瞋或能起癡是名於眼所識色中執取隨好若能遠

離此所行相於此所緣不生意識是名於眼所識色中不取隨好如於其眼所識色中如是於耳鼻舌身意所識法中當知亦介復有餘類執取其相執取隨好言取相者謂色境界在可見處能生作意正現在前眼見衆色如是名為執取其相取隨好者謂即色境在可見處能生作意正現在前眼見色已然彼先時從他聞有如是如是眼所識色即隨所聞名句文身為其增上為依為住如是士夫補特伽羅隨其所聞種種分別眼所識色如是名為執取隨好如於其眼所識色中如是於耳鼻舌身意所識法中當知亦介又此取相及取隨好或有由此因緣由此依處由此增上發生種種惡不善法令心流漏或有由此因緣由此依處由此增上不生種種惡不善法令心流漏若於此中執取其相執取隨好不如正理由此因緣由此依處由此增上發生種種惡不善法令心流漏彼於如是色類境界遠離取相及取隨好云何名為惡

不善法謂諸貪欲及貪所起諸身惡行諸語惡行諸意惡行若諸瞋恚若諸愚癡及二所起諸身惡行諸語惡行諸意惡行是名種種惡不善法云何由彼令心流漏謂若於彼彼所緣境界心意識生遊行流散即於彼彼所緣境界與心意識種種相應能起所有身語惡行貪瞋癡生遊行流散是名由彼令心流漏如是於眼所識色中乃至於意所識法中執取其相及取隨好由是發生種種雜染彼於取相及取隨好能遠離故便不發生種種雜染若由忘念或由煩惱極熾盛故雖獨閑居由先所見眼所識色增上力故或先所受耳鼻舌身意所識法增上力故發生種種惡不善法隨所發生而不執著尋便斷滅除棄變吐是名於彼修行律儀若於其眼所識色中應策眼根及於其耳鼻舌身意所識法中應策意根即便於彼作意策發如是策發令不雜染由是因緣於此雜染防護眼根廣說乃至防護意根如是名為防護眼根廣說

乃至防護意根若於其眼所識色中不應策發所有眼根及於其耳鼻舌身意所識法中不應策發所有意根即便於彼遍一切種而不策發不策發故令不雜染由是因緣於此雜染修根律儀如是名為能正修行眼根律儀廣說乃至能正修行意根律儀如是應知已廣分別根律儀相云何當知此中略義此略義者謂若能防護若所防護若從防護若如防護若正防護如是一切揔略為一名根律儀令於此中誰能防護謂防守正念及所修習常委正念是能防護何所防護謂防護眼根防護耳鼻舌身意根是所防護從何防護謂從可愛不可愛色廣說乃至從其可愛不可愛法而正防護如何防護謂不取相不取隨好若依是處發生種種惡不善法令心流漏即於此處修行律儀防守根故名修律儀如是防護何者正防護謂由正念防護於意行平等位是名正防護又略義者謂若防護方便若所防護事若正防護如是一切

揔略為一名根律儀此中云何防護方便謂防守正念常委正念眼見色已不取其相不取隨好廣說乃至意知法已不取其相不取隨好若依是處發生種種惡不善法令心流漏即於是處修行律儀防守根故名修律儀如是名為防護方便云何名為所防護事所謂眼色乃至意法如是名為所防護事此中云何名正防護謂如說言由其正念防護於意行平等位名正防護又根律儀略有二種一者思擇力所攝二者修習力所攝思擇力所攝根律儀者謂於境界深見過患不能於此所有過患除遣斷滅修習力所攝根律儀者謂於境界深見過患亦能於此所有過患除遣斷滅又由思擇力所攝根律儀故於所緣境令煩惱纒不復生起不復現前而於依附所依隨眠不能斷除不能永拔由修習力所攝根律儀故於所緣境煩惱隨眠不復生起不復現前一切時分依附所依所有隨眠亦能斷除亦能永拔如是思擇力所攝

根律儀修習力所攝根律儀有此差別有此意趣有此殊異當知此中思擇力所攝根律儀是資糧道所攝修習力所攝根律儀當知墮在離欲地攝云何名為於食知量謂如有一由正思擇食於所食不為倡蕩不為憍逸不為飾好不為端嚴乃至廣說云何名為由正思擇食於所食正思擇者如以妙慧等隨觀察段食過患見過患已深生猒惡然後呑咽云何名為觀見過患謂即於此所食段食或觀受用種類過患或觀變異種類過患或觀追求種類過患云何受用種類過患謂如有一將欲食時所受段食色香味觸皆悉圓滿甚為精妙從此無間進至口中牙齒咀嚼津唾浸爛涎液纒裹轉入咽喉尒時此食先曾所有悅意妙相一切皆捨次後轉成可惡穢相當轉異時狀如變吐能食士夫補特伽羅若正思念此位穢相於餘未變一切精妙所受飲食初尚不能住食欣樂況於此位由如是等非一相貌漸次受用增上力故令

其飲食淨妙相浸過患相生不淨所攝是名於食受用種類所有過患云何轉變種類過患謂此飲食既噉食已一分消變至中夜分或後夜分於其身中便能生起養育增長血肉筋脉骨髓皮等非一衆多種種品類諸不淨物次後一分變成便穢變已趣下展轉流出由是日日數應洗淨或手或足或餘支節誤觸著時若自若他皆生猒惡又由此緣發生身中多種疾病所謂癰痤乾癬濕癬疥癩疽丁上氣痔瘶皰漿噦噎乾消癲癎寒熱黃病熱血陰癖如是等類無量疾病由飲食故身中生起或由所食不平和故於其身中不消而住是名飲食變異種類所有過患云何追求種類過患謂於飲食追求種類有多過患或有積集所作過患或有防護所作過患或壞親愛所作過患或無猒足所作過患或不自在所作過患或有惡行所作過患云何名為於食積集所作過患謂如有一為食因緣寒時為寒之所逼惱熱時為熱之所逼惱

種種策勵劬勞勤苦營農牧牛商估計筭書數雕印及餘種種工巧業處為得未得所有飲食或為積聚如為飲食為飲食緣當知亦尒如是策勵劬勞勤苦方求之時所作事業若不諧遂由是因緣愁憂燋惱拊胷傷歎悲泣迷悶何乃我功唐捐無果如是名為於食積集所作過患云何名為於食防護所作過患謂所作業若得諧遂為護因緣起大憂慮勿我財寶當為王賊之所侵奪或火焚燒或水漂蕩或宿惡作當令滅壞或現非理作業方便當令散失或諸非愛或宿共財當所理奪或即家中當生家火由是當令財寶虧損如是名為於食防護所作過患云何於食能壞親愛所作過患謂諸世間為食因緣多起鬪諍父子母女兄弟朋友尚為飲食互相非毀況非親里為食因緣而不展轉更相鬪訟所謂大族諸婆羅門剎帝利種長者居士為食因緣迭興違諍以其手足塊刀杖等互相加害是名於食能壞親愛所作過患云何

於食無有猒足所作過患謂諸國王剎帝利種位登灌頂亦於自國王都聚落不住喜足俱帥兵戈互相征討吹以貝角扣擊鍾鼓揮刀牌矟放箭穳矛車馬象步交攢馳乱種種戈仗傷害其身或便致死或等死苦復有所餘如是等類是名於食無有猒足所作過患云何因食不得自在所作過患謂如一類為王所使討固牢城因遭種種極熱脂油熱牛糞汁及鎔銅鐵而相注灑或被戈杖傷害其身或便致死或等死苦復有所餘如是等類是名因食不得自在所作過患云何因食起諸惡行所作過患謂如有一為食因緣造作積集身諸惡行如身惡行語意亦尒臨命終時為諸重病苦所逼切由先所作諸身語意種種惡行增上力故於日後分見有諸山或諸山峯垂影懸覆近覆極覆便作是念我自昔來依身語意所造諸業唯罪非福若有其趣諸造惡者當生其中我今定往如是悔已尋即捨命既捨命已隨業差別生諸惡趣

謂那洛迦傍生餓鬼如是名為因食惡行所作過患如是段食於追求時有諸過患於受用時有諸過患於轉變時有諸過患又此段食有少勝利此復云何謂即此身由食而住依食而立非無有食云何名為有少勝利謂即如是依食住身寂極久住或經百年若正將養或過少分或有未滿而便夭沒若唯修此身暫住行非為妙行若於如是身暫時住而生喜足非妙喜足亦非領受領食所作圓滿無罪功德勝利若不唯修身暫住行亦不唯於身暫時住而生喜足而即依此暫時住身修集梵行令得圓滿乃為妙行亦妙喜足又能領受領食所作圓滿無罪功德勝利應自思惟我若與彼愚夫同分修諸愚夫同分之行非我所宜我若於此下劣段食少分勝利安住喜足亦非我宜若於如是過一切種段食過患圓滿知已以正思擇深見過患而求出離為求如是食出離故如子肉想食於段食應作是念彼諸施主甚大艱難積集

財寶具受廣大追求所作種種過患由悲愍故求勝果故如割皮肉及以刺血而相惠施我得此食宜應如是方便受用謂應如法而自安處無倒受用報施主恩令獲最勝大果大利大榮大盛當隨月喻往施主家盪滌身心安住慚愧遠離憍傲不自高舉不輕蔑他如自獲得所有利養心生喜悅如是於他所得利養心亦喜悅又應如是自持其心往施主家豈有出家往詣他所要望他施非不惠施要望他敬非不恭敬要多非少要妙非麤要當速疾而非遲緩應作是心往施主家設不惠施終不於彼起怨害心及瞋恚心而相嫌恨勿我由此起怨害心及瞋恚心增上緣力身壞已後生諸惡趣多受困厄設不恭敬而非恭敬設少非多設麤非妙設復遲緩而非速疾亦不於彼起怨害心及瞋恚心而相嫌恨如前廣說又我應依所食段食發起如是如是正行及於其量如實了達謂我命根由此不滅又於此食不若躭著纔能隨順

攝受梵行如是我今住沙門性住出家性受用飲食如法清淨遠離衆罪由是諸相以正思擇食於所食云何所食謂四種食一者段食二者觸食三者意等思食四者識食今此義中意說段食此復云何謂餅麨飯羹臛糜粥酥油糖蜜魚肉葅鮓乳酪生酥薑鹽酢等種種品類和雜為摶段段吞食故名段食所言食者所謂飡啖咀嚼吞咽嘗啜飲等名之差別云何名為不為倡蕩謂如有一樂受欲者為受諸欲食於所食彼作是思我食所食令身飽滿令身充悅過日晚時至於夜分當與姝妙嚴飾女人共為嬉戲歡娛受樂倡掉縱逸言倡蕩者於此聖法毗奈耶中說受欲者欲貪所引婬逸所引所有諸惡不善尋思由此食噉所食噉時令其諸根皆悉掉舉令意躁擾令意不安令意不靜若為此事食所食者名為倡蕩食於所食諸有多聞聖弟子衆以思擇力深見過患善知出離而食所食非如前說諸受欲者食於所食是故名為

不為倡蕩云何名為不為憍逸不為飾好不為端嚴謂如有一樂受欲者為受諸欲食於所食彼作是思我今宜應多食所食飽食所食隨力隨能食噉肥膩增房補益色香味具精妙飲食過令夜分至於明日於諸武事當角力能所謂按摩拍毱托石跳躑蹴蹹攘臂扼腕揮戈擊劒伏弩控弦投輪擲索依如是等諸角武事當得勇健膚體充實長夜無病久時少壯不速衰老壽命長遠能多噉食數數食已能正消化除諸疾患如是為於無病憍逸少壯憍逸長壽憍逸而食所食既角武已復作是思我應沐浴便以種種清淨香水沐浴其身沐浴身已梳理其髮梳理髮已種種妙香用塗其身既塗身已復以種種上妙衣服種種花鬘種種嚴具莊飾其身此中沐浴理髮塗香名為飾好既飾好已復以種種上妙衣服花鬘嚴具莊飾其身名為端嚴如是總名為飾好故為端嚴故食於所食彼既如是憍逸飾好身端嚴已於日中分或日

後分臨欲食時飢渴並至於諸飲食極生悕欲極欣極樂不見過患不知出離隨得隨食復為數數倡蕩憍逸飾好端嚴多食多飲令身充悅諸有多聞聖弟子衆以思擇力深見過患善知出離而食所食非如前說諸受欲者食於所食唯作是念我今習近所不應習所應斷食為欲永斷如是食故云何名為為身安住食於所食謂飲食已壽命得存非不飲食壽命存故名身安住我今受此所有飲食壽命得存當不殀没由是因緣身得安住能修正行永斷諸食云何名為為暫支持食於所食謂略說有二種存養一有艱難存養二無艱難存養云何名為有艱難存養謂受如是所有飲食數增飢羸困苦重病或以非法追求飲食非以正法得已染愛躭著饕餮迷悶堅執湎著受用或有食已令身沉重無所堪能不住修斷或有食已令心遲鈍不速得定或有食已令入出息来往艱難或有食已令心數為惛沉睡眠之所纏擾如是名

為有艱難存養云何名為無艱難存養謂受如是所有飲食令無飢羸無有困苦及以重病或以正法追求飲食不以非法既獲得已不染不愛亦不躭嗜饕餮迷悶堅執湎著而受用之如是受用身無沉重有所堪能堪任修斷令心速疾得三摩地令入出息無有艱難令心不為惛沉睡眠之所纏擾如是名為無艱難存養若由有艱難存養壽命得存身得安住此名有罪亦有染汙若由無艱難存養壽命得存身得安住此名無罪亦無染汙諸有多聞聖弟子衆遠離有罪有染存養習近無罪無染存養由是故說為暫支持問云何習近如前所說無罪無染所有存養以自存活荅若受飲食為除飢渴為攝梵行為斷故受為令新受當不更生為當存養力樂無罪安隱而住如是習近無罪無染所有存養而自存活云何名為為除飢渴受諸飲食謂至食時多生飢渴氣力虛羸希望飲食為欲息此飢渴纏逼氣力虛羸知量而食如是

食已令於非時不為飢羸之所纒逼謂於日晚或於夜分乃至明日未至食時如是名為為除飢渴受諸飲食云何名為為攝梵行受諸飲食謂如其量受諸飲食由是因緣修善品者或於現法或於此日飲食已後身無沉重有所堪能堪任修斷令心速疾得三摩地令入出息無有艱難令心不為惛沉睡眠之所纒擾由是速疾有力有能得所未得觸所未觸證所未證如是名為為攝梵行受諸飲食云何名為為斷故受受諸飲食謂如有一由過去世食不知量食所匪宜不消而食由是因緣於其身中生起種種身諸疾病所謂疥癩皰漿癖等如前廣說由此種種疾病因緣發生身中極重猛利熾然苦惱不可意受為欲息除如是疾病及為息除從此因緣所生苦受習近種種良醫所說饒益所宜隨順醫藥及受種種悅意飲食由此能斷已生疾病及彼因緣所生苦受如是名為為斷故受受諸飲食云何名為為令新受當不更

生受諸飲食謂如有一由現在世安樂無病氣力具足不非量食不食匪宜亦非不消而更重食令於未來食住身中成不消病或於身中當生隨一身諸疾病所謂疥癩皰漿癖等如前廣說由是因緣當生身中如前所說種種苦受餘如前說如是名為為令新受當不更生受諸飲食云何名為為當存養力樂無罪安隱而住受諸飲食謂飲食已壽命得存是名存養若除飢羸是名為力若斷故受新受不生是名為樂若以正法追求飲食不染不愛乃至廣說而受用之是名無罪若受食已身無沉重有所堪能堪任修斷如前廣說如是名為安隱而住是故說言由正思擇食於所食不為倡蕩不為憍逸不為飾好不為端嚴乃至廣說是名廣辯於食知量云何應知此中略義謂若所受食若如是食當知摠名此中略義何者所食謂諸段食即餅麨飯羹臛糜粥如前廣說云何而食謂正思擇食於所食不為倡蕩不為憍逸不為飾好不為

端嚴乃至廣說復次應知此中略義謂為攝受對治為遠離欲樂行邊為遠離自苦行邊為攝受梵行受諸飲食云何為攝受對治受諸飲食謂如說言由正思擇食於所食云何為遠離欲樂行邊受諸飲食謂如不為倡蕩不為憍逸不為飾好不為端嚴食於所食云何為遠離自苦行邊受諸飲食謂如說言為除飢渴為新故為令斷受當不更生為當存養若力若樂食於所食云何為攝受梵行受諸飲食謂如說言為攝梵行為得無罪安隱而住食於所食復次應知此中略義謂有二種一無所食二有所食無所食者謂一切種都無所食無所食故即便夭沒有所食者有其二種一平等食二不平等食平等食者謂非極少食非極多食非不宜食非不消食非染汙食不平等食者謂或極少食或極多食或不宜食或不消食或染汙食當知此中由平等食非極少食令身飢羸未生不生已生斷滅由平等食非極多食身無沉重有所

瑜伽師地論卷第二十三　二十一　鵠字号

堪能堪任修斷如前廣說由平等食非不宜食非不消食能斷故受不生新受由是因緣當得存養若力若樂由平等食非染汙食當得無罪安隱而住由極少食雖存壽命而有飢羸亦少存活由極多食如極重擔鎮壓其身不能以時所食消變由不消食或住身中成不消病或生隨一身諸病苦如不消食由不宜食當知亦介此不宜食有差別者謂於身中集諸過患由此復觸極重病苦由染汙食非法追求諸飲食已有染有愛耽嗜饕餮如前廣說而受用之由此受用平等所食及以遠離不平等食故說於食平等所作即此於食平等所作廣以諸句宣示開顯所謂說言由正思擇食於所食不為倡蕩不為憍逸不為飾好不為端嚴如前廣說此中說言由正思擇食於所食不為倡蕩不為憍逸不為飾好不為端嚴為身安住為暫支持由此遮止都無所食若復說言為除飢渴為攝梵行廣說乃至安隱而住由此遮止不平等食

第二十三　二十二　鵠字号

云何遮止不平等食謂若說言為除飢渴由此遮止所食極少若復說言為攝梵行由此遮止所食極多若復說言為斷故受為令新受當不更生由此遮止不消而食食所匪宜若復說言為當存養為當得力由此顯示不極少食不極多食若復說言為當得樂由此顯示消已而食及食所宜若復說言為當無罪安隱而住由此顯示無染汙食所以者何若以非法追求飲食得已染愛如前廣說而受用之名染汙食亦名有罪若於善品勤修習者於住空閑瑜伽作意受持讀誦思惟義中由彼諸惡不善尋思令心流漏令心相續隨順趣向臨入而轉由是因緣不安隱住此安隱住復有二種一者遠離所食極多由是因緣身無沉重有所堪能堪修斷如前廣說二者於食不生味著由是因緣遠離諸惡尋思擾動不安隱住是故如此一切諸句皆為宣示開顯於食平等所作如是名為廣略宣說於食知量

瑜伽師地論卷第二十三

瑜伽師地論卷第二十三

校勘記

一　底本，金藏廣勝寺本。

一　五五八頁中四行「第十三」，徑、清無。

一　五五八頁中四行第一七字「地」，資、磧、普、南、徑、清作「地品」。

一　五五八頁下四行「功德」，諸本作「功能」。

一　五五九頁上一一行第八字「由」，磧、普、南作「中」。

一　五五九頁中一〇行第一一字「聞」，資、磧、普、南、徑、清作「聞號」。

一　五五九頁中一九行第六字「念」，諸本作「令」。

一　五六〇頁上一二行第二字「今」，磧、普、南、徑、清作「令」。

一　五六〇頁中二〇行第三字「拔」，資、磧、普、南、徑、清作「伏」。

一　五六〇頁下九行第四字「妙」，石作「如」。

一 五六一頁中一四行首字「共」，資、磧、普、南、徑、清作「失」。

一 五六一頁下六行第六字「便」，磧、普、南、徑、清作「更」。

一 五六二頁上一行第二字「那」，石作「捺」。

一 五六二頁上一一行第九字及一五行第一三字「領」，諸本作「飲」。

一 五六二頁中八行第一〇字「有」，磧、普、南作「不」。

一 五六二頁下七行首字，五六四頁中二一行第一一字「糜」，石作「糜」。

一 五六二頁下一〇行第六字「啜」，資、磧、普、南、徑、清作「吮」。

一 五六二頁下一六行末字「貪」，石作「食」。

一 五六三頁上六行第一二字「諸」，麗作「角」。

一 五六三頁上七行第二字「角」，石、麗作「有」；資、磧、普、南、徑、清作「捔」。

一 五六三頁上一二行第九字「疾」，石作「病」。

一 五六三頁中二〇行第一一字「住」，石、資、磧、普、南、徑、麗作「任」。

一 五六四頁上四行末字「如」，麗作「知」。

一 五六四頁中二行第九字「量」，石作「重」。

一 五六四頁下六行第一一字「如」，諸本作「如說言」。

一 五六四頁下九行第一一字至一〇行第二字「爲新故爲令斷」，諸本作「爲斷故受爲令新」。

一 五六四頁下一六行第一三字「二」，磧、普、南作「一」。

一 五六五頁上四行末字「隱」，石、資、磧、普、南、徑、清作「樂」。

一 五六五頁中一八行第七字「堪」，諸本作「堪任」。

瑜伽師地論卷第二十四　聽

彌勒菩薩說

三藏法師玄奘奉　詔譯

本地分中聲聞地第十三初瑜伽處出離地第三之三

復次初夜後夜常勤修習寤寤瑜伽者云何初夜云何後夜云何寤寤瑜伽云何常勤修習寤寤瑜伽言初夜者謂夜四分中過初一分是夜初分言後夜者謂夜四分中過後一分是夜後分寤寤瑜伽者謂如說言於晝日分經行宴坐從順障法淨修其心於初夜分經行宴坐從順障法淨修其心淨修心已出住處外洗濯其足還入住處右脅而臥重累其足住光明想正念正知思惟起想巧便而臥至夜後分速疾寤寤經行宴坐從順障法淨修其心常勤修習寤寤瑜伽者謂如有一世尊弟子聽聞寤寤瑜伽法已欲樂修學便依如是寤寤瑜伽作如是念我當成辦佛所聽許寤寤瑜伽發生樂欲精進勤劬超越勇猛勢力發起勇悍剛決不可制伏策勵

其心無間相續此中云何於晝日分經行宴坐從順障法淨修其心言晝日者謂從日出時至日沒時言經行者謂於廣長稱其度量一地方所若往若來相應身業言宴坐者謂如有一或於大床或小繩床或草葉座結加趺坐端身正願安住背念所言障者謂五種蓋順障法者謂能引蓋隨順蓋法云何五蓋謂貪欲蓋瞋恚蓋惛沉睡眠蓋掉舉惡作蓋及以疑蓋云何順障法謂淨妙相瞋恚相黑闇相親屬國土不死尋思追憶昔時笑戲喜樂承事隨念及以三世或於三世非理法思間於經行時從幾障法淨修其心云何從彼淨修其心答從惛沉睡眠蓋及能引惛沉睡眠障法淨修其心為除彼故於光明想善巧精懇善取善思善了善達以有明俱心及有光俱心或於屏處或於露處往返經行時隨緣一種淨妙境界極善示現勸導讚勵慶慰其心謂或念佛或法或僧或戒或捨或復念天或於宣說惛沉睡眠過患相應所有正

法於此法中為除彼故以無量門訶責毀呰惛沉睡眠所有過失以無量門稱揚讚歎惛沉睡眠永斷功德所謂契經應頌記別諷誦自說因緣譬喻本事本生方廣希法及以論議為除彼故於此正法聽聞受持以大音聲若讀若誦為他開示思惟其義稱量觀察或觀方隅或瞻星月諸宿道度或以冷水洗灑面目由是惛沉睡眠纏蓋未生不生已生除遣如是方便從順障法淨修其心問於宴坐時其心答從四障法淨修其心謂貪欲從幾障法淨修其心云何從彼淨修瞋恚掉舉惡作疑蓋及能引彼法淨修其心為令已生貪欲纏蓋速除遣故為令未生極遠離故結加趺坐端身正願安住背念或觀青瘀或觀膿爛或觀變壞或觀膖脹或觀食噉或觀血塗或觀其骨或觀其鎖或觀骨鎖或於隨一賢善定相作意思惟或於宣說貪欲過患相應正法於此法中為斷貪欲以無量門訶責毀呰欲貪欲愛欲藏欲護欲著過失以無量

門稱揚讚歎一切貪欲永斷功德所謂契經應頌記別乃至廣說為斷貪欲於此正法聽聞受持言善通利意善尋思見善通達即於此法如是宴坐如理思惟由是因緣貪欲纏蓋未生不生已生除遣如是方便從順障法淨修其心於瞋恚蓋法有差別者謂如是宴坐以慈俱心無怨無敵無損無惱廣大無量極善修習普於一方發起勝解具足安住如是第二如是第三如是第四上下傍布普遍一切無邊世界發起勝解具足安住餘如前說於掉舉惡作蓋法有差別者謂如是宴坐令心內住成辦一趣得三摩地餘如前說於疑蓋法有差別者謂如是宴坐於過去世非不如理作意思惟於未來世於現在世非不如理作意思惟我於過去為曾有耶為曾無耶我於過去為曾何有云何曾有我於未來為當何有云何當有我於現在為何所有云何而有今此有情從何而來於此殁沒當往何所於如是等不如正理作意思惟應正

遠離如理思惟去來今世唯見有法唯見有事知有為有知無為無唯觀有因唯觀有果於實無事不增不益於實有事不毀不謗於其實有了知實有謂於無常苦空無我一切法中了知無常苦空無我以能如是如理思惟便於佛所無惑無疑餘如前說於法於僧於苦於集於滅於道於因及因所生諸法無惑無疑餘如前說又於瞋恚蓋應作是說為斷瞋恚及瞋恚相於此正法聽聞受持乃至廣說於掉舉惡作蓋應作是說為斷掉舉及順彼法於此正法聽聞受持乃至廣說於其疑蓋應作是說為斷疑蓋及順彼法於此正法聽聞受持乃至廣說如是方便從貪欲瞋恚惛沉睡眠掉舉惡作疑蓋及順彼法淨修其心是故說言經行宴坐從順障法淨修其心如是已說由法增上從順障法淨修其心復有由自增上及世增上從順障法淨修其心云何名為由自增上謂如有一於諸蓋中隨起一種便自了知此非善法於所生蓋

不堅執著速疾棄捨擯遣變吐又能自觀此所生蓋甚可羞耻令心染惱令惠羸劣是損害品如是名為由自增上從順障法淨修其心云何名為由世增上從順障法淨修其心謂如有一於諸蓋中隨一已生或將生時便作是念我若生起所未生蓋當為大師之所訶責亦為諸天及諸有智同梵行者以法輕毀彼由如是世增上故未生諸蓋能令不生已生諸蓋能速棄捨如是名為由世增上從順障法淨修其心又為護持諸卧具故順世儀故晝夜初分經行宴坐從順障法淨修其心從順障法淨修心已出住處外洗濯其足洗濯足已還入住處如法寢卧為令寢卧長養大種得增長已長益其身轉有勢力轉能隨順無間常委善品加行問以何因緣右脅而卧答與師子王法相似故問何法相似答如師子王一切獸中勇悍堅猛最為第一比丘亦尒於常修習寤寐瑜伽發勤精進勇悍堅猛最為第一由是因緣與師子王卧法

相似非如其餘鬼卧天卧受欲者卧由彼一切嬾墮懈怠下劣精進勢力薄弱又法應尒如師子王右脅卧者如是卧時身無掉乱念無忘失睡不極重不見惡夢異此卧者與是相違當知具有一切過失是故說言右脅而卧重累其足云何名為住光明想巧便而卧謂於光明想善巧精懇善取善思善了善達思惟諸天光明俱心巧便而卧由是因緣雖復寢卧心不惛闇如是名為住光明想巧便而卧云何正念巧便而卧謂若諸法已聞已思已熟修習體性是善能引義利由正念故乃至睡夢亦常隨轉由正念故於睡夢中亦常記憶令彼法相分明現前即於彼法心多隨觀由正念故隨其所念或善心眠或無記心眠是名正念巧便而卧云何正知巧便而卧謂由正念而寢卧時若有隨一煩惱現前染惱其心於此煩惱現生起時能正覺了令不堅著速疾棄捨厭通達已令心轉還是名正知巧便而卧云何名為思惟起想巧便

而卧謂以精進策勵其心然後寢卧於寢卧時時時覺寤如林野鹿不應一切縱放其心隨順趣向臨入睡眠復作是念我今應於諸佛所許悎寤瑜伽一切皆當具足成辦為成辦故應住精勤最極濃厚加行欲樂復作是念我今為修寤寐瑜伽應正發起勤精進住為欲修習諸善法故應正翹勤離諸嬾惰起發具足過今夜分至明清旦倍增發起勤精進住起發具足當知此中由第一思惟起想無重睡眠於應起時速疾能起終不過時方乃寤寤由第二思惟起想能於諸佛共所聽許師子王卧如法而卧無增無減由第三思惟起想令善欲樂常無斷廢雖有失念而能後後展轉受學令無斷絶如是名為思惟起想巧便而卧云何至夜後分速疾寤寤經行宴坐從順障法淨其脩心夜後分者謂夜四分中過後一分名夜後分彼由如是住光明想正念正知思惟起想巧便而卧於夜中分夜四分中過於一分正習睡眠令於起時

身有堪能應時而起非為上品惛沉睡眠纏所制伏令將起時闇鈍薄弱嬾墯懈怠由無如是闇鈍薄弱嬾墯懈怠暫作意時無有艱難速疾能起從諸障法淨修心者如前應知如是廣辯初夜後夜常勤修習寤寤瑜伽已復云何知此中略義謂常勤修習寤寤瑜伽所有士夫補特伽羅略有四種正所作事何等為四一者乃至寤寤常不捨離所修善品無間常委修善法中勇猛精進二者以時而卧不以非時三者無染汙心而習睡眠非染汙心四者以時寤寤起不過時是名四種常勤修習寤寤瑜伽所有士夫補特伽羅正所作事依此四種正所作事諸佛世尊為聲聞衆宣說修習寤寤瑜伽云何宣說謂若說言於晝日分經行宴坐從順障法淨修其心於初夜分經行宴坐從順障法淨修其心由此言故宣說第一正所作事謂乃至寤寤常不捨離所修善品無間常委修善法中勇猛精進若復說言出住處外洗濯其足還入住

處右脅而卧重累其足由此言故宣說第二正所作事謂以時而卧不以非時若復說言住光明思正念正知思惟起想巧便而卧由此言故宣說第三正所作事謂無染汙心而習睡眠非染汙心若復說言於夜後分速疾寤寤經行宴坐從順障法淨修其心由此言故宣說第四正所作事謂以時寤寤起不過時此中所說住光明想正念正知思惟起想巧便卧者顯由二緣無染汙心而習睡眠非染汙心謂由正念及由正知復由二緣以時寤寤起不過時謂由住光明想及由思惟起想此復云何由正念故於善所緣攝斂而卧由正知故於善所緣若心退失起諸煩惱即便速疾能正了知如是名為由二緣故無染汙心而習睡眠非染汙心由住光明想及思惟起想無重睡眠非睡眠纏能速隨逐如是名為由二緣故以時寤寤起不過時如是宣說常勤修習寤寤瑜伽所有略義及前所說廣辯釋義揔說名為初夜後夜常勤修習

寤寤瑜伽云何名為而住正知謂如有一若往若還正知而住若覩若瞻正知而住若屈若伸正知而住持僧伽胝及以衣鉢正知而住若食若飲若噉若嘗正知而住若行若住若坐若卧正知而住於寤寤時正知而住若語若默正知而住解勞睡時正知而住若往若還正知住者云何為往云何為還云何往還正知而住所言往者謂如有一往詣聚落往聚落閒往詣家屬往家屬閒往詣道場往道場閒所言還者謂如有一從聚落還聚落閒還從家屬還家屬閒還從道場還道場閒還所言往還正知住者謂於自往正知我往及於自還正知我還於所應往及非所往能正了知於所應還及非所還能正了知於應往時及非往時能正了知於應還時及非還時能正了知於其如是如是應往及不應往能正了知於其如是如是應還及不應還能正了知是名正知彼由成就此正知故自知而往自知而還往所應往非非所往還所

應還非非所還以時往還不以非時如其色類動止軌則禮式威儀應往應還如是而往如是而還如是名為若往若還正知而住若觀若瞻正知住者云何為觀云何為瞻云何觀瞻正知而住所言觀者謂於如前所列諸事若往若還先無覺慧先無功用先無欲樂於其中間眼見衆色是名為觀所言瞻者謂於如前所列諸事若往若還覺慧為先功用為先欲樂為先眼見衆色謂或諸王或諸王等或諸僚佐或諸黎庶或婆羅門或諸居士或饒財寶長者商主或餘外物房舍屋宇殿堂廊廟或餘世間衆雜妙事觀見此等是名為瞻若復於此觀瞻自相能正了知於所應觀於所應瞻能正了知於應觀時於應瞻時能正了知如所應觀如所應瞻能正了知是名正知彼由成就此正知故自知而觀自知而瞻觀所應觀瞻所應瞻於應觀時於應瞻時而正瞻觀如所應觀如所應瞻如是而觀如是而瞻如是名為若觀若瞻正知而住

若屈若申正知住者云何為屈云何為申云何名為若屈若申正知而住謂彼如是觀時瞻時若往為先若還為先或屈申足或屈申髀或屈申手或復屈申隨一支節是名屈申若於屈申所有自相能正了知若所屈申能正了知若屈申時能正了知若如是屈及如是申能正了知是名正知彼由成就此正知故於屈於申自知而屈自知而申於所應屈於所應申而屈而申於應屈時於應申時而屈而申如所應屈如所應申

如是而屈如是而申如是名為若屈若申正知而住持僧伽胝及以衣鉢正知住者云何持僧伽胝云何持衣云何持鉢云何持僧伽胝及以衣鉢正知而住謂有大衣或六十條或九條等或兩重刺名僧伽胝被服受用能正將護說名為持若有中衣若有下衣或持為衣或有長衣或應作淨或已作淨如是一切說名為衣被服受用能正將護說名為持若堪受持或鐵或瓦乞食應器說名為鉢現充

受用能正將護說名為持若於如是或僧伽胝或衣或鉢所有自相能正了知於所應持或僧伽胝或衣或鉢或淨不淨能正了知若於此時或僧伽胝或衣或鉢已持應持能正了知若於如是或僧伽胝或衣或鉢應如是持能正了知是名正知彼由成就此正知故於所應持或僧伽胝或衣或鉢自知而持所應持於應持時而能正持如所應持如是而持如是名為持僧伽胝及以衣鉢正知而住若食若飲若噉若嘗正知住者云何為食云何為飲云何為噉云何為嘗云何若食若飲若噉若嘗正知而住謂諸所有受用飲食總名為食此復二種一噉二嘗云何為噉謂噉餅麨或飯或糜或羹或臛或有所餘造作轉變可噉可食能持生命如是等類皆名為噉亦名為食云何為嘗謂嘗乳酪生酥熟酥油蜜沙糖魚肉醢鮓或新果實或有種種咀嚼品類如是一切總名為嘗亦名為食云何為飲謂沙糖汁或石蜜汁或飲漿飲或鑽

酪飲或酢為飲或抨酪飲乃至於水揔名為飲若於如是若食若飲若噉若嘗所有自相能正了知若於一切所食所飲所噉所嘗能正了知若於尒時應食應飲應噉應嘗能正了知若於如是應食應飲應噉應嘗能正了知是名正知彼由成就此正知故於自所有若食若飲若噉若嘗自知而食自知而飲自知而噉自知而嘗於所應食於所應飲於所應噉於所應嘗正食正飲正噉正嘗應時而食應時而飲應時而噉應時而嘗如所應食乃至如所應嘗如是而食乃至如是而嘗如是名為若食若飲若噉若嘗正知而住若行若住廣說乃至若解勞睡正知住者云何為行云何為住云何為坐云何為臥云何寤寤云何為語云何為默云何名為解於勞睡云何於行廣說乃至於解勞睡正知而住謂如有一於經行處來往經行或復往詣同法者所或涉道路如是等類說名為行復如有一住經行處住諸同法阿遮利耶鄔波拕耶及

諸尊長等尊長前如是等類說名為住復如有一或於大牀或小繩牀或草葉座或諸敷具或尼師檀結加趺坐端身正願安住背念如是等類說名為坐復如有一出住處外洗濯其足還入住處或於大牀或小繩牀或草葉座或阿練若或在樹下或空閑室右脅而臥重疊其足如是等類說名為臥復如有一於晝日分經行宴坐從順障法淨修其心於初夜分於後夜分經行宴坐從順障法淨修其心說名寤寤復如有一常勤修習如是寤寤於未受持正受正習令得究竟所謂契經應頌記別廣說如前即於如是已所受法言善通利謂大音聲若讀若誦或復為他廣說開示於時時間與諸有智同梵行者或餘在家諸賢善者語言談論共相慶慰為欲勸勵及求資具如是等類說名為語復如有一隨先所聞隨先所習言善通利究竟諸法獨處空閑思惟其義籌量觀察或處靜室令心內住等住安住及與近住調伏寂靜最極寂

靜一趣等持或復於彼毗鉢舍那修瑜伽行如是等類說名為默復如有一於其熱分極炎暑時或為熱逼或為劬勞便生疲倦非時惛寐樂著睡眠是名勞睡若復於行廣說乃至於解勞睡所有自相能正了知於所應行乃至於應所解勞睡能正了知於應行時乃至於應解勞睡時能正了知如所應行乃至如所應解勞睡能正了知是名正知彼由成就此正知故於其自行乃至於其自解勞睡正知而行乃至正知而解勞睡若所應行乃至若所應解勞睡即於彼行乃至於彼解勞睡若時應行乃至若時應解勞睡即此時行乃至此時解於勞睡如所應行乃至如所應解勞睡如是而行乃至如是而解勞睡如是名為於行於住於坐於臥於其寤寤於語於默於解勞睡正知而住復此如是正知而住云何次第為顯何事謂如有一依止如是村邑聚落亭邏而住作是思惟我今應往如是村邑聚落亭邏巡行乞食如是乞已出

還本處又於如是村邑等中或有居家我不應往何等居家謂唱令家或酤酒家或婬女家或國王家或旃荼羅羯耻那家或復有家一向誹謗不可迴轉或有居家我所應往謂剎帝利大族姓家或婆羅門大族姓家或諸居士大族姓家或僚佐家或饒財家或長者家或商主家又有居家我雖應往不應太早太晚而往若施主家有遽務時亦不應往若戲樂時若有營構嚴飾事時若為世間弊穢法時若忿競時亦不應往又如所往如是應往不與暴乱惡鳥俱行不與暴乱衆車惡馬惡牛惡狗而共同行不入內藂不蹈棘刺不踰牆垣不越坑塹不墮山岸不溺深水不履糞穢應隨月喻往施主家具足慚愧遠離憍傲濫濂身心不求利養不希恭敬如自獲得所有利養心生喜悅如是於他所得利養心亦喜悅不自高舉不輕蔑他心懷哀愍又應如是自持其心往施主家豈有出家往詣他所要望他施非不恵施廣說乃至要當遠

疾而非遲緩又作是心我於今彼往施主家所受施物應知其量又我不應利養因緣矯詐虛誑現威乱相以利求利得利養已無染無愛亦不躭嗜饕餮迷悶堅執湎著而受用之復於已往或正往時觀見衆色於此衆色一分應觀或有一分所不應觀於不應觀所有衆色當攝其眼善護諸根於所應觀所有衆色應善住念而正觀察何色類色所不應觀謂諸伎樂戲笑歡娛或餘遊戲所作歌舞音樂等事如是復有女色殊勝幼少盛年美妙形色或復有餘所見衆色能壞梵行能障梵行能令種種諸惡不善尋思現行如是色類所有衆色不應觀視何色類色是所應觀謂諸所有衰老朽邁上氣者身傴僂憑杖戰掉者身或諸疾苦重病者身胕腫手腫腹腫面腫膚色萎黃瘡癬疥癩衆苦逼迫身形委頓身形洪爛諸根闇鈍或有夭喪死經一日或經二日或經七日被諸烏鵲餓狗鵄鷲狐狼野干種種暴惡傍生禽獸之所食噉或命

終已出置高牀上施幰帳前後大衆或哀或哭以其灰土塗坌身驗生愁生苦生悲生怨生憂生惱如是等類所有衆色我應觀察觀是衆色能順梵行能攝梵行能令諸善尋思現行不應搖身搖辟搖頭跳躑拚手叉胥竦肩入施主家不應輒坐所不許座不應不審觀座而坐不應放縱一切身分不應翹足不應交足不太狹足不太廣足端嚴而坐不應開細不軒不礫亦不褰張而被法服所服法衣並皆齊整不高不下不如象鼻非如多羅樹閒房穗非如龍首非如豆摶而被法服不應持鉢預就其食不應持鉢往飲食上不應置鉢在雜穢處若坑澗處若崖岸處又應次第受用飲食不應以飯覆羹臛上不以羹臛覆其飯上不應饕餮受諸飲食不應嫌恨受諸飲食不太麁食不太細食應圓摶食不應舐手不應舐鉢不振手食不振足食不應齧斷而食其食從施主家還歸住處於晝夜分在自別人所經行處往反經行非於他處

非不委處非不恣處非不與處而輙經行非身劬勞非身疲倦非心掉舉所制伏時而習經行為修善品為善思惟內攝諸根心不外亂而習經行不太馳速不太躁動亦非一向專事往來而習經行時時進步時時停住而習經行如是於自所居住處自院自房別人處僧分與處非於他處非委處非不恣處習經行已復於大牀或小繩牀或草葉座或尼師壇或阿練若樹下塚間或空閑室結加趺坐端身正願安住背念而習宴坐於夜中分如法寢息於晝日分及夜初分修諸善品不應太急如是寢時應如前說住光明想正念正知思惟起想於夜後分速疾寤寤或於語論或於讀誦勤修加行或為修斷閑居宴默思惟法時應當遠離順世典籍綺字綺句綺飾文詞能引無義不能令證神通等覺究竟涅槃復於如來所說正法甚深極甚深相似甚深空性相應隨順緣性及諸緣起殷重無間善攝善受令堅令住令無失壞為成正行

不為利養恭敬稱譽又於是法言善通利慧善觀察於諠雜眾不樂習近不樂多業不樂多言於時時間安住正念與諸有智同梵行者語言談論共相慶慰樂興諸問樂求諸善無違諍心言詞稱量言詞合理言詞正直言辭寂靜樂勤為他宣說正法又應宴默於惡不善所有尋思不樂尋思又於非理所有諸法不樂思惟於自所證離增上慢於少下劣差別證中不生喜足於上所證中無退屈善能遠離不應思處時時修習止觀瑜伽樂斷樂修無間修習殷重修習又於熱分極炎暑時勇猛策勵發勤精進非時發起惛睡為此義故暫應寢息隨作一種所應作事勞倦因緣遂於欲令惛睡疾疾除遣勿經久時損減善品障身善品於寢息時或關閉門或令比丘在傍看守或畔荼那隱蔽軌則以衣蔽身在深隱處須臾寢息令諸勞睡皆悉除遣如是名為正知而住先後次第謂依行時及依住時又於善品先未趣入心興加行如理

作意俱行妙慧說名正知即此正知行時住時一切成辦無所減少如是名為正知而住當知此中若往若還若覩若瞻若屈若申持僧伽胝及以衣鉢若食若飲若噉若嘗正知而住由是名為於村邑等如法行時正知而住若行若住若坐若臥若習寤寤若語若默若解勞睡正知而住由是名為於其住處如法住時正知而住如是應知已廣分別正知而住復次何知此中略義謂於行時五種業於其住時有五種業行時住時正知而住有四種業如是名為正知而住所有略義云何行時有五種業一者身業二者眼業三者一切支節業四者衣鉢業五者飲食業如是名為行時五業謂若說言若往若還此言顯示行時身業若復說言若覩若瞻此言顯示行時眼業若復說言若屈若申此言顯示行時一切支節業若復說言持僧伽胝及以衣鉢此言顯示行時衣鉢業若復說言若食若飲若噉若嘗此言顯示行時飲食業云何名

為住時五業一者身業二者語業三者意業四者晝業五者夜業謂若說言若行若住若坐此言顯示住時身業若復說言若語此言顯示住時語業若復說言若臥若默若解勞睡此言顯示住時意業若復說言若習寤寤此言顯示住時晝業夜業身業語業又若臥者此言顯示住時夜業當知是名住時五業云何名為行時住時正知而住所有四業謂初依彼行業住業起業是業即於彼業安守正念不放逸住當知此業正念所攝不放逸攝若於是事是處是時如量如理如其品類所應作者即於此事此處此時如量如理如其品類正知而作彼由如是正知作故於現法中無罪無犯無有悪作無變無悔於當来世亦無有罪身壞死後不墮惡趣不生一切那落迦中為得未得積習資糧如是名為正知而住所有略義前廣分別今此略義一切捴名正知而住

瑜伽師地論卷第二十四

瑜伽師地論卷第二十四

校勘記

一　底本，金藏廣勝寺本。

一　五六七頁中四行「第十三」，徑、清無。第一七字「地」，資、磧、普、南、徑、清作「地品」。

一　五六七頁中五行第一一字「寤」，石、麗作「覺」；資、磧、普、南、徑、清作「悟」，下同。

一　五六七頁下一二行第五字「土」，南、徑、清作「王」。

一　五六七頁下一七行第一二字，五六九頁中八行第九字「想」，資、磧、普、南、徑、清作「相」。

一　五六七頁下二〇行第四字「行」，諸本作「行於經行」。

一　五六八頁下一三行首字「舉」，諸本作「舉惡作」。

一　五六九頁上一三行第五字「晝」，麗作「盡」。

一　五六九頁下四行第一三字「悟」，石、麗作「覺」。

一　五六九頁下一九行第七字「順」，磧、南作「願」。

一　五六九頁下一九行「其修」，諸本作「修其」。

一　五七〇頁上八行首字「寤」，清作「悟」。

一　五七〇頁中三行第一〇字「思」，諸本作「想」。

一　五七〇頁下一行第九、一〇字「而住」，諸本作「正知」。

一　五七一頁上一四行末字「離」，諸本作「雜」。

一　五七一頁下九行「持所」，麗作「於所」。

一　五七一頁下一七行第四字「糜」，石作「麋」。

一　五七一頁下二〇行「鹽鮓」，石作「醯酢」；麗作「醯鮓」。

一　五七一頁下二一行末字「是」，磧、普、南、徑、清作「見」。

一　五七一頁下末行第一〇字「飲」，

諸本作「飯」。

一　五七二頁中一行第六字「長」，資、磧、普、南、徑、清作「者」。

一　五七二頁中一三行第七字「持」，諸本作「法」。

一　五七二頁中一八行第一〇字「共」，清作「若」。

一　五七二頁下二〇行首字「此」，諸本作「次」。

一　五七三頁上九行第三字及二二行第一〇字「往」，磧、普作「住」。

一　五七三頁上一二行第九字「往」，石作「住」。

一　五七三頁上一三行第九字「烏」，諸本作「象」。

一　五七三頁上一五行「牆垣」，諸本作「垣牆」。

一　五七三頁上一六行第五字「岸」，資、磧、普、南、徑、清作「崖」。

一　五七三頁中一行第一三字「改」，麗作「段」。

一　五七三頁中一二行「女色」，麗作「母邑」。

一　五七三頁下九行第一二字「太」，清作「大」。

一　五七三頁下一〇行第一二字「細」，資、磧、普、南、徑、清、麗作「紐」。

一　五七三頁下二〇行首字「應」，石、麗作「不應」。

一　五七四頁上八行第三字「別」，諸本作「自別」。

一　五七四頁上八行末字「非」，諸本作「非不」。

一　五七四頁中五行第七字「諸」，諸本作「請」。

一　五七四頁中一五行第七字「作」，普、南、徑、清作「非」。

一　五七四頁中末行第一〇字「興」，資、磧、普、南、徑、清作「與」。

一　五七四頁下一一行第一一字「五」，諸本作「有五」。

一　五七五頁上二〇行第五字「知」，磧作「如」。

瑜伽師地論卷第二十五　　　聽

彌勒菩薩說

三藏法師玄奘奉　詔譯

本地分中聲聞地第十三初瑜伽處出離地第三之四

云何名善友性謂八因緣故應知一切種圓滿善友性何等為八謂如有一安住禁戒具足多聞能有所證性多哀愍心無猒倦善能堪忍無有怖畏語具圓滿云何名為安住禁戒謂安住具戒善能守護別解律儀如前廣說樂沙門性樂婆羅門性為自調伏為自寂靜為自涅槃修行正行如是名為安住禁戒云何名為具足多聞謂若有法宣說開示初中後善文義巧妙獨一圓滿清白梵行於如是類衆多妙法能善受持言善通利意善尋思見善通達如是名為具足多聞云何名為能有所證謂能證得勝想一切世間不可樂想有過患想斷想離想滅想死想不淨想青瘀想膿爛想破壞想膖脹想噉食想血塗想

離散想骨鎖想觀察空想復能證得初靜慮第二靜慮第三靜慮第四靜慮空無邊處識無邊處無所有處非想非非想處又能證得慈悲喜捨或預流果或一來果或不還果或神境通或宿住通或天耳通或死生通或心差別通或阿羅漢具八解脫靜慮等定有大堪能具大勢力能善為他現三神變教授教誡三神變者一神力神變二記說神變三教導神變如是名為能有所證云何名為性哀愍謂於他所常起悲憐樂與其義樂與其利樂與其樂樂與猗樂與安隱如是名為為性哀愍云何名為心無猒倦謂善能亦現善能教導善能讚勵善能慶慰處於四衆宣說正法不辭勞倦翹勤無惰起發圓滿為性好樂發勤精進如是名為心無猒倦云何名為善能堪忍謂罵不報罵瞋不報瞋打不報打弄不報弄堪耐推杵於諸逼迫縛錄禁閉擗打毀辱迫脅斫截衆苦事中自推己過以業異熟為所依趣終不於他發生憤恚

亦不懷恨隨眠不捨如是雖遭輕陵毀辱而其本性都無變改唯常於彼思為義利又能堪忍寒熱飢渴蚊蝱風日虵蠍惡觸他所干犯磣毒語言身內所生猛利堅勁辛楚切心奪命苦受為性堪忍能有容納如是名為善能堪忍云何名為無有怖畏謂處大衆說正法時心無怯劣聲無戰掉辯無誤失終不由彼怯懼因緣為諸怖畏之所逼切腋不流汗身毛不竪如是名為無有怖畏云何名為語具圓滿謂彼成就審上首語極美妙語甚顯了語易悟解語樂欲聞語無違逆語無所依語無邊際語如是名為語具圓滿言詞巧妙成就如是八種因緣善能諫舉善作憶念善能教授善能教誡善說正法云何名為善能諫舉謂若有餘於增上戒毀犯尸羅於增上軌毀犯軌則由見聞疑能正諫舉真實不以虛妄應時不以非時饒益不以衰損柔軟不以麁獷善友不以憎嫉如是名為善能諫舉云何名為善作憶念謂令憶念先所犯罪

或法或義云何名為令其憶念先所犯罪謂若有餘先起毀犯而不能憶善作方便令彼憶念告言長老曾於某處某事某時毀犯如是如是色類如是名為令其憶念先所犯罪云何名為令憶念法謂若有餘於先所聞所受正法獨處思念所謂契經應頌記別廣說如前彼若不憶令其憶念或復稱述授與令憶或興請問詰難令憶如是名為令憶念法云何名為令憶念義謂若有餘於先所聞所受正義有所忘失為作憶念宣說開示令新令顯又若有善能引義利能引梵行久時所作久時所說彼若忘失亦令憶念如是名為善作憶念云何名為善能教授謂於遠離寂靜瑜伽作意止觀時時隨順教授而轉時時宣說與彼相應無倒言論所謂能趣心離障蓋甚可愛樂尸羅言論等持言論聖慧言論解脫言論解脫智見言論少欲言論喜足言論永斷言論離欲言論寂滅言論損減言論無雜言論隨順緣性緣起言論如是名為

善能教授云何名為善能教誡謂於大師所說聖教能以正法以毗奈耶平等教誨或軌範師或親教師或同法者或餘尊重等尊重者如實知彼隨於一處違越毀犯便於時時如法呵責治罰驅擯令其調伏既調伏已如法平等受諸利養和同曉悟叕餟攝受於所應作及不應作為令現行不現行故於其積集及不積習教導教誨如是名為善能教誡云何名為善說正法謂於時時能善宣說初時所作無倒言論所謂施論戒論生天之論於諸欲中能廣開示過患出離清淨品法又於時時宣說超勝四種聖諦相應言論所謂苦論集論滅論道論為諸有情得成熟故為諸有情得清淨故為令正法得久住故宣說相應助伴隨順清亮有用相稱應順名句文身所有言論又此言論應時而發殷重漸次相續俱有令其欣慶令其愛樂令其歡喜令其勇悍無所訶擯相應助伴無乱如法稱順衆會有慈憐心有利益心有哀愍心不依利養

恭敬讃頌不自高舉不陵蔑他如是名為善說正法由彼成就如是八支於時時間善能諫舉善作憶念善能教授善能教誡善說正法是故說彼名為善友如是廣辯善友性已復云何知此中略義謂若善友心善稠密為性哀愍爲初於彼樂為利益樂為安樂又即於此利益安樂如實了知無有顛倒離顛倒見又即於此利益安樂有大勢力方便善巧能令積集能令引發又即於此利益安樂翹勤無惰起發圓滿為性好樂發勤精進當知由此四因緣故攝一切種摠略圓滿善知識性如是名為此善友性所有略義若前所說廣分別義若此所說所有略義一切摠說為善友性云何名為聞思正法謂正法者若佛世尊若佛弟子正士正至正善丈夫宣說開顯分別照了此復云何所謂契經應頌記別廣說如前十二分教是名正法云何契經謂薄伽梵於彼彼方所為彼彼所化有情依彼彼所化諸行差別宣說無量蘊相應語處相應

語緣起相應語食相應語諦相應語界相應語聲聞乘相應語獨覺乘相應語如來乘相應語念住正斷神足根力覺支道支等相應語不淨息念諸學證淨等相應語結集如來正法藏者攝聚如是種種聖語為令聖教久住世故以諸美妙名句文身如其所應次第安布次第結集謂能貫穿縫綴種種能引義利能引梵行真善妙義是名契經云何應頌謂於中間或於最後宣說伽他或復宣說未了義經是名應頌云何記別謂於是中記別弟子命過已後當生等事或復宣說已了義經是名記別云何諷頌謂非直說是結句說或作二句或作三句或作四句或作五句或作六句等是名諷頌云何自說謂於是中不顯能請補特伽羅名字種姓為令當來正法久住聖教久住不請而說是名自說云何因緣謂於是中顯示能請補特伽羅名字種性因請而說及諸所有毗柰耶相應有因有緣別解脫經是名因緣云何譬喻謂於是中

有譬喻說由譬喻故本義明淨是名譬喻云何本事謂諸所有宿世相應事義言教是名本事云何本生謂於是中宣說世尊在過去世彼彼方分若死若生行菩薩行行難行行是名本生云何方廣謂於是中廣說一切諸菩薩道為令修證阿耨多羅三藐三菩提十力無畏無障智等一切功德是名方廣云何希法謂於是中宣說諸佛諸佛弟子比丘比丘尼式叉摩那勞策男勞策女近事男近事女等若共不共勝於其餘勝諸世間同意所許甚奇希有最勝功德是名希法云何論議所謂一切摩呾履迦阿毗達磨研究甚深素呾纜義宣暢一切契經宗要是名論議如是所說十二分教三藏所攝謂或有素怛纜藏攝或有毗柰耶藏攝或有阿毗達磨藏攝當知此中若說契經應頌記別諷頌自說譬喻本事本生方廣希法是名素怛纜藏若說因緣是名毗柰耶藏若說論議是名阿毗達磨藏是故如是十二分教三藏所攝如是一

切正士正至正善丈夫共所宣說故名正法聽聞此故名聞正法此復云何謂如有一或受持素怛纜或受持毗奈耶或受持阿毗達磨或受持素怛纜及毗奈耶或受持素怛纜及阿毗達磨或受持毗奈耶及阿毗達磨或具受持素怛纜毗奈耶阿毗達磨如是一切名聞正法此聞正法復有二種一聞其文二聞其義云何思正法謂如有一即如所聞所信正法獨處空閑遠離六種不應思處謂思議我思議有情思議世間思議有情業思議異熟思議靜慮者靜慮境界思議諸佛諸佛境界但正思惟所有諸法自相共相如是思惟復有二種一者以筭數行相善巧方便筭計諸法二者以稱量行相依正道理觀察諸法功德過失謂若思惟諸蘊相應所有言教若復思惟如前所說所餘隨一所有言教皆由如是二種行相方便思惟此復云何謂言色者即十色處及墮法處所攝眾色是名色蘊所言受者即三種受是名受蘊所言想

者即六想身是名想蘊所言行者即六思身等是名行蘊所言識者即六識身等是名識蘊如是名為以筭數行相思惟諸蘊相應言教或復由此筭數行相別別思惟展轉差別當知即有無量差別云何以稱量行相依正道理思惟諸蘊相應言教謂依四道理無倒觀察何等為四一觀待道理二作用道理三證成道理四法尒道理云何名為觀待道理謂略說有二種觀待一生起觀待二施設觀待生起觀待者謂由諸因諸緣勢力生起諸蘊此蘊生起要當觀待諸因諸緣施設觀待者謂由名身句身文身施設諸蘊此蘊施設要當觀待名句文身是名於蘊生起觀待施設觀待即此生起觀待施設觀待生起諸蘊施設諸蘊說名道理瑜伽方便是故說為觀待道理云何名為作用道理謂諸蘊生已由自緣故有自作用各各差別謂眼能見色耳能聞聲鼻能嗅香舌能甞味身能覺觸意能了法色為眼境為眼所行乃至法為意境為

意所行或復所餘如是等類於彼彼法別別作用當知亦尒即此諸法各別作用所有道理瑜伽方便皆說名為作用道理云何名為證成道理謂一切蘊皆是無常眾緣所生苦空無我由三量故如實觀察謂由至教量故由現量故由比量故由此三量證驗道理諸有智者心正執受安置成立謂一切蘊皆無常性眾緣生性苦性空性及無我性如是等名證成道理云何名為法尒道理謂何因緣故即彼諸蘊如是種類諸器世間如是安布何因緣故地堅為相水濕為相火煖為相風用輕動以為其相何因緣故諸蘊無常諸法無我涅槃寂靜何因緣故色變壞相受領納相想等了相行生作相識了別相由彼諸法本生應尒自生應尒法性應尒即此法尒說名道理瑜伽方便或即如是或異如是或非如是一切皆以法尒為依一切皆歸法尒道理令心安住令心曉了如是名為法尒道理如是名為依四道理觀察諸蘊相應言教如

由筭數行相及稱量行相觀察諸藴相應言教如是即由二種行相觀察其餘所有言教如是捴名審正觀察思惟一切所說正法如是名為聞思正法

云何無障謂此無障略有二種一者依内二者依外我當先說依内外障與彼相違當知即是二種無障云何名依内障謂如有一於其先世不曾修福不修福故不能時時獲得隨順資生衆具所謂衣食諸坐卧具病緣醫藥及餘什具有猛利貪及長時貪有猛利瞋及長時瞋有猛利癡及長時癡或於先世積集造作多疾病業由彼為因多諸疾病或由現在行不平等由是因緣風熱痰癊數數發動或有宿食住在身中或食麁重多事多業多有所作多興衆會樂著事業樂著語言樂著睡眠樂著諠衆樂相雜住樂著戲論樂自舉恃掉乱放逸居止非處如是等類應知一切名依内障云何名依外障謂如有一依不善士由彼因緣不能時時獲得隨

順教授教誡或居惡處於此住處若晝日分多有種種諠雜衆集諸變異事若於夜分多有種種高聲大聲大衆諠雜復有種種猛利辛楚風日惡觸或有種種人及非人怖畏驚恐如是等類應知一切名依外障如是廣辯内外障已復云何知此中略義謂於此中略有三障一加行障二遠離障三寂靜障云何加行障謂若此障會遇現前於諸善品所有加行皆無堪能亦無勢力此復云何謂常疹疾困苦重病風熱痰癊數數發動或有宿食住在身中或被虵蠍蚰蜒百足之所蛆螫或人非人之所逼惱又不能得衣食卧具病緣醫藥及餘什具如是等類應知一切名加行障云何遠離障謂食麁重多事多業多有所作或樂事業由此因緣愛樂種種所作事業彼彼事中其心流散或樂語言由此因緣雖於遠離斷寂靜修有所堪能有大勢力然唯讀誦便生喜足或樂睡眠由此因緣惛沉睡眠常所纏繞為性懈怠執睡為樂執倚為

樂執卧為樂或樂諠衆由此因緣樂與在家及出家衆談說種種王論賊論食論飲論妙衣服論婬女巷論諸國土論大人傳論世間傳論大海傳論如是等類能引無義歷綺論中樂共談說狂度時日又多愛樂數與衆會彼彼事中令心散動令心擾乱或樂雜住由此因緣諸在家衆及出家衆若未會遇思慕欲見若已會遇不欲別離或樂戲論由此因緣樂著世間種種戲論於應趣向好樂前行於遠離中喜捨善軛如是等類衆多障法應知一切名遠離障若有此障會遇現前難可捨離阿練若處山林曠野邊際卧具所有貪著亦不能居阿練若處塚間樹下空閑靜室云何寂靜障謂寂靜者即奢摩他毗鉢舍那有奢摩他障有毗鉢舍那障云何奢摩他障謂諸放逸及住非處由放逸故或惛沉睡眠纏繞其心或唯得奢摩他便生愛味或於下劣性心樂趣入或於闇昧性其心樂著由住如是非處所故人或非人諠雜擾乱他所

逼惱心外馳散如是名為奢摩他障當知此障能障寂靜云何毗鉢舍那障謂樂自恃舉及以掉乱樂自恃舉者謂如有一作是思惟我生高族淨信出家非為下劣諸餘比丘則不如是由此因緣自高自舉陵蔑於他如是我生富族淨信出家非為貧匱我具妙色喜見端嚴多聞聞持其聞積集善巧言詞語具圓滿諸餘比丘則不如是由此因緣自高自舉陵蔑於他彼由如是自高舉故諸有比丘耆年多智積脩梵行不能時時恭敬請問彼諸比丘亦不時時為其開發未開發處為其顯了未顯了處亦不為殷到精懇以慧通達甚深句義方便開示乃至令其智見清淨如是名為樂自恃舉毗鉢舍那障又如有一唯得少分下劣智見安隱而住彼由如是少分下劣智見安住便自高舉自高舉故便生喜足更不上求是名樂自恃舉所住毗鉢舍那障言掉乱者謂如有一根不寂靜諸根掉乱諸根踴舉於一切時惡思所思惡說所說

惡作所作不能安住思惟諸法不能堅固思惟諸法由此因緣毗鉢舍那不能圓滿不得清淨是名掉乱毗鉢舍那障如是二法障奢摩他謂多放逸及住非處二法能障毗鉢舍那謂樂自恃舉及以掉乱如是若奢摩他障若毗鉢舍那障摠名寂靜障如是名為障之略義即此略義及前廣辯摠略為一說名為障此障相違當知無障謂即此障無性遠離不合不會說名無障云何惠捨謂若布施其性無罪為莊嚴心為助伴心為資瑜伽為得上義而修布施是名惠捨問誰能施誰所施用何施何相施云何施何故施由此因緣施性無罪荅誰能施者謂施者施主是名能施云何施者云何施主謂若自手施名為施者若自物施若忻樂施非不樂施名為施主誰所施者謂四種所施一有苦二有恩者三親愛者四尊勝者云何有苦者謂貧窮者或乞匃者或行路者或悕求者或盲瞽者或聾騃者或無依者或無趣者匱乏種種資生具

者復有所餘如是等類名有苦者云何有恩者謂或父母或乳飲者或養育者或成長者或於曠野沙磧等中能濟度者或飢儉時能賑恤者或怖怨敵而救援者或被執縛而能解者或遭疾病而救療者教利益者教安樂者引利益者引安樂者隨所生起諸事務中為助伴者同歡喜者同憂愁者遭厄難時不相棄者復有所餘如是等類名有恩者云何親愛者謂諸親友或於其處有愛有敬或信順語或數語言談論交往或有親昵復有所餘如是等類說名親愛云何尊勝謂若沙門若婆羅門世間同許為賢善者離損害者極離害者離貪欲者為調伏貪而修行者離瞋恚者為調伏瞋而修行者離愚癡者為調伏癡而修行者復有所餘如是等類名尊勝者用何施者謂若略說或用有情數物而行惠施或用無情數物而行惠施云何有情數物持用惠施謂或妻子奴婢作使或象馬猪牛羊鷄鴨駝騾等類或有諸餘大男大女小

男小女或復所餘如是等類所用施物或復內身頭目手足血肉骨髓隨願施與此亦名為有情數物持用布施是諸菩薩所現行事非此義中意所計施若有於彼諸有情類或得自在或有勢力或能制伏若應持彼惠施於他若惠施時自無有罪若不由彼惠施因緣他心嫌恨若施於他知彼有情不為損惱是名無罪有情數物持用惠施云何無情數物持用惠施謂略說有三種物一者財物二者穀物三者處物言財物者謂末尼真珠琉璃螺貝璧玉珊瑚馬瑙采石生色可染赤珠右旋復有所餘如是等類或諸珎寶或金或銀或諸衣服或諸什物或香或鬘是名財物云何穀物謂諸所有可食可飲大麥小麥稻穀粟穀糜黍胡麻大小豆等甘蔗蒲桃乳酪果汁種種漿飲復有所餘如是等類是名穀物云何處物謂諸田宅邸店壓肆建立福舍及寺館等復有所餘如是等類是名處物是名無罪無情數物持用惠施當知此中

有情數物無情數物一切總說名所用施何相施者謂無貪俱行思造作心意業及此所起身業語業捨所施物或自相續或他相續是名施相云何施者謂由淨信而行惠施由正教見而行惠施由有果見而行惠施由極殷重而行惠施由恭敬心自手行施而不輕慢應時而施濟他要用不損惱他而行惠施如法平等不以兇暴積集財物而行惠施以鮮潔物而行惠施以精妙物而行惠施以清淨物而行惠施由此自他俱無有罪數數惠施制伏慳垢積集勢力而行惠施先心歡喜而行惠施於正施時其心清淨施已無悔如是而施何故施者或慈悲故而行惠施謂於有苦或知恩故而行惠施謂於有恩或愛或敬或信順故而行惠施謂於親愛或為怖求世出世間殊勝功德而行惠施謂於尊勝由是因緣故脩惠施由是府相或在家者或出家者脩行布施為莊嚴心為伴助心為資瑜伽為得上義而行布施由此因緣施性無罪

是名惠捨

云何名為沙門莊嚴嗢拕南曰

正信而無諂　少病精進慧　具少欲喜足
易養及易滿　杜多德端嚴　知量善士法
具聰惠者相　忍柔和賢善

謂如有一具足正信無有諂曲少諸疾病性勤精進成就妙慧少欲喜足易養易滿具足成就杜多功德端嚴知量具足成就賢善士法具足成就聰慧者相堪忍柔和為性賢善云何名為具足正信謂多淨信多正敬順多生勝解多善欲樂於諸善法及大師所深生淨信無惑無疑於大師所恭敬尊重承奉供養既脩如是恭敬尊重承奉供養專心親附依止而住如於大師如是於法同梵行者於諸所學教授教誡於脩供養於無放逸於三摩地當知亦尒如是名為具足正信云何名為無有諂曲謂有純質為性正直於其大師及諸有智同梵行所如實自顯如是名為無有諂曲云何名為少諸疾病謂性無病順時變熟平等執受不極温熱不極寒冷

無所損害隨時安樂由是因緣所食所飲所敢所嘗易正變熟如是名為少諸疾病云何名為性勤精進謂能安住有勢有勤有勇堅猛於善法中能不捨軛翹勤無墮起發圓滿能有所作於諸有智同梵行者躬自承奉如是名為性勤精進云何名為成就妙慧謂聰念覺皆悉圓滿根不闇鈍根不頑愚亦不瘖瘂非手代言有力能了善說惡說所有法義具足成就俱生覺慧具足成就加行覺慧如是名為成就妙慧云何少欲謂雖成就善少欲等所有功德而不於此欲求他知謂他知我具足少欲成就功德是名少欲云何喜足謂於隨一衣服飲食卧具等事便生歡喜生正知足於所未得所有衣服或麁或妙更無悕望更無思慮於所已得不染不愛如前廣說而受用之如於衣服於其飲食卧具等事當知亦尒是名喜足云何易養謂能獨一自得恬養不待於他或諸僮僕或餘人衆又不追求餘長財寶令他施者施虫等類謂為難

養是名易養云何易滿謂得微妙便自支持若得麁弊亦自支持是名易滿云何成就杜多功德謂常期乞食次第乞食但一坐食先止後食但持三衣但持毳衣持糞掃衣住阿練若常居樹下常居逈露常住塜間常期端坐處如常坐如是依止若食若衣若諸敷具杜多功德或十二種或十三種於乞食中分為二種一者隨得乞食二者次第乞食隨得乞食者謂隨往還家隨獲隨得而便受食次第乞食者謂入里巷巡家而乞隨得隨現而便受食不高舉手越趣餘家願我當獲精妙飲食乃至期願多有所得當知此中若依乞食無差別性唯有十二若依乞食有差別性便有十三云何名為但一坐食謂坐一座乃至應食悉皆受食從此座起必不重食如是名為但一座食云何名為先止後食謂為食故坐如應座乃至未食先應具受諸所應食應正了知我今唯受尒所飲食當自支持又正了知我過於此定不當食如是受已然後

方食如是名為先止後食云何名為但持三衣謂但三衣而自支持何者三衣一僧伽胝二嗢怛羅僧伽三安怛婆娑除此三衣終不貯畜過此長衣如是名為但持三衣云何名為但持毳衣謂所持衣或三衣數或是長衣一切皆用毛毳而作終不貯畜餘所作衣如是名為但持毳衣云何名為持糞掃衣謂所有衣他捨棄擲或街或巷或市或廛或道非道或雜便穢或為便穢膿血涕唾之所塗染取如是等不淨衣物除去麁穢堅執洗浣縫染受持如是名為持糞掃衣云何名為住阿練若謂住空閑山林坰野受用邊際所有卧具遠離一切村邑聚落如是名為住阿練若云何名為常居樹下謂常期願住於樹下依止樹根如是名為常居樹下云何名為常居逈露謂常期願住於逈露無覆障處如是名為常居逈露云何名為常住塜間謂常期願住塜墓間諸有命過送屍骸處如是名為常住塜間云何名為常期端坐謂於大牀或小繩牀

或草葉座端身而坐推度時日終不以背或以其脅依倚大牀或小繩牀或壁或樹草葉座等如是名為常期端坐云何名為處如常座謂所坐臥或諸草座或諸葉座如舊敷設草座葉座而常坐臥一敷設後終不數數翻舉修理如是名為處如常座問何故名為杜多功德答譬如世間或毛或氎未鞭未彈未紛未擘尒時相著不軟不輕不任造作纏綫氈褥若鞭若彈若紛若擘尒時分散柔軟輕妙堪任造作纏綫氈褥如是行者由飲食貪於諸飲食令心染著由衣服貪於諸衣服令心染著由敷具貪於諸敷具令心染著彼由如是杜多功德能淨修治令其純直柔軟輕妙有所堪任隨順依止能修梵行是故名為杜多功德於飲食中有美食貪及多食貪能障修善為欲斷除美食貪故常期乞食次第乞食為欲斷除多食貪故但一座食先止後食於衣服中有三種貪能障修善一多衣貪二軟觸貪三上妙貪為欲斷除多衣貪故但持三衣為欲斷除於諸衣服軟觸貪故但持毳衣為欲斷除於諸衣服上妙貪故持糞掃衣於諸敷具有四種貪能障修善一諠雜貪二屋宇貪三倚樂臥樂貪四敷具貪為欲斷除諠雜貪故住阿練若為欲斷除屋宇貪故常居樹下逈露塚間又為斷除婬佚貪故常住塚間為欲斷除倚樂臥樂貪故常期端坐為欲斷除敷具貪故處如常座是名成就杜多功德云何端嚴謂能成就若往若還若覩若瞻若屈若申持僧伽胝持衣持鉢端嚴形相是名端嚴云何知量謂於淨信諸婆羅門長者居士極恣衣服飲食敷具病緣醫藥諸什物中知量而取是名知量云何成就賢善士法謂生高族淨信出家或生富族淨信出家顏容殊妙喜見端嚴具足多聞語具圓滿或隨獲得少智少見少安樂住由是因緣不自高舉不陵蔑他能知唯有法隨法行是其諦實既了知已精進修行法隨法行是名成就賢善士法云何成就聰慧者相謂由作業相表知愚夫由作業相表知聰慧其事云何謂諸愚夫惡思所思惡說所說惡作所作諸聰慧者善思所思善說所說善作所作是名成就聰慧者相云何堪忍謂如有一罵不報罵瞋不報瞋打不報打弄不報弄又彼尊者堪能忍受寒熱飢渴蚊虻風日蛇蠍毒觸又能忍受他所干犯麁惡語言又能忍受身中所有猛利堅勁辛楚切心奪命苦受為性堪忍有所容受是名堪忍云何柔和謂如有一於大師等具足成就慈愍身業具足成就慈愍語業具足成就慈愍意業與諸有智同梵行者和同受用應所受用凡所飲食無有私密如法所獲如法所得墮在鉢中為鉢所攝而為受用同戒同見成就如是六種可樂可愛可重無違諍法易可共住性不惱他與諸有智同梵行者共住一處常令歡喜是名柔和云何賢善謂如有一遠離顰蹙舒顏平視含笑先言常為愛語性多攝受善法同侶身心澄淨是念賢善若有成就如是諸法

愛樂正法愛樂功德不樂利養恭敬稱譽亦不成就增益損減二種邪見於非有法未甞增益於實有法未甞損減於諸世間事文綺者所造順世種種字相綺飾文句相應詩論能正了知無義無利遠避棄捨不習不愛亦不流傳不樂貯畜餘長衣鉢遠離在家共諠雜住增煩惱故樂與聖衆和合居止淨修智故不樂攝受親里朋友勿我由此親友因緣當招無量擾乱事務彼或變壞當生種種愁慼傷歎悲苦憂惱隨所生起本隨二惑不堅執著尋即棄捨除遣變吐勿我由此二惑因緣當生現法後法衆苦終不虛損所有信施終不毀犯清淨禁戒受用信施終不毀呰他人信施終不棄捨所受學處常樂省察已之過失不喜伺求他所愆犯隱覆自善發露已惡命難因緣亦不故思毀犯衆罪設由忘念少有所犯即便速疾如法悔除於應作事翹勤無惰凡百所為自能成辦終不求他為已給使於佛世尊及佛弟子不可思議威

瑜伽師地論卷第二十五　第二十八張

德神力甚深法教深生信解終不毀謗能正了知唯是如来所知所見非我境界終不樂住自妄見取非理僻執惡見所生言論呪術若與如是功德相應如是安住如是修學以正沙門諸莊嚴具而自莊嚴甚為微妙辟如有人威壯端正好自莊嚴樂受諸欲沐浴身首塗以妙香服鮮白衣飾以種種妙莊嚴具所謂瓔珞耳環指環腕釧辟釧諸妙寶印并金銀等種種華鬘如是莊嚴極為奇妙如是行者以正沙門種種功德妙莊嚴具而自莊嚴其德熾然威光遍照是故說為沙門莊嚴是名沙門莊嚴具義

瑜伽師地論卷第二十五

瑜伽師地論卷第二十五

校勘記

一　底本，金藏廣勝寺本。五七九頁上及五八六頁上共兩版，原版殘缺，以麗藏本換。

一　五七七頁中四行「第十三」，徑、清無。第一七字「地」，資、磧、普、南、徑、清作「地品」。

一　五七七頁中一五行第五字「一」，磧、普、南作「二」。

一　五七七頁下一〇行第一二字「三」，石作「二」。

一　五七七頁下一三行末字「獨」，諸本作「觸」。

一　五七七頁下一七行第一一字「起」，清作「報」。

一　五七八頁上一〇行末字「竪」，石作「堅」。

一　五七八頁下九行第六字「集」，諸本作「習」。

一　五七九頁下六行第一一字「廣」，

磧、南、徑、清作「宣」。

一 五八〇頁上一三行首二字「思議」，石、麗作「果」；資、磧、普、南、徑、清作「思議果」。

一 五八〇頁下七行第二字「由」，磧、普、南、徑、清作「道」。

一 五八〇頁下一七行第四字「生」，諸本作「造」。

一 五八一頁上二〇行第一一字「恃」，石作「特」。

一 五八一頁下一〇行第一三字「著」，磧、普作「者」。

一 五八一頁下一六行第四字「塚」，磧、普作「家」，下同。

一 五八一頁下一九行第一三字「放」，石作「於」。

一 五八二頁上五行第八字「諸」，磧、南作「者」。

一 五八二頁上一三行末字「未」，普、南作「夫」。

一 五八二頁上一四行末字「爲」，諸本作「爲其」。

一 五八二頁上二一行第五字「住」，石、資、磧、普、南、徑、清作「作」。

一 五八二頁中一二行「助伴」，資、磧、普、南、徑、清作「伴助」。

一 五八二頁中一八行第六字「忻」，資、磧、普、南、徑、清作「欲」。

一 五八二頁中一九行末字「苦」，諸本作「苦者」。

一 五八二頁下四行第一〇字「賑」，徑作「振」。

一 五八二頁下五行第五字「援」，資、磧、普、南、徑、清作「拔」。

一 五八二頁下二二行「象馬猪」，石、資、磧、普、南、徑、清作「諸象馬」。

一 五八三頁上一一行「略説」，資、磧、普、南、徑、清作「若略説」。

一 五八三頁上一四行「右旋」，資、磧、普、南、徑、清作「布施」。

一 五八三頁上一八行第四字「麋」，徑、清作「糜」。

一 五八三頁上二一行第四字「厘」，石、麗作「鄽」；磧、普、南、徑、清作「塵」。

一 五八三頁中二二行「伴助」，麗作「助伴」。

一 五八三頁下一二行首字「多」，磧作「名」。

一 五八四頁中一行第一三字「妙」，諸本作「少」。

一 五八四頁下一四行第一二字「垧」，石作「逈」；資、磧、南作「埛」；徑、清、麗作「坰」。

一 五八五頁中二行末字「上」，磧、普、南、徑、清作「二」。

一 五八五頁中一四行第一〇字「恣」，磧、普、南、徑、清作「次」。

一 五八五頁中一八行第二字「容」，石作「客」。

一 五八五頁中一八行第三字「殊」，資、磧、普、南、徑、清作「姝」。

一 五八五頁中一九行第九字「少」，磧、普、南、徑、清作「小」。

一 五八五頁中末行第一三字「作」，磧、普、南、徑、清作「住」。

一　五八五頁下二二行第一〇字「同」，石、資、磧、普、南、徑、清作「朋」。

一　五八六頁上三行第六字及末字「沓」，石作「曾」。

一　五八六頁上一八行第六字「伺」，磧、普作「何」；南作「他」。

一　五八六頁上二二行首字「百」，石作「有」。

瑜伽師地論卷第二十六　　　聽

弥勒菩薩說

三藏法師玄奘奉　詔譯

本地分中聲聞地第十三第二瑜伽處之一

問於如前所舉所開示出離地中有幾品類補特伽羅能證出離云何建立補特伽羅云何所緣云何教授云何學云何隨順學法云何瑜伽壞云何瑜伽云何作意云何瑜伽師所作幾種瑜伽師云何瑜伽修云何修果幾種補特伽羅異門幾種補特伽羅幾種建立補特伽羅因緣有幾種魔幾種魔事云何發趣空無有果嗢拕南曰

諸補特伽羅　建立所緣教　學隨順學法
壞瑜伽作意　瑜伽師作修　果門數取趣
因魔事無果　是皆當廣說

補特伽羅品類差別有二十八種云何二十八謂鈍根者利根者貪增上者瞋增上者癡增上者慢增上者尋思增上者得平等者薄塵性者行向者住果者隨信行者隨法行者信勝解者見至者身證者極七返有者家家者一間者中般涅槃者生般涅槃者無行般涅槃者有行般涅槃者上流者時解脫者不動法者慧解脫者俱分解脫者云何鈍根補特伽羅謂有補特伽羅成就鈍根於所知事遲鈍運轉微劣運轉如前已說此復二種應知其相一者本來鈍根種姓二者未善修習諸根云何利根補特伽羅謂有補特伽羅成就利根於所知事不遲鈍運轉不微劣運轉如前已說此亦二種應知其相一者本來利根種姓二者已善修習諸根云何貪增上補特伽羅謂有補特伽羅先餘生中於貪煩惱已修已習已多修習由是因緣令此生中於所愛事有猛利貪有長時貪是名貪增上補特伽羅云何瞋增上補特伽羅謂有補特伽羅先餘生中於瞋煩惱已修已習已多修習由是因緣令此生中於所憎事有猛利瞋有長時瞋是名瞋增上補特伽羅云何癡增上補特伽羅謂有補特伽羅先餘生中於癡煩惱已

修已習已多修習由是因緣令此生中於所愚事有猛利癡有長時癡是名癡增上補特伽羅云何慢增上補特伽羅謂有補特伽羅先餘生中於慢煩惱已修已習已多修習由是因緣令此生中於所慢事有猛利慢有長時慢是名慢增上補特伽羅云何尋思增上補特伽羅謂有補特伽羅先餘生中於其尋思已修已習已多修習由是因緣令此生中於所尋思事有猛利尋思有長時尋思是名尋思增上補特伽羅云何得平等補特伽羅謂有補特伽羅先餘生中雖於貪瞋癡慢尋思不修不習不多修習而於彼法未見過患未能猒壞未善推求由是因緣於所愛所憎所愚所慢所尋思事無猛利貪無長時貪然如彼事貪得現行如貪瞋癡慢尋思亦尒是名得平等補特伽羅云何薄塵性補特伽羅謂有補特伽羅先餘生中於貪煩惱不修不習不多修習已能於彼多見過患已能猒壞已善推求由是因緣令此生中於所愛事

會遇現前衆多美妙上品境中起微妙貪於其中品下品境中貪全不起如貪瞋癡慢尋思應知亦尒是名薄塵性補特伽羅云何行向補特伽羅謂行四向補特伽羅何等為四一預流果向二一来果向三不還果向四阿羅漢果向是名行向補特伽羅云何住果補特伽羅謂住四果補特伽羅何等為四一預流果二一来果三不還果四阿羅漢果是名住果補特伽羅云何隨信行補特伽羅謂有補特伽羅從他求請教授教誡由此力故修證果行非如所聞所受所究竟所思所量所觀察法自有功德自有勢力隨法修行唯由隨他補特伽羅信而修行是名隨信行補特伽羅云何隨法行補特伽羅謂有補特伽羅如其所聞所受所究竟所思所量所觀察法自有功能自有勢力隨法修行不從他求教授教誡修證果行是名隨法行補特伽羅云何信勝解補特伽羅謂即隨信行補特伽羅因他教授教誡於沙門果得觸證時名信

勝解補特伽羅云何見至補特伽羅謂即隨法行補特伽羅於沙門果得觸證時説名見至補特伽羅云何身證補特伽羅謂有補特伽羅於八解脫順逆入出身作證多安住而未能得諸漏永盡是名身證補特伽羅云何名為極七返有補特伽羅謂有補特伽羅已能永斷薩迦耶見戒禁取疑三種結故得預流果成無墮法定趣菩提極七返有天人往来極至七返證苦邊際如是名為極七返有補特伽羅云何家家補特伽羅謂有二種家家一天家家二人家家天家家者謂於天上從家至家若往若来證苦邊際人家家者謂於人間從家至家若往若来證苦邊際當知此二俱是預流補特伽羅云何一間補特伽羅謂即一来補特伽羅行不還果向已能永斷欲界煩惱上品中品唯餘下品唯更受一欲界天有即於彼處得般涅槃不復還来生此世間是名一間補特伽羅云何中般涅槃補特伽羅謂有三種中般涅槃補特伽羅

一有一種中般涅槃補特伽羅從此沒已中有續生中有生已便般涅槃如小札火微星纔舉即便謝滅二有一種中般涅槃補特伽羅從此沒已中有纔生中有生已少時經停未趣生有便般涅槃如鐵搏鋌炎熾赫然椎鍛星流未下便滅三有一種中般涅槃補特伽羅從此沒已中有續生中有生已往趣生有未得生有便般涅槃如彼熱鐵椎鍛星流下未至地即便謝滅如是三種中般涅槃補特伽羅摠說為一中般涅槃補特伽羅云何生般涅槃補特伽羅謂纔生彼已便般涅槃是名生般涅槃補特伽羅云何無行般涅槃補特伽羅謂生彼已不起加行不作功用不由勞倦道現在前而般涅槃是名無行般涅槃補特伽羅云何有行般涅槃補特伽羅謂彼生已發起加行作大功用由極勞倦道現在前而般涅槃是名有行般涅槃補特伽羅云何上流補特伽羅謂有不還補特伽羅從此上生初靜慮已住於彼處不般涅槃從

彼沒已展轉上生諸所生處乃至或到色究竟天或到非想非非想處是名上流補特伽羅云何時解脫補特伽羅謂有補特伽羅鈍根種姓於諸世間現法樂住容有退失或思自害或守解脫勵力勤脩不放逸行謂防退失增上力故或唯安住自分善品或經彼彼日夜刹那臘縛須臾勵力升進乃至未證最極猛利是名時解脫補特伽羅云何不動法補特伽羅謂有補特伽羅與上相違當知是名不動法補特伽羅云何慧解脫補特伽羅謂有補特伽羅已能證得諸漏永盡於八解脫未能身證具足安住是名慧解脫補特伽羅云何俱分解脫補特伽羅謂有補特伽羅已能證得諸漏永盡於八解脫身已作證具足安住於煩惱障分及解脫障分心俱解脫是名俱分解脫補特伽羅

云何建立補特伽羅謂由十一差別道理應知建立補特伽羅云何十一差別道理一根差別故二衆差別故三行差別故四願差別故五行迹差

別故六道果差別故七加行差別故八定差別故九生差別故十退不退差別故十一障差別故云何由根差別建立補特伽羅謂根差別故建立二種補特伽羅一者鈍根二者利根云何由衆差別建立補特伽羅謂衆差別故建立七種補特伽羅謂比丘比丘尼式叉摩那勞策男勞策女近事男近事女云何由行差別建立補特伽羅謂行差別故建立七種補特伽羅謂若貪增上補特伽羅名貪行者若瞋增上補特伽羅名瞋行者若癡增上補特伽羅名癡行者若慢增上補特伽羅名慢行者若尋思增上補特伽羅名尋思行者若得平等補特伽羅名等分行者若薄塵性補特伽羅名薄塵行者問貪行補特伽羅應知何相答貪行補特伽羅於諸微劣所愛事中尚能生起最極厚重上品貪纏何況中品上品境界又此貪纏在身中經久相續長時隨縛由貪纏故為可愛法之所制伏不能制伏彼可愛法諸根悅澤諸根不強諸根不

澁諸根不麁為性不好以惡身語損惱於他難使遠離難使猒患下劣勝解事業堅牢事業久固禁戒堅牢禁戒久固能忍能受於資生具為性躭染深生愛重多喜多悅遠離顰蹙舒顏平視含笑先言如是等類應知是名貪行者相問瞋行補特伽羅應知何相荅瞋行補特伽羅於諸微劣所憎事中尚能生起㝡極厚重上品瞋纒何況中品上品境界又此瞋纒住在身中經久相續長時隨縛由此瞋纒為可憎法之所制伏不能制伏彼可憎法諸根枯槁諸根剛強諸根踈澁諸根麁燥為性好樂以惡身語損惱於他易令遠離易令猒患兇暴強口形相稜層無多勝解事業不堅事業不固禁戒不堅禁戒不固不忍不受多憂多惱性好違背所取不順性多愁慼性好麁言多懷嫌恨意樂慘烈悖惡尤蛆好相拒對得少語言多恚多憤憔悴而住喜生忿怒眉面顰蹙恒不舒顏邪精下視於他榮利多憎多嫉如是等類應知是名瞋行

者相問癡行補特伽羅應知何相荅癡行補特伽羅於諸微劣所愚事中尚能生起㝡極厚重上品癡纒何況中品上品境界又此癡纒住在身中經久相續長時隨縛由此癡纒為可癡法之所制伏不能制伏彼可癡法諸根闇鈍諸根愚昧諸根羸劣身業慢緩語業慢緩惡思所思惡說所說惡作所作嬾墮懈怠起不圓滿詞辯薄弱性不聰敏念多忘失不正知住所取左僻難使遠離難使猒患下劣勝解頑騃瘖瘂以手代言無有力能領解善說惡說法義緣所牽纏他所引奪他所策使如是等類應知是名癡行者相問慢行補特伽羅應知何相荅慢行補特伽羅於諸微劣所慢事中尚能生起㝡極厚重上品慢纒何況中品上品境界又此慢纒住在身中經久相續長時隨縛由慢纒故為可慢法之所制伏不能制伏彼可慢法諸根掉動諸根高舉諸根散乱勤樂嚴身言語高大不樂謙下於其父母眷屬師長不能時時如法承事

多懷憍傲不能以身礼敬問訊合掌迎逆脩和敬業自高自舉陵蔑他人樂著利養樂著恭敬樂著世間稱譽聲頌所為輕舉喜作嘲調難使遠離難使猒患廣大勝解微劣慈悲計我有情命者養者補特伽羅生者等見多分上品多愁多恨如是等類應知是名慢行者相問尋思行補特伽羅應知何相荅尋思行補特伽羅於諸微劣所尋思事尚能發起㝡極厚重上品尋思纒何況中品上品境界此尋思纒住在身中經久相續長時隨縛由此纒故為可尋思法之所制伏不能制伏可尋思法諸根不住諸根飄舉諸根掉動諸根散乱身業誤失語業誤失難使遠離難使猒患喜為戲論樂著戲論多惑多疑多懷樂欲禁戒不堅禁戒不定事業不堅事業不定多懷恐慮念多忘失不樂遠離多樂散動於諸世間種種妙事貪欲隨流翹勤無墮起發圓滿如是等類應知是名尋思行者相如是名為由行差別建立補特伽羅云何由顯差

別建立補特伽羅謂或有補特伽羅於聲聞乘已發正願或有補特伽羅於獨覺乘已發正願或有補特伽羅於其大乘已發正願當知此中若補特伽羅於聲聞乘已發正願彼或聲聞種姓或獨覺種姓或大乘種姓若補特伽羅於獨覺菩提已發正願彼或獨覺種姓或聲聞種姓或大乘種姓若補特伽羅於其大乘已發正願彼或大乘種姓或獨覺種姓或聲聞種姓若聲聞種姓補特伽羅於獨覺菩提或於無上正等菩提已發正願彼是聲聞種姓故後時決定還捨彼願必唯安住聲聞乘願獨覺乘種姓大乘種姓補特伽羅應知亦尒此中所有補特伽羅願可移轉願可捨離決定不可移轉種姓捨離種姓今此義中當知唯說聲聞乘願聲聞種姓補特伽羅如是名為由願差別建立補特伽羅云何由行迹差別建立補特伽羅謂如所舉如所開示補特伽羅依四行迹而得出離何等為四謂或有行迹是苦遲道或有行迹是苦

速道或有行迹是樂遲道或有行迹是樂速道當知此中若鈍根性補特伽羅未得根本靜慮所有行迹名苦遲道若利根性補特伽羅未得根本靜慮所有行迹名苦速道若鈍根性補特伽羅已得根本靜慮所有行迹名樂遲道若利根性補特伽羅已得根本靜慮所有行迹名樂速道如是名為由行迹差別建立補特伽羅云何由道果差別建立補特伽羅謂行四向及住四果行四向者一預流果向補特伽羅二一來果向補特伽羅三不還果向補特伽羅四阿羅漢果向補特伽羅住四果者一預流果二一來果三不還果四阿羅漢果若於向道轉彼名行向者由向道故建立四種補特伽羅若得沙門果彼名住果者由道果故建立四種補特伽羅如是名為由道果差別建立補特伽羅云何由加行差別建立補特伽羅謂隨信行及隨法行補特伽羅若隨補特伽羅信勤修正行名隨信行補特伽羅若於諸法不待他緣隨眛柰

耶勤修正行名隨法行補特伽羅如是名為由加行差別建立補特伽羅云何由定差別建立補特伽羅謂身證補特伽羅於八解脫身已作證具足安住而未獲得諸漏永盡當知如是補特伽羅於有色觀諸色解脫內無色想觀外諸色解脫淨解脫身作證具足住空無邊處解脫識無邊處解脫無所有處解脫非想非非想處解脫想受滅解脫已能順逆入出自在如是名為由定差別建立補特伽羅云何由生差別建立補特伽羅謂極七返有家家一間中般涅槃生般涅槃無行般涅槃有行般涅槃及以上流補特伽羅如是名為由生差別建立補特伽羅云何由退不退差別建立補特伽羅謂由退故建立時解脫阿羅漢彼於現法樂住容有退失由不退故建立不動法阿羅漢彼於現法樂住定無退失如是名為由退不退差別建立補特伽羅云何由障差別建立補特伽羅謂慧解脫及俱分解脫阿羅漢慧解脫阿羅漢者

謂已解脫煩惱障未解脫定障俱分解脫阿羅漢者謂已解脫煩惱障及已解脫定障是故說名俱分解脫如是名為由障差別建立補特伽羅由此所舉及所開亦差別道理如其次第應知建立補特伽羅

云何所緣謂有四種所緣境事何等為四一者遍滿所緣境事二者淨行所緣境事三者善巧所緣境事四者淨惑所緣境事云何遍滿所緣境事謂復四種一有分別影像二無分別影像三事邊際性四所作成辦云何有分別影像謂如有一或聽聞正法或教授教誡為所依止或見或聞或分別故於所知事同分影像由三摩呬多地毗鉢舍那行觀察簡擇極簡擇遍尋思遍伺察所知事者謂或不淨或慈愍或緣性緣起或界差別或阿那波那念或蘊善巧或界善巧或處善巧或緣起善巧或處非處善巧或下地麤性上地靜性或苦諦集諦滅諦道諦是名所知事此所知事或依教授教誡或聽聞正法為所依止

令三摩呬多地作意現前即於彼法而起勝解即於彼所知事而起勝解彼於尒時於所知事如現領受勝解而轉雖彼所知事非現領受和合現前亦非所餘彼種類物然由三摩呬多地勝解領受相似作意領受彼所知事相似顯現由此道理名所知事同分影像修觀行者推求此故於彼本性所知事中觀察審定功德過失是名有分別影像云何無分別影像謂修觀行者受取如是影像相已不復觀察簡擇極簡擇遍尋思遍伺察然即於此所緣影像以奢摩他行寂靜其心即是九種行相令心安住謂令心內住等住安住近住調伏寂靜最極寂靜一趣等持彼於尒時成無分別影像所緣即於如是所緣影像一向一趣安住其念不復觀察簡擇極簡擇遍尋思遍伺察是名無分別影像即此影像亦名影像亦名三摩地相亦名三摩地所行境界亦名三摩地口亦名三摩地門亦名作意處亦名內分別體亦名光影如是等類當

知名為所知事同分影像諸名差別云何事邊際性謂若所緣盡所有性如所有性云何名為盡所有性謂色蘊外更無餘色受想行識蘊外更無有餘受想行識一切有為事皆五法所攝一切諸法界處所攝一切所知事四聖諦攝如是名為盡所有性云何名為如所有性謂若所緣是真實性是真如性由四道理具道理性謂觀待道理作用道理證成道理法尒道理如是若所緣境盡所有性如所有性總說為一事邊際性云何所作成辦謂修觀行者於奢摩他毗鉢舍那若修若習若多修習為因緣故諸緣影像所有作意皆得圓滿此圓滿故便得轉依一切麤重悉皆息滅得轉依故超過影像即於所知事有無分別現量智見生入初靜慮者得初靜慮時於初靜慮所行境界入第二第三第四靜慮者得第二第三第四靜慮時於第二第三第四靜慮所行境界入空無邊處識無邊處無所有處非想非非想處者得彼定時即於

彼定所行境界如是名為所作成辦如是四種所緣境事遍行一切隨入一切所緣境中去来今世正等覺者共所宣說是故說名遍滿所緣又此所緣遍毗鉢舍那品遍奢摩他品遍一切事遍真實事遍因果相屬事故名遍滿謂若說有分別影像即是此中毗鉢舍那品若說無分別影像即是此中奢摩他品若說事邊際性即是此中一切事真實事若說所作成辦即是此中因果相屬事如佛世尊曾為長老頡隸伐多說如是義曾聞長老頡隸伐多問世尊言大德諸有比丘勤修觀行是瑜伽師能於所緣安住其心為何於緣安住其心云何於緣安住其心齊何名為心善安住佛告長老頡隸伐多善哉善哉汝今善能問如是義汝今諦聽極善思惟吾當為汝宣說開示頡隸伐多諸有比丘勤修觀行是瑜伽師能於所緣安住其心或樂淨行或樂善巧或樂令心解脫諸漏於相稱緣安住其心於相似緣安住其心於緣無倒安住其

心能於其中不捨靜慮云何比丘勤修觀行是瑜伽師於相稱緣安住其心謂彼比丘若唯有貪行應於不淨緣安住其心如是名為於相稱緣安住其心若唯有瞋行應於慈愍安住其心若唯有癡行應於緣性緣起安住其心若唯有憍行應於界差別安住其心若唯有尋思行應於阿那波那念安住其心如是名為於相稱緣安住其心頡隸伐多又彼比丘若愚諸行自相愚我有情命者生者能養育者補特伽羅事應於蘊善巧安住其心若愚其因應於界善巧安住其心若愚其緣應於處善巧安住其心若愚無常苦空無我應於緣起處非處善巧安住其心若樂離欲界欲應於諸欲麁性諸色靜性安住其心若樂離色界欲應於諸色麁性無色靜性安住其心若樂通達及樂解脫遍一切處薩迦耶事應於苦諦集諦滅諦道諦安住其心是名比丘勤修觀行是瑜伽師於相稱緣安住其心頡隸伐多云何比丘勤修觀行是瑜伽

師於相似緣安住其心謂彼比丘於彼彼所知事為欲簡擇極簡擇遍尋思遍伺察故於先所見所聞所覺所知事由見聞覺知增上力故以三摩呬多地作意思惟分別而起勝解彼雖於其本所知事不能和合現前觀察然與本事相似而生於彼所緣有彼相似唯智唯見唯正憶念又彼比丘於時時間令心寂靜於時時間依增上慧法毗鉢舍那勤修觀行是名比丘勤修觀行是瑜伽師於相似緣安住其心頡隸伐多云何比丘勤修觀行是瑜伽師於緣無倒安住其心謂若比丘勤修觀行是瑜伽師於所緣境安住其心隨應解了所知境界如實無倒能遍了知是名比丘勤修觀行是瑜伽師於緣無倒安住其心頡隸伐多云何比丘勤修觀行是瑜伽師能於其中不捨靜慮謂若比丘勤修觀行是瑜伽師如是於緣正修行時無間加行殷重加行於時時間修習止相舉相捨相由修由習由多修習為因緣故一切麁重悉皆息滅隨得

觸證所依清淨於所知事由現見故隨得觸證所緣清淨由離貪故隨得觸證心遍清淨離無明故隨得觸證智遍清淨是名比丘勤修觀行是瑜伽師能於其中不捨靜慮頓棄伐多為此比丘於所緣境安住其心如是於緣安住其心如是於緣安住心巳名善安住世尊此中重說頌曰

行者行諸相　知一切實義　常於影靜慮
得證遍清淨

此中說言行者行諸相者由此宣說修觀行者於止舉捨相無間修行殷重修行若復說言知一切實義者由此宣說事邊際性若復說言常於影靜慮者由此宣說有分別影像無分別影像若復說言得證遍清淨者由此宣說所作成辦此中世尊復說頌曰

於心相遍知　能受遠離味　靜慮常委念
受喜樂離染

此中說言於心相遍知者謂有分別影像無分別影像以心相名說事邊際性以遍知名說若復說言能受遠離味者由此宣說於其所緣正修行

者樂斷樂修若復說言靜慮常委念者由此宣說於奢摩他毗鉢舍那常勤修習委練修習若復說言受喜樂離染者由此宣說所作成辦當知如是遍滿所緣隨順淨教契合正理如是名為遍滿所緣云何名為淨行所緣謂不淨慈愍緣性緣起界差別阿那波那念等所緣差別云何不淨所緣謂略說有六種不淨一朽穢不淨二苦惱不淨三下劣不淨四觀待不淨五煩惱不淨六速壞不淨云何名為朽穢不淨謂此不淨略依二種一者依內二者依外云何依內朽穢不淨謂內身中髮毛爪齒塵垢皮肉骸骨筋脈心膽肝肺大腸小腸生藏熟藏肚胃脾腎膿血熱淡肪膏肥髓腦膜洟唾淚汗屎尿如是等類名為依內朽穢不淨云何依外朽穢不淨謂或青瘀或復膿爛或復變壞或復膖脹或復食噉或復變赤或復散壞或骨或鎖或復骨鎖或屎所作或尿所作或唾所作或洟所作或血所塗或膿所塗或便穢處如是等類名為依

外朽穢不淨如是依內朽穢不淨及依外朽穢不淨總說為一朽穢不淨云何名為苦惱不淨謂順苦受觸為緣所生若身若心不平等受受所攝如是名為苦惱不淨云何名為下劣不淨謂最下劣事最下劣界所謂欲界除此更無極下極劣最極鄙穢餘界可得如是名為下劣不淨云何名為觀待不淨謂如有一劣清淨事觀待其餘勝清淨事便似不淨如待無色勝清淨事色界諸法便似不淨待薩迦耶寂滅涅槃乃至有頂皆似不淨如是等類一切名為觀待不淨云何名為煩惱不淨謂三界中所有一切結縛隨眠隨煩惱纏一切名為煩惱不淨云何名為速壞不淨謂五取蘊無常無恒不可保信變壞法性如是名為速壞不淨如是不淨是能清淨貪行所緣貪有五種一於內身欲欲貪貪二於外身婬欲婬貪三境欲境貪四色欲色貪五薩迦耶欲薩迦耶貪是名五貪為欲令此五種欲貪斷滅除遣不現行故建立六種不淨所緣

謂由依內朽穢不淨所緣故令於內身欲欲貪心得清淨由依外朽穢不淨所緣故令於外身婬欲貪心得清淨婬相應貪復有四種一顯色貪二形色貪三妙觸貪四承事貪由依四外不淨所緣於此四種相應婬貪心得清淨若於青瘀或於膿爛或於變壞或於膖脹或於食噉作意思惟於顯色貪令心清淨若於變赤作意思惟於形色貪令心清淨若於其骨若於其鎖若於骨鎖作意思惟於妙觸貪令心清淨若於散壞作意思惟於承事貪令心清淨如是四種名於婬貪令心清淨是故世尊乃至所有依外朽穢不淨差別皆依四種憍怕路而正建立謂若說言由憍怕路見彼彼屍死經一日或經二日或經七日烏鵲餓狗鵄鷲狐狼野干禽獸之所食噉便取其相以辟彼身亦如是性亦如是類不能超過如是法性此即顯示始從青瘀乃至食噉若復說言由憍怕路見彼彼屍離皮宍血筋脉纏裹此即顯示所有變赤若復說言由憍怕路見彼彼骨或骨或鎖此即顯示或骨或鎖或復骨鎖若復說言由憍怕路見彼彼骨手骨異處足骨異處腕骨異處膝骨異處髀骨異處肘骨異處脊骨異處髆骨異處助骨異處頷輪齒鬘頂髑髏等各各分散或經一年或二或三乃至七年其色鮮白猶如螺貝或如鴿色或見彼骨和雜塵土此即顯示所有散壞如是依外所有朽穢不淨所緣令於四種婬相應貪心得清淨由苦惱不淨所緣及下劣不淨所緣故令於境相應若欲若貪心得清淨由觀待不淨所緣故令於色相應若欲若貪心得清淨由煩惱不淨所緣及速壞不淨所緣故令於欲界乃至有頂諸薩迦耶若欲若貪心得清淨是名貪行淨行所緣如是且約能淨貪行總說一切通治所攝不淨所緣令此義中本意唯取朽穢不淨所餘不淨亦是其餘淨行所緣云何慈愍所緣謂或於親品或於怨品或於中品平等安住利益意樂能引下中上品快樂定地勝解當知此中親品怨品及以中品是為所緣利益意樂能引快樂定地勝解是為能緣所緣能緣總略為一說名慈愍所緣若經說言慈俱心者此即顯示於親怨中三品所緣利益意樂若復說言無怨無敵無損害者此則顯示利益意樂有三種相由無怨故名為增上利益意樂此無怨性二句所顯謂無敵對故無損惱故不欲相違諍義是無敵對不欲不饒益義是無損害若復說言廣大無量此則顯示能引下中上品快樂欲界快樂名廣初二靜慮地快樂名大第三靜慮地快樂名無量若復說言勝解遍滿具足住者此則顯示能引快樂定地勝解又此勝解即是能引快樂利益增上意樂所攝勝解作意俱行若於無苦無樂親怨中三品有情平等欲與其樂當知是慈若於有苦或於有樂親怨中三品有情平等欲拔其苦欲慶其樂當知是悲是喜有苦有情是悲所緣有樂有情是喜所緣是名慈愍所緣若有瞋行補特伽羅

於諸有情修習慈愍令瞋微薄名於瞋恚心得清淨

瑜伽師地論二十六　二十七　騎字号

瑜伽師地論卷第二十六

瑜伽師地論卷第二十六

校勘記

一 底本，金藏廣勝寺本。

一 五八九頁中四行「第十三」，徑、清無。

一 五八九頁下六行第七字「鈍」，石作「兊」。

一 五九〇頁上二二行第八字「恚」，磧、普、南、徑、清作「思」。

一 五九〇頁中二行首字「妙」，石、麗作「劣」。

一 五九〇頁中一四行第一二字「德」，資、磧、普、南、徑、清、麗作「能」。

一 五九一頁上二行首字「沒」，石作「殁」，下同。

一 五九一頁上七行首字「椎」，石作「搥」；資、磧、普、南、徑、清、麗作「鎚」，下同。

一 五九一頁上九行第一二字「有」，清作「不」。

一 五九一頁中九行首字「升」，石、麗作「勝」。

一 五九一頁中一七行第一一字「已」，磧、普、南、徑、清作「色」。

一 五九一頁下五行第一一字「二」，磧、普、南作「一」。

一 五九一頁下一六行第一二字「性」，磧、普作「住」。

一 五九一頁下末行第七字「澤」，石、麗作「懌」。

一 五九二頁上一八行第四字「憂」，磧、南作「愛」。

一 五九二頁上二二行第八字「精」，資、磧、普、南、徑、清作「睛」。

一 五九二頁中一四行第二字「奪」，磧、普、南、徑、清作「奮」。

一 五九二頁下七行第五字「多」，磧、普、清作「身」。

一 五九三頁上末行至中八行內「道」，石、麗均作「通」。

一 五九三頁下五行第六字「獲」，磧、普、南作「護」。

一 五九四頁下一三行第一一字「他」、

普、南作「地」。

一　五九五頁上一三行第四字「伐」，磧作「代」。

一　五九六頁中三行第五字「練」，石作「鍊」。

一　五九六頁中一六行第一二字「肥」，石、麗作「肌」；資、磧、普、南、徑、清作「肥」。

一　五九七頁上一七行第一一字「二」，磧、普、南、徑、清作「三」。

一　五九七頁中七行第八字「二」，資、磧、普作「一」。

一　五九七頁中一六行第五字「於」，諸本作「於從」。

一　五九七頁中一八行第六字「且」，石作「旦」。

一　五九七頁下五行「親怨」，資、磧、普、南、徑、清作「怨親」。

一　五九八頁上一行第九字「令」，石作「今」。

瑜伽師地論卷第二十七

彌勒菩薩說

三藏法師玄奘奉　詔譯

本地分中聲聞地第十三第二瑜伽處之二

云何緣性緣起所緣謂於三世唯行唯法唯事唯因唯果墮正道理謂觀待道理作用道理證成道理法介道理唯有諸法能引諸法無有作者及以受者是名緣性緣起所緣於此所緣作意思惟癡行增上補特伽羅所有癡行皆得微薄於諸癡行心得清淨是名緣性緣起所緣

云何界差別所緣謂六界差別一地界二水界三火界四風界五空界六識界云何地界地界有二一內二外內地界者謂此身中內別堅性堅鞕所攝地地所攝親附執受外地界者謂外堅性堅鞕所攝地地所攝非親附非執受又內地界其事云何謂髮毛爪齒塵垢皮肉骸骨筋脈肝膽心肺脾腎肚胃大腸小腸生藏熟藏及糞穢等名內地界又外地界其事云何

謂瓦木塊礫樹石山巖如是等類名外地界云何水界水界有二一內二外內水界者謂此身中內別濕性濕潤所攝水水所攝親附執受其事云何謂淚汗洟唾肪膏脂髓熱痰膿血腦膜尿等名內水界外水界者謂外濕性濕潤所攝水水所攝非親附非執受其事云何謂井泉池沼陂湖河海如是等類名外水界云何火界火界有二一內二外內火界者謂此身中內別溫性溫熱所攝煖煖所攝親附執受其事云何謂於身中所有溫煖能令身熱等熱遍熱由是因緣所食所飲所噉所嘗易正消變彼增盛故墮煖熱數如是等類名內火界外火界者謂外溫性溫熱所攝煖煖所攝非親附非執受其事云何謂於人間依鑽燧等牛糞末等以求其火火既生已能燒牛糞或草或薪或榛或野或山或渚或村村分或城城分或國國分或復所餘如是等類名外火界云何風界風界有二一內二外內風界者謂此身中內別風性風飄所攝

輕性動性非親附非執受其事云何謂內身中有上行風有下行風有脅卧風有脊卧風有膂間風有臏間風有小刀風有大刀風有針刺風有畢鉢羅風有入出息風有隨支節風如是等類名內風界外風界者謂外風性風聚所攝輕性動性非親附非執受其事云何謂在身外有東來風有西來風有南來風有北來風有有塵風有無塵風有狹小風有廣大風有毗濕婆風有吠藍婆風有風輪風有時大風卒起積集折樹頹牆崩山蕩海既飄鼓已無所依憑自然靜息若諸有情欲求風者動衣搖扇及多羅掌如是等類名外風界云何空界謂眼耳鼻口咽喉等所有孔穴由此吞咽於此吞咽既吞咽已由此孔穴便下漏泄如是等類說名空界云何識界謂眼耳鼻舌身意識又心意識三種差別是名識界若諸愓行補特伽羅於界差別作意思惟便於身中離一合想得不淨想無復高舉憍愓微薄於諸愓行心得清淨是名愓行補特

伽羅由界差別淨行所緣云何阿那波那念所緣謂緣入息出息念是名阿那波那念此念所緣入出息等名阿那波那念所緣當知此中入息有二何等為二一者入息二者中間入息出息亦二何等為二一者出息二者中間出息入息者謂出息無間內門風轉乃至臍處中間入息者謂入息滅已乃至出息未生於其中間在停息處暫時相似微細風起是名中間入息如入息中間入息出息中間出息當知亦爾此中差別者謂入息無間外門風轉始從臍處乃至面門或至鼻端或復出外入息出息有二因緣何等為二一牽引業二臍處孔穴或上身分所有孔穴入息出息有二所依何等為二一身二心所以者何要依身心入出息轉如其所應若唯依身而息轉者入無想定入滅盡定生無想天諸有情類彼息應轉若唯依心而息轉者入無色定生無色界彼息應轉若唯依身心而轉非如其所應者入第四靜慮若生於彼諸

有情類及羯羅藍頞部曇閉尸等位諸有情類彼息應轉然彼不轉是故當知要依身心入出息轉如其所應入息出息有二種行何等為二一者入息向下而行二者出息向上而行入息出息有二種地何等為二一麁孔穴二細孔穴云何麁孔穴謂從臍處孔穴乃至面門鼻門復從面門鼻門乃至臍處孔穴云何細孔穴謂於身中一切毛孔入息出息有四異名何等為四一名風二名阿那波那三名入息出息四名身行風名一種是風共名餘之三種是不共名修入出息者有二過患何等為二一太緩方便二太急方便由太緩方便故生起懈怠或為惛沉睡眠纏擾其心或令其心於外散亂由太急方便故或令其身生不平等或令其心生不平等云何令身生不平等謂強用力持入出息由入出息被執持故便令身中不平風轉由此最初於諸支節皆生戰掉名能戰掉此戰掉風若增長時能生疾病由是因緣於諸支節生諸

疾病是名令身生不平等云何令心生不平等謂或令心生諸散乱或為極重憂惱逼切是名令心生不平等又此阿那波那念應知略有五種修習何等為五一筭數修習二悟入諸蘊修習三悟入緣起修習四悟入聖諦修習五十六勝行修習云何名為筭數修習謂略有四種筭數修習何等為四一者以一為一筭數二者以二為一筭數三者順筭數四者逆筭數云何以一為一筭數謂若入息入時由緣入出息住念數以為一若入息滅出息生出向外時數為第二如是展轉數至其十由此筭數非略非廣故唯至十是名以一為一筭數云何以二為一筭數謂若入息入而已滅出息生而已出尒時揔合數以為一即由如是筭數道理數至其十是名以二為一筭數入息出息說名為二揔合二種數之為一故名以二為一筭數云何順筭數謂或由以一為一筭數或由以二為一筭數順次展轉數至其十名順筭數云何逆筭數謂即由

前二種筭數逆次展轉從第十數次九次八次七次六次五次四次三次二次數其一名逆筭數若時行者或以一為一筭數為依或以二為一筭數為依於順筭數及逆筭數已串修習於其中間心無散乱無散乱心善筭數已復應為說勝進筭數云何名為勝進筭數謂或依以一為一筭數或依以二為一筭數合二為一而筭數之若依以一為一而筭數者即入息出息二合為一若依以二為一而筭數者即入息出息四合為一如是展轉數乃至十如是後後漸增乃至以百為一而筭數之由此以百為一筭數漸次數之乃至其十如是勤修數息念者乃至十十數以為一漸次數之乃至滿十由此以十為一筭數於其中間心無散乱齊此名為已串修習又此勤修數息念者若於中間其心散乱復應退還從初數起或順或逆若時筭數極串習故其心自然乗任運道安住入息出息所緣無斷無間相續而轉先於入息有能取轉入

息滅已於息空位有能取轉次於出息有能取轉出息滅已於息空位有能取轉如是展轉相續流注無動無搖無散乱行有愛樂轉齊此名為過筭數地不應復數唯於入息出息所緣令心安住於入出息應正隨行應審了達於入出息及二中間若轉若還分位差別皆善覺了如是名為筭數修習又鈍根者應為宣說如是息念筭數修習彼由此故於散乱處令心安住令心愛樂若異筭數入出息念彼心應為惛沉睡眠之所纏擾或應彼心於外馳散由正勤修數息念故彼皆無有若有利根覺慧聦俊不好乗此筭數加行若為宣說筭數加行亦能速疾無倒了達然不愛樂彼復於此入出息緣安住念已若是處轉若乃至轉若如所轉若時而轉於此一切由安住念能正隨行能正了達如是加行有如是相於此加行若修若習若多修習為因緣故起身輕安及心輕安證一境性於其所緣愛樂趣入如是彼於筭數息念善修習

已復於所取能取二事作意思惟悟入諸蘊云何悟入謂於入息出息及息所依身作意思惟悟入色蘊於彼入息出息能取念相應領納作意思惟悟入受蘊即於彼念相應等了作意思惟悟入想蘊即於彼念若念相應思及慧等作意思惟悟入行蘊若於彼念相應諸心意識作意思惟悟入識蘊如是行者諸蘊中乃至多住名已悟入是名悟入諸蘊修習若時無倒能見能知唯有諸蘊唯有諸行唯事唯法彼於尒時能於諸行悟入緣起云何悟入謂觀行者如是尋求此入出息何依何緣既尋求已如實悟入此入出息依身緣身依心緣心復更尋求此身此心何依何緣既尋求已如實悟入此身此心依緣命根復更尋求如是命根何依何緣既尋求已如實悟入如是命根依緣先行復更尋求如是先行何依何緣既尋求已如實悟入如是先行依緣無明如是了知無明依緣先行先行依緣命根命根依緣身心身心

依緣入息出息又能了知無明滅故行滅行滅故命根滅命根滅故身心滅身心滅故入出息滅如是名為悟入緣起彼於緣起悟入多住名善習修是名悟入緣起修習如是彼於緣起悟入善修習已復於諸行如實了知從衆緣生悟入無常謂悟入諸行是無常故本無而有有已散滅若是本無而有有已散滅即是生法老法病法死法若是生法老法病法死法即是其苦若是其苦即是無我不得自在遠離宰主如是名為由無常苦空無我行悟入苦諦又彼如是能正悟入諸所有行衆緣生起其性是苦如病如癰一切皆以貪愛為緣又正悟入即此能生衆苦貪愛若無餘斷即是畢竟寂靜微妙我若於此如是了知如是觀見如是多住當於貪愛能無餘斷如是名能悟入集諦滅諦道諦於此悟入能多住已於諸諦中證得現觀是名悟入聖諦修習如是於聖諦中善修習已於見道所斷一切煩惱皆悉永斷唯餘修道所斷煩

惱為斷彼故復進修習十六勝行云何名為十六勝行謂於念入息我今能學念於入息於念出息我今能學念於出息若長若短於覺了遍身入息我今能學覺了遍身入息於覺了遍身出息我今能學覺了遍身出息於息除身行入息我今能學息除身行入息於息除身行出息我今能學息除身行出息於覺了喜入息我今能學覺了喜入息於覺了喜出息我今能學覺了喜出息於覺了樂入息我今能學覺了樂入息於覺了樂出息我今能學覺了樂出息於覺了心行入息我今能學覺了心行入息於覺了心行出息我今能學覺了心行出息於息除心行入息我今能學息除心行入息於息除心行出息我今能學息除心行出息於覺了心入息我今能學覺了心入息於覺了心出息我今能學覺了心出息於喜悅心入息我今能學喜悅心入息於喜悅心出息我今能學喜悅心出息於制持心入息我今能學制持心入息

於制持心出息我今能學制持心出息於解脫心入息我今能學解脫心入息於解脫心出息我今能學解脫心出息於無常隨觀入息我今能學無常隨觀入息於無常隨觀出息我今能學無常隨觀出息於斷隨觀入息我今能學斷隨觀入息於斷隨觀出息我今能學斷隨觀出息於離欲隨觀入息我今能學離欲隨觀入息於離欲隨觀出息我今能學離欲隨觀出息於滅隨觀入息我今能學滅隨觀入息於滅隨觀出息我今能學滅隨觀出息問如是十六差別云何答有學見迹已得四念住等於入出息所緣作意復更進修為斷餘結是故念言於念入息我今能學念於入息於念出息我今能學念於出息若緣入息出息境時便作念言我今能學念長入息念長出息若緣中間入息中間出息境時便作念言我今能學念短入息念短出息如入息出息長轉及中間入息中間出息短轉即如是了知如是名為若長若短若緣

身中微細孔穴入息出息周遍隨入諸毛孔中緣此為境起勝解時便作念言我於覺了遍身入息出息我今能學覺了遍身入息出息若於是時或入息中間入息已滅出息中間出息未生緣入息出息空無位入息出滅入息中間入息未生緣出息入息息遠離位為境或出息中間出息已空無位出息入息遠離位為境即於此時便作念言於息除身行入息我今能學息除身行入息於息除身行出息我今能學息除身行出息又即於此若修若習若多修習為因緣故先未串習入出息時所有麤強苦觸隨轉今已串習入出息故皆得息除有餘柔軟樂觸隨轉便作念言於息除身行入息我今能學息除身行入息於息除身行出息我今能學息除身行出息又於如是阿那波那念勤修行者若得初靜慮或得第二靜慮時便作念言於覺了喜入息出息我今能學覺了喜入息出息若得離喜第三靜慮時便作念言於覺了樂入

息出息我今能學覺了樂入息出息第三靜慮已上於阿那波那念無有更修加行道理是故乃至第三靜慮宣說息念加行所攝又即如是覺了喜者覺了樂者或有爾時生起忘念或謂有我我所或發我慢或謂我當有或謂我當無或謂我當有色或謂我當無色或謂我當有想或謂我當無想或謂我當非有想非無想生起如是愚癡想思俱行種種動搖戲論造作貪愛纔生起已便能速疾以慧通達不深染著方便斷滅除遣變吐由是加行便作念言於覺了心行入息出息我今能學覺了心行入息出息於息除心行入息出息我今能學息除心行入息出息又若得根本第一第二第三靜慮彼定已得初靜慮近分未至依定依此觀察所生起心謂如實知如實覺了或有貪心或離貪心或有瞋心或離瞋心或有癡心或離癡心略心散心下心舉心有掉動心無掉動心有寂靜心無寂靜心有等引心無等引心善修習

心不善修習心善解脫心不善解脫
心於如是心皆如實知如實覺了是
故念言於覺了心入息出息我今能
學覺了心入息出息彼若有時見為
惛沉睡眠蓋覆障其心由極於內住
寂止故尒時於外隨緣一種淨妙境
界亦現教導讚勵慶喜策發其心是
故念言於喜悅心入息出息我今能
學喜悅心入息出息彼若有時見為
掉舉惡作蓋覆障其心由極於外住
踴舉故尒時於內安住寂靜制持其
心是故念言於制持心入息出息我
今能學制持心入息出息若時於心
善修善習善多修習為因緣故令現
行蓋皆得遠離於諸蓋中心得清淨
是故念言於解脫心入息出息我今
能學解脫心入息出息彼於諸蓋障
修道者心已解脫餘有隨眠復當斷
為斷彼故起道現前謂於諸行無常
法性極善精懇如理觀察是故念言
於無常觀入息出息我今能學無常
隨觀入息出息又彼先時或依下三
靜慮或依未至依定已於奢摩他修

瑜伽行令依無常隨觀復於毗鉢舍那
修瑜伽行如是以奢摩他毗鉢舍那
熏修心已於諸界中從彼隨眠而求
解脫云何諸界所謂三界一者斷界
二者離欲界三者滅界見道所斷一
切斷名為斷界修道所斷一切行斷
名離欲界一切依滅名為滅界思惟
如是三界寂靜安隱無患修奢摩他
毗鉢舍那彼由修習多修習故從餘
修道所斷煩惱心得解脫是故念言
於斷隨觀離欲隨觀滅隨觀入息出
息我今能學斷隨觀離欲隨觀滅隨
觀入息出息如是彼於見修所斷一
切煩惱皆永斷故成阿羅漢諸漏永
盡此後更無所應作事於所決擇已
得究竟是名十六勝行修習如是名
為五種修習阿那波那念多尋思行
補特伽羅應於是中正勤修學受樂
乘御若於所緣有思遽務有散亂者
於內各別應當親近如是觀行若於
此中勤修習者尋思散動皆無所有
心於所緣速疾安住深生愛樂是名
第五多尋思行補特伽羅淨行所緣

如是攝名淨行所緣云何名為善巧
所緣謂此所緣略有五種一蘊善
巧二界善巧三處善巧四緣起善巧
五處非處善巧蘊善巧者云何蘊
云何蘊善巧謂蘊有五則色蘊受蘊
想蘊行蘊識蘊云何色蘊謂諸所
有色一切皆是四大種及四大種所
造此復若過去若未來若現在若
內若外若麤若細若劣若勝若遠若
近攝名色蘊云何受蘊謂或順樂觸
為緣諸受或順苦觸為緣諸受或順
不苦不樂觸為緣諸受復有六受身
則眼觸所生受耳鼻舌身意觸所生
受攝名受蘊云何想蘊謂有相想無
相想狹小想廣大想無量想無諸所
有無所有處想復有六想身則眼觸
所生想耳鼻舌身意觸所生想攝名
想蘊云何行蘊謂六思身即眼觸所
生思耳鼻舌身意觸所生思復有所
餘除受及想諸心法等攝名行蘊云
何識蘊謂心意識復有六識身則眼
識耳鼻舌身意識攝名識蘊前受想
行蘊及此識蘊皆有過去未來現在

內外等差別如前廣說是為蘊云何蘊善巧謂善了知如所說蘊種種差別性非一衆多性除此法外更無所得無所分別是名略說蘊善巧義云何名蘊種種差別性謂色蘊異受蘊異乃至識蘊異是名種種差別性云何名蘊非一衆多性謂色蘊非一衆多品類大種所造差別故去來今等品類差別故是名色蘊非一衆多性如是餘蘊隨其所應皆當了知云何除此法外更無所得無所分別謂唯蘊可得唯事可得非離蘊外有我可得有常恒住無變易法是可得者亦無少法是我所有故除此外更無所得無所分別云何界善巧謂界有十八則眼界色界眼識界耳界聲界耳識界鼻界香界鼻識界舌界味界舌識界身界觸界身識界意界法界意識界是名為界若復於彼十八種法界從別別界別別種子別別種姓生起出現如實了知忍可審察名界善巧如實了知十八種法從別別界別別而轉即於因緣而得善巧是

故說此名界善巧云何處善巧謂處有十二則眼處色處耳處聲處鼻處香處舌處味處身處觸處意處法處是名為處處善巧者謂眼為增上緣色為所緣緣等無間滅意為等無間緣生起眼識及相應法耳為增上緣聲為所緣緣等無間滅意為等無間緣生起耳識及相應法如是乃至意為等無間緣此生作意為增上緣法為所緣緣生起意識及相應法如是六識身及相應法皆由三緣而得流轉謂增上緣所緣緣等無間緣若於如是諸內外處緣得善巧名處善巧云何緣起善巧謂無明緣行行緣識識緣名色名色緣六處六處緣觸觸緣受受緣愛愛緣取取緣有有緣生生緣老死乃至招集如是純大苦蘊是名緣起若復了知唯有諸法滋潤諸法唯有諸法等潤諸法唯有諸行引發諸行而彼諸行因所生故緣所生故本無而有有已散滅體是無常是無常故即是生法老法病法死法愁悴悲嘆憂苦惱法

是生故乃至是惱法故則名為苦由是苦故不得自在其力羸劣由是因緣定無有我若於如是緣生法中由如是等種種行相善巧了達或無常智或苦智或無我智是名緣起善巧又處非處善巧當知即是緣起善巧差別此中差別者謂由處非處善巧故能正了知非不平等因果道理則善不善法有果異熟若諸善法能感可愛果異熟法諸不善法能感非愛果異熟法若能如是如實了知名處非處善巧此五善巧略則為二一自相善巧二共相善巧由蘊善巧顯自相善巧由餘善巧顯共相善巧如是揔名善巧所緣云何淨惑所緣謂觀下地麤性上地靜性如欲界對初靜慮乃至無所有處對非想非非想處云何麤性謂麤性有二一體麤性二數麤性體麤性者謂欲界望初靜慮雖皆具五蘊而欲界中過患深重苦住增上最為鄙劣甚可猒惡是故說彼為體麤性初靜慮中則不如是極靜極妙是故說彼為體靜性數麤性

者謂欲界色蘊有多品類應知應斷如是乃至識蘊亦尒是故說彼為數麁性如是上地展轉相望若體麁性若數麁性隨其所應當知亦尒如是麁性於諸上地展轉相望乃至極於無所有處一切下地苦惱增多壽量减少一切上地苦惱减少壽量增多非想非非想處唯靜唯妙更無上地勝過此故以要言之有過患義是麁性義若彼彼地中過患增多即由如是過患增多性故名為麁性若彼彼地中過患减少即由如是過患减少性故名為靜性此是世間由世俗道淨惑所緣何以故彼觀下地多諸過患如病如癰猶如毒箭不安隱性以為麁性觀於上地與彼相違以為靜性斷除下地所有煩惱始從欲界乃至上極無所有處此是暫斷非究竟斷以於後時更相續故出世間道淨惑所緣復有四種一苦聖諦二集聖諦三滅聖諦四道聖諦云何苦聖諦謂生苦老苦病苦死苦怨憎會苦愛別離苦求不得苦略說一切五取蘊

苦名苦聖諦云何集聖諦謂若愛若後有愛若喜貪俱行愛若彼彼喜樂愛等名集聖諦云何滅聖諦謂即此愛等無餘斷滅名滅聖諦云何道聖諦謂八支等聖道名道聖諦當知此中依黑品白品果因建立故建立四諦謂苦諦是黑品果集諦是黑品因滅諦是白品果道諦是白品因能得能證故又苦諦如病初應遍知集諦如病因緣次應遠離滅諦如無病次應觸證道諦如良藥復應修習及多修習又苦諦義乃至道諦道義是如是實非不如是無顛倒非是顛倒故名為諦又彼自相無有虛誑及見彼故無倒覺轉是故名諦問何故諸諦唯名聖諦答唯諸聖者於是諸諦同諦為諦如實了知如實觀見一切愚夫不如實知不如實見是故諸諦唯名聖諦又於愚夫唯由法尒說名為諦不由覺悟於諸聖者俱由二種又生苦者謂於生時發生種種身心苦受非生自體即是其苦為苦因緣故名為苦廣說乃至求不得苦謂由

所求不得因緣發生種種身心苦受非求不得體即是苦為苦因緣故名為苦如是當知略說一切五取蘊苦謂由生等異門唯顯了苦苦由此五取蘊苦亦顯了所餘壞苦行苦所以者何如五取蘊具攝三受如是能與如前所說苦苦為器當知此中亦即具有前所說壞苦行苦問何故世尊苦苦一種以自聲說壞苦行苦以異門說答於苦苦中若凡若聖一切等有苦覺慧轉又苦苦性極可厭患又從先來未習慧者纔為說時則便易入又於諸諦令所調伏可化有情易得入故云何建立三種苦性謂先所說生苦乃至求不得苦即顯苦受及所依處為苦苦性如是名為建立苦苦性諸有是彼所對治法謂少是老所治無病是病所治命是死所治親愛合會是怨憎會所治非愛別離是愛別離所治所求稱遂是求不得所治復有苦受及所依處所起煩惱復有無病等順樂受處等及彼所生受所起煩惱如是總說為壞苦性此

中樂受及所依處由無常故若變若異受彼增上所生衆苦若諸煩惱於一切處正生起時纏縛其心令心變壞即生衆苦故名壞苦如世尊言入變壞心執母邑手乃至廣說又如說言住貪欲纏領受貪欲纏緣所生身心憂苦如是住瞋恚惛沉睡眠掉舉惡作疑纏領受彼纏緣所生身心憂苦由此至教第一至教諸煩惱中苦義可得壞義可得故說煩惱為壞苦性如是名為建立壞苦性若行苦性遍行一切五取蘊中以要言之除苦苦性除煩惱攝變壞苦性除樂受攝及所依處變壞苦性諸餘不苦不樂受俱行若彼所生若生彼緣若生住器所有諸蘊名行苦性由彼諸蘊麤重之所隨逐不安隱攝不脫苦苦其性無常生滅相應有一切取三受及以壞苦不自在轉由行苦故說名為苦如是名為建立行苦性又即彼愛亦名希求亦名欣欲亦名喜樂即此希求由三門轉謂希求後有及希求境界若希求後有名後有愛希求

境界復有二種謂於已得境界有喜著俱行愛若於未得境界有希求和合俱行愛當知此中於已得境界喜著俱行愛名喜貪俱行愛於未得境界希求和合俱行愛名彼彼喜樂愛滅有二種一煩惱滅二所依滅道有二種一有學道二無學道如是當知名出世道淨惑所緣如是已說四種所緣一遍滿所緣二淨行所緣三善巧所緣四淨惑所緣云何教授謂四教授一無倒教授二漸次教授三教教授四證教授云何無倒教授謂無顛倒宣說法義令其受持讀誦修學如實出離正盡衆苦作苦邊際如是名為無倒教授云何漸次教授謂稱時機宜說法義先令受持讀誦淺近後方令彼學深遠處又為令入初諦現觀先教苦諦後集滅道又為令得靜慮等至先教寂初靜慮等至後教其餘靜慮等至如是等類應知名為漸次教授云何教教授謂從尊重若似尊重達解瑜伽軌範親教或諸如來或佛弟子所聞正教即如其教不增

不減教授於他名教教授云何證教授謂如自己獨處空閑所得觸證諸法為欲令他得觸證故方便教授名證教授復有諸相圓滿教授其事云何謂由三種神變教授三神變者一神境神變二記說神變三教誡神變由神境神變能現種種神通境界令他於已生極尊重由彼於已生尊重故於屬耳聽瑜伽作意極生恭敬由記說神變能尋求他心行差別由教誡神變如根如行如所悟入為說正法於所修行能正教誡故三神變能攝諸相圓滿教授

瑜伽師地論卷第二十七

瑜伽師地論卷第二十七

校勘記

一　底本，金藏廣勝寺本。
一　六〇〇頁中四行「第十三」，徑、清無。
一　六〇〇頁下一八行第八字「末」，石作「木」。
一　六〇一頁上一行第五字及第八字「非」，石、麗無。
一　六〇一頁中一八行末字「若」，磧、普作「共」。
一　六〇二頁上一六行首字及一九行首字「二」，普作「一」。
一　六〇二頁中一行第六字「逆」，磧、普作「之」。
一　六〇二頁中一七行第一二字「筭」，磧、普、南、徑、清作「等」。
一　六〇二頁中二二行首字「任」，資、磧、普、南、徑、清作「住」。
一　六〇二頁中末行第二字「相」，磧、普作「根」。
一　六〇二頁下一行第一〇字「取」，磧、普作「轉」。
一　六〇三頁上九行第一一字「諸」，石、麗作「於諸」。
一　六〇三頁中四行第一一字「住」，磧、普、南、徑、清作「依」。
一　六〇三頁中四行末字及五行首字「習修」，石作「修習」。
一　六〇三頁下一〇行第一三字「出」，磧、普作「入」。
一　六〇四頁中一四行第一三字「苦」，磧、普、南、徑、清作「若」。
一　六〇五頁上五行「睡眠」，資、磧、普、南、徑、清作「眠睡」。
一　六〇五頁上七行第二字「亦」，資、磧、普、南、徑、清、麗作「示」。
一　六〇五頁上一八行第一三字「當」，諸本作「應當」。
一　六〇五頁上二一行第四字「觀」，諸本作「隨觀」。
一　六〇五頁中一行第四字「令」，石、麗作「今」。
一　六〇五頁中六行首字「切」，諸本作「切行」。
一　六〇五頁中一八行第一三字「受」，諸本作「愛」。
一　六〇六頁上一行第一〇字「是」，諸本作「是名」。
一　六〇六頁上二行第八字「如」，資、磧、普、南、徑、清無。
一　六〇六頁下一行第二字「生」，諸本作「生法」。
一　六〇七頁中六行末字「四」，諸本作「四聖」。
一　六〇七頁中一三行第六字「如」，諸本作「如實」。
一　六〇七頁中一七行第二字「諦」，諸本作「謂」。
一　六〇七頁中二一行第五字「謂」，資、磧、普、南、徑、清作「諸」。
一　六〇七頁下五行第三字「苦」，石作「若」。
一　六〇七頁下一二行末字「便」，石作「使」。

一　六〇七頁下一三行第七字「今」，石、磧、南、徑、清、麗作「令」。

一　六〇八頁上一五行第九字「若」，石作「苦」。

一　六〇八頁上一五行第一三字「若」，石作「諸」。

一　六〇八頁上一八行第六字「逐」，清作「遂」。

一　六〇八頁下二行「觸不」，諸本作「所觸所」。

瑜伽師地論卷第二十八　聽

彌勒菩薩說

三藏法師玄奘奉　詔譯

本地分中聲聞地第十三第二瑜伽處之三

云何為學謂三勝學一增上戒學二增上心學三增上慧學云何增上戒學謂安住具戒等如前廣說是名增上戒學云何增上心學謂離欲惡不善法有尋有伺離生喜樂入初靜慮具足安住乃至能入第四靜慮具足安住是名增上心學又諸無色及餘所有等持等至亦皆名為增上心學然依靜慮能最初入聖諦現觀正性離生非全遠離一切靜慮能成此事是故靜慮最為殊勝故偏說為增上心學云何增上慧學謂於四聖諦等所有如實智見是名增上慧學問何緣唯有三學非少非多答建立定義故智所依義故辦所作義故建立定義者謂增上戒學所以者何由戒建立心一境性能令其心觸三摩地智所依義者謂增上心學所以者何

由正定心念一境性於所知事有如實智如實見轉辦所作義者謂增上慧學所以者何由善清淨若智若見能證究竟諸煩惱斷以煩惱斷是自義利是勝所作過此更無勝所作故由是因緣唯有三學問何緣三學如是次第答先於尸羅善清淨故便無憂悔無憂悔故歡喜安樂由有樂故心得正定心得定故能如實知能如實見如實智見故能起猒猒故離染由離染故便得解脫得解脫故證無所作究竟涅槃如是最初修習淨戒漸次進趣後證無作究竟涅槃是故三學如是次第問何緣三學名為增上戒心慧耶答所趣義故最勝義故名為增上云何所趣義謂為趣增上心而修淨戒名增上戒學為趣增上慧而修定心名增上心學為趣煩惱斷而修智見名增上慧學如是名為所趣義故名為增上云何最勝義謂若增上戒學若增上心學若增上慧學唯於聖教獨有此三不共外道如是名為最勝義故名為增上又或

有增上心學能引發增上慧學或有增上慧學能引發增上心學謂聖弟子未得根本靜慮先學見跡後為進斷修道所斷一切煩惱正勤加行修念覺支乃至修捨覺支是名增上慧學引發增上心學增上心學引發增上慧學者如前已說又或有增上戒學無增上心無增上慧或有增上戒學亦有增上心唯無增上慧非有增上慧學而無增上戒及無增上心是故若有增上慧學當知必定具足三學於此建立三種學中諸瑜伽師當勤修學復有三種補特伽羅依此三學入諦現觀何等為三一未離欲二倍離欲三已離欲當知此中於一切欲全未離者勤修加行入諦現觀既於諸諦得現觀已證預流果倍離欲者當於尒時證一來果已離欲者當於尒時證不還果復有三根一未知欲知根二已知根三具知根云何建立如是三根謂於諸諦未現觀者加行勤修諸諦現觀依此建立未知欲知根若於諸諦已得現觀而居有學

依此建立已知根若阿羅漢所作已辦住無學位依此建立具知根復有三解脫門一空解脫門二無願解脫門三無相解脫門云何建立三解脫門謂所知境略有二種有及非有有有二種一者有為二者無為於有為中且說三界所繫五蘊於無為中且說涅槃如是二種有為無為合說名有若說於我或說有情命者生者等是名非有於有為中見過失故見過患故無所祈願無祈願故依此建立無願解脫門於有為中無祈願故便於涅槃深生祈願見極寂靜見甚微妙見永出離由於中見永出離故依此建立無相解脫門於其非有無所有中非有祈願非無祈願如其非有還則如是知為非有見為非有依此建立空解脫門是名建立三解脫門

云何隨順學法謂有十種違逆學法對治彼故應知十種隨順學法云何十種違逆學法一者所有母邑少年盛壯可愛形色是正修學善男子等上品障导二者於薩迦耶所攝諸行

生起愛著三者嬾惰懈怠四者薩迦耶見五者依於段食貪著美味六者於諸世間種種戲論非一衆多別別品類所思念中發欲貪愛七者思惟諸法瑜伽作意所有過患此復云何謂十一種一於諸諦寶蘊業果中猶預疑惑二樂修斷者身諸麁重三有惕緩者於修止觀過患作意惛沉睡眠映其心令心極略四太猛精進者身疲心惱五太劣精進者不得勝進善品萎退六於少利養名譽稱讚隨一樂中深生欣喜七掉舉不靜踊躍躁擾八於薩迦耶永滅涅槃而生驚恐九於諸言說非量加行言論太過雖說法論而好折伏起諍方便十於先所見所聞所受非一衆多別別品類諸境界中心馳心散十一不應思處而強沉思應知是名思惟諸法瑜伽作意所有過患八者於諸靜慮等至樂中深生愛味九者樂欲證入無相定者於諸行中隨順疏散十者觸身苦受乃至奪命苦受時貪愛壽命希望存活隨此希望傷歎迷悶是

名十種違逆學法云何對治如是十種違逆學法隨順學法謂有十種一不淨想二無常想三無常苦想四苦無我想五猒逆食想六一切世間不可樂想七光明想八離欲想九滅想十死想如是十想善修善習善多修習能斷十種障导學法違逆學法當知此中有四光明一法光明二義光明三奢摩他光明四毗鉢舍那光明依此四種光明增上立光明想今此義中意取能斷思惟諸法瑜伽作意障导法者當知此中復有十種隨順學法何等為十一者宿因二者隨順教三者如理加行四者無間殷重所作五者猛利樂欲六者持瑜伽力七者止息身心麁重八者數數觀察九者無有怯弱十者離增上慢云何宿因謂先所習諸根成熟諸根積集云何隨順教謂所說教無倒漸次云何如理加行謂如其教無倒修行如是修行能生正見云何無間殷重所作謂由如是正加行故於諸善品不虛捨命速能積習所有善品云何猛利樂欲謂

如有一於上解脫發生希慕謂我何時當於是處能具足住如諸聖者於是處所具足而住云何持瑜伽力謂二因緣能令獲得持瑜伽力一者本性是利根故二者長時串修習故云何止息身心麁重謂如有一或由身勞身乏發身麁重發心麁重此因易脫威儀而便止息或由太尋太伺發身麁重發心麁重此因內心寂止方便而便止息或由心略心劣惛沉睡眠之所纏遶發身麁重發心麁重此因增上慧法毗鉢舍那順淨作意而便止息或由本性煩惱未斷有煩惱品身心麁重者能捨離此因相續勤修正道而便止息云何數數觀察謂依尸羅數數觀察惡作不作數數觀察善作而作於其惡作不作不轉於其善作不作不退於其惡作作而棄捨於其善作作而不捨又於煩惱斷與未斷觀察作意增上力故數數觀察若知已斷便生歡喜若知未斷則便數數勤修正道云何無有怯弱謂於後時應知應見應證得中未知

未見未證得故發生怯弱其心勞倦其心匱損彼既生已而不堅執速能斷滅云何離增上慢謂於所得所觸所證無增上慢離顛倒執於真所得起於得想於真所觸起於觸想於真所證起於證想如是十法於樂修學諸瑜伽師所應修學初中後時恒常隨順無有違逆是故名為隨順學法云何瑜伽壞謂壞瑜伽略有四種何等為四一者畢竟瑜伽壞二者暫時瑜伽壞三者退失所得瑜伽壞四者邪行所作瑜伽壞畢竟瑜伽壞者謂無種姓補特伽羅何以故由彼身中無能趣向涅槃法故畢竟失壞出世瑜伽暫時瑜伽壞者謂有種姓補特伽羅何以故由彼身中有能趣向涅槃法故雖闕外緣時經久遠定當緣會修習瑜伽令其現起善修習已當般涅槃是故說彼所有瑜伽暫時失壞退失所得瑜伽壞者謂如有一退失所得所觸所證若智若見若安樂住邪行所作瑜伽壞者謂如有一不如正理精勤修行雖多用功無所成辦

不能成辦一切瑜伽亦非善法又如有一多諸煩惱性多塵穢而識聰銳覺慧猛利成俱生覺善攝所聞於聞究竟或少或多或住空閑有在家者及出家者為性質直來至其所因為說法令心歡喜又行矯詐妄現種種身語相應調善所作由是因緣招集利養恭敬稱頌大福德想及得種種衣食臥具病緣醫藥資身什物為諸國王大臣居士乃至商主恭敬尊重咸共謂之是阿羅漢或於隨彼迴轉弟子若諸出家若在家衆戀著親愛隨順而轉為多招引復生是念此諸出家在家弟子信順於我咸共謂我是阿羅漢彼若依於瑜伽作意止觀等處來請問我我得彼問或不能對彼因是事當於我所捨信向心不復謂我是阿羅漢由斯退失利養恭敬我於今者應自思惟籌量觀察安立瑜伽彼由是事增上力故躭著利養恭敬名譽獨處空閑自諦思惟籌量觀察安立瑜伽然此瑜伽不順契經不現戒律違逆法性若諸比丘善持

三藏彼於其所覆自瑜伽不欲開示若諸在家出家弟子於此瑜伽私竊教示不令彰顯所以者何恐有善持三藏教者聞彼如是瑜伽處已以經撿驗不順契經以律顯照不現戒律以法觀察違逆法性由是因緣便不信受以不信言詰難於我諍競舉發由是國王大臣居士乃至饒財長者商主不復恭敬尊重於我更不獲得衣食臥具病緣醫藥資身什物彼由貪著利養恭敬增上力故於非法中起於法想起覆藏想起惡欲樂顯發聞亦非法為法諸有忍許彼所見者亦於非法起是法想愚昧頑鈍於非法中起法想故雖如其教精進修行當知一切皆是邪行如是名為邪行所作瑜伽失壞像似正法非真正法能障正法諸有比丘勤修靜慮是瑜伽師於此四種瑜伽壞法應正遍知當遠捨離

云何瑜伽謂四瑜伽何等為四一信二欲三精進四方便當知其信有二行相及二依處二行相者一信順行

相二清淨行相二依處者一觀察諸法道理依處二信解補特伽羅神力依處欲有四種何等為四一為證得欲二為請問欲三為修集資糧欲四為隨順瑜伽欲為證得欲者謂如有一於上解脫發生希慕如前廣說為請問欲者謂如有一生希慕已往僧伽藍詣諸有識同修梵行成就瑜伽妙智者所為聽未聞為聞究竟為修集資糧欲者謂如有一為戒律儀清淨為根律儀清淨故於食知量減省睡眠正知住中展轉增勝發生希慕為隨順瑜伽欲者謂於無間加行殷重加行修習道中發生希慕發生欣樂欲有所作精進有四何等為四一為聞精進二為思精進三為修精進四為障淨精進為聞精進者謂為聽未聞聞已究竟勤心勇猛審決加行為思精進者謂如所聞法獨處空閑思惟其義籌量觀察為修精進者謂入寂靜於時時間勤修止觀為障淨精進者謂於晝夜策勵精勤經行宴坐從諸障法淨修其心勤心勇猛審

决精進方便有四謂尸羅律儀增上力故善守其念善守念故能無放逸防護其心修諸善法無放逸故心正於內修奢摩他增上慧法毗鉢舍那此四瑜伽有十六種當知此中初由信故於應得義深生信解信應得已於諸善法生起樂欲由樂欲故晝夜策勵安住精勤堅固勇猛發精進已攝受方便能得未得能觸未觸能證未證故此四法說名瑜伽

云何作意謂四作意何等為四一力勵運轉作意二有間運轉作意三無間運轉作意四無功用運轉作意云何力勵運轉作意謂初修業者令心於內安住等住或於諸法無倒簡擇乃至未得所修作意尒時作意力勵運轉由倍勵力折挫其心令住一境故名力勵運轉作意云何有間運轉作意謂得所修作意已後世出世道漸次升進了相作意由三摩地思所間雜未能一向純修行轉故名有間運轉作意云何無間運轉作意謂從了相作意已後乃至加行究竟作意是

名無間運轉作意云何無功用運轉作意謂加行究竟果作意是名無功用運轉作意復有所餘四種作意一隨順作意二對治作意三順清淨作意四順觀察作意云何隨順作意謂於所緣深生猒壞起正加行而未斷惑云何對治作意謂能斷惑云何順清淨作意謂心下慼取淨妙相策令歡悅云何順觀察作意謂觀察作意由此作意增上力故順觀煩惱斷與未斷問於所緣境正作意時思惟幾相荅四何等為四一所緣相二因緣相三應遠離相四應修習相所緣相者謂所知事同分影像明了顯現因緣相者謂三摩地資粮積集隨順教導與修俱行猛利樂欲於可猒法深生猒患能審遍知乱與不乱他不惱觸或人所作或非人作或音聲作或功用作若毗鉢舍那而為上首內略其心極猛盛觀後因緣相若奢摩他而為上首發起勝觀極猛盛止後因緣相應遠離相復有四種一者沉相二者掉相三者著相四者乱相沉相者

謂由所緣相因緣相故令心下劣掉相者謂由所緣相因緣相故令心高舉著相者謂由所緣相因緣相故令心於境起染著作諸惱乱乱相者謂由所緣相因緣相故令心於外馳散擾動如是諸相如前等引地中已說問如是作意於所緣境起勝解時有幾勝解荅九何等為九一者光淨勝解二無光淨勝解三遲鈍勝解四捷利勝解五狹小勝解六廣大勝解七無量勝解八清淨勝解九不清淨勝解有光淨勝解者謂於光明相澄心善取與光明俱所有勝解無光淨勝解者謂於光明相不能善取與闇昧俱所有勝解遲鈍勝解者謂鈍根身中所有勝解捷利勝解者謂利根身中所有勝解狹小勝解者謂狹小信欲俱行勝解及狹小所緣意解勝解如是作意狹小故及所緣狹小故名狹小勝解廣大勝解者謂廣大信欲俱行勝解及廣大所緣意解勝解如是作意廣大故及所緣廣大故名廣大勝解無量勝解者謂無邊無際

信欲俱行勝解及無邊無際所緣意解勝解如是作意無量故及所緣無量故名無量勝解清淨勝解者謂已善修已成滿已究竟俱行勝解不清淨勝解者謂未善修未成滿未究竟俱行勝解問修瑜伽者凡有幾種瑜伽所作荅四何等為四一所依滅二所依轉三遍知所緣四愛樂所緣所依滅及所依轉者謂勤修習瑜伽作意故所有麤重俱行所依漸次而滅所有輕安俱行所依漸次而轉是名所依滅及所依轉瑜伽所作遍知所緣及愛樂所緣者謂或有遍知所緣愛樂所緣與所依滅轉而為上首由此遍知所緣愛樂所緣增上力故令所依滅及所依轉或有遍知所緣愛樂所緣用所依清淨而為上首由此所依清淨增上力故令遍知所緣得善清淨及愛樂所緣得善清淨於其所作成辦時轉是名四種修瑜伽者瑜伽所作

問修瑜伽師凡有幾種荅三何等為三一初修業瑜伽師二已習行瑜伽

師已度作意瑜伽師云何初修業瑜伽師謂有二種初修業者一於作意初修業者二淨煩惱初修業者云何於作意初修業者謂初修業補特伽羅安住一緣勤修作意乃至未得所修作意未能觸證心一境性云何淨煩惱初修業者謂已證得所修作意於諸煩惱欲淨其心發起攝受正勤修習了相作意名淨煩惱初修業者云何已習行瑜伽師謂除了相作意於餘乃至加行究竟五作意中已善修習云何已度作意瑜伽師謂住加行究竟果作意位中由此超過加行方便所修作意安住修果是故說名已度作意又始從修習善法欲已去乃至未起順決擇分善根於尒所時名初修業若已起順決擇分善根所謂煖頂隨順諦忍世第一法名已習行若已證入正性離生得諦現觀不由他緣於佛聖教不為餘緣之所引奪當於尒時名度作意由彼超過他緣作意住非他緣所有作意是故名為已度作意云何瑜伽修謂有二種一

者想修二者菩提分修

云何想修謂或修世間道時於諸下地修過患想或修涅槃道時於斷界離欲界滅界觀見寂勝寂靜功德修習斷想離欲想滅想或修奢摩他時修習止品上下想或修毗鉢舍那時修習觀品前後想上下想者謂觀察此身如其所住如其所顧上從頂上下至足下種種雜類不淨充滿謂此身中所有種種髮毛爪齒如前廣說前後想者謂如有一於所觀相殷勤懇到善取善思善了善達謂住觀於坐坐觀於卧或在後行觀察前行此則顯示以毗鉢舍那行觀察三世緣生諸行謂若說言住觀於坐此則顯示以現在作意觀察未來所知諸行所以者何現在作意位已現生故說名為住未來所知位未現生故臨欲起故說名為坐若復說言坐觀於卧此則顯示以現在作意觀察過去所知諸行所以者何現在作意位臨欲滅故說名為坐過去所知位已謝滅故說名為卧若復說言或在後行觀

察前行此則顯示以現在作意觀無間滅現行作意所以者何若已生起無間謝滅所取作意說名前行若此無間新新生起能取作意取前無間已謝滅者說名後行當知此中為修止觀修彼二品勝光明想是名想修

云何菩提分修謂於三十七菩提分法親近積集若修若習若多修習是名菩提分修何等名為三十七種菩提分法謂四念住四正斷四神足五根五力七覺支八聖道四念住者一身念住二受念住三心念住四法念住四正斷者一於已生惡不善法為令斷故生欲策勵發勤精進策心持心正斷二於未生惡不善法為不生故生欲策勵發勤精進策心持心正斷三於未生善法為令生故生欲策勵發勤精進策心持心正斷四於已生善法為欲令住令不忘失令修圓滿令倍修習令其增長令其廣大生欲策勵發勤精進策心持心正斷四神足者一欲三摩地斷行成就神足二勤三摩地斷行成就神足三心三

摩地斷行成就神足四觀三摩地斷行成就神足五根者一信根二精進根三念根四定根五慧根五力者一信力二精進力三念力四定力五慧力七覺支者一念等覺支二擇法等覺支三精進等覺支四喜等覺支五安等覺支六定等覺支七捨等覺支八支聖道者一正見二正思惟三正語四正業五正命六正精進七正念八正定

今於此中云何為身云何於身住循身觀云何為念云何念住略說身相有三十五謂內身外身根所攝身非根所攝身有情數身非有情數身麁重俱行身輕安俱行身能造身所造身名身色身那落迦身傍生身祖父國身人身天身有識身無識身中身表身變異身不變異身女身男身半擇迦身親友身非親友身中庸身劣身中身妙身幼身少身老身如是名為身相差別住循身觀略有三種謂依身增上聞思修慧由此慧故於一切身一切相正觀察正推求隨觀隨

覺念謂依身增上受持正法思惟法義修習作證於文於義修作證中心無忘失若審思惟我於正法為正受持為不尒耶於彼彼義慧善了達為不尒耶善能觸證彼彼解脫為不尒耶如是審諦安住其念名為念住又為守護念為於境無染為安住所緣名為念住為守護念者謂如說言先守護念若常委念為於境無染者謂如說言念守護心行平等位不取其相不取隨好廣說乃至守護意根修意根律儀為安住所緣者謂如說言於四所緣安住其念謂於遍滿所緣淨行所緣善巧所緣淨惑所緣由此三相善住其念故名念住云何為受謂樂受苦受不苦不樂受樂身受苦身受不苦不樂身受如說身受心受亦尒樂有愛味受苦有愛味受不苦不樂有愛味受無愛味受依耽嗜受當知亦尒樂依出離受苦依出離受不苦不樂依出離受如是揔有二十一受或九種受云何為心謂有貪心離貪心有瞋心離瞋心有癡心離癡

心略心散心下心舉心掉心不掉心寂靜心不寂靜心定心不定心善修心不善修心善解脫心不善解脫心如是總有二十種心云何為法謂若貪貪毗奈耶法若瞋瞋毗奈耶法若癡癡毗奈耶法若略若散法若下若舉法若掉不掉法若寂靜不寂靜法若定不定法若善修不善修法若善解脫不善解脫法如是當知建立黑品白品染品淨品二十種法又樂受者謂順樂受觸為緣所生平等受受所攝是名樂受此若五識相應名身受若意識相應名心受如順樂受觸如是順苦受觸順不苦不樂受觸為緣所生不平等受受所攝非平等非不平等受受所攝是名苦受不苦不樂受此若五識相應名身受若意識相應名心受如是諸受若隨順涅槃隨順決擇畢竟出離畢竟離垢畢竟能令梵行圓滿名無愛味受若墮於界名有愛味受若色無色界繫若隨順離欲名依出離受若欲界繫若不順離欲名依耽嗜受又有貪心者謂

於可愛所緣境事貪纏所纏離貪心者謂即遠離如是貪纏有瞋心者謂於可憎所緣境事瞋纏所纏離瞋心者謂即遠離如是瞋纏有癡心者謂於可愚所緣境事癡纏所纏離癡心者謂即遠離如是癡纏如是六心當知皆是行時所起三煩惱品及此三品對治差別略心者謂由止行於內所緣繫縛其心散心者謂於外五妙欲隨順流散下心者謂惛沉睡眠俱行舉心者謂於淨妙所緣明了顯現掉心者謂太舉故掉纏所掉不掉心者謂於舉時及於略時得平等捨寂靜心者謂從諸蓋已得解脫不寂靜心者謂從諸蓋未得解脫言定心者謂從諸蓋得解脫已復能證入根本靜慮不定心者謂未能入善修心者謂於此定長時串習得隨所欲得無艱難得無艱澀速能證入不善修心者與此相違應知其相善解脫心者謂從一切究竟解脫不善解脫心者謂不從一切不究竟解脫如是十四種心當知皆是住時所起依淨蓋地住時所

起有八種心謂從略心散心乃至寂靜不寂靜心依淨煩惱地住時所起有六種心謂定心不定心乃至善解脫不善解脫心又於內有蓋能自了知我有諸蓋於內無蓋能自了知我無諸蓋如彼諸蓋未生而生亦能了知如彼諸蓋生已散滅亦能了知於眼有結乃至於意有結能自了知我有眼結乃至我有意結於眼無結乃至於意無結能自了知我眼無結乃至我意無結如彼眼結乃至意結未生而生亦能了知如彼諸結生已散滅亦能了知於內有念等覺支能自了知我有念等覺支於內無念等覺支能自了知我無念等覺支如念等覺支未生而生亦能了知如生已住不忘修滿倍復修習增長廣大亦能了知如念等覺支如是擇法精進喜安定捨等覺支當知亦尒若能如是如實遍知諸雜染法自性因緣過患對治是為法念住體如說於身住循身觀念及念住如是於受於心於法隨其所應當知亦尒云何於內身等

住循身等觀云何於外身等住循身等觀云何於內外身等住循身等觀謂若緣內自有情數身色為境住循身觀是名於內身住循身觀若緣外非有情數色為境住循身觀是名於外身住循身觀若緣外他有情數身色為境住循身觀是名於內外身住循身觀若緣依內自有情數身色所生受心法為境住循三觀是名於內受心法住循受心法觀若緣依外非有情數色所生受心法為境住循三觀是名於外受心法住循受心法觀若緣依外他有情數身色所生受心法為境住循三觀是名於內外受心法住循受心法觀復有差別謂若緣根所攝有執有受色為境是名於內身住循身觀若緣非根所攝無執無受色為境是名於外身住循身觀若緣非根所攝有執有受色為境是名於內外身住循身觀如是若緣依前三色所生受心法為境隨其所應當知即是住循三觀復有差別謂若緣自內定地輕安俱行色為境是名於

內身住循身觀若緣自內不定地麤重俱行色為境是名於外身住循身觀若緣他輕安俱行麤重俱行色為境是名於內外身住循身觀如是若緣依前三色所生受心法為境隨其所應當知即是住循三觀復有差別謂若緣內能造大種色為境是名於內身住循身觀若緣外能造大種色為境是名於外身住循身觀若緣依能造大種色所生根境所攝造色為境是名於內外身住循身觀如是若緣依前三色所生受心法為境隨其所應當知即是住循三觀復有差別謂若緣有識身內色為境是名於內身住循身觀若緣無識身有情數青瘀等住色為境是名於外身住循身觀若緣無識身色於過去時有識性有識身色於未來時無識性相似法性平等法性為境是名於內外身住循身觀如是若緣依前三色所生受心法為境隨其所應當知即是住循三觀復有差別謂若緣自中身髮毛爪齒等相為境是名於內身住循身

觀若緣他中身髮毛爪齒等相為境是名於外身住循身觀若緣內表身變異不變異青瘀等相及緣外表身變異不變異青瘀等相相似法性平等法性為境是名於內外身住循身觀如是若緣依前三色所生受心法為境隨其所應當知即是住循三觀如是等類身受心法諸差別門當知多種今於此中且顯少分諸門差別又為對治四顛倒故世尊建立四種念住謂為對治於不淨中計淨顛倒立身念住以佛世尊於修身念住中宣說不淨相應四憎怕路若能於此多分思惟便於不淨斷淨顛倒為欲對治於諸苦中計樂顛倒立受念住以於諸受住循受觀如實了知諸所有受皆悉是苦便於諸苦斷樂顛倒為欲對治於無常中計常顛倒立心念住以能了知有貪心等種種差別經歷彼彼日夜剎那瞬息須臾非一眾多種種品類心生滅性便於無常斷常顛倒為欲對治於無我中計我顛倒立法念住由彼先來有有我見

等諸煩惱故無無我見等諸善法故於諸蘊中生起我見以於諸法住循法觀如實了知所計諸蘊自相共相便於無我斷我顛倒復有差別謂諸世間多於諸蘊唯有蘊性唯有法性不如實知撥計有我依止於身由依身故受用苦樂受苦樂者由法非法有染有淨為欲除遣我所依事愚故立身念住為欲除遣我所領受事愚故立受念住為欲除遣於心意識執我愚者我事愚故立心念住為欲除遣所執我心能染淨事愚故立法念住復有差別謂若依此造作諸業若造業者若由此故造作諸業為總顯示如是一切立四念住當知此中依止於身造作諸業為求受故造作諸業心能造業由善不善法能造諸業復有差別謂若依此有染有淨若為此故起染起淨若染淨者若由此故成染成淨總為顯示如是一切立四念住當知此中依止於身有染有淨為求受故起染起淨心染淨者由諸法故成染成淨問念住何義答若於

此住念若由此住念皆名念住於此住念者謂所緣念住由此住念者謂若慧若念攝持於定是自性念住所餘相應諸心心法是相雜念住又由身受心法增上所生善有漏無漏道皆名念住此復三種一聞所成二思所成三修所成聞思所成唯是有漏修所成者通漏無漏

瑜伽師地論卷第二十八

瑜伽師地論卷第二十八

校勘記

一　底本，金藏廣勝寺本。

一　六一一頁中四行「第十三」，徑、清無。

一　六一一頁中一五行第一〇字「偏」，資、磧、普、南、徑、清作「遍」。

一　六一一頁下五行第九字「此」，資作「彼」。

一　六一一頁下一六行第一一字「謂」，石無。

一　六一二頁中二一行「毋邑」，石作「女色」。

一　六一二頁下六行第九字「寶」，資、磧、普、南、徑、清作「實」。

一　六一二頁下九行第二字「映」，石、資、磧、普、南、徑、清作「映蔽」；麗作「映苾」。

一　六一二頁下九行第一〇字「太」，磧作「大」。

一　六一三頁上一四行第一〇字「般」，

磧作「般」。

一六一四頁上七行第九字「由」，磧、普作「中」。

一六一四頁上二〇行第七字「增」，石作「謂」。

一六一五頁上二〇行第三字「升」，麗作「勝」。

一六一五頁中八行第八字「蹙」，石作「感」。

一六一五頁中八行末字「令」，南作「今」。

一六一五頁下八行第一二字「者」，諸本作「有」。

一六一六頁中一行第三字及一二行第五字「已」，資、磧、普、南、徑、清無。

一六一六頁中一八行第一一字「名」，磧、普、南、徑、清作「若」。

一六一六頁中一九行第六字「性」，磧、普、南、徑、清作「住」。

一六一七頁上一一行第七字「八」，石、資、磧、普、南、徑、清作「八支」。

一六一七頁下一四行第一〇字「惑」，資、磧、普、南、徑、清作「戒」。

一六一八頁中五行第四字「可」，麗作「所」。

一六一八頁中八行「止行」，麗作「正行」。

一六一八頁中一二行第五字「太」，麗作「大」。

一六一八頁中一五行第九字「言」，石、資、磧、普、南、徑、清無。

一六一八頁中一九行第二字「鞕」，資、磧、普、南、徑、清、麗作「梗」。

一六一八頁中一九行第四字「速」，資、磧、普、南、徑、清作「復」。

一六一八頁下一行第一一字「心」，石無。

一六一九頁上一〇行末字「非」，資、磧、普、南、徑、清作「他」。

一六一九頁上一一行第四字「色」，資、磧、普、南、徑、清作「身色」。

一六一九頁中一六行第三字「住」，諸本作「位」。

一六一九頁下一二行第一〇字「修」，諸本作「循」。

一六二〇頁上一三行第一三字「業」，資、磧、普、南、徑、清、麗作「業若爲此故造作諸業」。

瑜伽師地論卷第二十九　聽

彌勒菩薩說

三藏法師玄奘奉　詔譯

本地分中聲聞地第十三第三瑜伽處之四

如是於四念住串習行故已能除遣麁重顛倒已能了達善不善法從此無間於諸未生惡不善法為不生故於諸已生惡不善法為令斷故於其未生一切善法為令生故於其已生一切善法為欲令住令不忘失廣說如前乃至攝心持心云何名為惡不善法謂欲纏染汙身語意業是身語意惡行所攝及能起彼所有煩惱若未和合未現在前說名未生若已和合已現在前說名已生云何名為一切善法謂若彼對治若蓋對治若結對治未生已生應知如前惡不善法若時未生惡不善法先未和合為令不生發起希願我當令彼一切一切皆不復生是名於諸未生惡不善法為不生故生欲若時已生惡不善法先已和合為令斷故發起希願我當

於彼一切一切皆不忍受斷滅除遣是名於諸已生惡不善法為令斷故生欲又彼一切惡不善法或緣過去事生或緣未來事生或緣現在事生如是彼法或緣不現見境或緣現見境若緣過去未來事境是名緣不現見境若緣現在事境是名緣現見境當知此中於緣不現見境惡不善法其未生者欲令不生其已生者欲令永斷自策自勵是名策勵於緣現見境惡不善法其未生者欲令不生其已生者欲令永斷勇猛正勤是名發勤精進所以者何要當堅固自策自勵勇猛正勤方能令彼或不復生或永斷滅又於下品中品諸纏其未生者欲令不生其已生者欲令永斷故自策勵於上品纏其未生者欲令不生其已生者欲令永斷發勤精進又若行於過去境界如是行時不令煩惱緣彼生起設復失念蹔時生起而不忍受速能斷滅除遣變吐如緣過去若行未來當知亦尒如是未生惡不善法能令不生生已能斷是名策

勵若行現在所緣境界如是行時不令煩惱緣彼生起設復失念暫時生起而不忍受速能斷滅除遣變吐如是已生惡不善法能令不生生已能斷是名發勤精進又或有惡不善法唯由分別力生非境界力或有惡不善法由分別力生亦境界力唯由分別力生非境界力者謂於住時思惟過去未來境界而生於彼由思惟力生亦境界力者謂於行時緣現在境界而生於彼當於尒時決定亦有非理分別當知此中惡不善法唯由分別力生非境界力者彼若未生能令不生生已能斷是名策勵若由分別力生亦境界力者彼若未生能令不生生已能斷是名發勤精進於其未生一切善法為令生故生欲者謂於未得未現在前所有善法為欲令得令現在前發心希願發起猛利求獲得欲求現前欲而現在前是名於其未生一切善法為令生故生欲於其已生一切善法為欲令住令不忘失令修圓滿生欲者謂已獲得已現

在前所有善法是名已生善法於此善法已得不失已得不退依是說言為欲令住於此善法明了現前無闇鈍性依是說言令不忘失於此善法已得現前數數修習成滿究竟依是說言令修圓滿於此善法發心希願發起猛利求堅住欲求不忘欲求修滿欲而現在前是名於其已生一切善法為欲令住令不忘失令修圓滿生欲策勵者為於已得令現前故發勤精進者為於未得令其得故又策勵者於已生善為欲令住令不忘故發勤精進者令修滿故又於下品中品善法未生令生生已令住令不忘失是名策勵於上品善法未生令生生已乃至令修圓滿是名發勤精進言策心者謂若心於修奢摩他一境性中精勤方便於諸未生惡不善法為令不生廣說乃至於其已生一切善法為欲令住令不忘失令修圓滿由是因緣其心於內極略下劣或恐下劣觀見是已尒時隨取一種淨妙舉相殷勤策勵慶悅其心是名策心

云何持心謂修舉時其心掉動或恐掉動觀見是已尒時還復於內略攝其心修奢摩他是名持心如是四種亦名正勝謂於黑品諸法其未生者為令不生其已生者為令斷滅生欲策勵發勤精進策心持心是二正勝於白品諸法其未生者為欲令生如前黑品廣說應知是二正勝如是四種亦名正斷一名律儀斷謂於已生惡不善法為令斷故生欲策勵乃至廣說二名斷斷謂於未生惡不善法為不生故生欲策勵乃至廣說由於已生惡不善事應修律儀令其斷滅不應忍受由是因緣名律儀斷於其未生惡不善事為欲令彼不現行斷為欲令彼不現前斷為斷故斷故名斷斷三名修斷謂於未生一切善法為令生故廣說乃至策心持心由於善法數修數習先所未得能令現前能有所斷故名修斷四名防護斷謂於已生一切善法為欲令住廣說乃至策心持心由於已得已現在前諸善法法中遠離放逸修不放逸能令善法

住不忘失修習圓滿防護已生所有善法能有所斷故名防護斷如是廣辯四正斷已復云何知此中略義謂為顯示於黑白品捨取事中增上意樂圓滿及加行圓滿是故宣說四種正斷當知此中由生欲故增上意樂圓滿由自策勵發勤精進策心持心故加行圓滿修瑜伽師唯有尒所正應作事謂為斷滅所應斷事及為獲得所應得事先當生起希願樂欲為斷諸纏復應時時正勤修習止舉捨相為斷諸纏及隨眠故更應修習對治善法為顯如是一切所作說四正勝及四正斷是名略義

從此復修四三摩地謂欲三摩地勤三摩地心三摩地觀三摩地當知由欲增上力所得三摩地名欲三摩地由勤增上力所得三摩地名勤三摩地由心增上力所得三摩地名心三摩地由觀增上力所得三摩地名觀三摩地若於是時純生樂欲生樂欲已於諸所有惡不善法自性因緣過患對治正審思察起一境念於諸善

法自性因緣功德出離正審思察住一境念即由如是多修習故觸一境性於諸所有惡不善法現行諸纏能令遠離而未永害煩惱隨眠是名欲增上力所得三摩地若於過去未来現在所緣境界能順所有惡不善法能順所有下中上品煩惱纏中其未生者為令不生其已生者為令斷滅自策自勵發勤精進行彼所緣於彼境界自性因緣過患對治正審思察住一境念即由如是多安住故能正生起心一境性於諸所有惡不善法現行諸纏能令遠離而未永害煩惱隨眠是名勤增上力所得三摩地若復策發諸下劣心或復制持諸掉舉心又時時間修增上捨由是因緣於諸所有惡不善法若能隨順惡不善法及諸善法若能隨順所有善法自性因緣過患功德對治出離正審思察住一境念即由如是多安住故能正生起心一境性廣說乃至是名心增上力所得三摩地若於能順惡不善法作意思惟為不如理復於能順

所有善法作意思惟以為如理如是遠離彼諸纏故及能生起諸纏對治定為上首諸善法故能令所有惡不善法皆不現行便自思惟我今為有現有惡不善法不覺知耶為無現無惡不善法不覺知耶我今應當遍審觀察彼由觀察作意增上力故自正觀察斷與未斷正審思察住一境念即由如是多安住故能正觸證心一境性由是因緣離增上慢如實自知我唯於纏心得解脫未於一切一切隨眠心得解脫我唯獲得及已修習諸纏對治定為上首所有善法而未獲得及未修習隨眠對治是名觀增上力所得三摩地彼由如是四三摩地增上力故已遠諸纏復為永害一切一切惡不善法諸隨眠故及為修集能對治彼諸善法故便更生起樂欲策勵廣說如前修四正斷加行道理彼於如是正修習時有八斷行為欲永害諸隨眠故為三摩地得圓滿故差別而轉何等名為八種斷行一者欲謂起如是希望樂欲我於何時

修三摩地當得圓滿我於何時當能斷滅惡不善法所有隨眠二者策勵謂乃至修所有對治不捨加行三者信謂不捨加行正安住故於上所證深生信解四者安謂清淨信爲上首心生歡喜心歡喜故漸次息除諸惡不善法品麁重五者念謂九種相於九種相安住其心奢摩他品能攝持故六者正知謂毗鉢舍那品慧七者思謂心造作於斷未斷正觀察時造作其心發起能顺止觀二品身業語業八者捨謂行過去未來現在隨顺諸惡不善法中心無染汙心平等性由二因緣於隨眠斷分別了知謂由境界不現見思及由境界現見捨故如是名爲八種斷行亦名勝行如是八種斷行勝行即是爲害隨眠瑜伽此中欲者即是彼欲此中策勵即彼精進此中信者即是彼信此中安念正知思捨即彼方便如是此中若先欲等四三摩地若念所說八種斷行於爲永斷所有隨眠圓滿成辦三摩地時一切總名欲三摩地斷行成就

神足勤三摩地斷行成就神足心三摩地斷行成就神足觀三摩地斷行成就神足問何因緣故說名神足答如有足者能往能還騰躍勇健能得能證世間所有殊勝之法世殊勝法說名爲神彼能到此故名神足如是若有如是諸法有三摩地圓滿成辦彼心如是清淨鮮白無諸瑕穢離隨煩惱安住正直有所堪能獲得不動能往能還騰踊勇健能得能證出世間法由出世法最勝自在是最勝神彼能證此故名神足彼由如是勝三摩地爲所依持勝三摩地爲所依止能進修習增上心學增上慧學所有瑜伽由進修習此瑜伽故於他大師弟子所證深生勝解深生淨信此清淨信增上義故說名信根問於何增上答於能生起出世間法而爲上首及於能起精進念定慧爲其增上餘精進等於能生起出世間法及於能起展轉乃至慧爲其增上乃至其慧唯於能起出世間法爲其增上是故信等說名五根若復了知前後所證

而有差別隨此能於後後所證出世間法深生勝解深生淨信此清淨信難伏義故說名信力問誰不能伏答此清淨信若天若魔若諸沙門若婆羅門若餘世間無有如法能引奪者諸煩惱纏亦不能屈故名難伏此爲上首此爲前行餘精進等亦名爲力由此諸力具大威勢摧伏一切魔軍勢力能證一切諸漏永盡是故名力當觀此中信根信力即四證淨中所有淨信何以故以其證入正性離生所有證淨皆由此因此緣此序由彼即是此增上果是故世尊就其因果相屬道理說言當觀即彼證淨非即彼體非即彼相當觀此中精進根力即四正斷中所有精進此何正斷謂能永斷見道所斷一切煩惱方便正斷此中意說如是正斷由此正斷畢竟能斷所有諸惡不善法故當觀此中念根念力即四念住中所有正念謂四念住能無餘斷一切顛倒當觀此中定根定力即四靜慮中所有正定謂諸靜慮能爲方便證不還果當

觀此中慧根慧力即四聖諦中所有正智謂聖諦智於四聖諦能證現觀得沙門果即由如是諸根諸力漸修漸習漸多修習為因緣故便能發起下中上品順決擇分四種善根何等為四一煖二頂三順諦忍四世第一法譬如有人欲以其火作火所作為求火故下安乾木上施鑽燧精勤策勵勇猛鑽求彼於如是精勤策勵勇猛鑽時於下木上最初生煖次煖增長熱氣上衝次倍增盛其烟遂發次無焰火欻然流出火出無間發生猛焰猛焰生已便能造作火之所作如鑽火人精勤策勵勇猛鑽求五根五力漸修漸習漸多修習當知亦尒如下木上初所生煖其煖善根當知亦尒燒諸煩惱無漏法火生前相故如煖增長熱氣上衝其頂善根當知亦尒如次烟發其順諦忍當知亦尒如無焰火欻然流出世第一法當知亦尒如火無間發生猛焰世第一法所攝五根五力無間所生出世無漏聖法當知亦尒

此復云何謂七覺支諸已證入正性離生補特伽羅如實覺慧用此為支故名覺支即此七種如實覺支三品所攝謂三覺支奢摩他品攝三覺支毗鉢舍那品攝一覺支通二品攝是故說名七種覺支謂擇法覺支精進覺支喜覺支此三觀品所攝安覺支定覺支捨覺支此三止品所攝念覺支一種俱品所攝說名遍行彼於尒時最初獲得七覺支故名初有學見聖諦迹已永斷滅見道所斷一切煩惱唯餘修道所斷煩惱

為斷彼故修習三蘊所攝八支聖道此中正見正思惟正精進慧蘊所攝正語正業正命戒蘊所攝正念正定定蘊所攝問何因緣故名八支聖道荅諸聖有學已見迹者由八支攝行迹正道能無餘斷一切煩惱能於解脫究竟作證是故名為八支聖道當知此中若覺支時所得真覺若得彼已以慧安立如證而覺總略此二合名正見由此正見增上力故所起出離無恚無害分別思惟名正思惟若

心趣入諸所尋思彼唯尋思如是相狀所有尋思若心趣入諸所言論即由正見增上力故起善思惟發起種種如法言論是名正語若如法求衣服飲食諸坐卧具病緣醫藥供身什物於追求時若往若還正知而往若覩若瞻若屈若申若持衣鉢及僧伽胝若食若飲若噉若甞正知而住或於住時於已追求衣服等事若行若住若坐若卧廣說乃至若解勞睡正知而住是名正業如法追求衣服飲食乃至什物遠離一切起邪命法是名正命若遠離攝正語業命彼於證得無漏作意諸覺支時先已獲德問何故此名聖所愛戒荅以諸聖者賢善正至長時愛樂欣慕悅意我於何時當正獲得諸語惡行諸身惡行諸邪命事不作律儀由彼長夜於此尸羅深心愛樂欣慕悅意故獲得時名聖所愛獲得如是聖愛戒已終不正知而說妄語終不故思害衆生命終不故思不與而取終不故思行欲邪行終不非法求衣服等即由如是聖

所愛戒增上力故於修道時乃至所有語業身業養命事轉亦德名為正語業命依止正見及正思惟正語業命勤修行者所有一切欲勤精進出離勇猛勢力發起策勵其心相續無間名正精進成就如是正精進者由四念住增上力故得無顛倒九種行相所攝正念能攝九種行相心住是名正念及與正定如是一切八支聖道揔立二種謂無所作及住所作無所作者謂正語正業正命住所作者復有二種謂奢摩他毗鉢舍那正見正思惟正精進是毗鉢舍那正念正定是奢摩他如是清淨正語業命為所依止於時時間修習正觀能斷諸結無餘永斷能得寂上阿羅漢果長時相續名為修道多時串習斷煩惱故率尒智生名為見道暫時智起即能永斷諸煩惱故由是因緣正語業命於修道中方始建立

由如是等漸次修習三十七種菩提分法如行方便是名菩提修

云何修果謂四沙門果一預流果二

一来果三不還果四寂上阿羅漢果此中云何名沙門云何名果謂聖道名沙門煩惱斷名果又後生道或中或上是前生道所生之果問何故建立如是四果荅對治四種諸煩惱故謂諸無事能感惡趣徃惡趣因煩惱斷故及能斷彼對治生故立預流果而薄伽梵說永斷三結立此果者謂依三品有三種結障导聖道令不生故一在家品二惡說法毗奈耶品三善說法毗奈耶品依在家品有薩迦耶見由此見故先生怖畏寂初不欲發趣聖道依惡說法毗奈耶品有戒禁取由此取故雖已發趣而行邪僻由是不能生起聖道依善說法毗奈耶品有疑由此疑故雖已發趣不行邪僻而於正道未串習故於如實見所知事中猶預疑惑障导聖道不令生起由是因緣唯說斷此立預流果此預流果極餘七有由是因緣多生相續若斷弃生相續煩惱生無重續立一来果謂若永斷天有所攝人有所攝弃生相續所有煩惱極唯更受天

有一生人有一生故於尒時立一来果若已永斷能感還来生此煩惱唯於天有當可受生即於尒時立不還果若已永斷一切能感生有煩惱建立寂上阿羅漢果而薄伽梵說永斷三結薄貪瞋癡立一来果永斷能順五下分結立不還果永斷一切煩惱究竟建立寂上阿羅漢果是名修果

又於此中貪瞋癡慢尋思行者彼先應於淨行所緣淨修其行然後方證心正安住彼於各別所緣境界定由所緣差別勢力勤修加行若等分行補特伽羅隨所愛樂攀緣彼境勤修加行如是勤修唯令心住非淨其行如等分行補特伽羅薄塵行者當知亦尒而彼諸行有其差別謂貪等行者勤修行時要經久遠方證心住等分行者勤修行時不甚久遠能證心住薄塵行者勤修行時寂極速疾能證心住問前已廣說有貪等行補特伽羅行相差別其等分行及薄塵行補特伽羅有何行相荅等分行者如貪等行補特伽羅所有行相一切具

有然彼行相非上非勝如貪等行隨所遇緣有其差別施設此行與彼相似其薄塵行補特伽羅行相別者謂無重障寂初清淨資粮已具多清淨信成就聰慧具諸福德具諸功德無重障者謂無三障何等為三一者業障二煩惱障三異熟障言業障者謂五無間業及餘所有故思造業諸尤重業彼異熟果若成熟時能障正道令不生起是名業障煩惱障者謂猛利煩惱長時煩惱由此煩惱於現法中以其種種淨行所緣不能令淨是名煩惱障異熟障者謂若生處聖道依彼不生不長於是生處異熟果生或有生處聖道依彼雖得生長而於其中異熟果生聾騃愚鈍盲瘖瘂以手代言無有力能解了善說惡說法義是名異熟障寂初清淨者謂善淨戒及正直見由十因緣戒善清淨如前應知正直見者謂若有見淨信相應故勝解相應故遠離諂誑故善思法義無惑無疑加行出離故名為正直如是正直見淨信相應故於佛

正法及毗柰耶不可引奪勝解相應故於諸如來及聖弟子不可思議威德神力不可思議生處差別甚深法教不可記事深生勝解無驚無恐無有怖畏遠離諂誑故其見正直是正直類如其聖教而正修行如其真實而自顯發善思法義無惑無疑加行出離故於一切法無常苦空無我等義善正思惟善正籌量善正觀察由是為因無惑無疑遠離二路建得外進由此四相先所說見名正直見資粮已具者廣說資粮如前應知略有四種一福德資粮二智慧資粮三先世資粮四現法資粮福德資粮者謂由此故於今獲得隨順資具豐饒財寶遇真福田為善知識離諸障㝵能勤修行智慧資粮者謂由此故成熟聰慧有力有能解了善說惡說法義獲得隨順法教義教教授教誡先世資粮者謂由宿世積集善根於今獲得諸根成熟現法資粮者謂於今世有善法欲諸根成熟具戒律儀及根律儀如前廣說多清淨信者謂於大

師所無惑無疑深生淨信及以勝解如於大師於法於學亦復如是其餘廣說如前應知成就聰慧者謂由此故於法於義速能領受經久遠時於法於義能無忘失於法於義速能通達具諸福德者謂由此故形色端嚴衆所樂見發清淨信無病長壽言辭敦肅具大宗葉衆所知識成就大福多獲永等諸資生具為諸國王及大臣等供養恭敬尊重讚歎具諸功德者謂本性成就極少欲等種種功德如前所說沙門莊嚴應知其相如是等類應知是名諸薄塵行補特伽羅行相差別

云何補特伽羅異門謂有六種何等為六一沙門二婆羅門三梵行四比丘五精勤六出家第一沙門復有四種何等為四一勝道沙門二說道沙門三活道沙門四壞道沙門當知諸善逝名勝道沙門諸說正法者名說道沙門諸修善行者名活道沙門諸行邪行者名壞道沙門諸善逝者謂已證得貪瞋癡等無餘永盡說正法

者謂為調伏貪瞋癡等宣說正法修善行者謂為調伏貪瞋癡等勤修正行行邪行者謂犯尸羅行諸惡法又學無學名勝道沙門以無漏道摧滅一切見修所斷諸煩惱故若無如來及諸菩薩為菩提故勤修正行諸聲聞眾持三藏者名說道沙門任持世俗法毗柰耶轉正法眼令不斷故若諸異生補特伽羅其性調善為自利益勤修正行有耆有悔愛樂正學為得未得為觸未觸為證未證勤修加行有力有能堪得未得堪觸未觸堪證未證名活道沙門由彼現有諸善法煖堪能生長聖慧命根名活非死是故名為活道沙門若諸犯戒補特伽羅多行惡法廣說乃至實非梵行自稱梵行名壞道沙門由彼破壞最初所有正道根本無力無能非生道器雖現前有說正道教及現前有證正道者而彼不得是故名為壞道沙門世尊依彼作如是說此初沙門廣說乃至第四沙門於外沙門婆羅門教空無所有若於是處八支聖道安立

可得即於是處有初沙門廣說乃至第四沙門第二婆羅門復有三種一種姓婆羅門二名想婆羅門三正行婆羅門種姓婆羅門者謂若生在婆羅門家從母產門之所生出父母圓備名婆羅門名想婆羅門者謂諸世間由想等想假立言說名婆羅門正行婆羅門者謂所作事決定究竟已能驅擯惡不善法如說當知婆羅門更無有所作所作事已辦是謂婆羅門第三梵行復有三種一受遠離梵行二雙時斷梵行三畢竟斷梵行受遠離梵行者謂能受學遠離一切行非梵行習婬欲法雙時斷梵行者謂諸異生由世間道離欲界欲畢竟斷梵行者謂諸聖者得不還果復得最上阿羅漢果第四比丘復有五種一乞匃比丘二自稱比丘三名想比丘四破壞煩惱比丘五白四羯磨受具足戒比丘第五精勤復有三種一止息犯戒精勤謂能遠離一切不善身業語業二止息境界精勤謂密護根門修防守念及常委念如前

廣說三止息煩惱精勤謂能永斷見修所斷一切煩惱及於一切先所生起或欲尋思或恚尋思或害尋思或貪或瞋或諸邪見或忿恨覆惱誑諂等能往惡處鄉落迦等諸險惡趣非沙門法隨所生起能不忍受尋尋斷滅除遣變吐當知此中略有二種止息煩惱一止息隨眠二止息諸纏第六出家復有二種一於善說法毗柰耶中而出家者二於惡說法毗柰耶中而出家者於善說法毗柰耶中而出家者謂比丘比丘尼式叉摩鄉沙弥沙弥尼又若自能出離身中所有一切惡不善法當知是名真實出家於惡說法毗柰耶中而出家者謂諸外道或全無衣或壞色衣或塗灰等增上外道復有所餘如是等類眾多外道是故說言若諸沙門若婆羅門若修梵行若諸比丘若精勤者若出家者如是一切是數取趣所有異門補特伽羅略有八種建立因緣略有四種云何八種補特伽羅一有堪能者二無堪能者三善知方便者四不

善知方便者五有無間修者六無無間修者七已串修習者八未串修習者云何四種補特伽羅建立因緣謂由四種差別因緣建立八種補特伽羅一由根差別故有根已成熟及根未成熟二由瑜伽差別故有善知瑜伽及不善知瑜伽三由加行差別故有有無間殷重修及無無間殷重修四由時差別故有已長時修道及未長時修道云何如是四種差別能為前八補特伽羅建立因緣謂根已成熟即有堪能者根未成熟即無堪能者善知瑜伽即善知方便者不善知瑜伽即不善知方便者有無間殷重修即有無間修者此亦名為有常委修無無間殷重修即無無間修者此亦名為無常委修已長時修道即已串修習者未長時修道即未串修習者如是名為由根差別瑜伽差別加行差別及時差別建立八種補特伽羅若諸所有補特伽羅根未成熟彼於所有善知方便有無間修已串修習如理如法如其善巧皆不能辦若

諸所有補特伽羅根雖成熟而未善知善巧方便於諸所有亦不能辦若諸所有補特伽羅根已成熟善知方便無無間修即不能得速疾通慧若諸所有補特伽羅根已成熟善知方便有無間修未串修習即於所有自所作事未得成辦若諸所有補特伽羅根已成熟善知方便有無間修已串修習彼於所有皆能成辦亦能獲得速疾通慧於其所有自所作事已得成辦

當知諸魔略有四種魔所作事有無量種勤修觀行諸瑜伽師應善遍知當正遠離云何四魔一蘊魔二煩惱魔三死魔四天魔蘊魔者謂五取蘊煩惱魔者謂三界中一切煩惱死魔者謂彼彼有情從彼彼有情衆夭喪殞沒天魔者謂於勤修勝善品者求欲超越蘊煩惱死三種魔時有生欲界最上天子得大自在為作障导發起種種擾亂事業是名天魔當知此中若死所依若能令死若正是死若於其死作障导事不令超越依此四

種建立四魔謂依已生已入現在五取蘊故方有其死由煩惱故感當來生生已便有夭喪殞沒諸有情類命根盡滅夭喪殞沒是死自性勤修善者為超死故正加行時彼天子魔得大自在能為障导由障导故或於死法全不能出或經多時極大艱難方能超越又魔於彼或有蹔時不得自在謂世間道離欲異生或在此間或生於彼或魔於彼得大自在謂未離欲若未離欲在魔手中隨欲所作若世間道而離欲者魔縛所縛未脫魔羂由必還來生此界故云何魔事謂諸所有能引出離善法欲生躭著諸欲增上力故尋還退捨當知此即是為魔事若正安住密護根門於諸所有可愛色聲香味觸法由執取相執取隨好心樂趣入當知此即是為魔事若正安住於食知量於諸美味不平等食由貪愛欲心樂趣入當知此即是為魔事若正安住精勤修習初夜後夜寤寤瑜伽於睡眠樂於偃臥樂於脅臥樂由懈怠力心樂趣入當知此

即是為魔事若正安住正知而住於往來等諸事業時若見幼少盛年美色諸母邑等由不如理執取相好心樂趣入或見世間諸妙好事心樂趣入或於多事多所作中心樂趣入或見在家及出家衆歡娛雜處或見惡友共相雜住便生隨喜心樂趣入當知一切皆是魔事於佛法僧苦集滅道此世他世若生疑惑當知一切皆是魔事住阿練若樹下塚間空閑靜室若見廣大可怖畏事驚恐毛竪或見沙門婆羅門像人非人像欻尒而來不如正理勸捨白品勸取黑品當知一切皆是魔事若於利養恭敬稱譽心樂趣入或於慳悋廣大希欲不知喜足忿恨覆惱及矯詐等沙門莊嚴所對治法心樂趣入當知一切皆是魔事如是等類無量無邊諸魔事業一切皆是四魔所作隨其所應當正了知

由三因緣正修行者精勤發趣空無有果何等為三一由諸根未積集故二由教授不隨順故三由等持力微

劣故若有諸根猶未積集雖復獲得隨順教授強盛等持精勤發趣空無有果若有諸根雖已積集其等持力亦復強盛而不獲得隨順教授精勤發趣空無有果若有諸根雖已積集亦復獲得隨順教授而等持力若不強盛精勤發趣空無有果若有諸根已得積集教授隨順等持強盛精勤發趣決定有果如是名為由三因緣空無有果由三因緣決定有果

瑜伽師地論卷第二十九

瑜伽師地論卷第二十九

校勘記

一　底本，金藏廣勝寺本。

一　六二二頁中四行「第十三」，經、清無。

一　六二三頁上四行第二字「已」，麗作「未」。

一　六二三頁中一八行第三字「精」，麗作「正」。

一　六二四頁上一二行第一三字「習」，石、資、磧、普、南、麗作「集」。

一　六二四頁上一三行第五字「顯」，麗作「現」。

一　六二四頁上二二行第四字「所」，磧、南作「近」。

一　六二四頁中一行第三字「性」，磧、南作「住」。

一　六二四頁中九行第九字「行」，資、磧、普、南、經、清作「於」。

一　六二四頁下六行第一〇字「今」，麗作「令」。

一　六二四頁下一八行首字「集」，徑、清作「習」。

一　六二五頁上二一行第八字「念」，諸本作「今」。

一　六二五頁中九行第六字「直」，資、磧、普、南、徑、清作「真」。

一　六二六頁中八行第一〇字「止」，資、磧、南、徑、清作「上」。

一　六二六頁下四行第三字「發」，資、磧、普、南、徑、清、麗作「法」。

一　六二六頁下六行第一三字「往」，諸本作「住」。

一　六二六頁下七行第三字「贍」，資、磧、普、南、徑、清、麗作「瞻」。

一　六二六頁下二一行「忘語」，資、磧、普、南、徑、清、麗作「妄語」。

一　六二七頁上六行首字「聞」，諸本作「開」。

一　六二七頁上一五行第九字「正」，諸本作「止」。

一　六二七頁上一五行第一二字「斷」，資、磧、普、南、徑、清作「證」。

一　六二七頁上二〇行第六字「始」，資、磧、普、南、徑、清作「如」。

一　六二七頁上二二行第三字「如」，諸本作「加」。

一　六二七頁上二二行末字「修」，諸本作「分修」。

一　六二七頁中一二行首字「耶」，資、磧、南、徑作「邪」。

一　六二七頁下六行第三字「薄」，麗作「縛」。

一　六二八頁上三行「相別」，麗作「相差別」。

一　六二八頁上九行「成熟」，麗作「成就」，下同。

一　六二八頁中七行「自顯」，麗作「自現」。

一　六二八頁中一〇行末字「升」，石作「勝」。

一　六二八頁下八行第六字「葉」，清作「乘」。

一　六二八頁下九行第三字「永」，諸本作「衣」。

一　六二九頁上七行第一一字「任」，磧作「住」。

一　六二九頁下六行第一三字「尋」，諸本作「即」。

一　六三〇頁下六行末字「全」，麗作「令」。

一　六三〇頁下二二行第二字「⿸疒悎」，石、麗作「覺」；資、磧、普、南、徑、清作「悎」。

瑜伽師地論卷第三十　聽

彌勒菩薩說

三藏法師玄奘奉　詔譯

本地分中聲聞地第十三第三瑜伽處之一

如是已說補特伽羅品類建立及所緣等乃至趣修有果無果如應安立我今當說嗢柁南曰

往處問尋求　方安立護養　出離一境性
障淨修作意

若有自愛補特伽羅初修業者始修業時為隨證得自義利故先應四處安住正念然後往詣善達瑜伽或軌範師或親教師或餘尊重似尊重所云何四處一專求領悟無難詰心處二深生恭敬無憍慢心處三唯求勝善非顯己能處四純為安立自他善根非求利養恭敬名聞處如是正念到師處已先求開許請問時分然後安詳躬申請問將請問時偏覆左肩右膝著地或居下坐曲躬而坐合掌恭敬深生愧畏讚頌軟語請問瑜伽我於如是瑜伽行中欲求受學唯

願慈悲為我宣說

如是請已善達瑜伽諸瑜伽師為欲安立初修業者瑜伽作意應以慈愍柔軟言詞讚勵慶慰又應稱揚修斷功德歎言善哉善哉賢首汝今乃能於墮放逸樂著放逸沉沒境界樂著境界衆生類中獨不放逸樂修出行汝今乃能於久墮在種種憂苦險惡牢獄衆生類中獨求解脫如是牢獄汝今乃能於彼種種貪瞋癡等杻械枷鎖常所固縛衆生類中獨求斷壞如是固縛汝今乃能於入生死曠野險道衆生類中獨求超度曠野險道汝今乃能於遭窮儉種種善根衆生類中獨求獲得豐饒善根汝今乃能於墮種種煩惱怨賊廣大怖畏衆生類中獨求證得究竟安隱常樂涅槃汝今乃能於為煩惱重病呑食衆生類中獨求證得第一無病常樂涅槃汝今乃能於為四種瀑流漂溺衆生類中獨求越度如是瀑流汝今乃能於入廣大無明黑闇衆生類中獨求獲得大智光明長老當知汝若定能

如是精勤修瑜伽行乃得名為不虛受用國人信施真實奉行如來聖教不捨靜慮成就勝觀增長樂居空閑法侶精勤修學自義瑜伽不厚有智同梵行者汝今為欲勤修自利利他正行汝今為欲利益安樂無量衆生哀愍世間及諸天人阿素洛等為令獲得義利安樂故來問尒

以如是等柔軟言詞讃勵慶慰稱揚修斷諸功德已復於四種審問處法應審問之告言長老汝已一向歸佛法僧非外道師及彼邪法弟子衆不汝已置初淨修梵行善淨尸羅正直見不汝已於其捴標別辯諸聖諦法若少若多聞受持不汝於涅槃深心信解為證寂滅而出家不

如是問已彼若云尒次後復於四種處所以四因緣應正尋求何等名為四種處所一應尋求其願二應尋求種姓三應尋求其根四應尋求其行云何名為四種因緣一應以審問而正尋求二應以言論而正尋求三應以所作而正尋求四應以知他心差別

智而正尋求云何名為應以審問尋求其願謂如是問長老於何以發正願聲聞乘耶獨覺乘耶無上正等菩提乘耶彼得此問隨自所願當如是荅如是名為應以審問尋求其願云何名為應以審問尋求種姓及以根行謂如是問長老於自種姓根行能審察不謂我本來有何種姓聲聞乘耶獨覺乘耶大乘等耶有何等根為鈍為中為利根耶有何等行為貪行耶為瞋行耶廣說乃至尋思行耶彼若黠慧能自了知前後差別種姓根行善取其相如問而荅若姓愚鈍不能自知前後差別乃至不能善取其相由是不能如問而荅從此已後應以言論尋求彼三謂對其前應以顯了正理相應衆雜美妙易解言詞說聲聞乘相應言論彼聞宣說此言論時若身中有聲聞種姓於此言論便發㝡極踊躍歡喜深生信解若身中有獨覺種姓大乘種姓於此言論不發㝡極踊躍歡喜不生信解次復為其說獨覺乘相應言論彼聞宣說

此言論時若身中有獨覺種姓於此言論便發㝡極踊躍歡喜深生信解若身中有聲聞種姓大乘種姓則不如是後復為其宣說大乘相應言論彼聞宣說此言論時若身中有大乘種姓於此言論便發㝡極踊躍歡喜深生信解若身中有聲聞種姓獨覺種姓則不如是若有鈍根雖聞宣說麁淺言論而於法義勵力審思方能領受解了通達若有利根雖聞宣說深細言論而於法義速能領受解了通達若有中根則不如是若有貪行彼聞為說淨妙言論便發㝡極淨信愛樂悟入其趣身毛皆竪悲泣墮淚其身外現潤滑相狀其心內懷柔軟怡悅若有瞋行當知一切與上相違若有癡行彼聞為說決定通達涅槃離染相應言論便生㝡極驚恐怖畏如說鈍根如是癡行當知亦尒若有慢行彼聞為說正法言論不甚恭敬屬耳樂聞不極安住求欲領解奉教行心雖作方便引發其心令受正化而不分明發言稱善若尋思行彼聞

為説正法言論雖攝耳聽而心散乱惡受所受凡所領受不堅不住隨受隨失數重請問如是名為應以言論尋求種姓及以根行云何名為應以所作尋求彼三謂如前説聲聞種姓及貪等行補特伽羅所有相狀是名所作由此所作如其所應當正尋求種姓根行云何名為應以知他心差別智尋求種姓及以根行謂如有一善達瑜伽修瑜伽師以得知他心差別智彼由如是他心智故如實了知種性根行

於四種處以四因緣正尋求已復於五處如應安立云何五處一護養定資粮處二遠離處三心一境性處四障清淨處五修作意處云何護養定資粮謂若成就戒律儀者即於是處為令不退住不放逸如佛所誡如佛所許圓滿戒蘊學處差別精進修行常無懈廢如是能於已所證得尸羅相應學道無退亦能證得先所未證尸羅相應殊勝學道如説成就戒律儀如是成就根律儀於食知量初夜後夜常寤寤瑜伽正知而住如是乃至成就所有沙門莊嚴隨所獲得資粮所攝善法差別皆能防護令不退失於後勝進善法差別為速圓滿為如所説無增無減平等現行發生樂欲增上欣慕恒常安住勇猛精進是名護養定資粮如是遠離順退分法修習能順勝分法時樂住遠離

云何遠離謂處所圓滿威儀圓滿遠離圓滿是名遠離云何處所圓滿謂或阿練若或林樹下或空閑室山谷巖穴稻稈積等名空閑室大樹林中名林樹下空迥塚間邊際卧坐名阿練若當知如是山谷巖穴稻稈積等大樹林中空迥塚間邊際卧坐或阿練若或林樹下或空閑室總名處所所圓滿復有五種謂若處所從本已來形相端嚴衆所憙見清淨無穢園林池沼悉皆具足清淨可樂地無高下處無毒刺亦無衆多甎石瓦礫能令見者心生清淨樂住其中修斷加行心悦心喜任持於斷是名第一處所圓滿又若處所晝無憒閙夜少音聲亦少蚊虻風日蛇蠍諸惡毒觸是名第二處所圓滿又若處所無惡師子虎豹豺狼怨敵盜賊人非人等諸恐怖事於是處所身意泰然都無疑慮安樂而住是名第三處所圓滿又若處所隨順身命衆具易得求衣服等不甚艱難飲食支持無所匱乏是名第四處所圓滿又若處所有善知識之所攝受及諸有智同梵行者之所居止未開曉處能正開曉已開曉處更令明淨甚深句義以慧通達善巧方便殷勤開示能令智見速得清淨是名第五處所圓滿云何威儀圓滿謂於晝分經行宴坐於初夜分亦復如是於中夜分右脇而卧於後夜分疾疾還起經行宴坐即於如是圓滿卧具謂佛所許大小繩牀草葉座等結加趺坐乃至廣説何因緣故結加趺坐謂正觀見五因緣故一由身攝斂速發輕安如是威儀順生輕安最為勝故二由此宴坐能經久時如是威儀不極令身速疲倦故三由此宴坐是不共法如是威儀外道他論皆

無有故四由此宴坐形相端嚴如是威儀令他見已極信敬故五由此宴坐佛佛弟子共所開許如是威儀一切賢聖同稱讃故正觀如是五種因緣是故應當結加趺坐端身正願者云何端身謂策舉身令其端直云何正願謂令其心離諂離詐調柔正直由策舉身令端直故其心不為惛沉睡眠之所纏擾離諂詐故其心不為外境散動之所纏擾安住背念者云何名為安住背念謂如理作意相應念名為背念棄背違逆一切黑品故又緣定相為境念名為背念棄背除遣一切不定地所緣境故如是名為威儀圓滿云何遠離圓滿謂有二種一身遠離二心遠離身遠離者謂不與在家出家衆共相雜住獨一無侶是名身遠離心遠離者謂遠離一切染汙無記所有作意修習一切其性是善能引義利定地作意及定資粮加行作意是名心遠離如是此中若處所圓滿若威儀圓滿若身遠離若心遠離揔攝為一說名遠離

云何心一境性謂數數隨念同分所緣流注無罪適悅相應令心相續名三摩地亦名為善心一境性何等名為數數隨念謂於正法聽聞受持從師獲得教誡教授增上力故令其定地諸相現前緣此為境流注無罪適悅相應所有正念隨轉安住云何名為同分所緣謂諸定地所緣境界非一衆多種種品類緣此為境令心正行說名為定此即名為同分所緣問此所緣境是誰同分說為同分荅是所知事相似品類故名同分復由彼念於所緣境無散乱行無缺無間無間殷重加行適悅相應而轉故名流注適悅相應又由彼念於所緣境無有染汙極安隱住熟道適悅相應而轉故名無罪適悅相應是故說言數數隨念同分所緣流注無罪適悅相應令心相續名三摩地亦名為善心一境性復次如是心一境性或是奢摩他品或是毗鉢舍那品若於九種心住中心一境性是名奢摩他品若於四種慧行中心一境性是名毗鉢舍那品

云何名為九種心住謂有苾芻令心內住等住安住近住調順寂靜最極寂靜專注一趣及以等持如是名為九種心住云何內住謂從外一切所緣境界攝錄其心繫在於內令不散乱此則最初繫縛其心令住於內不外散乱故名內住云何等住謂即最初所繫縛心其性麁動未能令其等住遍住故次即於此所緣境界以相續方便澄淨方便挫令微細遍攝令住故名等住云何安住謂若此心雖復如是內住等住然由失念於外散乱復還攝錄安置內境故名安住云何近住謂彼先應如是如是親近念住由此念故數數作意內住其心不令此心遠住於外故名近住云何調順謂種種相令心散乱所謂色聲香味觸相及貪瞋癡男女等相故彼先應取彼諸相為過患想由如是想增上力故於彼諸相折挫其心不令流散故名調順云何寂靜謂有種種欲恚害等諸惡尋思貪欲蓋等諸隨煩惱

令心擾動故彼先應取彼諸法為過患想由如是想增上力故於諸尋思及隨煩惱止息其心不令流散故名寂靜云何名為最極寂靜謂失念故即彼二種暫現行時隨所生起諸惡尋思及隨煩惱能不忍受尋即斷滅除遣變吐是故名為最極寂靜云何名為專注一趣謂有加行有功用無缺無間三摩地相續而住是故名為專注一趣云何等持謂數修數習數多修習為因緣故得無加行無功用任運轉道由是因緣不由加行不由功用心三摩地任運相續無散乱轉故名等持當知此中由六種力方能成辦九種心住一聽聞力二思惟力三憶念力四正知力五精進力六串習力初由聽聞思惟二力數聞數思增上力故最初令心於內境住及即於此相續方便澄淨方便等遍安住如是於內繫縛心已由憶念力數數作意攝錄其心令不散乱安住近住從此已後由正知力調息其心於其諸相諸惡尋思諸隨煩惱不令流散調

順寂靜由精進力設彼二種暫現行時能不忍受尋即斷滅除遣變吐最極寂靜專注一趣由串習力等持成滿即於如是九種心住當知復有四種作意一力勵運轉作意二有間缺運轉作意三無間缺運轉作意四無功用運轉作意於內住等住中有力勵運轉作意於安住近住調順寂靜最極寂靜中有間缺運轉作意於專注一趣中有無間缺運轉作意於等持中有無功用運轉作意當知如是四種作意於九種心住中是奢摩他品又即如是獲得內心奢摩他者於毗鉢舍那勤修習時復即由是四種作意方能修習毗鉢舍那故此亦是毗鉢舍那品

云何四種毗鉢舍那謂有苾芻依止內心奢摩他故於諸法中能正思擇最極思擇周遍尋思周遍伺察是名四種毗鉢舍那云何名為能正思擇謂於淨行所緣境界或於善巧所緣境界或於淨惑所緣境界能正思擇盡所有性云何名為最極思擇謂即

於彼所緣境界最極思擇如所有性云何名為周遍尋思謂即於彼所緣境界由慧俱行有分別作意取彼相狀周遍尋思云何名為周遍伺察謂即於彼所緣境界審諦推求周遍伺察又即如是毗鉢舍那由三門六事差別所緣當知復有多種差別云何三門毗鉢舍那一唯隨相行毗鉢舍那二隨尋思行毗鉢舍那三隨伺察行毗鉢舍那云何名為唯隨相行毗鉢舍那謂於所聞所受持法或於教授教誡諸法由等引地如理作意暫尒思惟未思未量未推未察如是名為唯隨相行毗鉢舍那若復於彼思量推察尒時名為隨尋思行毗鉢舍那若復於彼既推察已如所安立復審觀察如是名為隨伺察行毗鉢舍那是名三門毗鉢舍那云何六事差別所緣毗鉢舍那謂尋思時尋思六事一義二事三相四品五時六理既尋思已復審伺察云何名為尋思於義謂正尋思如是如是語有如是如是義如是名為尋思於義云何名為尋

思於事謂正尋思內外二事如是名為尋思於事云何名為尋思於相謂正尋思諸法二相一者自相二者共相如是名為尋思於相云何名為尋思於品謂正尋思諸法二品一者黑品二者白品尋思黑品過失過患尋思白品功德勝利如是名為尋思於品云何名為尋思於時謂正尋思過去未來現在三時尋思如是事曾在過去世尋思如是事當在未來世尋思如是事今在現在世如是名為尋思於時云何名為尋思於理謂正尋思四種道理一觀待道理二作用道理三證成道理四法尒道理當知此中由觀待道理尋思世俗以為世俗尋思勝義以為勝義尋思因緣以為因緣由作用道理尋思諸法所有作用謂如是如是法有如是如是作用由證成道理尋思三量一至教量二比度量三現證量謂正尋思如是如是義為有至教不為現證可得不為應比度不由法尒道理於如實諸法成立法性難思法性安住法性應生

信解不應思議不應分別如是名為尋思於理如是六事差別所緣毗鉢舍那及前三門毗鉢舍那略攝一切毗鉢舍那問何因緣故建立如是六事差別毗鉢舍那答依三覺故如是建立何等三覺一語義覺二事邊際覺三如實覺尋思義故起語義覺尋思其事及自相故起事邊際覺尋思共相品時理故起如實覺修瑜伽師唯有尒所所知境界所謂語義及所知事盡所有性如所有性

云何勤脩不淨觀者尋思六事差別所緣毗鉢舍那謂依不淨增上正法聽聞受持增上力故由等引地如理作意解了其義知此不淨實為不淨深可猒逆其性朽穢惡臭生臭由如是等種種行相於先所聞依諸不淨所說正法解了其義如是名為於諸不淨尋思其義云何名為尋思彼事謂彼如是解了義已觀不淨物建立二分謂內及外如是名為尋思彼事云何名為尋思自相謂且於內身中所有穢朽不淨發起勝解了知身中

有髮毛等廣說乃至腦膜小便復於如是身中所有多不淨物攝為二界發起勝解所謂地界及以水界始於髮毛乃至大便起地勝解始於涙汗乃至小便起水勝解如是名為依內不淨尋思自相復於其外諸不淨物由青瘀等種種行相發起勝解謂先發起青瘀勝解或親自見或從他聞或由分別所有死屍如是死屍或男或女或非男女或親或怨或是中庸或劣或中或復是勝或是少年或是中年或是老年取彼相已若此死屍死經一日血流已盡未至膖爛於是發起青瘀勝解若此死屍死經二日已至膖爛未生虫蛆於是發起膿爛勝解若此死屍死經七日已生虫蛆身體已壞於是發起爛壞勝解膖脹勝解若此死屍為諸狐狼鵄梟鵰鷲烏鵲餓狗之所食噉於是發起食噉勝解即此死屍既被食已皮肉血盡唯筋纏骨於是發起異赤勝解若此死屍或被食噉支節分離散在處處或有其肉或無其肉或餘少肉於是發

起分散勝解若此死屍骨節分散手骨異處足骨異處膝骨異處髀骨異處髆骨異處脊骨異處肩骨異處頷輪異處齒骨異處髑髏異處見是事已起骨勝解若復思惟如是骸骨共相連接而不分散唯取麁相不委細取支節屈曲如是尒時起鏁勝解若委細取支節屈曲尒時發起骨鏁勝解又有二鏁一形骸鏁二支節鏁形骸鏁者謂從血鏁脊骨乃至髑髏所住支節鏁者謂髀髆等骨連鏁及髀髆等骨連鏁此中形骸鏁說名為鏁若支節鏁說名骨鏁復有二種取骨鏁相一取假名彩畫木石泥等所作骨鏁相二取真實骨鏁相若思惟假名骨鏁相時尒時唯名起鏁勝解不名骨鏁若思惟真實骨鏁相時尒時名起骨鏁勝解又即此外造色色相三種變壞一自然變壞二他所變壞三俱品變壞始從青瘀乃至膖脹是自然變壞始從食噉乃至分散是他所變壞若骨若鏁及以骨鏁是俱品變壞若能如是如實了知外不淨相是名

尋思外諸所有不淨自相云何尋思不淨共相謂若內身外淨色相未有變壞若在外身不淨色相已有變壞由在內身不淨色相平等法性相似法性發起勝解能自了知我淨色相亦有如是同彼法性若諸有情成就如是淨色相者彼淨色相亦有如是同彼法性辟如在外不淨色相是名尋思不淨共相云何名為尋思彼品謂作是思若我於彼諸淨色相不淨法性不如實知於內於外諸淨色相發起貪欲便為顛倒黑品所攝是有諍法有苦有害有諸害患有遍燒惱由是因緣發起當來生老病死愁歎憂苦種種擾惱若我於彼諸淨色相不淨法性如實隨觀便無顛倒白品所攝是無諍法無苦無害廣說乃至由此因緣能滅當來生老病死乃至擾惱若諸黑品我今於彼不應忍受應斷應遣若諸白品我今於彼未生應生生已令住增長廣大如是名為尋思彼品云何名為尋思彼時謂作是思若內所有諸淨色相在現在世若

外所有不淨色相亦現在世諸過去世曾淨色相彼於過去雖有淨相而今現在如是次第種種不淨諸現在世我之所有似淨色相此淨色相於現在世雖有淨相於未來世不當不淨如今現在外不淨色無有是處我此色身去來今世曾如是相當如是相現如是相不過如是不淨法性如是名為尋思彼時云何名為尋思彼理謂作是思若內若外都無有我有情可得或說為淨或說不淨唯有色相唯有身形於中假想施設言論謂之為淨或為不淨又如說言壽煖及與識若棄捨身時離執持而卧無所思如木既死沒已漸次變壞分位可知謂青瘀等乃至骨鏁今我此身先業煩惱之所引發父母不淨和合所生麋飯等食之所長增此因此緣此由藉故雖暫時有諸淨色相似可了知而內身中若內若外於常常時種種不淨皆悉充滿如是名依世俗勝義及以因緣觀待道理尋思彼理復作是思於此不淨若能如是善修善

習善多修習能斷欲貪如是欲貪定應當斷如是名依作用道理尋思彼理復作是思如世尊說若於不淨善修善習善多修習能斷欲貪是至教量我亦於內自能現見於諸不淨如如作意思惟修習如是如是令欲貪纏未生不生生已除遣是現證量比度量法亦有可得謂作是思云何令者作意思惟能對治法可於能治所緣境界煩惱當生如是名依證成道理尋思彼理復作是思如是之法成立法性難思法性安住法性謂修不淨能與欲貪作斷對治不應思議不應分別唯應信解如是名依法尒道理尋思彼理是名勤修不淨觀者尋思六事差別所緣毗鉢舍那

云何勤修慈愍觀者尋思六事差別所緣毗鉢舍那謂依慈愍增上正法聽聞受持增上力故由欲利益安樂意樂於諸有情作意與樂發起勝解是慈愍相若能如是解了其義如是名為於諸慈愍尋思其義彼既如是解了義已復能思擇此為親品此為怨品此中庸品是一切品皆他相續之所攝故於中發起外事勝解又若親品名為內事怨中庸品名為外事如是名為於諸慈愍尋思其事復能思擇如是三品若無苦樂欲求樂者願彼得樂令於此中有饒益相名為親品不饒益相名為怨品俱相違相名中庸品如是三品若無苦樂欲求樂者略有三種欲求樂心差別可得一者欲求欲界諸樂二者欲求色界有喜勇悅諸樂三者欲求離喜諸樂如是若於欲樂匱乏願彼皆得無罪欲樂若於有喜離喜諸樂有所匱乏當知亦尒是者尋思慈愍自相復審思擇若諸親品若諸怨品若中庸品我於其中皆當發起相似性心平等性心何以故我若作意與親品樂此未為難於中庸品作意與樂亦未甚難若於怨品作意與樂乃甚為難我於怨品尚應作意願與其樂何況親品及中庸品而不與樂何以故此中都無能罵所罵能瞋所瞋能弄所弄能打所打唯有音聲唯有名字又我此身隨所生起有色麁重四大所造隨所住處便為如是觸所逼惱略有二觸謂音聲觸及手足塊刀杖等觸是身及觸皆是無常能為如是不饒益者亦是無常又復一切有情之類皆有生老病死等法本性是苦故我不應於本性苦諸有情上更加其苦而不與樂又亦不應不與怨家作善知識不攝一切有情之類以為自體又世尊言我不觀見如是種類有情可得無始世來經歷生死長時流轉不作相為或父或母兄弟姉妹若軌範師若親教師若餘尊重似尊重者由是因緣一切怨品無不皆是我之親品又怨親品無有決定真實可得何以故親品餘時轉成怨品怨品餘時轉成親品是故一切無有決定故我今者應於一切有情之類皆當發起平等性心平等性見及起相似利益意樂安樂意樂與樂勝解是名尋思慈愍共相復審思擇我若於彼不饒益者發生瞋恚便為顛倒黑品所攝是有諍法廣說如前我若於彼不

起瞋恚便無顛倒白品所攝是無諍法廣說如前如是名為尋思慈愍黑品白品復審思擇諸過去世求欲得樂有情之類彼皆過去我當云何能與其樂諸現在世有情之類我今願彼盡未來世於一切時常受快樂是名尋思諸慈愍時復審思擇此中都無我及有情或求樂者或與樂者唯有諸蘊唯有諸行於中假想施設言論此求樂者此與樂者又彼諸行業煩惱等以為因緣如是名依觀待道理尋思慈愍若於慈愍善修善習善多修習能斷瞋恚如是名依作用道理尋思慈愍如是之義有至教量我內智見現轉可得比度量法亦有可得如是名依證成道理尋思慈愍又即此法成立性難思法性安住法性謂修慈愍能斷瞋恚不應思議不應分別應生勝解如是名依法爾道理尋思慈愍是名勤修慈愍觀者尋思六事差別所緣毗鉢舍那

瑜伽師地論卷第三十

瑜伽師地論卷第三十

校勘記

一　底本，金藏廣勝寺本。

一　六三三頁中四行「第十三」，徑、清無。

一　六三三頁下一〇行第六字「彼」，麗作「被」。

一　六三三頁下二〇行第九字及二一行第九字「瀑」，石、資、磧、普、南、徑、清作「暴」。

一　六三四頁上一三行第三字「置」，諸本作「最」。

一　六三五頁中一行第二字「寤」，石、麗作「覺」；資、磧、普、南、徑、清作「悟」。

一　六三五頁中一九行第九字「淨」，資、磧、普、南、徑、清、麗作「虛」。

一　六三五頁中二二行第五字「任」，磧、普、南、徑、清作「住」。

一　六三五頁下一七行第四字「謂」，麗作「諸」。

一　六三六頁上一五行第七字「一」，麗無。

一　六三六頁上一六行第一〇字「出」，諸本作「及出」。

一　六三六頁中一四行首字「間」，資、磧、普、南、徑、清無。

一　六三六頁下一八行第五字「令」，石作「念」。

一　六三六頁下二一行第六字「相」，清作「想」。

一　六三七頁上九行第九字「住」，石作「任」。

一　六三七頁上一一行末字及一三行第六字「住」，石、資、徑、清、麗作「任」。

一　六三七頁中九行第六字「有」，麗作「有有」。

一　六三七頁中二二行第六字「惑」，資、磧、普、南、徑、清作「戒」。

一　六三八頁中末行「織朽」，資、磧、普、南、徑、清作「朽織」。

一　六三八頁下四行末字「汙」，磧、麗

作「汙」。

一六三八頁下一〇行末字「庸」，石作「容」。

一六三八頁下一四行第一三字「二」，磧、普、南、清作「一」。

一六三八頁下一七行第一二字及次頁上二〇行第一一字「膸」，磧、南、清作「胖」。

一六三九頁上三行首字「處」，石、麗作「處髖骨異處」；資作「處踔骨異處」；磧、普、南、徑、清作「處腨骨異處」。

一六三九頁上九行首字「解」，麗作「勝」。

一六三九頁上一〇行第六字「鏁」，資、磧、普、南、徑、清作「鎖」。

一六三九頁上一一行末字「膊」，石作「腨」。

一六三九頁上一五行第六字「寶」，諸本作「實」。

一六三九頁上一八行「此外」，石作「外此」。

一六三九頁中一二行第八字「黑」，資、磧、普、南作「異」。

一六三九頁中一三行第八字「害」，麗作「災」。

一六三九頁下一五行第六字「没」，石作「歿」。

一六三九頁下一八行首字「糜」，石作「麋」。

一六三九頁下一八行「長增」，諸本作「增長」。

一六四〇頁上六行第一二字「令」，磧、普、南、徑、清作「今」。

一六四〇頁上一六行首字「思」，石作「思彼理是名勒修不淨觀者尋思」。

一六四〇頁中二一行第四字「庸」，石作「容」。

一六四一頁上三行第九字「過」，磧、普、南作「道」。

一六四一頁上一七行第六字「性」，諸本作「法性」。

瑜伽師地論卷第三十一　　相

弥勒菩薩說

三藏法師玄奘奉　詔譯

本地分中聲聞地第十三第三瑜伽處之二

云何勤修緣起觀者尋思六事差別所緣毗鉢舍那謂依緣性緣起增上正法聽聞受持增上力故能正了知如是如是諸法生故彼彼法生如是如是諸法滅故彼彼法滅此中都无自在作者生者化者能造諸法亦无自性士夫中間能轉變者轉變諸法若能了知如是等義是名尋思諸緣起義復審思擇十二有支若內若外而起勝解是名尋思諸緣起事復審思擇无明支等前際無知後際無知如是廣說如前分別緣起支中是名尋思緣起自相復審思擇如是一切緣生諸行无不皆是本無今有有已散滅是故前後皆是無常皆有生老病死法故其性是苦不自在故中間士夫不可得故性空无我是名尋思緣起共相復審思擇我若於彼无常苦空无我諸行如實道理發生迷惑便為顛倒黑品所攝廣說如前若不迷惑便无顛倒白品所攝廣說如前是名尋思諸緣起品復審思擇於過去世所得自體无正常性如是已住於現在世所得自體無正常性如是今住於未來世所得自體无正常性如是當住是名尋思諸緣起時復審思擇唯有諸業及異熟果其中主宰都不可得所謂作者及與受者唯有於法假想建立謂於無明緣行乃至生緣老死中發起假相施設言論說為作者及與受者有如是名如是種如是姓如是飲食如是領受若苦若樂如是長壽如是久住如是極於壽量邊際又於此中有二種果及二種因二種果者一自體果二受用境界果二種因者一牽引因二生起因自體果者謂於今世諸異熟生六處等法受用境界果者謂愛非愛業增上所起六觸所生諸受牽引因者謂於二果發起愚癡愚癡為先生福非福及不動行行能攝受後有之識令生

瑜伽師地論卷第三十一第三張　楊

有身謂能攝受識種子故令其展轉攝受後有名色種子六處種子觸受種子為令當來生支想所攝識名色六處觸受次第生故今先攝受彼法種子如是一切名牽引因生起因者謂若領受諸无明觸所生受時由境界愛生後有愛及能攝受愛品癡品所有諸取由此勢力由此功能潤業種子令其能與諸異熟果如是一切名生起因由此二因增上力故便為三苦之所隨逐招集一切純大苦蘊如是名依觀待道理尋思緣起所有道理復審思擇於是緣性緣起觀中善修善習善多修習能斷愚癡又審思擇如是道理有至教量有內現證有比度法亦有成立法性等義如是名依作用道理證成道理法介道理尋思緣起所有道理是名勤修緣起觀者尋思六事差別所緣毗鉢舍那云何勤修界差別觀者尋思六事差別所緣毗鉢舍那謂依界差別增上正法聽聞受持增上力故能正解了一切界義謂種姓義及種子義因義

性義是其界義如是名為尋思界義又正尋思地等六界內外差別發起勝解如是名為尋思界事又正尋思地為堅相乃至風為輕動相識為了別相空界為虛空相遍滿色相無障㝵相是名尋思識界自相又正尋思此一切界以要言之皆是无常乃至無我是名尋思諸界共相又正尋思於一合想界差別性不了知者由界差別所合成身發起高慢便為顛倒黑品所攝廣說如前與上相違便無顛倒白品所攝廣說如前如是名為尋思界品又正尋思去來今世六界為緣得入母胎如是名為尋思界時又正尋思如草木等衆緣和合圍遶虛空數名為舍如是六界為所依故筋骨血肉衆緣和合圍遶虛空假想等想施設言論數名為身復由宿世諸業煩惱及自種子以為因緣如是名依觀待道理尋思諸界差別道理又正尋思若於如是界差別觀善修善習善多修習能斷憍慢又正尋思如是道理有至教量有內證智有比

度法有成立法性難思法性安住法性以是名依作用道理證成道理法介道理尋思諸界差別道理是名勤修界差別觀者尋思六事差別所緣毗鉢舍那云何勤修阿那波那念者尋思六事差別所緣毗鉢舍那謂依入出息念增上正法聽聞受持增上力故能正了知於入出息所緣境界繫心了達无忘明記是阿那波那念義如是名為尋思其義又正尋思入息出息在內可得繫屬身故外處攝故內外差別如是名為尋思其事又正尋思入息有二出息有二若風入內名為入息若風出外名為出息復正了知如是為長入息出息如是為短入息出息如是息遍一切身分是名尋思諸息自相又正尋思入息滅已有出息生出息滅已有入息生入出息繫屬命根及有識身此入出息及所依止皆是无常是名尋思諸息共相又正尋思若於如是入息出息不住正念為惡尋思擾亂其心便為顛倒黑品所攝是有諍法廣說如前

與上相違便无顛倒白品所攝是無諍法廣說如前如是名為尋思其品又正尋思去來今世入出息轉繫屬身心身心繫屬入息出息如是名為尋思其時又正尋思此中都無持入息者持出息者入息出息繫屬於彼唯於從因從緣所生諸行發起假想施設言論說有能持入出息者如是名依觀待道理尋思其理又正尋思若於如是入出息念善修善習善多修習能斷尋思又正尋思如是道理有至教量有內證智有比度法有成立法性難思法性安住法性不應思議不應分別唯應信解如是名依作用道理證成道理法尒道理尋思其理是名勤修阿那波那念者尋思六事差別所緣毗鉢舍那如是依止淨行所緣尋思六事差別觀已數數於內令心寂靜數數復於如所尋思以勝觀行審諦伺察彼由奢摩他為依止故令毗鉢舍那速得清淨復由毗鉢舍那為依止故令奢摩他增長廣大若依止善巧所緣及淨惑所緣尋

思六事差別所緣毗鉢舍那於其白處我後當說

復次此中有九種白品所攝加行與此相違當知即是九種黑品所攝加行云何名為白品所攝九種加行一相應加行二串習加行三無倒加行四不緩加行五應時加行六解了加行七无猒足加行八不捨軛太行九正加行由此九種白品所攝加行故能令其心速疾得定令三摩地轉更升進又由此故於所應往地及隨所應得速疾能往能得无有稽遲黑品所攝九種加行不能令心速疾得定不令三摩地轉更升進又由此故於所應往地及隨所應得極大稽遲不能速疾往趣獲得云何名為相應加行謂若貪行者應於不淨安住其心若瞋行者應於慈愍安住其心若癡行者應於緣起安住其心若憍慢行者應於界差別安住其心若尋思行者應於阿那波那念安住其心若等分行者或薄塵行者應隨所樂攀緣一境安住其心勤修加行如是名為相

應加行云何名為串習加行謂於奢摩他毗鉢舍那已曾數習乃至少分非於一切皆初修業所以者何初修業者雖於相應所緣境界勤修加行而有諸蓋數數現行身心麁重由是因緣不能令心速疾得定如是名為串習加行云何名為不緩加行謂无間方便殷重方便勤修觀行若從定出或為乞食或為恭敬承事師長或為看病或為隨順修和敬業或為所餘如是等類諸所作事而心於彼所作事業不全隨順不全趣向不全臨入唯有速疾令事究竟還復精勤宴坐寂靜修諸觀行若有苾芻苾芻尼鄔波索迦剎帝利婆羅門等種種異衆共相會遇雖久離處現相語議而不相續安立言論唯樂遠離勤修觀行又能如是勇猛精進謂我於今定當趣證所應證得不應惕緩何以故我有多種横死因緣所謂身中或風或熱或痰發動或所飲食不正消化住在身中或宿食病或為於外虵蝎蚰蜒百足等類諸惡毒虫之所蛆螫

或復為人非人類等之所驚恐因斯夭沒於如是等諸横死處恒常思惟修無常想住不放逸由住如是不放逸故恒自思惟我之壽命儻得更經七日六日五日四日三日二日一日一時半時須臾或半須臾或經食頃或從入息至於出息或從出息至於入息乃至存活經尒所時於佛聖教精勤作意修習瑜伽齊尒所時於佛聖教我當決定多有所作如是名為不緩加行云何名為無倒加行謂如善達修瑜伽行諸瑜伽師之所開悟即如是學於法於義不顛倒取无有我慢亦不安住自所見取无邪僻執於尊教誨終不輕毀如是名為無倒加行云何名為應時加行謂於時時間修習止相於時時間修習觀相於時時間修習舉相於時時間修習捨相又能如實了知其止止相止時了知其觀觀相觀時了知其舉舉相舉時了知其捨捨相捨時云何為止謂九相心住能令其心无相无分别寂靜極寂靜等住寂止純一無雜故名為止云何止相謂有

二種一所緣相二因緣相所緣相者謂奢摩他品所知事同分影像是名所緣相由此所緣令心寂靜因緣相者謂依奢摩他所熏習心為令後時奢摩他定皆清淨故修習瑜伽毗鉢舍那所有加行是名因緣相云何止時謂心掉舉時或恐掉舉時是修止時又依毗鉢舍那所熏習心為諸尋思之所擾惱及諸事業所擾惱時是修止時云何為觀謂四行三門六事差別所緣觀行云何觀相謂有二種一所緣相二因緣相所緣相者謂毗鉢舍那品所知事同分影像由此所緣令慧觀察因緣相者謂依毗鉢舍那所熏習心為令後時毗鉢舍那皆清淨故修習內心奢摩他定所有加行云何觀時謂心沉沒時或恐沉沒時是修觀時又依奢摩他所熏習心先應於彼所知事境如實覺了故於尒時是修觀時云何為舉謂由隨取一種淨妙所緣境界顯示勸導慶慰其心云何舉相謂由淨妙所緣境界策勵其心及彼隨順發勤精進云何

舉時謂心沉下時或恐沉下時是修舉時云何為捨謂於所緣心無染污心平等性於止觀品調柔正直任運轉性及調柔心有堪能性令心上捨及於所緣不發所有太過精進云何捨時謂於奢摩他毗鉢舍那品所有掉舉心已解脫是修捨時如是名為應時加行云何名為解了加行謂於如是所說諸相善取善了善取了已欲入定時即便能入欲住定時即便能住欲起定時即便能起或時棄捨諸三摩地所行影像作意思惟諸不定地所有本性所緣境界如是名為解了加行云何名為无猒足加行謂於善法无有猒足修斷无懈於展轉上展轉勝處多住希求不唯獲得少小靜定便於中路而生退屈於餘所作常有進求如是名為無猒足加行云何名為不捨軛加行謂於一切所受學處无穿无缺雖見少年顏容端正可愛母邑而不取相不取隨好於食平等勤修悎寤少事少業少諸散乱於久所作久所說等能自隨憶令

他隨憶如是等法說名不捨軛加行由此諸法能正隨順心一境性不捨其軛令心不散不令其心馳流外境不令其心內不調柔如是名為不捨軛加行云何名正加行謂於所緣數數起勝解數正除遣是名正加行如有勤修不淨觀者數正除遣於諸不淨作意思惟諸不淨相由隨相行毗鉢舍那而起作意於所緣境數數除遣數數現前其正除遣復有五種一內攝其心故二不念作意故三於餘作意故四對治作意故五无相界作意故當知此中由九相心住毗鉢舍那而為上首故名內攝其心由於寂初背一切相無乱安住故名不念作意由緣餘定地境思惟餘定地故名於餘作意由思惟不淨對治於淨乃至思惟阿那波那念對治尋思思惟虛空界對治諸色故名對治作意由於一切相不作意思惟於无相界作意思惟故名無相界作意雖遍安立一切所緣正除遣相揔有五種然此義中正意唯取內攝其心不念作意初修業者始

修業時寂初全不於所緣境繫縛其心或於不淨或復餘處唯作是念我心云何得无散乱無相無分別寂靜極寂靜无轉無動无所希望離諸作用於內適悅如是精勤於所生起一切外相無所思惟不念作意即由如是不念作意除遣所緣彼於其中修習瑜伽攝受適悅復行有相有分別不淨等境云何而行謂由隨相行隨尋思行隨伺察行毗鉢舍那行彼境界而非一向精勤修習毗鉢舍那還捨觀相復於所緣思惟止行由是因緣彼於尒時於所緣境不捨不取由於所緣止行轉故不名為捨即於所緣不作相故無分別故不名為取即由如是內攝其心除遣所緣又於其中不取觀相故於緣無乱取止行故而復緣於所知事相若於所緣唯數勝解不數除遣即不令彼所有勝解後後明淨究竟而轉不能往趣乃至現觀所知境事由數勝解數除遣故後後勝解展轉明淨究竟而轉亦能往趣乃至現觀所知境事辟如世間

畫師弟子初習畫業先從師所受所學摸諦觀諦觀作彼形相作已作已尋即除毀既除毀已尋復更作如如除毀數數更作如是如是後後形相轉明轉淨究竟顯現如是正學經歷多時世共推許為大畫師或隨師數若不數除所作形相即於其上數數重畫便於形相永无明淨究竟顯期此中道理當知亦尒若於此境起勝解已定於此境復正除遣非於此境正除遣已定於此境復起勝解於狹小境起勝解已即於狹小而正除遣廣大无量當知亦尒於狹小境正除遣已或於狹小復起勝解或於廣大復起勝解或於无量復起勝解於其廣大及於無量當知亦尒若諸色法所有相貌影像顯現當知是麁變化相似諸无色法假名為先如所領受增上力故影像顯現如是一切名正加行如是九種白品加行於奢摩他毗鉢舍那當知隨順與是相違九種加行於奢摩他毗鉢舍那當知違逆如是黑品白品差別建立加行有十

八種如是名為心一境性

云何淨障謂即如是正修加行諸瑜伽師由四因緣能令其心淨除諸障何等為四一遍知自性故二遍知因緣故三遍知過患故四修習對治故云何遍知諸障自性謂能遍知障有四種一怯弱障二蓋覆障三尋思障四自舉障怯弱障者謂於出離及於遠離勤修行時所有染汙思慕不樂希望憂惱蓋覆障者謂貪欲等五蓋尋思障者謂欲尋思等染汙尋思自舉障者謂於少分下劣智見安隱住中而自高舉謂我能得餘則不尒乃至廣說如前應知是名遍知諸障自性云何遍知諸障因緣謂能遍知初怯弱障有六因緣一由先業增上力故或由疾病所擾惱故其身羸劣二太過加行三不修加行四初修加行五煩惱熾盛六於遠離猶未串習遍知蓋覆尋思自舉障因緣者謂於隨順蓋覆尋思及自舉障處所法中非理作意多分串習是名蓋覆尋思自舉障之因緣若不作意思惟不淨而

於淨相作意思惟是名此中非理作意若不作意思惟慈愍而於瞋相作意思惟是名此中非理作意若不作意思惟明相而於闇相作意思惟是名此中非理作意若不作意思惟奢摩他相而於親屬國土不死昔所曽更歡娛戲笑承奉等事諸惡尋思作意思惟是名此中非理作意若不作意思惟緣性緣起而於三世諸行計我我所不如理想作意思惟是名此中非理作意云何遍知諸障過患謂遍了知此障有故於其四種未證不證已證退失敗壞瑜伽所有加行有染汙住有苦惱住自毀毀他身壞命終生諸惡趣是名遍知諸障過患云何名為修習對治謂諸怯弱捴用隨念以為對治由隨念作意慶悅其心令諸怯弱已生除遣未生不生其身羸劣太過加行初修加行用於精進平等通達以為對治不修加行用恭敬聽聞勤加請問以為對治煩惱熾盛用不淨等所緣加行以為對治若未串習即用如是思擇方便以為對

治謂我昔於遠離不串習故令於修習遠離生起怯弱我若於今不習遠離於當来世定復如是故我今者應正思擇於其遠離捨不憙樂修習喜樂餘蓋覆等非理作意用彼相違如理作意以為對治應知是名修習對治又遍了知諸障自性是能障㝵是能染汙是黒品攝是應遠離能遍了知如是諸障遠離因緣方可遠離故應尋求諸障因緣能遍了知於應遠離不遠離者有何過患故應尋求諸障過患既遠離已更復尋思如是諸障云何未世當得不生故應尋求修習對治由是因緣能令其心淨除諸障

當知此中由隨順數有衆多故毗鉢舍那亦有衆多毗鉢舍那有衆多故令奢摩他亦有衆多又復即此毗鉢舍那由所知境无邊際故當知其量亦無邊際謂由三門及六種事一一无邊品類差別悟入道理正修行者如如毗鉢舍那串習清淨增上力故增長廣大如是如是能生身心所有輕安奢摩他品當知亦得增長廣大

如如身心獲得輕安如是如是於其所緣心一境性轉得增長如如於緣心一境性轉復增長如是如是轉復獲得身心輕安心一境性身心輕安如是二法展轉相依展轉相屬身心輕安心一境性如是二法若得轉依方乃究竟得轉依故於所知事現量智生問齊何當言究竟獲得不淨觀耶乃至齊何當言究竟獲得阿那波那念耶答以要言之修觀行者於不淨觀正加行中親近修習多修習故若行若住雖有種種境界現前雖復觀察所有衆相而住自性不由加行多分不淨行相顯現非諸淨相由於不淨善修習故於能隨順貪欲纏處法心不趣入心不愛樂心不信解安住於捨深生猒逆當於尒時修觀行者應自了知我今已得不淨觀我今已得所修果齊此名為於不淨觀已得究竟與此相違當知名為未得究竟知不淨觀如是慈愍緣性緣起界差別阿那波那念當知亦尒於中差別者謂多分慈心行相顯現非瞋

恚相於能隨順瞋恚纏處法心不趣入乃至廣說多分無常苦空无我行相顯現非彼常樂身見俱行愚癡行相於能隨順愚癡纏處法心不趣入乃至廣說多分種種界性非一界性身聚差別相想顯現非身聚想於能隨順憍慢纏處法心不趣入乃至廣說多分内寂靜想奢摩他想顯現非戲論想於能隨順尋思纏處法心不趣入乃至廣說問齊何當言奢摩他毗鉢舍那二種和合平等俱轉由此說名雙運轉道答若有獲得九相心住中第九相心住謂三摩呬多彼用如是圓滿三摩地為所依止於法觀中修增上慧彼於尒時由法觀故任運轉道无功用轉不由加行毗鉢舍那清淨鮮白隨奢摩他調柔攝受如奢摩他道攝受而轉齊此名為奢摩他毗鉢舍那二種和合平等俱轉由此名為奢摩他毗鉢舍那雙運轉道

中嗢柁南曰

相尋思伺察　隨行有三門　義相相品時
理六事差別　初相應加行　次串習无緩

无顛倒應時　解了无猒足　不捨於善軛
審後正加行　是九應當知　有二品差別
知自性因緣　見彼諸過患　正修習對治
令障得清淨

云何修作意謂初修業者如修業時於如是所安立普遍相中由一境性及淨諸障離邪加行學正加行彼應審初作如是念我今為證心一境性及斷喜樂當勤修習四種作意何等為四一調練心作意二滋潤心作意三生輕安作意四淨智見作意云何調練心作意謂由此作意於可猒患法令心猒離是名調練心作意云何滋潤心作意謂由此作意於可欣尚法令心欣樂是名滋潤心作意云何生輕安作意謂由此作意於時時間於可猒法令心猒離於時時間於可欣法令心欣樂已安住内寂靜無相無分別中一境念轉由是因緣對治一切身心麁重能令一切身心適悅生起一切身心輕安是名生輕安作意云何淨智見作意謂由此作意於時時間即用如是内心寂靜為所依

止由內靜心數數加行於法觀中修增上慧是名淨智見作意彼彼修行者於時時間於可猒法令心猒離如是於漏及漏處法能令其心生熱等熱生猒等猒何等名為可猒患處略有四種可猒患處謂自衰損及他衰損現在會遇正現前時如理作意數思惟故成可猒處若自興盛及他興盛過去盡滅離變壞時如理作意數思惟故成可欣處即彼行者於時時間於可欣法令心欣樂如是於彼生欣樂故能令其心極盛津潤融適澄淨何等名為可欣尚處略有三種可欣尚處一者三寶二者學處清淨尸羅清淨三者於自所證差別深生信解心無怯弱云何隨念三寶令心欣樂謂作是念我今善得如是大利謂蒙如來應正等覺為我大師我今善得如是大利謂善說法毗奈耶中我得出家我今善得如是大利謂我與諸具戒具德忍辱柔和成賢善法同梵行者共為法侶我今當得賢善命終賢善殞沒當得賢善趣於後世如

是名為隨念三寶令心欣樂云何隨念學處清淨尸羅清淨令心欣樂謂作是念我今善得如是大利謂於如來應正等覺大師善說法毗奈耶善修正行聲聞衆中我得與彼同梵行者同戒同學同修慈仁身語意業同其所見同所受用如是名為隨念學處清淨尸羅清淨令心欣樂謂无悔為先發生歡喜云何於自所證差別深生信解心無怯弱令心欣樂謂作是念我今有力有所堪能尸羅清淨堪為法器得與如是同梵行者同清淨戒得與有智正至善士同其所見我者堪能精勤修習如是正行於現法中能得未得能觸未觸能證未證由是念心生大歡喜如是名為於自所證差別深生信解心无怯弱處令心欣樂又由前後勇猛精進已得安住所證差別由隨念此復於後時所證差別深生信解令心欣樂是名異門彼修行者於可猒法調練其心於能隨順諸漏處法令心不向違逆棄背離障而住於可欣法悅豫其心於

出於離所生諸法有親愛故令心趣向附著喜樂和合而住如是彼心由猒由欣二種行相背諸黑品向諸白品易脫而轉其心如是背諸黑品由調練心作意故向諸白品由滋潤心作意故於時時間依奢摩他內攝持心由生輕安作意故於時時間於法思擇㝡極思擇周遍尋思周遍伺察由淨智見作意故如是彼心於時時間為奢摩他毗鉢舍那之所攝受堪能與彼一切行相一切功德作攝受因經歷彼彼日夜剎那臘縛須臾速得勝進譬如黠慧鍛金銀師或彼第子於時時間燒鍊金銀令其棄捨一切垢穢於時時間投清冷水令於彼彼莊嚴具業有所堪任調柔隨順於是黠慧鍛金銀師或彼弟子以其相似妙工巧智善了知已用作業具隨其所樂莊嚴具中種種轉變如是勤修瑜伽行者為令其心棄背貪等一切垢穢及令棄背染汙憂惱於可猒法深生猒離為令趣向所有清淨善品喜樂於可欣法發生欣樂於是行

者隨於彼彼欲自安立或奢摩他品或毗鉢舍那品即於彼彼能善親附能善和合无轉无動隨其所樂種種義中如所信解皆能成辦

瑜伽師地論卷第三十一

丙午歲高麗國大藏都監奉
勅雕造

瑜伽師地論卷第三十一　第二十四張　[illegible]

瑜伽師地論卷第三十一

校勘記

一　底本，金藏廣勝寺本。六四三頁中、下，六四六頁上，六四七頁上至六四八頁中，六五〇頁下至六五一頁上共十版，原版殘缺，以麗藏本换。

一　六四三頁中四行「第十三」，徑、清無。

一　六四三頁中一〇行「化者」，資、磧、普、南、徑、清作「死者」。

一　六四三頁中一六行第六字「前」，石、資、磧、普、南、徑、清作「別」。

一　六四三頁下一二行「假相」，資、磧、普、南、徑、清作「假想」。

一　六四三頁下一四行「如是姓」，資、磧、普、南、徑、清作「如是性」。

一　六四三頁下一六行末字「種」，資、磧、普、南、徑、清無。

一　六四四頁中六行「識界」，麗作「諸界」。

一　六四四頁中九行「合想」，石、麗作「合相」；資、磧、普、南、徑、清作「念想」。

一　六四四頁中一〇行「所合」，資、磧、普、南、徑、清作「所念」。

一　六四四頁中末行末字「比」，磧、普作「此」。

一　六四四頁下二行第二字「以」，麗作「如」。

一　六四四頁下六行第一三字「謂」，資、磧、普、南、徑、清無。

一　六四四頁下一九行第二字「息」，諸本作「息轉」。

一　六四五頁上末行第一一字「惑」，徑、清作「行」。

一　六四五頁中一行「所緣」，磧、普、南、徑、清無。

一　六四五頁中六行第一〇字至七行第三字「三無倒加行四不緩」，徑、清作「三不緩加行四無倒」。

一　六四五頁中一一行及一四行「升進」，石、麗作「勝進」。

一 六四五頁中二二行「舉緣」，諸本作「攀緣」。
一 六四五頁下五行第四字「盖」，資、磧、普、南、徑、清作「善」。
一 六四五頁下一七行第八字「唯」，石作「雖」。
一 六四五頁下二二行第五字「或」，石、麗作「成」。
一 六四五頁下末行末字「萤」，資、磧、普、南、徑、清作「螢」。
一 六四六頁上一行「類等」，資、磧、普、南、徑、清作「等類」。
一 六四六頁上七行第一〇字「從」，資、磧、普、南作「於」。
一 六四六頁上一五行第二字「尊」，資、磧、普、南、徑、清作「等」。
一 六四六頁上一七行第六字「相」，麗作「相於時時間修習觀相」。
一 六四六頁下四行「令心」，諸本作「令心隨與任運作用云何捨相謂由所緣令心」。
一 六四六頁下一四行第三字「知」，諸本作「加」。
一 六四七頁上六行「數正除遣」，資、磧、普、南、徑、清無。
一 六四八頁上一行「八種」，資、磧、普、南、徑、清作「八事種」。
一 六四八頁中一六行「修習」，資、磧、普、南作「修集」。
一 六四八頁下一行第一二字「令」，資、磧、普、南、徑、清、麗作「今」。
一 六四八頁下二一行第二字「如」，資、磧、普、南、徑、清無。
一 六四九頁上二行第八字「得」，資、磧、普、南、徑、清作「復」。
一 六四九頁上二一行第二字「知」，資、磧、普、南、徑、清、麗作「如」。
一 六四九頁上二二行第八字「念」，石、資、磧、普、南、徑、清無。
一 六四九頁中六行第五字「相」，資、磧、普、南、徑、清無。
一 六四九頁中二二行「相相」，諸本作「事相」。
一 六四九頁下五行第一一字「如」，諸本作「始」。
一 六五〇頁上二行第一二字「彼」，諸本無。
一 六五〇頁上一二行第九字「盛」，諸本作「成」。
一 六五〇頁中一六行第三字「念」，諸本作「令」。
一 六五〇頁中末行第三字「障」，諸本作「隔」。
一 六五〇頁下一三行第二字「勝」，資、磧、普、南、徑、清作「昇」。

瑜伽師地論卷第三十二

彌勒菩薩說

三藏法師玄奘奉

本地分中聲聞地第十三第三瑜伽處之三

云何初修業者始修業時於修作意如應安立隨所安立正修行時審初觸證於斷慧樂心一境性謂善通達修瑜伽師最初於彼依瑜伽行初修業者如是教誨善來賢首汝等今者應依三種取相因緣或見或聞或心比度增上分別取五種相一猒離相二欣樂相三過患相四光明相五了別事相問若依瑜伽行初修業者是其貪行由不淨觀方可調伏云何教彼取五種相荅應如是教誨善來賢首汝等隨所依止彼彼聚落村邑而住於中若聞所餘彼彼村邑聚落或男或女先受安樂後遭苦厄或彼男女自遭重病命終殞沒或彼男女所有知識親戚眷屬遭如是苦或彼聚落村邑邊際喪失財寶或是他來强敵所作或火所燒或水所漂或由惡

作而有喪失或由不善修營事業而有喪失或由不善處分事業而有喪失或為非愛共財得便而有喪失或由家火而有喪失若汝現見非是傳聞或即於此村邑聚落非是所餘村邑聚落或非是此村邑聚落亦非他人即汝自身先所觸證猛利樂受從還退失廣說如前汝既如是聞已見已應當生起深心猒患如是生死甚為重苦所得自體極大艱辛而於其中有如是等自他衰損差別可得謂病衰損壽命衰損眷屬衰損財寶衰損病病法性死死法性復有一類淨戒衰損正見衰損由是因緣彼諸衆生於現法中住諸苦惱於當來世往諸惡趣諸興盛者雖現法中住諸安樂於當來世往諸善趣而是无常於彼无常現可證得若有領受興盛事者後時衰損定當現前諸有領受衰損事者後時興盛難可現前諸興盛事皆是難得易失壞法如是汝應深心猒患極善作意如理受持如是處所難可保信我今於是生死流轉未

般涅槃未解脫心難可保信如是褒擯興感二法勿現我前勿被因緣令我墮在如是處所生起猛利剛强辛楚不適意苦即由此事增上力故我當至誠意樂於斷修不放逸又我如是多安住故當於无義能作邊際如是汝應善極作意如理受持汝取如是猒離相已復應精勤取欣樂相當自觀察所受尸羅為善清淨為不清淨我或失念或不恭敬或多煩惱或由無知於諸學處有所違犯既違犯已我當如法以其本性增上意樂於諸學處發起深心更不毀犯我於所作當正應作於非所作不復當作以要言之於諸學處當令增上意樂圓滿亦令所有加行圓滿汝於如是正觀察時若自了知戒蘊清淨雖不作思我當發起清淨无悔然其法尒尸羅淨者定生如是清淨無悔若起如是清淨无悔雖不作思我起歡悅然其法尒無有悔者定生歡悅如是且於一種歡悅所依處所汝應生起清淨無悔為先歡悅復於除障善悅處

所當生喜悅謂我今者尸羅清淨有力有能安住世尊所制學處於現法中能得未得能觸未觸能證未證由是處所生喜悅意若汝獲得前後所證少分差別即由如是增上力故於他圓滿所證差別謂諸如來或聖弟子及自後時所證差別當生信解發喜悅意如是行相諸適悅意先名歡悅今名喜悅捴名悅意如是名為取欣樂相取是相已復應教授告言賢首汝由如是猒離相故調練其心復由如是欣樂相故滋潤其心汝於斷滅世間貪憂應多安住隨於彼彼所緣境界勤修加行或奢摩他品或毗鉢舍那品即於彼彼所緣境界當令心住內住等住汝當獲得身心輕安及一境性汝若如是背諸黑品向諸白品由調練心滋潤心故復應數數取過患相謂於所有諸相尋思及隨煩惱取過患相言諸相者謂色等十相言尋思者謂欲等八隨煩惱者謂貪欲等五汝應於彼取過患相如是諸相能令其心作用邊務如是尋思

能令其心思慕躁擾如是隨煩惱能令其心恒不寂靜若心作用諸相所作思慕躁擾尋思所作恒不寂靜隨煩惱所作由是令心皆惱而住是故如是諸相尋思及隨煩惱是皆非聖能引无義令心散動令心躁擾令心染污汝應如是取過患相又汝應依心一境性心安住性心無乱性以六種行正取其相何等為六一无相想二於無相中無作用想三无分別想四於無分別中无所思慕無躁擾想五寂靜想六於寂靜中離諸煩惱寂滅樂想汝取如是過患相已復應數數取光明相謂或燈明或大火明或日輪明或月輪明既取如是光明相已復詣塚間取青瘀相廣說乃至取骨鎖相汝若不能往詣塚間當取綵畫木石所作如是諸相取是相已還所住處或阿練若或林樹下或空閑室或在大牀或小繩牀或草葉座先洗足已結跏趺坐端身正願安住背念先於一境令心不散繫念在前復於其中依六種想作意思惟謂无相

想無分別想寂靜想无作用想无所
思慕无躁擾想離諸煩惱寂滅樂想
又於其中汝當審諦周遍了知乱不
乱相分明現前如如審諦周遍了知
乱不乱相如是如是汝能了知諸相
尋思隨煩惱中所有乱相及能了知
心一境性隨六想修諸不乱相又汝
於此乱不乱相如是如是審諦了知
便能安住一所緣境亦能安住內心
寂止諸心相續諸心流注前後一味
无相无分別寂靜而轉又若汝心雖
得寂止由失念故及由串習諸相尋
思隨煩惱等諸過失故如鏡中面所
緣影像數現在前隨所生起即於其
中當更修習不念作意謂先所見諸
過患相增上力故即於如是所緣境
相由所修習不念作意除遣散滅當
令畢竟不現在前賢首當知如是所
緣甚為微細難可通達汝應發起猛
利樂欲為求通達發勤精進世尊依
此所緣境相密意說言汝等苾芻當
知衆善言衆善者謂於大衆共集會
中威壯美色即此衆善最殊勝者謂

於多衆大集會中歌舞倡伎假使有
一智慧丈夫從外而来告一人曰咄
哉男子汝於今者可持如是平滿鉢
油勿令灩溢經歷如是大衆中過當
避其間所有衆善及諸最勝歌舞倡
伎大等生等今有魁膾露拔利劔隨
逐汝行若汝鉢油一滴墮地此之魁
膾即以利劔當斬汝首斷汝命根苾
芻汝等於意云何是持鉢人頗不作
意專心油鉢拔劔魁膾不平地等而
能作意觀視衆善及諸最勝歌舞倡
伎大等生耶不也世尊何以故是持
鉢人既見魁膾露拔利劔隨逐而行
極大怖畏專作是念我所持鉢油既
弥滿經是衆中極難將度脫有一滴
當墮地者定為如是拔劔魁膾當斬
我首斷我命根是人尒時於彼衆善
及諸最勝歌舞倡伎大等生等都不
作意思念觀視唯於油鉢專心作意
而正護持如是苾芻我諸弟子恭敬
殷重專心憶念修四念住當知亦尒
言衆善者喻能隨順貪欲纏等隨煩
惱法於中最勝歌舞倡伎喻能隨順

尋思戲論躁擾處法大等生者喻色
相等十種相法智慧丈夫喻瑜伽師
平滿油鉢喻奢摩他所安住心能令
身心輕安潤澤是奢摩他義露拔利
劔隨行魁膾喻先所取諸相尋思隨
煩惱中諸過患相專心將護不令鉢
油一滴墮地喻能審諦周遍了知乱
不乱相之所攝受奢摩他道由是能
令諸心相續諸心流注由精進力無
間策發前後一味无相无分別寂靜
而轉不起一心復緣諸相或緣尋思
及隨煩惱是瑜伽師復應如是慇懃
教誨於奢摩他初修業者告言賢首
汝若如是精勤修習奢摩他道如是
方便攝受正念正知俱行有喜樂心
乃名善修奢摩他道若復串習諸過
失故不能於中深心喜樂極大艱辛
勵力策發方現前者還應速疾出无
分別所緣境相於有分別所緣境相
繫念在前如先所取諸不淨相汝今
復應作意思惟先應用彼推隨相行
毗鉢舍那或觀青瘀或觀膿爛廣說
乃至觀骨觀鎖或觀骨鎖汝於如是

初修觀時於一青瘀廣說乃至於一骨鏁當起勝解若於其中已串修習觀道明淨於所緣相明了勝解相續轉時復應於二於三於四於五於十二十三十四十五十或百青瘀或千青瘀乃至一切諸方諸維所有青瘀起无量行遍一切處无間勝解於中乃至無有容受一杖端處如於青瘀如是乃至骨鏁亦尒汝依如是勝解作意應當趣入真實作意於趣入時應作是念如我今者勝解所作无量青瘀廣說乃至无量骨鏁真實青瘀乃至骨鏁其量過此不可數知所以者何從前際來於彼彼有彼彼趣中輪迴生死我所曾經命終夭沒所棄屍骸所起青瘀廣說乃至所起骨鏁無量无邊如是所起推其前際不可知故假使有能攝聚如是所棄屍骸令不壞爛一切大地亦不容受於一刧中所棄屍骸乃至骨鏁假使有能斂在一處其聚量等廣大腸山如從前際後際亦尒乃至未能作苦邊際如是汝依勝解作意應當起入真實

作意又非修習如是青瘀乃至骨鏁毗鉢舍那應隨觀察纔應於一屍骸青瘀起勝解已尋復令心於內寂靜乃至於此所緣境相意樂明淨无諸擾惱不強勵力齊尒所時應於如是屍骸青瘀發起勝解若纔於此乃至勵力方現在前尒時於內應修寂靜如於青瘀乃至骨鏁當知亦尒由此道理乃至无量當知亦尒如是令心內寂靜已復應發起寂靜勝解謂從㝡後无量青瘀乃至㝡後无量骨鏁內略其心方便除遣安置衆相不顯現中不令棄捨有分別相亦不分別唯即於此所緣境界安住其心無相无分別寂靜而轉彼瑜伽師復應數授告言賢首汝先所取諸光明相於奢摩他品加行中及於毗鉢舍那品加行中皆應作意如理思惟若汝能以光明俱心照了俱心明淨俱心無闇俱心修奢摩他毗鉢舍那如是乃為於奢摩他毗鉢舍那道修光明想若有㝡初於所緣境多不分明數習勝解其相闇昧由是因緣後所修習

所有勝解亦不分明雖多串習而相闇昧若有㝡初於所緣境多分分明數習勝解其相明了由是因緣後所修習轉復分明雖少串習而相明了如是汝由善取如是猒離相故善取如是欣樂相故善取如是奢摩他相故善取如是毗鉢舍那相故善取如是光明相故於時時中內以寂靜於時時中由隨相行毗鉢舍那思擇諸法即於不淨正修加行增上力故於諸念住漸次趣入將趣入時汝應先於內身所有三十六物始從髮毛乃至小便善取其相汝應於是自內身中諸不淨物先當發起不淨勝解數數發起此勝解已復令其心於內寂靜如是名為於內身中修循身觀依自身內而發起故次應於外諸不淨物善取其相汝當發起青瘀勝解廣說乃至骨鏁勝解或狹小勝解或廣大勝解或无量勝解數數發起此勝解已復令其心於內寂靜如是名為於外身中修循身觀依他外身而發起故後復應於自身內外諸不淨物

善取其相令心明了又於他身内外不淨善取其相令心明了於自所愛汝當發起如是勝解復於死已出送塜間至塜間已棄之在地棄在地已至青瘀位至膖爛位廣說乃至至骨鏁位發起勝解數數發起此勝解已復令其心於内寂靜如是名為於内外身修循身觀依自他身若内若外而發起故汝復應於四無色蘊由聞思增上力分別取相於其三分發起勝解一於奢摩他品二於无散乱品三於毗鉢舍那品於奢摩他品者謂若汝心於内略時起無相无分別寂靜想行及无作用無思慕无躁動離諸燒惱寂滅樂想行於所緣境無乱受等四無色蘊剎那剎那展轉名異惟是新新而非故故相續流轉汝應於此如如理思惟發起勝解如是名為於内受心法修循受心法觀於無散乱品者謂汝於先取諸境界緣諸境界墮不定地過去盡滅及今失念心乱所生諸相尋思隨煩惱境增上受等四無色蘊汝應於此如理作意

如是諸法其性皆是誑幻所作蹔時而有率尒現前多諸過患其性无常不可保信汝應如是發起勝解如是名為於外受心法修循受心法觀於毗鉢舍那品者謂汝善取毗鉢舍那相已住有相有分別作意於有分別有相所緣增上内所生受等四無色蘊如理作意思惟此法剎那剎那展轉別異惟是新新而非故故相續流轉如前所說發起勝解如是名為於内外受心法修循受心法觀如是汝由依不淨觀正修加行增上力故於四念住當得趣入又汝應於念住加行時時修習勝奢摩他毗鉢舍那汝於如是四念住中安住正念隨依彼彼村邑聚落邊際而住於心隨順趣向臨入所緣境界汝應捨此所緣境相入彼村邑聚落乞食應當善避惡象惡馬惡牛惡狗惡地惡狩坑澗壕塹株杌毒刺泥水糞穢及應遠離諸惡威儀穢坐卧具汝應如是善護已身若於如是諸境界相不應策發諸根汝應於彼不作功用善守諸根若

於如是諸境界相應當策發諸根汝應於彼正作功用善住正念令諸煩惱不起現行汝應如是善護已身善守諸根善住正念於彼作意善知其量受用飲食又汝應與在家出家說應量語說應時語說正直語說寂靜語一切世間非法言論皆當遠離雖復宣說如法言論不應諍競何以故若諸士夫補特伽羅住諍競語互相難詰其心便住多戲論中多戲論故其心掉舉心掉舉故心不寂靜不寂靜故便令其心遠三摩地如是行已汝應速疾不捨所緣結跏趺坐於奢摩他毗鉢舍那如所取相由恒常作及畢竟作修瑜伽行猶如世間鑽火方便起無間加行及殷重加行汝應如是恒常修作畢竟修作又汝應起如是願心假使一切贍部洲人盡贍部洲曾經壽量今皆摠集在我一身我亦盡此無量壽命決定於斷瑜伽作意勝奢摩他毗鉢舍那精勤修習時无蹔捨由正了知如是所修瑜伽加行有大勝果大勝利故何況如是

少分壽量少時存活雖極遠去不過百年委悉筭計但須叓頃如是汝應隨所教誨恒常修作畢竟修作若為此義受習於斷汝於此義必當獲得汝當審初證得下劣身心輕安心一境性後當證得世出世間廣大圓滿初修業者始修業時善達瑜伽諸瑜伽師依不淨觀如是教誨名正教誨如是修行名正修行如說貪行是不淨觀之所調伏如是瞋行是慈愍觀之所調伏乃至尋思行是阿那波那念之所調伏如其所應皆當了知其中老別餘趣入門我當顯示依慈愍觀初修業者於外親品怨品及中庸品善取相已處如法坐由利益安樂增上意樂俱行定地作意先於一親一怨一中庸所發起勝解於此三品由平等利益安樂增上意樂俱行作意欲與其樂如是念言願彼求樂諸有情類皆當得樂謂或无罪欲樂或无罪有喜樂或無罪無喜樂次後或於二親或於三親或於四親或於五親十親二十三十如前乃至遍

諸方維其中親品充滿无間發起勝解於中乃至無有容受一杖端處如於親品如是於怨及中庸品當知亦介又彼不捨慈愍加行即由修習如是慈愍於諸念住能正趣入云何趣入謂趣入時應當發起如是勝解如彼於我謂親謂怨謂中庸品我既欲樂厭背其苦如是名為於其內身修循身觀餘亦於彼謂親謂怨謂中庸品如我彼亦欲樂背苦如是名為於其外身修循身觀如我既介彼諸有情亦復如是如我自欲求得勝樂彼諸有情亦復如是彼諸有情與已平等與已相似我當與彼利益安樂如是名為於內外身修循身觀此四念住攝緣諸蘊為境界故當知說名壞緣念住若修行者但取色相謂取顯相形相表相於親品怨品及中庸品而起勝解由此建立唯身念住彼復依止勝解作意能正趣入真實作意謂趣入時起是勝解我於乃至无量有情發起勝解利益安樂增長意樂如是我從先際已来所有親品怨品

及中庸品落謝過去諸有情類其數無量甚過今者勝解所作如是過去諸有情類為我親已復為我怨為我怨已復為我親為怨親已復為中庸為中庸已復為怨親由是義門一切有情平等平等无有少分親性怨性及中庸性而非真實由是因緣遍於三品起平等心平等應與利益安樂如從先際如是後際於生死中當復流轉應知亦介又我於彼先際已来諸有情類未曾發起慈愍之心彼皆過去今起慈愍復有何益但為除遣自心垢穢令得清淨故起念言當令過去諸有情類皆得安樂諸未来世非曾有者亦皆令彼當得安樂如是趣入真實作意慈愍住中諸福滋潤諸善滋潤望前所修勝解作意慈愍住中所獲福聚彼於百分不及此一彼於千分不及此一彼於數分筭分計分鄔波尼煞曇分不及此一餘如前說又於緣性緣起觀中初修業者由聞思慧增上力故分別取相謂諸有情由有種種无智愚癡現見無常

妄計為常現見不淨妄計為淨現見其苦妄計為樂現見无我妄計為我彼諸有情皆如是等種種顛倒顛倒為因於現法受及後所生諸自體中發起貪愛由貪愛故造作種種生根本業此煩惱業為因緣故感得當來純大苦蘊彼既善取如是相已復於其內發起勝解謂我今此純大苦蘊亦如是生又我自體無邊無際從先際来初不可知亦如是生彼諸有情去来現在一切自體苦蘊所攝亦皆如是已生當生如是緣性緣起正觀一切皆是真實作意更无所餘勝解作意若於自身現在諸蘊緣性緣生作意思惟是名於內身受心法住彼循觀若於他身現在諸蘊緣性緣生作意思惟是名於外身受心法住彼循觀若於自他過去未来所有諸蘊緣性緣生作意思惟名於內外身受心法住彼循觀餘如前說又於界差別觀初修業者先取其外所有堅相所謂大地山林草木塼石瓦礫末尼真珠琉璃螺貝珊瑚玉等取彼相已

復於內堅而起勝解次取其外諸大水相所謂江河泉流陂湖池沼井等取彼相已復於內濕而起勝解次取其外諸大火相所謂熱時烈日炎熾焚燒山澤炎火蔓延窯室等中所有諸火取彼相已復於內煖而起勝解次取其外諸大風相所謂東西南北等風乃至風輪取彼相已復於內風而起勝解次取其外諸大空相所謂諸方無障無㝵諸聚色中孔隙窟穴有所容受善取如是空界相已於內空界而起勝解後由聞思增上力故起細分別取識界相所謂內眼處不壞外色處現前若无能生作意正起所生眼識亦不得生與是相違眼識得生如是乃至意法意識當知亦尒取是相已次起勝解了知如是四大身中有一切識諸種子界種性自性又於如是四大種中先起支節麁大勝解後起分析種種細分微細勝解如是漸次分析乃至隙遊塵量如是漸漸乃至極微而起勝解一一支分尚起无量取極微塵積集勝解何況

身中一切支分如是名為界差別觀中分析諸色界差別邊際微細勝解次於空界先當發起所有麁大空界勝解所謂眼耳鼻喉胷等種種竅穴由是吞咽於是吞咽既吞咽已由是下分不淨流出次後漸漸發起種種微細勝解乃至身中一切微細諸毛孔穴皆悉了知後於識界漸漸發起所依所緣及以作意三世時分品類差別无量勝解即於識界起勝解時由諸所依所緣勝解分析識界亦於十種所造諸色而起勝解如諸大種微細分析此亦如是若於自身各別諸界而起勝解是名於內諸念住中住彼循觀若於其餘非有情數所有諸界而起勝解是名於外住彼循觀若於其餘諸有情數所有諸界而起勝解名於內外住彼循觀復有異門謂於已身而起勝解臨捨命時如前廣說至青瘀位或復膿爛即於膿爛發起種種流出勝解漸漸膿流展轉增廣乃至大海大地邊際膿悉充滿發起如是膿勝解已次復發起火燒

勝解謂此身分无量无邊品類差別為大火聚無量無邊品類燒爐火既滅已復起餘骨餘灰勝解復起无量無邊勝解碎此骨灰以為細末復起無量大風勝解飄散此末遍諸方維既飄散已不復觀見所飄灰骨及能飄風唯觀有餘蕩滌空界如是由其勝解作意依於內外不淨加行入界差別於其身相住循身觀從是趣入真實作意謂由如是勝解作意於內外身住循身觀由勝解力我此所作无量无邊水界火界地界風界虛空界相我從無始生死流轉所經諸界无量无邊甚過於此謂由父母兄弟姊妹眷屬喪亡及由親友財寶祿位離散失壞悲泣雨淚又飲母乳又由作賊擁逼劫擄穿牆解結由是因緣遭无量度截手刖足斬頭劓鼻種種解割身諸支節由是因緣血流無量如是所有涕乳血攝水界水聚四大海水皆悉盈滿於百分中不及其一廣說如前又於諸有諸趣死生經無量火焚燒屍骸如是火聚亦无比況

又經无量棄捨骸骨狼籍在地亦無比況又經無量風界生滅分析屍骸亦无比況又經無量諸屍骸中眼等竅穴又經无量諸識流轉後後屍骸新新發起乃至今者最後屍骸諸識流轉如是安立後際諸趣期限无定如是乃至無量識界又於阿那波那念正加行中初修業者先於舍宅前後窓門或打鐵師或鍛金銀師吹筒囊袋或風外聚入出往來善取相已由緣於內入出息念於入出息而起勝解彼復先於微細息風經心胷處竅穴往來而起勝解然後漸漸於衆多風而起勝解所謂乃至一切毛孔風皆隨入而起勝解如是所有一切身分風聚所隨風聚所攝風聚藏隱无量風聚於中積集如妬羅綿或疊絮等諸輕飄物於是諸相而起勝解彼若於內入息出息流轉不絕作意思惟尒時名為於其內身住循身觀若復於他死屍骸中青瘀等位入息出息流轉斷絕作意思惟尒時名為於其外身住循身觀若復於自臨欲

死時而起勝解或於已死入息出息无有流轉而起勝解或於未死入息出息无有流轉而起勝解由法尒故尒時名為於內外身住循身觀遍於一切正加行中應修如是止品助伴止品所攝無倒加行所餘一切如前應知如是所有初修業者蒙正教誨修正行時安住熾然正知具念調伏一切世間貪憂若於如是正加行中恒常修行畢竟修作无倒作意非諠內等所能動乱是名熾然若於如是正加行中修奢摩他毗鉢舍那審諦了知乱不乱相如是名為正知具念若能善取諸猒離相諸欣樂相如是乃名調伏一切世間貪憂由是因緣宣說彼能安住熾然乃至調伏世間貪憂先發如是正加行時心一境性身心輕安微劣而轉難可覺了復由修習勝奢摩他毗鉢舍那身心澄淨身心調柔身心輕安即前微劣心一境性身心輕安漸更增長能引強盛易可覺了心一境性身心輕安謂由因力展轉引發方便道理彼於尒時

不久當起强盛易了身心輕安心一境性如是乃至有彼前相於其頂上似重而起非損惱相即由此相於内起故能障樂斷諸煩惱品心麁重性皆得除滅能對治彼心調柔性心輕安性皆得生起由此生故有能隨順起身輕安風大偏增衆多大種來入身中因此大種入身中故能障樂斷諸煩惱品身麁重性皆得除遣能對治彼身調柔性身輕安性遍滿身中狀如充溢彼初起時令心踊躍令心悦豫歡喜俱行令心憙樂所緣境性於心中現從此已後彼初所起輕安勢力漸漸舒緩有妙輕安隨身而行在身中轉由是因緣心踊躍性漸次退減由奢摩他所攝持故心於所緣寂靜行轉從是已後於瑜伽行初修業者名有作意始得墮在有作意數何以故由此審初獲得色界定地所攝少分微妙正作意故由是因緣名有作意得此作意初修業者有是相狀謂已獲得色界所攝少分定心獲得少分身心輕安心一境性有力有

能善修淨所緣加行令心相續滋潤而轉為奢摩他之所攝護能淨諸行雖行種種可愛境中猛利貪纒亦不生起雖少生起依止少分微劣對治暫作意時即能除遣如可愛境可憎可愚可生憍慢可尋思境當知亦尒宴坐靜室暫持其心身心輕安疾疾生起不極為諸身麁重性之所逼惱不極數起諸蓋現行不極現行思慕不樂憂慼俱行諸想作意雖從定起出外經行而有少分輕安餘勢隨身心轉如是等類當知是名有作意者清淨相狀

瑜伽師地論卷第三十二

瑜伽師地論卷第三十二

校勘記

一　底本，金藏廣勝寺本。

一　六五三頁中四行首字「本」，資、磧、普、南作「瑜伽師地論本」。

一　六五三頁中四行「第十三」，徑、清無。

一　六五四頁中八行第九字「適」，資、磧、普、南、徑、清作「喜」。

一　六五四頁中一七行第四字「性」，麗作「住」。

一　六五四頁中二二行第八字「彼」，資、磧、普、南、徑、清作「彼彼」。

一　六五四頁下一二行「煩惱」，石、普、麗作「燒惱」。

一　六五四頁下一七行第二字「鎖」，資、磧、普、南作「瑣」，資下同。

一　六五五頁上二行「煩惱」，麗作「燒惱」。

一　六五五頁上五行末字，六五六頁中一四行末字，六六〇頁中一八行第一〇字「相」，資、磧、普、南、徑、清作「想」。

一　六五五頁中一行第二字「多」，磧作「名」。

一　六五五頁下一一行「復緣」，資、磧、普、南、徑、清作「緣於」。

一 六五五頁下二〇行第三字「在」，資、磧、普作「有」。

一 六五六頁上末行第一一字「起」，石、麗作「趣」。

一 六五六頁中二一行第二字「於」，石作「作」。

一 六五六頁下八行第一一字「以」，資、磧、普、南、徑、清作「心」。

一 六五六頁下一一行「將趣入時」，資、磧、普、南、徑、清作「將欲趣入」。

一 六五七頁上一五行「燒惱」，徑、清作「煩惱」。

一 六五七頁上一六行「名異」，資、磧、普、南、徑、清作「各異」。

一 六五七頁上一八行「如如」，諸本作「如」。

一 六五七頁下一行第九字「當」，石作「常」。

一 六五七頁下六行第三字「語」，諸本作「語説應理語」。

一 六五七頁下二一行「精勤」，資、磧、普、南、徑、清作「精進」。

一 六五八頁上一七行「中庸」，石作「中容」，下同。

一 六五八頁上二二行末字至末行首字「或於」，資、磧、普、南、徑、清無。

一 六五八頁上末行第一〇字「如」，資、磧、普、南、徑、清作「以」。

一 六五八頁中二二行「增長」，石、麗作「增上」。

一 六五八頁下一五行第七字「令」，石作「念」。

一 六五九頁中一〇行第八字「聚」，磧、南、徑、清作「衆」。

一 六五九頁中一三行第一三字「處」，資、磧、普、南、徑、清作「受」。

一 六五九頁下一六行第一三字「循」，石作「脩」。

一 六六〇頁上六行「灰骨」，資、磧、普、南、徑、清作「骨灰」。

一 六六〇頁上七行第七字「森」，資、磧、普、南、麗作「眇」。

一 六六〇頁上一五行「親友」，石作「親支」。

一 六六〇頁中九行第一一字「銀」，石無。

一 六六〇頁中九行第一三字「吹」，資、磧、普、南、徑、清作「喉」。

一 六六〇頁中一〇行首字「囊」，石作「槖」；資、麗作「橐」；磧、普、南、徑作「橐」；清作「櫜」。

一 六六〇頁中一〇行「風外」，資、磧、普、南、徑、清作「外風」。

一 六六〇頁中二〇行第九字「内」，資、磧、普、南作「外」。

一 六六〇頁下五行及六行「止品」，資、磧、普、南、徑、清作「上品」。

一 六六〇頁下一〇行「修行」，諸本作「修作」。

一 六六一頁中一行第五字「戒」，麗作「惑」。

瑜伽師地論卷第三十三　福

彌勒菩薩說

三藏法師玄奘奉　詔譯

本地分中聲聞地第十三第四瑜伽處之一

復次此嗢拕南曰

七作意離欲　及諸定廣辯　二定五神通
生老別諸相　觀察於諸諦　如實而通達
廣分別於修　究竟為其後

已得作意諸瑜伽師已入如是少分樂斷從此已後唯有二趣更無所餘何等為二一者世間二出世間彼初修業諸瑜伽師由此作意或念我當往世間趣或念我當往出世趣復多修習如是作意如如於此極多修習如是如是所有輕安心一境性經歷彼彼日夜等位轉復增廣若此作意堅固相續強盛而轉發起清淨所緣勝解於奢摩他品及毗鉢舍那品善取其相彼於尒時或樂往世間道發起加行或樂往出世道發起加行

問此中幾種補特伽羅即於現法樂往世間道發起加行非出世道荅略有四種補特伽羅何等為四一一切外道二於正法中根性羸劣先修止行三根性雖利善根未熟四一切菩薩樂當來世證大菩提非於現法如是四種補特伽羅於現法中樂往世間道發起加行此樂往世間道發起加行者復有二種一者具縛謂諸異生二不具縛謂諸有學此復云何謂先於欲界觀為麁性於初靜慮若定若生觀為靜性發起加行離欲界欲如是乃至發起加行離无所有處欲當知亦尒又依靜慮等能引无想定等及發五神通等又即依此若生若相皆當廣說

為離欲界欲勤修觀行諸瑜伽師由七作意方能獲得離欲界欲何等名為七種作意謂了相作意勝解作意遠離作意攝樂作意觀察作意加行究竟作意加行究竟果作意云何名為了相作意謂若作意能正覺了欲界麁相初靜慮靜相云何覺了欲界麁相謂正尋思欲界六事何等為六一義二事三相四品五時六理云何

尋思諸欲麁義謂正尋思如是諸欲有多過患有多擾惱有多疫癘有多災害於諸欲中多過患義廣說乃至多災害義是名麁義云何尋思諸欲麁事謂正尋思於諸欲中有內貪欲於諸欲中有外貪欲云何尋思諸欲自相謂正尋思此為煩惱欲此為事欲此復三種謂順樂受處順苦受處順不苦不樂受處順樂受處是貪依欲處是想心倒依處順苦受處是瞋恚依處是忿恨依處順不苦不樂受處是愚癡依處是覆惱誑諂无慚无愧依處是見倒依處即正尋思如是諸欲極惡諸愛之所隨逐極惡煩惱之所隨逐是名尋思諸欲自相云何尋思諸欲共相謂正尋思此一切欲生苦老苦廣說乃至求不得苦等所隨逐等所隨縛諸受欲者於圓滿欲驅迫而轉亦未解脫生等法故雖彼諸欲勝妙圓滿而暫時有是名尋思諸欲共相云何尋思諸欲麁品謂正尋思如是諸欲皆墮黑品猶如骨鎖如凝血肉如草炬火如一分炭火如

大毒蛇如夢所見如假借得諸莊嚴具如樹端果追求諸欲諸有情類於諸欲中受追求所作苦受防護所作苦受親愛失壞所作苦受无猒足所作苦受不自在所作苦受惡行所作苦如是一切如前應知如世尊說習近諸欲有五過患謂彼諸欲極少滋味多諸苦惱多諸過患又彼諸欲於習近時能令无猒能令无足能令无滿又彼諸欲常為諸佛及佛弟子賢善正行正至善士以无量門呵責毀呰又彼諸欲於習近時能令諸結積集增長又彼諸欲於習近時我說無有惡不善業而不作者如是諸欲令无猒足多所共有是非法行惡行之因增長欲愛智者所離速趣消滅依託衆緣是諸放逸危亡之地无常虛偽妄失之法猶如幻化誑惑愚夫若現法欲若後法欲若天上欲若人中欲一切皆是魔之所行魔之所住於是處所能生无量依意所起惡不善法所謂貪瞋及憤諍等於聖弟子正修學時能為障㝵由如是等差別因

緣如是諸欲多分墮在黑品所攝是名尋思諸欲麁品云何尋思諸欲麁時謂正尋思如是諸欲去來今世於常常時於恒恒時多諸過患多諸損惱多諸疫癘多諸災害是名尋思諸欲麁時云何尋思諸欲麁理謂正尋思如是諸欲由大資粮由大追求由大劬勞及由種種无量差別工巧業處方能招集生起增長又彼諸欲雖善生起雖善增長一切多為外攝受事謂父母妻子奴婢作使親友眷屬或為對治自內有色麁重四大糜飯長養常須覆蔽沭浴按摩壞斷離散消滅法身隨所生起種種苦惱食能對治諸飢渴苦衣能對治諸寒熱苦及能覆蔽可慙羞處臥具能治諸勞睡苦及能對治經行住苦病緣醫藥能治病苦是故諸欲唯能對治隨所生起種種苦惱不應染著而受用之唯應正念辟如重病所逼切人為除病故服雜穢藥又彼諸欲有至教量證有麁相又彼諸欲如是如是所有麁相我亦於內現智見轉又彼諸欲

有比度量知有麁相又彼諸欲從無
始来本性麁穢成就法性難思法性
不應思議不應分别是名尋思諸欲
麁理如是名為由六種事覺了欲思
諸欲麁相復能覺了初靜慮中所有
靜相謂欲界中一切麁性於初靜慮
皆无所有由離欲界諸麁性故初靜
慮中說有靜性是名覺了初靜慮中
所有靜相即由如是定地作意於欲
界中了為麁相於初靜慮了為靜相
是故名為了相作意即此作意當言
猶為聞思間雜彼既如是如理尋思
了知諸欲是其麁相知初靜慮是其
靜相從此已後超過聞思唯用修行
於所緣相發起勝解修奢摩他毗鉢
舍那既修習已如所尋思麁相靜相
數起勝解如是名為勝解作意即此
勝解善修善習善多修習為因緣故
最初生起斷煩惱道即所生起斷煩
惱道俱行作意此中說名遠離作意
由能最初斷於欲界先所應斷諸煩
惱故及能除遣彼煩惱品麁重性故
從是已後愛樂於斷愛樂遠離於諸

斷中見勝功德觸證少分遠離喜樂
於時時間欣樂作意而深慶悅於時
時間猒離作意而深猒患為欲除遣
惛沉睡眠掉舉等故如是名為攝樂
作意彼由如是樂斷樂修正修加行
善品任持欲界所繫諸煩惱纏若行
若住不復現行便作是念我今為有
於諸欲中貪欲煩惱不覺知耶為無
有耶為審觀察如是事故隨於一種
可愛淨相作意思惟猶未永斷諸隨
眠故思惟如是淨妙相時便復發起
隨習近心趣習近心臨習近心不能
住捨不能猒毀制伏違逆彼作是念
我於諸欲猶未解脫其心猶未正得
解脫我心仍為諸行制伏如水被持
未為法性之所制伏我今復應為欲
永斷餘隨眠故正勤安住樂斷樂修
如是名為觀察作意從此倍更樂斷
樂修修奢摩他毗鉢舍那鄭重觀察
修習對治時時觀察先所已斷由是
因緣從欲界繫一切煩惱心得離繫
此由暫時伏斷方便非是畢竟永害
種子當於尒時初靜慮地前加行道

已得究竟一切煩惱對治作意已得
生起是名加行究竟作意從此無間
由是因緣證入根本初靜慮定即此
根本初靜慮定俱行作意名加行究
竟果作意又於遠離攝樂作意現在
轉時能適悅身離生喜樂於時時間
微薄現前加行究竟作意轉時即彼
喜樂轉復增廣於時時間深重現前
加行究竟果作意轉時離生喜樂遍
諸身分无不充滿无有間隙彼於尒
時遠離諸欲遠離一切惡不善法有
尋有伺離生喜樂於初靜慮圓滿五
支具足安住名住欲界對治修果名
隨證得離欲界欲又了相作意於所
應斷能正了知於所應得能正了知
為斷應斷為得應得心生希願勝解
作意為斷為得正發加行遠離作意
能捨所有上品煩惱攝樂作意能捨
所有中品煩惱觀察作意能於所得
離增上慢安住其心加行究竟作意
能捨所有下品煩惱加行究竟果作
意能正領受彼諸作意善修習果又
若了相作意若勝解作意揔名隨順

作意猒壞對治俱行若遠離作意若加行究竟作意捴名對治作意斷對治俱行若攝樂作意若觀察作意及順清淨作意若觀察作意名順觀察作意如是其餘四種作意當知攝入六作意中謂隨順作意對治作意順清淨作意順觀察作意如初靜慮定有七種作意如是第二第三第四靜慮定及空无邊處識无邊處无所有處非想非非想處定當知各有七種作意若於有尋有伺初靜慮地覺了麁相於無尋無伺第二靜慮地覺了靜相為欲證入第二靜慮應知是名了相作意謂已證入初靜慮定已得初靜慮者於諸尋伺觀為麁性能正了知若在定地於緣最初率尒而起忩務行境麁意言性是名為尋即於彼緣隨彼而起隨彼而行徐歷行境細意言性是名為伺又正了知如是尋伺是心法性心生時生共有相應同一緣轉又正了知如是尋伺依內而生外處所攝又正了知如是一切過去未來現在所攝從因而生從緣

而生或增或減不久安住蹔時而有率尒現前令心躁擾令心散動不靜行轉求上地時皆住隨逐是故皆是黑品所攝隨逐諸欲離生喜樂少分勝利隨所在地自性能令有如是相於常常時於恒恒時有尋有伺心行所緣躁擾而轉不得寂靜以如是等種種行相於諸尋伺覺了麁相又正了知第二靜慮无尋无伺如是一切所說麁相皆無所有是故宣說第二靜慮有其靜相彼諸麁相皆遠離故為欲證入第二靜慮隨其所應其餘作意如前應知如是乃至為欲證入非想非非想處定於地地中隨其所應當知皆有七種作意又彼麁相過在一切下地皆有下從欲界展轉上至无所有處當知麁相略有二種謂諸下地苦住增上望上所住不寂靜故及諸壽量時分短促望上壽量轉減少故此二麁相由前六事如其所應當正尋思隨彼彼地樂離欲時如其所應於次上地尋思靜相漸次乃至證得加行究竟果作意

復次此中離欲者欲有二種一者煩惱欲二者事欲離有二種一者相應離二者境界離離惡不善法者煩惱欲因所生種種惡不善法即身惡行語惡行等持杖持刀鬪訟諍競諂誑詐偽起妄語等由斷彼故說名為離惡不善法有尋有伺者由於尋伺未見過失自地猶有對治欲界諸善尋伺是故說名有尋有伺所言離者謂已獲得加行究竟作意故所言生者由此為因由此為緣无間所生故名離生言喜樂者謂已獲得所希求義及於喜中未見過失一切麁重已除遣故及已獲得廣大輕安身心調暢有堪能故說名喜樂所言初者謂從欲界最初上進創首獲得依順次數說名為初言靜慮者於一所緣繫念寂靜正審思慮故名靜慮言具足者謂已獲得加行究竟果作意故言安住者謂於後時由所修習多成辦故得隨所樂得无艱難得无艱澁於靜慮定其心晝夜能正隨順趣向臨入隨所欲樂乃至七日七夜能正安住

故名安住復次於有尋有伺三摩地相心能棄捨於无尋无伺三摩地相繫念安住於諸忩務所行境界能正遠離於不忩務所行境界安住其心一味寂靜極寂靜故是故說言尋伺寂靜故內等淨故又彼即於無尋無伺三摩地串修習故超過尋伺有間缺位能正獲得无間缺位是故說言心一趣故无尋無伺者一切尋伺悉皆斷故所言定者謂已獲得加行究竟作意故所言生者由此為因由此為緣无間所生故名定生言喜樂者謂已獲得所希求義及於喜中未見過失有欣有喜一切尋伺初靜慮地諸煩惱品所有麁重皆遠離故能對治彼廣大輕安身心調柔有堪能樂所隨逐故名有喜樂依順次數此為第二如是一切如前應知復次彼於喜相深見過失是故說言於喜離欲又於尒時遠離二種亂心災患能於離喜第三靜慮攝持其心第二靜慮已離尋伺今於此中復離於喜是故說言安住於捨如是二法能擾亂心

障无間捨初靜慮故有尋伺故令無間捨不自在轉第二靜慮由有喜故令无間捨不自在轉是故此捨初二靜慮說名無有由是因緣修靜慮者第三靜慮方名有捨由有捨故如如安住所有正念如是如是彼喜俱行想及作意不復現行若復於此第三靜慮不善修故或時失念彼喜俱行想及作意時復現行尋即速疾以慧通達能正了知隨所生起能不忍受方便棄捨除遣變吐心住上捨是故說有正念正知彼於尒時住如是捨正念正知親近修習多修習故令心踊躍俱行喜受便得除滅離喜寂靜審極寂靜與喜相違心受生起彼於尒時色身意身領納受樂及輕安樂是故說言有身受樂第三靜慮已下諸地无如是樂及无間捨第三靜慮已上諸地此無間捨雖復可得而無有樂下地樂捨俱无有故上地有捨而无樂故是故說言於是處所謂第三靜慮諸聖宣說謂依於此已得安住補特伽羅具足捨念及以正知住

身受樂第三靜慮具足安住言諸聖者謂佛世尊及佛弟子

復次此中對治種類勢相似故略不宣說樂斷對治但說對治所作樂斷何等名為此中對治所謂捨念及以正知由即於此數修習故便能棄捨令不出離第三靜慮第三靜慮地中勝樂是故說言由樂斷故修靜慮者即於尒時所有苦樂皆得超越由是因緣若先所斷若今所斷摠集說言樂斷苦斷先喜憂沒謂入第四靜慮定時樂受斷故入第二靜慮定時苦受斷故入第三靜慮定時喜受沒故入初靜慮定時憂受沒故令於此中且約苦樂二受斷故說有所餘非苦樂受是故說言彼於尒時不苦不樂從初靜慮一切下地災患已斷謂尋伺喜樂入息出息由彼斷故此中捨念清淨鮮白由是因緣正入第四靜慮定時心住无動一切動乱皆悉遠離是故說言捨念清淨第四等言如前所說初靜慮等應知其相復次以於虛空起勝解故所有青黃赤白等

相應顯色想由不顯現故及猒離欲故皆能超越是故說言色相出過故由不顯現超越彼想以為因故所有種種衆多品類因諸顯色和合積集有障㝵想皆得除遣是故說言有對想滅没故由遠離彼想以為因故所有於彼種種聚中老别想轉謂飲食瓶衣乘莊嚴具城舍軍園山林等想於是一切不作意轉是故說言種種想不作意故除遣如是有色有對種種想已起无邊相虛空勝解是故說言入无邊空由已超過近分加行究竟作意入上根本加行究竟果作意定是故說言空无邊處具足安住當知此中依於近分乃至未入上根本定唯緣虛空若已得入上根本定亦緣虛空亦緣自地所有諸蘊又近分中亦緣下地所有諸蘊復次若由此識於无邊空發起勝解當知此識无邊空相勝解相應若有欲入識无邊處先捨虛空无邊處想即於彼識次起無邊行相勝解

尒時超過近分根本 空無邊處是故

說言超過一切空无邊處入无邊識由彼超過識无邊處所有近分乃至加行究竟作意入上根本加行究竟果作意定是故說言識无邊處具足安住復次從識无邊處求上進時離其識外更求餘境都無所得謂諸所有或色非色相應境性彼求境界無所得時超過近分及以根本識无邊處發起都無餘境勝解此則名為於無所有假想勝解即於如是假想勝解多修習故便能超過無所有處一切近分乃至加行究竟作意入彼根本加行究竟果作意定是故說言超過一切識無邊處無少所有无所有處具足安住復次從无所有處求上進時由於无所有處想起麤想故便能棄捨无所有處想由是因緣先入無所有處定時超過一切有所有想今復超過無所有想是故說言非有想謂或有所有想或无所有想非無想謂非如无想及滅盡定一切諸想皆悉滅盡唯有微細想緣无相境轉是故說言非想非非想即於此處起

勝解時超過一切近分根本无所有處及非想非非想處近分乃至加行究竟作意入彼根本加行究竟果作意定是故說言超過一切無所有處於非想非非想處具足安住復次此中入静慮定時其身相狀如處空中入无色定時其身相狀如處虛空當知此中由奢摩他相安住上捨勤修加行

復次依静慮等當知能入二无心定一者无想定二者滅盡定無想定者唯諸異生由棄背想作意方便能入滅盡定者唯諸聖者由止息想受作意方便能入如是二定由二作意方便能入謂无想定由棄背想作意以為上首勤修加行漸次能入若滅盡定由從非想非非想處欲求上進暫時止息所緣作意以為上首勤修加行漸次能入若諸異生作如是念諸想如病諸想如癰諸想如箭唯有無想寂静微妙攝受如是背想作意於所生起一切想中精勤修習不念作意由此修習為因緣故加行道中是

瑜伽師地論卷三十三　十八

有心位入定无間心不復轉如是出離想作意為先已離遍淨貪未離廣果貪心諸法滅是名无想定由是方便證得此定若諸聖者已得非想非非想處復欲暫時住寂靜住從非有想非無想處心求上進心上進時求上所緣竟無所得无所得故滅而不轉如是有學已離无所有處貪或阿羅漢求暫住想作意為先諸心心法滅是名滅盡定由是方便證得此定復次依止靜慮發五通等云何能發謂靜慮者已得根本清淨靜慮即以如是清淨靜慮為所依止於五通增上正法聽聞受持令善究竟謂於神境通宿住通天耳通死生智通心差別通等作意思惟復由定地所起作意了知於義了知於法由了知義了知法故如是如是修治其心由此修習多修習故有時有分發生修果五神通等文即如是了知於義了知於法為欲引發諸神通等修十二想何等十二一輕舉想二柔軟想三空界想四身心符順想五勝解想六先所

瑜伽師地論三十三　十九

受行次第隨念想七種種品類集會音聲想八光明色相想九煩惱所作色變異想十解脫想十一勝處想十二遍處想輕舉想者謂由此想於身發起輕舉勝解如妬羅綿或如疊絮或似風輪發起如是輕勝解已由勝解作意於彼彼處飃轉其身謂從牀上飄置几上復從几上飃置牀上如是從牀飄置草座復從草座飃置於牀柔軟想者謂由此想於身發起柔軟勝解或如綿囊或如毛毳或如熟練此柔軟想長養攝受前輕舉想於攝受時令輕舉想增長廣大空界想者謂由此想先於自身發起輕舉柔軟二勝解已隨所欲往若於中間有諸色聚能為障㝵尒時便起勝解作意於彼色中作空勝解能无㝵往身心符順想者謂由此想或以其心符順於身或以其身符順於心由此令身轉轉輕舉轉轉柔軟轉轉堪任轉轉光潔隨順於心繫屬於心依心而轉勝解想者謂由此想遠作近解近作遠解麁作細解細作麁解地作水

瑜伽師地論卷第三十三　二十

解水作地解如是一一差別大種展轉相作廣如變化所作勝解或色變化或聲變化由此五想修習成滿領受種種妙神境通或從一身示現多身謂由現化勝解想故或從多身示現一身謂由隱化勝解想故或以其身於諸牆壁垣城等類厚障隔事直過无㝵或於其地出没如水或於其水斷流往返履上如地或如飛鳥結加趺坐騰颺虛空或於廣大威德勢力日月光輪以手捫摸或以其身乃至梵世自在迴轉當知如是種種神變皆由輕舉柔軟空界身心符順想所攝受勝解想故隨其所應一切能作此中以身於其梵世略有二種自在迴轉一者往來自在迴轉二於梵世諸四大種一分造色如其所樂隨勝解力自在迴轉先所受行次第隨念想者謂由此想從童子位迄至于今隨憶念轉自在无㝵隨彼彼位若行若住若坐若卧廣說一切先所受行隨其麁略次第无越憶念了知於此修習多修習故證得修果於无量

種宿世所住廣說乃至所有行相所有宣說皆能隨念種種品類集會音聲想者謂由此想遍於彼彼村邑聚落或長者衆或邑義衆或餘大衆或廣長處或家或室種種品類諸衆集會所出種種雜類音聲名諠譟聲或於大河衆流激湍波浪音聲善取其相以修所成定地作意於諸天人若遠若近聖非聖聲力勵聽採於此修習多修習故證得修果清淨天耳由是能聞人聞天上若遠若近一切音聲光明色相想者謂於如前所說種種諸光明相極善取已即於彼相作意思惟又於種種諸有情類善不善等業用差別善取其相即於彼相作意思惟是名光明色相想於此修習多修習故證得修果死生智通由是清淨天眼通故見諸有情廣說乃至身壞已後往生善趣天世世間中煩惱所作色變異想者謂由此想於貪恚癡忿恨覆惱誑諂慳嫉及以憍害无慚无愧諸餘煩惱及隨煩惱纏繞其心諸有情類種種色位色相變異解了分別如是色類有貪欲者有色分位色相變異謂諸根躁擾諸根掉舉言常含笑如是色類有瞋恚者有色分位色相變異謂面恒顰慼語音謇澁言常變色如是色類有愚癡者有色分位色相變異謂多分瘖瘂事義闇昧言不辯了語多下里由如是等行相流類廣說乃至无慚愧等所纏繞者有色分位色相變異善取其相復於彼相作意思惟於此修習多修習故發生修果心差別智由此智故於他有情補特伽羅隨所尋思隨所伺察心意識等皆如實知解脫勝處遍處想者如前三摩呬多地應知修相由於此想親近修習多修習故能引㝡勝諸聖神通若變事通若化事通若勝解通及能引發无諍願智四無导解謂法无导解義无导解辭無导解辯無导解等種種功德又聖非聖二神境通有差別者謂聖神通隨所變事隨所化事隨所勝解一切皆能如實成辦无有改異堪任有用非聖神通不能如是猶如幻化唯可觀見不堪受用當知如是十二種想親近修習多修習故隨其所應便能引發五種神通及能引發不共異生如其所應諸聖功德

復次此中於初靜慮下中上品善修習已隨其所應當生梵衆天梵輔天大梵天衆同分中於第二靜慮下中上品善修習已隨其所應當生少光天无量光天極光淨天衆同分中於第三靜慮下中上品善修習已隨其所應當生少淨天无量淨天遍淨天衆同分中於第四靜慮下中上品善修習已隨其所應當生无雲天福生天廣果天衆同分中若不還者以无漏第四靜慮間雜熏修有漏第四靜慮即於此中下品中品上品上勝品上極品善修習已隨其所應當生五淨居天衆同分中謂无煩无熱善現善見色究竟天若於空處識處无所有處非想非非想處下中上品善修習已當生空處識處无所有處非想非非想處隨行天衆同分中由彼諸天无有形色是故亦無處所差別然住

所作有其差別於无想定善修習已當生无想有情天衆同分中

復次此中云何應知離欲者相謂離欲者身業安住諸根无動威儀進止無有躁擾於一威儀能經時久不多驚懼終不數數易脫威儀言詞柔軟言詞寂靜不樂諠雜不樂衆集言語安詳眼見色已唯覺了色不因覺了而起色貪如是耳聞聲已鼻嗅香已舌嘗味已身覺觸已唯覺了聲乃至其觸不因覺了而起聲貪乃至觸貪能无所畏覺慧幽深輕安廣大身心隱密無有貪婪无有憤發能有堪忍不為種種欲尋思等諸惡尋思擾亂其心如是等類當知名為離欲者相

瑜伽師地論卷第三十三

瑜伽師地論卷第三十三

校勘記

一　底本，金藏廣勝寺本。

一　六六三頁中四行「第十三」，徑、清無。

一　六六三頁下二行末字「止」，資、磧、普、南、徑、清作「正」。

一　六六三頁下一六行第五字「能」，資、磧、普、南、徑、清作「使」。

一　六六四頁上九行末字至一〇行首字「依欲」，諸本作「欲依」。

一　六六四頁中三行第四字「受」，石作「執受」。

一　六六五頁上四行「欲思」，諸本作「欲界」。

一　六六五頁上九行「静相」，資、磧、普、南、徑、清作「淨相」。

一　六六五頁上一六行第八字「所」，石作「即」。

一　六六五頁中六行第二字「品」，磧、普、南、徑、清作「見」。

一　六六五頁中一〇行第一一字「永」，資、磧、普、南、徑、清作「求」。

一　六六五頁中一七行第七字「正」，資、磧、普、南、徑、清作「心」。

一　六六五頁中一九行第三字「修」，資、磧、普、南、徑、清無。

一　六六六頁下一一行第一一字「所」，清作「作」。

一　六六六頁下二一行第一一字「鞕」，資、磧、普、南、徑、清、麗作「梗」。

一　六六七頁上五行第八字「故」，石、麗作「轉」。

一　六六七頁上七行「三摩地」，麗作「三摩地中」。

一　六六八頁上二行第一一字「相」，諸本作「想」。

一　六六八頁上一一行第七字「相」，資、磧、普、南、徑、清作「想」。

一　六六八頁上一七行第七字「地」，資、磧、普、南、徑、清作「他」。

一　六六八頁下六行第一三字「空」，麗作「室」。

一六六九頁上一行「心位」，資、磧、普、南、徑、清作「心住」。

一六六九頁上三行「心諸」，諸本作「諸心心」。

一六七〇頁上一九行「世世」，諸本作「世」。

一六七〇頁中二行第九字「根」，磧、普、清作「相」。

一六七〇頁中七行第一一字「里」，徑、清作「俚」。

一六七〇頁中一六行第八字「通」，普作「遇」。

一六七〇頁下七行第一〇字「二」，麗作「一」。

一六七〇頁下九行第六字「極」，資、磧、普、南、徑、清無。

瑜伽師地論卷第三十四

彌勒菩薩說

三藏法師玄奘奉　詔譯

本地分中聲聞地第十三第四瑜伽處之二

如是已辯往世間道若樂往趣出世間道應當依止四聖諦境漸次生起七種作意所謂審了相作意乃至加行究竟果作意乃至證得阿羅漢果修瑜伽師於四聖諦略標廣辯增上教法聽聞受持或於作意已善修習或得根本靜慮无色由四種行了苦諦相謂无常行苦行空行无我行由四種行了集諦相謂因行集行起行緣行由四種行了滅諦相謂滅行靜行妙行離行由四種行了道諦相謂道行如行行行出行如是名為了相作意由十種行觀察苦諦能隨悟入苦諦四行何等為十一變異行二滅壞行三別離行四法性行五合會行六結縛行七不可愛行八不安隱行九無所得行十不自在行如是十行依證成道理能正觀察此中且依至教量理如世尊說諸行无常又此諸行略有二種一有情世間二器世間世尊依彼有情世間說如是言苾芻當知我以過人清淨天眼觀諸有情死時生時廣說乃至身壞已後當生善趣天世界中由此法門顯示世尊以淨天眼現見一切有情世間是无常性又世尊言苾芻當知此器世間長時安住過是已後漸次乃至七日輪現如七日經廣說乃至所有大地諸山大海及蘇迷盧大寶山王乃至梵世諸器世界皆被焚燒災火滅後灰燼不現乃至餘影亦不可得由此法門世尊顯示諸器世間是无常性如是且依至教量理修觀行者淨信增上作意力故於一切行無常之性獲得決定得決定已即由如是淨信增上作意力故數數尋思觀察一切現見不背不由他緣无常之性云何數數尋思觀察謂先安立內外二事言內事者謂六處等言外事者有十六種一者地事謂城邑聚落舍市鄽等二者園事謂藥草叢林等三者山

事謂種種山安布差別四者水事謂江河陂湖衆流池沼五者作業事六者庫藏事七者食事八者飲事九者乘事十者衣事十一者莊嚴具事十二者儛歌樂事十三者香鬘塗飾事十四者資生具事十五者諸光明事十六者男女承奉事如是名為十六種事安立如是內外事已復於彼事現見增上作意力故以變異行尋思觀察无常之性此中內事有十五種所作變異及有八種變異因緣云何內事有十五種所作變異一分位所作變異二顯色所作變異三形色所作變異四興衰所作變異五支節具不具所作變異六劬勞所作變異七他所損害所作變異八寒熱所作變異九威儀所作變異十觸對所作變異十一雜染所作變異十二疾病所作變異十三終沒所作變異十四青瘀等所作變異十五一切不現盡滅所作變異云何八種變異因緣一積時貯畜二他所損害三受用斷損四時節變異五火所焚燒六水所漂爛

七風所鼓燥八異緣會遇積時貯畜者謂有色諸法雖於好處安置守護而經久時自然敗壞其色衰損變異可得他所損害者謂種種色法若為於他種種捶打種種損害即便種種形色變異受用虧損者謂各別屬主種種色物受者受用增上力故損減變異時節變異者謂秋冬時叢林藥草華葉果等萎黃零落於春夏時枝葉華果青翠繁茂火所焚燒者謂大火縱逸焚燒村邑國城王都悉為灰燼水所漂爛者謂大水洪瀁漂蕩村邑國城王都悉皆淪沒風所鼓燥者謂大風飄扇濕衣濕地稼穡叢林乾曝枯槁異緣會遇者謂緣樂受觸受樂受時遇苦受觸緣苦受觸受苦受時遇樂受觸緣不苦不樂受觸受不苦不樂受時遇樂受觸或苦受觸又有貪者會遇瞋緣貪纏止息發起瞋纏如是有瞋癡者會遇異分煩惱生緣當知亦尒如是眼識正現在前會遇聲香味觸境等餘境餘緣起異分識其餘一切如理應知是名八種變

異因緣一切有色及无色法所有變異皆由如是八種因緣除此更無若過若增云何尋思內事分位所作變壞无常之性謂由觀見或自或他從少年位乃至老位諸行相續前後差別互不相似見是事已便作是念如是諸行其性无常何以故此內分位前後變異現可得故云何尋思內事顯色所作變異无常之性謂由觀見或自或他先有妙色肌膚鮮澤後見惡色肌膚枯槁復於後時還見妙色肌膚鮮澤見是事已便作是念如是諸行其性无常何以故此內顯色前後變異現可得故云何尋思內事形色所作變異無常之性謂如說顯色如是形色由肥瘦故應知亦尒云何尋思內事興衰所作變異无常之性謂由觀見或自或他先時眷屬財位成見悉皆興盛後見一切皆悉衰損復於後時還見興盛見是事已便作是念如是諸行其性无常何以故興衰變異現可得故云何尋思內事支節所作變異無常之性謂由觀見或

自或他先時支節无有缺減後時觀見支節缺減或王所作或賊所作或人所作或非人作見是事已便作是念如是諸行其性无常餘如前說云何尋思內事劬勞所作變異无常之性謂由觀見或自或他身疲勞性身疲極性或馳走所作或跳踊所作或趒躑所作或騙騎所作或作種種迅疾身業復於餘時見彼遠離疲勞疲極見是事已便作是念如是諸行其性无常餘如前說云何尋思內事他所損害所作變異無常之性謂由觀見或自或他他所損害其身變異或由刀杖鞭草皮繩矛矟等壞或由種種蚊䖟蛇蝎諸惡毒觸之所損害復於餘時見不變異見是事已便作是念如是諸行其性无常餘如前說云何尋思內事寒熱所作變異无常之性謂由觀見或自或他於正寒時身不舒泰踡跼戰慄寒凍纏逼希遇溫陽於正熱時身體舒泰奮身乾語霡霂流汗熱渴纏逼希遇清涼復至寒時還見如前所說相狀見是事已便

作是念如是諸行其性无常餘如前說云何尋思内事威儀所作變異无常之性謂由觀見或自或他行住坐卧隨一威儀或時為損或時為益見是事已便作是念如是諸行其性無常餘如前說云何尋思内事觸對所作變異无常之性謂由觸對順樂受觸領樂觸緣所生樂時自能了别樂受分位如能了别樂受分位如是了别苦受分位不苦不樂受分位應知亦尒彼由了别如是諸受前後變異是新新性非故故性或增或減暫時而有率尒現前尋即變壞知是事已便作是念如是諸行其性无常餘如前說云何觀察内事雜染所作變異無常之性謂能了知先所生起或有貪心或離貪心或有瞋心或離瞋心或有癡心或離癡心又能了知隨一一種諸隨煩惱所染汙心又能了知隨一一種諸隨煩惱不染汙心又能了知彼心相續由諸煩惱及隨煩惱於前後位趣入變壞不變壞性見是事已便作是念如是諸行其性无常

何以故心由雜染所作變異現可得故云何觀察内事疾病所作變異無常之性謂由觀見或自或他先无疾病安樂强盛後時觀見或自或他遭重病苦觸對猛利身諸苦受如前廣說復於餘時還見无病安樂强盛見是事已便作是念如是諸行其性无常餘如前說云何觀察内事終没所作變異無常之性謂由觀見今時存活安住支持復於餘時觀見死没唯有尸骸空无心識見是事已便作是念如是諸行其性无常餘如前說云何觀察内青瘀等所作變異无常之性謂由觀見死已尸骸或於一時至青瘀位或於一時至膿爛位如是乃至骨鎖之位見是事已便作是念如是諸行其性无常餘如前說云何觀察内事一切不現盡滅所作變壞无常之性謂由觀見彼於餘時此骨鎖位亦復不現皆悉敗壞離散磨滅遍一切種眼不復見見是事已便作是念如是諸行其性无常何以故如是色相數數改轉前後變異現可得故

如是且由現見增上作意力故十五種行觀察内事種種變異无常之性觀察是已復更觀察十六外事種種變異无常之性云何觀察地事變異无常之性謂由觀見此地方所先未造立道場天寺宅舍市鄽城牆等事後見新造善作善飾復於餘時見彼朽故圮坼零落頹毀穿缺火所焚燒水所漂蕩見是事已便作是念如是諸行其性无常何以故如是色相前後轉變現可得故云何觀察園事變異无常之性謂先觀見諸園苑中樂草藂林華果枝葉悉皆茂盛青翠丹暉甚可愛樂復於後時見彼枯槁无諸華果柯葉零落火所焚燒水所漂蕩見是事已便作是念如是諸行其性无常餘如前說云何觀察山事變異无常之性謂於一時觀見其山藂林蓊欝聳石巉巖復於一時見彼藂林嶢巖聳石彫残頹毀高下參差火所焚燒水所漂蕩見是事已便作是念如是諸行其性无常餘如前說云何觀察水事變異无常之性謂先一

時見諸河瀆池泉井等濤波涌溢
水盈滿後於一時見彼一切枯涸乾
竭見是事已便作是念如是諸行其
性无常餘如前說云何觀察業事變
異无常之性謂先一時見彼種種殉
利牧農工巧正論行船等業皆悉興
盛復於一時見彼事業皆悉衰損見
此事已便作是念如是諸行其性无
常餘如前說云何觀察庫藏變異无
常之性謂由觀見種種庫藏一時盈
滿一時滅盡見此事已便作是念如
是諸行其性无常餘如前說云何觀
察飲食變異无常之性謂由觀見種
種飲食一時未辦一時已辦一時入
口牙齒咀嚼和雜涎唾細細吞咽一
時入腹漸漸消化一時變為糞尿流
出見此事已便作是念如是諸行其
性无常餘如前說云何觀察乘事變
異无常之性謂於一時見種種乘新
妙莊嚴甚可愛樂復於一時見彼朽
故離諸嚴飾見此事已便作是念如
是諸行其性无常餘如前說云何觀
察衣事變異无常之性謂由觀見種

種衣服一時新成一時故壞一時鮮
潔一時垢膩見此事已便作是念如
是諸行其性無常餘如前說云何觀
察嚴具變異无常之性謂由觀見諸
莊嚴具一時未成一時已成一時堅
固一時破壞見此事已便作是念如
是諸行其性無常餘如前說云何觀
察倡歌樂事所有變異无常之性謂
由觀見倡歌伎樂現在種種音曲差
別異起異謝見此事已便作是念如
是諸行其性無常餘如前說云何觀
察香鬘塗飾所有變異无常之性謂
先觀見種種香鬘鮮榮芬馥後時見
彼萎悴臭爛見此事已便作是念如
是諸行其性無常餘如前說云何觀
察資具變異無常之性謂觀見彼未
造已造成滿破壞前後變異見此事
已便作是念如是諸行其性无常餘
如前說云何觀察光明變異无常之
性謂由觀見種種明闇生滅變異見
此事已便作是念如是諸行其性無
常餘如前說云何觀察男女承奉所
有變異无常之性謂觀見彼或衰或

盛不久堅住見此事已便作是念如
是諸行其性无常餘如前說如是一
切外事諸行前之六種是所攝受事
後之十種是身資具事以要言之當
知其性皆是无常何以故形相轉變
現可得故由如是等如前所說諸變
異行現見增上作意力故於內外事
如其所應以變異行觀察一切是无
常性由是因緣於諸變異无常之性
現見不背不由他緣非他所引隨念
觀察審諦決定即由如是所說因緣
說名現見增上作意即由如是現見
增上作意力故觀察變異无常性已
彼諸色行雖復現有剎那生滅滅壞
无常而微細故非現所得故依現見
增上作意應正比度云何比度謂彼
諸行要有剎那生滅滅壞方可得有
前後變異非如是住得有變異是故
諸行必定應有剎那生滅彼彼衆緣
和合有故如是如是諸行得生生已
不待滅壞因緣自然滅壞如是所有
變異因緣能令諸行轉變生起此是
變異生起因緣非是諸行滅壞因緣

所以者何由彼諸行與世現見滅壞
因緣俱滅壞已後不相似生起可得
非彼一切全不生起或有諸行既滅
壞已一切生起全不可得如煎水等
冣後一切皆悉消盡灾火焚燒器世
間已都无灰燼乃至餘影亦不可得
彼亦因緣後後展轉漸滅盡故冣後
一切都无所有不由其火作如是事
是故變異由前所說八種因緣令變
生起自然滅壞如是比度作意力故
由滅壞行於彼諸行剎那生滅滅壞
无常而得決定於如是事得決定已
復於他世非所現見諸行生起應正
比度云何比度謂諸有情現有種種
差別可得或好形色或惡形色或上
族姓或下族姓或富族姓或貧族姓
或大宗葉或小宗葉或長壽命或短
壽命言或威肅或不威肅或性利根
或性鈍根如是一切有情差別定由
作業有其差別方可成立非无作業
如是有情色類差別定由先世善不
善業造作增長種種品類由彼因緣
於今自體差別生起不應自在變化

瑜伽師地論卷第三十四　第十三張　福

為因何以故若說自在變化為因能
生諸行此所生行為唯用彼自在為
緣為待餘緣如是自在方能變化若
唯用彼自在為緣是則諸行與彼自
在俱應本有何須更生若言先有自
在體性然後行生是則諸行不唯自
在為緣生起若言自在隨其所欲功
用祈願方能造化是故亦用欲為因
緣非唯自在若尒此欲為有因耶為
无因耶若言有因即用自在以為因
者此則同前所說過失不應道理若
言此欲更有餘因是則如欲功用祈
願離自在外餘法為因如是亦應一
切諸行皆用餘法以為其因何須妄
計无用自在由如是等比度增上作
意力故於有他世諸行生起獲得決
定如是略由三種增上作意力故尋
思觀察內外諸行是无常性謂淨信
增上作意力故現見增上作意力故
比度增上作意力故於前所舉能隨
順脩无常五行已辯變異滅壞二行
云何復由別離行故觀无常性謂依
內外二種別離應知諸行是无常性

瑜伽師地論卷第三十四　第十四張　福

依內別離无常性者謂如有一先為
他主非奴非使能自受用能駈役他
作諸事業彼於後時退失主性非奴
使性轉得他奴及所使性於主性等
名為別離无常之性依外別離无常
性者謂現前有資生財寶先未變異
未為別離无常滅壞後時為王盜賊
非愛及共財等之所刧奪或由惡作
加行失壞或方便求而不能得如是
等類應知是名由別離行知无常性
云何復由法性行故觀無常性謂即
所有變異无常滅壞无常別離无常
於現在世猶未合會於未來世當有
法性如實通達如是諸行於未來世
當有法性如是等類名為通達法性
无常云何復由合會行故觀无常性
謂即如是變異无常滅壞无常別離
無常於現在世合會現前如實通達
如是諸行於現在世現前合會如是
等類名為通達合會无常彼於如是
內外諸行五無常性由五種行如其
所應作意脩習多脩習故獲得決定
如是由證成道理及脩增上故於無

瑜伽師地論卷第三十四　第十五張　福

常行得決定已從此無間趣入苦行作是思惟如是諸行皆是無常是无常故決定應是有生法性如是諸行既是生法即有生苦既有生苦當知亦有老病死苦怨憎會苦愛別離苦求不得苦如是且由不可愛行趣入苦行如是復於有漏有取能順樂受一切蘊中由結縛行趣入苦行所以者何以於愛等結處生愛等結於貪等縛處生貪等縛便能招集生老病死愁悲憂苦一切擾惱純大苦蘊如是復於有漏有取順非苦樂一切蘊中由不安隱行趣入苦行所以者何有漏有取順非苦樂一切諸蘊麁重俱行苦樂種子之所隨逐苦苦壞苦不解脫故一切皆是无常滅法如是行者於能隨順樂受諸行及樂受中由結縛行趣入壞苦於能隨順苦受諸行及苦受中由不可愛行趣入苦苦於能隨順不苦不樂受諸行及不苦不樂受中由不安隱行趣入行苦如是由結縛行不可愛行不安隱行增上力故於三受中作如是說諸所

有受皆悉是苦如是名為由无常行作意為先趣入苦行復作是念我於今者唯有諸根唯有境界唯有從彼所生諸受唯有其心唯有假名我我所法唯有其見唯有假立此中可得除此更無若過若增如是唯有諸蘊可得於諸蘊中无有常恒堅住主宰或說為我或說有情或復於此說為生者老者病者及以死者或復說彼能造諸業能受種種果及異熟由是諸行皆悉是空无有我故如是名為由無所得行趣入空行復作是念所有諸行與其自相及無常相苦相相應彼亦一切從緣生故不得自在不自在故皆非是我如是名為由不自在行入無我行如是行者以其十行攝於四行復以四行了苦諦相謂无常行五行所攝一變異行二滅壞行三別離行四法性行五合會行苦行三行所攝一結縛行二不可愛行三不安隱行空行一行所攝謂无所得行無我行一行所攝謂不自在行彼由十行悟入四行復由四行於苦諦

相正覺了已次復觀察如是苦諦何因何集何起何緣由斷彼故苦亦隨斷如是即以集諦四行了集諦相謂了知愛能引苦故說名為因既引苦已復能招集令其生故說名為集既生苦已令彼起故說名為起復於當來諸苦種子能攝受故次第招引諸苦集故說名為緣復有差別謂了知愛是取因故復能招集即以其取為因有故復能生起有為上首當來生故又能引發以生為緣老病死等諸苦法故隨其所應當知說名因集起緣復有差別謂正了知煩惱隨眠附屬所依愛隨眠等是當來世後有生因又正了知彼所生纏隨其所應是集起緣謂後有愛能招引故即是其集此後有愛復能發起喜貪俱行愛此喜貪俱行愛復與多種彼彼喜愛為緣如是依止愛隨眠等及三種纏能生後有及能發起諸愛差別是故說名因集起緣如是行者由四種行了集諦相於集諦相正覺了已復正覺了如是集諦无餘息滅故名為滅

一切苦諦無餘寂靜故名為靜即此滅靜是第一故是寂勝故是无上故說名為妙是常住故永出離故說名為離如是行者由四種行了滅諦相於滅諦相正覺了已復正覺了真對治道於所知境能通尋求義故能實尋求義故由於四門隨轉義故一向能趣涅槃義故所以說名道如行出如是行者由四種行了道諦相如是名為於四聖諦自內現觀了相作意彼既如是於其自內現見諸蘊依諸諦理无倒尋思正觀察已復於所餘不同分界不現見蘊比度觀察謂彼所有有為有漏遍一切處遍一切種於一切時皆有如是法皆隨如是理皆有如是性彼所有滅皆永寂靜常住安樂彼所有道皆能永斷究竟出離當知此中若於現見諸蘊諦智若於所餘不同分界不現見境比度諦智即是能生法智類智種子依處又即如是了相作意當知猶為聞思間雜若觀行者於諸諦中如是數數正觀察故由十六行於四聖諦證成道

理已得決定復於諸諦盡所有性如所有性超過聞思間雜作意一向發起修行勝解此則名為勝解作意如是作意唯緣諦境一向在定於此修習多修習故於苦集二諦境中得无邊際智由此智故了知无常發起无常無邊際勝解如是了知苦等發起苦無邊際勝解空无我无邊際勝解惡行無邊際勝解往惡趣無邊際勝解興衰无邊際勝解及老病死愁悲憂苦一切擾惱無邊際勝解此中无邊際者謂生死流轉如是諸法无邊無際乃至生死流轉不絕常有如是所說諸法唯有生死無餘息滅此可息滅更无有餘息滅方便即於如是諸有諸趣死生法中以无願行無所依行深猒逆行發起勝解精勤修習勝解作意復於如是諸有諸生增上意樂深心猒怖及於涅槃隨起一行深心願樂彼於長夜其心愛樂世間色聲香味觸等為諸色聲香味觸等滋長積集由是因緣雖於涅槃深心願樂而復於彼不能趣入不能證淨

不能安住不能勝解其心退轉於寂靜界未能深心生希仰故有疑慮故其心數數猒離驚怖雖於一切苦集二諦數數深心猒離驚怖及於涅槃數數發起深心願樂然猶未能深心趣入何以故以彼猶有能障現觀麁品我慢隨入作意間无間轉作是思惟我於生死曾久流轉我於生死當復流轉我於涅槃當能趣入我為涅槃修諸善法我能觀苦真實是苦我能觀集真實是集我能觀滅真實是滅我能觀道真實是道我能觀空真實是空我觀无願真是无願我觀無相真是無相如是諸法是我所有由是因緣雖於涅槃深心願樂然心於彼不能趣入彼既了知如是我慢是障导已便能速疾以慧通達棄捨任運隨轉作意制伏一切外所知境趣入作意隨作意行專精无間觀察聖諦隨所生起心謝滅時無間生心作意觀察方便流注无有間斷彼既如是以心緣心專精无替便能令彼隨入作意障导現觀麁品我慢無容得

生如是勤修瑜伽行者觀心相續展轉別異新新而生或增或減暫時而有率尒現前前後變易是无常性觀心相續入取蘊攝是為苦性觀心相續離第二法是為空性觀心相續從衆緣生不得自在是無我性如是名為悟入苦諦次復觀察此心相續以愛為因以愛為集以愛為起以愛為緣如是名為悟入集諦次復觀察此心相續所有擇滅是永滅性是永靜性是永妙性是永離性如是名為悟入滅諦次復觀察此心相續究竟對治趣滅之道是真道性是真如性是真行性是真出性如是名為悟入道諦如是先來未善觀察今善作意方便觀察以微妙慧於四聖諦能正悟入即於此慧親近修習多修習故能緣所緣平等平等正智得生由此生故能斷障㝵愛樂涅槃所有麁品現行我慢又於涅槃深心願樂速能趣入心无退轉離諸怖畏攝受增上意樂適悅如是行者於諸聖諦下忍所攝能緣所緣平等平等智生是名為煗

中忍所攝能緣所緣平等平等智生是名為頂上忍所攝能緣所緣平等平等智生名諦順忍彼既如是斷能障㝵麁品我慢及於涅槃攝受增上意樂適悅便能捨離後後觀心所有加行住無加行無分別心彼於尒時其心似滅而非實滅似无所緣而非無緣又於尒時其心寂靜雖似遠離而非遠離又於尒時非美睡眠之所覆蓋唯有分明无高无下奢摩他行復有一類闇昧愚癡於美睡眠之所覆蓋其心似滅非實滅中起增上慢謂為現觀此不如是既得如是趣現觀心不久當入正性離生即於如是寂靜心位㝡後一念无分別心從此無間於前所觀諸聖諦理起內作意此即名為世第一法從此已後出世心生非世間心此是世間諸行㝡後界畔邊際是故名為世第一法

從此無間於前所觀諸聖諦理起內作意作意无間隨前次第所觀諸諦若是現見若非現見諸聖諦中如其次第有无分別决定智現見智生由

此生故三界所繫見道所斷附屬所依諸煩惱品一切麁重皆悉永斷此永斷故若先已離欲界貪者彼於今時既入如是諦現觀已得不還果彼與前說離欲者相當知无異然於此中少有差別謂當受化生即於彼處當般涅槃不復還來生此世間若先倍離欲界貪者彼於今時既入如是諦現觀已得一來果若先未離欲界貪者彼於今時既入如是諦現觀已麁重永息得預流果由能知智與所知境和合无乖現前觀察故名現觀如剎帝利與剎帝利和合无乖現前觀察名為現觀婆羅門等當知亦尒此亦成就衆多相狀謂證如是諦現觀故獲得四智謂於一切若行若住諸作意中善推求故得唯法智得非斷智得非常智得緣生行如幻事智若行境界由失念故雖起猛利諸煩惱纏暫作意時速疾除遣又能畢竟不墮惡趣終不故思違越所學乃至傍生亦不害命終不退轉棄捨所學不復能造五无間業定知苦樂非自

所作非他所作非自他作非非自他無因而生終不求請外道為師亦不於彼起福田想於他沙門婆羅門等終不觀瞻口及顏面唯自見法得法知法證法源底越度疑惑不由他緣於大師教非他所引於諸法中得无所畏終不妄計世瑞吉祥以為清淨終不更受第八有生具足成就四種證淨如是行者乃至世第一法已前名勝解作意於諸聖諦現觀已後乃至永斷見道所斷一切煩惱名遠離作意

復從此後為欲進斷修所斷惑如所得道更數修習永斷欲界上品中品諸煩惱已得一來果如預流果所有諸相令於此中當知亦尒然少差別謂若行境界於能隨順上品猛利煩惱纏處由失念故蹔起微劣諸煩惱纏尋能作意速疾除遣唯一度來生此世間便能究竟作苦邊際得不還果及不還相如前已說當知此中由觀察作意於一切修道數數觀察已斷未斷如所得道而正修習又於此

中云何名修自性云何名修業云何名修品類差別謂由定地作意於世出世善有為法修習增長无間所作殷重所作令心相續會彼體性如是名為修之自性當知修業略有八種一有一類法由修故得二有一類法由修故習三有一類法由修故淨四有一類法由修故遣五有一類法由修故知六有一類法由修故斷七有一類法由修故證八有一類法由修故遠若先未得殊勝善法修習令得名修故得若先已得令轉現前名修故習若先已得未令現前但由修習彼種類法當令現前令轉清淨鮮白生起名修故淨若有失念染法現行修善法力令不忍受斷除變吐名修故遣若未生起所應斷法修善法力了知如病深心猒壞了知如癰如箭障㝵无常苦空及以无我深心猒壞名修故知如是知已數修習故無間道生斷諸煩惱名修故斷煩惱斷已證得解脫名修故證如如進趣上地善法如是如是令其下地已斷諸法

轉成遠分乃至究竟名修故遠當知是名八種修業應知此修品類差別有十一種一奢摩他修二毗鉢舍那修三世間道修四出世道修五下品道修六中品道修七上品道修八加行道修九无間道修十解脫道修十一勝進道修奢摩他修者謂九種行令心安住如前已說毗鉢舍那修亦如前說世間道修者謂於諸下地見麁相故於諸上地見靜相故乃至能趣無所有處一切離欲出世道修者謂正思惟苦真是苦集真是集滅真是滅道真是道由正見等無漏聖道乃至能趣非想非非想處一切離欲下品道修者謂由此故能斷冣麁上品煩惱中品道修者謂由此故能斷所有中品煩惱上品道修者謂由此故能斷所有冣後所斷下品煩惱加行道修者謂由此故為斷煩惱發起加行无間道修者謂由此故正斷煩惱解脫道修者謂由此故或斷无間證得解脫勝進道修者謂由此故從是已後修勝善法乃至未起餘地煩

惱能治加行或復未起趣究竟位當知是名十一種修品類差別如是於修勤修習者於時時間應正觀察所有煩惱已斷未斷於時時間於可猒法深心猒離於時時間於可欣法深心欣慕如是名為攝樂作意彼即於此攝樂作意親近修習多修習故有能无餘永斷修道所斷煩惱㝡後學位喻如金剛三摩地生由此生故便能永斷修道所斷一切煩惱問何因緣故此三摩地名金剛喻荅譬如金剛堅餘一切末尼真珠琉璃螺貝璧玉珊瑚等諸珎寶㝡為堅固能穿能壞所餘寶物非餘寶物所能穿壞如是此三摩地於諸有學三摩地中㝡上㝡勝㝡為堅固能壞一切所有煩惱非上煩惱所能蔽伏是故此三摩地名金剛喻從此金剛喻三摩地無間永害一切煩惱品麁重種子其心於彼究竟解脫證得畢竟種姓清淨於諸煩惱究竟盡中發起盡智由因盡故當來苦果畢竟不生即於此中起无生智彼於介時成阿羅漢諸漏

已盡所作已辦無復所作證得自義盡諸有結已正奉行如來聖教心善解脫已具成就十无學法謂无學正見正思惟乃至無學正解脫正智於諸住中及作意中能隨已心自在而轉隨所樂住或聖或天或梵住中即能安住隨樂思惟所有正法能引世間或出世間諸善義利即能思惟言聖住者謂空住無願住无相住滅盡定住言天住者謂諸靜慮諸無色住言梵住者謂慈住悲住喜住捨住又於介時至極究竟畢竟无垢畢竟證得梵行邊際離諸關鍵已出深坑已度深塹已能摧伏彼伊師迦是為真聖摧滅高幢已斷五支成就六支一向守護四所依止㝡極遠離獨一諦實棄捨希求无濁思惟身行猗息心善解脫慧善解脫獨一无侶正行已立名已親近無上丈夫具足成就六恒住法謂眼見色已无喜无憂安住上捨正念正知如是耳聞聲已鼻嗅香已舌嘗味已身覺觸已意了法已無喜无憂安住上捨正念正知彼於介

時領受貪欲無餘永盡領受瞋恚无餘永盡領受愚癡無餘永盡彼貪瞋癡皆永盡故不造諸惡習近諸善其心猶如虛空淨水如妙香檀普為一切天帝天王恭敬供養住有餘依般涅槃界度生死海已到彼岸亦名任持㝡後有身先業煩惱所引諸蘊自然滅故餘取无故不相續故於無餘依般涅槃界而般涅槃此中都無般涅槃者如於生死无流轉者唯有衆苦永滅寂靜清凉滅没唯有此處㝡為寂靜所謂棄捨一切所依愛盡離欲永滅涅槃當知此中有如是相阿羅漢苾芻諸漏永盡不能習近五種處所一者不能故思煞害諸衆生命二者不能不與而取三者不能行非梵行習婬欲法四者不能知而妄語五者不能貯畜受用諸欲資具如是不能妄計苦樂自作他作自他俱作非自他作无因而生又亦不能怖畏一切不應記事又亦不能於雲雷電霹靂灾雹及見種種怖畏事已深生驚怖當知此中金剛喻定所攝作意

名加行究竟作意最上阿羅漢果所攝作意名加行究竟果作意由如是等多種作意依出世道證得究竟如是一切名聲聞地此是一切正等覺者所說一切聲聞相應教法根本猶如一切名句文身是所制造文章呪術異論根本

本地分中獨覺地第十四

如是已說聲聞地云何獨覺地當知此地有五種相一者種姓二者道三者習四者住五者行

云何獨覺種姓謂由三相應正了知一者本性獨覺先未證得彼菩提時有薄塵種姓由此因緣於憒閙心不愛樂於寂靜處深心愛樂二者本性獨覺先未證得彼菩提時有薄悲種姓由是因緣於說正法利有情事心不愛樂於少思務寂靜住中深心愛樂三者本性獨覺先未證得彼菩提時有中根種姓是慢行類由是因緣深心希願無師無敵而證菩提

云何獨覺道謂由三相應正了知謂有一類安住獨覺種姓經於百劫值

佛出世親近承事成熟相續專心求證獨覺菩提於蘊善巧於處善巧於界善巧於緣起善巧於處非處善巧於諦善巧勤修學故於當來世速能證得獨覺菩提如是名為初獨覺道復有一類值佛出世親近善士聽聞正法如理作意於先所未起順決擇分善根引發令起謂煗頂忍而无力能即於此生證法現觀得沙門果復修蘊善巧修處善巧修界善巧修緣起善巧修處非處善巧修諦善巧故於當來世能證法現觀得沙門果是名第二獨覺道復有一類值佛出世親近善士聽聞正法如理作意證法現觀得沙門果而无力能於一切種至極究竟畢竟離垢畢竟證得梵行邊際阿羅漢果復修蘊善巧修處善巧修界善巧修緣起善巧修處非處善巧修諦善巧故依出世道於當來世至極究竟畢竟離垢畢竟證得梵行邊際阿羅漢果是名第三獨覺道

云何獨覺習謂有一類依初獨覺道滿足百劫修集資糧過百劫已出無

佛世无師自能修三十七菩提分法證法現觀得獨覺菩提果永斷一切煩惱成阿羅漢復有一類或依第二或依第三獨覺道由彼因緣出無佛世無師自能修三十七菩提分法或證法現觀乃至得阿羅漢果或得沙門果至極究竟畢竟離垢畢竟證得梵行邊際證得最上阿羅漢果當知此中由初習故成獨覺者名麟角喻由第二第三習故成獨勝者名部行喻

云何獨覺住謂初所習麟角喻獨覺樂處孤林樂獨居住樂甚深勝解樂觀察甚深緣起道理樂安住最極空無願無相作意若第二第三所習部行喻獨勝不必一向樂處孤林樂獨居住亦樂部衆共相雜住所餘住相如麟角喻

云何獨覺行謂一切獨覺隨依彼彼村邑聚落而住善護其身善守諸根善住正念隨入彼彼村邑聚落或為乞食或濟度他下劣愚昧以身濟度不以語言何以故唯現身相為彼說法不發言故示現種種神通境界乃至為令心誹謗者生歸向故

又彼一切應知本來一向趣寂

瑜伽師地論卷第三十四

丙午歲高麗國大藏都監奉
勅雕造

瑜伽師地論卷第三十四　第三十四張　柄

瑜伽師地論卷第三十四

校勘記

一　底本，麗藏本。

一　六七三頁上一行經名卷次下，磧、普、南有夾註「獨覺地附」。

一　六七三頁上四行「第十三」，徑、清無。

一　六七三頁下三行「飲事」，磧、普作「欣事」。

一　六七三頁下一四行末字「具」，普作「見」。

一　六七四頁上一五行首字「曬」，石作「灑」；南、徑、清作「曝」。

一　六七四頁中四行首字及次頁中一八行第一三字「壞」，徑、清作「異」。

一　六七四頁中一九行首字「戒」，資、磧、普、南、徑、清作「或」。

一　六七五頁下八行及二〇行「頽毀」，資作「頹毀」；磧、普、南、徑、清作「隤毀」。

一　六七七頁上七行第一〇字「滅」，石、南作「滅」。

一　六七七頁中一二行末字「祈」，資、磧、普、南作「初」。

一　六七八頁上一八行第四字「行」，石作「諸行」。

一　六七八頁上一九行第一〇字「愛」，資、磧、普、南、徑、清作「受」。

一　六七八頁中六行第七字「若」，普、南作「者」。

一　六七八頁中二一行「所攝」，資、磧、南、徑、清作「攝所」。

一　六七八頁下一〇行「因有」，石作「有因」。

一　六七九頁上一九行「所餘」，石作「所解」。

一　六七九頁中二一行第一〇字「聲」，資、磧、普、南無。

一　六七九頁中末行「證淨」，諸本作「澄淨」。

一　六七九頁下七行「无間」，普作「无聞」。

一　六七九頁下二〇行第五字「起」，

諸本作「趣」。

一　六八〇頁上一七行第五字「親」，磧、普、南、徑、清作「現」。

一　六八〇頁上一九行首字「能」，資、磧、普、南、徑、清作「斷能」。

一　六八〇頁下末行「苦樂」，石作「業果」。

一　六八一頁上一七行第二字「若」，磧、普、南、徑、清作「苦」。

一　六八一頁中五行第四字「之」，資、磧、普、南、徑、清作「定」。

一　六八二頁上一四行第一三字「壞」，資、磧、普、南、徑、清作「能壞」。

一　六八二頁中二行「如來」，徑、清作「如是」。

一　六八二頁中一七行第一三字「心」，資、磧、普、南、徑、清作「以」。

一　六八二頁下六行末字「任」，資、磧、普、南、徑、清作「住」。

一　六八三頁上七行末字「本」，至此，磧、普、南、徑、清換卷，爲卷第三十五。

一　六八三頁中七行第六字「意」，普作「竟」。

一　六八三頁下一〇行及一五行「獨勝」，石作「獨覺」。

一　六八四頁上二行卷末經名卷次，磧、普、南、徑、清無(未換卷)。

瑜伽師地論卷第三十五

彌勒菩薩說

三藏法師玄奘奉詔譯

本地分中菩薩地第十五初持瑜伽處

種姓品第一

如是已說獨覺地云何菩薩地嗢拕南曰

初持次相分　增上意樂住　生攝受地行
建立最為後

有十法具攝大乘菩薩道及果何等為十一者持二者相三者分四者增上意樂五者住六者生七者攝受八者地九者行十者建立云何名持謂諸菩薩自乘種姓最初發心及以一切菩提分法是名為持何以故以諸菩薩自乘種姓為所依止故為建立故有所堪任有大勢力能證无上正等菩提是故說彼自乘種姓為諸菩薩堪任性持以諸菩薩最初發心為所依止為建立故於施戒忍精進靜慮慧六波羅蜜多於福德資糧智慧資糧於一切菩提分法能勤修學是故說彼最初發心為諸菩薩行加

行持以諸菩薩一切所行菩提分法為所依止為建立故圓滿无上正等菩提是故說彼一切所行菩提分法為所圓滿大菩提持住无種姓補特伽羅无種姓故雖有發心及行加行為所依止定不堪任圓滿无上正等菩提由此道理雖未發心未修菩薩所行加行若有種姓當知望彼而得名持又住種姓補特伽羅若不發心不修菩薩所行加行雖有堪任而不速證无上菩提與此相違當知速證又此種姓亦名為持亦名為助亦名為因亦名為依亦名階級亦名前導亦名舍宅如說種姓最初發心所行加行應知亦尒

云何種姓謂略有二種一本性住種姓二習所成種姓本性住種姓者謂諸菩薩六處殊勝有如是相從无始世展轉傳來法尒所得是名本性住種姓習所成種姓者謂先串習善根所得是名習所成種姓此中義意二種皆取又此種姓亦名種子亦名為界亦名為性又此種姓未習成果說

名為細未有果故已習成果說名為麁與果俱故若諸菩薩成就種姓尚過一切聲聞獨覺何況其餘一切有情當知種姓无上最勝何以故略有二種淨一煩惱障淨二所知障淨一切聲聞獨覺種姓唯能當證煩惱障淨不能當證所知障淨菩薩種姓亦能當證煩惱障淨亦能當證所知障淨是故說言望彼一切無上最勝復由四事當知菩薩勝於一切聲聞獨覺何等為四一者根勝二者行勝三者善巧勝四者果勝言根勝者謂諸菩薩本性利根獨覺中根聲聞軟根是名根勝言行勝者謂諸菩薩亦能自利亦能利他利益安樂无量衆生哀愍世間令諸天人獲得勝義利益安樂聲聞獨覺唯行自利是名行勝善巧勝者聲聞獨覺於蘊界處緣起處非處中能修善巧菩薩於此及於其餘一切明處能修善巧是名善巧勝言果勝者聲聞能證聲聞菩提獨覺能證獨覺菩提菩薩能證阿耨多羅三藐三菩提是名果勝

又諸菩薩有六波羅蜜多種姓相由此相故令他了知真是菩薩謂施波羅蜜多種姓相戒忍精進靜慮慧波羅蜜多種姓相云何菩薩施波羅蜜多種姓相謂諸菩薩本姓樂施於諸現有堪所施物恒常无間性能於他平等分布心喜施與意无追悔施物雖少而能均布惠施廣大而非狹小無所恵施深懷慙耻常好為他讚施勸施見能施者心懷喜悅於諸尊重耆宿福田應供養者從座而起恭敬奉施於其彼彼此世他世有情無罪利益事中若請不請如理為說若諸有情怖於王賊及水火等施以无畏能於種種常極怖中隨力濟拔受他寄物未嘗差違若負他債終不抵誑於共財所亦无欺罔於其種種末尼真珠琉璃螺貝璧玉珊瑚金銀等寶資生具中心迷倒者能正開悟尚不令他欺罔於彼況當自為其性好樂廣大財位於彼一切廣大資財心好受用樂大事業非狹小門於諸世間酒色博戲歌儛倡伎種種變現耽著

事中速疾厭捨深生慙愧得大財寶尚不貪著何況小利如是等類當知名為菩薩施波羅蜜多種姓相云何菩薩戒波羅蜜多種姓相謂諸菩薩本性成就軟品不善身語意業不極暴惡於諸有情不極損惱雖作惡業速疾能悔常行耻愧不生歡喜不以刀杖手塊等事惱害有情於諸衆生性常慈愛於所應供時起奉迎合掌問訊現前礼拜修和敬業所作機捷非為愚鈍善順他心常先含笑舒顏平視遠離顰蹙先言問訊於恩有情知恩知報於來求者常行質直不以諂誑而推謝之如法求財不以非法不以卒暴性常喜樂修諸福業於他修福尚能營助況不自為若見若聞他所受苦所謂繫縛割截捶打訶毀迫脅於是等苦過於自受重於法愛及重後世於少罪中尚深見怖何況多罪於他種種所應作事所謂商農放牧事王書印笇數善和諍訟追求財寶守護儲積方便出息及以捨施昏姻集會於是一切如法事中悉與

同事於他種種鬪訟諍競或餘所有乐相惱害能令自他无義无益受諸苦惱如是一切非法事中不與同事善能制止所不應作誡十種惡不善業道不違他命善順於他同忍同戒於他事業隨彼所欲廢已所作而為成辦其心溫潤其心純淨恚心害心不久相續隨生隨捨起賢善心尊重實語不誑惑他不離他親亦不好樂不軌介說无義无利不相應語言常柔軟无有廉獷於已僮僕尚無苦言況於他所敬愛有德如實讚彼如是等類當知名為菩薩戒波羅蜜多種姓相云何菩薩忍波羅蜜多種姓相謂諸菩薩性於他所遣不饒益無恚害心亦不反報若他諫謝速能納受終不結恨不久懷怨如是等類當知名為菩薩忍波羅蜜多種姓相云何菩薩精進波羅蜜多種姓相謂諸菩薩性自翹勤夙興晚寐不深耽樂睡眠倚樂於所作事勇決樂為不坐懈怠思擇方便要令究竟凡所施為一切事業堅固決定若未皆作未皆究

竟終不中間懈廢退屈於諸廣大第一義中心无怯弱不自輕蔑發勇猛心我今有力能證於彼或入大衆或與他人共相擊論或餘種種難行事業皆无畏憚能引義利大事務中尚無深倦何況小事如是等類當知名為菩薩精進波羅蜜多種姓相云何菩薩靜慮波羅蜜多種姓相謂諸菩薩性於法義能審思惟无多散乱若見若聞阿練若處山巖林藪邊際卧具人不狎習離惡衆生隨順宴嘿便生是念是處安樂出離遠離常於出離及遠離所深生愛慕性薄煩惱諸蓋輕微應重麤弱至遠離處思量自義心不極為諸惡尋思之所纏擾於其怨品尚能速疾安住慈心況於親品及中庸品若見若聞有苦衆生為種種苦之所逼惱起大悲心於彼衆生隨能隨力方便拔濟令離衆苦於諸衆生性自樂施利益安樂親屬衰亡喪失財寶繋縛禁閉及駈擯等諸苦難中悉能安忍其性聡敏於法能受能持能思成就念力於久所作所

說事中能自記憶亦令他憶如是等類當知名為菩薩靜慮波羅蜜多種姓相云何菩薩慧波羅蜜多種姓相謂諸菩薩成俱生慧能入一切明處境界性不頑鈍性不微昧性不愚癡遍於彼彼離放逸處有力思擇如是等類當知名為菩薩慧波羅蜜多種姓相應知是名能比菩薩種姓麁相決定實義唯佛世尊究竟現見

由諸菩薩所有種姓性與如是功德相應成就賢善諸白淨法是故能與難得寂勝不可思議无動无上如來果位為證得因應正道理餘不應理種姓菩薩乃至未為白法相違四隨煩惱若具不具之所染汙性與如是白法相應若被染汙如是白法皆不顯現或於一時生諸惡趣菩薩雖生諸惡趣中由種姓力應知與餘生惡趣者有大差別謂彼菩薩久處生死或時時間生諸惡趣雖暫生彼速能解脫雖在惡趣而不受於猛利苦受如餘有情生惡趣者雖觸微苦而能發生增上猒離於生惡趣受苦有情

深起悲心如是等事皆由種姓佛大悲因之所熏發是故當知種姓菩薩雖生惡趣然與其餘生惡趣者有大差別何等名為種姓菩薩白法相違隨煩惱謂放逸者由先串習諸煩惱故性成猛利長時煩惱是名第一隨煩惱性又愚癡者不善巧者依附惡友是名第二隨煩惱性又為尊長夫主賊及怨敵等所拘逼者不得自在其心迷亂是名第三隨煩惱性又資生具有匱乏者顧戀身命是名第四隨煩惱性

又諸菩薩雖具種姓由四因緣不能速證阿耨多羅三藐三菩提何等為四謂諸菩薩先未值遇諸佛菩薩真善知識為說菩提无顛倒道如是名為第一因緣又諸菩薩雖遇善友為說正道而顛倒執於諸菩薩正所學中顛倒修學如是名為第二因緣又諸菩薩雖遇善友為說正道於諸菩薩正所學中无倒修學而於加行方便慢緩懈怠懶墮不成勇猛熾然精進如是名為第三因緣又諸菩薩雖遇

善友為說正道於諸菩薩正所學中無倒修學亦於加行勇猛精進然諸善根猶未成熟菩提資粮未得圓滿未於長時積習所有菩提分法如是名為第四因緣如是菩薩雖有種姓因緣闕故不能速證无上菩提若具因緣便能速證若无種姓補特伽羅雖有一切一切種當知決定不證菩提

本地分中菩薩地第十五初持瑜伽處

發心品第二

復次菩薩最初發心於諸菩薩所有正願是初正願普能攝受其餘正願是故發心以初正願為其自性又諸菩薩起正願心求菩提時發如是心說如是言願我決定當證无上正等菩提能作有情一切義利畢竟安處究竟涅槃及以如來廣大智中如是發心定自希求无上菩提及求能作有情義利是故發心以定希求為其行相又諸菩薩發大菩提及緣有情一切義利發心希求非无所緣是故發心以大菩提及諸有情一切義利為所緣境又諸菩薩最初發心能攝

一切菩提分法殊勝善根為上首故是善極善是賢極賢是妙極妙能違一切有情處所三業惡行功德相應又諸菩薩最初發心所起正願於餘一切希求世間出世間義妙善正願最為第一最為无上如是應知最初發心有五種相一者自性二者行相三者所緣四者功德五者最勝

又諸菩薩初發心已即名趣入無上菩提預在大乘諸菩薩數此據世俗言說道理是故發心趣入所攝又諸菩薩要發心已方能漸次速證无上正等菩提非未發心是故發心能為無上菩提根本

又諸菩薩悲愍一切有苦衆生為欲濟拔發菩提心是故發心是悲等流

又諸菩薩以初發心為所依止為建立故普於一切菩提分法及作一切有情義利菩薩學中皆能修學是故發心是諸菩薩學所依止如是應知最初發心是趣入攝菩提根本大悲等流學所依止

又諸菩薩最初發心略有二種一者

永出二不永出言永出者謂發心已畢竟隨轉无復退還不永出者謂發心已不極隨轉而復退還此發心退復有二種一者究竟二不究竟退者謂一退已不能復發求菩提心不究竟者謂退已後數數更發求菩提心當知菩薩最初發心由四種緣四因四力云何四緣謂善男子或善女人若見諸佛及諸菩薩有不思議甚奇希有神變威力或從可信聞如是事既見聞已便作是念无上菩提具大威德令安住者及修行者成就如是所見所聞不可思議神變威力由此見聞增上力故於大菩提深生信解因斯發起大菩提心是名第一初發心緣或有一類雖不見聞如前所說神變威力而聞宣說依於无上正等菩提微妙正法菩薩藏教聞已深信由聞正法及與深信增上力故於如來智深生信解為得如來微妙智故發菩提心是名第二初發心緣或有一類雖不聽聞如上正法而見一切菩薩藏法將欲滅沒見是事已便作

是念菩薩藏法久住於世能滅无量衆生大苦我應住持菩薩藏法發菩提心為滅无量衆生大苦由為護持菩薩藏法增上力故於如來智深生信解為得如來微妙智故發菩提心是名第三初發心緣或有一類雖不觀見正法欲滅而於末劫末世時見諸濁惡衆生身心十隨煩惱之所惱乱謂多愚癡多无慙愧多諸慳嫉多諸憂苦多諸麁重多諸煩惱多諸惡行多諸放逸多諸懈怠多諸不信見是事已便作是念大濁惡世於今正起諸隨煩惱所惱乱時能發下劣聲聞獨覺菩提心者尚難可得况於無上正等菩提能發心者我當應發大菩提心令此惡世无量有情隨學於我起菩提願由見末劫難得發心增上力故於大菩提深生信解因斯發起大菩提心是名第四初發心緣云何四因謂諸菩薩種姓具足是名第一初發心因又諸菩薩賴佛菩薩善友攝受是名第二初發心因又諸菩薩於諸衆生多起悲心是名第三初

發心因又諸菩薩於極長時種種猛利无間无缺生死大苦難行苦行無有怯畏是名第四初發心因若諸菩薩六處殊勝從无始世展轉傳來法尒所得當知是名種姓具足由四種相當知菩薩善友具足謂諸菩薩所遇善友性不愚鈍聰明黠慧不墮惡見是名第一善友具足又諸菩薩所遇善友終不教人行於放逸亦不授與諸放逸具是名第二善友具足又諸菩薩所遇善友終不教人行於惡行亦不授與諸惡行具是名第三善友具足又諸菩薩所遇善友終不勸捨增上信欲受學精進方便功德而復勸修下劣信欲受學精進方便功德所謂終不勸捨大乘勸修二乘勸捨修慧勸修思慧勸捨思慧勸修聞慧勸捨聞慧勸修福業勸捨尸羅勸修慧施終不勸捨如是等類增上功德而復勸修如是等類下劣功德是名第四善友具足由四因緣當知菩薩於諸衆生多起悲心謂諸菩薩雖有十方無量無邊无苦世界而生有

苦諸世界中於中恒有衆苦可得非
无衆苦或時見他隨遭一苦觸對逼
切或時見自隨遭一苦觸對逼切或
見自他隨遭一苦觸對逼切或見二
種俱遭長時種種猛利无間大苦觸
對逼切然此菩薩依自種姓性自仁
賢依四境處雖不串習亦能發起下
中上悲无有斷絶由四因緣當知菩
薩於諸衆生先起悲心於極長時種
種猛利无間无缺生死大苦難行苦
行尚無怯畏何況小苦謂諸菩薩性
自勇健堪忍有力當知是名第一因
緣又諸菩薩性自聰敏能正思惟具
思擇力當知是名第二因緣又諸菩
薩能於无上正等菩提成就上品清
淨信解當知是名第三因緣又諸菩
薩於諸衆生成就上品深心悲愍當
知是名第四因緣云何四力一者自
力二者他力三者因力四者加行力
謂諸菩薩由自功力能於无上正等
菩提深生愛樂是名第一初發心力
又諸菩薩由他功力能於无上正等
菩提深生愛樂是名第二初發心力

又諸菩薩宿習大乘相應善法今暫
得見諸佛菩薩或暫得聞稱揚讃美
即能速疾發菩提心況覩神力聞其
正法是名第三初發心力又諸菩薩
於現法中親近善士聽聞正法諦思
惟等長時修習種種善法由此加行
發菩提心是名第四初發心力若諸
菩薩依上總別四緣四因或由自力
或由因力或總二力而發心者當知
此心堅固无動或由他力或加行力
或總二力而發心者當知此心不堅
不固亦非无動

有四因緣能令菩薩退菩提心何等
為四一種姓不具二惡友所攝三於
諸衆生悲心微薄四於極長時種種
猛利无間无缺生死大苦難行苦行
其心極生怯畏驚怖如是四種心退
因緣與上發心四因相違廣辯其相
如前應知

求初發心堅固菩薩略有二種不共
世間甚希奇法何等為二一者攝諸
衆生皆為眷屬二者攝眷屬過所不
能染攝眷屬過有其二種謂於眷屬

饒益損減染汙違順如是二事菩薩
皆无求初發心堅固菩薩於諸衆生
發起二種善勝意樂一者利益意樂
二者安樂意樂利益意樂者謂欲從
彼諸不善處拔濟衆生安置善處安
樂意樂者謂於貧匱无依无怙諸衆
生所離染汙心欲與種種饒益樂具
求初發心堅固菩薩有二加行一意
樂加行二正行加行意樂加行者謂
即利益安樂意樂日夜增長正行加
行者謂於日夜能自成熟佛法加行
及於衆生隨能隨力依前所說意樂
加行起與利益安樂加行求初發心
堅固菩薩有二增長大善法門一者
自利加行能證無上正等菩提二者
利他加行能脫一切有情衆苦如二
增長大善法門如是二種大善法聚
二種無量大善法藏當知亦尒求初
發心堅固菩薩由初發心求菩提故
所攝善法比餘一切所攝善法有二
種勝一者因勝二者果勝謂諸菩薩
所攝善法皆是无上王等菩提能證
因故所證無上正等菩提是此果故

比餘一切聲聞獨覺所攝善法尚爲殊勝何況比餘一切有情所攝善法是故菩薩所攝善法比餘一切所攝善法因果俱勝最初發心堅固菩薩略有二種發心勝利一者初發菩提心已即是衆生尊重福田一切衆生皆應供養亦作一切衆生父母二者初發菩提心已即能攝受无惱害福由此菩薩成就如是無惱害福得倍輪王護所守護由得如是護所護故若寤若寐若迷悶等一切魍魎藥叉宅神人非人等不能燒害又此菩薩轉受餘生由如是福所攝持故少病无病不爲長時重病所觸於諸衆生所作義利能以身語勇猛而作常爲衆生宣說正法身無極倦念无忘失心無勞損菩薩本性住種姓時一切麁重性自微薄既發心已所有麁重轉復輕微謂身麁重及心麁重若餘衆生爲欲息滅疾疫灾横所用无驗呪句明句菩薩用之尚令有驗何況驗者成就增上柔和忍辱能忍他惱不惱於他見他相惱深生悲惱忿嫉

諂等諸隨煩惱皆能摧伏令勢微薄或暫現行速能除遣隨所居止國土城邑於中所有恐怖鬪諍飢饉過失非人所作疾疫灾横未起不起設起尋滅又此最初發心菩薩或於一時生極惡趣那落迦中多分於此那落迦趣速得解脫受小苦受生大猒離於彼受苦諸衆生等起大悲心如是一切皆因攝受無惱害福最初發心堅固菩薩由能攝受无惱害福便得領受如是等類衆多勝利

本地分中菩薩地第十五初持瑜伽處

自他利品第三之一

如是菩薩既發心已云何修行諸菩薩行略說菩薩若所學處若如是學若能修學如是一切捴攝爲一名菩薩行

是諸菩薩於何處學謂七處學云何七處嗢柁南曰

自他利實義　威力熟有情　成熟自佛法

第七菩提處

一自利處二利他處三真實義處四威力處五成熟有情處六成熟自佛

法處七无上正等菩提處

云何自利利他處謂自利利他略有十種一純自利利他二共自利利他三利益種類自利利他四安樂種類自利利他五因攝自利利他六果攝自利利他七此世自利利他八他世自利利他九畢竟自利利他十不畢竟自利利他

云何菩薩純共自利利他謂諸菩薩於純自利利他應知應斷違越不順菩薩儀故於其所餘應勤修學不越隨順菩薩儀故此中菩薩於純自利應知應斷者謂爲已樂求財受用或爲悋法於佛菩薩所說教法追訪受持或爲生天受天快樂受持禁戒發勤精進修習定慧或求世間有涂果報爲世財食恭敬供養諸佛制多或貪利養爲利養故自說種種無有義利不實功德誑惑於他招集利養或欲貪他作已僮僕爲駈使故非法攝衆不如正法矯設方便拔濟有情令於他所免爲僮僕還自攝受爲已僮僕拔濟有情令脫繫縛還自拘執成

已事業拔濟有情令於他所解脫種種治罰怖畏還自攝伏令懼於已若諸菩薩躭著諸定現法樂住棄捨思惟利衆生事當知此等名純自利菩薩於是純自利行應知應斷若諸菩薩或悲為首或為迴向無上菩提及為生天於一切時修施忍等當知是名自利共他又除如前所說諸相其餘一切與彼相違所有自利諸菩薩行當知皆名自利共他菩薩於此應勤修學此中菩薩於純利他應知應斷者謂以邪見修行於等以无因見及無界見毀犯尸羅遠離正行為他說法若諸菩薩於諸靜慮善巧迴轉已超下地而更攝受下地自法謂彼已能安住靜慮由悲願力捨諸靜慮隨其所樂還生欲界又諸菩薩已得自在於十方界種種變化作諸衆生種種義利又諸牟尼自事已辦依止如來力无畏等所有一切不共佛法遍於十方無量衆生能作无量大利益事當知此等名純利他如是所說純利他行菩薩於前所說二種應知應斷於餘所說純利他行多應修學又除如前所說諸相其餘一切與彼相違所有利他諸菩薩行當知皆名利他共自菩薩於此應勤修學

云何菩薩利益種類自利利他略說應知有五種相一无罪相二攝受相三此世相四他世相五寂滅相若諸菩薩所有自能若少若多攝受善法增長善法或復令他若少若多攝受善法增長善法勤勉調伏安置建立是名菩薩利益種類自利利他無有罪相若諸菩薩能引所有若自若他无染汙樂或衆具樂或住定樂是名菩薩利益種類自利利他能攝受相若諸菩薩自利利他或有此世能為利益非於他世或有他世能為利益非於此世或有此世及於他世俱為利益或有此世及於他世俱非利益如是四種自利利他於四法受隨其次第如應當知云何名為四種法受或有法受現在受樂於當來世受苦異熟或有法受現在受苦於當來世受樂異熟或有法受現在受樂於當来世受樂異熟或有法受現在受苦於當来世受苦異熟此四廣辯如經應知是名菩薩利益種類自利利他此他世相若諸菩薩所有湼槃及得湼槃世出世間湼槃分法是名菩薩利益種類自利利他寂滅略相當知此相望餘一切無上最勝

云何菩薩安樂種類自利利他略說應知五樂所攝何等五樂一者因樂二者受樂三者苦對治樂四者受斷樂五者无惱害樂言因樂者謂二樂品諸根境界若此為因順樂受觸若諸所有現法當来可愛果業如是一切總攝為一名為因樂除此更无若過若增言受樂者謂待苦息由前所說因樂所攝三因緣故有能攝益身心受生名為受樂略說此樂復有二種一者有漏二者無漏無漏樂者學無學樂有漏樂者欲色无色三界繫樂又此一切三界繫樂隨其所應六處別故有其六種謂眼觸所生乃至意觸所生如是六種復攝為二一者身樂二者心樂五識相應名為身樂

意識相應名為心樂苦對治樂者謂因寒熱飢渴等事生起非一衆多品類種種苦受由能對治息除寒熱飢渴等苦即於如是苦息滅時生起樂覺是則名為苦對治樂滅想受定名受斷樂无惱害樂應知略說復有四種一出離樂二遠離樂三寂滅樂四三菩提樂正信捨家趣於非家解脫煩籠居家迫迮種種大苦名出離樂斷除諸欲惡不善法證初靜慮離生喜樂名遠離樂第二靜慮已上諸定尋伺止息名寂靜樂一切煩惱畢竟離繫於所知事如實等覺此樂名為三菩提樂此中因樂是樂因故說名為樂非自性故此中受樂樂自性故說名為樂非樂因故苦對治樂息衆苦故遣衆苦故說名為樂非樂因故非自性故其受斷樂非樂因故非自性故亦非自遣種種苦故說名為樂然依勝義諸所有受皆悉是苦住滅定時此勝義苦暫時寂靜故名為樂无惱害樂所攝最後三菩提樂由當来世此勝義苦永寂滅故於現法中隨在所依諸煩惱品一切麁重永寂滅故說名為樂諸餘所有无惱害樂於最後樂能隨順故是彼分故能引彼故當知亦名無惱害樂

此中菩薩念與衆生有利益品所有安樂終不念與無利益品所有安樂菩薩於此無利益品所有安樂以无倒恵如實了知勸諸衆生令悉捨離隨力所能方便削奪若苦所隨有利益事衆生於此雖无樂欲菩薩依止善權方便設兼憂苦應授與之若樂所隨无利益事衆生於此雖有樂欲菩薩依止善權方便設兼喜樂應削奪之何以故當知如是善權方便與兼憂苦有利益事奪兼喜樂无利益事令彼衆生决定於後得安樂故是名菩薩於諸衆生若樂利益當知義意即樂安樂於諸衆生若與利益當知義意即與安樂所以者何利益如因安樂如果是故當知於諸衆生若與利益必與安樂當知所有現法當来可愛果業所攝因樂苦對治樂及受斷樂无惱害樂菩薩於此不應思量於諸衆生一向授與以能饒益及无罪故於彼受樂及根塵網所攝因樂若能生染若性是染有罪无益非所宜者於諸衆生不應授與若不生染若性非染无罪有益是所宜者於諸衆生即應授與菩薩於此隨自力能亦應如是修行受學當知是名菩薩利益安樂種類自利利他除此无有若過若增

瑜伽師地論卷第三十五

瑜伽師地論卷第三十五

校勘記

一 底本，金藏廣勝寺本。

一 六八六頁中一行經名，二行作者及三行譯者，磧、普、南、徑、清無（未換卷）。

一 六八六頁中七行「地行」，石作「他行」。

一 六八六頁中一五行第八字「所」，石、資、磧、普、南、徑、清無。

一 六八六頁下八行第三字「加」，磧、普作「於」。

一 六八六頁下九行第八字「持」，資、磧、普、南、徑、清、麗作「特」。

一 六八六頁下一六行，一七行及一九行「本性」，資、磧、普、南作「本姓」。

一 六八七頁中一二行「無罪」，普、南、徑、清作「無情」。

一 六八七頁中一八行「壁玉」，資、普、徑、清作「璧玉」。

一 六八七頁下九行第八字「供」，諸本作「敬」。

一 六八八頁上一二行「況於他所」，石作「何況於他」。

一 六八八頁中一三行「愛慕」，南、徑、清作「愛念」。

一 六八八頁中一七行「中庸品」，石作「中容品」。

一 六八八頁中二一行「財寶」，石作「財實」。

一 六八九頁上七行第三字「姓」，資、磧、普、南、徑、清作「性」。

一 六八九頁上九行首字「主」，麗作「主王」。

一 六八九頁中八行「一切一切種」，麗作「一切一切一切種」。

一 六八九頁中九行品名中「第十五」，徑、清無，下同。

一 六八九頁中二〇行第七字「發」，石、麗作「緣」。

一 六八九頁下一二行第三字「要」，資、磧、普、南、徑、清作「初」。

一 六九〇頁中七行「未劫末世時」，諸本作「末劫末世末時」。

一 六九〇頁中一七行「菩提願」，徑、清作「菩薩願」。

一 六九一頁上一四行「擇力」，清作「擇方」。

一 六九一頁下一〇行「曰夜」，諸本作「日夜」。

一 六九二頁中四行「疾疫」，石作「疫病」。

一 六九三頁上一二行第九字「於」，諸本作「施」。

一 六九三頁中一三行首字「尤」，諸本無。

一 六九四頁上七行「寂滅樂」，資、磧、普、南、徑、清、麗作「寂靜樂」。

一 六九四頁上一九行第五字「自」，石、麗作「息」。

一 六九四頁中一〇行「樂欲」，資、磧、普、南、徑、清作「欲樂」。

一 六九四頁中一七行首字「名」，諸本作「故」。

一 六九四頁中二二行第一〇字「苦」，南、徑、清作「若」。

瑜伽師地論卷第三十六　福

弥勒菩薩說

三藏法師玄奘奉　詔譯

本地分中菩薩地第十五初持瑜伽處自他利品之二

云何菩薩因攝果攝自利利他略說應知三因三果何等為三一者異熟因異熟果二者福因福果三者智因智果云何異熟謂略有八一者壽量具足二者形色具足三者族姓具足四者自在具足五者信言具足六者大勢具足七者人性具足八者大力具足若諸菩薩長壽久住是名菩薩壽量具足形色端嚴衆所樂見顏容殊妙是名菩薩形色具足生豪貴家是名菩薩族姓具足得大財位有大朋翼具大僚屬是名菩薩自在具足衆所信奉斷訟取則不行諂誑偽斗秤等所受寄物終不差違於諸有情言無虛妄以是緣故凡有所說无不信受是名菩薩信言具足有大名稱流聞世間所謂具足勇健精進剛毅敏捷審悉善戒種種伎藝工巧業處展轉妙解出過餘人由此因緣世所珍敬為諸大衆供養恭敬尊重讚歎是名菩薩大勢具足具丈夫分成就男根是名菩薩人性具足為性少疾或全无病有大堪能是名菩薩大力具足云何異熟因謂諸菩薩於諸衆生不加傷害遠離一切傷害意樂是名菩薩壽量具足因惠施光明鮮淨衣物是名菩薩形色具足因於諸衆生捨離憍慢是名菩薩族姓具足因於資生具有所匱乏遊行乞匄諸衆生所隨欲惠施是名菩薩自在具足因所言誠諦亦不好習乖離麁獷不相應語是名菩薩信言具足因攝持當來種種功德於自身中發弘誓願供養三寶及諸尊長是名菩薩大勢具足因樂丈夫體猒婦女身深見過患由二因緣施他人性一者女人樂女身者勸令猒離解脫女身二者丈夫將失男根方便護攝令不失壞及說正法令得男身是名菩薩人性具足因於諸衆生以身供事隨其所作如法

事業皆往營助如己力能以其正法不以卒暴用能增長身心勢力餅飯麨等種種飲食施諸衆生是名菩薩大力具足因當知前說八種異熟以此所說八種為因又此諸因略由三緣而得增長能感圓滿增上廣大異熟令起何等三緣一心清淨二加行清淨三田清淨若於无上正等菩提清淨意樂用彼善根決定迴向猛利意樂純厚廣大淨信修行見同法者深生歡喜日夜剎那於多隨法隨尋隨伺名心清淨即於其中長時數習无間所作常委所作他於此善若未受行讚美令受若已受行讚美令喜即於如是所有善根安處建立名加行清淨當知略說能正發起如是加行及正安住此加行界名田清淨云何異熟果謂諸菩薩壽量具足故能於長時修習善品依自他利積集增長无量善根是名菩薩壽量具足果若諸菩薩形色具足故大衆愛樂衆愛樂故咸共歸仰如是形色可愛樂故一切大衆咸歸仰故凡所發言无

不聽用是名菩薩形色具足果若諸菩薩族姓具足故大衆尊敬供養稱讚衆所尊敬供養稱讚故於彼彼事勸諸衆生精勤修學无不敬用速疾修行無違無犯是名菩薩族姓具足果若諸菩薩自在具足故能以布施攝諸衆生速令成熟是名菩薩自在具足果若諸菩薩信言具足故能以愛語利行同事攝諸衆生速令成熟是名菩薩信言具足果若諸菩薩大勢具足故於諸衆生種種事業皆能營助施布恩德由此恩德感衆生心彼知恩故咸來歸仰所出言教速疾隨轉恭敬信用是名菩薩大勢具足果若諸菩薩人性具足故成就男根堪為一切勝功德器能於一切所作事業思擇一切所知境界都无所畏無导而行一切有情於一切時皆來臻赴同共集會屏處露處言論同止受用飲食皆無嫌导是名菩薩人性具足果若諸菩薩大力具足故於能引攝善法加行及能饒益有情加行皆無猒倦勇猛精進堅固精進速證

通慧是名菩薩大力具足果若諸菩薩成就如是八種異熟具八種果能善饒益一切有情隨順生起一切佛法菩薩安住異熟果中於諸有情種種衆多利益事業自有力能及善安處所化有情彼於自事隨順而作如是乃名隨其所欲所作成辦若諸菩薩自有力能不善安處所化有情彼於自事不隨順作如是於他所作利益不名熾盛不名隨順由是因緣不名能作他利益事若諸菩薩自无力能而善安處所化有情彼於自事隨順而作如是於他所作利益不名熾盛不名隨順由是因緣不名能作他利益事是故菩薩要具二事方於有情所作利益名為熾盛名為隨順由是因緣乃名能作他利益事如是菩薩住異熟果自能成熟一切佛法亦能令他於三乘道隨其所應速得成熟又能令自速證無上正等菩提亦能令他已成熟者速得解脫由諸菩薩安住八種異熟果中能使有情利益安樂是故一切有情所處空无義利

無始生死菩薩處之能令不空有大義利

云何為福云何為智謂略說福即是三種波羅蜜多一施波羅蜜多二戒波羅蜜多三忍波羅蜜多智唯一種波羅蜜多謂慧波羅蜜多精進靜慮波羅蜜多應知通二分一者福分二者智分若依精進修行布施受護淨戒及修慈等四種无量如是等類所有精進名為福分若依精進習聞思修所成三慧修蘊善巧修界善巧修處善巧修緣起善巧修處非處善巧修能觀察苦為真苦集為真集滅為真滅道為真道及於一切善不善法有罪无罪若劣若勝若黑若白并廣分別緣生法中皆能如實思擇觀察如是等類所有精進名為智分若依靜慮修習慈等四種無量如是等類所有靜慮名為福分若依靜慮能修如前精進中說蘊善巧等如是等類所有靜慮名為智分如是福智略有六種一一分別應知无量云何福因云何智因略說應知福因智因総有

三種一者於福於智能得能住能增長欲二者於福於智善能隨順无違背緣三者於福於智先已串習此中隨順无違背緣者謂顛倒緣不現在前不會遇性不顛倒緣正現在前正會遇性若遇惡友倒說福智或倒作意顛倒而取名顛倒緣現前會遇與此相違所有白品當知名為不顛倒緣現前會遇若於福智能得能住及能增長勤修習障遠離不起當知是名無違背緣若諸菩薩於此三種福智因中隨有所闕當知不能生福生智云何福果云何智果謂諸菩薩依止福故雖復長時流轉生死不為極苦之所損惱又隨所欲能攝衆生為作義利依止智故所攝受福是正非邪又能起作種種無量善巧事業乃至究竟當證无上正等菩提如是略說福果智果如其所應當知四種品類差別復有无量

應知此中若異熟體若異熟因若異熟果如是一切皆依於福從福所生福復依智從智所起是故二種於證

無上正等菩提雖俱是勝而於其中福為最勝智為无上若諸菩薩於福於智隨闕一種決定不能證於無上正等菩提是名菩薩因攝果攝自利利他

云何菩薩現法後法自利利他謂諸菩薩以如正理工巧業處士夫作用積集財物即於如是所集財物知量受用又先所造可愛果業異熟果熟於現法中受用彼果又諸菩薩於諸靜慮善迴轉者為欲獲得現法樂住於現法中依此靜慮不為成立利他事故依此靜慮又諸如来現法涅槃所有世間及出世間一切能得現法涅槃諸有為法是名菩薩現法自利如諸菩薩現法自利如是菩薩所化有情由此獲得現法利益當知即是現法利他若於欲界能獲他世財寶具足自體具足及能當生靜慮无色若生靜慮及无色中能獲他世財寶具足自體具足若現法中與憂苦俱數數思擇修習善因是名菩薩修習後法自利利他若諸菩薩於現法中

與喜樂俱修習當来財寶具足自體具足所有善因及非退分靜慮无色一切等至是名菩薩現法後法自利利他

云何畢竟及不畢竟自利利他謂於欲界財寶具足自體具足若因若果及諸異生世間清淨若因若果是不畢竟自利利他若諸煩惱一切永斷若諸所有八支聖道若此為依獲得一切世間善法是名畢竟自利利他由三因緣應知畢竟及不畢竟一由自性故二由退不退故三由受用果有盡無盡故由自性故者究竟涅槃名為畢竟一切有為名不畢竟由退不退及受用果有盡无盡故者八支聖道无有退故及受用果無有盡故名為畢竟其餘一切善有漏法由有退故及受用果有終盡故名不畢竟如是菩薩十種自利利他若略若廣菩薩隨力隨能當勤修學除此无有若過若增過去未来所有一切已學當學自利利他亦皆唯有如此十種自利利他除此無有若過若增

本地分中菩薩地第十五初持瑜伽處真實義品第四

云何真實義謂略有二種一者依如所有性諸法真實性二者依盡所有性諸法一切性如是諸法真實性一切性應知揔名真實義此真實義品類差別復有四種一者世間極成真實二者道理極成真實三者煩惱障淨智所行真實四者所知障淨智所行真實

云何世間極成真實謂一切世間於彼彼事隨順假立世俗串習悟入覺慧所見同性謂地唯是地非是火等如地如是水火風色聲香味觸飲食衣乗諸莊嚴具資產什物塗香花鬘歌儛伎樂種種光明男女承事田園邸居宅舍等事當知亦尒苦唯是苦非是樂樂唯是樂非是苦以要言之此即如此非不如此是即如是非不如是決定勝解所行境事一切世間從其本際展轉傳来想自分別共所成立不由思惟籌量觀察然後方取是名世間極成真實

云何道理極成真實謂諸智者有道理義諸聰叡者謂黠慧者能尋思者能伺察者住尋伺地者具自辯才者居異生位者隨觀察行者依止現比及至教量極善思擇决定智所行所知事由證成道理所建立所施設義是名道理極成真實

云何煩惱障淨智所行真實謂一切聲聞獨覺若无漏智若能引無漏智若無漏後得世間智所行境界是名煩惱障淨智所行真實由緣此為境從煩惱障智得清淨於當来世无障㝵住是故說名煩惱障淨智所行真實此復云何謂四聖諦一苦聖諦二集聖諦三滅聖諦四道聖諦即於如是四聖諦義極善思擇證入現觀入現觀已如實智生此諦現觀聲聞獨覺能觀唯有諸蘊可得除諸蘊外我不可得數習緣生諸行生滅相應慧故數習異蘊補特伽羅无性見故發生如是聖諦現觀

云何所知障淨智所行真實謂於所知能㝵智故名所知障從所知障得

解脱智所行境界當知是名所知障淨智所行真實此復云何謂諸菩薩諸佛世尊入法無我入已善淨於一切法離言自性假說自性平等平等无分別智所行境界如是境界為審第一真如無上所知邊際齊此一切正法思擇皆悉退還不能越度

又安立此真實義相當知即是無二所顯所言二者謂有非有此中有者謂所安立假說自性即是世間長時所執亦是世間一切分別戲論根本或謂為色受想行識或謂眼耳鼻舌身意或復謂為地水火風或謂色聲香味觸法或謂為善不善无記或謂生滅或謂緣生或謂過去未来現在或謂有為或謂無為或謂此世或謂他世或謂日月或復謂為所見所聞所覺所知所求所得意隨尋伺最後乃至或謂涅槃如是等類是諸世間共了諸法假說自性是名為有言非有者謂即諸色假說自性乃至涅槃假說自性无事无相假說所依一切都無假立言說依彼轉者皆无所有

是名非有先所說有今說非有有及非有二俱遠離法相所攝真實性事是名无二由无二故說名中道遠離二邊亦名無上佛世尊智於此真實已善清淨諸菩薩智於此真實學道所顯又即此慧是諸菩薩能得無上正等菩提廣大方便何以故以諸菩薩處於生死彼彼生中修空勝解善能成熟一切佛法及諸有情又能如實了知生死不於生死以无常等行深心猒離若諸菩薩不能如實了知生死則不能於貪瞋癡等一切煩惱深心棄捨不能棄捨諸煩惱故便雜染心受諸生死由雜染心受生死故不能成熟一切佛法及諸有情若諸菩薩於其生死以无常等行深心猒離是則速疾入般涅槃彼若速疾入般涅槃尚不能成就一切佛法及諸有情况能證无上正等菩提又諸菩薩由習如是空勝解故則於涅槃不深怖畏亦於涅槃不多願樂若諸菩薩深怖涅槃即便於彼涅槃資糧不能圓滿由於涅槃深怖畏故不見涅槃勝

利功德由不見故便於涅槃遠離一切清淨勝解若諸菩薩於其涅槃多住願樂是則速疾入般涅槃彼若速疾入般涅槃則便不能成熟佛法及諸有情當知此中若不如實了知生死即雜染心流轉生死若於生死深心猒離即便速疾入般涅槃若於涅槃深心怖畏即於能證涅槃資糧不能圓滿若於涅槃多住願樂即便速疾入般涅槃是諸菩薩於證无上正等菩提無大方便若能如實了知生死即无深心流轉生死若於生死不以無常等行深心猒離即不速疾入般涅槃若於涅槃不深怖畏即能圓滿涅槃資糧雖於涅槃見有微妙勝利功德而不深願速證涅槃是諸菩薩於證无上正等菩提有大方便是大方便依止最勝空性勝解是故菩薩修習學道所攝最勝空性勝解名為能證如来妙智廣大方便

又諸菩薩由能深入法无我智於一切法離言自性如實知已達無少法及少品類可起分別唯取其事唯取

真如不作是念此是唯事是唯真如但行於義如是菩薩行勝義故於一切法平等平等以真如慧如實觀察於一切處具平等見具平等心得最勝捨依止此捨於諸明處一切善巧勤修習時雖復遭遇一切劬勞一切苦難而不退轉速疾能令身无勞倦心無勞倦於諸善巧速能成辦得大念力不因善巧而自貢高亦於他所无有秘悋於諸善巧心无怯弱有所堪能所行无㝵具足堅固甲胄加行是諸菩薩於生死中如如流轉遭大苦難如是如是於其无上正等菩提堪能增長如如獲得尊貴殊勝如是如是於諸有情憍慢漸減如如證得智慧殊勝如是如是倍於他所難詰諍訟諠雜語論本惑隨惑犯禁現行能數觀察深心棄捨如如功德展轉增長如是如是轉覆自善不求他知亦不希求利養恭敬如是等類菩薩所有衆多勝利是菩提分隨順菩提皆依彼智是故一切已得菩提當得令得皆依彼智除此更无若劣若勝

又諸菩薩乘御如是无戲論理獲得如是衆多勝利為自成熟諸佛法故為成熟他三乘法故修行正行彼於如是修正行時於自身財遠離貪愛於諸衆生學離貪愛能捨身財唯為利益諸衆生故又能防護極善防護由身語等修學律儀性不樂惡性極賢善又能忍他一切侵惱於行惡者能學堪忍性薄瞋恚不侵惱他又能勤修一切明處令其善巧為斷衆生一切疑難為惠衆生諸饒益事為自攝受一切智因又能於内安住其心令心善定於心安住常勤修學為淨修治四種梵住為能遊戲五種神通為能成立利衆生事為欲除遣精勤修學一切善巧所生勞倦又性黠慧成極真智為極真智常勤修學為自當來般涅槃故修習大乘又諸菩薩即於如是修正行時於具功德諸有情所常樂現前供養恭敬於具過失諸有情所常樂現前發起最勝悲心慇心隨能隨力令彼除斷所有過失於已有怨諸有情所常起慈心隨能隨力无諂无誑作彼種種利益安樂令彼怨者意樂加行所有過失及怨嫌心自然除斷於已有恩諸有情所善知恩故若等若增現前酬報隨能隨力如法令其意望滿足雖无力能彼若求請即於彼彼所作事業示現殷重精勤營務終不頓止彼所希求云何令彼知我無力非无欲樂如是等類當知名為菩薩乘御無戲論理依極真智修正加行

以何道理應知諸法離言自性謂一切法假立自相或說為色或說為受如前廣說乃至涅槃當知一切唯假建立非有自性亦非離彼別有自性是言所行是言境界如是諸法非有自性如言所說亦非一切都无所有如是非有亦非一切都无所有云何而有謂離增益實无妄執及離損減實有妄執如是而有即是諸法勝義自性當知唯是無分別智所行境界若於諸法諸事隨起言說即於彼法彼事有自性者如是一法一事應有衆多自性何以故以於一法一事制

立衆多假說而詮表故亦非衆多假說詮表決定可得謂隨一假說於彼法彼事有體有分有其自性非餘假說是故一切假說若具不具於一切法於一切事皆非有體有分有其自性又如前說色等諸法若隨假說有自性者要先有事然後隨欲制立假說先未制立彼假說時彼法彼事應无自性若无自性無事制立假說詮表不應道理假說詮表既无所有彼法彼事隨其假說而有自性不應道理又若諸色未立假說詮表已前先有色性後依色性制立假說攝取色者是則離色假說詮表於色想法於色想事應起色覺而實不起由此因緣由此道理當知諸法離言自性如說其色如是受等如前所說乃至涅槃應知亦尒有二種人於佛所說法毗柰耶俱為失壞一者於色等法於色等事謂有假說自性自相於實无事起增益執二者於假說相處於假說相依離言自性勝義法性謂一切種皆无所有於實有事起損減執於實无事起增益執妄立法者所有過失已具如前顯了開示於色等法實無事中起增益執有過失故於佛所說法毗柰耶甚為失壞於色等法實有唯事起損減執壞諸法者所有過失由是過失於佛所說法毗柰耶甚為失壞我今當說謂若於彼色等諸法實有唯事起損減執即无真實亦无虛假如是二種皆不應理譬如要有色等諸蘊方有假立補特伽羅非无實事而有假立補特伽羅如是要有色等諸法實有唯事方可得有色等諸法假說所表非無唯事而有色等假說所表若唯有假無有實事既無依處假亦无有是則名為壞諸法者如有一類聞說難解大乘相應空性相應未極顯了密意趣義甚深經典不能如實解所說義起不如理虛妄分別由不巧便所引尋思起如是見立如是論一切唯假是為真實若作是觀名為正觀彼於虛假所依處所實有唯事撥為非有是則一切虛假皆无何當得有一切唯假是為真實由此道理彼於真實及以虛假二種俱謗都无所有由謗真實及虛假故當知是名最極无者如是無者一切有智同梵行者不應共語不應共住如是無者能自敗壞亦壞世間隨彼見者世尊依彼密意說言寧如一類起我見者不如一類惡取空者何以故起我見者唯於所知境界迷惑不謗一切所知境界不由此因墮諸惡趣於他求法求苦解脫不為虛誑不作稽留於法於諦亦能建立於諸學處不生慢緩惡取空者亦於所知境界迷惑亦謗一切所知境界由此因故墮諸惡趣於他求法求苦解脫能為虛誑亦作稽留於法於諦不能建立於諸學處極生慢緩如是損減實有事者於佛所說法毗柰耶甚為失壞

云何名為惡取空者謂有沙門或婆羅門由彼故空亦不信受於此而空亦不信受如是名為惡取空者何以故由彼故空彼實是无於此而空此實是有由此道理可說為空若說一

切都无所有何處何者何故名空亦不應言由此於此即說為空是故名為惡取空者云何復名善取空者謂由於此彼无所有即由彼故正觀為空復由於此餘實是有即由餘故如實知有如是名為悟入空性如實无倒謂於如前所說一切色等想事所說色等假說性法都无所有是故於此色等想事由彼色等假說性法說之為空於此一切色等想事何者為餘謂即色等假說所依如是二種皆如實知謂於此中實有唯事於唯事中亦有唯假不於實无起增益執不於實有起損減執不增不減不取不捨如實了知如實真如離言自性如是名為善取空者於空法性能以正慧妙善通達如是隨順證成道理應知諸法離言自性

復由至教應知諸法離言自性如佛世尊轉有經中為顯此義而說頌曰

以彼彼諸名　詮彼彼諸法　此中无有彼
是諸法法性

云何此頌顯如是義謂於色等想法

建立色等法名即以如是色等法名詮表隨說色等想法或說為色或說為受或說為想廣說乃至說為涅槃於此一切色等想法色等自性都无所有亦无有餘色等性法而於其中色等想法離言義性真實是有當知即是勝義自性亦是法性又佛世尊義品中說

世間諸世俗　牟尼皆不著　无著孰能取
見聞而不愛

云何此頌顯如是義謂於世間色等想事所有色等種種假說名說世俗如彼假說於此想事有其自性如是世俗牟尼不著何以故以无增益損減見故无有現前顛倒見故由此道理名為不著如是无著誰復能取由无見故於事不取增益損減於所知境能正觀察故名為見聽聞所知境界言說故名為聞依此見聞貪愛不生亦不增長唯於彼緣畢竟斷滅安住上捨故名不愛又佛世尊為彼散他迦多衍那作如是說散他苾芻不依於地而修靜慮不依於水不依於

火不依於風不依空處不依識處不依无所有處不依非想非非想處不依此世他世不依日月光輪不依見聞覺知不依所求所得不依意隨尋伺不依一切而修靜慮云何修習靜慮苾芻不依於地而修靜慮廣說乃至不依一切而修靜慮散他苾芻或有於地除遣地想或有於水除遣水想廣說乃至或於一切除一切想如是修習靜慮苾芻不依於地而修靜慮廣說乃至不依一切而修靜慮如是修習靜慮苾芻為因陁羅為伊舍那為諸世主并諸天衆遥為作礼而讃頌曰

敬礼吉祥士　敬礼士中尊　我今不知汝
依何修靜慮

云何此經顯如是義謂於一切地等想事諸地等名施設假立名地等想即此諸想於彼所有色等想事或起增益或起損減若於彼事起能增益有體自性執名增益想起能損減唯事勝義執名損減想彼於此想能正除遣能斷能捨故名除遣如是等類

无量聖言名為至教由此如来最勝
至教應知諸法離言自性
問若如是者何因緣故於一切法離
言自性而起言說荅若不起言說則
不能為他說一切法離言自性他亦
不能聞如是義若无有聞則不能知
此一切法離言自性為欲令他聞知
諸法離言自性是故於此離言自性
而起言說
又諸愚夫由於如是所顯真如不了
知故從是因緣八分別轉能生三事
能起一切有情世間及器世間云何
名為八種分別一者自性分別二者
差別分別三者揔執分別四者我分
別五者我所分別六者愛分別七者
非愛分別八者彼俱相違分別云何
如是八種分別能生三事謂若自性
分別若差別分別若揔執分別此三
分別能生分別戲論所依分別戲論
所緣事謂色事想事為依緣故名想
言說所攝名想言說所顯分別戲論
即於此事分別計度非一衆多品類
差別若我分別若我所分別此二分

別能生一切餘見根本及慢根本薩
迦耶見及能生一切餘慢根本所有
我慢若愛分別若非愛分別若彼俱
相違分別如其所應能生貪欲瞋恚
愚癡是名八種分別能生如是三事
謂分別戲論所依緣事見我慢事貪
瞋癡事當知此中分別戲論所依緣
事為所依止生薩迦耶見及以我慢
薩迦耶見我慢為依生貪瞋癡由此
三事普能顯現一切世間流轉品法
云何名為自性分別謂於一切色等
想事分別色等種種自性所有尋思
如是名為自性分別云何名為差別
分別謂即於彼色等想事謂此有色
謂此无色謂此有見謂此无見謂此
有對謂此無對謂此有漏謂此无漏
謂此有為謂此無為謂此是善謂此
不善謂此无記謂此過去謂此未来
謂此現在由如是等無量品類差別
道理即於自性分別依處分別種種
彼差別義如是名為差別分別云何
名為揔執分別謂即於彼色等想事
我及有情命者生者等假想施設所

引分別於揔多法揔執為因分別而
轉於舍軍林飲食衣乘等假想施設
所引分別如是名為揔執分別云何
名為我我所分別謂若諸事有漏有
取長時數習我我所執之所積聚由
宿串習彼邪執故自見處事為緣所
生虛妄分別如是名為我我所分別
云何名為愛分別謂緣淨妙可意事
境所生分別云何名為非愛分別謂
緣不淨妙不可意事境所生分別云
何名為彼俱相違分別謂緣淨妙不
淨妙可意不可意俱離事境所生分
別此中所說略有二種一者分別自
性二者分別所依分別所緣事如是
二種无始世来應知展轉更互為因
謂過去世分別為因能生現在分別
所依及所緣事現在分別所依緣事
既得生已復能為因生現在世由彼
依緣所起分別於今分別不了知故
復生當来所依緣事彼當生故决定
當生依彼緣彼所起分別
云何了知如是分別謂由四種尋思
四種如實智故云何名為四種尋思

一者名尋思二者事尋思三者自性假立尋思四者差別假立尋思名尋思者謂諸菩薩於名唯見名是名名尋思事尋思者謂諸菩薩於事唯見事是名事尋思自性假立尋思者謂諸菩薩於自性假立唯見自性假立是名自性假立尋思差別假立尋思者謂諸菩薩於差別假立唯見差別假立是名差別假立尋思此諸菩薩於彼名事或離相觀或合相觀依止名事合相觀故通達二種自性假立差別假立云何名為四如實智一者名尋思所引如實智二者事尋思所引如實智三者自性假立尋思所引如實智四者差別假立尋思所引如實智云何名尋思所引如實智謂諸菩薩於名尋思唯有名已即於此名如實了知謂如是名為如是義於事假立為令世間起想起見起言說故若於一切色等想事不假建立色等名者无有能於色等想事起色等想若无有想則无有能起增益執若無有執則無言說若能如是如實了知是名尋思所引如實智云何事尋思所引如實智謂諸菩薩於事尋思唯有事已觀見一切色等想事性離言說不可言說若能如是如實了知是名事尋思所引如實智云何自性假立尋思所引如實智謂諸菩薩於自性假立尋思唯有自性假立已如實通達了知色等想事中所有自性假立非彼事自性而似彼事自性顯現又能了知彼事自性猶如變化影像嚮應光影水月焰火夢幻相似顯現而非彼體若能如是如實了知最甚深義所行境界是名自性假立尋思所引如實智云何差別假立尋思所引如實智謂諸菩薩於差別假立尋思唯有差別假立已如實通達了知色等想事中差別假立不二之義謂彼諸事非有性非無性可言說性不成實故非有性離言說性實成立故非无性如是由勝義諦故非有色於中无有諸色法故由世俗諦故非無色於中說有諸色法故如有性无性有色無色如是有見無見等差別假立門由如是道理一切皆應了知若能如是如實了知差別假立不二之義是名差別假立尋思所引如實智愚夫於此四如實智有所闕故不現前故便有八種邪分別轉能生三事能起一切有情世間及器世間謂由如是邪分別故起諸雜染起雜染故流轉生死於生死中常流轉故恒有无量隨逐生死種種生老病死等苦流轉不息

菩薩依此四如實智能正了知八種分別於現法中正了知故令當來世戲論所攝所依緣事不復生起不生起故於當來世從彼依緣所起分別亦不復生如是分別及依緣事二俱滅故當知一切戲論皆滅菩薩如是戲論滅故能證大乘大般涅槃於現法中勝真實義所行處智極清淨故普能獲得一切自在謂諸菩薩於種種化獲得能化神通自在於種種變獲得能變神通自在普於一切所知境智皆得自在若欲久住隨其所樂自在能住若欲終沒不待害緣自在

能殄由諸菩薩得如是等无量自在於諸有情冣勝无上菩薩如是普於一切得自在故獲得五種冣上勝利一者獲得心極寂靜由住冣靜故不由煩惱寂靜故二者能於一切明處无所罣导清淨鮮白妙智見轉三者為利諸有情故流轉生死無有猒倦四者善入一切如來䆫意言義五者所得大乘勝解不可引奪不從他緣當知如是五種勝利有五種業一者菩薩成就冣勝現法樂住能滅一切為趣菩提精勤加行所生身心種種勞倦當知是名心極寂靜勝利之業二者菩薩普能成熟一切佛法當知是名於諸明處无导清白微妙智見勝利之業三者菩薩普能成熟一切有情當知是名流轉生死無有猒倦勝利之業四者菩薩能正除遣所化有情隨所生起一切疑惑護持如來妙正法眼令得久住於能隱没如來聖教像似正法能知能顯能正除滅當知是名善入如來䆫意言義勝利之業五者菩薩能摧一切外道異論

精進堅牢正願无動當知是名大乘勝解不可引奪不從他緣勝利之業如是菩薩所有一切菩薩所作皆為如是五勝利業之所攝受云何一切菩薩所作謂自安樂而无雜染普能成熟一切佛法普能成熟一切有情護持如來无上正法摧伏他論精進勇猛正願无動

當知如是四真實義初二下劣第三處中第四冣勝

瑜伽師地論卷第三十六

瑜伽師地論卷第三十六

校勘記

一　底本，金藏廣勝寺本。

一　六九六頁中四行至五行品名，石、麗作「本地分中菩薩地第十五初持瑜伽處自他利品第三之餘」；資、磧、普、南作「本地分中菩薩地第十五初瑜伽處自他利品第三之餘」；徑、清作「本地分中菩薩地初持瑜伽處自他利品第三之二」。

一　六九六頁中一四行「殊妙」，資、磧、普、南、徑、清作「姝妙」。

一　六九六頁下一四行「乖離」，石作「永離」。

一　六九六頁下二一行「男根」，磧作「男相」。

一　六九七頁上三行「飯食」，資、磧、普、南、徑、清、麗作「飲食」。

一　六九七頁下一行「具果」，諸本作「具足果」。

一　六九九頁上七行第三字「異」，磧、

普、南作「果」。

一　六九九頁中一行「本地分」，資冠以經名「瑜伽師地論」。

一　六九九頁中一行「第十五」，資、徑、清無。

一　六九九頁下二行第七字「謂」，諸本作「諸」。

一　七〇〇頁上一三行第四字「復」，資、磧、普、南、徑、清無。

一　七〇〇頁中一八行「成就」，諸本作「成熟」。

一　七〇〇頁下一二行「深心」，諸本作「染心」。

一　七〇一頁上八行「成辦」，磧、普、南、徑、清作「成熟」。

一　七〇二頁上二一行第六字「二」，石作「一」。

一　七〇三頁中五行「性法」，石作「法性」。

一　七〇三頁中九行第一三字「熟」，諸本作「孰」。

一　七〇三頁中一二行第一二字「說」，諸本作「諸」。

一　七〇三頁中一九行第一三字「愛」，磧、普、南作「受」。

一　七〇三頁中二二行首字及下七行第一一字「他」，普、南、徑、清作「地」。

一　七〇四頁上二〇行「色事」，諸本作「色等」。

一　七〇四頁上二二行第二字「於」，磧、普、南作「論」。

一　七〇四頁下一八行「現在世」，磧、普、南、徑、清作「現生世」。

一　七〇五頁中一行第二字「名」，資、磧、普、南、徑、清、麗作「名名」。

一　七〇五頁中三行第五字「見」，資、磧、普、南、徑、清作「如」。

一　七〇五頁下一四行第一二字「趣」，石、麗作「起」。

一　七〇六頁上四行第一一字「最」，資、磧、普、南、徑、清作「寂」。

一　七〇六頁中一行「當知」，清作「當無」。

瑜伽師地論卷第三十七

彌勒菩薩說

三藏法師玄奘奉　詔譯

本地分中菩薩地第十五初持瑜伽處威力品第五

云何諸佛菩薩威力當知略有三種一者聖威力謂佛菩薩得定自在依定自在隨其所欲一切事成心調柔故善修心故是名聖威力二者法威力謂諸勝法有廣大果有大勝利是名法威力此中法者即是六種波羅蜜多所謂布施乃至般若如是諸法有大威力名法威力三者俱生威力謂佛菩薩先集廣大福德資粮證得俱生甚希奇法是名俱生威力

又佛菩薩如是威力品類差別復有五種一者神通威力二者法威力三者俱生威力四者共諸聲聞獨覺威力五者不共聲聞獨覺威力

云何諸佛菩薩神通威力謂六神通一者神境智作證通二者隨念宿住智作證通三者天耳智作證通四者見死生智作證通五者知心差別智作證通六者漏盡智作證通是名神通威力

云何諸佛菩薩神境智通謂佛菩薩神境智通略有二種一者能變通二者能化如是二種品類差別各有多種

云何能變神境智通品類差別謂十八變一者振動二者熾然三者流布四者示現五者轉變六者往來七者卷八者舒九者衆像入身十者同類往趣十一者顯十二者隱十三者所作自在十四者制他神通十五者能施辯才十六者能施憶念十七者能施安樂十八者放大光明如是等類皆名能變神境智通振動者謂佛菩薩得定自在心調柔故善修心故依定自在普能振動寺舘舍宅村邑聚落城郭國土那落迦世界傍生世界祖父世界人世界天世界一四大洲一千世界二千世界三千大千世界百三千大千世界千三千大千世界百千三千大千世界乃至无量无數三千大千世界皆能振動是名振動

熾然者謂佛菩薩依定自在從其身上發猛焰火於其身下注清冷水從其身下發猛焰火於其身上注清冷水入火界定舉身洞然遍諸身分出種種焰青黃赤白紅紫碧綠頗胝迦色是名熾然流布者謂佛菩薩依定自在流布光明遍滿一切寺館舍宅乃至无量無數世界無不充滿如前振動是名流布示現者謂佛菩薩依定自在如其所樂示彼一切諸來會衆沙門婆羅門聲聞菩薩天龍藥叉健達縛阿素洛揭路荼緊捺洛牟呼洛伽人非人等令悉現見下諸惡趣上諸人天復令現見諸餘佛土及於其中諸佛菩薩乃至超過殑伽沙等諸佛國土種種名聲所表佛土及彼土中某名如來悉令現見亦為宣說彼佛土名及如來名齊彼至此若復過彼諸佛國土及諸如來隨其所欲乃至所欲皆令現見亦為宣說是名示現轉變者謂佛菩薩依定自在若於其地起水勝解即令成水如實非餘火風勝解亦復如是若於其水起

地勝解即令成地如實非餘火風勝解亦復如是若於其火起地勝解即令成地如實非餘水風勝解亦復如是若於其風起地勝解即令成地如實非餘水火勝解亦復如是若於一切起餘勝解即隨勝解如實非餘如於大種所相轉變色香味觸當知亦尒若於草葉牛糞泥等起於飲食車乘衣服嚴飾資具種種塗香花鬘勝解即隨勝解如實非餘若於沙石瓦礫等物起於末尼真珠琉璃螺貝璧玉珊瑚勝解即隨勝解如實非餘若於諸山雪山王等起金勝解即隨勝解如實非餘若於一切起餘勝解即隨勝解如實非餘若於好色有情起惡色勝解於惡色有情起好色勝解於俱非有情起好色惡色勝解於俱有情起俱非勝解即隨勝解如實非餘如於好色惡色於具支節不具支節及肥瘦等當知亦尒如是於餘所有自相可變色物起餘勝解皆隨勝解一切轉變如實非餘是名轉變往來者謂佛菩薩依定自在隨其所樂

於諸牆壁山石等中縱身往來无有滯㝵廣說乃至往於梵世乃至上至色究竟天還來无㝵或復傍於无量无數三千大千世界若往若來皆无滯㝵或運麁重四大種身或於遠處作近勝解或如意勢速疾往來是名往來卷舒者謂佛菩薩依定自在能卷一切雪山王等如一極微舒一極微令如一切雪山王等是名卷舒衆像入身者謂佛菩薩依定自在能以種種現前大衆及以一切村邑聚落草木叢林諸山大地一切色像內巳身中令諸大衆各各自知入其身內是名衆像入身同類往趣者謂佛菩薩依定自在或能往趣刹帝利衆同其色類如彼形量似彼言音彼若以此名如是義亦即以此名如是義彼不以此名如是義亦不以此名如是義然後為其演說正法示現教道讚勵慶慰化事既終歘然隱沒沒後時衆迭相顧言不知沒者天耶人耶如能往趣刹帝利衆如是往趣婆羅門衆若沙門衆若長者衆若居士衆四

大王天三十三天夜摩天覩史多天樂變化天他化自在天梵衆天梵光益天大梵天少光天无量光天光音天少淨天無量淨天遍淨天無雲天福生天廣果天无煩天无熱天善現天善見天色究竟天當知亦尒是名同類往趣隱顯者謂佛菩薩依定自在於大衆前百度千度或過於是隱没自身復令顯現是名隱顯所作自在者謂佛菩薩依定自在普於一切諸有情界往来住等所作事中皆自在轉令去即去令住即住令来即来令語即語是名所作自在制他神通者謂佛菩薩依定自在能制伏他所現神通如来神通普能制伏其餘一切具神通者所現神通如其所欲令事成辦究竟菩薩一生所繫或冣後有所有神通除諸如来等類菩薩悉能制伏其餘一切具神通者所現神通諸餘菩薩所有神通除入上地等類菩薩悉能制伏其餘一切具神通者所現神通是名制他神通能施辯才者謂佛菩薩依定自在若諸有情

辯才窮盡能與辯才是名能施辯才能施憶念者謂佛菩薩依定自在若諸有情於法失念能與憶念是名能施憶念能施安樂者謂佛菩薩依定自在說正法時與聽法者饒益身心輕安之樂令離諸蓋專心聽法暫時方便而非究竟又令諸界乖相違反能為損害非人所行灾癘疾疫皆得息滅是名能施安樂放大光明者謂佛菩薩依定自在以神通力身放光明或有一光往十方面无量无數諸世界中令悪趣等一切有情息彼衆苦或有一光往諸天界令大威德天龍藥叉健達縛阿素洛揭路荼緊捺洛牟呼洛伽等住自宮中蒙光覺悟皆来集會或有一光往十方面无量無數諸世界中令往他方世界菩薩蒙光覺悟皆来集會以要言之諸如来等能放无量无數品類種種光明能作無量無數世界無量無數諸有情類无量无數利益之事是名放大光明當知如是一切能變神境智通品類差別一一分別無量無數由此

神通能轉所餘有自性物令成餘物故名能變神境智通

云何能化神境智通品類差別謂若略說無事而有是名為化能以化心隨其所欲造作種種未曾有事故名能化神境智通此復多種或化為身及化為境或化為語或化為身及化為境者化似自身或不相似化似他身或不相似又所化身若自若他或似不似唯能化作與根相似根所依處而非實根復能化作相似境界謂飲食等末尼真珠瑠璃寶等所有色香味觸所攝外資生具若彼相似若異於彼隨其所欲一切能化又所化身與巳同類非一衆多種種差別或作天龍藥叉健達縛阿素洛揭路荼緊捺洛牟呼洛伽色像或作人傍生鬼那洛迦色像或作聲聞獨覺菩薩如来色像若所化身與菩薩身極相似者名所化身與自相似若不尒者名所化身非自相似又所化身與化同類亦有多種若作天身與彼天身極相似者名所化身與他相似若不

尒者名所化身非他相似如作天身乃至佛身當知亦尒云何此中化作多身謂佛菩薩於十方面无量无數諸世界中一時化作種種形類能為無量無數有情作利益事如是所化種種形類於中或有諸佛菩薩雖滅度後由住持力而故隨轉或有暫時作利益已化事便息又佛菩薩或作化事唯令衆生覩見而已如幻所作不堪受用或復化作飲食衣服末尼真珠琉璃蠡貝璧玉珊瑚車乘等事興實无異如是所作財食衆具令諸衆生常得受用是名化身及化境界或化為語者或有化語妙音相應或有化語廣音具足或有化語繫屬於自或有化語繫屬於他或有化語無所繫屬或有化語宣說正法言詞所攝或有化語誨責放逸言詞所攝妙音相應者謂佛菩薩所說化語其聲深遠如雲雷音其聲和雅如頻迦音能感衆心甚可愛樂又此化語圓上微妙顯了易解樂聞无逆无依无盡廣音具足者謂佛菩薩所說化語其

聲廣大隨其所樂无量種類天龍藥叉健達縛阿素洛揭路荼緊捺洛牟呼洛伽聲聞菩薩人非人等无量衆會一踰繕那皆悉充滿以妙圓音隨類遍告又隨所樂小千世界二千世界三千世界乃至十方无量无數諸世界中若近若遠所有衆會以妙圓音隨類遍告於此聲中出種種音為諸衆生說種種法隨其所應各得義利繫屬於自者謂佛菩薩所說化語於他自身出種種音宣說正法誨責放逸繫屬於他者謂佛菩薩所說化語於化他身宣說正法誨責放逸无所繫屬者謂佛菩薩所說化語或於空中或於所化非情法上而有所說宣說正法言詞所攝者謂佛菩薩所說化語開示正理令諸愚癡於種種法皆得悟解誨責放逸言詞所攝者謂佛菩薩所說化語為不愚癡獲得淨信而放逸者責其放逸令生慙愧誨不放逸令勤修學如是所說衆多化事略有三種化身化境及以化語當知如是一切能化神境智通品類

差別一一分別無量無數

如是二種諸佛菩薩神境智通能辦二事一者示現種種神通引諸衆生入佛聖教二者示現種種神通惠施无量受苦衆生衆多品類利益安樂

云何諸佛菩薩隨念宿住智通謂佛菩薩以宿住智自能隨念己之宿住曾於如是有情類中我如是名如經廣說亦能隨念他諸有情身等一切品類差別如自隨念己事无異又能令他得宿住智能自隨念前際所經若自若他身等一切品類差別曾於如是有情類中我如是名乃至廣說如是有情轉復令他得宿住智能自隨念一切宿住如前无異如是展轉令憶宿住皆如自己於現法中又能隨念諸微細事所有一切若少若多先所造作先所思惟皆无忘失又能隨念无間剎那次第所作无間斷故又能隨念有量有數宿住差別所知時劫可筭數故又能隨念无量无數宿住差別所知時劫不可數故以要言之此宿住智於如是處於如是類

於如是量隨其所欲皆无㝵轉如是名為諸佛菩薩隨念宿住所攝威力又由隨念宿住智故憶念本生為諸有情開示先世種種品類第一希有菩薩所行難行苦行令於佛所生淨信故起恭敬故令於生死深猒離故又由此智憶念本事為諸衆生開示種種先世相應業果異熟為令妄計前際常論一分常論常見衆生破常見故

云何諸佛菩薩天耳智通謂佛菩薩以淨天耳能於種種天聲人聲聖聲非聖聲大聲小聲辯聲非辯聲化聲非化聲遠聲近聲皆悉得聞聞天聲者若不作意下從欲界上至色究竟宮其中受生諸有情類種種音聲皆悉能聞若作意時過是已上諸世界聲皆亦能聞聞人聲者遍於一切傍四大洲受生有情種種音聲皆悉能聞聞聖聲者於諸如來聲聞獨覺及諸菩薩若從彼聞展轉為餘諸有情類宣說種種示現教導讚勵慶慰勸修諸善勸捨諸惡所有音聲皆悉能

聞又於一切无染汙心受持讀誦論議決擇无倒諫誨為作憶念教授教誡及餘所有善言善說能引義利種種音聲皆悉能聞如是等類名聞聖聲聞非聖聲者於諸有情虛妄離間邪綺麁獷生下惡趣生上天趣生傍人趣種種音聲皆悉能聞聞大聲者謂於大衆生聲大集會聲種種苦具所逼切聲大號哭聲相呼召聲大雷吼聲諸螺貝聲諸鼓角等種種音聲皆悉能聞聞小聲者下至耳語微細聲皆悉能聞聞辯聲者於義易了種種音聲皆悉能聞聞非辯聲者於義難了種種音聲謂達羅弭荼種種明呪風鈴樹響鸚鵡鸜鵒百舌鸝黃命命鳥等所出音聲皆悉能聞聞化聲者謂於一切得心自在具神通者依神通力所化音聲皆悉能聞聞非化聲者謂於種種異彼音聲皆悉能聞聞遠聲者除佛菩薩所住聚落城邑等中所有音聲於餘乃至无量无數世界中聲皆悉能聞聞近聲者聞所餘聲云何諸佛菩薩見死生智通

謂佛菩薩以超過人清淨天眼見諸有情死時生時好色惡色若劣若勝及於後際生已增長諸根成熟身諸所作善惡无記差別而轉又現見知諸光明色諸微細色諸變化色諸淨妙色下至无閒上至色究竟宮不由作意皆能見知若作意時能見上下无量无數餘世界色亦能見傍无量無數諸世界中一切諸色乃至能見彼彼佛土彼彼如來安坐彼彼異類大會宣說正法顯然无亂

又佛菩薩以淨天眼普見十方無量無數諸有情類身之所作淨不淨業既見彼已隨其所應隨其所宜施作種種利益安樂以淨天耳普聞十方无量无數諸有情類語之所作淨不淨業既聞彼已隨其所應隨其所宜施作種種利益安樂是名略說諸佛菩薩天眼天耳之所作業

云何諸佛菩薩知心差別智通謂佛菩薩以他心智遍知十方无量无數諸世界中他有情類若有纏煩惱心若離纏煩惱心若有隨縛有隨眠煩

惱心若離隨縛離隨眠煩惱心又遍了知有染心耶願心謂諸外道心及有愛染心又遍了知無染心正願心謂與上相違心又遍了知劣心謂生欲界諸有情類下至一切禽狩等心又遍了知中心謂生色界諸有情類諸所有心又遍了知勝心謂生无色界諸有情類諸所有心又遍了知樂相應心苦相應心不苦不樂相應心又能以一知他心智於一有情如是所有如是體性如是品類如是行相如是分齊心起現前於一念頃並如實知又能以一知他心智於多有情如是所有如是體性如是品類如是行相如是分齊心起現前於一念頃並如實知又佛菩薩此他心通知諸有情諸根勝劣知諸有情種種勝解知諸有情種種界行隨其所應能正安處趣涅槃宮種種正行當知是名此所作業

云何諸佛菩薩漏盡智通謂佛菩薩如實了知煩惱盡得如實了知若自若他於諸漏盡已得未得如實了知

若自若他所有能得漏盡方便如能如實了知方便於非方便亦如實知如實知他於漏盡得有增上慢如實知他於漏盡得離增上慢又諸菩薩雖能如實了知一切漏盡功德能證方便而不作證是故菩薩於有漏事及與諸漏不速捨離雖行種種有漏事中而不染汙如是威力於諸威力最為殊勝又佛菩薩由漏盡智自无染汙亦善為他覆分別說壞增上慢當知是名此所作業

云何法威力謂布施威力乃至般若威力此布施等諸法威力應知一一略有四相一者斷所對治相二者資粮成熟相三者饒益自他相四者與當来果相布施四相者謂諸菩薩修行惠施能斷慳悋施所對治是名第一即此惠施能作自巳菩提資粮亦即能作布施攝事成熟有情是名第二施先意悅施時心淨施巳无悔於三時中心常歡喜以自饒益亦能除他飢渴寒熱種種疾病所欲匱乏怖畏衆苦以饒益他是名第三於當来

世在在生處恒常富樂得大禄位得大財寶得大朋黨得大眷屬是名第四是名布施威力四相此外无有若過若增持戒四相者謂諸菩薩受持清淨身語律儀能斷犯戒戒所對治是名第一即所受持清淨尸羅能為自巳菩提資粮亦即能作同事攝事成熟有情是名第二受持淨戒捨離犯戒為緣所生怖畏衆罪怨敵等事寢寤安樂以自饒益又由淨戒无悔歡喜乃至心定以自饒益受持淨戒不損惱他普施一切有情无畏以饒益他是名第三由是因緣身壞巳後生於善趣天世界中是名第四是名持戒威力四相此外无有若過若增忍辱四相者謂諸菩薩修行忍辱能斷不忍忍所對治是名第一即此忍辱能作自巳菩提資粮亦即能作同事攝事成熟有情是名第二由此忍辱濟拔自他大怖畏事饒益自他是名第三由是因緣能令菩薩於當来世无多怨敵无多離隔无多憂苦於現法中臨命終時心無憂悔身壞巳

後生於善趣天世界中是名第四是名忍辱威力四相此外无有若過若增精進四相者謂諸菩薩住勤精進能斷懈怠精進所治是名第一即此精進能作自已菩提資粮及所依止亦即能作同事攝事成熟有情是名第二勤精進故得安樂住不為一切惡不善法之所雜乱後後所證轉勝於前倍生歡喜以自饒益勤修善品不以身語損惱於他令他發生精進樂欲以饒益他是名第三由此因力於當来世愛樂殊勝士夫功業是名第四是名精進威力四相此外无有若過若增靜慮四相者謂諸菩薩入靜慮時能斷煩惱語言尋伺喜樂色想等隨煩惱靜慮所治是名第一即此靜慮能作自已菩提資粮及所依止亦即能作同事攝事成熟有情是名第二現法樂住以自饒益其心寂靜寂極寂靜遠離貪愛於諸有情无損無惱以饒益他是名第三由此因縁智得清淨能發神通於當来世生淨天處得靜慮果是名第四是名靜

慮威力四相此外无有若過若增般若四相者謂諸菩薩具足妙慧能斷無明慧所對治是名第一即此般若能作自已菩提資粮能以布施愛語利行同事攝事成熟有情是名第二於所知事如義覺了能引廣大清淨歡喜以自饒益普為有情稱理說法令其獲得現法當来利益安樂以饒益他是名第三由是因縁攝諸善根能正所作於當来世能證二障離繫謂煩惱障離繫及所知障離繫是名第四是名般若威力四相此外无有若過若增是名法威力

云何諸佛菩薩俱生威力謂性能憶念諸本生事為欲利益諸有情故不由思擇於極長時種種猛利无間大苦悉能堪忍為欲利益諸有情故欣樂領受能辦有情利益事皆為欲利益諸有情故上生第四覩史多天盡覩史多壽量而住有三勝事映彼受生諸天子衆一天壽量二天形色三天名稱將欲下生入母胎時放大光明普照世界於降母胎入住出位皆

正了知既出胎已即於地上不待扶侍而行七步自稱德号於初生時有大威德天龍藥叉健達縛阿素洛揭路荼緊捺洛牟呼洛伽等散以種種天妙花香持天伎樂上妙衣服幢幡寶蓋殊勝供具而為供養又以無上三十二大丈夫相等莊嚴其身住寂後有寂後生中一切怨敵一切魔軍一切灾横不能侵害坐菩提座以慈定力摧伏衆魔一一支節皆悉俻足那羅延力於稚童時不由習學自然善巧於諸世閒工巧業處疾疾能入无師自然獨處三千大千世界證得无上正等菩提索訶界主大梵天王自然来下慇懃勸請哀愍世閒宣說正法其定寂靜設大雲雷曾無覺受安然不起為菩薩時一切禽狩蟠動之類皆極仰信常来歸趣隨其所欲親附而住既成佛已下至傍生亦来供養如彼獮猴獻清淨蜜世尊哀受歡喜舞躍龍雲常佚洗使降雨若出遊行止而不落菩薩如是若坐樹下一切枝條並皆垂影隨蔭其身曾无

𢥠捨證菩提已於六年中魔求其便竟不能得常俱行念每恒現前由此念故受想尋思生住滅等无不覺了又佛成就俱生威力或有見便饒益所攝或有賢聖行住所攝見便饒益所攝俱生威力者謂諸世間若見如来顛癇心乱還得本心逝胎得順盲者得視聾者能聽懷貪欲者得離貪纒懷瞋恚者得離瞋纒懷愚癡者得離癡纒如是等類當知是名見便饒益所攝俱生威力賢聖行住所攝俱生威力者謂佛菩薩常右脅卧如師子王雖現安處草葉等蓐一脅而卧曾无動乱一切如来應正等覺雖現睡眠而无轉側大風卒起不動身衣行如師子步若牛王先舉右足方移左足隨所行地高處便下下處遂高坦然如掌无諸礫石塼瓦等物心專遠離而入聚落隨所入門門若狹小自然高廣食所食時有粒皆碎无口不殫如是等類當知是名賢聖行住所攝俱生威力般涅槃時大地振動衆星晃耀交流而隕諸方一時欻然

大熱遍滿虛空奏天大樂如是无量甚希有事皆是如来俱生威力非是神通威力所作如是名為諸佛菩薩俱生威力

云何諸佛菩薩威力與聲聞獨覺有共不共略由三相應知不共一者微細故二者品類故三者界故諸佛菩薩於无量无數諸有情類及無量無數威力方便如所應作諸利益事皆如實知無不能作是名微細一切品類神通威力法威力俱生威力悉皆成就是名品類以一切世界一切有情界為威力境是名為界聲聞但以二千世界及有情界為神通境獨覺但以三千世界為神通境何以故由彼唯為調伏一身而修正行非諸有情是故聚極唯以一界為神通境除上所說所餘諸佛菩薩威力當知無相與諸聲聞獨覺等共如是諸佛菩薩威力聲聞獨覺尚不能及何況所餘一切天人異生外道

諸佛菩薩略有三種神變威力一者神境神變所攝二者記說神變所攝

三者教誡神變所攝當知此三如其所應攝入三種神通威力謂神境智通威力心差別智通威力漏盡智通威力

本地分中菩薩地第十五初持瑜伽處成熟品第六

云何成熟當知成熟略有六種一者成熟自性二者所成熟補特伽羅三者成熟差別四者成熟方便五者能成熟補特伽羅六者已成熟補特伽羅相

云何成熟自性謂由有善法種子及數習諸善法故獲得能順二障斷淨增上身心有堪任性極調善性正加行滿安住於此若遇大師不遇大師皆有堪任有大勢力无間能證煩惱障斷所知障斷譬如癰瘡熟至究竟无間可破說名為熟又如瓦器熟至究竟无間可用說名為熟又如衆果熟至究竟無間可噉說名為熟如是由有善法種子及數修習諸善法故獲得能順廣說乃至正加行滿無間能證二障清淨說名成熟如是名為

成熟自性

云何所成熟補特伽羅謂所成熟補特伽羅略有四種一者住聲聞種姓於聲聞乘應可成熟補特伽羅二者住獨覺種姓於獨覺乘應可成熟補特伽羅三者住佛種姓於無上乘應可成熟補特伽羅四者住無種姓於住善趣應可成熟補特伽羅諸佛菩薩於此四事應當成熟如是四種補特伽羅是名所成熟補特伽羅

云何成熟差別謂此差別略有六種一諸根成熟二善根成熟三智慧成熟四下品成熟五中品成熟六上品成熟諸根成熟者謂壽量具足形色具足族姓具足自在具足信言具足大勢具足人姓具足大力具足此依身果異熟具足為所依故堪任發起勇猛精進修諸善法於勤修集一切明處心无猒倦善根成熟者謂性薄塵垢為所依止性於諸惡不善法中心不樂入諸蓋輕微尋思薄弱柔和正直隨順而取智慧成熟者謂具足正念為性聦敏有所堪任有大勢力

能解善說惡說法義能受能持能正通達具足成熟俱生妙慧依此妙慧有所堪任有大勢力能令其心究竟解脱一切煩惱當知此中諸根成熟故解脱異熟障善根成熟故能解脱業障智慧成熟故解脱煩惱障下品成熟者謂二因緣下品成熟一者未久修習諸根善根智慧成熟因緣未極增長二者串習下劣因緣中品成熟者謂即於此二種因緣隨一闕減隨一具足上品成熟者謂二因緣俱无闕減云何成熟方便當知此有二十七種一者界增長二者現緣攝受三者趣入四者攝樂五者初發處六者非初發處七者遠清淨八者近清淨九者加行十者意樂十一者財攝受十二者法攝受十三者神通引攝十四者宣說正法十五者隱密說法十六者顯了說法十七者下品加行十八者中品加行十九者上品加行二十者聽聞二十一者思惟二十二者修習二十三者攝受二十四者降伏二十五者自成熟二十六者請他

成熟二十七者俱成熟界增長者謂本性善法種子具足為所依止先奉串習諸善法故後後位中善法種子轉增轉勝生起堅住是名界增長現緣攝受者謂於現法中无倒說法无倒受持如理修行法隨法行當知界增長由先世因現在成熟現緣攝受由現在因現在成熟趣入者謂得淨信增上力故或有在家遠離惡行受持學處或趣非家遠離諸欲受持學處攝樂者謂依出離衆苦行迹及依遠離欲樂自苦二邊行迹於佛善說法毗奈耶真實聖教深生愛樂初發處者謂即最初於可猒法深生猒離於能成辦真實理義如實了知有勝功德而創趣入名初發處非初發處者謂已趣入補特伽羅現成熟時常不捨離諸佛菩薩諸明了處轉轉明了由此成熟轉轉增進遠清淨者謂由懈怠或由違緣經極長時或經多生或經多劫方能清淨近清淨者當知一切與此相違加行者謂為獲得自勝義利猛利樂欲為所依故或怖

當来墮諸惡趣或怖現法他所譏毀於諸學處常勤護持无間所作殷重所作意樂者謂於諸法正觀察忍為所依故於佛善說法毗奈耶不可引奪於他所證深生信解信有功德為所依故於三寶所及於獲得自義利所深信无動財攝受者謂於一切飲食等物有匱乏者施與一切飲食等物或於隨順飲食等物有匱乏者施與隨順飲食等物法攝受者謂或宣說正法施諸有情或開顯正義施諸有情神通引攝者謂具神通者哀愍有情故或為有情意樂清淨或為有情加行清淨增上力故示現種種神通變化欲令有情見已聞已於佛聖教或當獲得意樂清淨或當修行無倒加行彼諸有情由此神變引攝心故或有獲得意樂清淨或有修行無倒加行宜說正法者謂於獲得自勝義利若无堪能為說正法伴助令彼發生正行若有堪能為說正法隨順令彼速證通慧隱密說法者謂於嬰兒智慧有情隱覆廣大甚深義法為

說麁淺易可悟入易為方便趣入處法顯了說法者謂於廣大智慧有情已善悟入聖教理者為其開示廣大甚深道理處法下品加行者謂若遠離无間加行及殷重加行中品加行者謂或遠離无間加行或復遠離殷重加行於二加行隨闕一種上品加行者謂無間加行及殷重加行二俱相應聽聞者謂於佛語深生信解精勤聽聞受持讀誦契經等法思惟者謂居遠離樂思惟法稱量其義解了決定修習者謂於止舉捨相正審觀察為先深心欣樂修止舉捨攝受者謂无染心以親教師及軌範師道理方便无有顛倒與作依止又即於彼發起種種別供事行謂看病行給施如法衣服飲食諸坐卧具病緣醫藥資生具行除遣憂愁及惡作行除遣煩惱隨煩惱行如是等類當知皆名別供事行降伏者謂深防護自身雜染於毀犯者若犯下品慈心諫誨若犯中品慈心訶罰若犯上品慈心駈擯當知此中諫誨訶罰令彼及餘利

益安樂駈擯一種若重攝受令彼及餘利益安樂若駈擯已不重攝受但令其餘利益安樂何以故餘若見彼毀犯因緣既被駈擯便自防護不起毀犯故自成熟者謂自宣說隨順正法令諸有情出不善處安立善處如自所說亦自修行法隨法行令諸有情同分隨轉勿使他人作如是說汝自不能出不善處安立善處云何於他教授諫舉為作憶念他應於汝教授諫舉為作憶念請他成熟者謂若有餘无量有情於彼發起上品愛敬或復有餘善知方便於說正法已善修學即應勸請慇懃營助令其成熟无量有情俱成熟者謂具二種若自成熟若勸請他令其成熟由此所說二十七種成熟方便當知令前六種成熟差別圓滿所謂諸根成熟善根成熟智慧成熟下品成熟中品成熟上品成熟云何能成熟補特伽羅謂略有六種菩薩住六地能成熟有情一者勝解行菩薩住勝解行地二者淨勝意樂菩薩住淨勝意樂地

三者行正行菩薩住行正行地四者墮決定菩薩住墮決定地五者決定行正行菩薩住決定行正行地六者到究竟菩薩住到究竟地住無種姓補特伽羅於徃善趣而成熟時有數退轉有數應作安住種姓補特伽羅於徃三乘而成熟時无數退轉无數應作云何已成熟補特伽羅相謂諸聲聞先已串習習諸善法故若時安住下品成熟尒時便有下品欲樂下品加行猶徃惡趣非於現法證沙門果非於現法得般涅槃若時安住中品成熟尒時便有中品欲樂中品加行不徃惡趣於現法中證沙門果非於現法得般涅槃若時安住上品成熟尒時便有上品欲樂上品加行不徃惡趣於現法中證沙門果即於現法得般涅槃如說聲聞獨覺亦尒何以故道與聲聞同種類故而此獨覺與諸聲聞有差別者謂住㝡後有㝡後所得身無軌範師宿習力故修三十七菩提分法究竟斷滅一切煩惱證阿羅漢故名獨覺若諸菩薩住勝解行地名下品成熟住淨勝意樂地名中品成熟住墮決定到究竟地名上品成熟若時菩薩住下成熟尒時便有下品欲樂下品加行猶徃惡趣此盡第一无數劫邊際熾然无動極善清淨覺品善法當知一切皆未相應若時菩薩住中成熟尒時便有中品欲樂中品加行不徃惡趣此盡第二无數劫邊際熾然无動覺品善法已得相應極善清淨覺品善法未得相應若時菩薩住上成熟尒時便有上品欲樂上品加行不徃惡趣此盡第三無數劫邊際熾然无動極善清淨覺品善法當知一切皆悉成就令於此中性淳厚故極猛盛故能有上品廣大果故大勝利故名為熾然不動菩薩地中最无上故當知說名極善清淨當知此中若財攝受所作成熟若神通引攝所作成熟若隱密說法所作成熟若下品加行所作成熟若唯聽聞所作成熟如是五種所作成熟若於長時修習彼法尚為下品況於少時修習彼法其餘一切成熟因緣所作成熟當知皆有三品道理謂若於彼下品修習成下成熟中品修習成中成熟上品修習成上成熟此下中上三品成熟當知一一復有三品於下品中有下下中下上三品成熟於中品中有中下中中中上三品成熟於上品中有上下上中上上三品成熟如是等類諸佛菩薩成熟有情當知展轉差別道理有无量品此中菩薩由前所說成熟因緣為欲成熟自佛法故精勤修集諸根成熟善根成熟智慧成熟下品成熟中品成熟上品成熟又欲令他諸有情類補特伽羅乘三乘法而出離故往善趣故如是六種成熟

瑜伽師地論卷第三十七

瑜伽師地論卷第三十七

校勘記

一　底本，金藏廣勝寺本。

一　七〇八頁中四行「第十五」，徑、清無，下同。

一　七〇八頁下一行「死生」，資、磧、普、南、徑、清作「生死」。

一　七〇八頁下六行「能化」，諸本作「能化通」。

一　七〇九頁上四行「洞然」，資、磧、普、南、徑、清作「炯然」。

一　七〇九頁中一一行末字「壁」，石、資、磧、普、南、徑、清作「壁」，下同。

一　七〇九頁中一八行「有情」，石作「非有情」。

一　七一〇頁上一行首字「大」，資、磧、普、南、徑、清作「天」。

一　七一〇頁上二行「樂變化天」，資、磧、普作「樂化天」；南、徑、清作「化樂天」。

一　七一〇頁上二行末字「光」，麗作「先」。

一　七一〇頁中四行第九字「謂」，石作「諸」。

一　七一〇頁中七行末字「反」，麗作「變」。

一　七一〇頁下二一行末字「化」，諸本作「他」。

一　七一一頁上一五行第一一字「語」，磧、南作「諸」。

一　七一一頁上一六行第四字「化」，磧、南作「是」。

一　七一一頁中六行「三千」，資、磧、普、南、徑、清作「三千大千」。

一　七一一頁中一一行第二字「他」，諸本作「化」。

一　七一一頁下二二行第一一字「數」，資、磧、普、南、徑、清作「算數」。

一　七一二頁中一一行「語語」，諸本作「語諸」。

一　七一二頁中一五行末字「黄」，資、磧、普、南、徑、清作「鷜」。

一　七一二頁中末行第二字「餘」，石、麗作「除」。

一　七一二頁下二行「好色」，麗作「妙色」。

一　七一三頁上二行「耶願心」，諸本作「邪願心」。

一　七一三頁下二〇行「濟拔」，麗作「濟扶」。

一　七一四頁中一八行第一一字「苦」，清作「若」。

一　七一四頁下二二行「如是」，石作「如來」。

一　七一五頁上三行「受想」，磧、普、南、徑、清作「受相」。

一　七一五頁上二〇行第九字「有」，石無。

一　七一五頁下一四行第七字「任」，磧、普作「住」。

一　七一六頁中二行「成熟」，資、磧、普、南、徑、清作「成就」。

一　七一六頁中一七行「引攝」，資、磧、普、南、徑、清作「引接」。

一　七一六頁下二行末字「奉」，諸本

作「来」。

一七一六頁下二〇行「經極」，資、磧、普、南、徑、清作「或經」。

一七一八頁上四行第七字「倒」，諸本作「到」。

一七一八頁上五行「善趣」，資、磧、普、南、徑、清作「善趣種性」。

一七一八頁上九行「習習」，諸本作「習」。

一七一八頁中三行第一〇字「下」，麗作「下品」。

一七一八頁中七行第七字「中」，麗作「中品」。

一七一八頁中一一行第八字「上」，麗作「上品」。

一七一八頁中一七行第九字「勝」，資、磧、普、南、徑、清作「精」。

一七一八頁下一二行「修集」，資、磧、普、南、徑、清作「修習」。

一七一八頁下一六行第三字「故」，石、麗作「故修集」；資、磧、普、南、徑、清作「故修習」。

瑜伽師地論卷第三十八　禍

彌勒菩薩說

三藏法師玄奘奉　詔譯

本地分中菩薩地第十五初持瑜伽處

菩提品第七

云何菩提謂略說二斷二智是名菩提二斷者一煩惱障斷二所知障斷二智者一煩惱障斷故畢竟離垢一切煩惱不隨縛智二所知障斷故於一切所知无㝵无障智復有異門謂清淨智一切智無滯智一切煩惱并諸習氣無餘永害遍一切種不染无明無餘永斷是名无上正等菩提一、切煩惱并諸習氣畢竟斷故名清淨智於一切界一切事一切品一切時智無㝵轉名一切智界有二種一者世界二者有情界事有二種一者有為二者无為即此有為无為二事无量品别名一切品謂自相展轉種類差别故共相差别故因果差别故界趣差别故善不善无記等差别故時有三種一過去二未來三現在即於

如是一切界一切事一切品一切時如實知故名一切智无滯智者覺作意時遍於一切無㝵速疾無滯智轉不由數數作意思惟依一切遍了知故復有異門謂百四十不共佛法及如來無諍願智无㝵解等是名无上正等菩提百四十不共佛法者謂三十二大丈夫相八十隨好四一切種清淨十力四无所畏三念住不護大悲無忘失法永害習氣一切種妙智是諸佛法建立品中當廣分别如是菩提名為㝡勝七種㝡勝共相應故由是因緣於諸菩提㝡為殊勝云何名為七種㝡勝一者所依㝡勝二者正行㝡勝三者圓滿㝡勝四者智㝡勝五者威力㝡勝六者斷㝡勝七者住㝡勝由諸如來以三十二大丈夫相莊嚴其身故名所依㝡勝由諸如來自利利他利益安樂无量衆生哀愍世間令諸天人獲得義利利益安樂而行正行故名正行㝡勝由諸如來無上無等四種圓滿謂戒圓滿見圓滿軌則圓滿淨命圓滿皆悉

成就故名圓滿㝡勝由諸如来無上無等四無㝵解謂法无㝵解義无㝵解訓詞無㝵解辯説无㝵解皆悉成就故名智㝡勝由諸如来無上無等如前所説六種神通皆悉成就故名威力㝡勝由諸如来无上无等一切煩惱習氣永斷及一切所知障永斷皆悉成就故名斷㝡勝由諸如来多住無上無等三住謂聖住天住梵住故名住㝡勝當知此中空无願无相住及滅盡定住是名聖住四種靜慮四無色定是名天住四種无量是名梵住於此三住中如来多住四㝡勝住謂於聖住中多住空住滅盡定住於天住中多住无動第四靜慮住於梵住中多住大悲住由是如来晝夜六時晝三夜三常以佛眼觀察世間誰增誰減我應令誰未起善根而種善根廣説乃至我應令誰建立㝡勝阿羅漢果又諸如来所依㝡勝故名大丈夫正行㝡勝故名大悲者圓滿㝡勝故名大戒者及大法者智㝡勝故名大慧者威力㝡勝故名大神通

者斷㝡勝故名大解脱者住㝡勝故名多安住廣大住者

又諸如来略有十種功德名号隨念功德何等為十謂薄伽梵号為如来應正等覺明行圓滿善逝世間解無上丈夫調御士天人師佛薄伽梵言无虛妄故名如来已得一切所應得義應作世間无上福田應為一切恭敬供養是故名應如其勝義覺諸法故名正等覺明謂三明行如經説止觀二品極善圓滿是故謂名明行圓滿上昇㝡極永不退還故名善逝善知世界及有情界一切品類染淨相故名世間解一切世間唯一丈夫善知㝡勝調心方便是故説名无上丈夫調御士為實眼故為實智故為實義故為義實法故與顯了義為開導故與一切義為所依故與不了義為能了故與所生疑為能斷故與甚深處為能顯故令明淨故與一切法為根本故為開導故為所依故能正教誡教授天人令其出離一切衆苦是故説佛名天人師於能引攝義利法

聚於能引攝非義利法聚於能引攝非義利非非義利法聚遍一切種覺前等覺故名為佛能破諸魔大力軍衆具多功德名薄伽梵或有多劫无有一佛出現於世或有一劫有衆多佛出現於世彼彼十方无量无數諸世界中應知同時有無量佛出現於世何以故於十方界現有无量无數菩薩同時發願因勤修集菩提資粮若一菩薩於如是日於如是分於如是月於如是年發菩提心願趣菩提即於此日即於此分即於此月即於此年一切亦尒如一菩薩勇悍策勵熾然精進一切亦尒於今現見此世界中多百菩薩同時發願同修惠施同修淨戒同修忍辱同修精進同修靜慮同修智慧況於十方无量无邊諸佛世界又於十方現有無量無數三千大千佛土無二菩薩同時修集菩提資粮俱時圓滿於一佛土並出於世一時成佛況有无量无數菩薩於一世界一時成佛又不應言衆多菩薩同時修集菩提資粮俱時圓滿

前後相避次第成佛亦不應言一切菩薩皆不成佛是故當知衆多菩薩同時修集菩提資粮俱圓滿者於十方面无量无數隨其所淨空无如来諸佛國土各別出世同時成佛由此道理多世界中决定應有衆多菩薩同時成佛决定無有一佛土中有二如来俱時出世何以故菩薩長夜起如是願隨令增長我當獨一於无導首者世界中為作導首調伏有情脫衆苦令般涅槃如是長夜所起大願隨令增長攝受正行得成滿故无二如来於一世界俱時出現又一如来於一三千大千佛土普能施作一切佛事是故第二如来出世无所利益又一如来於一佛土出現於世令諸有情成辦自義極為熾盛極為隨順何以故彼作是思一切世間唯一如来更无第二若於此土化事已訖或往餘方或入滅度我等何從當修梵行我等何從當聞正法如是思已發起深厚欲勤精進速修梵行速聞正法若一佛土多佛出世彼於所作

不能速疾故一佛土一佛出世令諸有情成辦自義極為熾盛極為隨順一切如来一切功德平等平等无有差別唯除四法一者壽量二者名号三者族姓四者身相一切如来於此四法有增減相非餘功德又非女身能證無上正等菩提何以故一切菩薩於過第一無數刧時已捨女身乃至安坐妙菩提座曾不為女一切母邑性多煩惱性多惡慧非諸稟性多煩惱身多惡慧身能證无上正等菩提如是无上正等菩提如說自性應如實知如說衆勝應如實知如說十種功德名号隨念功德應如實知如說出現應如實知如說差別應如實知又此菩提為不思議超過一切尋思道故為无有量无邊功德所集成故為無有上生成一切聲聞獨覺及與如来諸功德故是故唯佛所證菩提衆上衆尊衆妙衆勝

本地分中菩薩地第十五初持瑜伽處力種姓品第八

已說菩薩所應學處如是應學我今

當說嗢柁南曰

勝解多求法　說法修法行　正教授教誡
方便攝三業

若諸菩薩欲於菩薩所應學處精勤修學㝡初定應具多勝解應求正法應說正法應正修行法隨法行應正教授應正教誡應住無倒教授教誡方便所攝身語意業

云何菩薩具多勝解謂諸菩薩於其八種勝解依處具足成就淨信為先決定喜樂一者於三寶功德勝解依處具足成就淨信為先决定喜樂謂於佛法僧真實功德具足勝解二者於佛菩薩威力勝解依處具足成就淨信為先决定喜樂謂於如前所說威力具多勝解三者於真實義勝解依處具足成就淨信為先决定喜樂謂於如前所說真實義具多勝解四者於因勝解依處具足成就淨信為先决定喜樂謂於種種如應所攝无顛倒因具多勝解五者於果勝解依處具足成就淨信為先决定喜樂謂於種種如應所攝无顛倒果具多勝

解六者於應得義勝解依處具足成就淨信為先決定喜樂謂於無上正等菩提所應得義我有堪任定當能得具多勝解七者於得方便勝解依處具足成就淨信為先決定喜樂謂於一切菩薩學道能得方便有此方便得應得義具多勝解八者於善言善語善說勝解依處具足成就淨信為先決定喜樂謂於契經應頌記別等法具多勝解於此八種勝解依處應知菩薩由二因緣具多勝解一者多修勝解故二者積集猛利忍故

彼諸菩薩求正法時當何所求云何而求何義故求謂諸菩薩以要言之當求一切菩薩藏法聲聞藏法一切外論一切世間工業處論當知於後十二分教方廣一分唯菩薩藏所餘諸分有聲聞藏一切外論略有三種一者因論二者聲論三者醫方論一切世間工業處論非一衆多種種品類謂金師鐵師末尼師等工業智處如是一切明處所攝有五明處一內明處二因明處三聲明處四醫方明處

五工業明處菩薩於此五種明處若正勤求則名勤求一切明處諸佛語言名內明論此幾相轉如是乃至一切世間工巧業處名工業明論此幾相轉謂內明論略二相轉一者顯示正因果相二者顯示已作不失未作不得相因明論亦二相轉一者顯示摧伏他論勝利相二者顯示免脫他論勝利相聲明論亦二相轉一者顯示安立界相能成立相二者顯示語工勝利相醫方明論四種相轉一者顯示病體善巧相二者顯示病因善巧相三者顯示斷已生病善巧相四者顯示已斷之病當不更生善巧相一切世間工業明論顯示各別工巧業處所作成辦種種異相云何內明論顯示正因果相謂有十種因當知建立无顛倒因攝一切因或為雜染或為清淨或為世間彼彼稼穡等无記法轉云何十因一隨說因二觀待因三牽引因四攝受因五生起因六引發因七定別因八同事因九相違因十不相違因謂一切法名為先故

想想為先故說是名彼諸法隨說因觀待此故此為因故於彼彼事若求若取此名彼觀待因如觀待手故手為因故有執持業觀待足故足為因故有往來業觀待節故節為因故有屈申業觀待飢渴故飢渴為因故於諸飲食若求若取隨如是等无量道理應當了知觀待因相一切種子望後自果名牽引因除種子外所餘諸緣名攝受因即諸種子望初自果名生起因即初種子所生起果望後種子所牽引果名引發因種種異類各別因緣名定別因若觀待因若牽引因若攝受因若生起因若引發因若定別因如是諸因捴攝為一名同事因於所生法能障礙因名相違因此障礙因若闕若離名不相違因當知相違略有六種一語言相違謂有一類或諸沙門或婆羅門所造諸論前後相違二道理相違謂為成立諸所成立諸所知義建立比量不與證成道理相應三生起相違謂所生法能生緣闕障生緣會四同處相違謂明闇

貪瞋苦樂等法五怨敵相違謂毒蛇鼠狼猫貍鼠等為敵惡知識等六障治相違謂修不淨與諸貪欲修慈與瞋修悲與害修七覺支八聖道支與三界繫一切煩惱於此義中正意唯取生起相違此一切因二因所攝一能生因二方便因當知此中牽引種子生起種子名能生因所餘諸因名方便因復有四緣一因緣二等无間緣三所緣緣四增上緣當知此中若能生因是名因緣若方便因是增上緣等无間緣及所緣緣唯望一切心心法說由彼一切心及心法前生開導所攝受故所緣境界所攝受故方生方轉是故當知等无間緣及所緣緣攝受因攝如是十因云何能令一切世間種種事轉云何能令雜染事轉云何能令清淨事轉謂於世間種種稼穡諸穀數世資生物所有種種名想言說謂大麥小麥稻穀胡麻大小豆等即此望彼種種稼穡為隨說因如言大麥持去持來若磨若置如是等類種種隨說如說大麥餘小

麦等當知亦介觀待飢渴羸劣身住觀待段食所有受味於彼追求執取受用即說彼法為觀待因由彼各別自種子故種種稼穡差別而生即說彼種子為此牽引因地雨等緣能生於芽名攝受因即彼種子望所生牙名生起因芽莖葉等展轉相續望彼稼穡若成若熟為引發因從大麦種生大麦芽大麦苗稼不生餘類如是所餘當知亦介即說彼為此定異因即彼一切從觀待因至定異因同為稼穡而得成熟名同事因非彼稼穡隨闕一因而得成熟是故一切和合說為此同事因霜雹災等諸障㝵法望彼滋稼為相違因彼闕无障是諸滋稼不相違因如是十因於餘世間種種事物隨其所應當知廣如攝毄論說又於一切雜染緣起所有種種名想言說謂无明行識名色廣說乃至老死愁悲憂苦擾惱即此望彼諸雜染法為隨說因如言無明緣行乃至生緣老死如是等類種種隨說觀行境界所有愛味於諸有支相續流

轉即彼望此諸雜染法為觀待因於現法中無明等法所有已生已長種子令此種子望於餘生生老死等為牽引因近不善士聞不正法非理作意及先串習所引勢力生无明等名攝受因無明等法各別種子名生起因從無明支乃至有支展轉引發後後相續望於餘生生老死等為引發因餘无明支及自種子乃至有支能生鄔洛迦餘无明支及自種子乃至有支能生傍生餓鬼人天當知亦介即此望彼諸雜染法名定異因即彼一切從觀待因至定異因名同事因此雜染法相違因者謂出世間種姓具足值佛出世演說正法親近善士聽聞正法如理作意法隨法行及與一切菩提分法即如所說種種善法若闕若離是雜染法不相違因如是十因應知能起一切有情一切雜染又於一切清淨品法及滅涅槃所有種種名想言說即此望彼諸清淨法為隨說因如言念住正斷乃至八聖道支无明滅故行滅廣說乃至生滅

故老死滅如是等類種種隨說觀待諸行多過患故樂求清淨攝受清淨成滿清淨彼望於此為觀待因安住種姓補特伽羅種姓具足能為上首證有餘依及無餘依二涅槃界彼望清淨為牽引因親近善士聽聞正法如理作意及先所作諸根成熟名攝受因種姓所攝一切无漏菩提分法所有種子望彼一切菩提分法為生起因即自種子所生一切菩提分法漸次能證若有餘依若无餘依二涅槃界名引發因聲聞種姓以聲聞乘能般涅槃獨覺種姓以獨覺乘能般涅槃大乘種姓以無上乘能般涅槃彼望清淨為定異因若清淨品觀待因乃至定異因彼望清淨為同事因種姓不具足不值佛出世生諸无暇處不親近善士不聽聞正法不如理作意數習諸邪行彼望清淨為相違因此相違因若闕若雜是名清淨不相違因若雜染品諸相違因當知即是清淨法因若清淨品諸相違因當知即是雜染法因如是現有雜染十

因清淨十因過去未來曾當染淨皆亦如是一切唯有如是十因除此無有若過若增於此相中云何為果謂略有五一者異熟果二者等流果三者離繫果四者士用果五者增上果諸不善法於諸惡趣受異熟果善有漏法於諸善趣受異熟果是名異熟果習不善故樂住不善不善法增修習善故樂住善法善法增長或似先業後果隨轉是名等流果八支聖道滅諸煩惱名離繫果若諸異生以世俗道滅諸煩惱不究竟故非離繫果諸有一類於現法中依止隨一工巧業處起士夫用所謂農作商賈事王書畫筭數占卜等事由此成辦諸稼穡等財利等果是名士用果若眼識等是眼根增上果乃至意識等是意根增上果衆生身分不散不壞是命根增上果二十二根各各能起自增上果當知一切名增上果二十二根增上作用如攝事分應知其相菩薩於是內明所顯正因果相如實知已精勤修習令處非處智力種姓漸得

清淨漸得增長云何內明論顯示已作不失未作不得相謂諸有情自所作業雖復作已經多百劫與果功能終無失壞亦无不作或復果作而有果熟或異果熟菩薩作是內明所顯已作不失未作不得相如實知已精勤修習令其自業智力種姓漸得清淨漸得增長菩薩云何求聞正法謂諸菩薩於善說法應當安住猛利愛重求聞正法如是略說於善說法安住猛利愛重之相謂諸菩薩為欲聽聞一善說法假使路由猛焰熾然大熱鐵地无餘方便可得聞是善說法者即便發起猛利愛重歡喜而入何況欲聞多善言義又諸菩薩於自身分及於一切資身衆具飲食等事所有愛重於欲聽聞諸善說法所有愛重以前愛重方後愛重於百分中不及其一於千分中亦不及一於數分中亦不及一於筭分中亦不及一乃至鄔波尼殺曇分亦不及一菩薩如是於善說法深生敬重常樂聽聞諸善說法无有勞倦亦无猒足淨信淳

厚其性柔和心直見直愛敬德故愛敬法故往法師所无難詰心有敬重心无高慢心專為求善非顯已德為欲安立自他善根不為利養恭敬因緣菩薩具足如是功德往法師所无雜染心無散乱心聽聞正法云何菩薩無雜染心聽聞正法謂聽法時其心遠離貢高雜染其心遠離輕慢雜染其心遠離怯弱雜染由六種相其心遠離貢高雜染其由四種相其心遠離輕慢雜染由一種相其心遠離怯弱雜染謂聽法時應時而聽殷重而聽恭敬而聽不為損害不為隨順不求過失由此六相其心遠離貢高雜染又聽法時恭敬正法恭敬說法補特伽羅不輕正法不輕說法補特伽羅由此四相其心遠離輕慢雜染又聽法時不自輕蔑由此一相其心遠離怯弱雜染菩薩如是无雜染心聽聞正法云何菩薩无散乱心聽聞正法謂由五相一者求悟解心聽聞正法二者專一趣心聽聞正法三者聆音屬耳聽聞正法四者掃滌其心

聽聞正法五者攝一切心聽聞正法菩薩如是求聞正法菩薩何故求聞正法謂諸菩薩求内明時為正修行法隨法行為廣開示利悟於他

若諸菩薩求因明時為欲如實了知外道所造因論是惡言說為欲降伏他諸異論為欲於此真實聖教未淨信者令其淨信已淨信者倍令增廣若諸菩薩求聲明時為令信樂典語衆生於菩薩身深生敬信為欲悟入詁訓言音文句差別於一義中種種品類殊音隨說若諸菩薩求醫明時為息衆生種種疾病為欲饒益一切大衆若諸菩薩求諸世間工業智處為少功力多集珍財為欲利益諸衆生故為發衆生甚希奇想為以巧智平等分布饒益攝受無量衆生菩薩求此一切五明為令无上正等菩提大智資粮速得圓滿非不於此一切明處次第修學能得无障一切智智如是已說一切菩薩正所應求如是而求為此義求

菩薩為他說正法時當何所說云何

而說何義故說謂諸菩薩正所應求即是所說為此義求即為此義而為他說依二種相應為他說一者依隨順說應為他說二者依清淨說應為他說云何依隨順說應為他說謂諸菩薩應當安住如法威儀而為他說非不安住如法威儀不為无病處高座者而說正法不為坐者立說正法不應居後為前行者而說正法不為覆頭而說正法如別解脫經廣說應知何以故諸佛菩薩敬重法故於正法生尊重時令他於法起極珍貴恭敬聽聞而不輕毀又為一切說一切法无聞而說又於正法不生慳悋不作師拳又於正法如其文句次第而標如其文句次第而釋如其義類分別其義又若引攝義利法義應標釋應廣分別非不引攝義利法義又應示現所應示現又應教導所應教導又應讚勵所應讚勵又應慶慰所應慶慰又依現比至教道理而說正法非不依彼三量道理又所宜說順往善趣又所宜說无乱易入而不隱

寄又為宣說應四聖諦又處一切衆說正法時隨衆所應而為宣說菩薩依此十五種相諸隨順說普為利他應如是說云何依清淨說應為他說謂諸菩薩於已有怨諸有情類應住慈心為說正法於行惡行諸有情類住利益心應說正法於諸有樂有苦放逸下劣有情應當安住利益安樂哀愍之心為說正法不以嫉纏增上力故自讚毀他以无染心不希利養恭敬讚頌為他說法菩薩依止此五種相諸清淨說普為利他應如是說如是菩薩說正法相略有二十一者以時二者重法三者次第四者相續五者隨順六者歡喜七者愛樂八者悅豫九者欣勇十者不擯十一者應理十二者稱順十三者无乱十四者如法十五者順衆十六者慈心十七者利益心十八者哀愍心十九者不自讚毀他二十者不依利養恭敬讚頌菩薩如是應常為他宣說正法

云何菩薩法隨法行當知此行略有五種謂如所求如所受法身語意業

无倒隨轉正思正修若佛世尊於彼諸法制身語意令不造作於此諸法開身語意令其造作即於如是二種法中身語意業无倒遠離无倒修證是名菩薩於諸法中身語意業无倒隨轉法隨法行云何菩薩於法正思謂諸菩薩獨居閑靜隨所聞法樂欲思惟樂欲稱量樂欲觀察先當遠離不思議處思惟彼法恒常思惟无間加行殷重加行而无慢緩是諸菩薩勇猛精進思惟法時於其少分以理觀察而隨悟入於其少分但深信解凡所思惟但依其義不依其文如實了知嘿說大說正能悟入審初思惟既悟入已數數作意令得堅固是諸菩薩由能遠離不應思議而思惟故其心不墮迷錯乱由能恒常无間殷重加行无緩而思惟故先來知義得正了知得正決了先已知義得無失壞得不忘失由於少分以理觀察隨悟入故於隨正理觀察法中不由他緣由於少分但信解故於極甚深自少覺慧不能達法仰推如來言如是

法是佛所行非我境界如是於法不生誹謗不自損害遠離衰患无諸過罪由諸菩薩思惟法時但依其義不依文故於佛世尊一切所說密意語言能隨悟入由諸菩薩普於一切嘿說大說得善巧故於真實義无物无法能傾能動是諸菩薩正能悟入初思惟故能得先來所未得忍是諸菩薩由即於此已所得忍數數作意令堅牢故能於其修隨順趣入菩薩由是八種相故能正修行正思所攝法隨法行云何菩薩於法正修當知此修略有四相一者奢摩他二者毗鉢舍那三者修習奢摩他毗鉢舍那四者樂修習奢摩他毗鉢舍那云何奢摩他謂諸菩薩由八種思善依持故於離言說唯事唯義所緣境中繫心令住離諸戲論離心擾乱想作意故於諸所緣而作勝解於諸定相令心內住安住等住廣說乃至一趣等持是名奢摩他云何毗鉢舍那謂諸菩薩由奢摩他熏修作意即於如先所思惟法思惟其相如理簡擇最極簡

擇極簡擇法廣說乃至覺明慧行是名毗鉢舍那云何修習奢摩他毗鉢舍那謂諸菩薩於奢摩他毗鉢舍那無間加行殷重加行恒常修習是名修習奢摩他毗鉢舍那云何樂修習奢摩他毗鉢舍那謂諸菩薩即於如是止觀相中其心无動於无功用離諸加行任運轉處攝受無乱是名樂修習奢摩他毗鉢舍那當知此中是諸菩薩如如修習奢摩他毗鉢舍那如是如是樂住奢摩他毗鉢舍那如如樂住奢摩他毗鉢舍那如是如是奢摩他毗鉢舍那清淨如如奢摩他清淨如是如是身安心安增長廣大如如毗鉢舍那清淨如是如是若智若見增長廣大贊此名為修所應作謂於所依中應除遣麁重及於一切所知應清淨智見如是一切修所作業菩薩由前四種修相皆能成辦云何教授當知教授略有八種謂諸菩薩或三摩地為依止故或於長時共彼住故於彼慈悲欲為教授或由其餘諸菩薩衆或由如来為作教授於

教授時先當審諦尋思其心如實了知尋思如實了知心已尋思其根如實了知尋思如實了知根已尋思意樂如實了知尋思如實知意樂已尋思隨眠如實了知尋思如實知隨眠已如其所應隨其所宜示現種種所趣入門令其趣入謂或修不淨或復修慈或修種種緣性緣起或修界差別或修阿那波那念如其所應隨其所宜示現種種所趣入門令趣入已為說能治常邊邪執處中之行為說能治斷邊邪執處中之行令其除捨未作謂作未得謂得未觸謂觸未證謂證諸增上慢如是菩薩八種教授當知略說三處所攝云何三處一未住心者為令住故令於所緣無倒係念二心已住者為令獲得自義利故為其宣說正方便道三於自所作未究竟者令捨中間所有留難若知彼心根意樂隨眠已如其所應隨其所宜示現種種所趣入門令其趣入當知是名未住心者為令住故令於所緣无倒係念若為宣說能治斷常二

邊邪執處中之行當知是名心已住者為令獲得自義利故為其宣說正方便道若令除捨未作謂作廣說乃至未證謂證諸增上慢當知是名於自所作未究竟者令捨中間所有留難如是三處當知能攝八種教授如是菩薩或由從他得正教授或由施他无倒教授能令所餘八力種姓漸得清淨漸得增長謂靜慮解脫等持等至智力種姓諸根勝劣智力種姓種種勝解智力種姓種種界智力種姓遍趣行智力種姓宿住隨念智力種姓死生智力種姓漏盡智力種姓云何教誡當知教誡略有五種一者遮止有罪現行二者開許无罪現行三者若有於所遮止開許法中暫行犯者如法諫悔四者若有於彼法中數數輕慢而毀犯者以无染濁无有變異親善意樂如法訶擯與作憶念五者若有於所遮止開許法中能正行者慈愛稱歎真實功德令其歡喜當知是名略說菩薩五種教誡所謂遮止開許諫悔訶擯慶慰云何菩薩

方便所攝身語意業當知略說菩薩所有四種攝事是名方便如世尊言菩薩成就四種攝事所攝方便方名菩薩復何因緣惟四攝事說名方便謂諸菩薩略由如是攝事所攝四種方便於諸有情普能攝受調伏成熟除此无有若過若增何等名為四種方便一隨攝方便二能攝方便三令入方便四隨轉方便若諸菩薩先行布施當知是名隨攝方便何以故先以種種財物布施饒益有情為欲令彼聽受所說奉教行故若諸菩薩次行愛語於彼彼處有愚癡者為欲除彼所有愚癡令无餘故令其攝受瞻察正理如是愛語當知名為能攝方便若諸菩薩知彼有情攝受瞻察正道理已次行利行拔彼有情出不善處於其善處勸導調伏安處建立如是利行當知名為令入方便若諸菩薩如是方便令諸有情得趣入已審後與其於正事業同共修行令彼隨轉由是因緣令所化者不作是說汝自无有圓滿淨信圓滿尸羅圓滿惠捨圓滿智慧何賴於善勸導於他諫悔呵擯與作憶念是故菩薩所行第四同事攝事當知是名隨轉方便如是菩薩四種方便若摠若別所攝身業語業意業是名方便所攝三業於諸有情能正攝受調伏成熟

瑜伽師地論卷第三十八

瑜伽師地論卷第三十八

校勘記

一 底本，金藏廣勝寺本。

一 七二一頁中四行「第十五」，徑、清無，下同。

一 七二一頁下四行「思惟」，石作「思唯」。

一 七二一頁下四行「一切」，資、磧、普、南、徑、清、麗作「一作」。

一 七二一頁下五行首字「知」，資、磧、普、南、徑、清作「智」。

一 七二一頁下九行「不護」，諸本作「三不護」。

一 七二二頁中一一行第一〇字「謂」，諸本作「說」。

一 七二二頁中一七行第四字「義」，諸本無。

一 七二二頁下九行第七字「因」，諸本作「同」。

一 七二三頁上一〇行第二字「者」，諸本作「諸」。

一　七二三頁下一一行「三寶」，石作「一寶」。

一　七二三頁下一三行「具足」，資、磧、普、南、徑、清、麗作「具多」。

一　七二四頁下六行「待飢渴」，諸本作「待飢渴故」。

一　七二四頁下七行「飲食」，南作「慾食」。

一　七二五頁上二行第三字「猫」，諸本作「猫狸」。

一　七二五頁上二行第八字「敵」，諸本作「怨敵」。

一　七二五頁上一三行第二字「法」，南、徑、清作「所」。

一　七二五頁上一三行第四字「由」，石作「故」。

一　七二五頁上一九行第四字「墮」，石作「隨」。

一　七二五頁中二行「受味」，諸本作「愛味」。

一　七二五頁中一〇行「異因」，諸本作「別因」，下同。

一　七二五頁中末行首字「行」，諸本作「待」。

一　七二五頁下三行第二字「今」，徑、清作「令」。

一　七二六頁下四行第一一字及五行首字「果」，諸本作「異」。

一　七二六頁下五行「果熟」，資、磧、普、南、徑、清作「熟果」。

一　七二六頁下五行「作是」，諸本作「於是」。

一　七二六頁下末行末字「淳」，石、資、磧、普、南、徑、清作「深」。

一　七二七頁上一〇行第八字「其」，諸本無。

一　七二七頁中一六行第七字「甚」，石作「其」。

一　七二七頁下九行第一三字「不」，清作「而」。

一　七二八頁上七行「有樂」，磧作「行樂」。

一　七二八頁中一〇行首字「如」，諸本作「加」。

一　七二八頁中一四行「嘿說」，石、麗作「黑說」。

一　七二八頁中一七行「墮迷」，石、資、磧、普、南、徑、清作「墜迷悶」；麗作「墮迷悶」。

一　七二八頁中一八行「先來」，石、麗作「先未」。

一　七二九頁上一八行第三字「應」，石、麗作「應修」。

一　七二九頁中四行第一〇字及五行第一二字「知」，石作「了知」。

一　七二九頁中末行「斷常」，石作「常斷」。

一　七二九頁下四行第六字「諸」，磧作「謂」。

一　七二九頁下一七行「諫悔」，麗作「諫誨」，下同。

一　七三〇頁中四行第九字「揔」，資、磧、普、南、徑、清作「攝」。

瑜伽師地論卷第三十九　　禍

彌勒菩薩說

三藏法師玄奘奉　詔譯

本地分中菩薩地第十五初持瑜伽處施品第九

復次菩薩次第圓滿六波羅蜜多已能證无上正等菩提謂施波羅蜜多戒波羅蜜多忍波羅蜜多精進波羅蜜多靜慮波羅蜜多慧波羅蜜多

云何菩薩施波羅蜜多嗢柁南曰

自性一切難一切門善士一切種遂求
二世樂清淨　如是九種相　是名略說施

謂九種相施名為菩薩施波羅蜜多一自性施二一切施三難行施四一切門施五善士施六一切種施七遂求施八此世他世樂施九清淨施

云何菩薩自性施謂諸菩薩於自身財无所顧惜能施一切所應施物無貪俱生思及因此所發能施一切無罪施物身語二業安住律儀阿笈摩見定有果見隨所希求即以此物而行惠施當知是名菩薩自性施

云何菩薩一切施謂一切者略有二種一內所施物二外所施物若諸菩薩但捨己身是名惟施內所施物若諸菩薩為慾食吐活命衆生數數食已吐所飲食而施與之是名雜施內外施物若諸菩薩除上所說施餘一切所應施物是名惟施外所施物又諸菩薩略由二相以自內身施來求者一捴求身者以身施彼隨所欲為繫屬於彼隨順於彼辟如有人為衣食故强自為他而作僕使如是菩薩无愛染心但為速證冣勝菩提但為衆生利益安樂但為布施波羅蜜多速圓滿故以身施彼隨所欲為繫屬於彼隨順於彼二別求手足頭目支節血肉筋骨乃至髓者隨其所欲一切施與又諸菩薩亦由二相以外施物施諸衆生一求受用者恣彼所須如其所樂隨意受用二求自在者一切斷心並皆施與又諸菩薩非无差別以一切種一切內外所有施物施諸衆生是諸菩薩以其種種內外施物於諸衆生或有施與或不施與云

何施與云何不施謂諸菩薩若知種種內外施物於彼衆生唯令安樂不作利益或復於彼不作安樂不作利益便不施與若知種種內外施物於彼衆生定作利益不定安樂或復於彼定作利益定作安樂即便施與如是略說菩薩應施不應施已次當廣辯謂諸菩薩若有來求共為伴侶欲作非理逼迫損害誑惑於他便不以身而施於彼隨所欲為繫屬於彼隨順於彼由諸菩薩寧於百反千反或百千反捨自身命施諸衆生終不隨他教命攝悅彼情於諸衆生非理逼迫損害誑惑若諸菩薩於所行施意樂清淨見有無量利衆生事正現在前設有來求自身支節不應施與何以故非彼菩薩於所行施意樂不淨心生退弱作是念言此應可施此不可施此應施與此不應與故彼菩薩為令意樂得清淨故須捨現前利衆生事而施身分由彼意樂已清淨故不應棄捨正現在前利衆生事而施身分又諸菩薩若魔衆天懷惱亂

心現前來乞身分支節不應分碎支節施與何以故勿彼當獲上品過罪及損害故如魔衆天如是於彼所使衆生當知亦尒或有衆生癡狂心亂來求菩薩身分支節亦不應碎支節施與何以故由彼不住自性心故不為義利而求乞故其心狂亂不自在故空有種種淨妄言說是故不應施彼身分除上所說與上相違來求菩薩身支節者隨其所欲應施彼身隨所欲為繫屬於彼隨順於彼或分支節而施與之當知是名菩薩於內所可施物或應施與或不應與又諸菩薩於外施物若有衆生來求毒火刀酒等物或為自害或為害他即不應施若有衆生來求毒火刀酒等物或自饒益或饒益他是即應施又諸菩薩不以屬他非同意物而行惠施又諸菩薩不行媒嫿以他妻妾而行布施又諸菩薩不以有虫飲食等物而行惠施又諸菩薩若有衆生來求種種能引戲樂能引无義所施之物不應施與何以故若施彼時雖暫令彼

於菩薩所心生歡喜而復令彼廣作種種不饒益事謂因施故令彼多行憍逸惡行身壞已後墮諸惡趣若有種種戲樂等具雖復施與不令衆生墮諸惡趣亦不增長諸不善根菩薩為欲令彼衆生因此所施戲樂等具攝受饒益心生淨信易可化導易可成熟隨彼所求悉皆施與是諸菩薩若有來求諸戲樂事何者應施何者不施謂諸菩薩終不施人捕獵等法又於雜穢諸祠祀中作大方便多集衆生損害其命獲无量罪於彼祠祀終不自作亦不教他亦不於彼諸天寺中煞羊祠祀若有來求或水或陸无量衆生所依止處為欲煞害彼生命故菩薩知已終不施與若有來求罩羅罝弶為害衆生及為習學皆不施與若有怨家來求酬隙為欲呵罵縛録煞害奪財治罰終不施與以要言之所有一切逼迫損害他諸有情戲樂等具有來求者是諸菩薩皆不施與若復種種象馬車輦衣服莊嚴珍妙飲食習歌舞等及諸樂器塗飾香

錫珎玩衆具園林樓觀舍宅侍女習
學種種工巧業處如是一切戲樂等
具為欲令其於菩薩所因此發起清
淨信心有来求者悉皆施與又諸菩
薩若有病者来求非量非宜飲食亦
不施與若有衆生食飽滿已性多饞
嗜數復来求珎妙飲食亦不施與若
諸衆生愁憂所逼求欲煞害毆擊自
身食毒墜巖投淵赴火皆悉不應施
其所欲又諸菩薩若有来求父母師
長定不應施何以故以諸菩薩於其
父母尊重師長乳哺養育徵有恩者
於長夜中常思頂戴不生猒倦恒持
自身繫屬隨順任所屠害捶縛貨賣
尚自不敢竊懷施心何况顯然施来
求者又諸菩薩若作國王灌頂自在
統領方域於自國界所有寮庶終不
抑奪取餘妻子而轉施餘唯持村邑
聚落川土或全或分以用布施而告
彼曰如我恩化汝亦宜然又諸菩薩
於自妻子奴婢僕使親戚眷屬若不
先以正言曉喻令其歡喜終不强逼
令其憂惱施来求者雖復先以正言

曉喻令其歡喜生樂欲心而不施與
怨家惡友藥叉羅刹兇暴業者不以
妻子形容軟弱族姓男女施来求者
令作奴婢又諸菩薩若有上品逼惱
衆生樂行種種暴惡業者来求王位
終不施與若彼暴惡補特伽羅先居
王位菩薩有力尚應廢黜況當施與
又諸菩薩終不侵奪父母妻子奴婢
僕使親戚眷屬所有財物持用布施
亦不逼惱父母妻子奴婢僕使親戚
眷屬以所施物施来求者又諸菩薩
以其正法以无卒暴積集財物而行
惠施不以非法不以卒暴亦不逼迫
損惱於他而行惠施又諸菩薩若在
諸佛聖教出家終不違越所有學處
而行惠施又諸菩薩行布施時普於
一切有情之類起平等心住福田想
而行惠施終不分別怨親中庸有德
有失劣等勝品有苦有樂品類差別
又諸菩薩如先所說如先所許終无
減少施来求者惟有施彼或等或增
又諸菩薩終无先許勝妙財物後施
下劣惟有先許下劣財物若有勝妙

後施勝妙又諸菩薩不以異意不以
憒怒撓濁之心而行惠施又諸菩薩
終不施已而自稱讚數數告言我於
汝所曾行如是如是惠施攝受長養
濟拔於汝又諸菩薩於卑賤者行布
施時尚无不敬撩擲而與況於有德
又諸菩薩若来求者安住種種毀犯邪
行掉舉躁擾不自防護專行罵詈瞋
忿呵責終不於彼發起邪行帶猒倦
心而行惠施惟即於彼了知為諸煩
惱所媚令敗本性深更安住憐愍之
心而行惠施又諸菩薩不由惡見妄
有執取而行惠施謂如廣大暴惡祠
祀不計煞生布施為法亦不妄取吉
祥瑞應相應相狀而行布施又諸菩
薩終不妄計惟一切種極善清淨而
行惠施即是世間及出世間離欲清
淨惟審了知所行布施但是離欲清
淨資粮又諸菩薩不觀其果而行布
施一切布施皆為迴向速證无上正
等菩提又諸菩薩如實了知一切品
類所行布施一切品類施果異熟深
生信解不由他緣非他所引而行布

施謂施飲食能感大力施諸衣服能感妙色施諸車乘能感快樂施諸燈明能感淨眼如是等類廣說應知又諸菩薩不為怖畏自身貧窮而行布施唯由悲愍眾生意樂而行布施又諸菩薩於来求者終不施與不合儀物謂施出家者餘殘飲食或諸便穢淩唾變吐膿血不淨所雜所涂又不告白不令覺知如棄捨法施麨飯等謂不食葱者施以葱雜葱涂飲食不食肉者施以肉雜肉涂飲食不飲酒者施以酒雜酒涂飲食或復處置不合儀式所有事業而行布施如是等類不合儀施菩薩不為又諸菩薩不令求者數數来求徃還親附隨順繫屬稽留疲倦然後方施唯暫来求即便施與又諸菩薩不依世間名聲讚頌而行布施不依於他反報恩德而行布施不依帝釋魔王輪王自在等果而行布施亦復不為誑誘他故而行惠施謂欲令他國王大臣城邑聚落諸婆羅門多饒財寶長者居士大富商主施者施主知我行施定當恭

敬尊重讚歎供養於我故行惠施又不狹劣而行惠施謂財雖少尚廣心施何況財多又不誑他而行惠施謂先於彼少行惠施令起愛著令親附已然後傾減又復為乖離於他而行惠施謂我以施乖離村邑村邑一分乖離國土國土一分令背其主而来屬我又諸菩薩翹勤无墮起策具足勇鋭自嚴先自行施後勸化施非自懈怠策他勤施又无量衆同集来乞如實了知持戒犯戒隨其長幼以次而坐從上至下周旋徃返躬諸施物分布與之又諸菩薩現有无量廣多財物終不行於有量之施又諸菩薩不損惱他而行惠施謂不訶罵捶打恐怖毀辱縛害拘禁斫刺駈擯於此而施於彼又諸菩薩施前意悅施時心淨施後无悔又諸菩薩不以諂詭而行惠施謂終不以非實末尼真珠琉璃珂貝璧玉珊瑚等寶而施希望真實寶者又諸菩薩所有財物若少若多无不運心先施一切後来求者如取自財菩薩與時如還彼物又諸

菩薩應時而施不以非時自他淨施非不清淨合儀而施不以非儀无乱心施不以散乱又諸菩薩見来求者終不蚩笑亦不輕弄亦不令其而生被愧亦不顰蹙舒顔平視前笑先言終不稽留疾疾而施又諸菩薩他雖不求自恣求者必有所求稱須而與常開求者歡情自取

又諸菩薩不以悪慧而行布施常以巧慧而行布施云何菩薩巧慧布施謂諸菩薩現有種種可施財物求者未至先發是以設二求者俱来我所一是安樂非貧非賤有依有怙二是危苦是貧是賤无依無怙我於尒時應自揆量所有財物若堪於二充足滿願即應俱施滿願充足若其財物不堪於二充足滿願即應方便發遣安樂非貧非賤有依有怙盡已所有施彼危苦是貧是賤无依無怙發是心已如所思惟即便成辦如是事業於安樂等諸来求者既无力能足滿其願先當方便發意思惟辞謝發遣我此施物於危苦等先捨先許故今

與之非我於汝無樂施心但更無力惟願賢首勿於我所嫌恨棄皆又諸菩薩現有種種可施財物知有慳家寂極慳家悋執財寶慳固競戰於其家中曾未惠施一切沙門婆羅門等菩薩即便往詣其舍慰問安不恭順方便告言汝来我不令汝庫藏盈盈而於現前作大饒益我家現有廣多財寶廣多施物為滿我施波羅蜜多若有求者来到汝所勿令空返可至我家取諸財寶隨意施與或有求者来至我所我行施時汝於此施當生隨喜彼聞是已便生欣悅於我庫藏既無所減復得稱彼善男子心故應隨順成辦所作菩薩如是令彼漸種當来調伏慳悋種子由慧為先善巧方便令漸修習自捨少財依下无貪進得中品依中无貪進得上品又諸菩薩若親教師及軌範師共住弟子同梵行者性是慳貪是慳貪類或性雖非慳貪種類而闕資財所欲匱乏菩薩欲寄佛法僧田樹修布施福業事時捨所施物與彼令作已自不為

菩薩如是巧慧方便自所生福弥更弘多復令一類同梵行者調伏所有慳貪煩惱亦令一類樂善法者所願滿足攝受有情成熟有情又諸菩薩現有衆多可施財物見諸来者有希求相知其心已隨彼所樂悉皆施與復有商人為性矯詐欲行欺誑菩薩知已尚掩其過不令他知況顯於彼稱滿其願令无羞慙踊躍無畏歡喜而去復有矯詐欺誑菩薩初不覺知後時乃覺雖復覺知不以此事舉發彼人亦不訶責為作憶念但生悲愍彼於我所誤行如是不與取事我今隨喜令彼无罪如是等類當知名為菩薩現有可施財物巧慧而施又諸菩薩若現无有可施財物先所串習彼彼世間工巧業處作意現前少用功力多集財寶施諸衆生是諸菩薩或復為他種種美妙善巧言詞宣說正法令貧苦者尚樂行施況富樂者令慳貪者猶能惠施況習施者或有淨信多饒財寶常樂施家數數乞者往彼求索令其布施或彼惠捨修福

業時躬詣其所翹勤无惰起策具足深心歡喜隨力隨能身助語助令施求者得善滿足以彼施時事力闕尠或惡供贍或隨明黨或不恭敬或忿恚失由善助故斯過皆无如是菩薩現無財寶巧慧方便而行布施此説乃至未證增上清淨意樂若諸菩薩已證增上清淨意樂如已獲得超諸惡趣如是生生必定獲得无盡財寶又諸菩薩終不口授求過外道所有正法亦不施彼所寫經典知性多貪求欲衒賣經卷等者亦不施與知欲秘藏亦不施與不求勝智亦不施與必求勝智若自了知於經卷等其義已辯即隨所樂如應施與若自了知於經卷等其義未辯為辯義故恒自披轉如是菩薩若見其餘有經卷等即應方便轉求施與或更書寫而施與之若不見餘有經卷等亦无力能更為書寫即應審諦觀察自心勿我於法慳垢纏心不能施耶勿我於法別意所尋不欲施耶為我於法有勝所須不應施耶如是審諦觀察心已

若自了知我於此法少有慳纒別意所尋而不施者即作是心我今決定應行法施設我由此行法施故於現法中即成癡瘂不忍煩惱尚應法施况令闕之妙智資粮又觀察已若自了知我於此法无少慳纒亦無別意但為成辦勝所須義不應施者菩薩尒時應更思忖我捨此法施於彼者為為損害自煩惱耶為為圓滿智資粮耶為為愛念諸衆生耶既思忖已便正了知我都不見自有煩惱見不施彼此經卷等現法當來我智資粮展轉增勝非施於彼建此功德但於當來薄鍵法利非豊覺慧若不施彼便能修集利益安樂一切衆生巧方便智即為愛念此一衆生及餘一切若施於彼惟成愛念此一衆生非餘一切菩薩如是如實知已不施彼者无罪无悔亦不違越菩薩淨戒云何菩薩方便不施謂諸菩薩不忍直言遣來求者謂我不能惠施於汝要當施設方便善巧曉諭發遣云何施設力便善巧謂諸菩薩先於所畜一切

資具一切施物為作淨故以淨意樂捨與十方諸佛菩薩譬如苾芻於已衣物為作淨故捨與親教軌範師等如是菩薩淨施因緣雖復貯畜種種上妙一切資具一切施物猶得名為安住聖種生无量福常於此福多思惟故於一切時隨遂增長恒於一切作淨施物如佛菩薩可寄護持見來求者即應觀察若隨所欲作淨施物惠施彼時稱當正理應作是念諸佛菩薩无有少物於諸衆生而不施者如是知已取淨施物施來求者令所願滿若觀施時不稱正理即應念先作淨施法告言賢首如是等物是他所有不許汝施軟言曉諭方便發遣或持餘物二倍三倍恭敬施與然後發遣令彼了知菩薩於此非慳貪故不欲施我定當於此經卷等法不自在故不施於我當知是名菩薩巧慧而行法施

又諸菩薩於一切施謂法施財施無畏施若異門若體相若釋名若因果若別如實了知而行惠施當知亦名

菩薩巧慧而行布施又諸菩薩於諸有怨以慈意樂而行惠施於諸有苦以悲意樂而行惠施於諸有德以喜意樂而行慧施於諸有恩親善同意以捨意樂而行慧施當知亦名菩薩巧慧而行布施

又諸菩薩於其施障及彼對治如實了知此中施障略有四種一先未串習二施物尠闕三耽著上妙悅意財物四觀見當來具足財果而深欣樂若諸菩薩現有種種可施財物雖見求者正現在前而於惠施心不趣入菩薩尒時即以正慧速疾通達是我於施先未串習所作過失復以妙慧如是通達我於先世决定於施曾未串習致令今世現有種種可施財物雖見求者正現在前而於慧施心不趣入若於今世不强思擇而行施者復於來世定當憎背所應行施菩薩如是正通達已用此施障對治為依力勵思擇而行惠施能不隨遂先未串習所作過失自在而行又諸菩薩若見求者正現在前由諸財物有尠

關故於其惠施心不趣入菩薩尒時即以正慧速疾通達如是匱乏障施因緣忍受匱乏所作衆苦力勵思擇起悲愍心而行慧施作如是念或由宿業有過失故或由現在繫屬他故令我具受衆多猛利飢渴等苦不能饒益一切衆生設我今者由行慧施因饒益他於現法中受種種苦乃至殞殁如是行施猶爲最勝非空發遣諸來求者況當更有諸菜葉等可以活命菩薩如是忍受匱乏所作衆苦而行慧施又諸菩薩若見求者正現在前由可施物極悅意故最上妙故於行慧施心不趣入菩薩尒時即以正慧速疾通達是我躭著所作過失我今於昔發起虛妄樂想顛倒由此能生當來衆苦於此顛倒遍了知故爲欲斷除力勵思擇用此財物而行慧施又諸菩薩若行施已於當施果廣大財利見勝功德深生欣樂不求无上正等菩提菩薩尒時即以正慧速疾通達是邪果見所作過失如實觀一切諸行皆不堅牢一切諸行皆

念念滅所受用果速疾滅盡速疾離散如是觀時即能斷滅能生欣樂邪果之見諸所行施一切迴向无上菩提如是菩薩四種施障當知四種能對治智對治於彼一者覺悟二者忍受衆苦三者遍知顛倒四者見一切行性不堅牢是諸菩薩由前三種能對治智決定堪能正行惠施由後一種能對治智能正攝受施福勝果當知亦名菩薩巧慧而行布施

又諸菩薩內居閑靜由淨意樂淳厚淨信分別勝解數數緣念種種上妙無量財寶以勝解力於諸衆生樂行慧施由此因緣是諸菩薩以少功用生無量福當知亦名菩薩巧慧而行布施

如是妙慧大慧菩薩巧慧行施摠略義者由有財无財財施所攝故如是由法施故由無㝵解施故由勝意樂施故由施障對治智施故由增上意樂勝解施故當知是名惟諸菩薩不共行施

如是廣說於內外事菩薩所行一切

施差別相已自斯已後即於一切施差別相中分出所餘難行施等一切差別應當了知

云何菩薩難行施當知此施略有三種謂若諸菩薩財物尠少自忍貧苦慧施於他是名菩薩第一難行施若諸菩薩所可愛物或性深愛或長時串習或有上品恩或最上妙物極生躭著能自開解慧施於他是名菩薩第二難行施若諸菩薩極大艱辛所獲財物慧施於他是名菩薩第三難行施

云何菩薩一切門施當知此施略有四相謂諸菩薩或自財物或勸化他所得財物或施親屬父母妻子奴婢作使善友大臣親戚眷屬或復施與他來求者如是四相是名菩薩一切門施

云何菩薩善士所行名善士施當知此施略有五相謂諸菩薩淨信而施恭敬而施自手而施應時而施不損惱他而行惠施如是五相是名菩薩善士所行名善士施

云何菩薩一切種施當知此有十三相一无依施二廣大施三歡喜施四數數施五田器施六非田器施七一切物施八一切處施九一切時施十无罪施十一有情物施十二方土物施十三財穀物施如是十三種相當知是名菩薩一切種施

云何菩薩遂求施當知此施有八種相謂諸菩薩匱乏飲食而求乞者施以飲食匱乏車乘而求乞者施以車乘匱乏衣服而求乞者施以衣服匱乏嚴具而求乞者施以嚴具匱乏種種資生什物而求乞者施以種種資生什物匱乏種種塗飾香鬘而求乞者施以種種塗飾香鬘匱乏舍宅而求乞者施以舍宅匱乏光明而求乞者施以光明如是八相是名菩薩遂求施

云何菩薩此世他世樂施當知此施略有九相謂財施无畏施法施捴說名為能令衆生此世他世樂施財施者謂以上妙清淨如法財物而行慧施調伏慳悋垢而行惠施調伏積蔵垢而行慧施調伏慳悋垢者謂捨財物執著調伏積蔵垢者謂捨受用執著无畏施者謂濟拔師子虎狼鬼魅等畏拔濟王賊等畏拔濟水火等畏法施者謂无倒說法稱理說法勸修學處如是一切捴說九相是名菩薩能令衆生此世他世樂施此中財施无畏施及此差別能令衆生此世安樂法施及差別能令衆生後世安樂

云何菩薩清淨施當知此施有十種相一不留滯施二不執取施三不積聚施四不高舉施五无所依施六不退弱施七不下劣施八不向背施九不望報恩施十不希異熟施云何不留滯施謂諸菩薩見來求者正現在前速疾慧施不作留滯非來求者疾望得財如諸菩薩速希惠施云何不執取施謂諸菩薩不以妄見執取於施或執此施空无有果或執煞害而行慧施以為正法或執惟施極淨圓滿是世出世究竟清淨云何不積聚施謂諸菩薩不於長時漸漸積集衆多蓄財物然後頓施何以故非諸菩薩現有施物見來求者正現在前堪能不施不見不施是稱正理云何積財而不速施又諸菩薩不見積財後方頓施是能生長多福之門又正觀見若別若捴求者相似漸施頓施財物平等何緣而執福有差別又諸菩薩見積聚施其施有罪見隨得施其施无罪何以故若積聚已然後頓施是則先時有來求者其數或百而不施與令生嫌恨不忍不信後有二類或不希求畜積珎財強而頓施是故菩薩不積聚施云何不高舉施謂諸菩薩於來求者謙下心施亦不與他競勝而施亦不施已而生憍慠謂我能施我是施主餘則不尒云何無所依施謂諸菩薩不依攝譽聲頌而施體達世間稱譽聲頌虛妄分別文字所起惟是虛音繫屬妄轉辟如世間稍裁葉聚云何不退弱施謂諸菩薩施先意悅施時心淨施已无悔聞諸菩薩廣大第一最勝施時不自輕蔑恐怖退弱云何不下劣施謂諸菩薩於諸施物勤數簡擇最勝最妙飲食車

乘衣服等物持用布施云何不向背施謂諸菩薩其心平等不隨朋黨於怨親中悲心等施云何不望報恩施謂諸菩薩悲心愍心而行慧施終不於他希望反報但觀求樂憂火所燒无有勢力性苦衆生深心悲愍而行惠施云何不希異熟施謂諸菩薩脩行惠施終不希望當來所得財寶圓滿自身圓滿施果異熟觀一切行性是虛偽觀大菩提最勝功德由此十相菩薩所行布施清淨最極清淨如是菩薩依止九相所行慧施圓滿施波羅蜜多已能證无上正等菩提

瑜伽師地論卷第三十九

瑜伽師地論卷第三十九

校勘記

一　底本，金藏廣勝寺本。七三三頁上至七三四頁上及七三五頁上共五版，原版殘缺，以麗藏本换。

一　七三二頁中四行「第十五」，[徑]、[清]無。

一　七三二頁下四行第五字「愍」，[資]、[磧]、[普]、[南]作「慜」。

一　七三三頁下一七行「罩羅罝弶爲害」，[石]作「罩罝弶網爲害」。

一　七三三頁下一八行「酬隙」，[磧]、[普]、[南]、[徑]、[清]作「讎隙」。

一　七三三頁下一九行首字「録」，[磧]、[普]、[南]、[徑]、[清]作「戮」。

一　七三四頁中七行「王位」，[磧]作「正位」。

一　七三四頁中九行第四字「慼」，諸本作「戚」。

一　七三四頁中九行「持用」，[磧]作「特用」。

一　七三四頁中一八行「中庸」，[石]作「中容」。

一　七三五頁中五行第八字「爲」，諸本作「不爲」。

一　七三五頁中七行「國土國土」，[磧]作「國王國士」。

一　七三五頁中九行「化施」，諸本作「他施」。

一　七三五頁下四行「而生」，[徑]、[清]作「面生」。

一　七三五頁下一二行「是以」，諸本作「是心」。

一　七三五頁下末行末字「今」，[資]、[磧]、[普]、[南]、[徑]、[清]作「令」。

一　七三六頁中四行「成熟」，[資]、[磧]、[普]、[南]、[徑]、[清]作「成就」。

一　七三六頁中九行「羞慙」，[石]、[麗]作「羞愧」。

一　七三六頁中一四行「无罪」，[磧]作「无非」。

一　七三六頁中一六行「先所」，[石]作「先有」。

一　七三六頁下四行第六字「隨」，資、磧、普、南、徑、清、麗作「墮」。

一　七三七頁上二行「是心」，資、磧、普、南、徑、清作「是念」。

一　七三七頁中八行「可寄」，諸本作「所寄」。

一　七三七頁中一五行「汝施」，諸本作「施汝」。

一　七三七頁下四行「慧施」，諸本作「惠施」，下同。

一　七三八頁上末行首字「觀」，諸本作「觀察」。

一　七三八頁中一行第一〇字「滅」，資、磧、普、南、徑、清、麗作「減」。

一　七三八頁中五行第三字「智」，磧作「皆」。

一　七三八頁中二〇行第八字「智」，石、麗作「智慧」。

一　七三八頁下七行「愛物」，資、磧、普、南、徑、清作「受物」。

一　七三九頁上一行第一一字「此」，諸本作「此施」。

一　七三九頁中九行第四字「及」，麗作「及此」。

一　七三九頁中一三行「不向」，資、磧、普、南、徑、清作「無向」。

一　七三九頁中二一行第五字「世」，磧、普、南、徑、清無。

一　七三九頁中二二行第一三字「集」，石無。

一　七三九頁中末行第二字「蓄」，資、磧、普、南、徑、清、麗無。

一　七三九頁下一〇行第二字「令」，磧、普、南作「今」。

一　七四〇頁上二行第六字「其」，石作「施」。

瑜伽師地論卷第四十　　禍

彌勒菩薩說

三藏法師玄奘奉　詔譯

本地分中菩薩地第十五初持瑜伽處

戒品第十之一

云何菩薩戒波羅蜜多嗢拕南曰

自性一切難　一切門善士　一切種遂求
二世樂清淨　如是九種相　是名略說義

謂九種相戒名為菩薩戒波羅蜜多一自性戒二一切戒三難行戒四一切門戒五善士戒六一切種戒七遂求戒八此世他世樂戒九清淨戒

云何菩薩自性戒謂若略說具四功德當知是名菩薩自性戒何等為四一從他正受二善淨意樂三犯已還淨四深敬尊念无有違犯由諸菩薩從他正受故於所學戒若有違犯即外觀他深生愧耻由諸菩薩善淨意樂故於所學戒若有違犯即內自顧深起慚羞由諸菩薩於諸學處犯已還淨深敬尊念初无違犯二因緣故離諸惡作如是菩薩從他正受善淨

意樂為依止故生起慚愧由慚愧故能善防護所受尸羅由善防護所受戒故離諸惡作又於是中從他正受善淨意樂此二是法犯已還淨深敬尊念无有違犯此二是前二法所引又於是中從他正受善淨意樂深敬尊念无有違犯由此三法應知能令不毀菩薩所受淨戒犯已還淨由此一法應知能令犯已還出如是菩薩具四功德自性尸羅應知即是妙善淨戒正受隨學能利自他利益安樂无量衆生哀愍世間諸天人等令得義利利益安樂故應知即是无量淨戒攝受無量菩薩所學故應知即是饒益一切有情淨戒現前能作一切有情利益安樂故應知即是能獲大果勝利淨戒攝受隨與无上正等菩提果故是名菩薩自性戒

云何菩薩一切戒謂菩薩戒略有二種一在家分戒二出家分戒是名一切戒

又即依此在家出家二分淨戒略說三種一律儀戒二攝善法戒三饒益

有情戒

律儀戒者謂諸菩薩所受七衆別解脫律儀即是苾芻戒苾芻尼戒正學戒勤策男戒勤策女戒近事男戒近事女戒如是七種依止在家出家二分如應當知是名菩薩律儀戒

攝善法戒者謂諸菩薩受律儀戒後所有一切為大菩提由身語意積集諸善總說名為攝善法戒此復云何謂諸菩薩依戒住戒於聞於思於修止觀於樂獨處精勤修學如是時時於諸尊長精勤修習合掌起迎問訊札拜恭敬之業即於尊長勤修敬事於疾病者悲愍殷重瞻侍供給於諸妙說施以善哉於有功德補特伽羅真誠讚美於十方界一切有情一切福業以勝意樂起淨信心發言隨喜於他所作一切違犯思擇安忍以身語意已作未作一切善根迴向無上正等菩提時時發起種種正願以一切種上妙供具供佛法僧於諸善品恒常勇猛精進修習於身語意住不放逸於諸學處正念正知正行防守

密護根門於食知量初夜後夜常修悎寤親近善士依止善友於自愆犯審諦了知深見過失既審了知深見過已其未犯者專意護持其已犯者於佛菩薩同法者所至心發露如法悔除如是等類所有引攝護持增長諸善法戒是名菩薩攝善法戒

云何菩薩饒益有情戒當知此戒略有十一相何等十一謂諸菩薩於諸有情能引義利彼彼事業與作助伴於諸有情隨所生起疾病等苦瞻侍病等亦作助伴又諸菩薩依世出世種種義利能為有情說諸法要先方便說先如理說後令獲得彼彼義利又諸菩薩於先有恩諸有情所善守知恩隨其所應現前酬報又諸菩薩於墮種種師子虎狼鬼魅王賊水火等畏諸有情類皆能救護令離如是諸怖畏處又諸菩薩於諸喪失財寶親屬諸有情類善為開解令離愁憂又諸菩薩於有匱乏資生衆具諸有情類施與一切資生衆具又諸菩薩隨順道理正與依止如法御衆又諸

菩薩隨順世間事務言說呼召去來談論慶慰隨時往赴從他受取飲食等事以要言之遠離一切能引无義違意現行於所餘事心皆隨轉又諸菩薩若隱若露顯示所有真實功德令諸有情歡喜進學又諸菩薩於有過者內懷親昵利益安樂增上意樂調伏訶責治罰駈擯為欲令其出不善處安置善處又諸菩薩以神通力方便示現那落迦等諸趣等相令諸有情猒離不善方便引令入佛聖教歡喜信樂生希有心勤修正行云何菩薩住律儀戒住攝善法戒住饒益有情戒善護律儀戒善修攝善法戒善行一切種饒益有情戒

謂諸菩薩住別解脫律儀戒時捨轉輪王而出家已不顧王位如棄草穢如有貧賤為活命故棄下劣欲而出家已不顧劣欲不如菩薩清淨意樂捨輪王位而出家已不顧一切人中最勝轉輪王欲又諸菩薩住律儀戒於未來世天魔王宮所有妙欲不生喜樂亦不願求彼諸妙欲修行梵行

於彼妙欲尚如實觀猶如趣入廣大種種恐畏稠林況餘諸欲又諸菩薩既出家已於現在世尊貴有情種種上妙利養恭敬正慧審觀尚如變吐曾不味著何況於餘卑賤有情所有下劣利養恭敬又諸菩薩常樂遠離若獨靜處若在衆中於一切時心專遠離寂靜而住不惟於是尸羅律儀而生喜足依戒住戒勤修無量菩薩等持為欲引發證得自在又諸菩薩雖處雜衆而不樂為乃至少分不正言論居遠離處不起少分諸惡尋思或時失念暫尒現行尋便發起猛利悔愧深見其過數數悔愧深見過故雖復暫起不正言論諸惡尋思而能速疾安住正念於彼獲得无復作心由此因緣則能抅撿習抅撿故漸能如昔於彼現行深生喜樂於今安住彼不現行喜樂亦尒又能違逆令不現起又諸菩薩於諸菩薩一切學處及聞已入大地菩薩廣大无量不可思議長時審極難行學處心无驚懼亦不怯劣惟作是念彼既是人漸次

修學於諸菩薩一切學處廣大无量不可思議淨身語等諸律儀戒成就圓滿我亦是人漸次修學決定无疑當得如彼淨身語等諸律儀戒成就圓滿又諸菩薩住律儀戒常審已過不伺他非普於一切兇暴犯戒諸有情所无損害心無瞋恚心菩薩於彼由懷上品法大悲故現前發起深憐愍心欲饒益心又諸菩薩住律儀戒雖復遭他手足塊石刀杖等觸之所加害於彼尚無少恚恨心況當於彼欲出惡言欲行加害況復發言毀辱訶責以少苦觸作不饒益又諸菩薩住律儀戒具足成就五支所攝不放逸行一前際俱行不放逸行二後際俱行不放逸行三中際俱行不放逸行四先時所作不放逸行五俱時隨行不放逸行謂諸菩薩於菩薩學正修學時若於過去已所違犯如法悔除是名菩薩前際俱行不放逸行若於未來當所違犯如法悔除是名菩薩後際俱行不放逸行若於現在正所違犯如法悔除是名菩薩中際俱

行不放逸行若諸菩薩先於後時者所違犯發起猛利自增欲樂謂我定當如如所應行如如所應住如是如是行如是如是住令无所犯是名菩薩先時所作不放逸行若諸菩薩即以如是先時所作不放逸行為所依止如如所應行如如所應住如是如是行如是如是住不起毀犯是名菩薩俱時隨行不放逸行又諸菩薩住律儀戒覆藏自善發露己惡少欲喜足堪忍衆苦性无憂戚不掉不躁威儀寂靜離矯詐等一切能起邪命之法菩薩成就如是十支名住律儀戒善護律儀戒謂不顧戀過去諸欲又不希求未來諸欲又不耽著現在諸欲又樂遠離不生喜足又能捨離不正言論諸惡尋思又能於己不自蔑又性柔和又能堪忍又不放逸又能具足軌則淨命

又諸菩薩已能安住攝善法戒若於身財少生顧戀尚不忍受何況其多又於一切犯戒因緣根本煩惱少分煩惱忿恨等生亦不忍受又於他所

發生恚害忿恨等心亦不忍受又於所起懈怠懶墮亦不忍受又於所起等至味著等至煩惱亦不忍受又於五處如實了知謂如實知善果勝利又能如實了知善因又能如實知善因果倒與无倒又如實知攝善法障是諸菩薩能於善果見大勝利尋求善因為攝善故如實了知倒與無倒由此菩薩獲得善果不於无常妄見為常不於其苦妄見為樂不於不淨妄見為淨不於無我妄見為我如實了知攝善法障為攝善故速疾遠離菩薩由此十種相故名住攝善法戒速能攝善一切種相謂施漸次若戒漸次若忍漸次若精進漸次若靜慮漸次及五種慧又諸菩薩由十一相名住一切種饒益有情戒於一一相中成就一切種謂諸菩薩於諸有情彼彼事業皆為助伴謂於思量所作事業及於功用所作事業悉能與彼而作助伴或於道路若往若來或於无倒事業加行或於守護所有財物或於和合展轉乖離或於義會或於

修福皆為助伴於諸疲苦亦為助伴謂於遭遇疾疫有情瞻侍供給盲者啓導聾者撝義手代言者曉以想像迷方路者示以隅途支不具者惠以荷乘其愚騃者誨以勝惠為貪欲纏所苦有情開解令離貪欲纏苦如是若為瞋恚惛沉睡眠掉舉惡作疑纏所苦有情開解令離疑纏等苦欲尋思纏所苦有情開解令離欲尋思苦如欲尋思恚害親里國土不死輕侮相應族姓相應所有尋思當知亦尒他蔑他勝所苦有情開解令離被蔑勝苦行路疲乏所苦有情施座施處調身按摩令其止息勞倦衆苦又諸菩薩為諸有情如理宣說謂於樂行惡行有情為欲令斷諸惡行故以相應文句助伴隨順清亮有用相稱應順常委分資粮法而為宣說或復方便善巧宣說如於樂行惡行有情為欲令斷諸惡行故如是於行慳行有情為欲令彼斷慳行故於現法中求財寶者為欲令彼正少功力集多財寶守護无失於佛聖教懷憎嫉者為

欲令彼得清淨信證清淨見超諸惡趣盡一切結越一切苦應知亦尒又諸菩薩於其有恩諸有情所深知恩惠常思酬報甦見申敬讃言善来怡顏歡慰吐誠談謔梓處設座正延令坐若等若增財利供養現前酬荅非以下劣於彼事業雖不求請尚應伴助況于有命如於事業如是於苦於如理說於方便說於濟怖畏於衰惱處開解愁憂於惠資具於與依止於隨心轉於顯實德令深歡悅於懷親愛方便調伏於現神通驚恐引攝如應廣說當知亦尒又諸菩薩於遭怖畏諸有情類能為救護謂於種種禽狩水火王賊怨敵家主宰官不活惡名大衆威德非人起屍魍魎等畏皆能救護令得安隱又諸菩薩於處衰惱諸有情類能善開解令離愁憂或依親屬有所喪亡所謂父母兄弟妻子奴婢僮僕宗長朋友內外族因親教軌範及餘尊重時有喪亡善為開解令離憂惱或依財寶有所喪失謂或王賊之所侵奪或火所燒或水所

溺或為矯詐之所誑誘或由事業无方損失或為惡親非理攢取或家生火之所耗費於如是等財寶喪失善為開解令離憂惱由是因緣諸有情類生軟中上三品愁憂菩薩皆能正為開解又諸菩薩備資生具隨有來求即皆施與謂諸有情求食與食求飲與飲求乘與乘求衣與衣求莊嚴具施莊嚴具求諸什物施以什物求鬘塗香施鬘塗香求止憩處施止憩處求諸光明施以光明又諸菩薩性好攝受諸有情類如法御衆方便饒益以无染心先與依止以憐愍心現作饒益然後給施如法衣服飲食卧具病緣醫藥資身什物若自无有應從淨信長者居士婆羅門等求索與之於已以法所獲如法衣服飲食諸坐卧具病緣醫藥資身什物與衆同用自無隱費於時時閒以其隨順八種教授而正教授五種教誡而正教誡此中所說教授教誡當知如前力種性品已廣分別又諸菩薩於有情心性好隨轉隨心轉時先知有情若

體若性知體性已隨諸有情所應共住即應如是與其共住隨諸有情所應同行即應如是與彼同行若諸菩薩欲隨所化有情心轉當審觀察若於如是如是相事現行身語生他憂苦如是憂苦若不令其出不善處安立善處菩薩尒時於如是事現行身語護彼心故方便思擇勵力遮止令不現行如是憂苦若能令其出不善處安立善處菩薩尒時於如是事現行身語住哀愍心不隨如是有情心轉方便思擇勵力策發要令現行復審觀察若於如是他有情事現行身語令餘有情發生憂苦如是憂苦若不令他或餘有情或不令二出不善處安立善處菩薩尒時於如是事現行身語護餘心故方便思擇勵力遮止令不現行如是憂苦若能令他或餘有情或能令二出不善處安立善處菩薩尒時於如是事現行身語住哀愍心不隨如是有情心轉方便思擇勵力策發要令現行復審觀察若於如是菩薩自事現行身語生他憂苦

如是現行身語二業非諸菩薩學處所攝不順福德智慧資粮如是憂苦不能令他出不善處安立善處菩薩尒時於如是事現行身語護他心故方便思擇勵力遮止令不現行與此相違現行身語如前應知如生憂苦如是廣說生於喜樂隨其所應當知亦尒又隨他心而轉菩薩知他有情忿纏所纏現前忿纏難可捨離尚不讚歎何況毀呰即於尒時亦不諫誨又隨他心而轉菩薩他雖不來談論慶慰尚應自往談論慶慰何況彼來而不酬報又隨他心而轉菩薩終不故意惱觸於他惟除訶責諸犯過者起慈悲心諸根寂靜如應訶責令其調伏又隨他心而轉菩薩終不嗤誚輕弄於他令其赧愧不安隱住亦不令其心生憂悔雖能摧伏得勝於彼而不彰其墮在負處彼雖淨信生於謙下終不現相而起自高又隨他心而轉菩薩於諸有情非不親近不極親近亦不非時而相親近又隨他心而轉菩薩終不現前毀他所愛亦不

現前讚他非愛非情交者不吐實誠不屢希望知量而受若先許應他飲食等終無假託不赴先祈為性讚沖如法曉喻又諸菩薩性好讚揚真實功德令他歡喜於信功德具足者前讚揚信德令其歡喜於戒功德具足者前讚揚戒德令其歡喜於聞功德具足者前讚揚聞德令其歡喜於捨功德具足者前讚揚捨德令其歡喜於惠功德具足者前讚揚惠德令其歡喜又諸菩薩性好悲愍以調伏法調伏有情若諸有情有下品過下品違犯內懷親愛无損惱心以軟訶責而訶責之若諸有情有中品過中品違犯內懷親愛无損惱心以中訶責而訶責之若諸有情有上品過上品違犯內懷親愛无損惱心以上訶責而訶責之如訶責法治罰亦尒若諸有情有下中品應可駈擯過失違犯菩薩尒時為教誡彼及餘有情以憐愍心及利益心權時駈擯後還攝受若諸有情有其上品應可駈擯過失違犯菩薩尒時盡壽駈擯不與共住不

同受用憐愍彼故不還攝受勿令其人於佛聖教多攝非福又為教誡利餘有情又諸菩薩為欲饒益諸有情故現神通力或為恐怖或為引攝謂為樂行諸惡行者方便示現種種惡行諸果異熟謂諸惡趣小那落迦大那落迦寒那落迦熱那落迦既示現已而告之言汝當觀此先於人中造作增長諸惡行故今受如是審極暴惡辛楚非愛苦果異熟彼見是已恐怖猒患離諸惡行復有一類无信有情菩薩衆中隨事故問彼作異思想而不荅菩薩尒時或便化作執金剛神或復化作壯色大身巨力藥叉令其恐怖由是因緣捨憍生信恭敬正荅其餘大衆聞彼正荅亦皆調伏或現種種神通變化或一為多或多為一或以其身穿過石壁山巖等障往還无㝵如是廣說乃至梵世身自在轉現無量種神變差別或復現入火界定等或復示現共聲聞等種種神通方便引攝令諸有情踊躍歡喜諸未信者方便安處信具足中諸犯戒

者方便安處戒具足中諸少聞者方便安處聞具足中多慳悋者方便安處捨具足中諸惡惠者方便安處惠具足中如是菩薩成就一切種饒益有情戒

是名菩薩三種戒藏亦名无量大功德藏謂律儀戒所攝戒藏攝善法戒所攝戒藏饒益有情戒所攝戒藏若諸菩薩欲於如是菩薩所學三種戒藏勤修學者或是在家或是出家先於无上正等菩提發弘願已當審訪求同法菩薩已發大願有智有力於語表義能授能開於如是等功德具足勝菩薩所先礼雙足如是請言我今欲於善男子所或長老所或大德所乞受一切菩薩淨戒惟願須臾不辭勞倦哀愍聽受既作如是无倒請已偏袒右肩恭敬供養十方三世諸佛世尊已入大地得大智慧得大神力諸菩薩衆現前專念彼諸功德隨其所有功德因力生殷淨心或少淨心有智有力勝菩薩所謙下恭敬膝輪據地或蹲跪坐對佛像前作如

是請惟願大德或言長老或善男子哀愍受我菩薩淨戒如是請已專念一境長養淨心我今不久當得无盡无量无上大功德藏即隨思惟如是事義默然而住尒時有智有力菩薩於彼能行正行菩薩以无乱心若坐若立而作是言汝如是善男子聽或法弟聽汝是菩薩不彼應答言是發菩提願未應答言已發自此已後應作是言汝如是名善男子或法弟欲於我所受諸菩薩一切學處受諸菩薩一切淨戒謂律儀戒攝善法戒饒益有情戒如是學處如是淨戒過去一切菩薩已具未來一切菩薩當具普於十方現在一切菩薩今具於是學處於是淨戒過去一切菩薩已學未來一切菩薩當學現在一切菩薩今學汝能受不答言能受能授菩薩第二第三亦如是說能受菩薩第二第三亦如是答能受菩薩作如是問乃至第三授淨戒已能受菩薩作如是答乃至第三受淨戒已能受菩薩不起于坐能授菩薩對佛像前普於

十方現住諸佛及諸菩薩恭敬供養頂礼雙足作如是白某名菩薩今已於我某菩薩所乃至三說受菩薩戒我某菩薩已為某某名菩薩作證惟願十方无邊无際諸世界中諸佛菩薩第一真聖於現不現一切時處一切有情皆現覺者於此某名受戒菩薩亦為作證第二第三亦如是說如是受戒羯磨畢竟從此无間普於十方無邊無際諸世界中現住諸佛已入大地諸菩薩前法尒相現由此表示如是菩薩已受菩薩所受淨戒尒時十方諸佛菩薩於是菩薩法尒之相生起憶念由憶念故正智見轉由正智見如實覺知某世界中某名菩薩某菩薩所正受菩薩所受淨戒一切於此受戒菩薩如子如弟生親善意眷念憐愍由佛菩薩眷念憐愍令是菩薩希求善法倍復增長无有退減當知是名受菩薩戒啓白請證

如是已作受菩薩戒羯磨等事授受菩薩俱起供養普於十方无邊无際諸世界中諸佛菩薩頂礼雙足恭敬而退

如是菩薩所受律儀戒於餘一切所受律儀戒最勝无上无量无邊大功德藏之所隨逐第一最上善心意樂之所發起普能對治於一切有情一切種惡行一切別解脫律儀於此菩薩律儀戒百分不及一千分不及一數分不及一計分不及一筭分不及一喻分不及一鄔波尼煞曇分亦不及一攝受一切大功德故

又此菩薩安住如是菩薩淨戒先自數數專諦思惟此是菩薩正所應作此非菩薩正所應作既思惟已然後為成正所作業當勤修學又應專勵聽聞菩薩素怛纜藏及以解釋即此菩薩素怛纜藏摩怛履迦隨其所聞當勤修學

又諸菩薩不從一切雖聰慧者求受菩薩所受淨戒无淨信者不應從受謂於如是所受淨戒初無信解不能趣入不善思惟有慳貪者慳貪弊者有大欲者无喜足者不應從受毀淨戒者於諸學處无恭敬者於戒律儀有慢緩者不應從受有忿恨者多不

忍者於他違犯不堪耐者不應從受有嬾墮者有懈怠者多分耽著日夜睡眠樂倚樂臥樂好合徒侶樂喜談者不應從受心散乱者下至不能構牛乳頃善心一緣住修習者不應從受有暗昧者愚癡類者極劣心者誹謗菩薩素怛纜藏及菩薩藏摩怛履迦者不應從受

又諸菩薩於受菩薩戒律儀法雖已具足受持究竟而於謗毀菩薩藏者无信有情終不率尒宣示開悟所以者何為其聞已不能信解大無知障之所覆蔽便生誹謗由誹謗故如住菩薩淨戒律儀成就无量大功德藏彼誹謗者亦為無量大罪業藏之所隨逐乃至一切惡言惡見及惡思惟未永棄捨終不免離

又諸菩薩欲授菩薩菩薩戒時先應為說菩薩法藏摩怛履迦菩薩學處及犯處相令其聽受以慧觀察自所意樂堪能思擇受菩薩戒非惟他勸非為勝他當知是名堅固菩薩堪受菩薩淨戒律儀以受戒法如應正授

如是菩薩住戒律儀有其四種他勝處法何等為四若諸菩薩為欲貪求利養恭敬自讚毀他是名第一他勝處法若諸菩薩現有資財性慳財故有苦有貧无依无怙正求財者来現在前不起哀憐而修惠捨正求法者来現在前性慳法故雖現有法而不給施是名第二他勝處法若諸菩薩長養如是種類忿纏由是因緣不惟發起麁言便息由忿蔽故加以手足塊石刀杖捶打傷害損惱有情內懷猛利忿恨意樂有所違犯他来諫謝不受不忍不捨怨結是名第三他勝處法若諸菩薩謗菩薩藏愛樂宣說開示建立像似正法於像似法或自信解或隨他轉是名第四他勝處法如是名為菩薩四種他勝處法

菩薩於四他勝處法隨犯一種況犯一切不復堪能於現法中增長攝受菩薩廣大菩提資粮不復堪能於現法中意樂清淨是即名為相似菩薩非真菩薩菩薩若用軟中品纏毀犯四種他勝處法不捨菩薩淨戒律儀

上品纏犯即名為捨若諸菩薩毀犯四種他勝處法數數現行都無慚愧深生愛樂見是功德當知說名上品纏犯非諸菩薩暫一現行他勝處法便捨菩薩淨戒律儀如諸苾芻犯他勝法即便棄捨別解脫戒若諸菩薩由此毀犯棄捨菩薩淨戒律儀於現法中堪任更受非不堪任如苾芻住別解脫戒犯他勝法於現法中不任更受

略由二緣捨諸菩薩淨戒律儀一者棄捨无上正等菩提大願二者現行上品纏犯他勝處法若諸菩薩雖復轉身遍十方界在在生處不捨菩提淨戒律儀由是菩薩不捨无上菩提大願亦不現行上品纏犯他勝處法若諸菩薩轉受餘生忘失本念值遇善友為欲悟寤菩薩戒念雖數重受而非新受亦不新得

瑜伽師地論卷第四十

瑜伽師地論卷第四十

校勘記

一 底本，金藏廣勝寺本。

一 七四二頁中四行「第十五」，徑、清無。

一 七四二頁中八行末字「義」，諸本作「戒」。

一 七四三頁上四行第四字「男」，資、磧、普、南、徑、清無。

一 七四三頁中一一行第一二字「苦」，磧、普、南作「若」。

一 七四三頁下二〇行「輪王」，資、磧、普、南、徑、清作「轉輪王」。

一 七四三頁下二一行第六字「欲」，麗作「位」。

一 七四四頁上一二行「言論」，磧、普、南、徑、清作「言語」。

一 七四五頁中三行「想像」，資、磧、普、南、徑、清作「相像」。

一 七四五頁下五行「正延」，石、麗作「正筵」。

一 七四五頁下八行「況于」，資、磧、普、南、徑、清作「況乎」。

一 七四五頁下一〇行第二字「開」，磧作「於」。

一 七四五頁下一〇行「資具」，資、磧、普、南、徑、清作「資粮」。

一 七四五頁下一九行「所討」，諸本作「所謂」。

一 七四六頁上二行末字「生」，資、磧、普、南、徑、清作「失」。

一 七四六頁上九行「具施」，資、磧、普、南、徑、清作「具與」。

一 七四六頁上一七行第九字「法」，石作「法法」。

一 七四六頁中四行第五字「化」，磧、普、徑、清作「先」。

一 七四六頁中一四行末字「若」，磧、普作「苦」。

一 七四六頁下一〇行「尒時」，資、磧、普、南、徑、清作「此時」。

一 七四六頁下一六行「蚩誚」，諸本作「嗤誚」。

一 七四六頁下一八行第二字「其」，資、磧、普、南、徑、清作「他」。

一 七四七頁上二行「應他」，資、磧、普、南、徑、清作「他應」。

一 七四七頁上九行「巧德」，諸本作「功德」。

一 七四七頁中七行第八字「熱」，資、磧、普、南、徑、清作「獨」。

一 七四七頁中一二行末字「想」，諸本作「拒」。

一 七四七頁下四行首字「益」，諸本無。末字「饒」，諸本作「饒益」。

一 七四七頁下一六行「惟願須臾」，石作「願須臾頃」。

一 七四七頁下二一行「功德」，資、磧、普、南、徑、清作「功能」。

一 七四八頁上一行「長老」，磧、南作「長者」。

一 七四八頁上七行「如是」，諸本作「如是名」。

一 七四八頁中三行首字「於」，麗作「有」。

一　七四八頁下一七行第九字「雖」，磧、麗作「唯」。

一　七四九頁上三行第二字「眠」，石、麗無；資作「眼」。

一　七四九頁上三行第四字「倚」，資作「倍」。

一　七四九頁上四行「下至」，徑、清作「不至」。

一　七四九頁上四行末字「搆」，資、磧、普、南、徑、清作「[illegible]」。

一　七四九頁上七行「及菩薩藏」，資、磧、普、南、徑、清無。

一　七四九頁下八行「更受」，資作「便受」。

一　七四九頁下一四行「菩提」，諸本作「菩薩」。

一　七四九頁下一八行第一二字「數」，石作「數數」。

一　七四九頁下卷末經名卷次後，石有偈語「願以此功德　普及於一切　我等與衆生　皆共成佛道」。

瑜伽師地論卷第四十一　因

彌勒菩薩說

三藏法師玄奘奉　詔譯

本地分中菩薩地第十五初持瑜伽處戒品第十之二

如是菩薩安住菩薩淨戒律儀於有違犯及無違犯是染非染軟中上品應當了知

若諸菩薩安住菩薩淨戒律儀於日日中若於如來或爲如來造制多所若於正法或爲正法造經卷所謂諸菩薩素怛纜藏摩怛理迦若於僧伽謂十方界已入大地諸菩薩衆若不以其或少或多諸供養具而爲供養下至以身一拜禮敬下至以語一四句頌讚佛法僧眞實功德下至以心一清淨信隨念三寶眞實功德空度日夜是名有犯有所違越若不恭敬嬾惰懈怠而違犯者是染違犯若誤失念而違犯者非染違犯無違犯者謂心狂亂若已證入淨意樂地常無違犯由得清淨意樂菩薩譬如已得

證淨苾芻恒時法尒於佛法僧以勝供具承事供養

若諸菩薩安住菩薩淨戒律儀有其大欲而无喜足於諸利養及以恭敬生著不捨是名有犯有所違越是染違犯無違犯者謂爲斷彼生起樂欲發勤精進攝彼對治雖勤遮遏而爲猛利性惑所蔽數起現行

若諸菩薩安住菩薩淨戒律儀見諸耆長有德可敬同法者來憍慢所制懷嫌恨心懷恚惱心不起承迎不推勝座若有他來語言談論慶慰請問憍慢所制懷嫌恨心懷恚惱心不稱正理發言酬對是名有犯有所違越是染違犯非憍慢制无嫌恨心無恚惱心但由嬾惰懈怠忘念无記之心是名有犯有所違越非染違犯無違犯者謂遭重病或心狂亂或自睡眠他生覺想而來親附語言談論慶慰請問或自爲他宣說諸法論義決擇或復與餘談論慶慰或他說法論義決擇屬耳而聽或有違犯說正法者爲欲將護說法者心或欲方便調彼伏

彼出不善處安立善處或護僧制或為將護多有情心而不酬對皆無違犯

若諸菩薩安住菩薩淨戒律儀他來延請或往居家或往餘寺奉施飲食及衣服等諸資生具憍慢所制懷嫌恨心懷恚惱心不至其所不受所請是名有犯有所違越是染違犯若由嬾惰懈怠忘念无記之心不至其所不受所請是名有犯有所違越非染違犯無違犯者或有疾病或无氣力或心狂乱或處懸遠或道有怖或欲方便調彼伏彼出不善處安立善處或餘先請或為無間脩諸善法欲護善品令无暫廢或為引攝未曾有義或為所聞法義無退如為所聞法義无退論義決擇當知亦尒或復知彼懐損惱心詐来延請或為護他多嫌恨心或護僧制不至其所不受所請皆無違犯

若諸菩薩安住菩薩淨戒律儀他持種種生色可染末尼真珠琉璃等寶及持種種衆多上妙財利供具慇懃奉施由嫌恨心或恚惱心違拒不受

是名有犯有所違越是染違犯捨有情故若由嬾惰懈怠忘念无記之心違拒不受是名有犯有所違越非染違犯無違犯者或心狂乱或觀受已心生染著或觀後時彼定追悔或復知彼於施迷乱或知施主隨捨隨受由是因緣定當貧匱或知此物是僧伽物窣堵波物或知此物劫盜他得或知此物由是因緣多生過患或殺或縛或罸或黜或嫌或責違拒不受皆无違犯

若諸菩薩安住菩薩淨戒律儀他來求法懷嫌恨心懷恚惱心嫉妬變異不施其法是名有犯有所違越是染違犯若由嬾惰懈怠忘念無記之心不施其法是名有犯有所違越非染違犯无違犯者謂諸外道伺求過短或有重病或心狂乱或欲方便調彼伏彼出不善處安立善處或於是法未善通利或復見彼不生恭敬无有羞愧以惡威儀而來聽受或復知彼是鈍根性於廣法教得法究竟深生怖畏當生邪見增長邪執衰損惱壞

或復知彼法至其手轉布非人而不施與皆无違犯

若諸菩薩安住菩薩淨戒律儀於諸暴惡犯戒有情懷嫌恨心懷恚惱心由彼暴惡犯戒為緣方便棄捨不作饒益是名有犯有所違越是染違犯若由嬾惰懈怠棄捨由忘念故不作饒益是名有犯有所違越非染違犯何以故非諸菩薩於淨持戒身語意業寂靜現行諸有情所起憐愍心欲作饒益如於暴惡犯戒有情於諸苦因而現轉者無違犯者謂心狂乱或欲方便調彼伏彼廣說如前或為將護多有情心或護僧制方便棄捨不作饒益皆无違犯

若諸菩薩安住菩薩淨戒律儀如薄伽梵於別解脫毗奈耶中將護他故建立遮罪制諸聲聞令不造作諸有情類未淨信者令生淨信已淨信者令倍增長於中菩薩與諸聲聞應等修學无有差別何以故以諸聲聞自利為勝尚不棄捨將護他行為令有情未信者信信者增長學所學處何

況菩薩利他為勝若諸菩薩安住菩薩淨戒律儀如薄伽梵於別解脫毗奈耶中為令聲聞少事少業少悕望住建立遮罪制諸聲聞令不造作於中菩薩與諸聲聞不應等學何以故以諸聲聞自利為勝不顧利他於利他中少事少業少悕望住可名為妙非諸菩薩利他為勝不顧自利於利他中少事少業少悕望住得名為妙如是菩薩為利他故從非親里長者居士婆羅門等及恣施家應求百千種種衣服觀彼有情有力無力隨其所施如應而受如說求衣求鉢亦尒如求衣鉢如是自求種種絲縷令非親里為織作衣為利他故應畜種種憍世耶衣諸坐卧具事各至百生色可染百千俱胝復過是數亦應取積如是等中少事少業少悕望住制止遮罪菩薩不與聲聞共學安住淨戒律儀菩薩於利他中懷嫌恨心懷恚惱心少事少業少悕望住是名有犯有所違越是染違犯若由嬾惰懈怠忘念无記之心少事少業少悕望住

是名有犯有所違越非染違犯

若諸菩薩安住菩薩淨戒律儀善權方便為利他故於諸性罪少分現行由是因緣於菩薩戒無所違犯生多功德謂如菩薩見劫盜賊為貪財故欲煞多生或復欲害大德聲聞獨覺菩薩或復欲造多无間業見是事已發心思惟我若斷彼惡衆生命墮那落迦如其不斷無間業成當受大苦我寧煞彼墮那落迦終不令其受无間苦如是菩薩意樂思惟於彼衆生或以善心或無記心知此事已為當來故深生慚愧以憐愍心而斷彼命由是因緣於菩薩戒无所違犯生多功德又如菩薩見有增上增上宰官上品暴惡於諸有情無有慈愍專行逼惱菩薩見已起憐愍心發生利益安樂意樂隨力所能若廢若黜增上等位由是因緣於菩薩戒無所違犯生多功德又如菩薩見劫盜賊奪他財物若僧伽物窣堵波物取多物已執為已有縱情受用菩薩見已起憐愍心於彼有情發生利益安樂意樂

隨力所能逼而奪取勿令受用如是財故當受長夜无義無利由此因緣所奪財寶若僧伽物還僧伽若窣堵波物還窣堵波若有情物還復有情又見衆主或園林主取僧伽物窣堵波物言是已有縱情受用菩薩見已思擇彼惡起憐愍心勿令因此邪受用業當受長夜无義無利隨力所能廢其所主菩薩如是雖不與取而无違犯生多功德又如菩薩處在居家見有母邑現無繫屬習婬欲法繫心菩薩求非梵行菩薩見已作意思惟勿令心恚多生非福若隨其欲便得自在方便安處令種善根亦當令其捨不善業住慈愍心行非梵行雖習如是穢染之法而无所犯多生功德出家菩薩為護聲聞聖所教誡令不壞滅一切不應行非梵行又如菩薩為多有情解脫命難囹圄縛難刖手足難劓鼻刵耳剜眼等難雖諸菩薩為自命難亦不正知說於妄語然為救脫彼有情故知而思擇故說妄語以要言之菩薩唯觀有情義利非无

義利自無染心唯為饒益諸有情故覆想正知而說異語說是語時於菩薩戒无所違犯生多功德又如菩薩見諸有情為惡朋友之所攝受親愛不捨菩薩見已起憐愍心發生利益安樂意樂隨能隨力說離間語令離惡友捨相親愛勿令有情由近惡友當受長夜无義無利菩薩如是以饒益心說離間語乖離他愛无所違犯生多功德又如菩薩見諸有情為行越路非理而行出麁惡語猛利訶擯方便令其出不善處安立善處菩薩如是以饒益心於諸有情出麁惡語無所違犯生多功德又如菩薩見諸有情信樂倡伎吟詠歌諷或有信樂王賊飲食婬蕩街衢無義之論菩薩於中皆悉善巧於彼有情起憐愍心發生利益安樂意樂現前為作綺語相應種種倡伎吟詠歌諷王賊飲食婬衢等論令彼有情歡喜引攝自在隨屬方便獎導出不善處安立善處菩薩如是現行綺語無所違犯生多功德

若諸菩薩安住菩薩淨戒律儀生起詭詐虛談現相方便研求假利求利味邪命法無有羞恥堅持不捨是名有犯有所違越是染違犯无違犯者若為除遣生起樂欲發勤精進煩惱熾盛蔽抑其心時時現起

若諸菩薩安住菩薩淨戒律儀為掉所動心不寂靜不樂寂靜高聲嬉戲諠譁紛聒輕躁騰躍望他歡笑如此諸緣是名有犯有所違越是染違犯若忘念起非染違犯無違犯者若為除遣生起樂欲廣說如前若欲方便解他所生嫌恨令息若欲遣他所生愁惱若他性好如上諸事方便攝受敬慎將護隨彼而轉若他有情猜阻菩薩內懷嫌恨惡謀憎背外現歡顏表內清淨如是一切皆无違犯若諸菩薩安住菩薩淨戒律儀起如是見立如是論菩薩不應忻樂涅槃應於涅槃而生猒背於諸煩惱及隨煩惱不應怖畏而求斷滅不應一向心生猒離以諸菩薩三無數劫流轉生死求大菩提若作此說是名有犯有所

違越是染違犯何以故如諸聲聞於其涅槃忻樂親近於諸煩惱及隨煩惱深心猒離如是菩薩於大涅槃忻樂親近於諸煩惱及隨煩惱深心猒離其倍過彼百千俱胝以諸聲聞唯為一身證得義利勤修正行菩薩普為一切有情證得義利勤修正行是故菩薩當勤修集无雜染心於有漏事隨順而行成就勝出諸阿羅漢無雜染法

若諸菩薩安住菩薩淨戒律儀於自能發不信重言所謂惡聲惡稱惡譽不護不雪其事若實而不避護是名有犯有所違越是染違犯若事不實而不清雪是名有犯有所違越非染違犯無違犯者若他外道若犯憎嫉若自出家因行乞行因修善行謗聲流布若忿蔽者若心倒者謗聲流布皆无違犯

若諸菩薩安住菩薩淨戒律儀見諸有情應以種種辛楚加行猛利加行而得義利護其憂惱而不現行是名有犯有所違越非染違犯无違犯者

覲由此緣於現法中少得義利多生憂惱

若諸菩薩安住菩薩淨戒律儀他罵報罵他瞋報瞋他打報打他弄報弄是名有犯有所違越是染違犯

若諸菩薩安住菩薩淨戒律儀於他有情有所侵犯或自不為彼疑侵犯由嫌嫉心由慢所執不如理謝而生輕捨是名有犯有所違越是染違犯若由嬾惰懈怠放逸不謝輕捨是名有犯有所違越非染違犯無違犯者若欲方便調彼伏彼出不善處安立善處若是外道若彼悕望要因現行非法有罪方受悔謝若彼有情性好鬪諍因悔謝時倍增憤怒若復知彼為性堪忍體无嫌恨若必了他因謝侵犯深生羞恥而不悔謝皆無違犯

若諸菩薩安住菩薩淨戒律儀他所侵犯彼還如法平等悔謝懷嫌恨心欲損惱彼不受其謝是名有犯有所違越是染違犯雖復於彼無嫌恨心不欲損惱然由稟性不能堪忍故不受謝亦名有犯有所違越是染違犯

無違犯者若欲方便調彼伏彼廣說一切如前應知若不如法不平等謝不受彼謝亦无違犯

若諸菩薩安住菩薩淨戒律儀於他懷忿相續堅持生已不捨是名有犯有所違越是染違犯無違犯者為斷彼故生起樂欲廣說如前

若諸菩薩安住菩薩淨戒律儀貪著供事增上力故以愛染心管御徒衆是名有犯有所違越是染違犯无違犯者不貪供侍無愛染心管御徒衆

若諸菩薩安住菩薩淨戒律儀嬾惰懈怠躭睡眠樂臥樂倚樂非時非量是名有犯有所違越是染違犯无違犯者若遭疾病若無氣力行路疲極若為斷彼生起樂欲廣說一切如前應知

若諸菩薩安住菩薩淨戒律儀懷愛染心談說世事虛度時日是名有犯有所違越是染違犯若由忘念虛度時日是名有犯有所違越非染違犯无違犯者見他談說護彼意故安住正念須臾而聽若事希奇或暫問他

或荅他問無所違犯

若諸菩薩安住菩薩淨戒律儀為令心住欲定其心心懷嫌恨憍慢所持不詣師所求請教授是名有犯有所違越是染違犯嬾惰懈怠而不請者非染違犯無違犯者若遇疾病若無氣力若知其師顛倒教授若自多聞自有智力能令心定若先已得所應教授而不請無所違犯

若諸菩薩安住菩薩淨戒律儀起貪欲蓋忍受不捨是名有犯有所違越是染違犯無違犯者若為斷彼生起樂欲發勤精進煩惱猛利蔽抑心故時時現行如貪欲蓋如是瞋恚惛沉睡眠掉擧惡作及與疑蓋當知亦尒

若諸菩薩安住菩薩淨戒律儀貪味靜慮於味靜慮見為功德是名有犯有所違越是染違犯無違犯者若為斷彼生起樂欲廣說如前

若諸菩薩安住菩薩淨戒律儀起如是見立如是論菩薩不應聽聲聞乘相應法教不應受持不應修學菩薩何用於聲聞乘相應法教聽聞受持

精勤修學是名有犯有所違越是染違犯何以故菩薩尚於外道書論精進研究況於佛語無違犯者為令一向習小法者捨彼欲故作如是說

若諸菩薩安住菩薩淨戒律儀於菩薩藏未精研究於菩薩藏一切棄捨於聲聞藏一向修學是名有犯有所違越非染違犯

若諸菩薩安住菩薩淨戒律儀現有佛教於佛教中未精研究於異道論及諸外論精勤修學是名有犯有所違越是染違犯無違犯者若上聰敏若能速受若經久時能不忘失若於其義能思能達若於佛教如理觀察成就俱行無動覺者於日日中常以二分修學佛語一分學外則無違犯

若諸菩薩安住菩薩淨戒律儀越菩薩法於異道論及諸外論研求善巧深心寶翫愛樂味著非如辛藥而習近之是名有犯有所違越是染違犯

若諸菩薩安住菩薩淨戒律儀聞菩薩藏於甚深處最勝甚深真實法義諸佛菩薩難思神力不生信解憎背

毀謗不能引義不能引法非如來說不能利益安樂有情是名有犯有所違越是染違犯如是毀謗或由自內非理作意或隨順他而作是說

若諸菩薩安住菩薩淨戒律儀若聞甚深最甚深處心不信解菩薩尒時應强信受應無諂曲應如是學我為非善盲無慧目於如來眼隨所宣說於諸如來密意語言而生誹謗菩薩如是自處無知仰推如來於諸佛法無不現知等隨觀見如是正行無所違犯雖無信解然不誹謗

若諸菩薩安住菩薩淨戒律儀於他人所有染愛心有瞋恚心自讚毀他是名有犯有所違越是染違犯無違犯者若為摧伏諸惡外道若為住持如來聖教若欲方便調彼伏彼廣說如前或欲令其未淨信者發生淨信已淨信者倍復增長

若諸菩薩安住菩薩淨戒律儀聞說正法論議決擇憍慢所制懷嫌恨心懷恚惱心而不往聽是名有犯有所違越是染違犯若為嬾惰懈怠所蔽

而不往聽非染違犯無違犯者若不覺知若有疾病若無氣力若知倒說若為護彼說法者心若正了知彼所說義是數所聞所持所了若已多聞具足聞持其聞積集若欲無間於境住心若勤引發菩薩勝定若自了知上品愚鈍其慧鈍濁於所聞法難受難持難於所緣攝心令定不往聽者皆無違犯

若諸菩薩安住菩薩淨戒律儀於說法師故思輕毀不深恭敬嗤笑調弄但依於文不依於義是名有犯有所違越是染違犯

若諸菩薩安住菩薩淨戒律儀於諸有情所應作事懷嫌恨心懷恚惱心不為助伴謂於能辦所應作事或於道路若往若來或於正說事業加行或於掌護所有財寶或於和好乖離諍訟或於吉會或於福業不為助伴是名有犯有所違越是染違犯若為懶惰懈怠所蔽不為助伴非染違犯無違犯者若有疹疾若無氣力若了知彼自能成辦若知求者自有依怙

若知所作能引非義能引非法若欲方便調彼伏彼廣說如前若先許餘為作助伴若轉請他有力者助若於善品正勤修習不欲暫廢若性愚鈍於所聞法難受難持如前廣說若為將護多有情意若護僧制不為助伴皆無違犯

若諸菩薩安住菩薩淨戒律儀見諸有情遭重疾病懷嫌恨心懷恚惱心不往供事是名有犯有所違越是染違犯若為懶惰懈怠所蔽不往供事非染違犯無違犯者若自有病若無氣力若轉請他有力隨順令往供事若知病者有依有怙若知病者自有勢力能自供事若了知彼長病所觸堪自支持若為勤修廣大無上殊勝善品若欲護持所修善品令無間缺若自了知上品愚鈍其慧鈍濁於所聞法難受難持難於所緣攝心令定若先許餘為作供事如於病者於有苦者為作助伴欲除其苦當知亦介

若諸菩薩安住菩薩淨戒律儀見諸有情為求現法後法事故廣行非理

懷嫌恨心懷恚惱心不為宣說如實正理是名有犯有所違越是染違犯若由懶惰懈怠所蔽不為宣說非染違犯無違犯者若自無知若無氣力若轉請他有力者說若即彼人自有智力若彼有餘善友攝受若欲方便調彼伏彼廣說如前若知為說如實正理起嫌恨心若發惡言若顛倒受若無愛敬若復知彼性弊𢤱悷不為宣說皆無違犯

若諸菩薩安住菩薩淨戒律儀於先有恩諸有情所不知恩惠不了恩惠懷嫌恨心不欲現前如應酬報是名有犯有所違越是染違犯若為懶惰懈怠所蔽不現酬報非染違犯無違犯者勤加功用無力無能不獲酬報若欲方便調彼伏彼廣說如前若欲報恩而彼不受皆無違犯

若諸菩薩安住菩薩淨戒律儀見諸有情墮在喪失財寶眷屬祿位難處多生愁惱懷嫌恨心不往開解是名有犯有所違越是染違犯若為懶惰懈怠所蔽不往開解非染違犯無違

犯者應知如前於他事業不為助伴

若諸菩薩安住菩薩淨戒律儀有飲食等資生衆具見有求者来正悕求飲食等事懷嫌恨心懷恚惱心而不給施是名有犯有所違越是染違犯若由懶惰懈怠放逸不能施與非染違犯無違犯者若現無有可施財物若彼悕求不如法物所不宜物若欲方便調彼伏彼廣說如前若来求者王所匪宜將護王意若護僧制而不惠施皆無違犯

若諸菩薩安住菩薩淨戒律儀攝受徒衆懷嫌恨心而不隨時無倒教授無倒教誡知衆匱乏而不為彼從諸淨信長者居士婆羅門等如法追求衣服飲食諸坐卧具病緣醫藥資身什物隨時供給是名有犯有所違越是染違犯若由懶惰懈怠放逸不往教授不往教誡不為追求如法衆具非染違犯無違犯者若欲方便調彼伏彼廣說如前若護僧制若有疾病若無氣力不任加行若轉請餘有勢力者若知徒衆世所共知有大福德

各自有力求衣服等資身衆具若隨所應教授教誡皆已無倒教授教誡若知衆內有本外道為竊法故來入衆中无所堪能不可調伏皆無違犯若諸菩薩安住菩薩淨戒律儀懷嫌恨心於他有情不隨心轉是名有犯有所違越是染違犯若由嬾惰懈怠放逸不隨其轉非染違犯無違者若彼所愛非彼所宜若有疾病若無氣力不任加行若護僧制若彼所愛雖彼所宜而於多衆非宜非愛若為降伏諸惡外道若欲方便調彼伏彼廣說如前不隨心轉皆無違犯若諸菩薩安住菩薩淨戒律儀懷嫌恨心於他有情不隨心轉是名有犯有所違越是染違犯若由嬾惰懈怠放逸不隨其轉非染違犯無違犯者若彼所愛非彼所宜若有疾病若无氣力不任加行若護僧制若彼所愛雖彼所宜而於多衆非宜非愛若為降伏諸惡外道若欲方便調彼伏彼廣說如前不隨心轉皆无違犯若諸菩薩安住菩薩淨戒律儀懷嫌恨心他實有德不欲顯揚他實有譽不欲稱美他實妙說不讚善哉是名有犯有所違越是染違犯若由嬾惰懈怠放逸不顯揚等非染違犯無違犯者若知其人性好少欲將護彼意若有疾病若無氣力若欲方便調彼伏彼廣說如前若護僧制若知由此顯揚等緣起彼雜染憍舉無義為遮此過若知彼德雖似功德而非實德

若知彼譽雖似善譽而非實譽若知彼說雖似妙說而實非妙若為降伏諸惡外道若為待他言論究竟不顯揚等皆無違犯

若諸菩薩安住菩薩淨戒律儀見諸有情應可訶責應可治罰應可駈擯懷染汙心而不訶責或雖訶責而可治罰如法教誡或雖治罰如法教誡而不駈擯是名有犯有所違越是染違犯若由嬾惰懈怠放逸而可訶責乃至駈擯非染違犯無違犯者若了知彼不可療治不可與語惡出麤言多生嫌恨故應棄捨若觀待時若觀因此闘訟諍競若觀因此令僧諠雜令僧破壞知彼有情不懷諂曲成就增上猛利慚愧疾疾還淨而不訶責乃至駈擯皆無違犯

若諸菩薩安住菩薩淨戒律儀具足成就種種神通變現威力於諸有情應恐怖者能恐怖之應引攝者能引攝之避信施故不現神通恐怖引攝是名有犯有所違越非染違犯無違犯者若知此中諸有情類多著僻執

是惡外道誹謗賢聖成就邪見不現神通恐怖引攝無有違犯

又一切處無違犯者謂若彼心增上狂亂若重苦受之所逼切若未曾受淨戒律儀當知一切皆無違犯

復次如是所起諸事菩薩學處佛於彼彼素怛纜中隨機散說謂依律儀戒攝善法戒饒益有情戒今於此菩薩藏摩呾履迦綜集而說菩薩於中應起尊重住極恭敬專精修學是諸菩薩從他正受戒律儀已由善清淨求學意樂菩提意樂饒益一切有情意樂生起審極尊重恭敬從初專精不應違犯設有違犯即應如法疾疾悔除令得還淨又此菩薩一切違犯當知皆是惡作所攝應向有力於語表義能覺能受小乘大乘補特伽羅發露悔滅若諸菩薩以上品纏違犯如上他勝處法失戒律儀應當更受若中品纏違犯如上他勝處法應對於三補特伽羅或過是數應如發露除惡作法先當稱述所犯事名應作是說長老專志或言大德我如是名

違越菩薩毗奈耶法如所稱事犯惡作罪餘如苾芻發露悔滅惡作罪法應如是說若下品纏違犯如上他勝處法及餘違犯應對於一補特伽羅發露悔法當知如前若無隨順補特伽羅可對發露悔除所犯尒時菩薩以淨意樂起自誓心我當決定防護當来終不重犯如是於犯還出還淨又諸菩薩欲受菩薩淨戒律儀若不會遇具足功德補特伽羅尒時應對如来像前自受菩薩淨戒律儀應如是受偏袒右肩右膝著地或蹲跪坐作如是言我如是名仰啓十方一切如来已入大地諸菩薩衆我今欲於十方世界佛菩薩所誓受一切菩薩學處誓受一切菩薩淨戒謂律儀戒攝善法戒饒益有情戒如是學處如是淨戒過去一切菩薩已具未来一切菩薩當具普於十方現在一切菩薩今具於是學處於是淨戒過去一切菩薩已學未来一切菩薩當學普於十方現在一切菩薩今學第二第三亦如是說說已應起所餘一切如

前應知

又於菩薩犯戒道中無無餘犯如世尊說是諸菩薩多分應與瞋所起犯非貪所起當知此中所說密意謂諸菩薩愛諸有情憐諸有情增上力故凡有所作一切皆是菩薩所作非非所作非作所作可得成犯若諸菩薩憎諸有情嫉諸有情不能修行自他利行作諸菩薩所不應作作不應作可得成犯又諸菩薩軟中上犯如攝事分應當了知

如是菩薩依止一切自毗奈耶勤學所學便得成就三種圓滿安樂而住一者成就加行圓滿二者成就意樂圓滿三者成就宿因圓滿云何名為加行圓滿謂諸菩薩於淨戒中行無缺犯於身語意清淨現行不數數犯發露自惡如是名為加行圓滿云何名為意樂圓滿謂諸菩薩為法出家不為活命求大菩提非為不求為求沙門為求涅槃非為不求如是求者不住懈怠下劣精進不雜衆多惡不善法雜染後有有諸熾然衆苦異熟

當来所有生老病死如是名為意樂圓滿云何名為宿因圓滿謂諸菩薩昔餘生中修福修善故於今世種種衣服飲食卧具病緣醫藥資身什物自無匱乏復能於他廣行惠施如是名為宿因圓滿菩薩如是依毗奈耶勤學所學成就如是三種圓滿安樂而住與此相違當知成就三種衰損危苦而住

如是略廣宣說菩薩若在家品若出家品一切戒已自斯已後即於如是一切戒中分出所餘難行戒等差別之相應當了知

瑜伽師地論卷第四十一

瑜伽師地論卷第四十一

校勘記

一 底本，金藏廣勝寺本。

一 七五二頁中四行「第十五」，徑、清無。

一 七五二頁下七行第一二字「過」，清作「過」。

一 七五三頁上四行第一三字「飲」，石作「餘」。

一 七五三頁中一〇行第一〇字「責」，資、磧、普、南、徑、清作「嘖」。

一 七五三頁中一三行第一二字「妬」，石作「妬」。

一 七五三頁下一二行首字「困」，徑、清作「困」。

一 七五四頁中一一行第二字「苦」，磧作「若」。

一 七五四頁中一七行第六字「已」，石無。

一 七五四頁下五行第四字「主」，清作「生」。

一 七五四頁下一〇行第九字「菩」，石作「薩」。

一 七五四頁下一一行「母邑」，資、磧、普、南、徑、清作「女色」。

一 七五四頁下一一行第一三字「继」，石作「繫」。

一 七五四頁下二〇行第五字「刖」，諸本作「刖」。

一 七五四頁下末行第一二字「利」，磧作「我」。

一 七五五頁中一五行第二字「慎」，石作「順」。

一 七五五頁下六行第一二字「善」，普作「善」。

一 七五五頁下一六行第一二字「犯」，諸本作「他」。

一 七五六頁下九行第五字「請」，諸本作「請者」。

一 七五六頁下末行第一二字「聞」，磧、普、南、徑、清作「聲」。

一 七五七頁上三行首字「進」，諸本作「勤」。

一 七五七頁上一九行第一二字「樂」，諸本作「藥」。

一 七五七頁中一行第六字「義」，麗作「儀」。

一 七五七頁中一四行第四字「染」，資、磧、普、南、徑、清作「深」。

一 七五七頁下五行第六字「聞」，資、磧、普、南、徑、清作「間」。

一 七五七頁下五行第一二字「閒」，石作「聞」。

一 七五七頁下二二行「疥疾」，資、磧、普、南、徑、清作「疾病」。

一 七五八頁下一〇行「正」，資、磧、普、南、徑、清、麗均作「王」。

一 七五九頁上六行第一五字「違」，諸本作「違犯」。

一 七五九頁上一〇行第一〇字「若」，至一六行第一七字「犯」，共一百二十四字，諸本無。

一 七五九頁中七行末字及一〇行第一二字「可」，諸本作「不」。

一 七五九頁下八行第一一字「今」，

石作「令」。

一　七五九頁下九行第四字「咀」，石作「呾」；資、磧、普、南、徑、清作「怛」。

一　七五九頁下九行第五字「履」，磧、普、南、徑、清作「理」。

一　七六〇頁中一七行第一三字「數」，諸本作「毀」。

瑜伽師地論卷第四十二　因

彌勒菩薩說

三藏法師玄奘奉　詔譯

本地分中菩薩地第十五初持瑜伽處戒品第十之三

云何菩薩難行戒當知此戒略有三種謂諸菩薩現在具足大財大族自在增上棄捨如是大財大族自在增上受持菩薩淨戒律儀是名菩薩第一難行戒又諸菩薩受淨戒已若遭急難乃至失命於所受戒尚無少缺何況全犯是名菩薩第二難行戒又諸菩薩如是如是遍於一切行住作意恒住正念常無放逸乃至命終於所受戒无有誤失尚不犯輕何況犯重是名菩薩第三難行戒

云何菩薩一切門戒當知此戒略有四種一者正受戒二者本性戒三者串習戒四者方便相應戒正受戒者謂諸菩薩受先所受三種菩薩淨戒律儀即律儀戒攝善法戒饒益有情戒本性戒者謂諸菩薩住種性位本

性仁賢於相續中身語二業恒清淨轉串習戒者謂諸菩薩皆餘生中曾串修習如先所說三種淨戒由宿因力所任持故於現在世一切惡法不樂現行於諸惡法深心猒離樂修善行於善行中深心欣慕方便相應戒者謂諸菩薩依四攝事於諸有情身語善業恒相續轉

云何菩薩善士戒當知此戒略有五種謂諸菩薩自具尸羅勸他受戒讃戒功德見同法者深心歡喜設有毀犯如法悔除

云何菩薩一切種戒當知此戒以要言之六種七種揔十三種言六種者一迴向戒迴向大菩提故二廣博戒廣攝一切所學處故三無罪歡喜處戒遠離躭著欲樂自苦二邊行故四恒常戒雖盡壽命亦不棄捨所學處故五堅固戒一切利養恭敬他論本隨煩惱不能伏故不能奪故六尸羅莊嚴具相應戒具足一切戒莊嚴故尸羅莊嚴如聲聞地應知其相言七種者一止息戒遠離一切煞生等故

二轉作戒攝一切善故饒益有情故三防護戒隨護止息轉作戒故四大士相異熟戒五增上心異熟戒六可愛趣異熟戒七利有情異熟戒

云何菩薩遂求戒當知此戒略有八種謂諸菩薩自諦思惟如我怖求勿彼於我現行斷命不與而取欲邪行虛妄離間麁惡綺語手塊杖等諸非愛觸加害於我我求是已他若相違而現行者我求不遂我意不悅如我怖求他亦如是勿我於彼現行斷命廣說乃至惡觸加害彼求是已我若相違而現行者彼求不遂彼意不悅我之所作若有令他所求不遂意不悅者何現行為菩薩如是審思惟已命難因緣亦不於他現行八種所求不遂不悅意事如是八種說名菩薩遂求戒云何菩薩此世他世樂戒當知此戒略有九種謂諸菩薩為諸有情於應遮處而正遮止於應開處而正開許是諸有情應攝受者正攝受之應調伏者正調伏之菩薩於中身語二業常清淨轉是則名為四種淨

戒復有所餘施忍精進靜慮般若波羅蜜多俱行淨戒則為五種捴說名為九種淨戒如是菩薩所有淨戒能令自他現法後法皆得安樂是故說名菩薩此世他世樂戒

云何菩薩清淨戒當知此戒略有十種一者初善受戒唯為沙門三菩提故非為命故二者不太沉戒於違犯時遠離微薄生悔愧故及不太舉戒遠離非處生悔愧故三者離懈怠戒於睡眠樂倚樂卧樂不耽着故晝夜勤修諸善品故四者離諸放逸所攝受戒修習如前所說五支不放逸故五者正願戒遠離利養恭敬貪故不願生天而自要期修梵行故六者軌則具足所攝受戒於諸威儀所作衆事善品加行妙善圓滿如法身語正現行故七者淨命具足所攝受戒離矯詐等一切邪命過失法故八者離二邊戒遠離受用欲樂自苦二邊法故九者永出離戒遠離一切外道見故十者於先所受無損失戒於先所受菩薩淨戒无缺減故無破壞故如

是十種是名菩薩清淨戒

如是菩薩大尸羅藏能起當来大菩提果謂依此故菩薩淨戒波羅蜜多得圓滿已現證无上正等菩提乃至未證無上菩提依此无量菩薩戒藏正勤修習常能獲得五種勝利一者常為十方諸佛護念二者將捨命時住大歡喜三者身壞已後在在所生常與淨戒若等若增諸菩薩衆為其同分為同法侶為善知識四者成就無量大功德藏能滿淨戒波羅蜜多五者現法後法常得成就自性淨戒戒成其性如是如上所說一切自性戒等九種尸羅當知三種淨戒所攝謂律儀戒攝善法戒饒益有情戒如是三種菩薩淨戒以要言之能為菩薩三所作事謂律儀戒能安住其心攝善法戒能熟自佛法饒益有情戒能成熟有情如是捴攝一切菩薩所應作事所謂欲令現法樂住安住其心身心無倦成熟佛法成熟有情

如是菩薩唯有尒所菩薩淨戒唯有尒所淨戒勝利唯有尒所淨戒所作

除此無有若過若增過去菩薩求大菩提已於中學普於十方无邊無際諸世界中現在菩薩求大菩提今於中學

本地分中菩薩地第十五初持瑜伽處忍品第十一

云何菩薩忍波羅蜜多嗢拕南曰

自性一切難　一切門善士　一切種遂求　二世樂清淨　如是九種相

是名略說忍　謂九種相忍名為菩薩忍波羅蜜多　一自性忍二一切忍三難行忍四一切門忍五善士忍六一切種忍七遂求忍八此世他世樂忍九清淨忍

云何菩薩自性忍謂諸菩薩或思擇力為所依止或由自性堪忍怨害過於一切皆能堪忍普於一切皆能堪忍由無染心純悲愍故能有堪忍當知此則略說菩薩忍之自性

云何菩薩一切忍當知此忍略有二種一依在家品忍二依出家品忍當知依此二種品忍各有三種一耐他怨害忍二安受衆苦忍三法思勝解忍

云何菩薩耐他怨害忍謂諸菩薩猶

利无間種種長時從他怨害所生衆苦現在前時應如是學如此是我自業過耳由我先世自造種種不淨業故今受如是種種苦果我今於此無義利害若不忍者復為當來大苦因處我若於此大苦因法隨順轉者便為於已自作非愛便為於已自生結縛便為於已自興怨害非是於他又自他身所有諸行一切皆用性苦為體彼无知故於我身中性苦體上更增其苦我既有知何宜於彼性苦體上重加其苦又諸聲聞多分唯修自義利行尚不應起能生自他衆苦不忍何況我今正為勤修他義利行而生不忍菩薩如是正思擇已勤修五想於怨親中劣等勝品有樂有苦具德具失諸有情所能忍一切怨害之苦云何五想一宿生親善想二隨順唯法想三无常想四苦想五攝受想

云何菩薩於有怨害諸有情所修習宿生親善之想謂諸菩薩應如是學非易可得少分有情經歷長世昔餘生中未曾為我若父若母兄弟姊妹

親教軌範尊似尊等如是如理正思惟故於有怨害諸有情所捨怨憎想住親善想依親善想於諸怨害悉能堪忍云何菩薩於有怨害諸有情所修習隨順唯法之想謂諸菩薩應如是學依託衆緣唯行唯法此中都無我及有情命者生者是其能罵能瞋能打能弄能訶或是所罵所瞋所打所弄所訶如是如理正思惟故於有怨害諸有情所捨有情想住唯法想依唯法想於諸怨害悉能堪忍云何菩薩於有怨害諸有情所修無常想謂諸菩薩應如是學諸有有情若生若長一切无常皆是死法極報怨者謂斷彼命是諸有情命念念斷智者何緣復欲更斷如是生死性無常法諸有情上其有智者尚不應起有染濁心況當以手塊杖加害何況一切永斷其命如是如理正思惟故捨常堅想安住无常不堅固想依無常想於諸怨害悉能堪忍云何菩薩於有怨害諸有情所修習苦想謂諸菩薩應如是觀若諸有情大興盛者尚為

三苦常所隨逐所謂行苦壞苦苦苦況諸有情住衰損者如是觀已應如是學我今於此苦常隨逐諸有情所應勤方便令離衆苦不應於彼重加其苦如是如理正思惟故斷滅樂想生起苦想依此苦想於諸怨害悉能堪忍云何菩薩於有怨害諸有情所修攝受想謂諸菩薩應如是學我為一切有情之類發菩提心攝受一切有情之類皆為親眷我應為彼作諸義利我今不應本於有情欲作義利而當於彼不忍怨害作非義利如是如理正思惟故於諸怨害諸有情所滅除他想住攝受想依攝受想於諸怨害悉能堪忍云何名忍自无憤勃不報他怨亦不隨眠流注恒續故名為忍是名菩薩耐他怨害忍云何菩薩安受衆苦忍謂諸菩薩應如是學我從昔來依欲行轉常求諸欲故意思擇為諸苦因追求種種苦性諸欲於追求時忍受無量猛利大苦所謂種種殉利務農勤王等事如是追求无義苦時令我具受種種大苦皆由

無智思擇過失我今為求能引安樂最勝善品尚應思擇忍受百千俱胝大苦況少小苦而不忍受如是如理正思惟故為求菩提悉能忍受一切事苦云何名為一切事苦當知此苦略有八種一依止處苦二世法處苦三威儀處苦四攝法處苦五乞行處苦六勤勞處苦七利他處苦八所作處苦依止處苦者依謂四依由依此故於善說法毗奈耶中出家受具戒苾芻分所謂衣服飲食卧具病緣醫藥供身什物菩薩於此若得麁弊尠少稽留輕蔑不敬不生憂惱不由此緣精進懈廢如是名為菩薩忍受依止處苦世法處苦者當知世法略有九種一衰二毀三譏四苦五壞法壞六盡法盡七老法老八病法病九死法死如是世法若摠若别會遇現前能生衆苦此即名為世法處苦菩薩觸對如是衆苦思擇忍受不由此緣精進懈廢如是名為菩薩忍受世法處苦威儀處苦者當知即是行住坐卧四種威儀菩薩於中若行若坐晝

夜恒時從諸障法淨修其心終不非時脅著牀座草敷葉敷菩薩於此疲所生苦悉能忍受不由此緣精進懈廢如是名為菩薩忍受威儀處苦攝法處苦者當知攝法略有七種一供事三寶二供事尊長三諮受正法四既諮受已廣為他說五以大音聲吟詠讀誦六獨處空閑無倒思惟稱量觀察七修習瑜伽作意所攝若止若觀菩薩於此七種攝法勇猛劬勞所生衆苦悉能忍受不由此緣精進懈廢如是名為菩薩忍受攝法處苦乞行處苦者當知此苦略有七種一者自揞毀形剃鬚髮等棄捨世俗諸相好故二者自揞毀色受持敗變壞色衣故三者進止去為皆不縱任遊涉世間一切行住自競攝故四者依他活命捨商農等世間事業從他所得而存濟故五者盡壽從他求衣服等用故六者盡壽遮止人間諸欲離非梵行婬欲法故七者盡壽遮止人間嬉戲捨離觀聽歌舞笑戲倡伎等故

及離與已親友同齡笑戲歡娛携徙等故如是等類因乞求行所有艱辛所生衆苦菩薩一切皆能忍受不由此緣精進懈廢如是名為菩薩忍受乞行處苦勤劬處苦者謂諸菩薩勤修善品劬勞因緣發生種種身心疲惱悉能忍受不由此緣精進懈廢如是名為菩薩忍受勤劬處苦利他處苦者謂諸菩薩修十一種利有情業如前應知由彼所生種種憂苦菩薩一切皆能忍受不由此緣精進懈廢如是名為菩薩忍受利他處苦所作處苦者謂諸菩薩或是出家便有營為衣鉢等業或是在家便有无倒商估營農仕王等業由此發生種種勤苦菩薩一切皆能忍受不由此緣精進懈廢如是名為菩薩忍受所作處苦又諸菩薩雖觸衆苦而於無上正等菩提未正勤修能正勤修已正勤修能无退轉常勤修習無變異意无雜染心是名菩薩安受衆苦忍

云何菩薩法思勝解忍謂諸菩薩於一切法能正思擇由善觀察勝覺慧

故能於八種生勝解處善安勝解云何八種生勝解處一三寶功德處二真實義處三諸佛菩薩大神力處四因處五果處六應得義處七自於彼義得方便處八一切所知所應行處又此勝解由二因緣於彼諸處能善安立一長時串習故二證善淨智故是名菩薩法思勝解忍如是菩薩依此二品一切忍故當知廣開辯行忍等諸相差別

云何菩薩難行忍當知此忍略有三種謂諸菩薩能於羸劣諸有情所忍彼所作不饒益事是名第一難行忍若諸菩薩居尊貴位於自臣隸不饒益事堪能忍受是名第二難行忍若諸菩薩於其種姓卑賤有情所作增上不饒益事堪能忍受是名第三難行忍

云何菩薩一切門忍當知此忍略有四種謂諸菩薩於親所作不饒益事於怨所作不饒益事於中所作不饒益事悉能堪忍及於彼三劣等勝品不饒益事皆能忍受

云何菩薩善士忍當知此忍略有五

種謂諸菩薩先於其忍見諸勝利謂能堪忍補特伽羅於當来世无多怨敵無多乖離有多喜樂臨終无悔於身壞後當生善趣天世界中見勝利已自能堪忍勸他行忍讚忍功德見能行忍補特伽羅慰意慶喜

云何菩薩一切種忍當知此忍六種七種總十三種云何六種謂諸菩薩了知不忍非愛異熟由怖畏故勤修行忍於諸有情有哀憐心有悲愍心有親愛心由親善故勤修行忍於其無上正等菩提猛利欲樂為圓滿忍波羅蜜多由是因緣勤修行忍如世尊說夫出家者具忍辱力由是因緣不應出家受具足戒而行不忍由法受故勤修行忍種姓具足先串習忍於今現在安住自性故能修忍知一切法遠離有情唯見諸法无戲論性諦察法故能修行忍云何七種謂於一切不饒益忍從一切忍一切處忍謂於屏處及大衆前皆能修忍一切時忍謂晝初分若晝中分若晝後分若夜若日若去来今若病不病若卧

若起常能修忍由身行忍不捶打故由語行忍不出一切非愛言故由意行忍不憤發故不持汙濁惡意樂故

云何菩薩遂求忍當知此忍略有八種謂諸菩薩於諸有苦來求索者要逼能忍於極凶暴上品惡業諸有情所依法大悲不損惱忍於諸出家犯戒者所依法大悲不損惱忍

復有五種耐勤苦忍謂能堪耐除遣有苦有情衆苦所有勤苦又能堪耐求法勤苦又能堪耐法隨法行所有勤苦又能堪耐即於彼法廣為他說所有勤苦又能堪耐於諸有情所為所作正與助伴所有勤苦如是八種名遂求忍若於有情有損惱者由忍故離若於有情是所求者由忍故與是故說此名遂求忍云何菩薩此世他世樂忍當知此忍略有九種謂諸菩薩住不放逸於諸善法悉能堪忍於諸寒熱悉能堪忍於諸飢渴悉能堪忍於蚊䖟觸悉能堪忍於諸風日悉能堪忍於虵蠍觸悉能堪忍於諸劬勞所生種種若身若心疲惓憂惱

悉能堪忍於墮生死生老病死等苦有情現前哀愍而修行忍如是菩薩修行忍故能令自身於現法中得安樂住不為一切惡不善法之所陵雜能引後世安樂因緣亦能令他修行種種現法後法安樂正行是名此世他世樂忍

云何菩薩清淨忍當知此忍略有十種謂諸菩薩遇他所作不饒益事損惱違越終不返報亦不意憤亦无怨嫌意樂相續恒常現前欲作饒益先後無異非一益已捨而不益於有怨者自往悔謝終不令他生疲猒已然後受謝恐其疲猒纔謝便受於不堪忍成就增上猛利慙愧依於堪忍於大師所成就增上猛利愛敬依不損惱諸有情故於諸有情成就猛利哀愍愛樂一切不忍并助伴法皆得斷故離欲界欲由此十相當知菩薩所修行忍清淨无垢

當知此中初自性忍廣說乃至後清淨忍如是能生廣博無量大菩提果忍為依止是諸菩薩能圓滿忍波羅

蜜多能證无上正等菩提

本地分中菩薩地第十五初持瑜伽處精進品第十二

云何菩薩精進波羅蜜多嗢拕南曰

自性一切難　一切門善士　一切種遂求
二世樂清淨　如是九種相　名略說精進

謂九種相精進名為菩薩精進波羅蜜多一者自性精進二者一切精進三者難行精進四者一切門精進五者善士精進六者一切種精進七者遂求精進八者此世他世樂精進九者清淨精進

云何菩薩自性精進謂諸菩薩其心勇悍堪能攝受无量善法利益安樂一切有情熾然無間无有顛倒及此所起身語意動當知是名菩薩所行精進自性

云何菩薩一切精進謂此精進略有二種一者依在家品精進二者依出家品精進當知依此二品精進各有三種一擐甲精進二攝善法精進三饒益有情精進

云何菩薩擐甲精進謂諸菩薩於發

加行精進之前其心勇悍先擐擐甲若我為脫一有情苦以千大劫等一日夜處那洛迦不在餘趣乃至菩薩經尒所時證得无上正等菩提假使過此百千俱胝倍數時劫方證無上正等菩提我之勇悍亦无退屈於求無上正等菩提非不進趣既進趣已勤勇无懈何况所經時短苦薄是名菩薩擐甲精進若有菩薩於如是相菩薩所有擐甲精進少起勝解少生淨信如是菩薩尚已長養无量勇猛發勤精進大菩提性何況菩薩成就如是擐甲精進如是菩薩於求菩提饒益有情無有少分難行事業可生怯劣難作之心

云何菩薩攝善法精進謂諸菩薩所有精進能為施戒忍精進靜慮慧波羅蜜多加行能成辦施戒忍精進靜慮慧波羅蜜多當知此復略有七種一無動精進一切分別種種分別根本煩惱少分煩惱一切異論一切苦觸不傾動故二堅固精進是殷重加行故三无量精進能現證得一切明

處故四方便相應精進所應得義無顛倒道隨順而行故平等通達故五无倒精進為欲證得能引義利所應得義願所引故六恒常精進是無間加行故七離慢精進由勤精進離高舉故由此七種攝善法精進勤加行故令諸菩薩速能圓滿波羅蜜多疾證無上正等菩提由此精進是能修證能成菩提一切善法最勝因緣餘則不尒是故如來以種種門稱讚精進能證无上正等菩提

云何菩薩饒益有情精進謂此精進有十一種如戒品說彼說尸羅此說精進當知是名彼此差別

云何菩薩難行精進謂此精進略有三種若諸菩薩無間遠離諸衣服想諸飲食想諸卧具想及已身想於諸善法无間修習曾無懈廢是名第一難行精進若諸菩薩如是精進盡衆同分於一切時曾無懈廢是名第二難行精進若諸菩薩平等通達功德相應不緩不急无有顛倒能引義利精進成就是名第三難行精進如是

菩薩難精進力當知即是緣有情悲及與般若能攝之因

云何菩薩一切門精進謂此精進略有四種一離染法精進二引白法精進三淨除業精進四增長智精進離染法精進者謂諸菩薩所有精進能令一切結縛隨眠煩惱纏未生不生已生斷滅引白法精進者謂諸菩薩所有精進一切善法未生令生已生令住令不忘失增長廣大淨除業精進者謂諸菩薩所有精進能令三業皆悉清淨能攝妙善身語意業增長智精進者謂諸菩薩所有精進能集能增聞思修慧

云何菩薩善士精進謂此精進略有五種一無所棄捨精進謂諸菩薩所有精進不捨一切欲加行故二无退減精進謂諸菩薩所有精進如先所受若等若增發勤精進隨長養故三无下劣精進謂諸菩薩所有精進勇猛熾然長時無間精勤策勵心无怯弱無退屈故四无顛倒精進謂諸菩薩所有精進能引義利方便善巧所

攝持故五勤勇加行精進謂諸菩薩所有精進能於無上正等菩提速進趣故

云何菩薩一切種精進謂此精進六種七種捴十三種云何菩薩六種精進一无間精進謂一切時脩加行故二殷重精進謂能周備脩加行故三等流精進謂先因力所任持故四加行精進數數思擇種種善品正加行故五无動精進一切苦觸不能動故亦不轉成餘性分故六無喜足精進少分下劣差別證中不喜足故菩薩成就如是六種一切種精進發勤精進故所以說言有勢有勤有勇堅猛於諸善法不捨其軛云何菩薩七種精進一與欲俱行精進謂諸菩薩所有精進數於无上正等菩提猛利欲願隨長養故二平等相應精進謂諸菩薩所有精進能令隨一根本煩惱及隨煩惱不染汙心亦不纏心由此精進能令菩薩於諸善法等習而住三勝進精進謂諸菩薩若為隨一根本煩惱及隨煩惱染心纏心為斷如

是諸煩惱故精進勇猛如滅頭然四勤求精進謂諸菩薩勇猛勤求一切明處無猒倦故五修學精進謂諸菩薩於所學法如應如宜普於一切法隨法行能成辦故六利他精進謂諸菩薩所有精進於如前說十一種相應知其相七善護精進謂諸菩薩所有精進起正加行善自防守若有所犯如法悔除如是菩薩十三種精進名一切種精進菩薩所有遂求精進此世他世樂精進如忍應知其差別者彼說堪忍此說菩薩精進勇悍云何菩薩清淨精進謂此精進略有十種一相稱精進二串習精進三无緩精進四善攝精進五應時修習精進六通達衆相精進七不退弱精進八不捨軛精進九平等精進十迴向大菩提精進若諸菩薩或為彼彼諸隨煩惱極所逼切為斷彼彼隨煩惱故修習種種相稱對治謂為對治諸貪欲故修習不淨為欲對治諸瞋恚故修習慈愍為欲對治諸愚癡故修習觀察緣性緣起為欲對治諸尋思故

修習息念為欲對治諸憍慢故差別如是等類是名菩薩相稱精進若諸菩薩非唯成就始業初業所有精進謂為住心教授教誡非不亦由串習加行積習加行是名菩薩串習精進若諸菩薩亦非唯有串習加行積習加行為住其心教授教誡然此始業初業菩薩於此加行不緩加行无間加行殷重加行是名菩薩無緩精進若諸菩薩從師長所或自多聞力所持故无倒而取為住其心發勤精進是名菩薩善攝精進若諸菩薩無倒取已於應止時能正修止於應舉時能策其心於應捨時能正修捨是名菩薩應時修習相應精進若諸菩薩於其種種止舉捨相入住出相能善了知能无忘失能善通達无間修作殷重修作是名菩薩通達衆相相應精進若諸菩薩聞說種種寂極廣大寂極甚深不可思議不可度量菩薩精進不自輕蔑心不怯弱不於所有少分下劣差別證中而生喜足不求上進是名菩薩不退弱精進若

瑜伽師地論第四十二　二十四　因字号

諸菩薩於時時間密護根門飲食知量初夜後夜常勤修習悎寤瑜伽正知而住於如是類等持資粮能攝受轉即於其中熾然修習於能引攝无倒義利於一切時勤加功用是名菩薩不捨軛精進若諸菩薩發勤精進不緩不急平等雙運普於一切應作事中亦能平等殷重修作是名菩薩平等精進若諸菩薩一切精進有所為作無不皆為迴向无上正等菩提是名菩薩迴向大菩提精進

如是寂初自性精進乃至寂後清淨精進皆得菩薩大菩提果菩薩依此所有精進圓滿精進波羅蜜多能於无上正等菩提速疾已證當證今證

瑜伽師地論卷第四十二

瑜伽師地論卷第四十二

校勘記

一　底本，金藏廣勝寺本。

一　七六三頁中四行「第十五」，徑、清無。以下品名同。

一　七六三頁中五行第六字「三」，普作「二」。

一　七六三頁下四行「任持」，磧、普、南、徑、清、麗作「住持」。

一　七六四頁下一八行第二字「熟」，麗作「成熟」。

一　七六五頁上五行首字「本」，資、磧、普、南作「瑜伽師地論本」。

一　七六五頁上一六行第五字「能」，資、磧、普、南、徑、清作「悉」。

一　七六五頁上二二行末字「忍」，普無。

一　七六五頁中五行第三字「害」，石、麗作「苦」。

一　七六五頁下一六行第九字「生」，資、磧、普、南、徑、清作「性」。

一　七六五頁下末行第五字「若」，磧、普作「苦」。

一　七六六頁上一三行第八字「諸」，諸本作「有」。

一　七六六頁中八行第四字「勞」，石、麗作「劬」。

一　七六六頁中一〇行末字「戒」，諸本作「成」。

一　七六六頁下八行第二字「讀」，諸本作「讚」。

一　七六七頁上四行第五字「懈」，普、徑作「解」。

一　七六七頁上一五行首字「估」，徑、清作「貫」。

一　七六七頁中一四行第一二字「[止夭入米]」，諸本作「隸」。

一　七六七頁下五行第一二字「功」，麗作「切」。

一　七六七頁下二二行「畫」，普、南、徑、清均作「盡」。

一　七六八頁上五行末字「要」，麗作「惡」。

一　七六九頁上八行第一一字「苦」，石作「若」。

一　七六九頁中三行第九字「能」，資、磧、普、南、徑、清作「所」。

一　七六九頁中一九行第一三字「盡」，石作「益」。

一　七六九頁下七行第七字「眠」，諸本作「眠隨」。

一　七七〇頁上二行第一三字「速」，麗作「達」。

一　七七〇頁下一行末字「故」，諸本作「故修界」。

一　七七一頁上二行第一〇字「悟」，石、麗作「覺」。

瑜伽師地論卷第四十三　因

弥勒菩薩說

三藏法師玄奘奉詔譯

本地分中菩薩地第十五初持瑜伽處靜慮品第十三

云何菩薩靜慮波羅蜜多嗢拕南曰

自性一切難　一切門善士　一切種遂求
二世樂清淨　如是九種相　名略說靜慮

謂九種相靜慮名為菩薩靜慮波羅蜜多一者自性靜慮二者一切靜慮三者難行靜慮四者一切門靜慮五者善士靜慮六者一切種靜慮七者遂求靜慮八者此世他世樂靜慮九者清淨靜慮

云何菩薩自性靜慮謂諸菩薩於菩薩藏聞思為先所有妙善世出世間心一境性心正安住或奢摩他品或毗鉢舍那品或雙運道俱通二品當知即是菩薩所有靜慮自性

云何菩薩一切靜慮謂此靜慮略有二種一者世間靜慮二者出世間靜慮當知此二隨其所應復有三種一者現法樂住靜慮二者能引菩薩等持功德靜慮三者饒益有情靜慮若諸菩薩所有靜慮遠離一切分別能生身心輕安最極寂靜遠離憍舉諸愛味泯一切相當知是名菩薩現法樂住靜慮若諸菩薩所有靜慮能引能住種種殊勝不可思議不可度量十力種姓所攝等持如是等持一切聲聞及獨覺等不知其名何況能入若諸菩薩所有靜慮能引能住一切菩薩解脫勝處遍處无导解無諍願智等共諸菩薩所有功德當知是名能引菩薩等持功德靜慮菩薩饒益有情靜慮有十一種如前應知謂諸菩薩依止靜慮於諸有情能引義利彼彼事業與作助伴其有苦者能為除苦於諸有情能如理說於有恩者知恩知惠現前酬報於諸怖畏能為救護於喪失處能解愁憂於有匱乏施與資財於諸大衆善能匡御於諸有情善隨心轉於實有德讚美令喜於諸有過能正調伏為物現通恐怖引攝如是一切總名菩薩一切靜慮

此外无有若過若增

云何菩薩難行靜慮謂此靜慮略有三種若諸菩薩已能安住廣大殊勝極善成熟多所引發諸靜慮住隨自欲樂捨彼寂勝諸靜慮樂愍有情故等觀無量利有情事為諸有情義利成熟故意思擇還生欲界當知是名菩薩第一難行靜慮若諸菩薩依止靜慮能發種種无量無數不可思議超過一切聲聞獨覺所行境界菩薩等持當知是名菩薩第二難行靜慮若諸菩薩依止靜慮速證无上正等菩提當知是名菩薩第三難行靜慮

云何菩薩一切門靜慮謂此靜慮略有四種一者有尋有伺靜慮二者喜俱行靜慮三者樂俱行靜慮四者捨俱行靜慮

云何菩薩善士靜慮謂此靜慮略有五種一者無愛味靜慮二者慈俱行靜慮三者悲俱行靜慮四者喜俱行靜慮五者捨俱行靜慮

云何菩薩一切種靜慮謂此靜慮六種七種摠十三種言六種者一者善

靜慮二者無記變化靜慮三者奢摩他品靜慮四者毗鉢舍那品靜慮五者於自他利正審思惟靜慮六者能引神通威力功德靜慮言七種者一者名緣靜慮二者義緣靜慮三者止相緣靜慮四者舉相緣靜慮五者捨相緣靜慮六者現法樂住靜慮七者能饒益他靜慮如是十三種名為菩薩一切種靜慮

云何菩薩遂求靜慮謂此靜慮略有八種一者於諸毒藥霜雹毒熱鬼所魅等種種災患能息能成呪術所依靜慮二者於界乖違所生衆病能除靜慮三者於諸飢饉大災旱等現在前時興致甘雨靜慮四者於其種種人非人作水陸怖畏能正拔濟靜慮五者於乏飲食墮在曠野諸有情類能施飲食靜慮六者於乏財位所化有情能施種種財位靜慮七者於十方界放逸有情能正諫誨靜慮八者於諸有情隨所生起所應作事能正造作靜慮

云何菩薩此世他世樂靜慮謂此靜

慮略有九種一者神通變現調伏有情靜慮二者記說變現調伏有情靜慮三者教誡變現調伏有情靜慮四者於造惡者示現惡趣靜慮五者於失辯者能施辯才靜慮六者於失念者能施正念靜慮七者制造建立无顛倒論微妙讃頌摩怛理迦能令正法久住靜慮八者於諸世間工巧業處能引義利饒益有情種種書筭測度數印牀座傘屧如是等類種種差別資生衆具能隨造作靜慮九者於生惡趣所化有情為欲暫時息彼衆苦放大光明照觸靜慮

云何菩薩清淨靜慮謂此靜慮略有十種一者由世間淨離諸愛味清淨靜慮二者由出世淨無有染汙清淨靜慮三者由加行淨清淨靜慮四者由得根本淨清淨靜慮五者由根本勝進淨清淨靜慮六者由入住出自在淨清淨靜慮七者捨靜慮已復還證入自在淨清淨靜慮八者神通變現自在淨清淨靜慮九者離一切見趣淨清淨靜慮十者一切煩惱所知

障淨清淨靜慮
如是靜慮無量无邊能得菩薩大菩
提果菩薩依此圓滿靜慮波羅蜜多
能於無上正等菩提速疾已證當證
今證

本地分中菩薩地第十五初持瑜伽處慧
品第十四

云何菩薩慧波羅蜜多嗢拕南曰
自性一切難　一切門善士　一切種遂求
二世樂清淨　如是九種相　是名略說慧
謂九種相慧名為菩薩慧波羅蜜多
一者自性慧二者一切慧三者難行
慧四者一切門慧五者善士慧六者
一切種慧七者遂求慧八者此世他
世樂慧九者清淨慧
云何菩薩自性慧謂能悟入一切所
知及已悟入一切所知簡擇諸法普
緣一切五明處轉一內明處二因明
處三醫方明處四聲明處五工業明
處當知即是菩薩一切慧之自性
云何菩薩一切慧當知此慧略有二
種一者世間慧二者出世間慧此二
略說復有三種一能於所知真實隨

覺通達慧二能於如所說五明處及
三聚中決定善巧慧三能作一切有
情義利慧若諸菩薩於離言說法
無我性或於真諦將欲覺悟或於真
諦正覺寤時或於真諦覺寤已後所
有妙慧最勝寂靜明了現前無有分
別離諸戲論於一切法悟平等性入
大摠相究達一切所知邊際遠離增
益損減二邊順入中道是名菩薩能
於所知真實隨覺通達慧若諸菩薩
於五明處決定善巧廣說如前力種
性品應知其相及於三聚中決定善
巧謂於能引義利法聚能引非義利
法聚能引非義利非非義利法聚皆
如實知於是八處所有妙慧善巧攝
受能速圓滿廣大无上妙智資粮速
證無上正等菩提能作一切有情義
利慧有十一種如前應知即於彼位
所有妙慧當知是名饒益有情慧
云何菩薩難行慧當知此慧略有三
種若諸菩薩能知甚深法無我智是
名第一難行慧若諸菩薩能了有情
調伏方便智是名第二難行慧若諸

菩薩了知一切所知境界无障礙智
是名第三最難行慧
云何菩薩一切門慧當知此慧略有
四種謂於聲聞藏及菩薩藏所有勝
妙聞所成慧思所成慧於能思擇菩
薩所應作應隨轉中及菩薩所不應
作應止息思擇力所攝慧及修習力
所攝三摩呬多地無量慧
云何菩薩善士慧當知此慧略有五
種一聽聞正法所集成慧二內正作
意俱行慧三自他利行方便俱行慧
四於諸法法住法安立無顛倒中善
決定慧五捨煩惱慧復有異門一微
細慧悟入所知如所有性故二周徧
慧悟入所知盡所有性故三俱生慧
宿智資粮所集成故四具教慧能於
諸佛已入大地諸菩薩衆所開法義
具受持故五具證慧從淨意樂地乃
至到究竟地所攝受故
云何菩薩一切種慧當知此慧六種
七種摠十三種六種慧者謂於諸諦
苦智集智滅智道智於究竟位盡智
無生智是名六慧七種慧者謂法智

類智世俗智神通智相智十力前行智四道理中正道理智

云何菩薩遂求慧當知此慧略有八種一依法異門智所謂菩薩法无礙慧二依法相智所謂菩薩義無㝵慧三依法釋詞智所謂菩薩釋詞无㝵慧四依法品類句差別智所謂菩薩辯才無㝵慧五菩薩一切摧伏他論慧六菩薩一切成立自論慧七菩薩一切正訓誨為家屬家產慧八菩薩一切善解種種王正世務慧

云何菩薩此世他世樂慧當知此慧略有九種謂諸菩薩於內明處能善明淨善安住慧於醫方明處因明處聲明處世工業明處能善明淨非安住慧一切菩薩即用如是於五明處善明淨慧以為依止於他愚癡放逸怯弱勤修正行所化有情如其次第示現教導讚勵慶慰慧

云何菩薩清淨慧當知此慧略有十種於真實義有二種慧謂由盡所有性及如所有性取真實義故於流轉義有二種慧謂取正因果故於執受

義有二種慧謂顛倒不顛倒如實了知故於方便義有二種慧謂一切所應作所不應作如實了知故於究竟義有二種慧謂雜染如實了知雜染故清淨如實了知清淨故如是菩薩五義十種差別淨慧當知是名寂勝淨慧

如是菩薩極善決定無量妙慧能證菩薩大菩提果菩薩依此能圓滿慧波羅蜜多速證无上正等菩提

復次如是六種波羅蜜多世尊彼彼素怛纜中處處散說今於此中攝在一處略說應知謂佛所說素怛纜中所有施波羅蜜多乃至慧波羅蜜多或摽或釋彼皆於此或自性施廣說乃至或清淨施趣入攝受如其所應皆當了知如是所餘如所宣說戒乃至慧趣入攝受如其所應亦當了知又諸如來為菩薩時所行一切菩薩行中所有无量本生相應難行苦行當知一切與施相應依止於施如說其施如是戒忍精進靜慮慧相應依止戒忍精進靜慮慧當知亦尒或唯

依施廣說乃至或唯依慧或雜依二或雜依三或雜依四或雜依五或雜依一切六波羅蜜多皆應了知如是六種波羅蜜多菩薩為證无上正等菩提果故精懃修集是大白法溟名大白法海是一切有情一切種類圓滿之因名為涌施大寶泉池又即如是所集無量福智資粮更无餘果可共相稱唯除無上正等菩提

本地分中菩薩地第十五初持瑜伽處攝事品第十五

云何菩薩四種攝事嗢拕南曰

自性一切難　一切門善士　一切種遂求
二世樂清淨　如是九種相　名略說攝事

謂九種相攝事名為菩薩四種攝事一者自性攝事二者一切攝事三者難行攝事四者一切門攝事五者善士攝事六者一切種攝事七者遂求攝事八者此世他世樂攝事九者清淨攝事

云何菩薩自性愛語謂諸菩薩於諸有情常樂宣說悅可意語諦語法語引攝義語當知是名略說菩薩愛語

自性

云何菩薩一切愛語謂此愛語略有三種一者菩薩設慰喻語由此語故菩薩恒時對諸有情遠離顰蹙先發善言舒顏平視含笑為先或問安隱吉祥或問諸界調適或問晝夜怡樂或命前進善來以是等相慰問有情隨世儀軌順覲人性二者菩薩設慶悅語由此語故菩薩若見有情妻子眷屬財穀其所昌盛而不自知如應覺悟以申慶悅或知信戒聞捨慧增亦復慶悅三者菩薩設勝益語由此語故菩薩宣說一切種德圓滿法教相應之語利益安樂一切有情恒常現前以勝益語而為饒益是名菩薩一切愛語差別應知

云何略說如是菩薩一切愛語當知此語略為二種一隨世儀軌語二順正法教語若慰喻語若慶悅語當知是名順世儀軌語若勝益語當知是名順正法教語

云何菩薩難行愛語當知此語略有三種若諸菩薩於能煞害怨家惡友

以善淨心無穢濁心思擇為說若慰喻語若慶悅語若勝益語當知是名菩薩第一難行愛語若諸菩薩於其上品愚癡鈍根諸有情所以無疑慮思擇為說種種法教攝受疲勞如理如法如善攝取當知是名菩薩第二難行愛語若諸菩薩於其諂詐欺誑親教軌範尊長真實福田行邪惡行諸有情所无嫌恨心無恚惱心思擇為說若慰喻語若慶悅語若勝益語當知是名菩薩第三難行愛語

云何菩薩一切門愛語當知此語略有四種一欲斷諸蓋向善趣者為說先時所應作法二遠離諸蓋心調善者為說增進四聖諦等相應正法三在家出家多放逸者無倒諫誨方便令其出離放逸行住不放逸行四於諸法中多疑惑者為令當來離疑惑故為說正法論義決擇

云何菩薩善士愛語當知此語略有五種謂諸菩薩為所化生能說如來及諸菩薩有因緣法有出離法有所依法有勇決法有神變法若所說法

得處有因制立學處是故此法名有因緣若所說法於所受學有毀犯者施設還淨是故此法名有出離若所說法四依所攝施設無倒法律正行是故此法名有所依若所說法能正顯示出一切苦不退還行是故此法名有勇決若所說法作三神變一切所說終不唐捐是故此法名有神變

云何菩薩一切種愛語當知此語六種七種揔十三種言六種者一於應聽法開聽愛語二於應制法遮制愛語三開示諸法法門愛語四開示無倒法相愛語五開示無倒訓釋諸法言詞愛語六開示無倒法句品類差別愛語言七種者一慰喻愛語二慶悅愛語三於他有情一切資具少希欲中一切所作及以正至少希欲中廣恣愛語四安慰種種驚怖愛語五如理宣說所攝愛語六為欲令他出不善處安住善處正見聞疑舉呵愛語七請他有力饒益愛語如是菩薩十三種語當知名為一切種愛語

云何菩薩遂求愛語當知此語略有

八種謂諸菩薩依四淨語起八聖語是名菩薩遂求愛語四淨語者謂離妄語及以離間麁惡綺語八聖語者謂見言見聞言聞覺言覺知言知不見言不見不聞言不聞不覺言不覺不知言不知

云何菩薩此世他世樂愛語當知此語略有九種一說正法斷親屬難愁憂愛語二說正法斷財位難愁憂愛語三說正法斷無病難愁憂愛語四說正法斷淨戒難衆苦愛語五說正法斷正見難衆苦愛語六說正法讚美淨戒圓滿愛語七說正法讚美正見圓滿愛語八說正法讚美軌則圓滿愛語九說正法讚美正命圓滿愛語

云何菩薩清淨愛語當知此語有二十種謂二十相宣說正法應知如前

力種性品

云何菩薩利行謂此利行廣如愛語應知其相於利行中餘差別義我今當說謂諸菩薩由一切品差別愛語隨說彼彼趣義利行饒益有情故名利行

云何菩薩自性利行謂諸菩薩由彼愛語為諸有情示現正理隨其所應於諸所學隨義利行法隨法行如是行中安住悲心無愛染心勸導調伏安處建立是名略說利行自性

云何菩薩一切利行當知此行略有二種一未成熟有情能成熟利行二已成熟有情令解脫利行即此利行復由三門一於現法利勸導利行二於後法利勸導利行三於現法後法利勸導利行於現法利勸導利行者謂正勸導以法業德招集守護增長財位當知是名於現法利勸導利行由此能令從他獲得廣大名稱及現法樂由資具樂攝受安住於後法利勸導利行者謂正勸導知是名於後法利勸導利行由此能令決定獲得後法安樂不必獲得現法安樂於現法後法利勸導利行者謂正勸導令在家者或出家者漸次修行趣向離欲當知是名於現法後法利勸導利行由此能令於現法中得身輕安得心輕安安樂而住於後法中或生淨

天或無餘依涅槃界中而般涅槃

云何菩薩難行利行當知此行略有三種若諸菩薩於先未行勝善根因諸有情所能行利行是名第一難行利行何以故彼諸有情難勸導故若諸菩薩於有善因現前執著廣大財位衆具圓滿諸有情所能行利行是名第二難行利行何以故彼於廣大極放逸迹極放逸處躭著轉故若諸菩薩於諸外道著本異道邪見邪行諸有情所能行利行是名第三難行利行何以故彼於自宗愚癡執故於正法律憎背執故

云何菩薩一切門利行當知此行略有四種謂諸菩薩不信有情於信圓滿殷勤勸導乃至建立犯戒有情於戒圓滿殷勤勸導乃至建立惡慧有情於慧圓滿殷勤勸導乃至建立慳悋有情於捨圓滿殷勤勸導乃至建立

云何菩薩善士利行當知此行略有五種謂諸菩薩於真實義勸導有情於應時宜勸導有情於能引攝勝妙義利勸導有情於諸有情柔軟勸導

於諸有情慈心勸導

云何菩薩一切種利行當知此行六種七種揔十三種云何六種謂諸菩薩若諸有情應攝受者正攝受之若諸有情應調伏者正調伏之若諸有情憎背聖教除其恚惱若諸有情處中住者令入聖教若諸有情已入聖教正於三乘令其成熟若諸有情已成熟者令得解脫云何七種謂諸菩薩安處一分所化有情於善資糧守護長養所謂或依下乘出離或復依於大乘出離如令所化於善資糧守護長養如是或於遠離或於心一境性或於清淨諸障或於修習作意正安處之若有聲聞獨覺種性即於聲聞獨覺乘中而正安處若有如來種姓有情即於無上正等菩提寂上乘中而正安處

云何菩薩遂求利行當知此行略有八種謂諸菩薩見諸有情於應慚處為無慚纏之所纏繞方便開解令離彼纏如無愧纏如是見有於應愧處為無愧纏之所纏繞若惛沉纏若睡

眠纏若掉擧纏若惡作纏嫉纏慳纏之所纏繞方便開解令離彼纏

云何菩薩此世他世樂利行當知此行略有九種謂諸菩薩於他有情依淨身業勸令遠離一切煞生勸令遠離諸不與取勸令遠離諸欲邪行勸令遠離一切窣羅若迷隸耶及以末陁放逸處酒依淨語業勸令遠離一切妄語勸令遠離諸離間語勸令遠離諸麁惡語勸令遠離一切綺語依淨意業勸令遠離一切貪欲瞋恚邪見

云何菩薩清淨利行當知此行略有十種謂諸菩薩於諸有情依外清淨有五利行依內清淨有五利行云何菩薩於諸有情依外清淨有五利行一無罪利行二不轉利行三漸次利行四遍行利行五如應利行謂諸菩薩於諸有情雜惡行者先惡行者有罪行者雜染行者於諸善中能正安處是名菩薩於諸有情無罪利行又諸菩薩於諸有情不於非解脫非定清淨處求為真解脫求為定清淨者即於其中能正勸導是名菩薩於諸

有情不轉利行又諸菩薩於諸有情先審觀察知劣慧者為說淺法隨轉麁近教授教誡知中慧者為說中法隨轉處中教授教誡知廣慧者為說深法隨轉幽微教授教誡令其漸次修集善品是名菩薩於諸有情漸次利行又諸菩薩於諸四姓乃至天人一切有情隨力隨能行義利求利樂者即於其中隨類勸導是名菩薩於諸有情遍行利行又諸菩薩於諸有情若於自義諸善法品隨下中上功能差別可勸導者及由方便功能差別可勸導者隨其所應於彼如彼方便勸導是名菩薩於諸有情如應利行是名菩薩於諸有情依外清淨五種利行云何菩薩於諸有情依內清淨五種利行謂諸菩薩於諸有情起廣大悲意樂現前而行利行又諸菩薩於諸有情所作義利雖受一切大苦劬勞而心無倦深生歡喜為諸有情而行利行又諸菩薩雖現安處最勝第一圓滿財位而自謙下如奴如僕亦如孝子旃荼羅子其心卑屈離

憍離慢及離我執於諸有情而行利行又諸菩薩於諸有情心無愛染無有虛偽真實哀憐而行利行又諸菩薩於諸有情生起畢竟無復退轉慈愍之心而行利行是名菩薩於諸有情依內清淨五種利行如是依於內外清淨各五利行揔有十種是名菩薩清淨利行

云何菩薩同事謂諸菩薩若於是義於是善根勸他受學即於此義於此善根或等或增自現受學如是菩薩與他事同故名同事所化有情知此菩薩所脩同事便於自已受學善根堅固決定無有退轉何以故彼作是思菩薩勸我所受學者定能為我利益安樂由此菩薩所授我者即於其中自現行故無有知無利益安樂自現行者非諸菩薩故是同事勸導有情他得詰言汝自於善不能受學云何以善殷勤勸導數數教授教誡於他汝應從他殷勤請受教授教誡有諸菩薩是他同事而不自顯與他同事有諸菩薩非他同事而自顯現

與他同事有諸菩薩是他同事亦自顯現與他同事有諸菩薩非他同事亦不自顯與他同事第一句者謂有菩薩與諸菩薩功德威力皆悉平等於菩薩道自謂為師功德威力與等菩薩隱自善故而不顯已功德威力第二句者謂諸菩薩見有下劣信解有情於甚深處心生怖畏便正思擇為欲方便化導彼故自現已身與其同法所謂下於旃荼羅類乃至狗類欲作饒益欲除灾患欲調欲化故思於彼旃荼羅狗同分中生第三句者謂諸菩薩見所化者所受善根猶可搖動為令堅住現與同事或等或增第四句者謂諸菩薩自行放逸棄捨他事

如是已說多種施戒廣說乃至最後同事其中所有波羅蜜多能自成熟一切佛法所有攝事能成熟他一切有情當知略說菩薩一切善法作業又如前說多種施戒廣說乃至最後同事如是衆多助菩提分無量善法由三因緣應知現行由二因緣應知

最勝由三因緣應知清淨謂由身語意三因緣故應知現行彼諸善法由廣大故無雜染故應知最勝亦名無上亦名不共當知此中由有情無別故事無別故時無別故名為廣大有情無別者謂諸菩薩普於一切有情處所普為一切法界有情脩行如是施等善根非專為已事無別者謂諸菩薩普於一切及一切種施等善根精勤受學時無別者謂諸菩薩恒常無間不離加行不捨善軛若晝若夜若現法後法即由此因施等善根常行無替當知此中由四種相成無雜染謂諸菩薩懷歡喜心脩諸善法由是因緣無苦無憂無諸變悔又諸菩薩不損惱他不著見趣不離惡行脩行施等無量善根又諸菩薩殷重遍體於其施等無量善法唯見功德唯見真實唯見寂靜極善決定不從他緣非餘引奪而正受學又諸菩薩不因所脩施等善法怖異熟果或轉輪王或天帝釋或魔或梵亦不於他怖求返報無所依止不依一切利養恭

敬世俗名譽乃至不依養活身命由如是相淨歡喜俱無不平等殷重無依修行施等廣說乃至同利為後無量善法名無雜染由熾然故無動轉故善清淨故應知清淨若諸菩薩已入清淨意樂地者一切善根熾然無動言熾然者謂此菩薩意樂淨故一切善法不由思擇熾盛現前言無動者謂此菩薩意樂淨故隨所獲得隨所積集所有善法皆無退轉於當來世能無退減如是菩薩隨所經歷彼彼日夜隨所過度彼彼自身所有善法如明分月唯增無減若諸菩薩住到究竟地或繫屬一生或後有者所有善法名善清淨此上更無菩薩地攝勝淨法故如是施等同事為後無量善法三因緣故應知現行二因緣故應知最勝三因緣故應知清淨

此中所有一切施一切戒廣說乃至一切同事若多修習若善清淨若具圓滿能感無上正等菩提金剛堅固身正法久住果此中所有難行施難行戒廣說乃至難行同事若多修習

若善清淨若具圓滿能感如來成就無等希奇法果此中所有一切門施一切門戒廣說乃至一切門同事若多修習若善清淨若具圓滿能感如來一切最勝有情天人所供養果此中所有善士施善士戒廣說乃至善士同事若多修習若善清淨若具圓滿能感如來於諸有情無足二足四足多足有色無色有想無想及以非想非非想處於此一切有情類中最尊勝果此中所有一切種施一切種戒廣說乃至一切種同事若多修習若善清淨若具圓滿能感如來無量殊勝福德所攝三十有二大丈夫相八十隨好莊嚴身果此中所有遂求施遂求戒廣說乃至遂求同事若多修習若善清淨若具圓滿能感如來坐菩提座一切魔怨不能惱亂不傾動果此中所有此世他世樂施此世他世樂戒廣說乃至此世他世樂同事若多修習若善清淨若具圓滿能感如來最勝靜慮解脫等持等至樂果此中所有清淨施清淨戒廣說乃

至清淨同事若多修習若善清淨若具圓滿能感如來四一切種清淨果謂所依淨所緣淨心淨智淨亦感如來三不護十力四無所畏三念住一切不共佛法極清淨果如是菩薩施等善法能感無上到究竟果當知亦感生死流轉順菩薩行所餘無量无邊可愛無罪勝果

瑜伽師地論卷第四十三

瑜伽師地論卷第四十三

校勘記

一　底本，金藏廣勝寺本。

一　七七三頁中四行「地第」，資作「第地」。

一　七七三頁中四行及七七五頁上六行七七六頁下一〇行「第十五」，徑、清無。

一　七七三頁下四行第六字「最」，諸本作「最極」。

一　七七三頁下四行第一三字「諸」，諸本作「離諸」。

一　七七三頁下八行第二字「方」，諸本作「力」。

一　七七三頁下一二行「菩薩」，諸本作「聲聞」。

一　七七三頁下一六行第九字「其」，石、麗作「於」。

一　七七四頁中一四行末字「在」，石作「前」。

一　七七五頁上一七行「簡擇」，石作「揀擇」。

一　七七五頁上一九行第一二字「工」，石作「三」。

一　七七五頁下七行第四字「息」，諸本作「息中」。

一　七七五頁下一七行第一二字「開」，麗作「聞」。

一　七七六頁上八行第一三字「他」，石作「地」。

一　七七六頁上一〇行第四字「訓」，石作「順」。

一　七七七頁上五行末字「隱」，石作「慰」。

一　七七七頁上二〇行第三字「順」，諸本作「隨」。

一　七七七頁中四行第一一字「以」，資、磧、普、南、徑、清、麗作「心」。

一　七七八頁中一六行「導知」，諸本作「導棄捨財位清淨出家受乞求行以自存活當知」。

一　七七八頁中一七行第七字「由」，磧、普作「中」。

一　七七八頁下六行第一〇字「執」，石、資、磧、普、南、徑、清作「軌」。

一　七七九頁下八行第一一字「利」，諸本作「利行」。

一　七八〇頁上一八行第八字「故」，諸本作「如」。

一　七八〇頁中一八行末字「熟」，資、磧、普、南、徑、清作「就」。

一　七八〇頁下一二行首字「若」，諸本無。

一　七八〇頁下一六行第一一字「離」，資、磧、普、南、徑、清、麗作「雜」。

一　七八〇頁下一九行第二字「貞」，徑、清、麗作「真」。

一　七八一頁上三行第一一字「利」，石作「事」。

一　七八一頁上一四行第八字「一」，石無。

一　七八一頁下四行第一一字「三」，麗作「二」。

瑜伽師地論卷第四十四　因

彌勒菩薩說

三藏法師玄奘奉　詔譯

本地分中菩薩地第十五初持瑜伽處供養親近無量品第十六

云何菩薩供養親近修習无量嗢拕南曰

供三寶　親善友　修無量　最為後

云何菩薩於如來所供養如來當知供養略有十種一設利羅供養二制多供養三現前供養四不現前供養五自作供養六教他供養七財敬供養八廣大供養九无染供養十正行供養若諸菩薩親現供養如來色身是名設利羅供養若諸菩薩於為如來所造一切若窣堵波若龕若臺若故制多新制多所設諸供養是名制多供養若諸菩薩於如來身或制多所親面對前現矚現見而設供養是名現前供養若諸菩薩於如來所若制多所現前施設供養具時發起增上意樂俱心淨信俱心作是思惟若一如來

法性即是去來今世一切如來法性若一如來制多法性即是十方无邊無際一切世界所有如來制多法性是故我今供現如來即是供養其餘三世一切如來供現制多即是供養其餘十方無邊无際一切世界若窣堵波若龕若臺若故制多若新制多當知是名菩薩俱供現不現前一切如來及以制多若諸菩薩於不現前一切如來及以制多作如來想普為三世一切如來一切十方如多施設供養當知是名菩薩唯供不現前佛及以制多若諸菩薩佛涅槃後為如來故造立形像若窣堵波若龕若臺隨力隨能或一或二或復眾多乃至百千俱胝等數如是菩薩於如來所設不現前弘廣供養當獲無量大福德果攝受无量廣大梵福菩薩由此能於無量劫大劫中不墮惡趣由是因緣非不圓滿无上正等菩提資糧此中菩薩唯供現前佛及制多應知獲得廣大福果若唯供養不現前佛及以制多應知獲得大大福果若俱

供養現不現前佛及制多應知獲得最大福果為無有上

若諸菩薩於如来所若制多所欲設供養唯自手作不使奴婢作使友朋僚庶親屬不依懈惰諸放逸處而設供養是名菩薩自作供養若諸菩薩於如来所若制多所欲設供養非唯自作亦勸父母妻子奴婢作使友朋僚庶親屬及他國王王子大臣長者居士若婆羅門國邑聚落饒財商主下至一切男女大小貧匱苦厄旃荼羅等及以親教軌範諸師共住近住一切弟子同梵行者諸出家者外道等衆令於如来若制多所隨力隨能作諸供養當知是名菩薩自他咸共興悲愍心故思施與貧苦少福无力供養若諸菩薩現有少分可供財物有情令於如来若制多所持用供養願彼當来多受安樂彼得此物供養如来及以制多菩薩於斯自無所供當知是名菩薩唯教他設供養此中菩薩若唯自供佛及制多應知獲得廣大福果若唯教他應知獲得大大

福果若能自他俱共供養應知獲得最大福果為无有上

若諸菩薩於如来所若制多所以諸衣服飲食卧具病緣醫藥供身什物敬問礼拜奉迎合掌種種熏香末香塗香花鬘伎樂幢蓋幡燈歌頌稱讚五輪歸命趣遶右旋而為供養或復奉施無盡財供或復奉施末尼真珠琉璃蠡貝璧玉珊瑚車璖馬碯帝魄金銀赤珠石旋如是等寶或復奉施末尼環釧寶瓔珞等諸莊嚴具乃至奉施種種寶鈴或散珎奇或經寶縷而為供養是名菩薩於如来所若制多所財敬供養若諸菩薩於如来所若制多所長時施設即上所陳財敬供養若多供具若妙供具若現在前不現在前若自造作教他造作若淳淨心攝利勝解現前供養即以如是所種善根迴向无上正等菩提如是七種說名菩薩廣大供養若諸菩薩於如来所若制多所自手供養不懷輕慢令他供養不住放逸懈惰不敬而為供養不輕棄擲不散慢心無雜

染心而為供養不於信佛國王大臣諸貴勝前為財敬故詐設種種虛事供養不雌黄塗不酥灌洗不以種種局崛羅香遏迦花等餘不淨物而為供養如是六種說名菩薩无染供養又諸菩薩如是財敬廣大無染供養如来及制多時或自力所集財寶或從他求所獲財寶或得衆具自在財寶能為如是種種供養已得衆具自在菩薩化作化身或一或二或復衆多乃至百千俱胝等數此一切身皆於如来及制多所恭敬礼拜復從如是一一化身化出多手或百或千或過是數此一切手皆持無量出過諸天上妙花香珠勝可愛種種珎實奉散如来及制多所復從如是一切化身化出无量上妙音聲歌讚如来廣大甚深真實功德復從如是一切化身化出無量最上最妙環釧瓔珞寶莊嚴具幢蓋幡燈種種供具供養如来及以制多如是等類已得衆具自在菩薩所設供養皆屬自心如是菩薩不更希求如来出世何以故由此

菩薩已得證入不退轉地一切佛土往来供養皆無异故又諸菩薩若无自力所集財寶亦無從他求得財寶及无菩薩所攝衆具自在財寶可設供養然於所有或贍部洲或四大洲或千世界二千世界或復三千大千世界乃至十方无邊無際諸世界中下中上品供養如来一切供具菩薩於彼以淨信俱勝解俱心周遍思惟一切隨喜如是菩薩少用功力而興無邊廣大供養攝受菩提廣大資粮菩薩於此恒常无間起真善心起歡喜心當勤修學

若諸菩薩少時少時須臾須臾乃至下如搆牛乳頃普於一切蠢動有情修習慈悲喜捨俱心於一切行修無常想无常苦想苦無我想於其涅槃修勝利想於佛法僧波羅蜜多修習隨念少時少時須臾須臾於一切法發生少分下劣忍智信解離言法性真如起無分别无相心住何况於此若過若增如是守護菩薩所受尸羅律儀於奢摩他毗鉢舍那菩提分法

精勤修學亦於一切波羅蜜多及諸攝事正勤修學是名菩薩於如来所正行供養如是供養為最第一最上最勝最妙無上如是供養過前所說具一切種財敬供養百倍千倍乃至鄔波尼煞曇倍

由此十相應知是名具一切種供養如来如供養佛如是供養若法若僧隨有所應當知亦尒

如是菩薩於三寶所由十種相興供養時應緣如来發起六種增上意樂一者無上大功德田增上意樂二者無上有大恩德增上意樂三者一切无足二足及多足等有情中尊增上意樂四者猶如鄔曇妙華極難值遇增上意樂五者獨一出現三千大千世界增上意樂六者一切世出世間功德圓滿一切義依增上意樂由是六種增上意樂於如来所若於如来法所僧所少分思惟而興供養尚獲無量大功德果何况其多

復次菩薩成就幾相能為善友由幾種相善友不虛成就幾相令善友性

作信依處

復次幾種善友菩薩於所化生為善友事菩薩幾種親近善友由幾種想於善友所聽聞正法由幾種處於善友所聽聞法時於說法師不作異意

當知菩薩成就八支能為善友衆相圓滿一者住戒於諸菩薩律儀戒中妙善安住無缺无穿二者多聞覺慧成就三者具證得修所成隨一勝善逮奢摩他毗鉢舍那四者哀愍内具慈悲能捨自已現法樂住精勤无怠饒益於他五者無畏為他宣說正法教時非由恐怖忘失念辯六者堪忍於他輕笑調弄鄙言違拒等事非愛言路種種惡行皆悉能忍七者無倦其力充強能多思擇處在四衆說正法時言无謇澁心不疲猒八者善詞語具圓滿不壞法性言詞辯了

若諸菩薩具五種相衆德相應能為善友所作不虛一者於他先欲求作利益安樂二者於彼利益安樂如實了知無顛倒覺三者於彼善權方便順儀說法隨衆堪受調伏事中有能

有力四者饒益心无猒倦五者具足平等大悲於諸有情劣中勝品心無偏黨

若諸菩薩成就五相令善友性作信依處令他遠聞極生淨信何况親覩一者勝妙威儀圓滿威儀寂静威儀具足一切支分皆无躁動二者敦肅三業現行無掉无擾三者無矯不為誑他故思詐現嚴整威儀四者無嫉終不於他說法所得利養恭敬生不堪忍而常自勸請他說法復恒勸餘於彼廣施利養恭敬無諂僞心又常於他其心純淨見彼說法及得財敬深生隨喜如自所獲利養恭敬心生歡喜見他所得利養恭敬其心歡喜復過於是五者儉約尠儲畜物隨得隨捨

善友菩薩由五種相於所化生為善友事一能諫舉二能令憶三能教授四能教誡五能說法如是諸句廣辯應知如聲聞地教授教誡廣說如前

力種性品

當知菩薩由四種相方得圓滿親近

善友一於善友有病无病隨時供侍恒常發起愛敬淨信二於善友隨時敬問礼拜奉迎合掌慇懃脩和敬業而為供養三於善友如法衣服飲食卧具病緣醫藥資身什物隨時供養四於善友若正依止於如法義若合若離隨自在轉无有傾動如實顯發作奉教心隨時往詣恭敬承事請問聽受

若諸菩薩欲聽法時作五種想應從善友聽聞正法一作實想難得義故二作眼想能得廣大俱生妙慧因性義故三作明想已得廣大俱生慧眼於一切種如實所知等照義故四作大果勝功德想能得涅槃及三菩提無上妙迹因性義故五作无罪大適悅想於現法中未得涅槃及三菩提於法如實簡擇止觀无罪大樂因性義故

若諸菩薩欲從善友聽聞法時於說法師由五種處不作異意以純淨心屬耳聽法一於壞戒不作異意謂不作心此是破戒不住律儀我今不應

從彼聽法二於壞族不作異意謂不作心此是卑姓我今不應從彼聽法三於壞色不作異意謂不作心此是醜陋我今不應從彼聽法四於壞文不作異意謂不作心此於言詞不善藻餝我今不應從彼聽法但依於義不應依文五於壞美不作異意謂不作心此語麁惡多懷忿恚不以美言宣說諸法我今不應從彼聽法如是菩薩欲聽法時於是五處不應作意但應恭敬攝受正法於法法師未嘗見過若有菩薩其慧微劣於說法師心生嫌鄙不欲從其聽聞正法當知此行不求自利退失勝慧

云何菩薩脩四無量慈悲喜捨謂諸菩薩略有三種脩四无量一者有情緣無量二者法緣无量三者無緣无量若諸菩薩於其三聚一切有情安立以為無苦无樂有苦有樂於其最初欲求樂者發起與樂增上意樂普緣十方安住无倒有情勝解脩慈俱心當知是名有情緣慈若諸菩薩住唯法想增上意樂正觀唯法假說有

情脩慈俱心當知即此名法緣慈若諸菩薩復於諸法遠離分別脩慈俱心當知即此名無緣慈如有情緣法緣無緣三慈差別悲喜捨三當知亦介若諸菩薩於有苦者發起除苦增上意樂普緣十方脩悲俱心是名為悲若諸菩薩於有樂者發起隨喜增上意樂普緣十方脩喜俱心是名為喜若諸菩薩即於如是无苦無樂有苦有樂三種有情隨其次第發起遠離癡瞋貪惑增上意樂普緣十方脩捨俱心是名為捨此中菩薩慈等無量有情緣者當知其相與外道共若法緣者當知其相與諸聲聞及獨覺共不共外道若無緣者當知其相不共一切聲聞獨覺及諸外道又諸菩薩三種无量應知安樂意樂所攝謂慈悲喜一種無量應知利益意樂所攝謂捨如是菩薩一切無量名為哀愍以諸菩薩成就此故名哀愍者此中菩薩於有情界觀見一百一十種苦於諸有情脩悲无量何等名為百一十苦

謂有一苦依無差別流轉之苦一切有情无不皆墮流轉苦故復有二苦一欲為根本苦謂可愛事若變若壞所生之苦二癡異熟生苦謂若猛利體受所觸即於自體執我我所愚癡迷悶生極怨嗟由是因緣受二箭受謂身箭受及心箭受復有三苦一苦苦二行苦三壞苦復有四苦一別離苦謂愛別離所生之苦二斷壞苦謂由棄捨衆同分死所生之苦三相續苦謂從此後數數死生展轉相續所生之苦四畢竟苦謂定無有般涅槃法諸有情類五取蘊苦復有五苦一貪欲纏緣苦二瞋恚纏緣苦三惛沉睡眠纏緣苦四掉舉惡作纏緣苦五疑纏緣苦復有六苦一因苦習惡趣因故二果苦生諸惡趣故三求財位苦四勤守護苦五無猒足苦六變壞苦如是六種摠說為苦復有七苦一生苦二老苦三病苦四死苦五怨憎會苦六愛別離苦七雖復希求而不得苦復有八苦一寒苦二熱苦三飢苦四渴苦五不自在苦六自逼惱苦

謂無繫等諸外道類七他逼惱苦謂遭遇他手塊等觸蚊虻等觸八一類威儀多時住苦復有九苦一自衰損苦二他衰損苦三親屬衰損苦四財位衰損苦五無病衰損苦六戒衰損苦七見衰損苦八現法苦九後法苦復有十苦一諸食資具匱乏之苦二諸飲資具匱乏之苦三騎乘資具匱乏之苦四衣服資具匱乏之苦五莊嚴資具匱乏之苦六器物資具匱乏之苦七香鬘塗飾資具匱乏之苦八歌舞伎樂資具匱乏之苦九照明資具匱乏之苦十男女給侍資具匱乏之苦

當知復有餘九種苦一一切苦二廣大苦三一切門苦四邪行苦五流轉苦六不隨欲苦七違害苦八隨逐苦九一切種苦一切苦中復有二苦一宿因所生苦二現緣所生苦廣大苦中復有四苦一長時苦二猛利苦三雜類苦四无間苦一切門苦中亦有四苦一那落迦苦二傍生苦三鬼世界苦四善趣所攝苦邪行苦中復有五苦一於現法中犯觸於他他不饒

益得發起苦二受用種種不平等食
界不平等所發起苦三即由現法苦
所逼切自然造作所發起苦四由多
安住非理作意所受煩惱隨煩惱纏
所起諸苦五由多發起謂身語意種
種惡行所受當來諸惡趣苦苦流轉
苦中復有六種輪轉生死不定生苦
一自身不定二父母不定三妻子不
定四奴婢僕使不定五朋友宰官親
屬不定六財位不定自身不定者謂
先為王後為僕隸父母等不定者謂
先為父母乃至親屬後時輪轉反作
怨害及惡知識財位不定者謂先大
富貴後極貧賤不隨欲苦中復有七
苦一欲求長壽不隨所欲生短壽苦
二欲求端正不隨所欲生醜陋苦三
欲生上族不隨所欲生下族苦四欲
求大富不隨所欲生貧窮苦五欲求
大力不隨所欲生羸劣苦六欲求了
知所知境界不隨所欲愚癡无智現
行生苦七欲求勝他不隨所欲反為
他勝而生大苦違害苦中復有八苦
一諸在家者妻子等事損減生苦二

諸出家者貪等煩惱增益生苦三飢
儉逼惱之所生苦四怨敵逼惱之所
生苦五曠野嶮難迫迮逼惱之所生
苦六繫屬於他之所生苦七支節不
具損惱生苦八繫縛斫截搥打駈擯
逼惱生苦隨逐苦中復有九苦依世
八法有八種苦一壞法壞時苦二盡
法盡時苦三老法老時苦四病法病
時苦五死法死時苦六無利苦七无
譽苦八有識苦是名八苦九怖求苦
如是揔說名隨逐苦一切種苦中復
有十苦謂如前說五樂所治有五種
苦一因苦二受苦三唯無樂苦四受
不斷苦五出離遠離寂靜菩提樂所
對治家欲界結尋異生苦是名五苦
復有五苦一逼迫苦二衆具匱乏苦
三界不平等苦四所愛變壞苦五三
界煩惱品麁重苦是名五苦前五此
五揔十種苦當知是名一切種苦
前五十五今五十五揔有一百一十
種苦是菩薩悲所緣境界緣此境故
諸菩薩悲生起增長修習圓滿
又諸菩薩於大苦蘊緣十九苦發起

大悲何等名為十九種苦一愚癡異
熟苦二行苦所攝苦三畢竟苦四因
苦五生苦六自作逼惱苦七戒衰損
苦八見衰損苦九宿因苦十廣大苦
十一那落迦苦十二善趣所攝苦十
三一切邪行所生苦十四一切流轉
苦十五無智苦十六增長苦十七隨
逐苦十八受苦十九麁重苦
由四緣故悲名大悲一緣甚深微細
難了諸有情苦為境生故二於長時
積習成故謂諸菩薩經於無量百千
大劫積習所成三於所緣猛利作意
而發起故謂諸菩薩由是作意悲所
執持為息有情衆苦因緣尚能棄捨
百千身命況一身命及以資財於一
切種治罰大苦為諸有情悉能堪忍
四極清淨故謂諸菩薩已到究竟菩
薩清淨若諸如來已到佛地如來清淨
又諸菩薩由前所說百一十苦於諸
有情修悲心時則為修習一切菩薩
所有悲心復能速證悲意樂淨證入
菩薩淨意樂地於諸有情獲得菩薩
極親厚心極愛念心欲作恩心無猒

惓心代受苦心調柔自在有堪能心諸聖聲聞巳得證入苦諦現觀巳到究竟於苦深遠猒俱行心相續而轉不如菩薩於諸有情悲前行心正觀墮在百一十種極大苦蘊

菩薩如是以所修悲熏修心故於內外事無有少分而不能捨无戒律儀而不能學無他怨害而不能忍无有精進而不能起无有靜慮而不能證無有妙慧而不能入是故如来若有請問菩薩菩提誰所建立皆正荅言菩薩菩提悲所建立

如前所說一一無量皆有无量菩薩如意圓德隨轉皆能攝受無量愛果皆无量種一向妙善無罪隨轉當知菩薩精勤修習如是无量能得四種功德勝利謂由修習此無量故先得寂勝現法樂住攝受增長无量寂勝福德資粮能於無上正等菩提意樂堅固為欲饒益諸有情故於生死中堪能忍受一切大苦

本地分中菩薩地第十五初持瑜伽處菩提分品第十七之一

云何菩薩菩提分法嗢拕南曰

慚愧堅力持　無猒論世智　正依无㝵解
資粮菩提分　止觀性巧便　陁羅尼正願
三摩地有三　法嗢拕南曰

云何名為菩薩慚愧當知慚愧略有二種一者自性二者依處言自性者謂諸菩薩於罪現行能正覺知我為非法內生羞耻是名為慚即於其中能正覺知於他敬畏外生羞耻是名為愧菩薩羞耻本性猛利況復修習如是應知名為菩薩慚愧自性言依處者略有四種若諸菩薩於應所作不隨建立而生羞耻當知是名第一依處若諸菩薩於不應作隨順建立而生羞耻當知是名第二依處若諸菩薩於覆巳惡而生羞耻當知是名第三依處若諸菩薩於自所生惡作有依隨逐不捨而生羞耻當知是名第四依處如是應知名為菩薩慚愧依處

云何菩薩堅力持性當知此性略有二種一者自性二者依處言自性者謂能禁衛深汙心性不隨煩惱自在行性堪忍苦性種種衆多猛利怖畏

雖現在前而正加行無傾動性性勇相應能正思擇是故得成堅力持性如是名為堅力持性自性如是菩薩堅力持性略說應知有五依處一者會遇生死輪轉種種大苦所化有情種種邪行二者為益諸有情故攝受長時生死流轉三者遭遇異論朋黨諍競難詰及處大衆宣揚法義四者攝受一切菩薩所應學處五者聽聞廣大甚深難思議法是名堅力持性依處

云何菩薩心无猒倦當知菩薩由五因縁普於一切正加行中心無猒倦一者菩薩性自有力故无猒倦二者菩薩即於如是無猒倦心數數串習故无猒倦三者菩薩方便攝受精進故无猒倦四者菩薩成就猛利增上勇猛能正隨觀前後所得展轉殊勝妙慧正思擇力故無猒倦五者菩薩於諸有情猛利悲心極哀愍心恒常現前故無猒倦

云何菩薩善知諸論謂諸菩薩於五明處名句文身相應諸法從他善受

言善通利即於如是諸法妙義或從他所善聽善决或自專精善擇善思如是知法知義菩薩於法於義為不忘失恒常精勤不捨加行又為了知所餘新新後後法義殊勝差別雖復聞思已到究竟而由此故漸次成熟於此法義獲得淨信由是行相當知菩薩知諸論智無量圓滿无有顛倒云何菩薩善知世間謂諸菩薩普於一切有情世間如實了知如是世間極為艱嶮甚為愚闇所謂雖有生老及死數數死生而諸有情於老死等上昇出離不如實知又諸菩薩如實了知有情世間有諸穢濁濁世增時無諸穢濁濁世咸時謂依五濁一者壽濁二者有情濁三者煩惱濁四者見濁五者刧濁如於今時人壽短促極長壽者不過百年昔時不尒是名壽濁如於今時有情多分不識父母不識沙門若婆羅門不識家長可尊敬者作義利者作所作者於今世罪及後世罪不見怖畏不修惠施不作福業不受齋法不受淨戒昔時不尒

是名有情濁如於今時有情多分習非法貪不平等貪執持刀劒執持器杖鬪訟諍競多行諂誑詐偽妄語攝受邪法有无量種惡不善法現可了知昔時不尒是名煩惱濁如於今時有情多分為壞正法為滅正法造立衆多像似正法虛妄推求邪法邪義以為先故昔時不尒是名見濁如於今時漸次趣入飢饉中刧現有衆多飢饉可得漸次趣入疫病中刧現有衆多疫病可得漸次趣入刀兵中刧現有衆多手相残害刀兵可得昔時不尒是名刧濁是名菩薩如實了知有情世間又諸菩薩如實了知諸器世間破壞成立如器世間破壞成立差別而知又諸菩薩於其世間於世間集於世間滅於能往趣世間集行於能往趣世間滅行於其所聞愛味過患及與出離皆如實知又諸菩薩如實了知眼乃至意諸无色蘊四大造色成士夫身唯有尒所假名人性於中所有想或我或有情此唯有想於中所有自号言說我眼見色廣說

乃至我意知法此亦唯有自号言說於中所有世俗語言謂此長老有如是名如是種類如是族姓如是飲食如是領納若苦若樂如是長壽如是久住如是盡其壽量邊際此亦唯有世俗言說菩薩於此皆如實知由諸菩薩如實了知有情世間流轉差別若器世間流轉差別若八種相觀世間義若諸世間所有勝義是故說名善知世間

復次菩薩若見年德俱尊勝者能正奉迎敷座延坐敬問礼拜合掌慇勤脩和敬業若見年德俱相似者能正問評酬對歡慰以軟美言共興談論不依等慢而自格量若見年德俱卑劣者隨力隨能勸脩勝德顯實少德覆實多過終不舉發令其耻愧亦不輕陵令心退没知有希求若財若法終不背面亦不顰蹙不識悞失不蔑退榮於是一切劣等勝品諸有情類若見彼時先意慰問讚言善来無倒安處能正隨力攝以財法雖處尊勝而於有情終不乖戾不自称哥亦不

憍傲所攝有情縱懷資給有病无病終不棄捐身業語業無不隨順若識不識一切等心為友為朋无怨無隙於无依怙一切有情隨力隨能作依作怙不說異門發他憂苦令彼須臾住不安樂若有因緣須現談謔稱理而為非不稱理雖遇情交極相親審年事斯等无乘隔者亦不共談匪仁言論終不於他久懷怨恨設復蹔起不斥其諱若復為他身語呰辱或善思擇或依止法或省已過而自開解不譴於他其心安靜而不輕躁身語意業起必審詳普能遠離十四垢業藏隱六方遠四惡友攝四善友如是一切應知具如尸佉絡迦契經中說或為現法利益事義財位相應起策具足守護具足平等養命於諸世間工巧業處皆得善巧無諂无幻性不誑他於罪現行深懷慚恥正行具足尊重正行守護正行有所寄付深可倚信於他財物无所覬覦舉貸他物終不違捍分所共財平等無矯共知真寶賣者不識稱實酬價无枉毫釐

於世時務令儀軌範為益世間辯正機速於所應作彼彼事中他正来求皆為助伴敦質無動不託餘緣善營事業非為不善若為帝王以法治世不以非法不好責罰若御大衆勸捨惡戒令修善戒成就八種賢聖語言謂於所見問荅言見於聞覺知問荅言知於所不見問荅不見於所不聞不覺不知問荅不知菩薩成就如是等法如其世間正所應知如其世間正所應轉於彼一切皆如實知是故名為善知世間

瑜伽師地論卷第四十四

瑜伽師地論卷第四十四

校勘記

一　底本，金藏廣勝寺本。

一　七八三頁中四行及七八九頁上二二行「第十五」，徑、清無。

一　七八三頁中一七行第二字「新」，資、磧、普、南、徑、清作「若新」。

一　七八三頁下一一行第一一字「如」，諸本作「如來制」。

一　七八四頁上四行「友朋」　諸本作「朋友」。

一　七八四頁上一七行第一〇字「苦」，徑、清作「若」。

一　七八四頁中七行第五字「趣」，石、資、磧、普、南、徑、清作「趟」。

一　七八四頁中一〇行第五字「石」，資、磧、普、南、徑、清、麗作「右」。

一　七八四頁下七行第九字「力」，石、麗作「臂力」。

一　七八五頁上四行首字「及」，磧、普、南、徑、清作「以」。

一 七八五頁中九行第二字「有」，諸本作「其」。

一 七八五頁下二行第二字「次」，諸本作「有」。

一 七八五頁下一五行第二字「路」，普、南、徑、清作「語」。

一 七八六頁上六行第四字「妙」，磧、普作「如」。

一 七八六頁中一八行「簡擇」，普、南、徑、清作「揀擇」。

一 七八六頁下一一行第一〇字「法」，石、麗作「說」。

一 七八七頁中四行第一二字「若」，資、磧、普、南、徑、清作「苦」。

一 七八八頁上一行第二字「得」，麗作「所」。

一 七八八頁上五行第一〇字「謂」，諸本作「諸」。

一 七八八頁上六行「苦苦」，諸本作「苦」。

一 七八八頁上一一行第三字「王」，南、徑、清作「主」。

一 七八八頁中五行第九字「斫」，磧、普、徑、清作「所」。

一 七八九頁中三行第六字「止」，磧、普、南、徑、清作「正」。

一 七八九頁中四行末字「曰」，諸本作「四」。

一 七八九頁中一二行「應所」，諸本作「所應」。

一 七九〇頁中一八行第一一字「所」，石、磧、南、徑、清作「世」。

一 七九〇頁中二〇行第六字「乃」，磧、普、南、徑、清作「及」。

一 七九〇頁下一六行第一三字「少」，資、磧、普、南、徑、清作「劣」。

一 七九〇頁下二〇行第七字「劣」至末行末字「不」(共五十字)，石無。

一 七九一頁上五行第四字「說」，徑作「託」。

一 七九一頁上一一行第五字「止」，石、麗作「正」。

一 七九一頁上一五行第九字「絡」，資、磧、普、南、徑、清作「終」。

一 七九一頁上末行第八字「實」，麗作「寶」。

一 七九一頁中二行第二字「速」，麗作「捷」。

一 七九一頁中一一行第三字「如」，磧、普、南、徑、清無。

瑜伽師地論卷第四十五　因

彌勒菩薩說

三藏法師玄奘奉　詔譯

本地分中菩薩地第十五初持瑜伽處菩提分品第十七之二

云何菩薩修正四依謂諸菩薩為求義故從他聽法不為求世藻飾文詞菩薩求義不為求文而聽法時雖遇常流言音說法但依於義恭敬聽受又諸菩薩如實了知聞說大說如實知已以經為依不由耆長衆所知識補特伽羅若佛若僧所說法故即便信受是故不依補特伽羅如是菩薩以理為依補特伽羅非所依故於真實義心不動搖於正法中他緣匪奪又諸菩薩於如來所深殖正信深殖清淨一向澄清唯依如來了義經典非不了義了義經典為所依故於佛所說法毗奈耶不可引奪何以故以佛所說不了義經依種種門辯本性義猶未決定尚生疑惑非了義故若諸菩薩於了義經不決定者於佛所說法毗奈耶猶可引奪又諸菩薩於真證智見為真實非於聞思但識法義非真證智是諸菩薩如實了知修所成智所應知者非唯聞思所成諸識所能了達如實知已聞如來說最極甚深所有法義終不誹毀是名菩薩修正四依依正四依善修習故略顯四量謂所說義正理大師修所成慧真實證智又諸菩薩一切四依為所依止精勤發起正加行故於出要道明了開示無有迷惑

云何菩薩所修菩薩四無㝵解謂諸菩薩於一切法一切異門盡所有性如所有性依修所成無所滯㝵無退轉智是名菩薩法無㝵解又諸菩薩於一切法一切異相盡所有性如所有性依修所成無所滯㝵無退轉智是名菩薩義無㝵解又諸菩薩於一切法一切釋詞盡所有性如所有性依修所成無所滯㝵無退轉智是名菩薩詞無㝵解又諸菩薩於一切法一切品別盡所有性如所有性依修所成無所滯㝵無退轉智是名菩薩

辯無㝵解若諸菩薩依是菩薩四無㝵解應知獲得無量最勝五處善巧一蘊善巧二界善巧三處善巧四緣起善巧五處非處善巧菩薩由此四種行相於一切法自能妙善現正等覺亦善為他無倒開示此上無有自能妙善現正等覺況善為他無倒開示

云何菩薩菩提資粮當知如是菩提資粮略有二種一者福德資粮二者智慧資粮此二資粮廣分別義如前所說自他利品應知其相又此福德智慧資粮菩薩於初無數大劫所修習者應知名下若於第二無數大劫所修習者應知名中若於第三無數大劫所修習者應知名上

云何菩薩於三十七菩提分法精勤修習謂諸菩薩依止菩薩四無㝵解由善方便所攝妙智於三十七菩提分法如實了知而不作證是諸菩薩普於一切二乘理趣三十七種菩提分法皆如實知謂於聲聞乘理趣及於大乘理趣三十七種菩提分法皆如實知於聲聞乘理趣三十七種菩

提分法如實了知如聲聞地如前所說一切應知云何菩薩於大乘理趣三十七種菩提分法如實了知謂諸菩薩能於其身住循身觀不於其身分別有性亦不分別一切種類都無有性又於其身遠離言說自性法性如實了知當知名依勝義理趣能於其身住循身觀修習念住若諸菩薩隨順無量安立理趣妙智而轉當知名依世俗理趣能於其身住循身觀修習念住如於其身住循身觀修習念住如是所餘一切念住所餘一切菩提分法當知亦尒如是菩薩於身等法不分別苦不分別集不分別此所作斷滅不分別此得滅因道又即於此遠離言說自性法性若苦法性若集法性若滅法性若道法性如實了知當知名依勝義理趣修菩提分為所依止緣諦修習若諸菩薩隨順無量安立理趣妙智而轉當知名依世俗理趣緣諦修習

此中菩薩即於諸法無所分別當知名止若於諸法勝義理趣如實真智

及於無量安立理趣世俗妙智當知名觀此中菩薩略有四行當知名止一勝義世俗智前行二勝義世俗智果三普於一切戲論想中無功用轉四即於如是離言唯事由無有相無所分別其心寂靜趣向一切法平等性一味實性由此四行是諸菩薩止道運轉漸次乃至能證無上正等菩提智見圓滿此中菩薩略有四行當知名觀謂即四行止道前行於一切法遠離增益不正執邊遠離損減不正執邊及與隨順無量諸法差別安立理趣妙觀由此四行是諸菩薩觀道運轉漸次乃至能證無上正等菩提智見圓滿是名略說菩薩止觀

云何菩薩方便善巧當知略說有十二種依內修證一切佛法有其六種依外成熟一切有情亦有六種

云何依內修證一切佛法六種方便善巧一者菩薩於諸有情悲心俱行顧戀不捨二者菩薩於一切行如實遍知三者菩薩恒於無上正等菩提所有妙智深心欣樂四者菩薩顧戀

有情為依止故不捨生死五者菩薩於一切行如實遍知為依止故輪轉生死而心不染六者菩薩欣樂佛智為依止故熾然精進當知是名菩薩依內修證一切佛法六種方便善巧

云何依外成就一切有情六種方便善巧一者菩薩方便善巧能令有情以少善根感無量果二者菩薩方便善巧能令有情少用功力引攝廣大無量善根三者菩薩方便善巧於佛聖教憎背有情除其恚惱四者菩薩方便善巧於佛聖教處中有情令其趣入五者菩薩方便善巧於佛聖教已趣入者令其成熟六者菩薩方便善巧於佛聖教已成熟者令得解脫

云何菩薩方便善巧令諸有情以少善根感無量果謂諸菩薩方便善巧勸諸有情捨微劣物乃至最下焦麩團施鄙穢田乃至蠢動傍生之類作是施已迴求無上正等菩提如是善根物田雖下由迴向力感無量果

云何菩薩方便善巧令諸有情以少功力引攝廣大無量善根謂諸菩薩

方便善巧若有信解受邪齋戒乃至一月都不食等諸有情類為說八支聖齋戒法令其棄捨最極艱辛感非愛果受邪齋戒勸令修學無極艱辛感大愛果受正齋戒若諸有情修自苦行精勤無懈起邪方便欲求解脫為說中道令離二邊使其趣入若諸有情求欲生天起邪方便投巖赴火斷飲食等為其宣說無倒靜慮令彼獲於現法樂住逮得當來無諸艱苦與喜樂俱生天勝果若諸有情信婆羅門吠地迦呪妄計精勤受持讀誦得究竟淨方便勸令於佛聖教受持讀誦思惟其義又正為他如是如是宣揚開示如來所說甚深空性相應妙法令彼發生勇決猒離猛利淨信但由如是一剎那頃猒離淨信俱行善心尚能攝受不可稱數廣大善根況其相續又諸菩薩世間所有種種上妙珍寶香鬘諸供養具起淨信俱增上意樂於佛法僧勝解供養亦勸導他令行如是勝解供養又於十方一切世界一切供養佛法僧所即以

如是淨信俱行增上意樂周匝普緣深生隨喜亦勸導他作是隨喜又諸菩薩恒常修習念佛念法乃至念天亦勸導他令修六念又諸菩薩意言分別禮佛法僧乃至命終時無虛度亦勸導他行此禮業又諸菩薩普於十方一切有情一切福業悉皆隨喜亦勸導他作是隨喜又諸菩薩普於十方一切有情入廣大悲增上意樂願以自身皆代彼受一切憂苦亦勸導他興此悲願又諸菩薩過去現在一切悞失一切違犯以淨調柔愛樂隨順所學戒心想對十方佛世尊所至誠發露悔往修來亦勸導他令行是事如是數數發露所犯少用功力一切業障皆得解脫又諸菩薩已具神通得心自在普於十方佛法僧所及有情處化作衆多種種化事攝受無量大福德聚又諸菩薩恒常修習慈悲喜捨亦勸導他作此修習如是菩薩以少功力引攝廣大無量善根諸勝妙果

云何菩薩方便善巧於佛聖教憎背

有情除其恚惱處中住者令其趣入已趣入者令其成熟已成熟者令得解脫謂諸菩薩為欲成辦如是四種有情義利當知略說復有六種方便善巧一者隨順會通方便善巧二者共立要契方便善巧三者異分意樂方便善巧四者逼迫所生方便善巧五者施恩報恩方便善巧六者究竟清淨方便善巧

云何菩薩隨順會通方便善巧謂諸菩薩於彼有情將為說法先當方便隨順現行軟美身語亦復現行近施隨轉除彼於已所生恚惱彼恚惱除便生愛敬愛敬生已於法起樂然後為其宣說正法所說正法如其所宜易入易解應時漸次無有顛倒能引義利堪任難擊於彼有情調伏事中成就寂勝欲作饒益哀愍之心為現神通記心顯說如理正法或勸請他或為化作種種衆多殊特化事令彼有情皆悉調伏若引義利極略諸論能為廣辯若引義利極廣諸論能為略說令其受持為作憶念施其問難

彼既於法能受能持復進為其廣開正義又於趣入遍緣一切三摩地門能為隨順教授教誡攝益有情令修利行若諸有情於佛所說甚深空性相應經典不解如来密意義趣於此經中說一切法皆無自性皆無有事無生無滅說一切法皆等虛空皆如幻夢彼聞是已如其義趣不能解了心生驚怖誹謗如是一切經典言非佛說菩薩為彼諸有情類方便善巧如理會通如是經中如来密意甚深義趣如實和會攝彼有情菩薩如是正會通時為彼說言此經不說一切諸法都無所有但說諸法所言自性都無所有是故說言一切諸法皆無自性雖有一切所言說事依止彼故諸言說轉然彼所說可說自性據第一義非其自性是故說言一切諸法皆無有事一切諸法所言自性理既如是從本已来都無所有當何所生當何所滅是故說言一切諸法無生無滅譬如空中有衆多色色業可得容受一切諸色色業謂虛空中現有

種種若往若来若住起墮屈伸等事若於尒時諸色色業皆悉除遣即於尒時唯無色性清淨虛空其相顯現如是即於相似虛空離言說事有其種種言說所作邪想分別隨戲論著似色業轉又即如是一切言說邪想分別隨戲論著似衆色業皆是似空離言說事之所容受若時菩薩以妙聖智遣除一切言說所起邪想分別隨戲論著尒時菩薩最勝聖者以妙聖智證得諸法離言說事唯有一切言說自性非性所顯譬如虛空清淨相現亦非過此有餘自性應更尋求是故宣說一切諸法皆等虛空又知幻夢非如顯現如實是有亦非一切幻夢形質都無所有如是諸法非如愚夫言說串習勢力所現如實是有亦非一切諸法勝義離言自性都無所有由此方便悟入道理一切諸法非有非無猶如幻夢其性無二是故宣說一切諸法皆如幻夢如是菩薩普於一切諸法法界不取少分不捨少分不作損減不作增益無所失壞

若法實有知為實有若法實無知為
實無如其所知如是開示當知是名
菩薩隨順會通方便善巧
云何菩薩共立要契方便善巧謂諸
菩薩若見有情求飲食等十資身具
即便共彼立要契言汝等若能知父
母恩恭敬供養及諸沙門婆羅門等
廣說如前乃至若能受持淨戒如是
我當隨汝所欲施飲食等諸資身具
如其不能我不施汝如是菩薩若見
有情來求種種田宅事諸闌闠事
王事域事財事穀事或有來求諸工
業處及諸明處或有來求共為朋友
或有來求共結婚媾或有來求共作
邑會或有來求助營事業菩薩共彼
立要契言汝等若能知父母恩恭敬
供養如前廣說如是我當施汝田宅
廣說乃至助營事業又諸菩薩若見
有情有諸愆犯或被舉訟或作種種
不饒益事為他所拘將欲刑縛斷截
撾打毀辱迫脅駈擯流移或他所執
欲播縛賣菩薩尒時隨能隨力立要
契言汝等若能知父母恩恭敬供養

如前廣說如是我當方便救汝令脫
斯難又諸菩薩若見有情遭遇種種
王賊水火人及非人不活惡名諸怖
畏等尒時菩薩立要契言汝等若能
知父母恩恭敬供養如前廣說如是
我當方便救汝令免斯畏又諸菩薩
若見有情欲所愛會求非愛離尒時
菩薩立要契言汝等若能知父母恩
恭敬供養如前廣說如是我當遂汝
所願尒所愛會及非愛離又諸菩薩
若見有情為疾所苦立要契言汝等
若能知父母恩恭敬供養如前廣說
如是我當救汝病苦令得安樂彼諸
有情既為菩薩如是立要於諸善品
速疾受學於諸惡品速疾除斷菩薩
皆能遂其所願當知是名菩薩共立
要契方便善巧云何菩薩異分意樂
方便善巧謂諸菩薩與諸有情立要
契巳彼諸有情於上所說彼彼事中
不如所欲速疾修行菩薩尒時於如
上說彼所求事皆不施與唯為利益
彼有情故非餘意樂而不施彼如是
於其諸厄難處諸怖畏處欲所愛會

求非愛離病苦惱諸有情類權時棄
捨唯為利益彼有情故非異意樂而
棄捨之非異意樂而不救拔如是菩
薩於諸有情方便現行剛捍業時唯
為利益非餘意樂漸令餘時如其所
欲斷除諸惡修學諸善是故方便權
時棄捨若諸有情於菩薩所雖無所
求亦無衆難廣說乃至無諸病苦而
與菩薩先為親厚菩薩於彼隨宜勸
導斷諸惡法修諸善法所謂令彼知
父母恩恭敬供養廣說乃至於淨尸
羅隨順受學若彼有情雖蒙菩薩如
是勸導故肆輕躁而不奉行菩薩尒
時自現憤責唯欲利益非憤意樂於
諸所作悉現乖背唯為利益非背意
樂或於一類現與世間不饒益事唯
為利益非損意樂如是菩薩於諸有
情現外所作與內意樂相不同分由
是因緣方便安處令彼有情漸斷諸
惡漸修諸善是故菩薩如是調伏有
情方便名為菩薩異分意樂方便善巧
云何菩薩逼迫所生方便善巧謂諸
菩薩或為家主或作國王得增上力

於自親屬於自臣民能正教誡如應告言諸我親屬諸我臣民若於父母不知恩報廣說乃至毀犯戒者我當斷其常所給賜衣服飲食或當擯罰或我親屬當與乖離或我臣民當永駈擯立一善巧機檝士夫於彼事業常令伺察由是因故彼諸有情怖畏治罸勤斷諸惡勤修諸善彼有修善雖無樂欲由是方便強逼令修是故名為逼迫所生方便善巧

云何菩薩施恩報恩方便善巧謂諸菩薩先於有情隨力多少施作恩惠或施所須或濟危難或除恐怖或會所愛或離非愛或療病苦令得安樂彼諸有情深知恩惠欲報德者菩薩尒時勸令修善以受報恩告言汝等非餘世財來相酬遺為大報恩汝等若能知父母恩恭敬供養廣說乃至受持淨戒如是乃名大報恩德菩薩如是於諸有情先施恩惠勸讃修善名大報恩由此方便令他於善精勤修學是故名為施恩報恩方便善巧

云何菩薩究竟清淨方便善巧謂諸菩薩安住菩薩到究竟地於菩薩道已善清淨先現往生覩史多天衆同分中無量有情如是念言某名菩薩今已生處覩史多天衆同分中不久當下生贍部洲證得無上正等菩提願令我等當得值遇非不值遇隨是菩薩所生之處願令我等亦當往生如是為令無量有情生正欲樂為多修習此欲樂故又是菩薩從覩史多天衆中沒来下人間生於高貴或族望家所謂王家若國師家棄捨世間上妙欲樂無所顧戀清淨出家令諸有情起尊敬故又現攅受難行苦行為令信解苦行有情捨所樂故又證無上正等菩提令餘有情於所同趣菩提解脫欣樂勝故又證無上正等覺已未為有情即說正法待梵天王躬来啓請為諸有情於正法所起尊敬故作是念言當所說法定應殊妙故令梵王怖望世尊說是法故躬自来請又以佛眼觀察世間勿使有情作如是謗但由梵王躬来啓請敬梵王故宣說正法非於有情自起悲心乃是為他之所激發非自能了擬宜可否為欲壞彼一類有情如是邪執先以佛眼觀察世間然後為轉無上法輪一切世間所未曾轉如是更復宣說正法制立學處是名菩薩究竟清淨方便善巧由此所說方便善巧更無有餘方便善巧在於此上若過若妙是故說名究竟清淨

如是菩薩所說六種若略若廣方便善巧能除憎背聖教有情所有恚惱處中住者令其趣入已趣入者令其成熟已成熟者令得解脫除此無有若過若增是名菩薩方便善巧云何菩薩妙陁羅尼當知如是妙陁羅尼略有四種一者法陁羅尼二者義陁羅尼三者呪陁羅尼四者能得菩薩忍陁羅尼云何菩薩法陁羅尼謂諸菩薩獲得如是念慧力持由此力持聞未曾聞言未温習未善通利名句文身之所攝録次第錯綜次第結集無量經典經無量時能持不忘是名菩薩法陁羅尼云何菩薩義陁羅尼謂如前說此差別者即於彼法無量

義趣心未温習未善通利經無量時能持不忘是名菩薩義陁羅尼云何菩薩呪陁羅尼謂諸菩薩獲得如是等持自在由此自在加被能除有情灾患諸呪章句令彼章句悉皆神驗第一神驗無所唐捐能除非一種種灾患是名菩薩呪陁羅尼云何菩薩能得菩薩忍陁羅尼謂諸菩薩成就自然堅固因行具足妙慧獨處空閑寂無言說曾無有物見路而行知量而食不雜穢食一類而食常極靜慮於夜分中少眠多寤於佛所說得菩薩忍諸呪章句能諦思惟其呪詞曰

壹胝　蜜胝　吉胝毗　羼底丁里反　鉢陁膩　莎訶

即於如是呪章句義審諦思惟籌量觀察彼於如是呪章句義如是正行不從他聞自然通達了知如是諸呪章句都無有義是圓成實但唯無義如實了知此章句義所謂無義是故過此不求餘義齊此名為妙善通達呪章句義彼於如是呪章句義正通達已即隨此義不從他聞自正通達

一切法義謂於此義如是通達一切言說所說諸法自性之義皆不成實唯有諸法離言自性是自性義彼於諸法此自性義正通達已過此更無餘義可求由於此義善通達故獲得最勝廣大歡喜由是菩薩得陁羅尼當言已得此陁羅尼章句所立菩薩勝忍得此忍故是諸菩薩不久當得淨勝意樂已依上品勝解行地勝忍而轉當知是名菩薩所有能得菩薩忍陁羅尼此中菩薩法陁羅尼義陁羅尼若過第一無數大劫已入清淨勝意樂地所得決定堅住廣大從此以下或以願力或依靜慮雖有獲得而不決定亦不堅住亦不廣大如說法義二陁羅尼呪陁羅尼當知亦尒能得菩薩忍陁羅尼如前所釋即如是得

若諸菩薩具四功德方獲如是諸陁羅尼非隨闕一何等名為四種功德一者於諸欲中無所貪著二者於他勝事不生姤忌不嫉他榮三者一切所求等施無悔四者於正法中深生

忻樂忻樂法者於菩薩藏及菩薩藏摩怛理迦深心愛樂

云何菩薩所脩正願當知此願略有五種一者發心願二者受生願三者所行願四者正願五者大願若諸菩薩於其無上正等菩提最初發心是名發心願若諸菩薩願於當来往生隨順饒益有情諸善趣中是名受生願若諸菩薩願能無倒思擇諸法願於境界脩無量等殊勝善法是名所行願若諸菩薩願於當来攝受一切菩薩善法攝受一切所有功德若捴若別所有正願是名正願菩薩大願當知即從正願所出此復十種若諸菩薩願於當来以一切種上妙供具供養無量無邊如来當知是名第一大願若諸菩薩願於當来攝受防護諸佛世尊所有正法傳持法眼令無斷壞當知是名第二正願若諸菩薩願於當来從覩史多天宮降下如前乃至入大涅槃當知是名第三大願若諸菩薩願於當来行一切種菩薩正行當知是名第四大願若諸菩薩

願於當來普能成熟一切有情當知是名第五大願若諸菩薩願於當來一切世界皆能示現當知是名第六大願若諸菩薩願於當來普能淨修一切佛土當知是名第七大願若諸菩薩願於當來一切菩薩皆同一種意樂加行趣入大乘當知是名第八大願若諸菩薩願於當來所有一切無倒加行皆不唐捐當知是名第九大願若諸菩薩願於當來速證無上正等菩提當知是名第十大願

云何菩薩空三摩地謂諸菩薩觀一切事遠離一切言說自性唯有諸法離言自性心正安住是名菩薩空三摩地云何菩薩無願三摩地謂諸菩薩即等隨觀離言自性所有諸事由邪分別所起煩惱及以衆苦所攝受故皆為無量過失所汙於當來世不願為先心正安住是名菩薩無願三摩地云何菩薩無相三摩地謂諸菩薩即正思惟離言自性所有諸事一切分別戲論衆相永滅寂靜如實了知心正安住是名菩薩無相三摩地

問何故唯立三三摩地無過無增答法有二種謂有非有有為無為名之為有我及我所名為非有於有為中有無願故可猒逆故當知依此建立無願三摩地於無為中願涅槃故正樂攝故當知依此建立無相三摩地於非有事菩薩不願亦無無願然於非有菩薩如實見為非有依此見故當知建立空三摩地如是菩薩於此三種三摩地中精進修學於是建立如實了知於餘行相三三摩地如實悟入安立理趣如實悟入修習理趣如實了知謂於其中諸聲聞衆精勤修學及圓滿證

瑜伽師地論卷第四十五

瑜伽師地論卷第四十五

校勘記

一　底本，金藏廣勝寺本。

一　七九三頁中四行「第十五」，徑、清無。

一　七九三頁中一〇行第九字「鬧」，麗作「閙」。

一　七九三頁中一一行第四字「纏」，諸本作「理」。

一　七九三頁中一七行第五字「澄」，石作「證」。

一　七九三頁下二行第六字「真」，資、磧、普作「貞」。

一　七九三頁下二二行第四字「利」，資、磧、普、南、徑、清、麗作「別」。

一　七九四頁下五行第一三字「相」，資、磧、普、南、徑、清作「想」。

一　七九五頁上六行第六字「就」，諸本作「熟」。

一　七九五頁上一八行第一三字「焦」，石、麗作「唯一」；磧、普、南、徑、清作「唯二」。

一　七九六頁上一一行第三字「於」，資、磧、普、南、徑、清作「隨於」。

一　七九六頁下一四行末字「知」，石、麗作「如」。

一　七九七頁上一二行第三字「域」，資作「役」；磧、普、南、徑、清作「城」。

一　七九七頁上二一行第八字「擯」，石作「賓」。

一　七九七頁中一一行第一三字「令」，石作「今」。

一　七九七頁中一〇行第三字「尒」，石、麗作「令」。

一　七九七頁下一一行第六字「苦」，諸本作「苦所」。

一　七九七頁下末行第六字「主」，磧、普作「正」。

一　七九八頁上一行第一〇字「正」，普作「止」。

一　七九八頁上三行第四字「報」，石作「報報」。

一　七九八頁上八行第一一字「有」，諸本作「於」。

一　七九八頁上一二行「多少」，資、磧、普、南、徑、清作「少多」。

一　七九八頁上一三行第七字「危」，資、磧、普、南、徑、清、麗作「厄」。

一　七九八頁中二〇行第二字「令」，石、麗作「今」。

一　七九八頁下一〇行第六字「背」，磧作「昔」。

一　七九九頁上八行第六字「陁」，磧、普作「阿」。

一　七九九頁中二二行第五字「姤」，資、磧、普、南、徑、清作「妬」。

一　七九九頁下一九行第九字「正」，磧、普、南、徑、清作「大」。

一　八〇〇頁中一〇行第八字「進」，諸本作「勤」。

瑜伽師地論卷第四十六　　因

彌勒菩薩說

三藏法師玄奘奉　詔譯

本地分中菩薩地第十五初持瑜伽處菩提分品第十七之三

復有四種法嗢拕南諸佛菩薩欲令有情清淨故說何等為四一切諸行皆是無常是名第一法嗢拕南一切諸行皆悉是苦是名第二法嗢拕南一切諸法皆無有我是名第三法嗢拕南涅槃寂靜是名第四法嗢拕南諸佛菩薩多為有情宣說如是法相應義是故說名法嗢拕南又從曩昔其心寂靜諸牟尼尊於一切時展轉宣說是故說此名嗢拕南又此行迹能趣大生亦復能趣出第一有是故說此名嗢拕南

云何菩薩等隨觀察一切諸行皆是無常謂諸菩薩觀一切行言說自性於一切時常無所有如是諸行常不可得故名無常又即觀彼離言說事由不了知彼真實故無知為因生滅可得如是諸行離言自性有生有滅故名無常又諸菩薩觀過去行已生已滅由彼諸行無因可得亦無自性是故觀彼因性自性皆無所有觀現在行已生未滅由彼諸行因不可得已與果故自性可得猶未滅故是故觀彼自性是有而無有因觀未來行未生未滅由彼諸行有因可得未與果故無有自性猶未生故是故觀彼唯有因性而無自性菩薩如是見三世中分段諸行相續轉已等隨觀見一一刹那有為諸行皆有三種有為之相於刹那後復有第四有為之相即於此中前刹那行自性滅壞無間非先諸行刹那自性生起正觀為生諸行生已即時未壞正觀為住此已生行望前已滅諸行刹那自性別異正觀為老從此諸行生刹那後即此已生諸行刹那自性滅壞正觀為滅菩薩觀此已生刹那諸行自性即是生住老之自性不見生等別有自性如實觀見生刹那後即此生等諸行刹那自性滅壞無別有性如是四種

有為之相捴攝諸行以要言之二分所顯一者有分所顯二者無分所顯此中世尊依於有分建立一種有為之相依於無分建立第二有為之相住異二種俱是諸行有分所顯建立第三有為之相此中菩薩觀一切時唯有諸行除此更無生住老滅恒有實物自性成就何以故諸行生時唯即如是諸行可得無別有餘生住老滅如是諸行住老滅時唯即如是諸行可得無別有餘生住老滅

又諸菩薩以理推求生等實物亦不可得如是推求不可得者謂若離彼色等諸行別有生法是即應如色等諸行自體有生如是此生亦應有生如是即應有二種生一者行生二者生生如是行生與彼生生為一為異若言一者計生實有即為唐捐言別有生是實物有不應道理若言異者如是即應非行生生是行生生不應道理如說生相如是廣說住老滅相當知亦尒謂若滅法別有自性是實成就即應此滅有生有滅若滅生時一切

諸行皆應同滅如是即應少用功力如入滅定諸心心所一切皆滅若滅滅時一切諸行雖皆已滅復應還生以滅無故是故言滅有生有滅不應道理又善男子或善女人於一切時恒有實物自性成就觀為假有而能脩猒離欲解脫不應道理與此相違是應道理由此行相是諸菩薩如實了知一切諸行皆是無常

又諸菩薩觀無常行相續轉時能為三種苦所依止一者行苦二者壞苦三者苦苦如是菩薩如實了知一切諸行皆悉是苦

又諸菩薩如實了知有為無為一切諸法二無我性一者補特伽羅無我性二者法無我性於諸法中補特伽羅無我性者謂非即有法是真實有補特伽羅亦非離有法別有真實補特伽羅於諸法中法無我性者謂於一切言說事中一切言說自性諸法都無所有如是菩薩如實了知一切諸法皆無有我

又諸菩薩觀一切行先因永斷後無

餘滅其餘畢竟不起不生說名涅槃當知涅槃其體寂靜一切衆苦畢竟息故一切煩惱究竟滅故如是未得清淨增上意樂菩薩未見聖諦諸聲聞乘雖於涅槃發起勝解如是說言涅槃寂靜而於涅槃未如實解未能如實正智見轉然彼亦有如理作意辟如王子或長者子生育已來未出王宮長者內室王及長者各為幼童假作種種諸戲樂具麁車牛車馬車爲車而賜與之尒時王子及長者子用為嬉戲歡娛遊佚即於如是假所造作麁牛馬爲發起真實麁想牛想馬想爲想後於一時王及長者各知其子漸已長大諸根成熟讚說真實讚說作是念言今者父王及父長者將非讚說我等所有麁牛馬爲四種車耶復於後時王及長者知子轉大從內宮室引出外遊示其真實麁牛馬爲時彼見已內自發生如實慧解此為實義麁車牛車馬車爲車父於長夜嘗為我等讚說斯事然唯我等

以無智故於不如實唯彼相似唯彼影像發起真實麁等勝解由是因緣於先勝解追起著愧如是宮室喻於生死其所生育諸幼童子喻未證得清淨增上意樂菩薩及未見諦諸聲聞乘父喻諸佛及已證入大地菩薩先為假作麁牛等車喻為宣說涅槃麁相次為讚說真實麁等喻佛菩薩自現證見真實涅槃如其所見於彼菩薩及聲聞前讚說涅槃真實功德所餘喻彼既聞是已但用隨順音聲覺惠於涅槃德長夜勝解若於是時資粮成熟漸次增長成淨增上意樂菩薩見諦聲聞於真涅槃生現證智即於尒時發生自內如實慧解如是涅槃一切聲聞獨覺所證諸佛菩薩先所讚說我等先以愚夫覺慧於不如實唯彼相似唯彼影像發起真實涅槃勝解由是因緣於先勝解追生羞愧依止於後如實勝解又如病者往大醫所為除病故求隨順藥得已常服彼於是藥深生勝解深生愛樂唯見為實由是因緣先病除愈復起

餘病應服餘藥尒時大醫知先病愈後病復生更須餘藥勸捨前藥令服餘藥時彼病者愚癡無識於前所服深生勝解起所宜想不肯棄捨時大良醫為其宣說前後藥性於現所病前藥匪宜後藥為勝時有病者雖聞是語不生勝解猶未深信良醫所言如是病者喻諸凡夫菩薩聲聞為煩惱病之所執持大良醫者喻諸如來其良藥等喻為宣說若上上勝及以上極若深深勝及以深極若劣若勝及以勝極法教正教教授教誡彼雖聞已不能悟入不生勝解不能修行法隨法行諸有淨信菩薩聲聞於佛所說不生疑惑乘佛所說喻如一切支具圓滿妙莊嚴車無上法乘如善御者隨所行地隨所應到疾疾進趣無所稽留

本地分中菩薩地第十五初持瑜伽處菩薩功德品第十八

云何菩薩所有功德嗢拕南曰

希奇不希奇　平等心饒益　報恩與欣讚
不虛加行性

謂諸菩薩於其無上正等覺乘勤修學時應知有五甚希奇法何等為五一者於諸有情非有因緣而生親愛二者唯為饒益諸有情故常處生死忍無量苦三者於多煩惱難復有情善能解了調伏方便四者於極難解真實義理能隨悟入五者具不思議大威神力如是五種菩薩所有甚希奇法不與一切餘有情共

又諸菩薩成就五種不希奇法而名成就甚希奇法何等為五謂諸菩薩以因利他苦即為自已樂是故菩薩恒遍受行因利他苦是名菩薩成就第一不希奇法而名成就甚希奇法又諸菩薩雖善了知生死過失涅槃功德而樂普令有情清淨即為已樂是故菩薩為淨有情增上力故攝受生死是名菩薩成就第二不希奇法而名成就甚希奇法又諸菩薩雖善了知默然樂味而樂普令有情清淨即為已樂是故菩薩為淨有情增上力故恒勤方便為說正法是名菩薩成就第三不希奇法而名成就甚希

奇法又諸菩薩雖積集六波羅蜜多所有善根而樂普令有情清淨即為已樂是故菩薩為淨有情增上力故以淨意樂施諸有情然不希求施果異熟是名菩薩成就第四不希奇法而名成就甚希奇法又諸菩薩以利他事為自利事是故菩薩恒現受行一切有情利益之事是名菩薩成就第五不希奇法而名成就甚希奇法

又諸菩薩由五種相當知普於一切有情其心平等何等為五一者菩薩最初發心願大菩提如是亦為利益一切諸有情故起平等心二者菩薩於諸有情住哀愍俱平等之心三者菩薩於諸有情深心發起一子愛俱平等之心四者菩薩於從衆緣已生諸行知是所想有情事已知一有情所有法性即是一切有情法性以法平等俱行之心於諸有情住平等心五者菩薩如於一有情行利益行於一切有情行利益行亦復如是以利俱心於諸有情住平等心由此五相是諸菩薩於諸有情其心平等

又諸菩薩由五種相於諸有情能作一切饒益之事何等為五一者說授正命以為饒益二者於不隨順能引義利所作事業說授隨順以為饒益三者無依無怙有苦有貧善能為彼作依怙等以為饒益四者說授能往善趣之道以為饒益五者說授三乘以為饒益

又諸菩薩由五種相於其有恩諸有情所現前酬報何等為五一者安處有情令學己德二者方便安處令學他德三者無依無怙有苦有貧隨力隨能作依怙等四者勸令供養諸佛如來五者令於如來所說正法受持讀誦書寫供養

又諸菩薩於五種處常當欣讚何等為五一者值佛出世常得承事二者於諸佛所常聞六種波羅蜜多菩薩藏法三者於一切種成熟有情常有勢力四者能於無上正等菩提堪任速證五者證菩提已諸弟子衆常和無諍

又諸菩薩由五因緣於諸有情能作

不虛饒益加行何等為五謂諸菩薩於諸有情先欲求作利益安樂於諸有情利益安樂如實了知無顛倒覺如是一切如前供養親近無量品中所說應知其相

復次嗢拕南曰

無顛倒加行　退墮與勝進　相似實功德
善調伏有情

謂諸菩薩有五加行當知普攝一切菩薩無倒加行何等為五一隨護加行二無罪加行三思擇力加行四清淨增上意樂加行五隨决定加行云何菩薩隨護加行當知此復略有五種一者隨護聡叡謂由俱生智速疾攝法二者隨護正念謂由此正念隨所攝法持令不忘三者隨護正智謂由此正智於所持法善觀察義正慧通達離隨順聡叡正念覺慧退分諸因緣故習近隨順住分勝分諸因緣故四者隨護自心能善防守諸根門故五者隨護他心能於他心正隨轉故云何菩薩無罪加行謂諸菩薩於諸善法無倒熾然無量無間迴向菩

提云何菩薩思擇力加行謂諸菩薩即此一切在勝解行地應知其相云何菩薩清淨增上意樂加行謂諸菩薩即此一切在淨勝意樂地及行正行地應知其相云何菩薩墮決定加行謂諸菩薩即此一切在決定地決定行地到究竟地應知其相如是五種菩薩加行普攝一切無倒加行

又諸菩薩順退分法當知有五何等為五一者不敬正法及說法師二者放逸懈怠三者於諸煩惱親近執著四者於諸惡行親近執著五者與餘菩薩挍量勝劣起增上慢及於法顛倒起增上慢

又諸菩薩順勝分法當知有五何等為五謂與前五黑品諸法次第相違應知其相

又諸菩薩略有五種相似功德當知實是菩薩過失何等為五一者於其暴惡毀犯淨戒諸有情所由是因緣作不饒益二者詐現種種具足威儀三者於順世間文詞呪術外道書論相應法中得預智者聰叡者數四者

修行有罪施等善行五者宣說建立像似正法廣令流布

又諸菩薩略有五種真實功德何等為五一者於其暴惡毀犯淨戒諸有情所由是因緣起勝悲心二者本性成就具足威儀三者於佛所說淨妙真實若教若證得預智者聰叡者數四者修行無罪施等善行五者開示正法遮滅一切像似正法

又諸菩薩略於十處無倒調伏所化有情何等十處一者遠離惡行處二者遠離諸欲處三者專精無犯犯已能出處四者密護一切諸根門處五者正知住處六者離憒閙處七者於遠離處遠離一切惡尋思處八者遠離鄣處九者遠離一切煩惱纏處十者遠離一切諸煩惱品諸麁重處

復次嗢拕南曰

諸菩薩受記　墮於決定中　定作常應作　㝡勝㝡為後

謂諸菩薩略由六相蒙諸如來於其無上正等菩提授與記別何等為六一者安住種性未發心位二者已發

心位三者現在前住四者不現前住五者有定時限謂尒所時當證無上正等菩提六者無定時限謂不宣說決定時限而與授記

又諸菩薩略有三種墮於決定何等為三一者安住種性墮於決定二者發菩提心墮於決定三者不虛修行墮於決定安住種性墮決定者謂諸菩薩住種性位便名為墮決定菩薩何以故由此菩薩若遇勝緣必定堪任證於無上正等覺故發菩提心墮決定者謂有一類諸菩薩衆已於無上正等菩提起決定心此後乃至證於無上正等菩提無復退轉不虛修行墮決定者謂諸菩薩已得自在普於一切剎有情行如其所欲隨所造修終無空過於此三種墮決定中依於㝡後墮決定位諸佛如來授諸菩薩墮決定記

又諸菩薩略有五處定所應作若不作已終不堪任證於無上正等菩提何等為五一者發菩提心二者於諸有情深生哀愍三者熾然精進四者

於諸明處方便修習五者無有猒倦

又諸菩薩於其五處常所應作何等為五一者於不放逸常所應作二者無依無怙有苦有貧諸有情所常應為作依怙等事三者於諸如來常應供養四者常應遍知有失無失五者一切所作若行若住諸作意中大菩提心恒為導首如是五種是諸菩薩常所應作

又諸菩薩有十種法一切菩薩許為㝡勝特為第一建立在於㝡上法中何等為十一者菩薩種性諸種性中㝡為殊勝二者㝡初發心於諸正願㝡為殊勝三者精進般若普於一切波羅蜜多㝡為殊勝四者愛語攝事於諸攝事㝡為殊勝五者如來世尊於諸有情㝡為殊勝六者悲愍有情於諸無量㝡為殊勝七者第四靜慮於諸靜慮㝡為殊勝八者空三摩地於三等持㝡為殊勝九者滅盡等至於諸等至㝡為殊勝十者如前所說所有清淨方便善巧普於一切方便善巧㝡為殊勝

復次嗢拕南曰

諸施設建立　一切法尋思　及如實遍智
如是諸無量　說法果勝利　大乘性與攝
菩薩十應知　建立諸名号

謂諸菩薩略有四種施設建立唯有如來及諸菩薩能正施設能正建立非餘一切若天若人若諸沙門若婆羅門唯除聞已何等為四一者法施設建立二者諦施設建立三者理施設建立四者乘施設建立

云何名法施設建立謂佛所說素呾纜等十二分教次第結集次第安置次第制立是名為法施設建立

云何名諦施設建立謂無量種或立一諦謂不虛妄義唯有一諦無第二故或立二諦一世俗諦二勝義諦或立三諦一相諦二語諦三用諦或立四諦一苦諦二集諦三滅諦四道諦或立五諦一因諦二果諦三智諦四境諦五勝諦或立六諦一諦諦二妄諦三應遍知諦四應永斷諦五應作證諦六應修習諦或立七諦一愛味諦二過患諦三出離諦四法性諦五

勝解諦六聖諦七非聖諦或立八諦一行苦性諦二壞苦性諦三苦苦性諦四流轉諦五還滅諦六雜染諦七清淨諦八正加行諦或立九諦一無常諦二苦諦三空諦四無我諦五有愛諦六無有愛諦七彼斷方便諦八有餘依涅槃諦九無餘依涅槃諦或立十諦一遍切苦諦二財位匱乏苦諦三界不平和苦諦四所愛變壞苦諦五麤重苦諦六業諦七煩惱諦八聽聞正法如理作意諦九正見諦十正見果諦如是等類名菩薩諦施設建立若廣分別當知無量

云何名理施設建立謂四道理此廣分別如前應知

云何名乘施設建立謂聲聞乘及獨覺乘無上大乘如是三種一一各由七種行相施設建立是名為乘施設建立初聲聞乘七行相者一於四聖諦無顛倒慧二此慧所依三此慧所緣四此慧伴類五此慧作業六此慧資粮七此慧得果當知由此七種行相施設建立諸聲聞乘無不周備如

聲聞乘七種行相施設建立其獨覺乘當知亦尒無上大乘七行相者一緣離言說事一切法中所有真如無分別平等性出離慧二此慧所依三此慧所緣四此慧伴類五此慧作業六此慧資粮七此慧得果當知由此七種行相施設建立無上大乘無不周備

過去未來現在諸佛及諸菩薩所見無倒施設建立若曾所作若當所作若今所作一切皆由如是四事除此無有若過若增

又諸菩薩為得四種如實遍智於一切法起四尋思何等為四一名尋思二事尋思三自性假立尋思四差別假立尋思如是四種若廣分別應知如前真實義品

又諸菩薩略有四種於一切法如實遍智一名尋思所引如實遍智二事尋思所引如實遍智三自性假立尋思所引如實遍智四差別假立尋思所引如實遍智如是四種若廣分別應知如前真實義品

又諸菩薩於五無量能起一切善巧作用何等為五一有情界無量二世界無量三法界無量四所調伏界無量五調伏方便界無量云何有情界無量謂六十四諸有情衆名有情界如前意地已具條列若依相續差別無邊云何世界無量謂於十方無量世界無量名号各各差別如此世界名曰索訶此界梵王名索訶主如是一切皆當了知云何法界無量謂善不善無記諸法如是等類差別道理應知無量云何所調伏界無量謂或有一種所調伏界一切有情可調伏者同一類故或有二種所調伏界一具縛二不具縛或有三種所調伏界一鈍根二中根三利根或有四種所調伏界一刹帝利二婆羅門三吠舍四戍達羅或有五種所調伏界一貪行二瞋行三癡行四慢行五尋思行或有六種所調伏界一在家二出家三未成熟四已成熟五未解脫六已解脫或有七種所調伏界一輕毀二中庸三廣顯智四略開智五現所調

伏六當所調伏七緣引調伏謂遇如是如是緣即如是如是轉變或有八種所調伏界謂八部衆從刹帝利乃至梵衆或有九種所調伏界一如來所化二聲聞獨覺所化三菩薩所化四難調伏五易調伏六軟語調伏七訶擯調伏八遠調伏九近調伏或有十種所調伏界一那落迦二傍生三琰摩世界四欲界天人五中有六有色七無色八有想九無想十非想非非想如是略說品類差別有五十五若依相續差別道理當知無量問有情界無量所調伏界無量何差別荅一切有情若住種性不住種性無有差別揔名有情界無量唯住種性彼彼位轉乃得名為所調伏界無量云何調伏方便界無量謂如前說當知此中亦有無量品類差別

問何故揔說此五無量如是次第荅以諸菩薩專精修習饒益有情是故最初說有情界無量是諸有情依於處所可得受化是故第二說世界無量是諸有情在彼彼界由種種法或

染或淨差別可得是故第三說法界無量即觀如是有情界中有諸有情有所堪任有大勢力堪能究竟解脫衆苦是故第四說所調伏界無量要由如是方便善巧令諸有情究竟解脫是故第五說調伏方便界無量是故說言菩薩於此五種無量能起一切善巧作用

諸佛菩薩為諸有情宣說正法當知有五大果勝利何等為五一者一類有情聞佛菩薩說正法時遠塵離垢於諸法中法眼生起二者一類有情聞佛菩薩說正法時得盡諸漏三者一類有情聞佛菩薩說正法時便於無上正等菩提發正願心四者一類有情聞佛菩薩說正法時證得菩薩最勝法忍五者一類有情聞佛菩薩說正法已受持讀誦修習正行展轉方便令正法眼久住不滅如是五種當知名為諸佛菩薩所說正法大果勝利諸菩薩乘與七大性共相應故說名大乘何等為七一者法大性謂十二分教中菩薩藏攝方廣之教二

者發心大性謂有一類於其無上正等菩提發正願心三者勝解大性謂有一類於法大性生勝信解四者增上意樂大性謂有一類已過勝解行地證入淨勝意樂地五者資粮大性謂福德資粮智慧資粮修習圓滿能證無上正等菩提六者時大性謂經於三無數大劫方證無上正等菩提七者圓證大性謂即所證無上菩提由此圓證菩提自體比餘圓證功德自體尚無與等何況得有若過若增當知此中若法大性若發心大性若勝解大性若增上意樂大性若資粮大性若時大性如是六種皆是圓證大性之因圓證大性是前六種大性之果

有八種法能具足攝一切大乘一者菩薩藏教二者即於如是菩薩藏中顯示諸法真實義教三者即於如是菩薩藏中顯示一切諸佛菩薩不可思議最勝廣大威力之教四者於上所說如理聽聞五者如理思為先趣勝意樂六者趣勝意樂為先入修行

相七者入修行相為先修果成滿八者即由如是修果成滿究竟出離

如是菩薩勤修學已能證無上正等菩提何等菩薩勤修學已能證無上正等菩提當知菩薩略有十種一住種性二已趣入三未淨意樂四已淨意樂五未成熟六已成熟七未墮決定八已墮決定九一生所繫十住最後有此中即住種性菩薩發心修學名已趣入即已趣入乃至未入淨意樂地名未淨意樂若已得入名已淨意樂即淨意樂乃至未入到究竟地名未成熟若已得入名已成熟未成熟中乃至未得入決定地決定行地名未決定若已得入名已決定已成熟中復有二種一者一生所繫謂此生無間當證無上正等菩提二住最後有謂即住此生能證無上正等菩提如是如說從初種性廣說乃至能證無上正等菩提十種菩薩於菩薩學能正修學此上更無能正修學若於中學若如是學非如所說諸菩薩上更有菩薩於菩薩學能正修學

如是所說一切菩薩當知復有如是等類無有差別隨德假名所謂名為菩提薩埵摩訶薩埵成就覺慧最上照明最勝真子最勝任持普能降伏最勝萌芽亦名勇健亦名最聖亦名商主亦名大稱亦名憐愍亦名大福亦名自在亦名法師如是十方無邊無際諸世界中無邊菩薩當知乃有內德各別無量無邊假立想号若諸菩薩現前自稱我是菩薩於菩薩學不正修行當知是名相似菩薩非真菩薩若諸菩薩現前自稱我是菩薩於菩薩學能正修行當知是名真實菩薩

瑜伽師地論卷第四十六

瑜伽師地論卷第四十六

校勘記

一　底本，金藏廣勝寺本。

一　八〇二頁中四行「第十五」，徑、清無，以下品名同。

一　八〇三頁上二一行第一一字「老」，徑、清作「若」。

一　八〇三頁下二行第六字「體」，磧、普作「能」。

一　八〇三頁下末行第三字「嘗」，石作「曾」。

一　八〇四頁中一六行第一三字「如」，石作「知」。

一　八〇四頁下五行第一二字「復」，資、磧、普、南、徑、清作「伏」。

一　八〇四頁下二一行第六字「故」，資、磧、普、南、徑、清作「名」。

一　八〇五頁上一九行第九字「有」，磧、普作「行」。

一　八〇五頁中二二行第二字「諍」，普作「淨」。

一　八〇五頁下一四行第一一字「生」，資、磧、普、南、徑、清作「行」。

一　八〇五頁下一八行第三字「離」，諸本作「遠離」。

一　八〇六頁中二一行「六相」，磧、普、南、徑、清作「六根」。

一　八〇六頁下一行第八字及末字「住」，石、麗作「位」。

一　八〇六頁下四行第七字「授」，資、磧、普、南作「受」。

一　八〇六頁下一〇行末字至一一行首字「堪任」，磧、普作「堪住」，下同。

一　八〇八頁上九行末字「見」，諸本作「有」。

一　八〇八頁中一八行第二字「戍」，清作「成」。

一　八〇八頁中末行第二字「庸」，石作「容」。

一　八〇八頁下八行第一二字「傍」，南、徑、清作「旁」。

一　八〇八頁下一三行第一一字「何」，石作「云何」；資、磧、普、南、徑、清、麗作「有何」。

一八〇九頁上一七行「法忍」，磧、普作「決爲」。

一八〇九頁中五行第六字「意」，磧、普作「竟」。

一八〇九頁下七行末字「次」，石作「決」。

一八一〇頁上四行「任持」，磧、普、徑、清作「住持」。

一八一〇頁上六行「大福」，磧、普、南、徑、清作「大神」。

瑜伽師地論卷第四十七　因

彌勒菩薩說

三藏法師玄奘奉　詔譯

本地分中菩薩地第十五第二持隨法瑜伽處菩薩相品第一

云何真實諸菩薩相嗢拕南曰

真實諸菩薩　五種相應知　自性依處果
次第攝五轉

謂諸菩薩有五真實菩薩之相若成就者墮菩薩數何等為五一者哀愍二者愛語三者勇猛四者舒手惠施五者能解甚深義理密意如是五法當知一一各有五轉一者自性二者依處三者果利四者次第五者相攝應知此中哀愍自性略有二種一在意樂二在正行在意樂者謂諸菩薩於諸有情利益意樂安樂意樂是名哀愍在正行者謂諸菩薩於諸有情如所意樂隨力隨取身語饒益是名哀愍愛語自性謂如前說若慰喻語若慶悅語若勝益語當知如前攝事品說勇猛自性謂諸菩薩剛決堅固

無所怯劣有大勢力若諸菩薩廣大施性無染施性是名舒手惠施自性若諸菩薩四無㝵解及即於彼無倒引發正加行智是名能解甚深義理密意自性

當知菩薩哀愍依處略有五種何等為五一有苦有情二惡行有情三放逸有情四邪行有情五煩惱隨眠有情鄙落迦等所有有情皆為苦受連綿相續逼切而轉如是名為有苦有情或復有情雖非定苦而多現行諸身惡行諸語惡行諸意惡行於諸惡中喜樂安住所謂屠養羊猪雞等不律儀輩如是名為惡行有情或復有情雖非定苦及行惡行而於諸欲耽著受用常樂安住種種俳優歌舞笑睇以自娛樂所謂一類受欲塵者如是名為放逸有情或復有情雖非定苦行惡放逸而依妄見修行種種苦解脫行謂捨諸欲於惡說法毗柰耶中而出家者如是名為邪行有情或復有情雖非定苦廣說乃至非修邪行而或具縛或不具縛為諸煩惱之所隨

眠謂正修行賢善異生及諸有學是名煩惱隨眠有情是名菩薩所有哀愍五種依處由此依處由此所緣哀愍而轉除此無有若過若增當知菩薩愛語依處亦有五種何等為五一正言論語二正慶悅語三正安慰語四正廣恣語五如理說語如是廣辯應知如前攝事品說是名菩薩所有愛語五種依處由此依處由此所緣愛語而轉除此無有若過若增當知菩薩勇猛依處亦有五種何等為五謂即如前菩提分品所說菩薩堅力持性五種依處當知此是菩薩勇猛五種依處由此依處由此所緣勇猛而轉除此无有若過若增當知菩薩舒手惠施亦五依處何等為五一數數惠施二歡喜惠施三慇重惠施四無染惠施五无依惠施如是五種如前施品廣辯應知由此依處由此所緣菩薩舒手惠施而轉除此无有若過若增當知菩薩能解甚深義理密意亦五依處何等為五謂於如来所說契經隨順甚深甚深顯現空性相應緣性

緣起應知是名第一依處於毗柰耶毀犯善巧還淨善巧當知是名第二依處於摩怛理迦施設建立無倒法相當知是名第三依處能正顯除意趣難解諸法想義當知是名第四依處於一切法法義釋詞品類差別當知是名第五依處由此依處由此所緣菩薩能解甚深義理密意而轉除此无有若過若增

菩薩哀愍於諸有情最初能斷恣害嫌恨菩薩哀愍普於一切利有情事皆能修作心無怯劣於此加行嘗无猒倦多住哀愍能攝無罪現法樂住及饒益他又如世尊所說修慈所得勝利謂於現身毒藥刀杖不加害等如是一切菩薩哀愍皆當了知是名菩薩哀愍果利菩薩愛語於現法中斷語四過所謂妄語離間麤惡及以綺語由此愛語於現法中能自攝受能攝受他安隱而轉菩薩愛語於當来世其言敦肅言必信用是名菩薩愛語果利菩薩勇猛於現法中能離一切懶惰懈怠心常歡喜能受菩薩

淨戒律儀受已終無毀犯退屈能正堪忍攝受自他於當来世一切菩薩所起事業稟性堅固凡所造修若未成辦終無懈退是名菩薩勇猛果利當知菩薩舒手惠施能解甚深義理密意所得果利如威力品惠施威力般若威力差別應知是名菩薩舒手惠施能解甚深義理密意二種果利是名菩薩五種果利

云何五相如是次第謂諸菩薩先修哀愍攝受有情於彼顧念欲作饒益次修愛語為彼有情出不善處安立善處宣說正理攝受教誨次修勇猛於已趣入諸有情類若諸有情起諸邪行種種煩惱變異事中皆能堪忍為不棄捨安住種種正行邪行諸有情故是諸菩薩修勇猛已一類有情以財攝受能令成熟一類有情以法攝受能令成熟一類有情以財以法二種攝受能令成熟是故菩薩次後修習舒手惠施能解甚深義理密意當知是名菩薩五相前後次第

問菩薩五相六到彼岸何到彼岸攝

何等相若菩薩哀愍當知靜慮到彼
岸攝菩薩愛語尸羅般若到彼岸攝
菩薩勇猛進忍般若到彼岸攝菩薩
所有舒手惠施當知即施到彼岸攝
菩薩所有能解甚深義理密意靜慮
般若到彼岸攝
如是真實菩薩五相當知一一皆有
五轉所謂自性依處果利次第相攝
已廣分別應如實知
本地分中菩薩地第十五第二持隨法瑜
伽處分品第二
在家出家二分菩薩有幾種法正修
學時速證无上正等菩提嗢拕南曰
二分諸菩薩　初事業善修　善巧饒益他
迴向最為後
謂諸菩薩或在家分或出家分差別
轉時略有四法當知令此在家出家
二分菩薩正勤修學速證無上正等
菩提何等為四一者善修事業二者
方便善巧三者饒益於他四者無倒
迴向
云何菩薩善修事業謂諸菩薩於六
波羅蜜多決定修作委悉修作恒常

修作無罪修作云何菩薩於施波羅
蜜多決定修作謂諸菩薩現有種種
可施財法諸乞求者正現在前有恩
無恩有德有失无有差別要當施與
若人非人若諸沙門若婆羅門及餘
世間無有如法能令施心有所傾動
云何菩薩於施波羅蜜多委悉修作
謂諸菩薩現有種種可施財法諸乞
求者正現在前一切施與无有少物
於諸有情而不能捨於內身命尚能
惠施何況外物云何菩薩於施波羅
蜜多恒常修作謂諸菩薩於修惠施
無有猒倦恒常无間於一切時隨有
所得即隨惠施無所悋惜云何菩薩
於施波羅蜜多无罪修作謂諸菩薩
遠離如前施品所說諸雜染施修行
所餘無雜染施如是菩薩於施波羅
蜜多能善修作如於施波羅蜜多能
善修作如是於戒忍精進靜慮慧波
羅蜜多如其所應當知亦尒是名菩
薩由四行相於其六種波羅蜜多決
定修作委悉修作恒常修作无罪修作
云何菩薩方便善巧當知如是方便

善巧略有十種何等為十一者憎背
聖教有情除其恚惱方便善巧二者
處中有情令其趣入方便善巧三者
已趣入者令其成熟方便善巧四者
已成熟者令得解脫方便善巧五者
於諸世間一切異論方便善巧六者
於諸菩薩淨戒律儀受持毀犯能正
觀察方便善巧七者於諸正願方便
善巧八者於聲聞乘方便善巧九者
於獨覺乘方便善巧十者於其大乘
方便善巧如是一切方便善巧如前
即此菩薩地中隨彼彼處已廣分別
如應當知如是十種菩薩所有方便
善巧能作五事謂由前四種方便善
巧令諸菩薩能正安立所化有情於
自義利由於世間一切異論方便善
巧令諸菩薩善能摧伏一切異論由
於菩薩淨戒律儀受持毀犯能正觀
察方便善巧令諸菩薩不犯所犯犯
已速疾如法悔除於善清淨菩薩所
受淨戒律儀能善修學由於正願方
便善巧令諸菩薩能證當來一切所
愛事義圓滿由於三乘方便善巧令

諸菩薩於諸有情隨其種性根及勝解說相稱法說順正理是名十種方便善巧令諸菩薩能作五事由此五事能令菩薩現法當來一切事義皆得究竟

云何菩薩饒益於他謂諸菩薩依四攝事即布施愛語利行同事能與一分有情利益能與一分有情安樂能與一分所化有情利益安樂是名略說菩薩所有饒益於他廣說如前自他利品應知其相

云何菩薩無倒迴向謂諸菩薩三門積集所有善根即善修事業方便善巧饒益於他去來今世一切攝取以淳一味妙淨信心迴求無上正等菩提終不用此所集善根希求世間餘果異熟唯除无上正等菩提

世尊所有為在家分或出家分諸菩薩說所應學法當知一切此四所攝謂善修事業方便善巧饒益於他无倒迴向是故如是善修事業方便善巧饒益於他無倒迴向諸菩薩衆親近隣逼難得難證无上菩提當知過

去未來現在所有菩薩或在家分或出家分精勤修學於其無上正等菩提曾當現證一切皆由如是四法除此无有若過若增

又諸菩薩或在家分或出家分雖復同於如是四法正勤修學而出家者於在家者甚大殊異甚大高勝所以者何當知一切出家菩薩於其父母妻子親屬攝受過患皆得解脫在家菩薩則不如是又復一切出家菩薩於為攝受父母親屬營農商估事王業等種種艱辛遽務憂苦皆得解脫在家菩薩則不如是又復一切出家菩薩一向能行鉤鏁梵行在家菩薩則不如是又復一切出家菩薩普於一切菩提分法速證通慧隨所造修彼彼善法皆能疾疾到於究竟在家菩薩則不如是又復一切出家菩薩安住決定清淨律儀凡所發言衆咸信奉在家菩薩則不如是如是等類无量善法當知一切出家菩薩於在家者甚大殊異甚大高勝

本地分中菩薩地第十五第二持隨法瑜

伽處增上意樂品第三

云何菩薩增上意樂嗢拕南曰

智者於有情　有七相憐愍　十五勝意樂
作十事應知

謂諸菩薩於諸有情深心發起七相憐愍以諸菩薩具憐愍故名善意樂極善意樂何等名為七相憐愍一者無畏憐愍二者如理憐愍三者无倦憐愍四者無求憐愍五者无染憐愍六者廣大憐愍七者平等憐愍謂諸菩薩於諸有情非怖畏故而起憐愍現行隨順身語意業適可其心利益安樂是名菩薩無畏憐愍又諸菩薩於諸有情非不如理憐愍而轉謂終不以非法非律非賢善行及以非處勸授有情是名菩薩如理憐愍又諸菩薩於諸有情如是憐愍隨其所宜發起一切饒益事業曾無厭倦是名菩薩无倦憐愍又諸菩薩於諸有情不待求請自起憐愍為作饒益是名菩薩無求憐愍又諸菩薩於諸有情無愛染心而起憐愍謂饒益他不希恩報亦不悕望當來可愛諸果異熟

是名菩薩無染憐愍亦名菩薩无緣憐愍又諸菩薩於諸有情所起憐愍唯是廣大而非狹小言廣大者謂於一切諸有情所雖遭一切不饒益事而不棄捨菩薩自身寧受非愛終不以惡欲加於彼是名菩薩廣大憐愍又諸菩薩如是相狀如是功德相應憐愍普於一切諸有情類平等平等於有情界無有分限是名菩薩平等憐愍菩薩與此七種行相憐愍相應名善意樂攝善意樂

當知此中淨信為先擇法為先於諸佛法所有勝解印解決定是名菩薩增上意樂如是菩薩增上意樂當知略說有十五種何等十五一最上意樂二遮止意樂三波羅蜜多意樂四真實義意樂五威力意樂六利益意樂七安樂意樂八解脫意樂九堅固意樂十無虛妄意樂十一不清淨意樂十二清淨意樂十三善清淨意樂十四應調伏意樂十五俱生意樂謂諸菩薩於佛法僧最上真實起勝意樂是名菩薩最上意樂又諸菩薩於

所受持淨戒律儀起勝意樂是名菩薩遮止意樂又諸菩薩於所修證施忍精進靜慮般若起勝意樂是名菩薩波羅蜜多意樂又諸菩薩於法无我補特伽羅无我甚深勝義諸法真如起勝意樂是名菩薩真實義意樂又諸菩薩於佛菩薩不可思議神通威力或俱生威力起勝意樂是名菩薩威力意樂又諸菩薩於諸有情欲以善法而授與之是名菩薩利益意樂又諸菩薩於諸有情欲以饒益而授與之是名菩薩安樂意樂又諸菩薩即於如是諸有情所無愛染心又於當來可愛異熟其心无繫是名菩薩解脫意樂又諸菩薩於其無上正等菩提其心專注曾无變易是名菩薩堅固意樂又諸菩薩於諸有情饒益方便於大菩提趣證方便無顛倒智俱行勝解是名菩薩无虛妄意樂又諸菩薩勝解行地所有一切增上意樂是名菩薩不清淨意樂又諸菩薩從淨勝意樂地乃至决定行地所有一切增上意樂是名菩薩清淨意

樂又諸菩薩到究竟地所有一切增上意樂是名菩薩善清淨意樂又諸菩薩不清淨意樂是則名為應調伏意樂由此意樂應思擇故又諸菩薩清淨意樂善清淨意樂是則名為俱生意樂由此意樂性成就故於所依中善安立故

如是菩薩十五妙善增上意樂隨一切地以要言之能作十事何等為十謂諸菩薩最上意樂能於三寶修一切種最勝供養普於一切菩提資粮為最第一又諸菩薩遮止意樂能於所受淨戒律儀命難因緣亦不故思犯於所犯設有所犯疾疾悔除又諸菩薩波羅蜜多意樂能於善法常勤修習无放逸住常住最勝無放逸住又諸菩薩真實義意樂能為有情以無染心流轉生死不捨涅槃增上意樂又諸菩薩威力意樂能於聖教覺受淳淨上妙法味復能於修起堅固想欣樂多住不唯聞思便生喜足又諸菩薩利益意樂安樂意樂解脫意樂能於一切饒益有情所作事業精

勤修習雖常修習而无猒倦又諸菩薩堅固意樂能於種種熾然精進廣大精進發起安住無緩加行无斷加行又諸菩薩無虛妄意樂能於所引彼彼善法速證通慧不於少分下劣薄弱差別證中而生喜足又諸菩薩應調伏意樂能引俱生意樂又諸菩薩俱生意樂能於無上正等菩提速疾趣證能與天人作諸義利利益安樂應調伏意樂即不清淨意樂俱生意樂即清淨意樂善清淨意樂故不別說

世尊所有為諸菩薩於彼彼處種種宣說施設開示增上意樂當知一切即此十五意樂所攝是故過去未来現在妙善意樂諸菩薩衆於其无上正等菩提曾當現證一切皆由如是所說十五意樂除此無有若過若增如是菩薩十五意樂能得㝡大菩提果利是故菩薩依此意樂速證无上正等菩提

本地分中菩薩地第十五第二持隨法瑜伽處住品第四之一

如是始從種性具足廣說乃至於如所說菩薩所學正勤修學於如所說菩薩諸相正等顯現於諸菩薩分加行中正勤修學於如所說菩薩意樂能淨修治諸菩薩衆略有菩薩十二種住由此菩薩十二種住普攝一切諸菩薩住普攝一切諸菩薩行復有如来第十三住由此住故現前等覺廣大菩提名無上住云何菩薩十二住等嗢拕南曰

種性勝解行　極喜增上戒　增上心三慧
無相有功用　无相無功用　及以无㝵解
㝡上菩薩住　㝡極如来住

謂菩薩種性住勝解行住極歡喜住增上戒住增上心住增上慧住復有三種一覺分相應增上慧住二諸諦相應增上慧住三緣起流轉止息相應增上慧住謂諸菩薩如實了知能觀真實所觀真實及於真實諸有情類由無智故衆苦流轉由有智故衆苦止息如是菩薩由於三門以慧觀察故有三種增上慧住及有加行有功用無間缺道運轉无相住無加行

無功用无間缺道運轉无相住無㝵解住㝡上成滿菩薩住是名菩薩十二種住如是菩薩十二種住普攝一切諸菩薩住普攝一切諸菩薩行如来住者謂過一切諸菩薩住現前等覺大菩提住此中㝡後如来住者於後究竟瑜伽處㝡後建立品當具演說菩薩所有十二種住如所安立我今當說云何菩薩種性住謂諸菩薩住種性住性自仁賢性自成就菩薩功德菩薩所應衆多善法於彼現行亦有顯現由性仁賢逼迮方便令於善轉非由思擇有所制約有所防護若諸菩薩住種性住任持一切佛法種子於自體中於所依中已具足有一切佛法一切種子又諸菩薩住種性住性離麤垢不能現起上煩惱纏由此纏故造无間業或断善根如種性品所說種種住種性相於此菩薩種性住中亦應廣說應如實知是名菩薩種性住

云何菩薩勝解行住謂諸菩薩從初發心乃至未得清淨意樂所有一切

諸菩薩行當知皆名勝解行住又諸菩薩種性住中於餘十一諸菩薩住及如来住唯有因轉攝受彼因於餘所有諸菩薩住尚未發趣未得未淨況如来住若諸菩薩勝解行住昔於一切餘菩薩住及如来住皆名發趣未得未淨即於如是勝解行住亦名發趣亦名為得為令清淨而修正行勝解行住既清淨已極歡喜住先已發趣令復名得為令清淨而修正行極歡喜住既清淨已增上戒住先已發趣令復名得為令清淨而修正行如是廣說展轉乃至最上成滿菩薩住即此最上成滿菩薩住既清淨已從此無間其如来住先已發趣當知於今頓得頓淨是如来住於菩薩住當知此中如是差别

云何菩薩極歡喜住謂諸菩薩淨勝意樂住云何菩薩增上戒住謂諸菩薩淨勝意樂為緣所得性戒相應住云何菩薩增上心住謂諸菩薩增上戒住清淨為緣所得世間靜慮等持等至住云何菩薩覺分相應增上慧

住謂諸菩薩以世間淨智所依等持為所依止為覺諸諦於正念住等三十七菩提分法妙簡擇住云何菩薩諸諦相應增上慧住謂諸菩薩覺分簡擇為所依止於諸諦中如實覺住云何菩薩緣起流轉止息相應增上慧住謂諸菩薩於諦能覺增上力故簡擇顯示由無智故苦及因起簡擇顯示由有智故苦及因滅住云何菩薩有加行有功用無相住謂諸菩薩即由三種增上慧住增上力故有加行有功用无缺無間於一切法真如无分别慧修俱行住云何菩薩無加行无功用無相住謂諸菩薩即於前无相住多修習已任運自然無缺无間運轉道隨行住云何菩薩无㝵解住謂諸菩薩即以善清淨無動慧等持為所依止得廣大慧為他說法无上為依能於諸法異門義趣釋詞差别妙簡擇住云何菩薩最上成滿菩薩住謂諸菩薩安住於此於菩薩道已到究竟於阿耨多羅三藐三菩提已得大法灌頂或一生所繫或居最

後有從此住無間即於尒時證覺无上正等菩提能作一切佛所作事

又諸菩薩勝解行住於菩薩修所作狹小所作有缺所作不定所得有退極歡喜住於菩薩修所作廣大所作無缺所作决定隨所獲得无復退轉如極歡喜住乃至三種增上慧住應知亦尒從初無相住乃至最上成滿菩薩住於菩薩修所作无量所作無缺所作决定隨所獲得終无退轉

又諸菩薩勝解行住於菩薩無相修當知發趣極歡喜住增上戒住增上心住增上慧住於菩薩无相修當知獲得初無相住於菩薩無相修當知圓證第二无相住於菩薩無相修當知清淨無㝵解住最上成滿菩薩住於菩薩无相修果當知領受

問勝解行住菩薩轉時應知何行何狀何相答勝解行住菩薩轉時思擇力勝於諸菩薩所作加行以分别慧數數思擇方能修作未能任性成辦所作未得堅固相續无退菩薩勝修如於勝修於勝修果種種無㝵解神

通解脱等持等至亦未能得未能超越五種怖畏謂不活畏惡名畏死畏惡趣畏處衆怯畏於所應作利有情事策勵思惟方能脩作未能任性哀愍愛念或於一時於諸有情由身語意發起邪行或於一時於諸境界發起貪著或於一時於資生具現有慳恡信他諸佛菩薩而行未能自內了知真實謂於如来或法或僧或真實義或有情事或佛菩薩神通威力或因或果或應得義或得方便或於所行皆隨他信成就狹小聞所成智思所成智而非無量又即於此或時忘失有忘失法成就菩薩若遲通行於大菩提无猛利樂欲無熾然精進无有甚深牢固淨信於其三處有忘失念一於境界可意不可意色聲香味觸法中或於一時其心顛倒忘失正念二於受生彼彼身中既受生已忘失前生三於所受所持諸法久作久說或於一時有所忘失於是三處有忘失念或於一時具足聰慧於其諸法能受能持於其義理堪能悟入或

於一時則不如是或於一時具足憶念或於一時成忘念類於諸有情未能了知如實調伏善巧方便於自佛法亦未了知如實引發善巧方便為他說法教授教誡勉勵而轉勉勵轉故不如實知或時虛棄或不虛棄如闇中射或中不中隨欲成故或於一時於大菩薩雖已發心而復退捨或於一時棄捨菩薩先所受學淨戒律儀不能受學或於一時雖勤脩習利有情事而於中間生猒倦故復還棄捨利有情事由意樂故欲令自樂由思擇故欲令他樂於諸菩薩所有違犯多分遍知非數遍知無餘永斷由於毀犯數現行故或於一時於菩薩藏法毗柰耶他所引奪或於一時聞說甚深廣大法教而生驚怖其心摇動猶預疑惑於諸有情遠離一切現行大悲於諸有情少分現前利益安樂未能廣大未能無量於如上說一切圓滿菩薩學中未能普學於如上說一切圓滿菩薩諸相未皆成就於如上說一切圓滿三分菩薩正加行

中未等顯現於如上說菩薩意樂猶未清淨於其無上正等菩提自謂為遠未於涅槃增上意樂安立深固如於生死長時流轉於其熾然无動妙善菩提分法未能成就如是等類當知是名勝解行住菩薩轉時諸行狀相是諸菩薩勝解行住下忍轉時如上所說諸行狀相當知上品中忍轉時如上所說諸行狀相當知中品上忍轉時如上所說當知下品其性微薄即於如是上忍轉時於上所說諸行狀相漸次能令无餘永斷從此無間當知菩薩入極喜住由得方便極喜住中勝解行住所說諸法皆无所有與彼相違所有一切白品諸法皆悉顯現由諸菩薩成就此故轉得名為淨勝意樂勝解行住菩薩轉時雖有少分軟中上品方便展轉清淨勝解而未得名淨勝意樂何以故由此勝解為彼多種諸隨煩惱染汙而轉極歡喜住菩薩住時一切勝解諸隨煩惱皆悉永斷離隨煩惱勝解縛問極歡喜住菩薩轉時應知何行何

狀何相答若諸菩薩從勝解行住入極歡喜住先於無上正等菩提菩薩弘願未善通達菩提自性未善通達菩薩方便多分隨順他緣而轉不善決定除捨彼故發起六相新善決定內證修性菩薩大願超過一切餘白淨願无等不共果是世間超越一切世間境界隨救一切有情苦故不共一切聲聞獨覺雖一刹那生起此願法性自尒能得菩提无量白法可愛之果又此大願無變无盡自性得已無異因緣令其退轉變異可得又是勝分墮後邊際極大菩提如此菩薩善決定願亦名發心又即如是菩薩發心略由四相應當了知何等為四一者何相菩薩發心二者發心何所緣慮三者發心何狀何相何自性起四者發心有何勝利由此四相應當了知菩薩發心謂諸菩薩勝解行住已善積集一切善根於菩薩行已正起出略說是相菩薩發心又諸菩薩緣當来世無倒速疾一切菩提資粮圓滿一切菩薩利有情事圓滿無上正等菩提一切種一切佛法圓滿諸佛所作事業圓滿略說緣慮如是發心又諸菩薩无倒速疾發起一切菩提資粮隨順於諸有情一切菩薩所作隨順獲得無上正等菩提无師自然妙智隨順遍一切種諸佛所作事業隨順廣大願心又諸菩薩發是心已超過菩薩凡異生地證入菩薩正性離生生如来家成佛真子決定趣向正等菩提決定紹繼如来聖種又正獲得如實證淨極多歡喜於他有情遠離多分忿害鬪諍於一切種菩薩所作利衆生事於一切種菩提資粮圓滿於一切種無上菩提一切佛法於一切種佛所作事以淨增上意樂攀緣勝解趣入於是諸法速疾圓證自觀已身能正隨順如是解了極多歡喜又自觀見妙善廣大能引出離無染无等攝受饒益身心歡喜於此無量熾然善法皆悉成就又自了知我於无上正等菩提今已隣近於大菩提我勝意樂已得清淨我今已離一切怖畏由是因緣極多歡喜由諸菩薩已離發起善決定心於五怖畏皆悉除斷由善修習无我妙智分別我想尚不復轉況當得有分別我愛或資生愛由是因緣无不活畏由於他所無所悕望常自發起如是欲樂我當饒益一切有情非於有情有所求覔由是因緣无惡名畏由離我見於我無有失壞想轉故无死畏自知死後於當来世決定值遇諸佛菩薩由此決定無惡趣畏由意樂見一切世間尚无有一與我齊等何況殊勝是故無有處衆怯畏菩薩如是遠離一切五種怖畏遠離一切聞說甚深正法驚怖遠離一切高慢憍傲遠離一切他不饒益種種邪行所起瞋恚遠離一切世財貪喜无染汙故無所憎背有熾然故無俗意樂能圓滿證一切善法又現法中能起菩薩一切精進信增上力為前導故於當来世如前所說菩提分品十種大願令即於此極歡喜住能具引發由得清淨勝意樂故為欲供養最勝有情真實福田大師法主是故引發第一大

願為欲受持彼所宣説无上正等法是故引發第二大願為欲勸請轉未曾有妙正法輪是故引發第三大願為欲順彼行菩薩行是故引發第四大願為欲成熟彼器有情是故引發第五大願為欲往趣諸佛國土奉見如来承事供養聽受正法是故引發第六大願為淨修治自佛國土是故引發第七大願為於一切在所生處常不遠離諸佛菩薩與諸菩薩常同一味意樂加行是故引發第八大願常為利益一切有情曾不空過是故引發第九大願為證无上正等菩提作諸佛事是故引發第十大願作是願言如有情界展轉相續終無斷盡亦如世道展轉相續終无斷盡我此大願生生相續乃至究竟菩提邊際常不遠離常不忘失常不乖離如是自擅心發正願當知此中前就所應願事起願後即就願以起於願如是菩薩十種大願以為上首能生无數百千正願如是菩薩於當来世具諸大願於現法中發大精進

復有十種淨修住法由是能令極歡喜住速得清淨一者於諸佛法深生淨信二者觀諸有情緣起道理證得唯有純大苦蘊發起大悲三者觀見彼巳自擅願言我當令彼諸有情類解脫如是純大苦蘊得第一樂發起大慈四者為欲救拔一切憂苦自無顧戀无顧戀故能捨内外一切身財於諸有情而行恵施五者為欲利益諸有情故從他勤求世出世法曾无猒倦六者無猒倦故證得一切論智清淨善知諸論七者善知論故於劣中勝諸有情所如應如宜而修正行善解世間八者即於如是正行中依應時分量等正行而修慙愧九者即於如是正加行中得无退轉堅力持性十者以諸上妙利養恭敬及與正行供養如来是名十種淨修住法由此能令極歡喜住速得清淨所謂淨信慈悲恵捨无有猒倦善知諸論善解世間修習慙愧堅力持性供養如来又諸菩薩於此十法受學隨轉多修習巳復於餘九增上戒等諸菩薩住

從佛菩薩專精訪求一切種道功德過失及神通樂無失壞道善取其行得等流相於一切住自然昇進證大菩提為大導師率領一切有情商侶超度生死曠野嶮道當知此中諸行能入説名為行若正入時説名為得入巳果利成辦圓證説名等流

又諸菩薩住此住中由二因緣現見諸佛或由聽聞菩薩藏説或由内心發起勝解信有十方種種異名諸世界中種種異名諸佛如来由羸淨信俱行之心求欲現見如是求巳如實稱遂當知是名第一因緣又心發起如是正願隨於彼彼諸世界中有佛出現我當往生如是願巳如實稱遂當知是名第二因緣菩薩如是由羸淨信現見諸佛由正願力現見諸佛既得見巳隨力隨能興一切種恭敬供養奉施種種上妙樂具及於僧衆恭敬供養於如来所聽聞正法无倒受持精進修行法隨法行以四攝事成熟有情一切善根悉皆迴向無上菩提由是三種清淨因緣彼諸善根

倍復明淨謂於佛僧法供養攝受故以四種攝事成熟有情故以一切善根迴向菩提故如是乃至無量俱胝那庾多百千大劫辟如世間黠慧工匠以鑛性金置於火中如如燒鍊如是如是轉得明淨如是淨勝意樂菩薩所有善根由是三種清淨因緣轉復明淨當知亦尒

又住於此在在生處多作輪王王贍部洲得大自在遠離一切所有慳垢威被有情調伏慳恪諸四攝事所作業中一切不離佛法僧寶證一切種菩提作意恒發願言我當一切有情中尊作諸有情一切義利所依止處若樂發起如是精進棄捨一切家屬財位歸佛聖教淨信出家一剎那頃瞬息須臾能證菩薩百三摩地以淨天眼能於種種諸佛國土見百如來又即於彼變化住持菩薩住持皆能解了以神通力動百世界身亦能往放大光明周帀遍照普令他見化為百類成熟百種所化有情若欲留命能住百劫於前後際各百劫事智見

能入薀界處等諸法門中於百法門能正思擇化作百身身身皆能現百菩薩眷屬圍繞自玆以去是諸菩薩由願力故當知無量威力神變安住如是極歡喜住諸菩薩衆願力增上能引無量殊勝正願所作神變如是正願乃至俱胝那庾多百千大劫不易可數

當知是名略說菩薩極歡喜住謂善決定故四相發心故發起精進引發正願故淨修住法故開曉餘住故修治善根故受生故威力故若廣宣說如十地經極喜地說彼十地經廣所宣說菩薩十地即是此中菩薩藏攝摩怛理迦略所宣說菩薩十住如其次第從極歡喜住乃至最上成滿菩薩住應知此中由能攝持菩薩義故說名為地能為受用居處義故說名為住

瑜伽師地論卷第四十七

瑜伽師地論卷第四十七

校勘記

一　底本，金藏廣勝寺本。

一　八一二頁中四行「第十五」，徑、清無，以下品名同。

一　八一二頁中一九行第八字「取」，諸本作「能」。

一　八一三頁上一三行「此是」，石、資、磧、普、南、徑、清作「是此」。

一　八一三頁中五行「法想」，麗作「法相」。

一　八一三頁中一二行第一三字「眷」，石作「曾」。

一　八一三頁下九行第六字「種」，諸本作「相」。

一　八一四頁中四行第四字「德」，石作「得」。

一　八一五頁上一行「性根」，石、資、磧、普、南作「姓根」。

一　八一五頁下二〇行第二字「持」，諸本作「待」。

一 八一七頁上末行「之一」，磧、普無。

一 八一七頁下一三行第七字「令」，磧、普作「今」。

一 八一七頁下一五行「任持」，磧、普、清作「住持」。

一 八一八頁上八行第八字「令」，普、清作「今」。

一 八一八頁中二一行第一一字「於」，石無。

一 八一八頁下四行第五字「有」，磧、普作「無」。

一 八一八頁下二一行「任性」，磧、普、清作「住性」。

一 八一八頁下末行第一三字「解」，石、麗作「勝解」。

一 八一九頁上九行第四字「謂」，資、磧、普、南、徑、清作「語」。

一 八一九頁中二行第七字「忘」，資、磧、普、南、徑、清作「妄」。

一 八一九頁中八行及次頁上四行「菩薩」，諸本作「菩提」。

一 八一九頁中末行第八字「三」，諸本作「二」。

一 八一九頁下二二行「勝解縛」，諸本作「淨勝解縛」。

一 八二〇頁上七行第一二字「越」，石、麗作「過」。

一 八二〇頁上一〇行「菩提」，石、麗作「菩薩」。

一 八二〇頁下一行第五字「離」，諸本作「能」。

一 八二一頁上一行第一三字「等」，石、麗無。

一 八二一頁上一〇行「違離」，麗作「遠離」。

一 八二一頁上一二行第一〇字「不」，資、磧、普、南、徑、清作「無」。

一 八二一頁中一四行「正行」，諸本作「正加行」。

一 八二一頁中二〇行第四字「恚」，磧、南、徑、清作「喜」。

一 八二一頁下四行「商侶」，磧、普、南、徑、清作「商旅」。

瑜伽師地論卷第四十八　因

彌勒菩薩說

三藏法師玄奘奉　詔譯

本地分中菩薩地第十五第二持隨法瑜伽處住品第四之二

問增上戒住菩薩轉當知何行何狀何相荅若諸菩薩先於極歡喜住由十種心意樂已得意樂清淨何等為十一者於一切師長尊重福田不行虛誑意樂二者於同法菩薩忍辱柔和易可共住意樂三者勝伏一切煩惱及隨煩惱衆魔事業心自在轉意樂四者於一切行深見過失意樂五者於大涅槃深見勝利意樂六者於諸妙善菩提分法常勤修習意樂七者即於彼修為隨順故樂處遠離意樂八者於諸世間有染尊位利養恭敬無所顧戀意樂九者遠離下乘趣證大乘意樂十者欲作一切有情一切義利意樂如是十種无倒意樂依心而轉是故說為意樂清淨即由如是十種意樂成上品故極圓滿故是

諸菩薩入證第二增上戒住於此住中性戒具足極少邪惡業道所攝諸惡犯戒尚不現行況中上品又於十種圓滿業道自性顯現菩薩如是性戒具足能以妙慧於染不染惡趣善趣及諸乘中諸業現行若因若果修證安立如實了知於異熟果及等流果如是諸業如實了知自能現斷諸不善業自能現受一切善業即於其中樂勸導他能正勸導於其種種不平等業現行過失之所染汙諸有情界若興若衰等无差別一切皆憧第一義若並住艱辛種種艱辛之所逼切甚可哀愍於彼獲得廣大哀愍如實觀照是諸菩薩安住如是增上戒住廣見諸佛善根清淨如前應知此差別者謂如世間善巧工匠以所鍊金置迦肆婆置於火中數數燒鍊轉更明淨如是菩薩善根清淨當知亦尒於此住中淨心意樂成滿趣入在所生處多作輪王王四大洲以自在力令多有情止息犯戒不善業道勸彼受行諸善業道當知威力過前十倍當

知是名略說菩薩增上戒住謂意樂淨故性戒具足故離一切種毀犯戒垢故一切業道一切因果了知通達故於諸淨業能自受行亦樂勸他令其受行故於有情界諸業所生衆苦艱辛得大哀愍如實觀照故善根清淨故受生故威力故若廣宣說如十地經離垢地說遠離一切犯戒垢故名離垢地由離一切犯戒垢故即此名為增上戒住彼離垢地當知即此增上戒住

問增上心住菩薩轉時當知何行何狀何相答若諸菩薩先於增上戒住已得十種清淨意樂作意思惟解了通達復由餘十淨心意樂作意思惟成上品故極圓滿故過增上戒住入增上心住何等為十一者作意思惟我於十種淨心意樂已得清淨二者作意思惟我於十種淨心意樂已清淨故能不退失三者作意思惟我於一切有漏法心不趣入於違背中能正安住四者作意思惟我能於彼修對治中識正安住五者作意思惟我能於彼所修對治不復退失六者

作意思惟我於如是堅固對治不為一切漏有漏法一切魔軍之所勝伏七者作意思惟我今能於一切佛法其心無有怯劣而轉八者作意思惟我今能於一切苦行无有怯弱九者作意思惟我心一向於大乘中深生信解終不愛樂餘下劣乘十者作意思惟我於一切利有情事深心愛樂由此十種淨心意樂作意思惟能入菩薩增上心住菩薩安住增上心住能以種種過患行相壞一切行於彼諸行深心猒離於佛妙智能以種種勝利行相見大勝利又於其中能以淳淨一味欲樂深生愛慕於有情界能以種種苦惱行相觀為有苦於諸有情興悲戀心生依義心於一切行無有放逸為大菩提熾然精進於諸有情能起廣大悲愍意樂觀諸有情解脫衆苦究竟方便唯是一切煩惱諸纏无障㝵智觀彼解脫能圓證者唯於法界一切分別現行雜染生起對治無分別慧觀能成辦彼智光明唯是无倒勝三摩地觀所引發一切

靜慮等持等至皆菩薩藏聽聞為先皆聞正法以為緣起觀見是已發大精進訪求多聞為聞正法不惜身命无有資財內外愛物而不能捨無有師長不擔承事無有尊教不擔奉行无有身苦而不擔受若聞佛法一四句頌歡喜勇躍勝得三千大千世界充滿其中大珎寶聚聞一句法是佛所說能引正等覺能淨菩薩行歡喜勇躍勝得一切釋梵護世轉輪王等極尊貴位設有告言善男子聽我有一句佛所說法能引正等覺能淨菩薩行汝欲聞不汝今若能投大火坑受大苦者當為汝說菩薩聞已歡喜勇躍荅言我能我若得聞如前所說一句法義正使火坑量等三千大千世界滿中熾火我從梵天尚投身入况小火坑為求佛法尚應久處大那落迦受大苦惱况餘小苦而不應受菩薩發起如是精進求正法已復能如實如理思惟要正修行法隨法行方得名為隨順佛法非但聽聞文字音聲而得清淨如是知已即依所聞

正緣法相遠離諸欲惡不善法廣說乃至能得世俗四種靜慮四無色定及四无量五種神通具足安住既多住已復還棄捨諸靜慮等等持等至願自在力還來欲界觀彼彼處若為有情能作義利若能圓滿菩提分法即便往生非但自在而生彼處如是菩薩離欲貪故名斷欲縛棄捨靜慮等持等故名斷有縛菩薩先從勝解行地於法真如修勝解故已斷見縛邪貪恚癡畢竟不轉廣見諸佛善根清淨如前應知此差別者謂如世間善巧工匠先所燒鍊手中真金垢穢斯盡稱量等住如是菩薩善根清淨當知亦尒受生多分作釋天帝善化有情令離欲貪所有威力於前住中已說千數當知此中有百千數當知是名略說菩薩增上心住謂心意樂作意思惟成滿趣入故於一切行諸有情界及大菩提能正通達故於諸有情脫苦方便能正推求故於正法中起大恭敬訪求无倦故能正修行法隨法行於其世俗諸靜慮等等持

等至无量神通能引能住故棄捨於彼願自在力隨樂受生故善根清淨故受生故神力故若廣宣說如十地經發光地說由發聞行正法光明等持光明之所顯示是故此地名發光地由內心淨能發光明是故說名增上心住由此義故名發光地即由此義當知復名增上心住

云何菩薩覺分相應增上慧住謂諸菩薩先於增上心住以求多聞增上力故已得十法明入由此十法明入入初增上慧住如是十法明入文詞成上品故極圓滿故超過增上心住如契經說應知其相謂若彼假設若於中假設若由此假設若平等勝義若染惱故清淨故成染成淨若由繫縛煩惱所染若由无上清淨所淨當知是名十法明入略所說義是諸菩薩住此住中如契經說不壞意樂而為上首所有十種能成熟智智成熟法皆悉成就長如来家得彼體法觀一切種菩提薩埵增上力故修四念住而為上首三十七種菩提分法如

契經說由於此法方便攝受勤修習故冣極微細薩迦耶見執著一切薀界處等一切動乱皆得畢竟不現行斷由彼斷故一切如来所呵毀業皆不現行一切如来所讚美業如實隨轉既如是已其心轉復滋潤柔和有所堪能其心轉復種種行相皆善清淨又善知恩知報恩等隨順意樂種種白法皆悉成就尋求上地能修治業發大精進逮得安住由此因緣所有意樂增上意樂勝解界性皆得圓滿由是因緣一切外道種種魔軍聖教怨敵不能映奪不能傾動廣見諸佛善根清淨廣說如前應知其相此差別者謂如世間善巧工匠以所鍊金作莊嚴具非餘未作莊嚴具金之所映奪如是此中菩薩善根非餘安住凡住菩薩所有善根所能映奪如末尼寶所放光明非餘寶珠所能映奪一切世間風水雨等不能斷滅所放光明如是此中菩薩所有智慧光明一切聲聞及獨覺等不能映奪一切魔怨不能斷滅受生多作蘇夜摩

天王善化有情令其除滅薩迦耶見所有威力於前住中說百千數當知此中說俱胝數當知是名略說菩薩覺分相應增上慧住謂法明入成滿得入故成熟智故修習菩提分法故薩迦耶見等一切執著動亂斷故制業開業遠離習近故由是因緣心調柔故隨順功德皆隆盛故依所尋求修治地業發大精進故由是因緣所有意樂增上意樂勝解界性淨修治故由是因緣一切聖教所有怨敵不能映奪及傾動故善根清淨故受生故威力故若廣宣說如十地經焰慧地說於此地中菩提分法如實智焰能成正法教慧照明是故此地名焰慧地又即彼地此中說名覺分相應增上慧住

云何菩薩諸諦相應增上慧住謂諸菩薩先於覺分相應增上慧住已得十種平等清淨意樂由彼平等清淨意樂成上品故極圓滿故超過第一增上慧住證入第二增上慧住十種平等清淨意樂所有文詞如契經說

應知其相謂無等覺與諸覺等超過所餘諸有情界及以諸法如其平等當知是名十種平等清淨意樂略所說義如是菩薩住此住中多分希求智殊勝性於四聖諦由十行相如實了知一切文詞如契經說應知其相謂依曉悟他依自內智依俱處所名為此說依於契經調伏本母名由此說依於現在衆苦自性依於未來苦因生性依於因盡彼盡無生性依於修習彼斷方便性名如此說當知是名十種行相四聖諦智所有略義如是於諦善巧菩薩於一切行以慧正毀於有情界增悲意樂於前後際愚癡有情所有邪行能正通達為欲令彼得解脫故攝受廣大福智資糧心發正願及即於彼意樂引攝正念慧行而為上首所有衆多殊勝功德皆悉增盛諸餘作意皆悉遠離以其種種成熟方便成熟有情如契經說所有種種能益有情世俗書論印算計等工業明處於是一切皆能引發於諸有情深悲愍故漸次乃至方便安

立妙菩提故隨順世間言說事故為欲方便壞貧窮故為令世間諸界錯亂人非人等所起災患皆息滅故為施无罪諸戲樂具除彼非法諸戲樂故諸有希求種種居處資生具者為少用功皆能施與種種居處資生具故為欲拔濟諸王賊等逼惱事故為欲開制是處非處諸加行故為欲安立吉非吉事令取捨故為正勸獎於現法中令其展轉不相謀略及為宣說當來无倒勝生道故當知是名能益有情工業明處略所說義其餘一切如前應知此差別者謂如世間善巧工匠以所鍊金作莊嚴具牟娑羅寶瑩飾廁鈿所有餘金無與等故不能映奪如是此中菩薩善根一切聲聞及諸獨覺餘地菩薩不能映奪又如日月諸宿光明一切風輪不能映奪然其迴轉共彼風同如是此中菩薩妙慧一切聲聞諸獨覺等不能映奪然其所作與世共同受生多作珊覩史多天王善化有情令捨一切外道邪法所有威力當知此說千俱胝

數當知是名略說菩薩諸諦相應增上慧住謂十平等清淨意樂成滿得入故善巧方便觀察諸諦漸增長故毀壞諸行悲愍有情漸增長故即為是義長養廣大福智資糧心發正願勤加行故念慧行等德增長故无餘作意以一切種成熟有情勤加行故引發世間工巧業故善根清淨故受生故威力故若廣宣說如十地經極難勝地令此地中顯示菩薩於諸聖諦決定妙智極難可勝是故此地名極難勝即由此義應知此中諸諦相應增上慧住

云何菩薩緣起相應增上慧住謂諸菩薩先於諸諦相應增上慧住已得十種法平等性當知文詞如經廣說如是十種法平等性成上品故極圓滿故超過前住得入此住謂於一切法由有勝義自性無相平等性故言說造作影像无相平等性故即由此相自然不生平等性故因亦不生平等性故自然與因皆不生故畢竟本寂平等性故現有體事能取正智離

諸戲論平等性故遠離一切取捨造作平等性故即此煩惱眾苦雜染離繫解脫平等性故分別所執境界自性如幻化等平等性故無分別智所行自性有无無二平等性故當知是名此中十種法平等性略分別義如是菩薩住此住中於諸有情增長悲愍於大菩提生起猛利欲樂悕求於諸世間合散生滅以一切種緣起正觀觀察了知依緣起智能引發空无相無願三解脫門由是因緣所有自他作者受者有無等想皆不復轉菩薩如是善於勝義顧念有情如理通達煩惱繫故緣和合故有為諸法自性羸劣離我我所无量過失汙染而轉非離一切煩惱繫縛眾緣和合是故我今為自防護應令一切煩惱繫縛眾緣和合皆悉斷壞為益有情不應永滅一切有為如是菩薩住此住中智悲隨逐名无著智現前般若波羅蜜多住現前由此住故於一切世間行无染而行又即此住有猛利忍於第七地有加行行邊際菩薩忍當

知是彼隨順忍攝又此無著智現前般若波羅蜜多住現前能引能引菩提眾緣於諸世間有為諸行住而不住雖於寂滅見寂靜德而亦不住如是菩薩方便般若智所隨逐能入空三摩地令十百千上首三摩地門皆現在前如空三摩地如是無願无相三摩地當知亦尒由此上首三摩地門現在前故意樂不壞於一切種諸佛聖教一切外道及諸魔軍聖教怨敵不能引奪餘如前說此差別者謂如世間善巧工匠以所鍊金作莊嚴具琉璃寶珠瑩飾廁鈿一切餘金不能映奪如是此中菩薩善根清淨殊勝如先所說不能映奪又如月光於有情身能令悅豫非四風輪所能斷壞如是此中菩薩慧光一切有情煩惱欝蒸皆能息滅一切外道魔軍怨敵不能斷壞受生多作妙化天王善化有情令除一切增上慢等所有威力當知此中說百千俱胝數當知是名略說菩薩緣起相應增上慧住謂十法平等性成滿得入故覺悟緣起

生解脫門故一切邪想不現行故方便攝受生死故無著智現前般若波羅蜜多住現在前故證得无量三摩地故證得不壞意樂故於佛聖教不可引奪故廣見諸佛善根清淨故受生故威力故若廣宣說如十地經現前地說由此地中無著智現前般若波羅蜜多住現在前故名現前地即由此義當知亦名緣起相應增上慧住云何菩薩有加行有功用無相住謂諸菩薩於前第六緣起相應增上慧住已得十種妙方便慧所引世間不共一切有情而共一切世間進道勝行即由如是妙方便慧所引不共進道勝行成上品故極圓滿故超過第六住得入第七住如是文詞如經廣說應知其相謂依能起世間興盛攝受福德依於有情利益安樂增上意樂依為菩提福德資糧菩提分法後後勝進依不共聲聞依不共獨覺依有情界依諸法界依諸世界依諸如來身語心智當知是名妙方便慧所引不共進道勝行處所略義菩薩與

彼共相應故便能通達無量无數如來境界及為彼起无功用無相无分別無異分別觀无量佛境界起無間无缺精勤修學一切威儀行住作意一切分位不遠離道彼於一一心剎那中十波羅蜜多而為上首一切菩提分法圓滿殊勝諸餘下住則不如是謂於第一極歡喜住正以大願為勝所緣於第二住正能除遣毀犯戒垢於第三住正願增長得法光明於第四住正趣入道於第五住正入一切世間事業於第六住正入甚深緣起道理今即於此第七住中具足發起一切佛法覺支圓滿此住菩薩加行圓滿所攝故妙智神通行清淨能入第八住故由是菩薩此住无間能入第八極清淨住彼第八住一向清淨此第七住猶名為雜與清淨住為前導故當言此住名不染汙猶未得故當言此住墮雜染行今此住中一切貪等上首煩惱皆悉除斷當知此住非有煩惱非離煩惱一切煩惱不現行故悕求佛智猶未得故如是

行者增上意樂已得清淨无量身語意業隨轉於諸如來所讚毀業如前廣說於第五住所引世間工巧業智轉得圓滿三千世界共許為師唯除安住上住菩薩及諸如來意樂加行無與等者於一切靜慮等菩提分法皆能現前由修行相現在前故非由安住異熟分位如第八住此諸菩薩如是方便能善思擇諸三摩地引發菩薩三摩地上首十百千種三摩地門由得如是三摩地故超過一切聲聞獨覺三摩地境菩薩如是一切煩惱皆悉遠離難可了知一切分別現行隨逐身語意業皆悉安住而不捨離尋求勝進勇猛加行願念有情為大菩提速圓滿故離一切相无量身語意業隨轉妙善修治无生法忍之所顯發於此住中由自覺慧境界故超過一切聲聞獨覺境界餘六住中但由佛法增上所緣故超過一切聲聞獨覺境界又諸菩薩第六住中所入滅定今此住中念念能入然此菩薩甚希奇業不可思議謂常安住實

際住中而於寂滅能不作證彼由如是妙方便智之所引發增上力故能行一切有情不共菩薩妙行雖與世間相似顯現而非彼性如經廣說此中揔義謂依福業事攝受種種親屬徒衆求生差別發起勝進三解脱住信解劣乘方便調伏受用諸欲求欲差別轉諸外道隨他心轉隨大衆轉餘如前說此差別者謂如世間善巧工匠以所鍊金作莊嚴具諸末尼寶瑩飾廁鈿甚為光麗餘贍部洲一切金寶不能映奪如是此中菩薩善根轉復清淨一切聲聞獨覺善根及餘下住菩薩善根不能映奪又如日光多分乾竭贍部洲中所有濕潤餘一切光不能映奪如是此中菩薩慧光多分乾竭一切有情煩惱諸毒如前所說諸聲聞等所有智光不能映奪受生多作他化自在天王於能授與一切聲聞獨覺現觀方便善巧所有威力當知此說俱胝百千數當知是名略說菩薩有加行有功用無相住謂妙方便慧所引世間進道勝行成

滿得入故通達如来境界起无間無缺勤加行故一一剎那圓證一切菩提分法故安立染汙不染汙故有加行行圓滿攝故依於意樂清淨業轉一切世間工巧業等皆圓滿故逮得無量不共一切聲聞獨覺三摩地故剎那剎那入滅定故現行一切有情不共世間行故善根清淨故受生故威力故若廣宣說如十地經遠行地說此地菩薩有加行行圓滿攝故名遠行地即由此義當知亦名有加行有功用無相住

云何菩薩无加行無功用无相住謂諸菩薩於初无相住中已得十種入一切法第一義智如經廣說謂依三世如其所應本来无生無起无相依餘因性無成无壞依第一義畢竟離言諸自性事言說造作影像自性由體相故及因性故都無所有即由如是雜染體性无流轉性無止息性依此無智邪執為因於彼離言諸有體事初中後位一切時分染平等性依於真如無倒證入无有分別平等性

故能除雜染是名此中略所說義如是十種入一切法第一義智成上品故極圓滿故超過第七雜清淨住得入第八純清淨住住此住中於無生法證得菩薩第一最勝極清淨忍此復云何謂諸菩薩由四尋思於一切法正尋思已若時獲得四如實智如實了知一切諸法尒時一切邪分別執皆悉遠離觀一切法於現法中隨順一切雜染無生觀彼先時一切所有邪分別執因所生法於當来世一切无餘永不復生此四尋思四如實智廣說如前真實義品此如實智始從勝解行住乃至有加行有功用無相住未極清淨今此住中已極清淨是故說言於无生法證得菩薩第一最勝極清淨忍是諸菩薩得此忍故得甚深住先於第一無相住中四種灾患今悉除斷一者除斷於无相中有加行有功用事二者除斷於上清淨住精勤思慕三者除斷於一切種利有情事有大堪能精勤思慕四者除斷有微細想現在前行是故此住

名極清淨又此菩薩於甚深住極生愛樂即於如是法門流中蒙諸如來覺悟勸導授與無量引發門智神通事業如是蒙佛覺悟勸導引發无量分身妙智得十自在如經廣說應知其相得自在故隨所欲住如意能住隨樂安住靜慮解脱等諸心住如意能住若暫思惟一切食等諸資生具悉皆成辦一切世閒工業明處如其所欲悉能現行普於一切能感生業及於一切受生處所皆隨所欲自在往生隨所愛樂一切神通所作事業皆能起作一切妙願隨其所欲皆得稱遂隨於事物發起勝解如所欲為皆成无異隨所欲知所知境界皆如實知普於一切名句文身得隨所欲於一切法正安立中皆得善巧如是菩薩獲得自在從是已去所得自在所作勝利廣說如經應知其相又能棄捨麁見諸佛恒常无閒不離見佛其餘所有善根清淨金喻光喻如經應知此住菩薩受生威力諸外勝事皆如經說應知其相當知是名略說

菩薩無加行无功用無相住謂入一切法第一義智成滿得入故得无生法忍故除斷一切災患故逮得菩薩甚深住故於法門流蒙佛授與无量引發門智神通事業故悟入無量分身智故得自在故領受所得自在勝利故善根清淨故受生故威力故若廣宣說如十地經不動地說於此地中捨先所有有加行有功用道其心昇上無行无功用任運而轉不動勝道是故此地名不動地即由此義當知說名无加行無功用无相住

云何菩薩無㝵解住謂諸菩薩於甚深住不生喜足復於增上智殊勝性愛樂趣入是諸菩薩於諸法中起智加行應為他說一切種法普於一切說法所作皆如實知當知此中說法所作謂於一切近稠林行如此雜染如此清淨由此雜染由此清淨若所雜染若所清淨若非一向若是一向若通二種如是一切皆如實知如是菩薩於說法中方便善巧於說所作方便善巧於一切種成大法師獲得

無量陁羅尼門於一切種音詞支具剖析善巧辯才無盡成就如是決陁羅尼領受堪能菩薩由此勝无㝵解引發言詞能坐如是微妙法座若於是中若於是處宣說正法盡所有門若由此故於諸有情勸導慰喻安處事業此等堪能皆悉成就如是一切廣說如經應知其相善根清淨受生威力諸殊勝事亦廣如經應知其相當知是名略說菩薩無㝵解住謂於甚深寂靜解脱不生喜足入勝進故於諸法中起智加行宣說法故此所作事如實知故得不思議大法師故善根清淨故受生故威力故若廣宣說如十地經善慧地說由此地中一切有情利益安樂意樂清淨逮得菩薩無㝵解慧由此善能宣說正法是故此地名善慧地即由此義當知復名无㝵解住

云何菩薩最上成滿菩薩住謂諸菩薩無㝵解住一切行相遍清淨已堪為法王受法灌頂得離垢等无量無數勝三摩地作彼所作一切智智殊

勝灌頂後三摩地現在前故得一切佛相攝妙座身諸眷屬得大光明從來普照一切行相一切智智灌灑其頂既灌頂已普能引導所化有情於彼解脫方便佛事得如實智速得无量無邊解脫陁羅尼門大神通力及此增上大念大智增上引發訓詞安立及大神通增上引發善根清淨受生威力諸殊勝事一切如經應知其相當知是名略說最上成滿菩薩住若廣宣說如十地經法雲地說是諸菩薩住此地中諸菩薩道皆得圓滿菩提資糧極善周備從諸如來大法雲所堪能領受其餘一切有情之類難可領受最極廣大微妙法雨又此菩薩自知大雲未現等覺无上菩提若現等覺无上菩提能為無量无邊有情等雨無比微妙法雨殄息一切煩惱塵埃能令種種善根稼穡生長成熟是故此地名法雲地即由此義當知復名最上滿菩薩住

如是所說後後住中支分功德非前前住一切都无然下品故不墮其數

當知即彼展轉修習成中上品於餘後地證得成滿方乃建立又即於此一一住中經多俱胝百千大劫或過是數方乃證得及與成滿然一切住揔經於三無數大劫方得圓證謂經第一无數大劫方乃超過勝解行住次第證得極歡喜住此就恒常勇猛精進非不勇猛勤精進者復經第二無數大劫方乃超過極歡喜住乃至有加行有功用無相住次第證得无加行無功用无相住此即决定以是菩薩得淨意樂決定勇猛勤精進故復經第三无數大劫方乃超過無加行無功用无相住及無㝵解住證得最上成滿菩薩住

當知此中略有二種无數大劫一者日夜月半月等筭數方便時無量故亦說名為无數大劫二者大劫筭數方便超過一切筭數之量亦說名為無數大劫若就前說无數大劫要由無量无數大劫方證無上正等菩提若就後說无數大劫但經於三無數大劫便證無上正等菩提不過此數

若正修行最上上品勇猛精進或有能轉衆多中劫或有乃至轉多大劫當知決定无有能轉無數大劫又由如是所說十二諸菩薩住經三无數大劫時量能斷一切煩惱障品所有麁重及斷一切所知障品所有麁重於三住中當知能斷煩惱障品所有麁重謂於極歡喜住中一切惡趣諸煩惱品所有麁重皆悉永斷一切上中諸煩惱品皆不現行於无加行無功用无相住中一切能障一向清淨无生法忍諸煩惱品所有麁重皆悉永斷一切煩惱皆不現前於最上成滿菩薩住中當知一切煩惱習氣隨眠障㝵皆悉永斷入如來住當知一切所知障品所有麁重亦有三種一者在皮麁重二者在膚麁重三者在實麁重當知此中在皮麁重極歡喜住皆悉已斷在膚麁重无加行無功用无相住皆悉已斷在實麁重如來住中皆悉已斷得一切障極清淨智於三住中煩惱所知二障永斷所餘諸住如其次第修斷資糧

即於如是十三住中當知略有十一清淨謂於第一種性住中種性清淨於其第二勝解行住信勝解淨於其第三極歡喜住勝意樂淨於其第四增上戒住增上戒淨於其第五增上心住增上心淨於其第六第七第八增上慧住無顛倒智發起清淨於其第九有加行有功用無相住有加行行圓滿清淨於其第十无加行無功用无相住真智神通引發清淨於第十一無导解住能正為他宣說法義无导解淨於第十二最上成滿菩薩住中入一切種一切所知妙智清淨於第十三如来住中一切煩惱及所知障并諸習氣究竟清淨如前菩薩功德品中所說八法能攝大乘當知在此十三住攝謂於第一第二住中於菩薩藏生信勝解聽受思惟第三住中得勝意樂趣向前行勝修行相於餘一切乃至有加行有功用無相住中得修廣大於上三種淨行所攝菩薩住中修果成滿如來住中當知獲得究竟出離當知菩薩十二種住

隨其次第類聲聞住如諸聲聞自種性住當知菩薩初住亦尒如諸聲聞趣入正性離生加行住當知菩薩第二住亦尒如諸聲聞巳入正性離生住當知菩薩第三住亦尒如諸聲聞巳得證淨聖所愛戒為盡上漏增上戒學住當知菩薩第四住亦尒如諸聲聞依增上戒學引發增上心學住當知菩薩第五住亦尒如諸聲聞如其所得諸聖諦智增上慧學住當知菩薩第六第七第八住亦尒如諸聲聞善觀察所知無相三摩地加行住當知菩薩第九住亦尒如諸聲聞成滿无相住當知菩薩第十住亦尒如諸聲聞從此出巳入解脫處住當知菩薩第十一住亦尒如諸聲聞具一切相阿羅漢住當知菩薩第十二住亦尒

本地分中菩薩地第十五第三持究竟瑜伽處生品第一

諸菩薩生略有五種攝一切生於一切住一切菩薩受无罪生利益安樂一切有情何等為五一者除災生二

者隨類生三者大勢生四者增上生五者㝡後生

云何菩薩除災生謂諸菩薩或大願力或自在力於諸飢饉厄難曠野正現前時為令衆生少用功力而得存濟於大魚等種類中生身形廣大隨所生處以自身肉普給一切飢餓衆生皆令飽滿於諸有情衆多疾疫正現前時以大願力得自在力持有神驗諸明呪力攝受廣大良藥王身息除一切有情疾疫於諸有情隣國戰諍互相逼惱正現前時以大願力得自在力作大地主具大勢力以法以正方便善巧息除隣國戰諍逼惱於諸有情互相違諍正現前時以大願力得自在力發誠信言往返和好除其怨結於諸衆生遭遇惡王非理縛録治罰逼迫身心擾乱正現前時以大願力得自在力生彼王家作如法王哀愍衆生息除一切逼惱苦事若諸有情起諸邪見造諸惡行隨一天處深生信解哀愍彼故以大願力得自在力生彼天處方便斷除邪見惡

行是名略說菩薩除災生若廣宣說以大願力得自在力息愍為先於彼彼處受種種生當知无量

云何菩薩隨類生謂諸菩薩以大願力得自在力生於種種傍生趣類天龍藥叉阿素洛等展轉謀害違諍類中或生邪見婆羅門中或生樂行惡行類中或生惡樂邪命類中或生耽極躭著諸欲信解諸欲有情類中為欲除彼諸過失故往彼有情同分中生而為上首為上首已方便化導彼所行惡菩薩不行彼不行善菩薩現行為欲令彼現行善故為說正法由是菩薩與彼現行不同分故說正法故方便善巧除彼有情所有過失是名略說菩薩隨類生廣說如前當知無量

云何菩薩大勢生謂諸菩薩禀性生時所感壽量形色族姓自在富等諸異熟果一切世間最為殊勝此異熟果所作事業自他利品已廣宣說是名略說菩薩大勢生若廣宣說彼彼類中受大勢生當知无量

云何菩薩增上生謂諸菩薩始從第一極歡喜住乃至第十最上成滿諸菩薩住如前所說差別受生今於此中名增上生謂最初住作轉輪王王贍部洲得大自在乃至第十最上成滿諸菩薩住作大自在過色究竟一切生處最為殊勝唯有已得最上成滿諸菩薩住摩訶薩衆得生其中彼諸菩薩即由此業增上所感是名略說菩薩增上生若廣宣說當知无量

云何菩薩最後生謂諸菩薩於此生中菩提資糧已極圓滿或生婆羅門大國師家或生刹帝利大國王家能現等覺阿耨多羅三藐三菩提廣作一切佛所作事是名略說菩薩最後生若廣宣說當知无量

若諸菩薩於去來今清淨仁賢妙善生處曾當現生一切皆此五生所攝除此無有若過若增唯除凡地菩薩受生何以故此中意取有智菩薩諸所受生為五生故如是諸生大菩提果之所依止令諸菩薩疾證無上正等菩提

本地分中菩薩地第十五第三持究竟瑜伽處攝受品第二

於一切住菩薩行中當知菩薩略有六種於諸有情無倒攝受何等為六一者頓普攝受二者增上攝受三者攝取攝受四者長時攝受五者短時攝受六者最後攝受

云何菩薩於諸有情頓普攝受謂諸菩薩初發心時攝受一切諸有情界皆為眷屬作是思惟我當於彼隨能隨力作一切種利益安樂饒益之事隨所思惟皆如是作是名菩薩於諸有情頓普攝受

云何菩薩於諸有情增上攝受謂諸菩薩或為家主攝受父母妻子奴婢僮僕作使或為國王攝受一切所統僚庶菩薩如是發起增上攝受想已於所攝受隨攝受儀隨菩薩儀業用而轉若為家主於其父母種種方便勸修諸善隨時供養曾无懈廢善識其恩善知酬報於父母心善能隨順於法於義隨自在轉於其妻子奴婢等類隨時慈與如法衣食於諸事業

終不逼切雖有違犯而能堪忍彼若疾病正能瞻療於諸善事勸令修習隨時賜與殊勝財物愛語慰喻不生奴婢作使等想瞻敬養育其若自身若為國王不行黜罰不用刀杖而能正化以法以財用作饒益依本土田而自食用不以凶力侵掠他境隨能隨力於諸有情勸止諸惡教修諸善視諸衆生如父於子於他有情尚好等施況自親屬而不均濟不行欺誑所言誠諦遠離一切禁縛捶打治罰逼迫斷截等事是名菩薩於諸有情增上攝受

云何菩薩於諸有情攝取攝受謂諸菩薩正御徒衆當知是名略說菩薩於諸有情攝取攝受若廣說者由二因緣正攝徒衆說名菩薩於諸有情攝取攝受何等為二一者以無染心正攝徒衆二者於自義利正教修習非邪加行而陷逗之又於一切應攝受中其心平等不墮偏黨亦不於彼慳悋正法不作師捲不於彼所悕求承事恭敬供養彼樂善故自求作者

亦不遮止為欲令其福德資糧得增長故或遇餘時亦於彼所承事供養若於其義未解了者開悟令解已解了者轉令明淨生起疑惑隨為除斷若生惡作善為開解甚深義句以慧通達於時時間正為開顯於善於樂與彼共同於他所為財利因緣成就上品經營遽務過於自事於他毀犯隨時正舉令其覺悟應時如理訶責擯罰彼有疢疾或有愁憂終不棄捨善權方便救療疢疾開解愁憂於諸下劣形色憶念精進智等終不輕陵於時時間隨入勞倦如其所宜為說正法於時時間為令繫念於所緣境與正教授堪忍問難不生憤發於彼戒行或等或增終無減劣亦不悕求利養恭敬具足悲愍無掉無動戒見軌則正命圓滿舒顏平視遠離嚬蹙柔和美語先言問訊含笑為先於諸善品恒常修習不行放逸離諸懈怠即以是事教習徒衆亦令自行轉更勝進菩薩不應於一切時攝取徒衆亦非不攝亦非變異是名菩薩於諸

有情攝取攝受

云何菩薩於諸有情長時攝受謂諸菩薩於住下品成熟有情攝受饒益當知說名長時攝受以經久時方堪淨故

云何菩薩於諸有情短時攝受謂諸菩薩於住中品成熟有情攝受饒益當知說名短時攝受非經久時方堪淨故

云何菩薩於諸有情最後攝受謂諸菩薩於住上品成熟有情攝受饒益當知說名最後攝受即於此生堪任淨故

是名菩薩於諸有情略有六種無倒攝受由此攝受過去未來現在菩薩於諸有情曾正攝受當正攝受現正攝受除此無有若過若增

菩薩如是於諸有情六種攝受無倒轉時當知遭遇略十二種艱難之事聰叡菩薩於彼十二艱難之事當正覺了何等十二一者於多安住違犯有情若罰若捨是名菩薩遭艱難事二者於惡有情為調伏故方便現行

辛楚加行防自意樂不生煩惱是名菩薩遭艱難事三者現可施物極為尠少現來求者其數弥多是名菩薩遭艱難事四者唯有一身衆多有情種種事業並現在前同時来請共為助伴是名菩薩遭艱難事五者居放逸處若住世間可愛妙定若生天上樂世界中令心調善是名菩薩遭艱難事六者常求遍作利有情事而於此事無力无能是名菩薩遭艱難事七者於其愚癡諂詐對強諸有情所若為說法若復棄捨是名菩薩遭艱難事八者常於生死見大過失為度有情而不棄捨是名菩薩遭艱難事九者未證清淨增上意樂多分憙忘失念命終是名菩薩遭艱難事十者未證清淨增上意樂他来求乞第一寂勝所可愛物是名菩薩遭艱難事十一者種種異見種種勝解諸有情類若別教誨若摠棄捨是名菩薩遭艱難事十二者常行寂極不放逸行而不應斷一切煩惱是名菩薩遭艱難事若諸菩薩遭遇如是諸艱難事

或於其中應觀輕重如其所應而作方便或於其中應審簡擇補特伽羅或於其中攀緣勇猛攝受因轉若散或於其中制御其心不令流發正願或於其中安住其心猛利思擇不生猒倦而自安忍或於其中而行放捨或於其中發動精進熾然无懈或於其中善巧方便而正修行菩薩如是於正對治方便善巧雖遭一切諸艱難事正現在前而無怯弱自正能免

瑜伽師地論卷第四十八

毗沙鎮隆昌寺講經律論僧洪沼願以此功德迴
處真空妙理般若菩提盡虛空遍法界六道四生
俱霑此善皆發菩提大心願滿功成上見
慈氏十方賢聖同賜證明者　　奉為先亡
祖師及義舟　義庠　義昌　義修　慧詮　又為
棄法師歸漸　并及先亡祖先亡考劉清亡妣
趙氏　助緣僧永珍　善友李昇　趙璧　王直　張
真　何万　趙詵　何修　張永　　趙頊　駱志申
貴　陳智　劉清　楊直　曹遠　蠅信　石氏、張氏
各為存亡父母
貞元二年甲戌歲三月　日　韓松　王寧　鄧景刀
僧幸信為師長父母　靈臺增壽富旅　仰依覺為佛足之十[illegible]

瑜伽師地論卷第四十八

校勘記

一　底本，金藏廣勝寺本。

一　八二四頁中四行「第十五」，徑、清無，以下品名同。

一　八二四頁中六行第八字「轉」，諸本作「轉時」。

一　八二四頁下四行末字「性」，磧、普、南、徑、清作「住」。

一　八二五頁下七行「勇躍」，資、磧、普、南、徑、清作「踊躍」。

一　八二五頁下一〇行及一五行「勇躍」，資、磧、普、南、徑、清作「踴躍」。

一　八二六頁上九行第三字「等」，資、磧、普、南、徑、清、麗作「等至」。

一　八二七頁上五行「成熟」，石、麗作「成就」。

一　八二七頁下一〇行「謀略」，資、磧、普、南、徑、清作「謀掠」。

一　八二七頁下一三行末字「善」，磧、普、徑、清作「義」。

一　八二八頁中二〇行第三字「悲」，磧、普、南、徑、清作「慧」。

一　八二八頁上七行第三字「説」，石作「謂」。

一　八二九頁上一七行第九字「起」，石作「超」。

一　八二九頁上一九行第七字「德」，石作「智」。

一　八二九頁中一五行「行圓滿」，資、磧、普、南、徑、清、麗作「行行圓滿」。

一　八二九頁中二〇行第一〇字「行」，麗作「汚」。

一　八三〇頁中一行「如來」，諸本作「如來佛」。

一　八三一頁上二二行第一二字「外」，諸本作「殊」。

一　八三一頁中一〇行第四字「行」，石、麗作「加行」。

一　八三一頁中一六行第一〇字「法」，徑、清作「智」。

一　八三一頁下一一行「入勝」，磧、普作「入勝所作」。

一　八三一頁下一二行末字至一三行首字「所作」，磧、普無。

一　八三二頁上一六行第四字「知」，石、麗作「如」。

一　八三二頁上二一行第六字「上」，諸本作「上成」。

一　八三二頁中五行第四字「三」，石、麗作「二」。

一　八三二頁下一〇行首字「中」，石作「中下」。

一　八三二頁下一八行首字及二〇行第一〇字「實」，石、麗作「肉」。

一　八三三頁上二二行末字「如」，諸本作「知」。

一　八三三頁中一九行「菩薩」，諸本作「菩薩地」。

一　八三三頁下一三行末字至一四行首字「以正」，石、麗作「正治」。

一　八三三頁下一七行「遭遇惡王」，石作「遭惡王等」。

一　八三五頁上九行第一三字「尚」，磧、普作「當」。

一　八三五頁中一〇行第八字「有」，石作「復」。

一　八三五頁中一九行第三字「美」，資、磧、普、南、徑、清作「善」。

一　八三六頁上四行第一〇字「身」，磧、普作「見」。

一　八三六頁上五行第五字「並」，石作「普」。

一　八三六頁上八行第五字「令」，磧、普作「心」。

一　八三六頁中卷末題記，諸本無。

瑜伽師地論卷第四十九　因

弥勒菩薩說

三藏法師玄奘奉　詔譯

本地分中菩薩地第十五第三持究竟瑜伽處地品第三

如前所說十三住中應知隨彼建立七地前之六種唯菩薩地第七一種菩薩如来雜立為地何等為七一種性地二勝解行地三淨勝意樂地四行正行地五決定地六決定行地七到究竟地如是七種菩薩地中最後一種名為雜地前種姓住名種性地勝解行住名勝解行地極歡喜住名淨勝意樂地增上戒住增上心住三種增上慧住有加行有功用無相住名行正行地无加行無功用无相住名決定地此地菩薩墮在第三決定中故無㝵解住名決定行地最上成滿菩薩住及如来住名到究竟地如来住地於後建立佛法品中當廣演說

問菩薩從勝解行地隨入淨勝意樂地時云何超過諸惡趣等荅是諸菩薩依止世間清淨靜慮於勝解行地已善積集菩提資粮於如前說百一十苦諸有情類修習哀愍无餘思惟由此修習為因緣故於彼色類諸有情所得哀愍意樂及悲意樂由是因緣為利惡趣諸有情故誓居惡趣如已舍宅作是誓言我若唯住如是處所能證無上正等菩提亦能忍受為除一切有情苦故一切有情諸惡趣業以淨意樂巻願自身代彼領受苦異熟果為令畢竟一切惡業永不現行一切善業常現行故心發正願彼由修習如是世間清淨靜慮悲願力故一切惡趣諸煩惱品所有麁重於自所依皆得除遣由此斷故菩薩不久獲得轉依於諸惡趣所有惡業畢竟不作於諸惡趣決定不往齊此菩薩說名超過一切惡趣亦名超過勝解行地亦名已入淨勝意樂地

如前住品所說信等能淨修治諸住十法今於此中當知亦能淨修治地如是十法所有安立所治能治略義次第皆應了知謂彼十種淨修地法

能對治彼所對治法故得安立何等為十謂一切種全未發心全未受持菩薩學處是名為信所對治法對治彼故安立於信於諸有情有損害心是名為悲所對治法對治彼故安立於悲於諸有情有瞋恚心是名為慈所對治法對治彼故安立於慈於身命財有所顧戀是名為捨所對治法對治彼故安立於捨於諸有情悕求報恩見彼邪行貪著利養多有所作是無猒倦所對治法對治彼故安立无倦無有方便善巧加行是善知論所對治法對治彼故立善知論性不柔和不於他心隨順而轉是名善知一切世間所對治法對治彼故安立善知一切世間於修善法放逸懈怠是名慚愧所對治法對治彼故安立慚愧於其長時種種猛利无間無斷生死大苦深生怯弱當知是名堅力持性所對治法對治彼故所以安立堅力持性於大師所猶豫疑惑當知是名供養如来所對治法對治彼故所以安立供養如来如是且說所治

能治安立十法云何復名如是略義謂此十法略顯二義一者顯示意樂清淨二者顯示加行清淨當知前三顯示菩薩意樂清淨其餘七種顯示菩薩加行清淨如是十法次第云何謂諸菩薩於大菩提先深淨信次於有苦諸有情類發起悲愍起悲愍時如是擐願我應拔濟一切有情令其安樂而起慈心起慈心已一切能捨於身命財無所顧戀无顧戀已即為彼義精勤加行無有猒倦无猒倦已善知諸論善知論已如世間轉即如是知知世間已若自煩惱率尒現行深生慚愧生慚愧已不隨煩惱自在而行便能獲得堅力持性由正獲得堅力持性於正加行能无退轉無量善法運運增長能於如來奉獻上妙正行供養財敬供養是故最後供養如來是名十法次第修證當知如是十種善法於一切地能淨修治

本地分中菩薩地第十五第三持究竟瑜伽處行品第四

菩薩始從勝解行地乃至最後到究

竟地於此一切菩薩地中當知略有四菩薩行何等為四一者波羅蜜多行二者菩提分法行三者神通行四者成熟有情行前說六種波羅蜜多及方便善巧波羅蜜多願波羅蜜多力波羅蜜多智波羅蜜多如是十種波羅蜜多摠名波羅蜜多行如前所說十二行相方便善巧當知說名方便善巧波羅蜜多如前所說五種大願當知名願波羅蜜多所有十力加行清淨當知名力波羅蜜多於一切法如實安立清淨妙智當知名智波羅蜜多今於此中能取勝義無分別轉清淨妙慧當知名慧波羅蜜多能取世俗有分別轉清淨妙智當知名智波羅蜜多如是名為二種差別復有異門謂无量智當知說名方便善巧波羅蜜多悕求後後智殊勝性當知名願波羅蜜多一切魔怨不壞道性當知名力波羅蜜多如實覺了所知境性當知名智波羅蜜多四念住等所有一切三十七種菩提分法四種尋思四如實智皆如前說摠名菩

薩菩提分法行如前所說威力品中菩薩所有六種神通是名神通行如前所說二種無量一所調伏界无量二調伏方便界無量及成熟品中所說一切成熟有情摠名菩薩成熟有情行如是四種菩薩妙行當知普攝一切菩薩所行善行

應知此中施等十法經三大劫阿僧企耶長時修習乃圓證故自性清淨體殊勝故過餘一切世間聲聞獨覺善根攝受最勝菩提果故如是十法最極長時乃能圓證自性最極清淨殊勝能得最極菩提妙果是故說名波羅蜜多

應知如是波羅蜜多由三因緣次第建立何等為三　由對治故二由生起故三由異熟果故云何如是波羅蜜多由對治故次第建立謂慳悋惡行於諸有情忿恨逼惱懈怠散乱闇鈍愚癡如是六法能障菩提施等六法能為對治如其所應建立六種波羅蜜多當知所餘波羅蜜多即此所攝如是名為由對治故次第建立云何

如是波羅蜜多由生起故次第建立。謂諸菩薩先於財位無所顧戀棄家諸欲受淨尸羅敬重戒故能忍他惱不惱於他受持淨戒修習忍已戒淨無動无間無斷於諸善品勤修加行如是修習勤精進故離諸放逸能觸妙善心一境性心得定故如實了知觀見一切所知境界當知是名由生起故次第建立云何如是波羅蜜多由異熟果次第建立謂諸菩薩於現法中精勤修學施等善法由是因緣於當來世獲得種種外妙珎財無不圓滿當知是施波羅蜜多因力所作獲得內五自體圓滿是餘戒等波羅蜜多因力所作云何內五自體圓滿謂善趣攝若天若人於餘有情壽等殊勝當知是名第一圓滿若有俱生於善加行常无猒倦堪忍他惱不樂惱他當知是名第二圓滿若有俱生普於一切所作事業堅固勇猛當知是名第三圓滿若有俱生性薄塵穢於其自心能自在轉心有堪能於一切義速證通慧當知是名第四圓滿

若有俱生於一切義其慧廣大聰敏攄利當知是名第五圓滿應知是名由異熟果如是六種波羅蜜多次第建立由前四種波羅蜜多資粮自性眷屬守護當知圓滿修諸菩薩增上戒學由其靜慮波羅蜜多當知圓滿修諸菩薩增上心學由其般若波羅蜜多當知圓滿修諸菩薩增上慧學過此三上更無菩薩學道可得是故此三普攝一切菩薩學道由此建立波羅蜜多唯有六種除此无有若過若增

又諸菩薩略有四種所應作事由是普攝一切所作何等為四一者為證菩提修諸善行二者由此為先達真實義三者圓證威力四者成熟有情如是四種菩薩所作當知是先所說四行如其次第所為所立是故過此更不建立有諸餘行

本地分中菩薩地第十五第三持究竟瑜伽處建立品第五之一

依如來住及依如來到究竟地諸佛世尊有百四十不共佛法謂諸如來

三十二大丈夫相八十隨好四一切種清淨十力四無所畏三念住三不護大悲无忘失法永害習氣及一切種妙智云何如來三十二種大丈夫相一者具大丈夫足善安住等案地相是大丈夫大丈夫相二者於雙足下現千輻輪轂輞衆相無不圓滿三者具大丈夫纖長指相四者足跟趺長五者手足細軟六者手足網縵七者立手摩膝八者瑿泥耶踹九者身不僂曲十者勢峯藏密十一者身相圓滿如諾瞿陁十二者常光一尋十三者身毛上靡十四者身諸毛孔一一一毛生如紺青色螺文右旋十五者身皮金色十六者身皮細滑塵垢不著十七者於其身上兩手兩足兩肩及項七處皆滿十八者其身上半如師子王十九者肩善圓滿二十者髆間充實二十一者身分洪直二十二者具四十齒皆悉齊平二十三者其齒無隙二十四者其齒鮮白二十五者頷如師子二十六者其舌廣薄若從口出普覆面輪皮髮邊際二十七

者於諸味中得最上味二十八者得大梵音言詞哀雅能悅衆意辭若羯羅頻迦之音其聲雷震猶如天鼓二十九者其目紺青三十者睫如牛王三十一者其頂上現烏瑟膩沙三十二者眉間毫相其色光白螺文右旋是大丈夫大丈夫相

云何如來八十隨好謂兩手足具二十指及以節爪並皆殊妙是即名為二十隨好兩手兩足表裏八處手四足四並皆殊妙是即名為八種隨好兩踝腂股六處殊妙是即名為六種隨好兩髀肘腕六處殊妙是即名為六種隨好胷縫殊妙各一隨好兩核殊妙為二隨好陰藏殊妙為一隨好兩臀殊妙為二隨好臆臚臍三並皆殊妙各一隨好兩脇腋乳並皆殊妙為六隨好腹背項脊各一隨好如是所說除頸已上於下身分六十隨好上下齒鬚並皆殊妙為二隨好齗腭殊妙為一隨好兩脣眷屬並皆殊妙為二隨好頤善圓滿為一隨好兩頰圓滿善安其所為二隨好兩目眷屬

並皆殊妙為二隨好兩眉殊妙為二隨好其鼻二孔並皆殊妙為二隨好其額殊妙為一隨好角蹟兩耳並皆殊妙為四隨好頭髮殊妙為一隨好如是所說從頸已上二十隨好前有六十後有二十摠合說為八十隨好如是諸相及諸隨好若諸菩薩始入淨勝意樂地時已得異熟從此已上諸相隨好展轉獲得殊勝清淨當知乃至坐菩提座方乃證得其餘所有四一切種妙清淨等不共佛法善淨圓滿若下劣者先菩薩時亦已成就始從清淨勝意樂地一切所有菩提資粮無有差別能感一切相及隨好又此一切菩提資粮略有二種謂去菩提若遠若近此中遠者謂未獲得諸相隨好異熟果時所言近者謂初獲得諸相隨好異熟果時或從此上展轉獲得殊勝清淨

又薄伽梵由所化力為衆宣說造種種業感得如是相隨好果何以故所化有情於其種種惡業現行深生憙樂如是種種現行惡業是所對治感

相隨好種種善業是能對治彼聞如是種種殊勝大果勝利便於如是大果勝利深生愛樂由是因緣當離諸惡當修諸善是故為說廣如諸相素呾纜說謂諸菩薩於戒禁忍及惠捨中善安住故感得足下善安住相於其父母種種供養於諸有情諸苦惱事種種救護由往來等動轉業故感得足下千輻輪相於他有情遠離損害及不與取於諸尊長先語省問恭敬礼拜合掌起迎修和敬業於他有情深心所喜所愛財位不令乏短及能摧伏自憍慢故感大丈夫纖長指相即上所說感三相業摠能感得足跟趺長是前三相所依止故由四攝事攝諸尊長是故感得手足網縵奉施尊長塗身按摩沐浴衣服是故感得手足細軟修諸善法不生喜足令諸善法展轉增長是故感得立手摩膝自於正法如實攝受令得究竟廣為他說及正為他善作給使是故感得瑿泥耶蹲於其正法漸次等顯續索轉故於身語意種種惡業皆能止

息於疾病者畢屈瞻侍給施良藥病力羸頓能正策舉飲食知量於諸欲中曾不伍下是故感得身不僂曲於被他損無依有情以法以正慈悲攝受修習慚愧施他衣服是故感得勢峯藏密於身語意能自防禁於自攝受及諸飲食皆善知量施病醫藥於不平等事業攝受及不平等所受用中皆不隨轉於界手違能令隨順是故感得身相圓滿如諾瞿陁由業感得立手摩膝即能感得身毛上分自善觀察親近明智能思微義尊所居處能淨修治敷舉沐浴唯一住故依一支故入微義故草薬等穢能蠲除故又能除去客塵垢故感身毛孔一一毛生如紺青色螺文右旋能施悅意發喜飲食騎乘衣服莊嚴具等資身什物離諸忿恚是故感得身皮金色常光一尋由此業感身諸毛孔一一毛生當知即此復能感得身皮細滑塵垢不著以其廣多上妙清淨肴饌飲食惠施大衆皆令充足由此感得於其身上七處皆滿於諸有情隨

所生起如法所作能為上首而作助伴離於我慢無諸獷悷能為有情遮止無利安立有利由此感得其身上半如師子王於一切事稟性勇決如師子故即由此業當知復感肩善圓滿髆間充實由此業感纖長指相復即感得身分洪直遠離一切破壞親支離間語言若諸有情已乖離者能令和合由此感得具四十齒皆悉齊平其齒無隙修欲界慈思惟法義由此感得其齒鮮白若諸有情有所怖畏隨其所樂正捨珍財由此感得頷如師子視諸有情猶如己子愛念救護淨信哀愍給施醫藥澄淨無穢由此感得於諸味中得最上味施法味故常法味故能淨修治變壞味故於離煞等五種學處能自受護亦勸他受修悲心故於大法受能正行故由此感得其頂上現烏瑟膩沙其舌廣薄普覆面輪常修諦語愛語時語及以法語由是因緣得大梵音言詞哀雅能悅衆意辭若羯羅頻迦之音其聲雷震猶如天鼓普於世間恒常修

習慈心悲哀如父如母由此感得其目紺青睫如牛王於有德者如實讃歎稱揚其美由此感得眉間毫相其色光白螺文右旋如是一切三十二種大丈夫相無有差別當知皆用淨戒為因而能感得何以故若諸菩薩毀犯淨戒尚不能得下賤人身何況能感大丈夫相當知此中其頂上現烏瑟膩沙及以如來無見頂相合立一種大丈夫相離此更無別可得故如是且說能感相似三十二相種種業因廣建立已

復次略說在家出家二分菩薩所有四種善修事業當知能感一切相好謂於此中決定修作能感足下善安住相委悉修作能感足下千輻輪相立手摩膝手足網縵身皮細滑於其身上七處皆滿肩善圓滿髆間充實身分洪直其舌廣薄恒常修作感纖長指足跟趺長身不僂曲其身圓滿如諾瞿陁其齒無隙無罪修作能感餘相當知此中於諸有情無損加行由此能感手足細軟身皮細滑於諸

善中次第加行應時加行由此感得瑿泥耶蹲深生歡喜極光淨心現行諸善由此感得常光一尋身皮金色其齒鮮白眉間白毫不依擁譽聲頌修善覆藏已德由此能感勢峯藏密所修善根迴向菩提由此感得身毛上靡具四十齒皆悉齊平於諸味中得最上味其頂上現烏瑟膩沙修善無猒無劣加行由此感得其身上分如師子王頷如師子於諸有情以利益心平等瞻視得齒齊平目紺青色睫如牛王於下劣善不生喜足起勝加行由此因緣得大梵音言詞哀雅能悅衆意譬若羯羅頻迦之音其聲雷震猶如天鼓如是四種善修事業能得菩薩三十二種大丈夫相殊勝清淨

當知如是三十二種大丈夫相八十隨好菩薩若在種性地中唯有種子依身而住菩薩若在勝解行地始能修彼能得方便菩薩若在清淨增上意樂地中乃名為得菩薩若在諸餘上地如是相好轉勝清淨若在如來

到究竟地當知相好善淨無上

如是諸相是有色故劣中勝品諸有情類易了知故雖有一切不共佛法皆得名為大丈夫相唯立此為大丈夫相又即如是三十二種大丈夫相由所依性能任持故由極殊妙令端嚴故說名隨好

又於此中以要言之一切有情福聚量等尒所福聚能感如來一毛孔處乃至一切所有毛孔隨入福聚尒所福聚能感如來一種隨好乃至一切所有隨好隨入福聚增至百倍尒所福聚能感如來相中一相乃至一切所有諸相隨入福聚除白毫相烏瑟膩沙增至千倍尒所福聚能感如來眉間白毫乃至白毫隨入福聚增至百千倍尒所福聚能感如來其頂上現烏瑟膩沙無見頂相乃至白毫隨入福聚增至俱胝百千倍數尒所福聚能感如來諸相隨好所不攝餘大法螺相由此法螺隨如來欲發大音聲普能遍告無邊無際諸世界中所化有情如是無量福德資糧修證圓

滿能感如來不可思議無上無等遍一切種最極圓滿所攝自體又此能感諸相隨好無量善業當知略由三因緣故說名無量謂經於三無數大劫無間修習乃圓證故名時無量於諸有情無量利益安樂意樂增上緣力所集成故名為妙善意樂無量無量善業差別品類所集成故名品無量故言無量福德資糧修習圓證能起如來諸相隨好云何如來四一切種清淨一者一切種所依清淨二者一切種所緣清淨三者一切種心清淨四者一切種智清淨云何一切種所依清淨謂一切煩惱品麁重并諸習氣於自所依無餘永滅又於自體如自所欲取住捨中自在而轉是名一切種所依清淨云何一切種所緣清淨謂於種種若化若變若所顯現一切所緣皆自在轉是名一切種所緣清淨云何一切種心清淨謂如前說一切心麁重永滅離故又於心中一切種善根皆積集故是名一切種心清淨云何一切種智清淨謂如前

說一切無明品麁重永滅離故又遍一切所知境中智無障导智自在轉是名一切種智清淨

云何如來十力一者處非處智力二者自業智力三者靜慮解脫等持等至智力四者根勝劣智力五者種種勝解智力六者種種界智力七者遍趣行智力八者宿住隨念智力九者死生智力十者漏盡智力如是十種如來智力當知廣如十力經說

當知此中諸有所言所說所宣一切如實皆無虛妄故名如來淨不淨果非不平等如實轉因是名為處亦名建立亦名為依亦名為起淨不淨果不平等因與上相違是名非處遠離一切增上慢智說名如實若一切智若無滯智若清淨智當知說名遠離一切增上慢智如是一切智等諸句當知如前最極無上菩提品說數之次第最居其首故名第一以無上故與一切種饒益一切有情功能具相應故畢竟勝伏一切魔怨大威力故說名為力攝受如實圓證因故如其

所欲皆能現行自在轉故說名成就最上涅槃以無上故說名為大八支聖道所證得故遠離一切災患畏故名仙尊位能自了知自所證故說名自知既自證已由哀愍心廣為有情等開示故名轉梵輪何以故謂諸如來有是增語說名為梵名為寂靜亦名清涼最初能轉從此已後餘復為餘如是展轉梵所推運周旋一切有情衆中故名梵輪自顯墮在最上施設無上大師圓滿攝故能說彼道對治一切餘邪道故於道怨蔽異論現前無怯弱故為欲勝伏一切他論宣揚廣大無上論故名大衆中正師子吼以要言之當知此中顯發辯了施設開示自利行滿利他行滿自利利他圓滿不共復有異門此中略義謂所應得得勝方便此勝方便一切衆會隨所樂欲或天或人一切皆從我所獲得此勝方便如病除愈當知此顯自知已得大安隱處如彼疾病除愈方便當知此顯轉於梵輪如遮一切邪醫自稱顯已決定能愈衆疾當

知此顯於大衆中正師子吼

若有諸業已作已增已滅名為過去若有諸業非是已作已增已滅亦非正作而是當作名為未來若有諸業非是已作已增已滅而是正作正造正為名為現在如是諸業品類差別復有三種所謂身業語業意業法受分別復有四種如前廣說謂有法受諸業現法當來有益無益加行差別得現世樂後苦異熟乃至廣說又此如應當知若所造業依此方所是名為處若所造業以有情數非有情數為所依事是名為事若所造業以不善根或以善根為因緣起是名為因若所造業感愛非愛過失功德相應諸果是名異熟如是略說一切時分一切品類一切分位加行差別一切方所一切依處一切因緣一切過患及與功德於此一切種類差別皆如實知是名如來自業智力除此無有若過若增

有四靜慮有八解脫即由如是靜慮解脫心有堪能心得自在隨所樂事

皆能成辦若隨彼彼色類差別三摩地相而入定時當知說名等持等至如說世尊隨此色類三摩地相而入定時如其定心大光普照一切梵世妙音說法但聞其聲都無所見乃至廣說如是如來隨欲顯示彼彼事義或共世間不共世間隨此色類三摩地相而入定時速疾能辦當知此中即由靜慮解脫勢力心得自在心自在故依止於心隨所樂事一切成辦齊此名為修靜慮者一切所作除此無有若過若增如來於此靜慮所作一切種類皆如實知是故唯說靜慮解脫等持等至又若略說此靜慮等有二雜染一者為得所未得中障㝵雜染謂無方便善巧加行及以諸蓋隨一現行二者已得所應得中自地雜染謂煩惱纏及以隨眠如是清淨復有四種與上相違應知其相又即如是諸靜慮等種種引發假立名字隨其色類如應安立是名建立又即如是諸靜慮等具證得已後更勝進修習圓滿得隨所欲得無艱難得無

梗澁是名清淨如來於此如其未得如其已得於所得中若劣若勝若彼假名若彼所有增進邊際如是一切皆如實知故說如來普於一切靜慮解脫等持等至得無上智

如所成熟修證圓滿信等五根成軟中上當知是名諸根勝劣若從他信以為其先或觀諸法以為其先成軟中上愛樂印解當知是名種種勝解若廣建立種種種性或諸聲聞所有種性或諸獨覺所有種性或諸如來所有種姓或有種種不定種性或貪等行差別道理乃至有情八十千行當知此中名種種界若即如是諸趣入門隨順正行如貪行者修不淨觀如聲聞地已廣宣說當知此等名遍趣行復有異門謂趣一切五趣之行當知此等名遍趣行復有異門謂依種種黨類差別更互相違各各異見異欲諍論互相違背諸外道類即諸沙門或婆羅門所有諸行或餘一切品類差別此世他世無罪趣行當知此等名遍趣行如迦羅摩經等廣說

若於種種有情衆中謂於東方南西北方種種名字假設安立品類差別隨先過去所有自體八言說句差別類中隨念六種略所行行有無量種宿住隨念何等名為八言說句謂如是名如是生類如是種姓如是飲食如是領受苦樂差別如是長壽如是久住如是所有壽量邊際何等名為隨言說句六種略行一者呼召假名二者刹帝利等色類差別三者父母差別四者飲食方軌五者興盛衰損六者壽量差別由諸世間依憑如是八言說句六種略行於自於他起言起說此是我名此是彼名我是刹帝利彼是刹帝利我是婆羅門吠舍戍達羅彼是婆羅門吠舍戍達羅此是我母此是彼母如說其母父亦如是我食如是色類飲食所謂酪漿羹飯糜等彼食如是色類飲食乃至廣說我有如是色類興衰差別而轉彼有如是色類興衰差別而轉我住如是色類年齒所謂或少或中或老彼住如是色類年齒乃至廣說唯有尒所隨

先過去所有自體八言說句差別類中六種略行過此無有餘言說句及以略行是故唯於如是品類發起隨念更無有增即於此中若言說行所有行相若言說句所有摽說及即於此隨起憶念是故說言并相并說皆能隨念

此中靜慮說名天住眼依彼故是彼果故彼攝受故名為天眼是極圓滿是善清淨靜慮果故名極清淨於其人中所有名字皆不相似是故說言超過於人欲界天中亦有生得名相似轉清淨天眼人中亦無諸有情類臨欲終沒名為死時住在中有名為生時趣黑闇者由二種相起如是類意生中有如黑糯光及陰闇夜故名惡色趣明白者由二種相起如是類意生中有如晴明夜及婆羅痆斯極鮮白衣故名好色諸惡色者說名為劣諸好色者說名為妙諸下劣者名往惡趣諸勝妙者名往善趣所有壞戒及彼等起說名成就諸身語意三種惡行有二邪見謂壞見者所成邪

見誹謗一切及住彼意異品類者所成邪見誹謗賢聖如是皆名謗賢聖者由邪見故計著邪因及以邪果由此為緣造作邪業造邪業故所有法受或現受樂於當來世受苦異熟或現受苦於當来世受苦異熟是故復說起諸邪見業法受因彼雖成就其餘所有種種善法而但由此往於惡趣是故說言由此因緣名色二種更互乖離故名身壞一切死中如是死者最極下劣故名極死為欲開示那落迦想是故說言墮險惡趣為欲開示自性體事是故復須說那落迦由非法行不平等行往趣於彼故名為險於此趣中觸諸苦觸長時種種猛利無間受諸苦惱平等出現故名惡趣墮下分故大深坑故難救拔故甚可悲故極下賤故以大綺言常悲愍故說名為墮由能發起上品猒離是故唯說墮那落迦當知此中若由此生若得生已受諸苦惱若受苦已復起所餘自業所作種種衆苦如是一切由此諸想之所顯示與匕相違隨

其所應一切白品皆當了知此差別者善行為先所有諸趣名為善趣受極樂故名樂世界

一切諸漏所有隨眠無餘永斷逮得能治勝無漏心勝無漏慧是其最勝增上心攝增上慧攝由漏盡故說名無漏心慧解脫即此心慧二種解脫於最後有說名內證第六神通由依見道及依修道內所證故既自證已如實了知隨其所欲能為他說是故說言於現法中自證通慧具足聞覺我生盡等諸句差別廣說如後攝異門分應知其相

瑜伽師地論卷第四十九

丙午歲高麗國大藏都監奉
勑雕造

瑜伽師地論卷第四十九

校勘記

一　底本，麗藏本。

一　八三八頁上四行「第十五」，徑、清無，以下品名同。

一　八三九頁中一八行第九字「後」，資、磧、普、南、徑、清作「後地」。

一　八三九頁下一六行第七字「由」，諸本作「一由」。

一　八四〇頁上五行「無斷」，清作「無所」。

一　八四〇頁中一行末字「敏」，資、磧、普作「愍」。

一　八四〇頁中末行第一二字「諸」，資、磧、普、南、徑、清無。

一　八四〇頁下一三行第六字「靡」，資、磧、普、南、徑、清作「分」。

一　八四〇頁下末行「皮髮邊際」，石作「至耳髮際」；資、磧、普、南、徑、清作「及髮邊際」。

一　八四一頁上九行第七字「並」，資、磧、普、南、徑、清作「普」。

一　八四一頁上一七行第一一字「並」，石作「普」。

一　八四一頁中二一行末字「所」，磧、普、南、徑、清作「中」。

一　八四二頁上四行第二字「他」，資、磧、普、南、徑、清作「訶」。

一　八四二頁上一四行「一支」，資、普、南、徑、清作「一友」。

一　八四二頁中一七行第一〇字「受」，石作「愛」。

一　八四二頁中二二行第六字「譬」，資、磧、普、南、徑、清無。

一　八四二頁下一行「如父如母」，資、磧、普、南、徑、清作「猶如父母」。

一　八四三頁上七行第二字「靡」，石、資、磧、南、徑、清作「分」。

一　八四三頁中六行「任持」，資、磧、普、南、徑、清作「住持」。

一　八四三頁下一〇行首字「起」，磧、普、清作「超」。

一　八四四頁上一九行第一二字「說」，諸本作「記」。

一　八四四頁中七行「名爲」，諸本作「亦名」。

一　八四四頁中一〇行末字至一一行第三字「施設無上」，資、磧、普、南、徑、清無。

一　八四四頁中一八行第四字「得」，資、磧、普、南、徑、清無。

一　八四四頁中末行「衆疾」，石作「衆疾病苦」。

一　八四五頁中九行第四字「印」，資、磧、普、南、徑、清作「即」。

一　八四五頁下一八行第一一字「桊」，石作「醬」。

一　八四六頁上八行第八字「住」，磧、普、南、徑、清作「依」。

一　八四六頁上一六行第一〇字「陰」，石作「霒」。

一　八四六頁中六行第九字「苦」，資、磧、普、南、徑、清作「苦於當來世受苦」。

瑜伽師地論卷第五十　　因

彌勒菩薩說

三藏法師玄奘奉　詔譯

本地分中菩薩地第十五第三持究竟瑜伽處建立品第五之二

如是别釋佛十力已今當揔辯嗢柁南曰

自性與分别　不共亦平等　作業及次第

差别最為後

如是所說如來十力所有自性應當了知所有分别應當了知所有不共應當了知所有平等應當了知所有作業應當了知所有次第應當了知所有差别應當了知由是七相應知如來十力略義

云何如來十力自性謂揔五根為其自性由慧勝故且說十力慧為自性所以但言處非處智力不言信力不言餘力如處非處智力如是餘力當知亦尒是名如來十力自性

云何如來十力分别謂若略說由三分别當知無量一者由時分分别謂於墮在過去未來及現在世一切所知隨悟入故二者由品類分别謂於一一諸有為事自相共相一切行相隨悟入故三者由相續分别謂於十方一切有情界各各差别一切相續一切事義隨悟入故即由如是三種分别如來十力當知無量是名如來十力分别

云何如來十力不共謂唯如來有此十力不共一切聲聞獨覺是名如來十力不共

云何如來十力平等謂此十力一切如來悉皆平等具足成就故說平等無有差别若就如來多所安住是則如來如是十力展轉差别謂餘如來多住餘力其餘如來復住餘力是名如來十力平等

云何如來十力作業謂如來所有處非處智力於諸因中如實知因於諸果中如實知果及能降伏無因惡因種種諍論一切沙門婆羅門等如來所有自業智力於自所作受用果業如實了知及能降伏施福移轉種種

諍論一切沙門婆羅門等如來所有靜慮解脫等持等至智力能現三種神變無倒教授所化有情及能降伏安住種種相違異品怨害諍論一切沙門婆羅門等如來所有根勝劣智力於諸有情軟中上根部分差別如實了知及能於彼如應如宜為說正法如來所有種種勝解智力於諸有情軟中上品淨與不淨勝解差別如實了知其淨勝解令漸增長不淨勝解令漸捨離如來所有種種界智力於諸有情劣中妙界部分差別如實了知於諸有情能如其根如其意樂如其隨眠依於彼彼趣入門中無倒教授如應安立此中如來為諸聲聞依於彼彼趣入門中與正教授如聲聞地盡一切種無間宣說顯發辯了施設開示云何如來教授一切始業初業等持資糧攝受安住欲住其心諸菩薩衆令心得住謂諸如來為無諂曲恭敬愛重等持資糧始業初業諸菩薩衆最初施設無倒教授如是告言善男子來汝當安處遠離臥具

獨一無二於內寂靜如理思惟汝之父母所為立名或汝親教軌範師等所為立名如是思惟我今為有離六處法自性真實或內或外或兩中間於此有中如是名想施設假立言說轉耶汝既如是正思惟已當於此法都無所得唯當如是如實了知但於客法有客想轉汝善男子若於尒時於自己名唯有客想已生已得復應在內如理思惟於汝眼中所有制立眼名眼想眼假施設如是思惟我此眼中唯二可得謂此制立眼名眼想眼假施設及此唯事於中假立名想施設除此無有若過若增於此眼中所有制立眼名眼想眼假施設且非是眼此唯有事於中假立眼名想等當知自性亦非是眼何以故非於此中遠離所立眼名眼想眼假施設少有眼覺而能轉故若有此事體是真實稱名所說不應於中更待眼名方有如是眼覺而轉唯應自性不由聽聞不由分別彼所立名但於此事有眼覺轉然無如是不待名言覺轉可

得是故此中唯於客法而有其客眼名眼想眼假施設汝既如是於其內眼如理思惟復於眼想唯有客想當生當得如於其眼如是於耳鼻舌身等廣說乃至見聞覺知已得已求若已作意隨尋隨伺以要言之普於一切諸法想中唯有客想當生當得如是汝於自己身中所有假想能盡除遣勤加行道當正攝受廣說乃至一切法中所有假想能盡除遣勤加行道當正攝受汝由如是一切所知善觀察覺普於一切諸法想中起唯客想於一切法所有一切戲論之想數數除遣以無分別無相之心唯取義轉於此事中多修習住汝若如是當依如來妙智清淨等持種性獲得無倒心一境性如是汝等若於不淨作意思惟於此作意勿當捨離若於慈愍若於緣性緣起若於界差別若於阿那波那念若於初靜慮廣說乃至若於非想非非想處無量菩薩靜慮神通等持等至作意思惟於此作意勿當捨離汝若如是修此菩薩無倒

作意漸次乃至當得無上正等菩提究竟出離當知是名一切菩薩遍趣正行過去如來亦為始業諸菩薩衆已正施設如是教授未來如來亦為始業諸菩薩衆當正施設如是教授現在如來亦為始業諸菩薩衆現正施設如是教授諸聲聞等於此作意勤修習時亦能速疾得勝通慧若能於此無倒作意如實通達便能獲得諸法現觀如來所有遍趣行智力於一切若能出離行不出離行如實了知及令捨離不出離行能正授與能出離行如來所有宿住隨念智力於其前際本事本生數數念已為令所化諸有情類心生猒離心生淨信正為宣說及能降伏執著常論一切沙門婆羅門等如來所有死生智力於諸弟子過往還謝當所受生能正記莂及能降伏執著斷論一切沙門婆羅門等如來所有漏盡智力於自解脫無惑無疑及能降伏於阿羅漢起增上慢一切沙門婆羅門等是名如來十力作業

云何如來十力次第謂諸如來於其無上正等菩提初證得時即便頓得一切十力頓證得已後時次第方現在前謂諸如來初成佛時先起處非處智力觀察諸法建立一切無倒因果既觀察已次起自業智力若有希求即於欲界同分界中可愛殊勝異熟果者方便為說令其遠離諸不善業令其現行所有善業次起靜慮解脫等持等至智力若諸有情希求世間離欲法者與其教授令彼趣向世間離欲令彼獲得如實之道次起所餘如來七力若諸有情希求出世離欲法者如應為說趣出世間離欲之道謂於此中先起根勝劣智力如實觀察希求出世離欲者根次起種種勝解智力如實觀察彼根為先所有意樂次起種種界智力如實觀察意樂為先所有隨眠如是了知彼根意樂及隨眠已次起遍趣行智力如其所應令於所緣趣入門中而得趣入次起宿住隨念智力及死生智力彼由如應所緣趣入門加行攝住心已淨修行已為說中道令其遠離薩迦耶見以為根本常斷邊執為令永斷一切煩惱從此後起漏盡智力若有如是正修方便奢摩他力之所任持雖未永斷一切煩惱而由獲得不現行故起不作作增上慢者令其捨離此增上慢是名十力一門次第復有異門十力次第謂諸如來於其無上正等菩提初證得時最初發起處非處智力令現在前普於一切緣生法中觀察最勝妙法住智即依如是妙法住智次起自業智力觀在家分由彼彼業種種差別依在家分曾當現時修證差別如是觀察在家分已次起靜慮解脫等持等至智力觀出家分謂於如是出家分中為有能說出苦離苦正道者耶為無有耶如是觀已正知都無觀諸世間無有救護無所歸依由大悲故以其佛眼如實觀照一切世間既觀照已次起根勝劣智力現前了知住在世間種種有情生在世間長在世間或有鈍根或有中根或有利根現前知已便於說法

其心趣入次後如前一切所餘種種勝解智力等事次第應知是第二門十力次第復有異門十力次第謂諸如來於其無上正等菩提初證得時寂初發起處非處智力令現在前觀察一切緣生法界次起自業智力即於如是緣生法中觀察假立有情名想諸有情界如是有情自造如是色類諸業還受如是色類諸果如實觀察如是法界有情界已次起靜慮解脫等持等至智力即為如是諸有情類解脫苦故示現三種無倒神變而教授之既教授已次起餘力如前次第知根等已於其正道令趣入已然後方便令彼有情解脫衆苦是第三門十力次第

云何如來十力差別謂此十力展轉相望亦有差別亦無差別處非處智力等與自業智力等有何差別若正了知善不善業能感所有愛非愛果當知此由處非處智力故若正了知諸有能造善不善業即彼能受愛非愛果而非所餘當知此由自業智力

故若正了知諸有能修靜慮解脫等持等至即彼能入靜慮等定而非所餘當知此由自業智力故若正了知即依如是靜慮等定現三神變無倒教授所化有情當知此由靜慮解脫等持等至智力故若正照取信等俱生相應之心當知此由靜慮解脫等持等至智力故若正分別即彼諸根軟中上品種種差別當知此由根勝劣智力故若正照取諸根為先彼彼法中種種意樂當知此由根勝劣智力故若正分別即彼意樂種種差別當知此由種種勝解智力故即彼意樂當知分別略有六種一者不出離意樂謂於各別大自在天那羅延天梵世間等起信解者所有意樂二者出離意樂謂於三乘起信解者所有意樂三者遠清淨意樂謂安住下品中品成熟者所有意樂四者近清淨意樂謂安住上品成熟者所有意樂五者即於現法得涅槃意樂謂由聲聞乘所得涅槃起信解者所有意樂六者於當來世得涅槃意樂謂由大乘

所得涅槃起信解者所有意樂若正照取勝解所起相似種子當知此由種種勝解智力故若正照取即彼種子差別分別無量品類當知此由種種界智力故又即彼界當知分別略有四種一者本性住種子二者先習起種子三者可修治種子謂有般涅槃法者所有種子四者不可修治種子謂無般涅槃法者所有種子若正了知如界種類行跡趣入當知此由種種界智力故若正分別即彼行跡一切品類如是行跡能令雜染如是行跡能令畢竟清淨如是行跡能令不畢竟清淨當知此由遍趣行智力故若如實知前際隨念一切趣因前際俱行當知此由遍趣行智力故若正了知如前分別種種隨順八言說句六種略行當知此由宿住隨念智力故若正了知依於前際有情死生當知此由宿住隨念智力故若正觀見後際種種有情死生當知此由死生智力故若正了知於自事義未得究竟有情後際受生相續當知此由

死生智力故若正了知於自事義已得究竟心善解脫於現法中證得涅槃當知此由漏盡智力故當知是名如来十力展轉相望亦有差别亦無差别

如来所有四無畏文如契經說應知其相謂諸如来於其四處在大衆中而自稱歎謂所知障永解脫故於一切種一切法中現等正覺不共聲聞是第一處諸煩惱障永解脫故證得漏盡共諸聲聞是第二處為求解脫諸有情類超過衆苦說出離道是第三處即於能出道得為导說諸障法應當遠離是第四處如来既於如是四處如其實義自稱歎已次後他於自所稱歎前之二處所有相違身語意業而興謗難復於後二自稱歎處所有相違前後乖反墮非理相而興謗難謂於世間有眼見者無眼見者有他心智者無他心智者如来於此自稱歎處能為對治諸謗難中都不見有如實因相由是因緣於此四處能自了知坦然無畏心無怯劣無所

疑慮都無驚懼又佛大師唯有尒所正應稱歎謂自利行及利他行俱善圓滿當知此中前二稱歎自利行滿後二稱歎利他行滿此中如来若自稱歎於一切法現等覺故成正等覺當知正為等趣大乘諸菩薩故若自稱歎一切漏盡當知正為等趣聲聞及獨覺乘諸有情故若復稱歎能出離道及諸障法當知俱為等趣諸乘諸有情故如是如来所說經句謂我為諸菩薩聲聞說出離道乃至廣說諸結集者於所結集聲聞藏中除菩薩言於所結集菩薩藏中但唯誦此菩薩之言如来所有三念住文如契經說應知其相謂諸如来於其長夜有如是欲如何當令諸有情類於我善說法毗奈耶無倒行中如實隨住如是長夜欲樂法主化御衆時若所希欲或遂不遂不生雜染由三念住略所顯故此三念住復由三衆差别建立云何三衆若彼一切一向正行是第一衆若彼一切一向邪行是第二衆若彼衆中一分正行一分邪行

是第三衆

如来所有三不護文如契經說應知其相謂諸如来以要言之於一切種鄙惡所作覆藏永斷由三不護之所顯示諸阿羅漢由忘念故於時時間片有無記鄙惡所作如来於此一切一切皆無所有是故如来於諸弟子如所立要即如自性切切誡勗顯顯呵擯時復現行寧尒敦逼於諸弟子無所防慮所謂勿彼共住多時知我所行三業不淨因於前事意懷不悅由斯不順乃事乖違或面譏我或向他說

當知如来所有大悲一切種相皆悉如前供養親近無量品說當知如是如来大悲無量無上

云何如来無忘失法謂諸如来常隨記念若事若處若如若時有所為作如来即於此事此處如此時皆正隨念是名如来無忘失法所謂如来普於一切所作事業普於一切方處差別普於一切所作方便普於一切時分差別念無忘失常住正念當知

是名無忘失法

云何如來永害習氣謂諸如來或於動轉或於瞻視或於言論或於安住似有煩惱所起作業多不現行是名如來永害習氣諸阿羅漢雖斷煩惱而於動轉瞻視言論及安住中而有種種似有煩惱所起作業

云何如來一切種妙智謂諸如來以要言之於三聚法現等正覺何等為三一者能引有義聚法二者能引無義聚法三者非能引有義聚法非能引無義聚法當知此中若諸如來或於能引無義聚法或於非能引有義聚法非能引無義聚法摠於如是一切法中無顛倒智是名如來一切種智若諸如來於其能引有義聚法一切法中無顛倒智當知是名如來妙智即於此中若一切種智若妙智摠合為一名一切種妙智

如是一切摠名如來百四十種不共佛法即於此中諸相隨好在菩薩位㝡後有中皆已證得極善清淨若時菩薩坐菩提座住㝡後有於菩薩道

菩提資粮極善圓滿尒時無師脩三十七菩提分法得一剎那名無障㝵智三摩地是其菩薩學道所攝金剛喻定從此無間第二剎那頓得其餘不共佛法謂如來十力為初一切種妙智為後皆極清淨悉為無上由得此故普於一切所知境界無滯無障㝡極清淨無垢智轉依暫發悟思惟圓滿意轉圓滿超過一切菩薩行菩薩地證入一切如來行如來地一切在實所知障品所有麤重無餘斷故得勝轉依如是轉依㝡為無上其餘一切乃至㝡上成滿住中菩薩轉依當知有上

問一切安住到究竟地菩薩智等如來智等云何應知此二差別荅如明眼人隔於輕縠覩衆色像一切安住到究竟地菩薩妙智於一切境當知亦尒如明眼人無所障隔覩衆色像如來妙智於一切境當知亦尒如畫事業圓布衆綵唯後妙色未淨脩治到究竟地菩薩妙智當知亦尒如畫事業圓布衆綵㝡後妙色已淨脩治

如來妙智當知亦尒如明眼人於微闇中覩見衆色到究竟地菩薩妙智當知亦尒如明眼人離一切闇覩見衆色如來妙智當知亦尒如明眼人遠覩衆色到究竟地菩薩妙智當知亦尒如明眼人近覩衆色如來妙智當知亦尒如輕瞖眼覩視衆色到究竟地菩薩妙智當知亦尒如極淨眼覩視衆色如來妙智當知亦尒如處胎身到究竟地諸菩薩身當知亦尒如出胎身諸如來身當知亦尒如阿羅漢夢中心行到究竟地菩薩心行當知亦尒如阿羅漢覺時心行如來心行當知亦尒如昧燈體到究竟地菩薩智體當知亦尒如明燈體如來智體當知亦尒是故當知一切安住到究竟地諸菩薩衆與諸如來妙智身心有大差別

如是如來證菩提已遍於十方一切佛土普能施作一切佛事云何名為一切佛事謂諸如來如來事業如來所作略有十種如是一一如來事業如來所作能成無量利有情事此外

無有若過若增何等為十謂諸如來最初自現大丈夫身欲令有情心發淨信大丈夫身於生淨信為最勝故是名如來第一作事如是作事諸相隨好所能成辦又諸如來普為一切有情之類起一切種教授加行是名如來第二作事如是作事由一切種清淨所能成辦又諸如來能作一切利有情事能斷一切所生疑惑是名如來第三作事如是作事如來十力所能成辦由前所說如來十力於能成辦一切有情一切義利有堪能故又於如來所證十力所興問難唯有如來能知能見能解能了唯有如來於彼問難能正荅故又諸如來普能降伏一切他論普能成立一切自論是名如來第四作事如是作事四無所畏所能成辦又諸如來所化有情於佛教勅若正安住不正安住如來於彼心無雜染是名如來第五作事如是作事三種念住所能成辦又諸如來如自所言即如是作是名如來第六作事如是作事三種不護所能

成辦又諸如來常以佛眼於晝夜分遍觀世間是名如來第七作事如是作事如來大悲所能成辦又諸如來攝於一切一切作事皆無退捨是名如來第八作事如是作事無忘失法所能成辦又諸如來所行儀軌如實隨轉無越作用是名如來第九作事如是作事永害習氣所能成辦又諸如來於其能引無義聚法於不能引有義聚法亦不能引無義聚法簡擇捨離於其能引有義聚法為衆宣說開示顯發是名如來第十作事如是作事一切種妙智所能成辦如是如來由前所說百四十種不共佛法能作如來一切所作一切佛事如是佛事若廣分別不易可數乃至俱胝那庾多百千大劫說不能盡

如是所說諸如來住諸如來地名為建立何以故依此住此希求品類諸菩薩衆於菩薩學能正修學亦依住此而有所證即依住此普能成辦一切有情一切義利是故說此名為建立又此一切所說佛法於利他事最

為隨順一切如來是利他事之所顯現聲聞獨覺則不如是是故說名不共佛法又於如是諸佛法中自有佛法聲聞獨覺一切一切皆所不得所謂大悲無忘失法永害習氣一切種妙智自有佛法雖分似得而一切種皆不圓滿如來於彼一切一切悉皆證得於一切種無不圓滿最極超過最極殊妙是故皆說名為不共當知此中獨一有義是不共義如是圓滿顯示一切菩薩學道及學道果名菩薩地具說一切菩薩學道及學道果一切種教實依處故又此菩薩地亦名菩薩藏摩怛理迦亦名攝大乘亦名開示壞不壞路亦名無障智淨根本若諸所有天人世間或天或人若諸沙門婆羅門等於此所說菩薩地中起堅信解樂聞受持精勤修學廣為他說下至書持供養恭敬深心愛重所得福聚以要言之如薄伽梵於菩薩藏所攝一切微妙經典樂聞等業宣說顯了分別施設開示稱讚所獲福聚等無有異何以故此菩薩地顯

示一切菩薩藏中略攝廣釋諸門攝故於此地中能廣開示法毗柰耶及至衆多所化有情於此正法受持讀誦法隨法行安住增長廣大勝進於尒所時像似正法不得興盛正法不滅若於尒時像似正法當得興盛即於尒時能引實義所有正法當速滅沒是故於此菩薩地中起堅信解樂聞受持乃至廣說所得福聚無量無邊

本地分中菩薩地第十五第四持次第瑜伽處發正覺菩提心品

如是已說菩薩地義云何應知此中次第謂諸菩薩要先安住菩薩種性乃能正發阿耨多羅三藐三菩提心既發心已方正修行自他利行於自他利正修行時得無雜染方便無雜染故得無猒倦方便無猒倦故得諸善根增長方便於諸善根得增長已能證無上正等菩提又於如是自他利加行無雜染方便無猒倦方便善根增長方便得大菩提中將修行時先於甚深廣大正法安立信解立信解已訪求正法求正法已廣為他說亦於正行自能成辦於成辦時若由此於此為此應行即由此於此為此而行由此於此為此行時如令福德智慧增長所應行者即如是行福德智慧既增長已於不捨離生死方便能正修行即於此中正修行時能行生死無雜染行即於此中正修行時能於自樂行無著行即於此中正修行時能於無量生死大苦能正修行無猒倦行由於生死無猒倦故能正訪求種種異論於一切論得無所畏善知論已復能了知所應為說所可宣說應如是說由此智故善知世間如是菩薩善知諸論及世間已復能如理訪求正法既訪求已堪能善斷一切有情一切疑惑如是堪能斷他疑惑令自福德展轉增長福德資糧漸得圓滿令自智慧亦轉增長智慧資糧漸得圓滿二種資糧既圓滿已於諦行相菩提分法無倒修中能勤修行於修方便能正了知即持如是正勤所修迴向大乘般涅槃果不求聲聞及獨覺乘般涅槃果既得如是方便善巧能於一切菩薩語言聽聞受持依修力故於昔未聞所有諸法一切種相皆能辨了於陁羅尼無导辯才皆得圓滿為欲永斷一切障故精勤修習三解脫門即於此中正修行時為斷自他一切顛倒增上慢故勤修正行如是能於一切種相正行圓滿如是正行得圓滿已於一切有情及聲聞獨覺皆為殊勝所謂正行功德殊勝及可稱讚功德殊勝當知此中正行功德殊勝菩薩為利自他勤修正行用利他事以為自事聲聞獨覺則不如是由諸菩薩用利他事為自事故於一切有情起如自己平等之心由起如是平等心故於諸有情常施恩惠不望其報菩薩如是勤修行時常於有情發起希望欲令彼得利益安樂由是利益安樂意樂常能起作不虛加行當知是名展轉引發正行功德殊勝當知此中稱讚功德殊勝菩薩於諸佛所獲得授記非諸聲聞亦非獨覺得授記已便能安住不退轉地安住此中能於一切決

定所作恒常所作獲得堅固無忘失法如是堅固無忘失法諸佛菩薩施設在於一切有情最上施設普於一切所應作事能無退失於未得退亦無退失無退失時恒常無間一切善法運運增長如明分月由諸善法轉增長故菩薩尒時得名真實不名相似由得真實菩薩名故於一切種一切有情調伏方便如實了知如實知故一切安立皆得善巧從此尋求於此尋求由此尋求既尋求已由此究竟皆正安立如是名為一切安立皆得善巧於諸安立得善巧故復於教授能得善巧於其教授得善巧故復能獲得無量所緣三摩地王獲得如是三摩地已能不唐捐宣說正法種種行相說正法時皆有勝果能於大乘究竟出離以依大性而出離故能攝大乘由此復於彼彼大乘出離位中得彼名一切菩薩同共此名一切世間諸佛菩薩皆共安立皆共稱歎當知是名所可稱讚功德殊勝由得如是殊勝名故當知獲得諸菩薩相

諸相所相成就其相如是正行一切種相在家出家二分菩薩所能成辦於二分中能成辦已正行堅固於諸善品獲得一向增上意樂如是意樂或在家品所應攝受或出家品所應攝受或於善品能正安立乃至安住從此已上故作意思受諸有生於彼生處常得值遇諸佛菩薩及能起作一切有情諸饒益事恒常無間蒙佛菩薩無倒教授任持善品領受殊勝證得分位由領受故於可稱讚攝受殊勝證得分位能正安處如已舍宅住此位已能於後後殊勝分位一切種相覺慧昇進漸次乃至到於究竟於其中間不生喜足如是證得究竟究竟從此不求其餘上地已到究竟極邊際故名得無上是名菩薩地義次第

本地分中有餘依地第十六

如是已說菩薩地云何有餘依地當知此地有三種相一者地施設安立二者寂靜施設安立三者依施設安立

云何地施設安立謂有餘依地除五

地一分謂無心地修所成地聲聞地獨覺地菩薩地除一地全謂無餘依地所餘諸地名有餘依地是名地施設安立

云何寂靜施設安立謂由四種寂靜施設安立有餘依地一由苦寂靜故二由煩惱寂靜故三由不損惱有情寂靜故四由捨寂靜故云何苦寂靜謂阿羅漢苾芻諸漏永盡所有當來後有衆苦皆悉永斷已得遍知如多羅樹斷截根頂不須現前由得當來不生法故是名苦寂靜云何煩惱寂靜謂阿羅漢苾芻貪欲永斷瞋恚永斷愚癡永斷一切煩惱皆悉永斷由得畢竟不生法故是名煩惱寂靜云何不損惱有情寂靜謂阿羅漢苾芻貪欲永盡瞋恚永盡愚癡永盡一切煩惱皆悉永盡不造諸惡修習諸善是名不損惱有情寂靜云何捨寂靜謂阿羅漢苾芻諸漏永盡於六恒住常無間多分安住謂眼見色已不喜不憂安住上捨正念正知如是耳聞聲已鼻齅香已舌甞味已身覺觸已

意了法已不喜不憂安住上捨正念正知是名捨寂靜即依如是四種寂靜說有餘依地最極寂靜最極清涼是名寂靜施設安立

云何依施設安立謂有八種依一施設依二攝受依三住持依四流轉依五障导依六苦惱依七適悅依八後邊依云何施設依謂五取蘊由依此故施設我及有情命者生者能養育者補特伽羅意生儒童等諸想等想假用言說及依此故施設如是名字如是生類如是種性如是飲食如是領受苦樂如是長壽如是久住如是壽量邊際等諸想等想假用言說云何攝受依謂七攝受事即自己父母妻子奴婢作使僮僕朋友眷屬七攝受事如前意地已廣分別依此了知諸有情類有所攝受云何住持依謂四種食即段食觸食意思食識食由依此故已生有情住立支持又能攝養諸求有者云何流轉依謂四種識住及十二緣起即色趣識住受趣識住想趣識住行趣識住及無明緣行

緣識廣說乃至生緣老死由依此故諸有情類於五趣生死隨順流轉云何障导依謂諸天魔隨有彼彼修善法處即往其前為作障导云何苦惱依謂一切欲界皆名苦惱依由依此故令諸有情領受憂苦云何適悅依謂靜慮等至樂名適悅依由依此故諸有情類若即於此現入彼定若生於彼長夜領受靜慮等至所有適悅云何後邊依謂阿羅漢相續諸蘊由依此故說諸阿羅漢住持最後身問阿羅漢苾芻諸漏永盡住有餘依地當言與幾種依共相應耶荅當言與一種依一向相應謂後邊依與六攝受事不共相應與流轉依與障导依一向全不相應與所餘依非相應非不相應是名依施設安立

本地分中無餘依地第十七

如是已說有餘依地云何無餘依地當知此地亦有三相一者地施設安立二者寂滅施設安立三者寂滅異門安立

云何地施設安立謂先所除五地一分當知即此無餘依地所攝謂無心地修所成地聲聞地獨覺地菩薩地

云何寂滅施設安立謂由二種寂滅施設安立如是無餘依地一由寂靜寂滅故二由無損惱寂滅故云何寂靜寂滅謂先於有餘依地獲得觸證四種寂靜今無餘依涅槃界中亦有最勝四種寂靜一數教寂靜二一切依寂靜三依依苦寂靜四依依苦生疑慮寂靜如說

由無下劣心　能忍受勤苦　彼所趣解脫

辟如燈盡滅

云何無損惱寂滅謂與一切依不相應違背一切煩惱諸苦流轉生起轉依所顯真無漏界如說苾芻永寂滅名真安樂住又如說言實有無生無起無作無為無等生起亦有有生有起有作有為有等生起若當無有無生無起無作無為無等生起我終不說有生有起有作有為有等生起有永出離由實有無生無起無作無為無等生起是故我說有生有起有作有為有等生起有永出離世尊依此

審意說言甚深廣大無量無數是謂
寂滅由於此中所具功德難了知故
名為甚深極究博故名為廣大無窮
盡故名為無量數不能數無二說故
名為無數云何此中數不能數謂有
非有不可說故即色離色不可說故
即受離受不可說故即想離想不可
說故即行離行不可說故即識離識
不可說故所以者何由此清淨真如
所顯一向無垢是名無損惱寂滅如
是二種捴說為一寂滅施設安立
云何寂滅異門施設安立當知此中
寂滅異門有無量種謂名為常亦名
為恒亦名久住亦名無變亦名有法
亦名舍宅亦名洲渚亦名救護亦名
歸依亦名所趣亦名安隱亦名淡泊
亦名善事亦名吉祥亦名無轉亦名
無垢亦名難見亦名甘露亦名無憂
亦名無沒亦名無熾亦名無熱亦名
無病亦名無動亦名涅槃亦名永絕
一切戲論如是等類應知說名寂滅
異門是名寂滅異門施設安立

瑜伽師地論卷第五十

瑜伽師地論卷第五十

校勘記

一　底本，金藏廣勝寺本。八四八頁中、下，八五七頁下共三版，原版殘缺，以麗藏本換。

一　八四八頁中四行「第十五」，徑、清無。以下品名同。

一　八四八頁中一七行「且說」，徑、清作「具說」。

一　八四八頁下一五行「餘如來」，石作「諸如來」。

一　八四八頁下一六行「餘力」，石作「初力」。

一　八四九頁上三行「無到」，資、磧、普、南、徑、清作「無倒」。

一　八四九頁中一四行「若增」，磧、普、南、徑、清作「共增」。

一　八五〇頁上一六行及一九行「執著」，磧、普、南、徑、清作「執者」。

一　八五〇頁中一三行「七力」，資、磧、普、南、徑、清作「十力」。

一　八五〇頁下二行「常断」，磧、普、南、徑、清作「當断」。

一　八五〇頁下一三行第一二字「曾」，磧、普、南、徑、清作「習」。

一　八五一頁下一二行第一一字「離」，石作「雜」。

一　八五二頁上一九行第三字「謂」，資、磧、普、南、徑、清作「復」。

一　八五二頁上一九行「眼」，石、資、磧、普、南、徑、清均作「明」。

一　八五二頁上二一行第三字「歎」，資、磧、普、南、徑、清作「能」。

一　八五二頁上末行第三字「了」，石作「力」。

一　八五三頁中七行末字「障」，石作「礙」。

一　八五三頁中九行第四字「轉」，麗作「車」。

一　八五三頁中一一行第二字「實」，石作「肉」。

一　八五三頁中二一行第九字「妙」，資、磧、普、南、徑、清作「微妙」。

一　八五三頁下七行第七字「瞉」，石、麗作「瞖」；資、磧、普、南、徑、清作「翳」。

一　八五四頁上七行第一一字「由」，麗作「四」。

一　八五五頁上一一行「正覺」，諸本作「正等」。

一　八五五頁中三行「如令」，清作「如今」。

一　八五五頁下二〇行「正行功德殊勝」，石作「王行功德佛勝」。

一　八五六頁上四行第一三字「退」，石作「不退」。

一　八五六頁上二〇行第三字「彼」，諸本作「彼彼」。

一　八五六頁下一一行「不須」，諸本作「不復」。

一　八五七頁上一〇行第三字「特」，資、磧、普作「持」。

一　八五七頁上一〇行末字「想」，磧、普、南、徑、清作「謂」。

一　八五七頁上一三行第六字「是」，磧、普、清作「邊」。

一　八五七頁中一一行「住持」，石、麗作「任持」。

一　八五七頁下一二行「燈盡滅」，資、磧、普、南、徑、清作「證涅槃」。

一　八五八頁中經名卷次後，麗有「本地分竟」四字。

瑜伽師地論卷第五十一　　恐

彌勒菩薩說

三藏法師玄奘奉　詔譯

攝決擇分中五識身相應地意地之一

如是已說本地分次說諸地決擇善巧由此決擇善巧為依於一切地善能問答今當先說五識身地意地決擇

問前說種子依謂阿賴耶識而未說有有之因緣廣分別義何故不說何緣知有廣分別義云何應知答由此建立是佛世尊冣深密記是故不說如世尊言

阿陁那識甚深細　一切種子如瀑流
我於凡愚不開演　恐彼分別執為我

復次嗢拕南曰

執受初明了　種子業身受　無心定命終
无皆不應理

由八種相證阿賴耶識決定是有謂若離阿賴耶識依止執受不應道理冣初生起不應道理有明了性不應道理有種子性不應道理業用差別不應道理身受差別不應道理處无心定不應道理命終時識不應道理

何故若無阿賴耶識依止執受不應道理由五因故何等為五謂阿賴耶識先世所造業行為因眼等轉識於現在世衆緣為因如說根及境界作意力故諸轉識生乃至廣說是名初因又六識身有善不善等性可得是第二因又六識身無覆无記異熟所攝類不可得是第三因又六識身各別依轉於彼彼依彼彼識轉即彼所依應有執受餘無執受不應道理設許執受亦不應理識遠離故是第四因又所依止應成數數執受過失所以者何由彼眼識於一時轉一時不轉餘識亦尒是第五因如是先業及現在緣以為因故善不善等性可得故異熟種類不可得故各別所依諸識轉故數數執受依止過故不應道理

何故若无阿賴耶識冣初生起不應道理謂有難言若決定有阿賴耶識應有二識俱時生起應告彼言汝於無過妄生過想何以故容有二識俱時轉故所以者何且如有一俱時欲

見乃至欲知隨有一識最初生起不應道理由彼尒時作意无別根境亦尒以何因緣識不俱轉

何故若無諸識俱轉與眼等識同行意識明了體性不可得耶謂或有時憶念過去曾所受境尒時意識行不明了非於現境意現行時得有如是不明了相是故應許諸識俱轉或許意識無明了性

何故若无阿賴耶識有種子性不應道理謂六識身展轉異故所以者何從善无間不善性生不善無間復善性生從二無間无記性生劣界無間中界生中界無間妙界生如是妙界无間乃至劣界生有漏無間无漏生無漏无間有漏生世間無間出世生出世無間世間生非如是相有種子性應正道理又彼諸識長時間斷不應相續長時流轉是故此亦不應道理

何故若無諸識俱轉業用差別不應道理謂若略說有四種業一了別器業二了別依業三了別我業四了別境業此諸了別剎那剎那俱轉可得

是故一識於一剎那有如是等業用差別不應道理

何故若無阿賴耶識身受差別不應道理謂如有一或如理思或不如理或無思慮或隨尋伺或處定心或不在定尒時於身諸領受起非一衆多種種差別彼應无有然現可得是故定有阿賴耶識

何故若無阿賴耶識處无心定不應道理謂入无想定或滅盡定應如捨命識離於身非不離身如世尊說當於尒時識不離身故

何故若無阿賴耶識命終時識不應道理謂臨終時或從上身分識漸捨離冷觸漸起或從下身分非彼意識有時不轉故知唯有阿賴耶識能執持身此若捨離即於身分冷觸可得身無覺受意識不尒是故若无阿賴耶識不應道理

復次嗢柁南曰

所緣若相應　更互為緣性　與識等俱轉
雜染汙還滅

若略說阿賴耶識由四種相建立流

轉由一種相建立還滅云何四相建立流轉當知建立所緣轉故建立相應轉故建立互為緣性轉故建立識等俱轉轉故云何建立還滅謂由建立雜染轉故及由建立彼還滅故云何建立所緣轉相謂若略說阿賴耶識由於二種所緣境轉一由了別內執受故二由了別外无分別器相故了別內執受者謂能了別遍計所執自性妄執習氣及諸色根根所依處此於有色界若在无色唯有習氣執受了別了別外無分別器相者謂能了別依止緣內執受阿賴耶識故於一切時無有間斷器世間相辟如燈焰生時內執膏炷外發光明如是阿賴耶識緣內執受緣外器相生起道理應知亦尒

復次阿賴耶識緣境微細世聰慧者亦難了故

復次阿賴耶識緣境无廢時無變易從初執受剎那乃至命終一味了別而轉故

復次阿賴耶識於所緣境念念生滅

當知刹那相續流轉非一非常復次阿賴耶識當言於欲界中緣狹小執受境於色界中緣廣大執受境於無色界空无邊處識無邊處緣无量執受境於無所有處緣微細執受境於非想非非想處緣極微細執受境如是了別二種所緣故於所緣境微細了別故相似了別故刹那了別故了別狹小執受所緣故了別廣大執受所緣故了別無量執受所緣故了別微細執受所緣故了別極微細執受所緣故應知建立阿賴耶識所緣轉相

云何建立相應轉相謂阿賴耶識與五遍行心相應所恒共相應謂作意觸受想思如是五法亦唯異熟所攝最極微細世聰慧者亦難了故亦常一類緣境而轉又阿賴耶識相應受一向不苦不樂無記性攝當知餘心所行相亦尒如是遍行心所相應故異熟一類相應故極微細轉相應故恒常一類緣境而轉相應故不苦不樂相應故一向無記相應故應知建

立阿賴耶識相應轉相

云何建立互為緣性轉相謂阿賴耶識與諸轉識作二緣性一為彼種子故二為彼所依故為種子者謂所有善不善無記轉識轉時一切皆用阿賴耶識為種子故為所依者謂由阿賴耶識執受色根五種識身依之而轉非無執受又由有阿賴耶識故得有末那由此末那為依止故意識得轉辟如依止眼等五根五識身轉非无五根意識亦尒非无意根復次諸轉識與阿賴耶識作二緣性一於現法中能長養彼種子故二於後法中為彼得生攝殖彼種子故於現法中長養彼種子者謂如依止阿賴耶識善不善無記轉識轉時如是如是於一依止同生同滅熏習阿賴耶識由此因緣後後轉識善不善无記性轉更增長轉更熾盛轉更明了而轉於後法中為彼得生攝殖彼種子者謂彼熏習種類能引攝當來異熟无記阿賴耶識如是為彼種子故為彼所依故長養種子故攝殖種子故應知建

立阿賴耶識與諸轉識互為緣性轉相

云何建立阿賴耶識與轉識等俱轉轉相謂阿賴耶識或於一時唯與一種轉識俱轉所謂末那何以故由此末那我見慢等恒共相應思量行相若有心位若無心位常與阿賴耶識一時俱轉緣阿賴耶識以為境界執我起慢思量行相或於一時與二俱轉謂末那及意識或於一時與三俱轉謂五識身隨一轉時或於一時與四俱轉謂五識身隨二轉時或時乃至與七俱轉謂五識身和合轉時又復意識涤汙末那以為依止彼未滅時相了別縛不得解脫末那滅已相縛解脫又復意識能緣他境及緣自境緣他境者謂緣五識身所緣境界或頓不頓緣自境者謂緣法為境

復次阿賴耶識或於一時與苦受樂受不苦不樂受俱時而轉此受與轉識相應依彼而起謂於人中若欲界天若於一分鬼傍生中俱生不苦不樂受與轉識相應苦受樂受不苦不樂受相雜俱轉若那落迦等中他所

映奪不苦不樂受與彼苦无雜受俱時而轉當知此受被映奪故難可了知如那落迦等中一向苦受俱轉如是於下三靜慮地一向樂受俱轉於第四靜慮地乃至有頂一向不苦不樂受俱轉

復次阿賴耶識或於一時與轉識相應善不善無記諸心所俱時而轉如是阿賴耶識雖與轉識俱時而轉亦與容受容善不善無記心所俱時而轉然不應說與彼相應何以故由不與彼同緣轉故如眼識雖與眼根俱轉然不相應此亦如是應知此中依少分相似道理故得為喻又如諸心所雖心所性无有差別然相異故於一身中一時俱轉互不相違如是阿賴耶識與諸轉識於一身中一時俱轉當知更互亦不相違又如於一瀑流有多波浪一時而轉互不相違又如於一清淨鏡面有多影像一時而轉互不相違如是於一阿賴耶識有多轉識一時俱轉當知更互亦不相違又如一眼識於一時間於一事

境唯取一類无異色相或於一時頻取非一種種色相如眼識於眾色如是耳識於眾聲鼻識於眾香舌識於眾味亦尒又如身識或於一時於一事境唯取一類無異觸相或於一時頻取非一種種觸相如是分別意識於一時間或取一境相或取非一種種境相當知道理亦不相違又前說末那恒與阿賴耶識俱轉乃至未斷當知常與俱生任運四種煩惱一時相應謂薩迦耶見我慢我愛及與无明此四煩惱若在定地若不定地當知恒行不與善等相違是有覆无記性如是阿賴耶識與轉識俱轉故與諸受俱轉故與善等俱轉故應知建立阿賴耶識俱轉轉相

云何建立阿賴耶識雜染還滅相謂略說阿賴耶識是一切雜染根本所以者何由此識是有情世間生起根本能生諸根根所依處及轉識等故亦是器世間生起根本由能生起器世間故亦是有情互起根本一切有情相望互為增上緣故所以者何无

有有情與餘有情互相見等時不生苦樂等更相受用由此道理當知有情界互為增上緣又即此阿賴耶識能持一切法種子故於現在世是苦諦體亦是未來苦諦生因又是現在集諦生因如是能生有情世間故能生器世間故是苦諦體故能生未來苦諦故能生現在集諦故當知阿賴耶識是一切雜染根本

復次阿賴耶識所攝持順解脫分及順決擇分等善法種子此非集諦因由順解脫分等善根與流轉相違故所餘世間所有善根因此生故轉更明盛由此因緣彼所攝受自類種子轉有功能轉有勢力增長種子速得成立復由此種子故彼諸善法轉明盛生又復能感當來轉增轉勝可愛可樂諸異熟果復次依此一切種子阿賴耶識故薄伽梵說有眼界色界眼識界乃至有意界法界意識界由於阿賴耶識中有種種界故又如經說惡叉聚喻由於阿賴耶識中有多界故

復次此雜染根本阿賴耶識修善法故方得轉滅此修善法若諸異生以緣轉識為境作意方便住心能入最初聖諦現觀非未見諦者於諸諦中未得法眼便能通達一切種子阿賴耶識此未見諦者修如是行已或入聲聞正性離生或入菩薩正性離生達一切法真法界已亦能通達阿賴耶識當於尒時能總觀察自內所有一切雜染亦能了知自身外為相縛所縛內為麁重縛所縛

復次修觀行者以阿賴耶識是一切戲論所攝諸行界故略彼諸行於阿賴耶識中總為一團一積一聚為一聚已由緣真如境智修習多修習故而得轉依轉依無間當言已斷阿賴耶識由此斷故當言已斷一切雜染當知轉依由相違故能永對治阿賴耶識又阿賴耶識體是無常有取受性轉依是常无取受性緣真如境聖道方能轉依故又阿賴耶識恒為一切麁重所隨轉依究竟遠離一切所有麁重又阿賴耶識是煩惱轉因聖道

不轉因轉依是煩惱不轉因聖道轉因應知但是建立因性非生因性又阿賴耶識令於善淨無記法中不得自在轉依令於一切善淨无記法中得大自在又阿賴耶識斷滅相者謂由此識正斷滅故捨二種取其身雖住猶如變化所以者何當來後有苦因斷故便捨當來後有之取於現法中一切煩惱因永斷故便捨現法一切雜染所依之取一切麁重永遠離故唯有命緣暫時得住由有此故契經中言尒時但受身邊際受命邊際受廣說乃至即於現法一切所受究竟滅盡

如是建立雜染根本故趣入通達修習作意故建立轉依故當知建立阿賴耶識雜染還滅相

如是已依勝義道理建立心意識名義差別由此道理於三界等諸心意識一切雜染清淨道理應隨決了餘處所顯心意識理但隨所化有情差別為嬰兒慧所化權說方便令彼易得入故

問若成就阿賴耶識亦成就轉識耶設成就轉識亦成就阿賴耶識耶荅應作四句或有成就阿賴耶識非轉識謂無心睡眠无心悶絕入無想定入滅盡定生無想天或有成就轉識非阿賴耶識謂阿羅漢若諸獨覺不退菩薩及諸如來住有心位或有俱成就謂餘有情住有心位或有俱不成就謂阿羅漢若諸獨覺不退菩薩及諸如來入滅盡定處无餘依般涅槃界

問內外諸法自性各別各住自相何因緣故十八界中唯六識界自性建立所餘諸界為彼所依所緣助伴而建立耶荅由六識界於彼彼念瞬息須臾日夜等位速疾轉變託彼彼緣依眼等根緣色等境用諸心所以為助伴非一衆多種種生起由彼彼依之所生故得彼彼名如火依附彼彼緣故而得燒然尒時便得彼彼名數由諸草木牛糞糠札等為緣故火方得然尒時便數名為草火乃至札火如是眼色以為緣故眼識得生數名

眼識如是乃至數名意識廣說應知餘眼等界若彼自性從初生已即彼自性相似生起展轉相續究竟隨轉又一識類藉彼彼緣種種差別自性生起是故識界自性建立所餘諸界為彼所依所緣助伴而得建立

復次當辯識身遍知問心清淨行苾蒭由幾種相遍知其心荅若略說由三種相一雜染愛樂相二雜染過患相三雜染還滅方便善巧相

云何心清淨行苾蒭遍知自心雜染愛樂相謂心清淨行苾蒭作如是念今我此心於諸雜染長夜愛樂自知愛樂諸雜染已便從有貪性出於離貪性安止其心尒時其心於離貪性不能安住亦不愛樂更無異緣唯有速疾還來趣入流散馳騁有貪性中如從有貪性如是從有瞋有癡下劣掉舉不寂靜散乱性出廣說乃至從放逸愛樂住性出於常勤修習諸善法中安止其心尒時其心於常勤修習諸善法中不能安住亦不愛樂更无異緣唯有速疾還來趣入流散馳

騁乃至放逸愛樂性中如是名為心清淨行苾蒭遍知自心雜染愛樂相如是遍知自心雜染愛樂相已此心清淨行苾蒭復能遍知自心雜染過患相謂作是念今我此有貪心能為自害能為他害能為俱害能生現法罪能生後法罪能生現法後法罪又能為緣生彼所生身心憂苦如於有貪性如是乃至於放逸愛樂性當知亦尒復作是念此有貪心乃至放逸愛樂心有過患故有疾有横有灾有惱如是遍知自心雜染過患相已復能遍知自心雜染還滅方便善巧相謂我今不應隨自雜染有諸過患有疾有横有灾有惱心自在轉必令自心隨我勢力自在而轉彼既如是了知我今不應隨順自心而轉當令自心隨我轉已數數思擇令有貪心捨有貪性無貪性中安住愛樂又復於彼見勝功德如是乃至令捨放逸愛樂住性乃至於常勤修習諸善法中安住愛樂又復於彼見勝功德彼多安住如是行已尒時其心不由思擇

於常懃修習諸善法中自然安住愛樂於前雜染愛樂性中深生猒責由此因緣心清淨行苾蒭如實了知自心雜染愛樂速疾迴轉无辟俞性又能善知如是雜染心有過患性又能善知如是雜染心還滅方便由如是故心清淨行苾蒭速能證得无上心清淨性所謂諸漏永盡復次當辯心善巧差別及心轉善巧差別謂依遍計所執自性當知心善巧差別依他起自性當知心轉善巧差別

復次若能善巧熏修心者得二勝利一於果時觸證安樂二於因時自在而轉

復次心溷濁者有三過失一不如理作意失二隨眠過失三起纏過失

問如世尊言唯當於心深善勇猛如理觀察念住中說要當於身住身循觀乃至於法住法循觀此何密意荅為顯四念住唯觀察心故謂觀心執受觀心領納觀心了別觀心染淨唯為觀察心所執受心所領納心了別境心染淨故說四念住

復次有諸苾芻住三種住行六正行於大師教多有所作謂住解脫住住解脫門住及住能引解脫門法住行无間行行善受思惟行行脩所引善根生起行行離諸愛味簡擇諦行行即於此無增上慢行行正清淨受用行復次有二種捨施一受者捨施二施者捨施施果亦有二種一得大財富二得此等流受用勝解

復次當辨證成道理問依何道理應知宣說唯從未來非實非有諸行相生答若未來法行相實有而得生者此法為轉而說生耶謂從未來世處轉向現在世處為死生耶謂未來世死生現在世為彼為緣而得生耶謂於未來法住不變用彼為緣於現在世有餘法生為有業用而說生耶謂於未來本無業用至現在世方有業用為圓滿相而說生耶謂於未來相未圓滿至現在世相乃圓滿為由異相而說生耶謂於未來有未來分及有因分由此二種其相有異未來至現在有現在分及有果分由此二種其相有異如是六種諸法生起皆不應理何以故非无方無處法有從異方轉趣異方義亦非未生未已生法而有死義若彼為緣而得生者便異法生非未來生此於未來便為未有又一切法第一義中無作用故業用離相異不可得唯即於相而假建立設有異者未來現在同實有相唯說現在獨有業用理不可得又此業用便應本無而今得生又與世尊微妙言說即成相違如說諸行非常非恒沒顯諸行業用無常由此義故行應是常又等於一相若相異分得是有者相之異分何故不有又相異分本無今有相之異分何故不成本无今有又離色等一切行相餘未來分必不可得又應未來無有果相現在方有果相生起如是已辨證成道理依此道理應知宣說未來諸法一切行相非實非有本无今有如於未來如是過去隨其所應由此道理當知宣說非實非有復次過去行云何謂相已滅沒自性已捨現在行云何謂相未滅沒自性未捨生時暫住未來行云何謂因現有自相未生未得自性問若彼諸行未來本無而得生者空花兎角石女兒等何故不生答由空花等無生因故一切諸行各各差別定有生因問若一切行各各差別有生因者何因緣故諸行俱時不頓生耶答諸行雖有各別生因然必待緣方得生起若彼彼行生緣現前彼彼行因生彼彼行是故諸行雖現有因然无俱時頓生起過

復次此中云何名諸行因何等名緣謂薄伽梵說諸行生緣略有四種一因緣二等無間緣三所緣緣四增上緣因緣一種亦因亦緣餘之三種唯緣非因

云何因緣謂諸色根根依及識此二略說能持一切諸法種子隨逐色根有諸色根種子及餘色法種子一切心心所等種子若隨逐識有一切識種子及餘无色法種子諸色根種子所餘色法種子當知所餘色法自性唯自種子之所隨逐除大種色由大

種色二種種子所隨逐故謂大種種子及造色種子即此所立隨逐差別種子相續隨其所應差所說法是名因緣

復次若諸色根及自大種非心心所種子所隨逐者入滅盡定入無想定生無想天後時不應識等更生然必更生是故當知心心所種子隨逐色根以此為緣彼得更生

復次若諸識非色種子所隨逐者生无色界異生從彼壽盡業盡沒已還生下時色無種子應不更生然必更生是故當知諸色種子隨逐於識以此為緣色法更生

復次若諸異生由世間道入初靜慮若得生彼介時欲界諸染汙法及餘欲界諸法種子但被損伏不能永害何以故由此異生從彼定退欲界染法復現前故從初靜慮沒已復還生欲界故

復次損伏略有三種一遠離損伏二猒患損伏三奢摩他損伏云何遠離損伏謂如有一棄捨家法趣於非家遠離種種受用欲具受持禁戒於所受持遠離禁戒親近修習若多修習由親近修習多修習相續不斷故於諸欲具心不趣入心不流散心不安住心不愛樂亦不發起彼增上力緣彼境界所起煩惱如是名為遠離損伏云何猒患損伏謂如有一或由過患想或由不淨想或由青瘀等想或由隨一如理作意如是如是猒患諸欲雖未離欲然於諸欲脩猒逆故心不趣入乃至廣說如是名為猒患損伏云何奢摩他損伏謂如有一由世間道得離欲界欲或離色界欲彼由奢摩他任持心相續故於欲色中心不趣入乃至廣說如是名為奢摩他損伏若聖弟子由出世道離欲界欲乃至具得離三界欲介時一切三界染汙諸法種子皆悉永害何以故由聖弟子於現法中不復堪任從離欲退更起下地煩惱現前或生上地亦不堪任從彼沒已還生下地如穀麦等諸外種子安置空逈或於乾器雖不生芽非不種子若火所損介時畢竟不成種子內法種子損伏永害道理亦介若聖弟子將入無餘涅槃界時所有一切善及无記諸法種子皆被損害由染汙法種子滅故不復能感當來異熟果亦不復能生自類果當知是名第四損伏所謂永害助伴損伏

復次具縛者所有心起若樂俱行或苦俱行或不苦不樂俱行此一切心皆樂種子苦種子不苦不樂種子之所隨逐若起善心或染汙心或無記心此一切心皆善種子染汙種子无記種子之所隨逐又諸有學不具縛者所有心生若世間善心或出世心或染汙心或無記心此一切心皆為一切脩道所斷煩惱種子之所隨逐由未斷故有時得生亦為所餘諸法種子之所隨逐又諸無學一切煩惱已永斷者所有心生若世間善心若出世心若無記心此一切心皆已永離染法種子但為一切善无記法種子隨逐相續而生

復次此所建立種子道理當知且依

未建立阿賴耶識聖教而說若已建立阿賴耶識當知略說諸法種子一切皆依阿賴耶識又彼諸法若未永斷若非所斷隨其所應所有種子隨逐應知

問如世尊言我說阿羅漢苾芻於四種增上心法現法安樂住中隨一而退若彼一切染汙種子皆已永害云何復起下地煩惱若不復起彼云何退答退有二種一者斷退二者住退言斷退者唯是異生言住退者是諸聖者亦是異生若世間道斷諸煩惱復起現前當知尒時斷退故退亦是住退若出世道斷煩惱已心營世務不專修習如理作意由此不能於其中間現法樂住數起現前如先所得後亦如是然其下地已斷煩惱不復現前如是名為住退故退非是斷退又若已斷一切煩惱成阿羅漢而彼一切染法種子未永害者云何名為心善解脫阿羅漢果諸漏永盡若已永害於相續中永无一切染法種子尚不應起不正思惟況諸煩惱是故當知由出世道斷煩惱者定无有退

瑜伽師地論第五十一　十五張　虛字號

瑜伽師地論卷第五十一

瑜伽師地論卷第五十一
校勘記

一　底本，金藏廣勝寺本。
一　八六〇頁中一三行第一三字「瀑流」，資、磧、普、南、徑、清作「暴流」，下同。
一　八六〇頁中一八行第五字「證」，石作「識」。
一　八六二頁上一五行第七字「所」，石、資、磧、普、南、徑、清作「法」。
一　八六二頁上一九行末字至二〇行首字「心所」，石、麗作「心法」，石下同。
一　八六二頁下六行第九字「常」，磧、普、南、徑、清作「恒」。
一　八六二頁下一七行第一二字「爲」，麗無。
一　八六三頁上八行及一〇行，八六六頁下二〇行「心所」，資、磧、普、南、徑、清作「心法」。
一　八六三頁上一〇行「容受容」，麗

一　作「客受客」。

一　八六三頁上一四行末字至一五行第六字「諸心所雖心所性」，資、磧、普、南、徑、清作「諸心所法雖心法性」。

一　八六四頁上五行首字「末」，諸本作「未」。

一　八六四頁下八行第一〇字「位」，資作「住」。

一　八六四頁下一〇行第九字「處」，磧、普、南、徑、清作「趣」。

一　八六五頁上四行「又一」，徑、清作「又以」。

一　八六五頁中五行第七字「今」，磧、普、南、徑、清作「念」。

一　八六五頁下二行第一一字「生」，清作「性」。

一　八六五頁下一〇行「依依」，資、磧、普、南、徑、清作「依」。

一　八六五頁下一六行第三字「失」，諸本作「過失」。

一　八六五頁下一八行「身循」，資、磧、普、南、徑、清作「循身」。

一　八六五頁下一九行「法循」，資、磧、普、南、徑、清作「循法」。

一　八六六頁上九行第八字「用」，資、磧、普、南、徑、清作「施」。

一　八六六頁上末行第八字及中一七行第八字與末字「果」，資、磧、普、南、徑、清作「異」。

一　八六六頁中五行第一二字「未」，普作「末」。

一　八六六頁中一三行第二字「又」，資、磧、普、南、徑、清無。

一　八六六頁中一三行「若相」，資、磧、普、南、徑、清無。

一　八六七頁上三行第一一字「說」，石、麗作「生」。

一　八六七頁上五行「心所」，資作「心法」。

一　八六七頁上五行，上八行「心所」，磧、普、南、徑、清作「心所法」。

一　八六七頁下一三行「不具」，資作「不真」。

一　八六八頁上一二行第七字「若」，資作「苦」。

一　八六八頁上一六行第二字「閒」，資、普作「問」。

瑜伽師地論卷第五十二　悪

彌勒菩薩說

三藏法師玄奘奉　詔譯

攝決擇分中五識身相應地意地之二

復次云何等無間緣謂此諸心心所无間彼諸心心所生說此為彼等無間緣若此六識為彼六識等无間緣即施設此名為意根亦名意處亦名意界云何所緣緣謂五識身以色等五境如其次第為所緣緣若意識以一切內外十二處為所緣緣

云何增上緣謂眼等處為眼識等俱生增上緣若作意於所緣境為諸識引發增上緣若諸心心所展轉互為俱生增上緣若淨不淨業與後愛非愛果及異熟果為先所作增上緣若由糞水等與諸苗稼為成辦增上緣若彼彼工巧智與彼彼世間工巧業處為工業增上緣

復次是四緣中因緣一種望所生法能為生因餘三種緣望所生法當知但為方便因是故彼彼諸行生方便緣現在前時彼彼諸行種子便能生起彼彼諸行是故諸行无有同時頓生起義當知依止如是四緣建立十因如菩薩地等中已說

問如世尊言過去諸行為緣生意未來諸行為緣生意過去未来諸行非有何故世尊宣說彼行為緣生意若意亦緣非有事境而得生者云何不違微妙言說如世尊言由二種緣諸識得生何等為二謂眼及色如是廣說乃至意法答由能執持諸五識身所不行義故佛世尊假說名法是故說言緣意及法意識得生問何因緣故知佛世尊有是密意答由彼意識亦緣去來識為境界世現可得非彼境識法處所攝又有性者安立有義能持有義若無性者安立无義能持無義故皆名法由彼意識於有性義若由此義而得安立即以此義起識了別於無性義若由此義而得安立即以此義起識了別若於二種不由二義起了別者不應說意緣一切義取一切義設作是說便應違害自宗

彈多又不應言如其所有非有亦尒是如理說是故意識如去來事非實有相緣彼為境由此故知意識亦緣非有為境

復有廣大言論道理由此證知有緣無識謂如世尊微妙言說若內若外及二中間都无有我我所我無性非有為攝非無為攝共相觀識非不緣彼境界而轉此名第一言論道理又於色香味觸如是如是生起變異所安立中施設飲食車乘衣服嚴具室宅軍林等事此飲食等離色香等都无所有此無有性非有為攝非无為攝自相觀識非不緣彼境界而轉是名第二言論道理又撥一切都無所有邪見謂无施無受亦无祠祀廣說如前若施受祠等无性是有即如是見應非邪見何以故彼如實見如實說故此若是无諸邪見者緣此境界識應不轉是名第三言論道理又諸行中無常无恒無不變易此諸行中常恒不變無性非有為攝非无為攝共相觀識非不緣此境界而轉若緣此

境識不轉者便於諸行常恒不變无性之中不能如實智慧觀察若不觀察應不生猒若不生猒應不離欲若不離欲應無解脫若无解脫應無永盡究竟涅槃若有此理一切有情應皆究竟隨逐雜染无出離期是名第四言論道理又未來諸行尚無有生何況有滅然聖弟子於未來行非不隨觀生滅而住是名第五言論道理由此證有緣無意識復有所餘如是種類言論道理證成定有緣无之識如應當知問如世尊言有過去業若過去業體是無者不應今時有一領納有損害受或復不應有一領納無損害受此何密意答過去生中淨不淨業已起已滅能感當來愛不愛果此業種子攝受熏習於行相續展轉不斷世尊為顯如是相續是故說言有過去業又佛世尊觀二義故作如是說一為遮止不平等因論者意故顯此道理謂彼妄見從大自在帝釋梵王自性丈夫及所餘等一切有情淨不淨轉二為遮止一切无因論者意

故顯此道理謂彼妄見都無有因一切有情淨不淨轉

問如世尊言有過去行於彼行中我具多聞聖弟子眾无顧戀住有未來行於彼行中我具多聞聖弟子眾無希望住此何密意答過去諸行與果故有未來諸行攝因故有所以者何現在諸行三相所顯一是過去果性故二是未來因性故三自相相續不斷故為顯此理故佛世尊說如是言又觀二義故作是說一為遮斷於去來法實有執故顯此道理謂若去來諸行性相是實有者不應由彼去來之性說言是有二為遮斷撥无執故顯此道理謂彼妄計如去來世現在亦尒都無所有問如世尊言有過去界有未來界有現在界此何密意答若已與果種子相續名過去界若未與果當來種子相續名未來界若未與果現在種子相續名現在界當知此中如是密意若苾芻等於如是種子相續中而得善巧名於彼彼一切法中證得無量種種自性諸界善巧

復次云何應知生老住無常離色等蘊无別實有謂已遮未來諸行實有性當知亦遮生實有性所以者何未來世生自無所有云何能生所餘諸行亦非現在生能生現在諸行由此生相有差別名所謂諸行若生若起若現在性離此差別生之異相定不可得諸聡慧者不應說言即由現在令彼諸行成現在性所以者何若作是說生生諸行當知義顯即現在性能成現在又一切法各各別有自種子因何須計有異生能生又此生相為即諸行生耶為是諸行生因耶若即諸行生者計此生相能生諸行由有生故諸行得生不應道理若是諸行生因者諸行生時於一一行便有二生謂生能生不應道理如生如是老住無常由此道理如應當知故知生等於諸行中假施設有由有因故諸行非本自相始起說名為生後起諸行與前差別說名為老即彼諸行生位暫停說名為住生剎那後諸行相盡說名為滅亦名無常

問若有為法生老住滅四有為相具足可得何故世尊但說三種一生二滅三住異性答由一切行三世所顯故從未來世本無而生是故世尊由未來世於有為法說生有為相彼既生已落謝過去是故世尊由過去世於有為法說滅有為相現存世法二相所顯謂住及異所以者何唯現在時有住可得前後變異亦唯現在是故世尊由現在世於有為法揔說住異為一有為相

問佛聖弟子應觀有為具足三相何故但說聖弟子衆於諸蘊中隨觀生滅而住不說隨觀住異性耶答生及住異俱生所顯是故二相合為一分建立生品即說隨觀一生相住於第二分建立滅品即說隨觀一滅相住又若由此相起猒思惟令於此中但說此相謂於諸行中觀无常相能起猒患離欲解脫故但思惟無常性相無常性相本无今有有已還無所顯本无今有是名為生有已還无是名為滅

復次生老別有多種謂剎那生相續生增長生心差別生不可愛生可愛生下劣生處中生勝妙生有上生无上生此中諸行剎那剎那新新而起名剎那生若具諸結或不具結從彼彼有情聚沒往彼彼有情聚諸蘊續生名相續生若從嬰孩童子等位乃至往趣衰老等位名增長生若緣彼彼境界於彼彼晝夜彼彼剎那臘縛牟呼栗多等位數數遷謝非一衆多種種心起或樂相應或苦相應或不苦不樂相應或有貪心或離貪心廣說乃至或善解脫心或不善解脫心如是名為心差別生若那落迦傍生餓鬼苦趣中生如是名為非可愛生若於人天樂趣中生名可愛生若於下劣欲界中生名下劣生若於處中色界中生名處中生若於勝妙无色界生名勝妙生復有差別謂㝡初入胎者名下劣生中二入胎者名處中生㝡後入胎者名勝妙生復有差別謂染汙法及染汙果生名下劣生若諸善法及善果生名勝妙生除善不

善果無記法所餘无記法生名處中生若依墮界生說始從欲界乃至無所有處生名有上生非想非非想處生名無上生若依墮續生剎那相續生說除阿羅漢等最後終位所有諸蘊餘一切位所有行生名有上生若阿羅漢等最後終位所有行生名無上生

復次老老別當知亦有多種所謂身老心老壽老變壞老自體轉變老此中衰變等乃至身壞廣說如經是名身老若樂受相應心變苦受相應心轉或善心變染汙心轉或於可愛事中希望心變希望不果心轉是名心老若於彼彼晝夜彼彼剎那臘縛牟呼栗多等位數數遷謝壽量損少漸漸轉減乃至都盡是名壽老若諸富貴興盛退失無病色力充悅等變名變壞老若從善趣增盛聚中自體沒已往於惡趣下劣聚中自體生起名自體轉變老復有一老為緣能成如上所說一切種老所謂諸行剎那剎那轉異性老

復次住老別當知亦有多種謂剎那住相續住緣相續住不散亂住立軌範住若已生諸行生時暫停名剎那住若諸衆生於彼彼處彼彼自體由彼彼食為依止故乃至壽住外器世間大劫量住名相續住若樂受苦受不苦不樂受若善不善无記法等乃至各別緣現在前尒所時住是名緣相續住若諸定心由三摩地正起現前名不散亂住若於彼彼異方異域國城村邑王都王宮若執理家商估邑義諸大衆中古昔軌範建立隨轉如是名為立軌範住

復次無常老別當知亦有多種謂壞滅无常生起無常變易无常散壞無常當有無常現墮无常若一切行生已尋滅名壞滅無常若一切行本无今有名生起无常若可愛諸行異相行起名變易無常若不變壞可愛衆具及增上位離散退失名散壞无常即四無常在未來時名當有无常即現在世正現前時名現墮無常若受用欲塵多放逸者但能思惟變易无常散壞無常現墮无常廣起悲歎愁憒憂悴然於諸行不能猒離若諸外道即於如是諸無常性多起思惟少能方便猒患離欲但於諸行一分猒離不能究竟若聖弟子圓滿思惟諸無常性於一切行究竟猒患乃至解脫

復次云何得獲成就謂若略說生緣攝受增盛之因說名為得由此道理當知得是假有若言得是實有此為是諸行生因為是諸法不離散因若是諸行生因者若從先來未得此法此既无有生因之得應常不生由此亦應畢竟不得若是諸法不離散因者一切善不善无記法得既俱有彼雜相違應頻現行是故二種俱不應理又生因者所謂各別緣所攝受諸法自種不離散因者謂由餘緣現在前故餘緣離散若於引發緣中勢力自在假立為得以此自在為依止故所有士夫補特伽羅雖彼彼法已起已滅若欲布彼復現在前便能速疾引發諸緣令得生起是故亦說此名為得當知此得略有三種一種子成就

二自在成就三現行成就若所有染汙法諸无記法生得善法不由功用而現行者彼諸種子若未為奢摩他之所損伏若未為聖道之所永害若不為邪見損伏諸善如斷善根者如是名為種子成就所以者何乃至此種子未被損伏未被永害尒時彼染汙等法若現行若不現行皆說名成就故若加行所生善法及一分無記法生緣所攝受增盛因種子名自在成就若現在諸法自相現前轉名現行成就

復次云何命根謂由先業於彼彼處所生自體所有住時限量勢分說名為壽生氣命根此復多種差別謂定不定隨轉不隨轉若少若多若有邊際若無邊際若自勢力轉若非自勢力轉除贍部洲人壽分量所餘生處壽量決定此贍部洲或時壽命廣无有量或時短促壽量不定北拘盧洲人壽量隨轉如決定量畢竟隨轉無中夭故餘一切處名不隨轉贍部洲人十歲時壽名為少壽傍生一分亦

名少壽所以者何一分傍生或一日夜壽量可得或有一分若二若三乃至極多十日十夜壽量可得非想非非想處受生有情名為多壽經於八万大劫數故阿羅漢等名有邊際壽若諸有學於現法中定般涅槃若諸異生住寂後有亦名有邊際壽當知所餘壽無邊際若阿羅漢等若諸如来若諸菩薩於壽行中延促自在所有命根名自勢力轉當知所餘名非自勢力轉

復次云何衆同分謂若略說於彼彼處受生有情同界同趣同生同類位性形等由彼彼分平相似性是名衆同分亦名有情同分此中或有有情由界同分說名同分謂同生一界或有有情由趣同分說名同分謂同生一趣或有有情由生同分說名同分謂同生一生或有有情由類同分說名同分謂同一種類或有有情由分位體性容色形貌音聲覆蔽養命同分說名同分或有有情由過失功德同分說名同分如殺生者望殺生者

廣說乃至諸邪見者望邪見者離殺生者望離殺生者乃至正見者望正見者從預流者乃至阿羅漢獨覺望預流等菩薩望菩薩如来望如来如是更互說名同分

復次云何異生性謂三界見所斷法種子唯未永害量名異生性此復略有四種一無般涅槃法種性所攝二聲聞種性之所隨逐三獨覺種性之所隨逐四如来種性之所隨逐復次云何和合謂能生彼彼諸法諸因諸緣摠略為一說名和合即此亦名同事因又此差別者或有領受和合謂六處緣觸或色等緣或作意等緣或觸緣受或有引生後有和合謂无明緣行等受緣愛愛緣取廣說乃至生緣老死或有六處住和合謂四食及命根或有工巧處成辦和合謂工巧智及彼相應業具士夫作用或有清淨和合謂十二種無難集會即自他圓滿等又有世俗和合謂諸有情依等意樂增上力故平不相違无諍無訟亦不乖離

復次云何名身謂依諸法自性施設自相施設由遍分別為隨言說唯建立想是謂名身云何句身謂即依彼自相施設所有諸法差別施設建立功德過失雜染清淨戲論是謂句身云何文身謂名身句身所依止性所有字身是謂文身又於一切所知所詮事中攝略想是文若中是名若廣是句若唯依文但可了達音韻而已不能了達所有事義若依止名便能了達彼彼諸法自性自相亦能了達所有音韻不能了達所簡擇法深廣差別若依止句當知一切皆能了達又此名句文身當知依五明處分別建立所謂內明因明聲明醫方明世間工巧事業處明

復次云何流轉謂諸行因果相續不斷性是謂流轉又此流轉差別多種或有種子流轉謂有種子不現前諸法或有自在勢力流轉謂被損種子現行諸法或種果流轉謂有種子種不被損現行諸法或有名流流轉謂四非色蘊或有色流流轉謂諸內外

十有色處及與法處所攝諸色又有欲界流流轉謂欲界諸行又有色界流流轉謂色界諸行又有无色流流轉謂無色界諸行又有樂流流轉謂樂受及彼所依處如是苦流流轉不苦不樂流流轉當知亦介又有善流流轉謂諸善行又有不善流流轉謂諸不善行又有無記流流轉謂諸无記行又有順流流轉謂順緣起又有逆流流轉謂逆緣起

復次云何定異謂无始時来種種因果決定差別無雜乱性如来出世若不出世諸法法介又此定異差別多種或有流轉還滅定異謂順逆緣起或有一切法定異謂一切法十二處攝無過无增或有領受定異謂一切受三處所攝無過无增或有住定異謂一切內分乃至壽量一切外分經大劫住義有形量定異謂諸有情於彼彼有色生處所受生身形量決定及諸外分四大洲等形量決定

復次云何相應謂彼彼諸法為等言說為等建立為等開解諸勝方便是

謂相應又此相應差別分別有四道理謂觀待道理作用道理因成道理法介道理此諸道理當知如聲聞地等已廣分別

復次云何勢速謂諸行生滅相應速運轉性是謂勢速又此勢速差別多種或有諸行流轉勢速謂諸行生滅性或有地行有情輕健勢速謂人象馬等或有空行有情勢速謂諸飛禽空行藥叉及諸天等或有言音勢速謂詞韻捷利或有流潤勢速謂江河等迅速流注或有燒然勢速謂大焚燎猛焰飈轉或有引發勢速謂放箭轉丸等或有智慧勢速謂修觀者簡擇所知迅速慧性或有神通勢速謂大神通者所有運身意勢等速疾神通

復次云何次第謂於各別行相續中前後次第一一隨轉是謂次第又此次第差別多種或有流轉次第謂無明緣行廣說乃至生緣老死或有還滅次第謂無明滅故行滅乃至生滅故老死滅或有在家出家行住次第謂陵旦而起澡飾其身被帶衣服修

營事業調暢沐浴塗飾香鬘習近食飲方乃寢息是在家者行住次第若整衣服爲乞食故入聚落等巡次而行受如法食還出安坐食訖滌手盪鉢洗足入空閑室讀誦經典如理思惟晝則宴坐經行淨修其心斷滅諸障至夜中分少當寢息於夜後分速復還起整服治身歸所習業是出家者行住次第或入僧中隨其長幼修和敬業敷設牀座次第受籌分其卧具處所利養及營事業或有增長次第謂嬰孩童子等八位次第生起或有現觀次第謂於苦等四聖諦中次第現觀或有入定次第謂次第入九次第定或有修學次第謂增上戒學爲依次生增上心學增上心學爲依後生增上慧學

復次云何時謂由日輪出沒增上力故安立顯示時節差別又由諸行生滅增上力故安立顯示世位差別捻說名時此時差別復有多種謂時年月半月晝夜刹那臘縛牟呼栗多等位及與過去未來現在

復次云何數謂安立顯示各別事物計筭數量差別是名爲數此數差別復有多種謂一數二數從此已去皆名多數又數邊際名阿僧企耶自此已去一切筭數所不能轉是故數之邊際名不可數

復次種子云何非析諸行別有實物名爲種子亦非餘處然即諸行如是種性如是等生如是安布名爲種子亦名爲果當知此中果與種子不相雜亂何以故若望過去諸行即此名果若望未來諸行即此名種子如是若時望彼名爲種子非於尒時即名爲果若時望彼名果非於尒時即名種子是故當知種子與果不相雜乱譬如穀麦等物所有芽莖葉等種子於彼物中磨擣分析求異種子了不可得亦非餘處然諸大種如是種性如是等生如是安布即穀麦等物能爲彼緣令彼得生說名種子當知此中道理亦尒

問前已說損伏染法種子善法種子損伏云何荅若常數重習善相違諸

染汙法是初損伏若執取邪見多習邪見如諸外道是第二損伏若多修習邪見誹謗如斷善根者是第三損伏若能永害染法種子如前已說是第四損伏

復次若略說一切種子當知有九種一已與果二未與果三果正現前四果不現前五軟品六中品七上品八被損伏九不被損伏若已與果此名果正現前若果正現前此名已與果若未與果此名果不現前若果不現前此名未與果若住本性名軟品若修若練善不善法未到究竟名中品若修若練已到究竟名上品損及不損如前應知

復次我當略說安立種子云何略說安立種子謂於阿賴耶識中一切諸法遍計自性妄執習氣是名安立種子然此習氣是實物有是世俗有望彼諸法不可定說異不異相猶如真如即此亦名遍行麤重問若此習氣攝一切種子復名遍行麤重者諸出世間法從何種子生若言麤重自性

種子為種子生不應道理答諸出世
間法從真如所緣緣種子生非彼習
氣積集種子所生若非習氣積集
種子所生者何因緣故建立三種般
涅槃法種性差別補特伽羅及建立
不般涅槃法種性補特伽羅所以者
何一切皆有真如所緣緣故答由有
障無障差別故若於通達真如所緣
緣中有畢竟障種子者建立為不般
涅槃法種性補特伽羅若不尒者建
立為般涅槃法種性補特伽羅若有
畢竟所知障種子布在所依非煩惱
障種子者於彼一分建立聲聞種性
補特伽羅一分建立獨覺種性補特
伽羅若不尒者建立如來種性補特
伽羅是故無過若出世間諸法生已
即便隨轉當知由轉依力所任持故
然此轉依與阿賴耶識互相違反對
治阿賴耶識名無漏界離諸戲論

瑜伽師地論卷第五十二

瑜伽師地論卷第五十二

校勘記

一　底本，金藏廣勝寺本。

一　八七〇頁中五行末字及六行第七字、一四行第一〇字「所」，石作「法」。

一　八七一頁上一六行第七字及一七行第四字「受」，麗作「愛」。

一　八七一頁下一四行第九字「遮」，磧、普、南、徑、清作「滅」。

一　八七二頁中二一行第一〇字「已」，資作「見」。

一　八七二頁下一行第四字「老」，諸本作「差」。

一　八七三頁上二行第四字及四行第八字「墮」，資、磧、普、南、徑、清作「隨」。

一　八七三頁上三行第一〇字「想」，資、磧、普、南作「相」。

一　八七三頁下一行第一三字「歎」，磧、普、南、徑、清作「思」。

一　八七三頁下一一行第一三字「此」，磧、普、南、徑、清作「生」。

一　八七三頁下一七行第四字「不」，資、磧、普、南、徑、清無。

一　八七四頁上六行第一二字「乃」，南、徑、清作「及」。

一　八七四頁上八行首字「汙」，資作「行」。

一　八七四頁下二行第六字「生」，石無。

一　八七四頁下二〇行第九字「難」，資、磧、普、南、徑、清、麗作「雜」。

一　八七五頁上八行第六字「想」，麗作「相」。

一　八七五頁中二行第八字及三行第六字、四行第五字「厘」，諸本作「纏」。

一　八七五頁中一七行第三字「處」，諸本作「受」。

一　八七五頁下一一行第四字「捷」，石作「揵」。

一　八七六頁上一九行第七字「節」，

磧、普、南、徑、清作「即」。

一　八七六頁中一六行第三字、一九行第一〇字「穀」，石作「槃」。

一　八七六頁下三行第六字「如」，石作「而」。

一　八七六頁下一五行首字「損」，資作「現」。

一　八七六頁下一五行第二字「如」，資、磧、普、南、徑、清作「若」。

一　八七七頁上末行經卷名後，石有「願以此功德普及於一切我等與衆生皆共成佛道」。

瑜伽師地論卷第五十三

弥勒菩薩說

三藏法師玄奘奉　詔譯

攝決擇分中五識身相應地意地之三

復次云何表業謂略有三種一染汙二善三無記若於身語意十不善業道不離現行增上力故所有身語表業名染汙表業若即於彼攝受遠離所有身語表業名善表業若諸威儀路工巧處一分所有身語表業名无記表業若有不欲表示於他唯自起心內意思擇不說語言但發善染汙无記法現行意表業名意表業此中唯有身餘處滅於餘處生或即此處唯變異生名身表業唯有語音名語表業唯有發起心造作思名意表業何以故由一切行皆剎那故從其餘方從至餘方不應道理又離唯諸行生餘實作用由眼耳意皆不可得是故當知一切表業皆是假有復次若有生不律儀家有所了別自發期心謂我當以此活命事而自活命又於

此活命事重復起心欲樂忍可介時說名不律儀者由不律儀所攝故極重不如理作意損害心所攝故但成廣大諸不善根然未成就然生所生及餘不善業道所生諸不善業乃至所期事未現行後若現行若少若多隨其所應更復成就諸不善業如生不律儀家如是隨是何人隨由何事起決猛心廣說應知此人乃至不律儀思未捨已來常得說名不律儀者於日日分彼不善思廣積集故彼不善業多現行故當知非福運運增長復次此邪惡願思恒與不信懈怠忘念散乱惡慧俱行能發彼彼業從此已後由種子故及現行故處相續中現在轉時名不律儀者乃至由捨因緣未捨未棄此中若於惡業後不愛果不信不解亦不隨入是名不信若隨所欲於彼惡業憙樂而轉不能勤勵息滅彼業是名懈怠若與過失相應於有罪法不能如實明記有罪是名忘念若散乱染汙心相續不安住轉是名散乱若顛倒心相續

而轉於諸過失見勝功德是名惡慧由惡尸羅增上力故所有不善思俱行不善不信等現在轉時名惡戒若若與此相違如其所應當知得有律儀隨轉差別者謂有堪受律儀方可得受此中或有由他自而受律儀或復有一唯自然受除苾芻律儀何以故由苾芻律儀非一切堪受故若苾芻律儀非要從他受者若堪出家若不堪出家但欲出家者便應一切隨其所欲自然出家如是聖教便无軌範亦無善說法毗柰耶而可了知是故苾芻律儀无有自然受義

問若除苾芻律儀所餘律儀有自然受者何因緣故復從他受答由有二種遠離惡戒受隨護支所謂慚愧若於他處及於自處現行罪時深生羞耻如是於離惡戒受隨護支乃能具受故從他受若有慚正現前必亦有愧非有愧者必定有慚是故慚法最為強勝若有如自所受而深護持當知所生福德等无差別又若起心往趣師所慇懃勸請方便發起礼敬等

業以正威儀在師前住又以語言表宣所欲造作勝義是名身表語表業意表業者謂二前行若自然受者唯有意表業若遠離思與不律儀相違由遠離增上力故與五根俱行說名律儀

復次當知由百行所攝而受律儀謂於十種不善業道少分離煞乃至少分遠離邪見是名初十行若多分離煞生乃至多分離邪見是名第二十行若全分離煞生乃至全分離邪見是名第三十行若少時離煞生乃至離邪見謂或一日一夜或半月一月或至一年是名第四十行若多時離煞生乃至離邪見謂過一年不至命終是名第五十行若盡壽離煞生乃至離邪見是名第六十行若自離煞生乃至離邪見是名第七十行若於此事勸進他人是名第八十行若即於彼以无量門稱揚讚述是名第九十行若見離煞生者乃至離邪見者深心慶悅生大歡喜是名第十十行如是十十行總說為百行所生福量當知亦介

復次律儀當知略有八種一能起律儀二攝受律儀三防護律儀四還引律儀五下品律儀六中品律儀七上品律儀八清淨律儀若未正受先作是心我當定受如是遠離是名能起律儀若正攝受遠離戒時名攝受律儀從是已後此遠離思五根攝受增上力故恒與彼種子俱行於時時間亦與現行俱行即由五根所攝善思如先所受律儀防護而轉由此思故或因親近惡友或因煩惱增多隨所生起惡現行欲即便慚耻速能捨離勿彼令我違越所受當墮惡趣是名防護律儀若時失念諸惡現行即便速疾令念安住自懇自責發露所犯蠲除憂悔後堅守護所受律儀是名還引律儀若於煞等諸惡業道少分遠離少時遠離唯自遠離不勸進他不無量門稱揚讚述亦不見彼諸同法者深心慶悅多生歡喜是名下品律儀若於諸惡多分遠離多時遠離不至命終自能遠離亦勸進他然於遠離不以無量門稱揚讚述見同法

者不深心慶悅生大歡喜是名中品律儀若於諸惡一切分一切時自能遠離亦勸進他以无量門稱揚讚述見同法者深心慶悅生大歡喜是名上品律儀若即於此所受律儀能无缺犯以為依止修无悔等乃至具足入初靜慮由奢摩他能損伏力損伏一切犯戒種子是名靜慮律儀如初靜慮如是第二第三第四靜慮當知亦尒此中差別者由遠分對治所攝奢摩他道轉深損伏惡戒種子當知此名初清淨力所引清淨律儀若即於此尸羅律儀无有缺犯又復依止靜慮律儀入諦現觀得不還果尒時一切犯戒種子皆悉永害若依未至定證得初果尒時一切能往惡趣惡戒種子皆悉永害此即名為聖所愛戒當知此名第二清淨力所引清淨律儀即此亦名无漏律儀此無漏律儀若得阿羅漢果時但由能治清淨勝故勝不由所治斷勝故勝如是八種總立唯三一受律儀二持律儀三清淨律儀前二是受防護還引是持

下中上三通受持三靜慮无漏是清淨攝

問何故世尊建立苾芻近事近住三種律儀荅由三因故謂佛所化有三種類或有能行離惡行行及離欲行或有能行離惡行行非離欲行或不能離惡行行及離欲行依初所化類建立苾芻律儀依第二所化類建立近事律儀何以故非居家迫迮現處塵俗而能一向相續圓滿護衆學處依第三所化類建立近住律儀何以故由此不能究竟行俱離行但當勸進攝受二因勿彼自謂重擔所鎮謂前三支修離惡行其後四支修離欲行離非梵行俱修二種

問苾芻近事近住律儀當知各由幾支所攝荅苾芻律儀四支所攝何等為四一受具足支二受隨法學處支三隨護他心支四隨護如所受學處支若作表白第四羯磨及略攝受隨處學處是名受具足支由具此支故名初苾芻具苾芻戒自此以後於毗奈耶別解脫中所有隨順苾芻尸羅

若彼所引衆多學處於彼一切守護奉行由此得名守護別解脫律儀者是名受隨法學處支由成就此二支者所有軌範具足所行具足是名隨護他心支軌範具足所行具足如聲聞地已說若於微細罪中深見怖畏於所受學諸學處中能不毀犯設犯能出謂由深見怖畏及聰敏故是名隨護如所受學處支近事律儀由三支所攝何等為三一受遠離最勝損他事支二遠越所受重修行支三不越所受支若永遠離損害他命損壞他財損他妻妾是名初支遠離妄語是第二支遠離諸酒衆放逸處是第三支略說近住律儀由五支所攝何等為五一受遠離損害他支二受遠離損害自他支三遠越所受重修行支四不越所受正念住支五不壞正念支若能遠離損害他命損壞他財是名初支離非梵行是第二支所以者何由離此者不染習自妻妾故不自損害亦不染習他妻妾故不損害他遠離妄語是第三支除離諸酒衆

放逸處離餘三處是第四支何以故由歌儛伎樂塗飾香鬘昇高大牀非時飲食常所串習若遠離彼數數自憶我今安住決定齋戒於一切時堅守正念遠離諸酒衆放逸處是第五支何以故彼雖安住正憶念支謂我今住決定齋戒若為諸酒所醉便發狂乱不自在轉令於此中若苾芻尼律儀若正學勤策勤策女律儀皆在出家品所攝故當知攝屬苾芻律儀若近事女律儀墮在家品故相似學所顯故當知攝屬近事律儀問何故世尊於苾芻律儀中制立苾芻勤策二衆律儀於苾芻尼律儀中制立苾芻尼正學勤策女三衆律儀荅由彼母邑多煩惱故令漸受學苾芻尼律儀若於勤策女少分學處深生喜樂次應授彼正學所有學處若於正學多分學處深生愛樂不應率尒授彼具足必更二年久處習學若深愛樂然後當授彼具足戒如是長時於少學處積修學已次方有力能受廣大衆多學處然後於苾芻尼律儀能具修學問何故於勤策律儀中增離金銀非於近住律儀耶荅由彼勤策在出家衆攝夫出家者於二種處極非淨妙一者墮欲樂邊憙戲嚴身所行所受皆隨所樂二者畜積財寶為除斷初非淨妙處施設遠離歌儛伎樂乃至非時而食為斷第二非淨妙處施設遠離執受金銀由彼金銀一切財寶之根本故又最勝故問何故於勤策律儀中遠離歌儛伎樂及塗飾香鬘制立二支於近住律儀中合為一支耶荅諸在家者於此處所非不如法諸出家者極不如法是故於在家者就輕捴制為一學處云何令彼若習違犯尋自懇責合一發露不由二種諸出家者於此一處說重別制以為兩支云何令彼若起違犯便自懇責二種發露不但由一

問何故不許扇搋迦半擇迦出家及受具足戒耶荅由此二種若置苾芻衆中便染女過若置苾芻尼衆中因摩觸等便染男過由不應與二衆共居是故不許此類出家及受具足又由此二煩惱多故性煩惱障極覆障故不能發起如是思擇彼尚不能思擇思擇令其戒蘊清淨現行何況當證勝過人法是故不許彼類出家及受具戒又彼衆中好人難得亦難觀察問何故此二雖受歸依亦能隨受諸近事男所有學處而不得名近事男耶荅近事男者名能親近承事苾芻苾芻尼衆彼雖能護所受律儀而不應數親近承事苾芻苾芻尼衆苾芻苾芻尼等亦復不應親近攝受若摩若觸如是種類又亦不應如近事男而相親善是故彼類不得名近事男然其受護所有學處當知福德等无老別復次云何非律儀非不律儀謂除如先所說律儀不律儀業所有善不善等身語意業當知一切皆是非律儀非不律儀業所攝問諸有律儀若由自受若由他受若從他受若自然受如是所受律儀所獲福德為有勝劣差別不耶荅若等心受亦如是持當知无有差別

問由幾因緣雖樂欲受苾芻律儀而

不應授苾芻律儀略由六因一意樂損害二依止損害三男形損害四白法損害五繫屬於他六為護他故若有為王之所逼錄或為強賊之所逼錄或為債主之所逼迫或由怖畏之所逼迫或畏不活彼如是思我處居家難可存活是諸苾芻活命甚易我今應往苾芻衆中詐現自身與彼同法易當活命彼由如是諂詐意樂既出家已雖懷恐怖守護奉行隨一學處勿諸苾芻與我同止知我犯戒便當驅擯然彼意樂被損害故不名出家受具足戒如是名為意樂損害若復有人作如是思我處居家難可活命要當出家方易存濟如諸苾芻所修梵行我亦如是乃至命終當修梵行如是出家者不名意樂損害雖非純淨非不說名出家受具若有身帶癰腫等疾如遮法中所說病狀如是名為依止損害由彼依止被損害故雖復出家然無力能供事師長彼由如是无力能故所受師長同梵行者供事之業及受純信施主衣服飲

食等淨信施物此之二種淨信所施彼極難消不應受用令彼退減諸善法故是故依止被損害者不應出家受具足戒若扇搋迦及半擇迦名男形損害不應出家受具足戒當知因緣如前已說又半擇迦略有三種一全分半擇迦二一分半擇迦三損害半擇迦若有生便不成男根是名全分半擇迦若有半月起男勢用或有被他於已為過或復見他行非梵行男勢方起是名一分半擇迦若被刀等之所損害或為病藥若火呪等之所損害先得男根令被斷壞既斷壞已男勢不轉是名損害半擇迦初半擇迦名半擇迦亦扇搋迦第二唯半擇迦非扇搋迦第三若不被他於已為過唯扇搋迦非半擇迦若有被他於已為過名半擇迦亦扇搋迦若造無間業汙苾芻尼外道賊住若別異住若不共住是名白法損害不應為受具足戒所以者何彼由上品无慙无愧極垢染法令慙愧等所有白法極成劣薄若諸王臣若王所惡若有

造作王不宜業若被債主之所拘執若他僕隸若他劫引若他所得若有諍訟若為父母所不聽許是名繫屬於他不應為受具戒若變化者為護他故不應為受具戒所以者何或有龍等為受法故自化己身為苾芻像求受具戒若便為彼受具戒者彼睡眠時便復本形既睡悟已作苾芻像假想苾芻若守園者若近事男率尒往趣見彼身形如是變已便於一切真苾芻所起增惡心謂諸苾芻皆非人類誰能敬事施彼衣食勿令他人得此惡見是故為隨護他不應為彼受具足戒由此六因不應授彼苾芻律儀又除關減能作羯磨阿遮利耶鄔波拕耶住清淨戒圓滿僧衆間由幾因緣不應授彼近事男律儀答略由二因一意樂損害故二男形損害故若意樂損害者當知一切不應為受若男形損害者或有為受然不得說名近事男不說因緣前已具辯若近住律儀當知唯由意樂損害不應為受何以故或有隨他轉故或有為

得財利恭敬詐稱欲受近住律儀然彼實無求受意樂當知是名意樂損害若无如所說不應受因緣當知應受如前所說所有律儀

問有幾因緣苾蒭律儀受已還捨荅或由捨所學處故或由犯根本罪故或由形没二形生故或由善根斷故或由棄捨衆同分故苾蒭律儀受已還捨若正法毀壞正法隱没雖无新受苾蒭律儀先已受得當知不捨所以者何由於尒時𥟖劫正起無一有情不損意樂能受具戒既當有證沙門果者若近事男律儀當知由起不同分心故善根斷故棄捨衆同分故受已還捨若正法隱没時如苾蒭律儀道理當知近事男律儀亦尒若近住律儀當知由日出巳後或由發起不同分心或於中間捨衆同分雖巳受得必復還捨

復次云何無想定謂巳離遍淨貪未離上貪由出離想作意為先故諸心心所唯滅静唯不轉是名无想定此是假有非實物有當知差別略有三種一下品修二中品修三上品修若下品修者於現法退不能速疾還引現前若生无想有情天中所得依身不甚清淨威光赫弈形色廣大如餘天衆定當中夭若中品修者雖現法退然能速疾還引現前若生無想有情天中所感依身雖甚清淨光明赫弈形色廣大然不究竟最極清淨雖有中夭而不决定若上品修者必无有退若生無想有情天中所感依身甚為清淨威光赫弈形色廣大又到究竟最極清淨必無中夭窮滿壽量後方殞没

復次若由此因此緣所有生得心心所滅是名無想

復次云何滅盡定謂巳離无所有處貪未離上貪或復巳離由止息想作意為先故諸心心所唯滅静唯不轉是名滅盡定此定唯能滅静轉識不能滅静阿頼耶識當知此定亦是假有非實物有此定差別略有三種下品修等如前巳說若下品修者於現法退不能速疾還引現前中品修者雖現法退然能速疾還引現前上品修者畢竟不退有學聖者能入此定謂不還身證無學聖者亦復能入謂俱分解脫前无想定非學所入亦非無學何以故此中無有慧現行故此上有勝寂静住及生故又復此定不能證得所未證得諸勝善法由是稽留誑幻處故

復次虛空云何謂唯諸色非有所顯是名虛空所以者何若處所行都無所得是處方有虛空想轉是故當知此唯假有非實物有

復次云何非擇滅謂若餘法生緣現前餘法生故餘不得生唯滅唯静名非擇滅諸所有法此時應生越生時是假有非實物有所以者何此无有故彼於此時終不更生是故此滅亦餘自相可得故此法種類非離繫故

復於餘時遇緣可生是故非擇滅非一向决定若學見跡於那落迦二生北拘盧洲无想天若女若扇搋迦若半擇迦無形二形等生及於後有若愛若願所得非擇滅當知一向决定由

學見迹嘗不於後有起希願纏發生後有唯除未無餘永害愛種子故

問何因緣故名心不相應耶答此是假想於諸事中為起言說於有色等二種俱非於有見等二種俱非如是廣說安立道理一切當知

如是已說六種善巧謂蘊善巧乃至根善巧云何應知是諸善巧廣建立義

復次嗢拕南曰

自性義差別 次第攝依止

問何等是色自性答略有十一謂眼等十色處及法處所攝色又摠有二謂四大種及所造色如是一切皆變㝵相

問何等是受自性答略有六種謂依眼等六觸所生此復二種若色為依名身受無色為依名心受何以故由前五根皆色性故問若前五根皆是色性依眼等受名身受者何故眼等非唯是身答由相異故所以者何眼等五根展轉相異問若眼等根其相異故非皆身相依彼諸受由是因緣應非身受答餘有色根不離身故說彼為名此復何過問若不離身故无過者意根亦尒不離身轉依意根受應名身受是即一切皆是身受无心受耶答諸有色根定不離身意即不尒故無有過所以者何生无色界有情意根離身而轉是故五根所生諸受名身受唯依意者獨名心受故摠說二謂身心受又一切受皆領納相

問何等是想自性答此亦六種如前應知又想有六一有相想二无相想三狹小想四廣大想五無量想六无所有想又略有二一世間想二出世想狹小想者謂欲麤想廣大想者謂色麤想無量想者謂空識無邊處麤想无所有想者謂無所有處麤想即此一切名有相想無相想者謂有頂想及一切出世間學无學想又一切想皆等了相

問何等是行自性答此亦六種如前應知又此行相由五種類令心造作一為境隨與二為合會三為彼別離四能發雜染業五令心自在轉又此行相略有三種一者善行二不善行三無記行又一切行皆造作相

問何等是識自性答略有六種所謂眼識乃至意識是識自性差別又識有三種一領受差別二採境差別三分位差別領受差別有三採境差別有六分位差別有三如是識蘊差別摠有十八自性應知是名諸蘊自性

復次蘊義云何為顯何義建立諸蘊謂所有色若去来今乃至遠近如色乃至識亦尒如是摠略攝一切蘊積聚義是蘊義又由諸蘊唯有種種名性諸行當知為顯无我性義建立諸蘊

復次云何色蘊差別略由六種一由事故二由相故三由識執不執故四由識空不空故五由想所行故六由邊際故事者謂所有諸色皆是四大種及四大種所造相者略有三種一清淨色二清淨所取色三意所取色又變㝵相是色共相識執不執者若識依執名執受色此復云何謂識所託安危事同和合生長又此為依能生諸受與此相違非執受色識空不空者若識不空名同分色空此與識

等義轉故若識空者名彼同分色似自相續而隨轉故想所行者謂緣色想略有三種一者色想二有對想三別異想色相亦三一有光影相二擬方處相三積集住相如是三相隨其次第三想所行取青等相名為色想能取行身名有對想能取男女舍田等假名別異想是名想所行差別邊際者謂色邊際略有二種一墮下界謂欲麤色二墮中界謂色麤色當知此中就業增上所生諸色說無色界無有諸色非就勝定自在色說何以故由彼勝定於一切色皆得自在諸定加行令現前故當知此色名極微細定所生色

復次云何受蘊差別略由五種一由事故二由相故三由生故四由觀察故五由出離故事者謂領納及順領納法相者謂自相及共相自相有三樂受苦受不苦不樂受樂受壞苦故苦苦受苦苦故苦不苦不樂受行苦故苦由此因緣諸所有受皆說名苦是名受共相生者謂一切受十六觸

所生何等十六謂眼觸耳觸鼻觸舌觸身觸意觸有對觸增語觸順樂受觸順苦受觸順不苦不樂受觸愛觸恚觸明觸无明觸非明非無明觸由所依及所取境故建立六觸及有對觸由分別境故建立增語觸由領納境故建立順樂受等觸由染淨故建立愛恚明無明非明非無明觸是名受生差別觀察差別者一切如來應正等覺出現世間皆於諸受起八種觀謂受有幾種誰為受集誰是受滅誰是受集趣行誰是受滅趣行誰是受愛味誰是受過患誰是受出離如是觀時如實了知受有三種觸集故受集應知如經分別廣說如是八種觀察諸受當知略顯自相觀現法轉因觀彼滅觀後法轉因觀彼滅觀彼二轉因觀彼二轉滅因觀及清淨觀是名觀察差別出離者謂初靜慮出離憂根第二靜慮出離苦根第三靜慮出離喜根第四靜慮出離樂根於無想界出離捨根是名出離差別

復次云何想蘊差別略由五種一由

事故二由相故三由顛倒故四由无顛倒故五由分別故事者謂取所緣相及隨順彼法相者自相有六種如前應知等了相是共相是名相差別顛倒差別者謂諸愚夫无所知曉隨逐無明起不如理作意於所緣境无常計常取相而轉是名想倒如於無常計常如是於苦計樂於不淨計淨於無我計我此想顛倒諸在家者能發心倒一分出家者能發見倒是名顛倒差別此想顛倒復有差別謂於四事邪取其相是名想倒若由如是等了相故於境貪著是名心倒若由如是等了相故有執著者於顛倒事堅執忍可開示建立是名見倒无顛倒差別者謂諸聖弟子於聖教有所曉了隨智慧明起如理作意於所緣境無常知無常苦知是苦不淨知不淨无我知无我正取相轉是名想無顛倒心无顛倒見無顛倒是名无顛倒差別分別差別者略有五種想分別相一境界分別二領納分別三假設分別四虛妄分別五實義分別若於境界取

隨味相名境界分別執取境界所生諸受名領納分別若於自他取如是名如是類如是姓等種種世俗言說相名假設分別於諸境界取顛倒相名虛妄分別於諸境界取无倒相名實義分別如是総名想蘊差別

復次云何行蘊差別亦由五相一由境界故二由分位故三由雜染故四由清淨故五由造作故由境界者謂於行蘊立六思身由分位者謂立生等不相應行由彼生等唯有分位所顯現故由雜染者謂於雜染諸行建立煩惱及隨煩惱由清淨者謂於清淨諸行建立信等由造作者謂如前說五造作相為境隨與等

瑜伽師地論卷第五十三

瑜伽師地論卷第五十三

校勘記

一 底本，金藏廣勝寺本。

一 八七九頁中一五行第一二字「音」，資、磧、普、南、徑、清作「意」。

一 八七九頁中一八行第二字「從」，諸本作「徙」。

一 八八〇頁上一七行第二字「他」，石作「自」。

一 八八〇頁上一七行第六字「自」，石作「他」。

一 八八〇頁中七行第一一字「煞」，資、磧、普、南、徑、清作「殺生」。

一 八八〇頁下一九行首字「不」，資、磧、普、南、徑、清作「不以」。

一 八八一頁上一行第八字「大」，普作「太」。

一 八八一頁中一行第八字「三」，諸本作「二」。

一 八八一頁中一行「静慮」，徑、清作「淨慮」。

一 八八一頁中七行首字「能」，諸本作「能行」。

一 八八一頁中一三行第六字「勿」，資、磧、南、徑、清作「初」。

一 八八一頁中一九行第九字「護」，清作「讚」。

一 八八一頁下一一行第九字「重」，資、磧、普、南、徑、清作「熏」。

一 八八一頁下一七行第一二字「重」，南、徑、清作「熏」。

一 八八二頁中四行「憙戲」，麗作「嬉戲」。

一 八八二頁中一五行末字「二」，資、普、徑、麗作「一」。

一 八八二頁中一九行第七字「[illegible]」，石、資作「搋」；磧、普、南、徑、清、麗作「搋」，下同。

一 八八三頁下四行第六字及五行第六字、一四行首字、二〇行首字、第一一字、末行第二字「受」，石、資、徑、清、麗作「授」。

一 八八三頁下七行第九字「受」，石、

資、徑、麗作「授」。

一　八八三頁下一一行「增惡心」，麗作「憎惡心」。

一　八八四頁上二二行第二字及中一五行首字、一八行第八字「所」，石作「法」。

一　八八四頁中一八行第八字「所」，資作「法」；磧、普、南、徑、清作「所法」。

一　八八四頁下一一行第九字「想」，石、資作「相」。

一　八八五頁上二行第一〇字「愛」，資作「受」；磧、普、南、徑、清作「愛穢」。

一　八八五頁中一二行末字「世」，資、磧、普、南、徑、清作「世間」。

一　八八五頁中一三行第八字「塵」，資、磧、普、南、徑、清作「纏」，下同。

一　八八六頁上四行第五字「相」，石、麗作「想」。

一　八八六頁上二二行第二字「苦」，資、磧、普、南、徑、清作「若」。

一　八八六頁中二二行「無想」，石、資、普作「無相」。

一　八八六頁下一四行「如是」，石作「如是如是」。

瑜伽師地論卷第五十四　悉

彌勒菩薩說

三藏法師玄奘奉　詔譯

攝決擇分中五識身相應地意地之四

復次云何識蘊差別此亦五種應知一由安住故二由雜染故三由所依故四由住故五由異相故

云何安住謂習欲者欲界諸識執外色塵名色安住若清淨天色界諸識執內名色名俱安住無色界識唯執內名名名安住是名識安住差別

云何雜染差別謂諸愚夫由二種門識被染汙一於現法中由受用境界門二於後法中由生老等門是名識雜染差別

云何所依差別謂六所依諸識隨轉謂依眼等六處六識身轉如世間火依糠牛糞薪札等轉是名識所依差別

云何住差別謂四識住如經言有四依取以為所緣令識安住謂識隨住緣色為境廣說如經乃至我終不說此識往於東方乃至四維然我唯

說於現法中必離欲影寂滅寂靜清涼清淨如是已顯經中如來所說諸識住相從此以後我當宣說此相差別謂此經中略顯識住及因緣相識住因緣二種邊際識住因緣二種寂止當知此中若諸煩惱事若屬彼煩惱說名依取應知此二亦名所緣所緣性故有所緣故由彼貪愛為煩惱緣名趣所執事由貪欲等四種身繫為發業緣名緣所緣事彼二隨眠所隨逐故名建立事若諸異生補特伽羅未得猒離對治喜愛由所潤識能取能滿當來內身由此展轉能取能滿不能棄捨諸異生性以於內身能取能滿故於流轉中相續決定是名為住餘住因緣如前應知是名略說住及因緣相有色界識有來有去无色界識有死有生又此二住乃至壽盡又復此二生長增益及廣大義如前應知齊是名為識住邊際及住因緣邊際若復異此而施設者當知唯有文字差別非義差別由所餘義境界無故若他正詰不知何答亦由餘

義境界无故或復有能於後自然如理觀察便自述悶謂我愚癡作如是說若聰慧者於諸色愛乃至行愛所攝貪纏能永斷離於煩惱分所攝發業四身繫纏亦能永斷所以者何由在家衆依貪欲瞋恚二繫發起諸業攝受境界為因故損害有情為因故若出家衆依戒禁取此實執取二繫發起諸業以戒禁取猶如貪欲求生天故此實執取猶如瞋恚謗涅槃故當知四身繫唯在意地分別所生故從此以後由多修習勝對治故復能永斷貪愛身繫二種隨眠由此斷故煩惱所緣色受等境亦不相續以究竟離繫故由此所緣不相續故有隨眠識究竟寂滅於色受等諸識住中不復安住由對治識永清淨故是名識住因緣寂止又由當來因緣滅故於內身分不取不滿決定無有流轉相續是名識住寂止又復對治所攝淨識名無所住由彼因緣故名不生長由善修習空解脫門故名无所為由善修習無願解脫門故名為知足由善修習無相解脫門故名為安住如是不生長故乃至安住故名極解脫又於行等都不執著我及我所由此因緣色等壞時亦不恐怖由此相貌顯彼自體已得清淨又由彼識永清淨故不待餘因任運自然入於寂滅此識相續究竟斷故於十方界不復流轉於命及死不希求故名永離欲又所有受是識樹影彼於尒時不復有故名永離影諸有漏識於現法中畢竟滅盡故名寂滅諸无漏識隨其次第有學解脫名為寂靜無學解脫名曰清涼餘依永滅故說清淨又復諸識自性非染由世尊說一切心性本清淨故所以者何非心自性畢竟不淨能生過失猶如貪等一切煩惱亦不獨為煩惱因緣如色受等所以者何以必無有獨於識性而起染愛如於色等是故唯識不立識住是名識蘊由住差別

云何異相差別謂有貪心離貪心有瞋心離瞋心等如經廣說乃至不解脫心極解脫心是名一門異相差別

復有約界異相差別謂欲界有四心善心不善心有覆无記心無覆无記心色界有三心除不善无色界有三心亦除不善無漏有二心有學及无學又欲界善心有二種謂加行及生得無覆無記心有四種異熟生心威儀路心工巧處心及變化心此唯是生得謂天龍藥叉等然无修果心於色界中無工巧處心無色界亦尒當知善心如下上亦尒一切處有又有約種異相差別謂欲界有五心一見苦所斷心二見集所斷心三見滅所斷心四見道所斷心五修道所斷心如欲界有五心如是色无色界各有五心并無漏心摠為十六初異相心差別義我當分別一切有情略有三品一未發趣定品二雖已發趣未得定品三已得定品此復二種一不清淨二極清淨於初品中或時起染汙心由貪等纏繞彼心故或時起善無記心由貪等纏暫遠離故第二品中或時令心於內靜息或時失念於五妙欲其心馳散或時極靜息故便為

惛沉睡眠纏覆其心或時為斷彼故於淨妙境安處其心或時於彼不正安處心便掉舉若正安處便不掉舉由沉掉蓋未斷滅故於彼二品俱不寂靜由斷滅故心得寂靜若由如理作意已得根本靜慮名定心若未得者名不定心道究竟故名善修心斷究竟故名極解脫心與此相違名不善修心及不解脫心從定心已來當知是第三品是名識蘊異相差別

復次云何諸蘊次第謂說差別此復五種應知一生起所作二對治所作三流轉所作四住所作五安立所作生起所作者謂眼色為緣能生眼識乃至意法為緣能生意識此中先說色蘊次說識蘊此則是諸心所所依由依彼故受等心所生故次經言三和故觸觸緣受等是名諸蘊生起所作宣說次第對治所作者為欲對治四顛倒故說四念住謂於不淨計淨顛倒於苦計樂顛倒於無我計我顛倒於無常計常顛倒此中先說色蘊次說受蘊次說識蘊後說想行二蘊是名對治所作宣說次第流轉所作者根及境界為依止故於現法中由二種蘊受用境界起諸雜染謂領納境界及彩畫境界由一種蘊造作一切善不善業於後法中起生老等一切雜染一是所染故最後說住所作者由四識住及識次第而說是名住所作安立所作者謂諸世間于相見巳先了其色是故先立色蘊次由受蘊知彼進退或苦或樂是故次立受蘊次由想蘊知彼如是名如是類如是性等是故次立想蘊次由行蘊知彼如是愚癡如是聰叡是故次立行蘊後由識蘊安立內我謂於諸蘊中安立所了有苦有樂隨起言說及愚智等是名諸蘊安立所作宣說次第又復依止我衆具事及我事故應知諸蘊宣說次第謂我依身於諸境界受用苦樂於巳於他隨起言說謂如是名如是種類如是性等此之二種依法非法方得積集如是應知我衆具事當知最後蘊是我事

復次色蘊攝幾蘊幾界幾處幾有支幾處非處幾根耶如色蘊如是乃至識蘊謂色蘊攝一蘊全十界十處全一界一處少分六有支少分處非處少分七根全受蘊攝一蘊全一界一處少分一有支全三有支少分處非處少分五根全三根少分想蘊攝一蘊全一界一處少分三有支少分處非處少分不攝諸根行蘊攝一蘊全一界一處少分四有支全五有支少分處非處少分六根全三根少分識蘊攝一蘊全七界全一處全一有支全四有支少分處非處少分一根全三根少分如是有六種攝所謂蘊攝乃至根攝由此相攝道理展轉相攝如應當知

復有餘十種攝應當了知一者界攝謂諸蘊等各自種子所攝二者相攝謂諸蘊等自相共相所攝三種類攝謂諸蘊等遍自種類所攝四分位攝謂諸蘊等順樂受等分位所攝五不相離攝謂諸蘊等由一一法及諸助伴攝一切蘊等六者時攝謂諸蘊等過去未來現在各自相攝七者方攝

謂諸蘊等在此方轉或依此生即此方攝八者全攝謂諸蘊等五等所攝九少分攝謂諸蘊等各各差別少分所攝十勝義攝謂諸蘊等真如相所攝如是諸蘊一切攝義揔有十六如蘊乃至根亦尒又由三法攝一切法謂色蘊法界意處復次依止幾處色蘊轉耶依止幾處名所攝四蘊轉耶謂依止六處色蘊轉一建立處二覆蔵處三資具處四根處五根住處六有威德定所行處依止七處名所攝四蘊轉一樂欲二希望三境界四尋伺五正知六清淨方便七清淨諸受用欲者依止四處住律儀者精進行者依止一處已得近分定者依止一處安住根本定者依止一處如是七處略有四位應知復次我當先說分別色蘊別一一義然後分別名四蘊義云何分別色蘊嗢拕南曰

物極微生起　安立與流業　刹那獨所行

餘相雜最後

問色蘊中眼幾物所攝荅若攝相攝唯有一物謂眼識所依清淨色若攝

不相離攝則有七物謂即此眼及與身地色香味觸若皆攝界攝則有十物即此七物界及水火風界如眼耳鼻舌當知亦尒此中差別者謂耳耳識所依清淨色鼻鼻識所依清淨色舌舌識所依清淨色餘如前說若身當除眼等四何以故由遠離彼獨可得故此相者謂身識所依清淨色若於外色香味觸彼所行相中除一切根餘一切如前應知聲及聲界不恒有故今當別說若於是處有聲當知此處復增其一應知聲界一切處增復次色等所緣境界如本地分已廣分別若觸處中所說造色滑乃至勇當知即於大種分位假施設有謂於大種清淨性假立滑性於大種堅實性假立重性於大種不清淨不堅實性假立澀性及輕性於大種不清淨懆緣性假立軟性由水與風和合生故假立有冷由闕任持不平等故假立飢渴及弱力由無所闕无不平等故假立強力及飽由不平等變異錯乱不平等故假立病由時分變異不

平等故假立老由命根變異不平等故假立死由血有過患不平等故假立癢由惡飲食不平等故假立悶絶由地與水和合生故假立黏由往来勞倦不平等故假立疲極若遠離彼由平等故假立憩息由除垢等離萎頓故假立勇鋭如是一切說諸大種揔有六位謂淨不淨位堅不堅位懆緩位和合位不平等位平等位如是六位復開為八若八若六平等平等復次一切色乃至觸皆二識所識謂自識所識及意識所識或漸或頓眼等五根一意識所識

復次色界中無現香味然有彼界何以故此二皆是段食攝故由无此二鼻舌二識亦無此就現行說非就界說

如是一切色蘊所攝色中九種是實物有觸所攝中四大種是實物有當知所餘唯是假有墮法處色亦有二種謂實有假有若有威德定所行境猶如變化彼果彼境及彼相應識等境色是實物有若律儀色不律儀色

皆是假有又定所行色若依此繫定
即由此繫大種所造又此定色但是
世間有漏無漏由定而生非出世間
由此定色有戲論行定為因故又非
一切所有定心皆有能生此色功能
唯一類有如能起化謂不思惟但由
先時作意所引離諸闇昧極善清淨
明了現前當知是定乃能生色若定
力勵數數思惟假勝解力而得見者
當知不能生起此色又復此色雖非
出世定之所行然由彼定增上力故
有一能現當知此事不可思議
問欲色二界實物有色何差別耶答
色界諸色清淨寂勝能發光明又極
微細下地諸根所不能行故又無有苦
依彼諸色苦受不生故欲界不尒是
名差別
復次色蘊略由六相應知一自相二
共相三能依所依相屬相四受用相
五業相六微細相自相者謂地等以
堅等為相眼等以各別清淨色為相
共相者謂一切色皆變㝵相能依所
依相屬相者大種為所依造色是能

依受用相者為內色處有所受用增
上力故外色境界差別而生或有色
聚唯有堅生或唯有濕或唯有煖或
唯有動或和合生為欲隨順內諸色
處受用差別故業相者謂地等諸大
種以依持攝受成熟增長為相復有
餘業後當廣說微細相者謂極微相
復次微細性略有三種一損減微細
性二種類微細性三心自在轉微細
性損減微細性者謂分析諸色至寂
細位名曰極微種類微細性者謂風
等色及中有色心自在轉微細性者
謂色無色二界諸色如經說有等心
諸天曾於人中如是如是資熏磨瑩
其心隨此修力住一毛端空量地處
展轉更互不相妨㝵如是等輩應當
思惟觀察色蘊物類差別問諸極微
色由幾種相建立應知答略說由五
種相若廣建立如本地分何等為五
一由分別故二由差別故三由獨立
故四由助伴故五由無分故分別建
立者謂由分別覺慧分析諸色至極
邊際建立極微非由體有是故極微

無生无滅亦非色聚集極微成差別
建立者略說極微有十五種謂眼等
根有五極微色等境界亦五極微地
等極微復有四種法處所攝實物有
色極微有一獨立建立者謂事極微
建立自相故助伴建立者謂聚極微
所以者何於一地等極微處所有餘
極微同聚一處不相捨離是故依此
立聚極微問何因緣故諸有對法同
處一處不相捨離而不說名无對性
耶答隨順轉故由彼展轉相隨順生
不相妨㝵又由如是種類之業增上
所感如是而生何以故一切色聚一
切色根共受用故若異此者一切聚
中非有一切地等諸色不相捨離若
尒眼等諸識境界便不遍滿一切聚
中如是應无遍滿受用是故當知定
有諸色同一處所不相捨離又有諸
色或於是處互相妨㝵或於是處不
相妨㝵如中有色等而彼諸色非无
對性此中道理當知亦尒无分建立
極微者謂非彼極微更有餘分非聚
性故諸聚極微可有細分若極微處

即唯此處更無細分可以分推

問如是所說五相極微復有五眼所謂肉眼天眼聖慧眼法眼佛眼當言幾眼用幾極微為所行境荅當言除肉眼天眼所餘眼用一切極微為所行境何以故以彼天眼唯取聚色中表上下前後兩邊若明若闇必不能取極微處所由極微體以慧分析而建立故

問何故說極微无生無滅耶荅由諸聚色最初生時全分而生最後滅時不至極微位中間盡滅猶如水滴

復由五相應知名不如理思議極微謂於色聚中有諸極微自性而住應知名初不如理思議極微或謂極微有生有滅或謂極微與餘極微或合或散或謂衆色於極微量積集而住或謂極微能生別異衆多色聚應知名後不如正理思議極微故應方便以如理思思議極微斷此五種非理思議

復次建立極微當知有五種勝利謂由分析一合聚色安立方便於所緣

境便能清淨廣大修習是初勝利又能漸漸薩迦耶見是第二勝利如能漸斷薩迦耶見如是亦能漸斷憍慢是第三勝利又能漸伏諸煩惱纏是第四勝利又能速疾除遣諸相是第五勝利如是等類應當如理思惟極微

復次略說色物生當知有五種何等為五一依止生二種子生三勢引生四攝受生五損減生

云何依止生謂於所依大種處所有餘所造色生故如是說由四大種造所造色是同一處攝持彼義又若於此色積聚中有微大種及所造色自相可得當知此中即有彼法若於此處彼法自相都不可得當知此處无有彼法是名摠建立有非有相若有說言於此處所彼法自相雖不可得然必有者今於問彼此不可得與可得者為物是等為不等耶若物等者物既是等而不可得不應道理若不等者為即此量說物不等為據威勢說不等耶若即此量說不等者少分

自相亦不可得不應道理若據威勢說不等者離彼自相有餘威勢不可得故不應道理如是等類當知名依止生

云何種子生謂所有色各從自種子所生如堅硬聚或時遇緣便生流濕流濕遇緣復生堅硬不煖生煖煖復生冷不動生動動生不動如是好色惡色等差別應知由如是等雖无自相然有其界從彼彼聚彼彼色法差別而生如是等類當知名種子生

云何勢引生謂內色根增上力故外分差別相續而生謂器世界等又由先業勢所引故內諸色處差別而生又復諸天或現前欲或不現前欲及北拘盧洲所有資具當知多分勢引而生差別而轉人中相續生者唯有器世界如是等類當知名勢引生

云何攝受生謂遇彼彼攝受緣故彼彼色法展轉增益勝上而生猶如水等潤萌牙等如是等類名攝受生與此相違應知名損減生

復次諸聚色生時如種種物石磨為

末以水和合團雜而生非如巨勝麦豆等聚何以故隨彼生因增上力故如是而生為有用故

問若一切行皆自種子所生何因緣故說諸大種造所造色荅由彼變異而變異故彼所建立及住持故由三因緣大種變異令所造色變異而轉一士夫用故二業所作故三由勝定故士夫用者謂由地大所打觸故器老別故由老別故令所造色變異可得或由水所潤等火所熟等風所燥等令所造色變異可得當知是名由彼大種士夫用故令所造色變異而生業所作者隨業勢力先大種生後隨彼力色變異生是名業所作故由勝定者勝定力故先起大種然後造色變異而生當知是名由勝定故大種變異因此造色變異而生

復次略由五緣所有大種令其異果轉成異果何等為五一大種力故二士夫用力故三明呪力故四神通力故五業所作力故

問從此沒已何因何緣中有色聚續得生耶荅當知此色用自種子為因感生業為緣

問何因得知有中有耶荅從此沒已若無所依諸心心所无有道理轉至餘方故不應如響唯戲乱故不應如影彼不滅故亦不應說如取所緣非行往故由如是等所說辟喻不應道理是故當知定有中有如是等類應當思惟色蘊生起

復次色蘊生時誰為先首據其處所依此處所餘色轉耶當知大種先據處所後餘造色依此處轉唯諸大種於此處所現前障㝵所餘造色自相遍滿當知由彼勢力任持有所據㝵

復此地等諸四大種隨其次第麁顯應知謂地界及果能持㝡勝水火風等流潤燒然動搖等業依止彼故方得流轉

復次諸聲纔宣發已尋即斷滅故於色聚中不恒相續又此音聲依質生時質處及外俱頻可得隨所聞處於此處所遍滿頻起如焰光明非漸漸生展轉往趣

復次風有二種謂恒相續不恒相續諸輪行風名恒相續在空行者名不恒相續在物行者名恒攝受又當知風機関運轉名恒相續所餘當知非恒相續

問何等名空界荅明闇所攝造色說名空界此亦二種一恒相續二不恒相續若諸有情所居處所常闇常明名恒相續餘不介處非恒相續當知此亦依止色聚又此空界光明攝者名為清淨隟穴攝者名不清淨

問諸長短等所說形色當言實有為假有耶荅當言假有何以故積集而住故名為形唯有衆色積集可得餘形色相不可得故又必相待相待之法有自性者彼法便有雜乱過失又如車等彼覺可壞故

復次法處所攝勝定果色中當知唯有顯色等相何以故於彼香等生因闕故又無用故如是於空行風中无有俱生香等唯有假合者又離輪外所發光明所餘大種及與香等皆不可得又法處所攝勝定果色當知此

色唯依勝定不依大種然從緣彼種類影像三摩地發故亦說彼大種所造非依彼生故名為造

問於色蘊中幾法由有見有對故住幾法由無見有對故住幾法由无見無對故住荅一由二種謂眼所行餘唯有對除法處所攝色當知此色无見無對如是等類應當思惟色蘊安立

復次色蘊由幾種流而相續轉謂由三種一等流流二異熟生流三長養流初等流流復有四種一異熟等流流二長養等流流三變異等流流四本性等流流異熟流者復有二種一者最初二者相續謂業生異熟及異熟所生謂即從彼業力所引異熟後時轉者長養流者亦有二種一處寬遍長養流二相增盛長養流初長養流唯色長養當知由食睡眠梵行等至長養諸色餘長養流當知亦由食故彼所依故修勝作意故長時淳熟故而得長養諸有色法由二長養之所長養諸無色法唯相增盛說名長養又欲界色具由四食及餘一切長

養因緣而得長養色界諸色不由段食睡眠梵行而得長養又諸色根當知由二種流而得流轉以諸色根離異熟長養相續流外無別等流流問異熟相續有時亦有增長廣大可得何故異熟攝流非即長養耶荅由別有長養相續能攝能持異熟等流流故現有增長等若非根所攝色當知具三種流諸心心所有等流流異熟生流第二長養所長養流法處所攝色無異熟生流餘如心心所應知又欲界中具有內外諸色成熟於色界中遠離香味又欲界中諸色根成熟或具不具於色界中必具諸根又諸聲界亦有異熟非聲如是等類應當思惟色蘊流義復次色蘊所攝地界能為幾業乃至風界能為幾業當知一切皆為五業謂地界能為打觸變壞業建立業與依止業違損業攝受業水界能為流潤業攝持業溉灌業違損業攝受業火界能為照了業成熟業燒然業違損業攝受業風界能為發動業隨轉業消燥業違損業攝

受業又諸大種於所生造色當知能作五業謂生起業依止業建立業任持業增長業於彼彼變異生時能為導首故變異生已與彼為處不相捨離能為依止故攝受損害安危共同能建立彼故持彼本量令不損減故能任持令彼積集增進廣大故能增長

問眼耳所行善不善色彼何因緣成善等性非餘色耶荅若略說由軟中上品三種思差別故一加行思二決定思三等起思由此能起若善不善身語表業當知上品思為依止故能發善不善業

問依止聚色而有運動當言與彼異不異耶荅當言不異何以故於彼處所若生不生或滅不滅而有運動皆有過失可得故問有何過失荅若言生而有動便越剎那相若言不生便應無動若言滅者應與餘等若言不滅便越待相又於異處生起因緣分明可得是故當知無別運動實物可得如是等類應當思惟色蘊作業

復次一切色蘊當言皆是剎那滅性

何以故諸行纔生尋即壞滅現可得故又不應謂能生之因即是滅因其相異故又法生已餘停住因不可得故是故當知一切諸行皆任運滅由此道理剎那義成若謂火等是滅壞因不應道理何以故由彼火等與彼諸行俱生俱滅現可得故唯能為彼變異生緣說有作用又謂壞滅是壞滅因不應道理何以故與彼俱生不應理故若彼生時即有壞滅便成相續斷壞過失又唯自性滅壞說名為滅而言能為滅因不應道理若言別有滅壞自性離彼法外別有滅相畢竟不可得故不應道理若謂火等為滅助伴方能滅者於燈電等及心心所任運滅中不可得故不應道理若謂生彼有別功能此差別不可得故不應道理若謂二種於一處所有滅功能即應二種俱於兩分有滅功能或無功能有過失故不應道理如是等類應當思惟色溫剎那滅義謂由任運壞滅因故遮計火等為滅因故遮計滅相為滅因故遮計二種為滅因故如是等類盡當了知又一切行是心果故當知如心皆剎那滅

復次所造色於諸大種當言有異相耶當言無異相耶謂有異相何以故異相可得故此中異相者謂異根所行故所以者何由餘色根能取大種復由餘根取所造色故又可運轉不可運轉現可得故謂從衆花運轉香氣置巨勝中世現可得非彼堅等而可運轉又變異不變異現可得故謂煎蘇等中有色味等變異差別可得非彼堅等是故當知大種造色其相有異若於異相而執為一於諸大種亦應尒耶由諸大種其相展轉相異故若許尒者應當唯有一大種耶是故當知諸所造色望彼大種定有異相如是等類應當思惟諸大種色獨非獨相

復次諸色所攝法幾是根性幾是所行性謂五是根性六是所行性問何等所行境是根所行耶荅若根不壞等如本地分中已廣說謂由依處故或由相故或由方故或由時故或由明了不明了故或由全事一分事故問由幾因緣說諸根壞及不壞耶荅由二因緣一由羸損故二由全壞故與此相違當知不壞又略由四緣諸根變異一由外緣所生謂由受用攝受損壞外境界故或由他輩所損益故二由內緣所生謂由各別不如理作意所生貪等諸纏煩惱故或由如理作意所生三摩鉢底等故三由業緣所生謂由先業增上緣力感得端正醜陋等故四由自體變異所生謂彼諸根自相差別故問由幾因緣意根壞耶荅由四因緣一由蓋所作謂於五蓋中隨由一蓋覆蔽其心二由散亂所作謂由鬼魅嬈亂其心三由未證所作謂彼內心猶未證得靜慮無色勝品功德然於其中強發作意四由未解所作謂於多聞工巧等事心未純熟強施方便

云何色等境界望彼諸根名為現前謂色於眼非合非闇非極細遠亦非有障名為現前要唯有見有明無障在可行處乃名現前又於一眼雖闇

障色亦名現前聲於耳根亦必非合非極細遠得名現前有障无障若明若闇在可行處皆名現前香味觸三於鼻舌身唯合能取在可行處乃名現前所行境界若諸天眼唯照有見有障無障若明若闇若近若遠皆名現前然在可行處非不可行處若聖慧眼一切種色皆是所行

問如本地分說六種所行性此何差別耶答初所行性謂有情世間所攝色及器世間所攝色第二所行性謂由三自性自性差別故相差別故作用差別故分位差別故色相差別者謂青黃赤白等乃至廣說作用差別者謂有表無表律儀不律儀非律儀非不律儀所攝作用分位差別者謂可意不可意色及順捨處色聲相差別者謂執受大種為因非執受大種為因執受非執受大種為因作用差別者謂語表業分位差別者如前應知香相差別者謂根莖皮實花葉果香作用差別者謂香味觸皆无作用分位差別如前應知味相差別者謂甘苦等如前已說觸相差別亦如前說多種應知第三所行性謂東南西北等方維差別應知第四所行性謂過去未來現在差別應知第五所行性謂取實不實差別應知第六所行性謂取一分事或遍滿事差別應知如是等類是名諸色境界現前差別應知

云何名為能生作意謂由所依不壞故境界現前故所起能引發心所如是等類應當思惟色蘊所行相

復次在欲界者依欲界身發起色界大種現前彼諸大種云何與下界色共住為異處耶非異處耶當言如水處沙非住異處如是等類應當思惟色蘊不相雜相

瑜伽師地論卷第五十四

瑜伽師地論卷第五十四

校勘記

一 底本，金藏廣勝寺本。

一 八八九頁中四行末字「四」，石作「一」。

一 八八九頁中五行第九字「此」，磧、普作「比」。

一 八八九頁下一〇行第一三字「眠」，石作「眼」。

一 八八九頁下二一行「施設」，磧、南作「施說」，下同。

一 八九〇頁下八行第三字「謂」，石作「諸」。

一 八九一頁上一六行「心所」，石作「心法」，下同。

一 八九一頁中一行第五字「所」，磧作「染」。

一 八九二頁上一七行末字至一八行首字「分別」，石作「一一」。

一 八九二頁上一八行「別一一義」，資、磧、普、南、徑、清、麗作「一一別義」，石作「別分別義」。

一 八九二頁上一八行「名四薀」，石、資、磧、普、南、徑、清作「四蘊名」。

一 八九二頁上二〇行「極微」，石作「微細」。

一 八九二頁中一九行第二字「緣」，諸本作「緩」。

一 八九三頁上一五行第九字「能」，資、磧、普、南、徑、清、麗無。

一 八九三頁中二一行第一〇字「分」，資、磧、普、南、徑、清作「分別」。

一 八九四頁上一五行第五字「如」，資、磧、普、南、徑、清作「如正」。

一 八九四頁中一四行第七字「微」，諸本作「彼」。

一 八九四頁中一七行第一三字「若」，磧作「非」。

一 八九四頁中一九行第六字「於」，諸本作「應」。

一 八九四頁下一〇行第一〇字「彼」，磧、普作「波」。

一 八九五頁上四行末字「緣」，磧作「欲」。

一 八九五頁上六行第一〇字「住」，諸本作「任」。

一 八九五頁上九行第三字「夫」，磧、普作「大」。

一 八九五頁上一〇行第四字「由」，麗作「田」。

一 八九五頁中一五行第二字「此」，資、磧、普、南、徑、清、麗作「次」。

一 八九六頁上一七行「二相」，磧、普、南、徑作「一相」。

一 八九七頁中八行「花運」，磧、普、南、徑、清作「運華」。

一 八九八頁中一六行末字「相」，石、麗作「住」。

瑜伽師地論卷第五十五

彌勒菩薩說

三藏法師玄奘奉　詔譯

攝决擇分中五識身相應地意地之五

如是已思擇色蘊我次當說名所攝四無色蘊隨所應建立相如本地分立一心相令先顯示如世尊言若有衆生於如來所但發一心及一言說善逝大師善逝大師如是發心我尚說彼於諸善法多有所作何況身語如其心量隨順奉行又如是言由一淨心當往善趣如是等類當知此中依轉所攝相續一心由世俗道名發一心又依世俗相續道理名發一語及發身業問有分別心无分別心當言同緣現在境耶為不同耶荅當言同緣現在境界何以故由三因故謂極明了故於彼作意故二依資養故

問染心生時當言自性故染為相應故為隨眠故荅當言相應故隨眠故非自性故若彼自性是染汙者應如貪等畢竟不淨若尒大過由彼自性不染汙故說心生時自性清淨問諸煩惱纒於心二種染汙因中當言何等荅當言相應問此中何等說名隨眠荅諸煩惱品所有麁重不安隱性又持諸行令成苦性是故聖者由行苦故現觀為苦於諸行中安住苦觀云何觀耶如毒熱癰乃至廣說如有尋有伺地應如是觀

復有三種染惱心法當知普攝一切染惱所謂業染惱受染惱煩惱染惱初二染惱唯欲界繫冣後染惱通三界繫問何等名為心煩惱縛荅一切隨眠問何等名業縛荅樂著事業名為業縛又於三處為障㝵業亦名業縛謂於出離心於得出離喜樂於得聖道又順異熟障業亦名業縛又邪頠業亦名業縛如是四種別開有六捴合為四

問諸識生時與幾遍行心法俱起荅五一作意二觸三受四想五思問復與幾不遍行心法俱起荅不遍行法乃有多種勝者唯五一欲二勝解三念四三摩地五慧

作意云何謂能引發心法觸云何謂三和合故能攝受義受云何謂三和合故能領納義想云何謂三和合故施設所緣假合而取此復二種一隨覺想二言說隨眠想隨覺想者謂善言說人天等想言說隨眠想者謂不善言說嬰兒等類乃至禽獸等想思云何謂三和合故令心造作於所緣境隨與領納和合爭離欲云何謂於彼彼境界隨趣希樂勝解云何謂於彼彼境界隨趣印可念云何謂於彼彼境界隨趣明記三摩地云何謂於彼彼境界隨順趣向為審慮依心一境性慧云何謂於彼彼境界隨順趣向簡擇諸法或如理觀察或不如理觀察或非如理非不如理觀察復次作意為何業謂於所緣引心為業觸為何業謂受想思所依為業受為何業謂受生所待為業想為何業謂於所緣令心彩畫言說為業思為何業謂發起尋伺身語業為業欲為何業謂發生勤勵為業勝解為何業謂於所緣功德過失或俱相違印持為業念為何業謂於久所思所作所說記憶為業三摩地為何業謂智所依為業慧為何業謂於言論所行染汙清淨隨順考察為業

問此不遍行五種心法於何各別境事生耶答如其次第於所愛決定串習觀察四境事生三摩地慧於最後境餘隨次第於前三境問諸名所攝與心相應所餘蘊法當言率尒起耶尋求耶決定耶答若依彼彼類心當言即彼類

問如經言此四無色蘊當言和合非不和合不可說言如是諸法可分可析令其差別何故彼法異相成就而說和合無差別耶答衆多和合於所緣境受用領解方圓滿故若不尒者隨闕一種於所為事應不圓滿

問諸心心法凡有幾種差別名耶答有衆多名謂有所緣相應有行有所依等無量差別問何故眼等亦有境界而但說彼名有所緣非眼等耶答由彼眼等離所取境亦得生起心與心法則不如是問何故名相應答由事等故處等故時等故所作等故問何故名有行答於一所緣作无量種差別行相轉故問何故名有所依答由一種類說衆所依差別轉故雖有為法無無依者然非此中所說依義唯恒所依為此量故

問何故樂望苦受苦望樂受若樂若苦望非苦樂說互相對答由自種類而不同分互相對故問何故不苦不樂受望彼無明說互相對答由與諸受一切煩惱皆為助伴互相對故問何故明與无明說互相對答能治所治互相對故問何故明與涅槃說互相對答因果相屬互相對故

云何建立四無色蘊為善不善无記性耶謂一切無差別嗢拕南曰

依處與自性　相應世俗等　軟等事差別
德失能所治

問善法依處有幾種答略說有六一決定時二止息時三作業時四世間清淨時五出世清淨時六攝受衆生時問何等為自性答謂信慚愧无貪無瞋无癡精進輕安不放逸捨不害如

是諸法名自性善問如是諸法乎相應義云何應知荅於决定時有信相應止息雜染時有慙與愧頋自他故善品業轉時有无貪無瞋无癡精進世間道離欲時有輕安出世道離欲時有不放逸及捨攝受衆生時有不害此是悲所攝故問是諸善法幾世俗有幾實物有荅三世俗有謂不放逸捨及不害所以者何不放逸捨是無貪无瞋無癡精進分故即如是法離雜染義建立為捨治雜染義立不放逸不害即是無瞋分故无別實物問何等名軟善根荅諸不定地所有善根或在定地而能對治上品煩惱問何等名中善根荅若在定地世間善根或能對治中品煩惱問何等名上品善根荅謂出世間所有善根或能對治下品煩惱又諸善法或由加行力或由串習力或由自性力或由勇士力或由清淨力當知成上品

問善根生時依幾種事而得生耶荅若略說依八種事一施所成福業事二戒所成福業事三修所成福業事

四聞所成事五思所成事六餘修所成事七簡擇所成事八攝受有情所成事當知此中隨其所應依所說事或於現法或於後法隨為一種貪瞋惡見於心相續先成織染既被染已由彼對治令於是處不復相應

問何等名為善法差別荅或有一種乃至十種如本地分已廣宣說又諸善法或有對治雜染故或有雜染靜息故或有攝受可愛果故或有相續清淨故或有供養靈廟故或有攝受有情故如是等類善法差別應當了知復次善法無有過失有何功德善法功德有無量種謂能淨治心令離煩惱纏及隨眠令於所緣无有顛倒能令善根堅固不退令等流行相續而轉不為自害不為他害不為俱害不生現法罪不生後法罪不生現法後法罪能令受彼所生喜樂能盡生為上首所有衆苦又能增長涅槃勝解能親近彼能令財位無有退失處衆勇猛無懼无畏廣大名稱流布十方為衆聖賢之所稱讚臨命終時不

生憂悔身壞已後生諸善趣於諸善法令無退失能速隨證自所求義如是等類諸善功德無邊无量當盡了知

云何建立諸善對治由十五種謂猒患對治故斷對治故持對治故遠分對治故所欲趣纏對治故非所欲趣纏對治故隨眠對治故軟品煩惱對治故中品煩惱對治故上品煩惱對治故散乱對治故諫悔對治故羸劣對治故制伏對治故離繫對治故

復次諸染汙法二相所顯一本煩惱二隨煩惱今當先說本煩惱後當分別隨煩惱

問本煩惱有幾種依處荅六一與無明俱可意雜染境界二與无明俱不可意雜染境界三與不如理作意俱雜染境界四與無明俱劣等勝有情各別五取蘊得未得顛倒功德顛倒五與無明不如理作意俱聽聞不正法六與无明不如理作意俱於聽正法而生懈怠當知最初欣樂和合依處第二欣樂別離依處第三於境顛倒依處第四陵蔑上慢依處第五邪

執法行依處弟六不修正行不為還
滅依處
問煩惱自性有幾種荅有六種一貪
二瞋三無明四慢五見六疑
問何煩惱與何煩惱相應荅无明與
一切疑都無所有貪瞋乎相無此或
與慢見謂染愛時或高舉或推求如
染愛憎恚亦介慢之與見或更相應
謂高舉時復邪推構
問是諸煩惱幾世俗有幾實物有荅
見世俗有是慧分故餘實物有別有
心所性
問是諸煩惱云何建立軟中上品荅
寂後所斷名軟品中間所斷名中品
寂初所斷名上品復由六因諸煩惱
成上品一娌欲所生煩惱性多上品
二串習所生煩惱性多上品三安足
處煩惱謂根熟者性多上品四不可
治煩惱謂無涅槃法者性多上品五
非處加行煩惱謂於尊重福田等所
性多上品六有業煩惱謂正發業者
性多上品
問煩惱生時由幾煩惱事而得生耶

荅貪由十事生一取蘊二諸見三未
得境界四已得境界五已所受用過
去境界六悪行七男女八親友九資
具十後有及無有
問何貪於何事生耶荅隨其次第十
貪於十事生何等為十謂事貪見貪
貪貪慳貪蓋貪悪行貪子息貪親友
貪資具貪有無有貪瞋事亦有十種
一已身二所愛有情三非所愛有情
四過去怨親五未来怨親六現在怨
親七不可意境八嫉妬九宿習十他
見瞋亦有十如其次第依彼而生依
前六事立九惱事緣彼一切瞋皆名
有情瞋餘名境界瞋若不忍為先亦
有情瞋若宿習瞋若見瞋如是十瞋
略有三種一有情瞋二境界瞋三見
瞋無明依七事起一世事二世間安
立事三運轉事四寂勝事五真實事
六雜染清淨事七增上慢事依此七
事起七無知或復十九當知於初事
由三種門生疑惑於第二事由內六
處若外若俱生我我所怨親等見於
第三事由業異熟及俱生作者受者

無因悪因見於第四事誹謗三寶於
第五事誹謗諸諦於第六事起邪解
行於第七事依得自義起增上慢
慢依六事生一劣有情二等有情三
勝有情四內取蘊五已得未得顛倒
六功德顛倒依此六事生七種慢謂
慢過慢等當知二慢依勝有情事生
餘各依一事
見依二事生一增益事二損减事增
益事有四種一我有性增益二常無
常性增益三增上生方便增益四解
脫方便增益損减事亦有四種一謗
因二謗果三謗作用四謗善事當知
此中謂無施與乃至无妙行悪行是
名謗因謂無妙行悪行業果異熟是
名謗果謂无此世間乃至無化生有
情名謗作用所以者何諸士夫用是
此中作用義此士夫用復有四種一
往来用二持胎藏用三置種子用四
後有業用若謂世間无阿羅漢等名
謗善事依此廣略八事二事生於五
見謂薩迦耶見邊執見見取戒禁取
邪見又依六十二事生邊執見及邪

見謂計前際事計後際事如經廣說依此事差別有六十二見疑依六事生一聞不正法二見師邪行三見所信受意見差別四性自愚當五甚深法性六廣大法教

問何等名為煩惱差別荅一切差別略有十五一內門煩惱二外門煩惱三見斷煩惱四脩斷煩惱五可愛趣緾所攝煩惱六非可愛趣緾所攝煩惱七隨眠所攝煩惱八軟品煩惱九中品煩惱十上品煩惱十一散乱位煩惱十二諫悔位煩惱十三羸劣位煩惱十四制伏位煩惱十五離繫位煩惱

復次煩惱无有功德有多過失謂於緾位汙心相續廣說如有尋有伺地

復次煩惱非能對治雖復經言依愛斷愛依慢斷慢然非煩惱但是善心加行希求高舉行相與彼相似假說愛慢

復次如前說十五種心對治差別當知煩惱是彼所治亦十五種

復次隨煩惱依處當知略有九種一展轉共住二展轉相舉三利養四邪命五不敬尊師六不忍七毀增上戒八毀增上心九毀增上慧

復次隨煩惱自性云何謂忿恨覆惱嫉慳誑諂憍害無慚无愧惛沉掉舉不信懈怠放逸忘念散乱不正知惡作睡眠尋伺如本地分已廣詮說如是等類名隨煩惱自性

此中初二依初依處而生第三第四依第二第五第六依第三第七第八依第四第九依第五第十依第六十一十二依第七所餘十二依後二依處而生

當知此中毀增上心毀增上慧由三門轉一由毀止相門二由毀舉相門三由毀捨相門惛沉睡眠由初依處生掉舉惡作由第二依處生不信乃至尋伺由第三依處生復次隨煩惱云何展轉相應謂當知無慚无愧與一切不善相應不信懈怠放逸忘念散乱惡慧與一切染汙心相應睡眠惡作與一切善不善無記相應所餘當知互不相應

復次隨煩惱幾世俗有幾實物有謂忿恨惱嫉害是瞋分故皆世俗有慳憍掉舉是貪分故皆世俗有覆誑諂惛沉睡眠惡作是癡分故皆世俗有無慚无愧不信懈怠是實物有放逸是假有如前說忘念散乱惡慧是癡分故一切皆是世俗有尋伺二種是發語言加行分故及慧分故俱是假有

復次隨煩惱云何成軟中上品當知如本煩惱說如是隨煩惱若事若差別若過失若所治隨其所應皆如煩惱應知

復次諸無記法依處當知略有四種謂業所引生生已若行住若養命若三摩地差別復次彼自性云何謂異熟生温若中庸加行所攝威儀路及工巧處若為嬉戲加行所攝變化

問彼云何展轉相應耶荅威儀路工巧處或於一時展轉相應如說或有事業行時易作非住非坐亦非偃臥乃至或有事業若行若住若坐若臥皆悉易作如經廣說所餘无有展轉

相應

問是謂無記幾實物有幾是假有答於異熟所攝諸蘊及心加行差別中而施設故當知一切皆世俗有

云何彼成軟中上品謂異熟生及威儀路不猛利故俱是軟品諸工巧處性猛利故說名中品當知變化性極猛利故是上品又四種類各有差別謂無色界異熟是軟品色界異熟是中品欲界異熟是上品若坐若卧是軟威儀住是中威儀行是上威儀初習業者是下二巧已串習者是中工巧堪為師者是上工巧下品修三摩地所得是軟變化中品修三摩地所得是中變化上品修三摩地所得是上變化如是等類軟中上品差別應知問是諸無記依何事生答當知略說依十二事如聞所成地已說

云何諸无記差別謂異熟生五趣別故五種差別若威儀路威儀別故四種差別若工巧處十二事差別故即十二種差別異生聲聞獨覺菩薩如來差別故為嬉戲為利他身語變化差別故當知變化八種差別由此差別即攝餘事故不別說又異熟生一向無記二三可得一有二種若依彼樂以染汙心發起威儀是染汙性若依寂靜即是善性若依染著發起工巧是染汙性若善加行所起工巧即是善性為引導他或為利益諸有情故而起變化當知是善此无染汙

復次如是五蘊幾諦所攝又此諸諦幾蘊所攝當知三諦五蘊更互相攝滅諦諸蘊互不相攝由滅諦性是彼寂靜所顯故

問如聲聞地已說於四諦中有十六行觀何故於苦諦為四行觀答為欲對治四顛倒故謂初一行對治初一顛倒次一行對治次二顛倒後二行對治後一顛倒問何故於集諦為四行觀答由有四種愛故此四種愛當知由常樂淨我愛差別故建立差別初愛為緣建立後有愛第二第三愛為緣建立貪喜俱行愛及彼彼希樂愛取後愛為緣建立獨愛當知此愛隨逐自體又愛云何謂於自體親昵藏護後有愛云何謂求當來自體差別喜貪俱行愛云何謂於現前或於已得可愛色聲香味觸法起貪著愛彼彼希望愛云何謂於所餘可愛色等起希求愛問何故於滅諦為四行觀答由四種愛滅所顯故問何故於道諦為四行觀答由能證彼四愛滅故復次如聲聞地已說壞等十種行相此中無所得云何謂唯有根唯有境界唯有彼所生受唯有彼所生心唯有計我我想唯有計我我見唯有我我言說戲論除此七外餘實我相了不可得不自在云何謂衆緣生無常苦相所攝諸行離我相故

問此十行相由何行相攝壞苦耶答由結行相及變壞增上所起憂惱當知是壞苦性非唯變壞已離憂者雖復遇彼不為害故問何等行相攝苦苦耶答由不可愛行相問何等行相攝行苦耶答由不安隱行相

復次如經言生苦乃至略攝五取蘊苦如是諸苦相幾苦苦攝謂初五幾壞苦攝謂中二幾行苦攝謂後一復

次初七苦苦攝彼所對治淨妙煩惱壞苦攝最後一行苦攝由世尊言入變壞心又作是言由蓋纏故領彼所生心諸憂苦故知煩惱壞苦故苦道理成就復如經言有四種苦一者生苦二緣內苦三緣外苦四麁重苦問此中何行攝何苦何苦攝何行答初行初苦展轉相攝次有三行與第二苦展轉相攝次有三行與第三苦展轉相攝最後一行與最後苦展轉相攝前所說愛自性差別建立集諦四種行相當知為生令果差別四種苦故

復次此十六行幾是空行謂二即苦諦後二行幾是無願行謂六即苦諦前二行及集諦一切幾是无相行謂滅諦一切幾是清淨因所顯行謂道諦一切

問要由無常想能住无我想何故此中先說空耶答此約無我觀已生由無常觀建立无願以此二觀前後展轉乎脩治故

復次四聖諦說次第者謂由此故苦此最為初如此故苦此為第二此二攝黑品究竟由此故樂此為第三如此故樂是為第四此二攝白品究竟辟如重病病因病愈良藥又有差別謂如世間遭苦次第當知建立聖諦次第所以者何如諸世間曾所遭苦即於此處先發作意次於遭苦因次於苦解脫後解脫方便發起作意

問諦義云何答如所說相不捨離義由觀此故到清淨究竟義是諦義問苦諦義云何答煩惱所生行義問集諦義云何答能生苦諦義問滅諦義云何答彼俱寂靜義問道諦義云何答能成三義義

問如是四聖諦為世俗諦攝為勝義諦攝答勝義諦攝何以故於順苦樂不苦不樂諸行中由自相差別故建立世俗諦由彼共相一味苦故當知建立勝義諦

問何緣故說遍知苦諦永斷集諦觸證滅諦修習道諦答由彼苦諦是四顛倒所依處故為除顛倒故遍知苦既遍知苦即遍知集由彼集諦苦諦攝故雖遍知苦仍為集諦之所隨逐故須更說永斷集諦言觸證者是現見義由於滅諦現前見故不生怖畏愛樂攝受是故次說觸證滅諦若勤修道乃能成辦所說三義是故後說修習道諦

問諦現觀有幾種此復何相答決定義是現觀義此則於諸諦中決定智慧及彼因彼相應彼共有法為體是名現觀相此復六種應知如有尋有伺地說

此中云何名初現觀謂於諸諦決定思惟云何名為第二現觀謂三寶所三種淨信由於實義已決定故及聞所成決定智慧

云何名為第三現觀謂聖所愛戒於惡趣業已得決定不作律儀故

云何名為第四現觀謂於加行道中先集資糧極圓滿故又善方便摩瑩心故從世間順決擇分邊際善根无間有初內遣有情假法緣心生能除軟品見道所斷煩惱麁重從此无間第二內遣諸法假法緣心生能除中品見道所斷煩惱麁重從此无間第

三遍遣一切有情諸法假法緣心生能除一切見道所斷煩惱麁重又此現觀即是見道亦名雙運道此中雖背毗鉢舍那品三心及奢摩他品三心然由雙運合立三心以於一剎那中止觀俱可得故當知此諸心唯緣非安立諦境又前二心法智相應第三心類智相應又即由此心勢力故於苦等安立諦中有第二現觀位清淨無㝵苦等智生當知依此智故苦集滅道智得成立即前三心并止觀品能證見斷煩惱寂滅能得永滅一切煩惱及所依事出世間道是名現觀智諦現觀

云何名為現觀邊智諦現觀謂此現觀後所得智名現觀邊智當知此智第三心無間從見道起方現在前緣先世智曾所觀察下上二地及二增上安立諦境似法類智世俗智攝通世出世是出世間智後所得如其次第於一一諦二種智生謂忍可欲樂智及現觀決定智如是依前現觀起已於下上諸諦中二二智生是名現觀邊智諦現觀此中前智遣假法緣故是無分別後智隨逐假法緣故是有分別又前智於依止中能斷見斷煩惱隨眠後智思惟所緣故令彼所斷更不復起又前智能進趣修道中出世斷道第二智能進趣世出世斷道無有純世間道能永害隨眠由世間道是曾習故相執所引故如相執所引如是亦不能泯伏諸相如不能泯伏諸相如是亦不能永害麁重是故彼道無有永害諸隨眠義

云何名為究竟現觀謂由永斷修所斷故所有盡智无生智生或一向出世或通世出世於現法中一切煩惱永斷決定故於當來世一切依事永滅決定故名究竟現觀何等名為出世盡智謂若智於盡无分別何等名為世出世盡智謂若智於盡有分別何等名為出世无生智謂即此依事滅因義故於當來世依事不生中所有無分別智何等名為世出世无生智謂於當來世依事不生中所有有分別智

復次有種姓婆羅門建立三處為實為諦然彼種姓諸婆羅門於此三處住三過失汙其心故依第一義彼皆墮在非梵志數何等三處一為養命二為修福三安立果為養命者謂彼種姓諸婆羅門為活命故於施主前或呪願或讚美或序述呪願者謂彼種姓諸婆羅門希求隨一資生具故往詣王所或王大臣或婆羅門長者居士商主等所矯設呪願當願汝等所有怨敵皆悉殄滅擯遣殃禍摧屈縛錄又願汝等所有吉祥常无轉動不可侵奪讚美者為希求故往到彼所矯設讚美言汝勇健多諸計策善害怨敵又於害怨假興讚述唱言汝遣如是如是害除怨敵甚為希有如汝等輩世間難得又於財位久興盛者矯施讚述言諸世間如汝吉祥成就无動甚為難有序述者謂彼為希求故往到他所妄興序述言汝成就善丈夫相不久定當一切怨敵皆悉殄滅擯遣殃禍摧屈縛錄又若成就如是相者定當吉祥无有退轉又如

汝等諸親友家若施主家常无有餘沙門婆羅門於中受施執為已有唯我常得恭敬供養衣服飲食諸臥具等彼由如是方便所獲利養深生染着躭嗜迷悶堅固保執而受用之為修福者謂彼種姓諸婆羅門宣說煞害無量衆生興祠祀福宣說祠祀獲常處果又興祠祀時召命无量國王大臣長者居士為欲攝受上妙衆多資生具故彼既獲已執為我所展轉互起淩蔑之心當知彼有如是三失安立果者謂彼種姓諸婆羅門說阿素洛身應可煞害天身是常唯婆羅門最上種姓餘姓下劣廣說乃至諸婆羅門大梵所生大梵所化大梵支胤彼種姓婆羅門作如是計立如是論當知是名安立果如是種姓婆羅門於此三處猛利取執隨與言論唯此是實是諦餘並愚妄何等名為由三過失染汙其心謂語言過失憍慢過失勝解過失若即於此三處邪語業轉當知是名語言過失若復於此三處施設建立及隨發起不正言論方比於他謂已為勝或等或劣當知是名憍慢過失若復於此三處不觀德失一向信受雖遇諸佛及佛弟子正教誨時於處非處不能正住於遍分別不能正住於諸正行不能正住於智者論不能正住當知是名勝解過失此三過失當知皆是惡見所起若有住此三處成就三種過失雖是種姓諸婆羅門依第一義彼皆墮在非梵志數

復次若有建立三處為諦為實又於三處无三過失染汙其心彼雖非種姓婆羅門然墮第一義婆羅門數何等三處謂不應害一切衆生是名初處此所說處唯諦唯實无有虛妄是故於此初處無語言過失染汙其心又彼於是處不由諦實言論方比於他謂已為勝若等若劣是故彼於此處无憍慢過失染汙其心又彼於此處審觀德失觀彼所緣能增善法又能攝益身心無罪現法樂住於諸有情多住慈想晝夜修學又於此處非信他行內自正覺為諦為實然於諦實不忘執著是故當知彼於此處无勝解過失染汙其心如是一切行無常是名第二處餘如前說一切法无我是名第三處餘如前說此中差別者於第二諦應言於一切行多住生滅觀晝夜脩學於第三諦應言於一切法多住無我我所想晝夜修學若有於此三處無三過失染汙其心彼雖非種姓婆羅門然墮第一義婆羅門數如是三處成婆羅門諦實之法離三過失唯有如來是真覺者

瑜伽師地論卷第五十五

瑜伽師地論卷第五十五

校勘記

一　底本，金藏廣勝寺本。九〇三頁中、下兩版，原版殘缺，以麗藏本換。

一　九〇一頁上一九行第三字「受」，諸本作「愛」。

一　九〇一頁中五行及一八行、末行「心法」，資、磧、普、南、徑、清作「心所」。

一　九〇二頁上一五行第五字「中」，麗作「中品」。

一　九〇二頁上一九行第五字「串」，石作「慣」。

一　九〇二頁上二〇行首字「勇」，資、磧、普、南、徑、清、麗作「田」。

一　九〇三頁上八行第一二字「更」，資作「㶣」。

一　九〇三頁上一二行第二字「所」，石作「法」。

一　九〇三頁中一一行第九字「妬」，石作「姤」。

一　九〇四頁上一二行第五字「諫」，資、磧、普、南、徑、清作「掉」。

一　九〇四頁中七行第一二字「詮」，資、磧、普、南、徑、清作「宣」。

一　九〇四頁下八行第三字「言」，諸本作「言心」。

一　九〇五頁上二行第三字「謂」，諸本作「諸」。

一　九〇五頁中二一行「貪喜」，麗作「喜貪」。

一　九〇六頁上五行第四字「復」，資、磧、普、南、徑、清、麗作「復次」。

一　九〇六頁中三行第六字「困」，諸本作「因」。

一　九〇六頁中七行第五字「後」，諸本作「後於」。

一　九〇六頁中一三行「三義義」，石、麗作「三諦義」；資、磧、普、南、徑、清作「三義」。

一　九〇六頁下一三行第七字「實」，諸本作「寶」。

一　九〇七頁上二二行第一〇字「依」，石、資、磧、普、南、徑、清作「從」。

一　九〇七頁下一六行首字「遭」，諸本作「曹」。

一　九〇七頁下二二行「成就」，石作「就成」。

瑜伽師地論卷第五十六　悪

彌勒菩薩說

三藏法師玄奘奉　詔譯

攝決擇分中五識身相應地意地之六

問諸蘊分位有幾種答有多種謂得無想定等心不相應行廣說如前

問依何分位建立得此復幾種答依因自在現行分位建立得此復三種謂種子成就自在成就現行成就

問依何分位建立無想定滅盡定及無想此三各有幾種答依已離遍淨貪未離上貪出離想作意為先名滅分位建立無想定此復三種自性者唯是善補特伽羅者在異生相續起者先於此起後於色界第四靜慮當受彼果依已離无所有處貪止息想作意為先名滅分位建立滅盡定此復三種自性者唯是善補特伽羅者在聖相續通學無學起者先於此起後於色界重現在前託色所依方現前故此據未建立阿賴耶識教若已建立於一切處皆得現前依已生无想有情天中名滅分位建立無想此亦三種自性者無覆无記補特伽羅者唯異生性彼非諸聖者起者謂能引發無想定思能感彼異熟果後想生已是諸有情便從彼沒

問依何分位建立命根此復幾種答依業所引異熟住時決定分位建立命根此復三種謂定不定故愛非愛故歲劫數等所安立故問依何分位建立衆同分此復幾種答依諸有情相似分位立衆同分此復三種所謂種類同分自性同分工巧業處養命同分

問依何分位建立生此復幾種答依現在分位建立生此復三種所謂剎那生相續生分位生問依何分位建立老此復幾種答依前後分位建立老此復三種謂異性老轉變老受用老問依何分位建立住此復幾種答即依生分位建立住此復三種謂剎那住相續住立制住問依何分位建立無常此復幾種答依生已壞滅分位建立无常此復三種謂壞滅無常轉變無常別離无常

問依何分位建立名身此復幾種答
依假言說分位建立名身此復三種
謂假設名身實物名身世所共了不
了名身如名身句身文身當知亦尒
此中差別者謂標句釋句音所攝字
所攝

問依何分位建立異生性此復幾種
答依未生起一切出世聖法分位建
立異生性此復三種謂欲界繫色界
繫無色界繫

問依何分位建立流轉此復幾種答
依因果相續分位建立流轉此復三
種謂剎那展轉流轉生展轉流轉染
汙清淨展轉流轉問依何分位建立
定異此復幾種答依法別相分位建
立定異此復三種謂相定異因定異
果定異問依何分位建立相應此復
幾種答依因果相稱分位建立相應
此復三種謂和合相應方便相應稱
可道理所作相應問依何分位建立
勢速此復幾種答依迅疾流轉分位
建立勢速此復三種謂諸行勢速士
用勢速神通勢速問依何分位建立

次第此復幾種答依一一行流轉分
位建立次第此復三種謂剎那流轉
次第內身流轉次第成立所作流轉
次第問依何分位建立時此復幾種
答依行相續不斷分位建立時此復
三種謂去來今問依何分位建立方
此復幾種答依所攝受諸色分位建
立方此復三種謂上下傍問依何分
位建立數此復幾種答依法齊量表
了分位建立數此復三種謂一數二
數多數問依何分位建立和合此復
幾種答依所作支無闕分位建立和
合此復三種謂集會和合一義和合
圓滿和合問依何分位建立不和合
此復幾種答與和合相違應知不和
合差分位差別

問於諸蘊中何義幾蘊是有色答即
以此性還說此性色自性義是有色
義一蘊是有色問何義幾蘊是有見
答眼所行義一蘊一分是有見問何
義幾蘊是有對答展轉相觸據處所
義及麁大義是有對義麁大義者當
知遠離三種微細此三微細如前應

知一蘊一分是有對問何義幾蘊是
有漏答麁重所隨非彼對治煩惱所
生義一切一分是有漏復有有漏義
謂若是處煩惱能生四種過失是有
漏義何等名為四種過失一不寂靜
過失二內外變異過失三發起惡行
過失四攝受因過失當知初過失經
現行所作第二過失諸煩惱事隨逐
煩惱所作第三過失煩惱因緣所作
第四過失引發後有所作問何義幾
蘊是有為答從因已生及應生義一
切是有為問何義幾蘊是有諍答多
隨瞋恚自在轉義一切一分是有諍
問何義幾蘊是有愛味答多隨愛見
自在轉義一切一分是有愛味問何
義幾蘊是依躭嗜答多隨欲貪自在
轉義一切一分是依躭嗜問何義幾
蘊是世間答戲論依義一切一分是
世間問何義幾蘊是墮界答三界所
攝世間義一切一分是墮界問何義
幾蘊是過去答已受用因果義一切
是過去問何義幾蘊是未來答未受
用因果義一切是未來問何義幾蘊

是現在者已受用因義及未受用果義一切是現在問何義幾蘊是內者六處并屬彼義一蘊一分四蘊全是內問何義幾蘊是外者內相違義一蘊一分是外問何義幾蘊是麁者不光絜積聚相增長義一切一分是麁問何義幾蘊是細者麁相違義一切一分是細問何義幾蘊是劣者无常苦不淨染汙義一切一分是劣問何義幾蘊是妙者劣相違義一切一分是妙問何義幾蘊是遠者處所去來時方隔越義一切一分是遠問何義幾蘊是近者遠相違義一切一分是近問何義幾蘊是欲界繫者於此間生未得對治或得已出三時現行義一切一分是欲界繫問何義幾蘊是色界繫者已得色界繫對治若入彼定或復生彼未得上對治或得已出三時現行義一切一分是色界繫問何義幾蘊是无色界繫者已得無色界繫對治若入彼定或復生彼未得上對治或得已出三時現行義一切一分是無色界繫復有差別謂輕安俱三

摩地及彼眷屬并彼果法所不攝義是欲界繫屬色煩惱與彼相違所攝義是色界繫離色煩惱彼所攝義當知是無色界繫

問何義幾蘊是善者能感當來樂果報義及煩惱者永斷對治義一切一分是善問何義幾蘊是不善者能感當來苦果報義及能發起諸惡行義一切一分是不善問何義幾蘊是无記者彼俱相違義一切一分是無記復有差別謂離過失義及過失功德對治隨順義是善與此相違義是不善彼俱相違義是無記問何義幾蘊是學者學方便善義一切一分是學問何義幾蘊是無學者學究竟善義一切一分是无學問何義幾蘊是非學非無學者離前二種所有善染汙无記法義一切一分是非學非無學問何義幾蘊是見所斷者現觀智諦現觀所應斷義一切一分是見所斷問何義幾蘊是修所斷者從現觀後修道所斷義一切一分是修所斷問何義幾蘊是无斷者一切染汙永斷

對治義及已斷義一切一分是无斷問何義幾蘊是無色等者如前所說色等相違義當知是无色等義如是等類應當分別諸蘊差別問如說積聚義是蘊義何等名為積聚義耶者種種所召體義更互和雜轉義一類總略義增益損減義是積聚義

問何緣色蘊說名為色者於彼彼方所種殖增長義及變礙義故名為色此變礙義復有二種一手等所觸便變壞義二方處差別種種相義

問何緣四無色蘊總說名名者順趣種種所緣境義依言說名分別種種所緣境義故說為名

問諸蘊誰所攝為何義故建立攝耶者自性所攝非他性為遍了知種種自類是故建立問諸法誰相應為何義故建立相應者他性相應非自性為遍了知依自性清淨心有染不染法若增若減是故建立

有一沙門若婆羅門欲令名中唯心實有非諸心所此不應理何以故且說諸蘊有五種性不成就故又若彼

計分位別故有五性者分位別說亦有過失何以故是諸分位展轉相望作用差別若有若無皆成失故若言有者由相異故便應有異實物體性若言無者計分位別則為唐捐又不應謂如六識身分位差別何以故由六識身所依所緣有差別故是諸分位一處可得故不應理若謂轉變亦不應理何以故於有色物可轉變故得有分位前後差別非於无色有如乳酪生酥等異又心因緣無差別故行別分位不應道理於一剎那必不可得差別因緣令彼分位而有差別是故汝計分位差別不應道理又違教故唯心實有不應道理違何等教謂如經言貪瞋癡等惱染其心令不解脫問此中何所謂違答若唯有心二不俱有是即貪等應不依識若汝復謂以識為先亦不應理无差別過前已說故又經言三和合觸俱起受想思又餘經說如是諸法恒共和合非不和合不可說言如是諸法而可分析令別殊異又佛世尊為欲成立

此和合義說燈明喻是故不可離彼俱生而說和合雖復經言如是六界說名士夫然密意說故无過失問此中有何密意答唯欲顯說色動心所最勝所依當知是名此經密意復有違彼聖教可得何等聖教謂世尊言乳酪生酥三辟喻故或有處所處四大種以之為我或有處所有色意生或有處所無色想生如是經言豈唯大種或唯有心唯有想耶是故當知如是等經皆有密意故名所攝四无色蘊心與心所更互相應道理成就

中嗢拕南曰

五種性不成　分位差過失　因緣无別故
與聖教相違

如是已決擇蘊事善巧界事善巧令當決擇問何等是眼界答若眼未斷或復斷已命根攝受如眼界乃至意識界及法界一分當知亦尒問何等是色界答若色根增上所生若彼於此為增上是名色界如色界乃至觸界當知亦尒

問此十八界幾是實有幾是假有答

實有者或十七或十二六為一故一為六故此約世俗安立道理

問若有眼亦眼界耶設有眼界亦眼耶答應作四句或有眼非眼界謂阿羅漢最後眼是名初句或有眼界非眼謂生有色界若眼未生或生已失或不得眼或眼無間滅若諸異生生无色界是第二句或有眼亦眼界謂除尒所相是第三句或有無眼亦无眼界謂阿羅漢眼已失壞或不生眼若生無色界或於无餘依涅槃界已般涅槃是第四句如眼界一切內界隨其所應當知亦尒身界應分別謂無先來不生身者餘隨所應當具宣說於四外界隨其所應亦當具說若聲聲界正宣繫時當言俱有若不宣繫當知隨逐餘界唯界非聲

問此十八界幾是同分幾彼同分答有識眼界名為同分所餘眼界名彼同分如眼界乃至身界亦尒唯根所攝內諸界中思量同分及彼同分非於色等外諸界中當知法界諸有所緣如心界說諸无所緣如色等說

問幾界合而能取幾界不合能取荅
六合能取四不合能取五及一少分
非能取一界若合不合二俱能取問
幾唯所取非能取幾亦所取亦能取
耶荅一切皆所取謂五及八少分唯
所取十二及一少分亦是能取問幾
由助伴故能取幾獨能取耶荅十及
一少分由助伴故能取一及一少分
獨能取

問幾唯欲界繫荅四問幾唯色界繫
荅无問幾唯無色界繫荅亦无問幾
唯欲色界繫荅十一問幾唯色無色
界繫荅無問幾通三界繫荅三

問幾執受幾非執受荅五執受五非
受非執受所餘一向非執受何以故
以離於彼餘能執受執受於彼不可
得故

云何種種界謂即十八界展轉異相
性云何非一界謂即彼諸界无量有
情種種差別所依住性云何無量界
謂㧞彼二名無量界如佛世尊於惡
叉聚喻中說我於諸界終不宣說界
有邊際中嗢拕南曰

何等實有性　四句與同分　取界教受非
種種等非一

問何等是界義荅因義種子義本性
義種性義微細義任持義是界義

問以何義故涅槃虛空亦說名界荅
由彼能持苦不生義持身眼等運動
用義

問為顯何義建立界耶荅為顯因緣
義及顯根境受用義

問此十八界由誰分別荅若略說當
知由六種一法界謂眼等法有眼等
界二淨界謂住種性補特伽羅所有
諸界三本性界謂即如所說十八界
無始時来於後後生其性成就及住
種性不住種性補特伽羅无始時来
涅槃非涅槃法其性成就四熏習界
謂即此諸界淨不淨法先所熏習於
生死中得勝劣生涅槃因性五已與
果界謂即此諸界感果已滅六未與
果界謂即此諸界未感得果或滅未
滅如是略說謂界有六種若廣說者
其數無量

問此十八界幾有色幾无色乃至幾

無斷耶荅如前所說相應隨順建立

問如說眼見諸色乃至意了諸法此
為眼等是見者乃至意是了者耶為彼
識耶荅約勝義道理非是眼等亦非
彼識何以故諸法自性衆緣生故刹
那滅故無作用故約世俗道理眼等
取勝故可於彼立見者等何以故若
有眼等諸根識決定生无所缺減或
有識流非眼等根若缺不缺俱可得
故此中實義唯於見等說見者等

問此十八界幾種次第宣說因緣此
復何等荅略有二種一三種次第宣
說因緣二六種次第宣說因緣云何
三種次第宣說因緣謂所依境界俱
依差別故所以者何由識與根同一
處義故說名依境界是所緣義故亦
名依云何六種次第宣說因緣謂彼
所行衆多差別數數行故先說眼等
是初因緣又隨世間俗事轉故說彼
次第由諸世間先手相見次相慰問
次設飲食次過晝分夜分現前數設
種種軟妙卧具氍㲪被枕觸習侍女
是第二因緣又喜樂差別為依止故

次第宣說是第三因緣又嚴飾差別
所攝受故次第宣說諸受欲者必以
安繕那等先莊眉眼次以耳璫耳輪
等莊嚴其耳非於餘根如是嚴飾是
第四因緣又依作業飲食習欲等事
次第宣說由諸衆生皆先依止身語
二業若淨不淨方便勤求次食段食
既飽醉已習近諸欲是第五因緣又
由作業差別攝受故次第宣說所以
者何由眼能見種種諸色往還无失
威儀不亂記識他身曾見不見及恐
親中了悟方所宣示於他起想言說
觀衆舞樂角力戲等廣受種種世間
喜樂長養依身如是等類有無量種
眼界作業由耳能聞種種音聲因此
了悟善說惡說種種義理起諸言論
因聞種種微妙樂音廣受種種世間
喜樂長養依身如是等類耳界作業
比前狹劣鼻界能嗅種種諸香尋香
而往受諸喜樂長養依身如是等類
鼻界作業方前狹劣舌界能嘗種種
諸味受諸喜樂長養依身如是等類
舌界作業方前狹劣身界能觸種種

所觸受諸喜樂雖能長養依身然彼
樂具或於一時復為損害如是等類
身界作業最為狹劣是名第六次第
宣說因緣於此眼等六種因緣差別
中意遍行故最後宣說為攝如是次
第因緣中嗢拕南曰

衆多順世俗　喜樂與莊嚴　隨二種作業
故次第宣說

復次此十八界當知能攝一切經中
所說餘界

問生色界者已於境界而得離欲何
緣復生鼻舌兩界答為令所依身端
嚴故又色界中於此二種未離欲故

問生第二靜慮或生上地若有尋有
伺眼等識現在前云何此地无尋無
伺若不現前云何於彼有色諸根而
能領受彼地境界答由有尋有伺諸
識種子隨逐無尋无伺三摩地故從
彼起已此得現前又此起已識現行
時復為無尋无伺三摩地種子之所
隨逐是故此地非是一向无尋無伺
由彼有情於諸尋伺以性離欲而離
欲故彼地雖名無尋无伺此復現行

亦無過失問何緣眼界耳界鼻界各
生二分非餘答為令依止得端嚴故
問眼耳与鼻諸識生時為依二分當
言一耶當言二耶答當言唯一何以
故若彼一分無障不壞識明了生若
彼有障或復失壞識不明了生故又
識非色故無有如色由方所別成二
分義

問眼與眼識若言因果云何俱有若
俱有者

云何得成因果兩性答識依眼生非
如種子因果道理何以故眼與眼識
非正生因唯建立因是故此二俱時
而有因果性成猶如燈焰光明道理
如眼與眼識耳鼻舌身與彼諸識當
知亦介若異此者雖有自種无所依
故眼等諸識應不得生

問若於欲界或生或長當言眼界決
定轉耶答此非一向如眼界耳鼻舌
界及彼識界當知亦介身界決定轉
如是身識界意界法界意識界色聲
香味觸界亦介

問若於色界或生或長當言眼界決

定轉耶答决定轉如眼界如是耳鼻舌身界眼耳身識界亦尒除香味界及彼識界餘一切界亦决定轉於無色界或生或長除意界法界意識界餘定不轉唯除自在所獲諸色當知三界於彼定轉

界事善巧如蘊善巧亦應宣說嗢拕南頌如界善巧處事善巧嗢拕南頌當知亦尒

云何眼處謂若眼已得不捨於無間體非斷滅法如眼處相餘處自性當知亦尒

問處觸處何差別答處如前說觸處者謂與觸俱或能無間引發諸觸隨順於觸所有諸處

問若眼亦處耶設處亦眼耶答有眼非處謂若眼已得不捨然是无間斷滅之法有處非眼謂所餘處安住處相有亦眼亦處謂若眼已得不捨亦非無間斷滅之法有非眼非處謂若眼不得或得已捨及餘耳等不住處相

問若處亦觸處耶設觸處亦處耶答諸觸處必是處有處非觸處謂眼等不與觸合亦復不能引無間觸然非無間斷滅之法若於色界或生或長所有鼻舌若生无想有情天中所有諸根於一切時當知必是非處

問處名何義為顯何義建立處耶答諸心心所生長門義緣義方便義和合性義所依止義居住處義是名處義為欲顯示等无間所緣增上三種緣義故建立處廣分別處及次第隨其所應如界當知

又世尊言有八勝處廣說如經如是十遍處又有四處謂空无邊處等又有二處謂無想處非想非非想處如是等法處名說者如所說相隨其所應當知皆在十二處攝又處依正如界應知

復次云何名緣生法謂无主宰無有作者無有受者无自作用不得自在從因而生託衆緣轉本無而有有已散滅唯法所顯唯法能潤唯法所潤墮在相續如是等相名緣生法當知此中因名緣起果名緣生此无明隨眠不斷有故彼无明纏有此無明纏生故彼諸行轉如是諸行種子不斷故諸行得生諸行生故得有識轉如是所餘諸緣起支流轉道理如其所應當知亦尒

當知有生及老死支是假有法所餘有支是實法有

復由五相建立緣起差別何等為五一衆苦引因依處二衆苦生因依處三衆苦引因四衆苦生因五衆苦生起衆苦引因依處者謂於現法中名色為緣六處生起不斷不知此為所緣及依處故一切愚夫於内自體愚癡生起是名無明无明緣故次後諸行乃至後時有觸緣受此中六處名無明等引因依處衆苦生因依處者謂諸愚夫觸為緣故於現法中諸受生起此為依處於外境界發起諸愛由愛為緣次後有取取為緣故次復有有如是愛等三種生因用觸緣受為所依處衆苦引因者謂无明緣行乃至觸緣受現法中識為福非福及不動業之所熏習後後種子之所隨逐能引當来餘身識等生老死苦是

故說此為彼引因衆苦生因者謂受緣愛愛緣取取緣有是名當來衆苦生因即先所作業為煩惱攝受未來世生將現前故當知名有衆苦生起者謂有緣生生緣老死如是名為衆苦生起即識名色六處觸受先種子性隨所依時曾得衆苦引因之名今已與果名生老死復得苦名

復次當知無明智所對治別有心所覆蔽為性非唯明無亦非邪智何以故若彼无明唯明無者應不可立軟中上品由无性法都無軟中上品異故又不可立無明隨眠與纏差別由無性法於一切時其相相似現行隨轉不可建立又異生心善染无記於一切處常離慧明若此無者是无明者應一切心皆成染汙

又無性法非有為攝非無為攝既非有為无為所攝不能為染亦不為淨

又於離明心相續中應一切時明不得起又不應說無明滅故明得生起所以者何无有無法而可滅故若唯邪智是無明者為除慧明所攝諸智

餘一切智皆邪智耶為唯染汙邪執性智是邪智耶為諸煩惱相應邪智是邪智耶若言初智是邪智者一切異生相續中智皆應邪智若善若无記此不應道理若唯染汙邪執性智是邪智者唯應五見薩迦耶等名染性智此中如實不了行相是名无明由有如實不了行故邪執事相是名為見謂薩迦耶見由無明力執我我所如是餘見各於自事邪執行轉然後諸見不離愚癡由癡與見行相各別是故此五染汙性智名為无明不應道理

又若無明與諸見相無差別者世尊不應七隨眠中於無明外立見隨眠又佛世尊曾無一處於諸見上示无明名若諸煩惱相應邪智是無明者薩迦耶等五種邪見智為自性无二智體俱有相應是則諸見應與無明常不相應又若貪等煩惱力故令相應智成愚癡性即應貪等增上力故得有愚癡非癡增上癡為導首故有貪等一切煩惱又應可說如餘煩惱

相應之慧由相應故得成染汙非彼自性非愚癡體可成癡性又如諸餘煩惱相應非煩惱性諸心心所是故當知別有無明是心所性與心相應如世尊言行有三種謂身行語行意行當知此中入出息風名為身行風為導首身業轉故身所作業亦名身行由愚癡者先起隨順身業風已然後方起染汙身業如入出息能起身業故名身行如是尋伺與諸語業俱名語行受想與意業俱名意行如是一切惣說身行語行意行

諸有隨生何界何地當知有支即此所攝復次十二支中二業所攝謂行及有三煩惱攝謂无明愛取當知所餘皆事所攝又二業中初是引業所攝謂行後是生業所攝謂有三煩惱中一能發起引業謂无明二能發起生業謂愛取餘事所攝支中二是未來苦支所攝謂生老死五是未來苦因所攝謂現法中從行緣識乃至觸緣受又即五支亦是現在苦支所攝由先世因今得生起異熟攝謂識

名色六處觸受又現在果所攝五支及未來果所攝二支惣名果所攝緣起當知餘支是因所攝緣起

復次無知略於五處為能生因一能生疑二能生愛三能生非處信四能生見五能生增上慢於前際等所有無知是能生疑謂如是疑我於過去為曾有耶為曾無耶如是等疑於三世轉如經廣說過去名前際未來名後際現在名前後際待過去世是後際待未來世是前際故若疑過去當知此疑前際無知所生若疑未來當知此疑後際無知所生若於內疑惑此誰所有我為是誰今此有情從何而來於此沒已當往何所當知此疑是前後際無知所生又於內無知於外無知於內外無知當知能生內外等愛及後有愛喜貪俱行愛彼彼喜樂愛又若於業無知於異熟無知於業異熟無知是諸有情由於業自造无知為緣故於曾達羅天毗瑟笯天世主天等非正處中生妄勝解歸依敬信又若於佛等无知乃至於道無

大安縣古賢村普勸山僧進仁刻經二百二十五道壬寅年八月二十五日記

知當知能生諸見所以者何由於三寶及四諦中不正通達故乃至能生六十二見及起如是見立如是論无施無愛乃至廣說所有邪見又若於因无知於因所生法善不善等无知廣如經說由此無知故於往善趣道往善趣方便中生增上慢所以者何由於善不善等法愛非愛果不如實知故於自餓投火墜高巖等非方便中起方便想行如是事以求生天又於六觸處中所有無知於不如實通達得沙門果中起增上慢所以者何由實無有於六觸處如實通達智而增上慢若沙門果增上慢揔合此二生增上慢故當知此中若生天方便名增上慢如是無明能生五種雜染謂疑雜染愛雜染信解雜染見雜染增上慢雜染由疑雜染所雜染故一切愚夫獲得疑惑信順於他引趣異路於現法中多受苦惱不安隱住由愛雜染所雜染故引生後有生老病等一切大苦由信解雜染所雜染故或謂無因或計自在天等不平等因

謂為正因撥無一切士用而住由見雜染所雜染故隨意造作一切惡行能感當來諸惡趣苦由增上慢雜染所雜染故令士夫用異果无果

復此緣起善巧如本地分說已廣分別所餘緣起善巧決擇文不復現

大安縣古賢村普勸山僧性海刻經二百二十五道壬寅年八月二十五日記

瑜伽師地論卷第五十六

瑜伽師地論卷第五十六

校勘記

一　底本，金藏廣勝寺本。

一　九一〇頁中一一行「無想」，石、麗作「無想天」。

一　九一〇頁中一三行末字「者」，石作「者體」。

一　九一〇頁下三行第五字「性」，資、磧、普、南、徑、清作「生」。

一　九一〇頁下七行第七字「位」，諸本作「住」。

一　九一一頁下四行第四字「處」，磧、普、南、徑、清作「失」。

一　九一二頁下一行末字「斷」，磧、普、南、徑、清作「斷觀」。

一　九一二頁下二二行及次頁中四行「心所」，石、資、磧、普、南、徑、清作「心法」，石下同。

一　九一三頁上一六行首字「謂」，磧、普、南、徑、清作「說」。

一　九一三頁上一七行第八字「謂」，諸本作「相」。

一　九一三頁上二〇行第五字「又」，諸本作「又復」。

一　九一三頁上二〇行「三和合」，石作「與」，資、磧、普、南、徑、清作「三和合與」。

一　九一三頁上二〇行第一三字「起」，諸本作「生」。

一　九一三頁上二一行第二字「思」，諸本作「思等」。

一　九一三頁中九行第一二字「言」，諸本作「意」。

一　九一三頁中一六行末字「令」，諸本作「今」。

一　九一三頁下七行第五字「或」，石作「或復次」。

一　九一三頁下七行第九字「滅」，石作「必滅」。

一　九一三頁下一六行第六字及一七行首字「繫」，諸本作「擊」。

一　九一三頁下一七行第三字「知」，諸本作「言」。

一　九一四頁中一行第一三字「梵」，諸本作「執」。

一　九一四頁中四行「任持」，磧、普、南、徑、清作「住持」。

一　九一四頁中二一行第六字「謂」，諸本作「諸」。

一　九一五頁上三行第六字「莊」，石、磧、南、徑、清作「粧」；普作「糚」。

一　九一五頁上一三行第五字「角」，石、資、磧、普、南、徑、清作「捔」。

一　九一五頁上一五行末字「此」，磧、普、徑、清作「見」。

一　九一五頁中一一行首字「問」，磧、普、南作「何」。

一　九一五頁下九行第七字「言」，諸本作「是」。

一　九一五頁下一二行第三字「子」，石、麗作「芽」。

一　九一六頁上五行首字「餘」，磧、普、徑、清作「除」。

一　九一六頁中四行第一〇字「是」，諸本作「定」。

一　九一六頁中一五行第一三字「正」、諸本作「止」。

一　九一六頁下六行「法有」，諸本作「有法」。

一　九一六頁下一八行末字「復」，石、麗作「後」。

一　九一七頁上九行「心所」，資、磧、普、南、徑、清作「心法」。

一　九一七頁上一五行首字「轉」，資、磧、普、南、徑、清作「縛」。

一　九一七頁中一一行首字「後」，諸本作「彼」。

一　九一八頁中四行第三字「受」，麗作「愛」。

一　九一八頁下五行「復此」，石作「復次此」；磧、普、南、徑、清作「復次」。

一　九一八頁下五行第一一字「說」，石、麗無。

趙城縣廣勝寺

瑜伽師地論卷第五十七　惡

弥勒菩薩說

三藏法師玄奘奉　詔譯

攝決擇分中五識身相應地意地之七

如是已說緣起善巧處非處善巧我今當說

嗢拕南曰

體顯現初　門差別後

問何等為處苔於彼彼事理无相違問何等非處苔於彼彼事理有相違是名處非處體問何故世尊顯示處非處善巧耶苔為欲顯示染汙清淨正方便智無失壞故

問應以幾門觀察處非處耶苔四由佛世尊但以四門宣說一切處非處故何等為四一成辦門二合會門三證得門四現行門問何緣以此四門說處非處苔為欲示現遍一切種差別門故云何一切種差別謂依初成辦門彼所不攝餘差別相我當顯示當知此差別略說有三種一諸根趣所作故二大種趣所作故三資生趣所作故諸根趣所作者謂无處無位眼能聞聲齅香嘗味覺諸觸等必無是處能見諸色斯有是處如眼根如是所餘色根一一相望越用差別如應當知大種趣所作者謂无處無位地能造作水火風用必無是處能作地用斯有是處如是所餘大種展轉相望趣用差別如應當知資生趣所作者謂無處无位從餘類種餘類生必无是處唯自種類斯有是處無處无位攅牛角等而出於乳必無是處攅彼乳房斯有是處无處無位鑽搖水瓶而出生酥必無是處鑽搖於酪斯有是處無處无位壓沙出油必无是處壓巨勝等斯有是處無處无位鑽濕木等而出於火必無是處鑽於乾木斯有是處如是等類應當觀察初處非處門差別之相云何第二處非處門差別謂无處無位光明黑闇一時合會無有是處若有一處無第二生斯有是處无處無位麁分水火一時合會無有是處隨有一種斯有是處無處无位二麁色聚同據一處無有是處若一極微斯有是處无

處無位同一種類二心心法俱時合會無有是處一一而生斯有是處无處無位同一種類若善不善若善无記不善無記若苦若樂俱時合會無有是處隨有一種斯有是處无處無位愛非愛果俱時合會無有是處若隨有一斯有是處如是等類應當觀察第二處非處門差別之相云何第三處非處門差別謂無處无位石女生兒无有是處若非石女斯有是處無處无位生半擇迦能生男女無有是處若諸丈夫斯有是處无處無位盲眼見色聾耳聞聲鼻舌壞者齅香甞味無有是處諸根不壞斯有是處无處無位未具資糧於現法中證學無學究竟解脫無有是處已具資糧斯有是處无處無位未得聖道能證涅槃及證聲聞獨覺菩提若證无上正等菩提無有是處已得聖道斯有是處无處无位人趣有情以傍生趣草等飲食以充御會若諸天衆食人飲食色無色界食諸段食無有是處與此相違斯有是處无處無位不捨那

落迦所有身形而得人身如是不捨所餘身形而得餘身無有是處捨已方得斯有是處如是等類應當觀察第三處非處門差別之相云何第四處非處門差別謂无處無位地捨自相成餘界相無有是處不捨自相斯有是處如地如是餘大種如應當知無處无位生長欲界不得天眼見諸天色無有是處見人中色斯有是處如是餘根如應當知無處无位有貪愛者貪愛覆蔽貪愛未斷而於財利心離染著無有是處如是瞋癡隨應當知無處无位不斷貪等一切煩惱隨煩惱纏修四念住無有是處與此相違斯有是處如修念住如是所餘菩提分法當知亦介無處无位於如来所不捨諍見諍欲諍心若不開許而能正面觀於如來無有是處若捨若許斯有是處无處無位一切智者一切見者有所知境而不了知或復失念作非一切智者所作無有是處與此相違斯有是處無處无位已入大地諸菩薩等於諸有情起故害心

或菩提心當有退轉无有是處與此相違斯有是處如是等類應當觀察第四處非處門差別之相

復次略有四處四非處依前所說觀待道理作用道理證成道理法介道理應正觀察若於如是所說道理不相違背示現宣說是名為處若此相違示現宣說是名非處如是四處并前所說合成八種處非處善巧

問緣起善巧處非處善巧何差別荅唯於因果生起道理正智顯了名緣起善巧若於一切無顛倒理正智顯了名處非處善巧所餘處非處善巧更擇文不復現如是已說處非處善巧根善巧我今當說摠嗢拕南曰

初義意建立　廣分別為後

問何等是根義荅增上義是根義

問為顯何義荅為顯於彼彼事彼彼法㝡勝義

云何建立二十二根謂能取境增上義故建立六根安立家族相續不斷增上義故建立二根為活性命事業方便增上義故建立一根受用業果

增上義故建立五根世間清淨增上義故建立五根出世清淨增上義故建立三根

復次受用顯境增上義故建立六根受用隱境增上義故建立二根受用境界時分邊際增上義故建立一根受用境界發生雜染增上義故建立五根安立清淨增上義故建立八根

復次顯於內門受用境界增上義故建立六根顯於外門受用境界增上義故建立二根受用內身增上義故建立一根受用外境及與內身發生雜染增上義故建立五根對治雜染安立清淨增上義故建立八根復次依止端嚴增上義故建立五根能令依止隨自在轉增上義故建立一根依止安住增上義故建立一根依止出生增上義故建立二根依止損益增上義故建立五根依止解脫增上義故建立八根

復次顯有情事增上義故建立六根生有情事增上義故建立二根令有情事若住若没增上義故建立一根顯諸有情受用境界增上義故建立五根顯諸有情勝生方便增上義故建立五根顯諸有情定勝方便增上義故建立三根

復次顯有情事增上義故建立六根顯有情增長增上義故建立二根顯了有情壽漸損減增上義故建立一根顯了有情興衰損增上義故建立五根顯了有情功德過失增上義故建立八根

復次依如是名建立六根依如是種如是姓建立二根依如是食如是受苦樂建立五根依如是長壽如是久住如是壽量邊際建立一根當知此諸根依在家品施設建立依如是信如是精進乃至如是慧如是向如是果建立八根當知此諸根依出家品施設建立復次依修行者防護根門增上義故建立六根堪得出家證沙門果增上義故建立二根積集善品增上義故建立一根正知而行增上義故建立五根證沙門果諸方便道增上義故建立五根證沙門果增上義故建立三根

中嗢拕南曰

隨境界轉等　由顯及內門　莊嚴二有情

假設防護等

問眼根作何等業答於諸色境已見今見當見為業如是耳根乃至意根所有作業如應當知問男根女根作何等業答父母妻子親戚眷屬等相攝受顯現為業問命根作何等業答令諸有情墮在存活住持數中為業問受所攝根作何等業答令諸有情領納一切興衰損益為業問信等諸根作何等業答能生善趣及能圓滿涅槃資糧為業問最後三根作何等業答能於現法趣證涅槃為業問如是諸根幾是實有幾非實有答十六實有餘非實有

問幾色所攝答七問幾心所所攝答一三少分問幾心法所攝答十三少分問幾心不相應行所攝答一問幾有為所攝答一切是有為無有根是无為問男女二根何等根分答是身根分問最後三根何等根分答是九根分

所謂意根信等五根樂喜捨根問命根何等根分苔此無所屬依先業所引時量決定而建立故唯說假有
問幾善苔或八或五及六少分問幾不善苔六少分問幾無記苔八五少分問幾有異熟苔一十少分問幾无異熟苔十一、十少分問幾有異熟助伴苔最後三能助可　愛異熟法令轉明感能感決定人天異熟問幾是異熟苔一九少分問幾有種子異熟苔一切皆有問幾非異熟苔十二九少分問幾是異熟生苔亦一切種子所攝異熟所生故
問幾欲界繫苔四十五少分問幾色界繫苔十五少分問幾无色界繫苔八少分問幾不繫苔三九少分
問未至地幾可得苔十一問若未至地有喜根者何故不如初靜慮地建立喜耶苔由於彼地喜可動故問喜於彼有何數為證苔如世尊言如是苾蒭離生喜樂滋潤其身周遍滋潤遍流遍悅無有少分不充不滿如是名為離生喜樂此中初門說未至位

後門說根本位問初靜慮地幾根可得苔十八第二靜慮地亦尒問第三靜慮地幾根可得苔十七問第四靜慮地幾根可得苔十六問空无邊處地幾根可得苔十一如空無邊處地識无邊處地無所有處地應知亦尒問非想非非想處地幾根可得苔八
問初靜慮地所攝諸根當言有漏當言無漏苔當言二種如初靜慮所攝諸根乃至无所有處地所攝諸根當知亦尒非想非非想處地所攝諸根當言有漏此約種類若約相續當言二種又由煩惱解脫故令彼諸根成無漏性如有漏無漏如是應斷不應斷世間出世間當知亦尒
問若生欲界當言成就幾根苔容有一切問生那落迦成就幾根苔八現行種子皆得成就除三所餘或成就或不成就三約現行不成就約種子或成就謂般涅槃法或不成就謂不般涅槃法餘三現行故不成就種子故成就如生那落迦趣於一向苦傍生餓鬼當知亦尒若苦樂雜受處後

三種亦現行成就問若生人趣成就幾根苔容有一切如生人中生天亦尒問諸缺根者成就幾根苔除五容有餘問諸具根者成就幾根苔容有一切問諸半擇迦成就幾根苔除五容有餘問女成就幾根苔容有二十一問男成就幾根苔亦容有二十一問諸二形者成就幾根苔容有十九問斷善根者成就幾根苔除八容有餘問不斷善根者成就幾根苔容有一切問諸異生成就幾根苔十九除後三問諸見諦者成就幾根苔容有一切問有學成就幾根苔容有二十一問無學成就幾根苔容有十九問預流果向成就幾根苔容有二十問預流果成就幾根苔亦容有二十如預流果一來果向一來果不還果向當知亦尒問不還果成就幾根苔容有十九如不還果阿羅漢向亦尒問阿羅漢果成就幾根苔容有十九問若生色界成就幾根苔容有十八問生無色界成就幾根苔容有十一
問若欲界没欲界生時當言捨幾根

得幾根答且約色根容有而說或捨缺諸根得缺諸根或捨缺諸根得具諸根或捨具諸根得具諸根或捨具諸根得缺諸根或捨劣諸根得劣諸根或捨劣諸根得勝諸根或捨勝諸根得劣諸根或捨勝諸根得勝諸根意根命根勝劣得捨當知亦尒若諸受根勝劣得捨隨其所應亦尒此約異熟果故有差別若諸善根約等流果捨前前劣得後後勝非由生故捨勝得劣後邪方便乃有斯義㝡後三根於一切位與生相違是故不說問從欲界没色界生時捨幾根得幾根答容捨下地一切容得上地一切如欲界没色界生時從欲界没无色生時從色界没无色生時當知亦尒

㝡後三根由證沙門果方便而得不由没生先㑹習力所任持故後等流果轉盛而生又能為緣生異熟果令轉明盛

中嗢拕南曰

業實有色等　善等異熟等　若界若諸地

及死生得捨

問幾根由境界義名有義幾非耶答二十一名有義一非問幾於非色助伴義轉答七色根問幾色非色為助伴耶答餘有義根問五色根何義答色等五各別境問第六根何義答一切法問男女根何義答因欲相應即觸所攝問五受根何義答隨順苦樂憂喜捨處即六根義問信根何義答應得應捨所有境界問精進根何義答即於二種若得若捨俱无所憚問念根何義答於聞思修憶持不忘問定根何義答奢摩他毗鉢舍那問慧根何義答所知真實問未知欲知根何義答修諦現觀者從善法欲已去於一切方便道中即彼五根義當知是此義問已知根何義答從預流果乃至金剛喻定即彼五根義當知是此義問具知根何義答從初无學道乃至無餘涅槃界即彼五根義當知是此義

問幾有色有色為義答七問幾无色有色無色為義答除命根餘一切問幾非有色非無色非有色非无色為

義答即此命根是假法故問幾有見有見為義答一切非有見一有色以有見為義及餘非有色一分

問幾有對有對為義答七有色及餘無色无對一分

問幾有漏有漏為義答唯七除㝡後二及苦憂根餘有漏无漏以有漏無漏為義當知苦根有漏无漏以有漏為義憂根有漏以有漏無漏為義未知欲知根若遠沙門果世間行所攝是有漏若近沙門果出世行所攝是无漏

問幾有為有為為義答一切是有為八有為為義餘有為無為為義

問幾有諍有諍為義答如說有漏當知此亦尒如說有諍當知有愛味依躭嗜世間出世間等亦尒

問幾過去過去為義答除有色根及苦根餘有義一分若有色根及苦根在過去非過去為義問幾過去現在為義答即如所說一分當知即此在過去以未來為義又即此在現在以過去未來為義問幾現在現在為義

答一切有色根及苦根并前所說一
分又此一分在未來以過去未來現
在為義若諸色根在未來非未來為
義苦根亦尒
問幾欲界繫欲界繫為義答四二欲
色界繫欲界繫為義三欲色界繫欲
色界繫為義二欲色界繫及不繫欲
色無色界繫及不繫為義七欲色无
色界繫及不繫彼義亦尒一色界繫
及不繫一切繫不繫為義二不繫一
切繫不繫為義
問幾善善為義答八唯善善不善无
記為義五善不善無記善不善无記
為義一善不善善不善无記為義五
无記無記為義二无記善不善無記
為義
問幾學學為義如是等答九學无學
非學非無學以三種為義七非學非
无學即以此為義一通三種非學非
無學為義一學非學非无學以三種
為義二學以三種為義一无學以三
種為義
問幾見所斷見所斷為義如是等答

十四一分見所斷一分修所斷十二
一分修所斷一分非所斷謂即十四
中六及餘六餘二非所斷此中有色
諸根見修所斷為義无色諸根三種
為義謂見修所斷非所斷義
問幾根於義雜染捨所顯答除諸善
根以諸善根於義清淨捨所顯故
問幾根顛倒義答除諸善根所有六
根義問幾根顛倒所依答七色根問
幾根顛倒自性答六少分問幾根顛
倒對治答八物
問幾根觀義過失答或八或五或一
問若彼諸行亦有四德相應可得云
何唯觀為過失耶何者四德一堅住
德謂如一薀住經百年若正將御或
有過者二勢力德謂能生樂及現清
淨三轉變德謂牽引修治受用棄捨
自在轉故四可樂德謂依彼處生種
種耆故是名諸行有四德相答雖有
世間於彼諸法取為功德然彼一切
皆諸過失之所隨逐問何等名為諸
過失耶答雖少時住非究竟故愛變
無常現可得故死没無常現現可得

故當觀諸行離初功德又能發生種
種苦惱現可得故種種不淨現可得
故當觀諸行離第二德又於老病死
等不隨所欲現可得故當觀諸行離
第三德又諸糞垂及猪犬等亦極樂
者糞穢不淨現可得故當觀諸行離
第四德由彼諸行離諸功德是故一
切過失相應故應觀彼具諸過失
問眼根誰所依處答見色依處問乃
至意根誰所依處答取自境之所
依處問男女二根誰所依處答習欲
依處問命根誰所依處答乃至死有
為前時有之所依處問諸受根誰所
依處答於諸境界可意不可意若愛
若恚等之所依處問信根誰所依處
答趣入善法之所依處問精進根誰
所依處答已入善法恒常修習之所
依處問念根誰所依處答正知而行
之所依處問定根誰所依處答智見
清淨之所依處問慧根誰所依處答
煩惱永斷之所依處問未知欲知根
誰所依處答證初第二第三沙門果
之所依處問已知根誰所依處答乃

至金剛喻定無學沙門果證之所依處問具知根誰所依處荅無間煩惱永斷作證現法樂住所依永滅之所依處

問世尊依何根處說如是言此身有色麁滓所成四大所造父母不淨和合所生種種飲食之所長養常假覆蔽沐浴按摩斷截破壞散滅之法荅依七色根作如是說當知此中略說欲界有色諸根初句說彼共相第二句說彼自相次有三句說彼因相所謂依因生因生已增長因次有三句說彼轉變相謂衰所作勞所作勞倦所作後有四句說彼變壞相謂初二句活位遍損所作後二句死後所作他故自然故變壞應知

問世尊依何根處說如是言遠行及獨行無身寢於窟耶荅依意根處由於前際無始時故遍緣一切所知境故名為遠行諸心相續一一轉故无主宰故名為獨行無色无見亦無對故名為無身依止色故名寢於窟

問依何根處說如是言由八處所男為女縛謂舞歌笑睇美顏妙觸枉奉成禮荅依男女二根於遊戲時由四處縛於受用時亦由四處於遊戲時身語面門眼目舒悅於受用時姸容軟滑恭事童分

問依何根處說如是言衆生存活住持安隱荅依命根說有諸氣息故名衆生思慮相應故名存活等餘而住故名為住增上而轉故說名持无有病惱故名安隱

問依何根處說如是言平正受受所攝荅依善樂根說望所餘受自相共相依止相所顯故如平正等如是不平正等非平正非不平正等如應當知

問世尊依何根處說如是言於如來所淨信深固根生建立一切世間若諸沙門若婆羅門若天魔梵无有如法能引脫者荅依信根說此顯其信於聞思修勝解堅固義又此堅固隨所信解方便顯示謂智生主淨寂勝之者尚不能動何況凡流又堅固義復有差別謂其信深固由世間善決定勝解為出世勝解根本故又由出世清淨勝解所建立故當知寂初是摽句後二是釋句

問世尊依何根處說如是言

住有勢有勤　有勇健堅猛　於諸善法中

常不捨善軛

荅依精進根說此精進根略顯其相差別有五謂被甲精進方便精進不下精進无動精進無喜足精進

問世尊依何根處說如是言

念等念隨念　別念不忘念　心明記無失

无忘無失法

荅依念根說此差別義如攝異門分應知問世尊依何根處說如是言

令心住等住　安住與近住　調寂靜寂止

一趣等持性

荅依定根說此差別義如聲聞地應知

問世尊依何根處說如是言

簡擇法　極簡擇　遍尋求　遍伺察

荅依慧根說此差別義亦如聲聞地應知所餘善根信等攝故其差別義無復可得

問於幾根處立身念住荅七問於幾根處立受念住荅五問於幾根處立

心念住答一問於幾根處立法念住答最後八及命根

問幾根最勝苦諦依處答九問幾根最勝集諦依處答五問幾根滅諦依處答一切問幾根道諦依處答最後八

問依幾根處善思所思答九問依幾根處善說所說答十問依幾根處善作所作答十六如是惡思所思惡說所說惡作所作如應當知

問幾根最勝感業依處答九問依幾根處起煩惱業答五問依幾根處斷煩惱業答最後八

問由幾根故領納一切世出世間所有吉祥答除二問由幾根故領納一切吉祥敗壞答十一問幾根能引所有吉祥答最後八復次如世尊言諸受欲者略有五種作吉祥法謂忍辱柔和觀人而捨行賢善行及不放逸云何忍辱謂由三種行相應知一不忿怒二不報怨三不懷惡若別分別乃有十種一已受怨害忍二現前怨害忍三慮恐怨害忍四饒益怨憎忍五損害親友忍六一切怨害忍七一切因怨害忍八受教怨害忍九擇力怨害忍十自性怨害忍如是一切總說名為耐違害忍云何柔和謂性賢善由身語意將護於他令无惱害若他所有無罪善樂未生令生生已隨護有罪憂苦若未生者遮令不生若已生者方便令脫此中忍辱耐他違害柔和於他不作違損如是名為二種差別當知觀人二時差別一攝受時二處置時於攝受時應以五相觀察其人然後攝受一由歸誠二由伎能三由智慧四由行迹五由廉儉於處置時亦以五相觀察其人然後處置一堪處事業置事業中二堪處思業置思業中三堪處和業置和業中四堪處護身財業置護身財業中五堪處法業置法業中捨略有五一田地捨二財物捨三隨宜捨四飲食捨五最勝捨此中捨相捨具名捨賢善行者為性於他无所違負无所欺誑無所違負復有五種一無顛倒違負二無委信違負三无承事違負四無契約違負五無他方便違負不放逸者謂修習諸善法防護不善心因果相屬故俱應為彼相此復有五種應知一求財不放逸二守財不放逸三護身不放逸四護名不放逸五行法不放逸如是一切總有五力能生吉祥一善尸羅力二善朋友力三無變悔力四可委信力五法力當知吉祥亦有五種一眾所愛樂二富貴自在三怨敵退伏四饒益所依五往諸善趣前四種力總能生起四種吉祥第五一力能生第五

問幾根先煩惱業之所感得答八問幾根名色為緣答一問幾根觸為緣答五問幾根業觸為緣答八問幾根應防護答八問幾根應調靜答一問幾根應寂止答五問幾根自性調順寂靜寂止復能調伏寂靜寂止答八云何諸根捨謂同分界地諸根滅餘生起云何諸根集謂不同分界地諸根滅餘生起云何諸根斷謂斷彼繫縛一切煩惱云何諸根退謂世間與感若定若生所有失壞問聲聞獨覺菩薩諸根有何差別答當知差別略

有五種一品類差別二任持差別三羂索差別四正行差別五證得差別品類差別者諸菩薩根其性上品聲聞獨覺所有諸根軟品中品任持差別者諸菩薩根一切明處善巧任持聲聞獨覺所有諸根一分明處善巧任持羂索差別者諸菩薩根大悲所羂索聲聞獨覺根不如是正行差別者諸菩薩根自利利他正行現前聲聞獨覺所有諸根自利現前證得差別者諸菩薩根證得无上大菩提果聲聞獨覺所有諸根證得下中二菩提果

問若補特伽羅依未至定修諦現觀彼得果時起初靜慮喜根現前為不起耶答有一能起有一不起若有利根衆多善本之所資助彼能現起非餘

問幾根入初靜慮答八後三一分能入一分不能如初靜慮第二亦尒第三亦八然非即彼第四靜慮及无色定七根能入後三有一能入有一不能

問幾根得預流果答或一或八或二或九得一来果憂根雖道所依非道攝故此中不取喜根非堅住故此亦不取若通取者當增其數問幾根得不還果答或十一或二憂根道理如前應知問幾根得阿羅漢果答或一或十

如經言於上解脱希求憂慼云何希謂修行者作如是念是處衆聖能具足住求云何謂修行者作如是念我於是處當具足住慼云何謂於下劣不生喜足憂云何謂於無上心生思慕此中預流一来於一切種皆圓滿故建立憂根若不還果雖有初二餘二無故不立憂根唯善法欲

問頗有依止喜根能捨喜根憂根捨根耶答有謂依出離喜根為依止故捨依躭嗜三根問頗有依止憂根捨憂根耶答有謂依出離為依止故捨依躭嗜問頗有依止捨根捨捨根耶答有謂依一性捨為依止故捨依種種性捨無所依捨為依止故捨依一性捨得預流果時未知欲知根亦滅亦捨非起而棄非斷非退得阿羅漢果時已知根道理應知亦尒

問幾補特伽羅有練根耶答一切有學及無學五退思護住堪達種性非諸獨覺亦非菩薩性利根故問若預流者修練根時既得練根亦證一来果耶答證問亦證不還果耶答不證對治難得故所應得義極廣大故問若不還者修練根時既得練根亦進離欲耶答進問亦證阿羅漢果耶答不證由前因故轉根已後一切皆證

問何故轉根答於薄少昇進不生喜足故為植引發勝定力故為植多聞力故為植論議决擇力故為植觀察甚深法忍力故

問諸菩薩未知欲知等三根云何建立答於勝解行地建立初根於淨增上意樂地等立第二根於如来地立第三根

問由幾種滿名學滿耶答由三種滿一根滿謂利根二定滿謂八解脫定三果滿謂不還果若諸無學得有二滿一根滿謂不動法二定滿如前應知一切無學皆由果滿說名為滿

問如說諸根不調不守不護不防亦不修習此差別名有何義耶答略說

由四因緣諸根名不調伏謂簡擇力為依止故於諸境界若不應縱諸根之者便起加行令不縱逸若應縱者便起加行縱彼諸根護諸煩惱令不現起斷對治力為依止故即於如前所説境界為性無著為性煩惱不復現行若無是四調諸根者當知彼根名不調伏由不守故不護故不防故不修故若有是四調諸根者當知與彼四種相違名為調伏乃至修習云何不調伏者能引衆苦謂能生六種苦故一擾惱住所生苦二他所擯黜苦三他所譏毀苦四追悔所生苦五往生惡趣苦六生等諸苦若有諸根善調伏者當知與此相違斷六種苦引諸快樂

問十四種根三聚有情為十四攝三三攝十四耶荅三攝十四非十四攝三不攝何等謂外處少分三聚有情者謂欲界色界無色界問五根三受為五攝三三攝五耶荅更互相攝

問五根三十七覺品法為五攝三十七三十七攝五耶荅三十七攝五非

五攝三十七不攝何等謂語業命喜安捨如是或六或四彼所不攝

問五根三根為五攝三三攝五耶荅三攝五非五攝三不攝何等謂意樂喜捨根

問九遍知幾根攝荅此九遍知斷遍知攝故非根所攝何等為九謂欲繫苦集見所斷斷是初遍知色无色繫苦集見所斷斷第二遍知欲繫滅見所斷斷第三遍知色無色繫滅見所斷斷第四遍知欲繫道見所斷斷第五遍知色無色繫道見所斷斷第六遍知下分結斷第七遍知色愛盡第八遍知無色愛盡第九遍知當知遍知略由二緣而得建立一通達諦斷故二永度界斷故由相同分界不同分及同分故立二遍知相不同分界不同分及同分故立四遍知永度劣界故立一遍知永度中界故立一遍知永度妙界故立一遍知

問諸相隨好力無畏等不共佛法幾根攝耶荅諸相隨好舌根及四根依處所攝何等為四謂身根男根眼根

舌根諸佛十力如来身中慧根所攝及具知根四無所畏五根所攝及即此一如无所畏不護亦尒三種念住非根所攝然六根所引無貪无瞋所攝大悲亦彼所引无瞋無癡所攝非根所攝无忘失法如力應知佛一切種妙智亦尒永斷習氣非根所攝然是六根所證煩惱永斷所攝問諸煩惱品所有麁重阿羅漢等永斷无餘復有何品麁重阿羅漢等所未能斷由斷此故説名如来永斷習氣荅異熟品麁重阿羅漢等所未能斷唯有如来名究竟斷

問如經言有四種食皆能長養諸根大種云何四食云何長養諸根大種荅段食觸食意思食識食由此四種長養五色根及意根并根所依所有大種問云何段食荅諸所食噉若能長養諸根大種與此相違當知非食如段食餘食非食應知亦尒

問段食云何能作食事乃至識食亦尒荅若諸段食能攝益識令其強盛由此長養諸根大種亦令強盛觸能

攝受若喜若樂若捨一分由此復能攝益諸識由攝益故復能長養諸根大種意思為欲證得可愛境界相故依正方便起染不染希望喜根緣未來境攝益於識由此長養諸根大種如是三食攝益其識由體增盛及緣現在未來生故識復長養諸根大種故立四食問云何識與意根為食答由三食所任持故能與後後為增盛因令彼得生問何故眠夢梵行等至皆能長養諸根大種而不立食答有二種長養一攝受別義長養二令無損害長養眠夢等法於後長養雖能長養於前即非是故不立問何故命根能任持身而不立食答若離於食彼終不能長養身故問何等段食名麁答若非人所食問何等名細答諸天所食由彼食已即於身中便自消化非漸次故問何等觸意思識食名麁答若在欲界問何等名細答若在色無色界問何等名為已生有情答若於現在已生增長問何等名為求有有情答若有希求未來諸有問何等名住答若無損害長養問何等名安答若攝受長養問已生有情云何由食而得安住答如前所說道理應知問求有有情云何由食攝受答由三門故二種雜染增長謂業煩惱二種雜染依識而有由三門雜染資長識故諸求有者於無間生攝受餘有問段食何時建立為食答於變壞時若受用時建立觸食由彼攝受方得增益是故段食三處所攝謂香味觸建立為食不立色處由彼要至味勢熟等變壞之位方損益故或有段物於受用時有所損害於變壞時方能攝益如苦辛等或有段物於受用時暫為攝益於變壞時乃為損害如有甘美所不宜物故變壞時方立為食非受用時問更有所餘眾多行法住因可得謂生先業神通因緣合會離障何故但說此四為食答以多分故易覺知故於諸念住易趣入故於日日分易資養故唯此四種應顯為食鄔落迦中無有段食定地諸天亦復如是諸鄔落迦多由先業力所任持而得久住雖有廣大諸根大種損害因緣而不能死然彼亦有諸微細風隨入身分以之為食難可了知是故不說問諸根依身轉亦依境界耶設依境界者亦依身轉耶答若根依境界必依身而轉或有依身轉而不依境界謂諸有色彼同分根以諸大種為依止故說彼依身問若諸根有所依而轉者彼一切皆一依耶答或有一依謂諸有色彼同分根或有二依謂即有色同分諸根或有三依所謂意根及餘無色心法諸根在有色界若於无色即此諸根唯有二依問諸根是苦者一切苦相合耶設苦相合者一切是苦耶答或諸根是苦而非苦相合謂樂根喜根或有是苦亦苦相合諸苦根憂根或有是苦非苦樂相謂捨根或有非苦亦非苦相謂後三根苦對治故

問諸根是善彼根引樂耶設根引樂彼相是善耶答或根是善而不引樂謂憂苦俱而修梵行彼諸善根於現法中不能引樂或根引樂而非是善

謂諸無記及不善根於現法中能引无記及染汙樂或根是善亦能引樂謂善樂俱修諸梵行所有善根於現法中能引其樂或根非善亦不引樂謂諸无記及不善根於現法中能引諸苦

中嗢拕南曰

義依處證得　攝食由諸句

復次具足攝持一切行義具足攝持一切行義是故名蘊又有別義常能增長諸業煩惱常能增長諸業煩惱是故名蘊又有別義常有所為及速滅壞常有所為及速滅壞是故名蘊發起諸法發起諸法是故名界是牽引義能生能廣諸心心法能生能廣諸心心法是故名處由衆緣故速壞集起由衆緣故速壞集起故名緣起等起理趣等起理趣是故名處若非理趣說名非處於見等事自在相應於見等事自在相應是故名根

當知蘊等略由六因而得建立謂身體建立彼因建立身者建立彼轉方便建立即於彼轉勝劣方便建立即彼受用增上建立

復略顯示六種善巧當知為遣六種邪執何等為六一依止邪執二自性自在等不平等因邪執三能持依止我邪執四彼死生轉邪執五彼淨不淨方便邪執六彼愛非愛境界受用主宰邪執

問觀幾勝利分別建立簡擇諸法修習善巧答略有十種謂當遍知薩迦耶見分析一合之想於有法現有諦故住故便不誹謗自無疑惑善答他問未信令信已信令增亦令如來聖教久住又當悟入緣起道理能了釋梵世主自性及士夫等非作者无實性又令慧根增長廣大於善不善如實了知廣說乃至緣生老別又於善不善法廣說乃至緣生老別當善住念由有法隨法行故即以住念為依止為建立當證善心一境之性又即以此心一境性為依止為建立令聖慧根當得生起依聖慧根永斷顛倒隨證漏盡由觀如是諸勝利故分別建立簡擇諸法修習善巧已略決擇五識身地意地於二地中餘決擇更不復現

瑜伽師地論卷第五十七

瑜伽師地論卷第五十七

校勘記

一　底本，金藏廣勝寺本。

一　九二一頁下七行第三字「趣」，諸本作「越」。

一　九二一頁下八行末字「牙」，石、麗作「芽」。

一　九二一頁下一〇行第四字及一一行第二字「搆」，資、磧、普、南、徑、清作「穀」。

一　九二一頁下一四行「巨勝」，石、磧、普、南、徑、清、麗作「苣藤」。

一　九二二頁上一行「心法」，資、磧、普、南、徑、清作「心所」。

一　九二二頁上一七行第一三字「能」，磧、普、南作「非」。

一　九二三頁中六行首字「顯」，石、麗作「顯了」。

一　九二四頁上八行第七字「可」，諸本作「有可」。

一　九二四頁上九行首字「明」，磧、普作「問」。

一　九二四頁中二二行第一三字「苦」，資、磧、普、南、徑、清作「若」。

一　九二五頁下四行第一〇字「七」，石作「十」。

一　九二六頁中一一行末字「物」，資、磧、普、南、徑、清作「根」。

一　九二六頁中末行第一二字「現」，諸本無。

一　九二六頁下九行第一二字「處」，資作「此」。

一　九二七頁中一行第一二字「觸」，資作「獨」。

一　九二七頁中二行第七字「二」，磧、普、南、徑、清作「一」。

一　九二七頁下一二行第一三字「門」，資作「同」。

一　九二八頁上一二行末字「八」，資無。

一　九二八頁下一八行第六字「調」，諸本作「謂」。

一　九二九頁上八行第二字「索」，資、磧、普、南、徑、清、麗無。

一　九二九頁上一九行第三字「八」，普、南、徑作「爾」。

一　九二九頁中末行第八字及下三行第四字「練」，石作「鍊」。

一　九二九頁下九行第一〇字「昇」，石、普作「勝」。

一　九三一頁上一〇行第三字「令」，資、磧、普、南、徑、清作「食」。

一　九三一頁上一七行第六字「人」，諸本作「天」。

一　九三一頁中五行第一一字「謂」，石作「諸」。

一　九三一頁中九行第二字「若」，南、徑、清作「攝」。

一　九三一頁中末行末字「任」，石作「住」。

一　九三一頁下一七行第四字「諸」，諸本作「謂」。

一　九三二頁上一三行第三字「常」，麗作「當」。

一　九三二頁上一五行及一六行「心法」，資、磧、普、南、徑、清作「心所」。

一　九三二頁中一〇行第八字「想」，石作「相」。

一　九三二頁下一行末字「更」，諸本作「文更」。

瑜伽師地論卷第五十八　　惡

彌勒菩薩說

三藏法師玄奘奉　詔譯

攝決擇分中有尋有伺等三地之八

如是已說五識身相應地意地決擇有尋有伺等三地決擇我今當說問何故焰摩名為法王為能損害諸衆生故為能饒益諸衆生故若由損害衆生名為法王不應道理若由饒益衆生今應當說云何饒益答由能饒益不由損害何以故若諸衆生執到王所令憶念故遂為現彼相似之身告言汝等自所作業當受其果由是因緣彼諸衆生各自了知自所作業還自受果便於焰摩使者衆生業力增上所生猶如變化非衆生所無反害心无瞋恚心不懷怨恨乃由此故感那落迦新業更不積集故業盡已脫那落迦趣是故焰摩由能饒益諸衆生故名為法王若諸衆生生那落迦憶宿命者焰摩法王更不教誨若有生已不憶宿命王便教誨略有三種補特伽羅生那落迦不憶宿命一極愚癡謂生邊地不解觀察隨諸惡轉二極放逸謂受欲者於諸欲中增上躭著不解觀察諸惡轉三極邪見謂成就一切誹謗邪見不解觀察隨諸惡轉由彼不能自然憶念故令憶念

復次二因緣故大海水鹹一生彼衆生福增上故二陸地衆生一分非福增上故所以者何由水鹹故非人所涉生彼無量微細衆生不被採害又大海中種種珍寶差別可得由水鹹故陸地衆生一分難得

復次煩惱雜染決擇我今當說如先所說煩惱雜染義當知此煩惱由五種相建立差別何等為五一自性故二自性差別故三染淨差別故四迷斷差別故五對治差別故云何自性略有二種一見性煩惱二非見性煩惱云何自性差別略有十種見性煩惱五種差別非見性者亦有五種總此十種名為煩惱自性差別見性五者謂薩迦耶見邊執見邪見見取戒禁取非見性五者謂貪恚慢无明疑

薩迦耶見者於五取蘊心執增益見我我所名薩迦耶見此復二種一者俱生二者分別起俱生者一切愚夫異生利五禽獸並皆現行分別起者諸外道等計度而起

邊執見者於五取蘊薩迦耶見增上力故心執增益見我斷常名邊執見常見所攝邊執見者謂六十二諸見趣中計度前際諸遍常論一分常論及計後際諸有想論無想論非想非非想論斷見所攝邊執見者謂諸沙門若婆羅門七事斷論此邊執見唯分別起無有俱生唯除即此先世已来串習隨逐邊執見等若有分別若无分別差別之相如本地分已廣分別

邪見者一切倒見於所知事顛倒而轉皆名邪見當知此見略有二種一者增益二者損減薩迦耶見邊執見見取戒禁取此四見等一切皆名增益邪見謗因謗用謗果壞實事等心執增益所有諸見一切皆名損減邪見無施无受亦無祠祀是名謗因无有妙行亦無惡行是名謗用无有妙

行惡行諸業果及異熟是名謗果无父無母无化生有情亦无世間真阿羅漢諸漏永盡乃至廣說如是一切名壞實事又此邪見即計前際諸无因論邊無邊論不死矯乱論及計後際現法涅槃等論所有沙門若婆羅門當知如是薩迦耶見以為根本六十二見三見所攝謂常見所攝諸邊執見斷見所攝諸邊執見及諸邪見

見取者於六十二諸見趣等一一別計為冣為上為勝為妙威勢取執隨起言說唯此諦實餘皆虛妄由此見故能得清淨解脫出離是名見取

戒禁取者謂所受持隨順見取見取眷屬見取隨法若戒若禁於所受持諸戒禁中妄計為冣為上為勝為妙威勢執取隨起言說唯此諦實餘皆虛妄由此戒禁能得清淨解脫出離是名戒禁取

貪者謂能躭著心所為性此復四種謂著諸見欲色無色

恚者謂能損害心所為性此復四種謂於損已他見他有情所及於所愛

不饒益所於所不愛作饒益所所有瞋恚

慢者謂令心舉心所為性此復四種謂於諸見於諸有情於受用欲於諸後有處起又此慢略有二種一惑乱慢二不惑乱慢於有情處慢者謂三慢類已如前說於受用欲處慢者謂由大財大族大徒衆等現在前故心遂高舉於後有處慢者謂由計我當有不有廣說乃至我當非想非非想等若動不動戲論造作諸愛趣中現前轉故心遂高舉不惑乱慢者謂於下劣計已為勝於等計等而生憍慢惑乱慢者謂餘六慢又由受用鄙劣資具自謂富樂名惑乱慢若由受用勝妙資具自謂富樂名不惑乱慢又由邪行謂後有勝名惑乱慢若由正行謂後有勝名不惑乱慢

無明者謂於所知真實覺悟能覆能障心所為性此略四種一无解愚二放逸愚三染汙愚四不染汙愚若於不見聞覺知所知義中所有无智名無解愚若於見聞覺知所知義中散

乱失念所有無智名放逸愚於顛倒心所有無智名染汙愚不顛倒心所有无智名不染汙愚又此無明揔有二種一煩惱相應無明二獨行无明非無愚癡而起諸惑是故貪等餘惑相應所有无明名煩惱相應無明若無貪等諸煩惱纏但於苦等諸諦境中由不如理作意力故鈍慧士夫補特伽羅諸不如實簡擇覆障纏裹闇昧等心所性名獨行無明

疑者猶豫二分不决定心所為性當知此疑略由五相差別建立謂於他世作用因果諸諦寶中心懷猶豫

如是所說十種煩惱亦緣事轉亦緣煩惱謂十煩惱皆與自他一切煩惱展轉相緣亦緣自地諸有漏事下地煩惱能緣上地煩惱及事非上地惑能緣下地煩惱及事如是煩惱展轉相緣及下地惑能緣上地於此處所餘決擇文更不復現

復次俱生薩迦耶見唯无記性數現行故非極損惱自他處故若分別起薩迦耶見由堅執故與前相違在欲

界者唯不善性若在上地奢摩他力所制持故多白淨法所攝受故成无記性由染汙故體是隱沒所餘煩惱由此道理隨應當知欲界煩惱為諸惡行安足處故多不善性又不善者具三因緣能往惡趣餘則不定何等為三謂極多修習數重無間計為功德不見其失不見其患縱情而起是初因緣用此煩惱以為依處由身語意於諸惡行作及增長是第二因緣由此煩惱斷他善品授不善品是第三因緣除先所作能往惡趣順後受業又十煩惱七唯意地貪恚无明亦通五識又於欲界四見及慢喜捨相應貪樂喜捨相應恚苦憂捨相應邪見喜憂捨相應疑憂捨相應無明一切五根相應此據多分相應道理其餘深細後當廣說於上諸地隨所有根即與彼地煩惱相應又十煩惱見所斷者名曰無事彼所緣事非成實故所餘煩惱有事无事彼相違故又貪與慢緣有漏一分可意事生恚緣一分非可意生是故此三煩惱一分

所生名取一分所餘煩惱通緣內外若愛非愛及俱相違有漏事生是故說彼名曰遍行取一切事若有隨順如是煩惱煩惱俱行煩惱品類名隨煩惱

云何名隨煩惱略由四相差別建立一通一切不善心起二通一切染汙心起三於各別不善心起四善不善無記心起非一切處非一切時謂无慚无愧名通一切不善心起隨煩惱放逸掉舉惛沉不信懈怠邪欲邪勝解邪念散乱不正知此十隨煩惱通一切染汙心起通一切處三界所繫忿恨覆惱嫉慳誑諂憍害此十隨煩惱各別不善心起若一生時必无第二如是十種皆欲界繫除誑諂憍由誑及諂至初靜慮憍通三界此并前二若在上地唯無記性尋伺惡作睡眠此四隨煩惱通善不善无記心起非一切處非一切時若有極久尋求伺察便令身疲念失心亦勞損是故尋伺名隨煩惱此二乃至初靜慮地惡作睡眠唯在欲界又有定地諸隨

煩惱謂尋伺誑諂憍沉掉舉憍放逸懈怠等初靜慮地有初四種餘通一切地若雜事中世尊所說諸隨煩惱廣說乃至愁歎憂苦隨擾惱等及攝事分廣所分別如是一切諸隨煩惱皆是此中四相差別隨其所應相攝應知

復次隨煩惱若在欲界略於十二處轉何等十二謂執著惡行處鬬訟諍競處毀犯尸羅處受學隨轉非善人法處邪命處躭著諸欲處如所聞法義心諦思惟處於所思義內心寂止方便持心處展轉受用財法處不相雜住處遠離卧具房舍處衆苦所集處此十二處以為依止如先所說貪著乃至隨擾惱等諸隨煩惱差別而轉謂貪著瞋恚愚癡依初處轉忿等乃至諂依第二處轉無慚无愧依第三處轉誑等乃至謀害依第四處轉矯詐等乃至惡友依第五處轉不忍躭嗜等乃至不平等貪著依第六處轉薩迦耶見有見無有見依第七處轉貪欲等乃至不作意依第八處轉

顧悋纏綿依第九處轉不質直性不柔和性不隨同分轉性依第十處轉欲尋思等乃至家生繫屬尋思依第十一處轉愁歎等依第十二處轉

復次此五見是慧性故互不相應自性自性不相應故貪恚慢疑更相違故互不相應貪染令心卑下憍慢令心高舉是故貪慢更互相違

復次如所說諸隨煩惱當知皆是煩惱品類且如放逸是一切煩惱品類所以者何於染愛時多生放逸乃至疑時亦有放逸貪著慳悋憍高掉舉等皆貪品類皆貪等流忿恨惱嫉害等是瞋品類是瞋等流誑諂是邪見品類邪見等流覆是諂品類當知即彼品類等流餘隨煩惱是癡品類是癡等流唯除尋伺當知尋伺慧思為性猶如諸見者慧依止意言而生於所縁境憧遑推究雖慧為性而名尋伺於諸境界遽務推求依止意言麁慧名尋即於此境不甚遽務而隨究察依止意言細慧名伺是名建立煩惱雜染自性差别

立何建立煩惱雜染染淨差別謂如所說本隨二惑略二緣故染惱有情一由纏故二隨眠故現行現起煩惱名纏即此種子未断未害名曰隨眠亦名麁重又不覺位名曰隨眠若在覺位說名為纏若諸具縛補特伽羅生在欲界成就三界煩惱隨眠若生色界所有異生成就欲界被奢摩他之所損伏煩惱隨眠成就色界及无色界所未損伏煩惱隨眠若生無色所有異生成就欲界及與色界被奢摩他之所損伏煩惱隨眠成就无色所未損伏煩惱隨眠如界道理隨地亦尒諸煩惱纏未離自地煩惱欲者自地現起已離欲者即不現起若在下地上地諸纏亦得成就非在上地得說成就下地諸纏

問具一切縛補特伽羅諸煩惱纏起滅未捨是諸煩惱於何事繫過去耶未来耶現在耶荅過去已繫故不名繫但於現在由此種類煩惱隨眠說名為繫若諸煩惱正起現前亦由纏故說名為繫於未来世隨眠及纏以

當繫故亦不名繫如此種類當知諸餘煩惱亦尒如具縛者不具縛者亦復如是差別者所餘煩惱說名為繫問諸脩行者伏煩惱纏當云何伏荅以脩三種對治力故伏煩惱纏一了知煩惱自性過患二思惟對治所緣境相三以勝善品滋心相續當知此是永斷正見前行之道問諸脩行者斷煩惱時為捨纏耶捨隨眠耶由斷何故說名為斷荅但捨隨眠以煩惱纏先已捨故斷隨眠故說名為斷何以故雖纏已斷未斷隨眠諸煩惱纏數復現起若隨眠斷纏與隨眠畢竟不起問為斷過去為斷未來為斷現在荅非斷去未今然說斷三世何以故若在過去有隨眠心任運滅故其性已斷復何所斷若在未來有隨眠心性未生故體既是无當何所斷若在現在有隨眠心此刹那後性必不住更何須斷又有隨眠離隨眠心二不和合是故現在亦非所斷然從他音內正作意二因緣故正見相應隨所治惑能治心生諸有隨眠所治心

滅此心生時彼心滅時平等平等對治生滅道理應知正見相應能對治心於現在世無有隨眠於過去世亦無隨眠此刹那後離隨眠心在未来世亦無隨眠從此已後於已轉依已斷隨眠身相續中所有後得世間所攝善無記心去来今位皆離隨眠是故三世皆得說斷是名煩惱雜染染淨差別

云何建立煩惱雜染迷斷差別當知略說有十五種謂欲界繫見苦集滅道諦所斷及脩所斷諸漏有五如欲界繫色無色繫各五亦尒欲界迷苦有十煩惱迷集有八除薩迦耶及邊執見如迷集諦滅道亦尒上界諸諦並除瞋恚隨迷次第如欲界說

云何迷苦有十隨眠略五取蘊揔名為苦愚夫於此五取蘊中起二十句薩迦耶見五句見我餘見我所是名迷苦薩迦耶見即用如是薩迦耶見以為依止於五取蘊見我斷常故邊執見亦迷於苦又諸邪見謂无施等乃至妙行惡行業果及與異熟是迷

苦諦又有邪見撥無父母化生有情如是邪見一分迷苦一分迷集又諸外道誹謗苦諦起大邪見彼謂沙門喬荅摩種為諸弟子施設苦諦此定无有如是邪見亦迷苦諦又有諸見忘計自在世主釋梵及餘物類為常為恒無有變易如是邪見亦迷苦諦又有諸見計邊無邊如是亦名迷苦邪見又有沙門若婆羅門不死矯乱邪見一分亦迷苦諦若有見取忘取迷苦所有諸見以為第一謂能清淨解脫出離如是名為迷苦見取若有忘取隨順此見此見隨法所受戒禁以為第一能得清淨解脫出離此戒禁取是迷苦諦若有外道於此諸見不定信受亦不一向誹謗如来所立苦諦但於苦諦心懐猶預此及所餘於苦猶預是迷苦疑若於如是自所起見寳愛堅著如此見貪是迷苦貪若於異分他所起見心懐違損是迷苦恚若恃此見心生高舉是迷苦慢若有无智與此諸見及疑貪等煩惱相應若唯於苦獨行無智如是並名

迷苦無明此十煩惱皆迷苦諦見苦所斷

云何迷集有八隨眠謂諸沙門若婆羅門謗因邪見又有沙門若婆羅門計自在等是一切物生者化者及與作者此惡因論所有邪見又有邪見無施无受亦無祠祀无有妙行亦無惡行又有邪見不死矯乱外道沙門若婆羅門所起一分又有邪見誹謗集諦謂諸外道作如是計如彼沙門喬荅摩種為諸弟子所說集諦此定无有如是等見是迷集諦所起邪見若有見取取彼諸見以為第一能得清淨解脫出離是迷集諦所起見取若於隨順此見諸法所受戒禁取為第一能得清淨廣說如前是迷集諦戒禁取餘疑貪等如前應知如是八種煩惱隨眠迷於集諦見集所斷

云何迷滅有八隨眠謂諸沙門若婆羅門計邊無邊不死矯乱諸見一分又有沙門若婆羅門謂說現法涅槃論者所有邪見又有邪見撥無世間真阿羅漢乃至廣說彼阿羅漢二德所顯謂斷及智此中但取謗斷邪見又有邪見誹謗滅諦謂諸外道廣說如前又有横計諸邪解脫所有邪見如是諸見是迷滅諦所起邪見若有見取取彼諸見以為第一廣說如前是迷滅諦所起見取若於隨順彼見諸法所受戒禁取為第一廣說如前是迷滅諦戒禁取所餘貪等如前應知唯除瞋恚謂於滅諦起怖畏心起損害心起恚惱心如是瞋恚迷於滅諦餘如前說如是八種煩惱隨眠迷於滅諦見滅所斷

云何迷道有八隨眠謂撥无世間真阿羅漢乃至廣說此中所有誹謗一切智為導首有為無漏當知此見是迷道諦所起邪見又諸沙門若婆羅門不死矯乱邪見一分亦迷於道又諸外道謗道邪見彼謂沙門喬荅摩種為諸弟子說出離道實非出離由此不能盡出離苦佛所施設无我之見及所受持戒禁隨法是惡邪道非正妙道如是亦名迷道邪見又彼外道作如是計我等所行若行若道是真行道能盡能出一切諸苦如是亦名迷道邪見若有見取取彼邪見以為第一能得清淨解脫出離如是名為迷道見取若於隨順彼見諸法所受戒禁取為第一能得清淨解脫出離是名迷道戒禁取所餘貪等迷道煩惱如迷滅諦道理應知如是八種煩惱隨眠迷於道諦見道所斷

如是已說見斷諸漏云何修道所斷諸漏謂欲界瞋恚三界三種貪慢無明由彼長時修習正道方能得斷是故名為修道所斷又彼煩惱界界地地皆有三品謂下中上能斷之道亦有三品下品之道能斷上品修斷諸漏中能斷中上道斷下又彼修道所斷諸漏於有漏事任運而轉長時堅固於自所迷事難可解脫是名建立煩惱雜染迷斷差別

復次即如所說見修所斷諸漏煩惱當知略有五種所緣一緣邪分別所起事境二緣見境三緣戒禁境四緣自分別所起名境五緣任運堅固事境此中若緣苦集事境所有諸漏是

縁邪分別所起事境見取貪等見斷諸漏除疑是縁見境戒禁取是縁戒禁境縁滅道境及縁不同分界境所有諸漏是縁自分別所起名境何以故非此煩惱能縁滅道亦不能縁不同分界非無所縁故修所斷漏是縁自任運堅固事境

云何建立煩惱雜染對治差別謂略四種一相續成熟對治二近斷對治三一分斷對治四具分斷對治如聲聞地已具說十三種資糧道名相續成熟對治如聲聞地已具說煗頂忍世第一法決擇分善根名近斷對治見道名一分斷對治修道名具分斷對治問昇見道聖者智行有何相由幾心故見道究竟云何當捨見所斷惑頓耶漸耶荅昇見道者所有智行遠離衆相尒時聖智雖縁於苦然於苦事不起分別謂此為苦取相而轉如於苦諦於集滅道亦復如是尒時即於先世俗智所觀諦中一切想相皆得解脫絶戲論智但於其義縁真如理離相而轉其於尒時智行如是

建立見道由二道理一廣布聖教道理有戲論建立二內證勝義道理離戲論建立依初建立增上力故說法智品有四種心種類智品亦有四心隨尒所時八種心轉即尒所時揔說名一無間所入純奢摩他所顯之心如是揔說有九種心見道究竟隨尒所時如所施設苦諦之相了別究竟即尒所時說名一心第二建立增上力故說有一心謂唯依一證真如智相應心斷是究竟此中亦有奢摩他道如前應知又立二分見道所斷煩惱隨眠一隨逐清淨色二隨逐心心所由見道中止觀雙運故聖弟子俱時能捨止觀二道所斷隨眠第一觀所斷第二止所斷是故見道說名究竟若言觀品所攝諸智見斷隨眠隨逐生者應不得名對治體性由此因縁薄伽梵說隨信行者隨法行者入見道時名為第六行無相行補特伽羅非信解脫見得身證慧脫俱脫五得其名由彼於滅住寂靜想是故說彼名住無相譬如良醫拔毒箭者知

癰熟已利刀先剖膿雖漸出猶未頓盡後更廣開周迴唇𢫫膿出麁盡未能甚淨瘡門尚開為令鍛故或以膩團或以膩帛而帖塞之如是漸次肌肉得鍛令義易了故作此喻此中義者如已熟癰當知隨順見道所斷諸漏麁事亦尒如利刀剖當知毗鉢舍那品所攝見道亦尒如周唇𢫫當知奢摩他品所攝見道亦尒如膿當知一切見道所斷隨眠漏亦尒如瘡未淨未鍛當知修道所斷諸漏　事亦尒如膩團帛當知修道亦尒若諸異生離欲界欲或色界欲但由修道無有見道彼於欲界得離欲時貪欲瞋恚及彼隨法隣近憍慢若諸煩惱相應無明不現行故皆說名斷非如見道所斷薩迦耶見等由彼諸惑住此身中從定起已有時現行非生上者彼復現起如是異生離色界欲如其所應除瞋恚餘煩惱當知亦尒自地所有見斷諸漏若定若起若生於一切時若遇生縁便現在前復次略有二種麁重一漏麁重二有漏麁重

麁重者阿羅漢等修道所斷煩惱斷時皆悉永離此謂有隨眠者有識身中不安隱性無堪能性有漏麁重者隨眠斷時從漏所生漏所熏發本所得性不安隱性苦依附性與彼相似無堪能性皆得微薄又此有漏麁重名煩惱習阿羅漢獨覺所未能斷唯有如來能究竟斷是故說彼名永斷習氣不共佛法是名煩惱雜染由五種相差別建立

問如世尊言妄分別貪名士夫欲以何因緣唯煩惱欲說名為欲非事欲耶荅以煩惱欲性染汙故又唯煩惱欲能欲事欲故又煩惱欲發動事欲令生種種雜染過患謂諸所有妄分別貪未斷未知故先為欲愛之所燒惱欲愛燒故追求諸欲追求欲故便受種種身心疲苦雖設功勞若不稱遂便謂我今唐捐其功乃受劬勞无果之苦設得稱遂便深戀著守掌因緣受防護苦若受用時貪火所燒於內便受不寂靜苦若彼失壞受愁憂苦由隨念故受追憶苦又由是因發

起身語及意惡行又出家者棄捨欲時雖復捨離煩惱欲因欲復還起又唯煩惱欲因緣故能招欲界生老病死惡趣等苦如是等輩雜染過患皆煩惱欲以為因緣是故世尊唯煩惱欲說名為欲非於事欲

問能生欲貪虛妄分別凡有幾種荅略有八種一引發分別二覺悟分別三合結分別四有相分別五親昵分別六喜樂分別七侵逼分別八極親昵分別如梵問經言

引發與覺悟　及餘和合結　有相若親昵
亦多種喜樂　侵逼極親昵　名虛妄分別
能生於欲貪　智者當遠離

引發分別者謂捨善方便心相續已於諸欲中發生作意覺悟分別者謂於不和合不現前境由貪欲纏之所纏縛合結分別者謂貪欲纏所纏縛故追求諸欲有相分別者謂於和合現前境界執取其相執取隨好親昵分別者謂於和合現前境界由貪欲纏之所纏縛憙樂分別者謂由如是貪欲纏故希求無量所受欲具侵逼

分別者謂由一向見其功德而受諸欲倍更希求極親昵分別者謂為㝡極諸貪欲纏之所纏縛問何故欲界諸煩惱中唯顯示貪以為欲相荅若由是因顯示貪愛為集諦相即以此因當知此相問何故顯示分別俱貪以為欲相荅若此因緣令貪現前發起於貪若此因緣受用事欲揔顯為一妄分別貪又有一分棄捨諸欲而出家者仍於諸欲起妄分別為令了知虛妄分別亦是欲已尋復棄捨故顯分別亦是欲相問何故唯說貪愛為集諦相荅由二因緣一者貪愛是願不願所依處故二者貪愛遍生起故所以者何由彼貪愛於身財等所應期願為現攝受故便起期願於非願處對治善中為非所願現攝方便故便起不願由此願不願故生死流轉無有斷絕當知遍起復有三種一者位遍依一切受差別轉故謂由五門喜和合故喜不離故喜不合故喜乖離故常隨自身而藏愛故二者時遍謂緣去來今三世境故三者境遍

謂緣現法復法內身而起亦緣已得未得境界而起問何故唯說離貪瞋癡心得離欲不說離色愛等煩惱事耶答由離於此亦離彼故又諸煩惱性染汙故又即由此多過患故所以者何若於其事起諸過患當知皆是煩惱所作是諸過患如前蘊善巧中觀察不善所有過患又可避故所以者何於諸事中一切煩惱皆可避脫非一切事又由修習不淨觀等諸世俗道雖猒其事入離欲地然離欲地煩惱隨逐煩惱於心未得離欲由此道理唯離煩惱心善離欲非離其事於此處所餘決擇文更不復現問何因緣故於諸經中從餘煩惱簡取我我所見我慢執著隨眠說為染汙煩惱品耶答由三因故一向邪行故謂我我所見二種故所以者何依止身見以為根本便能生起六十二見依託此故於非解脫計為解脫而起邪行二背正行故謂我慢執著二種所以者何衣上我慢執著故於此正法毗奈耶中所有善友所謂諸佛及佛弟子真善丈夫不往請問云何為善云何不善設彼來問亦不如實顯發自已三退勝位故謂隨眠一種所以者何雖到有頂下地隨眠所隨逐故復還退墮復有差別謂通達所知於滅作證有二種法極為障㝵一邪行因緣二苦生因緣邪行因緣者謂六十二見因此執故於諸有情由身語意起諸邪行苦生因緣者謂不斷隨眠故又此二業有二因緣邪行因緣因緣者謂計我我所薩迦耶見苦生因緣因緣者謂初後兩位不起正行由我慢故初不聞正法由增上慢故後不修正行復有差別謂於善說法毗奈耶中有四種法為最為上勝極勝妙不共外道何等為四一者於諦簡擇二者於已同梵行所修可樂法三者於異論所不生憎嫉四於清淨品能不退失於惡說法毗奈耶中有四種法於此四法極為障㝵一計我我所薩迦耶見二我慢三妄執諦取四不斷隨眠由此因緣雖到有頂必還墮落又有二執一根境執謂執我我所二展轉有情執謂我慢計我為勝等問自有貪愛為衆苦因何故餘處世尊復說欲為苦因答以是現法苦因緣故所以者何若於有情有欲有貪或有親昵彼若變異便生憂惱等苦問何故五蓋說名為龜答五支相似故能障修習如理作意故問何緣故忿說名母駝答似彼性故由惡語者於他言詞不能堪忍增上力故能障得彼教授教誡問何故慳嫉說名疑血答由於虛薄無味利養而現行故能障可愛樂法故問何故諸欲說名屠机上肉答繫屬主宰無定實故能障无間修善法故問何故無明說名狼者答似彼性故障聞智故問何緣故疑說名岐路答似彼性故障思智故問何故我慢說名輪圍答似彼性故障修智故問更有所餘能發惡行無量煩惱何故簡取貪瞋癡立不善根本發業因緣略有三種謂愛味因緣故損他因緣故執著建立邪法因緣故此貪瞋癡於上因緣如應配釋中嗢拕南曰

欲愛離欲　計我等欲　龜駝母等
及貪瞋等

瑜伽師地論卷第五十八

瑜伽師地論卷第五十八

校勘記

一　底本，金藏廣勝寺本。

一　九三四頁中四行「三地」，石作「三地第二」。

一　九三五頁上三行第四字「者」，資、磧、普、南、徑、清、麗無。

一　九三五頁上四行「利五」，諸本作「乃至」。

一　九三五頁上二二行「無施无受」，麗作「無施无愛」，下同。

一　九三五頁中一七行第一一字「諦」，磧、普作「謗」。

一　九三五頁中二〇行至九三六頁上一一行「心所」，石均作「心法」。

一　九三六頁上一三行「因果諸諦寶」，資、磧、普、南、徑、清作「用果諸諦實」。

一　九三六頁上一五行第一〇字「他」，諸本作「地」。

一　九三六頁下二一行「念失」，石作「失念」。

一　九三七頁上八行第三字「隨」，石、麗作「諸隨」。

一　九三七頁上九行第六字「謂」，石作「一謂」。

一　九三七頁上九行第一二字「闘」，石作「二闘」。

一　九三七頁上一〇行第三字「毀」，石作「三毀」。

一　九三七頁上一〇行第八字「受」，石作「四受」。

一　九三七頁上一一行第三字「邪」，石作「五邪」。

一　九三七頁上一一行第六字「躭」，石作「六躭」。

一　九三七頁上一一行第一一字「如」，石作「七如」。

一　九三七頁上一二行第七字「於」，石作「八於」。

一　九三七頁上一三行第六字「展」，石作「九展」。

一　九三七頁上一三行第一三字「不」，

石作「十不」。

一　九三七頁上一四行第四字「遠」，石作「十一遠」。

一　九三七頁上一四行第一一字「衆」，石作「十二衆」。

一　九三七頁上二〇行第七字「友」，石、麗作「作」。

一　九三七頁中一九行第五字「違」，石、徑、清、麗作「惶」。

一　九三七頁下一行首字「立」，諸本作「云」。

一　九三八頁上一五行第六字「未」，諸本作「來」。

一　九三八頁上二〇行「更何」，石作「何更」。

一　九三八頁上二二行首字「音」，磧、普、南、徑、清作「意」。

一　九三八頁下六行首字及一〇行第一三字、一三行首字「忘」，石、普、徑、清、麗作「妄」。

一　九三九頁下一六行、二二行及次頁上七行「任運」，磧、普、南作「住運」。

一　九四〇頁中八行第七字及九四二頁中一一行第一一字「苦」，石作「若」。

一　九四〇頁中一一行「心断是」，諸本作「心類見道」。

一　九四〇頁中一三行第一三字至一四行首字「心心所」，石作「心法」。

一　九四〇頁中二一行「解脱」，資、磧、普、南、徑、清、麗作「勝解」。

一　九四〇頁下二行第一二字「麁」，石、麗作「瀌」。

一　九四〇頁下三行第一〇字「鈠」，諸本作「歛」。

一　九四〇頁下四行第七字「帖」，石、資、磧、普、南、徑、清作「怗」。

一　九四〇頁下一一行第一一字「漏」，資、磧、普、南、徑、清、麗作「漏漏」。

一　九四一頁中二行第九字「因」，石作「因緣」。

一　九四一頁下二行第七字「親」，普作「覩」。

一　九四一頁下三行末字「界」，磧、普作「及」。

一　九四二頁上一行第五字「復」，諸本作「後」。

一　九四二頁上一五行第九字「餘」，資作「除」。

一　九四二頁上一八行第七字「故」，資、磧、普、南、徑、清無。

一　九四二頁中一行「丈夫」，石作「友所」。

一　九四二頁下一五行「狼者」，石、麗作「浪者」。

一　九四二頁下二〇行第二字「本」，諸本作「荅」。

一　九四三頁上一行「駝母」，石作「母駝」。

瑜伽師地論卷第五十九　　悪

彌勒菩薩說

三藏法師玄奘奉　詔譯

攝決擇分中有尋有伺等三地之三

問貪等十煩惱幾能發業幾不能發荅一切能發若諸煩惱猛利現行方能發起往惡趣業非諸失念而現行者又分別起能發此業非任運起

問諸煩惱有幾相荅略有三相一自相二共相三差別相自相者謂貪瞋等各各自性所攝相共相者謂諸煩惱無有差別一切皆同不寂靜相差別相者復有二種一門差別相二轉差別相門差別相者謂結縛隨眠隨煩惱纏等如本地分已說轉差別相者謂隨眠轉故所緣轉故現行轉故品差別轉故力無力轉故因果轉故迷行轉故

復次隨眠轉相略有十八一隨逐自境隨眠二隨逐他境隨眠三被損隨眠四不被損隨眠五隨增隨眠六不隨增隨眠七具分隨眠八不具分隨眠

九可害隨眠十不可害隨眠十一增上隨眠十二平等隨眠十三下劣隨眠十四覺悟隨眠十五不覺悟隨眠十六能生多苦隨眠十七能生少苦隨眠十八不能生苦隨眠隨逐自境隨眠者謂三界中自地所攝隨眠隨逐他境隨眠者謂生上下地下上煩惱所逐隨眠被損隨眠者謂世間離欲下地隨眠不被損隨眠者謂已離欲或未離欲自地隨眠隨增隨眠者謂自地隨眠不隨增隨眠者謂他地隨眠具分隨眠者謂諸異生所有隨眠不具分隨眠者謂諸有學非異生者所有隨眠可害隨眠者謂般涅槃法所有隨眠不可害隨眠者謂不般涅槃法所有隨眠增上隨眠者謂貪等行所有隨眠平等隨眠者謂等分行所有隨眠下劣隨眠者謂薄塵行所有隨眠覺悟隨眠者謂諸纏果與纏俱轉隨眠不覺悟隨眠者謂離諸纏而恒隨逐隨眠能生多苦隨眠者謂欲界隨眠能生少苦隨眠者謂色无色界隨眠不能生苦隨眠者謂得

自在菩薩所有隨眠

問如說麁重體性名隨眠此煩惱品麁重望彼諸行當言有異為不異耶荅當言有異何以故由阿羅漢永害一切煩惱麁重而諸行相續猶未斷絕故問有幾麁重攝諸麁重荅略有十八一自性麁重二自性煩惱麁重三自性業麁重四煩惱障麁重五業障麁重六異熟障麁重七蓋麁重八不正尋思麁重九愁惱麁重十怖畏麁重十一劬勞麁重十二飲食麁重十三眠夢麁重十四婬欲麁重十五界不平等麁重十六時分變異麁重十七終没麁重十八遍行麁重如是麁重如前應知復次所緣現行二轉於其自處當廣宣說品差别轉當知如前蘊善巧說力無力轉當知如前本地分說因果轉者謂煩惱業生皆以煩惱為因果亦如是隨應當知欲界一分不善煩惱有異熟果應知所餘無異熟果迷行轉者如本地分七種已列義别云何謂薩迦耶見邊執見邪見此三於所知境起邪了

行於四聖諦迷行轉故无明一種是不了行疑是了不了行見取戒禁取及貪瞋等緣見為境見所斷者彼一切皆是執邪了行即此一切迷苦集諦者是迷彼因緣所依處行即此一切迷滅道諦者是迷彼怖畏生行即彼一切任運所起修道斷者是任運現行迷執行復次如前所說一切煩惱障治差别但依化宜顯示麁相建立煩惱迷執邪行為令所化有情於種種煩惱諸行過失易生解故今當摠辯一切煩惱如實巨細之相建立迷執諸行差别問如是諸煩惱幾有事幾无事荅諸見與慢是无事於諸行中實無有我而分别轉故貪恚是有事无明疑通二種

問是諸煩惱幾與樂根相應乃至幾與捨根相應荅若任運生一切煩惱皆於三受現行可得是故通一切識身者與一切根相應不通一切識身者與意地一切根相應不任運生一切煩惱隨其所應諸根相應我今當說貪於一時樂喜相應或於一時憂

苦相應或於一時與捨相應問如何等荅如有一或於樂受起會遇愛不乖離愛而現在前遂於樂受不會遇非會遇若乖離非和合或於苦受起不會愛若乖離愛而現在前遂於苦受合會非不合會不乖離非乖離由是因緣貪於一時憂苦相應與此相違喜樂相應若於不苦不樂位而生味著當知此貪捨根相應恚於一時憂苦相應或有一時喜樂相應問如何等荅如有一自然為苦逼切身心遂於內苦作意思惟發恚根心或於非愛諸行有情及諸法所作意思惟發恚恨心由是故恚憂苦相應問恚與喜樂相應如何等荅如有一於怨家等非愛有情起恚惱心作意思惟願彼没苦没已不濟或不得樂得已還失若遂所願便生喜樂由是故恚喜樂相應薩迦耶見及邊執見若於樂俱行蘊觀我我所或觀為常喜根相應若於苦俱行蘊觀我我所或觀為常憂根相應若於捨俱行蘊觀我我所或觀為常捨根相應斷見攝邊

執見當知一切與彼相違見取戒禁取取彼見故隨其所應如彼相應邪見一種先作妙行憂根相應先作惡行喜根相應慢於一時喜根相應或於一時憂根相應問如何等荅略有二慢一高舉慢二卑下慢又高舉慢有三高舉何等為三謂稱量高舉解了高舉利養高舉此高舉慢喜根相應若卑下慢與彼相違憂根相應疑若於利養恭敬稱譽樂善趣等決定事中他所導引令猶豫者憂根相應於无利養不敬譏毀苦惡趣等決定事中他所導引令猶豫者喜根相應無明通與五根相應所餘相應引事指斥文不復現先辯煩惱諸根相應但約麁相道理建立令初行者解無乱故令約巨細道理建立令久行者了自他身種種行解差別轉故

復次諸煩惱略有三聚一欲界繫二色界繫三無色界繫問如是三聚幾不善幾無記荅初聚一分是不善餘二聚是无記諸不善者是有異熟非餘問幾多性幾少性荅初多性餘不

介如多性少性如是猛利長時染惱性非猛利長時染惱性發起外門雜染性發起內門雜染性發起惡行性發起非惡行性能生多苦性能生少苦性大有罪性小有罪性遲離欲性速離欲性不離欲性所顯性離欲所顯性三摩地相違性非三摩地相違性非一種相生決定性一種相生決定性等當知亦介介中嗢拕南曰

多染惱內門　惡行生諸苦　有罪遲離欲
三摩地生等

復次云何能斷煩惱齊何當言已斷煩惱從何煩惱而可說斷斷諸煩惱為頓為漸云何次第斷諸煩惱諸煩惱斷復有幾種煩惱斷已有何等相諸煩惱斷有何勝利

謂善法資粮已積集故已得證入方便地故證得見地故積習修地故能斷煩惱得究竟地當言已斷一切煩惱復有差別謂由修習四種瑜伽能斷煩惱若善修習如是四種當言已斷一切煩惱四種瑜伽如聲聞地已說其相復有差別謂相續成熟故得

隨順教故內正作意故對治道生故能斷煩惱修對治道已到究竟當言已斷一切煩惱復有差別謂了知煩惱事故了知煩惱自性故了知煩惱過患故煩惱生已不堅著故攝受對治故能斷煩惱對治已生當言已斷一切煩惱復有差別修奢摩他故修毗鉢舍那故能斷煩惱若諸相縛已得解脫諸麁重縛亦得解脫當言已斷一切煩惱如世尊言

相縛縛衆生　亦由麁重縛　善雙修止觀
方乃俱解脫

復有差別謂了知所緣故喜樂所緣故能斷煩惱所依已滅故已得轉依故當言已斷一切煩惱

復次從彼相應及所緣故煩惱可斷所以者何對治道生煩惱不起得无生法是故說名斷彼相應相應斷已不復緣境故從所緣亦說名斷

復次見斷煩惱頓斷非漸所以者何由現觀智諦現觀故能斷見道所斷煩惱然此現觀與壞緣諦作意相應是故三心頓斷一切迷苦諦等見斷

煩惱修斷煩惱漸次而斷數數修道方能斷故

復次審初應斷不善事業及諸惡見謂在家者次復應斷樂出家障謂欲尋思恚尋思害尋思次復應斷不定心者三摩地障謂眷屬尋思國土尋思不死尋思次復應斷得作意障謂樂遠離品身諸麁重次復應斷見斷煩惱次復應斷修斷煩惱次復應斷屬苦屬憂屬樂屬喜及屬諸捨諸定障品障导煩惱次復有一補特伽羅應斷所知障品諸障由此次第應斷煩惱

復次諸煩惱斷當知多種略則為二一諸纏斷二隨眠斷諸纏斷者謂貪瞋斷乃至疑斷薩迦耶見斷乃至邪見斷見苦所斷斷乃至修道所斷斷欲界所繫斷乃至無色界所繫斷散乱斷曉悟斷羸劣斷制伏斷離繫斷當知離繫斷即是隨眠斷

復次煩惱斷已於可愛法若劣若勝若現在前若不現前雖猛利見而觀察之亦不涂著如於可愛而不生愛

如是於可瞋法亦不生瞋於可癡法亦不生癡又眼見諸色不喜不憂但住於捨正念正知如眼見色乃至意知法亦尒又性少欲成就第一真實少欲如少欲如是喜足遠離勇猛精進安住正念寂定聰慧亦尒於无戲論住性好樂於有戲論策勵其心方能緣慮如是等輩當知煩惱巳斷之相

復次煩惱斷者有多勝利謂隨證得超越憂苦超越喜樂超越色想及與有對種種性想超惡趣苦超越生等一切種苦又證安隱第一安隱又證清涼第一清涼又得第一現法樂住隨其自心自在而轉若行若住隨所欲樂所證之法無復退轉於自義利圓滿究竟於諸所作无復希望或復有一修利他行為欲利益安樂衆生哀愍世間令諸天人利益安樂當知煩惱斷者有如是等衆多勝利復次煩惱緣境略有十五一具分緣謂身見等二一分緣謂貪瞋慢等三有事緣謂諸有事煩惱四無事緣謂諸无事煩惱五內緣謂緣六處定不定地

所有煩惱六外緣謂緣妙五欲所有煩惱七現見緣謂緣現在所有煩惱八不現見緣謂緣去来所有煩惱九自類緣謂緣自類煩惱所有煩惱十他類緣謂緣異類煩惱及緣煩惱事所有煩惱十一有緣謂緣有所有煩惱十二無有緣謂緣斷無有所有煩惱十三自境緣謂欲界於欲行煩惱色界於色行煩惱無色界於无色行煩惱十四他境緣謂色界於欲行煩惱無色界於色行煩惱又復下地於上地煩惱所以者何生上地者於彼下地諸有情所由常恒樂淨具勝功德自謂為勝故十五无境緣謂緣分別所計滅道及廣大佛法等所有煩惱

復次煩惱現行有二十種謂二十種補特伽羅依二十緣起二十種現行煩惱

云何二十補特伽羅一在家二出家三住惡說法四住善說法五增上煩惱行六等分行七薄塵行八世間離欲九未離欲十見聖迹十一未見聖

迹十二執著十三不執著十四觀察十五睡眠十六覺悟十七幼少十八根成熟十九般涅槃法二十不般涅槃法

云何二十煩惱現行一隨所欲纏現行二不隨所欲纏現行三无所了知煩惱現行四有所了知煩惱現行五麤煩惱現行六等煩惱現行七微煩惱現行八內門煩惱現行九外門煩惱現行十失念煩惱現行十一猛利煩惱現行十二分別所起煩惱現行十三任運所起煩惱現行十四尋思煩惱現行十五不自在煩惱現行十六自在煩惱現行十七非所依位煩惱現行十八所依位煩惱現行十九可救療煩惱現行二十不可救療煩惱現行云何二十煩惱現行緣一樂緣二苦緣三不苦不樂緣四欲緣五尋思緣六觸緣七隨眠緣八宿習緣九親近惡友緣十聞不正法緣十一不正作意緣十二不信緣十三懈怠緣十四失念緣十五散亂緣十六惡慧緣十七放逸緣十八煩惱緣十九未離欲緣二十異生性緣依此諸緣故煩惱現行

問於彼彼界結生相續彼彼身中當言全界一切煩惱皆結生耶為不全耶答當言全非不全何以故若未離欲於自生處方得愛生非離欲故又未離欲者諸煩惱品所有麤重隨縛自身亦能為彼異身生因由是因緣當知一切煩惱皆結生相續又將受生時於自體上貪愛現行於男於女若愛若恚亦互現行又疑現行彼作是思此男此女今為與我共行事不又於內外我我所見及我慢等皆亦現行由此因緣當知一切煩惱皆得結生相續

復次結生相續略有七種一纏及隨眠結生相續謂諸異生二唯隨眠結生相續謂見聖迹三正知入胎結生相續謂轉輪王四正知入住結生相續謂諸獨覺五於一切位不失正念結生相續謂諸菩薩六業所引發結生相續謂除菩薩結生相續七智所引發結生相續謂諸菩薩又有引无義利結生相續謂即業所引發結生相續又有能引義利結生相續謂智所引發結生相續如是總說結生相續或七或九

復次於此處所有餘一切順前句順後句及四句等如理決擇文更不復現

後嗢拕南曰

業相事樂等　不善等及斷　所緣與現行
續生最為後

如是已說煩惱雜染決擇業雜染決擇我今當說如先所說業雜染義當知此業亦由五相建立差別謂根本業道所攝身語意業及後方便後起所攝諸業如先所說不善業道名根本業道所攝不善身語意業云何建立彼殺生等不善業道自相謂染汙心起彼欲樂即於是處彼業現行而得究竟當知總名殺生等一切業道自相

染汙心者謂貪者貪所蔽瞋者瞋所蔽癡者癡所蔽設有染汙心不起彼欲樂雖於是處彼業現行而得究竟然此惡業非是圓滿業道所攝設有

染汙心及起彼欲樂而顛倒心設於餘事彼業現行而得究竟此業亦非圓滿業道所攝設有染汙心及起彼欲樂即於是處業不現行而得究竟此業亦非圓滿業道所攝設有染汙心及起彼欲樂即於是處彼業現行而不究竟此業亦非圓滿業道所攝若有染汙心及起彼欲樂即於是處彼業現行而得究竟具一切支此業乃名圓滿業道所攝由此略說業道自相一切不善業道自相應隨决了

復次若廣建立十惡業道自性差別復由五相何等為五一事二想三欲樂四煩惱五方便究竟事者二業道各別决定所依處事或有情數或非有情數隨其所應十惡業道依之而轉想者有四謂於彼非彼想非於彼彼想於彼彼想非於彼非彼想欲樂者或有倒想或無倒想樂所作欲煩惱者或貪或瞋或癡或貪瞋或貪癡或瞋癡或貪瞋癡一切皆具方便究竟者即於所欲作業隨起方便或於尒時或於後時而得究竟由此五相

於煞生乃至邪見諸業道中隨其所應當廣建立圓滿自性十種差別煞生業道以有情數衆生為事若能害者於衆生所作衆生想起害生欲此想即名於彼衆生名不顛倒想依此想故作如是心我當害生如是名為煞生欲樂此能害者或貪所蔽或瞋所蔽或癡所蔽或二所蔽或三所蔽而起作心是名煩惱彼由欲樂及染汙心或自或他發起方便加害衆生若害無間彼便命終即此方便當於尒時說名成就究竟業道若於後時彼方捨命由此方便彼命終時乃名成就究竟業道

不與取業道事者謂他所攝物想者謂於彼彼想欲樂者謂劫盜欲煩惱者謂三毒或具不具方便究竟者謂起方便移離本處欲邪行業道事者謂女所不應行設所應行非支非處非時非量若不應理一切男及不男想者於彼彼想欲樂者謂樂行之欲煩惱者謂三毒或具不具方便究竟者謂兩兩交會妄語業道事者謂見

聞覺知不見不聞不覺不知想者謂於見等或翻彼想欲樂者謂覆藏想樂說之欲煩惱者謂貪瞋癡或具不具方便究竟者謂時衆及對論者領解離間語業道事者謂諸有情或和不和想者謂俱於彼若合若離隨起一想欲樂者謂樂彼乖離若不和合欲煩惱者謂三毒或具不具方便究竟者謂所破領解

麁惡語業道事者謂諸有情能為違損想者謂於彼彼想欲樂者謂樂麁言欲煩惱者謂三毒或具不具方便究竟者謂可罵彼綺語業道事者謂能引發無利之義想者謂於彼彼想欲樂者謂樂說之欲煩惱者謂三毒或具不具方便究竟者謂纔發言

貪欲業道事者謂屬他財產想者謂於彼彼想欲樂者謂即如是愛欲煩惱者謂三毒或具不具方便究竟者謂於彼事定期屬已

瞋恚業道事之與想如麁惡語說欲樂者謂損害等欲煩惱者謂三毒或具不具方便究竟者謂損害等期心

決定
邪見業道事者謂實有義想者謂於有非有想欲樂者謂即如是愛欲煩惱者謂三毒或具不具方便究竟者謂誹謗決定
復次煞生有三種一有罪增長二有罪不增長三无有罪生罪因緣亦略有三一煩惱所起二能生於苦三希望滿足初具三緣次有二種无希望滿後唯生苦
復次略由五相建立貪欲瞋恚邪見圓滿自相何等名為貪欲五相一有躭著心謂於自財所二有貪婪心謂樂積財物三有饕餮心謂於屬他資財等事計為華好深生愛味四有謀略心謂作是心凡彼所有何當屬我五有覆蔽心謂貪欲纏之所覆故不覺著恥不知過患及與出離設於自財有躭著心無餘心現當知此非圓滿貪欲意惡行相如是有躭著心及貪婪心无餘心現亦非圓滿貪欲之相如是廣說乃至如前所說諸相隨闕一種即非圓滿貪欲之相若全分

攝乃名圓滿貪欲之相何等名為瞋恚五相一有增惡心謂於能損害相隨法分別故二有不堪耐心謂於不饒益不堪忍故三有怨恨心謂於不饒益數不如理隨憶念故四有謀略心謂於有情作如是意何當捶撻何當煞害乃至廣說故五有覆蔽心謂如前說於此五相隨闕一種即非圓滿瞋恚之相若具一切方名圓滿何等名為邪見五相一有愚癡心謂不如實了所知故二有暴酷心謂樂作諸惡故三有越流行心謂於諸法不如理分別推求故四有失壞心謂无施與愛養祠祀等誹謗一切妙行等故五有覆蔽心謂邪見纏之所覆蔽不覺著恥不知過患及出離故於此五相隨闕一種即非圓滿邪見之相具一切分乃名圓滿復次若以手等害諸衆生說名煞生如是以塊杖刀縛錄斷食折挫治罸呪藥厭禱尸半尸等害諸衆生皆名煞生為財利等害諸衆生亦名煞生或恐為損或為除怨或謂為法乃至或為戲樂害諸

衆生亦名煞生若自煞害若令他害皆得煞罪
復次若有顯然刼他財物名不與取如是竊盜攻牆解結伏道竊奪或有拒債受寄不還或行誑諂矯詐而取或視怖畏方便而取或現威德而取彼物或自刼盜或復令他如是一切皆不與取或有自為或有為他或怖畏故或為煞縛或為折伏或為受用或為給侍或憎嫉故不與而取此等皆名不與取罪復次若行不應行名欲邪行或於非支非時非處非量非理如是一切皆欲邪行若於母等母等所護如經廣說名不應行一切男及不男屬自屬他皆不應行除產門外所有餘分皆名非支若穢下時胎圓滿時飲兒乳時受齋戒時或有病時謂所有病匪宜習欲是名非時若諸尊重所集會處或靈廟中或大衆前或堅鞕地高下不平令不安隱如是等處說名非處過量而行名為非量是中量者極至於五此外一切皆名過量不依世禮故名非理若自行

欲若媒合他此二皆名欲邪行攝若有公顯或復隱竊或因誑諂方便矯亂或因委託而行邪行如是皆名欲邪行罪復次若自因故而說妄語或他因故或因怖畏或因財利而說妄語皆名妄語若不見聞覺知言見聞覺知或見聞覺知言不見聞覺知皆名妄語若書陳說或以默然表忍斯義或動支體以表其相或為證說或有自說或令他說如是一切皆妄語罪復次若以實事毀呰於他為乖離故而發此言名離間語或以不實假合方便以為依止為損壞他而有陳說或依親近施與或依知友給侍而有陳說名離間語若自利緣或損他緣或由他教或現破德或現怖畏為乖離故或自發言或令他發如是皆名離間語罪復次若有對面發辛楚言名麤惡語或不現前或對大眾或幽僻處或隨實過不隨實過或書表示或假現相或依自說或依他說或因掉舉或因不靜或依種族過失或依依止過失或依作業禁戒現行過失

或自發起辛楚之言或令他發如是皆名麤惡語罪

復次若有依舞而發歌詞名為綺語或依作樂或復俱依或俱不依而發歌詞皆名綺語若佛法外能引无義所有書論以愛樂心受持讀美以大音聲而為諷頌廣為他人開示分別皆名綺語若依鬪訟諍競發言或樂處眾宣說王論臣論賊論廣說乃至國土等論皆名綺語若說妄語或離間語或麤惡語下至不思不擇發无義言皆名綺語又依七事而發綺語謂鬪訟諍競語諸婆羅門惡呪術語苦所逼語戲笑遊樂之語處眾雜語顛狂語邪命語如是一切名綺語罪

復次若於家主起如是欲云何我當同於家主領諸僕使隨欲所作是名貪欲又起是欲即彼家主所有父母妻子奴婢及諸作使廣說乃至七攝受事十資身事謂飲食等皆當屬我又起是欲云何令他知我少欲知足遠離勇猛精進安住正念寂定聰慧諸漏永盡施戒多聞又起是欲云何

令他供養於我謂諸國王乃至商主若苾芻苾芻尼鄔波索迦鄔波斯迦等皆當恭敬尊重承事供養於我又起是欲云何令我當得利養衣服飲食諸坐卧具病緣醫藥及資生具又起是欲云何令我當生天上天妙五欲以為遊戲又起是欲云何令我當生曹達羅世界毗瑟笯世界人中希有眾同分中乃至令我當生他化自在眾同分中又起是欲云何令我乃至當得父母妻子奴婢作使朋友宰官親戚兄弟同梵行等所有資產如是一切皆名貪欲業道所攝

若作是思彼於我所有無義欲故我於彼當作无義是名瞋恚又作是思彼於我所已作正作當作无義我亦於彼當作無義亦名瞋恚如是廣說九惱害事當知亦尒又作是思云何令我於能損害怨家惡友而得自在縛害駈擯或行鞭撻或散財產或奪妻妾友朋眷屬及家宅等此惱害心亦名瞋恚又起是思云何令彼能損於我怨家惡友於他處所遭如上說

諸苦惱事此損害心亦名瞋恚又作是思願彼自然發起如是如是身語意行由此喪失資財朋友眷屬名稱安樂受命及諸善法身壞當生諸惡趣中如是一切惱害之心皆名瞋恚根本業道

復次若作是思決定無施是名邪見廣說乃至謗因謗用謗果壞真善事如是一切皆名邪見根本業道問一切倒見皆名邪見何故世尊於業道中但說如是誹謗之見名為邪見答由此邪見諸邪見中最為殊勝何以故由此邪見為依止故有一沙門若婆羅門斷諸善根又此邪見最順惡業壞邪見者於諸惡法隨意所行是故此見偏說在彼惡業道中當知餘見非不邪見自相相應

瑜伽師地論卷第五十九

瑜伽師地論卷第五十九

校勘記

一 底本，金藏廣勝寺本。

一 九四五頁中一五行第三字「纏」，石作「縛」。

一 九四八頁中二行第一三字「憂」，磧、清作「愛」。

一 九四八頁下一二行「生上」，磧、普、南作「上生」。

一 九四九頁中一八行第三字「讀」，石、資、磧、普、南、徑、清作「續」。

一 九四九頁下一三行第一〇字「後」，石、徑、清、麗作「彼」。

一 九五〇頁中一三行末字「名」，徑作「至」。

一 九五一頁中九行第五字「相」，資、磧、普、南作「想」。

一 九五一頁中二二行第一〇字「恐」，麗作「怨」。

一 九五一頁下六行第二字「視」，諸本作「現」。

一 九五一頁下一三行第二字「如」，磧、普作「皆」。

一 九五一頁下一五行第八字「皆」，磧、普作「如」。

一 九五一頁下二〇行第四字「鞭」，麗作「鞕」。

一 九五二頁上二行末字「嬌」，清作「論」。

一 九五二頁下二一行、「友朋」，資、磧、普、南、徑、清、麗作「朋友」。

一 九五三頁上三行第一三字「名」，石作「如」。

一 九五三頁上四行第一二字「生」，資、磧、普、南、徑、清作「墮」。

一 九五三頁上一五行第二字「壞」，石、麗作「懷」。

瑜伽師地論卷第六十　　惡

彌勒菩薩說

三藏法師玄奘奉　詔譯

攝決擇分中有尋有伺等三地之三

復次由五因緣殺生成重何等為五一由意樂二由方便三由无治四由邪執五由其事若由猛利貪欲意樂所作猛利瞋恚意樂所作猛利愚癡意樂所作名重殺生與此相違名輕殺生若有念言我應當作正作已作心便踊躍心生歡悅或有自作或復勸他於彼所作稱揚讚歎見同法者意便欣慶長時思量長時蓄積怨恨心已方有所作無間所作殷重所作或於一時頓殺多類或以堅固發業方行殺害或於孤苦貧窮哀慼悲泣因緣而行殺害或令恐怖無所依投等者而行殺害如是一切由方便故名重殺生若唯行殺不能日日乃至極少持一學處或亦不能於月八日十四十五及半月等受持齋戒或亦不能於時時間惠施作福問訊礼拜迎送合掌和敬業等又亦不能於時時間獲得猛利增上慚愧悔所作惡又不證得世間離欲亦不證得真法現觀如是一切由無始故名重殺生若諸沙門或婆羅門繼邪祠祀隨忍此見執為正法而行殺戮由邪執故名重殺生又作是心殺羊無罪由彼羊等為資生故世主所化諸如是等依止邪見而行殺害皆邪執故名重殺生若有殺害大身衆生此由事故名重殺生或有殺害人或人相或父或母及餘尊重或有殺害歸投委信或諸有學或諸菩薩或阿羅漢或諸獨覺或於如来作殺害意惡心出血如来性尒不可殺故如是一切由其事故名重殺生與如上說因緣相違而殺生者名輕殺生次復當說不與取等由其事故輕重差別餘隨所應如殺應知

復次若多刼盗名重不與取如是若刼盗妙好刼盗委信刼盗孤貧刼盗佛法出家之衆若入聚落而行刼盗刼盗有學或阿羅漢或諸獨覺或復

僧祇或佛靈廟所有財物如是一切由其事故名重不與取

復次行不應行中若母母親委信他妻或住禁戒或苾芻尼或勤策女或復正學如是一切由其事故名重欲邪行非支行中若於面門由其事故名重欲邪行非時行中若受齋戒若胎圓滿若有重病由其事故名重欲邪行非處行中若佛靈廟若僧伽藍由其事故名重欲邪行

復次若為誑惑多取他財若妙若勝而說妄語由事重故名重妄語若於委信若父若母廣說如前乃至佛所而說妄語由事重故名重妄語或有妄語令他殺生損失財物及與妻妾此若成辦極重殺生重不與取重欲邪行此由事重名重妄語或有妄語能破壞僧於諸妄語此最尤重

復次若於長時積習親愛而行破壞此由事重名重離間語或破壞他令離善友父母男女破和合僧若離間語能引殺生或不與取或欲邪行如前所說道理應知如是一切由事重

故名重離間語

復次若於父母及餘師長發麤惡言由事重故名重麤惡語或以不實真妄語現前毀罵呵責於他由事重故名重麤惡語

復次凡諸綺語隨妄語等此語輕重如彼應知若依鬪訟諍競等事而發綺語亦名麤重若以染汙心於能引無義外道典籍承誦讀詠廣為他說由事重故名重綺語若於父母眷屬師長調弄輕笑現作語言不近道理亦由事重名重綺語

復次若於僧祇佛靈廟等所有財寶起貪欲心由事重故名重貪欲若於已德起增上慢自謂智者乃於國王大臣豪貴所尊師長及諸聰叡同梵行等起增上欲貪求利養名重貪欲

復次若於父母眷屬師長起損害心由事重故名重瞋恚又於无過貧窮孤苦可傷愍者起損害心由事重故名重瞋恚又於誠心來歸投者及有恩所起損害心由事重故名重瞋恚

復次若於一切餘邪見中諸有能謗

一切邪見此謗一切事門轉故名重邪見又若有見謂無世間真阿羅漢正至正行乃至廣說如是邪見由事重故名重邪見除如上說所有諸事隨其所應與彼相違皆名為輕

復次殺生所引不善諸業或有是作而非增長或有增長而非是作或有亦作亦復增長或有非作亦非增長初句謂無識別童稚所作或夢所作或不思而作或自无欲他逼令作或有暫作續即還起猛利悔心及猒患心懇責遠離正受律儀令彼微薄未與果報便起世間離欲之道損彼種子次起出世永斷之道害彼種子令無有餘增長而非作者謂如有一為害生故於長夜中數隨尋伺由此因緣彼遂增長殺生所引惡不善法然不能作殺生之業亦作亦增長者謂除先所說作非增長增長非作所餘一切殺生業相非作非增長者謂除上尒所相如是所餘不與取等乃至綺語隨其所應如殺應知於貪欲瞋恚邪見中无有第二增長而非作句

於初句中无有不思而作及他逼令作餘如前説

復次若於殺生親近數習多所作故生那落迦是名殺生異熟果若從彼没来生此間人同分中壽量短促是名殺生等流果於外所得器世界中飲食果藥皆少光澤勢力異熟及與威德並皆微劣消變不平生長疾病由此因縁无量有情未盡壽量非時中夭是名殺生增上果所餘業道異熟等流二果差別如經應知增上果今當説若器世間衆果尠少果不滋長果多朽壞果不貞實多无雨澤諸果乾枯或全無果如是一切名不與取增上果若器世間多諸便穢泥糞不淨臭處迫迮多生不淨臭惡之物凡諸所有皆不可樂如是一切名欲邪行增上果若器世間農作行船世俗事業不甚滋息殊少便宜多不諧偶饒諸怖畏恐懼因縁如是一切是妄語增上果若器世間其地處所丘坑間隔險阻難行饒諸怖畏恐懼因縁如是一切是離間語增上果若器

世間其地處所多諸株杌荆棘毒刺凡石沙礫枯槁無潤无有池沼河泉乾鹵土田鹹鹵丘陵坑險饒諸怖畏恐懼因縁如是一切是麁惡語增上果若器世間所有果樹果无的當非時結實時不結實生而似熟根不堅牢勢不久停園林池沼多不可樂饒諸怖畏恐懼因縁如是一切是綺語增上果若器世間一切盛事年時日夜月半月等漸漸衰微所有氣味唯減不增如是一切是貪欲增上果若器世間多諸疫癘災横擾惱怨敵驚怖師子虎狼雜惡禽獸蟒蛇蝮蝎蚰蜒百足魍魎藥叉諸惡賊等如是一切是瞋恚增上果若器世間所有第一勝妙花果志皆隱没諸不淨物乍似清淨諸苦惱物乍似安樂非安居所非救護所非歸依所如是一切是邪見增上果

復次如世尊言殺有三種謂貪瞋癡之所生起乃至邪見亦復如是此差別義云何應知若為血肉等殺害衆生或作是心殺害彼已當奪財物或

受他雇或為報恩或友所攝或希為友或為衣食奉主教命而行殺害或有謂彼能為衰損或有謂彼能障財利而行殺害如利衰毀譽稱譏苦樂隨其所應當知亦介如是一切名貪所殺生業道

復次若謂彼於已樂為无義而行殺害或念彼於已曾為無義或恐彼於已當為無義或見彼於已正為无義而行殺害廣説乃至於九惱事皆如是知如是一切名瞋所生殺生業道

復次若計為法而行殺害謂已是餘衆生善友彼因我殺身壞命終當生天上如是殺害從癡所生或作是心為尊長故法應殺害或作是心諸有誹毀天梵世主婆羅門法應殺害如是心殺從癡所生或計殺生作及增長無異熟果為他開演勸行殺業彼由勸故遂行殺事時彼勸者所得殺罪從癡所生此後所説從癡所生殺業道理諸餘業道乃至邪見當知亦介或有妄計以其父母親愛眷屬擲置火中断食投巖棄於曠野是真

正法如是一切名癡所生殺生業道
復次若於他財食饕餮而取是不與取貪欲所生或受他雇而行劫盜或恩所攝或析後恩或為衣食奉主教命或為稱譽或為安樂而行劫盜如是一切不與取業皆貪所生
復次若作是思彼於我所樂行无義廣說乃至九惱害事增上力故而行劫盜不必貪著彼所有財不必希求諸餘財物是不與取瞋恚所生或憎他故焚燒聚落舍宅財物珎玩資具當知彼觸瞋恚所生盜相似罪或更增強或憎彼故令他劫奪破散彼財他受教命依行事時彼能教者不與取罪從瞋恚生
復次若作是心為尊長故而行劫盜是為正法名癡所生不與取罪或作是心若有誹毀天梵世主罵婆羅門法應奪彼所有財物此不與取亦從癡生或作是心若為祠祀為祠祀支為祠祀具法應劫盜是不與取亦從癡生
復次若有見聞不應行婬便不如理

分別取相遂貪欲纏之所纏縛而行非法名貪所生欲邪行罪或受他雇竊行媒嫁由此方便行所不行彼便獲得貪欲所生欲邪行罪或欲攝受朋友知識或為衣食承主教命或為存活希求財穀金銀珎寶而行邪行如是一切名貪所生欲邪行罪
復次若作是思彼於我所樂行无義廣說乃至九惱害事以為依止而行邪行非彼先有欲纏所纏然於相違非所行事為報怨故勉勵而行名瞋所生欲邪行罪或憎彼故以彼妻妾令他毀辱彼若受教行欲邪行便觸瞋恚所生相似欲邪行罪或更尤重如是一切欲邪行罪名瞋所生
復次若作是心母及父親或他婦女命為邪事若不行者便獲大罪若行此者便獲大福非法謂法而行邪行名癡所生欲邪行罪
復次若為利養而說妄語或怖畏他損已財物或為稱譽或為安樂而說妄語如是一切名貪所生妄語業道
若有依止九惱害事而說妄語名瞋

所生妄語業道
若作是心為諸尊長或復為生或為祠具法應妄語如是妄語從癡所生若作是心諸有沙門若婆羅門違背諸天違梵世主違婆羅門於彼妄語稱順正法如是妄語名癡所生妄語業道若作是計於法法想於毗奈耶毗奈耶想以覆藏想妄語破僧无有非法如是妄語亦從癡生
如妄語業道離間麤惡二語業道隨其所應當知亦尒
復次若為戲樂而行綺語或為顯己是聰叡者而行綺語或為財利稱譽安樂而行綺語名貪所生綺語業道
若有依止九惱害事而說綺語名瞋所生綺語業道
若有於中為求真實為求堅固為求出離為求於法而行綺語名癡所生綺語業道
復次若有於他非怨有情財物資具先取其相希望追求增上力故起如是心凡彼所有願當屬我又從貪愛而生貪愛名貪所生貪欲業道

若於他財不計為好但九惱事增上力故起如是心凡彼所有皆當屬我又從瞋恚而生貪愛名瞋所生貪欲業道

若作是計諸有欲求曾達羅天毗瑟笯天釋梵世主衆妙世界注心多住獲大福祐作如是意注心多住名癡所生貪欲業道

若為財利稱譽安樂於他有情起損害心非於彼所生恚憎想謂彼長夜是我等怨又從貪愛而生瞋恚名貪所生瞋恚業道

復次若九惱事增上力故從怨對想起損害心名瞋所生瞋恚業道

若住此法及外道法所有沙門若婆羅門憎惡他見於他見所及懷彼見沙門婆羅門所起損害心名癡所生瞋恚業道

復次若作是心諸有此見撥無施與乃至廣說彼於王等獲大供養及衣服等即以此義增上力故起如是見名貪所生邪見業道

若作是心有施有愛乃至廣說如是見者違害於我我今不應與怨同見彼由憎恚起如是見無施无愛乃至廣說名瞋所生邪見業道

若不如理於法思惟籌量觀察由此方便所引尋伺發起邪見名癡所生邪見業道

復次殺生業道三為方便由瞋究竟如殺業道麁語瞋恚業道亦尒不與取業道三為方便由貪究竟如不與取邪行貪欲業道亦尒除其邪見所餘業道三為方便由三究竟邪見業道三為方便由癡究竟

復次殺生邪行妄語離間麁語瞋恚此六業道有情處起不與而取貪欲業道資財處起綺語業道名身處起邪見業道諸行處起復次由三因緣不善業道成極圓滿惡不善性何等為三一自性過故二因緣過故三塗染過故此中殺生所引思乃至邪見所引彼相應思如是一切染汙性故不善性故由自性過說名為惡若以猛利貪欲瞋恚愚癡纏所發起即此亦名由因緣過成重惡性成上不善能引增上不可愛果若到究竟即此亦名由塗染過成極重惡成上不善能引增上不可愛果何以故若有用染汙心能引發他不可愛樂欣悅之苦彼隨苦心威勢力故能引發苦補特伽羅思便觸得廣大之罪是故名為塗染過失彼雖不發如是相心諸能引發我之苦者當觸大罪然彼法尒觸於大罪辟如磁石雖不作意諸所有鐵來附於我然彼法尒所有近鐵不由功用來附磁石此中道理當知亦尒日珠等喻亦如是知又於思上无別有法彼威力生來相依附說名塗染當知唯是此思轉變由彼威力之所發起如四大種業威勢力所生種種堅性濕性煖性動性非大種外別有如是種種諸性然即大種業威勢緣如是轉變如業威勢緣力轉變神足加行緣力轉變當知亦尒又如魔王惑媚無量婆剎藥迦諸婆羅門長者等心令於世尊變異暴惡非於彼心更增別法說名惑媚唯除魔王加行威勢生彼諸心令其轉變成

極異惡此中道理當知亦尒

復次如先所說作及增長業若先所說由五因緣成極重業名定受業與此相違名不定受業復有四業一異熟定二時分定三二俱定四二俱不定諸阿羅漢所有不善決定受業或於前生所作或於此生先異生位所作由少輕苦之所逼惱便名果報已熟若已轉依果報種子皆永斷故一切不受所以者何由佛世尊依未解脫相續建立定受業故問若於一時亦牽亦擲盜取眾生即斷其命當言一業為二業耶荅當言二業以速轉故於此二業由增上慢謂之為一若謂我當牽彼是第一思即於盜時復謂我當擲殺是第二思若時牽彼尒時不擲若時擲彼尒時不牽速疾轉故生增上慢謂是一時是故此中當言二業

復次略由三因緣故成現法受業何等為三一田廣大故二思廣大故三相續清淨故由五種相田成廣大一從於一切有情第一利益安樂增上

意樂住起謂慈等至二從於一切有情第一將護他心住起謂無諍等持三從第一寂靜涅槃樂相似聖住起謂滅盡等至四已得一切不善不作律儀謂預流果五極清淨相續究竟謂阿羅漢及佛為首大苾芻僧如是名為田廣大性若於是處以深厚殷重清淨信心捨清淨財是名思廣大性若前生中於他所施衣服等物由身語意不為障导亦不思量與染汙心以無有障导彼相續當知是名相續清淨若有於此三種因緣一切具足當知彼業定現法受亦於生受亦於後受若有與此相違三種因緣起不善業當知亦成定現法受或有所生一剎那業唯現法受或有所生一剎那業亦現法受亦於生受或有所生一剎那業三時皆受辟如一縷其量微小能持一花一繫花已勢力便盡不復能繫復有一縷能持二花再繫花已勢力便盡復有一縷能持多花多繫花已其力方盡又如流水其性微小流經一步勢力便盡有第二

水其性稍大流經兩步勢力方盡有第三水其性廣大流經多步勢力乃盡又如酢滴其性淡薄唯能酢彼一滴之水不能酢多有第二滴其性稍釅酢二滴水不能酢多有餘酢滴其性更釅乃至能酢眾多滴水此中諸業差別道理當知亦尒

復次十種不善業道唯欲界繫亦唯能感欲界異熟多於惡趣少於善趣又惡趣業預流果時皆已斷盡若諸異生世間離欲或復生上一切皆伏而未永斷若不還果身猶住此或復上生及阿羅漢諸不善業皆畢竟斷若已證入清淨增上意樂地菩薩一切不善業皆畢竟斷此但由不忘念力所制持故非由煩惱得離繫故

復次思是業非業道殺生乃至綺語亦業亦業道貪恚邪見業道非業此諸業道餘決擇文更不復現

後嗢拕南曰

自性相廣略　方便與輕重　增減及瑜伽
引果生決擇

如是已說業道決擇生雜染決擇我

今當說如先所說生雜染義當知此生略有十二一向樂生謂一分諸天二一向苦生謂諸那落迦三苦樂雜生謂一分諸天人鬼傍生四不苦不樂生謂一分諸天五一向不清淨生謂欲界異生六一向清淨生謂已證得自在菩薩七清淨不清淨生謂色無色界異生八不清淨清淨處生謂在欲界般涅槃法有暇處生九清淨不清淨處生謂生色无色界異生十不清淨不清淨處生謂生欲界異生不般涅槃法設般涅槃法无暇處生十一清淨清淨處生謂生色無色界非異生諸有學者

復次經言汝等長夜增羯吒斯恒受血滴何等名為羯吒斯耶所謂貪愛貪愛之言與羯吒斯名差別也此言顯示攝受集諦恒受血滴攝受苦諦

復次婆羅門喻經中世尊依死雜染說如是言有五非狂如狂所作何等為五一解支節者謂更有餘活命方便而樂分拼所有支節以自活命是名第一非狂如狂所作二慳貪者謂

慳貪所蔽慳貪因緣所獲財寶不食不施唯除命終然然虛棄大寶庫藏是名第二非狂如狂所作三樂生天者謂更有餘身語意攝種種妙行生天方便而樂妄執投火溺水顛墜高崖自害身命作生天因是名第三非狂如狂所作四樂解脫者謂更有餘八支聖道解脫方便而樂妄執自逼自惱種種苦行作解脫因是名第四非狂如狂所作五傷悼死者謂依傷悼亡者因緣種種哀歎勞攦其身坌灰拔髮斷食自毀欲令亡者還復如故是名第五非狂如狂所作

復說頌曰

世間无決定　顛倒謂為我　父母及妻孥
兄弟親友等　曾母轉為妻　妻復為兒婦
兒婦轉為婢　或作怨家妻　曾父轉為子
子復為怨敵　怨敵復為奴　或為僕隸等
曾王轉為臣　臣復為貧匱　或閭邑下賤
為世所輕鄙　曾作婆羅門　展轉為三姓
或復旃荼羅　及補羯娑等　於無量百千
那庾多往返　為父復為子　及怨家等身
如幻士衆中　示種種形類　異生處流轉

現多身亦尒　煩惱業緣因　令種種諸行
數數而積集　如幻化所起　雖達是衆幻
然無智所覆　常於諸行中　樂著曾无猒
既自幻惑已　坌灰並傷歎　於不應憂悲
橫生諸悲惱　離假名親屬　種種自憂悲
棄捐正法行　舉手而號泣　癡憍慢所乱
數行諸放逸　如是等種類　廣說遍應知

復次鬬諍劫中有四過失謂壽量衰退安樂衰退功德衰退一切世間盛事衰退

復次鬬諍劫中諸有情類略於八處互不相數一不數正法二不數名聞三不數宗族四不數可愍五不數尊长六不數有德七不數恩八不數親友

問先說生雜染中无明緣行乃至生緣老死此無明等十二支差別義云何應知答略由五相一由相故二由自性故三由業故四由法故五由因果故問何等為無明相答貪瞋慢相是無明相計我我所相无慚無愧相多放逸相性羸鈍相饒睡眠相心愁感相種種惡業現行等相是無明相問何等是無明自性答自性惛相如

前已說自性差別今當顯示謂或有隨眠無明或有覺悟无明或有煩惱共行无明或有不共獨行無明或有蔽伏心性無明或有發業无明或有不染汙無明或有雜著耻无明或有堅固无明謂無般涅槃法者所有无明問何等為无明業荅於不現見義而生迷惑是無明業如是於現見義劣義中義勝義利益義不利益義真義邪義因義果義而生迷惑是无明業又有十種愚癡有情遍徧愚癡諸有情類一缺減愚癡二狂乱愚癡三散乱愚癡四自性愚癡五執著愚癡六迷乱愚癡七堅固愚癡八增上愚癡九無所了別愚癡十現見愚癡缺減愚癡者謂如有一或缺於眼或缺於耳於眼所識色耳所識聲一切境界皆不領解是故愚癡狂乱愚癡者謂如有一或遭逼迫或遭大苦或遭重病或痛所切或復顛痛令心狂乱由此不了善作恶作是故愚癡散乱愚癡者謂如有一心散異境不能了餘善作恶作是故愚癡自性愚癡者

謂如有一於生死中無始以来自性不了苦集滅道衆生无我法無我等是故愚癡執著愚癡者謂如有一墮外道中彼於身見身見為本諸見趣中不能解了是故愚癡迷乱愚癡者謂如有一或名想乱或形量乱或色相乱或業用乱於乱處法不能解了是故愚癡堅固愚癡者謂如有一畢竟無有般涅槃法所有愚癡自性堅固乃至諸佛亦不能拔增上愚癡者謂如有一常恒無閒習諸邪行又邪行因所生衆苦之所逼切雖知雖見而故奔趣樂著嬉戲或復貪等行者亦是增上愚癡無所解了愚癡者謂如有一不聞不思不修習故於法於義不能解了是故愚癡現見愚癡者謂如有一現見諸行皆悉無常而起常想現見皆苦而起樂想現見不淨而起淨想現見無我而起我想現見病法老法死法起安隱想無逼惱想又此無明於五處所能為障㝵一能障㝵真實智喜二能障㝵煩惱滅得三能障㝵聖道成滿四能障㝵往於

善趣五能障㝵世間現法諸吉祥事問何等名无明法荅或有由無明故墮无明趣說名愚癡非癡所嬈不為癡垢非癡所媢謂住隨眠无明或有愚癡為癡所嬈不為癡垢非癡所媢謂由纏所攝無明或有愚癡為癡所嬈為癡所垢非癡所媢謂由發業无明發恶業已於此恶行而生著耻或有愚癡為癡所嬈為癡所垢為癡所媢謂因無明發起種種恶不善業於此恶行無有著耻此中由前三種說名愚癡墮无明趣不名癡人由後一種說名癡人或有闇法无明謂在欲界或有眛法無明謂在色界或有翳法無明謂在无色界問何等名無明因果荅因如本地分已說果謂一切後有支又於真如及諸諦義不能解了或復猶豫或即於此生邪決定謂於諦理或增或減顛倒執著無常等故或由增上慢故或由自輕蔑故餘有支決擇文更不復現

復次如世尊言眼為因色為緣眼識得生乃至身為因觸為緣身識得生

又說觸為受緣又說能生作意為因生所生識此中非眼等是眼識等生因亦非觸是受生因非能生作意是所生識生因由彼諸法各自種子為生因故何故此中說眼等為眼識等因當知此依俱有依攝引發因說非生起因所以者何由俱有眼等根為依止故眼等諸識彼彼境轉非无依止如是由俱有觸為依止故有諸受轉由俱有能生作意為依止故所生識轉非無依止是故世尊於此諸處依俱有依所攝引發因說非生起因或依助伴因說何以故非已滅眼能為已生眼識所依耳等亦尒非已滅觸能為已生受所依止亦非已滅能生作意能為已生所生識依

復次緣起次第略有四種一牽引次第二生起次第三受用境界次第四受用苦次第無明緣行行緣識是牽引次第識緣名色名色緣六處是生起次第六處緣觸觸緣受是生起已受用境界次第受緣愛愛緣取取緣有有緣生生緣老死是受用苦次第

於此處所餘決擇文更不復現

瑜伽師地論卷第六十

瑜伽師地論卷第六十

校勘記

一　底本，金藏廣勝寺本。

一　九五四頁中一九行首字「名」，磧、普作「多」。

一　九五四頁下四行第九字「始」，石作「治」。

一　九五四頁下一五行第四字「尒」，石、麗作「命」。

一　九五四頁下一七行「次復」，石、麗作「復次」。

一　九五五頁上八行第七字「病」，石、資、磧、普、南、徑、清作「疾」。

一　九五五頁上一九行第八字「習」，資、磧、普、南、徑、清作「集」。

一　九五五頁中八行第五字「麁」，諸本作「爲」。

一　九五五頁中一四行第八字「故」，資、磧、普、南作「欲」。

一　九五五頁中一六行第九字「及」，磧、普、南作「以」。

一　九五五頁中二一行第一〇字「歸」，資、磧、普、南作「師」。

一　九五五頁下一六行第一一字「伺」，磧、普作「何」。

一　九五六頁中一三行「虵蝮」，石作「毒虵」。

一　九五六頁下二行第七字「主」，磧、普、南、徑、清作「王」。

一　九五六頁下五行末字「貪」，資作「瞋」。

一　九五六頁下六行首字「所」，諸本作「所生」。

一　九五七頁上三行第二字「食」，諸本作「貪」。

一　九五七頁上四行第一三字「主」，南作「王」。

一　九五七頁下二行第一二字「牛」，資、磧、普、南、徑、清作「生」。

一　九五八頁上末行第八字及中二行第一二字「愛」，資、磧、普、南、徑、清作「受」。

一　九五八頁下一一行第七字「附」，石作「近」。

一　九五八頁下一一行「礠石」，資、磧、普、南、徑、清作「磁石」，下同。

一　九五八頁下一八行首字「盛」，諸本作「威」。

一　九五八頁下二〇行「婆利」，石、麗作「娑梨」；資、磧、普、南、徑、清作「娑利」。

一　九五九頁上一行第二字「異」，諸本作「暴」。

一　九五九頁上一三行第一〇字「二」，資、磧、普、南、徑、清作「一」。

一　九五九頁上二一行第五字、二二行第一〇字及中七行第三字「田」，磧、南、徑、清作「由」。

一　九五九頁中一〇行第一二字「與」，麗作「興」。

一　九五九頁中一一行「障障」，資、磧、普、南、徑、清作「障」。

一　九五九頁中一六行「受或」至二〇行「不復」與二〇行「能繫」至下四行「酢多」。兩段經文資互置。

一　九五九頁下五行首字及六行第三字「醧」，資、磧、普、南、徑、清、麗作「嚴」。

一　九六〇頁中一一行「芳擭」，石作「梨攫」。

一　九六〇頁下一一行第一二字「於」，石作「有」。

一　九六〇頁下一四行第一〇字「恩」，諸本作「有恩」。

一　九六〇頁下一六行第一三字「義」，磧、普作「我」。

一　九六一頁上五行第八字「雜」，諸本作「離」。

一　九六一頁上二二行第一〇字「異」，磧、普作「畢」。

一　九六二頁上一一行第一二字「此」，清作「北」。

中華大藏經(漢文部分)

校勘凡例

一 《中華大藏經(漢文部分)》的底本以《趙城金藏》爲主;《趙城金藏》缺佚,則以《高麗藏》等作底本。各卷所用底本的名稱及涉及底本的其他問題,均在校勘記的第一條中說明。

一 《中華大藏經(漢文部分)》選用的參校本共八種,即《房山雲居寺石經》(石)、宋《資福藏》(資)、《影印宋磧砂藏》(磧)、元《普寧藏》(普)、明《永樂南藏》(南)、明《徑山藏》(徑)、《清藏》(清)、《高麗藏》(麗)。

一 校勘記中的「諸本」,若底本爲金藏,即包括石、資、磧、普、南、徑、清、麗全部八種校本;若底本爲麗藏,則包括石、資、磧、普、南、徑、清全部七種校本。其他情況若用「諸本」,校勘記中則另加說明。

一 校勘採用底本與校本逐字對校的辦法,只勘出經文中的異同及字句錯落,一般不加評注。參校本若有缺卷,或有殘缺、漫漶等字迹無可辨認者,則略去不校,校勘記亦不作記録。

一 一經多卷,經名、譯者、品名出現同樣性質的問題,一般只在第一卷出校,並注明以下各卷同;分卷不同時,以底本爲主出校。

一 古今字、異體字、正俗字、通假字及同義字,一般不出校。如:

古今字:宍(肉);猗(倚);距(跛);鉾(矛);誼(義)等。

異體字:[illegible](槃);剎(刹);皃(貌);惱(惱);㝵(碍、礙、閡)等。

正俗字:怪(恠);滴(渧);體(躰);刺(刾);閉(閇)等。

通假字:惟(唯);嫉(疾);頻(嚬、顰);揣(摶);尠(鮮)等。

同義字:言(曰);如(若);弗(不)等。